国家出版基金项目
NATIONAL PUBLICATION FOUNDATION

爱因斯坦全集

第十卷 柏林时期
（1920年5月—1920年12月）

The Collected Papers of Albert Einstein

[美] 阿耳伯特·爱因斯坦 / 著　　湖南科学技术出版社

Diana Kormos Buchwald, Tilman Sauer,
Ze'ev Rosenkranz, Jósef Illy & Virginia Iris Holmes / 主编

申文斌 / 主译

申子宇　张朝玉　聂林娟　丁浩　孙榕　李塞红
孔祥雪　彭存超　张雪晴　谢明翔　申文斌 / 译

THE COLLECTED PAPERS OF

Albert Einstein

VOLUME 10

THE BERLIN YEARS:
CORRESPONDENCE, MAY–DECEMBER 1920
and
SUPPLEMENTARY CORRESPONDENCE, 1909—1920

Diana Kormos Buchwald, Tilman Sauer, Ze'ev Rosenkranz,
József Illy, and Virginia Iris Holmes
EDITORS

Jeroen van Dongen, Daniel J. Kennefick, and A. J. Kox
ASSOCIATE EDITORS

Rudy Hirschmann, Osik Moses, and Jennifer Nollar
EDITORIAL ASSISTANTS

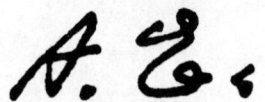

Princeton University Press
2006

主办者

耶路撒冷的希伯来大学
加州理工学院
普林斯顿大学出版社

执行委员会

Mara Beller　Yemima Ben-Menahem
Daniel J. Kevles　Martin J. Klein
John D. Norton　Barbara Oberg
Fritz Stern　Joseph H. Taylor
Kip S. Thorne　Sean Wilentz

谨 以 此 卷 纪 念

Mara Beller

(1945—2004)

捐赠者

Harold W. McGraw, Jr.

Virgle L. Hedgcoth & Susan Alexander 基金会
加州理工学院

资助者

《爱因斯坦全集》之得以付梓，端赖下列资助者对编辑工作的慷慨资助，现耶路撒冷的希伯来大学以及美国普林斯顿大学出版社谨对他们表示感谢。

美国，帕萨迪纳，加州理工学院

瑞士，Pieter Zeeman 基金会

本 卷 要 目

中文版出版说明	3
正文目录	5
插图目录	27
第十卷序	29
关于全集的编辑方法	55
致谢	65
关于英译本的说明	69
文件所在单位符号表	71
说明文件种类符号表	73
正　　文	1
正文字顺目录	557
年表和日程表	575
附录	621
引用文献	623
名词索引	655
人名索引	667
引文索引	703
勘误表	711
译后记	713

中文版出版说明

阿耳伯特·爱因斯坦不仅是20世纪最杰出的物理学家,而且是一位富有哲学探索精神的思想家,同时又是一位具有高度社会责任感的真正意义上的知识分子。对他的科学成就、科学思想、政治言论及生平的深入研究,势必成为科学史界普遍关注的话题。美国普林斯顿大学出版社自1987年出版《爱因斯坦全集》(*The Collected Papers of Albert Einstein*)第一卷以来,已陆续出版多卷,随着资料不断地收集,全集出齐将超过25卷。

全集不仅包括爱因斯坦的全部学术论文,还涉及有关和平、宗教、犹太人问题等社会政治言论,还有他与家人及朋友的往来书信,各种听课、备课笔记以及其他有关他个人的全部材料。这些材料是目前研究爱因斯坦最权威、最全面的资料。其中许多材料是首次公开发表。《爱因斯坦全集》的编辑出版,是国际科学史界的一项大工程,它不仅可以填补科学史上的一些空白,而且可以澄清一些广为流传的讹误,其学术价值和文化积累意义是不言而喻的。我社聘请国内科学史界和物理学界资深专家教授及年轻学者翻译出版《爱因斯坦全集》,这对我国学术界来说无疑是一件幸事。读者将最大限度地追踪爱因斯坦的思想、生活及科学活动,从中领略到科学和文化在现代社会中的深远影响。

《爱因斯坦全集》中文版是根据普林斯顿大学出版社出版的 *The Collected Papers of Albert Einstein* 德文版精装本翻译的,翻译过程中还参阅了此书的英文版平装本。为了便于前后各卷的统一,全集中除爱因斯坦外的人名均未译。地名及专有名词在正文中第一次出现时附注了原文。各卷的边码均指示德文原版书的页码,以利读者核对原文。全集各卷注释及索引中的页码除特别指明外,均指德文原版书页码即中文版的边码。中文版将原版索引拆分为三,一是名词索引,包括社会政治经济和文化机构名称、地名和地址以及科学技术词汇。以人名命名的科技术语也在其中。二是人名索引。此外尚有引文索引。名词索引按汉语拼音顺序排,人名索引及引文索引按拉丁文字母顺序排。

《爱因斯坦全集》的翻译出版工作浩大而繁杂,这使得我们的工作难免留下某些遗憾。恳请海内外读书界、著译界和出版界的朋友、同仁提出宝贵的意见和建议,以利改进工作,促使此项翻译出版工程圆满完成。

湖南科学技术出版社
2013 年 10 月

正 文 目 录

第五卷	161a. 致 Vladimir Varićak	伯尔尼,1909 年 5 月 19 日	3
第五卷	197a. 致 Vladimir Varićak	苏黎世,1910 年 2 月 15 日	3
第五卷	197b. 致 Vladimir Varićak	伯尔尼[苏黎世],1909 年[1910 年] 2 月 28 日	4
第五卷	202a. 致 Vladimir Varićak	苏黎世,1910 年 4 月 5 日	5
第五卷	202b. 致 Vladimir Varićak	苏黎世,1910 年 4 月 11 日	6
第五卷	203a. 致 Vladimir Varićak	[苏黎世,1910 年 4 月 23 日]	8
第五卷	235a. 致 [Otto Lehmann]	苏黎世,1910 年 12 月 1 日	9
第五卷	242a. 致 Heinrich Zangger	[苏黎世,1911 年 1 月 1 日]	10
第五卷	255a. 致 Vladimir Varićak	苏黎世,1911 年 2 月 24 日	11
第五卷	257a. 致 Vladimir Varićak	苏黎世,1911 年 3 月 3 日	12
第五卷	267a. 致 Heinrich Zangger	布拉格,星期四,[1911 年 6 月 1 日之前]	13
第五卷	344. 致 Heinrich Zangger	布拉格,[1912 年] 1 月 27 日	14
第五卷	349a. 致 Heinrich Zangger	[1912 年 2 月之前]	16
第五卷	349b. 致 Robert Heller	布拉格,[1912 年] 2 月 1 日	17
第五卷	374a. 致 Heinrich Zangger	布拉格,[1912 年] 3 月 17 日	18
第五卷	439a. 致 Vladimir Varićak	[苏黎世,1913 年 5 月 14 日]	19
第八卷	5a. Heinrich Zangger 来信	[大约在 1914 年 4 月 14 日到 7 月 1 日之间]	20
第八卷	16a. 致 Heinrich Zangger	[柏林,][1914 年] 6 月 27 日	21
第八卷	34a. 致 Heinrich Zangger	[柏林,]1914 年 8 月 24 日	23
第八卷	41a. 致 Heinrich Zangger	[柏林,1914 年 12 月 27 日后]	24

第八卷	45a. 致 Heinrich Zangger ［柏林，］1915 年 1 月 11 日	26
第八卷	69a. Hans Albert Einstein 来信 ［苏黎世，1915 年 4 月 4 日前］	28
第八卷	69b. Hans Albert Einstein 来信 ［苏黎世，1915 年 4 月 4 日前］	28
第八卷	91a. Hans Albert Einstein 来信 ［苏黎世，1915 年 6 月 28 日］	29
第八卷	96a. 致 Heinrich Zangger ［Sellin，］1915 年 7 月 16 日	30
第八卷	122a. 致 Heinrich Zangger ［埃森纳赫，1915 年 9 月 24 日］	31
第八卷	124a. 致 Heinrich Zangger ［柏林，1915 年 10 月 4 日］	32
第八卷	144a. 致 Heinrich Zangger ［柏林，1915 年 11 月 15 日］	33
第八卷	154a. Hans Albert Einstein 来信 ［1915 年 11 月 30 日前］	34
第八卷	159a. 致 Heinrich Zangger ［柏林，1915 年 12 月 4 日前］	34
第八卷	161a. 致 Heinrich Zangger ［柏林，］1915 年 12 月 9 日	36
第八卷	185a. 致 Wilhelm Wirtinger ［柏林，1916 年 1 月 26 日］	37
第八卷	196a. 致 Heinrich Zangger ［柏林，1916 年 3 月 1 日］	38
第八卷	209a. 致 Elsa Einstein ［苏黎世，1916 年 4 月 6 日］	39
第八卷	210a. 致 Elsa Einstein ［苏黎世，］星期六，［1916 年 4 月 8 日］	40
第八卷	211a. 致 Elsa Einstein 祖格，星期一，［1916 年 4 月 10 日］	41
第八卷	232a. 致 Heinrich Zangger ［柏林，］［1916 年］7 月 11 日	42
第八卷	237a. 致 Heinrich Zangger ［柏林，］1916 年 7 月 19 日	43
第八卷	242a. 致 Emil Zürcher Jr. 和 Johanna Zürcher-Siebel 1916 年 7 月 25 日	45
第八卷	247a. 致 Heinrich Zangger ［柏林，］［1916 年］8 月 3 日	46
第八卷	250a. 致 Heinrich Zangger ［柏林，］［1916 年 8 月 18 日］星期五	48
第八卷	261a. 致 Heinrich Zangger ［柏林，］1916 年 9 月 26 日	50
第八卷	261b. 致 Elsa Einstein ［莱顿，］［1916 年 9 月 28 日］星期四	51
第八卷	261c. 致 Elsa Einstein ［莱顿，］［1916 年 9 月 30 日］星期六	51
第八卷	262a. 致 Elsa Einstein ［海牙，］［1916 年 10 月 5 日］星期四	52
第八卷	262b. 致 Elsa Einstein ［莱顿，］［1916 年 10 月 7 日］星期六	53

第八卷	263a. 致 Paul Bernays ［柏林,］［1916年10月13日或者1920年之后］星期五	54
第八卷	263b. 致 Heinrich Zangger ［柏林,1916年10月13日］	55
第八卷	269a. 致 Heinrich Zangger ［柏林,］1916年10月25日	56
第八卷	270a. Heinrich Zangger 来信 ［1916年10月31日到1916年12月13日之间］	57
第八卷	276a. 致 Heinrich Zangger ［柏林,］1916年11月16日	58
第八卷	278a. Hans Albert Einstein 来信 ［苏黎世,1916年11月26日之前］	59
第八卷	279a. Hans Albert Einstein 来信 ［苏黎世,1916年11月26日之后］	60
第八卷	282a. 致 Ejnar Hertzsprung ［柏林,］1916年12月5日	61
第八卷	283a. 致 Michele Besso ［柏林,1916年12月6日以后］	62
第八卷	287a. 致 Heinrich Zangger ［柏林,］［1917年1月8日］星期一	65
第八卷	287b. 致 Heinrich Zangger ［柏林,］［1917年1月16日］星期二	66
第八卷	291a. 致 Heinrich Zangger 柏林,1917年2月1日	68
第八卷	297a. 致 Heinrich Zangger ［柏林,］1917年2月13日	70
第八卷	299a. 致 Heinrich Zangger ［柏林,］1917年2月16日	71
第八卷	300a. 致 Franz Josef 皇帝 ［1917年2月中旬到4月29日之间］	73
第八卷	308a. 致 Heinrich Zangger ［柏林,1917年3月10日之前］	74
第八卷	319a. Hans Albert Einstein 来信 ［苏黎世,1917年4月1日到1917年4月22日之间］	76
第八卷	326a. 致 Heinrich Zangger Montag,［1917年4月16日］星期一	78
第八卷	330a. Hans Albert Einstein 来信 ［苏黎世,］［1917年4月28日］	79
第八卷	330b. 致 Heinrich Zangger ［柏林,1917年4月29日前］	80
第八卷	332a. 致 Heinrich Zangger ［柏林,］1917年5月4日	81
第八卷	333a. 致 Heinrich Zangger ［柏林,］星期六晚,1917年5月5日	

第八卷	343a. 致 Heinrich Zangger ［柏林，］星期三，［1917年5月23日或30日］ 84
第八卷	344a. 致 Hans Albert Einstein ［柏林，］1917年5月26日 86
第八卷	346a. Hans Albert Einstein 来信 苏黎世，1917年6月1日 87
第八卷	349a. 致 Heinrich Zangger ［柏林，］1917年6月2日 89
第八卷	350a. 致 Heinrich Zangger ［柏林，］1917年6月12日 91
第八卷	352a. 致 Heinrich Zangger ［柏林，］1917年6月17日 92
第八卷	357a. 致 Heinrich Zangger ［柏林，］1917年6月24日 93
第八卷	358a. 致 Werner Bloch ［柏林，］1917年6月27日 94
第八卷	359a. 致 Elsa Einstein ［美因河畔法兰克福，］星期六，［1917年6月30日］早晨9:30 94
第八卷	359b. 致 Elsa Einstein ［美因河畔法兰克福，］星期日早晨，［1917年7月1日］ 95
第八卷	359c. 致 Elsa Einstein ［海尔布隆，］星期二，［1917年7月3日］ 96
第八卷	359d. 致 Elsa Einstein ［海尔布隆，］星期三，［1917年7月4日］ 97
第八卷	360a. 致 Elsa Einstein ［苏黎世，］星期一早晨，［1917年7月9日］ 98
第八卷	360b. 致 Elsa Einstein ［苏黎世，］星期二，［1917年7月10日］ 99
第八卷	361a. 致 Elsa Einstein 卢塞恩，星期四，［1917年7月12日］ 100
第八卷	361b. 致 Elsa Einstein ［苏黎世，］星期五，［1917年7月13日］ 101
第八卷	361c. 致 Elsa Einstein ［苏黎世，］星期一早晨，［1917年7月16日］ 103
第八卷	361d. 致 Elsa Einstein ［Arosa，］星期二，［1917年7月17日］ 104
第八卷	361e. 致 Heinrich Zangger ［Arosa，］星期二，［1917年7月17日］ 105

第八卷	361f. 致 Elsa Einstein	[Arosa,]星期四,[1917年7月19日] 106
第八卷	361g. 致 Heinrich Zangger	[Arosa,]星期五,[1917年7月20日] 107
第八卷	364a. 致 Elsa Einstein	[苏黎世,]星期二,出发到卢塞恩前。火车站[1917年7月24日] 107
第八卷	364b. 致 Elsa Einstein	卢塞恩,星期三,[1917年7月25日] 109
第八卷	364c. 致 Elsa Einstein	[卢塞恩,]星期三,[1917年7月26日] 110
第八卷	364d. 致 Elsa Einstein	卢塞恩,星期六,早晨[1917年7月28日] 112
第八卷	365a. 致 Elsa Einstein	[卢塞恩,]星期一,[1917年7月30日] 113
第八卷	367a. 致 Elsa Einstein	[卢塞恩,]星期三,[1917年8月1日] 114
第八卷	367b. 致 Heinrich Zangger	[卢塞恩,]星期三,[1917年8月1日] 114
第八卷	369a. 致 Elsa Einstein	卢塞恩,星期一,[1917年8月6日] 116
第八卷	369b. 致 Elsa Einstein	[卢塞恩,]星期一,[1917年8月7日] 117
第八卷	370a. 致 Heinrich Zangger	卢塞恩,星期三,[1917年8月8日] 118
第八卷	370b. 致 Elsa Einstein	卢塞恩,星期四,[1917年8月9日] 119
第八卷	370c. 致 Elsa Einstein	[卢塞恩,]星期六[1917年8月11日] 129
第八卷	370d. 致 Heinrich Zangger	[卢塞恩,]星期六,[1917年8月11日] 129
第八卷	370e. 致 Elsa Einstein	[卢塞恩,]星期一,[1917年8月13日] 130
第八卷	371a. 致 Elsa Einstein	[卢塞恩,]星期三,[1917年8月15日] 133
第八卷	371b. 致 Elsa Einstein	[卢塞恩,]星期五,[1917年8月17日] 134

第八卷	372a. 致 Heinrich Zangger	[卢塞恩,]星期二,[1917年8月21日]	135
第八卷	373a. 致 Elsa Einstein	[卢塞恩,]星期三,[1917年8月22日]	137
第八卷	374a. 致 Elsa Einstein	[卢塞恩,]星期四,[1917年8月23日]	138
第八卷	376a. 致 Heinrich Zangger	[卢塞恩,]星期日,[1917年8月26日]	139
第八卷	376b. 致 Elsa Einstein	苏黎世,星期日,[1917年8月28日]	140
第八卷	376c. 致 Elsa Einstein	[Gottmadingen, Württemberg] 1917年8月31日	141
第八卷	377a. 致 Elsa Einstein	[Benzingen, Württemberg] 星期一,[1917年9月3日]	141
第八卷	378a. 致 Elsa Einstein	[Benzingen, Württemberg,] 星期四,[1917年9月6日]	142
第八卷	380a. 致 Heinrich Zangger	柏林,1917年9月15日	143
第八卷	385a. 致 Michele Besso	柏林,1917年10月6日	145
第八卷	390a. 致 Michele Besso	[柏林,]1917年10月15日	146
第八卷	391a. 致 Heinrich Zangger	[柏林,][1917年]10月15日	147
第八卷	424a. 致 Werner Bloch	柏林,1918年1月3日	148
第八卷	435a. Hans Albert Einstein 来信	苏黎世,1918年1月14日之后	149
第八卷	442a. Hans Albert Einstein 来信	苏黎世,1918年1月25日之后	150
第八卷	461a. Mileva Einstein-Marić 来信	苏黎世,1918年2月9日	152
第八卷	471a. 致 Heinrich Zangger	[柏林,1918年2月27日]	154
第八卷	471b. 致 Heinrich Zangger	[柏林,1918年2月27日以后]	156
第八卷	475a. Mileva Einstein-Marić 来信	苏黎世,1918年3月5日	157
第八卷	475b. Maja Winteler-Einstein 来信	卢塞恩,1918年3月6日	158

第八卷	482a. Mileva Einstein-Marić 来信	[苏黎世,1918年3月17日之前] 160
第八卷	482b. Mileva Einstein-Marić 来信	[苏黎世,1918年3月17日之前] 161
第八卷	494a. Vero Besso 来信	苏黎世,1918年3月28日 162
第八卷	494b. 致 Vero Besso	[1918年3月28日之后] 163
第八卷	496a. 致 Mileva Einstein-Marić	[柏林,1918年4月3日] 165
第八卷	496b. Mileva Einstein-Marić 来信	[苏黎世,1918年4月4日] 166
第八卷	513a. Hans Albert Einstein 来信	[苏黎世,1918年4月22日之前] 167
第八卷	514a. Mileva Einstein-Marić 来信	[苏黎世,1918年4月22日] 168
第八卷	532a. Mileva Einstein-Marić 来信	[苏黎世,1918年5月8日之前] 169
第八卷	533a. 致 Heinrich Zangger	[柏林,1918年5月8日之前] 170
第八卷	539a. 致 Max Jakob	[柏林,1918年5月17日] 173
第八卷	545a. Mileva Einstein-Marić 来信	[苏黎世,1918年5月23日之前] 174
第八卷	557a. Mileva Einstein-Marić 来信	[苏黎世,1918年6月4日之后] 176
第八卷	557b. Hans Albert Einstein 来信	[苏黎世,1918年6月4日之后] 177
第八卷	557c. Eduard Einstein 来信	[苏黎世,1918年6月4日] 178
第八卷	561a. Maja Winteler-Einstein 来信	卢塞恩,1918年6月10日 179
第八卷	561b. Paul Winteler 来信	[卢塞恩,1918年6月10日] 181
第八卷	563a. 致 Hugo A. Krüss	柏林,1918年6月13日 182
第八卷	588a. Mileva Einstein-Marić 来信	[苏黎世,1918年7月17日前后] 183
第八卷	588b. Hans Albert Einstein 来信	[苏黎世,1918年7月17日前后] 184

第八卷	588c. Eduard Einstein 来信　［苏黎世，大约 1918 年 7 月 17 日］	185
第八卷	607a. Michele Besso 来信　苏黎世，1918 年 8 月 28 日	186
第八卷	620a. 致 Heinrich Zangger　［柏林，］1918 年 9 月 21 日	189
第八卷	630a. 致 Heinrich Zangger　［柏林，］1918 年 10 月 5 日	190
第八卷	639a. Mileva Einstein-Marić 来信　［苏黎世，1918 年 10 月 24 日后］	191
第八卷	646a. Mileva Einstein-Marić 来信　［苏黎世，1918 年 11 月 9 日前］	191
第八卷	659a. Paul Winteler 来信　卢塞恩，1918 年 11 月 22 日	193
第八卷	659b. Hans Albert Einstein 来信　［苏黎世，大约 1918 年 11 月 25 日］	195
第八卷	659c. Eduard Einstein 来信　［苏黎世，大约 1918 年 11 月 25 日］	196
第八卷	661a. Maja Winteler-Einstein 来信　卢塞恩，1918 年 11 月 29 日	197
第八卷	661b. Paul Winteler 来信　［卢塞恩，1918 年 11 月 29 日］	198
第八卷	661c. Max Jakob 来信　夏洛滕堡，1918 年 12 月 3 日	199
第八卷	663a. 致 Max Jakob　［柏林，1918 年 12 月 5 日］	200
第九卷	7a. Heinrich Zangger 来信　［1919 年 2 月底］	201
第九卷	25a. Hans Albert Einstein 来信　［苏黎世，1919 年 4 月 20 日前后］	202
第九卷	59a. Hans Albert Einstein 来信　［苏黎世，1919 年 6 月 13 日之前］	203
第九卷	59b. Eduard Einstein 来信　［苏黎世，1919 年 6 月 13 日以前］	205
第九卷	66a. 致 Elsa Einstein　卢塞恩，星期一，［1919 年 6 月 30 日］	205
第九卷	68a. 致 Elsa Einstein　星期二，在返程的火车上，［1919 年 7 月 1 日］	206
第九卷	69a. 致 Elsa Einstein　［苏黎世］星期三，［1919 年 7 月 2 日］	207
第九卷	70a. 致 Elsa Einstein　［苏黎世］星期四，［1919 年 7 月 3 日］	208
第九卷	70b. 致 Elsa Einstein　［苏黎世］，星期五，［1919 年 7 月 4 日］	209

第九卷	70c.	致 Elsa Einstein	[苏黎世],星期六,[1919年7月6日] 209
第九卷	70d.	致 Elsa Einstein	[苏黎世],星期二上午,[1919年7月8日] 210
第九卷	70e.	致 Elsa Einstein	[卢塞恩,]星期三晚上,[1919年7月9日] 212
第九卷	72a.	致 Elsa Einstein	[苏黎世,]星期六,[1919年7月12日] 213
第九卷	72b.	致 Elsa Einstein	[苏黎世,]星期一,[1919年7月14日] 214
第九卷	72c.	致 Elsa Einstein	卢塞恩,星期二晚上,[1919年7月15日] 215
第九卷	72d.	致 Elsa Einstein	[卢塞恩,]星期四,[1919年7月17日] 216
第九卷	72e.	致 Elsa Einstein	[苏黎世,]星期六,[1919年7月19日] 217
第九卷	74a.	致 Elsa Einstein	[苏黎世,]星期一,[1919年7月21日] 218
第九卷	74b.	致 Elsa Einstein	苏黎世,星期二,[1919年7月22日] 219
第九卷	74c.	致 Elsa Einstein	[苏黎世,]星期三,[1919年7月23日] 220
第九卷	74d.	致 Elsa Einstein	[苏黎世,]星期五,[1919年7月25日] 221
第九卷	74e.	致 Elsa Einstein	[苏黎世,]星期六,[1919年7月26日] 222
第九卷	77a.	致 Elsa Einstein	[苏黎世,]星期一,[1919年7月28日] 222
第九卷	78a.	致 Elsa Einstein	[卢塞恩,]星期二,[1919年7月29日] 223
第九卷	79a.	致 Elsa Einstein	卢塞恩,星期四,[1919年7月31日] 224
第九卷	84a.	致 Elsa Einstein	[苏黎世,]星期一早晨,火车上,[1919年8月4日] 225
第九卷	86a.	致 Elsa Einstein	Benzingen,星期六,[1919年8月9日] 226

第九卷	87a. Hans Albert Einstein 来信 ［苏黎世，1919年8月15日之后］	227
第九卷	96a. Maja Winteler-Einstein 和 Paul Winteler 来信 卢塞恩，1919年8月29日	228
第九卷	101a. Mileva Einstein-Marić 来信 苏黎世，1919年9月10日	230
第九卷	128a. Maja Winteler-Einstein 来信 卢塞恩，1919年10月9日	231
第九卷	145a. 致 Elsa Einstein Stendal［1919年10月19日］	232
第九卷	145b. 致 Elsa Einstein ［莱顿，］星期一，［1919年10月20日］	233
第九卷	145c. 致 Elsa Einstein ［莱顿］，星期二，［1919年10月21日］	233
第九卷	148a. Mileva Einstein-Marić 来信 苏黎世，1919年10月22日	234
第九卷	148b. 致 Elsa Einstein ［莱顿］〈星期二或星期三?〉［1919年10月23日］	235
第九卷	149a. 致 Elsa Einstein ［莱顿，］星期五，［1919年10月24日］	236
第九卷	151a. 致 Elsa Einstein ［莱顿，1919年10月26日］星期日	237
第九卷	152a. 致 Elsa Einstein ［莱顿，］星期二，［1919年10月28日］	238
第九卷	166a. 致 Ejnar Hertzsprung 1919年11月16日	240
第九卷	183a. Eduard Einstein 来信 苏黎世，1919年11月30日	240
第九卷	183b. Hans Albert Einstein 来信 ［苏黎世，1919年11月30日］	241
第九卷	183c. Mileva Einstein-Marić 来信 苏黎世，1919年11月30日	242
第九卷	206a. Maja Winteler-Einstein 来信 卢塞恩，1919年12月10日	243
第九卷	206b. Paul Winteler 来信 卢塞恩，1919年12月10日	245
第九卷	217a. 致 Erwin Freundlich 星期四，［1919年12月15日之后］	246

第九卷	239a. Paul Winteler 来信　1919年12月31日	247
第九卷	240a. Hans Albert Einstein 来信　［1920年1月1日之后］	249
第九卷	288a. Hans Albert Einstein 来信　苏黎世，Zürichberg 街8号，1920年1月28日	250
第九卷	328a. Eduard Einstein 来信　Unterägeri, 1920年2月25日	251
第九卷	351a. Hans Albert Einstein 来信　Aegeri, 1920年3月14日	251
第九卷	351b. Eduard Einstein 来信　［Ägeri, 1920年3月14日］	252
1.	致 Ludwik Silberstein　［柏林，］1920年5月1日	253
2.	Paul Ehrenfest 来信　［莱顿，］1920年5月1日	253
3.	Gottlieb Haberlandt 来信　柏林，Dahlem, Königin Luise 街1号，1920年5月1日	254
4.	致 Niels Bohr　［柏林］1920年5月2日	256
5.	致 Hans Wittig　柏林，1920年5月3日	257
6.	致 Paul Ehrenfest　［柏林］1920年5月4日	258
7.	致 Elsa Einstein　莱顿，1920年5月7日，星期五	259
8.	Willem H. Julius 来信　［乌得勒支，］1920年5月8日	260
9.	致 Elsa Einstein　［莱顿，］星期日，［1920年5月9日］	264
10.	Elsa Einstein 来信　［1920年5月9日后］	265
11.	Ernst Cassirer 来信　汉堡，Blumen 街26号，1920年5月10日	267
12.	Moritz Schlick 来信　罗斯托克，Orléans 街23号，1920年5月10日	268
13.	致 Elsa Einstein　［Katwijk?］星期二，［1920年5月11日］	269
14.	Mileva Einstein-Marić 来信　［1920年5月14日］	269
15.	Hans Albert Einstein 来信　［1920年5月14日］	270
16.	Max Wertheimer 来信　［柏林，］1920年5月15日	272
17.	致 Elsa Einstein　［在去莱顿途中，］星期一，［1920年5月17日］	274
18.	Lucien Fabre 来信　巴黎，阿姆斯特丹街55号，1920年5月17日	275
19.	致 Elsa Einstein　［莱顿，］星期三，［1920年5月19日］	277
20.	Elsa Einstein 来信　［1920年5月20日之前］	278
21.	Paul Winteler 来信　［卢塞恩，1920年5月20日之前］	279

22.	致 Elsa Einstein ［莱顿,］星期四,［1920年5月20日］	280
23.	致 Max Wertheimer ［莱顿,1920年5月21日］	281
24.	Erich Regener 来信 斯图加特,Wiederhold街13号,1920年5月21日	281
25.	致 Elsa Einstein ［莱顿,］星期六,［1920年5月22日］	283
26.	致 Hendrik A. Lorentz ［莱顿,］1920年5月22日	284
27.	Max von Laue 来信 Zehlendorf,Albertinen街17号,1920年5月22日	285
28.	Carl H. Unthan 来信 Charlottenburg 9,3 Linden Allee,1920年5月23日圣灵降临节	286
29.	致阿姆斯特丹皇家科学院 ［莱顿,］1920年5月24日	287
30.	Elsa Einstein 来信 ［柏林,1920年5月24日］	288
31.	Robert Fricke 来信 Bad Harzburg,Lorenhöhe,［Braunschweig,Kaiser Wilh街17号］,1920年5月26日	289
32.	致 Elsa Einstein ［莱顿,］星期四,［1920年5月27日］	290
33.	致 Ilse Einstein ［莱顿,1920年5月27日］	291
34.	致 Heinrich Zangger 莱顿,［1920年5月27日］	291
35.	Hendrik A. Lorentz 来信 哈勒姆,1920年5月27日	293
36.	Konrad Haenisch 来信 柏林,1920年5月[28日]	293
37.	Greti Moser 来信 Bad Wiesee,［巴伐利亚,］［1920年］5月28日	294
38.	Paul Epstein 来信 苏黎世,Physik街6号,1920年5月30日	295
39.	Anton Lampa 来信 Hadersdorf-Weidlingen,1920年5月30日	297
40.	Adriaan D. Fokker 来信 Arosa,1920年6月2日	299
41.	致 Hans Vaihinger 柏林,1920年6月3日	301
42.	致 Paul Epstein ［柏林,］1920年6月4日	302
43.	致 Klaus Hansen 柏林,W. 30,Haberland街5号,1920年6月4日	304
44.	致 Ernst Cassirer 柏林,1920年6月5日	305
45.	Adolf Smekal 来信 维也纳,1920年6月5日	306
46.	致 Paul Ehrenfest ［柏林,］星期日,［1920年6月6日］	309
47.	致 Moritz Schlick ［柏林,］1920年6月7日	311

48. 致 Robert Fricke　柏林,1920年6月9日　313
49. Hendrik A. Lorentz 来信　哈勒姆,1920年6月20日　314
50. Arthur Schoenflies 来信　[美因河畔法兰克福]Grillparzer 街3/59号 [1920年6月9日到7月28日之间]　316
51. Moritz Schlick 来信　罗斯托克,Orléans 街23号,1920年6月10日　317
52. 致 Arthur S. Eddington　[柏林,]1920年6月11日　320
53. Moritz Schlick 来信　罗斯托克,Orleans 街23号,1920年6月12日　321
54. Willem H. Julius 来信　[乌得勒支,]1920年6月13日　322
55. David Reichinstein 来信　莱比锡,Floss 广场29号,1920年6月14日　322
56. 致 Hendrik A. Lorentz　[克里斯蒂安尼亚大酒店,]1920年6月15日　324
57. Hans Reichenbach 来信　斯图加特,Wiederhold 街13号,1920年6月15日　325
58. Ernst Cassirer 来信　汉堡,Blumen 街26号,[1920年]6月16日　326
59. 致 Hedwig Born　克里斯蒂安尼亚,[1920年]6月18日　326
60. Leonhard Grebe 和 Albert Bachem 来信　波恩,1920年6月18日　327
61. Heinrich Zangger 来信　苏黎世,Zürichberg 街8号,1920年6月19日　328
62. Vladimir K. Arkad'ev 来信　[莫斯科,]1920年6月22日　330
63. Hendrik A. Lorentz 来信　哈勒姆,1920年6月23日　331
64. Niels Bohr 来信　[哥本哈根,]Stockholmsgade 街37号,1920年6月24日　332
65. 致 Hans Thirring,Adolf Smekal 和 Ludwig Flamm　哥本哈根,1920年6月25日　333
66. 致 Hans Reichenbach　[柏林,]1920年6月30日　334
67. 致 Moritz Schlick　[柏林,]1920年6月30日　335
68. Edouard Guillaume 来信　伯尔尼,1920年6月30日　336
69. Gaston Moch 来信　Neuilly(Seine),Chartres 街26号,1920年7月3

	日	338
70.	致 Hans Albert 和 Eduard Einstein　1920 年 7 月 4 日	340
71.	致 Edouard Guillaume　[柏林,1920 年 7 月 4 日]	341
72.	Joseph Petzoldt 来信　施潘道,Wröhmänner 街 6 号,1920 年 7 月 6 日	342
73.	德国国际联盟的来信　柏林,Unter den Linden 街 7 号,1920 年 7 月 8 日	344
74.	德国海外赈济中央委员会的来信　柏林,W. 8,Mohren 街 56 号,1920 年 7 月 9 日	345
75.	Max Born 来信　法兰克福,1920 年 7 月 16 日	346
76.	致 Paul Ehrenfest　[柏林,]1920 年 7 月 19 日	347
77.	致 Edouard Guillaume　[柏林,]1920 年 7 月 19 日	349
78.	致 Gaston Moch　[柏林,]1920 年 7 月 19 日	351
79.	致 Gösta Mittag-Leffler　柏林,W. 30,Haberland 街 5 号,1920 年 7 月 21 日	351
80.	致 Joseph Petzoldt　柏林,1920 年 7 月 21 日	352
81.	致 Mileva Einstein-Marić　[柏林,]1920 年 7 月 23 日	353
82.	致德国国际联盟　柏林,1920 年 7 月 23 日	354
83.	Paul Ehrenfest 来信　[莱顿,]1920 年 7 月 24 日	354
84.	Eduard Einstein 来信　苏黎世,1920 年 7 月 25 日	355
85.	致 Michele Besso　[柏林,1920 年 7 月 26 日前]	356
86.	致德国对外国学校及学生事务通讯社　柏林,1920 年 7 月 27 日	360
87.	致 Richard Fleischer　柏林,[1920 年]7 月 29 日	361
88.	致 Friedrich Kottler　柏林,1920 年 7 月 29 日	361
89.	致 Arthur Schoenflies　柏林,1920 年 7 月 29 日	362
90.	Michele Besso 来信　伯尔尼,1920 年 7 月 29 日	364
91.	Max von Laue 来信　Zehlendorf,[1920 年]7 月 29 日	365
92.	致 Paul Ehrenfest　[柏林,][1920 年]7 月 30 日	366
93.	致 Konrad Haenisch　柏林,1920 年 7 月 30 日	367
94.	致 Edouard Guillaume　1920 年 7 月 31 日	368
95.	Max 和 Hedwig Born 来信　法兰克福,1920 年 7 月 31 日	370

96.	致 Eduard Einstein ［柏林,］1920年8月1日	371
97.	Théophile de Donder 来信 布鲁塞尔,Forestière 街11号,1920年8月3日	372
98.	致 Hendrik A. Lorentz ［柏林,］1920年8月4日	374
99.	Paul Ehrenfest 来信 ［莱顿,］1920年8月6日	375
100.	致 Théophile de Donder 柏林,1920年8月11日	379
101.	Erwin Freundlich 来信 海德堡,1920年8月12日	380
102.	致 Paul Ehrenfest ［柏林,］1920年8月13日	381
103.	致 Pieter Zeeman 1920年8月15日	383
104.	Paul Ehrenfest 来信 ［莱顿,］1920年8月16日	383
105.	Théophile de Donder 来信 布鲁塞尔,Forestière 街11号,1920年8月18日	385
106.	Tullio Levi-Civita 来信 帕多瓦,1920年8月18日	387
107.	Adolf F. Lindemann 来信 Sidholme,Sidmouth,1920年8月18日	388
108.	Arnold Berliner 来信 柏林W 9, Link 街23/24号,1920年8月19日	390
109.	致 Edouard Guillaume 1920年8月22日	391
110.	Paul Ehrenfest 来信 莱顿,1920年8月27日	393
111.	Israel Malkin 来信 夏洛滕堡,Wieland 街7号,1920年8月27日	393
112.	Ernst Cassirer 来信 汉堡,Blumen 街26号,1920年8月28日	395
113.	Ina Dickmann 来信 夏洛滕堡,Eosander 街16号,1920年8月28日	396
114.	Paul Ehrenfest 来信 1920年8月28日	396
115.	Kurt J. Grau 来信 1920年8月29日	398
116.	Moritz Schlick 来信 罗斯托克,Orléans 街23号,1920年8月29日	398
117.	Oscar Bie 等人来信 萨尔茨堡［1920年8月30日］	400
118.	Helmut Bloch 来信 柏林,1920年8月30日	401
119.	Fritz Haber 来信 加施泰因,Strauburger 酒店,1920年8月30日	402
120.	Walther Meiβner 来信 在柏林开往阿姆斯特丹的火车上,1920年8	

月30日 404

121. Toni Schrodt 来信　柏林,施泰格利兹,蒙森I街54号,1920年8月30日 405

122. Schweinitz 和 Krain 艾尔莎伯爵夫人来信　巴特基辛根,Ölmühle 别墅,1920年8月30日 406

123. Max Wolf 来信　海德堡,Königstuhl,1920年8月30日 407

124. Rütschke 来信　普罗森(埃尔斯特韦附近),1920年8月31日 408

125. Matt Winteler 来信　[伦敦,1920年8月31日] 408

126. Maja Winteler-Einstein 来信　卢塞恩,1920年9月1日 409

127. Paul Ehrenfest 来信　[莱顿,]1920年9月2日 411

128. Ludwig Hopf 来信　慕尼黑,GeorgenII街22号,1920年9月2日 412

129. Willem H. Julius 来信　Baarn,Laan街26号,1920年9月2日 414

130. Hendrik A. Lorentz 来信　哈勒姆,Zijlweg街76号,1920年9月3日 415

131. Arnold Sommerfeld 来信　慕尼黑,1920年9月3日 415

132. 致 Edouard Guillaume　1920年9月4日 417

133. Max Planck 来信　Gmund on Lake Tegern,Grundner Farm,1920年9月5日 419

134. 致 Arnold Sommerfeld　[柏林,]1920年9月6日 419

135. Konrad Haenisch 来信　柏林,1920年9月6日 420

136. Isaak Meyer 来信　施托尔贝格,Erz Mts.,1920年9月7日 421

137. 致 Konrad Haenisch　柏林,1920年9月8日 422

138. Hedwig Born 来信　Cronstetten街9号,1920年9月8日 423

139. 致 Paul Ehrenfest　[柏林,1920年9月9日前] 424

140. 致 Max 和 Hedwig Born　[柏林,]1920年9月9日 426

141. 致挪威学生社团　柏林,1920年9月9日 427

142. Marcel Grossmann 来信　苏黎世,1920年9月9日 428

143. Felix Ehrenhaft 来信　维也纳,Grinzinger街70号,1920年9月10日 429

144. Hendrik A. Lorentz 来信　哈勒姆,Zijlweg街76号,1920年9月10日 431

145.	致 Willem 和 Betsy Julius　　[柏林,]1920年9月11日	431
146.	Paul Ehrenfest 来信　　1920年9月11日	432
147.	Arnold Sommerfeld 来信　　1920年9月11日	434
148.	致 Marcel Grossmann　　[柏林,]1920年9月12日	435
149.	致 Elsa Einstein　　基尔,星期二,1920年9月14日	437
150.	致抵制反犹太主义协会　　柏林,1920年9月14日	439
151.	Minna Cauer 来信　　柏林,1920年9月19日	440
152.	Stefan Zweig 来信　　萨尔茨堡,1920年9月22日	441
153.	致 Ilse Einstein　　[巴德]瑙海姆,[1920年9月23日或以前]	441
154.	致 Ilse 和 Margot Einstein　　[巴德]瑙海姆,[1920年9月24日]	443
155.	致 Hendrik A. Lorentz　　荷西根(南德),[1920年9月25日以后]	444
156.	Eduard Hartmann 来信　　富尔达,1920年9月26日	445
157.	致 Elisabeth Ney　　[斯图加特,1920年9月30日]	446
158.	德国科学家和物理学家学会来信　　莱比锡,Nürnberger I 街48号,1920年9月30日	447
159.	致 Hedwig Born　　[海西根,1920年10月1日]	448
160.	Luther P. Eisenhart 来信　　巴黎,Vendôme 宫14号,1920年10月1日	448
161.	Max 和 Hedwig Born 来信　　美因河畔法兰克福,1920年10月2日	449
162.	致 Fritz Haber　　Hechingen,[1921年10月6日]	450
163.	致 Paul Ehrenfest　　[Benzingen,]1920年10月7日	451
164.	致 Elsa Einstein　　[Benzingen,]星期四,[1920年10月7日]	452
165.	致 Ilse Einstein　　[Benzingen,]星期四,[1920年10月7日]	453
166.	Hedwig Born 来信　　莱比锡,1920年10月7日	454
167.	Fritz Haber 来信　　柏林,Dahlem,法拉第路4-6号,1920年10月7日	457
168.	Arnold Sommerfeld 来信　　[慕尼黑,1920年10月7日]	459
169.	Erich Wende 来信　　柏林 W8,威廉街68号,1920年10月8日	460
170.	致 Elsa Einstein　　[Benzingen,]星期六,[1920年10月9日]	461
171.	Moritz Schlick 来信　　罗斯托克,Orléans 街23号,1920年10月9日	462

172. Hermann Anschütz-Kaempfe 来信　基尔，俾斯麦街 24 号，1920 年 10 月 10 日　464

173. Ilse Einstein 来信　［柏林，］1920 年 10 月 10 日　466

174. 致 Max Born　［Benzigen,］1920 年 10 月 11 日　466

175. Max Born 来信　美因河畔法兰克福，1920 年 10 月 13 日　467

176. 致 Lucien Chavan 和 Jeanne Chavan-Perrin　［Benzingen，1920 年 10 月 15 日］　468

177. Vilhelm Bjerknes 来信　卑尔根，1920 年 10 月 18 日　469

178. 东加利西亚犹太复国主义者学生会来信　Lemberg，1920 年 10 月 18 日　470

179. 致 Elsa Einstein　［Sigmaringen，］星期二，［1920］年 10 月 19 日　471

179a. 致 Elsa Einstein　［莱顿，］星期五，［1920 年 10 月 22 日］　472

180. Bertha Moszkowski 来信　1920 年 10 月 22 日　473

181. Edgar Wöhlisch 来信　基尔，Med. Univ. Klinik，1920 年 10 月 25 日　474

182. 致 Max Born　［莱顿，1920 年 10 月 26 日］　475

183. 致 Elsa Einstein　［莱顿，］星期二，［1920 年 10 月 26 日］　476

184. 致 Elsa Einstein　［莱顿，］［1920 年］10 月 28 日　477

185. Max Born 来信　美因河畔法兰克福，1920 年 10 月 28 日　478

186. Paul Hertz 来信　格丁根，黎曼街 34 号，1920 年 10 月 28 日　480

187. Bertha Moszkowski 来信　1920 年 10 月 28 日　482

188. 致 Elsa Einstein　［莱顿，］星期日，［1920 年 10 月 31 日］　483

189. Adriaan D. Fokker 来信　代尔夫特 Rotterdamsche 路 2 号，1920 年 11 月 2 日　484

190. Willem de Sitter 来信　Arosa，1920 年 11 月 4 日　485

191. Paul Ehrenfest 来信　Maarn，星期日，1920 年 11 月 7 日　487

192. Edgar Meyer 来信　苏黎世 1 区，Rämi 街 69 号，1920 年 11 月 7 日　489

193. 致 Edgar Wöhlisch　［1920 年 11 月 7 日之后］　490

194. 致 Jolán Kelen-Fried　柏林，1920 年 11 月 8 日　490

195. 致 Carl Runge　［柏林，］1920 年 11 月 8 日　491

196. Friedrich Adler 来信　［维也纳，］1920 年 10 月 9 日　492

197. Mário Basto Wagner 来信　里斯本,108 R. do Sec[u]lo Ⅰ,1920年11月9日　493
198. 致 Stefan Zweig　柏林,1920年11月10日　493
199. Georg Count von Arco 来信　柏林,Tempelhof, Albrecht 街 49/50 号,1920年11月11日　494
200. Paul Hertz 来信　黎曼街34号,1920年11月11日　495
201. 致 Vilhelm Bjerknes　柏林,1920年11月12日　496
202. Jolán Kelen-Fried 来信　维也纳Ⅶ,Jörger 街33号,Ⅲ.20.由 Göde 转交,1920年12月12日　497
203. 致 John G. Hibben　柏林,1920年12月14日　498
204. 致 Hugo Lieber　柏林 W 30, Haberland 街5号,1920年11月14日　499
205. 致 Minna Cauer　[柏林,]1920年11月19日　500
206. Marcel Grossmann 来信　[苏黎世,1920年11月20日]　500
207. Augustus Trowbridge 致 Heike Kamerlingh Onnes　华盛顿,1920年11月22日　501
208. Heike Kamerlingh Onnes 来信　莱顿,Huize ter Wetering Haagweg,1920年11月23日　501
209. 致 Paul Ehrenfest　柏林,1920年11月26日　502
210. 致 Augustus Trowbridge　柏林,1920年11月27日　504
211. 致 Edgar Meyer　柏林,1920年11月28日　504
212. Hans Albert Einstein 来信　苏黎世,1920年11月28日　505
213. Walther Nernst 来信　柏林, Am Karlsbad 26a, 1920年11月28日　507
214. Willem de Sitter 来信　Arosa, Waldsanatorium, 1920年11月29日　508
215. Wander de Haas 来信　代尔夫特, Rott. Weg173, 1920年12月　509
216. 致 Hans Mühsam　[柏林,]1920年12月1日　512
217. Arnold Berliner 来信　柏林,W9,Link 街 23/24, 1920年12月1日　512
218. Paul Winteler 来信　卢塞恩州,1920年12月1日　514
219. 致 Harry Schmidt　柏林,1920年12月2日　516

220. Maja Winteler-Einstein 来信　卢塞恩州，1920 年 12 月 6 日　517
221. Paul Mühsam 来信　Görlitz, Bismarck 街 4 号，1920 年 12 月 7 日 518
222. Heinrich Zangger 来信［1920 年 12 月 8 日之前］　519
223. 致 Max M. Warburg　柏林，W 30, Harberland 街 5 号，1920 年 12 月 8 日　521
224. Max Born 来信　［法兰克福，］1920 年 12 月 8 日　522
225. Paul Ehrenfest 来信　［莱顿，］1920 年 12 月 8 日　524
226. Harm H. Kamerlingh Onnes 来信　［Oegstgeest,］1920 年 12 月 8 日　525
227. 致 Paul Ehrenfest(?)　［约 1920 年 12 月 9 日］　526
228. Rudolf Goldscheid 来信　维也纳，III 8, Jacquin 街 45 号，1920 年 12 月 13 日　528
229. Albert G. Schmedeman 来信　克里斯蒂安尼亚，1920 年 12 月 13 日，12 时 20 分　530
230. 致 George B. Jeffery　柏林，1920 年 12 月 14 日　530
231. Erwin Freundlich 来信　［波茨坦，］1920 年 12 月 14 日　531
232. 致 Hans Albert 和 Eduard Einstein　［柏林，］1920 年 12 月 15 日　533
233. 致 Edouard Guillaume　柏林，1920 年 12 月 16 日　535
234. 致 Albert G. Schmedeman　柏林，W 30, Haberland 街 5 号，1920 年 12 月 16 日　536
235. Arnold Sommerfeld 来信　慕尼黑，1920 年 12 月 18 日　536
236. 致 Arnold Sommerfeld　［1920 年 12 月 18 日到 28 日之间］　538
237. Hermann Anschütz-Kaempfe 来信　慕尼黑，Leopold 街 6 号，1920 年 12 月 19 日　539
238. 致柏林犹太社区　柏林，1920 年 12 月 22 日　539
239. 致 A. J. Reingold　柏林，1920 年 12 月 22 日　540
240. Frederick A. Lindemann 来信　Sidholme, Sidmouth，1920 年 12 月 22 日　541
241. Edouard Guillaume 来信　伯尔尼，1920 年 12 月 23 日　541
242. Albert G. Schmedeman 来信　克里斯蒂安尼亚，1920 年 12 月 23 日　544

243. John G. Hibben 来信　［普林斯顿,］1920 年 12 月 24 日　　545
244. Michele Besso 来信　伯尔尼,Cäcilien 街 7 号,1920 年 12 月 24 日到 27 日　　545
245. 致 Ernest Pickworth Farrow　［柏林,］1920 年 12 月 28 日　　547
246. 致 Ayao Kuwaki　柏林,W. 30,Haberland 街 5 号,1920 年 12 月 28 日　　548
247. Hermann Anschütz-Kaempfe 来信　慕尼黑,Leopold 街 6 号,1920 年 12 月 28 日　　548
248. Carl Beck 来信　芝加哥,1920 年 12 月 28 日　　550
249. 致 Wilhelm Blaschke　柏林,1920 年 12 月 29 日　　552
250. 致 Edouard Guillaume　［1920 年 12 月 29 日］　　552
251. 致 Mário Basto Wagner　柏林,1920 年 12 月 29 日　　553
252. Arnold Sommerfeld 来信　curr. Garmisch,1920 年 12 月 29 日　　554
253. 柏林犹太社区来信　柏林 N. 24,Oranienburger 街 2 号,1920 年 12 月 30 日　　555

插 图 目 录

1. Heinrich Zangger。(感谢 Stadtarchiv Zurich 提供)
2. Arosa 的 Eduard 和 Hans Albert Einstein，1917。(感谢纽约的 Leo Baeck Institute Archives 提供)
3. Pension Sternwarte 的广告。(感谢 Peter Madliger 提供)
4. Pension Sternwarte 的明信片。(感谢 Peter Madliger 提供)
5. Camillus Brandhuber。(感谢 Heinrich Schuler，Gemeinde Winterlingen 提供)
6. 爱因斯坦的邻居，柏林。(感谢 Archiv zur Geschichte von Templhof und Schöneberg 提供)
7. 爱因斯坦航海，1919 年。(感谢纽约的 Leo Baeck Institute Archives 提供)
8. Eduard 和 Hans Albert Einstein，1918—1920 年。(感谢纽约的 Leo Baeck Institute Archives 提供)
9. 爱因斯坦和 Paul Ehrenfest 在 Pieter Zeeman 的实验室，阿姆斯特丹。(感谢 American Institute of Physics，Emilio Segré Visual Archives 提供)
10. 爱因斯坦和 Paul Ehrenfest 以及他的儿子 Paul Jr.，莱顿 Ehrenfest 的家里。(感谢莱顿的 Museum Boerhaave 提供)
11. Arnold Sommerfeld 和 Niels Bohr，1919 年。(感谢慕尼黑的 Deutsches Museum 提供)
12. Victor Moritz Goldschmidt，爱因斯坦以及 Ilse Einstein 在奥斯陆附近野炊，1920 年。(感谢 Albert Einstein Archives 提供)
13. Hermann Struck 绘制，1920 年。(感谢 Albert Einstein Archives 提供)
14. Paul Weyland。

15. 爱因斯坦在家里,柏林,1920年。(感谢 Ullstein Bild 提供)
16. Ernst Gehrcke,1905年。(感谢柏林的 Max-Planck-Institut für Wissenschaftsgeschichte 提供)
17. Philipp Lenard,1936年。(感谢 Ullstein Bild 提供)
18. 普鲁士教育部长 Konrad Haenisch,1919年。(感谢 Ullstein Bild 提供)
19. 巴德瑙海姆的 Spa 馆,1911年。(爱因斯坦论文计划,加州理工学院)
20. Alexander Moszkowski。
21. 爱因斯坦在柏林的告别庆典上,当时 James Franck(中间,坐着)在格丁根得到职位,一起的有(从左到右,坐着)Hertha Sponer, Ingrid Franck-Josefson, Lise Meitner, Fritz Haber 以及 Otto Hahn,1920年。(感谢柏林的 Max-Planck-Institut für Wissenschaftsgeschichte 提供)
22. 爱因斯坦和 Heike Kamerlingh Onnes, Harm Kamerlingh Onnes 绘制,1920年。(感谢 Diederik Wagenaar Hummerlinck 提供)
23. 爱因斯坦在家里,柏林,1920年。(感谢纽约的 Leo Baeck Institute Archives 提供)

第十卷序

本卷收录了 465 封信件，共分为两部分。

本卷上半部分收录了 211 封信件。这些信件是对已发表在第五、第八、第九卷，写于 1909 年 5 月—1920 年 4 月的信件的补充。其中，124 封信大部分出自爱因斯坦之手，这些来自遗赠的家庭信件，全部保存在耶路撒冷希伯来大学的爱因斯坦档案库里，由 Margot Einstein (1899—1986) 保管。她确保了这些信件在她去世后的 20 年里一直没有公之于众；66 封信件来自于苏黎世中央图书馆的手稿收藏室，由 Gina Zangger(1911—2005) 收藏；还有 21 封信件从其他收藏处获得。

本卷下半部分收录了 254 封信件的全文，这些信件是从 1920 年 5 月到 12 月期间共 614 封现有的信件中选取的。编辑选取这些信件，力求对理解爱因斯坦的工作和生活均具代表性和重要性。不作全文刊登，而只有摘要的信件，在本卷的末尾按时间顺序有详细列表（见年表和日程表）。

1909 年到 1920 年的信件刊登在本卷的第一部分，这些信件为读者研究爱因斯坦的个人生活与学习，以及了解他与最亲密的家人和朋友之间的关系提供了新的素材。本卷不包括爱因斯坦与 Mileva Marić 之间的在 1903 年结婚之前的早期信件，它们都收录于已经出版的第一卷。之后所能获得的家庭书信都刊登于本卷，不仅包括爱因斯坦亲自写给 Mileva Einstein-Marić 的信件，而且包括他写给自己在苏黎世的两个儿子 Hans Albert 和 Eduard 的信件，以及少量写给他在柏林的表姐 Elsa Einstein 的书信。Elsa Einstein 在 1919 年成为他的第二任妻子。

本卷还首次刊登了 Hans Albert 和 Eduard Einstein 写给爱因斯坦的书信，并且，自第一卷出版以后，第一次刊登了 Mileva Einstein-Marić 写给爱因斯坦的若干书信。由爱因斯坦在 1916 年 4 月到 1919

年10月撰写的书信,主要是以明信片的形式写给Elsa Einstein的。这期间,他们的信件很少保存下来,最大的可能是因为早在1912年4月,爱因斯坦就承诺要"永远销毁"Elsa Einstein的信(见第五卷,文件389)。其次,大量的信件是爱因斯坦写给Heinrich Zangger的。

爱因斯坦在苏黎世和柏林的家庭成员的补充函件,以及与Zangger之间的信件,都已刊发于此前出版的各卷中。总之,这些材料让读者可以更丰富和更全面地了解爱因斯坦在第一次世界大战期间,不得不面临的个人生活和许多困难及其后果:疾病、营养不良、经济上的忧虑、分居、离婚及再婚等。

此外,补充的书信还包括爱因斯坦在1909年和1910年间写给数学家Vladimir Varićak的9封信件,此人与爱因斯坦在相对论长度收缩认识论上有过公开的争论(*Einstein 1911f*[第三卷,文件22])。Varićak对用相对论来解释Lobachevsky几何感兴趣。爱因斯坦在这些信中主要致力于解决如何为一个作非均匀旋转运动的刚体做相对论性定义及解释的问题。

本卷第二部分刊登的家庭信件,主要为我们提供了关于爱因斯坦在1920年最后8个月里的个人生活的一些新资料,例如他与他儿子在德国南部的第一次度假,以及他尝试将他在苏黎世的家搬到这里等。还有少量出自Elsa Einstein之手的信件,让我们得以窥见Elsa Einstein本人对自己与爱因斯坦的关系的认识。

本卷的第二部分还为读者提供了一种独特的视角,有助于理解在此期间爱因斯坦集中思考的若干科学问题,包括他与同时代的欧洲(特别是德国与荷兰)的物理学家之间的联系,一定程度上还包括他与美国物理学家之间的联系,以及他在德国和荷兰、丹麦、挪威旅行时所作的狭义与广义相对论讲稿。这些材料为我们清楚地揭示了爱因斯坦在成为名人并由此进入社会公共舞台之后所面临的许多新挑战,主要是面对一系列日益增多的针对相对论的刻薄攻击。从这些材料中,我们可以了解到爱因斯坦对其新职业的反应,以及他的家人、亲密友人和同行在很大范围内成为公众人物时的相应表现。同时,这些材料还展现了当时德国(以及其他国家)的科学与科学界的发展图景。

1920年10月,爱因斯坦终于成为莱顿大学的特邀教授,这直接导致了著名的《以太和相对论》就职演讲的诞生。载于本卷的一些书信也见证了爱因斯坦在荷兰逗留期间的情况，以及他与那些热情好客的荷兰同事之间的友情。但是，从这些信件中也可以看出，只有 Paul Ehrenfest 才是这段时间里爱因斯坦最重要和最亲密的朋友和科学伙伴。

I

1914 年春天，爱因斯坦从苏黎世经莱顿前往柏林，担任普鲁士科学院常务院士的新职务。同年夏天，爱因斯坦与妻子 Mileva Einstein-Marić 分居了。在第一次世界大战爆发的前一天，Mileva 带着他们的两个儿子 Hans Albert 和 Eduard 回到了瑞士。爱因斯坦则继续留在柏林近 20 年。在 1915 年至 1920 年间，他总共 5 次前往瑞士。1915 年夏天，他去看望他的儿子。1916 年春和 1917 年夏，他两度前往苏黎世，试图与 Mileva 离婚。1919 年初，他再次前往苏黎世并在那里与 Mileva 离了婚。同时，他作为嘉宾在苏黎世大学发表了一系列关于相对论的演讲。1919 年 6 月，爱因斯坦在柏林娶了自己的表姐 Elsa Einstein 为妻。此后不久，他又一次前往苏黎世看望儿子和自己身患绝症的母亲，并再次在苏黎世发表了演讲。

本卷刊登的信件中，有 149 封是爱因斯坦自己写的，时间大多在 1916 年到 1919 年之间，其中 67 封是写给 Elsa Einstein 的，55 封是写给 Heinrich Zangger 的，其余 27 封是写给其他家庭成员、朋友和同事的。爱因斯坦在 1917—1919 年离开柏林期间，写给 Elsa 的信件和明信片分为两个系列。1917 年，爱因斯坦与好友 Zangger 之间的书信往来很多。当时，Mileva Einstein-Marić 正生病就医，住在苏黎世的 Zangger 是爱因斯坦与亲人之间的联络者。对儿子的照料以及相应的经济上的种种安排是爱因斯坦在这些信件里主要关心的问题。

产生于 1915—1919 年间的信件共 61 封。其中 29 封是 Hans Albert 和 Eduard Einstein 所写，往往是他们俩共同写的，有时还伴随着 Mileva 的信。这些文字都是两个孩子在父母分居后的 5 年里写的。有 12 封信是 Mileva 在他们婚姻前的最后一年即 1918 年发出的。以前诸卷刊登过爱因斯坦在这个时期写给 Mileva 的 32 封信和写给孩子们的 34 封信。本卷的这些信件是进一步的补充。

补充的家庭信件中，还涉及了参与家庭事务的其他人员：包括爱因斯坦的妹妹 Maja Winteler-Einstein 及其丈夫 Paul Winteler，爱因斯坦的老朋友 Michele Besso 及其妻子 Anna Besso-Winteler，此外还有 Paul Winteler 的姐姐等人。Zangger，Winteler 和 Besso 都对爱因斯坦的家人提供了许多帮助，并在爱因斯坦和 Mileva 分居的 5 年里以及随后的第一次世界大战期间，呼吁他们维持关系，并且关注孩子们的照料问题。

爱因斯坦和 Elsa Löwenthal, née Einstein, 既是堂姐弟又是表姐弟, 他们从 1912 年开始亲密交往。Elsa 是爱因斯坦下决心接受柏林职位的重要因素。[1] 但直到 1916 年他们仍然分居两处——爱因斯坦住在单身公寓，Elsa 与两个女儿 Ilse 和 Margot 以及父母 Rudolf 和 Fanny Einstein 都住在柏林西南区。保存下来的爱因斯坦与自己在柏林的家人之间的通信，几乎全都出自爱因斯坦之手。这个时期出自 Elsa Einstein 的信件可谓少之又少。爱因斯坦在离开柏林期间的旅途中，通常都以明信片的形式，像撰写旅游日记似地，与 Elsa 和她的女儿们保持联系，日期从 1916 年春到 1920 年秋——唯独没有留下 1918 年的信件。

此处刊登的第一批写给 Elsa Einstein 的明信片，是爱因斯坦 1916 年 4 月去瑞士探望——他自 1915 年 9 月起就未见到的——两个儿子期间以及与 Hans 徒步旅行时所写。就在那次探亲期间，与爱因斯坦分居近两年的 Mileva Einstein-Marić 否认自己曾同意与他离婚（本书第八卷，文件 210a）。① 第二组明信片始于 1916 年秋。爱因斯坦旅居莱顿时住在自己的朋友 Ehrenfest 家中；这一时期，爱因斯坦记述了自己对当地的文化气氛以及相对论在荷兰广为接受的深刻印象（本书第八卷，文件 261b 和 262b）。

长子 Hans Albert Einstein 的来信最早见于 1915 年亦即他将近 11 岁时，他与父亲的通信直到 1920 年。他的话题很多，他谈到弟弟拼错了单词，转述 Eduard 希望父亲能与他们住在一起，还提到自己在 1915 年弹奏海顿与莫扎特的奏鸣曲，以及在 1920 年能弹奏更复杂的

---

① 本书第八卷，文件 210a，收录在本卷。在引言中（包括在正卷中）采用这一缩写形式以区别于本卷条目与以前出版的卷中条目。如果不指出卷号，直接引用"文件×××"（例如，文件 55），则指本卷中的文件（已不属于对以前出版的卷宗的补充）。

贝多芬、勃拉姆斯、舒伯特的作品(本书第八卷,文件 69a 和 69b,以及本书第九卷,文件 288a)。Hans Albert 也与父亲交流自己在手工艺方面的兴趣,并曾寄给父亲一幅木雕航船的草图(本书第八卷,文件 278a),甚至还有火车和飞机模型。这些信件多少反映了爱因斯坦的长子对复杂的家庭事务的看法,对自己小小年纪就要承担的压力与责任的认识,以及对爱因斯坦本人直接通过与 Mileva 对话处理有关假期安排和经济问题的期待(本书第八卷,文件 91a)。1916 年春,Mileva 的精神几近崩溃,住进了苏黎世的一家疗养院。一连数月,两个儿子由女管家照料。1917 年 4 月,她的健康状况再度恶化;13 岁的 Hans Albert Einstein 不得不自己照顾自己。此时的他们经济困难,因为爱因斯坦寄往瑞士的抚养费由于种种原因常常不能按时到达。同年 4 月底,Mileva 和 Eduard 都住进了医院——Mileva 患的是慢性脊柱神经压痛,Eduard 则患了肺炎,Hans Albert 甚至也在医院陪住了一小段时间。随后,Zangger 一家开始照料他们(本书第八卷,文件 330a)。

此前出版的第五卷和第八卷刊登了爱因斯坦与 Heinrich Zangger 的书信。在这些信中,爱因斯坦主要谈到了双方都感兴趣的话题,表达了个人的情感和感想,也经常强调他们之间的友谊对自己的重要性。[2] 身为瑞士联邦技术大学(ETH)法医学教授的 Zangger,在 1911 年 10 月爱因斯坦被授予 ETH 理论物理研究教授席位(Chair Professor)的过程中起到了重要作用。[3] 关于科学方面的问题,他们之间有定期的通信。[4] 爱因斯坦与他讨论 1911 年的索尔维会议,讲述自己的工作进展,[5] 并评论当前的研究以及同事们的能力。爱因斯坦经常向 Zangger 征求意见,并对 Zangger 长年累月地替他照顾家人极为感谢。在爱因斯坦与 Einstein-Marić 分居并迁到柏林之后,Zangger 越来越多地成了爱因斯坦与家人之间的联络者。[6] 爱因斯坦经常向 Zangger 咨询自己的家庭成员的健康状况,[7] 提到了分居后的困难,还曾答复了 Zangger 请他考虑重回苏黎世的提议等。[8]

本卷刊登的爱因斯坦与 Zangger 的补充信件也表达了类似的主题,但重心是个人事务及家庭危机,包括爱因斯坦对 Einstein-Marić、孩子和分居的看法(本书第八卷,文件 41a, 96a, 159a 和 161a),还有他对再婚的考虑（本书第八卷，文件196a）。爱因斯坦也谈到了他对柏林一些明显疏远的学术同行的感受（本书第八卷，文件45a），谈到了跨国旅居的艰难（本书第八卷，文件118a，232a和352a）以及当时普遍存在的饥荒、经济困难和食物配给困难等问题（本书第八卷，文件237a，247a和291a）。

科学话题依旧是他们通信的重要部分：爱因斯坦讲述自己的工作进展（例如，本书第八卷，文件41a，144a和370d），而Zangger则邀请爱因斯坦参加自己组织的概率论研讨会（本书第八卷，文件533a）。在好几封信里，爱因斯坦和Zangger都表达了各自对第一次世界大战之巨大破坏性的无比惊愕（例如见本书第八卷，文件34a，159a和261a）。还有信件涉及对朋友Friedrich Adler的支持，对他因刺杀奥匈帝国总理Karl Stürgkh伯爵而即将在维也纳被判处死刑一事表示抗议（本书第八卷，文件326a和330b）。1917年8月，爱因斯坦极富远见卓识地提出了创设一个战后国际和平组织的建议（本书第八卷，文件372a）。

有大约20封由爱因斯坦所写的信件，其主题都是设法解决在苏黎世的家中不断重复出现的家庭危机（例如，本书第八卷，文件276a，332a和471a）。这些信件大都涉及家人的健康问题，包括Einstein-Marić（本书第八卷，文件242a，250a和269a），爱因斯坦本人（本书第八卷，文件287b，299a和326a），还有他们的儿子Eduard（本书第八卷，文件352a，361e和367b），或者他们三人（本书第八卷，文件308a和391a）。那是1917年初，当时爱因斯坦不仅在柏林的演讲多了一倍，还得计划再次访问苏黎世，真是最困难的时期。与Hans Albert一起，他计划看望已经转到Arosa Höchwald疗养院的Eduard（本书第八卷，文件344a）。在1917年6月Hans Albert写给父亲的信中，他详述了自己学习拉丁文时遇到的困难，并自称是"Sauerkrautlateiner"（酸菜拉丁语学生；蹩脚的拉丁语学生）；他还写道，他读了父亲最近出版的关于相对论理论的畅销书，并希望再次见面时父亲能把书中晦涩难懂的第二部分解释给他听（本书第八卷，文件346a）。

爱因斯坦在1917年6月底前往瑞士和德国南部的旅途中，两个月期间一共写给Elsa Einstein 28张明信片和一封书信。他在海尔布隆看望自己的母亲时写道,他胃病复发后一直保持有规律的饮食;他还不止一次地邀请 Elsa 在他回到柏林之前到德国南部共度假期,以便获得平日作为女儿和母亲无法享受的一些"自由"(本书第八卷,文件 370e)。[9] 与 Hans Albert 一起待在妹妹(Maja)、妹夫家时,爱因斯坦还在信中流露了自己对于妹妹一家所过的那种"难以言传的舒适"生活的向往之情,并再度表达了离开柏林去与 Elsa 一起追求平静生活的念头(本书第八卷,文件 361a)。在与 Marcel Grossmann 见面一年之后,爱因斯坦还在信中对 Elsa 说起自己有意离开柏林去苏黎世大学工作。这些信件显然让 Elsa 感到不安,因为不久以后爱因斯坦又说他只是考虑过那样一种可能性,而当下他们还是应该留在柏林(本书第九卷,文件 72e,74d,77a 和 79a)。1920 年夏天,相对论遭到了一些人的攻击,爱因斯坦向同行们重申他将继续留在柏林。即便如此,爱因斯坦仍然向 Elsa 表示,自己想要离开柏林——一个让他"精神崩溃"("nerve-wracking")的城市(文件 149)。

爱因斯坦在 1917 年写给 Elsa 的信中说,自从 1916 年 4 月就未见到儿子 Hans Albert,说他是个"理想的孩子",尽管有时"相当调皮捣蛋","明显受了(他)妈妈的影响"。爱因斯坦在 Arosa 看望自己那个总在生病的小儿子时写道,孩子那"光彩"的面容令他喜悦,看肤色"就像农夫的孩子般健康"。在爱因斯坦看来,两个儿子的母亲不在他们身边显然是有益的;尽管他们经常生病,爱因斯坦还是喜欢陪在孩子们身边,并认为 Eduard 的身体并没有什么大不了的问题。在信中,爱因斯坦还再次向 Elsa 保证说,"我们的女孩儿" Ilse 和 Margot 对他来说也是同样的珍贵(本书第八卷,文件 361b,361c,361d 和 361f)。

在战争期间,爱因斯坦的健康状况和他所面临的一定程度上的粮食短缺问题,由于 Zangger 和 Winteler 两家人的帮助,都得到了改善。Winteler 家寄送食物给爱因斯坦(本书第八卷,文件 291a,297a,357a,661a 和 661b)。他与妹妹 Maja Winteler-Einstein 的通信,其话题往往是德国和瑞士日常生活的恶化(本书第八卷,文件 475b 和 561b;本书第九卷,文件 128a)、流感疫情(本书第八卷,文件 561a)、瑞士总罢工(本书第八卷,文件 659a 和 659b)和他们在瑞士奥尔股份有限公司(Schweizerische Auer-Aktien-Gesellschaft)的合伙投资(本书第九卷，文件96a，206b和239a)等种种经济问题，以及他们身患绝症的母亲Pauline(本书第九卷，文件96a，128a和206a)。

到了1918年1月，由于Eduard的医疗费用过多，爱因斯坦在苏黎世的家人经济困难加重。Hans Albert在信中请求爱因斯坦预支下一季度的抚养费，因为当时瑞士与德国的汇率正朝着对他们不利的方向日益变化。几周以后，Hans Albert又写信给爱因斯坦，表达了自1917年12月到1918年4月卧病在床的父亲的关切之情，同时也愤慨地指出，父亲所说的Eduard"被惯坏了"的话毫无道理。他还说爱因斯坦对家里的困难缺少起码的了解，同时表示自己对全力帮助他们的Heinrich Zangger很理解，甚至要比对自己亲生父亲的理解还要多(本书第八卷，文件435a和442a)。

本卷收入的Mileva Einstein-Marić在1918年2月所写的一封信里，明确反对爱因斯坦重提离婚的企图。一个月之后，她似乎接受了爱因斯坦的提议，附加条件是：必须确保在爱因斯坦死后她能获得寡妇补助金，并且爱因斯坦要直接和她联系、邮寄抚养费，不能通过中间人。她脆弱的身体状况以及她在医院和疗养院的长期治疗——这是1916年夏到1917年秋最糟的事，导致对孩子们的安排和照顾不周。在1918年的头几个月，当Mileva的身体状况有所改善之后，她明确表示，不同意爱因斯坦将Hans Albert从她身边带走的提议(本书第八卷，文件461a，475a，482a和482b)。

1918年夏天，爱因斯坦取消了回到苏黎世与孩子们同去阿尔卑斯山旅行的计划。在1918年6月的系列信件的第一封里，将近8岁的Eduard表达了自己对父亲取消假期旅行计划的失望，同时还有Hans Albert的一封信。在随后的通信中，Eduard对父亲讲述了自己最近的阅读、爱好和玩伴的情况，以及因健康不佳无法参与学校活动的遗憾(本书第八卷，文件557c和659c；本书第九卷，文件183a)。当时的情形是，Eduard在4个月内两次遭受西班牙流感的侵袭(本书第八卷，文件557a，588a和646a)。Hans Albert在自己的信中也表达了对父亲不能如约前来的失望之情；过了一个月，他又写信解释说，他之所以无法前往德国看望父亲，是因为他得(在苏黎世)照料家里的日常生活，脱不了身(本书第八卷，文件557b和588b)。

1918年6月底前，爱因斯坦同Elsa以及他们的两个女儿前往波罗的海海滨度假。此间，爱因斯坦与瑞士学术界讨论了他前往苏黎世任职的事。爱因斯坦虽然拒绝了瑞士方面的就职提议，但还是接受了每年两次共5—6周的讲学访问邀请。当年夏天，爱因斯坦与Mileva的离婚判决在苏黎世作出。两人于6月最终签署了离婚协议。8月底，爱因斯坦向Mileva的律师即他们共同的朋友Emil Zürcher Jr.发了一封正式函件，表明了两人的关系。在第一次世界大战结束之后的1918年12月，爱因斯坦离开柏林前往苏黎世离婚法庭。1919年初，他游历瑞士并做了第一次系列访问讲座，并最终于2月14日办完了离婚手续。

爱因斯坦与Elsa Einstein在1919年6月2日结婚。过了4周，就在日食观测证明了爱因斯坦广义相对论的几天之后，爱因斯坦离开柏林，踏上了一次为期7周的旅程。他前往瑞士探望了病重的母亲，在两个儿子身边陪伴了一段时间，还在苏黎世做了关于相对论的讲座。在寄给Elsa的23张明信片中，爱因斯坦详述了他每周往返于苏黎世与母亲所在疗养院之间的行程，以及他"想起母亲遭受折磨"时的忧痛。不过，他在Hans Albert身边却感受到了"无法形容的快乐"。他们还一起制作了飞机模型。可Elsa对爱因斯坦暂居苏黎世的住所感到不快，称那是"一个母狮窝"，虽然Mileva当时并不在家（本书第九卷，文件70b和86a）。

在1919年8月中旬重返柏林后，爱因斯坦陆续接到英国天文学家观测日食的结果。9月，他得知探测队成功地拍摄到了日食图像，并通过Hendrik A. Lorentz了解到Arthur S. Eddington也获得了支持性的数据。爱因斯坦对日食观测结果发表了简短的评论，然后于10月18日启程去荷兰旅行了两周。此间，他住在好友Paul和Tatiana Ehrenfest的家里。10月23日，他在给Elsa的信中说，Eddington（著名天体物理学家）已向莱顿的物理学家报告，广义相对论得到了证实。但这个信息带来的喜悦由于他母亲病危而受到压抑。他安慰Elsa，期待病危的母亲能很快到柏林去（本书第九卷，文件148b和151a）。

1919年10月，爱因斯坦通知在苏黎世的家人说，他们将不得不搬到德国南部居住,因为他认为,支持他们住在瑞士的费用已难以为继(第九卷,文件135)。Mileva 拒绝了这一要求并解释说,她不稳定的健康状况在德国可能缺乏合适的照料,她还辩解说,Hans Albert 不应该中断学业,并说改善经济状况的唯一办法只能是让 Hans Albert 尽快成长自立(本书第九卷,文件148a 和183c)。1920年初,爱因斯坦在苏黎世的家人再度分开,住所也被出租:Eduard 由于肺病复发住进一家疗养院;Mileva 回到自己患病的父母身边;Hans Albert 则再次住到 Zangger 家里(本书第九卷,文件240a)。

1920年7月,当 Mileva 和两个儿子又回到苏黎世的住所之后,爱因斯坦提议,到了秋天,他带孩子们去德国南部度假(文件70)。10月初,在南部快乐的暂住时光中,爱因斯坦似乎对两个儿子有着自相矛盾的看法:他写信给 Elsa 说儿子们都"成长得极好",同时又说很难把他们看作是他的"血脉传承";他们长着"硕大厚实的手",而且尽管"似乎充满了智慧",但他们又似乎有些"难以描述的低能"表现(文件179)。爱因斯坦重申了让 Mileva 和两个孩子移居德国的想法。作为回应,Hans Albert 恳请他的父亲能放弃这个想法,好让他毫不间断地完成学业(文件212),尽管爱因斯坦继续坚持说 Hans Albert 来达姆施塔特可以就读很好的工艺学校(文件232)。事实上,到了1920年,爱因斯坦的经济状况有了显著的改善,他不仅薪水大增,而且有关相对论的出版物带给他的收入也逐渐丰厚起来(见年表和日程表)。

II

在爱因斯坦的传记中,1920年夏天在德国出现的抵制相对论的公共事件构成了一个重要话题,并且反映在本卷后半部分的通信中。1920年8月,有人搞了一个系列讲座,宣称爱因斯坦是骗子和鼓吹家。几周后,在巴德瑙海姆(Bad Nauheim)的德国自然科学与医学学会(Gesellschaft Deutscher Naturforscher und Ärzte)的第一次战后会议上,他与诺贝尔物理学奖获得者 Philipp Lenard 因为相对论的问题而闹僵。[10] 公众一致称赞,爱因斯坦是"一个具有自由主义国际观点的犹太人"(第七卷,文件45),正如他的自我评价一样。结果这令反对他的人感到不满。

8月6日,右翼政论家 Paul Weyland 在一份叫做《每日观察》(*Tägliche Rundschau*)的民族主义者日报上发表了一篇煽动性的文章,指责爱因斯坦使用了剽窃和吹嘘手段。这一指责最早是 Ernst Gehrcke 提出的,此人是柏林的帝国物理与技术研究所(Physikalisch-Technische Reichsanstalt)的光谱学家。[11] Weyland 带着明显且不加掩饰的反犹偏见声称,爱因斯坦拥有自己的"特别出版社,特别追随者",他们不停地向公众发布一些支持爱因斯坦的言论。同时代的读者当然能理解其中的反犹主义暗示。在之前的几个月里,具有广泛影响力的《柏林日报》(*Berliner Tageblatt*)报道了1919年日食的结果,有一篇文章十分夸张地称赞"最高的真理,超越了伽利略和牛顿,超越了康德",被"来自太空深处的神谕"揭开。这份由犹太出版商 Rudolf Mosse 发行的报纸在反犹主义者圈内被称作"犹太报纸"。该文作者 Alexander Moszkowski 是记者,也是爱因斯坦的一个好友,写过一本关于犹太笑话的书。爱因斯坦本人写了一篇关于日食的短文发表于高水平的科学期刊《自然科学》(*Die Naturwissenschaften*)(*Einstein 1919d*[第七卷,文件23]),该刊主编 Arnold Berliner 也是犹太人。1919年12月,《柏林画报》(*Berliner Illustrirte Zeitung*)在其头版刊登了一幅爱因斯坦的特写照片,标题是"世界历史上的一个新巨人:阿耳伯特·爱因斯坦,其理论开创了我们理解自然的一次新革命,其深刻见解同哥白尼、开普勒、牛顿一样重要"。该报属于 Ullstein 出版社,其所有者同样是犹太人。Weyland 煽动性地说:要是"日耳曼科学界"现在团结起来反对他,"并清算总账",那么爱因斯坦就只能自己怪自己了。

1920年8月中旬,右翼报纸《白昼》(*Der Tag*)和《每日观察》刊登了一则通告,公布了20个反对相对论的讲座。讲座设在柏林交响乐团主演奏会大厅(可以容纳1600多人)。8月24日,Weyland 和 Gehrcke 率先发言。Weyland 在他对相对论的批判中,引用爱因斯坦的出版物来证明他的主张。特别是,他将目标放在关于日食的新闻报道上,"从这个总部里(爱因斯坦的人),流行的观点被唤醒"——试图将他同哥白尼、开普勒和牛顿相提并论。爱因斯坦本人理应给予指责:

其实只要他"对与他的圈子有密切联系的出版物",一句话就可以令这种"荣耀和崇敬的浪潮"结束。根据 Weyland 的观点,相对论纯属异想天开和无中生有。在讲座中,Gehrcke 也认为,相对论里除了"一堆催眠的东西",其实什么也没有(Gehrcke 1920b)。

于是爱因斯坦就被推到了风口浪尖。他于 8 月 27 日通过《柏林日报》撰文回应了这场争论。他的文章不仅针对 Weyland,还针对支持 Weyland 观点的其他人,例如 Gehrcke 和 Lenard。爱因斯坦以尖锐的措辞指责了他们(Einstein 1920f[第七卷,文件 45];亦可参见文件 148)。爱因斯坦甚至还准备离开柏林和德国,这主要是因为他相信,在科学界 Weyland 得到了广泛的支持。他也在媒体上公开了这一想法。

随着事态的发展,爱因斯坦收到了很多支持他的信件。各行各业的人士都来信表达了他们对于反爱因斯坦活动的愤怒:例如 Toni Schrodt,她称自己"只是一个中等收入的女孩"(文件 121),还有 Elsa 伯爵夫人(文件 122);犹太人(文件 117,136)和神父(文件 124);学生和教授(文件 111,112,123)。Ina Dickmann 曾听过反相对论的讲座,他恳请爱因斯坦不要离开德国,尤其因为德国还处于如此艰难的境地(文件 113)。

一些著名的同行,例如 Fritz Haber 和 Max Planck 都请求爱因斯坦留在柏林(文件 119 和 133)。普鲁士教育部长、社会民主人士 Konrad Haenisch 写了一封信支持他,并刊登在每日新闻上(文件 135)。文艺界的一部分名流也发来电报,他们包括戏剧导演 Max Reinhardt 和作家 Stefan Zweig,他们在 3 个星期之后给他本人写了一封信。女权主义者和新祖国联盟(League of the New Fatherland)的成员 Minna Cauer 也表达了她的支持(文件 117,151 和 152)。

爱因斯坦的好友 Paul Ehrenfest 向他保证,如果他决定离开德国,在荷兰可以给他安排一份全职工作;但是 Ehrenfest 同时也认为,爱因斯坦在《柏林日报》上的讽刺性回击具有误导性(文件 114 和 127)。

德国物理学会(DPG)会长,物理学家 Arnold Sommerfeld 两次写信给爱因斯坦(文件 131 和 147)。他请求爱因斯坦不要"远离旗帜",

并表示德国给爱因斯坦的待遇要比他在战争期间可能从其他地方获得的待遇好。Sommerfeld 尝试在爱因斯坦与 Lenard 之间进行调解。他这样做也因为他担心,德国物理学会里面的柏林会员与首都以外的会员会发生激烈的争论,特别是 Johannes Stark,Wilhelm Wien 和 Lenard。两个阵线的科学家都想在即将到来的大会上展开辩论,并且可能会讨论德国物理学会的重组。Johannes Stark,Wilhelm Wien 和 Lenard 强烈坚持政治范围的权利并且反对魏玛共和国的宪法民主,可是爱因斯坦却觉得,在一个新共和国里"他的政治愿望可以变成现实"。[12]

爱因斯坦收到的信件也表明,随着他声誉的提高,他在犹太人中拥有了新的地位。一位来信者特别提到了纳粹的徽章,它出现在讲座的大厅里,并且是反犹太的;另一位来信者拿爱因斯坦跟 Baruch Spinoza 和 Moses Mendelssohn 进行比较;如果爱因斯坦想去巴勒斯坦,有一位艺术家愿以自己的名誉承诺,爱因斯坦可以在计划筹建中的希伯来大学得到一个职位;东加沙犹太复国组织则告诉爱因斯坦,他们因为他是犹太人而感到骄傲(文件 115,118,136 和 178)。

爱因斯坦想离开德国的第一个传言在媒体上出现之后过了 10 天,人们才得知爱因斯坦对这一传言的明确回复。Haenisch 是首先收到回信的人之一:爱因斯坦已经决定离开柏林(文件 137)。他在给 Ehrenfest 的信中表达了他对自己那篇文章的遗憾,但是他强调自己作为一个民主主义者,面对一而再、再而三的无端指责,很有必要向公众表明自己的立场。另一方面,爱因斯坦也相信,"反相对论团队将很快会瓦解";他还开玩笑地说,他不会"如 Sommerfeld 所说的那样远离旗帜"(文件 139)。Weyland 的煽动在科学和社会领域都没能得到太广泛的支持。结果,随后只有一篇反对相对论的文章发表。

在《我对反相对论团体的回应》(*Einstein 1920f* [第七卷,文件 45])中,爱因斯坦向他的对手们提出了挑战:他建议,双方在一个月后的 GDNÄ 会议上进行一场辩论。在反相对论运动开始之前,爱因斯坦已经打算同数学家 Robert Fricke 和 Arthur Schoenflies 在会议上就相对论问题展开广泛的讨论,以替代计划中的讲座(文件 48 和 50)。但是现在有很多人,包括德国报纸的编辑们,都巴不得届时能爆发一场具有轰动性的"爱因斯坦之争"。可是最终,据不完整的记载(参见第七卷,文件 46),爱因斯坦与 Lenard 之间发生的那场简短的只有 15 分钟的"斗争"或者说"斗鸡"(文件 163),被报纸描述成了一次交换意见的激烈争论,在场的人们堪称"冷静的典范"。不过当时的气氛还是非常紧张,并且这次辩论大大影响了 Elsa Einstein,致使她后来得了病(文件 154 和 166)。

在这些事件发生之后,爱因斯坦的一些朋友和同事开始担心更深入地宣传爱因斯坦和他所从事的工作可能产生的结果。1920 年 10 月,Alexander Moszkowski 打算出版一本书,内容主要来自与爱因斯坦的对话。Max 和 Hedwig Born 强烈要求爱因斯坦停止出版该书。他们认为这本书可能引起新一轮的反爱因斯坦运动,因为 Weyland 曾指责爱因斯坦,说他一直在自吹自擂,而这本书似乎将会印证这一点。通过阅读 Moszkowski 的其他文章,Hedwig Born(即 Max Born 的妻子)担心这本自传可能会成为"与犹太人的粗鲁对话",她特别担心这样的作品可能为那些指责爱因斯坦爱搞"自我宣传"的人提供口实。Max Born 比妻子提出的警告更为严厉:要是这本书出版了,那么爱因斯坦的"犹太朋友们将会提供反犹太团伙得不到的东西"。显然是受 Born 观点的影响,身处荷兰的爱因斯坦写信给 Elsa 说,这部自传的出版将是"可悲的"。在他看来,此事比今年夏天的反相对论宣传和讲座要"严峻得多"(文件 166,174,175,180,182—185 及 187)。最终,该书出版时在其前言中载有一份免责声明:爱因斯坦本人对其中的内容不承担任何责任(*Moszkowski 1921*)。

但是爱因斯坦由此形成了他关于反犹主义和犹太社区在德国的地位的看法,并且认为,不管是犹太人中的民族同化主义(assimilationism)还是激进主义,两者都无助于消除某些德国公众的反犹情绪(参见第七卷,文件 34,35 和 37)。1920 年 9 月,抗议反犹主义联盟(Association for Combating Anti-Semitism)邀请爱因斯坦加入领导团,他让他的继女和秘书 Ilse 做出了回复,因为他不相信"我们犹太人能够直接同反犹主义战斗",所以他们应该避免将他选入管理层(文件 150)。1920 年 12 月,柏林的官方犹太社团要求爱因斯坦交付长期拖欠的会费,他告知他们,他从来没有正式加入犹太社团:虽然他认为自已是犹太人，但他已经远离了"传统的宗教形式"。然而，他已经准备每年都向犹太慈善事业捐赠（文件 238）。

在不到一年的时间里，爱因斯坦就达到了以往的任何科学家在世时都未曾企及的地位：广义相对论借助大量的出版物在 1919 年末初次被大众接受之后，爱因斯坦面对的攻击则主要针对他的科学工作，他的犹太人身份以及他的左派政治观点。2 月份的"演讲厅骚动（Uproar in the Lecture Hall）"（参见第七卷，文件 33），8 月份的柏林爱乐音乐厅事件，1920 年 10 月在巴德瑙海姆的相对论争论以及"Moszkowski 事件（Moszkowski affair）"，这一切都将爱因斯坦卷入了公共和个人论战中并消耗了他大量的精力。虽然他在瑞士的同事多次尝试说服他回到苏黎世（文件 192），虽然 Ehrenfest 建议他去莱顿谋求一份全职工作，以便能在那里可以充分享受自己的时光，但他还是留在了柏林。这时有一些记者，甚至还包括 Sommerfeld，呼吁一种爱国主义意识（参见年表和日程表 1920 年 8 月 28 日，P. Havel）；爱因斯坦感觉有责任避免这种尴尬并且意识到，这可能会疏离他与柏林的同事们之间的关系，而这些同事曾给予他很大的支持（文件 211，239 和 245）。虽然爱因斯坦本人谈及海外那些关于他的新闻报道时轻描淡写，但是日耳曼官方却认为，它们别有某种含义（参见文件 239）。德国驻伦敦大使 Friedrich Sthamer 指出，英国媒体采用了非常不友好的言辞猛烈攻击爱因斯坦；实际上，"爱因斯坦教授是把德国文化元素放在第一位的。爱因斯坦的名字受到了日益广泛的关注，我们不应该让这样一个人离开德国，有了他我们才可以进行真正的文化宣传"。[13]

爱乐音乐厅事件被卷入了其他政治漩涡。1920 年 3 月中旬，德国的反对派发动了卡普暴动（Kapp Putsch），激进右翼也掀起了一股暴力浪潮。随后，和平主义者和其他一些被描绘成"叛国者"的人纷纷认为，德国正在变成暴力活动的目标。[14] 5 月，爱因斯坦签署了一份建议书，提交给德国科学院，支持共和国宪法；6 月，他再次表达了他的政治立场和主张（参见文件 3 和 56）。1920 年 6 月 6 日，在新宪法生效后的首次选举中，魏玛联合政府被击败。这对社会民主党和德意志民主党是一大损失，导致政治派别更加分化。[15] 1920 年夏天，柏林的和平主义学者受到威胁和恐吓。Hellmut von Gerlach 因为自己的生命受到威胁而取消了演讲并考虑离开德国。Emil J. Gumbel 被打倒并被判为凶杀犯,而爱因斯坦早期曾支持过的 Georg Nicolai 也面临着被右翼暗杀的危险。[16]正如本卷内容所反映的,此时的民族主义和反动倾向遍布学术生活的每个角落,例如在罗斯托克大学(University of Rostock)(文件 12)和图宾根大学(University of Tübingen)(文件 38)。

爱因斯坦刚刚获得的巨大声望使许多组织慕名寻求他的支持。在 1920 年 7 月,他参加了倡导和平和社会公正的组织,并与国际学生进行了交流(文件 73,74,86,87 和 141)。10 月和 11 月,他为支持 József Kelen 出席了一个审讯,后者是因匈牙利的苏维埃共和国失败后遭到审判的匈牙利工程师(文件 186,194,200 和 202)。

III

自爱因斯坦于 1911 年首次访问莱顿大学之后,他与该校的关系就变得非常特殊。之所以如此,是因为那里起初有备受尊敬的 Hendrik Antoon Lorentz,1912 年以后则有 Lorentz 的继任者 Paul Ehrenfest。自从 1912 年在布拉格初次会面之后,爱因斯坦就和 Ehrenfest 建立了特殊而亲密的关系,这不只是物理学家之间的友谊,同时也更像一种家族精神。[17]在相互交往中,他们讨论了无数的物理学问题,从相对论理论到统计物理学和量子理论,双方互相通告最近的实验结果,并讨论基础性的和哲学上的观点。在访问莱顿期间,爱因斯坦逐渐喜欢上了 Ehrenfest 的 4 个孩子,乐于在他们家演奏音乐,与他们在海滨共度美好的时光。

此外爱因斯坦也喜欢团队中其他的莱顿物理学家。他同 Heike Kamerlingh Onnes 进行过长时间的科学讨论,后者是莱顿低温实验室的主任。该实验室是当时唯一有能力进行氦气液化实验的。同时,Lorentz 还是一个亲密的科学同事和父亲般的朋友。第一次世界大战结束之后,爱因斯坦还曾就国际协调问题向他请教。

1919 年,Ehrenfest 试图在莱顿大学为爱因斯坦谋求一个全职教授席位以便经常地跟他交往。但是爱因斯坦拒绝了,毕竟他不能抛弃他在柏林的同事,特别是 Max Planck。[18] Ehrenfest, Lorentz 和 Kamerlingh Onnes 于是制订了一个新计划:为爱因斯坦创造一个特别的席位,让他只承担最少的义务。作为特聘教授,他应该每年造访莱顿几周并作几个报告。作为回报,他会每年得到 2000 盾的报酬。这一特殊的岗位是由莱顿大学基金会提供的。该基金会是一个在大学里提供资助的组织,比如公共演讲,它的资金来源于学生、校友、职工的捐赠。[19]

起初,他们的计划顺利地进行着。1920 年 2 月 9 日见面时,大学基金会同意提供这个特殊岗位。[20] Lorentz 以为最多只需几周就能得到预期的结果,于是就让爱因斯坦做好了访问莱顿的准备,包括在 5 月举行就职演讲。于是爱因斯坦写好了关于"以太和相对论"的演讲稿,并拟将它献给 Lorentz 以表敬意,而且保证它会提前付梓。实际上,这份讲稿的印刷版本表明它出版于 1920 年 5 月 5 日(第七卷,文件 38)。[21] 可是随后,困难就降临了。

收到来自大学基金会和莱顿大学董事会的任命审批请求时,荷兰教育部长 Johannes Theodoor de Visser 征求了他的咨询委员会的意见。他们鉴于"他(爱因斯坦)的政治原则"而对这一经费支持提出了保留意见。[22] 他们通过刊登于《荷兰日报》上的一篇写给部长的文章暗示,最近在柏林大学,爱因斯坦演讲时学生们一片喧嚣。[23] 文章将爱因斯坦视为十一月革命的支持者、民主人士以及和平主义者。[24] De Visser 随后接到的一份来自律师委员会办公室的通告显示,"站在革命立场上"的某个 Eisenstein 博士将被从德国派往荷兰,此人用的是假护照并计划前来执行布尔什维克的宣传服务。[25] 1919 年 6 月 18 日的一份秘密的军事备忘录指出,"Einstein 博士(不是 Eisenstein)和 Olga von Hagen 伯爵夫人[……]在比利时被占领期间于布鲁塞尔(Brussels)共同生活了大约 3 年;在那里,Einstein 博士曾多次图谋在比利时人中煽动革命,而且 Olga von Hagen 经常使用化名'红色伯爵夫人'。这两个人目前已被严密监视,他们一旦离开德国前往荷兰就会立刻通报"。[26]

在 3 月 27 日的一个会议上,教育部长造访了莱顿大学基金会的秘书 Cornelis van Vollenhoven 和莱顿大学董事会的主席兼莱顿市长

Nicolaas Charles de Gijselaar。[27] 会后，Van Vollenhoven 于 3 月 27 日写信给部长说，这里有一条错误的信息："爱因斯坦教授[……]娶的是一个默默无闻的犹太女人，她跟他同姓，他并没有与女伯爵夫人婚配，而且战争期间他也没有在布鲁塞尔生活过或者停留过。"[28] 显然，他们混淆了爱因斯坦和 Carl Einstein。Carl Einstein 是一位艺术评论家，他于 1918 年在布鲁塞尔成为十一月革命士兵委员会的非正式会员，并在那里组织出版服务；Aga von Hagen 伯爵夫人是他的同伴（Carl Einstein 和 Albert Einstein 没有关系）。

几周之后的 5 月 4 日，De Visser 部长要求荷兰外事部长确认这一错误信息，他要求得到最快的答复。考虑到爱因斯坦可能即将动身去荷兰，同一天，荷兰外事部长通过电话询问了荷兰驻柏林大使。[29]

因为无法忍受对爱因斯坦任命的推迟，Kamerlingh Onnes 曾试图通过个人干预加快事情的进展。5 月 10 日，他拜见了荷兰教育部长；次日，他在柏林演讲大厅解释说明了二月骚动事件。他非常谨慎地指出，"爱因斯坦[……]认为共产主义是一种愚蠢的行为"。[30]

尽管对爱因斯坦的任命推迟了，但是爱因斯坦还是于 5 月 6 日离开柏林前往莱顿并于一天之后抵达。

关于这次旅行，我们仅有的一条线索是 Elsa Einstein 寄给爱因斯坦的一封信，它被收在本卷第二部分。这封信提到了两把特别定做的小提琴，其中一把是爱因斯坦带给 Paul Ehrenfest 的。然而，这把小提琴在德荷边界被海关官方没收了。因为这事件，Elsa 责骂爱因斯坦是一个"小傻瓜，聪明过头，像个无助的孩子"！这把小提琴还是 Elsa 和 Margot 竭力从柏林官方"解放"出来的（文件 10，20 和 30）。通过寄给 Elsa 的明信片我们知道，爱因斯坦喜欢莱顿这个地方，喜欢与 Ehrenfest 合作，喜欢待在海边。他做了一个关于相对论的著名的演讲，他认为这是"给孩子们的演讲"（文件 17）。在回应他的莱顿任命延迟时，Elsa 抱怨他的"社会主义倾向"。因为按照她的理解，在欧洲他以"极端的革命者"而知名，她认为他没有获得诺贝尔奖，其原因就在于他的左翼倾向，所以强烈要求他"停止这种愚蠢的演讲"（文件 10）。她告诉他"有一篮子的信件"在柏林等着他，"全世界有一半人"正通过德籍犹太艺术家 Hermann Struck 购买他的画像，并寄给他索取签名(文件20)。Elsa还补充说,她和Fritz Haber讨论过"所有的商业事务",其中包括通过谈判增加爱因斯坦的工资(文件30)。

当莱顿的任命被耽搁时,爱因斯坦与荷兰学术界产生了另一种联系。1920年4月23日,荷兰皇家科学院推选爱因斯坦为外籍成员。由女王Wilhelmina签署的证书在5月19日签发,当时爱因斯坦正在莱顿,于是就在24日接受了这一推选(文件29)。5天以后,也就是1920年5月29日,爱因斯坦在阿姆斯特丹科学院集会上正式获得任命。他那天在阿姆斯特丹出席了该会,但这就与早先的一个计划相冲突了,也即5月29日在哈雷举行的新康德学派特别会议,这个会议由Hans Vaihinger组织,是一个关于相对论的哲学意义的讨论。Vaihinger极力宣扬新康德哲学,并将其主要工作[31]称为"似乎哲学"(Philosophie des Als-Ob)。由于Vaihinger方法在会议期间占据了主导地位,哈雷会议也被称为是"似乎会议"(Als-Ob-Konferenz),这个会议相当于康德学会在哈雷的年会;第一届会议是在1914年召开的。爱因斯坦起初同意参加这一会议,但是Paul Ehrenfest, Max Wertheimer和Elsa Einstein提醒爱因斯坦,他的出席可能引起有关哲学方法论的争论(文件16和23)。[32]最后他决定不出席在哈雷的这次会议,既然那里的会议上"有人要没完没了地聒噪,令他难受"(文件19);他的理由是,他有义务出席荷兰科学院的年会(文件41)。

在爱因斯坦逗留于莱顿期间,荷兰教育部长于5月22日收到了外事部长关于此事的报告。按照柏林大使的说法,爱因斯坦同"革命者"有联系这件事并不能得到证实。[33]4天后部长向部长议会提交了建议书,允许莱顿大学基金会设立一个新的物理学教授席位。[34]5月底,爱因斯坦返回了柏林,但没有按计划举行就职演说(文件32)。

6月15日,国家议会(Raad van State,政府的最高咨询机构)批准了这一申请,并请女王确认这一决定。[35]皇家法令于6月24日签署。[36]同时,3名管理者被任命来监督这一席位:公证员Joannes A. F. Coebergh;外事部秘书长Rudolf J. H. Patijn;阿姆斯特丹大学物理学教授Pieter Zeeman。然而,由于爱因斯坦没有荷兰的博士学位,因而需要一个特殊的政府许可。这就需要另外一个皇家法令以及其他正式程序。7月12日,莱顿大学基金任命爱因斯坦担任上述新设立的教授。Cornelis van Vollenhoven 在得到莱顿大学的支持后,开始启动一个新程序来设法得到政府批准。[37] 部长又一次征求了咨询委员会的意见,后者同意这一任命,并指出"关于这位教授的身份已经没有什么疑问了,因为调查显示,被任命的教授与 Einstein 博士是两个人,后者在 1919 年确实投身于共产主义事业"。[38] 调查报告包含对"共产主义者 Einstein 博士"的身体特征的描述。最终,在这个程序启动 7 个月之后的 1920 年 9 月 21 日,Wilhelmina 女王批准了对爱因斯坦的任命。[39] 爱因斯坦举行就职演说的道路从而得以畅通。

IV

1920 年 7 月,Paul Ehrenfest 首先提出想组织一次科学会议,内容是磁学的各种论题和低温下固体的性质。并且他对在随后一年中讨论这些事的前景"期待得不耐烦了"(文件 83),届时爱因斯坦将再次访问莱顿。8 月份,他通知爱因斯坦,法国的 Pierre Weiss 可能也会出席会议,并表示赞赏爱因斯坦"关于处理顺磁性理论的乐观主义"(文件 99)。

爱因斯坦在 1920 年秋天的旅行中首先去基尔(Kiel)待了几天。9 月 15 日他在"基尔金秋艺术科学周"上作了一个很受欢迎的报告,而且他住在德国企业家和慈善家 Hermann Anschütz-Kaempfe 的家中。随后他去巴德瑙海姆出席了 GDNÄ 会议,去斯图加特参加了 9 月 28 日举办的另一个报告,以示对地方天文台的支持,并去德国南部的 Benzingen 与他的爱子待了几天。10 月 21 日,爱因斯坦抵达莱顿并最终在 1920 年 10 月 25 日作了就职演说。

爱因斯坦的演说正值 Ehrenfest 组织的为期一周的会议中间。该会议由 Froid 国际研究所赞助,致力于低温顺磁性的讨论。除了爱因斯坦,Ehrenfest,Lorentz 和 Kamerlingh Onnes,参加会议的还有另一位莱顿物理学家 Johannes P. Kuenen,以及法国物理学家 Pierre Weiss 和 Paul Langevin。在 Ehrenfest 的日记里,这场会议被称为"富有磁性的一周",它使得科学家们有机会讨论低温凝聚态物理学在实验和理论方面的尖端问题。

尽管爱因斯坦将广义相对论作为他"著名的就职演说"（文件183）的话题，莱顿物理学家希望这一职位会让爱因斯坦更加接近他们自己在低温凝聚态物理领域的研究。其实，鉴于爱因斯坦与莱顿的专业联系，Onnes 抱有"低温实验室繁荣的美好希望"。[40]而且，实际上在访问荷兰期间，爱因斯坦就花了大量时间与 Onnes 讨论研究（比如，本书第九卷，文件 152a，以及本书文件 25），并在他的实验室观摩了实验演示（文件 9）。Lorentz 也注意到爱因斯坦对固态物理学的兴趣，还邀请他在即将来临的 1921 年索尔维会议上就回转磁效应的研究现状发表讲话，作为前几年爱因斯坦与 De Haas 所开展的实验的追踪（文件 49）。

因为没有现存的正式会议记录或报告，我们对"富有磁性的一周"里的讨论细节知之甚少，但我们确实知道超导现象是一个争论的焦点。[41]Ehrenfest 和爱因斯坦专门讨论了超导是否显示出一些 Hall（霍尔）效应的问题。有一封信的内容是我们仅从 Ehrenfest 关于微积分的手稿（文件 227 和附录）摘录得知的。在这封信里，爱因斯坦考虑了完全导体的 Hall 效应，并得出了一些从原理上经得起实验检验的结论，即使在当时的莱顿实验室还没有这样的技术可能。

爱因斯坦的考虑是基于 Maxwell（麦克斯韦）方程的特解，这样就是一个纯粹的经典特性。他在"富有磁性的一周"以及与 Ehrenfest 进行的关于顺磁性的讨论常常涉及这些实验现象对新量子理论的影响。爱因斯坦对量子理论的新进展非常感兴趣。首先，他于 1920 年 4 月在柏林会见了 Niels Bohr；随后他跟 Ehrenfest 说他"像你一样喜爱 Bohr"（文件 6）。1920 年 6 月他们再次见面，当时爱因斯坦在哥本哈根作了关于相对论的报告。他们之间的第三次私人会面发生在 12 月，当时 Bohr 途经柏林去见他刚从意大利回来的夫人（文件 236）。

V

1920 年，爱因斯坦的大部分精力被公众对相对论的兴趣占用。他收到并接受了许多演讲邀请，既有学术性的，也有科普性的。他被反复问起相对论的意义，英国《自然》（Nature）杂志曾通过他的翻译

Robert W. Lawson 转达了一份提问请求,在回复这一请求时,他简短地论述了相对论的历史意义(第七卷,文件 31,50,53)。他的文章一时供不应求,新的版本也很快出现在德国和其他国家(参见年表和日程表,与 Barth 的通信,Springer 出版社,Vieweg 出版社)。

哲学家们也开始反思相对论对认识论的影响。正如他们与爱因斯坦的通信显示的那样,爱因斯坦高度评价了 Moritz Schlick 关于相对论的书信(参见文件 47,51)。1920 年 5 月,他同意阅读 Ernst Cassirer 的一份手稿(文件 11)。他在这份手稿上做了一些批注,并在评论中对 Cassirer 的观点表示赞同(文件 44,58)。在给 Elsa 的明信片上,爱因斯坦说,相比于在莱顿度假,阅读 Cassirer 的手稿"不那么好玩",但在给 Vaihinger 的信中,爱因斯坦则推荐说,Cassirer 或许可以投一篇连他自己都写不出来的关于相对论的文章,因为他写了"一篇从哲学角度理解相对论的非常有趣的文章"(文件 41)。

在本卷中我们还发现,爱因斯坦也花费了相当多的时间和精力跟一位相对论的批评者进行论辩。他的一位在伯尔尼专利署的老熟人 Edouard Guillaume 对相对论持否定态度,认为它没有保留一个普适的时间概念。

Guillaume 之所以反对相对论,主要原因在于他没能理解相对论。在精确确定给定方程中哪个量是由哪个观测者测得时,他拒绝接受任何严苛的限制。结果,他发现利用相对论中他能理解的变换来产生一致性是很容易的,可是他总是坚持所有时钟有一个特殊的不变量,即钟的周期与所测时间的乘积。

在他们 1920 年下半年的通信中,爱因斯坦非常耐心地试图解释 Guillaume 对相对论略显复杂的描述。爱因斯坦的朋友和前搭档 Marcel Grossmann 得知 Guillaume 固执的理论在瑞士科学界有所流行后,也很关注。甚至看上去 Michele Besso 对 Guillaume 的论点有所相信(文件 85)。除此之外,Guillaume 声称,太阳天文物理学家寻找引力时间膨胀证据未果的事实,恰恰能支持他的观点。这无疑触动了相对论支持者们的神经。当 Guillaume 在一家英文天文学杂志上发表书信来阐述他的主张时,遭到了与 Arthur S. Eddington 齐名的人物的反驳。[42] Grossmann 希望爱因斯坦也在瑞士展开同样的反驳,但爱因斯坦表示不愿意公开批评 Guillaume。

然而爱因斯坦和 Guillaume 没有可以辩论的共同基础。最后，爱因斯坦无可奈何，只好对 Guillaume 说，去"做你忍不住要做的事"吧（文件 250）。他还向 Grossmann 提供了他找到的公开声明（文件 148）。这一声明断言 Guillaume 没能理解相对论。由于这一声明听上去比较刺耳，不便发行，Grossmann 就发表了一份稍微温和但仍然犀利的短文，以他自己的名义发表。[43]

与此同时，关于引力红移的争论在天体物理学家当中也如火如荼。尽管爱因斯坦在本卷中继续相信，Leonhard Grebe 和 Albert Bachem 的工作已经给出了解读太阳系红移数据的方向（第九卷，文件 25, 57），但在实践中他认为，要作出最终定论，还需天文学家们做进一步详细研究。如果说爱因斯坦对相对论的信念经受了大量反对言论的考验，这些考验甚至来自于像 Willem Julius 这样一些赞成他的太阳系学说的天体物理学家，那么 Grebe 和 Bachem 的工作则给了他充分的支持。在这个问题上，他不同于他的同事们，甚至也不同于那些相对论的热情支持者们，包括一些像 Adriaan Fokker 这样的人，他们期待能经受这一考验的、更可行的理论出现（文件 40）。同时，Erwin Freundlich 致力于复现 Grebe 和 Bachem 的工作，而且为"爱因斯坦塔太阳天文台"（Einstein Tower Solar Observatory）筹集了资金，计划在这里扩展他的研究；尽管爱因斯坦开玩笑说，他该保存精力，从固定恒星的频谱中观测引力红移（文件 101）。

根据两则科学花絮，爱因斯坦继续直接帮助自己的堂妹 Edith Einstein 在 Paul Epstein 的指导下完成一篇有关辐射计理论的博士论文（文件 38, 42），他自己则开始研究球状星团的引力场（文件 231）。他这样做的初衷可能是因为这一研究将为宇宙常数的存在提供证据，尽管这一希望已化为泡影。

VI

在 1920 年的最后几封信中，爱因斯坦回复了一位剑桥三一学院的植物学家 Ernest Pickworth Farrow，这位植物学家曾听到有关爱因斯坦在柏林过得不愉快的传言。Farrow 非官方地询问爱因斯坦,"如果需要经费",是否可以考虑到剑桥任职。为了让爱因斯坦开心,他还附了一张圣诞贺卡(已失传)。Ilse Einstein 手中一份日期为 12 月 28 日的草稿显示,爱因斯坦回复,"您的圣诞贺卡的确非常幽默,让我忍俊不禁,特别是当我将英语单词夹杂着额头的汗水一起塞进我那不再年轻的大脑时"(文件 245)。

然而,爱因斯坦练习英语并不是出于学术目的,与英国也没有关系,而是在为前往美国做准备。1921 年初,爱因斯坦就已经在酝酿访问西班牙和美国的事,至于带谁一同前往,他还举棋不定,后来暂定 Ilse 作为陪同(文件 162,165)。12 月 15 日,他告知他的爱子,"今年夏天我可能要赴北美进行为期半年的巡回演讲"(文件 232)。

爱因斯坦收到了美国的几所大学和学术机构的邀请函,其中包括普林斯顿大学、威斯康星大学和华盛顿的美国科学院。爱因斯坦与各科研机构及其代表之间的交流存在困难,且经常被耽搁,特别是在 9 月 13 日到 11 月 7 日他离开柏林这段时间,情况更为严重。在与美国机构洽谈时,爱因斯坦希望通过要求数目可观的报酬来"购买"他的"充足经费需求权"(文件 209)。在他回复 Farrow 时,期望他的要求能得到满足。但是就在几天之前,普林斯顿大学的校长 John G. Hibben 写信告诉他,"不可能考虑你所要求的 15 000 美元的演讲酬金"(文件 243)。

就这样,计划中的"美元之旅"(Dollar-Reise)就被暂时搁置了。尽管如此,到新世界的第一次访问很快成为爱因斯坦在 1921 年的头等大事。这一行程确实是一次资金筹集行动,不过爱因斯坦筹钱不是为了他自己,而是为了耶路撒冷的希伯来大学。[44]

[1] 参见第五卷引言,第 xxxv 页。
[2] 第五卷,文件 305 和 366。关于爱因斯坦和 Zangger 之间的友谊,参见 *Medicus 1994* 和 *Medicus 1996*。
[3] 第五卷,文件 286,291 和 297,以及第四卷,文件 7。
[4] 第五卷,文件 263,308 和 406。
[5] 第三卷引言,第 xxviii 和 xxx 页,以及第五卷,文件 268,330 和 334。
[6] 第八卷,文件 130,342 和 473。
[7] 第八卷,文件 242,309 和 412。

[8] 第八卷,文件 152,597,598 和 601。

[9] 关于安排这次休假的复杂性,亦可参见本书第八卷,文件 374a 和 377a。

[10] 参见第七卷,《[编者按]爱因斯坦与德国反相对论者们的对峙》,pp. 101—113。

[11] 更多关于 Weyland 的内容,参见 *Kleinert 1993* 和 *Goenner 1993*。

[12] 参见第九卷,文件 103。

[13] "爱因斯坦教授恰好在当前时刻对德国来说是第一等的文化要素,因为爱因斯坦的名字得到了最广泛的传播。我们不应该把一个我们能够借以进行真正的文化宣传的人物赶走,不能把他逐出德国。" ("Professor Einstein ist gerade im gegenwärtigen Augenblick für Deutschland ein Kulturfaktor ersten Ranges, da Einsteins Name in weitesten Kreisen bekannt ist. Wir sollten einen solchen Mann, mit dem wir wirkliche Kulturpropaganda treiben können, nicht aus Deutschland vertreiben.") Friedrich Sthamer 1920 年 9 月 2 日致外交部的信,GyBPAAA, R 64673。

[14] 其中最著名的就是 1920 年 5 月,和平主义者 Hans Paasche 被谋杀,他曾是海军军官。慕尼黑大学(University of Munich)的伦理学教师 Friedrich Wilhelm Förster 和柏林大学(University of Berlin)的医学教师 Georg Friedrich Nicolai 都被解雇了。关于爱因斯坦为 Nicolai 所作的公开辩护,参见第七卷,文件 32。

[15] 投票支持魏玛联盟(Weimar coalition)的民众在 1919 年 1 月举行的选举中有 1 900 万人,目前则下降到了 1 100 万人。支持右翼政党的民众从 560 万人上升到 910 万人,而支持左翼政党的民众则从 210 万人上升到 530 万人。1920 年 8 月 4 日,政府赦免了那些参与了 Kapp 暴动但并未担任领导者的人。1920 年 8 月 11 日,裁军法令开始执行,但巴伐利亚政府拒绝裁减巴伐利亚地方军。参见 *Eyck 1962*,pp. 159—163 和 176 页;本书第九卷,文件 79a,注释 7;第九卷的引言;以及第九卷,文件 308,注释 5。

[16] 参见 *Zuelzer 1982*, p. 293。

[17] 参见 *Klein 1970*, pp. 293—323。

[18] Paul Ehrenfest 1919 年 9 月 8 日致爱因斯坦的信(第九卷,文件 101),以及爱因斯坦 1919 年 9 月 12 日致 Paul Ehrenfest(第九卷,文件 103)。

[19] Paul Ehrenfest 1919 年 9 月 24 日致爱因斯坦的信(第九卷,文件 175); Hendrik Antoon Lorentz 1920 年 1 月 16 日致爱因斯坦的信(第九卷,文件 264)。

[20] 第二天,为了取得以皇家法令形式的政府许可,基金理事会(Universiteitsraad)向教育部长求助;不久之后,大学的管理董事会(Board of Curators)也采取了同样的行动。参见第九卷,文件 308;1920 年 2 月 10 日莱顿大学基金会致 Wilhelmina 女王的信和 1920 年 2 月 21 日荷兰莱顿大学馆长致教育部长的信,校长登记号 2.14.17,清单号 13。

[21] 参见文件 30 和 Paul Ehrenfest 1920 年 4 月 13 日致爱因斯坦的信(第九卷,文件 373),以及 Springer 出版社 1920 年 4 月 23 日致爱因斯坦的信(第九卷,年表和日程表)。讲稿 *Einstein 1920j*,在扉页上写有日期 1920 年 5 月 5 日。

[22] "他的政治原则";1920 年 3 月 5 日监督委员会委员致教育部长的信,Ne-Ar,教育部档案室,校长登记号 2.14.17,清单号 13。

[23] 关于学生骚动,参见 *Einstein 1920a*(第七卷,文件 33),以及爱因斯坦 1920 年 2 月 14 日致 Eduard Meyer 的信(第九卷,文件 315)。

[24] 柏林大学生活,新英格兰报(*Nieuwe Courant*),1920 年 3 月 2 日,晨间版。

[25] 革命的一方,司法部长办公室 1920 年 3 月 19 日致教育部长的信,Ne-Ar,教育部档案室,校长登记号 2.14.17,清单号 13。

[26] 在比利时被占领期间,大约有 3 年时间,Einstein 博士(不是 Eisenstein)和伯爵夫人 Olga von Hagen(……)都住在布鲁塞尔。在此逗留期间,Einstein 博士持续积极宣传比利时人的革命,同时 Olga von Hagen 化名"红色伯爵夫人"记述了这件事。(……)两人一直备受关注,有确切消息报道他们曾前往荷兰。"当时的中士,皇家海军分遣队指挥官 You Div 于 1919 年 6 月 18 日致布雷达地区上尉的信,Ne-Ar,教育部门的档案室,校长登记号 2.14.17,清单号 13。

[27] 教育部长 1920 年 3 月 22 日致 Gijsel Spike 和 Van Yollenhoven 的信,Ne-Ar,教育部档案室,校长登记号 2.14.17,清单号 13。

[28] "爱因斯坦教授[……]娶了一个跟他同姓的犹太女人,不是吗?而且战争期间他并没有在布鲁塞尔居住和逗留过。" Van Vollenhoven 1920 年 3 月 27 日致 Appen 教育部长的信,Ne-Ar,教育部档案室,校长登记号 2.14.17,清单号 13。

[29] 教育部长 1920 年 5 月 4 日致外交事务大臣的信,Ne-Ar,教育部档案室,校长登记号 2.14.17,清单号 13。

[30] "爱因斯坦(……)共产主义是一件愚蠢的事"; Kamerlingh Heike Onnes 1920 年 5 月 10 日致教育部长的信,Ne-Ar,教育部档案室,校长登记号 2.14.17,清单号 13。

[31] *Vaihinger 1918*。

[32] 关于 Als-Ob 会议的更深入的探讨,参见 *Hentschel 1990*,第 3.4.2 节。

[33] "revolutionaire kringen"; 1920 年 5 月 20 日 Ministerie van Buitenlandse Zaken 致教育部长的信,Ne-Ar,教育部档案室,校长登记号 2.14.17,清单号 13。

[34] 教育部长 1920 年 5 月 26 日致外交事务大臣的信,Ne-Ar,教育部档案室,校长登记号 2.14.17,清单号 13。

[35] 1920 年 6 月 15 日 Raad van State to Wilhelmina 女王的信,Ne-Ar,教育部档案室,校长登记号 2.14.17,清单号 13。

[36] 参见 *Staatsblad van het Koninkrijk der Nederlanden*, No. 315(1920 年 7 月 27 日)。

[37] Cornelis van Vollenhoven 1920 年 7 月 12 日致爱因斯坦的信,参见年表和日程表。1920 年 7 月 31 日,Ne-Ar,教育部档案室,校长登记号 2.14.17,清单号 13。

[38] "alle twijfel is opgeheven omtrent de identiteit van den benoemden hoogleraar met dr. Einstein, die in de loop van 1919 werd gesignaleerd, als beslist de communistische beginselen te zijn toegedaan"; 1920 年 9 月 8 日监督委员会委员致教育部长的信,Ne-Ar,教育部档案室,校长登记号 2.14.17,清单号 13。

[39] Wilhelmina 女王批准任命阿耳伯特·爱因斯坦为物理学教授的文件。该职位是莱顿大学基金会设立的,日期是 1920 年 9 月 21 日,Ne-Ar,教育部档案室,校长登记号 2.14.17,清单号 13。

[40] Heike Kamerlingh Onnes 1920 年 2 月 8 日致爱因斯坦的信(第九卷,文件 304)。

[41] 亦可参见 *Matricon and Waysand 2003*,第三章中的讨论。

[42] 参见 *Guillaume 1920c* 和 *1920d*,以及 *Eddington 1920b*。

[43] 参见 *Grossmann 1920*。

[44] *Rosenkranz 2005*, p. 304。

关于全集的编辑方法

"编辑方法"始于第一卷,以内容筛选、确定、陈述、转录、注解和书评为指导方针,并在前面几卷中进行了必要的补充。第八卷及之后各卷都根据需要进行了修改和添加。

内容筛选

第一卷《早期时期》之后,排版上分为著作集和通信集两部分。前4个著作卷(1900—1917)囊括了爱因斯坦全部的文章、著作、未发表的科学手稿。只有他的少量笔记还保存着,包括他作为物理学专业学生的笔记、他所执教的大学课程的讲义和研究笔记。作为爱因斯坦讲义补充的听众课堂笔记,或逐字记录,或摘要,以及爱因斯坦报告、演讲、评论或者访谈的可靠记录,还有爱因斯坦的批注,这些资料综合在一起,非常有助于对他的思想的理解。

爱因斯坦写于1920年5月之前的所有已知的信件都收录在含有书信的前四卷里(第一,第五,第八,第九卷,1879年至1920年4月)。第十卷展示了大量新获得的1909年至1920年4月的信件。寄送给不同收信人的相同信件此处只印了一份,并且所有已知的收件地址都已注明。然而,在处理寄给爱因斯坦的信件时也更加有选择性。我们可以获得许可的所有重要来信都完整或摘录地印了出来。对于那些没能获得许可的来信,我们在年表和日程表中给出了概要。

对理解爱因斯坦发展历程、出身背景和公众活动有重要帮助的第三方信件和其他公文(如证书和官方报告)都以全文、部分或者摘要的方式印了出来。当时的重要附属资料也作为正文的一部分出版。

爱因斯坦所写的诗歌则收录在作品卷中。如果写给爱因斯坦的诗歌是某封信件的一部分,则收录在通信卷中;否则,就以注释方式描述后收录在年表和日程表中。

现存的但是没有找到作者和日期的信件也有提及，而且所有现存的原作中的重要摘录都印了进来。

那些仅用于传达问候、没有独立特征的爱因斯坦附言，以及其他作者添加在信件末尾的话都在年表和日程表中做了摘录。

内容明显是为了发表的信件编排在作品卷中，而那些写给特定读者的信件则出现在通信卷中。

爱因斯坦参与写作的合订版序言也包括在内。爱因斯坦为其他人的著作或者他本人的著作的译本所作的序没有包括在内，但在年表和日程表中有记载，而那些可以作为作品卷正文的内容除外。摘录没有以正文形式出版。

访谈中引用的陈述和除去访谈时插话的整段文字都以正文的形式出现在作品卷中。有些访谈包含了爱因斯坦思想的关键部分，但格式更像典型的访谈，或者罗列了爱因斯坦对同一主题的多种声明，这些内容均收录在附录中。访谈中爱因斯坦独特的措辞放在与通信卷有关的年表和日程表中。

爱因斯坦是在1917年10月成为威廉皇帝物理研究所（KWIP）主任的。正如之前几卷提到的，本卷中爱因斯坦作为KWIP主任的通信是重要的。与爱因斯坦之间的例行财政和管理交流，以及向他提出的拨款申请或已略去，但收录到了年表和日程表中。除非对理解爱因斯坦的意图和行动有特殊意义，否则所有爱因斯坦作为KWIP董事会成员的信件，或者他写给理事会或董事会其他成员的信件，以及作为KWIP主任的第三方文件只在年表和日程表中作了摘要。

对于那些我们有副本但是日期与讨论中的文件内容有冲突的文本或只言片语，我们收录到了年表和日程表中，没有收录到正文中。

爱因斯坦档案中有约70件只言片语（碎片文件），而且大部分只能确定是哪个年代的，无法准确确定日期。爱因斯坦在柏林的最后那段时间（1933年），编辑将在最后一卷中分别编号并列出这一时期的草稿和笔记清单。在柏林时一些信件的日期只能确定大约是哪几年，对这些信件也做了同样的处理。

正文定稿

lv

我们的方法是先影印手稿,然后如果可能的话对照原件校对副本。当然,有时我们只用到了手稿的影印本,而没有对照原件校对副本。如果原件和影印本都无法获得,我们就以之前转录或印刷的版本为蓝本。如果这样的版本不止一份,我们就选择一份我们认为与作者风格、拼写习惯、标点习惯最为相近的一份,此时主要依据那些只用于确定模糊印刷错误的文本来判定。

对于已出版的文件,我们把用原始语言出版的第一版作为母本。基于我们在爱因斯坦生前整理的爱因斯坦出版物,之后版本中的变化都作了注明。如果原始手稿可以得到,细微的差别在尾注中都有标注。如果手稿与印刷版有本质上的分歧,则将手稿中不同的地方以独立文本的方式放在印刷版的前面。如果以原始语言撰写的手稿、打印件和印刷版都没有,则采用已发表的译本。如果有德文版的话,爱因斯坦署名的首次发行的英译本就放在德文版之后。

能找到出自爱因斯坦的讨论言辞,就将其作为正文的来源,而不是用那些已出版的评论。所有可用文本中的较大改动都有注明。

编排方式

每个文本都有一个序号和英文标题。如果原始标题存在,则使用其译文。信件都以写信人或收信人的名字作标题,爱因斯坦本人的名字除外,如果他是写信人或收信人,他的名字就省略不写。

发表的作品用摹本复制,本卷中包含的所有其他资料都是新编排的。正文按时间顺序排列。发表过的文章如果知道完成日期,均采用完成日期;否则,就用提交、接受或出版的日期。如果文件有一定的时间跨度,则用起始时间决定其在卷中的位置。附在或插入某一文本之后或中间的没有日期的文本紧接主文本,除非有证据表明它比主文本更早。

针对一些讨论只言片语所作的编辑者的评论,合起来构成一个文

lvi件,这种文件被设为较小字号,以示与正文的区别。编辑者的评论放在爱因斯坦正文之前,作为论文、报告、演讲和陈述的摘要,与爱因斯坦的正文相呼应。

每一页的页眉上面都有一个英文的栏外标题和页码。尾注用方括号内的数字表示,放在副本的边沿,与相关的段落或方程相连。副本的最后一段之后就是注释。

在作品卷中的副本保持了原版中所有的相关特征,包括分页、注释位置和栏外标题。如果在爱因斯坦的原件的相同页面中存在与本版不相关的文字,我们采用浅色印制。在前面的文字页,读者会发现文件号码,英文名称,引用文献的文件名称的缩减名称,完成日期及文字来源。再版中爱因斯坦的文本修订和注释也在页面上注明。扉页上的一些信息会再次出现在文件结尾的未编号的描述性注释中。

某一卷文集出版之后,如发现有遗漏的文件,则将它们放在后续卷本的前面。正如在序中提到的,本卷收录的文件中几乎有一半发表在1920年5月之前。它主要来源于 Margot Einstein 遗赠给耶路撒冷阿耳伯特·爱因斯坦档案馆(Albert Einstein Archives)的家人书信,档案馆在她去世后20年关闭。还有来自最近苏黎世中央图书馆(Central Library of Zurich)所提供的 Heinrich Zangger 的手稿。

编辑注释由方括号包含的数字表示,紧跟在文本和文本说明的后面。类似地,注释打印在相应的页脚或作为栏外注释放在相应的文本旁,以保持每一页的连贯性。

除了在发表的论文中,描述性符号出现在文本后面(见描述性符号列表)。如果没有指定出处,那么它来自耶路撒冷犹太国家和大学图书馆(Jewish National and University Library in Jerusalem)的阿耳伯特·爱因斯坦档案馆。否则,在描述性符号后面给出原始出处(括号里面)。如果出处不明,则给出影印版或副本的出处。文献库的符号遵循美国国会图书馆联合目录标准(见档案来源符号列表)。

lvii原始文件有些描述性的注释影响了文字的辨识,不论是裁剪、打孔、模糊或不完整等,均按指定的出处。如果某一篇文献来源于这样的资料,我们会对此作简要说明,省略的内容有可能会在本丛书的其他地方出现。我们省略了一些语篇特征,如原始分页和换页指示。如果可能,我们尽量给出信件和明信片上的地址和邮戳。

信件系列中每份文件的描述说明包含以下信息:(a)描述性标志;(b)如果原始出处不是阿耳伯特·爱因斯坦档案馆,则标示出原始出处;(c)如果一个文本已经出版,则给出说明;(d)以方括号中的数字标示阿耳伯特·爱因斯坦档案馆中每个原始或拷贝文件;(e)当存在两个相同日期的文件时,如果可能,则给出邮戳的描述说明;(f)如果邮戳模糊或不完整,则给予文字说明。如果日期不能确定,则对邮戳的内容进行说明。

按字母顺序列出的文本放在后面,而著作系列的参考文献则按日历时间排列。

书信卷后面的年表和日程表包含了一些未在正文中列出的爱因斯坦的书信,按照时间顺序和出处排列。它也包含一些未能留下记录的特别文件和会议的时间信息。所有作品以问题形式概述了主要内容(更详细的说明可参考日程年表和日程表的引言说明)。

在原始材料或原始的拷贝材料中都没有的地方,我们给出了经销商或拍卖的文本片段的转译,如果可以的话,一起给出了穿插的评论,它们与尾注的字体、大小相同。凡连贯、不分段的部分节选——比如传真或大量抄写材料——作为一个文本的来源,他们使用与爱因斯坦的信件的文本相同的字体大小。一些文本仅仅只能依靠大量文本片段或者引用、评论等内容片段来进行重构。在这种情况下我们会使用与之前明显不同的字体。

爱因斯坦的评论部分,给出了原始文章或图书的标题。

如果论文后面附录的原始文字紧接着论文打印,则会保留这种布局。对相关标题页中的文字列表及文字说明中的日期都进行了说明。[lviii]

如果文件随附了一封书信,而该信只是一个附件而没有独立完整的内容,那么这两个文件共用一个编号。

转录文字中省略了原草稿中重复的文字片段以及无关的文字或方程。

作者对文字的修改,如果是与文件写于相同时间的话,则插入修改文字处,除非这种插入会引起混乱。如果对原始文献的修改需要引起读者的重视,则进行必要的说明。如果修改起到对文章的注释作用,不适合直接插入,则放在尾注。

对两个或三个单词的强调和对一个单词的强调都同样采用斜体字(中译本中用楷体字)。如果存在明显的多重含义或者紧跟有其他的强调符号,如感叹号,则额外注释。

在原始文献的致敬、日期或结尾中以斜体或大写字母出现的地名以及官方短语,则统一采用罗马字体并首字母大写。

如果文章后面原始图形不需要重绘,则进行了扫描。在这种情况下,我们对图形中出现的文字进行了尾注标示,并在注释中对相关单词或短语作了描述。

尾注没有对引用的德语、法语、意大利语段落进行翻译。只翻译了评述中的引用段落。

转 编

我们的目标是在转编过程中尽量忠实于原文。不作更正、补充和删除,不修改字符、标点符号、编排,但如下情况例外。

在1905年7月之前,爱因斯坦使用的是哥特式字体(第五卷,文件29),之后他一直采用拉丁字母。他的所有文字全部采用拉丁字母打印。

不论发表时间原来在什么地方,发表时间都放在文字的上方。编辑增加的或修改的发表时间放在方括号内,如果发表时间不确定,则在后面加问号,或给出描述性说明。名称"circa",缩写为"ca.",表示指定范围内的日、月、年的不确定性。如果知道文章的完成日期、提交日期、打印文章的发表日期、打印的原始版本,则增加上去,省略了转录文字。

称呼始终是放在落款日期的左下方,而且第一段缩进。第一段首字母通常是大写的。

对于收到的信件,所有手写的、打印的,或打印在信纸上的均在描述性注释中转录。对于发出的信件,收件人的地址在描述性注释中说明。

在作者使用特定的垂直线来指示出现的一个新段落,并且其中的段落非常含糊但其中很可能有意或应该缩进的地方，我们使用了缩进。当段落有明显缩进的意图，但作者的风格是把第一行的左边距对齐，我们也进行缩进。一个结束符打印为一个连续的文本，在合适的地方，我们采用逗号来结尾。签名放在右侧，附注则放在签名的下方，左对齐。

我们忽略了印在其他的手写文件或明信片背面的印刷信息，除非与本文内容是相关的。

不寻常或令人混淆的缩写在方括号内写出全拼。凡字母模糊或难以阅读，带有问号标示的可能的发音放在方括号内，并注明可能的正确拼写、语法、句法。如果没有给出发音，在方括号内用破折号给出了模糊词和字母的估计个数。

我们忽略了微不足道的删减，也没有作说明。那些被认为重要的删减放在修订文字之前的角括号内。如果多于一行的文字被整个删除，我们用从左上方向右下方的对角线表示删除，而不是用角括号表示删除少于一行的文字。在一个删除中删除的文字包含在角括号内。

只要不是有非常明显的信息缺失，作者在文件中所标记的插入词或插入句，即使出现在一页的其他地方，我们也将其直接插入文本之中。未标记的段落则放在文件末尾，并用注释指明其原始出处。如果缺失很明显，则按照原件中的位置插入。图表的副本尽量按照原件的布局放置，并在必要的时候加上标题。

凡印刷的摘录，每个省略部分由方括号内六个点来表示。该摘录的开始总是缩进。

对于打印的文件，保留所有印刷错误，但出现重叠的情况时，字符间距则依照常规标准。[lx]

在发出的信件的日期栏，省略了柏林街道地址。

文件头、信封、明信片中下画线标示的城镇地址采用罗马字体。

当两条平行横线（简称"等号"）是表示一个连字符时，我们将它变为一个连字符。

德语式破折号是用来表示一个段落的结束；后续行缩进，即使作者没有在原文中这么做。

爱因斯坦经常使用手写缩写符号表示连接词"和"，在转编中我们采用连接符。

原文中将双辅音字母"mm"和"nn"缩写为单字母上加一条横线，这种方法本书中不再采用。当作者在用一种速记形式表示"ung"和"ungen"时，在转编中使用了单词的全拼。

打印的原始文件或转编中使用"J"表示"I"时，都采用它的现代表示"I"。由于爱因斯坦不区分拉丁文"I"和哥特式"I"，我们都是采用拉丁文"I"表示。

在表示一个名词的形容词时，旧的德语习惯采用形容词指标分开，我们采用现代表述：例如，"Tetrode'sche"写为"Tetrodesche"。

如果作者没有在单词中采用连字符分开原文在该行的结尾和下一行的开头，也没有关于下一行的第一个字母大写，在转编时这个单词采用连词形式。

如果有些地方缺少标点符号，可能影响对段落的理解，我们会加上额外的空格。

当等式的一部分因计算目的而取消，我们用一个从右上角到左下角的对角线表示，以区别于删除符号。

上标和下标间均放在行间，如果很重要则加上标注。

当引号是以特殊的风格出现时，我们也将其标准化。

爱因斯坦使用一个下标"×"和"＊"表示同一目的，我们统一使用"＊"。

间隔类型（"Sperrdruck"）在原文使用斜体，除非它以合适的名称出现，在这种情况下，它以罗马字符出现。在合适的地方我们将原文中的小写字母名称改为首字母大写。

注　记

编辑注释讨论了文字的内容和背景及共同主题。

尾注详细说明了具体的人、地方、文学、科学发展、组织和事件，这些都是作者和文章的特定读者所熟悉的，但不一定为当代读者所熟悉。只要有可能，我们会引用这些资料的主要来源。尾注中我们用带括号的日期代表一个没有日期与邮戳的文件。我们也在尾注中纠正正文中的错误,标示出方言词,并对会造成混淆的拼写、可疑的文字以及难以辨认的段落作出说明。正文中省略了并非由作者所作出的修改或订正,不过如果很重要的话会包含在尾注中。

对于那些被引用的复制本文件,我们将其引用页码改为原本中的页码。

对已经公开发表在《论文集》中文章的引用采用卷和文件编号(如果在另一卷),如果是爱因斯坦发表的论文,则采用作者和发表日期进行引用。

在所有编辑材料中,给出的参考文献按作者/日期引用。这些引文在每卷中都按字母顺序列在参考文献部分中,其中给出了完整的文献信息。列举的文献清单并未包含爱因斯坦所有重要作品书目。

如果参考文献是信件或文件,且原始出处不明确,那么引用采用爱因斯坦档案馆中的版本或复制本,后面附上存档的控制号码。

当引用的爱因斯坦档案是尚未出版档案材料时,如果日期不确定,仅使用档案号码。否则,仅仅是引用参考撰文、收件人以及日期。

如果读者对文件的后续版本比较熟悉,则在标题页引用更著名的版本,并加以注释。

只有当有可能引起混淆时,我们才对原件中的错误进行修改。

如果爱因斯坦所标记的评论是作为公开言论发表的,那么这些评论的其他参与者仅仅作为补充材料标注。

对于外文引注我们只翻译了从第三方文件和书目为来源的外文引文注释,而没有翻译文本中的外文,如草稿段落,以及相关的注释中的内容。

致 谢

编者在许多个人和机构的协助下受益匪浅，感谢耶路撒冷的希伯来大学（Hebrew University of Jerusalem）授予我们公布资料的权限。

我们对于 Harold McGraw Jr. 的持续支持深表感谢。加州理工学院（California Institute of Technology），Virgle L. Hedgcoth 和苏珊·亚历山大基金（Susan Alexander Fund）提供了慷慨的援助。我们感谢 Lynda Hughes 夫人和西德尼·哈曼家族基金会（Harman Family Foundation）慷慨的礼物。我们也感谢苏黎世的瑞士联邦技术大学（Swiss Federal Institute of Technology），他们为我们于 2002 年至 2004 年在加州理工学院的编辑工作提供了支持。

我们对 Barbara Wolff 深表感谢，她一丝不苟地帮助我们完成了本卷的校对工作。同时感谢 Chaya Becker，以及犹太国家阿耳伯特·爱因斯坦档案馆的 Roni Grosz 博士。感谢耶路撒冷的希伯来大学的大学图书馆一直以来的帮助和慷慨的合作。

Heinrich Wanner，代表苏黎世 Heinrich Zangger 文化社区，允许我们获取存放在苏黎世中央图书馆特藏馆中他祖父未发表的遗作。特藏馆主任 Christoph Eggenberger 和他的同事 Ruth Haeusler，Angelika Hugger，特别是 Gabriele Wohlgemuth 提供了巨大的帮助。

我们感谢执行委员会成员提出了许多有益的建议。希伯来大学的 Issachar Unna，在仔细阅读手稿时提供了他的专业知识。我们非常感谢本卷中 Robert Schulmann 对一些文件进行编辑和注释工作。加州理工学院的 Rosy Meiron 参与协助校对。

我们特别感谢 Shady Peyvan，Judy Nollar 和密立根图书馆（Millikan Library）和加州理工学院研究所档案馆其他专职工作人员追查难以找到的来源和信息。

许多历史信息和细节会在本卷中出现。我们感谢 Rudolf Mumenthaler,Yvonne Vögeli,Sybille Franks,瑞士联邦技术大学图书馆的 Flavia Lanini,苏黎世大学存档馆的 Gian Andrea Nogler 和 Hanspeter Stucki,没有他们的协助,许多瑞士的文档不可能收集到一起。

同样感谢以下人士的协助:Helena Andres,来自波恩的 Görres-Gesellschaft zur Pflege der Wissenchaft;Brigitta Arden,来自匹兹堡的科学哲学档案馆;Ralf Bülow,来自 Mannheim 的国家博物馆;Barbara Bürki 和 Maria Lauper Eggimann,来自伯尔尼的 Einstein-Haus;Lukas Dettweiler,来自伯尔尼的瑞士文学档案馆;Philip Cronenwett,来自马萨诸塞州剑桥迪布纳学院(Dibner Institute)的 Burndy 图书馆;Esther Dreifuss-Kattan,来自洛杉矶的南加州精神分析研究所(Southern California Psychoanalytic Institute);Michael Eckert 和 Sommerfeld Edition,来自慕尼黑的德意志博物馆(Deutsches Museum);Jean Eisenstaedt,来自 Paris 的法国国家科学研究中心(CNRS);Ralph Elliott,来自澳大利亚国立大学(Australian National University)的人文研究中心(Humanities Research Centre);Brigittte Faatz 和 Stadtarchiv,来自巴德瑙海姆;Peter Fleer,来自伯尔尼的瑞士联邦档案馆(Swiss Federal Archive);Philippe Frei,来自苏黎世州国家档案馆;Robert Marc Friedman,来自奥斯陆大学(University of Oslo);Bernd Goebel,来自 Fulda 的神学系;Hubert Goenner,来自格丁根大学(University of Göttingen);Branko Hanžek,来自克罗地亚科学和艺术学院(Croatian Academy of Sciences and Arts)的科学史和科学哲学研究所;Klaus Hentschel,来自伯尔尼大学(University of Bern);Gerald Holton,来自哈佛大学;Diederik Hummelinck,来自阿姆斯特丹;Sanja Ilic,来自加州理工学院(Caltech);Christian Huber,来自 Zurich 的瑞士社会档案馆(Swiss Social Archive);Miriam Intrator,来自纽约的利奥拜克学院(Leo Baech Institute);Mathias Iven,来自伦敦;Nils Voje Johansen,来自奥斯陆大学(University of Oslo);Toontje Jolles,来自 Hague 的国家档案馆;Helge Kragh 和 Anita Kildebaek Nielsen,来自奥尔胡斯大学(University of Aarhus);Andreas Kleinert,来自哈雷-维腾贝格的马丁-路德大学(Martin-Luther-Universität);Adelheid

König 和 Friedrich Stadler，来自 Vienna 的维也纳学派档案馆（Vienna Circle Archive）；Christoph Lehner，来自 Berlin 的马克斯普朗克科学史研究所（Max Planck Institute for the History of Science）；Nurit Lifshitz 和 Kfar Saba，来自以色列；Ad Maas，来自莱顿的 Boerhaave 博物馆；Wolfgang Maderthaner 主任和 Michaela Maier，来自维也纳的工人运动史学会（Society for the History of the Labor Movement）；Wolf-Dieter Mechler，来自汉诺威的高海岸历史博物馆（Historisches Museum am Hohen Ufer）；Christine Nelson，来自纽约的皮尔庞特·摩根图书馆（Pierpont Morgan Library）；Sara Palmor，来自耶路撒冷；Felicity Pors，来自哥本哈根的尼尔斯·玻尔档案馆（Niels Bohr Archive）；Margrit Prussat，来自慕尼黑的德意志博物馆档案馆（Archiv des Deutschen Museums）；Yukiko Sakabe，来自维也纳的奥地利科学档案馆（Archive of the Austrian Academy of Sciences）；Dietmar Schenk，来自柏林艺术大学（University of the Arts）和档案大学（University of Archives）的校长；Heinrich Schuler，来自 Gemeinde Winterlingen；Joke Schuller，来自 Universiteitsmuseum Utrecht；Ana Simoes，来自里斯本大学（University of Lisbon）；Wolfgang Unkel，来自巴德瑙海姆；Ildikó Varga，来自布达佩斯的塞切尼国家图书馆（National Széchényi Library）；Vladimir P. Vizgin，来自莫斯科的俄罗斯科学院（Russian Academy of Science）科学技术史研究所；Viola Voss，来自纽约的利奥拜克研究所（Leo Baeck Institute）；Barbara Welker，来自柏林 Centrum Judaicum 的柏林新犹太教堂（Stiftung Neue Synagoge Berlin）；Hans-Jürgen Wendel 和 Olaf Engler，来自罗斯托克大学（University of Rostock）；Jocelyn K. Wilk，来自纽约哥伦比亚大学（Columbia University）的大学档案馆（University Archives）和哥伦比亚图书馆（Columbia Library）；Adriana Yanai，来自耶路撒冷的希伯来大学（Hebrew University）。

爱因斯坦论文项目中繁重的工作已经在才华横溢和热忱的学生中开展。我们感谢 Ben Aronin, Jordan Boyd-Graber, William Coulter, Elizabeth Felnagle, Lea Hildebrandt, Shant Ohanian, Neil Tiwari 和 Jonathan Webster，他们为本卷做出了许多工作。

Susan Davis，Jean Ensminger，Paul Jennings 和许多其他的教师和工作人员日常活动之间的帮助使加州理工学院爱因斯坦论文项目的编者和工作人员都大大受益。

最后，在普林斯顿大学出版社（Princeton University Press），编者要感谢 Alice Calaprice，他在文字编辑中投入了大量时间；感谢我们的制作编辑 Linny Schenck；设计师 Leslie Flis；Neil Litt；Adam Fortgang；Sam Elwothy；Martha Camp；前董事 Walter H. Lippincott 和新闻部新董事 Peter Dougherty。

我们谨以此卷纪念 Mara Beller，他是杰出的历史学家和科学哲学家，耶路撒冷的希伯来大学教授，长期致力于编辑《爱因斯坦全集》(Collected Papers of Albert Einstein) 的执行委员会委员，亲爱的导师，朋友和爱因斯坦论文项目工作人员的同事。

关于英译本的说明

英文版 *The Collected Papers of Albert Einstein* 是在主编 Diana Kormos Buchwald 的主持下由普林斯顿大学出版社（Princeton University Press）出版。第十卷所含翻译选定文本，由 Ann Hentschel 编写、翻译。Klaus Hentschel 是顾问，Alice Calaprice 是文字编辑。加州理工学院的 Rosy Meiron 和 Jennifer Nollar 协助翻译，Osik Moses 与 Rudy Hirschmann 编写索引，检查和排版终稿。英文版本需要与德文版结合阅读，因为前者没有包含德文版中的评论和注释。

文件所在单位符号表

除非另有规定，本卷中所收录或援引的文件，以及来自爱因斯坦的私人图书馆引用的书籍或来自他收集的乐谱的项目，均来自于耶路撒冷的希伯来大学、犹太国家与大学图书馆的阿耳伯特·爱因斯坦档案馆。下面是所引用文件的其他收藏单位一览表：

AVSa	市和省档案馆，奥地利
AVVGdA	工人运动史协会，维也纳，奥地利
CrZ	克罗地亚国家和大学图书馆，萨格勒布，克罗地亚
CPIT	加州理工学院，帕萨迪纳市，加利福尼亚
DkAaIV	存档，科学史研究所，奥胡斯大学，丹麦
DkCB	尼尔斯·玻尔存档，哥本哈根，丹麦
DS	史密森学会图书馆，华盛顿特区，美国
GyB	柏林国家图书馆，普鲁士文物收藏处，柏林，德国
GyBAW	柏林学院，柏林，德国
GyBMPIW	马克斯·普朗克科学史研究所，柏林，德国
GyBP	马克斯·普朗克学会历史档案馆，柏林，德国
GyBPAAA	外事办公室政治档案馆，柏林，德国
GyBSA	国家秘密档案馆，普鲁士文物收藏处，柏林（达勒姆），德国
GyBTU	科技大学档案馆，柏林，德国
GyHeidS	施普林格出版社，海德堡，德国
GyHeidU	海德堡大学图书馆，德国

	GyMDM	慕尼黑德意志博物馆档案馆,德国
	MCB	伯恩迪图书馆,剑桥,马萨诸塞州,美国
lxvii	Ne-Ar	国家档案馆,海牙,荷兰
	NeHR	北荷兰皇家档案馆,哈勒姆,荷兰
	NeLR	布尔哈夫博物馆(皇家自然科学和医学史博物馆),莱顿,荷兰
	NjP	学院文件收藏馆,古籍特藏部门,普林斯顿大学,新泽西州,美国
	NNC	哥伦比亚大学档案馆,纽约市,美国
	NNLBI	利奥拜克研究所,纽约市,美国
	NNPM	皮尔庞特·摩根图书馆,纽约市,美国
	NyOA	Riksarkivet,奥斯陆,挪威
	PPiU	科学哲学档案馆,美国匹兹堡大学,宾夕法尼亚州,美国
	SzBL	瑞士国家图书馆,伯尔尼,瑞士
	SzZ	中心图书馆,苏黎世,瑞士
	SzZ-Ar	苏黎世市档案馆,瑞士
	SzZE	瑞士联邦技术研究所,苏黎世,瑞士
	SzZSa	苏黎世州国家档案馆,瑞士
	SzZU	瑞士苏黎世大学档案馆,瑞士
	UkCC	丘吉尔学院档案中心,剑桥大学,英国
	UkCF	菲茨威廉博物馆,剑桥大学,英国
	UkCU	剑桥大学图书馆,英国
	WMUW	档案科,威斯康星大学,麦迪逊,美国

说明文件种类符号表

AD	亲笔文件
ADS	亲笔签名的文件
ADSC	亲笔签名的文件,复印件
ADSX	亲笔签名的文件,影印件
ADft	亲笔草稿
ADftS	亲笔签名的草稿
ADftSX	亲笔签名的草稿,影印件
AKS	亲笔签名卡片或签名的明信片
AKSX	亲笔签名卡片或签名的明信片,影印件
AL	亲笔信
ALS	有签名的亲笔信
ALSC	有签名的亲笔信,复印件
ALSX	有签名的亲笔信,影印件
ATrL	亲笔签名信件的副本
Dft	另一个手稿
DftS	签名草稿
DS	签名文件
DX	文件复印件
LC	信,复印件
LS	签名的信件

	LSC	签名的信件,复印件
	LSX	签名的信件,影印件
	PD	打印文件
	PDS	已签名的打印文件
	PTgm	打印电报
	PTr	打印成绩单
	TD	打字文件
	TDC	打字文件,复印件
lxix	TDft	打字草稿
	TDftS	签名的打字草稿
	TDftSX	签名的打字草稿,影印件
	TDS	签名的打字文件
	TDSC	签名的打字文件,复印件
	TDSX	签名的打字文件,影印件
	TDX	打字文件,影印件
	Tgm	电报
	TKS	签名的打字卡片或明信片
	TKSX	签名的打字卡片或明信片,影印件
	TL	打字信件
	TLC	打字信件,复印件
	TLS	签名的打字信件
	TLSC	签名的打字信件,复印件
	TLSX	签名的打字信件,影印件
	TLX	打字信件,影印件
	TrL	信件的副本
	TTr	打字的副本
	TTrD	文件的打字副本
	TTrL	信件的打字副本
	TTrLX	信件影印件的打字副本
	TTrPD	文件复印件的打字副本

正　文

五文

第五卷 161a. 致 Vladimir Varićak[1]

伯尔尼，1909 年 5 月 19 日

尊敬的教授先生：

那个让您感到很奇怪的地址，是我妻子写的。她是在匈牙利长大的塞尔维亚人。[2] 我们之所以胆敢如此蓄意地冒犯您，就是为了激起您的好奇心，并且我们也很高兴地看到，这种做法成功了。

向您致以崇高的敬意。

您忠实的
A. 爱因斯坦

AKS(CrZ. R4812b). [91 180]. 明信片上的收件人地址是"Herrn Prof. Dr. Vladimir Varićak Franz Josephs-Platz Agram Oesterreich-Ungarn"，邮戳为"Bern Brf. Exp. [- - - -] 09"。

[1] Varićak (1865—1942) 是札格拉布大学 (University of Zagreb) 的数学教授。

[2] Mileva Einstein-Marić (1875—1948) 出生于当时还属于奥匈帝国的匈牙利境内的诺维萨德。

第五卷 197a. 致 Vladimir Varićak[1]

苏黎世，1910 年 2 月 15 日

非常尊敬的同事先生：

我以极大的兴趣拜读了您寄给我的那些材料，使我了解了您在数学和物理方面的研究内容并由此得知，您所掌握和研究的领域有多么广阔。[2] 为此我向您表示由衷的谢意，我会马上把您所需的研究材料寄给您。直到现在我才给您回信，还希望您见谅，这是由于我刚刚上任并且担负着许多其他必须履行的义务，它们使我在处理书信往来方面经常拖延。很好，如今已有不少在数学方面颇有造诣的人物都开始关心相对论问题，旨在揭示其形式上的种种关系。其中 Minkowski 的研究具有非同寻常的价值。[3] 我最近一段时间不是在研究纯相对论问题，而是忙于解决那个非常紧迫的射线的热动力学性质的问题。我随信给您寄去的是我去年所做的有关研究[4] 以及我在 Salzburger 所作的那篇报告。[5]

向您致以最真诚的问候。

您忠实的
A. 爱因斯坦

ALS(CrZ. R4812b). [91 186]. Mileva Einstein-Marić 手藏本的信封上的收件人地址是"Gosp. Prof. V. Varićak trg Franje Josipa br. 6 Zagreb Agram, Croatien",邮戳为"Zürich (Fluntern)16.Ⅲ.10.Ⅹ-"。

[1] Varićak 是非欧几何学家(*Varićak 1908*,*1909*)。他对科学史也很有研究(*Varićak 1907*),后来编辑出版了 Ruder Bošcović 的部分著作。在 *Varićak 1910a* 中,他用 Lobatchevsky 的几何术语对狭义相对论进行了解释。

[2] 爱因斯坦于 1909 年 10 月 15 日成为苏黎世大学的理论物理学特聘教授(参见第五卷,年表和日程表)。

[3] 参见 *Minkowski 1908*,*1909*。起初,爱因斯坦对 Minkowski 的四维方法并不放心(参见第二卷《[编者按]爱因斯坦和 Laub 对运动介质中的电磁动力学的影响》,第 505 页),后来,他在评价 Minkowski 的工作时表示了赞赏,例如在爱因斯坦 1920 年 6 月写给 Arnold Sommerfeld 的信中(第五卷,文件 211)。

[4] 据推测可能是 *Einstein 1909b*(第二卷,文件 56)。

[5] *Einstein 1909c*(第二卷,文件 60)。

第五卷 197b. 致 Vladimir Varićak

伯尔尼[苏黎世],1909 年[1910 年]2 月 28 日[1]

尊敬的同事先生:

我想立即回答您的问题。我还没有看到 Herglotz 实验。[2]

有不少印刷错误。[3] 第 912 页实际上存在您指出的两个错误。应该是 $v=-V$(第 4 行),而在第 6 行"连接线"应该替换为"运动方向"。[4] 此外,第 914 页应该是 $\xi=0$。您从示意图即可容易看出这些错误。[5]

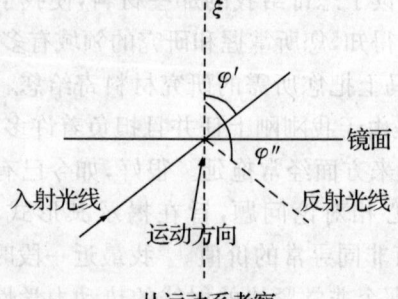

对我而言,感兴趣的问题是,基于相对论理论,旋转的刚体具有什么(纯运动

学)特征。[6]当我们将 Lorentz 变换作为唯一适用的变换时,会出现矛盾,例如,新近 Ehrenfest 在《物理杂志》上所注意到的问题。[7]

致以最美好的问候。

您忠诚的
A. 爱因斯坦

我妻子也向您致以友好的问候。

AKS(CrZ. R4812b)。[91 179]。信封上写的收件人地址是"Herrn Prof. Dr. V. Varićak Universität Agram",邮戳为"Zürich(Fluntern) 29. Ⅱ. 10. - 3"。

[1] 根据邮戳和提到 Herglotz 和 Ehrenfest 的论文这一事实对信的地点和年代做出了修改。

[2] *Herglotz 1910* 于 1909 年 12 月 7 日被《物理学纪事》(*Annalen der Physik*)接收。

[3] 提到的文章是指 *Einstein 1905r*(第二卷,文件 23)。

[4] 爱因斯坦实际上在一次再版中标记出了这些改正(参见第二卷,文件 23,注释 28 和 29)。

[5] 这里讨论的背景是在运动的参考框架下观察到的电磁波散射在坐标平面 $\xi=0$ 上的反射。*Varićak 1910c* 讨论了运动的镜子中光线反射的相对论公式的非欧几何解释。时间为 1910 年 5 月 14 日。

[6] 对于类似的旋转刚体的重要性评论,可参见 1909 年 9 月 29 日爱因斯坦给 Arnold Sommerfeld 的信(第五卷,文件 179)。

[7] *Ehrenfest 1909* 这篇文章于 1909 年 9 月 29 日被《物理杂志》(*Physikalische Zeitschrift*)采纳。这篇文章指出,*Born 1909* 给出的相对论刚度定义会产生似是而非的结果。特别是,Ehrenfest 描述了圆柱静止不动和做圆周运动的情形。由于 Lorentz 收缩效应,静止的观测者可看到周长的变化,而其半径的长度将保持不变。人们通常认为这个问题意味着刚体无法进行旋转运动,它成了著名的 Ehrenfest 悖论。相关的历史讨论可参见 Klein 1970,pp. 152—154;Stachel 1980;Maltese and Orlando 1995 和第三卷。《[编者按]爱因斯坦关于相对论长度收缩的研究》,pp. 478—480。

第五卷 202a. 致 Vladimir Varićak

苏黎世,1910 年 4 月 5 日

尊敬的同事先生:

很高兴收到您的来信并引起我极大兴趣。您提出的问题非常有意思:"一束光线在旋转参考系中也能以直线传播。"我想,当不采用光线时,(相对于静止参考系)量杆也可以弯曲。

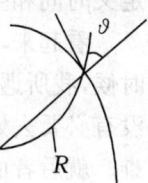

但困难随即而来。人们很容易想到如下结果,静止圆半径物质线在静止参考系中是垂直于圆周切线的,但当该圆处于运动状态时,半径不再垂直于圆周(当圆周旋转运动之后,ϑ 不再为零)。但我认为这是不可能的,因为如果我们考察每个点,那么,不论在哪个参考系中,均应该只看到一种旋转运动。也许您能解决这个两难困境。

我期待并非常感兴趣您的远方来函及文稿,致以最好的问候。

您的
A. 爱因斯坦

我妻子也向您致以最美好的问候。

ALS(CrZ. R4812b).[91 187]。信封上写的收件人地址是"Gosp. Prof. V. Varićak Trg Franje Josipa br. 6 Zagreb Agram, Croatien",在 Mileva Einstein Marić 手藏本中,邮戳为"Zürich(Fluntern) 6. Ⅳ. 10[……]"。

第五卷 202b. 致 Vladimir Varićak

苏黎世,1910 年 4 月 11 日

尊敬的同事先生:

我很高兴收到了您的两封来信和您关于 Lorentz 变换的有趣的论文。[1] 至于刚体的转动,我对此的看法大致如下:

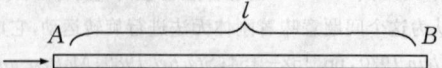

首先不能排除的情况是,自由运动的刚体的抽象概念可能完全不满足相对论原理。[2] 例如,假设有一根刚性杆起初自由静止悬停于空间中,其 A 端突然受到一个无限短时间的冲力;B 端最早将会在时间 l/c 之后因此冲力而发生位移,或者得到一个速度,否则就存在超光速信号(Überlichtsignale),而这会导致严重的谬论。也就是说,这根刚性杆要么变形,要么会在受到冲力一定时间后才发生位移。然而这两种结果都是荒谬的(更仔细考虑的话,甚至第一个假设都不能成立)。从而要是能摒弃刚体有限的定义,那么情况会显得更合理,特别是在为了定义时间和空间而只需要无限小的刚体时。

看起来,我还没有向您解释得足够清楚,在按我自己的想法处理旋转刚体的时候,我所遇到的困难其核心是什么。首先我们或许必须明确的一点就是,其实没有必要去处理旋转的产生问题;这个问题当中潜伏着比惯性状态更麻烦的困难。就后者而言,半径和周长均以 Lorentz 的方式发生变形,显然是不够的。确切地说,这必定也适用于旋转圆盘的每一个物质因素。然而这个条件看来是不可能得到满足的——这似乎尤其通过 Herglotz 获得了证明。[3]

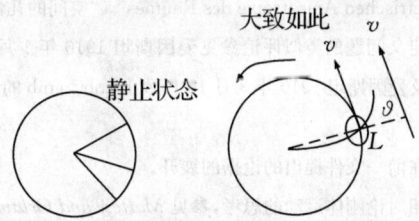

  对于这个问题,我曾做过如下简单的考虑。[4]在静止的时候把半径画在材料盘上。一旦盘旋转,因为旋转盘上发生了 Lorentz 收缩,从静止时的坐标系 K 来判断,这些线应该如您预想的那样发生形变。因此,关于这一点,可考虑如下推理。

  现在请考虑旋转盘的一小部分,即图中线 L 围绕的闭合部分。从坐标系 K 中可见,这里的半径与外围线成 ϑ 角。现在引入第二个坐标系 K',该坐标系不旋转,坐标原点以速度 v(被考虑的质点的平均速度)运动。从这个坐标系来考察,被考察的部分只有角速度和加速度,而没有平移速度。我觉得很难假定,在坐标系 K' 中,角 $\vartheta(\vartheta')$ 不是 $90°$。至少可以立刻发现,仅有加速度或者仅有旋转都不可能产生这种结果。或许您可以成功地发现 ϑ' 的表达式,即加速度和角速度 ϑ' 以某种方式产生的产物。

  我一度认为,很难假定角 ϑ' 不是 $90°$。然而当 ϑ' 等于 $90°$,则 ϑ 也会等于 $90°$。于是 Ehrenfest 的观点就得到了印证,那也是我几年以来熟知的见解。[5]

  《科学档案》(*Archive des Sciences*)杂志上的那篇论文[6]……对你而言没什么意思。它不是年鉴上那篇文章[7]的重印……而是对相对论的认识论基础的一种详细的阐述,这是为了兑现我的一次不谨慎的承诺。其实这事让我做并不合适。[8]

  向您致以诚挚的问候。

您忠实的
A. 爱因斯坦

我妻子也向您致以诚挚的问候。

ALS (CrZ. R4812b). [91 185]. Mileva Einstein-Marić 手藏本的信封上的收件人地址是"Gosp. Prof. V. Varićak Trg Franje Josipa br. 6 Zagreb Agram, Croatien",邮戳为"Zürich (Fluntern) 11. Ⅳ. 10. Ⅻ -"。

  [1] 参见年表和日程表中 1910 年 4 月 3 日和 8 日的记录。Varićak 1910b 于 1910 年 2 月 8 日被《物理杂志》接受并于 4 月 1 日发表,主要探讨了 Lobatchevsky 空间中的 Lorentz 变换。通过方程 $\frac{v}{c}=\tanh u$ 引入一个新的参数 u 后,Varićak 以双曲三角函数的形式写出了 Lorentz 变换式。在这篇文章的引言部分,Varićak 谈到此文的动机时指出,他是想探测有关电子收缩的 Lorentz-Fitzgerald 假设,是否可被

解释为"eine Folge der geometrischen Anisotropie des Raumes"("空间的几何各向异性的结果",288 页)。

[2] 关于刚体的相对论定义问题的类似评论参见爱因斯坦 1910 年 1 月 19 日致 Arnold Sommerfeld 的信(第五卷,文件 197),以及爱因斯坦 1910 年 3 月 16 日致 Jakob Lamb 的信(第五卷,文件 199)。

[3] *Herglotz 1910*。

[4] 随后的讨论是对已在前一文件提出的论据的展开。

[5] 爱因斯坦早期关于相对论刚体运动的思考,参见 *Maltese and Orland 1995*,第 2 章。

[6] *Einstein 1910a*(第三卷,文件 2)以法语出版,由 Edouard Guillaume 翻译。

[7] *Einstein 1907j*(第二卷,文件 47)的一份复本已由 Mileva Einstein-Marić 于数月前寄给了 Varićak(参见 Mileva Einstein-Marić 于 1910(?)年 1 月 2 日致 Vladimir Varićak 的信)(CrZ, R4821c)。

[8] 在 1910 年 8 月 27 日致 Jakob Laub 的信中(第五卷,文件 224),爱因斯坦认为 *Einstein 1910a* 不值一提,说它"无非是就相对论的认识论基础所做的一次相当宽泛的阐述"(nichts als eine ziemlich breite Ausführung der erkenntnistheoretischen Grundlagen der Relativitätstheorie),里面"毫无新意且几乎没有任何定量的东西"(gar keine neuen Ueberlegungen und überhaupt fast nichts Quantitatives)。

第五卷 203a. 致 Vladimir Varićak

[苏黎世,1910 年 4 月 23 日]

尊敬的同事先生:

我很乐意读您的校样!^[1]可以肯定,Ehrenfest 考虑得不周全。[2]但就问题的核心而言,他是对的,正如 Noether 最近发表的研究成果(载于《物理学纪事》)所再次证明的那样。[3]

向您致以最美好的问候。

A. 爱因斯坦

附言:Noether 也指出 Ehrenfest 观点的不完备性。[4]

AKS(CrZ. R4812b). [91 184]. Mileva Einstein-Marić 手藏本的信封上的收件人地址是"Gosp. Prof. V. Varićak Trg Franje Josipa br. 6 Zagreb Agram, Croatien",邮戳为"Zürich Fluntern[2] 4. [- - - -] -4"。

[1] 可能指 *Varićak 1910*,出版日期为 1910 年 5 月 14 日,或者指 *Varićak 1911a*。

[2] 指的是 Ehrenfest 悖论,参见本书,第五卷,文件 197b,注释 7。

[3] *Noether 1910* 表明 Born 对刚体的相对论定义只有在平动或者一致转动时才是一致的。

[4] 对 *Ehrenfest 1909* 的评论,Noether 在不经证明的条件下,宣称 Ehrenfest 关于旋转运动的悖论结果可引出如下命题:相对论定义下的刚体只能一致地旋转(*Noether 1910*, pp. 930—931)。

第五卷 235a. 致[Otto Lehmann][1]

苏黎世,1910年12月1日

尊敬的同事先生：

首先非常感谢您友好的来信、您的论文,尤其是您此前寄送给我的那些研究成果。[2] 然后讨论您的例子!

1) 按您的思路也仍然必须考虑到,由于 Lorentz 收缩,量杆产生的电力线会变密。电场强度会因此按比率 $\frac{1}{\sqrt{1-\frac{v^2}{c^2}}}\left(=1+\frac{1}{2}\cdot\frac{v^2}{c^2}\right)$ 增加,并导致静电能也将按此比率增加。

2) 您观察到的电动力产生的斥力相对减小量是 $\frac{v^2}{c^2}$;因此在 1) 中提到的增加的斥力只有一半得到了补偿。从而量杆处于静止状态时的能量比实际的(更大)更小。

3) 然而这并不意味着违反相对论原理,因为在运动杆问题上,我们必须区分在与杆并非相对静止的参考系中的运动杆之间的作用力 K 和在与杆相对静止参考系中的运动杆之间的作用力 K'。如果 K' 与量杆处于静止状态时,量杆之间的作用力在相同的距离的情况下不同,那么就会存在与相对论矛盾的地方。但是在非运动系中量杆之间的作用力 K 一定与它不同;完全无法先验地得知,该如何定义 K。如果通过力和运动量级之间的关系来定义移动体受到的力,那么必定可知

$$K=K'\sqrt{1-\frac{v^2}{c^2}},$$

正如您的特例产生的结果。

非常感谢您友好地邀请我到 Karlsruhe 演讲。[3] 但是如有可能,我希望尽量避免在较多听众面前演讲。

向您致以崇高的敬意。

您忠实的
A. 爱因斯坦

ALS.[122 192].

[1] Lehmann(1855—1922)是卡尔斯鲁厄技术学院(Institute of Technology in Karlsruhe)物理研究

［2］可能是 *Lehmann 1909/1911* 或者 *Lehmann 1911* 的一份手稿,内容就是 Lehmann 于次日亦即 1910 年 12 月 2 日提交给卡尔斯鲁厄自然科学协会(Naturwissenschaftlicher Verein)的一篇讨论。

［3］可能是邀请爱因斯坦参加卡尔斯鲁厄自然科学协会召开的会议,Lehmann 于次日在该会上就相对论作了一个口头报告(见注释 2);或是邀请参加在卡尔斯鲁厄召开的德国自然科学家和医生学会(Gesellschaft Deutscher Naturforscher und Ärzte) 的第 83 次会议。会议时间为 1911 年 9 月 24 日至 29 日。爱因斯坦参加了这次会议,但是没有发言(参见第三卷,文件 24)。亦可参见 Pauline Einstein 于 1911 年 8 月 18 日致爱因斯坦的信(第五卷,文件 285)。在那封信中,爱因斯坦的母亲对于没有机会听儿子作报告而表示遗憾。

第五卷 242a. 致 Heinrich Zangger[1]

[苏黎世,1911 年 1 月 1 日]

亲爱的 Zangger 先生:

首先向您和您的妻子[2]送上诚挚的新年祝福!就像您对我所做的那样,没有人会给乐于写作的人写信。我重新仔细检查了我有关悬浮液的黏度[3]的计算,结果表明一切都正确无误。我同时也请 Hopf 先生帮我做进一步的检查。[4]谁知道在 Perrin 那里是否会出现一些更强的膨胀粒子(达到 1.4 倍的直径)。[5] Breig 认为这是完全可能的。他认为很难恰当地定义悬浮液。[6]

我相信我发现了磁场对电子的一种新的影响,但是这种磁效应的大小尚需计算。[7]在散射理论中,我经常被恶魔牵着鼻子走。[8]您最后跟 Tammann[9]联系上了吗?在您出发之前我到处找您,但是都没能赶上您。

但愿去那里待一阵对您和您妻子都有好处。

谨致衷心的问候。

A. 爱因斯坦

我妻子也向你们表示最美好的问候和祝福。[10]

AKS(SzZ, Nachl. H. Zangger, box 1a).［87 053］. Heinrich Zangger 手藏本的明信片上的收件人地址是"Prof. Zangger Rigi Kaltbad",邮戳为"Zürich 8 (Fluntern) 1.1.11. - 9"。

［1］Zangger(1874—1957)是苏黎世大学的法医学杰出教授,主管该校的法医学实验室。关于他和爱因斯坦一生的友谊,参见第五卷第 642—643 页的《Zangger 自传》。

［2］Mathilde Zangger-Mayenfisch(1883—1981)。

［3］见爱因斯坦的博士论文 *Einstein 1905j*(第二卷,文件 15)。

［4］几天前他曾向 Ludwig Hopf(1884—1939)提出过同样的请求(参见爱因斯坦于 1910 年 12 月 27 日致 Ludwig Hopf 的信[第五卷,文件 239])。有关他们的合作和友谊,参见第五卷 639 页的《Hopf 自传》。

[5] 有关Jean Perrin的实验与爱因斯坦论文相冲突的问题，参见爱因斯坦于1910年12月27日致Ludwig Hopf的信（第五卷，文件239）。

[6] Georg Bredig（1868—1944）是苏黎世联邦技术大学（Federal Institute of Technology）的物理化学教授。

[7] 爱因斯坦在写给Hopf的信中提到了"einen Gesichtspunkt für eine Aenderung des Lorentz'schen Kraftansatzes"（"一个支持Lorentz力变化的观点"；参见爱因斯坦于1910年12月27日致Ludwig Hopf的信[第五卷，文件239]）。

[8] 爱因斯坦尝试从散射公式中确定双原子气体的比热容（参见爱因斯坦于1910年12月27日致Ludwig Hopf的信[第五卷，文件239]）。

[9] Zangger当时拜托爱因斯坦给他的博士生Paul Böhi找些文献。在Böhi的博士论文中，Gustav Tammann被视为研究传播过程中膜的影响的先驱者之一（*Böhi 1911a*，p. 18及*Böhi 1911b*，p. 200）。

[10] Mileva Einstein-Marić（1875—1948）。

第五卷 255a. 致 Vladimir Varićak

苏黎世，1911年2月24日

非常尊敬的同事先生：

衷心感谢您给我寄来了校样，我收到后马上就研读了。[1]但是我不同意其中的观点，我认为您的想法是没有理由的。在使用"真实的"和"表观的"这两种表述时必须非常小心。

$$A \longrightarrow B$$

在每个确定时刻，在静止参考系考察，运动量杆两个端点 A 和 B 之间的距离，其长度是静止量杆长度的 $\sqrt{1-\frac{v^2}{c^2}}$ 倍。我们把您所说的现象称为静态观点（Dies würden wir konstatieren bei dem von Ihnen genannten Pausversuch）。[2] 当我们要求在某一时刻、某个坐标系中获得统一的物理解释时，通过坐标变换可得到上述结论。我不能理解，您为何得到了相反的观点。

3月底我将搬到布拉格去，我很高兴从此离您不那么远了。[3]当我陪伴我妻子到她的家乡时，我希望能去拜访您。[4]当然我也请求您来看望我，如果您到布拉格来的话。

致以同事间的问候。

您的

A. 爱因斯坦

ALS(CrZ,R4812b).[91 183].明信片上写着的收件人地址是"Herrn Prof. Dr. V. Varićak Franz Josephs-platz 6 Agram Zagreb,Croatien",在 Mileva Einstein-Marić 手藏本中,邮戳上写着"Zürich Fluntern 24.Ⅱ.[- -]"。

[1] *Varićak 1911b* 的证明,于 1911 年 2 月 8 日由《物理杂志》采纳出版。

[2] 在 *Ehrenfest 1910* 中,旋转圆盘的悖论由思想实验说明。标志被放置在旋转圆盘的边缘和一条径线方向,这些标志在某个时间 t 的位置由一张白纸所记录。这张白纸被认为是静止的。在 *Varićak 1911b* 中,在记录纸上记录瞬时位置的思想实验被用于讨论一致运动的杆的平动。

[3] 1911 年 3 月 30 日,爱因斯坦申请签证(登记注册),由苏黎世(Zurich)前往布拉格(Prague),他在那里被任命为德文大学(German University)理论物理教授(参见第五卷,年表和日程表)。

[4] 诺维萨德,距离萨格勒布 350km。也可参见本书第五卷,文件 161a,注释 2。

第五卷 257a. 致 Vladimir Varićak

苏黎世,1911 年 3 月 3 日

非常尊敬的同事先生:

非常感谢您的来信和论文。[1]我已经读过了 Lewis 和 Tolman 那篇十分精彩的研究论文,[2]但我无法理解,您何以能从中获取强化(支持)您自己观点的信息。以下我想向您详细论证我的相反见解。[3]

假设 S 是一个不会被加速的参考系(量杆),在该参考系中有一些相对于它静止的属性相同的时钟。设法,比如说借助光束,使这些时钟同步,以便它们能显示参考系 S 的时间。让量杆 AB 相对于 S 做匀速运动。量杆的"真实"长度,也就是说它被它自身测量的长度为 l。然后相对论就以众所周知的方式表明,它的长度相对于 S 为 $l\sqrt{1-\frac{v^2}{c^2}}$。这就是说:如果确定了 S 中的那些时钟——它们显示的指针位置相同,当点 A 和点 B 经过它们时,那么 $l\sqrt{1-\frac{v^2}{c^2}}$ 就是在 S 中测得的这些点之间的距离。收缩的长度可以通过测量予以判定,从而是"真实的"。为了让您明白,收缩不只受制于对 S 中的同时性的定义,也就是说具有纯属常见的性质,我必须补充说:以这种方法重置时钟是不可能的,如果量杆具有通过时钟测得的正负速度 $\pm v$,即使这样重置之后,量杆相对于参考系 S 也总是

具有长度 l'。从这里我们可以结合 Ehrenfest 悖论得出相应的结论：假设横向收缩是不存在的，则没有弹性形变的旋转就不会包含在相对论里。[4] 不能说必须将收缩设想为以下两者中的哪一个，分子力改变的结果，或者是以相对论原理为根据的运动学结果。[5] 两种观点都是合理的。前一种观点大概与用分子理论研究气体的 Boltzmann 的某些观点相符；这是完全得到了证实的，尽管可以从非动力学的第二定律也能得到相关定律。[6] 结果上并无差别，只是人们据以建立其研究的基础上有原则差别。

如果您打算公开出版您的笔记，那么，同样公开地表达我的相反意见就成了我的义务，因为我的沉默也许会被人理解为一种赞同，而且因为我认为，您的笔记可能会令人困惑。因此我希望您能告诉我，您是否坚持要出版它，并请告诉我，我得把我的不同意见刊发在哪一种杂志上。[7]

向您致以崇高的敬意和最美好的问候。

A. 爱因斯坦

ALS(CrZ, R4812b).［91 182］. 信封上的收件人地址是"Herrn Prof. Dr. V. Varićak Franz-Josephs-Platz 6 Agram Kroatien"，邮戳为"Zürich〈Fluntern〉3. Ⅲ. 11. – 3"。

［1］当指 *Varićak 1911a*。

［2］*Lewis and Tolman 1909*。

［3］随后是对前一文件所作的讨论的展开。

［4］有关问题详见 *Ehrenfest 1909* 和本书第五卷，文件 197b，注释 7。

［5］*Varićak*（*Varićak 1911b*, p. 169）坚持认为，在 Lorentz 收缩假设和爱因斯坦相对论的长度收缩之间，存在着"极端的差别"（radikaler Untershied）。Varićak 认为，Lorentz 收缩假设是"一种客观上正在发生的变化"（eine objektiv stattfindende Veränderung），而爱因斯坦的相对论长度收缩"只是一个看似存在的主观现象"（nur eine scheinbare, subjektive Erscheinung）。

［6］有关 Boltzmann 的气体自由运动的讨论，参见 *Boltzmann 1898*，第 6 章。该章的第 72 段也含有 Boltzmann 动力学和吉布斯热力学关于气体自由运动的简短讨论。

［7］爱因斯坦对 *Varićak 1911b* 的回应可参见 *Einstein 1911f*（第三卷，文件 22）。更多讨论叫见第三卷《［编者按］爱因斯坦有关相对论中长度收缩的讨论》（478—480 页）。

第五卷　267a. 致 Heinrich Zangger

布拉格，星期四，［1911 年 6 月 1 日之前］[1]

亲爱的 Zangger 先生：

您真是太了不起了，您如此迅速地亲手来处理电报管理局的事。为此，我愿意去做一切有利于解决问题的事情。所以凡是您认为用得着我的地方,请尽管差遣我。我主要得知了发生在 Chavan 办公室的事情并且深信,他们处理事情的时候缺乏应有的谨慎和细致,结果对所提供的材料进行的国家审查就是虚假的,而且政府机关的所作所为也变得毫无用处。[2] 由 Chavan 方面提交的种种好建议常常被他们径直丢进了废纸篓,这使他感到疲惫从而变得中立了。为避免事实被歪曲,Chavan 保存了一切书面证据,这些有望得到的全部证据都会证明,Chavan 的上司们缺乏专业知识。作为专家的我也将遭到批驳,因为由于个人原因我做得不够客观。但是他们或许可以审问我;为此我会毫不犹豫地前往瑞士(从 6 月中旬起,我的假期就开始了)。[3] 您本该给我一些更确切的信息,可您给我的只有那些模糊的暗示,它们令我几乎要愤怒了。要吊我的胃口也不该这样做啊。然而我还是殷切地希望,您能在圣灵节到布拉格来我家做客。[4] 到时候我就有望从您口中套出话来并且带您欣赏这个绝美的城市,这些野蛮人的城市。这里人的文化真的相当落后。迄今为止,我还没发现我的同事当中有谁怀有对科学的真正兴趣,他们唯一拥有的就是自以为是。最后我盼望能够尽早在这里见到您!

谨致衷心的问候。

爱因斯坦

ALS(SzZ, Nachl. H. Zangger, box1a). [89 525].

[1] 确定日期的依据是:这封信既写于 Zangger 在圣灵节(1911 年 6 月 4 日)前拜访爱因斯坦之前,同时也写于爱因斯坦于 1911 年 7 月 5 日至 6 日拜访 Lucien Chavan 之前一个月(第五卷,文件 271)。

[2] Lucien Chavan(1868—1942)是爱因斯坦的朋友,也是爱因斯坦在伯尔尼的私人学生之一(参见 Lucien Chavan 于 1908 年 6 月 23 日致爱因斯坦的信[第五卷,文件 107,注释 1])。关于他被瑞士电报管理局的一个部门负责人所干扰的事,参见爱因斯坦于 1911 年 4 月 7 日致 Heinrich Zangger 的信(第五卷,文件 263)。应爱因斯坦的请求,Zangger 曾代 Chavan 向负责邮政事务的瑞士联邦评议员 Ludwig Forrer 求助(参见爱因斯坦于 1911 年 7 月 5 日至 6 日致 Lucien Chavan 的信[第五卷,文件 271])。

[3] 布拉格德文大学(German University of Prague)的夏季学期。爱因斯坦在该校的执教时间始于 1911 年 4 月 20 日,止于 1911 年 7 月 31 日。

[4] Zangger 曾于 1911 年 6 月 7 日之前不久到布拉格看望过他们(参见爱因斯坦于 1911 年 6 月 7 日写给 Heinrich Zangger 的信[第五卷,文件 268])。

第五卷 344. 致 Heinrich Zangger

布拉格,[1912 年] 1 月 27 日[1]

亲爱的朋友:

真是太遗憾了，您经历了那么多不愉快的事。现在因为您伯父（岳父）去世，您变得极其沉重。对了，您的选举结果如何？[2]您没有再次当选？真的吗？这简直是个丑闻，它唯一的好处是促使您不要放弃下一个机会，去找到适合您的用武之地。请写信来详细告诉我，这事怎么才能做到！但愿此事能在巴黎实现，然后您不久就能给我答案：那些暴民们能挣多少？[3]谁是他们的后台？

Gnehm 告诉我说，我被教育局选上了。[4]现在毫无疑问的是，我被选上了，可您的消息却把我的欢乐一扫而光。我很高兴 Debijes 得到了任命。[5]也许他会留在苏黎世，那样我们就可以到那里相聚了。[6]我在一篇关于用热力学原理研究光的反作用的文章里提出，为使分子产生裂变，要求放射具有特定频率 ν 的能量 $h\nu$。[7]我认为这一点是毋庸置疑的。这样我们就在一定程度上可以不依赖量子理论了。至于剩余辐射的问题，则并不如我想象的那么简单。Rubens 把他们的观测结果告诉了我：[8]在 NaCl 的情况下确实会出现两个反射的最大值。该研究在主要方面都是正确的——只不过它被那些吸收特征遮蔽了。[9]在柏林，他们还发现，气态的氢在足够低的温度下呈现出与单原子气体一样的特性。[10]为此我建立了一个理论，但其基础还不牢靠。[11]位于纽约的哥伦比亚大学邀请我明年秋天去演讲。可我不打算去。[12]维也纳我也不打算去。我不喜欢这种公开的演讲。[13]Abraham 将我有关万有引力的论述补充成为一个完整的理论，但由于其中出现了一些可疑的思维错误，所以该理论或许是不正确的。[14]之所以出现那样的错误，是因为他只在形式上进行了处理，而没有进行物理学上的考量！

向您致以衷心的问候。

爱因斯坦

我很期待我们的重逢。也许在入夏之前布拉格附近就会出现一位很乖的病人！[15]

我们全家向你们全家致以最美好的问候！

ALS(SzZ, Nachl. H. Zangger, box1c). [86 492]. 此文献的不完全版本曾作为第五卷，文件 344 发表过。

[1] 日期的确定依据是文中提及的对 Debye 的任命。

[2] Zangger 于 1912 年夏天被任命为全职教授（《苏黎世大学 150 周年纪念文集：1933—1983》，*Festschrift zur 150-Jahr-Feier der Universität Zürich, 1933—1983*. Zürich: Rektorat, 1983）。

[3] Zangger 正在考虑是否去巴黎接受一个工业界的职位（参见爱因斯坦于 1911 年 1 月 29 日致 Emil Zürcher Jr. 的信[第五卷，文件 251]和爱因斯坦于 1911 年 4 月 7 日致 Heinrich Zangger 的信[第五卷，文件 263]）。

[4] 参见 Robert Gnehm 于 1912 年 1 月 23 日致爱因斯坦的信。Robert Gnehm 是瑞士教育局 (Schweizerischer Schulrat) 的主席。

[5] Peter Debye(1884—1966)于两周前在苏黎世大学由编外教授升任全职教授[参见《州政府备忘录摘引》(*Aus dem Protokoll des Regierungsrates*) 1912 年 1 月 11 日,SzZSa,U110b. 2(48)]。

[6] Debye 在 2 月 3 日被任命为乌得勒支大学(University of Utrecht)数学物理和理论物理教授(参见 *Nederlandsche Staatscourant*[《荷兰公报》],1912 年 2 月 4 日至 5 日,第 2 页)。

[7] 参见 *Einstein 1912b*(第四卷,文件 2),有关讨论亦见第四卷的《[编者按]爱因斯坦关于光化学当量定律的论文》。

[8] Heinrich Rubens(1865—1922)是柏林大学(University of Berlin)物理系的教授。

[9] 爱因斯坦关于残留射线的论文,参见爱因斯坦于 1911 年 11 月 23 日致 Hendrick A. Lorentz(第五卷,文件 313),注释 7。他认为两个观测到的尖峰实际上是一个较宽的响应尖峰(参见爱因斯坦于 1911 年 12 月 26 日致 Michele Besso 的信[第五卷,文件 331])。Rubens 的合作者 H. Hollnagel 发现,实验数据最开始看起来的确是证实了双尖峰现象,这一事实最初是 *Rubens 1913* 提到的。但是这篇文章提供了更深入的实验数据,从中得出的结论是空气中水汽的选择性吸收才是观测到两个最大值的原因所在。

[10] 参见 *Eucken 1912*。

[11] 一年之后,爱因斯坦和 Otto Stern 一起提交了一篇关于 Eucken 的结果的理论解释报告(参见 *Einstein and Stern 1913*[第四卷,文件 11]),有关讨论亦见第四卷的《[编者按]爱因斯坦和 Stern 论零点能量》,第 270—273 页。

[12] 该邀请是 1912 年 1 月初提出的,爱因斯坦 1 月末谢绝了它(参见 George Pegram 1912 年 1 月 9 日致爱因斯坦的信[第五卷,文件 337]和爱因斯坦于 1912 年 1 月 29 日致 Pegram 的信[第五卷,文件 346])。

[13] 在 1 月底,爱因斯坦收到了一封赴维也纳演讲的邀请函(参见 Robert Gnehm 1911 年 12 月 16 日致爱因斯坦的信[第五卷,文件 326],注释 1)。2 月,爱因斯坦提到了两次演讲,参见爱因斯坦于 1912 年 2 月 4 日致 Michele Besso 的信[第五卷,文件 354]。

[14] 有关爱因斯坦与米兰理工大学(Milan Polytechnic)的教授 Max Abraham (1875—1922)的争论,参见爱因斯坦于 1912 年 1 月 27 日致 Wilhelm Wien 的信(第五卷,文件 343),注释 3。

[15] Zangger 曾于 1911 年 6 月(参见爱因斯坦于 1911 年 6 月 7 日致 Heinrich Zangger 的信[第五卷,文件 268])和 9 月去过布拉格(参见爱因斯坦于 1911 年 9 月 20 日致 Heinrich Zangger 的信[第五卷,文件 286]),此间他至少有一次拜访过一位病人(参见爱因斯坦于 1911 年 11 月 7 日致 Heinrich Zangger 的信[第五卷,文件 303])。

第五卷 349a. 致 Heinrich Zangger

[1912 年 2 月之前][1]

亲爱的 Zangger 先生:

您最近给我展示了关于蒸发热的一种关系。难道它并不表明,$\frac{D - p v}{v^{2/3}}$ 与温度无关?如果这不是很准确,那么我关于毛细现象的研究就是垃圾了。[2] 如果可能的话,请告诉我,在哪里可以找到那篇文章(我想应该是英文的)。您还记得我抱怨的是什么吗？青春在迅速结束……

　　向您致以衷心的问候。

爱因斯坦

ALS（SzZ，Nachl. H. Zangger，box1a）.［87 061］.

　　［1］日期的推断依据是，这封信写好之后，Richard Swinne 才告诉爱因斯坦，在 Einstein 1911a 中的设想提出以前，已经进行的实验数据显示的比为 ν，而不是 $\nu_s^{\frac{2}{3}}$（参见 Richard Swinne 于 1912 年 2 月 1 日致爱因斯坦的信［第五卷，文件 350］）。

　　［2］Einstein 1911a（第三卷，文件 12）中推导了关系式 $\left(\gamma - T\dfrac{d\gamma}{dT}\right) = \dfrac{k(D_s - RT_s)}{\nu_s^{2/3}}$，其中 γ 是表面张量，k 是常数，D_s 是摩尔蒸发热，ν_s 是体积。从 γ 对于温度 T 的近似线性依赖关系来看，可推得右边的式子是常数，对于理想气体而言，这就与信中提到的关系相一致了。如果从另一方面看，将爱因斯坦方程中的 $\nu_s^{2/3}$ 如 Swinne 建议的那样换为 ν（参见注释 1），则这封信的内容就不再符合爱因斯坦的理论。

第五卷　349b. 致 Robert Heller[1]

布拉格，［1912 年］2 月 1 日

亲爱的 Heller 先生：

　　我很高兴收到了您寄来的小贺卡。夏天一到我就能来苏黎世呼吸自由的空气了！我真的非常高兴并且绝不会忘记，这都得完全归功于我亲爱的朋友 Zangger。是什么东西在压抑他呢？[2]我从他的来信中觉察到，他很沮丧。[3]怎样才能带给他一份小小的快乐呢？他肯定很孤立而且遭人怨恨。在他最终抛弃苏黎世之前，他的功勋不可能得到应有的欣赏。[4]

　　令我很欣慰的是，我们不久就能重建我们以前的友好关系。[5]谨此向您预致最美好的问候。

爱因斯坦

　　我妻子也向您致以最美好的问候。

　　请向 Zangger 先生转达我衷心的问候。

ALS（SzZ，Nachl. H. Zangger，box1a）.［86 566］.

　　［1］Heller（1876—1930）当时正忙于撰写自己的博士学位论文，其导师就是 Heinrich Zangger（参见第五卷，文件 361，注释 2）。

　　［2］显然 Heller 是在祝贺爱因斯坦被任命为瑞士联邦技术大学（Swiss Federal Institute of Technology）的

教授。瑞士联邦委员会(Swiss Federal Council)头一天签署了任命决定；爱因斯坦于 1912 年 2 月 7 日获得正式通知(第五卷，文件 355)。Zangger 在此任命问题上扮演了爱因斯坦与瑞士当局的中间人角色，有关情况参见 Heinrich Zangger 于 1911 年 10 月 9 日致 Ludwig Forrer 的信(第五卷，文件 291)，注释 2 和 10。

[3] 参见 Heinrich Zangger 于 1912 年 1 月 30 日致爱因斯坦的信(第五卷，文件 347)。

[4] 一年前，Zangger 曾考虑接受巴黎提供的职位(参见爱因斯坦于 1911 年 12 月 13 日至 16 日致 Heinrich Zangger 的信[第五卷，文件 325])。

[5] Heller 一直与爱因斯坦保持着联系，即使他在布拉格的时候。他至少到布拉格去过两次(参见爱因斯坦于 1911 年 8 月 24 日致 Heinrich Zangger 的信[第五卷，文件 279])。

第五卷　374a. 致 Heinrich Zangger

布拉格，[1912 年] 3 月 17 日

亲爱的朋友：

请不要因为我来信太少而生我的气。我正深陷于万有引力问题而无法脱身，导致我连写封信的精力都没有了。难道您不熟悉这种状态吗？我几乎不相信！您是一个精力太过旺盛的家伙并且没有这么宠过自己。可是事情进展得很顺利，光明就要到来了。

真是太好了，如果我们两个都能住在苏黎世山(Zürichberg)上。在我搬到苏黎世之前，我不会专门到苏黎世来找住房。[1] 我们到苏黎世之后，需将我们的东西寄存起来，然后暂住在膳宿旅馆里，直至找到合适的住房(正如伯尔尼人所言，"凡事要从容不迫")。[2]

你身边那伙医学家们老是令您生气，对此我很抱歉。[3] 要是我能把我这种大咧咧的处事态度分一些给您，那该多好啊！目前我正在跟 Nernst 进行一场讨厌的争论，他很受伤害却又很无耻，这主要是因为我胆敢质疑他那一套神圣的热学理论。[4] 例如，他曾来信对我说，他和他"天赋极高的"学生们都对我最近那些研究的肤浅感到惊奇，并且作为一位长辈同事，他将如父亲般地给我提供一些建议等。我的答复是，他和他"天赋极高的"学生们不必把时间浪费在我那些东西上，尽管如此我仍将继续写下去。4 月初我会到柏林，去跟那里的若干人士——如有可能也要跟 Nernst(当然必须有第三方在场)商讨一些科学问题。[5] 届时我还要拜访我在柏林的一位叔叔。[6]

向您致以衷心的问候。

爱因斯坦

也向您的妻子和 Heller 致以最美好的问候,我的妻子也向您和您的妻子以及 Heller 致以最美好的问候。衷心祝贺 Heller 通过了考试。我是在这里通过"波西米亚"语获知的。我的同事 Ehrenfest 到我这里来过。[7]他是非常聪明的理论物理学家。他将在理工学院提交教授资格论文。要是 Debye 离开了,Ehrenfest 或许会成为该校的优秀师资。[8]我倒是最愿意他到这里来接我的班。可是他那种狂热的无神论思想使这个愿望毫无实现的可能。[9]

ALS (SzZ, Nachl. H. Zangger, box 1a).[87 052].

[1] 爱因斯坦当时在布拉格德文大学(German University of Prague)执教。后来他于 1912 年 1 月 30 日收到苏黎世的瑞士联邦技术大学(Swiss Federal Institute of Technology)的理论物理学教授的聘书。他于 1912 年 7 月 15 日离开布拉格,前往苏黎世。

[2] 瑞士伯尔尼方言"Nummen nüt gsprengt"。

[3] 有关 Zangger 与同事们的关系问题,参见前一文件。

[4] 有关爱因斯坦与 Walther Nernst 的争论,参见爱因斯坦于 1912 年 2 月 20 日以后致 Ludwig Hopf 的信(第五卷,文件 364),注释 6。

[5] 爱因斯坦于 1912 年 4 月 15 日至 22 日拜访了柏林大学物理化学教授 Walther Nernst(1864—1961),Fritz Haber, Emil Warburg, Heinrich Rubens 和 Erwin Freundlich。

[6] 在柏林的时候,爱因斯坦也拜访了他的姑姑 Fanny Einstein(1852—1926)和叔叔 Rudolf Einstein(1843—1928),并且开始了解表姐 Elsa Löwenthal, née Einstein (1876—1936)。

[7] Paul Ehrenfest(1880—1933)在欧洲多所大学作巡回报告的同时,也在寻找固定的职位。更多有关 Ehrenfest 的情况,参见 *Klein 1970*。爱因斯坦初次见到 Ehrenfest 是在 1912 年 2 月 23 日。

[8] Peter Debye 于 1912 年 2 月 3 日被任命为乌得勒支大学(University of Utrecht)数学物理和理论物理教授。正式委任时间为 3 月 18 日。他于 3 月 28 日离开苏黎世大学(参见爱因斯坦于 1912 年 2 月 26 日致 Heinrich Zangger 的信[第五卷,文件 366],注释 11)。

[9] Ehrenfest 在宗教归属问题上不肯让步,有关情况参见爱因斯坦于 1912 年 2 月 26 日致 Heinrich Zangger 的信(第五卷,文件 366),注释 12。在 1910 年接受布拉格的职位的过程中,爱因斯坦宣称自己是"犹太人"("摩西教"),之前他在瑞士时期却注册为"无宗教归属"("无教派";参见爱因斯坦于 1910 年 8 月 27 日致 Jakob Laub 的信[第五卷,文件 224],注释 3,以及 Karl von Stürgkh 伯爵于 1910 年 12 月 15 日致爱因斯坦的信[第五卷,文件 238],注释 1)。

第五卷 439a. 致 Vladimir Varićak

[苏黎世,1913 年 5 月 14 日]

亲爱的同事先生:

我衷心感谢您给我们寄来的美味的奶酪。您的 Bubi 是个十分勤奋而且总是很快乐的大学生。我关于万有引力的研究工作已经完成;我希望不久就能寄一册样书给您![1]

向您致以最美好的问候。

爱因斯坦

[……][2]

AKS(CrZ, R4812b). [91 181]. 明信片上的收件人地址是"Gosp. Prof. Dr. Varićak Trg Franje Josipa 6 Zagreb Croatien",由 Mileva Einstein-Marić 保管,邮戳为"Zürich Neumünster[……]",背面可见"Schwarzwaldhaus,约 1881 年"。

[1] *Einstein and Grossman 1913*(第四卷,文件 13)于 1913 年 5 月 28 日前提交(参见爱因斯坦于 1913 年 5 月 28 日致 *Paul Ehrenfest* 的信[第五卷,文件 441]),并于 1913 年 6 月 25 日之前发表。

[2] Mileva Einstein-Marić 为感谢 Varićak 寄送奶酪而(用塞尔维亚语)写的附言,此处从略。

第八卷 5a. Heinrich Zangger 来信

[大约在 1914 年 4 月 14 日到 7 月 1 日之间][1]

亲爱的朋友爱因斯坦:

尽管您将情况事先告知了我,我仍然这才算是真正领略到了柏林的雷阵雨,对此我不知所措。待在柏林犹如在牢笼之中,达勒姆(Dahlem)正酷热无比,而瑞士的夏天则不错。[2] 我认为在此期间您应该在 7 月份在 Poly[3](给学生)进行考试,因此我不想做任何愚蠢的事而错过与您见面的机会。我终于获得了科学通报编辑位置,这对于像我们这样并非不喜欢读书的人来说应该是相当不错的。

您还没有道歉,因为您还没有写信;然而您和我都不相信会有改善。

Varicac[4] 想要帮助在 Hofstrasse 的房东,(在那里)看起来战役一个接着一个。但什么也做不了。

他们说 Abraham 去格丁根之后将来到苏黎世。[5] 法兰克福的 Debye 也会来?[6]

但愿 8 月 1 日您能来苏黎世!

柏林人出于妒忌将会做出一些事来。如果正如您所说,的确存在日全食引力光线弯曲,[7] 但考察队并不能拍摄下来,那么情况会好一些。

如果您知道什么时间能过来,请提前几天寄一张明信片。

ADft (SzZ, Nachl. H. Zangger, box 167). [87 116].

[1] 由于提到了爱因斯坦的检查职责和他住在 Ehrenberg 大街 33 号的事实,估算了可能的日期。

［2］爱因斯坦离开了他叔叔在柏林 Wilmersdorfer 大街的公寓,并在 1914 年 4 月 14 日之前前往 Dahlem(参见爱因斯坦于 1914 年 4 月 14 日写给 Joseph Petzoldt 的信,这也是从 Dahlem 寄出的最早的信)。

［3］在接受普鲁士科学院(Prussian Academy of Science)的供职之前,爱因斯坦是瑞士联邦技术大学(Swiss Federal Institute of Technology)(理工大)的物理学教授。他在 1914 年 3 月底离开了苏黎世(参见爱因斯坦于 1914 年 4 月 2 日写给 Mileva Einstein-Marić的信［第八卷,文件 1］),例如有可能在考试期间之前。

［4］Vladimir Varićak 很有可能正在看望他在苏黎世的儿子(参见前面的文件)。

［5］Max Abraham。

［6］Peter Debye。

［7］普鲁士科学院正计划派出一支考察队前往俄罗斯去观测 1914 年 8 月 21 日全食期间的引力光线弯曲(参见爱因斯坦于 1914 年 1 月 20 日写给 Heinrich Zangger 的信［第五卷,文件 507］)。

第八卷 16a. 致 Heinrich Zangger

［柏林,］［1914 年］6 月 27 日[1]

亲爱的朋友 Zangger：

您说我的沉默令您难以置信,您为此深感愤怒并且无理地责骂我是一个柏林人;然而柏林人总是随时张着嘴巴并能用它对付某些事！[2]可我却对于写作有着一种一半是病态的抵触心理,正如我抵触每一种凡是需要作出特殊决定的行动。这种心态显示了我的疲惫和衰老。

我喜欢这里的生活,我必须承认。这里不乏精明能干的人物和对科学的火热劲头！我一再被我参加的研讨会和物理学会的活动深深地感动。[3]至于这里的人怎么样,您想知道？这里的人从根本上说与别处的人完全一样。在苏黎世,他们假装正直地拥护共和主义;而在这里,他们就像军人一样僵化而纪律严明;然而无论这里还是那里的人们,他们无不受制于同样的本能并且极少有人能够超越纯粹的冲动。

虽然住在柏林,我却相当孤独。可我在这里却有着某种能将我的生活塑造得更温暖的东西;因为有一个女人,我觉得我跟她紧密相连,［也就是］一位大致跟我同龄的表姐。她是我到柏林的主要原因。[4]这我肯定当时就已告诉过您。

科学院里的情况是变化不定的,有时候令人无聊,有时候让人兴致勃勃。那儿的人彼此之间禀性迥异;每个人都处于一种自为的存在。凡我此前关于柏林人的一切思考,如今都消散在烟霭中。有人或许由于受到政治情绪的影响会认为：那是些自以为是的帝国主义的柏林人,他们想吞噬全世界,他们总以为自己比别人高明等。那样的人和别样的人到处都有。只有在那些可能发展变化的事情上，我们才能看出地方特征：忠于职守、近乎麻木的随大流、权威感、缺乏品味、尊崇公认的成就。

我的工作在相当有限的范围内进展着。眼下我正在撰写关于量子论和 Nernst 定理的东西。对于后者而言，仍有很多有价值的东西，尽管它并非普遍有效。[5]那个人简直是幸运至极；他对我发火，就因为我不是一个默然不语的崇拜者。万有引力理论赢得的敬意和遭受的质疑是一样多的。[6]Lorentz 就此问题有过详细的论述。[7]日食吸引了拥有精良设备的天文学家们去观测。我绝对相信我提出的理论的正确性。我在这里还没有开始继续进行那方面的研究；从而我的身体得到了恢复，这主要是得益于亲戚们的关心。[8]我曾把自己给累垮过！

我很高兴，您又能继续做事了。如果可能，我会在今年夏天到您那里去。我身上沾染的一点儿柏林气息，可能对您也会有所助益：抛却责任和忧虑！我不明白您关于 Varićak 的暗示。[9]他是个好伙计，据我的判断。他跟我妻子有某种关系，这事不应责怪他们中的任何一个。当时我只是痛苦地倍感孤独，如今我反而越发地感谢命运了：它却让我得到了一个好女人的喜爱。

请不要继续生我的气了，而是要怀着快乐的心情真正悠闲自在地花上一个小时写一封信给我。

爱因斯坦谨呈

向 Heller 致以最美好的问候！

ALS (SzZ, Nachl. H. Zangger, box 1c). [86 496].

[1] 判断年代的依据是，信中提到了关于量子论和 Nernst 定理的论文，并且这封信可能是对前一文件的回复。

[2] 3 个月之前，爱因斯坦搬到了柏林。

[3] 指的是柏林大学 Heinrich Rubens 研究所举行的周三学术研讨会。爱因斯坦于 5 月 8 日被选为德国物理学会(German Physical Society)咨询委员会成员(参见 *Deutsche Physikalische Gesellschaft. Verhandlungen* 16[1914]:437—438)。

[4] 爱因斯坦的表姐亦即他未来的第二任妻子 Elsa Einstein(1876—1935)，当时住在 Haberlandstrasse。Mileva Einstein-Marić 同他们的孩子 Hans Albert(1904—1973)和 Eduard(1910—1965)住在 Dahlem 的 Ehrenbergstrasse，并曾和 Fritz Haber 的家人住在一起。爱因斯坦离开 Ehrenbergstrasse，跟他叔叔一起住在 Wilmersdorferstrasse(参见爱因斯坦约 1914 年 7 月 18 日致 Mileva Einstein-Marić 的信[第八卷，文件 23]，注释 3)。

[5] 他于 3 天前就这一课题在德国物理学会作过一次演讲(*Einstein 1914n*[第六卷，文件 5])。

[6] 他在 1914 年 6 月 4 日之后简要描述了对这个理论的接受，就像爱因斯坦接受 Otto Stern 的理论一样(第八卷，文件 12)。

[7] Hendrik Antoon Lorentz(1853—1928)，莱顿大学(University of Leyden)理论物理副教授。

[8] 主要包括爱因斯坦的表姐 Elsa Einstein 及其女儿 Ilse Einstein 和 Margot Einstein，还有她父母 Fanny 和 Rudolf Einstein。他们都住在同一栋房子里。

[9] Vladimir Varićak。

第八卷　34a. 致 Heinrich Zangger

[柏林，]1914 年 8 月 24 日

亲爱的朋友 Zangger：

得知您遭受了沉痛的损失，我谨表示最诚挚的慰问。我所认识的您亲爱的母亲是一位优秀的母亲。[1]我曾看见，在您患病的时候，她的眼里常常噙着泪水，而当您逐渐康复的时候，她的脸上露出了一种难以言传的幸福感。[2]我一直不明白，如果不考虑你们血管里流淌着日耳曼人的血，你们的优雅、敏感和迅捷的反应力是从何而来的。

世界如今呈现出一幅可悲的景象！没有任何地方还能作为一个文化之岛，容得下人们去那里保存人类的感觉。人们只剩下了仇恨和统治欲！[3]正义何在——这个问题本身现在已纯属笑话。人人都像天外来客一样活在这个星球上，只要还没有因为不合时宜的感受而被干掉，就算是幸福的了。我感到自己十分奇特地受到了原始基督教的吸引，并且从未如此强烈地觉得，我宁愿作铁砧而不是铁锤。最令我感到揪心之痛的事情是，现在，即使最善良的人也要被迫服役，去从事毫无意义的谋杀和屠杀。我得感谢盲目的命运，它让我幸免于此。

我整天坐在自己的屋子里和平地工作着。昨天我发现了一个漂亮的方法，可以推导出对于万有引力理论不可或缺的绝对微积分的基本公式。[4]我的妻子和小儿子都在苏黎世。今后他们都将与我分开生活，虽然对我而言，离开我的孩子们十分痛苦。我再也无法忍受那个女人。我现在几乎无法理解，我过去为何一直没能具备足够的道德力量作出这一决定。[5]个中原因可能也部分地在于，我的收入使我无法支撑两地分居的生活方式。

对日食的观测可能会遭到俄国人的皮鞭镇压，从而我将看不到关于我的科学奋斗的最重要结论的那个判决了。[6]

听说 Debye 将成为 Kleiner 的接班人——这是您所在学校得到的一份难以估量的收获！[7]Abraham 似乎没有去[瑞士联邦理工]学院，主要是 Weiss 的错。[8]这可能产生严重的不良影响。我担心，他们遴选我在苏黎世的继任者时，可能缺乏充足的专业知识和客观性。

向您致以衷心的问候。

爱因斯坦

ALS(SzZ,Nachl,H. Zangger,box 1a).[87 055].信封上的邮戳为"Berlin Lichterfelde 3 25.8.14.5 – 6N [achmittags]",第二邮戳为"Zürich Brf. Exp. -5.IX.14.-3"。

[1] Rosine Zangger-Müller。

[2] Zangger 前一年遭受了严重的一氧化碳中毒(参见年表和日程表中爱因斯坦于 1913 年 11 月 12 日致苏黎世州建筑管理当局负责人的信)。

[3] 德国于 1914 年 8 月 1 日向俄国宣战,于 1914 年 8 月 3 日向法国宣战。第一次世界大战的前几周,包括德国在内的所有交战国都爆发了爱国主义热潮("战争热情"或"战争狂热")。

[4] 两个月以后,爱因斯坦提交了一份有关引力理论的详细回顾,其中包括完备的绝对微积分学;参见 *Einstein 1914o*(第五卷,文件 9)。

[5] 在柏林住了几个月并签署了分居协议之后,Mileva Einstein-Marić 和孩子们于 1914 年 7 月底迁居苏黎世。有关情况详见爱因斯坦于 1914 年 7 月 26 日及以后致 Elsa Einstein 的信件。

[6] 一支德国考察队已前往俄国去观测 1914 年 8 月 21 日的日食,试图验证爱因斯坦关于引力光线弯曲的预测。8 月 1 日,德国向俄国宣战。几天后,探险队的领队 Erwin Freundlich 被扣作战犯。他于 8 月 29 日被释放,但是被迫留下了所有的观测设备。有关情况详见爱因斯坦于 1914 年 8 月 19 日致 Paul Ehrenfest 的信([第八卷,文件 34],注释 4,以及第九卷序言第 3 节)。

[7] Alfred Kleiner(1849—1916)是苏黎世大学的物理学教授,将于 1914/1915 冬季学期辞职。Peter Debye 是乌得勒支大学(University of Utrecht)数学物理和理论力学教授,他拒绝了苏黎世大学的邀请并于 1914 年 9 月被任命为格丁根大学(University of Göttingen)物理学教授。

[8] 由于第一次世界大战爆发,Max Abraham 被视作敌侨,被迫离开了意大利。从 1914 年秋开始,他在苏黎世生活了两年(参见 *PGZ Miteilungen 1916*,第 12 页)。Pierre Weiss(1865—1940)是瑞士联邦技术大学的实验物理学教授。

第八卷 41a. 致 Heinrich Zangger

[柏林,1914 年 12 月 27 日后][1]

亲爱的朋友 Zangger:

非常感谢您充满友情的来信。我正要乘车到您那里去,为了采取一些措施照顾 Planck 的一个儿子,他在法国受伤并且被俘了。[2] 不过现在小 Planck 已经脱离了危险,正在康复之中。

现在的世界就像一座疯人院。究竟是什么在驱使人们如此暴戾地互相杀戮、互相残害?[3] 我认为,从根本上看,是雄性的性别特征,它会时不时地野蛮地爆发,如果没有严谨的组织对它加以防范。[4] 我们这个时代的特殊灾难就在于,禽兽的本能结合人类创造的各种辅助工具正在导致真正的毁灭。对大众的实际教化工作进展得十分缓慢,而科技的发展则十分迅猛,结果产生了十分糟糕的不利局面。我认为,我们必须致力于筹建一个大规模的组织,它的任务是制止某个国家的行为,正如国家的任务是制止具体的强盗行径。可是我们身上的男人的兽性又会对此加以反抗。于是乎,一个像我这样毫无激情的人,在别人眼里就是有毛病的。在我看来这并不重要。只要我还能处在平静之中,我就会平静地并且带着我习惯的快乐继续工作,而同时也会让自己沾染大众心理。可是最让我痛心的是,有许多我这样的人遭到周围环境的暴力阻挠,而不可能像我一样行事。

我已同我妻子分居,这也让我感到特别幸运。[5] 我当然明白,在别人眼里,这是一种无可比拟的残忍行径。然而对我来说,这是一个生死攸关的问题:因为我的神经几乎再也无法对抗多年以来遭受的重压,它正是这个野蛮的人物加之于我的。所以分居就是一种最大限度的自卫。您能够想象,我做出了一个多么艰难的决定,因为这意味着我再也不能亲眼看见我亲爱的孩子们逐渐成长!然而对他们来说,这也是一件好事,他们因此就不必在一个父母相互为敌的家庭中成长;并且这也有利于他们的社会情感和习惯的发展,如果他们能生活在社会发展相对均衡,学校教学也没有掺杂别的动机的瑞士。

最近我又开始不断地研究引力问题,并对某些内在关系有了清楚的认识。现在,这个研究单是在形式上就已迫使人觉得它不可辩驳,因为凡是真正深入进去了的人,定然都难以挣脱这座大厦的魔力。如果所有的物理事件都完全取决于其他可以感知的物理事件,那么这条业已开辟的道路正在成为必然。[6]

您让我看的那些哲学语录,已不能激起我更多的兴趣。这些家伙丝毫没有感觉到,他们辛辛苦苦鼓捣出来的那些概念其适用范围是那么狭窄。等我啥时候到了您那里,我们就选取其中一个问题,仔细地分析一下吧;我会觉得很有趣的,如果能跟您而不是慢条斯理的 Bergson 一起做那样的事情。[7]

这个城市的规模很大,这就使人有机会在这里结识非常有趣的人物。[8] 这样的好处就是,人们的某些素质能因此得到强化,而且人人都可以选择会对自己产生影响的各种关系和人物。

拥抱您的老朋友
爱因斯坦

请您尽快再次平静而坦然地写信给我,就像一个生活在前天的人,而且字迹要清楚。您知道我是非医务人员。

我独自愉快地住在一套舒适的小公寓里,[9] 由公寓管理员负责清洁。一旦情况好转,您一定要到我的隐庐来一趟。

ALS (SzZ, Nachl, H. Zangger, box 1c). [86 528].

[1] 日期的推断依据是，爱因斯坦谈到了他在 12 月底要搬进新公寓(参见爱因斯坦于 1915 年 1 月 25 日致 Hans Albert Einstein 的信[第八卷，文件 48])，他关于引力的研究以及他与 Mileva Einstein-Marić 关系破裂的时间。

[2] Erwin Planck (1893—1945)于 1914 年 9 月在法国以战犯名义被逮捕。

[3] 有关爱因斯坦公开和私下表达的反对第一次世界大战的立场的资料，参见下一文件的注释 7。

[4] 和平主义运动在这一时期的主要理想之一就是建立国际组织(参见 *Fried 1912*)。

[5] 爱因斯坦与妻子 Mileva Einstein-Marić 自 1914 年 7 月底开始分居。她带着两个孩子回到了苏黎世，爱因斯坦则留在了柏林(参见本书第八卷，文件 34a，注释 5)。

[6] 关于他在 *Einstein 1914o*(第六卷，文件 9)中对于引力场方程的新的正式推导以及他关于广义协变方程中的物理相容性与现实相悖的争论的更多资料参见第四卷的编者按《爱因斯坦对引力和相对论的研究：与 Marcel Grossman 的合作》，第 297—298 页。

[7] Henri Bergson(1859—1941)当时是法兰西学院(Collège de France)的现代哲学教授。

[8] 有关爱因斯坦最近移居柏林的情况，参见前一文件。

[9] 在 Wittelsbacher 街 13 号。

第八卷　45a. 致 Heinrich Zangger

[柏林，]1915 年 1 月 11 日

亲爱的朋友 Zangger：

我已经收到了您的来信和明信片。作为有社会信仰的人，您正试图缓和那些使人成为牺牲品的可怕灾难，并从您的实际行动中获得慰藉。[1]可我这样的人厌弃无处不在的困惑、谜团和难以形容的丑恶，结果就比平时更加龟缩于沉思冥想的蜗壳。您也许收到了那篇关于广义相对论的东西，[2]它是我在这个领域努力奋斗的一个幸运的结果。请您接受这本小册子，并将它视为我笃信友情的标志，而非要以此苛责您也深入那样的冥思苦想！目前，我正和 de Haas(一个年轻的荷兰人，他是 Lorentz 的女婿)合作，搞一个很有意思的实验项目，想弄清磁的性质。[3]有待确定的问题是，顺磁性是否真的可以归因于电子的旋转。研究目标肯定是可以达到的。当研究完成之后，我会寄给您一个副本。这里的科研生活几近停滞。每个人都在为国家工作而受苦，部分是出于自愿，部分则是不情愿。[4]要是能有办法重新恢复到以前那种相对和睦的环境，该有多好啊！然而，在这个群情激昂的大环境下，谁要是缺乏激情，就是在冒犯在此事中陷得更深的那些人们。

最近 Edgar Meyer 来信让我设法帮帮他,他希望获得苏黎世大学 Kleiner 的教席。[5]但我在想,如果我未经校方请求就为他说话,可能不仅不会帮到他,反而会对他不利。尽管如此,我得对您说,Meyer 是个优秀的物理学家,对于苏黎世大学而言,他的价值几乎无人能比。或许您能提议,让他们征求一下我的意见?

在有头脑的优秀人物中,尤其是在理论家当中,令人瞩目地存在许多对国家无用的废物,这其实也是好事。Debye,Born 和 Laue 都被视为毫无用处的人。[6] Laue 曾来信告诉我说,他连枪都拿不稳,学习使用武器对他来说存在难以克服的困难——这简直是对我的同事们出版的那份宣言的一份漂亮的注解,宣言里说:"我们的科学能力在很大程度上要归功于我们的军事教育。"[7]前几天我结识了来自 Krakau 的同事 Natanson,他有很强的理论头脑。[8]他是在俄国长大的波兰犹太人,现年 50 岁。我对他迅速地产生了好感,这对我来说是罕见的;还是血浓于水(sangue non è aqua)啊! 亲爱的 Zangger,请您确保不会有懦夫作为物理学家被聘到苏黎世,无论是联邦技术大学,还是苏黎世大学都不要有;因为一旦要了那些人,就再也无法摆脱。另外请您注意,别让 Keesom 作为理论家去联邦技术大学,[9]他虽然知道得很多,在一定程度上说也有自己的思想,然而他没有能力教人们如何深刻地思考。

致以衷心的问候并为开局如此可悲的 1915 年祝福。

您的老朋友
爱因斯坦

ALS (SzZ, Nachl, H. Zangger, box 1a).[87 054]。

[1] Zangger 最近的几篇文章直接探讨了有毒气体对士兵的医学影响(参见 *Zangger 1914a* 和 *1914b*)及其道德意义(参见 *Zangger 1914c*)。

[2] *Einstein 1914o*(第六卷,文件 9)。

[3] Wander J. de Haas(1878—1960);Hendrik A. Lorentz。更多有关爱因斯坦和 De Haas 的合作参见第六卷的编者按《爱因斯坦关于 Ampère 分子流的研究》,第 145—149 页。

[4] 很多德国学者被选中、被招募或被安排职位,从事与战争相关的工作。

[5] Edgar Meyer(1879—1960),图宾根大学(University of Tübingen)物理学副教授,正在争取即将空出的 Alfred Kleiner 在苏黎世大学的物理学教授的职位(参见本书第八卷,文件 34a,注释 7)。9 天前,爱因斯坦给 Edgar Meyer 写了一封信,谈到了如果由他写推荐信的话可能带来的麻烦(参见爱因斯坦于 1915 年 1 月 2 日致 Edgar Meyer 的信[第八卷,文件 44])。

[6] Peter Debye;Max Born(1882—1970),之前是格丁根大学的理论物理编外讲师,于 1915 年 1 月被任命为柏林大学副教授。Max von Laue(1879—1960)是法兰克福大学的物理学教授,曾于 1912 年至 1914 年担任苏黎世大学理论物理副教授。

[7] 3 个月前,爱因斯坦是和平主义宣言《告欧洲人书》(*Aufruf an die Europäer*)仅有的四位签名者之一。该宣言出自柏林大学医药与病理学副教授 Georg F. Nicolai 之手,意在回应第一次世界大战初期由 93 名德国知识分子和艺术家发表的旨在捍卫德国军事行动的宣言《致文化界》(*An die Kulturwelt*)(参见

第六卷,文件 8,以及 *Nicola 1917*, pp. 9—11)。两个月前爱因斯坦写过另一封表明自己对战争的态度的信,参见第六卷,文件 20。

[8] Wladislaw Natanson(1864—1937)是克拉科夫大学(University of Krakau,现今的 Craców 大学)的理论物理教授。

[9] Willen H. Keesom(1876—1965)当时是乌得勒支兽医学校(Veterinary School of Utrecht)的物理学教授。

第八卷　69a. Hans Albert Einstein 来信

[苏黎世,1915 年 4 月 4 日前][1]

亲爱的爸爸:

我们已经收到明信片了,不过我不明白你想说什么。我倒是希望你是这样想的:"是的,太好了,我们要见面的。"[2] 你想想看,Tete[3] 都会做乘除法了;而我呢,正如 Tete 所说的那样,正在学几何。[4] 妈妈[5] 给我布置作业;我们有一本小书;或许我也可以跟你一起学习。可你为什么不再给我们写信了呢?我想的是:"复活节[6] 你就会来,然后我们就又有爸爸了。"

你的
Adu!

ALS. [144 004].

[1] 日期的推断依据是,此信可能是爱因斯坦于 1915 年 4 月 4 日之前写给 Hans Albert Einstein 的那封信(第八卷,文件 70)中提到的两封信的第一封。

[2] 1915 年 1 月底,爱因斯坦建议,夏天去瑞士看望 Hans Albert(参见爱因斯坦于 1915 年 1 月 25 日致 Hans Albert Einstein 的信[第八卷,文件 48])。爱因斯坦也许曾在明信片中有过模糊的暗示(第一行中提到的,现已佚失):作为补偿他将提前去看望他的家人。

[3] Eduard Einstein。

[4] Hans Albert 正在苏黎世上小学 5 年级,学校位于 Hochstrasse 街。

[5] Mileva Einstein-Marić。

[6] 复活节星期日即 1815 年 4 月 4 日。

第八卷　69b. Hans Albert Einstein 来信

[苏黎世,1915 年 4 月 4 日前][1]

亲爱的爸爸:

今天我们对彼此讲了自己做的梦。Tete[2]突然说:"我梦见爸爸来了!"然后我就在想:"要是你正跟我们在一起,肯定要好得多。我的钢琴现在弹得好多了;不久前,我弹过一首海顿和一首莫扎特的奏鸣曲,还有几支小奏鸣曲。"[3]一句话,我也许能跟你一起演奏了。现在就要考试了,同时也快到复活节了。[4]以前的复活节我们都是独自过的,[5]今年的复活节我们是不是还要自己过呢?要是你能写信告诉我们,你会来的,[6]那可将是我们最好的复活节礼物了。你知道,我们目前在这里生活得还不错,可是一旦妈妈[7]病了,我就不知道结果如何了。到时候,我们身边可能就只有保姆而别无他人。因为这个,你最好还是来跟我们在一起吧。

你的
Adu.

ALS. [144 003].

[1] 日期的推断依据是,这封信可能是爱因斯坦在 1915 年 4 月 4 日写给 Hans Albert Einstein 的信(第八卷,文件 70)中所提到的两封信的第二封。

[2] Eduard Einstein。

[3] 3 个月前,爱因斯坦曾告诫 Hans Albert,别忘了练习弹钢琴(参见爱因斯坦于 1915 年 1 月 25 日致 Hans Albert Einstein 的信[第八卷,文件 48])。

[4] Hans Albert 于 4 月 7 日参加了位于 Hochstrasse 街的小学五年级学年考试(*Jahresprüfung*),那一天是复活节后的第三天(参见 *Tagblatt der Stadt Zürich*[《苏黎世日报》],1915 年 4 月 3 日)。

[5] 1914 年的复活节星期日即 4 月 12 日。Mileva Einstein-Marić 带孩子们去柏林与爱因斯坦相见是后来的事(参见爱因斯坦于 1914 年 4 月 10 日致 Mileva Einstein-Marić,Hans Albert 和 Eduard Einstein 的信[第八卷,文件 3])。

[6] 爱因斯担可能说过准备 1915 年夏季去探望儿子。

[7] Mileva Einstein-Marić。

第八卷　91a. Hans Albert Einstein 来信

[苏黎世,1915 年 6 月 28 日]

亲爱的爸爸:

你应该跟妈妈[1]商量一下这些事情,因为我做不了主。[2]可要是你对妈妈不友好,我也不想跟你一起去了。[3]要是待在家里的话,我们也有不错的计划,要放弃这些计划我也很舍不得。我们会在 7 月初过去,并且一直待到假期结束。这实在是太美妙了。[4]

你的
A. Einstein

AKS.[144 006]. 背面的地址是"Herrn A. Einstein. Wittelsbacherstr. 13 Berlin Deutschland",邮戳为"Zürich 1 Briefversd 28. VI. 1915. 9 – 10"。

[1] Mileva Einstein-Marić。

[2] 可能指爱因斯坦曾计划在暑假与 Hans Albert(同时可能还有 Eduard)到瑞士和意大利游历两三周(参见爱因斯坦于 1915 年 4 月 4 日前致 Hans Albert Einstein 的信[第八卷,文件 70])。

[3] 可能指爱因斯坦试图以停止给 Mileva 寄钱为由,迫使 Mileva 放弃其对位于布拉格的资产处置权,因为他觉得,这可能是为自己的孩子们保住这些财产的唯一办法(参见爱因斯坦于 1915 年 3 月 15 日致 Mileva Einstein-Marić 的信[第八卷,文件 83])。

[4] 爱因斯坦告诉 Mileva,由于有教学任务,他 7 月底前无法离开柏林(参见爱因斯坦于 1915 年 3 月 15 日致 Mileva Einstein-Marić 的信[第八卷,文件 83])。5 月底,爱因斯坦告诉 Zangger,他不上最后一节课,并将于 7 月中旬到达苏黎世(参见爱因斯坦于 1915 年 5 月 28 日致 Heinrich Zangger 的信[第八卷,文件 86])。

第八卷 96a. 致 Heinrich Zangger

[Sellin,]1915 年 7 月 16 日

亲爱的朋友 Zangger:

您友善的话语给我留下了深刻的印象,不是因为它们的内容,而是因为我从中看到了您对我命运的关切。[1]可就这件事本身而言,您有一些错觉。我可爱的儿子与我的关系被我妻子离间,这种情况已持续了好几年;她的天性中有很强的报复欲,这本来是司空见惯的心理,可她做得十分狡猾,以至于局外人并且特别是男人们很容易被她蒙蔽。要是您知道了我跟她在一起的种种经历,您就只会因为我居然能跟她一起生活那么久却没有尽早分手而指责我。我的小 Albert 寄给我的那张明信片,就是在她指使下写的,即使不是她口授的。里面是这样写的:"只要你对妈妈不更加友好,我就不会跟你去。我们都会在 7 月到乡下去,我可不想放弃那个计划。"[2]他们要去哪,没有告诉我,甚至他们的新地址,我都不知道,还是您告诉我的。我给 Albert 写了信,但是没有得到任何答复。

在这种情况下,我似乎再也不能见到孩子们了,如果我现在就像我此前决定的那样,在 7 月去苏黎世。因此我最终决定,当我到格丁根讲授广义相对论期间,[3]顺便就在 Sellin 休整一下,我表姐和她的孩子们在那里租了住处。[4]我将在那里待到 8 月 1 日,因为我需要这么多时间来休息。8 月 1 日我准备去苏黎世,即使我的孩子们受到了挑唆,不肯搭理我了。然后我再来看您。请 8 月 1 日到 10 月 1 日之间给我留点空档,我一定会去的。要是我没有收到这张令人生厌的明信片,我肯定会在 7 月 15 日就到了。[5]我把孩子都留给了我妻子,但她不应

该让他们对我充满敌意,就算不为我好,也该为孩子们着想,她那样做会使孩子们心情抑郁。

请您回信告诉我,我的小儿子现在情况如何。[6]我特别怜爱他,他还很爱我而且没有被教坏。请您尽快回复。

十分感激您的
A. 爱因斯坦
Villa Johanneshorst
Sellin(Rügen)

ALS(SzZ, Nachl. H. Zangger, box 1c).[86 451].

[1] 爱因斯坦在9天前给Zangger的信中谈到了同样的问题(参见爱因斯坦于1915年7月7日致Heinrich Zangger的信[第八卷,文件94])。

[2] 虽然他在这里使用了引号,但是爱因斯坦改写了他的儿子Hans Albert于1915年6月28日来信中的词语(参见本书第八卷,文件91a)。爱因斯坦同时也向Zangger抱怨,他9天前不可能见到Hans Albert。

[3] 爱因斯坦在Wolfskehl基金的资助下,于6月28日周一开始作了为期一周的6个报告。

[4] Elsa Einstein及其女儿Ilse Einstein和Margot Einstein。

[5] 本书第八卷,文件91a。

[6] 一年前,Eduard Einstein耳部感染(参见爱因斯坦于1914年5月18日致Paul Ehrenfest的信[第八卷,文件8],注释3)。几周以后,爱因斯坦再次表达了他对Eduard病情的关心(参见爱因斯坦7月24日和8月7日之间致Heinrich Zangger的信[第八卷,文件101])。

第八卷　122a. 致 Heinrich Zangger

[埃森纳赫,1915年9月24日]

亲爱的朋友Zangger:

您看那边那个具有坚定信念的人,他始终知道,自己想要什么并且该做什么,多么幸福的人啊![1]我同样看见了他狭小的工作室,它面朝风景如画的原野。这是我本次浪漫的回乡之旅的最后一站。[2]

向您致以最美好的问候!

您的
爱因斯坦

AKS (SzZ, Nachl. H. Zangger, box 1c).[86 536]. 明信片上的收件人地址是"Herrn Prof. Dr. H. Zangger

Bergstr. Zürich Schweiz"，邮戳为"Eisenach 2 24.9.15.4 – 5N[achmittags]"，检查员邮戳为"Überwachungsstelle des XVIII. Armee-Korps Frankfurt (Main)"。Elsa Einstein 的祝福从略。

[1] 反面是老 Lucas Cranach 所画的 Martin Luther 肖像和 Luther 的赞美诗首句"Ein feste Burg ist unser Gott"（我们的上帝是一座坚强的堡垒）。

[2] 在 1915 年 9 月 5 日至 21 日访问瑞士之后，他希望能在返回柏林的途中与 Elsa Einstein 见一次面（参见爱因斯坦于 1915 年 9 月 19 日和 1915 年 9 月 21 日致 Heinrich Zangger 的信［第八卷，文件 120 和 121］）。

第八卷　124a. 致 Heinrich Zangger

［柏林，1915 年 10 月 4 日］

亲爱的朋友 Zangger：

我已经给我的 Albert 写信详细说过了。我计划每年让他和我在我现在的公寓住上一个月。只有这样才能让他释放所有的压力。[1]到时候，我会最大限度地关心他。

我确实记得一个美国人曾经写信给我。不幸的是我忘了回复他。我甚至不记得，他想从我这里得到什么。现在可以做什么呢？我想知道，您收到我寄给您的那份很有趣的复印件了没？多半没有吧。那是一份非常好的调停宣言，因此我会不遗余力地去支持 Romain R.。这个国家最优秀的人都签署了。[2]最近我拜访了 Planck。[3]在自然科学领域，同事之间如此真挚的关爱，就像我们俩一样，委实不多。您的书写得怎么样了？[4]您什么时候过来？8 天前我见到了 Stodola。他做出了一项很棒的发明。[5]

致以衷心的问候！

您的
爱因斯坦

附言：如果我妻子要求书面文件，那么我会申请法院裁定离婚。

AKS（SzZ, Nachl. H. Zangger, box 1c）.［86 537］. 明信片上的地址是"Herrn Prof. Dr. Zangger Bergstr. Zürich"，邮戳为"Berlin-Wilmersdorf 1 4.10.15.2 – 3N[achmittags]"。

[1] 自 7 月开始，爱因斯坦就向 Zangger 表示，令他十分担忧的是，他已分居的妻子 Mileva 正教唆他儿子 Hans Albert 疏离他（参见本书，第八卷，文件 96a）。之前他在 6 月 28 日给 Hans Albert 的信中也表达了类似担忧（参见本书，第八卷，文件 91a）。

[2] 致德国首相 Bethmann Hollweg 的一封公开信，反对 Seeberg 备忘录（Seeberg memorandum）中的吞并计划。签署人员有 Hans Delbruck, Bernhard Dernburg，爱因斯坦及其他 90 人。签署日期为 1915 年

7月17日(参见第八卷,年表和日程表)。首次发表于 Rheinisch-Westfälische Zeitung(《莱茵-威斯特伐里亚报》),并重刊于 Die Friedens-Warte(《和平瞭望塔》)17卷第8期(1915年10月):第298—299页(参见 Anschütz et al. 1915)。

[3] Max Planck(1858—1947)是柏林大学物理学教授,并且是理论物理学院的主任。

[4] 可能是指的 Zangger 1920a,这也是他在1915年到1920年出版的唯一一本书(参见 Michele Besso 1917年5月5日致爱因斯坦[第八卷,文件334])。

[5] Aurel Boleslav Stodola(1859—1942)是瑞士联邦技术大学力学工程教授。这个发明估计是指他关于人造肢体的想法(Stodola 1915)。

第八卷 144a. 致 Heinrich Zangger

[柏林,1915年11月15日]

亲爱的朋友 Zangger:

我衷心感谢您所提供的详细消息。我没有写信给您,因为这段时间我不要命地工作,但也取得了巨大的成功。[1]我修改了引力理论,因为我认识到了,我之前的论证有一个漏洞。现在这个理论简单易懂。[2]我已经从这个理论推究出迄今尚未被解释的行星运动的不规则性。[3]想象一下我的幸福感吧!我会很乐意在年底来一趟瑞士,只为看看我亲爱的儿子。我也正在给他写信。[4]对于您的居间调解,我要向您表达我难以言表的谢意。

致以衷心的问候。

您的

爱因斯坦

我妻子最近以一种看似真挚的态度写信告诉我孩子们的情况。我将尝试直接通过她来安排我与阿耳伯特见面。[5]

AKS(SzZ, Nachl. H. Zangger, box 1c). [86 538]. 明信片上的收件人地址是"Herrn Prof. Dr. Zangger Bergstr. Zürich",邮戳为"Berlin-Wilmersdorf 1 15. 11. 15. 2 - 3N[achmittags]",爱因斯坦在左侧空白处写道"我会尽快来信详谈"。

[1] 一个月前,爱因斯坦也向 Zangger 提到了自己是如何努力地工作,以及他多么想和他的儿子在一起(参见爱因斯坦于1915年10月15日致 Heinrich Zangger 的信[第八卷,文件130])。

[2] Einstein 1915f(第六卷,文件21)和一份附录 Einstein 1915g(第六卷,文件22)分别于11月4日和11月11日提交给了普鲁士科学院(Prussian Academy),并相继于11月11日和11月18日发表。

[3] 这一结果于11月18日提交给了普鲁士科学院并于11月25日发表(Einstein 1915h[第六卷,文件24])。Einstein 1915g(第六卷,文件22)中的引力场方程与最后于1915年11月20日发表的最终论文 Einstein 1915i(第六卷,文件25)仍然不一样;但是两种方程都可计算出近日点进动的正确值。

[4] 参见爱因斯坦于 1915 年 11 月 15 日致 Hans Albert Einstein 的信(第八卷,文件 142)。

[5] 他的态度与爱因斯坦 1915 年 11 月 15 日给 Mileva Einstein-Marić 的信中所表现的态度类似。

第八卷　154a. Hans Albert Einstein 来信

[1915 年 11 月 30 日前][1]

亲爱的爸爸:

我想现在就答复你:[2] 我会在新年期间过去,也就是 12 月 31 日到 1 月 2 日之间,我打算去 Zugerberg 旅行。[3] 我可不想待得太久,因为圣诞节还是在家里最好。另外,我有了一副滑雪板,并且很想去跟伙伴们学习滑雪。

这套滑雪装备花了大约 70 法郎,并且妈妈[4] 当时是在你肯负担其中一部分的前提下才给我买的。我把它当作我的圣诞节礼物了。

我也在想,把雪橇带到 Zugerberg 去,要是下雪的话。

你的
Adu.

ALS (SzZ, Nachl. H. Zangger, box 1c). [86 452]. 这封信是随后的文件的附件。

[1] 时间的推断依据是,爱因斯坦 1915 年 11 月 30 日给 Hans Albert Einstein 的那封信(第八卷,文件 156)很可能是对这封信的回复。

[2] 爱因斯坦要求 Hans Albert 告诉他,他们在哪一天与 Besso 一家在 Winterthur 会合,然后一起去 Krummenau 度假(参见爱因斯坦于 1915 年 11 月 23 日致 Hans Albert Einstein 的信[第八卷,文件 150])。

[3] Michele Besso 也曾告诉爱因斯坦,Hans Albert 决定和爱因斯坦一起去 Zug 镇上的 Zugerberg 山度假(参见 Michele Besso 于 1915 年 11 月 29 日致爱因斯坦的信)。

[4] Mileva Einstein-Marić。

第八卷　159a. 致 Heinrich Zangger

[柏林,1915 年 12 月 4 日前]

亲爱的朋友 Zangger:

我刚收到我的 Albert 的来信,我已随信附上,它令我很不开心。[1] 结果我现在就想取消这次长途旅行计划,以免使我遭受新的失望。这孩子的灵魂已被系统化地毒害了,以至于他根本不理我了。在这种情况下,我的任何接近他的尝试都会间接地伤害他。来吧,"断念"——我亲爱的女友,你这位老相识,请为我唱起那熟悉的老歌,好让我在我的角落里继续安静地吐丝织网。

所以我们就只有复活节再相见了。复活节期间我得到伯尔尼参加一个反战会议,我已被选入其国际委员会。[2]在当今时期,人人都必须为了全社会而各尽所能,即使只能做些最轻微且徒劳无益的事。

在您那里攻读博士学位的年轻的 Rohrer,把他的博士论文寄给我了。如果他是在您的建议下写出了这篇论文,那么他太丑陋了,他居然隐瞒了这一点。[3]最近我在跟我的同事们打交道时也得到了一些真正奇怪的经验。除了一个人,大家都企图从我的发现上找到漏洞,或者试图驳倒它,即使是他们的做法很浅薄;只有一个人例外,他之所以承认这个理论,是因为我费了好大的力气才使他初步明白,我的理论其精神何在;然后他却极力试图在他所能探寻的范围内来分一杯羹。[4]可是天文学家们的举止,就像是蚁巢里的蚂蚁,由于被一些无心的行人打扰了,就会疯狂地去叮咬所有的行人,而不去管谁才是真正的肇事者。[5]虽说这一切都挺有趣的,可我却不喜欢。在这场闹剧中,要是有人不得不演某个角色,那么他为此付出的辛苦和痛苦,也将由于自己作为旁观者享受了他人的表演而获得了补偿。

现在据我所知,Meyer 已经成了 Kleiner 的继任者。我不能不同意这个选择,尽管我们曾提出了专门反对意见。我觉得,由于 Piccard 对他的老师和恩人 Weiss 表现出的不友好态度——他所获得的知识和职位都得益于 Weiss,他的品质在某种程度上已失去了光泽。[6]

致以衷心的问候。

您的
爱因斯坦

ALS (SzZ, Nachl. H. Zangger, box 1c). [86 453]. 信封上的收件人地址是"Herrn Prof. Dr. H. Zangger Bergstr. Zürich Schweiz",第二邮戳为"Zürich Brf. Exp. - 4. XII. 15 - [8]"。

[1] Hans Albert 的信件,参见前一文件。

[2] 一周之前他曾告诉 Zangger,他已当选(参见爱因斯坦 1915 年 11 月 6 日致 Heinrich Zangger 的信[第八卷,文件 152])。在 1915 年 8 月 30 日由"新祖国(Neues Vaterland)"同盟召开的旨在实现持久和平的大会上,爱因斯坦被推选为中央组织大会(the Great Council of the Central Organization)成员。而这个组织的创建者则是荷兰的 Anti-Oorlog Raad(反战委员会)。伯尔尼议会旨在讨论建立战后国家联盟的必要条件。有关情况详见爱因斯坦 1915 年 10 月 22 日致 Walther Schücking 的信(第八卷,文件 131)及其注释 2 和注释 3。

[3] Fritz Rohrer 是 Friedrich Rohrer 的儿子,苏黎世大学的教授,其学位论文以 *Rohrer 1915* 的形式发表。

[4] 格丁根数学家 David Hilbert(1868—1943)将爱因斯坦的引力理论纳入了物理学的基础理论中,

有关情况参见 *Hilbert 1915*。相关评论参见爱因斯坦 1915 年 11 月 26 日致 Heinrich Zangger 的信（第八卷，文件 152）。关于爱因斯坦对 *Hilbert 1915* 的评论，参阅爱因斯坦 1915 年 12 月 20 日致 Hilbert 的信（第八卷，文件 167）。

[5] 对爱因斯坦有影响的天文学家包括 Hugo von Seeliger（参见爱因斯坦 1916 年 2 月 2 日致 Arnold Sommerfeld 的信[第八卷，文件 186]），或者 Johannes Hartmann（参见爱因斯坦 1916 年 2 月 2 日致 Arnold Sommerfeld 的信[第八卷，文件 223]，注释 10）。

[6] Alfred Kleiner 于 1914/1915 年冬季学期期末辞职。关于 Auguste Piccard 作为候选人担任这个职位合适与否，苏黎世州教育部门负责人 Heinrich Mousson 曾向爱因斯坦征求过意见（参见 Heinrich Mousson 1915 年 7 月 19 日致爱因斯坦的信[第八卷，文件 97]）。Auguste Piccard 当时是瑞士联邦技术大学的助教及编外讲师。Piccard 是在 Pierre Weiss 的指导下开展研究工作的，而后者也被认为是激励 Piccard 从事研究的精神动力（belebende geist）（参见爱因斯坦 1915 年 7 月 24 日致 Mousson 的信[第八卷，文件 100]）。尽管他对 Piccard 的鉴定是"合格"（爱因斯坦 1915 年 7 月 24 日致 Mousson 的信[第八卷，文件 100]），但他也认为 Edgar Meyer 与 Piccard 水平相当（参见爱因斯坦 1915 年 9 月 17 日致 Mousson 的信[第八卷，文件 119]）。

第八卷 161a. 致 Heinrich Zangger

[柏林，]1915 年 12 月 9 日

亲爱的朋友 Zangger：

昨晚我收到了您的来信，今天收到了我妻子的来信，[1] 我已随信寄给您了。她这封信（我已随信附上），给我的印象是，她怀着如此真诚的善意，就连我也认为，如果我现在屈从于我的感情并且去看他们，这是正确的做法——尽管此前我已有那么多糟糕的经验。所以我真的还是带 Albert 到某个地方（Zugerberg）去走走，以便能够不受干扰地跟他一起相处几天。[2] 然后，我将会十分愉快地跟您和 Besso 重逢，如有可能，我还想拜访一下 Dr. Zürcher 先生并感谢他的友善。[3]

在最近数月里，由于异常艰苦的工作，我真的是劳累过度了。但最后的成果倒是很精彩。[4] 有趣的是，我和 Grossmann 所作的初步假设已得到了验证，并且那些最极端的理论要求也实现了。[5] 我们当时只是缺少几个形式上的关联，没有它们，就无法实现那些公式与既有的某些定律的衔接。这方面的问题也开始进入我的同事们的视野。这在未来的 10 年或者 20 年里都是不言而喻的……

如果你们都不跟我的 Albert 说话，在我看来似乎要好些。有人期待他具有某些情感，他有可能会过早地习惯于虚伪的东西。当他看到我犯了一个很大的错误，就是我被他在明信片上写的那些话给惹恼了。[6] 这种事情不应该发生在我这种年龄的正常人身上。过度劳累或许可以用来解释我为何容易动怒。父母与

孩子的关系出现片面性也完全可以算是自然规律。一般而言只有通过教育才能缓解这种严峻的局面——参见旧约第（四）条。

我已在高兴地期待着我们下次见面时惬意的交流。向您和您的妻子及孩子们致以最美好的祝愿！

爱因斯坦

ALS (SzZ, Nachl. H. Zangger, box 1c). [86 454]. 信封上的收件人地址是"Herrn Prof. Dr. Zangger Bergstr. Zürich Schweiz"，邮戳为"B[erlin-] Wi[lmersdorf] 10[- - -]"，第二邮戳为"Zürich Brf. Exp. 14. Ⅻ. 15. - 7"。

[1] 爱因斯坦在写给 Zangger(参见前一文件)和1915年12月1日致 Mileva Einstein-Marić 的那封信(第八卷，文件159)中有一些抱怨的话，这封信很可能是她对此作出的快速回应。

[2] Hans Albert 在明信片中暗示了这个希望(参见本书，第八卷，文件154a)。

[3] Michele Besso(1873—1955)是爱因斯坦在瑞士最亲密的朋友；法学博士 Emil Zürcher (1877—1937)是苏黎世的一位律师，跟 Mileva 和她的孩子们住在 Gloriastrasse 街5号的同一栋房子里。

[4] 爱因斯坦在同一个月里向普鲁士科学院提交了三篇通讯(*Einstein 1915f*, *1915g*, *1915h*[第六卷，文件21,22,24])，之后发表了广义相对论引力场方程的最终形式 *Einstein 1915i*(第六卷，文件25)。在前三篇文章中，他也推导了其他的场方程，并且这些方程能够正确地计算出水星的近日点进动。

[5] 指的是 Ricci 张量作为他的研究中的引力场方程左侧部分可能形式的研究，*Einstein and Grossman 1913*(第四卷，文件13)中包含了其研究结果，尤其注意36页。有关他早期和瑞士联邦技术大学数学教授 Marcel Grossmann 研究的类似评论，参见 *Einstein 1915f*(第六卷，文件21)778页，爱因斯坦1915年11月28日致 Arnold Sommerfeld 的信(第八卷，文件153)，以及爱因斯坦1916年1月1日致 Hendrick A. Lorentz 的信(第八卷，文件177)。在未发表的研究注释中(第四卷，文件10)，除了 Ricci 张量，爱因斯坦还考虑了其他候选方程，3年后发表在 *Einstein 1915f*(第六卷，文件21)，以及发表在 *Einstein 1915i*(第六卷，文件25)中的最终的线性形式的场方程(第四卷，文件13)(参见第四卷，文件10，第247—248页，第253页)。有关爱因斯坦在其和 Marcel Grossman 合作研究引力场方程的更多讨论，参见 *Norton 1984* 以及 *Renn and Sauer 1999*。

[6] 爱因斯坦在自己9天前寄出的明信片中抱怨 Hans Albert 无情的口吻并收回了他答应在圣诞节之前去瑞士的承诺(参见爱因斯坦1915年11月30日致 Hans Albert Einstein 的信[第八卷，文件156])。

第八卷　185a. 致 Wilhelm Wirtinger[1]

[柏林，1916年1月26日]

十分尊敬的主任先生：

鉴于您1916年1月19日的垂询，我现在告知您，我会慎重考虑贵校惠赐的职位。[2]

谨致崇高的敬意！

A. 爱因斯坦
Wittelsbacher 大街 13 号
柏林-Wilmersdorf

ALS（AVU）.［85 009］.信封上的收件人地址是"An den Dekan der Philosophischen Fakultät der Universität Wien",邮戳为"Berlin-Wilmersdorf 1 26.1.16.2 - 3N[achmittags]"。

[1] Wirtinger(1865—1945)是维也纳大学(University of Vienna)的数学教授。

[2] 1915 年 11 月中旬,Marian von Smoluchowski 被提名接替去世的 Friedrich Hasenöhrl 担任维也纳大学的物理学教授。由于 Smoluchowski 未能在学院选聘中获得多数票支持,爱因斯坦推举的额外候选人 Max von Laue 和 Arnold Sommerfeld 于 1916 年 1 月获得了提名。有关维也纳大学管理层对此事的后续处理情况,参见爱因斯坦 1916 年 2 月 18 日致 David Hilbert 的信(第八卷,文件 193)。

第八卷　196a. 致 Heinrich Zangger

［柏林,1916 年 3 月 1 日］

亲爱的朋友 Zangger：

不好意思我又沉默了太久。不过我将在 4 月初过去,到时候我们又能一起聊天了。我正在非常努力地研究广义相对论的最终公式,现在已经完全参透了。[1] 同时,我也完成并验证了一个证明安培分子电流的简单实验。[2] 我将在苏黎世跟您解释清楚所有的情况。Besso 将不会参加那次会面。[3] 我很高兴他完成了他的论文,同时也很高兴您的研究结果看起来是如此接近于他。替我向他表示衷心的问候。我感觉很好。我完全是深居简出,只是工作——沉默。不过很快我们就能见面,我们又将像古代雅典的法官一样,坐在您家漂亮的露台上。不过这次到了苏黎世,您得允许我一个人住,这主要是为了我的孩子们,这样就不会让他们太难受。直到出发之前,我都还得努力工作呢。

向您和您的妻子[4] 及孩子们致以最美好的祝愿。

爱因斯坦

也真诚地问候 Besso! 请替我这个可怜的罪人求他原谅,因为——[- - -] 我一直都没有给他写信。请您告诉他,我已决定同我的表姐办理结婚手续了,因为否则的话,她已经成年的女儿们会由于我的缘故而受到伤害。[5] 这对于我和我的孩子们而言倒并不意味着什么伤害,可这是我的义务。而我的生活却不会因此发生任何变化。为什么对于夏娃（Eva）的这个可怜的女儿，原罪带来的伤害来得尤其严酷呢？

AKS（SzZ, Nachl. H. Zangger, box 1c）。[86 539]。明信片上的收件人地址是"Herrn Prof. Dr. Zangger Bergstr. Zürich"，邮戳为"SzZ, Nachl. H. Zangger, box 1crich Schweiz"，文件的地址侧有一处白色的污渍。

[1] 有关爱因斯坦于1915年11月在广义相对论上所取得的突破，参见本书，第八卷，文件161a，注释4。爱因斯坦于1916年3月18日将"对广义相对论的详细修订"（ausführliche Bearbeitung der allgemeinen Relativitätstheorie）手稿提交给了 *Annalen der Physik*（《物理学年鉴》）的主编 Wilhelm Wien（爱因斯坦1916年3月18日致 Wilhelm Wien 的信［第八卷，文件203］）。此手稿最终以 *Einstein 1916a* 的形式出版（第六卷，文件28）。

[2] 爱因斯坦于2月25日在德国物理学会上进行了验证安培分子流的实验演示（*Deutsche Physikalische Gesellschaft*, *Verhandlungen*）18［1916］:149）。该实验最后以 *Einstein 1916d*（第六卷，文件28）的形式发表。

[3] Michele Besso。

[4] Mathilde Zangger-Mayenfisch。

[5] 可是在1月的早些时候，他曾十分明确地"以毫不含糊的措辞"（des Bestimmtesten）表明，他绝不会娶 Elsa Einstein（爱因斯坦1916年1月3日致 Michele Besso 的信［第八卷，文件178］），显然他受到了来自 Elsa 父母的压力（参见爱因斯坦于1915年11月26日写给 Heinrich Zangger 的信［第八卷，文件152］）。他在1916年3月12日致 Mileva Einstein-Marić的信中谈到结婚的问题时，使用到了同样的理由（第八卷，文件200）。

第八卷　209a. 致 Elsa Einstein

［苏黎世，1916年4月6日］

亲爱的 Else：

我已于2点45分到达这里[1]并寄宿在 Gotthard 宾馆。[2] 我正在给你和我的儿子们写信。[3] 越过国境旅行的人极少。虽然边境上的检查非常严格，但还算是得体和礼貌（在林道市）。[4] 夹克和背心都要脱下，衬衫要解开，甚至裤子也得脱下，衣领也得解开。所带的每一样东西都被搜查了一遍。但是那位年轻的官员在整个检查过程中显得礼貌多了。[5] 由此可以看出，对于人的经历而言，"怎么做"比"做什么"更重要。列车上的乘客们都没精打采的，但是罗曼思霍恩与苏黎世（Romanshorn-Zürich）[6]之间那段行程除外，当时我跟一个见过世面的年轻瑞士人交谈了一阵。沿着博登湖（Bodensee）的那段旅行十分美好，我很开心，而且我的身体状况与上次相比要好得多了。[7]

吻你！

你的
阿耳伯特

替我衷心问候 Ilse 和 Margot 还有叔叔和婶婶。[8]

AKS. [143 030]. 明信片上的收件人地址是"Frau Elsa Einstein Haberlandstr. 5 Berlin", 邮戳为"Zürich 3 Fil. Bahnhof 6. Ⅳ. 1916. 3 − 4"。

[1] 爱因斯坦到过苏黎世并和 Hans Albert 进行了一次远足, Eduard 可能也参与了这次远足(参见爱因斯坦 1916 年 4 月 1 日致 Mileva Einstein-Marić 的信[第八卷, 文件 208])。

[2] 在 Bahnhofstrasse 街的 Gotthard 宾馆(参见爱因斯坦 1916 年 4 月 6 日致 Hans Albert 和 Eduard Einstein 的信[第八卷, 文件 210])。

[3] 参见爱因斯坦 1916 年 4 月 6 日致 Hans Albert 和 Eduard Einstein 的信(第八卷, 文件 210)。

[4] 位于康斯坦茨湖(Lake Constance)上的德国瑞士边界的巴伐利亚(Bavarian)一侧。

[5] 在 1915 年 12 月, 爱因斯坦谈到了由于德国瑞士边界经常关闭, 穿越这个边界有多么困难(参见爱因斯坦于 1915 年 12 月 23 日写给 Hans Albert Einstein 的信)。

[6] 从位于德瑞边境的博登湖所在的图尔高州到苏黎世。

[7] 爱因斯坦上一次访问瑞士是在 1915 年 9 月的上半月(参见爱因斯坦 1915 年 9 月 11 日致 Elsa Einstein 的信[第八卷, 文件 116])。他回到柏林之后, 他曾提到自己腹部很难受; 这些问题可能在他旅居瑞士的时候就出现了(参见爱因斯坦 1915 年 11 月 15 日致 David Hilbert 的信[第八卷, 文件 144])。

[8] Ilse 和 Margot Einstein 以及 Rudolf 和 Fanny Einstein。

第八卷　210a. 致 Elsa Einstein

[苏黎世,]星期六,[1916 年 4 月 8 日]

我亲爱的 Else:

但愿我写给你的信比你的来信能更好地送达, 因为我还没有收到任何从柏林寄来的东西。明天我就要和 Albert[1] 一起去旅行了。我们旅行的线路是阿尔比斯—祖格尔湖—四林湖—西里斯山(Albis-Zugersee-Vierwaldstätersee-Selisberg)。[2] 今天我收到了 Mileva[3] 的一封信。她在信中不承认自己说过, 她已做好提起离婚诉讼的准备,[4] 同时她要求当面商讨这个问题。我拒绝了这个要求并在信中同意, 由我提出离婚起诉。[5] 今天我和 Besso 一起去驾驶了帆船。[6] 这里的生活对我来说很不安定, 因为我认识的很多人都要求我遵从他们的习惯。今天我产生了一个有趣的科学观点, 这意味着我回柏林又有事做了。我给 Ludwig Kraft 寄了一张明信片。[7] 今晚我在 Neter 这里, 他很理智。[8] 我相信我已经把一切都安排好了。他挺惹人喜欢的。Besso 对我很亲切。他没有费心给我提供任何建议, 我也没有鼓励他那样去做。

亲吻你！

你的

阿耳伯特

替我衷心问候 Ilse 和 Margot。也问候叔叔和婶婶。Maja 在卢加诺湖畔，但很快就会回家。[9]

AKS. [143 031]. 明信片上的收件人地址是"Frau Elsa Einstein Haberlandstr 5 Berlin-Schöneberg"，邮戳为"Zürich 3 Fil. Bahnhof 9. IV. 16. VIII - "。

[1] Hans Albert Einstein。

[2] 从位于苏黎世西南的阿尔卑斯山麓的阿尔比斯山经卢西塞湖（Lake Lucerne）到达乌里（Uri）州的西里斯山（1954 m）。

[3] Mileva Einstein-Marić。

[4] 一周前，基于 Einstein-Marić 同意离婚的假设，爱因斯坦联系了一名律师（参见爱因斯坦 1916 年 4 月 1 日致 Mileva Einstein-Marić 的信[第八卷，文件 208]）。

[5] 爱因斯坦告诉 Mileva Einstein-Marić，根据他所掌握的情况，只有她对他起诉，他们才能够离婚，参见爱因斯坦 1916 年 4 月 8 日致 Mileva Einstein-Marić 的信[第八卷，文件 211]）。

[6] Michele Besso。

[7] Ludwig Kraft 是爱因斯坦的一个熟人（参见爱因斯坦 1914 年 6 月 11 日致 Joseph Petzoldt 的信[第八卷，文件 13]，注释 3）。

[8] 也许指巴登-巴登（Baden-Baden）市的律师 Walter Neter（1878—?）（参见他在 Fremden-Kontrolle 的档案卡，SzZ-ar，上面显示他 1919 年住在苏黎世）。

[9] 爱因斯坦的妹妹 Maja Winteler-Einstein（1881—1951），住在卢塞恩（Lucerne）。

第八卷 211a. 致 Elsa Einstein

祖格，星期一，[1916 年 4 月 10 日]

我亲爱的 Else：

昨天我和我儿子开始旅行，[1]经历了许多开心事。他心地善良、为人乖巧并且有令人吃惊的求知欲。我和他的关系变得亲切起来了。除了天气，一切都好。这就是我们暂时不准备去四林湖（Vierwaldstättersee）[2]的原因。

亲吻你！

你的

阿耳伯特

AKS.［143 032］.明信片上的收件人地址是"Frau Elas Einstein Haberlandstr. 5 Berlin",邮戳为"Zug 10. IV. 16. XI".

［1］爱因斯坦当时正与 Hans Albert 进行远足。起点是阿尔比斯(Albis)山脚,终点是乌里州的西里斯山(Seelisberg)。

［2］卢塞恩湖。

第八卷　232a. 致 Heinrich Zangger

［柏林,］［1916 年］7 月 11 日[1]

亲爱的朋友:

我很高兴收到您内容翔实的来信,使我得知我的孩子们的近况,但这在某种程度上也令我充满了担忧。[2]每当我妻子[3]接近一个跟我交好的人,那么我几乎就算是失去了这个人。只有 Besso 是值得称道的一个例外。[4]因此请别让哪怕一丁点儿的毒液渗入您的潜意识。那样的话,对于我们之间美好的关系而言就太遗憾了!我并不是说,我相信这个女人会直接中伤我,而是说,那会对情绪产生间接的影响,正是通过这种影响,女人常常会战胜我们——[5]我与孩子们的关系又一次彻底地闹僵了。复活节的远足异常愉快,可是接下来在苏黎世的那些日子,我们的关系却以一种对我来说真的难以解释的方式完全冷却了。[6]对我来说,远离他们会更好。既然我已得知,他们发展得还好,我就该心满意足了。比起在战争中失去孩子的那些不计其数的人们,我真的好得多啊!Planck 就是那样失去了一个孩子,而且他的另一个孩子已在法国的监狱里待了将近两年。[7]

我非常高兴地看到,Besso 能很好地适应他的新职业。[8]为此他得大部分地感谢您的具有稳定作用的影响。复活节期间我跟他一起度过了一些美妙的日子。[9]他是我所认识的最善良的人之一,同时也是一位很优秀的家伙。

这个假期我不会去瑞士了,一方面是因为我相信和平即将来临,从而明年春天我就可以毫不费事地过来了;另一方面[10]与我的孩子们重逢带给我的只会是更大的痛苦,而非快乐。

科学方面,我现在处理的只是些小问题,因为我主要是想以愉快的方式生活下去,并且喜闻乐见别人的成果。广义相对论的研究已经达到了一定深度,我认为我的任务已经完成了。

面对这个大世界里发生的种种疯狂的事情,我只能尽量闭上自己的眼睛,而且我也完全丧失了社会感。如果我们是正派人,我们何以能在这样一个可怕的社会环境里生存下去?只需瞟一眼随便哪份报纸,就足以让人对其周围的世界感到恶心。[11]唯有极少数人还能令人感到些许的安慰。

致以衷心的问候。

爱因斯坦

ALS（SzZ，Nachl. H. Zangger，box 1c）.[86 498].

[1]确定年代的依据是,战争期间爱因斯坦只是1916年在瑞士度过了复活节。

[2]Hans Albert Einstein和Eduard Einstein。

[3]Mileva Einstein-Marić。

[4]Michele Besso。

[5]可能是指爱因斯坦不愿意承认Mileva有病。爱因斯坦怀疑Mileva在欺骗Zangger和Besso,有关情况参见爱因斯坦1916年7月14日致Michele Besso的信(第八卷,文件233)。

[6]爱因斯坦从1916年4月6日起在瑞士度了3周假。他与Hans Albert的争吵始于爱因斯坦拒绝去看望Mileva(参见爱因斯坦1916年4月21日致Elsa Einstein的信[第八卷,文件216])。

[7]Max Planck的长子Karl(1882—1916)死于战争,Erwin Planck则成了战俘。

[8]Michele Besso于1916年4月3日获准在瑞士联邦技术大学(Swiss Federal Institute of Technology)教授专利法的理论和应用(参见爱因斯坦1916年4月21日致Elsa Einstein的信[第八卷,文件216])。

[9]参见爱因斯坦1916年4月22日(第八卷,文件217)和1916年5月14日(第八卷,文件219)致Michele Besso的信。

[10]有关爱因斯坦在德瑞边界的遭遇(参见本书,第八卷,文件118a和209a)。

[11]有100多万士兵死于1916年7月1日开始的索姆河战役(the Battle of Somme)。

第八卷 237a. 致Heinrich Zangger

[柏林,]1916年7月19日

亲爱的朋友Zangger:

在处理这件令人激动的事情的过程中,令我深感幸运的是,我拥有您和Besso这样真诚而善良的朋友,你们如此不动声色而且不言而喻地在最艰难的情况下替我处理和调停了一切问题。[1]我也请您原谅我,我没有认真对待最初那条消息,而它本来是与实际情况相吻合的。反正那些症状似乎曾经并且有一部分仍然很严重。有没有可能是神经的原因?[2]幸运的是,Savic女士,一个既善良又聪明的女人(维也纳人),正在照顾我的孩子们。她嫁给了一个塞尔维亚文职公务员。[3]她是我和我妻子的大学同学,我妻子最好的朋友,善良而聪明。如果有机会的话,不要忘了和她深入地交流一下,尤其是因为对您来说她的印象和阅历定然会很有趣的。

我曾经考虑过我是否应该在这段时期内亲自照顾我的孩子,不过最后还是觉得这样不好。因为那样做只会刺激我妻子。再者,不管我表现得多么小心翼翼,我都会让我孩子陷入内心的斗争状态:是选择父亲还是母亲呢?去年春天的经历使我对自己与他们的关系感到心灰意冷。刚开始,彼此非常信任,很温馨,之后就变得冷淡了。[4] 我妻子很轻易地认为,我的大儿子可能会跟我太亲近,于是下意识地一个劲地反对这段关系,最后很不幸地导致孩子突然改变了对我的态度。在孩子们长大以前,我都不能和他们过于亲近,我最多只能关注他们,以便保证在他们的成长阶段没有特别严重的错误发生。我害怕并且确信,最大的问题在于他们的身体(清洁和牙齿)。为此,我只有徒劳地努力确保那些必须做的事都能做到。

Zürcher 博士夫妇对我的妻子和孩子非常热心,慷慨无私。我将写信给他们。[5]

科学上,我正处于短暂的休息阶段。我研究了引力波,[6] 最近在研究关于光辐射和吸收的量子理论,[7] 以及飞行时物体抬升的原因。[8] 关于后者,我写了一篇小文章,本来是为了纪念 Kleiner 的。[9] 等文章出版了,我会寄给您一份,如果您有空了,可以读一读。[10] Kleiner 辞世意味着,我失去了一个至少就我的外部发展而言与我的生活密切相关的人。他是个少见的诚实的人,但他作为科学家不具天赋。[11]

战争或者更准确地说是食品匮乏对人们产生了极大的教育作用。[12] 如果情况继续这样发展下去,就目前正在进行的那样,这些家伙们就会变得很可爱。没有任何人和任何民族能够毫发不爽地承受外部胜利。

您不必每天都向我通报我妻子的情况。一旦出现紧急状况或者当你们有什么新的看法,那么,如果您或 Besso 能寄一张明信片给我,我就心满意足了。

致以衷心的问候。

爱因斯坦

ALS (SzZ, Nachl. H. Zangger, box 1c). [86 456].

[1] Michele Besso。

[2] 爱因斯坦于 5 天前更加公开地表达了对 Mileva Einstein-Marić 的病情的怀疑(参见爱因斯坦于 1916 年 7 月 14 日致 Michele Besso 的信[第八卷,文件 233])。

[3] Helene Savic(1871—1943)从苏黎世的大学时代开始就是 Mileva 和爱因斯坦共同的朋友(参见第一卷,Savic 自传,386 页),照顾在洛桑(Lausanne)的孩子们。

[4] 在 4 月,爱因斯坦向 Elsa Einstein 通报了他决定不去看望 Mileva 的时候,Hans Albert 对他的态度突然发生了转变(参见爱因斯坦于 1916 年 4 月 21 日致 Elsa Einstein 的信[第八卷,文件 216])。

[5] Emil Zürcher Jr. 和 Johanna Zürcher-Siebel。参见下一文件。

[6] 他于1916年6月22日将他的结果提交,后来发表为 *Einstein 1916g*(第六卷,文件32)。

[7] 手稿于7月17日寄到了 *Verhandlungen der Deutschen Physikalischen Gesellschaft*(《德国物理学会的谈判》)编辑的手上,并最终发表为 *Einstein 1916j*(第六卷,文件34)。

[8] 他于1916年6月2日就这一问题在德国物理学会(German Physic Society)上作过报告(参见 *Deutsche Physikalische Gesellschaft. Verhandlungen*[德国物理学会,谈判] 18[1916]:297)。

[9] *Mitteilungen der Physikalischen Gesellschaft Zürich*(《苏黎世物理学会通讯》)的一期特刊,旨在向即将退休的苏黎世大学物理学教授 Alfred Kleiner 致敬。但当他于1916年7月3日突然死亡之后,这份特刊就成了纪念刊。

[10] 它刊登于1916年8月25日的 *Die Naturwissenschaften*(《自然科学》)(参见 *Einstein 1916m*[第六卷,文件39])。

[11] 爱因斯坦在瑞士联邦技术大学听过 Kleiner 的课,并将自己的学位论文提交给了他。Kleiner 曾鼓励爱因斯坦就狭义相对论发表了自己的第一篇论文(参见爱因斯坦于1901年12月19日致 Mileva Marić 的信[第一卷,文件130])。有关爱因斯坦对 Kleiner 的早期评论,参见爱因斯坦于1901年11月2日和12月19日致 Mileva Marić 的信(第一卷,文件126,130)。

[12] 有关联军对德国的封锁,参见本书第八卷,文件261a,注释5。

第八卷 242a. 致 Emil Zürcher Jr. 和 Johanna Zürcher-Siebel

1916年7月25日

尊敬的 Zürcher 博士先生和夫人:[1]

我的朋友 Zangger 和 Besso 在每封来信中都说,你们以勇于牺牲和慷慨无私的爱心关照我的家人。[2]我知道,你们为我妻子沉重的命运减轻了痛苦,为此我衷心地向你们表示感谢。[3]直到现在,我才知道我妻子病重的情况。我真的很难相信她病得如此之重。[4]不过现在我确实对这封告知病情的来信感到震惊。[5]

如果还没有人照顾我妻子或者她不愿意去医院,我强烈希望您能够尽自己的努力,帮我请一位经验丰富的可靠的护士照顾我妻子(所有费用由我承担)。

对我来说现在最困难和令人苦恼的地方在于,在我妻子可能很漫长的病期里,当孩子休假回来后,我不知道怎么照顾他们。最有可能的就是,到时候我去苏黎世照顾他们。或许我真的这么做,如果他们回来之后发生了任何事情的话,请通知我。[6]

不幸的是,严格的约定导致我不能前往。您是知道的,我们的婚姻漫长而痛苦,在这之后,我鼓动她和我分居了两年。为了不产生更多的不愉快,我避免去见她。[7]我去苏黎世的唯一目的就是去接我的孩子。[8]如果我现在去苏黎世,我怕我妻子会提出见我。您可以想象,在她这种情况下我是多么难以拒绝这样的要求。如果我去见她了,不仅会煽动非常大的矛盾,我还会被迫发誓一些事情,导致将来和我孩子分开。我告诉您这些是为了让您理解我的焦虑不安和犹豫不决。但如果您和我的朋友 Zangger 认为,为了我的孩子,我这次来访是值得的话,一旦你们对事情的进展有更好的认识,认为到了比较稳妥的时候,我就会过去的。

向你们致以最美好的问候和诚挚的谢意。

A. 爱因斯坦
Wittelsbacher 大街 13 号

ALS(SzZ,Nachl. H. Zangger,box 1d).[86 565]. 信封上的收件人地址是"Herrn und Frau Dr. Zürcher Staatsanwalt, Gloriastr. Spitzkehre),Zürich",邮戳为"Berlin-Wilmersdorf 1 26.7.16.7 - 8N[achmittags]"。

[1] Emil Zürcher Jr. 和妻子 Johanna Zürcher-Siebel (1873—1939)。

[2] 参见 Michele Besso 于 1916 年 7 月 17 日写给爱因斯坦的信(第八卷,文件 237)。爱因斯坦在同一天也对 Zangger 表示了谢意(参见爱因斯坦于 1916 年 7 月 25 日致 Heinrich Zangger 的信[第八卷,文件 242])。

[3] Johanna Zürcher-Siebel 在 Mileva Einstein-Marić 生病期间至少照顾了她一周(参见 Michele Besso 于 1916 年 7 月 17 日写给爱因斯坦的信[第八卷,文件 237])。

[4] 有关爱因斯坦怀疑 Einstein-Marić 病情的内容,参见爱因斯坦于 1916 年 7 月 4 日写给 Michele Besso 的信(第八卷,文件 233),以及爱因斯坦于 1916 年 7 月 25 日写给 Hans Albert Einstein 的信(第八卷,文件 241)。

[5] Einstein-Marić 于 1916 年 7 月初生病卧床不起(参见爱因斯坦于 1916 年 7 月 14 日致 Michele Besso 的信[第八卷,文件 233],注释 1)。

[6] 爱因斯坦的儿子从 7 月中旬开始放暑假(参见 Michele Besso 于 1916 年 7 月 17 日写给爱因斯坦的信[第八卷,文件 237],注释 4)。当时他们很有可能是和 Helene Savic 在卢塞恩度假(参见爱因斯坦于 1916 年 9 月 8 日写给 Helene Savic 的信[第八卷,文件 258])。

[7] 在 4 月一起度过了一个假期之后,由于爱因斯坦拒绝去看望 Einstein-Marić,他和儿子 Hans Albert Einstein 在苏黎世产生了分歧(参见爱因斯坦于 1916 年 7 月 14 日写给 Michele Besso 的信[第八卷,文件 233],注释 2)。

[8] 爱因斯坦上一次来瑞士时,从 1916 年 4 月 6 日开始待了 3 周。

第八卷 247a. 致 Heinrich Zangger

[柏林,][1916 年]8 月 3 日[1]

亲爱的朋友 Zangger:

刚刚收到您的长信,得知有一个那么善良的人在照顾我的家人,我无法用言语表达自己的喜悦。但您不该把孩子们也弄到您家去,既然他们本来有一个称职的姑娘做保姆,并且我的小 Albert 也已相当可靠,特别是在照顾他弟弟这方面。或许可以让保姆把家里的开销记个账,然后委托可信的人看一看账本,把所需的费用交给保姆并作些大致的安排。这不但能奏效,而且 Albert 和那个保姆还能从中学到一些东西。或许应尽快将我妻子送到 Theodosianum,[2] 以便您自己能安心地去度假。而且这样也能让女佣的负担减轻一些,需要她做的事实在太多。您不应该浪费您得之不易的假期。我愿意让您了解我的情况:这两年我攒了约有10000马克,所以您不必担心花销。能够为我的孩子们积攒一笔可观的金钱,这是我在此处工作的几大好处之一。如果我还能再活几年,孩子们将来的教育就有了充足的保障——您现在对于我妻子疾病的性质[3]有清楚的认识了吗?我一点也不理解那种状况("理解"一词此处应为其最朴素的本意)。

可惜我又一次未能完全读懂您信中的某些内容。8月1日的那些措施[4]不会使我太难受。反正我绝不至于裸奔,既然我身上现在还有些衣物蔽体,况且我在这方面的美学要求是最低的。我对于人性的洞察并没有教给我多少特别有趣的东西。对诸多事情忍气吞声,犹如它们是上帝安排的冰雹天气:软弱无力的和平需求,对种种内在的因果关系缺乏理解,对他人甚至包括思想(和口头)英雄们的心理活动缺乏认识,悲哀地坚信自己正派而他人都道德败坏。简而言之就是愚蠢之上再加愚蠢。就连您所抱怨的那些强盗式的金融贵族,其实也并不比别人更坏。他们正如其他人一样,按照自己命运中注定的轨迹在行动,并且认为他们自己是善良、有用而不可替代的。到处都是对权势和金钱的病态追捧,以及对心灵的难以形容的荒疏。

我现在过着完全寂静而低调的生活并心满意足。我跟我的同事和其他人相处得不能再好了,之所以如此,一部分原因在于我理解他们,另一部分原因在于——得益于我的名声——他们从我身上看到的一切都是挺好的。可这种名声得经受住载荷测验。要是搞砸了,那就有我好受的了。

在学术上我又有了几项新的有趣的发现。我现在已经完全掌握了机翼理论(Theorie des Flügels),您不久就会收到一篇有关该理论的简短的初稿,当然其中只包含一些最基本的东西。[5]另外,我找到了关于量子散射理论和引力理论(引力波)的一篇很棒的文献。[6]

瑞士的困局也成了这里人们的通常话题。[7]瑞士所处的位置天生就很艰难。可我的印象是,当局由于对谈判的全局认识有误,而导致了争斗的两党都不信任它。

您很快就会收到那份特刊。谨致衷心的问候!

您的
A. 爱因斯坦

ALS(SzZ, Nachl. H. Zangger, box 1c). [86 499]. Zangger 处的最后一页的注释省略了。

[1] 年份的确定是根据其中所提到的学术论文。

[2] 爱因斯坦于一周之前谈到为 Einstein-Marić 找一家疗养所,并建议给孩子们找一个女佣(参见爱因斯坦于 1916 年 7 月 25 日写给 Hans Albert 的信[第八卷,文件 241])。

[3] 有关 Zangger 对 Einstein-Marić 的诊断,参见本书第八卷,文件 250a,注释 4。

[4] 6 天前,柏林的一家报纸宣布,自 8 月 1 日起将对平民的服装实行定额供给(参见《柏林日报》,1916 年 7 月 28 日,晚间版)。8 月 1 日的该报刊登了如何申请配给票据的细节(参见《柏林日报》,1916 年 8 月 1 日,早间版)。

[5] 参见 *Einstein 1916m*(第六卷,文件 39)。

[6] 分别参见 *Einstein 1916n and 1916g*(第六卷,文件 32 和 38)。

[7] 几天之前,一家柏林的报纸披露,法国正鼓励瑞士参加对抗德国的战争,以缓解其经济困难。一家瑞士报纸提出抗议,认为法国无权干涉瑞士的原材料进口(参见《柏林日报》,1916 年 7 月 28 日,早间版)。

第八卷 250a. 致 Heinrich Zangger

[柏林,] [1916 年 8 月 18 日] 星期五

亲爱的 Zangger:

苦难无处不在。Huguenin 患病且动了手术,[1] Besso 病了,我妻子得的是致命的疾病,我的孩子们被隔离了。[2] Huguenin 的手术做得怎么样?他得的什么病?请转达我对他最诚挚的问候。希望他能尽快康复。我也希望 Besso 尽快好起来。可我现在都还不知道他人在哪里。他以前住在 Brienz[3] 附近的 Planalp。我妻子的不幸命运深深地影响到了我。您的上一封来信还有百科全书(*Konversationslexikon*)非常及时地澄清了这件事。我妻子在 20 岁或 21 岁时做过一次腺体手术。那毫无疑问是一次结核感染。[4] 现在估计剩余的病菌蔓延到了脑部。我知道已经没有多少希望了,现在唯一不确定的是这种折磨还要持续多久。我是如此无知,竟然不知道腺体恶化和肺结核之间的联系。否则我不会轻率地与这个女人生儿育女。目前看来,孩子们还没有感染结核病。幸运的是,我们无法看见未来,否则事情会难以忍受。

我妻子的妹妹有可能为了孩子们去苏黎世。[5] 这对我来说将会是一个真正的安慰,因为孩子们非常喜欢她。但是如果我妻子的病情发展到了使她丧失意识的阶段,我将立刻把孩子们接过来和我一起住。我不会送他们去上学,而是要

找人单独给他们授课。我自己有空也会教他们。然后把他们送到瑞士去完成最后4年的学校教育，[6]因为我不会让他们成为普鲁士人，他们应该成为正统的瑞士人，将瑞士视为自己的家园，随后在那里继续他们的生活。

在过去的几周里，我又有了一个很有趣的科学发现。我随信附上了我发表的一篇有关的小文章。[7]后续研究将刊登在苏黎世物理学会为纪念 Kleiner 而推出的专刊上。[8]您一个人读它的话，可能会觉得不太轻松。但是 Besso 会为您解释清楚的。其内容主要是 Planck 散射公式的隐含意义及来历。我还给您寄来一份对广义相对论的阐释，但我并不要求您真的去读它。[9]

我很期待与您再次握手的时刻。要是没有您和 Zürcher[10]一家的帮助，我真不知道该怎么办。明知自己最亲爱的人身处困境却无力亲手相助，这种感觉是极其痛苦的。现在，我请您抛弃通常的顾虑，写信对我坦率地讲一讲有关情况的真相，包括我孩子们的实际情况，以及他们是如何承受这种不幸的。

谨致衷心问候！

您的
A. 爱因斯坦

并向您的妻子顺致友好的谢意！[11]

ALS（SzZ, Nachl. H. Zangger, box 1c）.［86 458］. 信封上的收件人地址是"Herrn Prof. Dr. H. Zangger Bergstr. Zürich"，邮戳为"Berlin-Wilmersdorf 1 18. 8. 16. 1－2 N[achmittags]"，第二邮戳"Zürich Brf. Exp. 21. Ⅷ. 16. X－"，回复地址是"Abs. A. Einstein Wittelsbacherstr. 13 Wilmersdorf"。

[1] Gustav Huguenin（1849—1920）是苏黎世大学的精神病学教授，苏黎世州立医院医疗诊所主任。爱因斯坦对 Huguenin 和 Zangger 两人的关系的评价，参见爱因斯坦于1914年1月20日左右给 Heinrich Zangger 的信（第五卷，文件507），注释17。

[2] Michele Besso, Mileva Einstein-Marić, Hans Albert Einstein, Eduard Einstein。

[3] Planalp，离 Brienz 不远，在布里恩茨湖（Brienzer Lake）附近。

[4] 1916年8月，Heinrich Zangger 将 Einstein-Marić 的病情诊断为绦虫性结核（参见爱因斯坦于1916年8月24日写给 Michele Besso 的信，以及爱因斯坦于1916年8月24日写给 Heinrich Zangger 的信[第八卷，文件251和252]）。

[5] 7月底，Zangger 曾考虑把 Einstein-Marić 送到医院还是让她妹妹 Zorka Marić（1883—1938）来照顾。当时 Zorka Marić 和 Marić 一家住在 Novi Sad（参见 Heinrich Zangger 于1916年7月31日写给 Michele Besso 的信[SzZ, Nachl. H. Zangger, box 216]）。

[6] 16岁时，爱因斯坦在瑞士的 Aargau 州立学校完成了他中学最后一年的课程，然后就读于瑞士联邦技术大学。

[7] *Einstein 1916j*（第六卷，文件34），发表于1916年7月30日。

[8] *Einstein 1916n*（第六卷，文件38），发表于1916年8月24日之后。

[9] 可能指 *Einstein 1916e*（第六卷，文件30）。

[10] Emil Zürcher Jr. 和他的家庭。

[11] Mathilde Zangger-Mayenfisch.

第八卷　261a. 致 Heinrich Zangger

[柏林,]1916 年 9 月 26 日

亲爱的朋友:

现在经过多番不懈的努力,我已争取到与我的荷兰同事们进行有关新科学问题的探讨的机会。会议为期两周,明天出发。Nordström 也在那里。[1]我现在对此十分期待。但是我只能在 20 日左右为我的家人向苏黎世汇去 1 400 法郎的生活费,而不是 10 月 1 日。[2]我该直接把钱汇到您的住处吗?因为我不清楚是谁在管钱。[3]我在那里的地址是:Ehrenfest 教授,莱顿。[4]请把医院和医生的账单直接寄给我。[5]我希望您有一个轻松而愉快的假期,希望您和您的家人还有全体瑞士人的小国家都能度过一段美好的时光,而且比这里的人们过得更好。[6]现在我逐渐明白了,基督教信仰之理想是人类拥有的一件多么可贵的珍宝。谁能以一个仁慈的神去取代权势之偶像?

此时我脑子里大潮退却,但我对此心满意足。日子过得十分寂静。希望您能尽快再寄一张小卡片来,带给我令人平静的消息。

致以最亲切的问候。

您的
A. 爱因斯坦

AKS (SzZ, Nachl. H. Zangger, box 1c).[86 540].明信片上的收件人地址是"Herrn Prof. Dr. Zangger Bergstrasse Zürich",寄件人地址是"Abs. A. Einstein Wittelsbacherstr 13 Berl. Wilmersdorf",邮戳为"Berlin-Wilmersdorf 1 27.9.16.9 - 10 V[ormittags]"。

[1] Gunnar Nordström,赫尔辛基大学理论物理学讲师,当时获得了莱顿大学 3 年的奖学金,并师从 Paul Ehrenfest(参见 *Isaksson 1985*, p. 47)。

[2] 1914 年 7 月,爱因斯坦同意每年支付 5 600 马克(相当于 7 000 瑞士法郎),用于赡养 Mileva Einstein-Marić和他们的两个孩子(参见爱因斯坦于 1914 年 7 月 26 日写给 Elsa Einstein 的信[第八卷,文件 26],注释 3)。

[3] Zangger, Michele Besso, Emil Zürcher Jr. 及其妻子 Johanna Zürcher-Siebel 都在帮助 Mileva Einstein-Marić管理家务,尤其是她生病的时候(参见爱因斯坦于 1916 年 7 月 25 日写给 Heinrich Zangger 的信[第八卷,文件 242],注释 4)。

[4] Paul Ehrenfest 是莱顿大学的理论物理学教授。

[5] Mileva Einstein-Marić最近病了,被 Zangger 诊断为绦虫性结核(参见爱因斯坦于 1916 年 8 月 24

日写给 Michele Besso 的信,以及爱因斯坦于 1916 年 8 月 24 日写给 Heinrich Zangger 的信[第八卷,文件 251 和 252])。

[6] 由于联军对德国始于 1915 年的封锁(*Vincent 1985*,*Roerkohl 1991*)以及 1916 年的土豆歉收(参见 *Skalweit 1927*,p. 185),战争时期的德国民众面临着严峻的经济困难。

第八卷 261b. 致 Elsa Einstein

[莱顿,][1916 年 9 月 28 日]星期四

亲爱的 Else:

我昨天十点半安全到达了这里,然后跟 Ehrenfest 和 Nordström 聊到夜间一点钟,[1] 从而得知有关接待东欧来客[2]的传闻。这里的人们以其朴素谦逊的举止和高深的精神文化赢得了我异乎寻常的好感。差别太大了!在跟他们的讨论中我感到无比幸福。我不辞劳苦[3]地来到这里,就是为了能有时间呼吸一下这种空气,我当初的决定真是太棒了。可我并没有因此而忘记你们,尤其是你,我并非不知感恩。

向小家伙们和老人们[4]致以诚挚的问候。

你的
阿耳伯特

AKS. [143 034]. 明信片上的收件人地址是"Frau Elsa Einstein Haberlandstr. 5 Berlin. W.",寄件人地址是"Afzender. A. Einstein adres. Witte Rozenstraat 28a Leiden",邮戳是"Leiden 2 28. IX. 16. 1-2N[amiddag]"。

[1] 爱因斯坦跟 Paul Ehrenfest 待在一起(参见前面的文件);Gunnar Nordström 在 Ehrenfest 手下工作。

[2] 对东欧难民(多数是犹太人)的讽刺性称呼。

[3] 爱因斯坦需要一张去荷兰的邀请函以及至少要去德国外交部一次,以解决他的护照问题(参见爱因斯坦于 1916 年 8 月 25 日写给 Paul Ehrenfest 的信[第八卷,文件 253])。

[4] Ilse 和 Margot Einstein 及 Rudolf 和 Fanny Einstein。

第八卷 261c. 致 Elsa Einstein

[莱顿,][1916 年 9 月 30 日]星期六

亲爱的 Else:

直到现在我都无法思考自然和艺术之类的事,因为物理学和物理学家们已

经让我忙得无暇他顾。[1] 今天我要去位于阿姆斯特丹的学院。[2]

下次再叙并向小家伙们致以诚挚的问候。

你的
阿耳伯特

替我问候叔叔和婶婶。我还没顾得上去买猪油呢。[3]

AKS. [143 035]. 明信片上的收件人地址是"Frau Elsa Einstein Haberlandstr. 5 Berlin. W. ", 邮戳为"Leiden 30. 9. 16. 10 - 11V[oormiddag]"。

[1] 有关爱因斯坦与同事们激烈争论,参见前面的文件。

[2] 参加由皇家科学会在阿姆斯特丹举办的讨论会,Willem de Sitter 作了演讲,题为"论爱因斯坦理论中旋转之相对性"(参见 *Nieuwe Rotterdamsche Courant*,1916年9月30日,晚间版)。De Sitter 的报告最终以 *de Sitter 1916* 的形式发表。

[3] 有人委托爱因斯坦绕开德国的禁购令,在荷兰购买一些烹饪油(参见本书第八卷,文件 262b,注释 3)。

第八卷　262a. 致 Elsa Einstein

[海牙,][1916年10月5日]星期四

亲爱的 Else:

我昨天一整天都和 Lorentz 在一起。[1] 他住在离阿姆斯特丹(Amersterdam)很近的比瑟姆(Bussum)的乡间。我们朝着须得海(Zuidersee)方向边走边谈,走了很长一段路。我们的谈话很有趣。晚上我乘车前往哈勒姆(Haarlem)去见 De Haas 一家。他们以令人感动的热情接待了我。[2] 我们一直聊到凌晨一点半。然后我就在他家里过夜。今早我去了那里的实验室。[3] 我现在(一点到两点)乘车到了海牙(Hague)。当我到达时,正好赶上倾盆大雨,我已十分疲倦。但我必须在今天赶到。这是对我神经承受力的一次真正的考验。[4] 我希望自己能在回家之前的几天里好好地喘口气。尽管如此,现在我身体健康。得益于最优秀的理论家们的相关研究,我那些新理论在这里显得生机勃勃。[5]

后天我将和 Ehrenfest 一起去格罗宁根(Groningen),[6] 并在那里过夜。

向小家伙们和老人们[7]致以诚挚的问候。

你的
阿耳伯特

AKS.［143 036］.明信片上的收件人地址是"Frau Elsa Einstein Haberlandstr. 5 Berlin W."，回复地址是"Afzender. A. Einstein adres. b. Prof. Ehrenfest. Leiden"，邮戳为"'s Gravenhage Station H. I. J. S. 5. X. 16. 2-3N［amiddag］".

［1］Hendrik A. Lorentz。

［2］爱因斯坦给 De Haases 寄了一张明信片，告知后者，他已于两天前到达哈勒姆（参见爱因斯坦于 1916 年 10 月 3 日致 Geertruida de Haas 的信［第八卷，文件 262］）。爱因斯坦与 Lorentz 的女婿 Wander de Haas 于 1915 年春天开始合作，并与 De Haas 夫妇建立了友谊（参见爱因斯坦于 1914 年 12 月初致 Paul Ehrenfest 的信［第八卷，文件 39］）。

［3］De Haas 最近被任命为位于哈勒姆的泰勒基金（Teyler Foundation）实验室的管理人（参见 Hendrick A. Lorentz 于 1916 年 6 月 6 日写给爱因斯坦的信）。

［4］爱因斯坦当时可能正在参加由中央组织召开的"长久和平（Durable Peace）"会议，其总部设在海牙。爱因斯坦于 1915 年秋季被选为评议会成员（参见爱因斯坦于 1915 年 11 月 30 日致 Michele Besso 的信［第八卷，文件 155］）。同时可参见本书第八卷，文件 159a，注释 2。

［5］更多关于广义相对论在荷兰的接受情况可参见 *Kox 1992*。

［6］去拜访 Paul Ehrenfest 的同事，探讨相对论（参见接下来的文件）。

［7］Ilse 和 Margot Einstein 以及 Rudolf 和 Fanny Einstein。

第八卷　262b. 致 Elsa Einstein

［莱顿，］［1916 年 10 月 7 日］星期六

亲爱的 Else：

匆匆向你表示这份问候。今天晚上格罗宁根的同事们[1]将来这里讨论相对论。因此我不必去格罗宁根。[2]我弄不到猪油。我已询问过有关当局。就是说星期四你们肯定盼不到猪油，可是一定会友好地接待我。[3]在这里的日子有趣得难以忘怀，并且十分惬意。我的理论可以说在这里找到了它的家园。[4]本地人的个人文化……。[5]即便如此，我仍一如既往地期盼你，期盼你我在一起的安宁生活。

问候并亲吻你。

你的
阿耳伯特

AKS.［143 037］.明信片上的收件人地址是"Frau Elsa Einstein Haberlandstr. 5 Berlin W."，回复地址是"Afzender. A. Einstein adres. b. Prof. Ehrenfest. Leiden."，邮戳为"Leiden 7. 10. 16. 11 - 12 V［oormiddag］".

［1］其中的一个同事可能就是 Jacobus Cornelius Kapteyn（1851—1922），格罗宁根大学（University of

Groningen)天文和理论物理学教授。爱因斯坦在 10 月底的普鲁士学会的会议上引用了 Kapteyn 的口头意见(参见爱因斯坦在 1917 年 3 月之前给 Willem de Sitter 的信)。另一个可能是 Frits Zernike,数学物理讲师,Kapteyn 的前助手。

[2] 爱因斯坦在两天前表达了自己想去格罗宁根的想法(参见前面的章节)。

[3] 爱因斯坦于一周前并没有处理烹调油的获取问题(参见本书,第八卷,文件 261c)。油料配给制度于 1916 年 7 月在德国实行。到了 10 月,柏林的成年居民每周仅能获得 72 克烹调油,而 7 月的时候他们每周可获得 84 克烹调油。到战争结束的时候,柏林的成年居民每周仅能获得 60 克烹调油(参见 *Skalweit 1927*,pp. 215—216)。

[4] 参见前面文件中的类似声明。

[5] 爱因斯坦于 10 天前表达了对荷兰人(相比于德国人)的同样的感觉(参见本书,第八卷,文件 261b)。

第八卷 263a. 致 Paul Bernays[1]

[柏林,][1916 年 10 月 13 日或者 1920 年之后] 星期五[2]

亲爱的同事:

所有的生命体都表现出来的在时间上的方向感与第二定律紧密地结合在了一起。它主要包括扩散过程、不可逆化学过程、热传导、滞流等。完全正确的是,事件在时间上的这种单调性并未在对于我们具有根本意义的那些基本定律中获得表达。但相对论跟经典力学——正如它跟传统电动力学和光学——一样,共同具有这一状况。要这样来理解第二定律,以便让一个极不可能的状态被认为是四维空间中的时间极限点(t 的下限);而对于区域的时间 t 上限,可能性考虑会导致更大的可能性。于是,猜测问题也就由此转为边界问题并且避免用方程来进行"解释"。

这一方法可能有不尽如人意之处。但迄今为止所有对不可逆过程进行分析的理论(例如,动态气体理论)在这一点上与相对论是一样的。我们所设计的基本方程同样也适合于时间可逆的过程。——

请原谅我不够严谨的书写!还有堆积如山的信件和其他任务在等我去处理,因为我昨天才从荷兰回来。

祝您旅途好运并有一个收获丰硕的学期。

您的

A. 爱因斯坦

ALS (SzZE, Nachl. Bernays, Hs. 975∶5 319). [70 472].

[1] 收信人的判断依据是这篇文件是在 Bernays 的房间里发现的。Paul Bernays(1888—1977)是苏黎世大学数学系的助教。

[2] 根据信中谈到了爱因斯坦刚从荷兰回来,可以判定这封信应与本书的第八卷,文件 263b 写于同一天。

第八卷 263b. 致 Heinrich Zangger

[柏林,1916 年 10 月 13 日]

亲爱的朋友 Zangger:

刚刚结束为期 14 天的荷兰之行并于昨晚回到家中,我发现了您的明信片,从中我得知,情况虽有反复但还是慢慢地好转。[1]在这件事上,我当然同意去做您认为正确的事(Veraguth)。[2]我向您的住处寄去了 1400 法郎(10—12 月的费用)。[3]我会特别支付由于我妻子的疾病所带来的额外支出,以免出现资金短缺。到时候请您直接告知,我该往那里寄些什么东西。这些支付不宜拖延,因为我的〈利息和〉换汇损失会因等待而增加。总之在目前这种不确定的时期,凡是眼下能够处理的事都必须尽早办妥,因为未来的种种困难是不可预见的。今天早上我收到了 Albert 写来的一封很可爱的信,着实让我高兴了一番。我马上就要给他回信。[4]我在荷兰同事们的学术圈里度过了一段幸福的时光。[5]多么巨大的差别啊! ……您什么时候也一定要去那里看看。引力理论已经在那里奠定了强大的根基;但这肯定不是令我产生好感的主要原因。[6]

衷心问候您并多谢您为我们不断的操心!

您的
A. 爱因斯坦

AKS(SzZ,Nachl. H. Zangger,box 1c)。[86 541]。明信片上的收件人地址是 "Herrn Prof. Dr. H. Zangger Bergstr. Zürich(Schweiz)",回复地址是 "Absender: A. Einstein Wittelsbacherstr 13 Wilmersd",邮戳为 "Berlin-Wilmersdorf 1 13. 10. 16. 1 - 2N[achmittags]"。

[1] Mileva Einstein-Marić 的医疗条件正在逐渐改善,但是她的病情依然有反复。

[2] Otto Veraguth(1870—1944)是苏黎世大学医学系的讲师。

[3] 有关爱因斯坦向他在苏黎世的家人提供赡养费用的情况,参见本书第八卷,文件 261a,注释 2。

[4] 他在当天给儿子回了信(参见爱因斯坦于 1916 年 10 月 13 日致 Hans Albert Einstein 的信[第八卷,文件 263])。

[5] 在荷兰的同事中,对爱因斯坦来说最重要的是 Paul Ehrenfest 和 Hendrik A. Lorentz。

[6] 10 月底,爱因斯坦提到 Hendrik A. Lorentz 和 Willem de Sitter 正在研究这一理论。与他们一起

的还有"其他年轻的同事们",可能还有 Johannes Droste 和 Adriaan Fokker(参见爱因斯坦于 1916 年 10 月 31 日写给 Michele Besso 的信[第八卷,文件 270])。爱因斯坦描述了他在最近的荷兰之行开始时对荷兰人民的感激之情(参见本书,第八卷,文件 261b)。

第八卷 269a. 致 Heinrich Zangger

[柏林,]1916 年 10 月 25 日[1]

亲爱的朋友 Zangger:

衷心感谢您热情而详尽的来信。Albert 是个好小子。我在大约一周前回复了他那封善良而诚实的来信,[2]但此次不能立刻给他回信了,因为我发现他对我仍有很强的依赖心理。

我对于妻子的病情好转十分高兴。一定要让她在 Theodosianum 医院待足够长的时间。[3]她不应由于费用问题而担心。她治病产生的一切费用我都会额外支付。这事她完全不必操心。在家里跟那些活泼的孩子们住在一起,这对她来说毕竟还是太吵了。有您和您夫人照顾我的家庭,我无法用言语来形容,我有多么幸运;否则我真不知道该怎么办了。另一方面,他们能够待在苏黎世而不是在我这里,有不止一条理由可以证明,这真是一种幸运。

在荷兰的时候,我与拥有罕见的思想深度和教育素养的人一起度过了一段美好的时光。他们一点儿也不僵化,没有遭受大众狂热的折磨。[4]我和 Ehrenfest 一起阅读 Treitschke 的作品。[5]您也应该读一读。在那里,这个名字就是一种可以用来标示上层社会的标签。另外,我正在读 Tolstoy 的《忏悔录》。这本小书的思路虽然有些跳跃,但我在阅读过程中产生了许多似曾相识的感觉。[6]经过艰难的斗争之后,他意识到,一个活跃的、有思想的人要生存,不可能不依靠个人之外的某些东西。但我却不能赞同的是,他认为这种个人之外的东西就是对上帝的幼稚信仰。

从我上次来信至今,我很少产出独立的成果,我所做的主要工作只是在形式上对广义相对论加以简化。[7]本学期我将再次授课。[8]有人希望这门课的讲稿能编辑成一本书。这当然好,但对于此事我本人缺乏行动的决心。

我希望您能再次的完全康复并且开心地工作。

致以诚挚的问候!

您的
爱因斯坦

ALS（SzZ,Nachl. H. Zangger,box 1c）.［86 504］.

［1］年代的判断根据是信中提到的他妻子的病情,他在荷兰的旅行以及提到了 Einstein 1916o。

［2］爱因斯坦于 12 天前给他儿子写了信(参见爱因斯坦于 1916 年 10 月 13 日写给 Hans Albert Einstein 的信[第八卷,文件 263])。

［3］Einstein-Marić已于 8 月由 Theodosianum 医院收治(参见本书,第八卷,文件 247a,注释 2)。

［4］爱因斯坦于 9 月 27 日开始在荷兰待了两个月。

［5］Heinrich von Treitschke（1834—1896）,柏林大学的历史学教授,他写的德国历史书 Treitschke 1879/1895 助长了普鲁士政权对强权大国的渴望。他还曾以反犹立场与犹太历史学家 Heinrich Graetz 进行了公开辩论(参见 Meyer 1966；有关表明其反犹太立场的公开文献,参见 Treitschke 1879)。

［6］Tolstoy 1886。

［7］爱因斯坦关于广义相对论中的哈密尔顿原理的手稿于 10 月 26 日提交给普鲁士学会,并于 11 月 2 日以 Einstein 1916o 的形式发表(第六卷,文件 41)。

［8］爱因斯坦于 1916 年 10 月 16 日到 1917 年 3 月 15 日在柏林大学开了一门有关相对论的课程。时间为每周四下午 2—4 点(Berlin Verzeichnis 1916b)。

第八卷　270a. Heinrich Zangger 来信

［1916 年 10 月 31 日到 1916 年 12 月 13 日之间］[1]

亲爱的朋友爱因斯坦：

您有机会一定要为我解释近日点的运动,数学解决不了问题。[2]我同样不清楚您所暗示的引力与电学之间的关系。[3]您的来访很有必要,正如您所看见的。局势正变得越来越糟,很多工厂都停工了,因为我们得不到原材料了——这样一来,别人就能把瑞士人的客户抢走。这是我在一封信中读到的。如果这不是经济战争,那么它也正在发展为一场经济战争,因为人们在保护所有可以利用的资源,他们需要它们。

司法部长 Klein[4]［没有？］作出了反应。2 000 名结核病人没有来瑞士。[5]他们被关在战俘营里。结果会怎么样？未来的[讨厌？]标准最终将在那里[变得？有所不同？],别的我一无所知。

Besso 很沮丧,因为他没找到工作,该怎么办呢？[6]我不知道。我完全无法从教学天赋方面去评价他个人的能力。

AL/Dft（SzZ,Nachl. H. Zangger,box 269）.［87 128］.

［1］日期的推测依据是 Zangger 写这封信时,Franz Klein 是第一次世界大战时期的奥地利司法部长(参见注释 4)。

［2］爱因斯坦终于在 Einstein 1915h 中计算出了水星近日点进动异常(第六卷,文件 24)。

[3] 有关引力和电磁力在物质理论中的作用，参见 *Einstein 1916e*（第六卷，文件 30），pp. 810—811。爱因斯坦于几周前将这篇文章的副本寄给了 Zangger（参见本书，第八卷，文件 250a）。

[4] Franz Klein(1854—1926)于 1905—1908 年和 1916 年 10 月 31 日到 12 月 13 日担任奥地利司法部长。

[5] 第一次世界大战期间，中立国瑞士的红十字会承担了战俘交换工作。它还负责对战争中受伤的双方士兵提供医疗设施和照顾。法国和德国的战俘交换始于 1915 年 3 月和 7 月(参见 *Zweig 1918*)。

[6] Michele Besso，当时是瑞士联邦技术大学的专利法讲师。

第八卷　276a. 致 Heinrich Zangger

[柏林，]1916 年 11 月 16 日

亲爱的朋友 Zangger：

您再次卧床令我不安。您得了什么病？Besso 在来信中并没提到这事。[1] 感谢您整理好了账单。[2] 最近寄的 1 400 法郎全部用在了日常开销上(10—12 月)。账单上的 1 061.15 法郎将在最近几天寄到。[3] 可惜我妻子情况看起来依然很不稳定，所以至少他们不能缺钱。您所写的有关孩子们的事让我很高兴。我给 Albert 写过很多次信，他继承了他父母懒于书写的习惯。这是一个自然过程，我不应该抱怨。正如我没有在写书，他也没有给我写信。如果您能把 R. Rolland 的地址给我，我是很愿意给他写信的。诺贝尔委员会授予他诺贝尔文学奖，承认他在艺术上的成就。对于他本人来说，这种承认至少可以被看作为他那些伤口敷上的一块小膏药，然而也只是一小块。[4] 但也许那些大事件会朝着某种方向发展，促使他与命运和解，我是相信这一点的。

致以诚挚的问候并祝您完全康复！

您的
爱因斯坦

我希望 Huguenin 已经康复了。[5]

AKS(SzZ, Nachl. H. Zangger, box 1c). [86 542]. 明信片上的收件人地址是"Herrn Prof. Dr. H Zangger Bergstr. Zürich. (Schweiz.)"，寄件人地址是"Abs. A. Einstein Wittelsbacherstr 13"，邮戳为"Berlin-Wilmersdorf 1 16.11.16. 2 - 3N[achmittags]"。

[1] Michele Besso。

[2] 爱因斯坦在本书第八卷，文件 261a 中向 Zangger 询问过 Einstein-Marić 的住院账单。

[3] 爱因斯坦于 1916 年 10 月 14 日将钱寄了过去（参见爱因斯坦于 1916 年 10 月 13 日写给 Hans

Albert Einstein 的信[第八卷,文件 263])。另一笔钱是为了支付 Einstein-Marić的医疗费用。

[4] Romain Rolland(1866—1944),著名的法国作家和反战主义人士,获得 1915 年的诺贝尔文学奖,并于 1916 年 11 月 9 日公布(参见 Fisher 1988, p. 44,1971 年 3 月, p. 89;以及 Starr 1971, p. 167)。自从 1914 年以来,Rolland 就住在瑞士,他是被法国政府放逐到此地的,因为他被视为叛徒。在战争期间,有些诺贝尔奖项并不是每年都颁发。

[5] Gustav Huguenin 病了,并于 3 个月前接受了一次手术(参见本书,第八卷,文件 250a)。

第八卷　278a. Hans Albert Einstein 来信

[苏黎世,1916 年 11 月 26 日之前][1]

亲爱的爸爸:

我收到了你的明信片但没有马上回复。主要是因为我总是有很多家庭作业要做。[2]同时妈妈也回到家里来了,并且还有一个护士。我们都十分高兴。当妈妈回来的时候,我们有一个庆祝仪式。我演奏了莫扎特的奏鸣曲,Tete 学了一首歌。我们很高兴妈妈又回到了这里,因此我们不再孤独。[3]我弹钢琴的时候,妈妈至少可以在旁边听,或者和着曲子跳一曲拉丁舞。这样比以前好得多。我们正在努力学习拉丁语:我们已经学会第一、第二、第三和第四变位以及第一、第二、第三、第四和第五变格。人寿保险账单不久前寄来了,一共是 139.7 法郎。

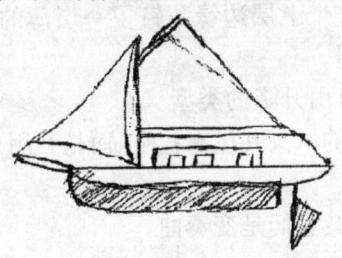

最近,我正在忙于制作一条船。它是我从一个简单的木质雕刻改装过来的。它在水中可很好地航行,我玩得很开心。

致以美好祝愿!

你的
Albert

ALS. [144 001].

[1] 这封信的日期确定依据是爱因斯坦 1916 年 11 月 26 日致 Hans Albert Einstein[第八卷,文件 279] 的回信。

[2] 在 9 月底,爱因斯坦向 Hans Albert Einstein 抱怨道,他已经写了 3 封信,可是 Hans 却一封也没回(参见爱因斯坦于 1916 年 9 月 26 日致 Hans Albert Einstein 的信[第八卷,文件 26])。在 11 月初,爱因斯坦要求 Hans Albert Einstein 向他详细报告 Eduard、学校、音乐、他的其他活动以及他的朋友(参见爱因斯坦在 1916 年 10 月 31 日后致 Hans Albert Einstein 的信[第八卷,文件 271])。

[3] Einstein-Marić 在 10 月底已从 Theodosianum 疗养院出院,并回家继续疗养。1916 年春末,她经受了一次精神崩溃,并于 1917 年初抱怨自己有严重的心脏问题(参见 *Trbuhović-Gjurić 1993*,pp. 138—139,以及爱因斯坦于 1916 年 7 月 14 日致 Michele Besso 的信[第八卷,文件 233])。爱因斯坦的儿子们待在家里由女佣照顾(参见爱因斯坦于 1916 年 7 月 25 日致 Hans Albert Einstein 的信[第八卷,文件 241])。

第八卷 279a. Hans Albert Einstein 来信

[苏黎世,1916 年 11 月 26 日之后][1]

亲爱的爸爸:

今天我收到了你的明信片,非常感谢你送给我们的圣诞礼物。Tete 将在春季上学了。[2] 我没有早一点给你写信,首先是因为妈妈的身体不太好,其次就是外面下了 20cm 厚的雪,我们出门滑冰去了。[3]

我是这样制作我的船的:[4] 首先我找到一块木头,它的横截面近似于一个等腰直角三角形。整块木头长约 25cm。然后我用斧头凿出船的基本形状,再用小刀对细部进行勾勒。在整个上层边缘我钉了一层薄的木板,在上面我加了一个用木雪茄盒子制成的小屋。

我把船帆设计成可自由升降的类型。

采用这种方法,船体的木头并没有挖空,而是利用小木板拼接而成。船底的东西是一个舵。

奏鸣曲是这个样子的:它们是变奏曲。[5]

我们已经在期待圣诞节了,并且十分好奇圣诞圣婴会带给我们什么。

祝你圣诞快乐!

Adu 和 Tete

ALS.[144 002]。

[1] 这封信的日期确定依据为,它可能是对爱因斯坦于 1916 年 11 月 26 日写给 Hans Albert Einstein 的信(第八卷,文件 279)的回信。

［2］爱因斯坦曾向 Hans Albert Einstein 询问 Eduard Einstein 何时开始上学（参见爱因斯坦于 1916 年 11 月 26 日写给 Hans Albert Einstein 的信［第八卷，文件 279］）。由于在新年那段时间感染了严重的肺炎（参见爱因斯坦于 1917 年 3 月 9 日写给 Michele Besso 的信［第八卷，文件 306］），Eduard 的上学时间推迟到了 1918 年春天（参见爱因斯坦于 1918 年 4 月 23 日写给 Mileva Einstein-Marić 的信）。

［3］爱因斯坦曾于 9 月底抱怨 Hans Albert Einstein 没有回他的信（参见上一篇文件，注释 2）。有关 Mileva 的病情，参见前一篇文件，注释 3。

［4］针对 Hans Albert Einstein 于前一篇文献中描述过的木质模型，爱因斯坦问了几个有关该模型制作方面的详细问题（参见爱因斯坦于 1916 年 11 月 26 日写给 Hans Albert Einstein 的信［第八卷，文件 279］）。

［5］图中画的是 Mozart 的钢琴奏鸣曲，A 大调，KV331 的 andante grazioso（第一乐章，优雅的行板）的开头一部分。爱因斯坦曾经让 Hans Albert Einstein 画一些奏鸣曲的曲谱。

第八卷 282a. 致 Ejnar Hertzsprung

［柏林，］1916 年 12 月 5 日

亲爱的同事：[1]

树木不会长到天上去，这事我早就习惯了！您的 $\sqrt[3]{\delta^2 M}$ 是对的，相对强烈的密度影响也是同样正确的。因为密度极难测定而且就算能测或许其结果也相当不确定，所以这种影响就显得更遗憾。此外，由掩星现象引发的量级（Grösse）不是密度，而是半径，所以用"质量/半径"的方式比用以上方程能更好地定义面对面观察的效果。[2]

对于您谈到的几点问题，此处我仅就最后两个略作答复，因为它们涉及的是纯物理学问题（而非星座观测）。

如无地球以外的参考光源，要对地球轨道偏心率加以利用原则上是不可能的。因为根据理论，依赖于引力位的只有频率，而非由米尺测得的波长。[3]

要是对地球上的引力位差也能进行利用，那将是妙不可言的，然而这些效应微小得匪夷所思。如果 γ 是引力加速度，h 是高度差，那么与之等效的多普勒速度为：[4]

$$v = \gamma h / c \quad (c = \text{光速})$$

如果距离是 3 000 m 的话，那么相应的高度差是：

$$v = 1/10 \text{mm/s}$$

我也不相信本生火焰（Bunsenflamme）。如果产生冷光的分子热速度至少为 100m/s，那么如此小的火焰的相对速度绝不可能产生足以被肉眼看得见的效

应。不管怎样，需要弄清这件事的真相。据我所知，至今的观测还从没发现与动态气体理论相违背的锐谱线（Linienschärfen）；这个问题已经被重复试验多次并且证据确凿。

致以诚挚的问候并祝您尽快康复。

您的
A. 爱因斯坦

ALS(DkAa[V, Hertzsprung Archive). [87 129].

[1] Ejnar Hertzsprung(1873—1967)是波茨坦的天体物理观测台的观测员。

[2] 星体的半径通常是通过观测食双星（eclipsing binaries）获得的（可参见 *Russell 1912*）。由于不知道遥远星体的真实大小，由固定星体所发出的光的光谱线中的广义相对论效应引起的引力红移就很难得到证实。而这也是爱因斯坦的同事 Erwin Freundlich 所研究的项目（参见 *Freundlich*, 1915）。

[3] 尽管地球轨道的偏心率并不能确证太阳引力场相对于地球的随年变化，但要检测由此变化所带来的可观测变化，还是需要建立一个天文参考系。

[4] 爱因斯坦计算了在两点中需要产生等效于引力红移的多普勒频移的速度。他随后发现这个效应太小了，还不足以被当时的分光镜技术观测到，只会产生源于热分子运动的多普勒谱线增宽。

第八卷 283a. 致 Michele Besso

[柏林，1916 年 12 月 6 日以后][1]

亲爱的 Michele：

有没有这种可能，Mileva 所患的是一种纯神经性质的疾病？从症状描述上看，我觉得它有点像癫痫。从其发作的时间上来看，也证明了这一点。[2] 她和孩子们都令我难过，孩子们正在经历自己可悲的少年时代。但是目前毫无办法。我在给 Albert 的信中一直注意措辞，好让 Mileva 读起来不至于产生不愉快的感受。所以说，您在这方面的有关推测并不成立。[3] 另外，病人所处的环境往往会使一些引人瞩目的现象跟某些外部事件发生关联。

我已使自己在很大程度上更加独立于我的亲属们，现在我晚上几乎都是独自在家吃饭。这段时间我总会亲自给自己煮一份小吃，因为我用这种最直接最纯粹的自助方式很可心。我已一劳永逸地弃绝了再婚的念头。在这方面你们绝对是正确的；局外人总是能比当局者自己看得清楚些！Pauli 来信谈到您的演讲和你发在 E. T. Z. 上的那篇文章时，显得很兴奋；这篇文章我希望你不会对我秘而不宣。[4] 和平的芦笛响得越来越紧迫……它知道为什么。[5] 我现在还不知道，我怎样才能在下次复活节时与孩子们相见。无论如何我都不会待在苏黎世,以免引起骚动。最好是让他们来卢塞恩(Lucerne),但这可能无法实现。我被剥夺的权利简直比囚犯被剥夺的还要多。看起来 Weyl 考虑的是一个不正确的 Hamilton 函数。可惜就算加上引力也无法解释电子,这对我来说就足够了。[6] 总的来说,引力与电磁力之间的关系直到现在都是极其表面的。我也很难相信,上帝竟会不辞劳苦地引入两种在性质上如此不同的空间状态。此处可能还有一个魔鬼的笑话隐而不显。我曾徒劳无功地试图有所改进。[7] 在一个有关水星的学术讨论会中,我把维谢尔(Wiechert)搞得很不愉快。[8] 能量惯性;没问题。但是加入一个 10.7 的因子是愚蠢的。你在你的来信也是这样说的。如果有人要借助热转换来解释力学现象,并将参数设为 $10.7 \cdot 4.2 \cdot 10^7$,您会说什么呢?[9] Gerber 从他那个冒险的位势假设中错误地推导出了力,这该是他干得最好的事了。[10] 此事是我有幸从 Sommerfeld 那里获悉的,而他的信息则来自 Seliger。Flamm 的论文很有趣。[11] 光的路径永远是测地线。

引力方程有完善的静态和各向同性解。我和一个俄罗斯同事共同对其进行了计算。[12] 在无穷远处 $g_{\mu\nu}$ 不断退化,直至光速变为无穷大,而惯性则变为零。一个这样的世界必然有着无穷大的自然质量度量。一个在此意义上质量有限的整个世界,似乎不可能存在,即使放弃各向同性要求。你提出的问题当中,有很多我无法解答,因为我自己对它们毫无研究。

至少在一阶近似的条件下,引力势能不会为负。但很难说它是否"只是个计数器"。这个概念和经典力学中的动能同样合理。[13] 关于波动的论文我会寄给你的,它写得十分漂亮。[14]

但愿你收到这封信时,不仅 Anna,而且还有你本人,都已经从流感中康复过来。[15] 我正挥汗如雨地撰写一本关于相对论的书。[16] 第一部分已经完成,是关于狭义相对论的。

我的大脑正在高速运转,却一点也不难受。好像在慕尼黑有人发现了一条难以置信的途径,能从已有的观测中证明光线的弯曲。下次再谈它!

向你们俩致以衷心的问候。

你们的
阿耳伯特

ALS (SzZ, Nachl. H. Zangger, box 1d). [86 564].

[1] 这封信的日期确定依据为,它是对 Michele Besso 1916 年 12 月 5 日来信的回复(第八卷,文件 283)。

[2] 有关 Heinrich Zangger 于去年 8 月对 Mileva Einstein-Marić 的诊断,参见本书,第八卷,文件 250a,注释 4。

[3] 在这封信中(参见注释1)，Besso 指出了 Mileva 最近的健康状况与 Hans Albert Einstein 的描述是一致的。Hans Albert Einstein 收到了一封信，有可能是爱因斯坦写给他的。Hans 不想把信拿给 Mileva 看。

[4] 他的姐夫 Paul Winteler(1882—1952)，当时是瑞士联邦铁路局的律师(参见 *Rogger 2005*，p. 64)。

[5] 在第一次世界大战期间，1916 年爆发了凡尔登战役(Battle of Verdun)和索姆河(Battle of Somme)战役。后者从 1916 年 11 月 1 日持续到 18 日，有超过 100 万士兵阵亡。10 月初，3 万工人在法兰克福举行游行，要求和平(*Stokesbury 1981*，p. 202)。此外，在 1916 年到 1917 年间的德国，被称作"萝卜冬季"的物资匮乏期始于 12 月(参见本书第八卷，文件 261a，注释 6)。

[6] 瑞士联邦技术大学的数学教授 Hermann Weyl(1885—1955)应该已经给爱因斯坦寄了一篇论文，可能是 *Weyl 1917* 的早期版本。其中他似乎与电子的引力场方程的类粒子解有关(参见爱因斯坦于 1916 年 11 月 23 日致 Hermann Weyl，以及爱因斯坦于 1916 年 12 月 5 日致 Michele Besso)。在给 Weyl 的信中，爱因斯坦指出 *Einstein 1915 f*(第六卷，文件 21)中"Hamilton 方程"的 Lagrange 密度并不产生广义协变场方程，并批评 Weyl 在使用带电云的物质项时，没有包含有关面力和体应力项。

[7] 可能是有关 Hilbert 变分方程的内容，其中 Lagrange 密度组成了纯引力部分和一个电磁部分之和(参见 *Hilbert 1915*)。*Einstein 1916o* 中也作了该假设(第六卷，文件 41)。

[8] 位于 Heinrich Rubens 的学院周三讨论会。

[9] Emil Wiechert(1861—1928)是格丁根大学地球物理学教授。在 *Wiechert 1916* 中，他发展了关于水星近日点进动异常的解释。其中他保留了以太并且假设距引力质量 M 中心为 r 的地方，伴随能量密度 ε 还存在一个引力质量密度 μ，$\mu = \dfrac{p}{c^2}\varepsilon = -\dfrac{p\kappa}{8\pi c^2}\dfrac{M^2}{r^4}$。其中 c 是光速，κ 是引力常数，p 是数值常数。Wiechert 估计这个常数为 10.7 ± 1.4，这样才能解释 $45''\pm 5''$ 的不规则的(水星)长期进动。

[10] Arnold Sommerfeld(1868—1951)是慕尼黑大学的物理学教授。在 *Gerber 1898* 中，是通过假定一个与速度相关的引力场来解释行星近日点的异常进动。Gerber 的论文在 *Gehrcke 1916* 中被视为解释近日点进动的典范。在他去世后，Gehrcke 以 *Gerber 1917* 的形式多次重印了这篇文章。Hugo von Seeliger(1849—1926)是慕尼黑大学的天文学教授，对这一重印作出了回应。他在 *Seeliger 1917a* 中针对此事发表了一篇评论。他写道："我 18 年来一直认为，Gerber 的论文其全部计算都基于一个错误的假设。这个错误是如此的明显，以至于我一直都保持克制，没有将它指出来。"(德文见 p. 31)。Hugo von Seeliger 针对 *Oppenheim 1917*，发表了 *Seeliger 1917b*。Gerber 的错误也在 *Laue 1917* 中受到了批评。有关围绕 Gerber 的历史讨论，参见 *Hentschel 1990*，p. 160。有关爱因斯坦对水星异常的解释以及其他解释的讨论，参见 *Earman and Janssen 1993*；有关反对相对论的运动和 Gehrcke 的作用，参见 *Goenner 1993*。

[11] *Flamm 1916*。

[12] Jakob Grommer(1879—1933)关于空间对称性的研究，退化边界条件下的引力场方程的静态解在 1917 年 2 月 8 日提交的 *Einstein 1917b* 中得到了认可(第六卷，文件 43)。几个月之后，爱因斯坦在给 Ehrenfest 的信中推荐 Grommer，称其为"犹太人和真正的俄罗斯人"(爱因斯坦致 Paul Ehrenfest，1917 年 7 月 22 日[第八卷，文件 362])。

[13] 虽然已推导出了引力应力-能量-动量的表达式，但它仍需完善。例如，在 *Einstein 1916o*(第六卷，文件 41)中，方程(20)不是一个合适的张量，它有可能被消去。又如，在由 *Bauer 1918* 和 *Schrödinger 1918* 稍后提出的反对中，对于点质量的引力场而言，它就会被消去。有关爱因斯坦对这一反对的回应，参见 *Einstein 1918b* 和 *Einstein 1918f*(第七卷，文件 2 和 9)。

[14] 在 *Einstein 1916g*(第六卷，文件 32)中，爱因斯坦讨论了引力波。

[15] Anna Besso-Winteler。

[16] *Einstein 1917a*(第六卷,文件 42),日期为 1916 年 12 月。

第八卷　287a. 致 Heinrich Zangger

[柏林,][1917 年 1 月 8 日]星期一[1]

亲爱的朋友 Zangger:

那笔钱还真是个相当麻烦的事。我刚从银行了解到,他们仍然不能为我给您的 1500 法郎开支票,[2] 因为他们还没能获得同意寄出这笔钱的许可。[3] 这可能在将来导致十分严重的种种困难。从长久来看,没有什么防线能够承受经济的如此涨落。对于理论经济学家和民族心理学家来说,这个时期辉煌无比,因为这两类人总是恨不得把一切人性的东西都从自己身上除掉。我焦急地期待着,能再次向你们驶来,朝着那座参与者相对较少的岛屿——它在那句令人鼓舞的"靠运气而非理智"的座右铭下抵御着这场风暴。我在这里活着,宛如水中的一滴油;作为了解我的人,您应不难想象。[4] 即使那些没有说出口的人生观上的差异也能使人彼此分离。借助于心智上的交流,特别自然的是借助于物理学,彼此的联系会得到很好的维护——要不了几周您就能收到那笔钱;此间的汇率将直线上升。但只要情况允许,我就绝不想在瑞士负债,也不想去碰我妻子的嫁妆,[5] 因为我并不认为,我在目前条件下寄往瑞士的钱不可能用在最有益的地方。与此同时,本地的中产阶级正躺在这里占主导的过剩的——被他们诠释为财富的——金钱中洗日光浴。此刻我正体验着我的 Albert 再一次友好地带给我的快乐。他已经给我写了两封十足幼稚而快活的信,它们令我感到十分幸福。[6] 他能如此,肯定也得益于您的强烈影响。从后一封信中看得出,我妻子又经受住了最近一次的疾病发作。[7] 我不会再拿一些冒失的医学问题来让您觉得无聊了,而是要接受一切现实。当我在复活节或者晚些时候来瑞士时,我可能不想直接在苏黎世落脚,因为如果我不去家里看望我的妻儿,他们会觉得自己受到了伤害。最好是我住在苏黎世附近的乡间,这样我们可以更频繁地见面。[8] 然后,如有可能,我还想去拜访 Romain Rolland,只要他不觉得有陌生人到访令他厌烦。[9] 我无法安心写作,因为我就是找不到合适的办法,这很奇怪。学术上我没有做什么更特别的研究,但令我备感欣慰的是,广义相对论在专业同行中正得到热情的接受,包括英国和美国的同行。战争和人类的盲目还没有侵入这块圣地。到时候您没有把相对论吃透我是不会走的,当然这得以不涉及数学语言为前提。

向您致以衷心的问候。

您的
A. 爱因斯坦

ALS(SzZ, Nachl. H. Zangger, box 1c).[86 490].

 [1] 日期的确定基于战争期间只有 1917 年 1 月 8 日为周一这一事实。

 [2] 为他在瑞士的家庭按季支付的费用,如 1918 年初制订的计划(参见爱因斯坦于 1918 年 1 月 5 日致 Michele Besso;爱因斯坦于 1918 年 1 月 31 日致 Mileva Einstein-Marić;以及爱因斯坦于 1918 年 3 月 4 日以后致 Anna Besso-Winteler[第八卷,文件 428,449 以及 474];有关前面的财政安排,参见爱因斯坦于 1914 年 7 月 26 日致 Elsa Einstein,以及爱因斯坦于 1916 年 3 月 12 日致 Mileva Einstein-Marić[第八卷,文件 26 和 200])。

 [3] 在 1917 年年初,瑞士受到了法国和德国对其中立状态的双重怀疑,最终很可能导致了从德国转往瑞士的国际资金遇到了困难(参见 *Vossische Zeitung*[《福斯报》],1917 年 1 月 6 日,早间版,以及 *Vossische Zeitung*[《福斯报》],1917 年 1 月 7 日,早间版)。1917 年 1 月 8 日的兑换率为 84.50 马克兑换 100 瑞士法郎(参见 *Vossische Zeitung*[《福斯报》],1917 年 1 月 9 日,早间版)。6 个月前,兑换率是 97.20 马克兑换 100 瑞士法郎(或者 102.875 法郎兑换 100 马克;参见 *Berliner Tageblatt*[《柏林日报》],1916 年 7 月 8 日,晚间版)。

 [4] 爱因斯坦对于战争的观点不同于他的大多数同事,参见本书第八卷,文件 45a,注释 7。

 [5] Einstein-Marić 于 15 年前就得到了 10 000 法郎的嫁妆(参见爱因斯坦于 1918 年 6 月 28 日前寄给 Michele Besso 的信[第八卷,文件 572])。

 [6] 本书第八卷,文件 278a 和 279a。

 [7] 可能指本书第八卷,文件 279a 中的第三句。

 [8] 在给儿子写信的当天,爱因斯坦决定住在苏黎世附近的一个乡村小旅店里(参见爱因斯坦于 1917 年 1 月 8 日致 Hans Albert Einstein 的信[第八卷,文件 287])。

 [9] 一个半月前,爱因斯坦就表达了想和 Romain Rolland 接触的愿望(参见本书第八卷,文件 276a)。

第八卷 287b. 致 Heinrich Zangger

[柏林,][1917 年 1 月 16 日] 星期二[1]

亲爱的朋友 Zangger:

  我今天给您写信是想提一个请求,或许只有您能满足它。最近我的胃痛越来越厉害了,我的脸色很不好以至于我拗不过我表姐[2]的催促,不得不违背我最不可动摇的原则,去看了医生。[3] 医生诊断我的胃有慢性炎症,我的胃液酸度高出正常值 50%。他给我制订了一份食疗计划,实施此计划所需的一些食物原材料我这里找不到。总计大概需要 10 磅大米,5 磅粗面粉,5 磅通心粉,外加尽可能多的面包干。整个疗程要持续 4—6 周。我亲戚们[4]的相关物资几乎都已消耗殆尽。如果您能凭借您的影响力获得出口这些东西的准许,我真心求您帮我这个忙。因为除此之外我不知道怎样才能走出目前这种困境。您马上就会收到一份医疗证明。另外,我得到了极好的照顾,我表姐亲自动手为我烹调所有的食物,几乎都不放盐和可能招致邪恶的幽灵们对我进行报复的其他任何食材。——

但愿您已终于收到了我寄给家人的那笔钱。[5]如果有诊费和药费等账单,请务必尽快寄给我,因为现在从银行往瑞士汇款困难重重,[6]所以经常会出现拖延的情况。但愿我在年初前往瑞士的旅行不会遇到什么阻碍。我多想看见我的孩子,看见您,还有 Besso,我急切的心情难以言表。[7]和平的前景似乎又一次渺茫起来,所以估计今年不会有什么好事。人们连上绞刑都能习以为常——这句谚语的真理性很可惜地得到了验证。

从我的 Albert 那里不断传来令我欣喜的消息。[8]在目前的种种艰难环境中,这小伙子对我表现得很好。学术上最近没什么值得关注。随着年龄的增长,我们都会逐渐地止步不前且缺乏想象,正如注定的那样。与此相应,又会出现一些年轻人,他们的脑子里的灵感还没耗尽。

我有时会想起 Ratnowsky。至今都没人能设法让他的职位变得稳固些吗?要是您知道相关消息,请告诉我。[9]您有时候会去物理学术讨论会吗?那肯定很有趣(Meyer,Weyl,Abraham)。[10]在我这里,长期的战争致使好多东西都被荒废了。[11]年轻一代都在这座邪恶的脚力磨坊里,因单调乏味的生活而堕落沉沦。Sommerfeld 今年在波谱方面发现了一些有趣的东西(量子理论方面的)。这是近年来我们科学界产生的最重要的成果。[12]但我们对于量子的理解,仍然没有什么进展。

年初我将会住在苏黎世附近,而不是在苏黎世,免得像去年那样我住在城里却没去我妻儿的住处,结果他们产生了不愉快的情绪。[13]

衷心问候您。

您的
爱因斯坦

ALS(SzZ,Nachl. H. Zangger,box 1c).[86 491].

[1] 日期判定的依据是,在战争期间,只有 1917 年 1 月 16 日是星期二。

[2] Elsa Einstein。

[3] Ismar Boas(参见本书第八卷,文件 291a)。

[4] Elsa Einstein 当时和她的两个女儿及父母住在一起。

[5] 替他在瑞士的家人按季支付的赡养费(参见前一文件,注释 2)。

［6］更多内容参见前面的文件。

［7］Michele Besso。

［8］有关 Hans Albert 最近寄给爱因斯坦的信件,参见本书第八卷,文件 278a 和 279a。

［9］Simon Ratnowsky(1884—1945),苏黎世大学的物理学讲师。

［10］Edgar Meyer 是苏黎世大学的实验物理学教授;Hermann Weyl;Max Abraham。

［11］4 个月前,爱因斯坦提到了在德国受苦的民众。关于 1916—1917 年的冬季物资匮乏,参见本书第八卷,文件 261a,注释 6。

［12］Arnold Sommerfeld。有关爱因斯坦对 *Sommerfeld 1916a* 和 *Sommerfeld 1916b* 的高度赏识,参见爱因斯坦于 1916 年 8 月 3 日致 Arnold Sommerfeld 的信(第八卷,文件 246)。

［13］爱因斯坦自 1916 年 4 月 6 日起在瑞士住了 3 周。

第八卷　291a. 致 Heinrich Zangger

柏林,1917 年 2 月 1 日

亲爱的朋友 Zangger:

您风趣而诙谐的来信真是令我乐不可支。但我完全没想到,我竟然没有对您处理人际事务时的活泼情绪和充沛精力表示崇敬。那或许算得上玩世不恭的巅峰状态了。对了,我的小 Besso(Bessochen)的那座城堡[1]叫什么来着？我还不知道呢,因为他和我一样懒于写字;唯一的区别在于,一旦他开了头,就会沉浸在写作带给他的享受中,而我呢,即使在最好的情况下也写不出什么像样的东西来。我由衷地感谢您寄到我眼前来的那些价值连城的食物,或者说是鸟食。[2]在一位杰出专家(Boas 教授)[3]的治疗下,我上次的胃病换成了肝病,对此,现在凡是见过我的人都信而不疑。他必定会在近几天之内给您寄去医疗证明。战争之疯狂眼下已达到了沸点。[4]瑞士看起来也要可恶地参战了,倘若用瑞士牛交换德国煤的那个计划是真的。[5]无论如何我都会极力争取,在 4 月或 5 月去看望你们所有的人。学术方面,小母鸡[6]真的下了一个蛋,虽说不是金蛋。根据广义相对论,宇宙很有可能不是无限的,而是自我封闭的,就像一个球面一样。[7]我稍后会告诉您细节。偏偏是我该得到一个威廉皇帝研究所(Kaiser Wilh[elm]. Institute),这难道不是一件不可想象的事吗？[8]命运偶尔还是挺幽默的,尽管它那些残忍的质量实际上体现得更加显著。当代人虽然剥夺了上帝降下炼狱之灾的权利,却亲手制造灾难。[9]我以前的一位族人真正徒劳地让人用钉子把自己固定起来;他本来能够就凭燕麦粥治疗来终其一生的。不要错过 Frank 博士[10]关于 E. Mach 在 *Naturwissenschaften*(《自然科学》)(最新一期)上发表的精彩文章,那是一篇大师级的小文章。[11]我已让他(Frank)给您单独寄一本来。到时候也让 Besso 看一看,他对这类研究很有兴趣。[12] 您的内心生活里也有叛逆的一面,这是真的吗?但愿您仅仅是出于朋友间的亲密关系而撒了个谎,然而却高估了我的脑力。[13] 您读到最后这句话时露出的顽皮的微笑证实了我的观点。亲爱的 Zangger,为什么我还没收到我妻子的医药账单?[14] 以及护理费账单?我已攒了整整的 $2 \cdot 10^4$ 法郎[15]——然而还是不足以保障我那两个男孩长大成人。可要是我还能多活几年,我会凑够那笔钱的。

　　致以衷心的问候!

您的
爱因斯坦

ALS(SzZ, Nachl. H. Zangger, box 1c). [86 439]. 信封上的收件人地址是"Herrn Prof. Dr. H. Zangger Bergstr. Zürich.",邮戳为"Berlin-Wilmersdorf 1 1. 2. 17. 3—4 N[achmittags]",寄件人地址是"Abs. A. Einstein Wittelsbacherstr. 13 Berlin",第二邮戳为"Zürich Brf. Exp. -5. II. 17. XII"。

　　[1] 爱因斯坦 12 天后将其称为"空中城堡"(Luftschloss),这是那个东西的滑稽说法,参见下面的文件。

　　[2] 指爱因斯坦两周前拜托他寄的大米、粗粒小麦粉以及通心粉和饼干(参见本书第八卷,文件 287b)。有关瑞士支持瑞士国民向在国外的瑞士国民寄送食物包裹的政策,参见爱因斯坦于 1917 年 3 月 10 日致 Heinrich Zangger 的信(第八卷,文件 309),注释 4。

　　[3] Ismar Boas(1858—1938),胃肠道疾病专家,柏林慈善医院肠病名誉教授。

　　[4] 1917 年 1 月 31 日,为回应美国与德国断绝外交关系一事,德国宣布将开始不限制攻击对象的战争。

　　[5] 1917 年 2 月,很多食品配额都是从瑞士进口的,包括大米、玉米和食糖(参见 *Tribolet 1934*,第七卷,pp. 479—480)。

　　[6] 瑞士德语,亦即"小鸡"(德语:小母鸡)。

　　[7] 爱因斯坦当时在进行 *Einstein 1917b*(第六卷,文件 43)的相关研究,他考虑在引力场方程中加入宇宙常数。该论文于 1917 年 2 月 8 日提交到了普鲁士学院。

　　[8] 1917 年年初,一笔资助爱因斯坦领导的物理研究所的资金到账了[参见时任威廉皇帝学会主席(Kaiser Wilhelm Society)的 Adolf von Harnack 1917 年 1 月 18 日写给国会成员的信件,GyBSA, I. HA, Rep. 76 Vc, Sekt. 2, Tit. 23, Litt. A, Nr. 116, Bl. 33(M)]。很明显,爱因斯坦对这一保证是知情的。更多内容参见 Adolf von Harnack 于 1917 年 9 月 12 日写给爱因斯坦的信(第八卷,文件 379),注释 2。

　　[9] 爱因斯坦在 3 天后重复了这一评论(参见爱因斯坦于 1917 年 2 月 4 日写给 Paul Ehrenfest 的信[第八卷,文件 294])。

　　[10] Philipp Frank(1884—1966)是布拉格德文大学的理论物理学教授。

　　[11] *Frank 1917*。

　　[12] Michele Besso。

　　[13] 当时 Zangger 情绪低落(参见爱因斯坦于 1917 年 4 月 29 日写给 Michele Besso 的信[第八卷,文件 331]),因为他的下颚患了骨膜炎(参见 Michele Besso 于 1917 年 5 月 5 日致爱因斯坦[第八卷,文件 334])。

[14] 4个月前,爱因斯坦要求 Zangger 把 Mileva Einstein-Marić 的住院账单和医疗账单寄给他(参见本书第八卷,文件 261a)。

[15] 这笔钱是 1916 年 8 月寄去的那笔钱的 2 倍(参见本书第八卷,文件 247a)。

第八卷 297a. 致 Heinrich Zangger

[柏林,]1917 年 2 月 13 日

亲爱的朋友 Zangger:

一个多么标致的家庭啊!妻子病了,一个孩子病了,丈夫也病了。您能接纳这群可怜的人,实在令人感动。今天我带着您的问题去找了 Boas 教授,[1]他也答应给您回复。肝脏生了病,这已是确定的。他今天又检查了一遍:他触摸了胸腔下缘的前部和背部右侧的某个特定部位,发现那里有一种典型的过敏性。我的膳食很棒,我表姐严格按照医生的处方烹制所有的食物。[2]我食疗所需的"鸟食"储备即将耗尽,幸亏您的救济包裹来得及时。[3]除此之外,我每天还能喝两次 Mergentheimer 矿泉水。下午我一般都在我的亲戚家度过,因为我自己不会做合乎要求的晚饭。[4]他也十分支持 Tarasp 治疗,但是天知道结果怎样?[5]我们暂不提前制订任何计划吧。我应该遵守承诺,尽快抵达瑞士。您觉得我应该什么时候来?我也问过我的小 Albert,但是没有得到答复。反正寒假期间是不方便的,因为那时候我根本无法跟孩子们一起做事儿。您的身体怎么样了?您的身体真的也需要修理了吗?[6]我可不希望是这样。您的时间比我的还要少。关于宇宙引力场的研究是十分有趣的。如果宇宙内物质的密度跟我们视力所及的星空的密度相同,那么宇宙的半径应该有 1000 万光年。可惜现在还无法对这一假设作出直接的证明,因为我们只能看到几千光年的地方。对于进行直观思维的人而言,很难想象宇宙是无界而有限的;这类似于球面的情形,只不过是三维的。[7]这个论题让我想起了 Besso 的空中城堡。您对我隐瞒了它,丝毫没有考虑我并不算小的好奇心。[8]在欧洲完全毁灭以前,战争似乎并不准备结束。[9]但这样的结局只能说是民众自己活该遭受的报应。或者说,我们应该用人们易受影响和环境不幸来为民众免责?命运并不关心谁对谁错,它只是按自然法则运作。可我一直在思考一个问题,为什么我们不能有一个像中世纪修道院一样的地方呢?这种地方可以为一部分人提供庇护所——他们想要退出人世间的一切争斗,同时愿意放弃某些通常被视为值得追求的东西。难道就不能创建这样一个带有文化目标的国际机构?然而,现代科学对于那些所谓实用目标具有的那种

不幸的可利用性,却使那类机构的建立变得困难重重。最近我惊恐地读到,美国也计划实行义务兵制了;[10]多么卑劣的世界啊!一旦到处的物资输入都受到威胁,[11]谁知道等待瑞士的会不会是艰难的岁月呢。尽管如此,我还是急切地期待,能与您和Besso再次坐在您家阳台上凝视着湖畔,[12]讨论所有这一切。

向您致以诚挚的问候!

爱因斯坦

ALS (SzZ, Nachl. H. Zangger, box 1c).[86 440].

[1] Ismar Boas。

[2] Elsa Einstein。

[3] Zangger寄送爱因斯坦食疗所需的特殊食品(参见本书第八卷,文件291a)。

[4] Elsa Einstein在Haberland街5号的公寓离爱因斯坦所在的Wittelsbacher街很近,步行就可方便地到达。

[5] Bad Tarasp是瑞士格劳宝登州(Canton Graubünden)下恩加丁(Lower Engadine)的一处疗养胜地。附近有可以饮用和浴疗的含矿水源。

[6] Zangger的下颚患了大面积的骨膜炎(参见Michele Besso于1917年5月5日致爱因斯坦的信[第八卷,文件334])。

[7] 爱因斯坦于5天前提交了 *Einstein 1917b*(第六卷,文件43)。

[8] Michele Besso。

[9] 此时的德国已处在1916—1917年的所谓"萝卜冬季"后期,那是一个物资严重匮乏的时期(参见本书第八卷,文件261a,注释6)。

[10] 美国于2月3日断绝了与德国的关系。此举是为了回应德国宣布将不限制潜艇的攻击目标。柏林的一家报纸报道了美国政府于2月6日发表的声明。在声明中,美国声称将动员武器生产,并在不久的将来对现有的部队进行大规模的人员扩编(参见1917年2月13日 *Berliner Tageblatt*[《柏林日报》],周刊版)。美国于4月6日对德国宣战,并于3月18日恢复征兵。

[11] 有关食品供应的问题,参见本书第八卷,文件291a。

[12] 苏黎世湖;Zangger住在苏黎世的Berg街25号。

第八卷 299a. 致 Heinrich Zangger

[柏林,]1917年2月16日

亲爱的朋友Zangger:

您关于我小儿子的情况的来信,带给我的惊骇,比您想象的还是要大些。这都是我应得的惩罚,因为我曾轻率地迈出了生命中最重要的那一步。我跟一个在身体和道德上都很差的女人生养了孩子,如果这些孩子也出现相应的问题,因此我不可以埋怨什么,当我老了,他们只会怨恨我,可惜道理也只会完全在他们那一边。请将我那可怜的儿子送到您和 Bernstein 觉得合适的任何地方,[1]要是您真的认为值得那样做。甚至于,即使您在心底对自己说,一切爱的努力都是徒劳的,也请把他送走。好让我妻子和 Albert 觉得,那样做会有助于消除他的病痛。我将设法寄 500 马克到苏黎世。我会觉得自己很不幸,当我相信,其实我本该和另一个女人生下宝贵的子嗣。可当我环顾自己的家庭,再看看那些虽然还算健康却平庸的人们,我就觉得,我在这件可悲的事情上的投入,其实不可以被过分高估。我安慰自己说,我也可以通过工作繁育出的果实获得继续生活的理由。我曾以这种方式真正富于成效而令人满意地发挥过并将继续发挥作用,这种幸福的意识,对我而言是一份慰藉——没有任何东西能够破坏它。怀着这样的思想,我将懂得如何去承受我从孩子们身上获得的那么悲哀的经历。要是当初没有那份急于生孩子的可悲冲动拼命地要把不幸变成不测就好了!这种冲动与——能把本已无法继续生存者的寿命大大地延长的——医疗技术联手,使文明人类陷入了贫困。所以或许很有必要的是,让医疗工作者对我们进行甄别,使我们有权利和义务,为了纯净未来而义无反顾地接受阉割。——

我已让 Boas 先生将我的状况报告给您。[2]他大概很确定是我的肝脏出了问题,不过疾病的性质他暂时也还不是很清楚。反正我认为这不是一个随时会消失的小毛病。其实我受这个病痛的折磨已有 18 年了,并且气色也总是相当不好。但两个月之前有什么东西突然爆发了。其表现就是,我急剧衰老,经常发冷,还有其他各种不适。自从我接受严格的治疗以来,疼痛消失了,但是疾病自然还是一如既往地在那里。在这种情况下,最糟的结局无非就是死掉,而这一点我并不是很在意,我绝不会让此事弄得我的心态失去平衡。我还要说的是,我表姐对我的照料真是无微不至,[3]胜过了疗养院。

您提到的 Besso 的那些计划使我的好奇心都要沸腾起来了,[4]因为虽然我还想不出其内容到底是什么,所以我在猜想,他打算找一个见多识广的印第安酋长带他去探索狂野西部的自然生活的秘密;或者当他把这事考虑清楚之后就会发现,其实他完全不需要远走他乡,而是可以通过纯理论的方式,以通常的 2% 的边际误差找到解决方案。

亲爱的 Zangger!请别以为,我得了疾病妄想症。一旦我们在苏黎世或别处相逢,我们仍将带着自由的思想和欢乐在阳光下漫步,我们要享受当下和存在,一如既往。生命不可以因为死亡而被否定,也不可以因为战争或其他愚蠢之举而被否定。我今年应该什么时候来瑞士呢?我也问过我的 Albert,但是他还在犹豫,没有答复我。[5]或许您可以找时间跟他谈谈这事。

致以热情的问候!

您的

爱因斯坦

附言：倘若鸟食真的送到了，它将足够消耗很长一段时间。[6]此外我们无须考虑别的什么。谁知道到时候会怎么样。

ALS（SzZ，Nachl. H. Zangger, box 1c）.［86 442］.

[1] 有可能是 Jakob Bernheim-Karrer(1868—1958)，州立儿童医院儿科名誉教授兼主任（参见 Heinrich 于 1917 年 5 月 20 日致爱因斯坦的信[第八卷，文件 342]）。

[2] Ismar Boas。

[3] Elsa Einstein。

[4] Michele Besso。

[5] 参见爱因斯坦于 1917 年 1 月 8 日致 Hans Albert Einstein 的信（第八卷，文件 287），这也是爱因斯坦唯一提到希望去瑞士的信件。时间的确定可能是依据现已遗失的后来某封信。

[6] 爱因斯坦进行食疗所需的特殊饮食，是 Zangger 从瑞士寄给爱因斯坦的。

第八卷 300a. 致 Franz Josef 皇帝[1]

[1917年2月中旬到4月29日之间][2]

尊敬的陛下：

迫于一份不可推卸的义务的压力，我谨不揣冒昧地向您提出一个请求。（不久之前发生的）那次政治谋杀，Fritz Adler 愿意承担此事（谋杀）的责任。谋杀事件极端深刻动摇了每一个有正义感的人（全体）。[3]我不想用任何言辞美化这种丑陋的罪行本身。不过，考虑到罪犯的精神状态，我觉得它（事情）看起来（显得）更像是一次悲惨的事故，而不是谋杀。

或许很少有人像我一样了解 Adler 先生。（我们曾经）

20 年前我和 Adler 先生一起在苏黎世上大学，研究理论物理学，从那时起我就认识他了。就在几年前，作为我最亲密的同事，他还是苏黎世大学的理论物理学讲师，当时我们也住在同一栋楼里。在这些年里，我把 Adler 视为一个品性高洁的人（楷模），他具有无与伦比的自我奉献精神。

〈我曾〉在我看来，极少有人能像他那样做到无条件的诚实可靠，并以那种态度去克服自身的欲求，同时倾尽全力为他人谋福利。

〈不是不可原谅的疏忽〉鉴于上述情况，我是在履行一份不可推卸的义务，一旦 Adler 被判了死刑，我再次衷心地恳请陛下动用您的赦免权，一条宝贵的生命或能由此得以保全。

ADft(GyBMPIW).[91 157].此处略去了书信背面的计算。

[1] Franz Josef Ⅰ(1830—1918)时为奥匈帝国的皇帝。

[2] 日期的确定基于如下假设:Adler之妻的兄弟来信告知爱因斯坦Friedrich Adler将面临审判,爱因斯坦见信后写了这封信(参见爱因斯坦于1917年2月20日写给Kathia Adler的信[第八卷,文件301]);然后他又于1917年4月29日致信Michele Besso(第八卷,文件331),表示要坚持自己的立场,并提议苏黎世物理学会提交一份宽恕申请。

[3] Friedrich Adler(1879—1960)是奥地利社会民主党书记,于1916年12月21日刺杀了奥地利首相Count Karl von Stürgkh。当时他已被拘禁,等待审判,并有可能被处以死刑。

第八卷 308a. 致 Heinrich Zangger

[柏林,1917年3月10日之前][1]

亲爱的朋友Zangger:

您为我的事奔波劳碌。一个包裹已幸运地到达,另外一个还没到。[2]我将设法向邮局投诉。可如今的邮递已很不可靠了(很多东西被盗取,且没有任何赔偿)。但愿那个包裹还能现身。凡事我不会不做努力就罢手的。Boas似乎没有给您做详细的报告。[3]或许您刚从他那里收到的是医疗证明,而非那份个人报告。他曾答应要寄给您一份。我的肝脏得了病,就这一点而言,我相信他肯定是对的;但我不信我有胆结石,我没有相应的症状:痉挛性发作伴随难以忍受的突发剧痛。另外,自我成年以来,那些疼痛就偶尔会来折磨我一下。很明显,这是一种老毛病了,它蔓延已久并在最近几年逐渐恶化(体重减轻,气色不好)。自我接受食疗以来,疼痛就消失了。在此之前,疼痛通常是这样的:早上醒来时肝区有轻微的压迫感。白天痛感逐渐加剧,最后我不得不躺到床上。躺下之后就会迅速好转。自我开始食疗以来,虽然气色依旧不好,但还是有些好转。我双手总是冰凉。我得到了很好的照料。亲戚们把我照顾得无微不至。一切食物都是我表姐亲手做的,她还为我筹集粮食——这是更艰难的事。要是没有她,我在这里是撑不下去的。[4]请您暂时别再替我操劳;如果情况确实很紧迫,也就是说,如果实在是再也搞不到任何东西了,我再向您求助;在那之前,我先不找您。我知道,您的时间有多么宝贵。末了我还剩一条路可走:逃往瑞士。但愿那边的情况不会变得像这里这么艰难![5]这里倒是没人烦我;相反,我被众人宠着,那简直就是崇拜,以至于我充其量正在冒着这样一种危险:丧失自我批评和谦逊的德行。——现在谈谈主要的事。我妻子和 Tete 都患有结核病。[6]我害怕我的 Albert 也会被传染,这令我十分不安。孩子们总是不小心。我想把 Albert 接到我身边来并由我自己教他。[7]您想想,我能给这小伙子多么珍贵的指导。语言方面我会找老师教他。我相信,这对于孩子将会非常有益。从而在苏黎世的那个家或许最好就这样解散了,我妻子和 Tete 也许就只能按医生的观点安置了。我可怜的小儿,对于他我的爱难以言表,现在却即将彻底离我而去。死了总比永远受苦强!我的轻率遭到了公正的惩罚![8]要是我让 Albert 到我这里来,您不也觉得这是正确的吗?他在这儿不会进任何学校,所以柏林不会对他有任何伤害。他会一直在我的视野之内。我会跟他一起读历史,做算术,学习物理和化学,以及别的一些为达到目的我得先自学一番的科目。每天 3 小时,外加一次散步。您觉得怎么样?有关我那可怜的小儿的治疗事宜,请您跟 Bernstein 一起并按您的意见处理。[9]为此我已给您寄去 400 法郎。

Besso 自己给我写了信,我会尽快回复他。[10]在有关个人的人际事务方面,我不喜欢求助于他人,因为人际事务令他痛苦不堪。

致以衷心的问候!

您的
爱因斯坦

我该什么时候来瑞士呢?如果油到了,我该收下吗,尽管我在上面说了那些话?我该告诉 Boas 我要来的事吗?[11]您来信当中的有些部分,我费了好大的劲儿也看不懂,请别为此生我的气。但我必须告诉您,以免产生严重的后果。

昨天我跟一个确诊患有胆结石的女士深入交谈过了。当时我就确信,Boas 的诊断完全正确。我的疼痛是真正的胆石绞痛。自从接受治疗以来,疼痛没再复发(4 周)。我很想知道,您觉得我关于 Albert 的计划是否合理。我坚信自己能够干得很好。[12]我妻子或许也会同意这个计划;她必须看到,我这样做是为了他们好,尽管在个人关系上我跟她不和。[13]请您毫无顾忌地告诉我,您如何看待我小儿子的未来。要是比我想的更糟,那么您的预测听起来是不可能的。[14]到底是出生时就带病呢,还是后来因身体素质差感染上的?(第二个包裹还没收到,我听说邮件常常要在路上走好几个星期。也有一些邮件被盗。一切都混乱得令人吃惊)第二个包裹也到了。哈利路亚!对您的友情关怀再一次表示最衷心的谢意!

ALS[SzZ,Nachl. H. Zangger,box 1c].[86 520].

[1]日期的确定基于如下假设,它是在爱因斯坦1917年3月10日写给 Heinrich Zangger 的那封信

（第八卷，文件309）之前写的。

[2] 里面是爱因斯坦做食疗所需的粮食。

[3] Ismar Boas。

[4] Elsa Einstein 当时和自己的两个女儿及父母住在一起。

[5] 1月中旬，爱因斯坦曾提到在德国由于战争导致的荒凉感（参见本书第八卷，文件287b），在2月中旬他谈到了欧洲的贫困状态（参见本书第八卷，文件297a）。

[6] 可能由 Zangger 作出的诊断（参见本书第八卷，文件250a）。

[7] 爱因斯坦将 Hans Albert Einstein 接到自己在德国的住处进行继续教育的想法产生于1916年8月（参见本书第八卷，文件299a）。

[8] 2月中旬，爱因斯坦后悔自己当初跟 Mileva Einstein-Marić 一起生育了孩子（参见本书第八卷，文件299a）。

[9] 有可能是 Jakob Bernheim-Karrer。

[10] 爱因斯坦于3月9日给 Michele Besso 写了一封信，不久之后又写了一封（参见第八卷，文件306和308）。

[11] 油是 Boas 推荐给爱因斯坦的食疗处方之一（参见爱因斯坦于1917年3月10日致 Heinrich Zangger 的信[第八卷，文件309]），Zangger 也赞同油的治疗功效（参见爱因斯坦于1917年3月10日以后致 Heinrich Zangger 的信[第八卷，文件310]）。

[12] Hans Albert Einstein。

[13] Mileva Einstein-Marić。

[14] Eduard Einstein。

第八卷 319a. Hans Albert Einstein 来信

[苏黎世，1917年4月1日到1917年4月22日之间][1]

亲爱的爸爸：

我要再给你写一封信，因为我刚刚想起来了。我到现在都没给你写，因为我（根本就）没有多少时间，并且我一点儿也不喜欢写。写这样一封信，对我来说总是一件大事。[2] 假期开始的时候，[3] 天气简直是好极了，可这会儿在下雨，如果不是在下雪的话。这种方式把我们玩过的一种运动弄得不可能了。就是我们在有小孩住的两栋房子之间建一座小缆车，然后我们用它相互传东西；可安装的时候才是最好玩的！它从电话线上方越过，又从电话线下面穿过，甚至穿越了电车轨道。[4]

每天我们放学时都有相当多的作业，可做来做去又总是同一回事！老是词汇来词汇去的等等等等。我想到了我现在要上的二年级以后会有趣些吧。[5]

暑假的事我现在还什么也写不出，因为还不确定，到时候的情况是什么样子。[6]

我现在既没有在木工那里上课,[7]也没有钢琴课;[8]可我还是老有手工要做,虽然"乱糟糟的"让别人不大喜欢。演奏我也在做:我弹了很多 Mendelssohn 的歌曲和 Mozart 的奏鸣曲,还有 Schumann 的几首曲子以及几首老曲子。[9]是妈妈给我的这些作业,她在我犯错的时候纠正我。大家都说,我弹得很好。我现在也在照顾妈妈,因为我们没有护士,妈妈以前很烦她们。[10]我们的食物还够吃,尽管有些贵;我们现在都又肥又胖。你也是吗?

妈妈请求你,把钱直接寄给我们,否则的话我们很久都得不到钱。[11]

致以亲切的问候!

你的
Adu 和 Tete

ALS. [144 005].

[1] 日期的确定是根据其中提到的 Hans Albert 的学校假期。

[2] 爱因斯坦已于去年夏天和秋天抱怨 Hans Albert 不愿写信(参见爱因斯坦于 1916 年 8 月 24 日致 Michele Besso 的信[第八卷,文件 251] 以及爱因斯坦于 1916 年 9 月 26 日致 Hans Albert Einstein 的信[第八卷,文件 261])。

[3] 苏黎世州立学校的冬季学期在 1917 年 3 月 31 日结束[参见《苏黎世州立学校正式文档》32 (1917 年 2 月 1 日),第 2 期,46 页]。

[4] 爱因斯坦可能在他 1917 年 4 月 29 日写给 Michele Besso 的信中暗示了 Hans Albert 的活动(第八卷,文件 331)。

[5] 爱因斯坦 1917 年 1 月询问过 Hans Albert 的学业(参见爱因斯坦于 1917 年 1 月 8 日致 Hans Albert 的信[第八卷,文件 287])。Hans Albert 于 4 月 23 日开始了苏黎世州立学校文理中学第二年的学习[参见《苏黎世州立学校正式文档》32(1917 年 2 月 1 日),第 2 期,第 46 页]。

[6] 很有可能谈到了他母亲的病(注释 10)。

[7] Hans Albert 在前一年夏天有木工活动辅导课(参见爱因斯坦于 1916 年 7 月 25 日致 Hans Albert Einstein 的信[第八卷,文件 241])。

[8] 爱因斯坦之前于 1916 年 10 月对 Hans Albert 不再有钢琴课而感到失望(参见爱因斯坦于 1916 年 10 月 13 日致 Hans Albert 的信[第八卷,文件 263])。

[9] Hans Albert 于几个月前,也就是 1916 年的冬天,告诉爱因斯坦他正在练习 Mozart 的奏鸣曲(参见本书第八卷,文件 279a)。

[10] 在去年秋天从疗养院出院以来,Mileva Einstein-Marić 一直由一名护士照顾(参见本书第八卷,文件 278a)。

[11] 更多有关这些经济事务的通信,参见爱因斯坦于 1916 年 10 月 13 日致 Hans Albert Einstein 的信(第八卷,文件 263)。3 月初,爱因斯坦告诉 Michele Besso,如果家里还需要钱的话,他可以给他们寄过去(参见爱因斯坦于 1917 年 3 月 9 日致 Michele Besso 的信[第八卷,文件 308])。

第八卷 326a. 致 Heinrich Zangger

Montag,［1917 年 4 月 16 日］星期一

亲爱的朋友 Zangger：

但愿您的身体已在假期恢复好了。我现在的情况还好,自从我失去了牛奶配给以来,我每天都喝一些您寄来的油。[1]这是真正的赐福。A. 的事我采取了一些措施。我写信告诉他,审判他时应传唤我去做证人。我能提供一些会给法官留下深刻印象的东西。[2]如果苏黎世物理学会只肯用那么微薄的热情应付此事,就像情况显示的那样,那它就干脆别管了（一群懒虫！）。[3]但愿您已收到了那笔钱。要是由于那些不幸的状况而需要更多开销,我会再寄。[4]我妻子和我小儿子近况如何？[5] Albert 又深陷沉默。[6]他大概什么时候放暑假？我将相应地安排到你们那里来的旅行。我最近又有一次较强的发作,我现在也相信了,那是胆结石。[7]早在伯尔尼时期,那样的发作就曾使我饱受折磨,当时的发作比现在还频繁。[8]我得到了我的亲戚们极具奉献精神的照料,尽管面临着真正严峻的重重困难。[9]光明来自东方（Ex oriente lux）——有谁想得到啊！[10]未来比以往任何时候都更加不确定,但却充满了希望,对思想的影响是不容否认的。许多人的自我意识都已增强。——学术上我仍在慢慢地向前探索。路上满是顽石而腿脚软弱无力。

广义相对论在全世界都获得了热情的支持者。*Naturwissenschaften*（《自然科学杂志》）刊登了罗斯托克（Rostock）哲学家 Schlick 为该理论撰写的一篇极好的阐述。[11]我已把它给您寄来了,请您也让 Stodola 和 Besso 读一读。[12]那家伙不错,或许可以聘到瑞士去！

致以衷心的问候！

您的

A. 爱因斯坦

AKS（SzZ, Nachl. H. Zangger, box 1a）.［87 056］.明信片上的收件人地址是"Herrn Prof. Dr. H. Zangger Bergstr. Zürich（Schweiz）",寄件人地址是"Abs. A. Einstein Wittelsbacherstr. 13 Berlin",邮戳为"Berlin-Wilmersdorf 1 16. 4. 17. 6—7N［achmittags］"。文件左侧空白区域留有活页装订所需的穿孔。

［1］按医嘱,爱因斯坦让 Zangger 每月从瑞士定期寄来食品,包括烹调油（参见爱因斯坦于 1917 年 3 月 10 日和 10 日以后给 Zangger 的信［第八卷,文件 309 和 310］）。1918 年市议会决定向爱因斯坦每天提供牛奶配额（参见 Elsa Einstein 于 1918 年 5 月 5 日致 Heinrich Zangger, Nachl. H. Zangger, box 1a）。实

际上这份配额从1917年就已经开始了。

［2］A. 指 Friedrich Adler。3天前，爱因斯坦致信 Adler，表明自己将为他在法庭上作证（参见爱因斯坦于1917年4月13日致 Friedrich Adler 的信［第八卷，文件324］）。

［3］爱因斯坦最近写信给 Zangger，拜托他以苏黎世物理学会的名义为 Adler 求情（参见爱因斯坦于1917年3月10日后致 Heinrich Zangger 的信［第八卷，文件310］）。

［4］为他的家庭按季支付的1400法郎（参见 Anna Besso-Winteler 约于1918年3月4日致 Heinrich Zangger 的信，第八卷，附录）。

［5］指 Mileva Einstein-Marić 和 Eduard Einstein。

［6］指 Hans Albert Einstein。

［7］爱因斯坦在3月被诊断出患有胆结石（参见 Einstein 1917年3月9日致 Michele Besso 的信［第八卷，文件306］）。

［8］爱因斯坦于1902—1909年生活在伯尔尼。

［9］有关 Elsa Einstein 对爱因斯坦的照料参见爱因斯坦于1917年12月6日致 Heinrich Zangger 的信（第八卷，文件403）。

［10］原文为拉丁语，可能指发生在俄罗斯的事件：一个月前的1917年3月15日，沙皇 Nicholas II 退位，俄罗斯开始革命。

［11］*Schlick 1917*. Moritz Schlick（1882—1936）是罗斯托克大学的哲学专业编外讲师。

［12］指 Aurel Stodola 和 Michele Besso。

第八卷 330a. Hans Albert Einstein 来信

［苏黎世，］［1917年4月28日］[1]

亲爱的爸爸：

可惜我不得不告诉你，我还是不知道什么时候放假。但我一得到消息就会马上告诉你的。[2] Tete 现在很好，妈妈和他在 Bethanienheim 医院感觉很舒服。[3] 他们住在一间有阳台的漂亮房间里。我现在的地址暂时是：伯格街（Bergst.）25号，苏黎世7。[4]

祝你快乐！

Albert

ALS.［144 007］. 印在文件开头的 Heinrich Zangger 的地址从略。

［1］年份来自医院的证明（注释3）。

［2］在州立学校的暑假时间为1917年7月16日到8月18日。

［3］从这一年开始 Eduard 就得了伴有高热的肺炎（见1917年3月9日爱因斯坦致 Michele Besso 的信［第八卷，文件306］）。Bedridden 在家里住了3个月，与 Mileva Einstein-Marić 一起被送进了 Bethanienheim 医院，后者抱怨自己得了慢性脊椎神经压迫症（见大约1917年3月 Mileva Einstein-Marić 致 Helene

Savić, ca. [Milan Popović, Belgrade] [75 088])。

[4] 此即 Heinrich Zangger 的住所。

第八卷　330b. 致 Heinrich Zangger

[柏林，1917 年 4 月 29 日前][1]

亲爱的 Zangger：

您的健康令我很不安，因为我知道，您不是一个没有理由就抱怨的人。您得了什么病？请您尽快告诉我。[2]关于 A.，他的论文提交是否有意义，对此我一直犹豫不定。但现在我支持提交了，因为我在想，它不可能有什么害处。[3]我同时给 Besso[4]写了信并给 Beck[5]发了电报。从学术上讲，我认为 A.乏善可陈，但我所认识的他是一个特别无私而正派的人，具有难得的善心。同时他有一股子近乎病态的执拗劲儿。在他身上，对利己主义的否定强烈到了一种病态的利他主义（有极度快感的受苦）。[6]现在他给我寄来一份刚写好的科学手稿：其中尽是些毫无结果的吹毛求疵，而且还满怀预言家的激情——可怜的家伙，我该怎么对他说，才能做到我既不撒谎又不伤害他，并且还能毫不隐讳地让他明白，对他而言什么才是有用的！我正在不停地研究他那部篇幅巨大的手稿。[7] Bergstr. Zürich(schweiz)

致以衷心的问候。

您的

爱因斯坦

AKS(SzZ, Nachl. H. Zangger, box 1c). [86 544]. 明信片上的收信人地址是"Herrn Prof. Dr. H. Zangger Bergstr. Zürich(Schweiz)"，寄信人地址是"Abs. A. Einstein Wittelbacher str, 13 号"，邮戳为"Berlin - Wilmersdorf 1 [- - -17 9—10N[achmittags]"。

[1] 日期判断的依据是，假设它是本文件提到的给 Michele Besso 的那封信之前或同一天写的（见 1917 年 4 月 29 日 Michele Besso 致爱因斯坦的信[第八卷，文件 331]）。

[2] Zangger 正在遭受骨膜炎的折磨（见 Michele Besso 致爱因斯坦的信，1917 年 3 月 5 日[第八卷，文件 334]）。

[3] "A."指 Friedrich Adler。关于爱因斯坦希望得到 Adler 的谅解的想法，见本书第八卷，文件 326a。他写给 Emperor Franz Josef 的信，参见本书第八卷，文件 300a。

[4] 见 1917 年 4 月 29 日爱因斯坦给 Michele Besso 的信（第八卷，文件 331）。

[5] 爱因斯坦已经因 Beck 的热情帮助而感谢过他（见 1917 年 4 月 29 日爱因斯坦致 Michele Besso 的信[第八卷，文件 331]）。Beck(1881—1965)是苏黎世的数学教授，也是苏黎世物理学会会员。

[6] 关于爱因斯坦具有与 Adler 相似的个性特征,见 1917 年 2 月 20 日爱因斯坦致 Kathia Adler 的信,1917 年 3 月 10 日爱因斯坦致 Heinrich Zangger 的信,还有 1917 年 4 月 29 日爱因斯坦致 Michele Besso 的信(第八卷,文件 301,310 和 331)。

[7] Friedrich Adler 几天前寄给爱因斯坦一份题为"Klassische Mechanik und ideale Mechanik"(经典力学和理想力学)的手稿(见 1917 年 4 月 25 日 Friedrich Adler 给爱因斯坦的信[第八卷,文件 329])(见 1917 年 4 月 29 日爱因斯坦致 Michele Besso 的信[第八卷,文件 331])。

第八卷　332a. 致 Heinrich Zangger

[柏林,]1917 年 5 月 4 日

亲爱的朋友 Zangger:

衷心感谢您内容翔实的来信,可惜它让我再一次清楚地意识到了,我的家人处境有多么可悲。在过去的几天,我又重新仔细考虑了那些事情并且感到相当焦虑。有一件事似乎是相当肯定的,也就是说,解散我在苏黎世的家庭是势在必行的了。从而首要的问题就是,我的 Albert 怎样才能得到最好的照顾。起初想把他接到我身边来,现在我已放弃了这个打算。[1] 首先,这里的环境不适合他;其次,我妻子会很难接受孩子离她那么远。此外,那样做的话会使这边在经济上很吃紧。所以我想到了三个办法。(1)把他送到在卢塞恩的我妹妹那里;她没有孩子,是一个聪明而且脾气好的女人,嫁给了卢塞恩的一个公务员。[2] (2)把他送到我以前的一个学生 Tanner 那里,他目前在 Frauenfeld 的 Cantonal 学校教书。[3] (3)把他送到位于 Glarisegg 的农村寄宿学校。[4] 对我来说,(1)最合适,但会遭到我多疑的妻子的反对,(2)也不坏,(3)可能对于我的经济状况来说太昂贵了。

因为从现在开始,扣除高额税费之后,我能拿到手的只有 130 00 马克;而在最近几年里,我还有数目不小的额外收入。[5] 如果考虑到汇率以及我必须赡养我的母亲——虽然这方面的开销不是很大,[6] 那么我确实很有必要相当地节省,尤其是因为我每年得为孩子们留存一笔钱,好让他们的学业及高等教育有保障。[7] 我甚至没有考虑我小儿子令人担忧的前途,这也是我必须小心维持家庭开销的一个理由。今年我给家里寄了 8000 多马克,[8] 但我无法长期如此。

就此而言我必须考虑,如何才能长期保障我那带着小儿子的妻子的生活。这个问题对于我来说眼下还是一个谜,可我在想,无论如何都不应该让她重新开始独立支撑一个家庭了;何况她的身体大概再也不可能恢复到那样好的程度。难道不可以彻底解散这个家庭并且变卖家具? 可这是我妻子不想要的结果,这样的建议对她甚至提都不能提。不过,也无须匆匆作出这方面的决定;等我两个月后到了那里,再作决定也不迟。

您和您妻子收留了 Albert,这真的令我很感动![9]但我还是很希望,他能尽快地得到稳妥的安置,最好是把他送到我妹妹家里去(Bramberg str. 16A),我一直都很看重她。我妻子的反对我不会考虑的。她有病态的敌意和猜忌心。即使那孩子自己反对也不重要,因为他受到了影响。他去了就会觉得那里对他而言是很好的。我也会问一问 Besso,他认识那里的所有相关人员。[10]

我很高兴,Adler 的事现在能得到那么热心的对待。尽管事态一度有点失衡,但令人欣慰的是,我们的苏黎世人都能指望得上,一旦需要他们出头做些正义之事。我很想知道,此事会如何发展?[11]正如您将注意到的那样,Adler 的父亲把结局想得很乐观。[12]Adler 把一份手稿寄给了我。据他父亲说,Adler 对自己的成果充满热情。但它的确是一份没有什么价值的吹毛求疵之作,无异于在物理学中运用律师的伎俩。[13]素以严谨的专业判断著称的您具有敏锐的眼光,正如您一贯品评人物一样。您或许具有取代老 Kappeler 的才能,以完全不同的方式,判断有别于我们瑞士教育制度下历来鲜有开明的那些独裁者。[14]

我正在努力写作一篇关于量子问题的手稿。这是一个具有决定意义的进步;此事尤其会导向特定的数学问题,也就是说,可以让人出离无休止的冥思苦想。[15]

向您致以衷心的问候!

A. 爱因斯坦

请别密封您的信件,它们总会被军队的人拆开。这可能就是有些信件没有送达的原因。

ALS(SzZ, Nachl. H. Zangger, box 1c). [86 459]. 信封上的收信人地址是"Herrn Prof. Dr. H. Zangger Bergstr. Zürich",寄信人地址是"Abs. A. Einstein. Wittelbacherstr. 13 Berlin",邮戳为"Berlin - Wilmersdorf 1 5. 5. 17. 8—9N[achmittags]",第二邮戳为"Zürich Brf. Exp. 9. V. 17. X-."。

[1] 大约两个月前,爱因斯坦曾建议把 Hans Albert 接到柏林同他一起住(见本书第八卷,文件 308a)。

[2] Maja Winteler-Einstein 及其丈夫 Paul Winteler (1882—1952),后者供职于瑞士联邦铁路(SBB) Luzern 县铁路局(见 Rogger 2005,第 64 页)。

[3] Hans Tanner(1886—1961)是爱因斯坦在苏黎世大学的学生,Frauenfeld 中学的数学和物理教师。

[4] Glarisegg 是 Thurgau 的行政区,是 Michele Besso 的儿子 Vero 就读的中等教育学校所在的县城。

[5] 关于爱因斯坦的额外收入损失的详细内容,见 1917 年 5 月 15 日爱因斯坦致 Michele Besso 的信(第八卷,文件 340);关于 1914 年 7 月确定的爱因斯坦在柏林的薪水,见 1914 年 7 月 7 日爱因斯坦致 Max Planck 的信(第八卷,文件 18,注释 2 和注释 3);关于爱因斯坦在 1914 年获得的额外收入,见 1914 年 7 月

30 日爱因斯坦致 Elsa Einstein 的信(第八卷,文件 30)。

[6] Pauline Einstein(1859—1920)是爱因斯坦的母亲,同她丧偶的兄弟 Jacob Koch 一起住在 Heilbronn。

[7] 3 个月前,爱因斯坦已经表示担心自己无法长期保障他两个儿子所需的费用(见本书第八卷,文件 291a)。

[8] 11 天前,爱因斯坦提到了他曾寄给 Einstein-Marić 7000 马克(见 1917 年 5 月 15 日爱因斯坦致 Michele Besso 的信[第八卷,文件 340])。

[9] Eduard Einstein 和他的母亲在医院里(见本书第八卷,文件 330a)。Hans Albert 突然发热,Zangger 夫妇把他接到了自己家里(关于详情,见 1917 年 5 月 4 日 Michele Besso 致爱因斯坦的信[第八卷,文件 335])。

[10] 3 天前,爱因斯坦把他的计划告诉了 Besso,并让他同 Maja Winteler Einstein 与 Paul Winteler 商量此事。他每年提供 2000 法郎让 Hans Albert 在 Maja 家里寄宿(见 1917 年 7 月 7 日爱因斯坦致 Michele Besso 的信[第八卷,文件 335])。

[11] 同一天,5 月 4 日,瑞士物理学会通过了为其前会员 Adler 作证的提议,他因暗杀奥地利首相 Count Karl von Stürgkh 而面临审判(见 1917 年 5 月 4 日爱因斯坦致 Michele Besso 的信[第八卷,文件 333])。爱因斯坦也曾代表 Adler 写信给皇帝 Franz Josef(见本书第八卷,文件 300a)。关于 Adler 事件和爱因斯坦的介入,亦见本书第八卷,文件 326a,注释 2 和注释 3。

[12] Victor Adler 住在柏林的 Excelsior 旅馆时,他们可能通过电话谈论了 Adler 事件(见 1917 年 Victor Adler 致爱因斯坦的信[第八卷,年表和日程表])。

[13] 他在本书第八卷,文件 330b 中以相同的方式描述过这份手稿。

[14] Johann Kappeler(1816—1888)曾是瑞士教育董事会(Swiss School Council)的主席。1917 年 5 月 20 日,Heinrich Zangger 在写给爱因斯坦(第八卷,文件 342 的注释 1)的信中提到了 Kappeler 的名字,暗示他们可能在早些时候讨论了关于给爱因斯坦提供联合教授职位的问题。本文件中围绕 Kappeler 的名字的信息当另有暗示。

[15] 爱因斯坦正在撰写关于 Sommerfeld 和 Epstein 的量子理论的文章。他在 5 月 11 日作了关于此文的报告(见 *Deutsche Physikalische Gesellschaft. Verhandlungen* 19 日[1917 年]:79),并将其发表,见 *Einstein 1917d*(第六卷,文件 45)。也可参见 *Einstein 1917f*(第六卷,文件 47)。

第八卷 333a. 致 Heinrich Zangger

[柏林,]星期六晚,1917 年 5 月 5 日[1]

亲爱的朋友 Zangger:

今天晚上,就在给您的信刚刚寄出之后,[2]我得到一个消息,说我的收入目前不会减少。[3]从而我对此事的评价就没什么意义了。真庆幸,这事没有给我添加更多的麻烦。现在至少我们不用去考虑它了。难道我妹妹就不能做些能替您和 Besso 减轻负担的事?[4]她真的有时间并且也愿意做任何事(我指的是料理家务、往衣柜里放些樟脑丸等）。

衷心问候您！

爱因斯坦
星期日早上，[1917年5月6日]

您和 Albert 的消息令我十分高兴,只是最后那句评论的内容令我特别愤慨。[5]要是那些人肯让您安宁一会儿,该有多好啊！悲剧在于,那些生性阴郁迟钝的人没有能力把握您思维的敏捷性并予以错误的诠释。[6]这当中倒不存在什么真正的恶念。

令人感动的是,您一直相信人类的高尚！而我相信,即使那些道德传统也会屈服于时尚。不幸的是,它们像天气一样变化不已。它们犹如瘟疫在人群中出现。Albert 的报告令我很高兴。[7]我不可能在7月之前动身(授课；物理学会的事务等)。

AKS(SzZ, Nachl. H. Zangger, box 1c). [86 543]. 信封上的收信人地址是"Herrn Prof. Dr. H. Zangger Bergstr. Zùrich(Schweiz)",寄信人地址是"Abs. A. Einstein. Wittelsbacherstr. 13 Berlin",邮戳为"Berlin - Wilmersdorf 1[- - -]17 6—7N[achmittags]"。

[1] 日期依据此信中提到的前一文件：给 Zangger 的信。

[2] 很可能在本书第八卷,文件 332a 中。两周后,Zangger 确认收到了一封信和一张明信片(见1917年5月20日 Heinrich Zangger 给爱因斯坦的信[第八卷,文件342])。

[3] 在前些天的信中,爱因斯坦估计自己1917年的收入将会比1916年低(见本书第八卷,文件332a)。

[4] Maja Winteler-Einstein；Michele Besso。

[5] Hans Albert 住在 Zangger 夫妇家里(见前一文件和本书的第八卷,文件330a)。

[6] Zangger 当时面临许多困难,包括跟同事们的问题(见1917年5月5日 Michele Besso 致爱因斯坦的信[第八卷,文件334])。

[7] 见本书第八卷,文件330a。

第八卷　343a. 致 Heinrich Zangger

[柏林,]星期三,[1917年5月23日或30日][1]

亲爱的朋友 Zangger：

在过去的几天,我一直在不断地思考,如何让我的家人得到合适的供养并且得到长期的财政保障。我得到了以下结论,现在告诉您。

1) 在寄给您这封信的同时,我也给我妹妹寄了一封信,请她前往 Arosa,到当地打听一下,如何才能以比按您的建议更少的花费安排好我儿子的食宿。[2] 我妹妹将立即把她的调查结果告诉您,从而可以使您根据情况做出合适的决断。[3]

2) 毫无疑问,我在这里就能成功地发挥影响,使我妻子的妹妹 Zora Marić 获得去瑞士的旅行许可;[4] 如果按您的说法,这样就能使我妻子重新回到家里,那么我请您不要出租那套房子。[5] 然后 Albert 就可以跟他母亲住在一起。我妻子的妹妹完全是一个可靠的人,她很爱 Miza 和孩子们。所以问题仅仅在于,我妻子的病情是否允许这个解决办法。一旦得到您表示同意的消息,我会立即写信给我妻子的妹妹,同时去有关部门办理必要的手续。我请求您尽快给我答复,以便我在 7 月初动身去瑞士之前还能做些准备。

我强烈地、理由充分地怀疑,我的病情至今都没有得到十分准确的诊断。关于这件事,我将会在苏黎世告诉您。但是请不要把这件事告诉 Boas 教授先生。[6] 因为不可以烦扰那位满怀好意的人。我妹妹写信对我的表姐谈了我的状况,这反而使我很不安。这些事情只限于我们这类神经坚强的人知道即可。

我很欣慰,那些心胸狭窄、挑拨离间的人没有获得任何支持。[7]

衷心问候您!

〈十字架般沉重〉可惜又这么不省事儿的

A. 爱因斯坦

ALS(SzZ, Nachl. H. Zangger, box 1c).[86 511].

[1] 时间的确定依据是爱因斯坦 1917 年 5 月 20 日给 Zangger 的回信(第八卷,文件 342)。

[2] 关于 Zangger 的建议见 1917 年 5 月 20 日 Heinrich Zangger 给爱因斯坦的信(第八卷,文件 342)。

[3] 早在那个月之前,爱因斯坦就表达了强烈的愿望让他的妹妹来照顾他的儿子(见本书第九卷,文件 332a[译注:此处原文有误,应为本书第八卷,文件 332a])。

[4] 去年 7 月份,爱因斯坦提到邀请 Zora Marić 去苏黎世协助照顾她生病的姐姐 Mileva Einstein-Marić(见 1916 年 6 月 25 日爱因斯坦给 Hans Albert Einstein 的信[第八卷,文件 241]);3 个月后,可能由于 Zora 很难取得护照,那个建议也就搁置了(见 1916 年 10 月 13 日爱因斯坦给 Hans Albert Einstein 的信[第八卷,文件 263])。

[5] 由于 Mileva 和 Eduard 住在 Bethanienheim 的医院里,而 Hans Albert 与 Zangger 住在一起,因此 Mileva 的房子就闲置了。

[6] Ismar Boas。

[7] 当指 Zangger 在最近的信中提到的与瑞士政府达成一致的评论,可能涉及他对一个法院判决事件的独到见解(见 1917 年 5 月 20 日 Heinrich Zangger 给爱因斯坦的信[第八卷,文件 342]及其注释 5),以及他与同事之间的一些冲突(见 1917 年 5 月 5 日 Michele Besso 给爱因斯坦的信[第八卷,文件 334])。

第八卷 344a. 致 Hans Albert Einstein

[柏林，]1917 年 5 月 26 日

我亲爱的 Albert：

你的好消息总是令我如此高兴,我尤其欣慰的是,Zangger 教授和他的家人都喜欢你。[1] 我很快就会来看你。[2] 然后我们一起去 Arosa 看望 Tete,并在那里待上一到两个星期。[3] 那将非常美妙。请尽快写信告诉我,你们什么时候开始放假,以便我据此安排时间。6 月份我的授课量会比以前多一倍,这样我就能赶在 7 月 1 日前完成任务并踏上旅途。[4] 我很期待跟你交谈,你很快就会长成一个能够根据所见所闻形成自己观点的大人了。近来我花了很多时间搞音乐,我拉的曲目也包括四重奏。[5] 钢琴你只要勤练,逐渐地你也就会了。至于钢琴课,必要性不大。[6] 我们这类固执的家伙宁愿自己学。

我责任极少而工作很多。[7] 单是学术上的通信往来就够我忙的了,然后还有计算活儿。我的身体好些了。[8]

一定要跟 Zangger 先生愉快地相处。在这么艰难的时期他还总是以令人感动的热情关照我们全家,[9] 尽管他有很多事情要做。

还有一个月我就能见到你了！

亲吻你。

你的
爸爸

把所附信件交给 Zangger 教授。[10]

ALS(SzZ, Nachl. H. Zangger, box 1d).[86 561].

[1] 在母亲和弟弟住院以后,Hans Albert 在 4 月 28 日住到了 Zangger 家中(见本书第八卷,文件 330a)；第二天,他因为腹泻不得不独自住院,出院后他回到了 Zangger 家中(见 1917 年 5 月 4 日 Michele Besso 给爱因斯坦的信[第八卷,文件 333]和 1917 年 5 月 15 日 Heinrich Zangger 致爱因斯坦的信[第八卷,文件 340])。

[2] 爱因斯坦已经通知 Besso,他计划在 7 月初到达瑞士(见 1917 年 5 月 20 日爱因斯坦给 Michele Besso 的信[第八卷,文件 342])。

[3] Eduard Einstein 将被送往位于 Arosa 的 Höchwald 疗养院(见 1917 年 5 月 20 日 Heinrich Zangger 致爱因斯坦的信[第八卷,文件 342])。

[4] 爱因斯坦当时在柏林大学讲授相对论(见 *Berlin Verzeichnis 1917a*)。

[5] 爱因斯坦曾接受过小提琴方面的音乐训练(见第一卷《阿耳伯特·爱因斯坦——为他的生平事略

而作》，第 lviii 页)。

[6] 爱因斯坦之前曾对 Hans Albert 不能上钢琴课表示过遗憾(见 1916 年 10 月 13 日爱因斯坦致 Hans Albert 的信[第八卷,文件 263])。

[7] 他曾在 1917 年 5 月 11 日将 *Einstein 1917d* 提交给了德国物理学会。

[8] 一周以前,爱因斯坦告诉 Hilbert,他仍然患有肝病,但病情比 4 个月前要好些。他的病最初被认为是肝病,但最终诊断为胆结石(见 1917 年 5 月 19 日爱因斯坦致 Hilbert 的信[第八卷,文件 341];1917 年 3 月 9 日爱因斯坦致 Michele Besso 的信[第八卷,文件 306]和本书第八卷,文件 326a)。

[9] Zangger 正在写一本书(可能是 *Zangger 1920a*)并且在研究一个有独到见解的观点,他当时得了骨膜炎(见 1917 年 5 月 5 日 Michele Besso 致爱因斯坦的信[第八卷,文件 334])。

[10] 这封信可能是本书第八卷,文件 349a,也可能是本书第八卷,文件 343a。

第八卷　346a. Hans Albert Einstein 来信

苏黎世,1917 年 6 月 1 日

亲爱的爸爸:

我很想再给你写一封信,但我真不知道该写些什么。首先我想告诉你的是,Tete 这周可能要去 Arosa。[1] 对此他非常期待,并且他在医院的整个花园里都显得引人注目,因为他总是蹦蹦跳跳的。[2] Zangger 教授的夫人表示愿意护送 Tete 去那里。[3] 本来的计划是,把 Tete 装在包裹里邮寄过去。现在突然开始认真考虑这个行动,以前这一切还只是一个想法而已。

你问过我,我在学校情况如何。那么我得告诉你,我的记忆力有这样一个特点:任何东西想进入我脑袋都很困难,可一旦它们进去了,就会乖乖地留在里面。我的脑子这种不好的特点给我带来了无尽的烦恼,因为其他人在学校已经学会了所有的东西,而我却必须回到家里消化很长一段时间才行。[4] 这给我的学习造成了很多麻烦,尤其是拉丁语方面。你知道,我们正在学第三阶段的异相动词,而它们简直拒绝进入我的"笨脑袋"——我的老师就这样说的。[5]

数学方面我们现在有三门课:

1. 几何:我们用的是 Spieker-Benke 的教材或类似的东西。[6] 我们现在学到了全等三角形,我很想知道我们那位亲爱的 O. Scherrer 老师将如何讲解它。[7]

2. 代数:我们刚刚起步,而且它常常很无聊,以至于每个人整堂课都在打瞌睡。老师一开始只好慢慢地讲授每样东西,因为不然总有几个人跟不上。

3. 算术:我们讨论一些利息计算案例,比如说利率。除此之外,我们复习了去年学过的东西。

在法语课上,Hardtmann 先生给我们讲了更多如何从拉丁语派生出法语的方法。[8]

在德语方面,有时候我们得背诵一些东西,此外它相当无聊。有一次老师要我们说出一些没有意义的短语,他当时举了一个例子:"一个毛茸茸的光头"(e harigi Glatze)。[9]这样的话人们经常会说,却没有想过,自己到底说了什么;大家听了都哈哈大笑,可是以前我们每个人至少都说过一次那样的话,尽管我们现在都不愿意相信那是事实。如果想一想,就会发现这样的例子数不胜数,尤其是在方言中。当我们必须写作文时,老师总是要指定题目,但通常都是些愚蠢的题目,结果我们几乎无话可说,不得不胡编乱造。

别的课程我就没什么好说的了。

你的病情怎么样了?[10]如果你要来这里,那我想告诉你,据我所知,我的假期从7月中旬开始。[11]

我也曾试着读过那本小书,就是你写的并寄给Zangger教授的那本书。[12]前半部分我有点理解;到了有方程的地方困难就来了。等我们在一起的时候,你要给我讲解一下。我很渴望听一听,它到底是什么意思。现在我又有钢琴课了,确切地说是在音乐学校。[13]我现在比以前更喜欢它了,可能是因为我现在的老师是一位非常好的女士。

Zangger家有一个大花园,[14]Zangger教授的夫人和我一起打理它。在花园里要做的一切事都十分有趣。我们种下的东西有莴苣、菠菜、大豆、豌豆、大黄、胡萝卜等。此外还有醋栗、茶藨子等。

衷心地问候你!

你的酸菜拉丁语学生
Albert

TLS.［144 008］.签名是打字机打上去的。

［1］一周前,爱因斯坦告诉Ehrenfest,他将送Eduard去Arosa住一年(见1917年5月25日爱因斯坦致Paul Ehrenfest的信［第八卷,文件344］),好让他从肺炎中康复过来。他1月份就患上了肺炎(见1917年3月9日爱因斯坦致Michele Besso的信［第八卷,文件306］)。

［2］从3月初起,Eduard就住进了苏黎世的Bethanienheim医院(见本书第八卷,文件330a,注释3)。

［3］Mathilde Zangger-Mayenfisch。

［4］6天前,爱因斯坦曾描述他自己和Hans Albert为"我们这类固执的家伙"(Dick-Köpfe wie wir)(见本书第八卷,文件344a),但是Hans Albert在写这封信之前并没有收到那封信。

［5］早在6个月之前,Hans Albert曾向爱因斯坦描述过拉丁语难学(见本书第八卷,文件278a),爱因斯坦回信希望他在学校时也必须努力学习拉丁语(见1916年11月26日爱因斯坦给Hans Albert的信［第八卷,文件279］)。

［6］可能是1891—1892年爱因斯坦上学时所用的几何教科书 Spieker 1890 的后续版本(见第一卷,"Albert Einstein-Beitrag für sein Lebensbild",第lxi页,注释49)。

[7] Otto Scherrer(1875—?),苏黎世州立学校的数学教师。

[8] Hans Hartmann(1874—1957),苏黎世州立学校的法语教师。

[9] "eine haarige Glatze"的瑞士德语写法。

[10] 爱因斯坦一直遭受胆结石的困扰,最初一直认为是肝部的小毛病。6天前,爱因斯坦曾告诉 Hans Albert,他的健康状况有所改善,但是他们的信看起来是彼此错过了(见前一文件及其注释8)。

[11] 州立学校的暑假从 7 月 16 日开始(见 1916 年 10 月 31 日爱因斯坦致 Hans Albert 的信[第八卷,文件 271],注释 3)。

[12] *Einstein 1917a*(第六卷,文件 42)。10 天前,Zangger 曾问过爱因斯坦,他是否应该把那本书给 Hans Albert 读一读;他还对该书内容作了评论,尤其评论了把 Hans Albert 作为目标读者的部分(见 1917 年 5 月 20 日 Heinrich Zangger 致爱因斯坦的信[第八卷,文件 342])。爱因斯坦让 Zangger 不要把书给 Hans Albert 看,因为他还读不懂(见本书第八卷,文件 349a)。

[13] Hans Albert 的母亲住院之后,他的钢琴课在 1916 年秋暂停了。她出院后亲自教 Hans Albert 弹钢琴,直到她再次生病(见本书第八卷,文件 319a)。

[14] 从 4 月底起,Hans Albert 就住在 Zangger 家中(见 1917 年 5 月 20 日 Heinrich Zangger 致爱因斯坦的信[第八卷,文件 342])。

第八卷 349a. 致 Heinrich Zangger

[柏林,] 1917 年 6 月 2 日

亲爱的朋友 Zangger:

您最近一封来信使我产生了新的担忧,因为我明白,维持我那些患病的家人的生计对我来说有可能导致我经济崩溃。我的纯收入(扣除税费等之后)已经减少到了 13000 马克(这种情况现在已成为事实)。[1] 我自己需要其中的 5000 马克,以便我至少能够维持人家理所当然地要求我过上的那种生活的表象。于是还剩下 8000 马克(等于 6150 法郎),如果我一分钱也不想存的话。我不可能也不想给得更多了。我们得想些办法来走出困境。如果有小额的超支,则可以动用存款。但只有在紧急情况下才可以那样做。因为我不知道,万一我不幸早逝了,[2] 这笔小钱是否足够孩子们日后的教育开支。要是我还有别的想法,那我就是个混蛋。

所以不能考虑给 Tete 每天 10 法郎(等于每年 4000 法郎)。[3] 他的食宿安排必须与我的财政状况相称,对我妻子的安排也一样。因为可惜正如经验教育我们的,我们面临的不是暂时的困难,而是长期的局面。

并不是说,如果我待在苏黎世,就能更好地履行我的责任。[4] 为了孩子们的利益而存点钱,这对我来说直到现在也不太可能,尤其是因为我妻子的确不怎么

节俭。我也必须坦率地说,我应该最衷心地感谢这里的同事和有关当局的善意。[5] 我眼神里流露出的一切需求,凡是他们能看出来的都会得到满足。我是一个好的瑞士人,但我能区分政治信仰与人际关系的不同。[6] 倘若没有当地这些同事,我肯定仍然是一个"默默无闻的天才",我必须把这些铭记在心。

我令我的儿子失望了,因为我要7月份才能过去。可这种说法并不正确。[7] 去年春天,当我向他提到我可能在秋天再过去看他,他表现得十分消极。但如果今年年初去看他,这既不是他的愿望,也显得不够理智,因为我们不知道在糟糕的天气下该到哪里去玩。请您别把我的孩子说成圣人!他快乐而又贪玩,他的信还令人欣慰地反映出他有些轻率。相比他这位阴郁而威严的爸爸,他更喜欢和同龄人一起玩,感谢上帝。无论如何,尽管如此,当我7月去看他并跟他一起远足的时候,我所感到的快乐会多于他所感到的快乐;父母与孩子之间的爱总是有些片面的,但这并不是什么不幸的事!但是当我听到 Besso 夫人[8] 和您关于爱与良知的言论,同时想起我自己未能履行为人之父的义务,我就忍不住要酸楚一笑。

我不得不承认,我很有思想负担,因为您受到了我那么沉重的拖累。这种意识整天都缠着我。我真诚地恳求您,去和我妹妹谈一谈,[9] 好让她来减轻您的重担,这些负担本来就不该由你已经负重的双肩去承受。求您帮我去说服 Miza 对我妹妹产生必要的信任,并同意我妹妹收留 Albert,因为这在目前的情况下是不言而喻的。[10] 别把那本小书给 Albert,他还不够成熟。[11] 他对事物的兴趣仍然是游戏性质的,而不是真正的求知,这与他幼小的年龄也是相称的。

衷心问候您!

您的
爱因斯坦

ALS(SzZ, Nachl. H. Zangger, box 1c). [86 461].

[1] 爱因斯坦在5月中旬就已知道他没有额外收入了(见1917年5月15日爱因斯坦致 Michele Besso 的信[第八卷,文件340])。

[2] 一个月前,爱因斯坦也曾表示关心儿子们未来所需的教育经费问题(见本书第八卷,文件332a)。

[3] Zangger 两周前通知爱因斯坦,他已经以这个价格在 Arosa 的 Höchwald 疗养院为 Eduard Einstein 预定了一个住房(见1917年5月20日 Heinrich 给爱因斯坦的信[第八卷,文件342])。

[4] 在上一封信中,Zangger 曾提出,爱因斯坦如果在苏黎世工作,困难会小些(见1917年5月20日 Heinrich Zangger 致爱因斯坦的信[第八卷,文件342])。

[5] 在柏林时期,爱因斯坦对他的同事 Max Planck 特别感激(例如见1915年12月21日爱因斯坦致 Michele Besso[第八卷,文件168])。

[6] 在两年前和两个月后,爱因斯坦也都提到瑞士是"我的家乡"("meine Heimat";见1915年3月20日爱因斯坦致 Romain Rolland 和1917年8月2日爱因斯坦致 Tullio LeviCivita 的信[第八卷,文件65和

［7］在他最近来信的附言中，Zangger 告诫爱因斯坦，在 7 月去瑞士的事情上，不要让 Hans Albert 失望（见 1917 年 5 月 20 日 Heinrich Zangger 给爱因斯坦的信［第八卷，文件 342］）。

［8］Anna Besso-Winteler(1872—1944) 是 Michele Besso 的夫人，Paul Winteler 的姐姐。

［9］Maja Winteler-Einstein。

［10］一个月之前，爱因斯坦曾表达了他对妹妹的信心和信任，并且希望她能把 Hans Albert 接过去同她一起住（见本书第八卷，文件 32a）。

［11］Einstein 1917a（第六卷，文件 42），是爱因斯坦所写的一本关于相对论的通俗读物（见 1917 年 5 月 20 日 Heinrich Zangger 致爱因斯坦的信［第八卷，文件 342］）。Zangger 已经把这本书给了 Hans Albert（见前一文件）。

第八卷　350a. 致 Heinrich Zangger

［柏林，］1917 年 6 月 12 日

亲爱的 Zangger：

非常感谢您的来信。我的 Albert 的来信就是我在过去一年里体验到的最大快乐。[1]我幸福地觉察到了我们之间内在的血缘关系。我无法形容，我是多么渴望再次看到他。我获得了维也纳科学院颁发的 1500 克朗的奖励。[2]这笔钱可以作为 Tete 在 Arosa 的治疗费用。[3]7 月初我将去苏黎世，到时候我们可以无所不谈了。我不准备去 Tarasp 了；您将会确信，我的病因不在肝脏。[4]看起来我最需要的是身体上和精神上的平静，而我计划主要在卢塞恩我妹妹家度过假期。之前我会和 Albert 一起去看望 Tete。

衷心问候您！

您的
A. 爱因斯坦

AKS(SzZ, Nachl. H. Zangger, box 1c). [86 545]. 明信片上的收信人地址是 "Herrn Prof. Dr. Zangger Bergstr. Zürich(Schweiz)", 寄信人地址为 "Abs. A. Einstein, Wittelsbacherstr. 13 Berlin", 邮戳为 "Berlin-Wilmersdorf 1[1] 4.6.17. 1—2N[achmittags]"。

［1］见本书第八卷，文件 346a。

［2］在 1917 年 6 月 4 日的信中（见第八卷年表和日程表），帝国科学院通知爱因斯坦，他和 Wander de Haas 因为 Einstein and De Haas 1915a 被授予金额为 3000 奥地利克朗的 Baumgartner 奖（第六卷，文件 13）。颁奖通告刊登于 6 月 1 日的《物理学杂志》的"人物"栏目（"Personalien"section of the Physikalische Zeitschrift）18(1917)：260。

［3］在 6 月的第一个星期，Eduard Einstein 离开苏黎世，去了 Arosa 的 Höchwald 儿童疗养院（见本

书第八卷，文件346a)。

[4] Tarasp是一个疗养地。Ismar 和 Zangger 共同提议爱因斯坦去那里，通过水疗医治其"疑似肝病"的地方(见本书第八卷，文件297a)。然而早在当年春天，爱因斯坦的病情已被诊断为胆结石(见本书第八卷，文件344a，注释8)。

第八卷 352a. 致 Heinrich Zangger

[柏林，]1917年6月17日

亲爱的朋友 Zangger：

您的来信令我十分高兴，主要因为您好久都没有发过这么大的火了，就像我期待和担心的那样。[1]但我不相信我还能有别的办法，因为我的财务状况很可能把好转的希望化为泡影。如果现在能将公寓租个好价钱，[2]并且如果 Tete 住疗养院的时间不超过3个月，我的困难就不那么紧迫了。[3]当我在7月6日至8日到苏黎世时，我们可以在一起好好地考虑一下这所有的问题。到时候您就会明白，驱使我的并不是市侩的小气。有关事务必须以这样一种思路来安排，那就是要使您的负担不再像最近那么沉重。您属于私心极少的那类人，这是个美好的恶习，但毕竟还是个恶习。

我目前正在努力获取旅游许可，这可不是一件小事。但是他们不可能取消我的这次合法旅行，只要我采取的途径合法。现在我干活的时间很少，在户外躺着的时间很多，几乎不走路。这种被规定给我的生活方式使我的身体状况有了明显的好转。不幸的是，他们不允许我在瑞士到处乱跑，而且必须尽可能避免步行。我写信告诉您这些，以免您给我安排些我无法实现的活动。对于 Albert，我很抱歉，因为对他来说，我是一个索然无味的同伴。但我会想办法补偿他。汇款的难度正不断地增加，但这个问题在文化部的帮助下肯定是可以解决的。我已开始准备下一笔汇款(1400法郎，8月1日)。倘若在我6月29日出发之前，还需再安排一笔汇款，请立即通知我，以便我可以马上处理。我过着寂静的生活，而这尤其因为是我的大部分同事都被剥夺了科研工作。[4]谁知道，我们何时才能重新朝向更美好的目标。——《自然科学》(Naturwissenschaften)上发了一篇特别不错的文章，是在现代科技进展背景下讨论亚里士多德和希波克拉底(Hippokrates)关于遗传问题的理论。[5]这篇文章或许会给您这样的专家带来快乐。

当 Tete 不再需要每天都接受治疗时，我们或许可以在 Arosa 的其他地方给他安排为期两年的食宿吧？[6]这事我们到时候再讨论。如果在您看来，还有什么我们力所能及的康复办法，我绝不会不加尝试地放弃。

衷心问候您!

您的
A. 爱因斯坦

十分感激您的妻子为我的孩子所做的一切!吻我的 Albert。

ALS(SzZ,Nachl. H. Zangger,box 1c).[86 462].

[1] 可能是由于爱因斯坦在两周前的信中措辞强硬(见本书第八卷,文件 349a)。

[2] Mileva Einstein-Marić住进 Bethanienheim 医院之后,她的公寓就闲置了。Eduard 在 Arosa,而 Hans Albert 住在 Zangger 夫妇家里。

[3] 爱因斯坦认为 Zangger 建议的儿童疗养院太昂贵了(见本书第八卷,文件 349a)。

[4] Max Born,James Frank,Fritz Haber,Walther Nernst 和其他一些柏林的科学家要么在前线,要么在从事与战争相关的研究。

[5] *Johannsen 1917*,是对遗传理论从古希腊到现代的发展历程的回顾,该文认为应重新评价孟德尔的遗传学理论,并指出 August Weismann 的研究成果证实了亚里士多德关于学习的遗传能力的评论。

[6] 6月初将把 Eduard Einstein 送往 Arosa 的 Höchwald 疗养院,见前一文件,注释 3。

第八卷　357a. 致 Heinrich Zangger

[柏林,]1917年6月24日

亲爱的朋友 Zangger:

感谢您寄来的两包美味的食物,包裹都完好无损。我正为获得旅行许可而无尽地穿梭往返,在上帝的帮助下事情会办成的。后天将是我最后一堂课,[1]星期五晚我到法兰克福。[2]星期六我要在那里作一个报告。[3]接着我去看望我母亲并陪她五六天。[4]之后继续旅行。如果顺利,我会在7月5日至7日之间到达瑞士。虽然辛苦,但能获得巨大的快乐;那里的情况似乎也有点儿活跃。

衷心问候您和您的妻子还有我亲爱的 Albert![5]

A. 爱因斯坦

将见到我的孩子们,这使我高兴得难以形容。但愿我不会吓坏了,当我看到我的 Tete 时;其实您来信说过,他看起来很正常的。

AKS(SzZ,Nachl. H. Zangger,box 1c).[86 546].明信片上的收信人地址是"Herrn Prof. Dr. H. Zangger Bergstr. Zürich",寄信人地址是"Abs. A. Einstein,Wittelbacherstr 13",邮戳为"Berlin - Wilmersdorf 1 26. 6. 17. 3—4N[achmittags]"。

[1] 爱因斯坦在一周前也表达过对旅行许可的担心(见前一文件)。

[2] 他在柏林大学讲授相对论(见 1917 年 7 月 22 日爱因斯坦给 Paul Ehrenfest 的信[第八卷,文件 362],注释 3)。

[3] 6 月 30 日,他在法兰克福的物理学协会(Physikalischer Verein)作了一个关于相对论原理的报告(见 1917 年 6 月 25 日 Max von Laue 致爱因斯坦的信[第八卷,文件 358],注释 2)。

[4] Pauline Einstein 住在 Heilbronn。

[5] Hans Albert 跟 Zangger 及其夫人 Mathilde Zangger-Mayenfisch 住在一起。

第八卷 358a. 致 Werner Bloch[1]

[柏林,]1917 年 6 月 27 日

十分尊敬的博士先生:

我满怀兴趣地读完了您的介绍相对论理论的文章![2] 我认为您的阐述很全面,通俗易懂,而且一目了然。希望您的小册子能尽快被好的出版商采纳出版。

致以友好的问候。

您的
A. 爱因斯坦

ALS (Collm 家庭, Berlin)。[85 364]。

[1] Bloch (1890—1973)是爱因斯坦在柏林时的一位学生(参见 1916/1917 年冬季他在爱因斯坦的相对论课程以及统计力学课程上所做的笔记。关于它们的简介参见第六卷附录 A)。收信人地址是根据目前该信件的拥有者进行补充的。

[2] 可能是 *Bloch 1918* 的手稿。

第八卷 359a. 致 Elsa Einstein

[美因河畔法兰克福,]星期六,[1917 年 6 月 30 日]早晨 9:30

亲爱的 Else:

旅途很顺利。[1] 我躺在车上,从敞开的车窗欣赏色彩异常美丽的黄昏,直至其结束,随后我大部分时间都在睡觉。我发现家门的钥匙还在我口袋里呢。[2] 它们会跟这张明信片一起寄给你。我住的旅馆实际上是一个信仰基督的老女仆的房子中的一间,床头柜上有一本黑色的小祈祷书;[3] 是 Wachsmuth 把我带到那里的,他真是个蠢牛。[4] 我现在回旅馆去准备像个官僚一样接待访客。[5] 饮食方

面,我完全遵照了你的嘱咐。[6]

衷心问候并亲吻你!

你的
阿耳伯特

AKS.[144 038].写在背面的收件人地址是"Frau Elsa Einstein Haberlandstr. 5 Schöneberg‐Berlin",邮戳为"Frankfu[rt] (main)1 30. 6. 17. 11—12[?]"。邮戳不完整。

[1] 爱因斯坦只是暂时待在法兰克福作一个关于相对论的报告(见 1917 年 6 月 25 日 Max von Laue 致爱因斯坦的信[第八卷,文件 358],注释 2)。他在旅途中探访了住在海尔布隆的母亲,在苏黎世待了几天,和 Hans Albert 一起去 Arosa 看望了 Eduard,并和在卢塞恩的妹妹 Maja 一起待了几个星期(见 1917 年 6 月 24 日爱因斯坦致 Michele Besso 的信[第八卷,文件 357])。

[2] 大概是他在柏林 Wittelsbacher 街的 13 号公寓。

[3] The Basler Hof(见 1917 年 6 月 25 日 Max von Laue 致爱因斯坦的信[第八卷,文件 358])。

[4] Friedrich B. Wachsmuth(1868—1941),法兰克福大学的实验物理学教授,也是物理学院的院长,而 Max von Laue 组织了在(法兰克福)物理学协会举行的报告;"R.‐V."是 Rindvieh 的简称。

[5] 关于爱因斯坦的来访者,见后面的文件。

[6] 爱因斯坦大概因为胃肠道的毛病而必须接受严格的食疗,之前他将其描述为肝病,但是不久之后被诊断为胆结石(见本书第八卷,文件 344a,注释 8)。

第八卷　359b. 致 Elsa Einstein

[美因河畔法兰克福,]星期日早晨,[1917 年 7 月 1 日]

亲爱的 Else:

一切都好。早上 Oppenheim 先生来过。他是个很聪明而可爱的人,跟他儿子一样优秀。[1]将近 1 点,Oppenheimer 先生来了。我随他一起(坐出租马车)去他家共进午餐。[2]我在那里遇到一个挺有趣的人,他叫 Nussbaum,是画家和笔迹学家。[3]我跟他谈得很开心。接着 Laue 过来看望我,气氛很愉快。[4]然后我和他一起从那里乘车去研究院,我在这里作了报告———一般的。[5]之后一起在 Ratskeller 用餐,同样很有趣。饮食方面我很小心。[6]11 点睡觉!身体状态没问题。我没得到任何报酬(吝啬)。今天九点半继续旅行,前往 Heilbronn。[7]

亲切问候孩子们和父母![8]吻你!

你的
阿耳伯特

到目前为止旅途很顺利。

AKS.［143 039］.背面的收件人地址是"Frau Elsa Einstein Haberlandstr. 5 Berlin(Schöneberg)",邮戳为"Fran kfurt(Main)1 1. 7. 17. 1—2N[achmittags]"。

［1］Moritz(1848—1933)和 Paul Oppenheim(1885—1977)。老 Oppenheim 是法兰克福的珠宝批发商和科学研究资助人,资助了法兰克福大学的理论物理系主任 Max von Laue。他的儿子 N. M. Oppenheim Nachfolger 是化学家。

［2］Eugen Oppenheimer 是居住在法兰克福 Schumannstrasse 的一位银行家,他在 6 年前与爱因斯坦结识(见 1911 年 10 月 22 日 Pauline Einstein 致爱因斯坦的信[第五卷,文件 298])。

［3］Jakob Nussbaum(1873—1936)是一位印象派画家,尤其擅长风景画。

［4］Max von Laue。

［5］头天晚上 7 点爱因斯坦在法兰克福物理协会作了一个关于相对论原理的报告(见 1917 年 6 月 27 日在 *Kleine Presse* 的通知),地点大概是在法兰克福大学的 Friedrich Wachsmuth 物理研究所(见前一文件,注释 4)。

［6］由于他的消化问题(见前一文件)。

［7］他母亲的居住地。

［8］Ilse 和 Margot Einstein 与 Rudolf 和 Fanny Einstein。

第八卷　359c.　致 Elsa Einstein

[海尔布隆]星期二,[1917 年 7 月 3 日][1]

亲爱的 Else:

哈利路亚!你来了,被看见了(被听见了!)并获胜了。[2]①从现在起,我遇到事情都要让你打头阵了,就像 Josef Adler 当年见了我们家的狗,总会把他的 Rosa 推到前面去顶住一样。[3]要是我的话,事情永远搞不定。但愿你也拿到了自己的护照。尽快把我的护照寄给我,以便我可以继续旅行。我得到了悉心的照料,没有去看望过谁,而且很多时候都是躺着的。[4]躺着的时候我在读昨天买来的 Spinoza 的著作。[5]

问候我们的老人,[6]问候并亲吻你和我们的女儿们![7]

你的
阿耳伯特

请给我母亲寄一份 Rathenau 的著作。[8]我的住处有一些副本。[9]

---

① 原文"Du kamst,wurdes gesehen（und gehört!）und siegtest."疑似模仿拿破仑的捷报(我来了,我看到了,我征服了),表达情不自禁的欣喜情绪。——中译者注

AKS.[143 027].背面的收信人地址是"Frau Elsa Einstein Haberlandstr. 5 Berlin(Schöneberg)",邮戳为"Heilbronn([N]ec[kar]Nr 1]4 Jul 17 9—10[ormittags]"。邮戳模糊不清。

[1]英文版注释与德文原版不同,英文版增加了注释[1]。指出日期有误(见注释2)[中译者注]。

[2]Elsa Einstein 成功地替爱因斯坦办好了护照,随后爱因斯坦就可以去瑞士了(见1917年7月2日爱因斯坦致 Elsa Einstein 的信[第八卷,文件114],日期被误记为1915年8月30日)。

[3]Josef(1844—1918)和 Rosa Adler(1855—1935),Pauline Einstein 的表兄妹,住在慕尼黑。在1900年前后,Elsa 可能是去慕尼黑看望爱因斯坦时与他们相识的(见第一卷,《Albert Einstein—Beitrag für sein Lebensbild》第 lvii 页)。

[4]爱因斯坦打算动身去瑞士前先去看望住在海尔布隆的母亲(见1917年6月24日爱因斯坦致 Michele Besso 的信[第八卷,文件357])。

[5]在熟人 Ludwing Kraft 的推荐下,爱因斯坦重读了 Spinoza 的《伦理学》(*Ethics*)(见1917年7月6日爱因斯坦致 Elsa Einstein 的信[第八卷,文件115],日期错误地记为了1915年9月3日)。

[6]Rudolf 和 Fanny Einstein。

[7]Ilse 和 Margot Einstein。

[8]当指 *Rathenau 1917*。Walther Rathenau 1917年6月8日在该书扉页上手书了献词,并将其寄赠给爱因斯坦(见第八卷的《年表和日程表》);两个月前爱因斯坦对这部著作表示了赞赏(见1917年5月11日爱因斯坦致 Paul Mamroth 的信[第八卷,文件338])。

[9]爱因斯坦的住处位于柏林-Wilmersdorf 的 Wittelsbacher 街13号。

第八卷 359d. 致 Elsa Einstein

[海尔布隆,]星期三,[1917年7月4日]

亲爱的 Else:

Harnack 和 Fischer 等人的呼吁实在令我高兴,[1] Rathenau 的好文章也同样使我兴奋,[2] 令人开心的还有我亲爱的女骗子的来信,她满怀爱意地以自我欺骗的精神为了我的旅行而奋斗。但愿最后一次历险已经结束,从而我就可以在星期五晚上或星期六早上出发了。[3] 我的饮食起居是谨遵医嘱的素食,没有出去拜访谁,也没有远足等活动。[4] 昨天 Paula Weil(Flamme)在我这里待了一整天。但愿这种与我的本性毫不相符的写作狂热能一直持续到你满意为止;宁静的生活易于实现虔诚的决心。但愿我们能实现我们去 Ensingen 的计划;[5] 你要为此做好准备。妈妈到瑞士的愿望已经落空了,因为她的监护人必须外出旅行。[6] 这里的牛奶和蜂蜜也十分紧缺;只有我这个幸运儿处处都能得到宠爱!

亲吻你!

你的
阿耳伯特

替我向小姑娘们和父母问好。

[……][7]

AKS.[143 040]. 背面的收件人地址是"Frau Elsa Einstein Haberlandstr. 5 Berlin - Schöneberg",邮戳为"Heilbronn (Neckar)Nr. 1 4 Jul 17 7—8N[achmittags]"。

[1] 指 6 月 30 日的呼吁,号召立即在普鲁士进行选举改革,有 10 人签名,包括 Adolf von Harnack (1851—1930),他是教会历史学和教义神学教授,普鲁士皇家图书馆馆长和威廉皇帝学会(Kaiser Wilhelm Soceity)的主席;还包括 Emil Fischer(1852—1919),他是柏林大学的化学教授(见《柏林日报》,1917 年 3 月,早л版)。该呼吁是在回应德国皇帝 4 月 7 日颁布的"复活节公告"(Osterbotschaft),此公告提出要废除普鲁士当时奉行的基于收入水平的三等级选举制度(Dreiklassenwahlrecht)。

两年前,Harnack 就在以反对侵略主义战争为目标的"Delbrück-Dernburg 请愿书"上签了名。1915 年秋,Fischer 因致力于维护科学的国际化特征而受到爱因斯坦的特别赞扬(见 1915 年 8 月 2 日爱因斯坦致 Hendrik A. Lorentz 的信[第八卷,文件 103]和 1917 年 9 月 15 日爱因斯坦致 Romain Rolland 的信[第八卷,文件 118])。

[2] 见前一文件,注释 7。

[3] 暗喻 Elsa 为替爱因斯坦办理去瑞士的护照所付出的种种努力。这个问题曾是爱因斯坦前往瑞士的障碍(见前一文件,尤其是注释 1)。

[4] 因为他有胃病(见本书第八卷,文件 359a,注释 6)。

[5] 爱因斯坦计划在返回柏林前与 Elsa Einstein 到 Württemberg 南部度假(见本书第八卷,文件 361b)。Ensingen 是位于 Württemberg 的 Stuttgart 南部的小村庄(现在是 Vaihingen 的一部分),爱因斯坦早年对这里很熟悉。然而,他实际上指的似乎是位于 Württemberg 的 Stuttgart 南部的小村庄 Benzingen,在那里爱因斯坦认识了村里的神父 Camilus Brandhuber(1860—1931);见本书第八卷,文件 370d。关于他们相识的细节,见 1917 年 9 月 3 日爱因斯坦致 Michele Besso 的信(第八卷,文件 377,注释 4)。

[6] 爱因斯坦的母亲 Pauline Einstein 希望能陪同哥哥 Jacob Koch(1850—1921)到瑞士。

[7] Pauline Einstein 的附言从略。

第八卷 360a. 致 Elsa Einstein

[苏黎世,]星期一早晨[1917 年 7 月 9 日]

亲爱的 Else:

在经历了一段舒适的旅行和边境上的一番体面而宽容的海关检查,[1]在已经身为人父、有了 3 个可爱的小家伙的老 Habicht 家里待了几个小时之后,我于昨晚 9 点到达了这里。[2]我立即给 Zangger 打了电话。[3]我的儿子已经上床睡觉了;[4]我真希望他现在就在这里。Zangger 今天去了 Winterthur;他会在今天下午 4 点来旅馆看我。无论如何我都不会接受任何邀请,除了去 Besso 家——如果他妻子仍然没有回来,并且他独自一人在照看家人。[5]这里也没有白面包,但是标准面包的价格却是和平时期白面包价格的两倍。食品供给跟我们在战争第一年的情况差不多。[6]除了跟Zangger有过简短的电话交谈,我还没有同任何人说过话;[7]单是熟悉的环境就使我觉得很亲切。我母亲仍然迫切地希望来这里。[8]似乎从那里过来更加容易。

等我的事情有了新的进展,我再告知你。[9]暂此。亲吻你!

你的
阿耳伯特

AKS. [143 041]. 背面的收件人地址是"Frau Elsa Einstein Haberlandstr. 5 Berlin(Schöneberg)",寄信人地址是"Abs. A. Einstein Zürich(Augustinerhof)",邮戳为"Zürich 1 Briefvers[d] 9. Ⅶ 1917. Ⅸ—Ⅹ"。

[1] 爱因斯坦上一次过境去瑞士的时间是1916年4月,曾遭遇开箱检查并不得不脱去部分衣服(见本书第八卷,文件209a)。

[2] Conrad Habicht(1876—1958),爱因斯坦的朋友,来自伯尔尼的"奥林匹亚科学院",是Schaffhausen的物理老师;3个儿子分别是Conard(1914—1988),Walter(*1915)和Ernst(1916—1993)。

[3] Heinrich Zangger。

[4] Hans Albert Einstein从4月底开始就住在Zangger家(见1917年5月20日Heinrich Zangger给爱因斯坦的信[第八卷,文件342])。

[5] 由于健康原因,爱因斯坦决定限制自己的出访次数(见本书第八卷,文件359a,注释6)。Michele Besso及其妻子Anna Besso-Winteler。

[6] 关于德国1916—1917的冬季饥荒,见本书第八卷,文件261a,注释5。由于柏林普通民众营养不良,Zangger坚持每月给爱因斯坦寄去装有食物的包裹(见1917年3月10日爱因斯坦致Heinrich Zangger的信[第八卷,文件309])。

[7] 可能是他对Elsa说的一句含混的安慰话,暗示他没有跟他的妻子Mileva联系。

[8] Pauline Einstein到瑞士的愿望在前一文件中也提到过。

[9] 两个月前,爱因斯坦曾写信告诉Michele Besso,他在卢塞恩的妹妹Maja Winteler-Einstein会收留Hans Albert,而且不必考虑Mileva Einstein-Marić愿意与否;他认为把Hans Albert寄养在柏林不是一个好主意(见1917年5月7日爱因斯坦致Michele Besso的信[第八卷,文件335])。爱因斯坦也十分关注Mileva和Eduard不断增加的医疗费用以及他母亲Pauline的生活费,所有这些费用都要他提供(见1917年5月15日爱因斯坦给Michele Besso的信[第八卷,文件340])。

第八卷 360b. 致 Elsa Einstein

[苏黎世,]星期二,[1917年7月10日]

亲爱的 Else:

Albert 长得好极了，他身子骨很健康，性格开朗，兴致勃勃，聪明而谦逊，我感到幸福。[1]星期六我们要去 Arosa。[2]此间我还要去卢塞恩。[3]昨天的大部分时间，我都躺着在休息，今天也是。食疗我在严格地执行。[4]我妻子的妹妹过几周要来这里（她已取得了护照）；[5]现在的麻烦是，房子已经租出去了（直到 10 月）。[6]或许可以早点把它收回来。今天中午 Zangger 要给我做检查——可能包括照 X 线。[7]一直在下雨而且有些凉意。Zangger 很忙。我还没能跟他多谈。[8]剩下的几天我要搬到他家去住，好让他观察我的情况而不至于浪费不必要的时间。Besso 我也才刚刚见过一面。[9]

衷心问候并亲吻你！

你的
阿耳伯特

替我向小姑娘们和父母问好。[10]

AKS。[143 042]。背面的收件人地址是"Frau Elsa Einstein Haberlandstr. 5 Berlin(Schöneberg)"，寄信人地址是"Abs. A. Einstein Zürich"，邮戳为"Zürich 8 (Fluntern) 10. Ⅶ. 17. - 2"。

[1] 爱因斯坦上次见到 Hans Albert 是在 1916 年 4 月（见本书第八卷，文件 209a，注释 1）。

[2] 去看望正从肺炎中康复的 Eduard（见本书第八卷，文件 344a，注释 3）。

[3] 带 Hans Albert 一起去他妹妹 Maja Winteler-Einstein 家中暂住，并可能商量把 Hans Albert 寄养在 Maja 那里的可能性（前一文件，注释 9）。

[4] 由于消化系统的毛病，爱因斯坦需遵医嘱保持有益于健康的饮食起居（见本书第八卷，文件 359a，注释 6）。

[5] Mileva 的妹妹 Zorka Marić在 9 个月前一直无法开始这一旅行。她是匈牙利的塞尔维亚人，之前可能在向匈牙利当局申请护照时遇到了困难（见 1916 年 10 月 13 日爱因斯坦给 Hans Albert Einstein 的信[第八卷，文件 263]，注释 2）。

[6] 由于爱因斯坦一家三口人都不在家住，位于 Gloria 街 59 号的住房已被转租（见 1917 年 5 月 13 日爱因斯坦致 Michele Besso 的信[第八卷，文件 339]，注释 9）。

[7] 以便确诊是胆结石（见 1917 年 3 月 9 日爱因斯坦致 Michele Besso 的信[第八卷，文件 306]）还是十二指肠炎（见 1917 年 7 月 22 日爱因斯坦致 Paul Ehrenfest 的信[第八卷，文件 362]，注释 5），病痛从 1 月份起就一直折磨着爱因斯坦（见 1917 年 2 月 14 日爱因斯坦致 Paul Ehrenfest 的信[第八卷，文件 298]）。

[8] Zangger 一直忙于各种各样的项目（见本书第八卷，文件 344a，注释 9）。

[9] Michele Besso。

[10] Ilse 和 Margot Einstein；Rudolf 和 Fanny Einstein。

第八卷　361a. 致 Elsa Einstein

卢塞恩，星期四，[1917 年 7 月 12 日][1]

亲爱的 Else：

天气很好,阳光灿烂,这会儿我正在 Maja 屋外的躺椅上欣赏风景。[2] 我们一起过得很开心,这是我在这次旅行中第一次真正的休息。星期六我和 Albert 要去 Arosa 住几天;[3] 然后我们到 Maja 那里住 4 个星期左右(!),之后我才回 Ensingen。我们就在那里见面。[4] 我准备在 Zangger 家总共住两天(以后还有一天),因为在他们家我感觉很不舒服;尤其是他妻子对我来说简直是一种惩罚。[5] 可我的 Albert 在那里过得挺好的。[6] 在 Maja 和 Pauli 的家里愉快得难以言表;我当时就在想,我们也得试着对我们的生活作类似的安排。

问候并吻你!

你的
阿耳伯特

替我向小姑娘们和父母问好。

[……][7]

AKS. [143 043]. 背面的收件人地址是"Frau Elsa Einstein Haberlandstr. 5 Berlin(Schöneberg)",寄信人地址是"Abs. A. Einstein, Luzern",邮戳是"Luzern Brf. Exp. 12. Ⅶ. 17. – 11"。

　[1] 原始文件中的"Luzern"之前还有"星期四"("Donnerstag")。

　[2] 在按计划去 Arosa 看望 Eduard Einstein 之前,爱因斯坦和 Hans Albert Einstein 到爱因斯坦的妹妹 Maja Winteler-Einstein 家小住了几天(见前一文件)。

　[3] Eduard 在这里治疗肺炎(见本书第八卷,文件 344a,注释 3)。

　[4] 指的一周前讨论的在 Württemberg 见面的"计划"(见本书第八卷,文件 359d)。

　[5] 住在苏黎世的 Heinrich Zangger 和 Mathilde Zangger-Mayenfisch。

　[6] Hans Albert 自从 4 月底就被寄养在 Zangger 家(见本书第八卷,文件 360a),但是爱因斯坦一直在考虑,让他搬到卢塞恩和 Maja 住在一起(见 1917 年 5 月 7 日爱因斯坦给 Paul Ehrenfest 的信[第八卷,文件 335])。

　[7] Maja Winteler-Einstein 和 Paul Winteler 的附言此处从略。

第八卷　361b. 致 Elsa Einstein

[苏黎世,]星期五,[1917 年 7 月 13 日]

亲爱的 Else：

现在我必须在这里待到星期二,因为 Zangger 还要仔细观察我的状况。[1] 他的诊断与 Rosenheim 的完全一致。[2] 他很重视通过局部热敷进行治疗。今天他给我做了血液化验并且断定我体内有炎症。在 Arosa 短暂逗留之后,我要到卢塞恩静养几周,然后可能去 Tarasp 待两周,但也可以改成去 Mergentheim,假如你也能去那里的话。[3] 请你去银行问一问,确保那 1400 法郎尽快到账。[4] 同时也问一下,De Haas 是否已收到那 1500 克朗。[5] 我的 Albert[6] 带给我很多欢乐;他是我所能得到的最好的一个小家伙了。但是我们那些小姑娘们并不会因此而在我眼里显得不那么可爱了![7] 我要带他一起去卢塞恩,这样他就可以整个假期都跟我一起住在 Maja 家里。[8] 如果水疗不是必需的,我们可以在 Ensingen 见面。[9] Pauli 的妹妹 Rosa 在长期守寡之后将于下周再婚。到时候如果我还在那里,我会去给他们证婚。[10] 今天我和 Jakob 叔伯在一起。[11] 他还像从前一样快乐,也还是住在 Baur au Lac 宾馆。[12] 他建议我,把所有的钱都从柏林转过来,尽管汇率很糟。[13]

问候并吻你!

你的
阿耳伯特

AKS.[143 044]。背面的收件人地址是"Frau Elsa Einstein Haberlandstr. 5 Berlin(Schöneberg)",寄信人地址是"Abs. A. Einstein Zürich",邮戳为"Zürich 12 Neumünster 14. VII. 17.—2"。

[1] 爱因斯坦计划,在和 Hans Albert 去看 Eduard 的路上,只在 Zangger 家住一天(见前一文件)。

[2] Teodor Rosenheim(1860—1939)是柏林大学的内科学编外讲师。他在柏林也有诊所和私人医院,在那里他主治胃病。Rosenheim 可能在爱因斯坦离开柏林之前不久给他做过检查,并对同事 Ismar Boas 的胆结石诊断提出了质疑(见 1917 年 3 月 9 日爱因斯坦致 Michele Besso[第八卷,文件 306])。

[3] 让爱因斯坦到 Tarasp 接受静养治疗是 Boas 在 2 月提出的建议(见本书第八卷,文件 297a),爱因斯坦在 5 月中旬仍然计划去静养(见 1917 年 5 月 13 日爱因斯坦致 Michele Besso 的信[第八卷,文件 339]);Mergentheim 是 Württemberg 境内的一个富含氯化钠、硫酸钠和铁的矿物温泉疗养地。

[4] 1916 年 10 月中旬,爱因斯坦告诉 Zangger,他将把这笔钱寄去维持他的家人 10—12 月的生活(见本书第八卷,文件 263b)。1917 年 4 月,Hans Albert 要求爱因斯坦直接把钱寄给他妈妈 Mileva Einstein-Marić(见本书第八卷,文件 319a)。1917 年 3 月,爱因斯坦让 Michele Besso 告诉他,他的家人是否有足够的钱用(见 1917 年 3 月 9 日之后的爱因斯坦致 Michele Besso 的信[第八卷,文件 308])。不清楚这是否是 1916 年 10 月所计划的同一笔汇款抑或是一笔追加的抚养费。

[5] Wander de Haas 获得了 Baumgartner 奖金的一半,总额为 3 000 奥地利克朗的奖金已转给了他和爱因斯坦(本书第八卷,文件 350a)。爱因斯坦打算利用他的一半的奖金垫付 Eduard 的治疗费用。

[6] Hans Albert Einstein。

[7] Ilse 和 Margot Einstein。

[8] 关于爱因斯坦之前让 Hans Albert 同他妹妹 Maja Winteler-Einstein 一起生活的想法,见前一文件,注释 6。

[9] 正如他 9 天前提到的那样(见本书第八卷,文件 359d)。

[10] Rosa Winteler 的第一任丈夫 Ernst Bandi 在 10 多年前就去世了(见 1906 年 11 月 3 日爱因斯坦致 Jost Winteler 的信[第八卷,文件 41])。她嫁给了 Besso 家的房客 Rudolf Brand(1887—1967),Besso 一家是 7 月 21 日在苏黎世的婚礼见证人。

[11] 爱因斯坦的舅舅 Jacob Koch 一年中有部分时间住在瑞士(见 Einwohnerkontrolle,SzZ-Ar),他在柏林也有住宅(见1914年4月2日爱因斯坦致 Mileva Einstein-Marić的信[第八卷,文件1])。

[12] 苏黎世的一家建于1844年的豪华宾馆。

[13] 汇率是0.66马克兑换1瑞士法郎(见 *Vossische Zeitung*,1917年7月13日,晚间版)。

第八卷 361c. 致 Elsa Einstein

[苏黎世,]星期一早晨,[1917年7月16日]

亲爱的 Else:

这张明信片是我启程去 Arosa 之前在站台上写的。我打算和 Albert 在那里住上一周。[1]Zangger 经过深入分析得出的结论是,我的血压偏高(心脏因此受到了轻微的影响)。[2]我在苏黎世没有拜访任何人。Albert 又有点倔强了(明显是受了母亲的影响)。[3]苏黎世那套房子可能在9月1日会空出来。我妻子的妹妹已经来了。[4]Zangger 就我妻子的性格作了一番相当不利的评论。Besso 一家对我好得令人感动。Besso 夫人自己当家,没雇女佣;这可能就是她对于邀请显得有些犹豫的原因吧。她身体虚弱,但一切都亲自动手。[5]我仍然不知道,有无必要去 Tarasp。[6]

火车就要开了,我得赶紧。

问候可爱的姑娘们和姊姊们![7]单独给你一个吻!

你的

阿耳伯特

AKS.[143 045].背面的收件人地址是"Frau Elsa Einstein Haberlandstr. 5 Berlin(Schöneberg)",寄信人地址是"Abs. A. Einstein Zürich",邮戳为"Zürich 3 Fil. Bahnhof 16. Ⅶ. 17. Ⅸ—"。

[1] 与 Hans Albert 一起去看望正在接受肺炎康复治疗的 Eduard(见本书第八卷,文件344a,注释3)。

[2] Zangger 希望观察几天爱因斯坦的病情,见上一文件。

[3] 在上一文件中,爱因斯坦称赞过 Hans Albert。此前在苏黎世逗留期间,他就已经表示他意识到,Mileva 对他的消极态度影响了孩子们的行为(见1916年4月21日爱因斯坦致 Elsa Einstein 的信[第八卷,文件216])。

[4] 位于 Gloriastrasse 的公寓此前已转租出去,但是 Zorka Marić需要借住(见本书第八卷,文件360b)。她于1917年8月底获得了在她姐姐 Mileva 家居住的许可(见她的居住证明,Einwohnerkontrolle,SzZ-Ar)。

[5] Michele Besso 和 Anna Besso-Winteler。Anna 可能由于冬天得过流感而仍然身体虚弱(见1916年12月5日爱因斯坦致 Michele Besso 的信[第八卷,文件283])。

[6] 爱因斯坦对是否该去 Tarasp 静养犹豫不决,见前一文件。
[7] Ilse 和 Margot Einstein 和 Fanny Einstein。

第八卷 361d. 致 Elsa Einstein

[Arosa,]星期二,[1917 年 7 月 17 日]

亲爱的 Else:

我们到 Arosa 已有一天了。[1] 这地方很美,护理也很好,但还是不完全适合疗养。我很注意我的饮食,也极少走动。[2] Tete 看起来很好,他不胖,肤色健康,就像农家的孩子。他可爱得难以形容。疗养院的管理很细致,然而是军事化的;我会考虑一下,如何才能把他送到 Stahel 女士那里去,而又不至于跟 Zangger 闹僵。[3] 那里给人的感觉是,她是个待人友好的女士,她本人就跟她在给我们的信中一样令人喜欢。Besso 不相信 Tete 的病;他的 Vero[4] 据说也有同样的症状,但并没有引发任何严重的问题。可是医生[5] 的观点与此相反,他说要想完全康复,必须在空气清新的山区住上一年。不管怎么说,我还从未见过一个如此漂亮而快活的小家伙。母亲[6] 不在身边对于这两个孩子反倒很有好处,就外在表现来说也是如此,因为这样他们才能学会更良好的举止。我碰巧是跟 Hurwitz 教授[7] 的夫人一起来到 Arosa 的。她很友好,我简单地对她说了说我们分开的原因。[8] Albert 在学校很能干,但是并没有丝毫的野心。他早就不是那种自我封闭的人了,而且他特别有秩序意识!周六或周日我们就返回苏黎世,因为 Zangger 想再观察我几天。[9] 之后我会带着或者不带 Albert 去卢塞恩住几周。[10] 然后到底去不去 Tarasp(由于肠道问题),我仍然不确定(因为肠道)。[11] 但愿我们不是在那里而是在德国南部相见。[12]

亲吻你!

你的
阿耳伯特

AKS.[143 046]. 背面的收件人地址是"Frau Elsa Einstein Haberlandstr. 5 Berlin(Schöneberg)",寄信人地址是"Abs. A. Einstein z. Z. in Arosa",邮戳为"Arosa 17. VII. 17.—5"。

[1] 爱因斯坦和 Hans Albert 一起去看望正在治疗肺炎的 Eduard(见上一文件,注释 3)。
[2] 爱因斯坦答应 Elsa,自己会严格控制饮食,见本书第八卷,文件 359a。
[3] 5 月底,Heinrich Zangger 把 Eduard 送到了位于 Arosa 的 Höchwald 疗养院(见 1917 年 5 月 20 日 Heinrich Zangger 给爱因斯坦的信[第八卷,文件 342])。因为财政问题(见本书第八卷,文件 349a),爱因

斯坦当时正在认真考虑,是否把 Eduard 转到同样位于 Arosa 的一家膳食旅馆,该旅馆是 Lydia Stahel née Baumann(1882—1962)在经营(见下一文件)。

[4] Michele Besso 和他的儿子 Vero(1898—1971)。

[5] 当指疗养院院长 Peter Albert Pedolin 博士。

[6] Mileva Einstein-Marić。

[7] Ida Hurwitz(1864—1951),Adolf Hurwitz(1859—1919)的妻子,瑞士联邦技术学院数学教授。

[8] 1914 年 7 月起与 Mileva Einstein-Marić 分居。

[9] 由于爱因斯坦的胃病(见上一文件)。

[10] 爱因斯坦此前曾计划带 Hans Albert 去卢塞恩他妹妹家度过假期(见本书第八卷,文件 361b)。

[11] 因为诊断出的病因为胆结石,所以建议爱因斯坦去 Tarasp 静养治疗(见本书第八卷,文件 297a 和 350a)。

[12] 在 Ensingen 见面(见本书第八卷,文件 361b)。

第八卷 361e. 致 Heinrich Zangger

[Arosa,]星期二,[1917 年 7 月 17 日]

亲爱的 Zangger:

经历了一段美好的旅程并于昨天安全到达之后,我们去看了 Tete。[1]他显得十分健康而且生机勃勃,但并不紧张。Pedolin 博士说,Tete 的腺体有感染,必须在这里住上一整年。[2]他们的护理显然是无可挑剔的。但我觉得这个疗养院太军事化了。[3]今天我和 Albert 一起去拜访了 Stahel 女士,我很喜欢那里。只有几个小孩,就像一个小家庭。费用是 6.5 法郎,从秋季开始要 7 法郎。[4]如果 Pedolin 的建议是对的,孩子需要疗养一年(这事只有您能确定),那我们可以考虑,以后把 Tete 送到那里去。今天的天气非常好,我们可以在灿烂的阳光下享受 Arosa 的美景。

衷心问候您和您的家人!

您的
爱因斯坦

AKS(SzZ, Nachl. H. Zangger, box 1c).[86 547].明信片上收件人地址是"Herrn Prof. Dr. Zangger Bergstr. 25 Zürich",邮戳为"Arosa 17.7.17. - 5"。

[1] 5 月底,Eduard Einstein 已经被送到位于 Arosa 的 Höchwald 疗养院(见 1917 年 5 月 20 日 Heinrich Zangger 致爱因斯坦的信[第八卷,文件 342]),并且自从 6 月初起,爱因斯坦和 Zangger 就在考虑让他在那里住一整年(见本书第八卷,文件 349a)。

[2] Peter Pedolin 博士(1869—1934),Höchwald 疗养院的院长。

[3] 爱因斯坦此前已向 Elsa 表达了同样的担心（见前一文件）。

[4] Lydia Stahel，née Baumann，Maja Winteler-Einstein 可能成立了一个儿童之家（见本书第八卷，文件 342a）。

第八卷　361f. 致 Elsa Einstein

[Arosa,] 星期四，[1917 年 7 月 19 日]

亲爱的 Else：

待在这山上很不错，我希望你也同样快乐。[1]绚丽的自然和称心的食物！我的两个孩子带给我很多的快乐，优秀、聪明的孩子。我不相信我的小儿子有什么严重的毛病，[2]但还是要当心。我跟 Hurwitz 一家人在一起的时间很多；当他们看到我还是像从前一样，此前的隔阂就像冰一样立即就融化了。[3]尽管我很少休息并且到处闲逛，但我感觉自己的状态出奇的好。看来关于山区空气的传说确实有真实的一面。可惜星期天我就得下山了，也可能是星期六下去。我跟小儿子在一起的时间很多，因为 Albert 跟 Hurwitz 家小伙子远足去了。[4]我的小儿子很顽皮，而且已经是个书虫，他能得到的任何材料，他都会一股脑儿地读完。我会给 Ilse 和 Margot 寄去我让人在这里给孩子们拍的照片，它们洗出来的效果很好。[5]

问候并吻你！

你的
阿耳伯特

AKS.［143 047］. 明信片上的收件人地址为"Frau Elsa Einstein〈Titotstr.〉Haberlandstr. 5 Berlin W"，回寄信人地址为"Abs. A. Einstein z. Z. Arosa"，邮戳为"Arosa 20. Ⅶ. 17. Ⅸ-"。

[1] 爱因斯坦和 Hans Albert 一起去看望正在治疗肺炎的 Eduard（见本书第八卷，文件 361d）。

[2] 关于 Eduard 的病情，爱因斯坦提到了 Eduard 在疗养院的主治医生 Pedolin 博士和 Besso 的反对意见（见本书第八卷，文件 361d）。

[3] 爱因斯坦是和 Ida Hurwitz 一起到的 Arosa（见本书第八卷，文件 361d）。在苏黎世的 Hurwitz 一家经常去看望 Mileva Einstein-Marić，这些探访都被 Lisbeth Hurwitz(1894—1983)如实地记录在日记里（例如，可以参见 1916 年 10 月 13 日爱因斯坦致 Hans Albert Einstein 的信［第八卷，文件 263］，注释 3）。爱因斯坦在此暗示，Hurwitz 夫妇事实上是由于他们自己与 Mileva Einstein-Marić 之间的友谊而曲解了他跟 Einstein-Marić 的关系。

[4] 19 岁的 Otto Adolf(1898—1972)。

[5] Ilse 和 Margot Einstein。此处所说的 Hans Albert 和 Eduard 的照片见 Illustration no. 2［NNLBI，

Photo Collection 3974096]。

第八卷 361g. 致 Heinrich Zangger

[Arosa,]星期五,[1917 年 7 月 20 日]

亲爱的 Zangger：

我们在这儿过得很愉快。我们周日晚上返回。我很欣慰，Tete 看起来很好；他给我的印象是，他十分健康。只不过他活跃得也许有些反常。[1]您的小书我很喜欢。但我这样慢腾腾地才读完它的一半多一点。[2]我的生活相当地合乎规定，并且体内没有出现什么可疑活动的迹象。Albert 是个健康、有朝气而独立的家伙；我有很多机会因他而感到高兴。[3]他还完全没有受到苍白的思想感染。

衷心问候您和您的家人！

A. 爱因斯坦

AKS(SzZ, Nachl. H. Zangger, box 1c).［86 548］. 明信片上的收件人地址是"Herrn Prof. Dr. Zangger Bergstr. 25 Zürich"，邮戳为"Arosa 20. 7. 17. - 9"。Hans Albert Einstein 的问候从略。

[1] Eduard Einstein 住在 Arosa 的 Höchwald 疗养院(见本书第八卷,文件 361e,注释 1)。Eduard 被送到那里之后,爱因斯坦曾表达过类似的谨慎的乐观态度(见前一文件)。

[2] 大概是 Zangger 给他的 *Henley 1910* 的副本,它是爱因斯坦在 Arosa 期间非常喜欢的读物(见 1917 年 7 月 29 日爱因斯坦致 Heinrich Zangger 的信[第八卷,文件 365])。

[3] Hans Albert Einstein。

第八卷 364a. 致 Elsa Einstein

[苏黎世,]星期二,出发到卢塞恩前。火车站[1917 年 7 月 24 日]

亲爱的 Else：

非常感谢你的这些来信。我也在不停地写信。你的指责没道理。Albert 随我到了卢塞恩。[1]我健康方面没问题。一次都没有痛过。[2]你到德累斯顿银行去催促他们立即办理那些汇款。[3]我的前妻[4]很困难。我也快一无所有了。请(疾速!!)促使 L. V. G 航空公司把那笔钱存入我的银行账户。[5]请妥善保管我的公寓的解约凭据；[6]我不认可为继续出租采取的那些做法；我很乐意有机会搬到你们附近去住。[7]请把这事通知 Abbe 先生。[8]我在苏黎世没有去看望过任何人，但昨天我和 Albert 去驾驶了一个半小时的帆船。他已经掌握了侧航技术。要是你也在这里，那该多好啊；瑞士是这么美好。然而这里也受到了食物匮乏的威胁。[9]税务方面的事情我让银行去办理。我没有提出索赔要求，因为事后我得到了出乎意料的费用。[10]现在我的两个孩子都充满真爱地黏着我。但是你和可爱的姑娘们在我内心深处的重要地位不会因此而受到威胁！我总是十分地想念你们。

衷心问候你们大家（老老小小）[11]并亲吻你！

你的

阿耳伯特

那些"朋友们"心中对你的感情还是很友好的。[12]时间会治愈一切。到处都是阳光明媚。

AKS.［143 048］．明信片上的收件人地址是"Frau Elsa Einstein Haberlandstr. 5. Berlin W"，寄信人地址是"Abs. A. Einstein⟨Wittelsbac⟩ z. Z. Zürich"，邮戳为"Luzern 5 Ⅶ Rössligasse 24．Ⅷ. 17.－1"。明信片上的内容是用铅笔写的。

［1］爱因斯坦曾仔细考虑过，是否该带 Hans Albert 到卢塞恩他妹妹那里度过假期（见本书第八卷，文件 361d）。

［2］指爱因斯坦的胃病（见本书第八卷，文件 359a，注释 6）。

［3］大概是在本书第八卷，文件 361b 中提到的 1400 瑞士法郎，计划用来供养 Mileva 和孩子们。

［4］原文（verflossene Frau）中的字母"ossene"是添加的并且位于单词"Frau"一词的下面。

［5］爱因斯坦 1916 年 5 月研制的一种机翼（见 1916 年 5 月 14 日爱因斯坦致 Michele Besso 的信［第八卷，文件 219］），后来被一家位于 Berlin-Johannisthal 的"空中交通有限责任公司"（Luft-Verkehrs-Gesellschaft m. b. H.）采用并在风洞中进行了一次虚拟飞行测试。由"空气动力学模型试验所"（Modellversuchsanstalt für Aerodynamik）于 1917 年 3 月 29 日在格丁根进行风洞测试的结果载于 *W. W. I Arero*，Nr 118（February 1988），p. 45. 更多测试细节亦见 *Einstein 1916m*（第六卷，文件 39）。

［6］位于柏林 Wittelsbacher 街 13 号。

［7］位于柏林 Haberland 街 5 号。爱因斯坦 9 月搬到了一间紧邻 Elsa 住处的公寓（见 1917 年 9 月 22 日爱因斯坦致 Michele Besso 的信［第八卷，文件 381］）。

［8］建筑师 F. Abbé 是爱因斯坦在 Wittelsbacher 街 13 号的房东（见 *Adressbuch Berlin 1915—1917*），爱因斯坦自 1914 年年底就住在那里。

［9］爱因斯坦此前曾评论过瑞士和德国不同的战时食品供给情况（见本书第八卷，文件 360a）。

［10］可能指来自 Baumgartner 奖金的 1500 奥地利克朗（见本书第八卷，文件 350a）。

［11］Ilse 和 Margot Einstein，Rudolf 和 Fanny Einstein。

［12］可能指 Ida Hurwitz 及其家人，爱因斯坦在 Arosa 时曾和他们待过一段时间。

第八卷 364b. 致 Elsa Einstein

卢塞恩,星期三,[1917年7月25日]

亲爱的 Else:

我十分快乐地看了《法兰克福报》上那些文章;看起来天要亮了。[1]不必老担心我的健康。一切可能和不可能的办法都试过了。昨天 Zangger 特地到这里来指导 Maja 给我做治疗。[2]当时我感觉自己的状态格外地好;我已显得比出发的时候好多了,我得到了理想的食物,整天的大部分时间都在休息,每天要用装了热水的瓶子为我可敬的肚子热敷3次。[3]要是你们也在这儿那该有多好啊。那样的话,Margot 也能很快恢复正常。我有很多东西要研究,有专业上的,也有其他方面的,当然还有大量的信件要处理。至于房子,就按你想的那样处理吧。[4]奇怪的是,L. V. G 仍然在给我寄钱来。[5]请到 Dresdener 银行去瞧一瞧,让他们赶快把那两笔钱汇到瑞士![6]让我等了这么久,真是闻所未闻。请你写得再清楚一点,你的来信差不多跟 Zangger 的一样难读。[7]你不建议我尽快回来,这真是你的本意吗?我打算9月1日前返回柏林。去 Ensingen 的事呢?[8]那里你一定要去!要乐于行动并且心情愉快!是什么使你突然变得紧张不安了呢?你即将做一段时间的女主人了。[9]难道那个令人畏惧的 Blaschkina 仍然是你能得到的唯一的帮助?天气好极了,要是我听从情绪而不是理智的主宰,我这会儿肯定已经出去漫游了!我的 Albert 是个很棒的家伙,他带给我非常多的快乐;坚冰已经融化了。[10]

现在,高兴起来,不要发牢骚了,吻你和可爱的姑娘们。

你的

阿耳伯特

AKS. [143 049]. 明信片上的收件人地址是 "Frau Elsa Einstein Haberlandstr. 5 Berlin W.",寄信人地址是"Abs. A. Einstein, Brambergstr. 16A Luzern",邮戳为"Luzern 5 Rössligasse 25. Ⅶ. 17. ‐ 1"。

[1] 7月初,人们纷纷猜测德国总理 Theobald von Bethmann Hollweg 7月13日辞职的时机和后果。为此,《法兰克福报》(*Frankfurter Zeitung*)援引《日耳曼尼亚》(*Germania*)杂志宣称,新政府组成之后,将重新召集帝国议会;人们预测,它的新领导人将支持国会的新的和平法案。"该法案,据最可靠的消息来源,得到了皇帝的同意"("der, wie wir aus bester Quelle wissen, der *Kaiser Zustimmt*"; *Frankfurter Zeitung*, 14 July 1917, 2nd 早间版)。该报7月15日和20日的后续的报道正面论述了新政府对和平新法案和普鲁士选举改革的承诺。7月19日,来自社会民主党(the Social Democratic Party)、民族自由党左翼(the

left wing of the National Liberal Party)和天主教中心党(the Catholic Center Party)的帝国议会代表联盟通过了一个方案,要求德国放弃所有通过武力获得的领土(见 Steglich 1964, pp. 107—108)。

[2] 爱因斯坦到卢塞恩他妹妹 Maja 家度假之前,Heinrich Zangger 一直在苏黎世为其进行治疗(见本书第八卷,文件 361d)。

[3] Zangger 曾提出采用局部热敷作为疗法之一(见本书第八卷,文件 361b)。

[4] 如果他搬到 Haberland 街,Elsa Einstein 就可以把爱因斯坦位于 Wittelsbacher 街的住处转租出去(见本书第八卷,文件 364a)。

[5] Luft-Verkehrs-Gesellschaft 飞机公司因采用了爱因斯坦设计的机翼而付给他报酬(见本书第八卷,文件 364a)。

[6] Einstein-Marić经济上极其困难(见本书第八卷,文件 364a)。第二笔汇款可能包含爱因斯坦所获 Baumgarter 奖金的一半(见本书第八卷,文件 350a)。

[7] 爱因斯坦曾抱怨 Zangger 的来信难以读懂,见 1915 年 5 月 17 日爱因斯坦致 Heinrich Zangger 的信(第八卷,文件 84)。

[8] 他们曾打算在 Württemberg 南部见面,见本书第八卷,文件 359d。

[9] Elsa 的母亲 Fanny 和 Elsa 的大女儿 Ilse 正在计划旅行(见本书第八卷,文件 369a)。

[10] 爱因斯坦此前曾抱怨 Mileva 对 Hans Albert 的负面影响导致他们父子间关系紧张(见本书第八卷,文件 361c)。

第八卷 364c. 致 Elsa Einstein

[卢塞恩,]星期三,[1917 年 7 月 26 日]

亲爱的 Else:

我在不停地给你写信,你却诉苦说我忽略了你!是邮政系统运转不正常。Zangger 的诊断跟 Rosenheim 的完全一样,所以别骂了(十二指肠)。[1]只有腹痛痊愈之后,我才会考虑去 Tarasp 巩固疗效。[2]相当确定的是,我现在不会去那里了,所以你别害怕。等我回到德国,比如说在 8 月底,我们就在 Ensingen 见面吧。[3]你一定要快乐地生活。只是别老担忧未来!宁要口袋里的麻雀,也不要屋顶上的鸽子!不必把那些信件寄给我,它们都被退回,是因为那些人不想进行那么大规模的检查。[4] Bloch[5]关于研究院的想法是自欺欺人。我不必雇佣任何人,而且坦率地讲,也并不想要他。我当时确实记得会上都有谁,但是又都忘光了。[6]我不要 Moszkowski 把我个人拉到大庭广众之下(就像小说里的情节!);除此之外他想拿什么去充当灵感,都随他的便。[7]认为我不像你依恋我那么依恋你,这纯属毁谤!8 月底我就回来跟你相聚,尽管那意味着忍饥挨饿。Miza 仍旧卧床不起,据说看上去还是正常的,他们认为,如果她愿意努力,还是能学会走路的。[8] Tete 很顽皮,脸蛋红扑扑的,看上去挺结实。但是 X 线检查已确诊他有腺体感染。医生确信,他一定会完全康复。他已经不发热了,虽然体温不如健康的孩子那么稳定。我同意他目前继续住在 Arosa。[9] 健康重于金钱。以后他会搬到 Stahel 女士那里,可每天的花费也要 7 法郎。[10] 我确信,按现在的物价,这不算太多。

吻你!

你的
阿耳伯特

AKS.[143 050].明信片上的收件人地址是"Frau Elsa Einstein Haberlandstr. 5 Berlin W.",寄信人地址是"Abs. A. Einstein Bramberqstr. 16A Luzern",邮戳为"Luzern 5 Rössligasse 26.Ⅶ.17.-7"。

[1] 两周前爱因斯坦已指出,Heinrich Zangger 和 Theodor Rosenheim 的诊断相同(见本书第八卷,文件 361b),尽管爱因斯坦离开瑞士之前,Zangger 对他的检查还没结束,无法确定腹内疼痛区域的波及范围("die Ausdehnung der schmerzenden Zone in seinem Bauche")(见 1917 年 8 月 30 日 Michele Besso 致爱因斯坦的信[SzZ,Nachl. H. Zangger][83 446])。

[2] 到位于 Graubünden 的疗养地 Tarasp 静养的计划最早是在 2 月份提出的(见本书第八卷,文件 297a)。然而,饮用含氯化钠和碱性碳酸盐的矿物质水显然被认为是太不安全的。

[3] 关于跟 Elsa 在 Württemberg 南部见面的计划,见本书第八卷,文件 359d。

[4] 事实上,德国的审查委员会把长信和抱怨战时德国形势的"诉苦信"(Jammerbriefe)退给寄信人(有关情况见 Riemer 1987,p. 9)。此处,爱因斯坦也有可能指的是人们寄往他的柏林寓所的信件,Elsa 曾设法将它们转寄给他。

[5] Werner Bloch。

[6] 一个月前,爱因斯坦与其他一些"柏林物理学家"、威廉皇帝学会的会员以及科佩尔基金会(the Koppel Foundation)代表一起参加了一个会议。会上提议在爱因斯坦的主持下,于 1917 年 10 月 1 日组建威廉皇帝研究所(Kaiser Wilhelm Institute)(见 6 月 26 日的《协会会议记录》的《讨论摘要》,1917 年 7 月 6 日,复本见 GyBP,I Abt.,Rep. 1A,Nr. 61,pp. 6—7)。与会科学家可能与一年前应邀参加会议的一样:Fritz Haber,Walther Nernst,Max Plank,Heinrich Rubens 和 Emil Warburg[见提议,Adolf v. Harnack,Präsident,Kaiser Wilhelm Society 给 Kuratorium der Leopold Koppel-Stiftung 的信,1917 年 2 月 19 日,GyBSA,I. HA.,Rep. 92,Nachl. Schmidt-Ott,B LXXVI,Bd. 4,S. 22—23(M)]。亦见关于设立研究所的公告,刊登于 1917 年 7 月 9 日的《福斯报》,晚间版,副刊。

[7] Alexander Moszkowski(1851—1934)是一家娱乐杂志《娱乐报》(Lustige Blätter)的主编。Moszkowski 曾去登门造访爱因斯坦,时间可能是 1916 年末(见 Alexander Moszkowski 1917 年 2 月 1 日致爱因斯坦的信[第八卷,文件 292])。1917 年 2 月,Moszkowski 发表了一组以自然科学为题的文章,其中一篇论及"相对性问题"(Das Relativitäts problem)(Moszkowski 1917a;见 Alexander Moszkowski 1917 年 1 月 18 日致爱因斯坦的信[第八卷,文件 288])。1917 年 2 月初,Moszkowski 曾请求再次拜访爱因斯坦并亲自赠送自己的新作(见 Alexander Moszkowski 1917 年 2 月 1 日致爱因斯坦的信[第八卷,文件 292])。此处,爱因斯坦可能是指 Moszkowski 想为他写一部传记的事。

[8] Einstein-Marić 已因病卧床一年多(见 Mileva Einstein-Marić 大约于 1917 年 7 月 3 日致 Helene Savić 的信,Milan Popović,Belgrade[75 088])。

[9] 自当年初,Eduard 患肺炎发高烧(见 1917 年 3 月 9 日爱因斯坦致 Michele Besso 的信[第八卷,文

件306],注释5),去苏黎世治疗后,5月份送往Arosa的Höchwald疗养院(见1917年5月20日Heinrich Zangger致爱因斯坦的信[第八卷,文件342])。

[10] Lydia Stahel的寄宿公寓"家园(Daheim)"一天只需3法郎,低于Höchwald疗养院(见本书第八卷,文件361e)。爱因斯坦在一周半以前首次提出把Eduard送到该处疗养(见本书第八卷,文件361d)。

第八卷 364d. 致 Elsa Einstein

卢塞恩,星期六,早晨[1917年7月28日][1]

亲爱的Else:

我的日子过得很惬意,但我是严格地在按医嘱行事。[2]没人来打搅我现在的田园生活。Jakob叔伯也在这边,但他从不上我这儿来,因为对于他来说距离还是太远了。[3]我几乎整天都是躺着的,同时也做研究。今天Albert跟Pauli[4]出去了,为的是周日一起去登山。[5]妈妈[6]正在洗菜,Maja买东西去了,Pauli在办公室,Albert在拿土豆,而我则躺在屋外那棵大菩提树下晒太阳。离开柏林至今,我的体重增加了1.3 kg,接下来还会增加。说这些是为了让你放心。Albert是个聪明而健康的孩子,但在我面前常常很放肆;昨天我狠狠地训了他一顿。我的女儿们则乖多了;Margot的来信让我很开心,特别是因为我知道了,她能从写作中得到快乐。遗憾的是,你们没在这里。天气好极了,生活愉快得难以描述。

问候并亲吻你!

你的
阿耳伯特

给Miza的钱也到了。[7]替我向女儿们以及舅舅和婶婶问好。[8]

AKS. [143 051]. 明信片上的收件人地址是"Frau Elsa Einstein W. Haberlandstr. 5 Berlin W.",寄信人地址是"Abs. A. Einstein Brambergstr. 16A Luzern",邮戳为"Luzern 5 Rössligasse 28. VII. 17. – 2"。

[1] 原件里的"Samstag"("周六")放在"Luzern"之前。

[2] 由于他的胃病(见本书第八卷,文件359a,注释6)。

[3] Jacob Koch住在苏黎世的Baur au Lac宾馆(见本书第八卷,文件361b)。

[4] Hans Albert Einstein和Paul Winteler。

[5] Schwalmis,主峰(2248m)位于乌里州(见1917年7月29日爱因斯坦致Heinrich Zangger的信[第八卷,文件365])。

[6] 爱因斯坦的母亲Pauline Einstein住在海尔布隆。她一直希望在她哥哥Jacob Koch的陪同下去瑞士(见本书第八卷,文件359d),为此她必须推迟她去卢塞恩的旅行。Paul Winteler在Luzern的SBB-Kreisdirektion工作(见Rogger 2005)。

[7] 从柏林的 Dresdner 银行汇款（见本书第八卷，文件 364b）。

[8] Ilse 和 Margot Einstein，Rudolf 和 Fanny Einstein。

第八卷　365a. 致 Elsa Einstein

［卢塞恩，］星期一，［1917 年 7 月 30 日］

亲爱的 Else：

但愿你收到我的来信能比我收到你的来信更有规律。前天天气极好，我们跟 Jakob 舅舅一起乘船从湖上去了 Weggis。[1] 舅舅身体健康，心情愉快。我感觉很好。我的气色有了明显的改善。[2] 8 月底我们在 Ensingen 见面；我在每张明信片上都这样写过，好让你习惯这个主意。[3] 妈妈这周末将和舅舅一起去 Weggis。[4] 跟 Maja 在一起我觉得很舒服。Albert 明天返回苏黎世；[5] 昨天他和 Pauli 到四林湖（Vierwaldstättersee）附近登了山（2300m）。[6] 现在你要当家了，[7] 家里的事管理起来可能有难度。但愿我们的小 Margot 能尽快康复。我非常想念你和女儿们，能有这种思念真好。只有这时我才真正体味到，我跟你们的联系有多么亲密！

问候并亲吻你！

你的
阿耳伯特

AKS．[143 052]．明信片上收件人地址是"Frau Elsa Einstein Haberlandstr. 5 Berlin W."，寄信人地址是"Abs. A. Einstein Brambergstr. 16A Luzern"，邮戳为"Luzern 5 Rössligasse 30. VII. 17. - 1"。

[1] Weggis 位于 Lake Lucerne（琉森湖）岸边，乘船到卢塞恩城东约 10 km。"舅舅"是 Jacob Koch。

[2] 爱因斯坦当时正在疗养胃病（见本书第八卷，文件 359a，注释 6）。

[3] 可参阅本书第八卷，文件 364b。

[4] Pauline Einstein 曾跟 Maja Winteler-Einstein 住在一起（见前一文件，注释 6）。

[5] 回到他的母亲 Mileva Einstein-Marić 身边，她此前在医院住了 3 个月（见本书第八卷，文件 361a 和 1917 年 8 月 1 日爱因斯坦致 Michele 和 Anna Besso-Winteler 的信［第八卷，文件 367］）。Hans Albert 在上一周跟爱因斯坦一起住在 Maja 家里（见本书第八卷，文件 364a）。

[6] Paul Winteler。Schwalmis 山（见前一文献）。

[7] Elsa Einstein 的母亲 Fanny Einstein 和 Ilse Einstein 准备出门旅行（见本书第八卷，文件 364b 和 369a）。

第八卷　367a. 致 Elsa Einstein

[卢塞恩,] 星期三，[1917 年 8 月 1 日]

亲爱的 Else：

我几乎有一周都没得到你的消息了，所以正准备给你发电报。你们一切都好吗？我过得很好。我到这里已经一周了。[1]〈Maja〉Albert 昨天晚上回到了苏黎世。[2] 他与我之间的沟通还是相当成问题，尽管他思维活跃并且对一切都有兴趣。[3] 我不知道，这事有没有改善的前景。我认为，问题在于我与他之间存在深刻的差别。我的生活过得安宁而舒适。Maja 和 Pauli 很随和，对我的照顾令人感动。[4] 妈妈周末要跟 Jakob 一起去 Weggis。[5] Ogden 也在这里；[6] 可我没见到他。你会去 Ensingen 吗？[7] 我邀请你去那里。我们不要急着赶回柏林。问候并亲吻你和 Margot！替我问候舅舅和出去玩的那两个。[8]

最后，请你某日写封信给你的

阿耳伯特

我几乎天天都给你写信，最多也是隔两天一封。要是间隔比这还长，那就是邮局的错。

AKS.［143 053］. 明信片上的收件人地址是"Frau Elsa Einstein Haberlandstr. 5 Berlin W."，寄信人地址是"Abs. A. Einstein Brambergstr. 16A. Luzern"，邮戳为"Luzern 5 Ⅶ Rossligasse‐1. Ⅷ. 17.‐1"。

［1］爱因斯坦 7 月 24 日到了 Lucerne 她妹妹家中（见本书第八卷，文件 364a）。

［2］在 Einstein-Marić 的要求下（见前一文件）。

［3］爱因斯坦此前曾提到的他们之间的关系不好，例如本书第八卷，文件 364d。

［4］Maja Winteler-Einstein 和 Paul Winteler。

［5］Pauline Einstein 和她哥哥 Jakob Koch（见本书第八卷，文件 365a）。

［6］S. Ogden Steinhardt(1882？—1965)，Jacob Koch 的女儿 Alice 的丈夫。

［7］爱因斯坦此前说过，他会在每张明信片上都提及去 Württemberg 的计划（见前一文件）。

［8］Margot Einstein；Rudolf Einstein；Elsa 的母亲 Fanny 与 Ilse（见本书第八卷，文件 369a）。

第八卷　367b. 致 Heinrich Zangger

[卢塞恩,] 星期三，[1917 年 8 月 1 日][1]

亲爱的朋友 Zangger：

刚刚收到您的来信。头痛时居然还如此幽默，这可是极少有人能做到的，而且还在给我写信。但愿事情顺利解决，一切都能很快结束。[2] 如果他们老想着怎么折磨您，那么您的那帮同事必定很恶毒了！如此看来，我身边的物理学同事们都是些比较好的人了；普遍而言，他们彼此都能友好相处。是不是因为物理学本身不会给大家带来多少挣钱的机会呢？看起来原因差不多就在于此。[3]

假如有人在场，我不反对去跟我妻子谈一谈，尽管我不知道这对谁会有什么好处。[4] 因为一旦我现在去了，其结果将是，就会有人期待我以后继续去。于是就会产生不断加剧的交往上的困难。同时还有一个会使事情复杂化的因素：在她面前的……我不是对手。无论如何必须首先达成共识，我即使去也就这一次，而且我这次去了绝不会产生上面所说的那种后果。

我不赞成 Nobel 学会，因为我真的担心它——可能会很糟[令人不开心]。只要我在柏林还有存款，尽管汇率对我有多么不利，我仍然要兑换。除非这种兑换已经变得不可能了，或是我再也没什么钱了，才有必要走极端去换个做法，不过我们现在还不需要为这种改变而伤透脑筋。我可不想预先就为这类事情费神。船到桥头自然直。如果要说在这个事情上我还有什么愿望的话，那就是 Tete 的疗养时间预计为一年，我们现在要把 Tete 送到 Stahel 女士那里去度过剩余的时间。我去过那里，那位女士和她主持的那个仅有几个孩子的疗养站给我留下了很好的印象。目前的价格为 6.5 法郎，秋季开始会涨到 7 法郎。[5] 也许您也可以了解一下那位女士的情况。这事必须抓紧，因为眼下他那里正好没有名额，所以有必要预约。

我在这里非常舒服。我希望您也能获得这样的安宁。Albert 昨晚离开了这里，因为她母亲要求他那样做。[6] 他在这里很开心。他在精神上发展得很好，但在情绪上有些粗暴，尤其是在对我的态度上；其原因就在于他所处的环境。

祝您尽快康复且假期愉快！[7] 请来信告诉我您的度假地址。

致以衷心的问候！

您的

爱因斯坦

谜语：我怎样才能同时在两张纸上写字？提示：是一个本子里的纸张。

ALS(SzZ, Nachl. H. Zangger, box 1c). [86 512].

[1] 时间确定是在 Hans Albert Einstein 离开的前一天（见 1917 年 8 月 1 日爱因斯坦致 Michele 与 Anna Besso-Winteler 的信[第八卷，文件 367]）。

[2] Zangger 的头痛可能与他最近做了手术有关（见 1917 年 7 月 29 日爱因斯坦致 Heinrich Zangger 的信[第八卷，文件 365]），可能是下颌骨膜炎的切除手术（见 1917 年 5 月 5 日 Michele Besso 致爱因斯坦

的信［第八卷，文件334］）。

　　［3］可能与Zangger对法医事务的某些专业看法有关（见1917年5月20日Heinrich Zangger致爱因斯坦的信［第八卷，文件342］），此事显然涉及他与同事的经济利益。

　　［4］Mileva Einstein-Marić。

　　［5］几周前，爱因斯坦曾向Zangger表达过自己对Lydia Stahel的住所的类似称赞（见本书第八卷，文件361e）。

　　［6］爱因斯坦在7月的大部分时间都在瑞士，首先在苏黎世，接着和Hans Albert去Arosa看望了Eduard，最后探望了他在卢塞恩的妹妹Maja Winteler-Einstein（见1917年6月24日爱因斯坦致Michele Besso的信［第八卷，文件357］和本书第八卷，文件360b）。

　　［7］Zangger正要去Tarasp度假（见本书第八卷，文件369a）。

第八卷　369a. 致 Elsa Einstein

卢塞恩，星期一，［1917年8月6日］

亲爱的 Else：

　　由于糟糕的邮政系统，我们那些消息传送得如此缓慢，以至于我们几乎都要失去联系了。[1]前几天 Michele，Anna 和 Vero 来访，[2]尽管天气糟糕，但还是真的令人高兴而开心。Michele 还待在这里。Zangger 在 Tarasp 度假；他的健康也需要恢复。[3]Maja 和 Pauli[4] 的生活过得很愉快并且对我好得无与伦比。很遗憾，你不能来 Ensingen！[5]那我们干脆就在 Sigmaringen[6] 或者别的某个地方见面吧，时间暂定为9月1日前后。那时候婶婶和 Ilse 已经回家了，你一定就会有些空闲时间的。[7]你跟 Meissner 夫妇谈好了租房的事吗？别让我到时候两头落空啊。[8]替我谢 Ilse 给我寄来了那张明信片。我现在已经确信，你那些明信片和信件都已丢失了。所以请别对我那样斤斤计较了。我的健康状况一直良好。[9]我将尽可能地做好过冬的准备。要是能与你一起分享该有多好啊！

　　亲吻你和 Margot！

你的
阿耳伯特

　　我已十分期待和我的三位女士在家里相聚了。[10]
　　［……］[11]

　　AKS.［143 054］. 明信片上的收件人地址是"Frau Elsa Einstein Haberlandstr. 5 Berlin W."，寄信人地址是"Abs. A. Einstein Brambergstr. 16A. Luzern"，邮戳为"Luzern 5 Ⅶ Rössligasse‐6. Ⅷ. 17.‐1"。

［1］10天前,爱因斯坦曾抱怨信件投递的延误(见本书第八卷,文件364c)。

［2］Michele Besso, Anna Besso-Winteler 和他们的儿子 Vero。

［3］可能与爱因斯坦和 Zangger 两人的胃病有关。关于爱因斯坦的健康问题,见本书第八卷,文件359a,注释6。

［4］Maja Winteler-Einstein 和 Paul Winteler。

［5］爱因斯坦曾计划于8月中旬在 Württemberg 南部与 Elsa 约会。可是他说的"Ensingen"可能指的是 Benzingen,爱因斯坦在那里认识了乡村牧师 Camillus Brandhuber(见本书第八卷,文件359d 和 370e)。

［6］位于 Württemberg 南部的 Benzingen 附近的小镇。如果爱因斯坦笔下的"Ensingen"(见前一注释)确实指 Benzingen,那么他说的 Sigmaringen 可能就是 Thüringen,因为那是一旦她确实不能去 Benzingen 时,爱因斯坦提议之后某天见面的地方(见下一文件)。

［7］Fanny 和 Ilse Einstein,她们在外旅行。

［8］爱因斯坦曾表示在回柏林后从 Wittelsbacher 街的公寓搬到 Elsa 居住的 Haberland 街(见本书第八卷,文件364a)。

［9］见注释3。

［10］Elsa 和她的女儿 Ilse 和 Margot。

［11］Maja Winteler-Einstein 的附言从略。

第八卷　369b. 致 Elsa Einstein

［卢塞恩,］星期一,［1917年8月7日］[1]

亲爱的 Else:

别说什么加急信使了。那不适合亚洲的儿女们。[2] 不要为房子的事担忧。再怎么样我也肯定不必去睡大街嘛。[3] 所以你还是该先动动脑筋,想一想我们该在哪里见面。[4] 也许9月份在 Thüringen 很合适。Michele 已经走了。[5] 没人对你有恶意,那些"朋友们"[6] 也不会有。我很健康,但愿你们也一样。[7]

亲吻你和 Margot!

你的

阿耳伯特

AKS.［143 057］。明信片上的收件人地址是"Frau Elsa Einstein Haberlandstr. 5 Berlin W.",寄信人地址是"Abs. A. Einstein Brambergstr. 16A. Luzern",邮戳为"Luzern 5 Rössligasse[7. Ⅷ. ?] 17. - 1"。该邮戳模糊不清。这是一张为瑞士红十字会特别发行的明信片。背面是雕刻家 Eugène Burnand 创作的瑞士的象征。

［1］日期的确定参考了 Michele Besso 出发的日期。在8月6日,星期一,Bessos 正在卢塞恩看望爱因斯坦(见前一文件)。

［2］可能指犹太人。

[3] 讨论的是爱因斯坦打算更换他在柏林的住处(见本书第八卷,文件364a)。

[4] 见前一文件,注释5。

[5] Michele Besso。

[6] 可能指 Mileva Einstein-Marić 的朋友,例如 Besso 夫妇和 Zürcher 夫妇,Elsa 认为他们对她不友善。

[7] 关于爱因斯坦的健康问题,见本书第八卷,文件359a。

第八卷　370a. 致 Heinrich Zangger

卢塞恩,星期三,[1917年8月8日][1]

亲爱的朋友 Zangger:

今天我收到了您的问询。周六到周一我的病发作得相当剧烈。起初感到不舒服,伴有难以确定位置的饱胀感;然后是逐渐加剧且疼痛的压迫感,仍然难以定位,但是感觉好像就在您诊断的那个区域;同时有酸水往上涌。然后症状却相当迅速然而肯定也不算突然地好转了。相比发作之前,现在不再有压迫感。大便正常。不发热。情绪一直很好,头脑清醒。至于原因,我相当确定是我在周五和周六吃了大量的糖水苹果。[2]

谁知道 Nicolai[3] 把胃酸看做主要病因是不是对的呢? 很有可能,就是胃酸导致了难受的感觉,如果进入肠道的胃酸太多,超过了肠道的中和能力。您认为这完全不可能吗?

那几天 Michele 刚好也在这里。[4]我们一起过得很愉快,尽管那几天大多数时间都在下雨,而且我周日没能下床。他是一个心地善良的好人;要是他能把自己那种乐于安闲的、不太积极的秉性视为自然给他的一种馈赠,而不是因此自怨自艾,并且要是他的妻子不折磨他的话,他也就真是一个幸福的人了。[5]他的妻子自小就是个好人,然而由于他本身的过度善良和谨慎,也许还有太软弱,致使她的心理完全失去了平衡。如今他要求她至少要跟他分居一段时间,好让她不再习惯于把他丈夫看做她情绪不好和她那些模糊不清的愿望未能实现的原因。——

我得去看望我妻子,这个计划使我食欲不振。我几乎对她的正直与诚实没有什么信心了。[6]在和 Albert 相处了很长一段时间之后,我再次意识到,她一定说过很多对我有敌意和不尊重的话。[7]结果呢,您对这个孩子所发挥的那些有益却根基不牢的影响,面对此前她那些更强大的影响,便逐渐地失去了作用。[8]我知道,我不得不把这种结果作为当前这种关系格局下的自然产物咽下去,但我确实对于把我跟她的接触范围不必要地扩大化深感厌恶,尤其是因为这样做对于那个女人几乎没什么好处。尽管如此,作为极有洞察力且心怀好意的旁观者,只要是您认为那样做是值得的,我还是会去看她的。

我希望您在那里能好好地休息一下并且也要学会一点懒散,尽管我知道您在这方面没有天分。[9]要是您能栩栩如生地设想一下,再过两年全世界将发生一次毁灭性的地震,一切生命都会毁灭;那么您也许就能理解那些懒惰的东方人的心态了,它能把我们这种人的生活也变得甜蜜无比。

向您和您的妻子致以衷心的问候!

A. 爱因斯坦

ALS(SzZ,Nachl. H. Zangger, box 1c).[86 510].

[1] 日期的确定依据是:这次发作肯定是在 8 月 1 日之后,当时爱因斯坦还不知道 Zangger 的度假地址(见本书第八卷,文件 356b),并且是在 Michele Besso 8 月 6 日或 7 日离开苏黎世之前(见本书第八卷,文件 369b)。

[2] 爱因斯坦的胃病先后被诊断为十二指肠炎(见 1917 年 8 月 1 日爱因斯坦致 Michele Besso 的信[第八卷,文件 367],注释 1)和胆结石(见本书第八卷,文件 361d,注释 11)。

[3] Georg Friedrich Nicolai,医学博士,和平主义者。

[4] Michele Besso。一周前,爱因斯坦写信给 Besso 夫妇表示对他们关心的感谢(见 1917 年 8 月 1 日爱因斯坦致 Michele 和 Anna Besso 的信[第八卷,文件 367])。

[5] Anna Besso-Winteler。

[6] 一周前,爱因斯坦谈到他很担忧即将与他妻子见面(见本书第八卷,文件 367b)。

[7] 爱因斯坦与 Hans Albert Einstein 最近一起度过了大约两个星期(7 月 16—31 日)。

[8] Mileva 住院期间,Hans Albert Einstein 被寄养在 Zangger 家。

[9] 自 8 月初起,Zangger 就在 Tarasp 度假(见本书第八卷,文件 369a)。

第八卷 370b. 致 Elsa Einstein

卢塞恩,星期四,[1917 年 8 月 9 日]

亲爱的 Else:

我就像一头奶牛生活在高山牧场上,那么美好而安宁,只不过我吞吃的不是鲜花和青草,而是不限数量的烤干面包、黄油、蜂蜜和牛奶。[1]这些东西确实有用。这里几乎没什么消遣,感谢上帝,只有我与 De Sitter 的通信还有 Levi-Civita 的一封来信可以算作这类活动吧。[2]两者都极其有趣。我也默不作声地开始重新启动我的学术工作。我的朋友 Moszkowski 啊,你不要去做你不在行的事!那只会弄出个好看不中用的东西。请按这样的意思给编辑部写封信去:就是要让他们知道，并不是我推荐他去撰写篇评论。我坚信，他不可能完成这个任务。[3] Maja 和 Pauli[4] 也过着十分愉快的生活。那么和谐、平静和安全，你几乎无法想象。牺牲一点秩序和干净也是完全值得的。我希望，我们今后也能类似地安排我们的生活。然后我就能满怀信心地投身于"摆脱罗马运动"！[5] 我已弄到了足够的衣物应对寒冷。另外我估计，今年冬天我们大部分时间都得待在床上了（暖气替代品）。[6] 这里的情况也一样。[7] 我想在 9 月 1 日左右去 Ensingen 待上大约一周时间。[8] 届时我们会在那里见面吗？看起来，我手头的钱还足够我们两个用。你先打探一个合适的地点吧；当然了，你写信到 Ensingen 告诉我也行。也衷心欢迎 Margot 一起来，要是你乐意带她来。

亲吻你！

你的

阿耳伯特

向 Margot 和叔伯，以及在外旅行的两位致以问候。[9]

AKS. [143 055]. 明信片上的收件人地址是"Frau Elsa Einstein Haberlandstr. 5 Berlin W."，寄信人地址是"Abs. A. Einstein Brambergstr. 16A. Luzern"，邮戳为"Luzern 2 Zürich. 9. Ⅷ. 17. - 1"。

[1] 爱因斯坦正在 Lucerne 他妹妹和妹夫的家里度假（见本书第八卷，文件 369a）。

[2] Willem de Sitter（1872—1934）是 Leyden 大学的天文学教授和天文台台长；Tullio Levi-Civita（1873—1941）是 Padua 大学的理论力学教授。关于他们的通信，见 1917 年 7 月 22 日和 1917 年 8 月 8 日爱因斯坦致 Willem de Sitter 的信（第八卷，文件 363 和 370）。1917 年 7 月 31 日 Willem de Sitter 致爱因斯坦的信（第八卷，文件 366）和 1917 年 8 月 2 日爱因斯坦致 Tullio Levi-Civita 的信（第八卷，文件 368）。

[3] 两周前，爱因斯坦曾表达了对 Alexander Moszkowski 准备为他写传记的计划的不悦（见本书第八卷，文件 364c）。Moszkowski 可能想给 *Einstein 1917a* 写一个评论。

[4] Maja Winteler-Einstein 和 Paul Winteler。

[5] 可能暗指爱因斯坦与 Einstein-Marić 之间的悬而未决的离婚事宜。她关注家庭琐事，与 Maja Winteler-Einstein 相似，这与 Elsa Einstein 明显不同。1916 年 4 月，爱因斯坦曾告诉 Elsa，在他认为 Einstein-Marić 已经同意离婚之后，她又否认了自己的意思（见本书第八卷，文件 210a）。

"摆脱罗马运动（Los von Rom-Bewegung）"，是 19 世纪末以奥地利为中心的反天主教和反教权的德国民族主义运动，该运动反对在德语区尤其是波希米亚地区任命讲斯拉夫语的牧师。

[6] 关于德国大城市冬天将会遭遇煤炭短缺的可怕预测早在 1917 年夏天就已见报了，例如，见 1917 年 6 月 13 日的《柏林日报》（*Berliner Tageblatt*）。

[7] 当年，作为主要货源的德国出口到瑞士的煤炭数量大幅缩减，而瑞士煤价陡涨而且供货越来越不稳定（见 *Fueter 1928*，pp. 262—263）。

[8] Ensingen 很可能是 Benzingen 这个村庄的错误叫法。Elsa 曾明确地告诉爱因斯坦，不可能与他在一个计划好的约会地点见面（见本书第八卷，文件 369a）。

[9] Margot 和 Rudolf Einstein 以及正在度假的 Fanny 和 Ilse Einstein（见本书第八卷，文件 369a）。

1. Heinrich Zangger。

2. 阿罗萨的 Eduard 和 Hans Albert Einstein,1917。

3. Pension Sternwarte 的广告。　　4. Pension Sternwarte 的明信片。

5. Camillus Brandhuber.

6. 爱因斯坦的邻居,柏林。

7. 爱因斯坦航海,1919年。

8. Eduard 和 Hans Albert Einstein,1918—1920年。

9. 爱因斯坦和 Paul Ehrenfest 在 Pieter Zeeman 的实验室，阿姆斯特丹。

10. 爱因斯坦和 Paul Ehrenfest 以及他的儿子 Paul Jr.，莱顿 Ehrenfest 的家里。

11. Arnold Sommerfeld 和 Niels Bohr，1919 年。

12. Victor Moritz Goldschmidt，爱因斯坦以及 Ilse Einstein 在奥斯陆附近野炊，1920 年。

13. Hermann Struck 绘制，1920 年。

14. Paul Weyland。

15. 爱因斯坦在家里,柏林,1920 年。

16. Ernst Gehrcke, 1905 年。

17. Philipp Lenard, 1936 年。

18. 普鲁士教育部长 Konrad Haenisch, 1919 年。

19. 巴德瑙海姆的Spa馆,1911年。

20. Alexander Moszkowski。

21. 爱因斯坦在柏林的告别庆典上,当时James Franck(中间,坐着)在格丁根得到职位,一起的有(从左到右,坐着)Hertha Sponer, Ingrid Franck-Josefson, Lise Meitner, Fritz Haber 以及 Otto Hahn, 1920年。

22. 爱因斯坦和 Heike Kamerlingh Onnes,Harm Kamerlingh Onnes 绘制,1920年。

23. 爱因斯坦在家里,柏林,1920年。

第八卷 370c. 致 Elsa Einstein

[卢塞恩,]星期六,[1917年8月11日]

亲爱的 Else:

我刚刚写信谢绝了 Zangger,他想让我去 Tarasp。[1]我想8月底去 Ensingen 待一周,然后再与你在某个地方见面。你考虑一下,可能在哪里。也许在 Weimar？或者在 Thüringen 的某个尽可能安静的地方。[2]我的身体很健康,可这不奇怪,毕竟这里的营养如此丰富。昨天我收到 Ilse 的一封可爱的来信,这令我十分欣喜。她和婶婶大概终于出发了,[3]并且把 Samson 和 Dellia[4] 托付给了 Margot。我要祝贺 Margot 具有丰富的艺术想象力。[5]我很好奇！看来你与 Fechheimer 女士的友谊很深厚。[6]记住,每当下暴雨的时候人们说,严酷的统治不可能长久。

问候并亲吻你！

你的
阿耳伯特

AKS. [143 056]. 背面的收件人地址是"Frau Elsa Einstein Haberlandstr. 5 Berlin W.",寄信人地址是"Abs. A. Einstein Brambergstr. 16A. Luzern",邮戳为"Luzern 5 Ⅶ Rossligasse 11. Ⅷ. 17. - 3"。

[1] Heinrich Zangger 正在位于格劳宾登州(Graubünden)的矿泉疗养地度假(见本书第八卷,文件369a)。

[2] 关于之前的约会计划,见前一文件。

[3] Ilse 和 Fanny 显然被迫延长她们的旅行时间,最初计划8月底返回(见本书第八卷,文件369a)。

[4] 可能指家里的宠物。

[5] 可能指 Margot Einstein 在雕塑方面的兴趣。关于她后来从事艺术的迹象,见 *Sayen 1985*, pp. 129—130。

[6] Hedwig Fechheimer 是考古学家,专攻埃及雕塑,并且可能是 Margot 的老师。

第八卷 370d. 致 Heinrich Zangger

[卢塞恩,]星期六,[1917年8月11日]

亲爱的朋友 Zangger:

我再也不能决定到 Tarasp 去了,[1]主要是因为我已决定,在8月31日离开瑞士,去 Ensingen 看望我的牧师。[2]在我妹妹和妹夫[3]家我过得很舒服,这也是我头一回较长时间与他们在一起;因此您必须闭上您作为医生的一只眼睛。他们也想说服我,继续在瑞士住下去。可我还想在 9 月与 Elsa 一起去德国的某处待上一两周,而且我必须在 10 月 1 日之前回到柏林,[4]因为我要搬家。我的健康已经无可挑剔。对压迫的敏感性我目前没有但也并不十分确定。[5]

请别因为我的固执而生我的气。毕竟事关我自己的肚子,而且 Elsa 已有两年没有离开柏林了,她也该好好放松一下自己了。[6]

我曾比较过相对论和热力学,不是着眼于内容,而是着眼于方法。两者都基于一个十分普遍的原理:

1)没有永动机之类的东西。

2)没有任何运动状态优于其他状态。

相对论和热力学都是根据这一普遍原理得出各自的结论,而不需要一个深入细节的模型化理论。它们的安全性和界限都在于此。[7]

致以衷心的问候!

爱因斯坦启

AKS(SzZ,Nachl. H. Zangger,box 1c).[86 549].明信片上的收件人地址是"Herrn Prof. Dr. H. Zangger Villa Maria Tarasp",邮戳为"Luzern 5 Rössl[igasse] 11. Ⅷ. 17. - 3"。

[1] Zangger 正在那里度假(见本书第八卷,文件 369a)。

[2] 很可能指 Benzingen,因为那里正是他的教区牧师 Camillus Brandhuber 的居住地(见本书第八卷,文件 359d,注释 5)。

[3] 住在 Lucerne 的 Maja Winteler-Einstein 和 Paul Winteler。

[4] 1917 年 9 月 12 日,爱因斯坦从 Wittelsbacher 街 13 号搬到了 Elsa 和她的家人居住过的柏林 Haberlad 街 5 号的那栋楼里。

[5] 爱因斯坦在 8 月 4—6 日犯过严重胃病(见本书第八卷,文件 370a)。

[6] 由于爱因斯坦的胃病,显然 Zangger 反对长时间的旅行。

[7] 在 Einstein 1917f(第七卷,文件 26)中称广义相对论和热力学为"原理之理论"(theories of principle)。爱因斯坦在 Einstein et al. 1911(第三卷,文件 18),p. vi,Einstein 1914h(第四卷,文件 31),pp. 340—341,Einstein 1920k(第七卷,文件 49),和 Einstein 1921d(第七卷,文件 53)中从认识论的角度对相对论原理和热力学第二定律进行了比较。

第八卷　370e. 致 Elsa Einstein

[卢塞恩,]星期一,[1917 年 8 月 13 日][1]

亲爱的 Else:

你那么勤勉地在保持我们之间的通信,我也必须继续表明我并不吝啬。房子的事没有办成,我很抱歉,但对我们来说这个结果来得正好,因为我们本来已接受了 Abbe 提供的公寓,如果没有他的同意就再也没有退路。也许这样反而挺好,因为既然 Meissner 家的房子命运如何还未可知,我就有可能不得不像个流浪的犹太人搬来搬去的,尽管这本身并不是毫无趣味,然而发生在这样一个伟大的时代,还是会令人疲惫不堪的。[2]我本想参加在 Moszk[owski][3]家中举行的一个小型外交会议,从而见识一下可爱的年轻一代;我本来确实很喜欢那个小伙子;在我眼里,他并不像你们大家认为的那样无足轻重。然而在这类事情上,比起我们这些男人,女人有时候更权威且目光更犀利。我很抱歉,我们的牧师 9 月 1 日不能待在 Bensingen;[4]但是我的确是到现在还不能离开这儿。那样的话,我在这里待的时间就太短了。[5]我已经给他写了信。这事现在却取决于姐姐和 Ilse 什么时候回家。[6]然后我们可以在任何你觉得合适的地方见面。我目前一时还不会放弃这个计划;你也必须有机会享受一点儿自由,我亲爱的灰姑娘[7]! 今天下午我要去 Weggis 第二次看望舅舅和妈妈。[8]他们在那边过得很愉快。妈妈又能正常行走了,这大概要归功于有治疗效果的减肥。叔叔像年轻人一样游泳、划船并且很享受他的生活。可惜他好像已经再次放弃了组建一个家庭的想法[9]:真是个长不大的孩子。我从哪儿去获得勇气,使我敢于因此而砸他一石头? 你比我更有条件去这样做;但是那个目标对于你,你这黑色的灵魂,没什么吸引力。[10]由于汇率波动,也由于我必须暂时把我的小儿子留在 Arosa,我的财政状况越来越糟糕。[11]这也致使我的妻子必须短期或者长期地回到她父母家去住。[12]除此之外,我没有别的办法。我昨天跟 Michele 谈了这事,他也看清了问题所在。他愿意收留我的小儿子。[13]而 Albert[14]得住到 Maja 家里去。Miza[15]想方设法地让我去看她,并为此做出了友善的努力。可我不会去的。就让她继续以上帝的名义教唆 Albert 跟我作对好了,要是她能从中获得满足。昨天 Ida 和 Edith 婶婶来过这儿;[16]她们不知疲倦地喋喋不休使她们迅速的告辞显得甜蜜起来。Maja 和 Pauli[17]对我的照顾令人感动,住在这里很舒适。没有什么比简单、安静的生活更美好的了。Pauli 有活跃的思维,是一位令人愉快的伙伴。他对绘画很有热情且画得很漂亮,而在闲暇时间,他花很多时间阅读,而且还打理花园,帮 Maja 做家务,显得友善而情绪饱满。他们每天中午都喝黑咖啡,有时加烧酒,有时不加烧酒。我有保留地衷心祝贺他们的管家。祝愿她能坚持下去!

亲吻你和 Margot!

你的
阿耳伯特

替我衷心问候叔叔，[18]还有Sparrow先生以及Samson和Delila。[19]

我到苏黎世的时候，我会去买琼脂的。[20]从Hochberger夫人那儿得到的关于她儿子[21]的消息使我格外高兴。也向她们转达我最真挚的问候。

ALS.[143 058]．写在一封由Maja Winteler-Einstein给Elsa Einstein的信[143 058.1]的背面。

[1] 这封信的日期依据是，假设它与反面的信件写于同一天，亦即"13-Ⅷ-17"。

[2] F. Abbé，爱因斯坦在维特巴赫街的房东，可能提前解除了与爱因斯坦的租房协议，也即爱因斯坦前3个星期坚持的一项协议。Meissner一家有可能成为其新的房东（见本书第八卷，文件369a）。

[3] 可能是文学协会的一个会议，Alexander Moszkowski是其会员（见1917年2月1日Alexander Moszkowski致爱因斯坦的信[第八卷，文件292]）。爱因斯坦关于Moszkowski的评论性意见，参见本书第八卷，文件364c和370b。

[4] 爱因斯坦原计划去拜望Camillus Brandhuber（参见前面的文件）。

[5] 7月24日胃病康复之后，爱因斯坦在卢塞恩看望了他的妹妹（参见本书第八卷，文件364a）。在这张信纸的正面，也就是在Maja Winteler-Einstein给Elsa的信中，Maja Winteler-Einstein解释说，爱因斯坦可能需要待一段时间来补充营养，以便为即将到来的食物匮乏的冬天（den magern Winter）增加体重，参见1917年8月13日Maja Winteler-Einstein致Elsa Einstein的信[143 058.1]。

[6] 正从他们的旅行中返回，他们刚刚离开不久（参见本书第八卷，文件370c）。

[7] 关于爱因斯坦计划去参加一个不在柏林的会议，参见本书第八卷，文件370c。

[8] Pauline Einstein在8月上旬到Weggis与她的哥哥Jacob Koch一起休假（参见本书第八卷，文件365a）。

[9] 自从她的嫂子死后，Pauline Einstein已经在柏林为她哥哥看守了好几年房子（参见爱因斯坦致Elsa Löwenthal，1914年2月11日之后[第八卷，文件510]）。

[10] 他先前计划与Mileva Einstein-Marić离婚（见本书第八卷，文件370b）。

[11] 爱因斯坦已经同意Eduard暂时仍然留在Arosa的Pedolin疗养院（参见本书第八卷，文件364c）。在6月上旬，爱因斯坦已经向Heinrich Zangger表明了他的忧虑，他瑞士的家人的生活成本在增加（参见本书第八卷，文件349a）。汇率是0.62马克兑1瑞士法郎。

[12] Miloš(1846—1922)、Marija(1847—1935)和Marić在诺维萨德。

[13] Michele Besso。

[14] Hans Albert Einstein。

[15] Mileva Einstein-Marić。

[16] Ida Einstein是爱因斯坦的叔叔Jacob Einstein的前妻，她的女儿Edith(1888—1960)在1916年3月2日被苏黎世大学哲学二系录取（参见no. 24230 in Matrikelbuch,SzZSa,UU 24a.5）。

[17] Maja Winteler和Paul Winteler。

[18] Rudolf Einstein。

[19] 家里的宠物（参见本书第八卷，文件370c）。

[20] Agar是一种食品和奶油增稠剂，以干燥的红海藻为基质。

[21] 可能是Auguste Hochberger(1867—1936)，她是爱因斯坦的母亲Pauline的好友，Siegfried(1887—?)是她的儿子。

第八卷　371a. 致 Elsa Einstein

[卢塞恩,] 星期三,[1917 年 8 月 15 日]

亲爱的 Else:

你那封令人感动的、能够抵挡饥饿的电报已于昨天送达,它那副缺胳膊少腿的样子很好笑:把"你收到……"写成"他来了……"①我已写信给 Brandhuber 取消了行程。[1] 从 9 月 1 日起,我可以在除柏林之外的任何地方听候你的使唤。别骂我在卢塞恩住得太久:相应地,我以一个教书匠所能做到的认真态度在注重饮食。[2] 此外我正在读《还有一个》(Auch Einer),一本很好看的书。[3] 我们这边天天都有猛烈的雷阵雨;我老在想,这时候你们害怕的样子该有多可爱啊。今天 Pauli[4] 到某个山上去,他肯定被雨淋透了。我很期待你们来。你是带 Margot 一起还是单独行动(去哪儿呢)?别让我们的计划泡了汤![5] Maja[6] 的钢琴弹得非常好;令人惊奇的是,这都是她在孤独中自己学会的。今天她晾衣服时我帮了帮她。我将于 25 日左右去苏黎世,余下的几天时间我会在 Besso 家里受到疗养院般的待遇。[7] 离开之前的通信地址是:苏黎世大学街 33 号(Universitätsstr 33. Zürich)。

亲吻你和 Margot!

你的
阿耳伯特

替我问候叔叔,还有那些不在家的人,以及 Kraft 和 Ilse 的准岳父母,还有你的新闺蜜[8] 以及我那些老相好等。

AKS. [143 059]. 明信片上的收件人地址为"Frau Elsa Einstein Haberlandstr. 5 Berlin W.",寄信人地址为"Abs. A. Einstein Brambergstr. 16A. Luzern",邮戳为"Luzern 5 Ⅶ Rössligasse 16. Ⅷ. 17.-1"。

[1] 爱因斯坦本来打算去 Benzingen 看望 Camillus Brandhuber,但已得知他 9 月 1 日不在家。

[2] 两个半星期以前,爱因斯坦就夸口说,离开柏林之后他的体重已增加了 1 kg(参见本书第八卷,文件 364d)。爱因斯坦的妹妹 Maja Winteler-Einstein 为她哥哥长期待在卢塞恩所作的辩解,参见前一文件,注释 5。

根据德国帝国卫生部(Reichsgesundheitsamt)的规定,人均卡路里摄入量应为 2280,而 1914 年夏天的食品限量供应只能为每人提供 1000 卡路里的热量(参见 Grundmann, H. 1973, p. 111)。

---

① 当指电报里的拼写错漏,例如:把 Bekommst 写成了 Er kommt。——译者注

[3] *Vischer 1900*，讲述他们在瑞士旅行时建立的友谊。

[4] Paul Winteler。

[5] Margot Einstein。爱因斯坦不情愿地取消了在 Württemberg 南部与 Elsa 相见的计划。

[6] Maja Winteler-Einstein。

[7] 爱因斯坦很享受一个月以前在 Michele Besso 和 Anna Besso-Winteler 夫妇家中受到的盛情款待（参见本书第八卷，文件 361c）。

[8] Rudolf Einstein；"不在家的人"（die Ausgeflogenen）包括 Ilse 和她的祖母 Fanny（参见本书第八卷，文件 369a）；Ludwig Kraft；可能嘲讽 Rudolf Kayser 的父母 Sigmund（1850—1936）和 Emma Kayser（1860—1930）；可能是 Hedwig Fechheimer（参见本书第八卷，文件 370c）。他们的儿子 Rudolf Kayser（1889—1964）是柏林一所中学的教师。

第八卷　371b. 致 Elsa Einstein

[卢塞恩，]星期五，[1917 年 8 月 17 日]

亲爱的 Else：

刚刚收到婶婶和 Margot 的来信。[1] 我 31 日去德国。我将在 Heilbronn[2] 过夜，9 月 1 日乘车继续赶路。现在的问题是，你 9 月 1 日可能还走不开，因为婶婶和 Ilse 都还没回来。[3] 或者说，这不是问题。我很乐意在 Thüringen 的某个地方等你，可我去那里没东西可吃，因为我根本没有食品配给卡，而且也没有办理本来可以让我获得配给卡的注销手续。[4] 8 月的最后几天我会在 Besso 那里，[5] 地址是 Universitäts str. 33 in Zürich。如果我能从你的来信中或是从你发到 Besso 家的电报中得知你关于我们会面的安排，我会有相应的行动。如果不能，那我就别无选择，只有去柏林了。可要是你能设法安排好，我们就 8[6] 月 1 日在你指定的地方相见。那将带给我巨大的快乐。我的健康很令人满意。重达 72.1 kg（以前 70 kg）。[7]

Margot 写的那封小信，还有那张漂亮的小画，令我很开心。可惜你觉得 Moszk[owski][8] 家的聚会很糟糕。别采取任何行动，这事儿就让它过去吧！[9]

亲吻你和 Margot！

你的

阿耳伯特

替我向叔叔和不在家的人[10]致以最衷心的问候。从我收到你的明信片的时间来看，"加急邮件"根本不值得。相反，寄明信片比寄信件更快。[11]

AKS. [143 060]. 明信片上的收件人地址是 "Frau Elsa Einstein Haberlandstr. 5 Berlin W."，寄信人地址

是"Abs. A. Einstein Brambergstr. 16A. Luzern",邮戳为"Luzern 5 Ⅶ Rössligasse 16. Ⅷ. 17.–7"。

［1］很有可能指 Fanny 和 Ilse Einstein(而不是 Margot)，因为她们离开柏林去度假了(参见本书第八卷，文件369a)。

［2］他母亲 Pauline Einstein 的居住地。

［3］见注释1。

［4］爱因斯坦7月上旬就在计划与 Elsa 的约会地点；起初是 Württemberg 南部，后来是图林根(Thüringen)(参见前一文件)。由于战时食品短缺，作为定量食品供应凭证的食品配给卡是与居民登记的常住地挂钩的。

［5］Michele Besso。

［6］原件此处有误，应为9月。

［7］相比于7月底增加了将近1 kg(参见本书第八卷，文件364d)。

［8］Alexander Moszkowski。本书第八卷，文件370e 称之为"外交聚会"。

［9］瑞士方言，意即"Nichts zu machen"。

［10］Rudolf Einstein；Fanny Einstein 和 Ilse Einstein。

［11］3个星期之前，爱因斯坦就告诉过 Elsa 别给他写信，因为信件可能被德国邮件审查员退回去(参见本书第八卷，文件364c)。

第八卷　372a. 致 Heinrich Zangger

［卢塞恩，］星期二，［1917年8月21日］[1]

亲爱的朋友 Zangger：

很遗憾，Seippel 的来信很久我才收到，因为他把我的通讯地址弄错了(是"卢塞恩"而非"苏黎世")。[2] Seippel 从 Weiss 那儿得知了我关于和平问题的观点；我和 Weiss 曾有过极其详细的讨论；[3] 令我满意且更加坚定的是，我和 Förster 的印象完全一致。[4] 最近我对政治局势考虑得很多，并产生了一个更富于希望的想法，这是我在考虑的一种途径，我想把它告诉您，以便您批评。

现在虽然是战争期间，但应立即基于以下准则建立一个由尽可能多的协约国和可能的中立国组成的和平主义联盟：[5]

1)由仲裁法庭解决这些缔约国之间的争议。

2)由共同的机构裁定，这些缔约国应当和可以在何种程度上实行义务兵役制，共同对外动用武力。裁减现有军队并按与各缔约国的外部环境产生的可能性确定裁军标准。〈相互提供军事援助〉

3)缔约国之间实行最惠关税政策，同时倾向逐渐消除彼此间的关税差距。

4)任何满足以下条件的国家均可成为会员国。

　　a)其议会系按民主原则选举产生。

b)其部长系由议会多数成员选出(这些部长当然必须完全掌握执行权)。

5)联盟成员国不得与非联盟成员国签署军事条约,否则会丧失其成员国资格。

6)联盟确保各缔约国的领土不受外来侵犯。

我认为这一建议的优点主要在于,该联盟即使在很长时间内不可能容纳一切国家,它也可能是很有价值的:它通过确保成员国的现有领土状态去促使它们放弃扩张,并能减少它们的军事负担,而且加入联盟的国家越多,这种减负效应就越显著。要是协约国能促成这样一个包括美国、英国、法国、俄罗斯的联盟的建立,那该联盟就可以不假思索地跟德国缔约,因为德国在经济上必定会被迫尽快寻求加入该联盟,同时又不至于招人指摘说,这种加入有损"民族荣誉"。——如果您本人觉得此事可行,那我就请求您为此发挥您的影响。我个人在协约国方面只认识 Weiss。等我到了苏黎世,我想去找他谈一谈,我应该很快就能到达那里。[6]

我会亲自给我妻子写信;我最近给她写过信,也收到过她的来信。[7] 您尽管告诉她,就说我已给您写过信,而且我们已经取得直接联系。我想告诉您,我们准备让人在 9 月 1 日把 Tete 送到 Stahel 夫人那里,既然他还需要继续在 Arosa 住几个月(这样做是为了省钱)。[8] 您的沉默已告诉我,您真的已自掏腰包为 Tete 支付了 6 月份的费用。等我返回柏林,立即把钱寄给您。

我决定要尽快回去,在这个决定上我已经错了。有太多的理由支持我继续待在这里。甚至那些来自柏林的报告都使我犹豫。

致以衷心的问候!

您的
爱因斯坦

ALS (SzZ, Nachl. H. Zangger, box 1a, 2pp).[89 523].

[1] 时间推测依据是,假设这封信写于爱因斯坦 1917 年 8 月 19 日给 Paul Seippel 的那封信之后(第八卷,文件 372)。在下(3)和下(6)句末有一些难以辨认的旁注。此外,在同样的墨迹的旁注中,序号被重新编为 6-5-4-1-3-2。

[2] Paul Seippel(1858—1926),是瑞士联邦工学院的法国文学教授,也是 Romain Rolland 的传记作者(见 *Seippel 1913*)。爱因斯坦两天前已经写信给 Seippel,试图相约见面(参见爱因斯坦致 Seippel 的信,1917 年 8 月 19 日[第八卷,文件 372])。

[3] Pierre Weiss。

[4] 可能是 Wilhelm Foerster (1832—1921),柏林大学天文学名誉教授,与爱因斯坦一样是 1914 年《欧洲宣言》的署名人,也是 1916 年共同精神协会(Vereinigung Gleichgesinnter)讨论小组的会员(见第六卷,文件 8,注释 2,以及爱因斯坦致 Werner Weisbach 的信,1916 年 10 月 14 日[第八卷,文件 264],注释 2)。或者是他的儿子,Friedrich W. Foerster (1869—1966),慕尼黑大学历史学教授,德国和平协会(Deut-

sche Friedensgesellschaft)的创始人(例如参见 Zuelzer 1982，第 175、181 和 290 页)。

［5］第一次世界大战期间,其他和平主义者也在考虑成立一个类似的国际联盟机构(例如参见 Fried 1918)。

［6］Mileva Einstein-Marić。

［7］爱因斯坦曾在瑞士度假,6 月下旬起在苏黎世、Lucerne 和 Arosa 之间走动(本书第八卷,文件 360b 和 361a)。

［8］关于 Eduard Einstein 的病情和最近将他从疗养院转到 Lydia Stahel 较便宜的疗养所的讨论,参见本书第八卷,文件 364c,注释 9 和注释 10。

第八卷　373a. 致 Elsa Einstein

[卢塞恩,]星期三,[1917 年 8 月 22 日]

亲爱的 Else：

感谢上帝,Ilse 现在又可以展翅翱翔了。但愿她们俩已经飞走了。[1]我打算让我的护照到期,我会在这里待到 9 月。我高兴地欢迎你勇敢的决定。[2]9 月 1 日前后我们也采用妈妈的方式试一试。[3]斯图加特的医生那封特别的来信真好玩。他所提供的事实,当然纯属医生的胡说。[4]最近我在 Weggis[5]感冒过,还引起了腹部不适。但是现在一切已恢复正常。我懒于书写的毛病又加重了;尽管如此我却相信,总的来看你还是该给我打个高分。你对我那封来信的动机所做的不怀好意的解释,是邪恶的臆造。[6]

亲吻你！

你的
阿耳伯特

当妈妈出门去了,小 Margot 会很伤心的！[7]她只有与 Samson 和 Delila 一道唱起她哀怨的歌谣！[8]替我问候她和叔叔。[9]9 月 11 日我将参加苏黎世的一个数学家会议,届时 Hilbert 要作一个报告。[10]

AKS.［143 061］.背面的收件人地址是"Frau Elsa Einstein Haberlandstr. 5 Berlin W."，寄信人地址是"Abs. A. Einstein Bramberqstr. 16A. Luzern"，邮戳为"Luzern 1 Briefversd 22, Ⅷ 1917 5–6"。

［1］Ilse 和她的祖母自从 7 月底以来就在计划出去旅行一次(见本书第八卷,文件 367a)。

［2］很可能指爱因斯坦此前计划与 Elsa 在德国见面(参见本书第八卷,文件 370b)。

［3］Pauline Einstein,她正在和她的哥哥在瑞士的 Weggis 度假(见本书第八卷,文件 365a)。

［4］可能指爱因斯坦一直未愈的胃病(见本书第八卷,文件 359a)。斯图加特的医生可能是 Ernst Levi(见文件 154)。

[5] 爱因斯坦去看望了当时在 Weggis 旅游的妈妈和舅舅(参见注释 3)。

[6] 可能是指她对他在本书第八卷文件 371a 附言中的讽刺性问候的回应。

[7] Margot Einstein,见注释 2。

[8] 家里的宠物(见本书第八卷,文件 370c)。

[9] Rudolf Einstein。

[10] David Hilbert (1862—1943),格丁根大学的数学教授。他的文章次年发表为 *Hilbert 1918*。

很有可能是指 1917 年 9 月 10 日至 12 日在苏黎世举行的瑞士自然科学研究学会的第 99 届大会(the 99th Congress of the Schweizerische Naturforschende Gesellschaft);与会者有 1200 名来自德国(参见《新苏黎世报》[*Neue Zürcher Zeitung*],1917 年 8 月 1 日早报第 1 版,以及《福斯报》[*Vossische Zeitung*],1917 年 9 月 11 日晚间版)。

第八卷 374a. 致 Elsa Einstein

[卢塞恩,]星期四,[1917 年 8 月 23 日]

亲爱的 Else:

但愿你已收到我的第二封电报。现在整个旅行计划又一次被打乱了,因为 Brandhuber 来信说他希望 9 月 1 日[1]与我会面。事情很清楚,我现在就得动身去那里。关于我们何时何地见面的事,[2]我希望你从寄到 Benzingen 的消息中获知。我打算在那里(Brandhuber 家)住上(最少)10 天左右。这也会使你非常方便。[3]这是一种怪异的往来奔波,其实很合我的口味。从周日起我还要在苏黎世享受 Anna 的呵护。[4]妈妈明天动身回 Heilbronn。[5]

但愿你得到了家庭主妇的尊严并且叔叔很虔诚;否则就送他上战场。[6]

问候并亲吻你的

阿耳伯特

也问候叔叔并亲吻 Margot。

AKS.[143 062]. 背面的收件人地址是"Frau Elsa Einstein Haberlandstr. 5 Berlin",寄信人地址是"Abs. A. Einstein Brambergstr. 16A, Luzern ",邮戳为"Luzern 5 Rössligasse 23. Ⅷ. 17. —1"。

[1] Camillus Brandhuber。爱因斯坦一周前已取消了和他一起待一个月的计划(见本书第八卷,文件 371a)。

[2] 关于他们以前的见面计划,参见前一文件。

[3] 因为她母亲和女儿回柏林的时间延迟了(见本书第八卷,文件 370c)。

[4] Anna Besso-Winteler。爱因斯坦计划在 Besso 家中度过 8 月剩余的时间(见本书第八卷,文件

371b）。

　　[5] Pauline Einstein，她一直和她哥哥在 Weggis 度假（见本书第八卷，文件 365a）。

　　[6] 见注释 3，爱因斯坦的叔叔 Rudolf Einstein。最后的短语（sonst muss er in den Sch.-gr.）可能具有讽刺意味，Sch.-gr. 的完整形式为 Schützengraben（trench），亦即"战壕"。

第八卷　376a. 致 Heinrich Zangger

[卢塞恩，]星期日，[1917 年 8 月 26 日]

亲爱的朋友 Zangger：

　　尽管已经发了电报，但是没有其他办法，我必须离开。我在 Benzingen 的牧师写信告诉我，他将待在家里等我，希望我 9 月 1 日能到那儿，我已确定在这个时间去拜访他。[1]我严格依照您的规定行事，已经收到了令人满意的效果，尽管局部的过敏还没有完全消除。[2]今天我要去苏黎世，并在 Besso 夫人的照料下一直待到周日。[3]我愿委屈自己一下：我已通知我的妻子，我将去看她。[4]届时我将与她讨论所有的事。我必须考虑，在接下来的战争期间把她和 Tete 安顿到符腾堡的 Schwarzwald 或者 Bavarian 的山区，这样或许便于她与她妹妹在一起。[5]这样就既能让孩子一直呼吸山里的新鲜空气，同时又不至于使我们的财政被拖垮。[6]

　　但愿您的身体已经从痛苦的手术和过度劳累中恢复过来了，以便您以充沛的力量重新拾起您的重负。[7]我现在过着平静而负担轻微的生活，不像您那样必须积聚所有的力量。

　　致以出发前的衷心问候！

您的

爱因斯坦

　　Romain Rolland 给我写过两封信；[8]他真是一个不了解世界的人，柔弱得无法直面粗暴的现实。

　　我想请您以我的名义再次衷心感谢您的妻子，感谢她为我和我的家人所做的一切！

AKS（SzZ，Nachl. H. Zangger，box 1c）.[86 551].明信片上的收信人地址是"Herrn Prof. Dr. H. Zangger Villa Maria Tarasp"，邮戳为"Luzern 1 Briefvers 7—8 26. Ⅷ. 1917"，第二邮戳为"Vulpera（Graubünden）28. Ⅷ. 17. Ⅵ—"和"Thusis 3 l. Ⅷ. 17—[—]"。"Villa Maria"和"Tarasp"被划掉，改为"Thusis Poste restante"，然后又被划掉，换成了"Celerina Chalet Albres"。

[1] 爱因斯坦计划在那里至少住 10 天（见本书第八卷，文件 374a）。

[2] 爱因斯坦当时正遭受胃病的折磨（见本书第八卷，文件 370a）。

[3] Anna Besso-Winteler。

[4] 本月早些时候，爱因斯坦曾对 Zangger 表示，他不想去看他的妻子（见本书第八卷，文件 370a）。

[5] Eduard Einstein，Zora Marić 的住所 1917 年 8 月 29 日登记在 Gloria 街 59 号[见她的户籍卡，户籍管理处（Einwohnerkontrolle），SzZ-Ar]。

[6] 爱因斯坦一个月以前表示担心 Eduard 的康复费用，参见本书第八卷，文件 364c，注释 10。

[7] 关于 Zangger 的健康以及他与同事之间的问题，参见本书第八卷，文件 367b。

[8] 关于 Romain Rolland 的信，参见 Romain Rolland 1917 年 8 月 21 日和 23 日致爱因斯坦的信（第八卷，文件 373 和 376）。关于爱因斯坦的回复以及他关于民族主义、战争与和平主义的看法，参见 1917 年 8 月 22 日爱因斯坦致 Romain Rolland 的信（第八卷，文件 374）。

第八卷　376b. 致 Elsa Einstein

苏黎世，星期日，[1917 年 8 月 28 日]

亲爱的 Else：

你这个急躁的小马驹！居然又来一封电报！一切顺利。我星期四中午前往 Schaffhausen。[1] 星期五直接从那里出发去 Benzingen，[2] 等你来信告诉我，我们何时在何地会面。别骂骂咧咧的，而是要心情愉快地出发，比如说，前往 Thüringen。[3] Maja 今天在我这儿，明天我还要去看 Albert。[4]

问候并亲吻你的

阿耳伯特

也问候和亲吻 Margot。问候叔叔。[5]

[……][6]

AKS. [143 063]. 背面的收信人地址是"Frau Elsa Einstein Haberlandstr. 5 Berlin"，寄信人地址是"Abs. A. Einstein Universitätstr. 33 Zürich"，邮戳为"Zürich 13 Ⅷ (Oberstrass) 28. Ⅷ. 17.—7"。

[1] 去拜访 Conrad Habicht（参见 1917 年 8 月 30 日的 Michele Besso 致 Heinrich Zangger，[SzZ, Nachl. Zangger, box 142]）。爱因斯坦与 Besso 兄妹一起待在苏黎世（见本书第八卷，文件 374a）。

[2] 爱因斯坦计划拜访 Camillus Brandhuber（见本书第八卷，文件 374a）。

[3] 关于爱因斯坦先前的约会计划，见本书第八卷，文件 374a。

[4] Maja Winteler-Einstein 和 Hans Albert Einstein。

[5] Margot Einstein 和 Rudolf Einstein。

[6] Maja Winteler-Einstein 的附言此处从略。

第八卷　376c. 致 Elsa Einstein

[Gottmadingen, Württemberg] 1917 年 8 月 31 日

亲爱的 Else：

我是今天 10 时半从 Schaffhausen 出发的，下午 4 时还在 Gottmadingen。[1] 但愿接下来的速度会快些。今晚我在 Sigmaringen 过夜，明天去见牧师。[2] 边境上的瑞士人检查得特别仔细；可我随身携带的东西很少，刚好够我路上使用。我只带回来一块上好的香皂和一管牙膏给你。尽快写信确定我们在哪里见面。我想到的地方是 Thüringen。找一个漂亮而寂静的小地方吧。[3]

问候并亲吻你和 Margot 的

阿耳伯特

AKS. [143 064]. 背面的寄信人地址是"Frau Elsa Einstein Haberlandstr. 5 Berlin"，有两个邮戳："Gottmadingen 31. 8. 17. 5—6N[achmittags]"和"[Überwach] ungsstelle Konstanz[X. W.] A[rmee]. K[orps]. befördern"。第二个邮戳模糊不清。

[1] Gottmadingen 在 Schaffhausen 东北部，是德国符腾堡与瑞士边境的第一个德国小镇。

[2] 去 Benzingen 的 Camillus Brandhuber，此计划 1 周前已宣布（见本书第八卷，文件 374a）。

[3] 关于他们的见面计划，参见前一文件。

第八卷　377a. 致 Elsa Einstein

[Benzingen, Württemberg] 星期一，[1917 年 9 月 3 日]

亲爱的 Else：

显然你已平静下来并有良好的心态了。[1] 你还是带着 *Margot* 来看我吧，比如说，到 Jena，大约在 10 日，或者到你想去的别的某个地方，到时候我们再挑个合适的地儿。[2] 我很高兴自己已经成了一个哈伯兰人。[3] 可我担心会有一场官司。一旦你跟他有过约定，就危险了。[4] 你不害怕？千万别为这事儿担心，我知道，你的心意是好的。这里很好。令人高兴的是，我和牧师观点一致。[5] 我正在盼望你的消息，你不要再说来与不来，我只想知道何时何地。我很期待我们的小活动。[6]

亲吻你和 Margot 的

阿耳伯特

我现在很健康。

AKS.［143 065］．背面的寄信人地址是"Frau Elsa Einstein Haberlandstr. 5 Berlin"，邮戳为"Veringenstadt 4. 9 17 8—9V[ormittags]"。

［1］关于此前提及的 Elsa 的痛苦，见本书第八卷，文件 373a 和 376b。

［2］Margot Einstein。关于他们先前会面的计划，见前一文件。

［3］Elsa Einstein 已安排爱因斯坦回柏林后搬到她在 Haberlandstrasse 的家里住（见本书第八卷，文件 364a）。

［4］当指 F. Abbé，爱因斯坦在 Wittelsbacherstrasse 的房东（见本书第八卷，文件 364a）。爱因斯坦曾于 3 年半前与自己在苏黎世的房东打过一场官司（见 1914 年 2 月 11 日之后的爱因斯坦致 Elsa Löwenthal［第五卷，文件 510］）。

［5］Camillus Brandhuber 是普鲁士议会下院里的中央党（Center Party）在 Sigmaringen 地区的代表。爱因斯坦在别处对他们的观点之一致性的描述略有不同，参见 1917 年 9 月 3 日的爱因斯坦致 Michele Besso［第八卷，文件 377］。

［6］一次他已经计划了 2 个月的见面，他此前称之为"项目"（见本书第八卷，文件 359d）。

第八卷　378a．致 Elsa Einstein

［Benzingen，Württemberg，］星期四，［1917 年 9 月 6 日］

我亲爱的：

你的来信令我很高兴，因为我看出，现在一切都好了。[1]肯定有明信片寄丢。我从来没有等待超过两三天的时候。我很希望你们来和我见面。我手头的钱还足够你们来花。[2]如果你们已经决定要来而你还没告诉我，那么我请你发个电报来。这是我动身〈回家〉之前寄来的最后一张明信片了。虽然这里[3]很好（包括天气），但我已等不住了，开始掰着手指头算日子啦。现在要是在柏林也会挺不错；我们可以独立点，可以更经常地在我那里用餐。[4]

在给 Ilse 的明信片中，我恐怕忘记了问候婶婶。等她们回来的时候，[5]请一定要替我向她道个歉。Ilse 现在对我也有不好的印象了。[6]管它呢！[7]谁会相信一个可怜的老罪人的悔恨呢？他是什么人，就得怎么对待他。他有很多糟糕的恶习，可是他对别人也挺宽厚。[8]

（最好能在 Thüringen）再见。[9]问候并亲吻你们大家。

阿耳伯特

AKS.[143 066]. 背面的寄信人地址是"Frau Elsa Einstein Haberlandstr. 5 Berlin",邮戳为"Veringenstadt 6.9.17.12[—1? Nachmittags?]"。邮戳模糊不清。

[1] 关于 Elsa 的不悦,参见上一文件。

[2] 爱因斯坦曾提到,可以让 Margot 和她妈妈一起来看他(见前一文件)。

[3] 爱因斯坦当时跟 Camillus Brandhuber 在一起(见前一文件)。

[4] 爱因斯坦计划搬到 Haberlandstrasse 靠近 Elsa 家的一间公寓(见前一文件)。

[5] Ilse 和 Fanny Einstein,她们离开柏林度假去了(见本书第八卷,文件 371b)。

[6] 可能指他与 Ilse 的通信频率。关于他与 Elsa 的通信频率,参见本书第八卷,文件 373a。

[7] 原文 Kascht nüt macha 为瑞士方言。

[8] 5 年前,爱因斯坦曾对 Elsa 说,他有一个"邪恶的灵魂"("ruchlose Seele",1919 年 8 月 11 日之后的爱因斯坦致 Elsa Löwenthal[第五卷,文件 466])。

[9] 见注释 2。

第八卷 380a. 致 Heinrich Zangger

柏林,1917 年 9 月 15 日[1]

亲爱的朋友 Zangger:

现在我又住在这里了,确切地说,是在另一处房子(Haberland 街 5 号)。此前我去 Benzingen 拜访了我的牧师,别看他披着牧师的黑袍,却是我患难与共的思想上的同道。[2]住在这里,我可以比以前更好地保养自己,因为我(叔叔)表姐的家就在近旁,吃饭的时候我就不必再跑老远的路了。我的病再也没有发作过,我的身体很强壮。[3]但是如果触摸腹部,某些部位似乎仍然跟以前一样,对压迫很敏感。

到家后,我才发现巨额的税单债务正等着我;银行通知说,我的现金储蓄快没了。如果再这样下去,很快我的财政状况就无法维持了。所以我现在决定,从 10 月 1 日起,还是把 Tete 接回苏黎世,然后每季度给我的家人 2000 马克。Tete 在疗养院的费用,没有证明材料我可能无法寄出。[4]因此我请求您替我垫付(7 月)8 月和 9 月的费用,就像您此前支付 6 月的费用一样(7 月的费用已付)。随后请您把 6 月、8 月和 9 月的账单寄来,我拿它们去帝国银行作为我的债务证明。然后我就可以售出我的一部分证券,并立即把钱还给您。我请求您,完全按我所说去做这一切,好让我摆脱这些烦恼。

我知道,由于汇率不利,每季度 2000 马克意味着我的家人的生活会很拮据。多给是不可能的,否则就会真的破产了。如果必要的话,我可以把我的妻子和

Tete 送到巴伐利亚或者巴登的一个小地方；在那里，用同样的钱可以买到 2 倍的东西，且质量并不比瑞士的差。[5]尽管最近限制自由迁徙,对我而言,这个想法仍然是可行的。Albert 无论如何都要待在瑞士,因为他要上学。[6]

我已跟 Besso 夫妇讨论了所有的这些事。[7]只是当时我认为,还有可能让 Tete 在山上再住半年。Anna Besso 在瑞士给了我极其悉心的照料；对于这种事务,她显得很在行,有无限的偏爱,还有满怀的好意。我注意到了,她很乐意听见我把我的感受告诉她。也许她在考虑以后成为职业护士。去跟她谈一谈这方面的事吧,可别被她愚蠢的唠叨吓住了。她的行动好于她的言语。

在 Benzingen 我读了一个维也纳人写的一本小书《新国家学说》(Menger 的 *Neue Staatslehre*),从中学了一些东西。[8]您什么时候有空了(?),花时间去找来看看吧。我在这里的几个最好的学术上的兄弟都死了(动物学家 Brauer 和数学家 Frobenius)。[9]更令人气愤的是,优秀而年轻的 Smoluchowski 死于痢疾,他是我认识的人物中最杰出和最聪明的；他也是战争的牺牲品,因为在正常时期他肯定不会染上这种疾病。[10]

请一定按照我的意愿去解决我的家庭事务,因为这很必要。首先当然必须促使我妻子回家,这尤其是因为我深信,她待在疗养院是毫无意义的。[11]

我希望您已经完全康复,又能快乐地开始工作了。[12]但您要珍惜自己的身体。我们已到了可以逐渐用尊严代替工作能力的年龄……

致以衷心的问候！

您的
爱因斯坦

ALS (SzZ, Nachl. H. Zangger, box 1a). [89 522]. 文件左侧留有活页夹所需的穿孔。

[1] 年份参考了 Marian von Smoluchowski 的死亡时间。

[2] 从瑞士返回柏林的途中,他在 Benzingen 的 Camillus Brandhuber 家中住了一段时间(见前一文件)。

[3] 关于爱因斯坦的健康问题,参见本书第八卷,文件 359a,注释 6。他的表姐 Elsa Einstein 及其父母,Rudolf Einstein 和 Fanny Einstein 也住在 Haberland 街 5 号。

[4] Eduard Einstein 从 1917 年 6 月的第一个星期起,就住在阿罗萨的 Höchwald 儿童疗养院(见本书第八卷,文件 346a)。按原计划,他只需夏天住在那里(参见爱因斯坦致 Heinrich Zangger,1917 年 3 月 20 日[第八卷,文件 342],注释 3)；可是去了之后,他们认为,应该让他在那里疗养整整一年(见本书第八卷,文件 349a)。自 7 月以来,爱因斯坦提出将他转到一个由 Lydia Stahel 提供的较便宜的膳宿公寓(见本书第八卷,文件 361d 和 361e)。

[5] Mileva Einstein-Marić; Eduard Einstein。

[6] Hans Albert Einstein。

[7] Michele Besso；Anna Besso-Winteler，她是 Maja Winteler Einstein 的丈夫 Paul Winteler 的姐姐。

[8] *Menger 1906*。

[9] August Brauer（？—1863）是柏林大学的动物学教授。Ferdinand G. Frobenius（？—1849）是柏林大学的数学教授。

[10] Marian Smoluchowski von Smolan（？—1872），是克拉科夫大学实验物理学教授。他死于痢疾（见他的讣告，*Einstein 1917g*［第七卷，文件 48］）。

[11] 关于 Mileva Einstein-Marić 在 1916 年和 1917 年的健康问题，包括她最近的住院情况，参见本书第八卷，文件 461a，注释 3、4 和 5。

[12] Zangger 7 月接受了手术，正在康复中，有关情况见本书第八卷，文件 367b，注释 2。

第八卷 385a. 致 Michele Besso

柏林，1917 年 10 月 6 日

亲爱的 Michele：

我在 9 月 11 日前后曾写信告诉 Miza 和 Zangger，必须立即把 Tete 接回苏黎世，因为我已经无力承担那些巨大的开销。[1]请设法立即办理此事。由于有了新的沉重的税务负担，我找不到别的办法并且我也深信，这种谨慎的做法确实有些夸张。[2]可是我不会迈出这一步的，如果事先没有跟了解情况的人商量过的话。

健康方面我的情况很好。你打算把你的研究所设在哪里？[3]祝 Vero 学业顺利。[4]那些章程我会给您寄来，如果允许的话。[5]可是论文等材料要是没有得到特别的许可，如今是再也不能寄往国外了；[6]所以邮寄也许会比在那里的图书馆查找更困难。如果你在苏黎世解决不了这事，我愿意跑一趟，去办理邮寄许可证。

致以衷心的问候！

你的
阿耳伯特

请务必立即把 Tete 接回家。我也会给 Zangger 写信。

AKS（SzZ,Nachl. H. Zangger, box 1d）.［86 562］. 明信片上的收信人地址是"Herrn Michele Besso Universitätsstr. 33 Zürich"，寄信人地址"A. Einstein Haberlandstr 5"。邮戳为"Berlin W 50 6. 10. 17. 12—IN［achrnittags］"，第二邮戳为"Zürich 3 Eildienst & Fächer Il. X. 17.—5"，爱因斯坦在地址上方的附注为"加急邮件"。

[1] 在 9 月 15 日的一份文件中，爱因斯坦曾要求 Heinrich Zangger 向 Mileva Einstein-Marić 转告他关

于把 Eduard Einstein 接回苏黎世的决定。

［2］爱因斯坦在 3 个星期前曾对 Heinrich Zangger 描述有关该问题（见本书第八卷，文件 380a）。

［3］可能指的是 Besso 被其叔父——忠利保险公司（Assicurazioni Generali）的总裁——Marco Besso（1843—1920）雇去为他在罗马的图书馆编目。该馆可能成为 Marco Besso 基金会的馆藏核心（参见 1917 年 11 月 27 日的 Michele Besso 致爱因斯坦［第八卷，文件 419］）。

［4］Vero Besso 已到了瑞士，同时在瑞士联邦工程技术学院和苏黎世大学攻读法学（见 *Einstein/Besso 1972*，p. xxvii）。

［5］可能是威廉皇家物理研究所的章程。

［6］大概由于德国审查机关加强了出口限制（见 1918 年 6 月 28 日之前的爱因斯坦致 Michele Besso［第八卷，文件 572］）。

第八卷　390a. 致 Michele Besso

［柏林，］1917 年 10 月 15 日

亲爱的 Michele：

　　非常感谢你详尽的消息。健康方面我很好，再也没有发作过。[1]我为我的妻子难过。现在她的脊髓似乎患有真性溃疡，而且没有康复的希望。[2]你们让 Tete 继续留在那里，这样做是对的。[3]我会设法把他所需的钱寄给 Miza。如果不行的话，我就必须请你们把那些账单都寄给我，我得把它们作为证明出示给帝国银行。我只能依赖你们的安排了。但是你们要考虑到，除目前的要求之外最重要的是，一旦我早逝，我的儿子们必须有一定的保障。[4]如果再这样下去的话，很快就分文不剩了。同时我深信，花在 Miza 身上的一切都是徒劳无益的。至于 Tete，我也不相信真的需要那么漫长的疗养时间，因为主要的效果似乎就在于气候不同产生的对比。[5]所以最好是让他频繁地短期疗养。[6]但是现在我发现，我那些指示并没有得到遵从，所以我觉得我再也没什么责任了。相反，我极其信任 Anna[7]并且高兴地看到，她能照顾 Miza 并对她产生影响。她会把事情都安排好的。你们什么时候去罗马？[8]我又能够适当地工作了，而且头脑清醒。那些计划很大胆，但是结果会如何呢？你是知道这会有多么好玩的。

　　衷心问候你们和 Zangger 的[9]

阿耳伯特

你的研究所令我由衷地欣慰！什么时候启动？

　　然而可惜的是，我们不得不相隔得更遥远了。

AKS（SzZ, Nachl. H. Zangger, box 1d）.［86 563］. 明信片上的收信人地址是"Herrn Michele Besso

Universitätsstr. 33(Berlin)Zürich", 寄信人地址"Abs. A. Einstein Haberlandstr. 5 Berlin", 邮戳为"Berlin - Wilmersdorf 1 16.10.17.4—5N[achmittags]"。

[1] 8月初爱因斯坦的胃病曾剧烈发作过, 但9月中旬症状就消失了(见本书第八卷, 文件370a和380a)。

[2] Heinrich Zangger 先前曾诊断 Mileva Einstein-Marić 患有脑结核(参见本书第八卷, 文件250a)。她1917年8月和9月在住院。

[3] Eduard Einstein 住在阿罗萨的一个疗养院(见本书第八卷, 文件352a)。

[4] Hans Albert Einstein 和 Eduard Einstein。在2月和5月, 爱因斯坦曾表示担心他的儿子们今后没有可靠的经济保障(分别见本书第八卷, 文件291a和332a)。

[5] 在刚刚过去的夏天, 爱因斯坦曾考虑为 Eduard Einstein 安排更便宜的疗养地(见本书第八卷, 文件372a, 注释8)。

[6] 爱因斯坦开始相信, 延长 Eduard Einstein 待在山区的时间会减弱他承受城市环境和污染的能力; 1917年12月6日, 爱因斯坦在给 Heinrich Zangger 的信中(第八卷, 文件403), 把群山比作"消毒器"("Desinfektionsapparat")。

[7] Anna Besso-Winteler。

[8] 去管理他叔父的图书馆(见前一文件注释3)。

[9] Heinrich Zangger。

第八卷 391a. 致 Heinrich Zangger

[柏林,][1917年]10月15日

亲爱的朋友:

看来现在我妻子脊髓上的东西(溃疡?)已经得到了确诊。如果是这样, 那个可怜的人就必须一直躺在床上了。我会把我妻子所需的钱寄到疗养院(暂寄1000马克)。如果这样不行的话, 你们就得给我寄些材料来, 证明这笔钱真的是该我支付。[1]我不得不让你们替我决定, Tete 究竟还需要在那上面住多久。[2]我自己无法判断。可是您得考虑到在我早逝的情况下, [3]我的孩子们将会多么迫切地需要我那点微薄的积蓄! 可如果再这样下去……

我为 Besso 感到格外高兴。他肯定也很高兴, 找到了一个那么好的工作环境。[4]但是这却意味着, 我将不得不经受多么漫长的旅行啊! 好不容易才把他送上火车, 这跟我们俩恰好相反。我感觉很好, 再也没有发作过; 我一直在进行严格的食疗, 也没有吸烟, 很多时间都在躺着休息。[5]我再也没去找过医生。我又开始努力而快乐地工作。

Pedolin 博士[6]对我很友善。

致以衷心的问候!

您的

A. 爱因斯坦

AKS (SzZ, Nachl. H. Zangger, box lc). [86 550]. 明信片上的收信人地址是"Herrn Prof. Dr. H. Zangger", 寄信人地址"Abs. A Einstein Haberlandstr. Zürich", 邮戳为"Berlin - Wilmersdorf 1 16. 10. 17. 4—5N[achmittags]"。

[1] 有关 Mileva Einstein-Marić 的情况和 Eduard Einstein 的健康以及从德国汇款到瑞士的细节, 参见本书第八卷, 文件 390a。关于爱因斯坦对 Mileva Einstein 和他们儿子的经济支持, 参见本书第八卷, 文件 261a, 注释 2。

[2] 关于 Eduard Einstein 需要在阿罗萨的 Höchwald 儿童疗养院住多久的问题, 参见本书第八卷, 文件 380a, 注释 4。

[3] 1917 年的整个上半年, 爱因斯坦曾表示过对他儿子们未来的经济安全的关切(见本书第八卷, 文件 349a, 注释 2)。

[4] Michele Besso 去罗马管理他叔父的图书馆(见 1917 年 12 月 27 日 Michele Besso 致爱因斯坦[第八卷, 文件 419], 注释 3)。

[5] 爱因斯坦曾在 8 月初受到胃病的侵扰(见本书第八卷, 文件 370a)。

[6] Peter Pedolin 是阿罗萨的 Höchwald 儿童疗养院的董事。

第八卷　424a. 致 Werner Bloch

柏林, 1918 年 1 月 3 日

尊敬的 Bloch 先生:

真诚感谢您友好的祝愿。由于我的胃溃疡,[1] 我不得不遵照医嘱在这学期的剩余时间都卧床修养。

下学期我会补上落下的课程。[2]

致以亲切的问候!

您的

A. 爱因斯坦

AKS (Familie Collm, 柏林). [85 363]. 明信片上的收信人地址是"Herrn W. Bloch Till Wardenbergstr 12 Charlottenburg", 邮戳为"Berlin W 30 3. 1. 18. 5—6N[achmittags]"。

[1] 圣诞节前夕, 爱因斯坦就卧床不起(见 1917 年 12 月 24 日的爱因斯坦致 Hans Albert Einstein[第八卷, 文件 417])。

[2] 1917 年 10 月 1 日到 1918 年 2 月 2 日的冬季学期的星期四下午 2:00—4:00, 爱因斯坦在柏林大学讲授统计力学和量子理论(见 *Berlin Verzeichnis 1917b*), 关于 1917/1918 年冬季学期 Bloch 在爱因斯

坦的课上所做的统计力学课程笔记,参见[3 023]和[3 024]。

第八卷　435a. Hans Albert Einstein 来信

苏黎世,1918年1月14日之后[1]

亲爱的爸爸:

我昨天收到了你的明信片。[2]你那些书是按时到达的,[3]可明信片却走了3个多星期,所以我现在要写挂号信给你。Tete还是没有回来,我们已经把那本童话书给他寄去了。[4]要是你再感觉不舒服,一定要试一试"Hommel博士的血色蛋白原"。去年Tete生病时,它对我们很有用,他也有局部的炎症。"血色蛋白原"对维护健康很有效。因为自从他服用了这个之后,尽管还是发热,[5]但再也没那么虚弱和难受了。开始你可只服非常小的一勺,如果你受得了,就逐渐增加到一小汤匙。

今年冬天,我们这里经常下很大的雪,因此我几乎总是可以去玩雪橇或滑雪;只是煤并不特别充足,但我们还是没有挨过冻。[6]食品都很贵,偏偏就在这会儿,我又饿得慌了。[7]目前我们的寒假还没结束。[8]我们在音乐学校的学习下星期就要开始了。[9]现在我已会弹两首贝多芬的奏鸣曲,包括《月光奏鸣曲》。[10]我弹得不错,只是在速度上还把握得不够好。Tete还要在阿罗萨住一段时间,直到山上气候转暖。这里的雾太大了,对他不好。我随信寄去了Tete最近的两份账单,请你把它们结了,并给我们寄些钱来,因为妈妈还需要一些钱买衣服和交学费。[11]你知道,我得准备上二年级了。最后我还想问一问你,如果你现在就把我们这季度的钱寄来,是不是要好些,因为目前德国的汇率很高。[12]我希望你早日康复。你胃里在出血?[13]请来信告诉我情况怎样了。但愿你有充足的食物。[14]

亲切问候你的
Adu

ALS.[144 010].

[1] 日期参考了爱因斯坦1917年12月24日给Hans Albert Einstein的收据(见第八卷,文件417),这封信写于3个多星期之后。

[2] 见前一注释。

[3] 爱因斯坦给他两个儿子寄去5本书作为圣诞礼物(见1917年12月9日的爱因斯坦致Hans Al-

bert Einstein[第八卷,文件 406])。

[4] Eduard Einstein 从 1917 年的 5 月起就住在阿罗萨的疗养院治疗肺炎(见本书第八卷,文件 361d)。此处原文为瑞士德语"Märlibuch",即德语中的童话书"Märchenbuch",可能是《一千零一夜》(*Tausend und eine Nacht*),是爱因斯坦寄给儿子们的礼物之一。他要求把它送给在阿罗萨养病的 Eduard,如果 Eduard 新年未能返回到苏黎世(见爱因斯坦 1917 年 12 月 24 日致 Hans Albert Einstein[第八卷,文件 417])。

[5] 原文"Dr. Hommels Hämatogen",一种血液制品,是通过除去牛血液中的纤维蛋白并加入甘油和酒来增稠制成的(见 *Hager 1910*,第 491,第 816 页)。

爱因斯坦最近被诊断患有胃溃疡或十二指肠溃疡(见爱因斯坦 1917 年 12 月 24 日的致 Hans Albert Einstein[第八卷,文件 417] 和爱因斯坦 1918 年 1 月 5 日致 Michele Besso[第八卷,文件 428])。Eduard 在 1917 年 1 月得了肺炎并伴有高热(见爱因斯坦 1917 年 3 月 9 日致 Michele Besso[第八卷,文件 306],注释 5)。

[6] 关于瑞士减少煤炭供应的情况详见本书第八卷,文件 370b,注释 7。

[7] 1 年前,瑞士开始普遍实行食品配给制度(见爱因斯坦 1917 年 3 月 10 日致 Heinrich Zangger[第八卷,文件 310],注释 8)。

[8] Hans Albert 即将升入苏黎世州立中学的高中二年级(*Gymnasium* of the Zurich *Kantonsschule*)。

[9] 苏黎世的 Konservatorium Musikschule (传统音乐学校)。

[10] 另一个可能是《C 小调第五钢琴奏鸣曲》,op. 10, no. 1,参见本书第八卷,文件 442a。

[11] Zangger 寄去了 Eduard 的医疗费用账单(见 Heinrich Zangger 1917 年 12 月 31 日致爱因斯坦[第八卷,文件 424])。

[12] 当时的汇率已升至 0.86 马克兑换 1 瑞士法郎(见 1917 年 12 月 31 日 *Vossische* 报,晚间版),德国货币在 1918 年的整个 1 月都保持着这个汇率(见 1918 年 1 月 2 日至 1 月 29 日的 *Vossische* 报)。

[13] Hans Albert 的关心是因为爱因斯坦在 1917 年 12 月 24 日给他的信中提到自己患有胃溃疡(第八卷,文件 417)。

[14] 德国居民食品的供应比去年冬季有所好转(见爱因斯坦 1917 年 4 月 3 日致 Hendrik A. Lorentz[第八卷,文件 322],和 *Skalweit 1927*,第 211—212 页)。

第八卷 442a. Hans Albert Einstein 来信

苏黎世,1918 年 1 月 25 日之后[1]

亲爱的爸爸:

我已收到你的来信,[2] 但愿你已经好转,可以起床了。[3] 请写信告诉我,你的情况是什么时候又开始恶化的,并尽可能给我说一说可能的原因。我相信,这方面你犯的错误就是,你夏天在这儿住的时间太短了。你大概还记得,你当时在阿罗萨的时候感觉就是要好得多,所以我想(建议你)请求你,如有可能,你今年夏天一定要去一个高山疗养地待久一点,因为这似乎就是对你的健康状况至少能够有所改善的唯一途径。[4] 如果你必须经常躺在床上,或者至少是几乎无法活动,那么钱多一点或少一点对你又有什么用处呢?[5] 你的身体恢复健康了,对我们也有利,因为我们现在从你那儿什么也得不到。此外,这些疗养院仍然获得跟以前一样的好的食物供应,因为所有的东西都会优先供给它们。

你对 Tete 的做法,我觉得,很不公平。我们问过很多医生,他们一致认为,那是我们可以采用的唯一办法。你写信说,他受到了"溺爱"。[6] 可这不是真的。他整天都在外面。(他在床上躺一阵子,然后会出去滑雪橇和溜冰);所有看见他的人都说,他现在看起来健康多了。无论如何,等春天这里的冰雪都化了,他就会回来了。这里大雾连绵,太阳已经有 2 个星期没有露过面了。

你根本无法判断该为 Tete 做些什么,因为你对他经历的所有事情并不了解。Zangger 先生能够做出最好的判定,因为他一直在为 Tete 做检查。[7] 我们很幸运的是,他为我们承受了那么多艰辛。要是妈妈生病的时候没有他的帮助,还不知道我们会有什么结果呢?[8] 你也想一想吧! 人总得为自己的健康着想吧。我们对彼此毫无所知,你根本不清楚我们需要什么,必须要什么;我一点也不了解你。现在,我对 Zangger 先生或者这里的其他任何人都比对你更了解,而这就是不幸![9]

我目前在练贝多芬的《第五奏鸣曲(C 调)》,[10] 这使我很开心。

我正尝试制作电力火车,妈妈也在尽其所能地帮我。我这么做,是因为煤炭短缺,[11] 我希望 Tete 回来的时候能把它做好。要是你在这里,你肯定也会觉得它很好玩。Zürcher 先生[12] 能从这类东西上得到最大的快乐;我相信,等我做好了,这里就有电用了。

尽快来信告诉我,你的情况怎样。

亲切问候你的

Adu

ALS.[144 009].

[1] 时间参考了爱因斯坦卧床不起以及他指责让 Eduard 长期住在阿罗萨是对他的"溺爱"("verpimpelt")(见爱因斯坦 1918 年 1 月 25 日致 Hans Albert Einstein[第八卷,文件 442])。

[2] 见注释 1。

[3] 爱因斯坦从圣诞前夕就已卧床不起,而且这种情况会持续一段时间(参见爱因斯坦于 1917 年 12 月 24 日和 1918 年 1 月 25 日致 Hans Albert Einstein[第八卷,文件 417 和 442])。

[4] 爱因斯坦 7 月 8 日到达瑞士,在那里和他的儿子们以及他的妹妹 Maja 一起度过了夏天,1917 年 8 月 31 日离开。1917 年 7 月的下半月,他在阿罗萨的山区看望 Eduard,并在那里住了一个星期(见本书第八卷,文件 360a、361d 和 376b)。

[5] 爱因斯坦此前曾抱怨给 Eduard 支付的医疗费是"一大笔钱"("ungeheuer viel Geld")(见爱因斯坦 1918 年 1 月 25 日致 Hans Albert Einstein[第八卷,文件 442])。

[6] 见爱因斯坦 1918 年 1 月 25 日致 Hans Albert Einstein[第八卷,文件 442]。

[7] Heinrich Zangger 在 12 月底去阿罗萨看望了 Eduard,1 月又去了一次(见 Heinrich Zangger1917 年 12 月 31 日和 1918 年 1 月 28 日致爱因斯坦[分别对应第八卷,文件 424 和 444])。

[8] 早在 1917 年 4 月,当 Einstein-Marić和 Eduard 同时在苏黎世生病住院期间,Zangger 就开始介入此事(见本书第八卷,文件 330a 和 332a)。Zangger 至少从 1916 年夏天就开始为 Mileva 提供医疗服务(见爱因斯坦 1916 年 7 月 25 日致 Heinrich Zangger[第八卷,文件 242])。

[9] Mileva 住院期间,Hans Albert Einstein 从 1917 年 4 月 28 日到 7 月 13 日住在 Zangger 家(见本书第八卷,文件 330a 和 360b)。

[10]《C 小调第五钢琴奏鸣曲》,op. 10, no. 1。

[11] 由于煤炭短缺,瑞士政府从 1917 年秋实行配给制(见 *Fueter 1928*,第 263 页)。

[12] 邻居 Emil Zürcher Jr。

第八卷　461a. Mileva Einstein-Marić来信

苏黎世,1918 年 2 月 9 日

亲爱的阿耳伯特:

我已收到你的来信。[1]就在 2 年以前,你就是用这样的来信给了我最后的一击,使我陷入了我至今仍然无法摆脱的苦难之中;[2]而且现在你可能还在想,我的日子过得很美好,如你所说,我目前既没发热,也没有发病,于是你就再次给我写来了那样的信。我今天不能回答你是或否,我必须要先找一位律师咨询一下这件事;我不能对我的孩子们不负责任,所以我没有别的办法。本来我当时就想这样做,但是由于我一直感到身体不舒服,这事我不得不一直往后推,后来我就生了病。[3]此外,Besso 告诉我说,你已完全不再朝那个方向想问题,而且已经放弃了那个想法。[4]亲爱的阿耳伯特,为何你要这么无休无止地折磨我呢？我还从来没有想到,居然可能发生这样的事情:一个把自己的爱和青春都奉献给了她的男人和孩子们的女人,却会遭到那个男人如此痛苦的折磨,就像你对待我那样。你根本不可能想象我在过去的 2 年里,因为之前发生的一切而遭受的痛楚。那简直无法形容。[5]如今我还没有从中恢复过来,事情却又要从头开始再来一遍了。我真的不应该受到你这样的对待。你首先就不应该为了 Tete 的事无休止地、无情而严厉地抱怨我;你知道他生病了,如果我们不想让他的情况恶化,就必须为他做些事情;特别是因为我自己也病了,不能照顾和关心他。可是你怎么会有那样的想法,你居然说让 Tete 继续疗养是在"溺爱"他?[6]你尤其不该对 Zangger 说这样的话。他为我们付出了艰辛的努力,在他可以帮助我们的时候,他从不吝啬他的时间,甚至是金钱。他已经为我们做了很多本该是你来做的事情,因为他喜欢你,你本应肯定他的努力,而不是去伤害他。[7]所有的不幸都在于,今年的花费比计划的多出了很多。假如你想让我们被疾病压垮,那么这几千法郎可能会令你开心。你想一想,如今的一切都很昂贵,不少东西的价格已经是以前的3倍,[8]你让我从哪里去弄这些东西?我无法理解你。你真的一定要把自己跟Elsa的丈夫放在同一个水平上?[9]从她那儿你将会知道,要生存下去有多么艰难;难道你也会让你的妻子和孩子们受到同样的对待?你要考虑到,情况对我会变得更加不利,因为我没有或者可以说是没有财产,[10]而且在生了这种病之后,我也没有再去想,自己还能够挣到什么钱。要是你的健康没有好转——自从夏天以来还没出现过这种情况,阿耳伯特,[11]你不明白这会使我多么担忧!假如你的健康状况朝不幸的方向发展——这种可能我们得事先考虑到,在这种情况下你还要把我们真正拥有的唯一的可靠的东西,也就是养老金,通过离婚的方式给夺走,从而听凭你的第二任妻子来可怜或不可怜我,[12]凭她决定支付或不支付我的养老金,致使我不得不在我的余生跟这些人做斗争?[13]请考虑一下这所有的一切,你不可能不明白,任何做法都比你那些含有威胁的建议要合适些。[14]

我也希望你的健康状况能尽快地好转起来,也拜托你为此尽力而为,这可能是目前最重要的事。

Miza

ALS.[144 363].文件左侧有活页夹所需的穿孔。

[1]爱因斯坦1918年1月31致Mileva Einstein-Marić(第八卷,文件449)。

[2]1916年2月6日爱因斯坦正式提出与妻子离婚(见爱因斯坦1916年2月16日致Mileva Einstein-Marić[第八卷,文件187])。

[3]Einstein-Marić大约从1916年7月3日开始卧床不起,说自己有严重的心脏问题(见爱因斯坦1916年7月14日致Michele Besso[第八卷,文件233],注释1)。

[4]鉴于Mileva的病情严重,爱因斯坦1916年9月曾向Michele Besso承诺,停止催促Mileva离婚(见爱因斯坦1916年9月6日致Michele Besso[第八卷,文件254])。

[5]Mileva最初被诊断为脑结核(见爱因斯坦1916年8月24致Michele Besso[第八卷,文件251]),随后在Theodosianum疗养院住院治疗,直到1916年10月下旬她的病情改善(见爱因斯坦1916年10月31日之后致Hans Albert Einstein[第八卷,文件271],注释2)。11月中旬,她的病情再次恶化(见Michele Besso 1916年11月5日致爱因斯坦[第八卷,文件283],注释1),并且仍旧卧床不起。1917年4月,Mileva由于慢性脊椎神经压迫在苏黎世的Bethanienheim医院住院治疗(见Michele Besso 1917年5月4日致爱因斯坦[第八卷,文件333],注释2)。

[6]Hans Albert已经对他父亲认为让Eduard"在阿罗萨住这么长时间是对他的溺爱"("ihn da oben so lange zu verpimpeln")的说法表示抗议(见爱因斯坦1918年1月25日致Hans Albert[第八卷,文件442],以及本书第八卷,文件442a)。

[7]可能说的是爱因斯坦曾指责他在"苏黎世的朋友们"(meine Freunde in Zürich,包括Zangger)"毫无良心地"(gewissenlos)在Eduard的治疗上花钱(见爱因斯坦1918年1月25日致Hans Albert Einstein

[第八卷,文件442])。

[8] 从战争开始到1918年,瑞士的生活消费指数已经上升了229%(见 *Fueter 1928*,第262页)。

[9] Max Löwenthal(1864—1914)。Elsa Einstein 1908年与他离了婚(见爱因斯坦1913年12月27日至1914年1月4日致 Elsa Löwenthal[第五卷,文件498],注释3)。

[10] 15年前,Mileva 得到了1万法郎的嫁妆(见爱因斯坦1918年6月28日之前致 Michele Besso[第八卷,文件572])。

[11] 爱因斯坦7个月以前就出现了腹部疼痛的症状(见爱因斯坦1917年3月9日致 Michele Besso[第八卷,文件306])。

[12] Elsa Einstein。

[13] 爱因斯坦承诺过,在他们离婚之后,Mileva 不会失去她的寡妇养老金(见爱因斯坦1918年1月31日致 Mileva Einstein-Marić[第八卷,文件449])。

[14] 爱因斯坦曾威胁要把每年支付给她的费用限制在6000马克以内(见爱因斯坦1918年1月31日致 Mileva Einstein-Marić[第八卷,文件449])。他此前所说的金额是6000法郎(见爱因斯坦1918年的1月5日致 Michele Besso[第八卷,文件428])。

第八卷 471a. 致 Heinrich Zangger

[柏林,1918年2月27日]

亲爱的朋友 Zangger:

疾病的锁链无休止地纠缠着我的家人们。[1]您的小女儿怎么可能在 Engadin 染上如此严重的疾病?[2]可我满怀信心地希望,情况会有好转,因为您又回到了苏黎世。

我妻子的妹妹又是一个新的不幸,[3]然而对我来说,这个情况的出现使得有些事一下子得到了解释。几个星期前,我收到她的一封信,令我很头疼。在我们整个20年的关系中,我妻子对我隐瞒了这个妹妹的存在。因此当一个从未听说过的女人称呼我为"姐夫"时,我很惊奇。[4]我妻子对我和所有其他人怀有的那种可怕的不信任态度,一定具有病理性质。我曾经认为,我妻子的那个别人和我都认识的妹妹 Zora 就在苏黎世。

现在无论如何都有必要的是,我们得让我的家人摆脱我们此前采取的那些措施。现我已决定实施以下方案:

1)立即把 Albert 送到我在卢塞恩的妹妹家,并且让他长期住在那里。[5]

2)要让我的妻子在苏黎世或卢塞恩长期得到很好的照顾。在卢塞恩更为有利,那样便于她每天见到 Albert。

3)让 Tete 在 Pedolin 那里住到6月。[6]然后我亲自去把他接到柏林来。我不能容许他脱离自己的家人而成长。以后我会带他去瑞士。

4）夏天解散家庭。我将和 Elsa 一起去瑞士共同处理所有的事情。[7]

5）至于我那可怜的妻妹何时才能回到亲人身边，这就只有上帝才知道了。

最主要的事情是，首先要让 Albert 去卢塞恩。我会请我妹夫立刻去接他。[8] 我请您在这件事上能支持我。我妹妹是一个非常聪明而优秀的人，我可以无比信任她。Albert 跟她在一起会过得很好的。

我想让 Tete 留在这里生活，直到他变得有些强壮并且到了有能力融入更宽泛的社会环境的年龄，也就是到他 12 或 13 岁的时候。到时候，Albert 已经是大学生并能独立生活，Tete 也就可以去卢塞恩了。无论如何，将来他会返回瑞士的；因为我不会让他在这里上学。但是他的身体在这里会得到很好的照顾。要是他的病复发了，我们会送他去湖边或者山里疗养，Elsa 或她的女儿们会陪伴他的。[9] 我绝不会将他从我妻子身边夺走。只是由于她目前不能自己照看他，所以我想让他跟我一起生活，这也是健康而自然的做法。我这样做，不是因为我屈从于我情感上的一个弱点，而是因为我觉得这是正确的。

眼下这种永久化的临时措施和试探性的各种措施，已经变得令人越来越难以忍受。要是我现在就能旅行了，我会立刻过来。然而这却是不可能的事，因为我身体状况仍然并不稳定，特别鉴于在目前的旅行条件之下。

但愿您读到这封信时，您的小女儿已经康复如初。

衷心问候您的
爱因斯坦

ALS(SzZ, Nachl. H. Zangger, box 1c).［86 463］. 信封上的收信人地址是 "Herrn Prof. Dr. H. Zangger Bergstrasse 25 Zürich"，邮戳为 "Berlin Sch[öneb]erg 5 27.2.1[8].［12］—1N[achmittags]"，第二邮戳为 "Zürich 3 Eildienst & Fächer—3.Ⅲ.18.—7"。寄信人地址是 "Abs. A. Einstein Haberlandstr. 5 Berlin"。左上角的 "急件"（Durch Eilboten）被更改为 "挂号"（Einschreiben），另外增加了 "由邮差投递"（durch Briefträger），信封上有 "Zürich Briefträger Ⅱ.4.Ⅲ.13.—2" 的邮票。

[1] 关于 Mileva Einstein-Marić 在过去一年半的病情，见前一文件的注释 3 和注释 5。关于爱因斯坦和 Eduard Einstein 在过去一年多的治疗问题，见本书第八卷，文件 435a，注释 5。

[2] Zangger 夫妇的女儿 Gertrud 由于肺部感染住院治疗（见 Heinrich Zangger 1918 年 2 月 21 日致爱因斯坦[第八卷，文件 469]）。Zangger 夫妇在 Engadine 住了一段时间，也许是在 Tarasp，他们曾于 1917 年 8 月在那里度假（见本书第八卷，文件 369a）。

[3] 大约在一个星期以前，Zangger 曾告诉爱因斯坦，Zorka Marić 被安置在一家精神病院（见 Heinrich Zangger 1918 年 2 月致爱因斯坦[第八卷，文件 469]）。

[4] Mileva 只有一个妹妹，名叫 Zora（Zorka）Marić，在给爱因斯坦的信中，她的签名可能是 Rózsa，这是她的名字的匈牙利语拼法。爱因斯坦曾经在给 Helene Savić 的信中使用过这个名字，但他此时显然已

经忘记了(见爱因斯坦1916年9月8日致Helene Savić[第八卷,文件258])。

[5] Hans Albert Einstein;Maja Winteler-Einstein。

[6] Eduard Einstein 从1917年6月初开始就住在阿罗萨的Höchwald儿童疗养院,它的管理者是Peter Pedolin(见本书第八卷,文件346a)。

[7] Elsa Einstein。

[8] Paul Winteler。

[9] Ilse 和 Margot Einstein。

第八卷 471b. 致 Heinrich Zangger

[柏林,1918年2月27日以后]

亲爱的朋友 Zangger:

我刚刚给您寄出一封加急信件,[1]然而在与Rosenheim教授[2]谈过之后,我觉得我必须立即撤销信中的一个要点。我现在终于明白了,Tete需要长期住在山上。[3]现在,有关Tete的安排我都无条件地听从您的所有建议,而且会毫无异议地支付一切费用。我请求您原谅我此前所有的无理干涉。[4]您代表的是唯一正确的立场。

神父啊,我有罪!!

我再次急切地请求您让Albert去我妹妹那里。[5]他以后当然可以随意地经常去看他妈妈。我们也不得不安排她妈妈长期住在疗养院。[6]主要是因为,我们目前正处在会持续出现不良状况的时期,所以要终结那些凡是可以避免的(无休止的)可怕的争吵。

衷心问候您且心有懊悔的

A. 爱因斯坦

ALS(SzZ,Nachl. H. Zangger,box 1c). [86 463.1]。

[1] 见前一文件。

[2] Theodor Rosenheim,曾于1917年为爱因斯坦做过检查(见本书第八卷,文件361b)。

[3] Eduard Einstein 从1917年6月初开始住在阿罗萨的 Höchwald 儿童疗养院。

[4] Hans Albert Einstein 和 Mileva Einstein-Marić最近都反对爱因斯坦关于Zangger的评论(见本书第八卷,文件442a 和 461a,注释7)。

[5] Hans Albert Einstein;Maja Winteler-Einstein 在卢塞恩。

[6] 在前一文件,爱因斯坦详细提出了他的这一计划。

第八卷 475a. Mileva Einstein-Marić来信

苏黎世,1918年3月5日

亲爱的阿耳伯特:

作为对你最近于1918年1月31日的来信[1]的回答,我想告诉你我的以下想法:

你关于在我们声明离婚之后我与孩子们的物质保障方面的建议,我愿意接受,同时为了维护我们的利益,我对关于寡妇和孤儿供养费的保障方式持保留意见。因为这一点太不确定且模糊不清,必须在递交诉状之前加以明确。[2]如果我对这份供养费的所有权能够通过你的一份指定得到保障,那我想请求你,把这事处理好。然而这或许是不可能的;那么你愿意通过存入一笔钱(这笔钱你以后可以从答应颁给你的诺贝尔奖奖金里面拿回去)以债券的形式或者别的方式确保这事吗?[3]请你就此问题答复我。不假思索地放弃这份养老金,对我来说是不公平的,而且我也无法向我的孩子们交代。你和我的健康状况,迫使我们不得不把一切的可能性都考虑到。[4]也有可能——原谅我吧,神父!!!——你死后我就失去了这笔养老金,我又没有工作能力,不能给孩子们留下任何东西,而这种结果无论如何也是你不希望看见的。所以我恳请你,在这一点上把事情解决好。至于起诉的事,我会遵照你的愿望,如果你同意的话,这事我就在这里,在苏黎世做;当然对你而言,它在哪里发生都无关紧要。[5]Zürcher 博士十分友善地为我们的情况提供了建议,[6]我将它随信附上了,请你通读后告诉我,你是否认同第1)点的内容——这一点就是起诉的基础,[7]并且你不会针对它制造任何麻烦。

致以友好的问候!

Mileva.

ALS. [144 391]. 文件左侧空白处留有活页夹所需的穿孔。

[1]爱因斯坦1918年1月31日致Mileva Einstein-Marić(第八卷,文件449)。一个月以前,Mileva已给她要求更多时间去咨询律师(见本书第八卷,文件461a)。Heinrich Zangger 和 Michele Besso 已准备了一份草案来答复爱因斯坦与Einstein-Marić讨论此事的信(见 Mileva Einstein-Marić 1918年2月6日之后致爱因斯坦[第八卷,文件457],草案由 Besso 执笔)。

[2]爱因斯坦在信中曾表示寡妇养老金会得到保障(见爱因斯坦1918年1月31日致Mileva Einstein-Marić[第八卷,文件449])。

[3]爱因斯坦曾告诉她,她将获得他从诺贝尔奖得到的所有收入,如果他们能够离婚而且诺贝尔奖真

的授予了他（见爱因斯坦1918年1月31日致Mileva Einstein-Marić[第八卷，文件449]）。

[4] Mileva一个月以前提出了相同的观点（见本书第八卷，文件461a，注释5和注释11）。

[5] 爱因斯坦曾建议在柏林进行诉讼（见爱因斯坦1918年1月31日致Mileva Einstein-Marić[第八卷，文件449]）。

[6] Mileva的律师Emil Zürcher Jr.可能咨询了爱因斯坦在柏林的律师（见Mileva Einstein-Marić 1918年2月6日致爱因斯坦[第八卷，文件457]）。

[7] 有6个理由支持他们在瑞士的法院离婚（见爱因斯坦1916年4月8日致Mileva Einstein-Marić[第八卷，文件211]，注释3）。

第八卷 475b. Maja Winteler-Einstein 来信

卢塞恩，1918年3月6日

我亲爱的阿耳伯特：

上周日收到了你的警告信。[1]在你仍然生病的状态下，这样的纷争实在不是小事。你要相信，我们正在尽一切努力使你放心。[2]

例如，在昨天也就是星期二（星期一我在熨衣服），我和Pauli[3]乘车去了苏黎世，想去获知必要的消息，并在可能的情况下把小Albert带回来。[4]这是一次悲喜交加的冒险之行，有关情况我要完整地告诉你，好让你也开心一下。我们到达后立即打电话给Zangger，得到的答复是，他出门去了，晚上才能回家。在目前极其可怕的交通条件下，从苏黎世到卢塞恩的最后一趟火车是晚上6时出发，于是我们俩只有默然不语而面面相觑地等待着，并且为改变后的情况草拟一份行动计划：Pauli返回卢塞恩，而我到Anna[5]家过夜。这既是为了便于我找到方向，也是为了我第二天能跟Zangger交谈，还有去找Miza，等等。[6]我不得不再一次去登门拜访；Pauli先去Anna家为我安排晚上的住处。他根本不想同她谈论我们的任务，因为你是知道她的，虽然可以跟她说话，但是却不能跟她谈事儿。可她猜出了我们此行的目的，而当Pauli证实了她的怀疑时，滔滔不绝的指责、谩骂和威胁就从这张受伤的正义之嘴汹涌而出，它虽然是盲目的，却从不会偏离目标（或者必定总是？）。Pauli为了免遭伤害抓起帽子就逃了出来。他下了一半楼梯时，我正好跨进大门；我听见Anna在楼上继续用激动的声音把一切想得出来的可爱的训斥话语，一股脑儿地冲他的背影泼洒下来。Pauli正要把我拖到街上去躲避，可是Anna已经发现了我这个新的猎物。而我呢，我对眼前发生的一切浑然不知，只能以困惑的目光看看我那叫骂不停的小姑子，再看看我那愤怒的丈夫。Pauli最后还是拽着我离开那里，来到了街上。然后Pauli用惟妙惟肖的语言给我讲述了之前发生的事情。听罢他的故事，我觉得我必须再一次闯入狮穴，以便探明事情的究竟。我也不希望产生新的家庭纷争。我刚刚走上楼，就劈头盖脸地遭到了新一轮最为荒诞的数落，于是我就一言不发地坐着听她骂，有一刻钟之久，她把你、Elsa[7]和我乱七八糟地指控了一番，同时像捍卫英雄一样为Zangger（我根本没有攻击过他啊）作了辩护并且挺身保护他。这时候，她感觉自己宛如正义的化身，最后我们在和平中道了别。[8]随后我写信给Zangger约了见面的时间，于是我们又乘车回到我们爱好和平的家庭守护神身边。[9]你也可以说：愿上帝保佑我不受朋友的伤害；我能保护自己不受敌人的伤害。[10]我们所有的人同时都既是猎人又是猎物，这的确很奇怪。或者说，人人都相信，自己是被追捕的对象？这事我还不能完全弄明白。于是我们就只有等待那些反正要发生的一切。你同意让小Albert去Azzolini家吗，[11]而且要是这事根本就不可能做到，我们可不可以去把他拐到这儿来？我昨天跟她谈了这件事。如果小Albert能来我们这里，我觉得最好是，你就干脆把小Tete也交给我们。[12]因为这两个孩子彼此十分依赖，倘若没有很好的理由就把他们分开，那将是很可惜的。

　　你关于你的健康状况的那些言论，令人心情沉重。假如你不是那么仓促地返回柏林，情况应该会好些。[13]我非常期待你们都到瑞士来。到时候你一定会很快恢复你以前的体重。[14]虽然我们丰衣足食的那个时代已经结束，而且我们赖以为生的食物大部分也只能依靠那些花花绿绿的票证外加大把的钞票才能搞到，[15]但我们暂时还不需要勒紧裤带过日子。可惜我也不需要。——改天再聊！给你一个亲密的吻！

你的
Maja

替我衷心问候Elsa、孩子们和其他人。[16]

ALS. [144 796]. 文件左侧空白处留有活页夹所需的穿孔。

　　[1] 可能与1周前爱因斯坦给Heinrich Zangger的那封信相似（见本书第八卷，文件471a）。

　　[2] 几周前Heinrich Zangger曾警告爱因斯坦，说他在瑞士的家庭可能无法维持了（见Heinrich Zangger 1918年2月21日致爱因斯坦［第八卷，文件469］）。于是，可能爱因斯坦给他妹妹的建议，与他给Anna Besso的建议相同（见爱因斯坦1918年3月4日后给Anna Besso-Winteler的信［第八卷，文件474］）：让Hans Albert在Maja和Paul Winteler夫妇家寄宿。

　　[3] Paul Winteler。

　　[4] Hans Albert Einstein。

　　[5] Paul Winteler的妹妹Anna Besso-Winteler。

　　[6] Mileva Einstein-Marić。

[7] Elsa Einstein。

[8] 认为爱因斯坦冒犯了 Heinrich Zangger,见本书第八卷,文件 471b,注释 4。

[9] Penates 是古罗马的家神。

[10] 此话源出于意大利谚语"Da chi mi fido, mi guardi Iddio; da chi non mi fido, mi guarderòio"(愿上帝保佑我不被我信赖的人伤害,我自己保护我免受我不信赖的人伤害)。

[11] Margherita Azzolini (1881—?) 是 Maja 在伯尔尼的一位校友,她是罗曼语语言文学专家,出生于意大利的维罗纳(见 *Rogger 2005* 第 48 页和 *Azzolini 1910*)。

[12] Eduard Einstein。

[13] 爱因斯坦 1917 年 8 月底从 Switzerland 回到了柏林。

[14] 上一个夏天令爱因斯坦高兴的是,在瑞士他的体重增加了(见本书第八卷,文件 371b,注释 7)。

[15] 瑞士 1917 年 2 月开始紧急实施并且逐渐严格地执行食品配给制,直到战争结束。禁止星期四和星期五消费肉类,并且禁止销售新鲜面包。到 1918 年 1 月中旬,黄油也变成了定量配给商品(见 *Tribolet 1934*,第七卷,第 479 页)。

[16] Ilse Einstein 和 Margot Einstein,以及 Rudolf Einstein 和 Fanny Einstein。

第八卷 482a. Mileva Einstein-Marić 来信

150

[苏黎世,1918 年 3 月 17 日之前][1]

亲爱的阿耳伯特:

我想诚恳地请求你,把你决定算给我们的钱直接寄给我。[2] 同样地,如果你想得到关于我或孩子们的任何消息,也请直接找我。[3] 否则,这样那样的误解就是不可避免的,它们总是使我激动不安。鉴于我目前处于如此脆弱的身体状况,我希望你不会拒绝我这个请求。[4]

Miza

ALS. [144 362]. 文件左侧空白处留有活页夹所需的穿孔。

[1] 日期的确定根据为,这封信写于爱因斯坦 1918 年 3 月 17 日给 Mileva Einstein-Marić 的那封信之前(第八卷,文件 483),在那封信中,爱因斯坦同意直接把钱寄给她。

[2] 爱因斯坦收到 Mileva Einstein-Marić"寄来的费用账单"("die Abrechnung senden")时,起初打算通过 Anna Besso-Winteler 把钱寄给她(见爱因斯坦 1918 年 3 月致 Anna Besso-Winteler[第八卷,文件 474])。

[3] 爱因斯坦通过他在瑞士的朋友定期获得自己家人的有关情况(见爱因斯坦 1918 年 1 月 31 日致 Mileva Einstein-Marić[第八卷,文件 449])。爱因斯坦最近曾就 Eduard 高昂的治疗费用一事与 Hans Albert 通过信(见爱因斯坦 1918 年 1 月 25 日致 Hans Albert Einstein[第八卷,文件 442])。

[4] 关于 Mileva 糟糕的健康状况,见本书第八卷,文件 461a。

第八卷　482b. Mileva Einstein-Marić来信

[苏黎世,1918年3月17日之前][1]

亲爱的阿耳伯特:

Zürcher博士一有时间就会拟定协议,[2]到时候我会寄给你。

说到Albert,根本没有理由把他送到别处去寄宿。[3]以我现在的健康状况,我可以毫无问题地在家里躺着,虽然我不能下床,但我可以有很多时间与孩子们相处,这使我感到很幸福,同时也极其有助于我的健康。[4]对于这种情况,我的医生也表示完全同意,我很信赖他;他对于我这种情况特殊的病人经验很丰富。我在家里享受日光浴,也做些其他事情,而在医院里能做的也不可能比这更多;在这种情况下,不可以强迫人去做任何事情,正如我从个人经验中体会的那样;任何强迫的企图最终都会遭到严重的报复。这样和孩子们一起住在家里,我能享受到和他们一起生活的快乐,而且这对孩子们也更好;他们有一个家,能在我的看护下成长。所以我请求你,认可我对这件事的解决办法,它肯定也是最好的办法。[5]

我想再次请求你,把钱直接汇给我,而且把关于我的消息直接写信告诉我。[6]我相信,无须我长篇大论你也能明白我的意思,请你不要拒绝我这个请求,它会省去我许多的不安。

对于Albert,如果你能用至少三言两语回复他的信,他一定会很高兴的。如果在你的眼里他始终是一个罪魁祸首,那他将会很快失去对你所有的坦率;他肯定不是蓄意伤害你。[7]对此你是怎么想的?

致以友好的问候。

　　　　　　　　　　　　　　　　　　　　　　　　　　　　　Mileva

ALS. [144 361]. 文件左侧空白处留有活页夹所需的穿孔。

[1] 这封信写于Mileva Einstein-Marić收到爱因斯坦1918年3月17日写给她的那封信(第八卷,文件483)之前,同时又是在Mileva第一次要求直接把钱寄给她之后(见前一文件)。

[2] 当指由Emil Zürcher Jr.根据法律裁决起草离婚协议,此事早在3月初就已开始准备(见本书第八卷,文件475a)。

[3] 4周前,Heinrich Zangger曾告诉爱因斯坦,Mileva又住院了,并且如果没有找到合适的办法之前,可以让Hans Albert再次住到Zangger家中(见Heinrich Zangger 1918年2月21日给爱因斯坦的信[第八卷,文件469])。爱因斯坦已经反复对Zangger强调,他儿子应该跟Maja Winteler-Einstein长久住

在一起（见本书第八卷,文件 471a；和爱因斯坦 1918 年 3 月 4 日致 Anna Besso-Winteler[第八卷,文件 474]）。

［4］例如,Mileva 曾"尽可能地"（soviel sie kann）帮助 Hans Albert 制作电动火车模型,见本书第八卷,文件 442a。

［5］见注释 3。

［6］同前一文件中的要求。

［7］Hans Albert 曾指摘他父亲,认为他不该说 Eduard 在阿罗萨疗养是在享受"溺爱"（ver pimpeln）（见本书第八卷,文件 442a）。

第八卷　494a. Vero Besso 来信

苏黎世,1918 年 3 月 28 日

亲爱的爱因斯坦先生：

您寄给我妈妈的那张明信片真的不可爱；[1]她曾付出了那么多艰辛的努力,就好像是在为自己亲兄弟出力一样。而且她做那些事的时候,肯定不怀有教育家般或者大师才具有的那类企图,她只是做了一个细心的家庭主妇所能做的。

她之所以开始插手那件事,是因为有人请求她去那样做；我爸爸出门在外,她把那事儿可以说是当作遗产接管过来,并且最终也是因为富于同情心的她不善于袖手旁观,一旦她认为自己有能力帮助别人的时候。[2]而一旦她插手之后,她就会尽其所能地去把事情做好。

请您回忆一下上次在岛上的那些交谈,虽然内容与此毫不相关,但那些谈话使她的本性昭然若揭,正如她现在的行为所体现的那样。两者的差别仅仅在于,现在涉及的事情就处在她自己的经验范围之内,由此就产生了某种本能,它导致（相对而暂时）的正确性,而在那次谈话中,她显得逻辑性不够。

所以在我看来,应该更多地关注她的行动,而不是她的言辞,尤其是当这些言辞是她在情绪激动时说出口的,而且是针对一个此前跟她长期相处得很糟的人说的。[3]她当时情绪很激动,这不难理解,因为她事先已由于一句对 Maja 不太友好的评论而与 Paul 发生了争执。[4]此外,她的话也绝不会以任何方式伤到您,要是您本人听到了它们,其实您只会哈哈大笑,从而把它们的意义冲淡一些。只需一个小时的理性交谈,您就肯定会跟她在整件事情上达成一致,而写信却往往导致误解。

您妹妹既温和又理性。她的每一句话也有其特定的含义,因此不难理解,她懂得如何轻言细语地表达自己对别人的看法,同时又不必直接把话说出口。所以她的话也就具穿透力和可信度。您妹妹不喜欢我母亲（反之亦然），[5]这一点你是很清楚的。她喜欢说些[她]想说的话，正因为如此，她的观点会是片面的，即使它看起来并不片面。

现在我想出于以下三个理由请您原谅我的冒昧：

1. 因为我母亲在不公正的对待下受到了伤害（而不是因为她嚎啕大哭地爆发了一阵，就像人们常常听到的那样）；

2. 因为我本人喜欢您；

3. 因为爸爸肯定在根本问题上与我母亲是一致的（而不是像那份"幽默的报告"[6]所暗示的那样，恰好相反），而且他们俩的意见都是不可动摇的。

衷心问候您的
Vero

读一读陀思妥耶夫斯基（Dostojewski）吧，如果您有时间。

ALS.[144 799].文件左侧空白处留有活页夹所需的穿孔。

[1] 爱因斯坦在 3 月 17 日写了一张明信片给 Anna Besso-Winteler，他告诉她说，今后别再给他写信（关于 Paul Winteler 的评论，见本书第八卷，文件 561b）。

[2] Michele Besso 动身去罗马之后，他的妻子就替爱因斯坦承担起他在瑞士的那个家庭里的重任（见 Anna Besso-Winteler 给爱因斯坦的信，1918 年 3 月 4 日后[第八卷，文件 475]）。

[3] 3 周前 Maja Winteler-Einstein 描述了她跟她丈夫的妹妹 Anna Besso-Winteler 以及她丈夫跟他妹妹之间发生的争吵，参见本书第八卷，文件 475b。

[4] Maja Winteler-Einstein 和 Paul Winteler。

[5] Anna 对她嫂子 Maja 的感觉这一次也得到了清楚的体现："我哥哥[Paul]也害怕他（温和而精力旺盛）的妻子，就像爱因斯坦的父亲一样。女性是这个家族中强势者，她们能通过欺骗、仁慈、威胁、恳求去达到她们的任何目的"（Mein Bruder steht eben auch unter dem Pantoffel（milde aber sehr energische Frau），wie es auch E. s Vater war. Die *Frauen* sind in dieser Familie das *starke* Geschlecht u. erreichen durch List, Güte, Drohen, Bitten alles was sie wollen）。见 Anna Besso-Winteler 1918 年 3 月初给 Heinrich Zangger 的信，SzZ，Nachl. H. Zangger，box 27，[83 463]）。

[6] 见本书第八卷，文件 475b。后来 Paul Winteler 将其描述为"我们在苏黎世的幽默的冒险"（见本书第八卷，文件 561b）。

第八卷 494b. 致 Vero Besso

[1918 年 3 月 28 日之后][1]

亲爱的 Vero：

您的来信令我感到很欣慰，您在信中以细腻而劝和的方式处理了那些棘手的事情。[2] 您是您父亲优秀的儿子，[3] 已经有能力洞察事物。我写寄来的那张明信片并没有恶意。只是一种防止出现进一步诋毁的方式，这就好比一个因冰雹突袭而受到惊吓的人撑开自己的雨伞。就此而言，我妹妹的来信并没有产生任何影响。她只是以幽默的口吻呈现和描绘了他们受到的那次接待。[4] 但是真正把我吓得退避三舍的，是Anna在我面前采用的那种难以忍受的狂妄而傲慢的语气。[5] 帮助确实是善意而且是出于自愿的，可是对我来说，提供帮助的那种方式却令人如此痛苦而不愉快，以至于我宁可得到最糟糕的混乱，也不想接受那种帮助。是我请求她去做了某些不适合她的事，这是我的错。她不具备平息激情的狂澜所必需的那种亲和力，也没有能力去理解她的亲人们。她只能简单地以道德上的愤慨去回应一切。但是请求她去做那样的事，这是我的错，而且我要再次感谢她满足了我的请求。

现在我正努力，直接联系我妻子处理一切问题。[6] 她目前对我态度很好而且善于沟通，简直令人侧目，而且她肯定不会因此而获得不好的经验。——然而私生活上的这种痛苦我确实受够了。我满怀热爱和敬佩地读了陀思妥耶夫斯基的回忆录《死屋手记》(Aus einem Totenhause)，并且打算去读他的全部作品。[7] 他主张和解，同时从不对人隐瞒生活的艰难苦楚。但愿你在科学上的快乐没有被Poly给毁掉了。[8] 做你感兴趣的事，别让自己被那种苍白的责任感弄得郁郁寡欢，也不要去关注众人热衷且津津乐道的那些事情。几乎一切都注定要被人遗忘。而科学上的乐趣则属于世上最珍贵的东西，它会与人相伴一生。真是太可惜了，Weyl离开了苏黎世；[9] 他是一位大师。

我很期待能在7月初见到你。然后我要到高山上去让我的内部得到强化。好好安抚一下Anna并替我衷心问候你的双亲。

阿耳伯特

Zangger的不幸使我深感悲痛。[10]

ALS(SzZ, Nachl. H. Zangger, box 1d). [86 568].

[1] 日期的确定基于此信是对上一封信的回复。

[2] Vero Besso 提出的问题，见上一文件。

[3] Michele Besso。

[4] Maja Winteler-Einstein 3周前的来信（见本书第八卷，文件475b）。

[5] Anna Besso-Winteler。3周前Maja Winteler-Einstein来信描述的事件（见注释4）。

[6] Mileva Einstein-Marić。

[7] *Dostoyevsky 1916*。

[8] 在瑞士联邦工程技术学院上学时，爱因斯坦总是逃避枯燥的课堂，喜欢独自在家研究理论物理大师的著作（见本书第一卷，编后记，"爱因斯坦作为物理系学生时和他在H. F. Weber课上的笔记"，第60—

61页,和他的回忆 Einstein 1955,第145—146页)。

[9] 1917年12月Hermann Weyl被任命为德国Breslau大学的数学教授,他在1918年初接受了任命(见Hermann Weyl 1918年4月5日致爱因斯坦[第八卷,文件497])。

[10] Heinrich Zangger的女儿Gertrud 1918年3月26日死于肺炎。

第八卷 496a. 致 Mileva Einstein-Marić

[柏林,1918年4月3日]

亲爱的 Miza:

昨天我在这里的一位法学家朋友向我保证,[1]苏黎世那边的离婚程序十分冗长,而我这边只需在3个星期之内花费很少的时间和精力,然后一次开庭就能办好。还需考虑的是,基于"与Elsa通奸"这一理由的离婚对我确实不会有任何好处,因为与判决联系在一起的是禁止重婚。[2]我们很容易在这里找一个愿意揽下通奸之名的替身。对你来说重要的依然是,离婚必须以你跟Zürcher达成的那份协议为基础;至于在哪里办手续,对你而言都一样。我很乐意提前把诉状提交给你,以便你确认你是同意的。请向Zürcher博士转达我这个愿望;他也一定会认为它是合理的。[3]

今年夏天,我要到高山区域住2~3个月。[4] 7月初我会来拜访你,以便带Albert和Tete[5]去跟我待一段时间。

亲切问候你的
阿耳伯特

请立即把那笔汇款的收据寄给我。[6]

———

要达到对重婚禁令的废除,程序极其繁琐和冗长。这样一份请愿书送达部长手里大约需要1年!

教育部仍然没有答复。[7]但是那笔钱会立即存入。[8]

爱因斯坦的修订:"特种快递"

AKS(SzZ,Nachl. H. Zangger,box 1d)。[86 560]。明信片上的收信人地址是"Frau Mileva Einstein Gloriastr. 59 Zürich(Schweiz)",寄信人地址是"Abs. A. Einstein Haberlandstr. 5 Berlin",邮戳为"Berlin—Wilmersdorf 1 3.4.18.1—2N[achmittags]"。背面上方有"预订加急邮件"字样,在背面的下部有"加急邮件"字样。两者都是爱因斯坦的手迹。

[1] 可能是法学家和自由政治家 Friedrich Curtius (1851—1933)，创建了 Vereinigung Gleichgesinnter，爱因斯坦是该组织的成员（见爱因斯坦 1916 年 10 月 14 日致 Werner Weisbach[第八卷，文件 264]），或者是指 Albert Pinner (1857—1933)，此人是州法院Ⅰ、Ⅱ、Ⅲ部门的律师，如果诉讼在柏林进行，他会被选作 Mileva 的律师（见爱因斯坦 1916 年 6 月 1 日致 Mileva Einstein-Marić[第八卷，文件 208]）。

[2] 在离婚协议的草案中（见本书第八卷，文件 482b），Emil Zürcher Jr. 显然已建议爱因斯坦承认自己与 Elsa Einstein 通奸。根据瑞士民事诉讼法，通奸是离婚的六个理由之一；同时被告将被禁止 2 年内再婚（1907 年 12 月 10 日的《瑞士民法典》"Schweizerisches Zivilgesetzbuch"，参见 *Sammlung 1949*，第 25—26 页）。

[3] Emil Zürcher Jr. 。

[4] 爱因斯坦显然计划通过到阿尔卑斯山区旅行来改善健康状况（见前一文件）。

[5] Hans Albert 和 Eduard。

[6] 大约在 4 月初，爱因斯坦曾答应寄给 Mileva 2000 法郎（见爱因斯坦 1918 年 3 月 17 日致 Mileva Einstein-Marić[第八卷，文件 483]）。

[7] 根据 Max Planck 的建议（见 Max Planck 1918 年 3 月 19 日致爱因斯坦的信[第八卷，文件 486]），爱因斯坦向普鲁士教育部学术事务部长寄了一份申请，请求允许 Mileva 继续拥有从普鲁士科学院领取寡妇养老金的权利，即使在爱因斯坦与她离婚而与 Elsa 结婚之后（见爱因斯坦在 1918 年 4 月 11 日前给 Hugo A. Kriiss 的信[第八卷，文件 502]和年表和日程表中 1918 年 5 月 8 日的以及之前的条目）。

[8] 一旦达成离婚协议，爱因斯坦必须每年向 Mileva 支付 9000 马克的供养费（见爱因斯坦 1918 年 3 月 17 日致 Mileva Einstein-Marić[第八卷，文件 484]）。

第八卷　496b. Mileva Einstein-Marić 来信

[苏黎世，1918 年 4 月 4 日]

亲爱的阿耳伯特：

我昨天收到了 2000 法郎的支票，[1] 谢谢你。

我在银行的抱怨是不对的；是我把有些事儿搞混了，汇款全都正常。[2] 这几天正在起草协议，[3] 完了会寄给你。

致以友好的问候！

Mileva.

AKS. [144 358]. 文件左侧空白处留有活页夹所需的穿孔。背面的收信人地址是"Herrn Prof. Einstein Haberlandstr. 5 Berlin - Wilmersdorf."，寄信人地址是"Abs. Einstein Gloriastr. 59 Zurich"，邮戳为"Zürich 10 (Hottingen)—4. Ⅳ. 18. —3"。

[1] 4 月初答应的款项（见前一文件，注释 8）。

[2] 爱因斯坦 1917 年 10 月底寄往苏黎世的 3000 马克（见爱因斯坦 1918 年 3 月 17 日之后致 Mileva Einstein-Marić[第八卷，文件 484]）。

[3] 离婚协议的草稿是 Emil Zürcher Jr. 起草的(见前一文件,注释2)。

第八卷 513a. Hans Albert Einstein 来信

[苏黎世,1918年4月22日之前][1]

亲爱的爸爸:

我的假期还没结束。这个假期结束之后,一切都会改变:我升入三年级了并由此进入高级中学。[2]而且我也长高了,我现在足足有165cm高了,结果我的衣服都穿不了啦。放假之后,Tete 也要去上学,上二年级。[3]如果有人谈论他,他不知道该如何面对。

在这个假期里,我绘出并且也制作了一个电力机车模型。[4]它看起来很不错。我是用厚纸板做的,还有轮子和马达等。这可是件很不容易的事情,因为一切材料都来之不易,而且获得的材料都是又贵又差劲的,所以我不得不暂时放弃了,虽然还没有做完。现在我想制作一个飞行器。但是后来我才明白一个事实,也就是凡事做起来都会有难处,因为可以给我制作小板条的那个木匠[5]根本就没有时间,或者从来不在他的工作间里。总之我必须等待,等那位木匠先生屈尊为我做好小板条。

音乐学校也放了假,[6]尽管如此,我还是几乎每天都弹琴,因为它已为我带来了很多乐趣。现在我已会弹舒伯特、莫扎特、门德尔松和贝多芬的很多曲子。眼下我正在练习肖邦的圆舞曲,虽然它们有些难度,但只要真能坚持练习,也还是学得会。

在家里我也总是有很多事情要做,我得负责把所有的生活必需品都弄回家来。现在一切都很不方便。写信告诉我,你现在情况如何,还有你的胃怎么样了!你已经能下床活动了吗,或者还是必须躺着,像妈妈一样?总的来看,她现在已经好些了,可她必须一直躺着。[7]

亲切问候你的
Adu

ALS.[144 708]. 文件左侧空白处留有活页夹所需的穿孔。

[1] 日期确定的根据是,此信写于1918年春季假期结束之前(见《苏黎世州官方校报》*Amtliches Schulblatt des Kantons Zürich* 33[1 April 1918], no. 4, 第88页)。

[2] 苏黎世州立学校的实科中学(*Realgymnasium of the Kantonsschule*)(见爱因斯坦1918年1月25日致 Hans Albert Einstein[第八卷,文件442],注释1)。

[3] Eduard 从 1917 年 5 月底到 1918 年 1 月都在阿罗萨的疗养院里,故跳过了小学一年级(见他的学生证,SzZ-Ar)。

[4] Hans Albert 打算在母亲的帮助下制作电动机车模型(见本书第八卷,文件 442a)。

[5] 可能是那个曾经教 Hans Albert 做细木工活的木工(见爱因斯坦 1916 年 7 月 25 日致 Hans Albert Einstein[第八卷,文件 241])。1917 年 4 月起,Hans Albert 不再跟他学做家具(见本书第八卷,文件 319a)。

[6] 自从上一个夏天起,Hans Albert 恢复了他在苏黎世传统音乐学校(Konservatorium Musikschule)的钢琴课(见本书第八卷,文件 346a 和 435a)。

[7] 由于胃病,爱因斯坦从 1917 年圣诞节起一直卧病在床(见爱因斯坦 1917 年 12 月 24 日致 Hans Albert Einstein[第八卷,文件 417])。他的妻子由于严重的心脏病从 1916 年 7 月起就住院治疗(见爱因斯坦 1916 年 7 月 14 日致 Michele Besso[第八卷,文件 233])。出院后,她仍须卧床休息(见本书第八卷,文件 482b)。

第八卷 514a. Mileva Einstein-Marić 来信

[苏黎世,1918 年 4 月 22 日]

亲爱的阿耳伯特:

我已收到你修改后的协议,[1] 并想告知你以下事项:

1. 给我的钱不管你存在德国银行,或是这里的银行,我都无所谓;但是你必须按 Zürcher 博士在协议中指定的方式办理。[2] 把钱存到瑞士银行这一建议是基于这样一个假设:这笔钱的利息从现在起就已经能够构成你该支付给我们的费用的一部分,也就是可以作为我们生活费的一部分;如果能在瑞士有这一部分资金作为安全保障,以防万一,这当然将是我们的优势;但我并不坚持必须如此。

2. 我同意你关于每年 8000 法郎和可能得到的诺贝尔奖奖金的协议变更。[3]

3. 关于孩子们的问题的那条表述,[4] 我想补充以下说明:这一表述并不具有某种程度上增加你跟孩子们见面的难度的用意,而是有着与此完全不同的理由。我们已经非常详细地考虑过这一点并且认为必须明确的是:我没有义务听从你的要求,把孩子们派往或带到你那里,比如说德国;而这样做也不是出于别的任何原因,而是仅仅出于对孩子们本身的关心。在协议中把一切的可能性都考虑到,这是完全不可能的;何况我们也不知道,我们大家以后的生活会是什么样子。或许很有可能的倒是,今后我不可能把孩子大老远地送去交给你,同时自己却毫无损失。到时候如果遇到这种情况,你一定要坚持自己的权利,那么我就会陷入困境。我只是想提醒你一下,去年你曾那么坚决和坚持不懈地要求,把 Tete 从阿罗萨带走;[5] 而现在你该知道了,住在那里对他而言是多么的必要。我绝不相信,你这样做是因为你真的对孩子缺少亲切,其实只是因为你不了解他的状况,也不知道什么是他所需要的。当然了,你在那边也不可能知道这里每天发生的各种事情的一切细节。所以,协议里的这一规定只是一个保护性的措施,也就是在一旦出现困难局面的时候,要确保孩子们不遭难。就目前来说,只要战争还在继续,孩子访问德国就是不可能的事情。以后我们肯定会就有关细节达成一致。必须让孩子们自己去柏林见你,一想到这个我或许就会不高兴;但是我希望,你以后别向我提出那样的要求,而且你至少要在这一件事情上尊重我的感受。我向你提出这个请求,希望你不会拒绝它。——有了这一番解释,我们协议中的最后一点就会显得不算苛刻了,所以我也请你别去动它,就让它保持原样。

  Zürcher 博士告诉我,他或者 H. Zangger 已经写了信,同你谈过这事到底在这里还是在柏林解决。[6] Zürcher 先生认为,这事在你那边也不可能得到迅速的解决;他还认为,就在这边处理将毫无困难。[7]

  致以友好的问候!

Mileva.

ALS.[144 392].文件左侧空白处留有活页夹所需的穿孔。

  [1] 爱因斯坦月初曾建议对离婚协议草稿作相应的改动(见爱因斯坦 1918 年 4 月 15 日前致 Mileva Einstein-Marić[第八卷,文件 505])。

  [2] Emil Zürcher Jr.。爱因斯坦反对律师建议的把钱存到瑞士的银行的条款(见爱因斯坦 1918 年 4 月 15 日前给 Mileva Einstein-Marić 的信[第八卷,文件 505])。

  [3] 爱因斯坦曾建议,把他每年支付给 Mileva 和孩子们的供养费从 6000 法郎增加到 8000 法郎。他还建议,要是他获得了诺贝尔奖,就把供养费增加到每年 9000 法郎(见爱因斯坦 1918 年 3 月 4 日之后致 Anna Besso Winteler[第八卷,文件 474]和爱因斯坦 1918 年 4 月 15 日前致 Mileva Einstein-Marić[第八卷,文件 505])。

  [4] Mileva 要求爱因斯坦,他只能到瑞士去看望 Hans Albert 和 Eduard,这个要求遭到了他的拒绝(见爱因斯坦 1918 年 3 月 15 日前致 Mileva Einstein-Marić[第八卷,文件 505])。

  [5] 上一个夏天,爱因斯坦曾要求立刻把 Tete 从阿罗萨的疗养院接回来,他认为住在那费用太高(见爱因斯坦 1918 年 1 月 25 日致 Hans Albert Einstein[第八卷,文件 442])。

  [6] Heinrich Zangger。爱因斯坦在 4 月初告诉 Mileva,离婚诉讼程序在柏林只需 3 周即可完成,而在苏黎世则需要很长的时间(见本书第八卷,文件 496a)。

  [7] 见前一注释。Mileva 在 3 月初曾表示,她赞成在苏黎世办理离婚诉讼(见第八卷,文件 475a)。

第八卷 532a. Mileva Einstein-Marić来信

[苏黎世,1918 年 5 月 8 日之前][1]

亲爱的阿耳伯特：

你最近那封关于协议新建议的信来得有些迟，[2] 而且 Zürcher 博士[3] 也外出了。这就是我只能今天才回复你的原因。他提醒我们注意，如今的证券是一种很不可靠的东西。[4] 因为我相信我可以假设，你确实是一番好意，你想在你死亡的情况下[5] 确保我们每年能得到 3000 马克（我想就是这么多吧）；所以我想请求你好好地考虑一下，当前的证券市场是个什么形势。我不能也不想要求更多，但是这笔钱必须是真正安全的。把这些你可以支配的证券卖掉，以现金形式存起来，也好让我们能有一清二楚的账目，这样做难道不是更明智？Hurwitz 教授的妻子[6] 已经在不同的场合告诉过我，他们在证券上遭受了巨大的损失，他们有很多钱都已经可以说是完全没有希望拿回来了。所以我请你注意一下这个情况，以免我为此忧心忡忡。我请求你认真考虑这件事，并写信告诉我你的想法。

我希望你此间已收到了 Albert 的信，[7] 如果没有，也请告诉我。

致以最诚挚的问候！

Mileva.

160　ALS.［144 360］. 文件左侧空白处留有活页夹所需的穿孔。

［1］日期确定的根据是，它写于收到爱因斯坦 1918 年 4 月 23 日给 Mileva Einstein-Marić 的那封信之后（第八卷，文件 515），并且在爱因斯坦 1918 年 5 月 8 日给 Mileva Einstein-Marić 的那封信之前（第八卷，文件 533）。

［2］爱因斯坦 1918 年 4 月 23 日致 Mileva Einstein-Marić（第八卷，文件 515）。

［3］Emil Zürcher Jr.。

［4］爱因斯坦有价值 40000 马克的股票和债券存在瑞士银行，并且一旦离婚将成为 Mileva 的财产。她有权处置其利息，但不能处置本金。还将追加存入 20000 马克；要是爱因斯坦得不到诺贝尔奖，Mileva 在他死后可以获得这笔存款的利息（见爱因斯坦 1918 年 4 月 23 日致 Mileva Einstein-Marić［第八卷，文件 515］）。根据这一时期的新闻报道，德国的股票和债券被认为是"不安全的"（unsicher），因为由于人们狂热的投机心理（Spekulationseifer），它们其实被估价过高（参见《柏林日报》1918 年 6 月 1 日的晚间版的"怀疑与陶醉"[Skepsis und Taumel]以及《柏林日报》1918 年 6 月 5 日的晚间版的"1918 年 5 月的股市"[Die Börse im Mai 1918]）。

［5］相当于总本金的 5% 的收益，见注释 4（见在 1918 年 4 月 23 日的爱因斯坦给 Mileva Einstein-Marić 的信中的条款 1 和 2［第八卷，文件 515］）。

［6］Ida Hurwitz。

［7］本书第八卷，文件 513a。

第八卷　533a. 致 Heinrich Zangger

［柏林，1918 年 5 月 8 日之前］[1]

亲爱的朋友 Zangger：

这里有一些对您关于概率的评论的杂乱无章的评述。[2]等我到了苏黎世后，我们可以讨论一下，我大概 7 月 1 日来。我现在很满意我的健康状况。这在很大程度上可能是由于我很多时候都躺在阳台上，接受太阳的烘烤。[3]苏黎世的一位主任 Huguenin 先生已经安排本地的一个公司送浓缩牛奶给我。[4]这可能是由于您的恳求。无论如何，我非常感谢您。最近我一直过着流浪汉的生活，自己很少尽力。我很陶醉地阅读了卢梭（Rousseaus）的回忆录，还读了法郎士（Anatole France）的书，他是个了不起的、温和而善解人意的家伙。[5]与此相反，我对巴尔扎克（Balzac）提不起兴趣。我究竟写了什么特别可怕的东西，如您暗示的那样，竟然在法律上侮辱了 Zürcher 博士？[6]如果不涉及精密科学，如果不是语言大师，文字只不过是思想和情绪的一种具有欺骗性的传播工具。我们很快就会见面，到时候我们可以无话不谈。我也无法形容地渴望见到我的知心的朋友 Besso，只是我不想看见他的妻子；她在来信中对我进行了无耻的攻击。[7]我真的不是太敏感了；可是没有人愿意坐在蚂蚁的巢穴上，就算他拥有一个很结实的屁股。拟在卢加诺召开的概率论会议将会有些类似于 Babel 的通天塔（我也在看《圣经》）；但它可能会挺好玩的。只是我想请求您，不要逼我到那里去布道。[8]因为只有当我真的有话要说，我才会发言，而这并不是所有的普通听众都了解的。可这一点并不适合于这次会议。您会反对我说，您也可以讲些旧东西啊，只要能讲得好；然而我恰恰缺少这种能力，以至于我结结巴巴的演讲之所以可以忍受，只不过是因为其中的思想之新颖性似乎让人觉得情有可原。Weyl 写了一篇极具思想性的文章，他力图在广义相对论的意义上去统一重力和电磁学。然而我认为，这在物理上是不正确的。[9]请告诉 Besso，他应该去问一下这个事情。我想知道，他是否跟我一样，也能发现其中存在的那个细微的问题。在我这边的科学院里，由于这篇文章而产生了几个有趣的情景，容我以后再给你们讲述。[10]

现在，我和我妻子之间已形成了一种令人满意的关系，并且是通过为了办理离婚手续才发生的书信往来形成的这种关系！[11]这真是一个理想的和解契机。当前我正在努力获取许可，以便能把我的积蓄给她，并替她汇到瑞士去。到目前为止，我还没能在帝国银行办好汇款许可。[12]这笔钱，连同我最近获得的两项大奖的奖金，共计 40000 马克。[13]您一定会笑我，笑我竟然以不无自豪的口吻告诉您这事；可是对于我的孩子们而言，这意味着一旦我死了，他们将不必全靠朋友们的接济为生。[14]这种事我有过切身的体验！

衷心问候您的老
爱因斯坦

我没能找到与前面两行半[15]有意义的联系。

对复杂事件的概率 W 的任何判断,都须以某些确定的——关于初始(原始)事件的概率 w 的——前提为基础,(从这些前提中产生概率)是它们组成了复杂的事件。W 与 w 之间的连接要按照一定的规则进行,而概率运算在选择这些规则时,要着眼于它们是否有利于应用到尽可能多的观测数据序列。

一个骰子投掷 6 次的相同概率,在逻辑上与掷出这一个而不是其他骰子的可能性无关。

对两个事件的相同概率的陈述与对这两个事件的相互独立性的陈述无关。缺少一个,另一个仍然有效。

对概率的考量与对因果关系的考量大概是相互排斥的,可是自然的因果关联即使是不间断的,也为对概率的考量预留了空间。与此相关的是,对因果关系的充分推导往往是不可能的,或者也不是蓄意的。

对经验事物的严格秩序的要求可否根据原因和效果得到满足,我们不知道,而且也将永远不确知。事实上,我们在几乎所有的领域都必须放弃对它的探求,因为制造确定而充分的因果链条,这几乎总是超出了我们的能力范围。

———

潜在的问题:经过理性定义的概率,其本身无法实际应用。从概率的经验定义出发的理论建构遇到了种种巨大的困难。

ALS(SzZ, Nachl. H. Zangger, box 1a). [89 524].

[1] 日期确定的依据是,这封信写于帝国银行回信之前(见年表和日程表:1918 年 5 月 8 日)。

[2] 见爱因斯坦在页脚的评语。

[3] 在之前的冬天,爱因斯坦由于胃病一直卧病在床(见本书第八卷,文件 513a,注释 7)。

[4] Gustav Huguenin。

[5] *Rousseau 1870*。2 周前爱因斯坦也提到,他在阅读卢梭的《忏悔录》(*Rousseaus Bekenntnisse*)(见爱因斯坦 1918 年 4 月 22 日致 Heinrich Zangger[第八卷,文件 514])。爱因斯坦的图书室里有《忏悔录》(*Rousseau 1897*),但它们看起来好像从没被翻阅过。他的藏书也包括 *France 1908a*、*France 1908b* 和 *France 1917*。

[6] 可能在注释 1 中提到的信中。Emil Zürcher Jr.,他在离婚诉讼中担任 Mileva Einstein-Marić 的律师。

[7] Michele Besso。2 个月前,爱因斯坦写信给 Anna Besso-Winteler,请她继续帮他安排给他妻子递送财政方面的支援。他还请她帮忙确定 Mileva 同意离婚。但是 Anna Besso-Winteler 表示不同意他的看法(见爱因斯坦 1918 年 3 月 4 日之后致 Anna Besso-Winteler[第八卷,文件 474]和 Anna Besso-Winteler 1918 年 3 月 4 日之后致爱因斯坦[第八卷,文件 475])。大约在同一时间,Anna Besso-Winteler 在与爱因斯坦的妹妹 Maja Einstein-Winteler 及其丈夫 Paul Winteler 发生的一次面对面的冲突中,表达了对爱因斯坦的愤怒(见本书第八卷,文件 475b)。

[8] Zangger 正打算在将于卢加诺召开的瑞士科学家年会(自然科学家大会 Naturforscherversammlung)

的医学和生物分会上搞一个讨论概率概念之意义的特别会议。他的观点是,"从各种不同学科向医学思维表明,那种极少稳定的思想,连同那些无法分解为细节的经验,至少可以通过可靠的自律,然后也可以通过追寻特殊的、可精确影响的事件和基本过程,而得到磨砺"。("dem medizinischen Denken von den verschiedene Disziplinen aus zu zeigen, wie sich das wenig feste Denken mit nicht ins Detail auflösbaren Erfahrungen mindestens durch zuverlässige Selbstkontrolle, dann durch Suchen nach besonderen, exakt beeinflußbaren Ereignissen und Elementarvorgängen schärfen läßt." *Zangger 1920b*)。会议定在 1918 年 9 月召开,但由于卢加诺爆发了流感而不得不推迟到 1919 年(见某人 1918 年 8 月 28 日致 Zangger, SzZ, Nachl. Zangger, box 175)。1920 年《瑞士医学周刊》*Schweizerische Medizinische Wochenschrift* 出版了一期专刊(Nr. 34),其中含有四篇为卢加诺会议主题准备的论文,其作者包括 Hermann Weyl 和 Zangger。在这封信里,爱因斯坦可能是在评论 Zangger 的文章原稿(*Zangger 1920c*)。亦见 *Zangger 1930* 和其在 SzZ, Nachl. H. Zangger, box 175 的草稿,也有 Zangger 对卢加诺会议的评论。

[9] Hermann Weyl 的论文是 *Weyl 1918a*。关于此论文的更多细节以及爱因斯坦的"量杆争议"(Maβstab-Einwand),见 Hermann Weyl 1918 年 3 月 1 日致爱因斯坦(第八卷,文件 472,注释 3)以及爱因斯坦 1918 年 4 月 15 日和 1918 年 4 月 19 日致 Hermann Weyl (第八卷,文件 507 和 512)。爱因斯坦的异议后来发表为 *Einstein 1918h*,是对 *Weyl 1918a* 的一个注解。

[10] *Weyl 1918a* 的出版遇到了困难,有关解释见爱因斯坦 1918 年 4 月 19 日致 Hermann Weyl(第八卷,文件 512)。

[11] 见爱因斯坦 1918 年 4 月 23 日和 26 日致 Mileva Einstein-Marić(第八卷,文件 515 和 519),和本书第八卷,文件 514a 与 532a。

[12] 请求帝国银行批准转款的申请,见爱因斯坦 1918 年 5 月 8 日之前致帝国银行董事会董事,参见年表和日程表。

[13] 11000 马克可能来自汉堡的 Valbruch 基金会(Valbruch Foundation of Hamburg),5000 马克来自法兰克福的彼得·威廉·穆勒基金会(Peter Wilhelm Müller Foundation of Frankfurt)(见爱因斯坦 1918 年 5 月 8 日之前致 Mileva Einstein-Marić[第八卷,文件 533],注释 7)。

[14] 在过去的一年里,爱因斯坦曾不断表示,他很担心自己的儿子们今后缺乏足够的财政安全(见本书第八卷,文件 391a,注释 3)。

[15] 原件中以下评论位于致敬语之前。

第八卷　539a. 致 Max Jakob

[柏林,1918 年 5 月 17 日]

尊敬的同事先生:[1]

请接受我感谢您的好意,您让我在讨论我那本小书的时候可以自由处理。您肯定更仔细地读过它,因为您感觉到了最后一部分里的急躁情绪![2]

致以最真诚的问候!

您的

A. 爱因斯坦

AKS.［122 438］。明信片上的收信人地址是"Herrn Dr. Max Jakob Kastanienallee 27 Charlottenburg",邮戳为"Berlin W 30 17.5.18.5—6N[achmittags]"。

［1］Jakob(1879—1955),是帝国物理技术研究所成员(Physikalisch-Technische Reichsanstalt)。

［2］见 *Jakob 1918*,是对 *Einstein 1917a* 的另一种有利的评论(第六卷,文件 42)。他指出,爱因斯坦在该书第二部分对广义相对论的阐述"在我看来,很简短,太简短"("sehr kurz, zu kurz, wie mir scheint"),第 276 页。

第八卷 545a. Mileva Einstein-Marić 来信

[苏黎世,1918 年 5 月 23 日之前][1]

亲爱的阿耳伯特:

(如果)我不想要你误解我。如果说在我的上一封信中,我是对你的证券投资提出了异议,[2]那我也当然不是为了满足我对金钱的贪欲,而仅仅是出于为孩子们着想。[3]他们的青春已经面临磨难,父亲不在身边,还有个生病的母亲;我希望他们至少不会直接面对贫困。这次我还想再提一个小小的异议:把目前你以现金方式提供的那部分存款,以我的名义存在德国银行以避免利息损失,这样做或许不明智。[4]因为如果这个损失算在我们账上,我们的存款就会大为减少;食品、衣服和所有的一切都变得越来越昂贵,害得我们几乎分文不剩。[5]请你注意这个情况。——我不想同 Michele[6] 讨论任何事。他的妻子今年年初对我的态度表明,我们之间已谈不上什么友谊了。她试图干涉我的事情,可她那种行为方式却表露了人类潜在的邪恶。[7]她来信告诉我,说她是多么想"帮助"我们,我把她的来信给 Zürcher 博士和 Zangger 看了,[8]结果他们几乎都要笑倒了。据我所知,你已经了解了这一点,我希望你明白,我不想再与她一起做任何事。她要来我就接待她,但也仅此而已。——我希望你能写信告诉我,孩子们将会和你一起待多久。[9]他们在 7 月中旬放假,如果你能早一点来瑞士,他们将会到约定的地点来见你。他们确实应该开始习惯于承担自己的责任,你一定也会同意这一点。你考虑的地点是 Engstlenalp,这使我觉得很奇怪。那个地方只能步行到达,根据旅行指南,需步行 4～5 小时;如果带上 Tete,你得花上 8 个小时。[10]绝不能让他过度劳累,而且如果在那里出了什么状况,谁来帮你?何况在那样偏僻的地方,饮食供应也不是特别好。考虑到 Tete 的情况,我必须先问一问医生,看他能不能去那里。而且对你来说,去那里也肯定不好;因为你不可以走路太多,而且还需要特殊的饮食;[11]所以或许该去一个条件更好而且容易买到各种东西的地方。你没考虑过 Rigi 吗?[12]在 Zuoz[13]地区也有一些较小的村庄,去那里可以找到不是太贵的膳食旅馆。如果你愿意,我可以在这里好好地打听一下有关情况。你说你打算借此机会来看望我,你这样做很友好,我要为此感谢你。[14]我这样说并不是不言而喻的。在最近几年还有去年夏天,我有很多时候都看到了,[15]你来看我是多么的不情愿,甚至超过了我能接受的程度。

我希望你过得很好并致以友好的问候。

Miza.

ALS. [144 359]. 文件左侧空白处留有活页夹所需的穿孔。

[1] 确定日期的根据是,这封信写于爱因斯坦 1918 年 5 月 23 日给 Mileva Einstein-Marić 的那封信之前(第八卷,文件 546),后者为本文件提供了间接的参照。

[2] 在本书第八卷,文件 532a 中,Mileva 曾担心证券"如今是一种很不可靠的东西"("heutzutage etwas sehr unsicheres")。

[3] Hans Albert 和 Eduard。

[4] 如果爱因斯坦没能获得诺贝尔奖,20000 马克的存款将会产生利息。在爱因斯坦死后,Mileva 会获得这份利息收益(见爱因斯坦 1918 年 4 月 23 日致 Mileva Einstein-Marić[第八卷,文件 515])。

[5] 几个月前 Mileva 就曾抱怨说,自从战争开始后瑞士的通货膨胀高达 3 倍(见本书第八卷,文件 461a)。

[6] 爱因斯坦曾建议 Mileva 和 Michele Besso 讨论此事(见爱因斯坦 1918 年 5 月 8 日之前致 Mileva Einstein-Marić[第八卷,文件 533])。

[7] 关于 Anna Besso-Winteler 介入 Mileva 家事的更多细节,见 Heinrich Zangger 1918 年 3 月 4 日致爱因斯坦(第八卷,文件 473)和爱因斯坦 1918 年 3 月 4 日以后致 Anna Besso-Winteler(第八卷,文件 474)。Anna Besso-Winteler 热情介入的事例之一见本书第八卷,文件 475b。

[8] Ernil Zürcher Jr. 和 Heinrich Zangger。

[9] 爱因斯坦已经通知她,如果可能,他将在 7 月份前往瑞士带儿子们去山区旅行(见爱因斯坦 1918 年 4 月 23 日致 Mileva Einstein-Marić[第八卷,文件 515])。

[10] 从伯尔尼州的 Meiringen 步行到这个旅游胜地(1839 m)要 6 个多小时。爱因斯坦 4 月底就曾提出这一建议(见爱因斯坦 1918 年 4 月 26 日以后致 Hans Albert Einstein[第八卷,文件 520])。也可骑马到达 Engstlen Alp (*Baedeker 1909*,第 165—166 页)。Eduard Einstein 由于严重的肺部感染在疗养院住了 8 个月(见本书第八卷,文件 513a,注释 3)。

[11] 由于他最近的胃病(见本书第八卷,文件 513a,注释 7)。

[12] 一个可以俯瞰塞恩湖的山丘(1789 m)。

[13] 一个位于格劳宾登州 Lower Engadine 的旅游胜地(1712 m)。

[14] 爱因斯坦曾通知她,他将去苏黎世看望她和孩子们(见爱因斯坦 1918 年 4 月 23 日致 Mileva Einstein-Marić[第八卷,文件 515])。

[15] 爱因斯坦 1917 年 7 月和 8 月在瑞士旅游期间去过苏黎世(见本书第八卷,文件 360a、361c 和 376b)。

第八卷　557a. Mileva Einstein-Marić 来信

[苏黎世，1918年6月4日之后][1]

亲爱的阿耳伯特：

我收到了本地瑞士银行协会的通知，你寄送的证券已经到达。[2]你寄给我们的那笔钱的利息收入的计算有点复杂，因为这些证券的到期时间各不相同；不知你是否会同意以下解决方式，这在我看来是最简单的：你还是继续像目前一样每季度给我们寄2000法郎；[3]银行负责收集证券并将所有收入记入一个储蓄账户；到了年末由银行提供一份所有进账的书面账单，然后我把它寄给你，以便你扣除你1月份的汇款在这一年内产生的全部累积利息；也就是说，你将在1月1日寄给我的金额是2000法郎减去前一年的利息。——你同意这个吗？我觉得这会是最简单的方法；Zürcher 先生[4]也认为这是最好的办法。请就这个问题给我写封信。

你说你来不了，孩子们非常失望，太遗憾了。本来他们真的可以利用这一次机会跟你好好相处，可现在就没什么指望了。[5]但是我有一个请求，你肯定不会拒绝，那就是：不要轻易承诺他们任何事情，除非是你确定你真的能够实现它。你为什么总是让他们失望？你为什么总是先用一些东西吊他们的胃口，而到时候却又令他们得不到？如果你找不到任何其他方式，他们将习惯于认为，他们对你是没什么好期待的，也没有什么可指望的。所以请你到时候还是来看看他们，就算是让他们高兴一下吧，对于他们而言，那将是一份礼物。按你目前的做法，你老在不停地取消已有的计划，这会令孩子们产生痛苦的感觉，这是很不应该的。我随信附上 Tete 的一封信。[6]他总是满怀爱意地想起你，昨天他甚至问我，为什么你不在物理大楼里工作，它就在我们附近啊。[7]Albert 会把给你的信单独寄来，因为他今天没能写信，[8]而我想现在就将这封信寄出。Tete 是一个特别有天赋的孩子；他最喜欢的科目现在是地理学；他对这个领域的了解，已经超过了我们大家，而他最大的快乐或许就是能够拥有一本精美的地图集；除此之外，他野性十足而且很稚气。——聊到现在，废话够多了，我完全不知道，你有没有兴趣听这些。

致以友好的问候。

Miza.

ALS.［144 367］.文件左侧空白处留有活页夹所需的穿孔。

［1］日期确定的依据是,这封信应该是在回复爱因斯坦1918年6月4日给Mileva Einstein-Marić的那封信(第八卷,文件557)。

［2］爱因斯坦1918年6月4日曾宣布,将其证券转让给Mileva Einstein-Marić(第八卷,文件557)。

［3］Mileva Einstein-Marić在4月初已经确认以这一金额作为最后的付款金额(见本书第八卷,文件496b)。

［4］Emil Zürcher Jr.。

［5］爱因斯坦1918年5月23日致信Mileva Einstein-Marić,取消了他之前去瑞士的计划(第八卷,文件546)。

［6］见本书第八卷,文件557c。

［7］瑞士联邦工程技术学院物理研究所,位于Gloria街35号,与Mileva Einstein-Marić在Gloria街59的公寓只有一小段距离。

［8］见本书第八卷,文件557b。

第八卷 557b. Hans Albert Einstein 来信

［苏黎世,1918年6月4日之后］[1]

亲爱的爸爸:

今天在我们学校再次谈起了假期。[2]当时我眼前浮现出我们制定的所有的旅行计划,可是它们全都被你的第二封来信抛弃了。请你至少写封信来告诉我,你为什么不来了。[3]现在我们都很难过,因为整个假期我们都不得不窝在家里。去年我们一起在阿罗萨,[4]不是很开心吗?我真的没有想到,你今年不会再来了。你的健康怎么样?[5]你也是知道的,你在阿罗萨那段时间,你的身体也受益颇多,而且你自己曾写信说过,我们要上山去,因为去那里对你有好处。

在学习和弹钢琴方面,我最近真的有好多事要做。不久前,我曾为v. Gonzenbach博士先生伴奏,他也住在我们这栋楼里,而且他的小提琴拉得很好,我们演奏的是Corelli第五奏鸣曲。[6]此外,我还经常给我们楼里的一位也会拉小提琴的小姐伴奏。[7]由于我们都没有太多的时间练习,我们只能零星地演奏一些乐章,但是我们也尝试过较大型的作品。然后,有时候我也给Wohlwend[8]女士伴奏她会唱的歌,例如有意大利歌曲、舒伯特的歌曲等。

这样一来我总是非常忙碌,当我有空的时候,我还得去购物,而且必须确保我们能得到该有的东西。[9]所以请不要生我的气,虽然我这么久都没给你写过信。你必须要理解,有时候只能让Tete[10]写,当我恰好不能写的时候。

既然这个暑假我们哪儿都不能去,我已为这段时间做了计划,我们,也就是我和 Tete,天气好的时候要出去散步;天气不好的时候,我要建造一艘船,或一部缆车,当然,都是我自己设计。

但愿天气会非常好,那样我们就可以经常去散步。请尽快写信告诉我,你最近过得怎么样,还有你为什么要使我们如此失望。

亲切问候你的
Adu.

ALS.［144 011］.

［1］日期确定的根据是,这封信写于前一文件之后。

［2］Hans Albert 正在苏黎世州立学校的实科中学上三年级(见本书第八卷,文件 513a)。

［3］爱因斯坦曾于 4 月底计划 7 月带 Hans Albert 和 Eduard 去瑞士境内的阿尔卑斯山区旅行(见爱因斯坦 1918 年 4 月 26 日以后致 Hans Albert Einstein［第八卷,文件 520］)。可是在 5 月底,由于担心旅行劳顿,他通知 Mileva 说要取消他的计划,还说他将去波罗的海的海边度假,并希望孩子们也能去那里(见爱因斯坦 1918 年 5 月 23 日致 Mileva Einstein-Marić［第八卷,文件 546］)。

［4］1917 年 7 月中旬,爱因斯坦和 Hans Albert 曾在阿罗萨住了 1 周,Eduard 当时住在当地的一个疗养院里(见本书第八卷,文件 361c)。

［5］当指爱因斯坦的胃病。

［6］Wilhelm von Gonzenbach (1880—1955)是苏黎世大学的卫生学编外讲师;《g 小调小提琴低音奏鸣曲》,op. 5,no. 5,是 Arcangelo Corelli 的作品。

［7］Frieda Knecht (1895—1959),Gloria 街 59 号房东的女儿。

［8］Maria Domenica Wohlwend-Battaglia (1879—1980),Hans Wohlwend (1878—1962)的妻子,她是爱因斯坦以前在阿劳的高中同学。

［9］瑞士在战争的最后一年实施了食品配给制度,详见 *Tribolet 1934*,vol. 7,第 479—480 页。

［10］Eduard Einstein。

第八卷　557c. Eduard Einstein 来信

［苏黎世,1918 年 6 月 4 日］[1]

亲爱的爸爸:

你最近还好吗?我现在上学了,[2]我非常喜欢。我跟一个男孩和一个女孩一起玩。我过得很好。你能寄给我一本书吗?我喜欢看描写旅行的书。为什么你假期不能和我们在一起呢?我早就盼望跟你在一起了。[3]

亲切问候和亲吻你的
Teddi

ALS. [144 455]. 是本书第八卷,文件 557a 的附件。

[1] 日期确定的依据:这封信是本书第八卷,文件 557a 的附件。

[2] Eduard 在 Hochstrasse 上了小学二年级（见本书第八卷,文件 513a）。

[3] 爱因斯坦已经决定取消之前在 7 月份的旅行计划,担心从柏林到 Switzerland 的旅途艰苦（见本书第八卷,文件 545a,以及 1918 年 6 月 4 日的爱因斯坦致 Mileva Einstein-Marić[第八卷,文件 557]）。

第八卷　561a. Maja Winteler-Einstein 来信

卢塞恩,1918 年 6 月 10 日

我亲爱的阿耳伯特:

我已经很久都没给你写信了。收到你上一封来信时,我本想立即给你回信。到现在已经过去了 2 个星期,因为我出门旅行了。你知道,我在 Filzbach 待了 9 天,在学校为 Peter 代了几天课,因他的鼻子做了手术。[1] 我太喜欢教书了。孩子们和我在一起,我跟他们在一起,大家都很开心。我们常常开怀大笑,同时也学到了东西。我带的是 3 个一年级班。要我给你讲些工作中的趣事吗? 有一个一年级的学生有点傻,但他比较自信:有一次他问都不问就径直往教室外走。我说:Heineli,如果你要去洗手间,你必须先向我报告。他答道:噢,但我可以去尿尿! ——于是他自豪地出去了。

还是这个学生,有一次他被我罚站到角落里去,因为他总是干扰别人。(站了一会儿之后)我对他说:站在那儿并不好受,对吧,Heineli? 他竟然答道:我在家里站过更不好受的地方!

跟小孩子们在一起真的很好玩,但是很辛苦。每当我不知道该如何是好的时候,我就给他们讲一个童话故事。这总能令孩子们活跃起来。

听说你今年不想过来,这个消息使我非常失望。[2] 主要是我深信,山区的空气对你的恢复有特别的好处。你一定还记得,待在阿罗萨对你的好处有多大。[3] 你也和你孩子们过得非常愉快。也是在这里,你一度跟 Albert[4] 相处得很愉快。而且在苏黎世你自己还称赞过他。我也不知道,你为了 Elsa 的孩子[5] 而忽略你自己的孩子,这样做好不好。在瑞士你还可以驾驶帆船。[6] 难道 Margot 真的必须要在那个时候动手术吗? 为什么就不能让孩子们一起来瑞士呢? 这样做一定对大家都有好处。顺便问一下,你离婚的事进展如何?[7] 你不想过来,[8] Paul 和我感到非常遗憾。这事儿你们再好好考虑一下吧! 这里有高山疗养院,在那里你也可以去玩帆船。

亲爱的阿耳伯特,你不要担心我们的健康。我们在我们的第一套公寓同样患过许多次感冒；[9] 那里没有蚊子，也不潮湿。我们两个都特别难以忍受焚风多发的卢塞恩的气候。顺便提一句，Paul 这个冬季没有感冒过。但他有失眠症，所以他需要一段较长时间的休假。但他现在又非常健康了。他看起来又像个印第安人了。不必认为是蚊子为我们传播了流感，因为我们只在冬天才感冒，而冬天根本没有蚊子。

我随信附上已寄来的那些包裹的账单。我希望它们都完好无损地到达了。6 月底我会再去订购一个。[10]

Alice 和 Ogden——到目前为止——都特别喜欢弗莱堡。[11] Ogden 只想尽快拿到博士学位——由于虚荣心——别的一切他都无所谓。[12] 你读的是 Anatole France 的哪本书？[13] 我们也很喜欢他。他是一个优雅而风趣的怀疑论者。

妈妈最近已经动身了。[14] 但愿你也能来。我们现在的生活很孤单，特别希望有人来访。你应该可怜可怜我们啊！

我已给你写了这么多。请替我问候所有的 Haberland 人及其家属，特别是 Elsa 和孩子们。[15] 愿你继续保持良好状态，而且你要提防报纸，它们越长越令人讨厌。

亲切地吻你。

你的
Maja

ALS. [144 783]. 文件左侧空白处留有活页夹所需的穿孔。

[1] Peter Winteler (1886—1963)，Paul Winteler 的第二个堂弟，是格拉鲁斯州 Filzbach 小学的教师。

[2] 爱因斯坦在月初已经宣布了他将去波罗的海海边而不是在瑞士度假的决定（见爱因斯坦 1918 年 6 月 4 日致 Mileva Einstein-Marić 的信[第八卷，文件 557]）。

[3] Hans Albert Einstein 对于爱因斯坦取消其旅行计划表示了同样的观点（见本书第八卷，文件 557b）。

[4] 1917 年 7 月中旬，爱因斯坦和 Hans Albert 看望了住在阿罗萨的 Höchwald 疗养院的 Eduard，之后他们俩到了卢塞恩。

[5] Elsa Einstein；Ilse Einstein 和 Margot Einstein。

[6] 爱因斯坦计划在波罗的海海边度假期间去航海（见爱因斯坦 1918 年 6 月 4 日致 Mileva Einstein-Marić[第八卷，文件 557]）。

[7] 2 天之后，爱因斯坦签署了离婚协议。Einstein-Marić是在 3 周之后签署的（见离婚协议[Divorce Agreement]，1918 年 6 月 4 日[第八卷，文件 562]）。

[8] Paul Winteler。

[9] 1918 年 6 月，西班牙流感在德国军队中开始流行的疫情报告。爱因斯坦可能也打听其在瑞士的爆发情况。

[10] Winteler 夫妇和 Heinrich Zangger 一样(见爱因斯坦 1918 年 4 月 22 日致 Heinrich Zangger[第八卷,文件 514]),每个月都会从瑞士给爱因斯坦寄送食物包裹。

[11] 在搬到布赖斯高的弗莱堡之前,爱因斯坦的堂妹 Alice Steinhardt née Koch (1893—1975)和她的丈夫 Ogden Steinhardt 住在卢加诺,在那里他可能有商业事务(见 S. Ogden Steinhardt 1918 年 4 月 17 日致爱因斯坦[第八卷,日程表])。去年 8 月,Steinhardt 夫妇和爱因斯坦在卢塞恩聊过天(见爱因斯坦 1917 年 8 月 19 日致 Alice Steinhardt[第八卷,日程表])。

[12] 2 个月前,Ogden Steinhardt 曾概述过他在伯尔尼或苏黎世大学攻读政治经济学博士学位的计划(见 S. Ogden Steinhardt 1918 年 4 月 17 日致爱因斯坦[第八卷,日程表])。

[13] 可能是 *France 1917*,爱因斯坦的图书馆里藏有一本 France 亲笔签名的副本。

[14] Pauline Einstein 在 4 月最后 1 周到达柏林(见爱因斯坦 1918 年 4 月 24 日前致 Auguste Hochberger[第八卷,文件 517])。

[15] Rudolf Einstein 和 Fanny Einstein 住在柏林的 Haberland 街 5 号,他们的女儿 Elsa 和孙女 Ilse 及 Margot 也住在那里。

第八卷　561b. Paul Winteler 来信

[卢塞恩,1918 年 6 月 10 日][1]

亲爱的阿耳伯特:

你真是令我们大失所望,因为你误以为,你的病榻放在别处会比在我们这里更舒适,而且你出于种种理由还必须把它放到 Müggelsee 湖畔,而不是在 Silverplaner 或者 Oeschinensee 湖畔。[2]其实,即使在 1800 m 的 Frutt 山上,也有一个十分宜人的小湖泊可以利用,你在那里同样可以追逐风向驾驶帆船。[3]请向 Elsa 转达我衷心的问候。[4]而且卢塞恩有一些很棒的糕点铺,有很多可口的甜品,如果你们都过来,我会为你们挑选最好的。在我们这里,有时候甚至仍然能够吃到真正的黄油水果面包,[5]虽然其中的奶油大都被人拿掉了。——不要让那些报纸影响你的心情;这种情况肯定还会持续几年,而且会在各处引起激烈的反应;但我们不要放弃希望,最终一切都会变好的。

我们读了你 3 月 17 日给 Anna 的明信片,可她似乎误解了它,Michele 也是。她认为,似乎不是她给您的那些来信,而是我们最近的来信,也就是我们很幽默地向你描述了我们在苏黎世的经历的那封信,[6]是它导致你写信请求她,别再给你写信了。[7]因此似乎 Maja 是替罪羊,就是她妨碍了你和 Anna 之间亲切的通信联系。噢,神圣的单纯!(Oh heilige Einfalt!)可是你不必再去跟 Anna 和 Michele 追究这一误解,因为我已经竭力把这事处理好了。跟 Michele 我们当然要好好相处而且也处得好,至于跟 Anna 嘛,好不好我们都可以无所谓,[8]只不过她当然会对 Michele 有一定的影响,正如所有的女人都会对她们有头脑的丈夫产生影响。

我们俩都过得很好。我多次登上峰顶并因此皮肤黝黑活像个印第安人。来模仿我吧!

衷心问候你的
Pauli

ALS.[144 783.1]. 这封信是前一文件的附件。文件左侧空白处留有活页夹所需的穿孔。

[1] 日期按前一文件。

[2] Müggelsee 位于柏林东部郊区;Silverplana(1815 m)位于格劳宾登州的 St. Moritz 附近;Oeschinensee(1580 m)在伯尔尼州的 Kandersteg。爱因斯坦取消了他此前告知的去瑞士度假的计划(见爱因斯坦 1918 年 6 月 4 日致 Mileva Einstein-Marić[第八卷,文件 557]),致使 Winteler 和其他人都深感失望(见前一文件)。

[3] Auf der Frut (Sopra la Frua,1675 m)是 Pommat Valley 的一段(Val Formazza),位于瑞士和意大利边境的提契诺州,有 Tosa 河流过。

[4] Elsa Einstein。

[5] 瑞士一年前就开始实行牛奶配给制(见 *Tribolet 1934*,vol. 7,第 479 页)。

[6] Michele Besso 和 Anna Besso-Winteler。Maja Winteler-Einstein 5 月初描述了自己与 Anna 之间的一次尴尬的遭遇(见本书第八卷,文件 475b)。

[7] 见爱因斯坦 1918 年 4 月 4 日致 Mileva Einstein-Marić(第八卷,文件 557)。

[8] 原文:Anna ist uns Hecuba(安娜对我们而言如同 Hecuba)。这种冷漠的表达源于 Hector 对他的妻子 Andromache 的声明(*Iliad*,Book Ⅵ):他对她不幸命运的悲痛远远超过了他对特洛伊悲剧的悲痛,也超过了他对自己的母亲 Hecuba、父亲 Priam 和兄弟们的悲剧的悲痛(见 *Homer 1951*,第 165 页)。

第八卷 563a. 致 Hugo A. Krüss[1]

柏林,1918 年 6 月 13 日[2]

令人崇敬的教授:

非常感谢您寄回 Eötvös 的信和您所附的资料。我需要 Eötvös 的那封信,只是为了防止科学院不是出于纯专业上的理由而提名某个人去做 Krüger 和 Schweydar 的上司。[3] 我也认为 Runge 当选是最好的解决方案,[4] 这个方案是我的同事 Planck[5] 推荐给我的。

致以崇高的敬意。

您很真诚的

A. 爱因斯坦

ALS(GyBSA,I. HA,Rep. 76Vc,Sekt. Tit. 11,Teil 2,Nr. 5h,Bd. 6,Bl. 158). [86 969].

[1] Krüss (1879—1945)是普鲁士教育部的学术事务部长官。

[2] 年代确定根据:这封信可能是回复 Hugo A. Krüss 1918 年 6 月 13 日致爱因斯坦[第八卷,文件 563)]。

[3] 布达佩斯大学的物理学教授 Roland (Loránd) Eötvös (1848—1918) 1918 年 1 月 27 日致信爱因斯坦(第八卷,文件 443),谈了自己关于波茨坦大地测量研究所代理所长 Louis Krüger (1857—1923)和大地测量研究所的观察员 Wilhelm Schweydar (1877—1959)以及其他一些人作为该所管理层的可能人选的意见。爱因斯坦 1918 年 1 月 31 日将这封信转寄给了 Hugo A. Krüss(第八卷,文件 451)。

[4] Carl Runge (1856—1927),是格丁根大学应用数学教授。

[5] Max Planck。

第八卷　588a. Mileva Einstein-Marić 来信

[苏黎世,1918 年 7 月 17 日前后][1]

亲爱的阿耳伯特:

是我写错了,寄给我的应是 1600。[2]至于秋假的时间,应该在 10 月。[3]但是我不能决定,在目前的情况下把孩子们送往德国。[4]我们已经达成的一致意见是,让孩子们留在这里,这当然不是为了增加你与孩子们见面的难度,而是我认为,那样做是不负责任的。Tete 已经得了正在到处肆虐的流感,[5]而且此事隐含的危险如此巨大,以至我简直无法(或不愿去)想象,假如他们在那样的一次旅行中得了某种类似的东西,结局到底会怎么样。要是在那种情况下我至少能去到他们身边,事情会有不一样的结果;但是从各个方面来,这对我来说都是不可能的。[6]我希望你能明白我的意思并且赞同我的想法。——或许在入秋之前,你就能康复得一下子跑到瑞士来——如果你已经往南走得够远的话,[7]来和孩子们住几天;那他们肯定会很高兴! 他们俩都在给你写信。[8]

致以友好的问候。

　　　　　　　　　　　　　　　　　　　　　　　　　　　　Miza.

ALS. [144 458]. 文件左侧空白处留有活页夹所需的穿孔。

[1] 日期确定根据:这封信与随后的两封信写于同一时间。

[2] 指爱因斯坦按季度寄送的供养费,通常是 2000 法郎(见本书第八卷,文件 557a)。

[3] 苏黎世的中学的秋假为期 2 周,时间是 10 月 19 日至 11 月 4 日(见 Amtliches Schulblatt des

Kantons Zürich 33〔1918 年 8 月 1 日〕,no. 8,第 155 页)。小学秋假时间从 10 月 11 日开始(见 *Geschäftsbericht der Zentralschulpflege der Stadt Zürich 1918*〔*Schuljahr 1918/19*〕,第 7 页)。

〔4〕6 月初,爱因斯坦曾邀请他的两个儿子和他一起去波罗的海海边度假,同时他也承认,Eduard 太虚弱了(见爱因斯坦分别于 1918 年 5 月 23 日和 1918 年 6 月 4 日致 Mileva Einstein-Marić 的信〔第八卷,文件 546 和 557〕)。

〔5〕1 个月前,爱因斯坦就担心过瑞士和西班牙爆发的流感(见本书第八卷,文件 561a)。

〔6〕由于她糟糕的健康状况(见本书第八卷,文件 513a)并且可能也由于她同 Elsa 有问题的关系。

〔7〕在年初,爱因斯坦由于胃病一直卧病在床(见本书第八卷,文件 513a)。他可能会去 Benzingen 拜访 Camillus Brandhuber,去年夏天他曾去过(见本书第八卷,文件 374a)。

〔8〕参见随后的两个文件。

第八卷 588b. Hans Albert Einstein 来信

〔苏黎世,1918 年 7 月 17 日前后〕[1]

亲爱的爸爸:

你最近还好吗?你收到了我的上一封信了吗?[2]

我最近读了一份单轨铁路的说明。它使我产生了如下想法:[3]你在车厢内安置一个摆钟(f),然后让电流由 g 流向 f。现在,如果将摆钟放置得精确垂直于车厢的顶层,回路被截断。但是如果车厢倾斜向左(或向右),分别从车厢看,摆钟将会向左(或向右)摆动,因此环流经过 e 过 d 到右侧(或左侧),而且在这种情况下,通过围绕 h 旋转,b 将会被拉向右边,车厢将会被倾向右边(或左边),然后它立刻再次倾向另一边。但是这个小机械确实有一个缺点,即它将经常产生小的晃动,虽然它工作状态较好时晃动将明显减小;但这种方法仍有优点,车厢常常以曲线倾斜到一点,在这一点摆钟将垂直,而且这种方式能创造一个舒适的旅程,并比陀螺仪系统对车轮的磨损小。你能花时间对它稍加研究并写信告诉我你的想法吗?

我们现在正享受假期,[4] 也就是说,我们在散步和闲逛。这里现在也热得可怕(连阴凉处都高达 28 ℃),因此比起前者我们更喜欢后者。就连湖水的温度也达到了 25 ℃,[5] 所以凡是没有出去度假的人都在享受湖水。我到德国比你到这里来几乎更不可能,因为毕竟我是家里唯一一个能够料理家务的人。[6]

b) 重物

c) 铁滑轮

d) 电磁铁

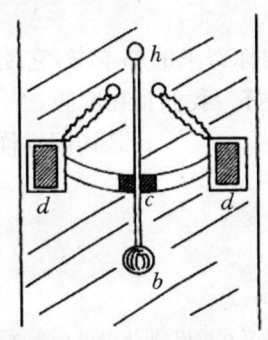 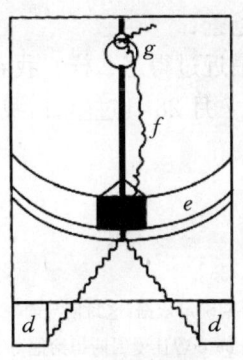

车厢地板仰视图　　　　　　透过内钟摆视图

　　e) 内钟摆运动轨迹
　　f) 内钟摆
　　g) 挂钩
　　h) 重物轴

亲切问候你的
Adu

ALS.［144 457］.文件左侧空白处留有活页夹所需的穿孔。作者在页脚处的一些涂鸦从略。

　　［1］日期的确定根据暑假和温度（见注释 4 和 5）。
　　［2］可能是本书第八卷，文件 557b。
　　［3］当年早些时候，Hans Albert 曾告诉爱因斯坦，他一直在设法制作电动模型火车（本书第八卷，文件 442a）和悬挂型轨道（本书第八卷，文件 557b）。
　　［4］暑假从 7 月 15 日开始（见 Geschäftsbericht der Zentralschulpflege der Stadt Zürich 1918［Schuljahr 1918/19］，第 7 页）。
　　［5］7 月 15 日，苏黎世阴凉处的温度 27 ℃，2 天后升高到 33 ℃（见"苏黎世气象站天气报告"Wetterberichte der Schweizerischen Meteorologischen Zentralanstalt in Zürich 1918，第二卷，第 196 和 198 页）。
　　［6］爱因斯坦曾邀请 Hans Albert 去德国看望他，因为他此前已取消了在 7 月去苏黎世看望家人的计划（见爱因斯坦 1918 年 6 月 4 日致 Mileva Einstein-Marić［第八卷，文件 557］）。Mileva 和 Eduard 身体都不好（见本书第八卷，文件 513a 和 545a）。

第八卷　588c. Eduard Einstein 来信

［苏黎世，大约 1918 年 7 月 17 日］[1]

亲爱的爸爸:

你最近过得怎么样?我希望很好。非常感谢你寄来的那本书,它使我很高兴。[2]我7月28日过生日,我很期待。[3]我过得很好。我们正在度假。[4]

亲切问候你的
Teddi

ALS. [144 456].

[1] 日期确定依据:这封信与前一文件中的那一封是同时写的。

[2] Eduard 曾让爱因斯坦给他寄了一本书,爱因斯坦知道他喜欢游记(见本书第八卷,文件557c)。由于审查的限制,爱因斯坦曾请求 Michele Besso 买那本书并以他的名义寄给了 Eduard(见爱因斯坦给 Michele Besso,1918年6月28日之前[第八卷,文件552]),并把这告诉 Eduard(见1918年6月28日的爱因斯坦给 Eduard Einstein[第八卷,文件573])。

[3] Eduard 将8岁了。

[4] 暑假从7月15日开始(见前一文件,注释4)。

第八卷 607a. Michele Besso 来信

苏黎世,1918年8月28日

亲爱的阿耳伯特:

我刚收到你20日的来信,它不如我上一封信在路上走的时间长,虽然它走得也够慢的。[1]你对苏黎世的建议我也想再跟这里的朋友们谈一谈。[2]——这无关乎那种海涅式的幸福,[3]而是——尽管这里的人们都乐于助人——一方面涉及完全不同于豪华糕点的家常面包,另一方面涉及一个十分美好的精神生活圈子,这个圈子期待着你带来力量,同时也愿意为你效劳,在另一个系列的种种可能性或许即将耗尽之后。这无关乎你对你柏林那边的朋友们是否缺乏虔诚,如果我的理解没错的话,这只表露 Exc. Naumann 乐于助人的行为。[4]但是你现在别再为这事伤脑筋了:

最糟糕的是,我从你的来信中看不出你什么时候来。(我在这里的时间即将结束。或许我还能见到你?)[5]

你可以到这里来以十分清醒的头脑做出你的最终决定。

现在我也开始感到恐惧了,[6]当我真的明白,一旦引力方程变成了四阶,能量定律就不再可能是一个合理的公式;因此这在我看来就是对被推向极端的接触作用理论的一个有力的反对。[7]顺便说一句,你又一次高估了我那些观察的意义:我没有意识到它们具有那种意义,即引力的能量张量并不是必需的。如果我理解正确的话,我这种无意识的主张现在可以表明,行星运动在一定程度上只是偶然会满足能量守恒定律。同样肯定的是,我自己并没有意识到我那些暗示可能产生的这一结论,并且现在也没有看出其内在联系。

同样地,我虽然很理解你,在你看来,前后一贯的接触作用理论在物理上暂时是不可行的,因为它产生的仅仅是一个经验性结论,并且这一结论显然不正确;[8]可是我完全不能理解的是,你为什么说,它不是直接产生了而是在要求这样一个经验性结论。正如曾说过的那样,我不会感到奇怪的:如果物体的实际稳定态属于无法解释的那类东西,而这些东西又只有借助于对量子问题的解决才能为人理解;——所以说,基于物体的稳定态的逻辑上更矛盾的理论在更深层意义上就是一条歧路。我也再三对你承认过,一个真正的物理学家是绝不可以被如此可疑的"假设",比如说我那种假设,所迷惑的。Mach 对你的引力理论的信心是很不可靠的,可是,如有可能还会变得更不可靠(!)的,则是我的信心。

至于我是否能一直保持这种信心,一旦我(根据你给我的这封来信)理解了你对能量问题的见解,当然还需我拭目以待。[9]

——关于过去与未来差别的问题,我想问你,你是否敢于认为如下事实是基于对时间进程的定义:我们发现我们处在或者看似处在一个熵不断增加的时代?在我看来,这个见解是你的观点——一切时间上的单调性都基于秩序——的一个不可避免的结论。起初对于热平衡经验的那种令人惊讶的援引,过了一段时间之后,(现在)在我看来就较深层的意义来说同样是一种不合理的外推法。我认为,对放射现象的这种理解[10]作为基本假定仍然是很有价值的,可我们俩都不相信它。

——另外,你的 λ-项对辐射有什么影响?难道存在与引力线相平行的辐射能量吸收?

——此外,你今天描述的你对封闭世界的合乎情感的偏爱,连同 λ-项,在我看来是不幸的:周遭浩瀚无垠的空旷太空里的持续的热能辐射对我有何干扰呢?(相反,它保护我不被热死,因为它代表了无穷容量的存储空间和绝对零度)——

〈再〉回到过去与未来的问题。对于我来说,这个问题可以等同于这样一个问题:世界上的事件可否被理解为给定的物理实体之间的完全合乎自然规律的事件;或者被理解为原则上不受限制的、无穷的创造。我重复一下我的观点:决定论作为经验强制的产物,它是精神对一种堂而皇之的限制法则的屈服,只要外部经验还没有产生出理由来反对这种对限制的超越……它,在我现在看来,仍然是理性的一种孤注一掷的冒险产物(然而是"可以原谅"的)[真正奇妙的是,斯宾诺莎(Spinoza)竟然预见到了科学的发展——差不多被定义为"自由",当然不是在因果关系上不受约束的意义上的那种自由;而且其结构最终也与该词在此意义上完全相符,即使仅仅涉及认知主体].[11] 可是现在已经明确的是,超越限制是不合法的,从而在我看来,坚持决定论就不同于坚持自然科学中的基本假定,也就是不同于坚持一种信仰———一种很神奇的信仰。我们必须假定有世界的精神"复制品"的特定原始元素:这些原始元素产生出意识的原始事实:过去之实在性↔未来之可能性;在此可能性的框架下,存在具有创造力的原则:恰好排除这些原始事实;这是一个过程,它已被科学史证明为一个暂时的过程:可我认为它作为最终的精神状态,至少是无限"不可能的"。

——最根本者乃是存在之不可分解性。有创造力者为自身创生出整体之图像,其中必定会留下一个与创造者自身相应的类似于"肚脐"的中心点。——一个那样的中心点,按斯宾诺莎的说法,就是对神的理智的爱(Amor intellectualis)。一个那样的中心点,在当今的事件物理学[*Geschehens* physik]中,它最终只是描述了一个四维的存在,那个掠过存在的意识圆锥:准确些说,就其重要性而言,向后是意识——向前是行为圆锥。

此外我相信,我正在毁坏一扇完全打开的门。你大概只会说:"在物理学中,这种观点尚不具备公民权。一旦有人着手此事(并不是在以前!),我作为物理学家也就可以忙于此事。"对此,我理所当然地不可能也不想有所异议。

衷心问候你的
Michele

178 ADfts(SzZ, Nachl. H. Zangger, box 206). [87 119].

[1] 爱因斯坦1918年8月20日致Michele Besso(第八卷,文件604);Besso的前一封信花了13天才到达柏林。

[2] 作为接受苏黎世的教授职位同时又能留在柏林的折中方案,爱因斯坦必须每年去苏黎世授课2次,每次4~6周(见爱因斯坦1918年8月20日致Michele Besso[第八卷,文件604],和爱因斯坦1918年8月18日致Edgar Meyer[第八卷,文件602])。

[3] 爱因斯坦曾在给Besso信中引用海涅的诗歌"Lazarus"中的一行,参见爱因斯坦于1918年8月20日致Michele Besso(第八卷,文件604)。

[4] 爱因斯坦被邀请到苏黎世大学;Otto Naumann(1852—1935)是普鲁士教育部大学事务部门主任,已就此事与苏黎世州教育署接洽。有关细节参见Heinrich Zangger 1918年8月11日之前致爱因斯坦(第八卷,文件598,注释3)。

[5] 部分原因是爱因斯坦还在等待苏黎世任职事宜的进一步落实,为此他推迟了到瑞士的旅行(见爱因斯坦1918年9月8日致Michele Besso[第八卷,文件612])。相反,Besso正打算在8月中旬返回罗马,去打理他舅舅的图书馆,但是他推迟到11月初才启程(见Heinrich Zangger 1918年8月11日之前致爱因斯坦[第八卷,文件598]和Michele Besso 1918年11月10日致爱因斯坦[第八卷,文件649])。

[6] 从这一点开始,Besso谈论了爱因斯坦曾在信中提到的问题,参见爱因斯坦于1918年8月20日致Michele Besso(第八卷,文件604)。

[7] 指Hermann Weyl基于纯微分几何观点的统一场论方案（见 *Weyl 1918b* 和爱因斯坦的有关评论，亦见爱因斯坦1918年8月20日致Michele Besso［第八卷，文件604］）。

[8] Besso利用爱因斯坦的"测量杆异议"（Maßstab-Einwand）反对Weyl的理论（关于此异议的更多内容见爱因斯坦1918年4月15日和1918年4月19日致Hermann Weyl［第八卷，文件507和512］）。

[9] 原件此处为方括号。

[10] Besso就此在原件页脚有附注："生物利用太阳的放射性的反熵而非自己的反熵，这当然是不言而喻的。我们不可以忘记，与反熵在一定程度上相应的是一种努力"（Dass die Lebewesen die Ektropie der Radioaktivität der Sonne benützen und nicht ihre eigene, ist doch blos selbstverständlich. Wir dürfen nicht vergessen, dass der Ektropie gewissenmassen eine Anstrengung entspricht）。"反熵"（ektropy, 德文Ektropie）这个术语是Georg Hirth引入的，他用术语"熵"（Tropie）来解释"能量转化"（"Energieumwandlung"），用术语"反熵"来指称变成了……潜在的可供使用的或……自由的能量（"Energie［……］, welche［……］potentiell verfügbar oder［……］frei wird," *Hirth 1900*，第66页）。这一术语使用者极少，例如，Felix Auerbach使用过它："能量不断发生质量和数量上的变化，我们称这种可变性为熵。但它的趋势可以是矛盾的并且因此是反熵的，或者说它与外部效果相悖并因此具有熵的性质（Die Energie unterliegt ohne Unterlaß Qualitätswandlungen und Niveauwandlungen, diese Wandelbarkeit nennen wir Tropie. Ihre Tendenz aber kann zwiespältig sein und ist alsdann ektropisch, oder sie kehrt sich der äußeren Wirksamkeit ab und ist alsdann entropisch. *Auerbach 1910*，第21页）。

[11] 可能是指斯宾诺莎的《伦理学》（*Ethics*）第二和第五部分，这两部分讨论的是自由、自由意志和因果关系。原件此处为方括号。

第八卷　620a. 致 Heinrich Zangger

［柏林，］1918年9月21日

亲爱的Zangger：

您根本没有就我想每学期在苏黎世上一个月课的提议谈过您的看法。[1] Meyer本人已经同意了，但还没有和任何人说过。根据他的观点，如果一切顺利，我将于2月1日首次讲课。[2] 那就是我为什么暂时放弃此前的旅行计划的原因，尤其是因为我这边已经开始上课并且我也表示要上一次课。

我妻子现在情况怎样？根据Zürcher博士的说法，[3] 她又住院了。无论我多么经常地询问，我那两个淘气的孩子就是不回复。一切都会遗传，包括懒于书写和不负责任的贪图清闲这样的禀性！[4]

我确实是一个幸运的人。几乎没有什么希望同时却眼看极少的一些宏伟的看似无法实现的东西正在成为现实！

因为我的建议一清二楚，故我没有必要去苏黎世进行商讨。如果你们认为它是可以接受的，那就只差这边的批准了。[5] 他们总是乐于满足我，所以我对此事没什么疑虑。

衷心问候您的
爱因斯坦

AKS(SzZ,Nachl. H. Zangger, box 1a).［87 057］.明信片上的收信人地址是"Prof. Dr. Zangger〈Bergstr.〉Villa Regina〈Zürich〉Davos（Schweiz）（地址已经其他人改过）",寄信人地址为"Abs. A. Einstein Haberlandstr. 5 Berlin",邮戳为"Berlin W 30 21. 9. 18. 5—6N [achmittags]",第二邮戳为"Zürich lBriefträger Ⅱ 27. Ⅸ. 18.—6."。文件左侧空白处留有活页夹所需的穿孔。

［1］建议内容见爱因斯坦 1918 年 8 月 16 日致 Heinrich Zangger（第八卷,文件 601）和 1918 年 8 月 16 日致 Edgar Meyer（第八卷,文件 602）。关于其动机,见爱因斯坦 1918 年 9 月 8 日致 Michele Besso（第八卷,文件 612）。

［2］关于 Edgar Meyer 的提议,见 Edgar Meyer 1918 年 9 月 12 日致爱因斯坦（第八卷,文件 614）。

［3］Mileva Einstein-Marić 及其离婚诉讼的律师 Emil Zürcher Jr.。Zürcher 出示了其当事人免于出庭的医疗证明（见爱因斯坦 1918 年 9 月 23 日致 Paul 和 Maja Winteler-Einstein 以及 Pauline Einstein[第八卷,文件 621],注释 7）。

［4］Hans Albert 和 Eduard Einstein。大约在同一时间,爱因斯坦表达了对于没有收到儿子来信的类似担忧,见爱因斯坦 1918 年 9 月 23 日致 Paul 和 Maja Winteler-Einstein 以及 Pauline Einstein[第八卷,文件 621]。

［5］部门主任 Otto Naumann 已经与苏黎世州教育署接洽。有关细节见 Heinrich Zangger 1918 年 8 月 11 日前致爱因斯坦（第八卷,文件 598）,注释 3。

第八卷 630a. 致 Heinrich Zangger

［柏林,］1918 年 10 月 5 日

亲爱的朋友 Zangger：

我不想说我一切都很好；这您自己也可以想象得到！我的妻子再一次发病,这使我感到非常难过。[1]从您寄来的明信片上,我看不出她所患疾病的名称。您不认为她会很快康复吗？Albert 在来信中表现得很愉快。[2]根据他那张明信片来看,她已经恢复了。我认为他是正确的；一个人只要还活着,就应该保持乐观,而不是怨天尤人。这种态度对其周围的人来说也是最好的。如果我现在在那儿,我也不能为我的孩子们做些什么事,因为我不可能和他们住在一起。[3]然而总是哀叹,那又有什么用呢？我的孩子们不会低头,因为他们或多或少也从我这儿继承了无忧无虑的品格。Besso 来信说,我的妻子显然也很满意,尽管她的健康状况不是很稳定。[4]总的来说,从现在起较好的时代开始了,而且我们应该以

愉快的心情去面对。[5]所以不要再愁眉苦脸！平静的工作和幽默的态度应该是我们的生活之道！

衷心问候您的
爱因斯坦

AKS(SzZ, Nachl. H. Zangger, box 1c).[86 552]。明信片上收信人地址是"Herrn Prof. Dr. H. Zangger Bergstr. 25 Zürich (Schweiz)"（数字"25"是其他人添上的），寄信人地址 "Abs. A. Einstein Haberlandstr. 5 Berlin"，邮戳为"[Berl]in W 30 5.10.18.6—7N[achmittags]"。

[1] 1918年9月，Mileva Einstein-Marić在住院（见爱因斯坦1918年9月23日致Paul和Maja Winteler-Einstein以及Pauline Einstein[第八卷，文件621，尤其是注释7）。

[2] Hans Albert Einstein。

[3] Hans Albert 和 Eduard Einstein。

[4] Michele Besso。

[5] 大约2周前，爱因斯坦表达了他的轻松心情，在之前的2个月里，Mileva Einstein-Marić启动了与他的离婚诉讼（见爱因斯坦1918年9月23日致Paul和Maja Winteler-Einstein以及Pauline Einstein[第八卷，文件621]，注释5）。起初是在1916年2月，后来又从1918年1月起，他一直要求她这么做（见爱因斯坦1918年1月31日和1916年2月6日致Mileva Einstein-Marić[第八卷，文件449和187]）。

第八卷　639a. Mileva Einstein-Marić 来信

［苏黎世，1918年10月24日后］

我收到了来自银行的这份通知并把它寄给你，以便你决定或授权对那些钱如何进行再投资；[1]也许你可以写信告诉我你的有关决定。

AL.[144 365.1]。写在瑞士银行协会1918年10月24日给Mileva Einstein-Marić的信件左边空白处，[144 365]。

[1] 银行通知Mileva，以她名字存储的德国战争债券将于1919年4月1日之前作为战争赔款划拨。爱因斯坦1918年5月底曾以Mileva的名字在银行存储了德国债券，这是他们离婚协议的一部分（见爱因斯坦1918年5月23日致Mileva Einstein-Marić[第八卷，文件546]）。

第八卷　646a. Mileva Einstein-Marić 来信

［苏黎世，1918年11月9日前］[1]

亲爱的阿耳伯特：

我已经收到你寄给我的 1800 法郎[2]并为此谢谢你。我想再一次急切地恳求你，接受我关于转款方式的建议，Zürcher 博士也觉得那是最好的办法，此外他也曾提出了同样的建议；如果转账能在一定程度上自动地完成，而不需我们频繁地进行账目清算，这对我们双方而言都将是很愉快的。具体做法是：你每个季度寄给我 2000 马克，并且每年一次（或许在 1 月 1 日）让银行出具关于截至那时的所有利息都已到账的证明，然后你在这时候就只需寄给我剩余的 2000 法郎。[3]我做出这样的提议，只是为了简化我们之间的经济往来，绝没有任何别的的企图，因此我希望你不要反对它。

我希望你身体健康并且躲过了流感。不幸的是，Tete 又一次患上了这种令人讨厌的病，[4]但他还是挺过来了；他迄今已经有 10 天没有发高热了，可是在患病期间，他的体温达到了 40 ℃。医生紧急建议我，在冬天还是把他送到阿罗萨去住 2 个月，好让他恢复他的体力。[5]——学校停课了，[6]孩子们待在家里，他们忙于各种可能的事情。Albert 在和一个老熟人练习法语对话，并且不知疲倦地制造机器；[7]如果他能保持这种爱好一直不变，那他将一定会成为一名勤奋的机械工程师。[8]

致以友好的问候！

Miza

ALS. [144 368]. 文件左侧空白处留有活页夹所需的穿孔。

[1] 日期确定的依据：这封信写于爱因斯坦 1918 年 11 月 9 日前后给 Mileva Einstein-Marić 的那封信之前（第八卷，文件 647）。

[2] 这个金额可能是在爱因斯坦 1918 年 10 月 17 日致 Hans Albert Einstein 的信中提到的（第八卷，文件 634）。

[3] 6 月初，Einstein-Marić 在其律师 Emil Zürcher Jr. 的同意下提出了同样的请求。然而，每季度的金额是 2000 法郎而非马克（见本书第八卷，文件 557a）。爱因斯坦已经同意，但是表示这个安排要到 1919 年 1 月才可以执行（见爱因斯坦 1918 年 7 月 9 日前致 Mileva Einstein-Marić[第八卷，文件 585]）。

[4] Eduard Einstein 曾于 7 月患过流感（见本书第八卷，文件 588a）。

[5] Eduard 曾在 Arosa 疗养，见本书第八卷，文件 513a，注释 3。

[6] 由于流感蔓延，1918 年苏黎世中学的 4 周秋季假期改为 10 月 12 日至 11 月 11 日（见 *Amtliches Schulblatt des Kantons Zürich* 33 [1918 年 11 月 1 日]，no. 11，p. 197）。而小学的秋季假期延长到了 12 月 12 日（见 *Geschäftsbericht der Zentralschulpflege der Stadt Zürich 1918* [*Schuljahr 1918/19*]，第 7—8 页）。

[7] Hans Albert 此前热衷于机械装置的事例，见本书第八卷，文件 588b。

[8] 爱因斯坦对 Hans Albert 表现出的技术狂热的看法，以及他对一个人毕生致力于技术进步的反对和他对自己职业活动的消极评价，见爱因斯坦 1918 年 8 月 11 日前致 Heinrich Zangger（第八卷，文件

597)。

第八卷 659a. Paul Winteler 来信

卢塞恩,1918年11月22日

亲爱的阿耳伯特:

非常感谢你的来信;[1]是的,事情确实成了! Maja 的生日过得非常好,[2]你的祝福令她十分开心。此间也是德意志"共和国"的生日。[3]我不知道,该如何更深入地看待这一事件;对这孩子必须要好好地进行教育,不然我们以后都分辨不出它到底像谁——是像东边的布尔什维克爸爸,还是像西边的革命主义妈妈。它也可能是个私生子,在被允许发出几声哭喊之后,就会被人赶出去并且一旦时机成熟,还会被人作为匿名的布尔什维克,经瑞士走私到法国和意大利。当它还在娘胎里,这方面的证据在此处就是明摆着的了。所以我们有了总罢工,[4]为了获得普选权和政治平等,这应该算是一场小小的革命,其最终目的是,让政治和经济权力掌握在工人阶级手中。事情处理得极具技巧:我们提出了9项要求。由于战时联邦委员会的愚蠢措施,这9项要求的合理性得到了十分普遍的认可,或者至少不会真正地遭到拒绝:撤销联邦委员会,更新联邦议会,8小时工作制,养老金和残疾保险,妇女选举权,进出口垄断(这无疑有一点不利,所有产品[工作]和消费的国有化本来只应该是战时措施,不应该成为和平时期的永久制度,而且这一措施似乎只出现在进出口领域。这一问题存在争论,将来也是完全可以改进的)。所有这些被人们认为很好或值得讨论的要求,不是通过全民公决和选举权产生的,而是由总罢工强制推行的。[5]—旦联邦委员会和联邦议会辞职,罢工委员会就可以直接占据他们的位置;这个委员会在执行上述要求时,将无须对任何人负责,也无须遵守任何宪法或法律的规定。[6]这也就是最纯粹的专制主义,它首先要利用"进出口国有化"这个可疑的要求,来实现对经济格局的无限制的改造(我不是在为当前经济格局辩护!),同时不仅不征询民意,而且把选民降格为臣仆。由此你马上就能看出,这些做法与布尔什维克主义(Bolschewismus)和李卜克内希主义(Liebknechtism)(斯巴达克小组,Spartakusgruppe?)存在共同点。[7]此外能让你看出问题的还有,罢工委员会的成员之一,居然是前联邦委员会的帮凶格里姆(Grimm),和泛德国的趋炎附势者霍夫曼(Hoffmann);格里姆带着准德国的任务跑到了俄罗斯,并在那儿布尔什维克化了。[8]此时,人们几乎普遍产生的印象就是,这场总罢工无关乎具有暗示性和传染性的1789年革命意义上那种欧洲精神思潮,而是根据协约利用瑞士来传播布什尔维克主义的一种手段(另一方面),以便由此获得一种更有利的和平(另一方面),于是,既然德国显然已没有更多的东西可以失去,人们此间就能在达成有利的和平之后促使德国的极端分子(少数派)破产,以便为正统主义者准备好土壤。德国多年来正好已经令人钦佩地懂得如何玩弄、挑唆国外的各种势力彼此争斗的把戏(俄罗斯!);[9]国内那些虔诚的老信徒们仍然会把这种策略视为有利可图的。然而物极必反。

我们的总罢工几天后就偃旗息鼓了,尽管铁路工人坚持了1周。[10]特别是因为就在罢工的中期,柏林的新政府传来一条消息:"法国革命了,法国政府倒台了!"这种拙劣的伎俩这一次再也不能起作用了,就像纽伦堡的炸弹。反对协约国的宣传再次全面繁荣起来,而且是在德国! 各种虚假的报道一如既往。人们普遍说道:让我们的联邦委员会见鬼去吧,而且首先该去见鬼的就是那个半外国式的总罢工——"德国造的"苏维埃。

我写得有些详细,因为你可能很难有机会从你那里仔细了解本地的情况。我们希望你在那里能通过更可靠的渠道观察当地的党派活动并发现事情的可笑之处:从18世纪到共产主义的跳跃并没有借鉴法国革命的民主成就,而事实仅仅是从一种专制主义滑向另一种专制主义。至于谁是最终受益者,可想而知。顺便说一句:一个人不可能仅仅挥舞一下小红旗,就变成共和主义者和民主主义者;因为共和与民主这种更高的(人类形态)思想境界,需要长久的持续培养和自我教育才能达到。

请尽快回信,我们很想听听你的观点。在动乱中要好好照顾你自己。

衷心问候你的

Paul

ALS.[144 790].

[1]爱因斯坦1918年11月11日致Paul和Maja Winteler-Einstein(第八卷,文件652)。

[2]4天前;她出生于1881年11月18日。

[3]德国11月9日宣布为共和政体(关于爱因斯坦的热烈反应,可参见爱因斯坦于1918年11月11日致Pauline Einstein[第八卷,文件651],注释1,和爱因斯坦1918年11月15日致Ludwig Quidde[第八卷,文件655],注释3)。

[4]瑞士总罢工经历了三个完全不同的阶段。第一阶段:1918年11月9日星期六的24小时抗议性罢工,号召和发动者是Olten行动委员会(Oltener Aktionskomitee)和由瑞士社会民主党与瑞士工会联合会组成的一个联合委员会;第二阶段:1918年11月10日至11日的苏黎世总罢工,从星期日到星期一;第三阶段:1918年11月11日至14日的瑞士总罢工,从星期一晚上持续到星期四。关于罢工的具体内容及有关文献,见 Gautschi 1968 和 1971。

[5]这9个要点包含在1918年11月11日瑞士全国总罢工的声明中(见 Gautschi 1971,第237—240

[6] Olten委员会由5名瑞士社会民主党成员、5名工会成员和3名国家铁路工人代表组成(见 *Gautschi 1968*,第94页和第99页,以及第120—121页)。

[7] Karl Liebknecht (1871—1919)是斯巴达克思同盟(Spartakusbund)的一位领导,他反对传统的议会制度,支持由工人和士兵委员会(Räterepublik)组成的政府。斯巴达克思同盟联合了独立社会民主党的(USPD)左翼。斯巴达克思同盟赞成而独立社会民主党反对通过发动大规模群众示威游行和总罢工来实现自己的目标。

[8] Robert Grimm (1881—1958)是瑞士社会民主党众议员和Olten委员会主席。他曾跟瑞士自由民主党参议员Arthur Hoffmann (1857—1927)一起,私下图谋促成德国与俄国之间单独达成和平。他们的这种做法被很多人视为僭越中央权力。1917年,Hoffmann被迫辞职。

[9] 关于德国帝国主义在1917年俄国革命事件中扮演的角色,尤其是其与列宁返回俄国事件的关系,见 *Hahlweg 1957*。

[10] 3天之后,Hans Albert写信向父亲报告了苏黎世罢工每天的大致情况(见下一文件)。

第八卷　659b. Hans Albert Einstein 来信

[苏黎世,大约1918年11月25日][1]

亲爱的爸爸:

你好吗? 我过得很好,只是学校又开学了。[2]请写信告诉我,柏林都发生了什么。[3]你可能已经听说,我们这里上星期发生了全国大罢工。[4]事情大致是这样的:

星期六早晨突然有报道说,已经决定发动罢工。从而首先发生的事情跟往常一样,"电车司机"放弃自己的职责,径直回家去了。建筑工地上没人干活,所有的工人都扔下自己的老板走掉了。这就是所谓的苏黎世抗议性罢工,但它对联邦政府的运作毫无影响。随后就有大量的军队突然被调往苏黎世,可能有10000人。星期一晚上突然有消息说,已决定由Olten行动委员会领导实施总罢工。[5]于是电话就成了人们互通信息的唯一途径。但这种情况或许也不会持续很久,因为苏黎世学生会的部分人士愿意为政府提供一切帮助。然后突然就在星期三晚上11时,出现了一份报纸,因为之前也没有任何报纸。它们是雇主印制并由学生出售的。学生们也帮忙维持邮政系统的运转。一些由工程师和军队掌管的火车也运行得不错。除了两次为驱散人群军队不得不开枪之外,苏黎世的总罢工进行得非常平静。到了星期五,一切都恢复了正常。罢工期间发生了一件有趣的事:才到第三天,电车轨道就已经完全生锈了。[6]

我们都很好。不过,这些革命的日子对你的胃有什么影响吗?[7]写信告诉我你的健康状况和柏林发生的事。由于得了流感,Teddi冬季必须再去阿罗萨,但是我们还没发现他有什么毛病。[8]我们一切都很充足。

亲切问候你的
Albert.

ALS.[144 013].Mileva Einstein-Marić 在 Hans Albert 的签名后的附言为:"邮政审查员在你上一封来信[爱因斯坦 1918 年 11 月 9 日左右致 Mileva Einstein-Marić(第八卷,文件 647)]上提示你:只有注明了发信人的姓名地址,才予以投递。请你注意这一点。"(In Deinem letzten Brief war eine Bemerkung der Zensur, dass nur Briefe mit Angabe des Absenders befördert werden, bitte beachte das)。

[1]日期确定依据是中学的开学时间(见下面的注释)。

[2]由于流感蔓延,中学的秋季假期被重新安排了。开学时间本来为 11 月 11 日(见本书第八卷,文件 646a,注释 6),被推迟到 11 月 25 日(见 *Jahresbericht 1918/1919*,第 10 页)。

[3]关于在柏林发生的重要事件(见前一文件,注释 3)。

[4] 3 天前,Paul Winteler 也写信给爱因斯坦,描述并分析了瑞士总罢工的情况(见前一文件的注释 4 和 5)。

[5] Olten 委员会,由瑞士社会民主党、工会成员和国家铁路工人组成(见前一文件)。

[6]苏黎世大学和瑞士联邦工程技术学院的 700 名学生签署了一个誓约,旨在支持当局并制止罢工者瘫痪公共生活和工厂的企图(见 *Gautschi 1968*,第 295 页)。Paul Winteler 对总罢工的描述,见前一文件。

[7]暗指爱因斯坦的胃病(见本书第八卷,文件 513a)。

[8]爱因斯坦在月初就希望 Eduard 能避免被安置在"军国主义的 Pedolin"(见爱因斯坦 1918 年 11 月 9 日前后致 Mileva Einstein-Marić[第八卷,文件 647])。

第八卷　659c. Eduard Einstein 来信

[苏黎世,大约 1918 年 11 月 25 日][1]

亲爱的爸爸:

你好吗?虽然我很费力才写了这封信,可是到现在我们已经度过了 7 周的假期。[2]眼下我正在读 Öchsli 的历史,我这会儿读到了 14 世纪。[3]我大多数时间都在玩锡兵,或者到公园去玩,跟别的孩子一起,去的时候我会带上我的武器。

亲切问候你的
Teddi

ALS.[144 014]. 写在前一文件所在的纸上。

[1]日期确定按前一文件。

[2]苏黎世的小学的秋季假期已经被延长到 12 月 12 日(见本书第八卷,文件 646a,注释 6)。因为流

感蔓延期间,许多学校的教室被迫用作应急病房(见 Gittermann 1941,第 539 页),此外假期延长也是由于总罢工迫使学校被征用为军队的营房。

[3] 大概是 *Oechsli 1886*。Wilhelm Oechsli (1851—1919),瑞士联邦工程技术学院的瑞士历史与政治学教授,爱因斯坦 1898 年和 1900 年的夏季学期选修过他的课(本书第一卷,Appendix E,第 367、369 页)。

第八卷　661a. Maja Winteler-Einstein 来信

卢塞恩,1918 年 11 月 29 日

我亲爱的阿耳伯特:

我到 Filzbach[1] 已好几天了,所以这封信迟到了。感谢你的生日祝福,这使我非常高兴。[2]但令我更高兴的,是你对于时局的乐观看法。[3]我们一定要保持现在这样的联系。你可以想象得到,你带来的消息对于我们有多么宝贵。

我们的瑞士人在总罢工期间的表现令人印象深刻。[4]尽管此间只有极端社会主义的报纸出版,然而几乎所有的党派和社会阶层都有一个共同的看法:罢工者们提出的要求是正确且可以讨论的。可是在我们这个纯民主的国家使用武力的做法则完全是应该受到谴责的;除了英格兰,在欧洲的其他国家确实很难找到政治上如此成熟的民众。这种判断的确定性真是令我大为吃惊。罢工从政治上看具有一种治疗效果:联邦委员会和联邦议会,亦即无所不能的自由民主党由此受到了一次具有治疗作用的震撼,并且使按比例选举和其他一些合理的改革措施的引入会由此而显著地加快步伐;[5]另一方面,罢工委员会相应地受到质疑并且不得不解散,进而导致其势力衰败。不幸的是,大量人群的聚集又使许多人成为流感的牺牲品。真是太可怕了,这种疾病正在我们小小的国家里肆虐。[6]你们那里情况怎样?

直到今天我才能去伯尔尼采购 11 月份的包裹。[7]如果这次的包裹来得有些迟,请你原谅。你寄给我们购买东西的资金现在已经用完了。请原谅我现在提醒你,可是我们——像往常一样——正濒临绝境并将会对你十分感激,如果你能给我们——要是你不会因此而生活不便——再寄一小笔钱来。

妈妈这几天将和 Jakob 舅舅一起再来卢塞恩。[8]我要为她在我们附近找一处房子,因为我们的客房在冬天对她来说是又冷又潮。她正饱受风湿病的折磨。

向 Elsa、孩子们、姨父、姨妈致以亲切的问候。[9]请尽快给我写信,至少寄一张小卡片来。

亲密地吻你的
妹妹

Paul 刚才让我看了,德国的汇率非常糟糕,[10] 所以你就不要寄钱来了。反正就连寄送小包裹迟早也会变得不可能的。

ALS.[144 789].

[1] 大概是 1918 年 6 月在格拉鲁斯州的 Filzbach 作为小学代课教师(见本书第八卷,文件 561a)。

[2] 1918 年 11 月 11 日爱因斯坦给 Paul 和 Maja Winteler-Einstein 的信(第八卷,文件 652)。

[3] 关于爱因斯坦在革命初期对德国政治形势的乐观看法,见爱因斯坦 1918 年 11 月 11 日致 Pauline Einstein(第八卷,文件 651)和爱因斯坦 1918 年 11 月 11 日致 Paul 和 Maja Winteler-Einstein(第八卷,文件 652)。

[4] 关于 1 周前 Paul Winteler 对瑞士总罢工的描述,见本书第八卷,文件 659a。

[5] 瑞士的自由民主党(Freisinnig-Demokratische Partei)在 1848 年直到 1919 年引入按比例选举的改革措施之前,一直在立法机关占有绝对优势。

[6] 关于 Heinrich Zangger 对流感蔓延造成的破坏的描述,见 Heinrich Zangger 大约 1918 年 11 月 10 日致爱因斯坦(第八卷,文件 648)。

[7] 至少从 1917 年 3 月起,Zangger 和 Maja Winteler-Einstein 每个月都会将装有食物的包裹寄给爱因斯坦(例如,参见爱因斯坦于 1917 年 3 月 10 日之后致 Heinrich Zangger[第八卷,文件 310],和本书第八卷,文件 561a)。

[8] 从 1918 年 10 月初起,Pauline Einstein 及其兄长 Jacobs Koch 已在卢加诺住了 6 周(见爱因斯坦 1918 年 10 月 8 日和 11 月 11 日致 Pauline Einstein[第八卷,文件 631 和 651],描述性注释)。

[9] Elsa Einstein、Ilse Einstein 和 Margot Einstein,Rudolf Einstein 和 Fanny Einstein。

[10] 1918 年 11 月初,100 马克能兑换 70 法郎,月底则只能兑换 61 法郎了。

第八卷　661b. Paul Winteler 来信

[卢塞恩,1918 年 11 月 29 日][1]

亲爱的阿耳伯特:

好好地享用那些食物吧![2] 大概你再也无法恢复你以前的小肚腩了,因为还有众多的食客在等待你的恩泽。当然了,在你的周围确实也再没有多少德国财主能像你一样慷慨。我几乎要希望我们的联邦委员会做出决定,要求瑞士公民在定期进行的体重测量中义务增加 5 kg 指标,以检查他们是否将其全部用于恢复他们自己的身体。而瑞士出口的牛,谦虚地说,可惜不是最大的。此外,这里还是可以忍受的,因为几乎所有的东西至少都还能用钱买得到,并且我们觉得,在这个政治上的牧童之国,比较而言生活还是很安逸的。

Michele 又在苏黎世去做私人教师了,[3] 并且因为我们需要更加频繁地去那里,他也就逐渐地成了我们的精神食粮的供给者。他确实生来就适合做私人教师,但我还是希望他今后能有更大的活动范围。他那种穿行于各个学科之间的教学活动,更适合于面向成熟的人(可是成熟的人确实很少!)而非大学生,所以无法吸引这些雄心勃勃的应试者们。但我希望,他能由此逐渐地意识到自己具有做教师的才能,并且相应地为此扩充他这方面的知识。

不要在富足中耽于享乐,请始终谨记古老的瑞士美德,"人人都拥有自己的东西,而我拥有的只是多一点点"。祝愿你欣欣向荣,因为你是祖国的珍宝!

Pauli

ALS. [144 795].

[1] 确定日期的依据是,这封信是上一文件的附件。

[2] 附在上文提到的"11月份的包裹"中。

[3] Michele Besso 在罗马为他叔叔的图书馆编目,故请假离开去瑞士联邦工程技术学院,未能学习 1917/1918 冬季学期的专利法课程(见本书第八卷,文件 391a)。他已经打算在 1918 年 8 月返回(见 Heinrich Zangger 1918 年 8 月 11 日前致爱因斯坦[第八卷,文件 598]),但他 11 月 10 日仍然在苏黎世(见 Michele Besso 1918 年 11 月 10 日致爱因斯坦[第八卷,文件 649])。

第八卷 661c. Max Jakob 来信

夏洛滕堡,1918 年 12 月 3 日

非常尊敬的教授先生:

但愿您不会生我的气,如果我这会儿要对我在《自然科学》杂志最近一期上读到的那篇令我获益匪浅的对话提出一个问题。您在那篇对话里(第 699 页,第 1 栏)说:"计算表明,这种提前,恰好是在过程 2 和 4 时的滞后的双倍。"[1]

现在我们假设 $O'B'$ 正变得越来越长,v 的值保持不变,而且在过程 3 中总是产生相同的重力场,那么或许可以认为,时钟 U_1 在过程 3 中的提前($O'B'$ 变得越来越大)逐渐会变小,与滞后相反,[……]过程 2 和 4 正如在最后一段(第 697 页)所言,时钟 U_2 经过一个循环之后会给出预期的结果。

致以崇高的敬意!

MJ

ADftS. [122 439].

[1] *Einstein 1918k*(第七卷,文件 13),第 699 页,讨论的是最初在 A 点处于静止状态的两个时钟 U_1 和 U_2 的孪生子佯谬问题。有两个时钟 U_1 和 U_2,一开始,相对于伽利略参考系数 K 中的原点 O,它们静止在点 A。然后 U_2 被加速到速度 v(过程 1),以恒定的速度 v 向点 B 运动(过程 2),然后减速至速度 $-v$

(过程3)，再以恒定的速度-v往回运动(过程4)，最后再次降速回到与U_1毗邻的位置(过程5)。从参考系K的角度来看，结果将是U_2比U_1运行得慢一些。这里阐述的解决问题(孪生子佯谬)的关键是，从相对于U_2静止的参考系K'来看，由于过程3产生重力场，U_1的加速极大地补偿了过程2和过程4中由于相对论时间膨胀导致的时间变慢，以这样一种悖论方式得到了解决，也即，到最后，U_2的运行速率仍然比U_1慢，而不是相反。

第八卷　663a. 致 Max Jakob

[柏林，1918年12月5日]

非常尊敬的同事先生：

我很乐意为您作当面解释，如果您对我有这样的要求(稳妥起见请电话预约，2807前面加零)，[1] 也许以下的提示就能满足您的要求了。

速度在时间段2τ(均匀加速)反转过来。加速度＝重力场意味着$\frac{v}{\tau}$。如果l是时钟的高度距离，则位差为$\Phi=\frac{vl}{\tau}$。现在，U_1(相对于时钟U_2)的群速度为

$$1+\frac{\Phi}{c^2}$$

每秒钟U_1多运行了$\frac{\Phi}{c^2}=\frac{vl}{\tau c^2}$。现在经历了$2\tau$时间段的加速，相对于时钟$U_2$而言，时钟$U_1$在整个加速过程完成之后的读数应该是$\frac{2vl}{\tau c^2}\tau=\left(\frac{vl}{\tau c^2}\cdot 2\tau\right)$。

另一方面，很容易证明，在分步过程2和4，每个过程时钟减少的量为

$$\frac{1}{2}\frac{v^2}{c^2}\cdot\frac{l}{v}$$

合起来就是$\frac{vl}{c^2}$。

联合上述两个结果，时钟U_1在整个过程结束之后的读数应该是

$$\frac{vl}{c^2}$$

这一结果等价于与静止时钟U_1固结的观测者考察的结果(这时，时钟U_2的总的变慢的量为$\frac{vl}{c^2}$)。

致以最美好的问候。

您忠诚的
A. 爱因斯坦

AKS. [122 440]. 明信片上的收信人地址是"Herrn Prof. Dr. Max Jakob Kastanien alle 27 charlottenburg."，邮戳为"Berlin-Wilmersdorf 1 5. 12. 18. 4—5N[achmittags]"。

[1] Jakob 对孪生子佯谬提出了一个疑问并给予了解答，收录在 *Einstein 1918k*[第七卷，文件 13]）（参见前一文件）。

第九卷　7a. Heinrich Zangger 来信

[1919 年 2 月底][1]

亲爱的爱因斯坦：

您和您的孩子们度过了一段愉快的时光，是吧？Albert 一直稳健而良好地成长着。——这小家伙正变得健康而强壮。[2] 我此前那些乐观的预言得到了一定程度的正确的佐证吧。这个世界需要 1‰ 的乐观主义者。

您的妻子应该是由于激动过度才病倒的。[3] 对于活着的人来说，荣誉是一种具有毁伤性的罪恶。一旦您与牛顿同台演奏过小提琴，那么这对于您周围的人来说就不再是危险的。荣誉就像龙虾：谁要是从一扇大窗户窥见过龙虾宴，就会情不自禁地渴望它——即使是从自己最亲近的人手中得到也好——谁要是清楚自己嫉妒的对象会导致可怕的消化不良，就会嫉妒专利局的爱因斯坦。然而相对论在 1905 年引发的小小的消化不良却带来了最具创造性的快乐，即使没有人能相信它并且也没有人能充分理解您强大的逻辑运思能力。[4]

我曾跟您妻子说起过，我曾在强烈的本能驱使下对一个咄咄逼人的记者作出了如下反应：他想把我的研究所弄出名，他也知道我的种种成就等；他认为大学应该为支持它的公众启蒙——我也知道人类从前的价值，于是就问他：您认为，我会让您在这儿私下里给予我赞赏和非难吗？——您觉得，我会允许您在 20000 人面前不负责任地评价我吗？——所以我请您还是算了吧。

我还跟您的妻子解释过：Descartes 成名甚至早于爱因斯坦——但是从生活的意义上看，他成功地践行了那句格言：能把自己隐藏得好，才能活得好。[5]

您无法抗拒自己的好奇心——这是一种以虚荣等为指归的诅咒——您去驾驶帆船吧——在万湖上——让人给您做一块大招牌：爱因斯坦教授不在场——任何人都不得发布别的信息，因为那就是最大的危险：成为对合理的愤怒的误会之根源。我这些话源于我自己对[间接]相对论的许多经验。

ADft/L（SzZ, Nachl. H. Zangger, box 1a). [87 064]。

[1] 确定日期的依据是,假设这封信写于爱因斯坦1919年2月28日致Heinrich Zangger的那封信之前或之后(第九卷,文件7)。

[2] Hans Albert Einstein 和 Eduard Einstein。

[3] 爱因斯坦认为Elsa Einstein的病因是"扁桃体炎",而她自己认为是一种流感(见爱因斯坦1919年2月28日致Zangger[第九卷,文件7])。

[4] Michele Besso。

[5] 原文为拉丁语;bene qui latuit bene vixit(奥维德,《特里斯坦Ⅲ》iv25)。

第九卷　25a. Hans Albert Einstein 来信

[苏黎世,1919年4月20日前后][1]

亲爱的爸爸:

我已有很长一段时间在焦急地等待你的消息,尤其是因为传来了关于德国局势的坏消息。[2]当我收到你3月15日的来信并得知你一切都好,我终于长长地松了一口气。你可能觉得,现在待在柏林还是挺有意思的,可你的肚子却不会有那样的感觉,它会再度反抗的。[3]令人感到安慰的是,你说你夏天会到这里来待一段时间,这消息无论对于我们还是你喜欢反抗的肚子而言,都是一个巨大的喜讯。[4]我很高兴,你已经在关心我的成绩。[5]可问题是,我还不知道能不能顺利地把它寄出去。我想请求你,来的时候带上那些印着"我的童年"的相片。为了夏天的假期,我已拟订了各种各样的计划,但是只有等你来了,我们才能确定,我们可以在何种程度上一起做些什么。我随信附上一张刚刚收到的明信片。最近几天我天天都去Holder先生那里,他是Maier教授研究所的技工。我在他那里没命地忙活。[6]因为这会儿正好是假期,当然就要彻底而充分地利用这些时间。我有时也会忙到几乎抽不出时间来给你写信。现在我也时常去跟Van Ganzenbach博士[7]一起演奏音乐,或者和刚回来不久的Tete[8]一起做些事儿。由于现在还是冬天,我们不能经常出去散步。连续好几天的大雪都已经积了40 cm厚,并且很潮湿,所以也没办法去体验踏雪的乐趣。[9]顺便说一下,我们急需用钱,因为所有的东西都很贵,而存在银行里的那些钱妈妈都用在Teddi身上了。[10]请尽快给我们寄些钱来。

亲切问候你的
Adu 和 Teddy

附言:钱刚刚收到(2000法郎),妈妈向你致谢。

ALS.［144 472］. Eduard Einstein 亲笔签名。

［1］这封信可能是于 1919 年复活节的假期里写的。

［2］大概是 2 月 23 日前后，爱因斯坦从瑞士返回了德国。可能由于第一次世界大战之后，德国发生了长达几个月的革命和反革命运动。至于爱因斯坦对于当时事件的看法，参见爱因斯坦于 1919 年 3 月 31 日致 Aurel Stodola（第九卷，文件 16）。

［3］指爱因斯坦的腹痛（见本书第八卷，文件 513a）。

［4］爱因斯坦应苏黎世大学之邀讲授第二期相对论课程；此前于 1919 年 1 月至 2 月，他曾讲授了第一期课程（见爱因斯坦 1919 年 3 月 22 日致 Paul Ehrenfest［第九卷，文件 10］，注释 4）。

［5］关于 Hans Albert 演奏音乐，参见本书第八卷，文件 513a。

［6］Roland Holder，Edgar Meyer。Hans Albert 一年前曾在给爱因斯坦的信中提到他的木制品（参见本书第八卷，文件 513a）。

［7］Wilhelm von Gonzenbach 是他们的邻居，Hans Albert 此前曾与他为伴（参见本书第八卷，文件 557b）。

［8］Eduard Einstein 在阿罗萨过冬，他在那里经历了两轮流感（见本书第八卷，文件 646a）。

［9］1917 年 4 月 13 日到 22 日之间，气温骤降（11 ℃—2 ℃）。4 月 23 日气温低至零下 2 ℃，是"对这个季节来说很不寻常的寒冷"，在格劳宾登的 Jura 山上普降大雪，但苏黎世没下雪（见 *Neue Zürcher Zeitung*，1917 年 4 月 13 日至 23 日）。

［10］当指 Eduard 在阿罗萨疗养时产生的极其昂贵的费用。2 年前爱因斯坦就已经开始为这些费用操心（参见本书第八卷，文件 370e）。Mileva Einstein-Marić 请求爱因斯坦每季度寄给她 2000 瑞士法郎用于家庭开销（见本书第八卷，文件 646a）。

第九卷 59a. Hans Albert Einstein 来信

［苏黎世，1919 年 6 月 13 日之前］[1]

亲爱的爸爸：

非常感谢你寄来的乐谱。[2]我已经弹了其中的几首，上个星期我在音乐学校还参加了考试，[3]情况很好。我弹了 Heller 的几首序曲（Op. 81）。[4]这些章节都不错，尤其美妙的是那些标题，比如，Heller 用"伴随对最苦涩的痛苦的表达"这个标题想要表达的是，在没有乐谱的时候，也必定会有人演奏。此外，我最近就没有弹过别的有趣的东西了。

在学校里，我们开始学习历史中的十字军东征了，这和以前的历史课一样枯燥。[5]我们也开始学英语。英语的发音起初让我们感觉很滑稽。在博物学和植物学课上，我们学的是一些乱七八糟的细胞学说、植物分类学、生物组织理论等其他东西。其中最有意思的就是做实验。我们也开始学物理了，可是现在绪论都还没学完呢。然后我们先要学力学，我们的老师是 Stierlin 教授。我们的数学老师仍然是年轻的 Folkhart 先生。[6]他的课上得很好，我们能学到很多东西。我们已经开始学习三角学和指数理论，并且正十分愉快地利用对数表获知根数。那真的很有意思，特别是我们可以频繁地应用它。在几何方面，我们刚刚在前一次课上学到几何问题的算术解。当然现在还没有涉及很困难的问题。

我正好有个问题要问你。如果在你的帆船上有一个尺寸为 f 的帆，你怎样计算出平均加载在帆的某一边上的风力呢？要承受这样大的力，在离转动轴心为 l 的地方又需要多大的载重呢？也许这个问题三言两语还说不清；我们可以在暑假见面的时候再讨论。因为我加载了 200 g 的重物，希望看看会有什么影响，结果它立刻就倾覆了。它就是你最开始看到的那只船。[7]

我从大学里获知，你将在 7 月份到这里来。[8]顺便问一下，你的身体怎么样了？也许我们可以散散步，又或许我们甚至可以做一次远足？[9]请告诉我更详细的信息，以便我好早做计划和安排。我们大概几乎无法离开瑞士了。柏林的生活境况怎样？你的饮食如何？还有你的胃情况怎样？[10]请尽快给我写封信来，也希望你能尽快过来，因为我一直在替你担心。

亲切问候你的

Adu

请把那些照片给我们带来！[11]

ALS.［144 469］.

［1］这封信当为爱因斯坦 1919 年 6 月 13 日写给 Hans Albert 和 Eduard Einstein 的那封信（第九卷，文件 60）的回信。

［2］可能指本书第九卷，文件 25a 提到的乐谱。

［3］Hans Albert 同时参加了苏黎世音乐专科学校的学习（见本书第八卷，文件 513a）。

［4］匈牙利作曲家和钢琴家 Stephen（István）Heller(1813—1888)的钢琴曲的 24 个前奏。

［5］Hans Albert 当时上的是苏黎世州立实科中学的四年级。

［6］Hans Stierlin 是助教；Gustav Volkart 是数学系学生。

［7］可能指 Hans Albert 通常在天气糟糕的时候制作的那些船模之一（见本书第八卷，文件 557b）。爱因斯坦 1917 年的夏天去苏黎世可能见过其中一些船只。

［8］爱因斯坦将于 1919 年 7 月 1 日开课（见爱因斯坦 1919 年 6 月 13 日致 Hans Albert 和 Eduard Einstein［第九卷，文件 60］）。

［9］爱因斯坦一年前就曾计划和 Hans Albert（可能还有 Eduard）一起到瑞士的阿尔卑斯山徒步旅行，然而却由于身体原因，他后来取消了旅行计划（见爱因斯坦 1918 年 4 月 26 日以后致 Hans Albert［第八卷，文件 520］以及爱因斯坦 1918 年 6 月 29 日以后致 Hans Albert［第八卷，文件 576］）。

［10］2 个月前，Hans Albert 已就柏林时局对爱因斯坦的腹痛可能产生的影响表示关心（参见本书第九卷，文件 25a）。

［11］Hans Albert 还是小孩子时，就曾请求爱因斯坦把相册带去（参见本书第九卷，文件 25a）。

第九卷 59b. Eduard Einstein 来信

[苏黎世,1919年6月13日以前][1]

亲爱的爸爸:

你好吗？你就要来看我们了,我非常开心。[2]夏天我要去莱茵费尔登洗盐水浴。[3]现在我上的是三年级。[4]我很喜欢上学。苏黎世正在下雨呢。

亲切问候和亲吻你的
Teddi

ALS.[144 469.1].和前面的文件在同一页。

[1] 日期参见前一文件。

[2] 爱因斯坦打算在7月1日抵达苏黎世(参见前一文件,注释8)。

[3] Mileva Einstein-Marić将在阿尔高州的莱茵费尔登接受盐水疗法(参见 Mileva Einstein-Marić 大约1919年7月致 Helene Savić[73 795]及其英译本,参见 Popović 2003,第119—120页)。

[4] 在苏黎世的 Hochstrasse 小学。

第九卷 66a. 致 Elsa Einstein

卢塞恩,星期一,[1919年6月30日]

亲爱的 Else:

妈妈最近的状况非常糟糕,但跟我在一起她很开心。在这儿她很不快乐。[1]我会不惜一切代价尝试让她住到别处去。她希望能够去柏林。[2]Maj 尽心尽力地在照料。她只能得到几个小时的帮助。房间里的蚊子一直折磨着妈妈；这也使得屋里的通风很困难。

由于担心你收不到另一张明信片,我现在重复一遍:我住的旅馆叫作"Sternwarte",价格方面已有令人满意的商定。[3]明天我就得回苏黎世去了。[4]

衷心问候你和孩子们,还有 Hellberg 夫人以及父母。[5]

你的
阿耳伯特

我感觉非常好。

AKS.［143 067］.明信片上的收信人地址是"Frau Elsa Einstein Haberlandstr. 5 Berlin",邮戳为"Luzern 5 Fil. Rössligasse Ⅶ 30. Ⅵ. 19.—17"。

［1］自1918年秋天以来,Pauline Einstein一直遭受腹部癌症复发产生的痛苦,不得不去和女儿Maja Winteler-Einstein 住在一起（参见爱因斯坦于1918年9月27日致Paul Ehrenfest［第八卷,文件625］）。

［2］6个星期之前,爱因斯坦已告知他母亲,他会在8月带她一起去柏林（参见爱因斯坦于1919年5月14日致Paul Ehrenfest［第九卷,文件39］）。

［3］爱因斯坦1919年1—2月来访时,就住在苏黎世的"Sternwarte"旅馆（参见爱因斯坦于1919年1月28日致Theodor Vetter［第九卷,文件4］,描述性的注释）。

［4］自7月4日至8月底,爱因斯坦每个星期在苏黎世大学上课3天,其余时间他都会去卢塞恩看望母亲（参见爱因斯坦于1919年7月3日致Pauline Einstein［第九卷,文件10］）。

［5］Ilse Einstein和Margot Einstein；管家Anna Hellberg（参见爱因斯坦于1919年8月17日致Ilse Einstein和Margot Einstein［第九卷,文件90］）;Fanny Einstein-Koch和Rudolf Einstein。

第九卷 68a. 致 Elsa Einstein

星期二,在返程的火车上,[1]［1919年7月1日］

亲爱的 Else：

妈妈感觉她病得非常严重,但她仍然希望能够康复。她唯一强烈的愿望便是可以和我一起回柏林。医生并没有完全排除实现这个愿望的可能性。[2]她之所以有这个愿望,除了因为她对Pauli及其持家方式的十分反感,[3]还因为她特别渴望能与Fanny婶婶相聚。如果可能的话,我将会让她这最后的愿望实现；她想跟Fanny婶婶住在一起,当然必定需要一个全职护士照顾她。[4]我愿承担所有的费用。对她来说,我在她身边就是一件令她深感宽慰的事。她遭受的痛苦很可怕,但也并不总是那么剧烈。Maja对她的照料是很尽心的,但这也不是长久之计。在那么狭窄的房间里再住上一个护士,这是不可能的。血管堵塞仍然是可能的,因为血栓仍然存在,尽管稍好了一些。[5]肿胀似乎对于疼痛症状稍有缓和。她的外表看起来并不糟糕,但是记忆力却因为不断服用止痛药而受到了影响。医生说,大概需要一年之久,才有可能痊愈。

衷心问候你和你的家人！

你的

阿耳伯特

AKS.［143 068］.明信片上收信人地址是"Frau Elsa Einstein Haberlandstr. 5 Berlin",邮戳为"Zürich 8

(Fluntern)—2. VII. 19.—6"。

[1] 爱因斯坦到瑞士之后经苏黎世前往卢塞恩，当时可能正在旅途中。

[2] 关于爱因斯坦接母亲去柏林的计划，参见前一文件。(Maria Anna) Josephine Tobler 博士 (1879—1959) 是 Pauline Einstein 在卢塞恩的外科医生。

[3] Pauline 已于去年秋天搬到了卢塞恩，与女儿 Maja Winteler-Einstein 和女婿 Paul Winteler 住在一起（参见前一文件）。1917 年夏天，爱因斯坦去卢塞恩时曾善意地提醒 Einstein-Winteler 要注意整顿家务（秩序和卫生）（参见本书第八卷，文件 370b）。

[4] Elsa Einstein 的母亲亦即 Pauline 的姐姐 Fanny Einstein née Koch 夫妇与爱因斯坦住在柏林的同一栋楼里。

[5] 6 月份 Heinrich Zangger 为 Pauline 做了检查，诊断为盆腔静脉血栓（参见 Heinrich Zangger 1919 年 6 月 18 日之前致爱因斯坦[第九卷，文件 62]）。

第九卷 69a. 致 Elsa Einstein

[苏黎世]星期三，[1919 年 7 月 2 日]

亲爱的 Else：

今天早上我做完了专家鉴定。[1] 快到中午时，我还在 Zangger 家，同他讨论了病情及其他事宜。[2] 午餐后，我小睡到下午 4 时。然后 Edith 来找我谈她的博士论文。[3] 这事儿将会令她难受，毕竟这种活儿不太适合女性去做。六点差一刻，Tete[4] 来了，一直待到晚餐前。我的授课时间是星期五、星期六和星期一（晚上）。今天寒冷多雾。我还没去拜访过任何人呢，几乎连散步都不曾有过。我的孩子们都很好，让我感到很快乐。Albert[5] 整个晚上都和我在一起。Miza 月中要带 Rete 去 Rheinfelden。[6] 然后就只有我和 Albert 留在公寓里。[7] 那之前我会一直住在 Sternwarte 旅馆。[8] Mayer[9] 的另一个孩子现在也出了事故，他被汽车撞伤了头部。他那个腿部骨折的孩子伤口愈合得不好，结果成了瘸腿。其他的人们也有很多麻烦需要承受。

衷心问候你！

你的
阿耳伯特

替我问候孩子们、父母及 Hellberg 夫人！[10]

AKS.[143 069]. 明信片上收信人地址是"Frau Elsa Einstein Haberlandstr. 5 Berlin"，邮戳为"Zürich 8 (Fluntern)—3. VII. 19.—6"。

[1] 可能指他就 Anschütz & Co. 公司与 Kreiselbau Co. 公司的争讼事件给出的法院专家意见的签名

版（第七卷，文件 21）[35 392]。

[2] Heinrich Zangger。关于 Pauline Einstein 日益恶化的健康状况，参见前一文件。第二天，爱因斯坦写信告诉他母亲，Zangger 每周都会去看她（参见爱因斯坦于 1919 年 7 月 3 日致 Pauline Einstein [第九卷，文件 70]）。

[3] 堂妹 Edith Einstein。她的论文导师是 Paul Epstein；见 Edith Einstein 1919 年 4 月 29 日致爱因斯坦（第九卷，文件 31）。

[4] Eduard Einstein。

[5] Hans Albert Einstein。

[6] Mileva Einstein-Marić 去那里的温泉浴场接受盐水疗法（参见本书第九卷，文件 59b）。

[7] 在 Gloria 街 59 号。

[8] 膳食旅馆"Sternwarte"。

[9] 可能是 Edgar Meyer。

[10] Ilse 和 Margot Einstein；Fanny 和 Rudolf Einstein；管家。

第九卷　70a. 致 Elsa Einstein

[苏黎世]星期四，[1919 年 7 月 3 日]

亲爱的 Else：

我仍然没能得到任何关于你们的消息。从而你们也没有收到我的消息。因此你们大概有些不耐烦了吧。[1]但是毫无办法！今天早上去警察局办事，等等。明天上午还要再去。今天下午待在房间里思考处理 Eidth 的论文的方法。[2]晚上在物理学会；Meissner 作了报告。[3]明天就开始上课。[4]明晚我将独自待在 Meyer 家里。[5]遇见 Weyl 夫人——没认出来……[6]几乎总在下雨。直到现在都没有见过一个人——幸福的孤独。午饭后总是睡到 4 时。你的教育成功了。我总是很早就睡觉了，没有比这更美的事，独自住在苏黎世（诗歌）。所以要独自出去晃，而把听话的老婆留在家里。

衷心问候你！

你的
阿耳伯特

问候孩子们、父母及 Hellberg 夫人。[7]

AKS. [143 070]。明信片上的收信人地址是"Frau Elsa Einstein Haberlandstr. 5 Berlin"，邮戳为"Zürich 7 Briefexpedition Ⅷ—Ⅸ 3. Ⅶ. 1919"。

[1] 原文 Verzwatzeln 为南德方言，意即"很不耐烦"。

[2] Edith Einstein 的博士论文（参见前一文件）。

[3] Karl W. Meißner(1891—1959)是苏黎世大学的助教,物理系的编外讲师,他的报告题目是《电场对光谱线辐射的影响》(Über den Einfluß des elektrischen Felds auf die Emission der Spekstrallinien)(苏黎世物理学会。简报 19,[1919]:9)。

[4] 在苏黎世大学讲授相对论,参见本书第九卷,文件 66a,注释 4。

[5] Edgar Meyer。

[6] Helene Weyl 是 Hermann Weyl 的妻子。1919 年 1 月爱因斯坦去苏黎世时见过她(见[第九卷,文件 4],注释 3)。

[7] Ilse 和 Margot Einstein,Fanny 和 Rudolf Einstein,管家。

第九卷 70b. 致 Elsa Einstein

[苏黎世],星期五,[1919 年 7 月 4 日]

亲爱的 Else:

我没收到你们的任何消息,可我每天还是坚持写信。今天晚上我去了 Meyer 家,[1]感觉很好,我是独自去那里的。来听我课的学生很多。我一整天都独自待着,这跟我以前的习惯相反。[2]Weyl 得了哮喘病,[3]今天他在卧床休息。下课后我急忙跟 Meyer 一起去看了他。路上我遇见了 Adler 夫人。[4]我们跟她聊了几句。我的情况很好。可是一想到我母亲遭受的痛苦,我就很难受。[5]

给我发封电报吧,好让我至少知道,你能收到我的消息。

衷心问候你!

你的

阿耳伯特

AKS.[143 071]。明信片上收信人地址是"Frau Elsa Einstein Haberlandstr. 5 Berlin",邮戳为"Zürich 8 (Fluntern)—5. Ⅶ. 19.—11."。

[1] Edgar Meyer。

[2] 2 年前他在苏黎世的那段时间,他和 Zangger 一家住在一起(参见本书第八卷,文件 361a)。

[3] Hermann Weyl。

[4] Katerina (Kathia) Adler-Germanichiskaya (1879—1969),是 Friedrich Adler 的妻子,爱因斯坦在苏黎世的邻居和在苏黎世大学的同事。

[5] 他母亲患有晚期腹部癌症(参见本书第九卷,文件 68a)。

第九卷 70c. 致 Elsa Einstein

[苏黎世],星期六,[1919 年 7 月 6 日]

亲爱的 Else：

昨天终于收到了你的第一张明信片。这里一切都好。我很健康，但我也一直很注意。[1]来听我讲课的学生很多；我也为此付出了很大的努力。Weyl 被他的哮喘折磨得厉害。[2]昨天晚上我在 Koppel 家吃饭；他对我很好，也很替我操心。[3]今天我想和我的孩子们一起待上一整天。[4]这会儿我正在我的房间里等候他们。请别忘了写上寄信人地址和姓名。我担心我此前每天写给你的那些明信片，就是由于忽略了这个规定而未能寄达！令我宽慰的是，妈妈现在被安顿在一家疗养院里。可这或许不是长久之计。得想个各方面都易于接受的解决办法。[5]后天我将再去卢塞恩。[6]我的课程都安排在星期五、星期六、星期一，所以我有时间常去卢塞恩。[7]

衷心问候你！

你的
阿耳伯特

（今天没墨水了！）

AKS. [143 072]. 明信片的收信人地址为"Frau Elsa Einstein Haberlandstr. 5 Berlin"，寄信人地址为"Abs. A. Einstein Pension Sternwarte Zürich"，邮戳为"Zürich 1 Briefexpedition Ⅵ—Ⅶ 6. Ⅶ 1919"。

[1] 指他的慢性胃病（参见本书第八卷，文件 513a）。

[2] Hermann Weyl。

[3] Leopold Koppel (1854—1933)，威廉皇家学会的金融家和参议员，其捐助是该学会的主要财政来源，同时他也是 Auergesellschaft 的主要股东（参见爱因斯坦于 1919 年 2 月 28 日致 Heinrich Zangger[第九卷，文件 7]）。

[4] Hans Albert 和 Eduard Einstein。

[5] Pauline Einstein 从她女儿 Maja Winteler-Einstein 在卢塞恩的家搬到了 Rosenau 疗养院。3 天前，爱因斯坦建议他母亲接受专业的护理和照料，以减轻他妹妹 Maja 的负担（参见爱因斯坦于 1919 年 7 月 3 日致 Pauline Einstein[第九卷，文件 70]）。

[6] 在苏黎世大学讲授相对论，参见本书第九卷，文件 66a，注释 4。

[7] 在卢塞恩时，他每天去看望他母亲三次（参见 Pauline Einstein 1919 年 8 月 6 日致 Elsa Einstein [29 359]）。

第九卷 70d. 致 Elsa Einstein

[苏黎世]，星期二上午，[1919 年 7 月 8 日]

亲爱的 Else：

我多么希望你收到我写给你的每天一张的明信片啊！直到现在，我总共只收到了你的一张明信片。写上寄信人的地址和姓名！昨天我上了第三次课，[1]下午去拜访了 Stodola；[2] 谈论了社会问题，[3] 匈牙利。[4] 晚上 Edith 来看我，让我指导她的博士论文。事情做得很漂亮——然而不是她做的。[5] 前天我和孩子们一起待了一整天。我们下午玩了一小时的帆船。Albert 是个很棒的孩子，健康而且聪慧，他还多么年轻啊。他定能走上自己的道路。他正融入了这个世界。他在这里成长，这肯定是极其有益的。[6] 而那个小家伙也长得不错，但是其个性还没有最终形成。今天早上我去了卢塞恩，星期五返回。[7] Miza 将带 Tete 离开一阵子；我会和 Albert 住到他们家里去。[8] 那肯定会很不错的。Albert 的音乐已经演奏得很好了。我的课程又跟令人反感的考试扯上关系了。我只能默默地告诉自己：这是最后一次！[9] 令我安心的是，妈妈已住进了一家疗养院。只要我不必带着她和我一起走就好。[10] 对于这一点我害怕而且担心。可要是她坚持和我一起走，可能也就必须那样做。

衷心问候你！

你的
阿耳伯特

星期五晚上我可能去 Karr[11] 家。

AKS. [143 073]. 明信片收信人地址是"Frau Elsa Einstein Haberlandstr. 5 Berlin"，寄信人地址为"Abs. A. Einstein Pension Sternwarte Zürich"，邮戳为"Zürich 8 (Fluntern) 8. VII. 19. —11"。

[1] 在苏黎世大学讲相对论。

[2] Aurel Stodola。

[3] 此前一天，《新苏黎世报》(Neue Zürcher Zeitung)刊发了苏黎世警察局长的一篇文章；这位局长在文中表达了自己的信念："这场宏大的世界革命也将从我们身上碾过，并把我们像其他人一样碾碎。"("die große Weltumwälzung werde auch über uns hinweggehen, und werde uns wie die andern zermalmen"，早间版头版。关于当时德国的动荡局面，参见 Elsa Einstein 1919 年 7 月 12 日前后致 Einstein，第九卷，文件 72)。

[4] 《新苏黎世报》在晚间版头版刊登一篇题为"布达佩斯印象"(Budapester Eindrücke)的文章，概观了匈牙利的政治局势(根据一位在布达佩斯的瑞士人写于 6 月 5 日至 15 日的书信)。

[5] 关于爱因斯坦与 Edith Einstein 的博士论文的关系，参见本书第九卷，文件 69a。

[6] 1916 年末至 1917 年初，由于 Mileva Einstein-Marić 健康状况持续恶化，爱因斯坦曾考虑让 Hans Albert 到柏林去跟他同住(参见本书第八卷，文件 308a)。

[7] 为了在苏黎世大学授课并经常看望处于癌症晚期的母亲，爱因斯坦每个星期都在苏黎世与卢塞恩之间奔波(参见本书第九卷，文件 66a)。

[8] Mileva Einstein-Marić 和 Eduard Einstein 一起在莱茵费尔登接受盐水治疗。Einstein-Marić 的公寓在苏黎世 Gloria 街 59 号。

[9] 1919 年 1—2 月，爱因斯坦在苏黎世大学进行第一个系列的授课期间，曾因允许学生自由旁听而

遭到校长的责难(参见 Theodor Vetter 1919 年 1 月 15 日致爱因斯坦[第九卷,文件 4])。

[10] 卢塞恩的 Rosenau 疗养院。Pauline Einstein 一直渴望和她儿子一起住在柏林(参见本书第九卷,文件 68a)。

[11] Albert Karr(1869—1927)生活在苏黎世,供职于一家谷物交易公司,该公司早期是属于爱因斯坦的舅舅 Jacob Koch 的。Albert Karr 的妻子是 Luise Karr-Krüsi(1873—1959)。

第九卷　70e. 致 Elsa Einstein

[卢塞恩,]星期三晚上,[1919 年 7 月 9 日]

亲爱的 Else:

我一整天都和妈妈待在一间私人诊所。[1]她的状况还算不错,但仍然有血栓,右腿一直缠着绷带,高高地支起来。诊断依然还没有确定,因为血栓也被认为是引起流感的原因。[2]门诊医生和护士都挺好。把她转到柏林去或许是很不明智的。[3]从星期五开始我将和 Albert 住在 Gloria 街 59 号。[4]我感觉自己很健康,但我也会更加小心。一向苛责别人的 Jakob 舅舅竟然丢下妈妈,去了据说更好玩的苏黎世。[5]

衷心问候你!

你的
阿耳伯特

替我问候孩子们、父母和 Hellberg 夫人。[6]
还有来自 Maja 和 Pauli[7] 的问候。

AKS. [143 074]. 明信片上收信人地址是"Frau Elsa Einstein Haberlandstr. 5 Berlin",寄信人地址是"Abs. A. Eiustein Gloriastr. 59 Zürich",邮戳为"Luzern 5 Rössligasse Ⅶ. 10. Ⅶ. 19. —9"。

[1] Rosenau 疗养院。

[2] 可能是指不确定 Pauline Einstein 是否得了癌症(参见第九卷,文件 74c)。Zangger 此前的诊断是盆腔血栓。参见 Heinrich Zangger 1919 年 6 月 18 日之前致爱因斯坦(第九卷,文件 62)。

[3] 关于这种可能性,参照前一文件。

[4] 指 Mileva Einstein-Marić 的公寓。

[5] Pauline Einstein 的哥哥 Jacob Koch。他们此前一起住在海尔布隆,并曾在瑞士度假(参见本书第八卷,文件 661a,注释 8)。

[6] Ilse 和 Margot,Fanny 和 Rudolf Einstein 以及管家。

[7] Maja Winteler-Einstein 和 Paul Winteler。

第九卷　72a. 致 Elsa Einstein

[苏黎世,]星期六,[1919年7月12日]

亲爱的 Else：

我的课程即将过半(星期一)。[1]听众也有些减少了,但是 Meyer[2] 和数学家们一直都会到场。从昨天开始我就和 Albert 住在一起了,我得到了很好的照顾,很满意。[3]这孩子给了我极大的快乐。他很勤奋,对于着手的每件事都能坚持到底。他的钢琴也弹得不错。明天中午我会同 Edith 去 Karr 家。[4] Zangger 外出旅行去了；我本想再跟他讨论一下诊断的事。[5]我一直感觉很好。我想我会按计划回家来的。[6]今天我收到了 Oppenheim 的报告。[7]他们仍然在 Thuner 湖畔。

十分感谢 Ilse 把那些信件转寄给我。[8]全都会得到及时的处理。

衷心问候你！

你的
阿耳伯特

AKS. [143 075]. 明信片上收信人地址是"Frau Elsa Einstein Haberlandstr. 5 Berlin,寄信人地址是"Abs. A. 202 Einstein Gloriastr. 59 Zürich", 邮戳为 Zürich 7 Briefexpedition Ⅵ—Ⅶ. 13. Ⅶ. 1919"。Elsa Einstein 写在背面的计算从略。

[1] 他在苏黎世大学关于相对论的系列课程。

[2] Edgar Meyer。

[3] 在 Mileva Einstein-Marić的公寓(参见前一文件)。

[4] Edith Einstein；Albert Karr 和 Luise Karr-Krüsi。

[5] 关于 Pauline Einstein 病情诊断的明显不确定性,参见前面的文件。Heinrich Zangger 定期去看望她(参见爱因斯坦于 1919 年 7 月 3 日致 Pauline Einstein[第九卷,文件 70])。

[6] 爱因斯坦计划在苏黎世授课 4 个星期(参见爱因斯坦于 1919 年 3 月 22 日致 Pauline Einstein[第九卷,文件 10]),然后带 Hans Albert 去阿尔卑斯山(参见爱因斯坦于 1919 年 6 月 13 日致 Hans Albert 和 Eduard Einstein[第九卷,文件 60])。Elsa 似乎期望他能在 8 月中旬回家(参见 Elsa Einstein 1919 年 7 月 12 日致爱因斯坦[第九卷,文件 72])。

[7] 1917 年 7 月在法兰克福的时候,爱因斯坦就已经见过 Moritz Oppenheim 和他的儿子 Paul(参见本书第八卷,文件 359b)。

[8] 1917 年底,Ilse Einstein 被雇为爱因斯坦的秘书(见爱因斯坦 1917 年 12 月 16 日致 Wilhelm von Siemens[第八卷,文件 409])。

第九卷　72b. 致 Elsa Einstein

[苏黎世,]星期一,[1919 年 7 月 14 日]

亲爱的 Else:

　　和 Albert 住在一起很好。我们一起造了一个小飞行器。[1] 今天早上我们在狂风中驾驶帆船。我住在这儿,是完全可以放心的。[2] 明天我又要去卢塞恩。[3] 像往常一样,我昨天中午又在 Karr 家里,他们很殷勤。[4] 他们的房子很豪华,位于最好的地段。之后我又讲了课。晚上我会去 Weyl 那里。[5] 有点儿多——但是你不要皱眉头。[6] 我每天中午都睡觉,感觉很棒。今天上午我给你买了一把伞——就是那种在最糟糕的情况下丢了也无所谓的伞。今天我的大衣补好了,衣服也洗了。Fleischmann 太太去世了——死于癌症。[7] 对于妈妈的诊断我仍然不是很确信;接下来的几个月会有结果。[8] 我还是没见到 Grossmann 和 Hurwitz,[9] 我几乎抽不出时间来!Zangger 极其繁忙,但他很喜欢这种生活。[10] 明年 Albert 会在假期来看我们。[11] 我们想去德国北部的某个湖畔,租一只小船,这将对你的管理天赋提出新的问题。

　　向孩子们问好;我要尽快给他们写信。[12] 我打算在课程结束后就动身回家,我不想在这里继续待太久。我不会和 Albert 一起旅行,但是会去看望 Brandhuber。[13] 然后我就回到你身边,指望还能跟你一起做些事儿。

　　问候并亲吻你!

你的
阿耳伯特

AKS. [143 076]. 明信片上收信人地址是"Frau Elsa Einstein Haberlandstr. 5 Berlin",寄信人地址是"Abs. A. Einstein Gloriastr. 59 Zürich",邮戳为"Zürich 8 (Fluntern)14. Ⅶ. 19. Ⅶ—"。

[1] 1918 年 4 月,Hans Albert 告诉爱因斯坦,他准备制作一个模型飞机(见本书第八卷,文件 513a)。

[2] Mileva Einstein-Marić 离开期间,爱因斯坦和 Hans Albert 一起住在她位于苏黎世的公寓里(参见本书第九卷,文件 70d)。Elsa Einstein 向 Hedwig Born 明显地表达了她对这种安排的不满情绪(参见 Elsa Einstein 1919 年 9 月 10 日致 Hedwig Born,Nr. 1226,Bl. 7—9)。

[3] 去看望他处于癌症晚期的母亲。

[4] Albert Karr 和 Luise Karr-Krüsi。

[5] Hermann Weyl。

[6] 涉及他自己的健康问题(参见本书第九卷,文件 70e)。

[7] 可能指 Michael Fleischmann(1857—1926)的妻子 Helen Fuchs-Fleischmann(?—1919),他是之

前爱因斯坦的舅舅 Jacob Koch 名下的一个谷物交易公司的经理(参见市警署侦查员报告,1900 年 7 月 4 日[第一卷,文件 66])。

[8] 很可能是由于他妈妈患了静脉炎(参考第九卷,文件 70e)。

[9] Marcel Grossmann 是爱因斯坦学生时期最亲密的朋友(参见爱因斯坦于 1901 年 9 月 6 日左右致 Marcel Grossmann[第一卷,文件 122])。Adolf Hurwitz 一家人跟爱因斯坦和 Einstein-Marić 都很亲近(参见本书第八卷,文件 361f)。

[10] Heinrich Zangger 可能还没回到苏黎世(参见前一文件)。

[11] Hans Albert Einstein。

[12] Ilse 和 Margot Einstein。

[13] 去年夏天他去 Benzingen 拜访过 Camillus Brandhuber(参见本书第八卷,文件 374a)。

第九卷 72c. 致 Elsa Einstein

卢塞恩,星期二晚上,[1919 年 7 月 15 日]

亲爱的 Else:

我不在的时候妈妈的情况不错。[1]但她今天又开始感到疼痛了。蜷着腿躺了好几个月,完全不能动,同时饱受疼痛的折磨,这真是太可怕了。[2]昨晚我还去看望了 Weyl。[3]今天早上我乘车回到了这里。Albert[4]真是个开心果,他总能在我伤心和疲惫的时候振奋我。妈妈最终得到了很好的照顾和看护,这毕竟是一件让我宽慰的事。我不再考虑把她带去我那里。[5]我很高兴获知了你的许多好消息。但愿你们在我回来之前,仍然是一切都好。到时候我们还可以一起做点小事,特别是因为我已取消了和 Albert 的旅行计划,他在苏黎世跟我待在一起的时间更多。如果他想出行,那么他也更喜欢跟同龄人一起去。[6]

衷心问候并吻你!

你的
阿耳伯特

替我问候孩子们、父母和 Hellberg 夫人。[7]

AKS.[143 077]。明信片上收信人地址是"Frau Elsa Einstein Haberlandstr. 5 Berlin",寄信人地址为"Abs. A. Einstein Brambergstr. 16 A Luzern",邮戳为"Luzern 2 Zürichstr. 16. Ⅶ. 19. —9. Ⅶ"。

[1] 每周星期五到星期一,爱因斯坦都待在苏黎世(参见第九卷,文件 70c)。

[2] Pauline Einstein 的大腿患有静脉炎(参考第九卷,文件 68a)。

[3] Hermann Weyl。

[4] Hans Albert Einstein。

[5] Pauline Einstein 住在卢塞恩的 Rosenau 疗养院。关于之前带她去柏林的计划,参见本书第九卷,

文件68a。

[6] 1个月前,爱因斯坦准备在他的系列讲座结束后和 Hans Albert 一起到阿尔卑斯山度假(参见爱因斯坦于 1919 年 6 月 13 日致 Hans Albert 和 Eduard Einstein[第九卷,文件60])。

[7] Ilse Einstein 和 Margot Einstein,Fanny Einstein 和 Rudolf Einstein,管家。

第九卷　72d. 致 Elsa Einstein

[卢塞恩,]星期四,[1919 年 7 月 17 日]

亲爱的 Else:

妈妈的情况有了显著的改善。在中立的环境下,她的感觉相对较好。[1] 今天我回到了苏黎世,因为课时满满的半个星期又要开始了。[2] 情况表明,住在狮穴里其实挺不错的,而且也不用担心发生意外。[3] 我大约在 8 月 5 日离开瑞士,中途去看一下 Brandhuber,然后就回家;[4] 如果能继续维持现状,我会安然无恙的。后天要在学校举行一场纪念 Gottfried Keller 的庆典,[5] 到时候我会参加。有一堂课将因此而取消,但无论如何我会把课上完。

你对我的勤奋写作有何话说?虽说对一次尚未最终结束的旅行本不应该提前赞扬,可我确实已经为此而深感自豪。

问候并吻你!

你的
阿耳伯特

我很期待 Margot 的新歌。[6]

AKS.[143 078].明信片收信人地址是"Frau Elsa Einstein Haberlandstr. 5 Berlin",寄信人地址是"Abs. A. Einstein Brambergstr. 16 A Luzern",邮戳为"Luzern Brf. Exp. Ⅶ. 17. Ⅶ. 19. —17"。

[1] 大约 10 天前,Pauline Einstein 从她女儿 Maja Einstein-Winteler 家转到了一家私人开办的 Rosenau 疗养院(参见本书第九卷,文件 70c)。关于为什么她在 Maja Einstein-Winteler 家感觉不舒服,参见本书第九卷,文件 68a。

[2] 他讲授的相对论课程系列。

[3] Mileva Einstein-Marić 当时不在苏黎世,爱因斯坦和 Hans Albert 一起住在她家里(参见本书第九卷,文件 70d)。

[4] Benzingen 的 Camillus Brandhuber。

[5] 庆祝出生于 7 月 19 日的瑞士著名作家 Gottfried Keller(1819—1890)的 100 周年诞辰。

[6] Margot Einstein。

第九卷　72e. 致 Elsa Einstein

[苏黎世,]星期六,[1919年7月19日]

亲爱的 Else：

今天庆祝 Keller 的百岁诞辰,到处乱哄哄的。[1]现在我可要回家歇一歇了。来自 Schaffhau 的 Habicht 也在场。[2]我还有四个演讲要做。[3]接着我还得去卢塞恩,[4]然后再回家看你。我很渴望回到我们寂静的小屋陪你。Grossmann 又一次劝我出走。[5]不过他直到年初都还有时间。你去查一查你的财产状况吧,看我们还能否在年底前动身。[6]Hilbert 是相当肯定地要去伯尔尼了,[7]可我相信,我们最好还是留在老地方。[8]

衷心问候你！

你的
阿耳伯特

AKS.[143 079]。明信片上的收件人地址是 "Frau Elsa Einstein Haberlandstr. 5. Berlin",寄信人地址是 "Abs. A. Einstein Gloriastr. 59 Zürich",邮戳为 "Zürich 8（Fluntern）19. Ⅶ. 19. Ⅶ-"。

[1] 苏黎世大学为 Gottfried Keller 的一百周年诞辰举行的纪念活动(参见此前有关文件)。

[2] 指 Conrad Habicht。

[3] 有关相对论的系列演讲。

[4] 去探望他已患不治之症的母亲。

[5] 指 Marcel Grossmann。关于 Max Planck 和 Fritz Haber 对爱因斯坦准备离开柏林到苏黎世大学就职的传闻的反应,参见 1919 年 7 月 20 日 Max Planck 给爱因斯坦的信(第九卷,文件 73)和 Fritz Haber 给爱因斯坦的信(第九卷,文件 74)。

[6] 一年前,爱因斯坦对 Elsa 的家人在第一次世界大战中幸免于难表示怀疑(参见爱因斯坦在 1918 年 6 月 28 日和 7 月 29 日之前致 Michele Besso 的信,[第八卷,文件 572 和 591])。1918 年 2 月,Anna Besso-Winteler 估算 Elsa 的父母每年的开销为 20000—30000 马克(见 Anna Besso-Winteler 致 Heinrich Zangger 的信,1918 年 2 月 20 日,SzZ, Nachl. H. Zangger, box 27)。Elsa 的遗产大约 100000 马克,并于 1918 年晚些时候由 Rudolf Einstein 转入了爱因斯坦的账户(参见爱因斯坦于 1920 年 2 月 10 日致柏林 Schöneberg 税务办公室的书信[第九卷,文件 306])。

[7] 指 David Hilbert。早在 7 月份,他已经收到伯尔尼大学的邀请。有关历史记录参见 Sauer 2000。

[8] 爱因斯坦此前曾表示自己有意留在德国,参见爱因斯坦于 1919 年 4 月 4 日写给 Pauline Einstein 和 Maja Winteler-Einstein 的信(第九卷,文件 17)。

第九卷　74a. 致 Elsa Einstein

[苏黎世,]星期一,[1919 年 7 月 21 日]

亲爱的 Else：

一切都仍然是挺好的。我明天不能去卢塞恩,[1]因为我得去 Stern 夫妇家，他们一再请我去。[2]可是还不完全确定，我是否这周就去。有 Albert 相伴我的生活真是美极了。[3]作为人和人子他都发展得很出色。同时他有快活的脾性并且总在做事。明天他要跟别的孩子一起出游大约五天。是我亲自劝他去的。[4]那份鉴定我让人在这里抄写了，请告诉 Ilse，我衷心感谢她替我寄信并谢谢她的来信。[5]现在我觉得，我的讲学结束之后，我还要在这里再待一周时间，因为我要到 Luzern 去几天并陪 Albert（和 Tete，如果他已回来了）几天。[6]只是我还不知道，那么短暂的时间我该住哪儿，毕竟那些旅馆的位置都太偏远。昨天下午我在（物理学家）Greinacher[7]先生家中演奏音乐,（上午）在 Hurwitz 家。[8]Hurwitz 现在病得很重。他们仍旧总是埋怨他们那个政治化了的女儿。[9]我则试图劝慰他们。关于 Brandhuber 我依旧没有任何消息。[10]如果再没有的话，我就要直接去柏林了。

问候并吻你！

你的
阿耳伯特

AKS.[143 080].明信片上的收件人地址是"Frau Elsa Einstein Haberlandstr. 5. Berlin"，寄信人地址是"Abs. A. Einstein Gloriastr. 59 Zürich"，邮戳为"Zür[ich] 8 (Fluntern) 21. Ⅶ. 19. - 11"背面模糊不清。

[1] 去看他身患绝症的母亲，每周去一次。

[2] Alfred Stern(1846—1936)，瑞士联邦技术大学历史学教授(第一卷，Stern 传记，第 386—387 页)，其妻 Clara Stern(1862—1933)。

[3] 爱因斯坦当时和 Hans Albert 一起住在 Einstein-Marić 位于苏黎世的公寓里(本书第九卷，文件 70d)。

[4] 爱因斯坦此前曾计划带 Hans Albert 到阿尔卑斯山去度假，参见本书第九卷，文件 72c。

[5] 本书第九卷，文件 69a 中提到的专家看法。Ilse Einstein。

[6] Eduard Einstein 正陪母亲在 Rheinfelden 接受盐水治疗(参见本书第九卷，文件 69a)。

[7] Heinrich Greinacher(1880—1974)，苏黎世大学的实验物理学名誉教授和编外讲师。

[8] Adolf Hurwitz 身患绝症(参见爱因斯坦于 1919 年 9 月 22 日给 Ida Hurwitz 的信[第九卷，文件 172])。

[9] Eva Hurwitz(1896—1942)是 ETH 四年级学生(参见爱因斯坦于 1919 年 9 月 22 日给 Ida Hurwitz 的信[第九卷,文件 172]注释 3)。

[10] 爱因斯坦计划在返回柏林的途中去拜访住在 Benzingen 的 Camillus Brandhuber(参见本书第九卷,文件 72d)。

第九卷　74b. 致 Elsa Einstein

苏黎世,星期二,[1919 年 7 月 22 日]

亲爱的 Else:

Albert 跟他的伙伴们到山里旅行去了。[1]今天下午我要去 Stern 家,Julie Ansbacher 也会在那儿。[2]下周一我还有最后一次演讲。[3]之后我要到卢塞恩去陪妈妈待几天,[4]然后大概还要在这边逗留几天,这样我可能在 10 号之前到 Brandhuber 那里。[5]我这会儿又想回家和你在一起了,就我们俩单独在家待着,过一对小两口儿该过的日子。[6]你的通信有点儿不畅或者邮局也有问题吧。但这没什么。我这周几乎不可能去卢塞恩了;但下周要去。妈妈会很伤心的,当我离开时:她在那里本来就是被遗弃了,可对于这种结果她自己也有一部分责任。[7]我能察觉到,我去了会让她放松很多。Jakob 舅舅只不过是个大胖子。[8]

衷心问候你!

你的
阿耳伯特

AKS. [143 081]. 明信片上的收件人地址是"Frau Elsa Einstein Haberlandstr. 5. Berlin w.",邮戳为"Zürich 10 Hottingen 22. Ⅶ. 19. Ⅳ-"。

[1] 爱因斯坦曾建议 Hans Albert 不要和他而是和他的同龄人一起远足(参见前面的文件)。

[2] Alfred 和 Clara Stern(参见前面的文件注释 2);Julie Ansbacher(1845—1933)是 Pauline Einstein 的一个好朋友。

[3] 爱因斯坦在苏黎世大学所做的关于相对论的系列演讲。

[4] Pauline Einstein 一直住在卢塞恩的 Rosenau 疗养院(本书第九卷,文件 72d)。

[5] Camillus Brandhuber。

[6] 当爱因斯坦计划 8 月中旬返回柏林时,Ilse 和 Margot 正在度假(参见爱因斯坦于 1919 年 8 月 17 日给 Ilse 和 Margot Einstein 的信[第九卷,文件 90]),Elsa 和爱因斯坦于 1919 年 6 月 2 日结婚(参见 1919 年 6 月 2 日结婚证[第九卷,文件 54])。

[7] 因为各种原因,Pauline Einstein 不想跟自己的女儿一起住(本书第九卷,文件 68a)。

[8] Jacob Koch。两周前,当他的亲舅舅 Jacob Koch 扔下在卢塞恩的养老院里的 Pauline Einstein,自己去苏黎世旅行时,爱因斯坦曾对他有过负面评价(本书第九卷,文件 70e)。

第九卷　74c. 致 Elsa Einstein

[苏黎世,]星期三,[1919年7月23日]

亲爱的 Else：

我终于跟 Zangger 谈了一次,他向我确证,不能肯定就是癌——反正只能慢慢拖着并且饱受痛苦。[1]这周我不会去卢塞恩。[2]Ansbacher 女士很友善：妈妈好像已经跟她完全断了来往。[3]今天 Weiss(Strassburg)在我这儿,他知道很多有趣的事;可惜他失去了妻子。[4]他明天还会来。Weyl[5]刚到这来散了会儿步。Albert 正在远足,可惜下雨了。[6]Stern 一家又变得很友好了。Dora Stern(柏林来的)也在那儿。[7]今晚我要去 Meyer 家。[8]我得到了女仆很好的照顾,她很会做饭——但愿你也过得很好。[9]我收到 Brandhuber 的一份友好的报告,我得去一趟,但我在那边待的时间肯定少于一周。[10]我希望 15 号就又能和你在一起。

忠心问候你！

你的
阿耳伯特

替我问候孩子们和 Hellberg 夫人。[11]

AKS.[143 082].明信片上的收件人地址是"Frau Elsa Einstein Haberlandstr. 5. Berlin W.",寄信人地址是"Abs. A. Einstein Gloriastr. 59 Zürich.",邮戳为"Zürich 8(Fluntern)23. Ⅶ. 19. Ⅶ-"。

[1] Heinrich Zangger. 关于 Pauline Einstein 病情的不确定的诊断,参见本书第九卷,文件 70e 和 72a。

[2] 去看望他母亲。一天前,爱因斯坦表示他要去(参见上一文件)。

[3] Julie Ansbacher. 爱因斯坦曾在 Stern 家见过她(参见上一文件,注释 2)。

[4] Pierre Weiss 最近创办了斯特拉斯堡大学的物理学院,他的妻子是 Jane Rancès(？—1919)。

[5] Hermann Weyl。

[6] 关于 Hans Albert 的旅行,参见前一文件。

[7] Alfred 和 Clara Stern。其女 Dora Stern 曾于 1901 年受教于爱因斯坦(参见爱因斯坦于 1901 年 5 月 3 日给 Alfred Stern 的信[第一卷,文件 104]),后为化学家(参见 Alfred Stern 1911 年 8 月 2 日给爱因斯坦的信 Clara Stern 的附言[第五卷,文件 274])。

[8] Edgar 和 Else(1884—1964)Meyer。

[9] 爱因斯坦住在苏黎世 Einstein-Marić的公寓。

[10] 指 Benzingen 的 Camillus Brandhuber。

[11] 孩子们指 Ilse 和 Margot Einstein。Hellberg 夫人是管家。

第九卷　74d. 致 Elsa Einstein

[苏黎世,]星期五,[1919 年 7 月 25 日]

亲爱的 Else：

现在快结束了。今天、明天和周一还有演讲。[1]接着我得到卢塞恩待几天，随后几天在苏黎世，这样我就在 8 月 8 日前后乘车去见 Brandhuber，最迟 15 日回到你身边。[2] Zangger 现在也不相信妈妈得的是癌。反正也没有任何证据。[3] Albert 回来了。[4]他是个可爱又聪明的家伙。请向 Moszkowski 一家转达我衷心的问候并请关照他们。[5]

昨晚我去看了 Grossmanns 一家。[6]十分愉快而有趣。我们谈到了某种可能性。可我如今已没什么热情，年复一年地老做教书匠。[7]你查清了你的财产没有？[8]这不是什么很要紧的事！要是我没来，来的可能就是 Debye。[9]他年轻又健康——本来就是正确的人选。

衷心问候你！

你的
阿耳伯特

AKS. [143 083]. 明信片上的收件人地址是"Frau Elsa Einstein Haberlandstr. 5. Berlin W."，寄信人地址是"Abs. A. Einstein Gloriastr. 59 Zürich."，邮戳为"Zürich 8(Fluntern)25. Ⅶ. 19. Ⅶ-"。

[1] 在苏黎世大学关于相对论的演讲。

[2] 去探视在卢塞恩的母亲，然后去看在苏黎世的儿子，最后去拜访在 Benzingen 的 Camillus Brandhuber(参见本书第九卷，文件 72d)。

[3] 关于 Zangger 的诊断，参见前一文件。

[4] Hans Albert 已跟朋友一起去阿尔卑斯山旅游(参见前面的文件)。

[5] Alexander 和 Bertha Moszkowski。爱因斯坦此前与 Alexander Moszkowski 的联系，参见本书第八卷，文件 364c 和 370b。

[6] Marcel Grossmann 和 Anna Grossmann-Keller。

[7] 6 天前，爱因斯坦曾向 Elsa 提到 Grossmann 建议他离开德国(本书第九卷，文件 72e)。

[8] 爱因斯坦曾让 Elsa 去调查她的"命运"（为了"你的财产"），如果要在年底前离开德国(本书第九卷，文件 72e)。

[9] Peter Debye。

第九卷　74e. 致 Elsa Einstein

[苏黎世,]星期六,[1919年7月26日]

亲爱的 Else：

今天收到了你的两封来信。我称之为忠诚！把 Margot 塞到疗养院去,这我觉得很残暴。Fanny 姨妈在那里或许也能独自支撑下去,但是不可以那样做。[1]必须让 Margot 休息一下。就说是我"规定"的。我也刚收到 Mühsam 的来信。[2]Zangger 也被建议做个血液检查,这个检查据我所知一直没做。结果或许当然是不确定。这或许会使妈妈产生新的忧虑。所以我不是特别赞同。[3]周一或周二我要去卢塞恩,待到周四或周五。[4]回来之后,我会住上几天。我将在 Schaffhausen 的 Habicht 家过夜,然后去找 Brandhuber。[5]我希望今天就能结束演讲。[6]然后我就可以享受自己那份安宁了。最近几次演讲也还是很棒的。Planck 的一封令人感动的来信,使我不能不忠于柏林。[7]可我也不会不忠诚。不管发生什么事,我们都要挺过去。[8]钱你就别给我寄了,我有我的理由。

问候并亲吻你！

你的
阿耳伯特

AKS.[143 084]本明信片上的收件人地址是"Frau Elsa Einstein Haberlandstr. 5. Berlin W",寄信人地址是"Abs. A. Einstein Gloriastr. 59 Zürich. ",邮戳是"Zürich 8(Fluntern)26. Ⅶ. 19. Ⅶ-"。

［1］Margot 和 Fanny Einstein。
［2］大概是 Hans Mühsam(1876—1957),柏林犹太医院的主治医师。
［3］关于 Heinrich Zangger 对 Pauline Einstein 所做的诊断,参见此前有关文件。
［4］去看望他母亲。
［5］去看望他在苏黎世的儿子们;Conrad Habicht 和 Anna Habicht-Kehlstadt(1888—1961);Camillus Brandhuber 在 Benzingen。
［6］在苏黎世关于相对论的演讲。
［7］Max Planck 1919年7月20日给爱因斯坦的信(第九卷,文件73)。
［8］指的是爱因斯坦关于自己是留在柏林还是到苏黎世大学执教的慎重权衡(参见此前有关文件)。

第九卷　77a. 致 Elsa Einstein

[苏黎世,]星期一,[1919年7月28日]

亲爱的 Else：

讲学结束了。[1]今天我还去看望了 Ansbacher 夫人，并和 Edith 一起驾驶了帆船，可惜没有风。[2]晚上 Hurwitz 的孩子们会来看我。[3]我得去卢塞恩，一直待到星期五。[4]之后我还须在苏黎世停留几（两或三）天，尽管你发了两封电报到苏黎世。[5]然后我才动身去 Benzingen，[6]真的是一趟绕来绕去的复杂旅行。可我并没有写出，我要到这里来。[7]我只是考虑了其可能性。别寄钱来；我自有道理。我们还是安心地留在柏林吧，现在我意已决。[8]所以保持平静，别害怕！

问候并吻你！

你的
阿耳伯特

Albert 今天去了 Rheinfelden。[9]了不起的家伙！我倒要瞧瞧，他是否真会来看我们。那些袜子我会带回来的。

AKS. [143 085]. 明信片上的收件人地址是"Frau Elsa Einstein Haberlandstr. 5. Berlin W."，寄信人地址是"Abs. A. Einstein Gloriastr. 59 Zürich."，邮戳为"Zürich Brf. Exp. 28. Ⅶ. 19. X-"。

[1] 在苏黎世大学关于相对论的演讲。
[2] Julie Ansbacher；Edith Einstein。
[3] Lisbeth, Eva 和 Otto Adolf Hurwitz。
[4] 去看望他长期生病的母亲，Pauline。
[5] 一周前，爱因斯坦表示，他计划从卢塞恩回来后就返回苏黎世去看望 Eduard Einstein，到时候 Eduard 应该已从 Rheinfelden 回到苏黎世了（见本书第九卷，文件 74a）。
[6] 待在 Camillus Brandhuber。
[7] 参见前一文件，注释 8。
[8] 关于爱因斯坦留在柏林的问题，参见前一文件，注释 7 和注释 8。
[9] Mileva Einstein-Marić 在那儿接受盐水治疗（见本书第九卷，文件 69a）。

第九卷 78a. 致 Elsa Einstein

[卢塞恩，]星期二，[1919 年 7 月 29 日]

亲爱的 Else：

我要在这里待到星期日也就是 8 月 3 日，随后再到苏黎世住几天，以便能和 Tete 一起待一会儿。[1]Miza 还在 Rheinfelden，直到我离开。[2]（8 月 6 日至 8 日前后）请写信给 Lange，[3]说我或许会放弃前往 Benzingen[4] 的计划。一种无耻的行为（Unverfrohrenheit）！

对于妈妈的病症几乎再也没什么好怀疑的了。[5]给她写信的时候要小心,她已很不信任人!你为什么要向 Lange 透露我去 Benzingen 的事呢?

对于 Hellberg 女士[6]的事我很难过。为 Fanni 姨妈所做的新安排我很喜欢。Margot 现在也能有点儿自由了。[7]

忠心问候你!

你的
阿耳伯特

AKS.[143 086]. 明信片上的收件人地址是"Frau Elsa Einstein Haberlandstr. 5 Berlin W.," 寄信人地址是:"Abs. A. Einstein Brambergstr. 16A. Luzern.,"邮戳为"Luzern 5 Fil. Rössligasse 30. Ⅶ. 19.-9"。

[1] Eduard Einstein 将从 Rheinfelden 返回(参见前一文件)。

[2] Mileva Einstein-Marić 正在接受盐水治疗(参见前一文件)。

[3] Gustav Ludwig Lange (1863—1936),物理和心理学方面的独立学者,以前曾做过莱比锡大学的实验心理学研究所的助教。他对他与爱因斯坦 1919 年 8 月 12—13 日在 Benzingen 的会面的回忆,参见年表和日程表里他于 1920 年 8 月 7 日写给爱因斯坦的信。

[4] 去见 Camillus Brandhuber(参见前一文件)。

[5] 在这个月早些时候,对其患有不治之症的母亲病况的诊断结论,爱因斯坦曾表示怀疑(参见本书第九卷,文件 70e 和 72b)。

[6] 在柏林的管家。

[7] 三天之前,爱因斯坦曾对 Margot Einstein 被送入一家疗养院去陪护其祖母 Fanny Einstein 的计划表示惊愕(参见本书第九卷,文件 74e)。

第九卷　79a. 致 Elsa Einstein

卢塞恩,星期四,[1919 年 7 月 31 日]

亲爱的 Else:

今天我又收到了你的一封电报,而且是一封真正被曲解的电报(取代 Haber[1]等)可我却看明白了,连同对你的无辜所做的保证。[2]无论如何,我本来可能要一直在这里待到星期天。我也已经对跟 Mayer 和 Grossmann 在以下意义上说过,就是我的到来是很不可能的。[3]从而一切或许本来都是不必要的。我也收到了 Planck 的一封来信,因为那些正在流传的关于我的谣言而令他担忧。[4]我已经在几天前以令人平静的心情回复了他。

不管怎么说我们都会留在那里。Lorentz[5]的来信不必转寄给我,而应该寄给 Rotten 小姐[6],因为事关委员会方面的事宜。[7]妈妈的情况很正常,她在那里得到了极好的护理。[8]我几乎一整天都在她身边,还替她念了报纸,并写了几封信,等等。对 Erzberger 和 Müller 的揭露必须好好地进行[9](Moszkowski 等)。我向后者[10]表达了衷心的问候。现在我很期待我们的相聚,虽说还要等一等。[11]

衷心问候你!

你的
阿耳伯特

AKS.[143 087].明信片上的收件人地址是"Frau Elsa Einstein Haberlandstr. 5 Berlin",寄信人地址是"Abs. A. Einstein Brambergstr. 16A. Luzern",邮戳是"Luzern Brf. Exp. 31.Ⅶ. 19.–23"。

[1] Fritz Haber。

[2] 爱因斯坦曾埋怨 Elsa 告知 Gustav Lange 他计划去 Benzingen 的事(参见前一文件)。

[3] Edgar Meyer 和 Marcel Grossmann,爱因斯坦曾跟他们讨论过在苏黎世接受教职的可能性(参见本书第九卷,文件 74d)。

[4] Max Planck 1919 年 7 月 20 日致爱因斯坦的信(第九卷,文件 73)。

[5] Hendrik A. Lorentz 1919 年 7 月 26 日致爱因斯坦的信(第九卷,文件 76)。

[6] Elisabeth Rotten(1882—1964),瑞士人,"新祖国"同盟的成员。

[7] 整个 1919 年,Rotten 和 Einstein 曾共同致力于一个德国私人委员会以调查德国的战争罪行(参见爱因斯坦于 1919 年 4 月 26 日致 Hendrik A. Lorentz 的信[第九卷,文件 28],注释 3),而 Rotten 是其小册子 Lille 的第一卷及第二卷的签字人。(参见 Arco et al. 1919,和 Geiger et al. 1920)Lorentz 曾提供过帮助,特别是通过促进在德国和比利时的对此努力感兴趣的委员会成员间的相互联系(参见 Hendrik A. Lorentz 1919 年 5 月 4 日和 7 月 26 日致爱因斯坦的两封信[第九卷,文件 34 和 76])。

[8] Pauline Einstein 住在卢塞恩的 Rosenau 养老院。

[9] Matthias Erzberger(1875—1921),新的德意志共和国的副首相兼财政部长;Hermann Müller(1876—1931),德国外交部部长。1919 年 7 月末,Erzberger 和 Müller 控告前首相 Georg Michaelis 和魏玛政府的其他反对者在第一次世界大战中拖延了与盟国签署合约(参见《Erzberger 的起诉状》,《柏林日报》1919 年 7 月 26 日早间版;《四位部长控诉拖延战争的人》,《柏林日报》1919 年 7 月 29 日早间版)。

[10] Alexander 和 Bertha Moszkowski。

[11] 爱因斯坦将与 Brandhubers 一家在 Benzingen 短暂停留。

第九卷 84a. 致 Elsa Einstein

[苏黎世,]星期一早晨,火车上,[1919 年 8 月 4 日]

亲爱的 Else:

我正在返回苏黎世[1]的途中。昨天晚上我见到了 Haber 夫人,他还没有到。我给他留了一封信。事情并不急迫。[2] 我不会在苏黎世停留,如没有迫切的必要性。[3] 母亲进入了平静期。[4] 她激情洋溢的生活意志已明显减弱。注射和疾病都使她麻木了。她的感受已显得不再那么痛苦。因此我能比较安心地离开。她不再抱怨自己失去了运动能力。对痛苦的承受力同样在随着病情发展而减弱。

我还要在苏黎世待三四天,也是为旅行做好一切准备。我的健康状况一直很好。我很渴望与你重逢。我没有见到 Oppenh[eim],但我又给他写了封信。[5] 我带了干粮和袜子。我在想,Albert[6] 明年是否会来看我们。

问候并亲吻你!

你的

阿耳伯特

眼下你完全是独自一人。[7] 我想,我们俩也可以离开柏林一段时间。迄今为止,我确实什么都拥有过,除了休息。帆船的幻影再次浮现在我们眼前。这方面你也得接受一下训练。

AKS.[143 088].明信片上的收件人地址是:"Frau Elsa Einstein Haberlandstr. 5 Berlin W",寄信人地址是:"Abs. A. Einstein Haberlandstr. 5 Berlin",邮戳为"Zürich 7 Briefexpedition 11—12 4. Ⅷ. 1919"。

[1] 为了去看 Eduard Einstein(参见本书第九卷,文件 78a)。

[2] Charlotte(1889—1978)和 Fritz Haber。关于爱因斯坦留给他的信件,参见爱因斯坦致 Fritz Haber 的信,1919 年 8 月 2 日(第九卷,文件 82),其中注释 2 写到了 Haber 延期抵达卢塞恩。他们打算讨论的"话题"是给爱因斯坦加薪(参见 Fritz Haber 致爱因斯坦的信,1919 年 8 月 3 日以后[第九卷,文件 84])。

[3] 关于他在苏黎世就这个问题的讨论,参见本书第九卷,文件 72e,74d 和 79a。

[4] 指他母亲的不治之症(参见第九卷,文件 70e)。

[5] Oppenheimer 当时在 Thunersee 度假(参见本书第九卷,文件 72a)。

[6] Hans Albert Einstein。

[7] Ilse 和 Margot Einstein 正在旅行(参见爱因斯坦致 Ilse 和 Margot Einstein 的信,1919 年 8 月 17 日[第九卷,文件 90])。Fanny 和 Rudolf Einstein 住在同一栋楼的另一间公寓(参见爱因斯坦致 Pauline Einstein 和 Maja Winteler-Einstein 的信,1919 年 4 月 4 日[第九卷,文件 17])。

第九卷 86a. 致 Elsa Einstein

Benzingen,星期六,[1919 年 8 月 9 日]

亲爱的 Else:

真是令人恐惧啊！Miza 这段时间都在 Rheinfelden。[1] 我是前天中午走的，她是(同一天)星期四晚上到的。我已下定决心留在柏林。我再也没能跟 Haber 谈上话。到了柏林还有时间。[2] 昨天晚上牧师带着 Inge 乘四轮马车到 Veringendorf 来接我。[3] 感谢边境上那些纠缠，这趟旅行令人精疲力竭。[4] 雨伞和长袜倒是获救了，可我却把梳子和发刷留在了 Schaffhausen 的 Habicht 家里。[5] 这里天气好得很，我跟 Fidelia[6] 和 Inge 将在星期四动身，估计星期五早上能在柏林见到你。

衷心问候你！

你的
阿耳伯特

我没给孩子们写信，这会儿他们应该不在家。[7] 我一收到你的明信片，马上就给 Hellberg[8] 女士写了信。

AKS. [143 089]. 明信片上的收件人地址是"Frau Elsa Einstein Haberlandstr. 5 Berlin W."，邮戳为"Veringenstadt 9.8 19.4 - 6N [achmittags]"。

[1] Mileva Einstein-Marić；她一直在那里接受盐水治疗(参见本书第九卷，文件 69a)。

[2] 讨论他在苏黎世任职的可能性。他原计划在卢塞恩跟 Fritz Haber 讨论这个问题并确定自己在柏林的薪水。(参见前面的文件)

[3] Camillus Brandhuber 及其侄女 Inge。Veringenstadt 是离 Benzingen 最近的火车站。

[4] 关于之前在瑞士和德国边境遭遇的种种困难，参见本书第八卷，文件 209a。

[5] Conrad Habicht 和 Anna Habicht-Kehlstadt。

[6] Fidelia Brandhuber，Camillus 的妹妹。

[7] Ilse 和 Margot Einstein 当时在旅行。

[8] 女管家。

第九卷 87a. Hans Albert Einstein 来信

[苏黎世，1919 年 8 月 15 日之后][1]

亲爱的爸爸：

我很抱歉，这次美好的度假[2] 竟然会以烦恼收场。可我几乎不相信，你会把你的衣物落在这儿。我到你住过的公寓里去问了，[3] 东西不在那儿；有可能掉在洗衣房了，因为是 Bertha[4] 洗的而她也没拿，何况她还从来没有丢失过什么。Bertha 也认定，她在打包时就没看到那些领带，很有可能那些东西都是一起丢失的。我倒更加相信，是你在途中，比如说在海关，把东西搞丢了的。[5]

妈妈[6]给你的建议是,或许你可以暂时带一些以前的衣物,妈妈说要让人拿去把它们补一补。你问过那个南德的牧师吗,[7]东西在不在他那儿?

现在小飞机[8]已经做好了,只装了一个发动机,双引擎装在后面太重了。轮子也不够结实,我还要再改一改,然后它还得试飞。这个发动机并不适合真正的飞行,因为当小飞机刚刚达到全速时就会掉下来,至于它的具体情况如何,只有试飞时才看得出来(试飞我很担心)。

亲切问候你!

你的
Adu

另外,请别为那事儿生气,或许你也有东西落在了卢塞恩。不管是什么我们都会替你收好的。

ALS.[144 012].

[1] 这封信据推测写于爱因斯坦1919年8月中旬从瑞士返回柏林途径德国南部的时候(参见第九卷,文件88,爱因斯坦在1919年8月16日写给Pauline Einstein的信[第九卷,文件88])。

[2] 爱因斯坦在瑞士待了6周(从6月底到8月7日)。这段时间他在苏黎世大学发表了第二个关于相对论的系列演讲,并且去卢塞恩看望了他身患不治之症的母亲(参见本书第九卷,文件66a和文件84a)。

[3] 苏黎世的Sternwarte膳食公寓。

[4] Mileva Einstein-Marić家中的女管家。

[5] 9天前,爱因斯坦想起他把有些物品忘在了沙夫豪森(Schaffhausen)的Habicht家中。

[6] Mileva Einstein-Marić。

[7] Benzingen的Camillus Brandhuber。

[8] 对Hans Albert的模型飞机制作计划的首次提及,参见本书第八卷,文件513a。关于爱因斯坦对自己与儿子在此事上的合作的描述,参见爱因斯坦于1919年8月7日写给Pauline Einstein的信(第九卷,文件86)。

第九卷 96a. Maja Winteler-Einstein 和 Paul Winteler 来信

卢塞恩,1919年8月29日

亲爱的各位:

阿耳伯特离开已经差不多一个月了,可我还没给你们写过信呢。[1]我一直都忙得两脚不沾地。妈妈的情况一点都不好,她浑身剧痛。[2]感谢上帝,多亏有注射剂,这样她夜里比以往要好得多;可时间一长,妈妈就逐渐地丧失了勇气,因为她都看见了,自己的情况一直在恶化。她一直没胃口,结果就连她还可能享受的唯一的、就是吃东西的乐趣,也没了。那位女博士[3]打算给她做神经穿刺,以消除她腿部的疼痛。但经过深思熟虑之后,她认为穿刺的坏处大于好处。褥疮的威胁在显著地增加,也造成剧烈的疼痛。妈妈这个年纪的人做手术容易导致一些严重的并发症;亦即,它们即使不会致命,也会对总的身体状况产生负面影响。

她想让人请 Zangger 再来一次。[4]——Guste 在申请入境许可时遇到了很大的困难。[5]不过我相信,她还是来得了,只要我们这里递交一份申请同时附上一份医生的证明。但现在又出现了一个新的困难。当前的汇率已达到了 25!!她要跟我们住在一起这没问题而且她不会需求太多,可要是她在瑞士没有银行账户,她是来不了的。她以为 Jakob 叔叔应该帮她开一个账户,但他不喜欢办这类事情。[6]这事或许你能做到吧,亲爱的阿耳伯特?要是你能,请直接跟 Guste 联系。

整整一周时间,Koch Steinhardt[7]一家人全都待在这儿。要是你的话或许又要犯胃疼。可他们在对待妈妈的事情上,做得确实很好;就连 Alfred 和 Robert 都愿各自负担每月 50 法郎,[8]所以妈妈在膳食方面还是很丰富的。可这也是必要的,因为那位女医生 T. 昨天说过,条件许可的话在冬季给妈妈请一名私人护士。我要她告诉我,费用是多少,但我现在还没得到答复。

现在你们知道情况如何了吧。可惜我没能报告任何更愉快的事。

衷心问候并吻你们大家!

你们的
Maja

亲爱的阿耳伯特,

我希望那边的事会慢慢地回到正轨,这样她就会好受些。

你也许见到了 Steinh.?所以可能有必要提醒你,要跟他谈两件事:

1. 董事会是否可以考虑至少 2000 法郎的最低金额,而且有无可能以后再多些。他们已经答应同工同酬,所以或许还有必要问一问,是否已就此商讨过。(每半年实得仅 850 法郎)。[9]

2. 他们确保你能得到的不是 10000,而是明明确确的 11000,可是半年只有大约 5000。我已去交涉过,但直到今天都没得到答复。所以这事只能靠你去谈了。[10]我有意将这多出的 1000 法郎给 Elsa。[11]

我们过得很好。天气极好的时候,我自然要出游,我们也经常到湖上去玩。我也附带钻研地质学和植物学,而且还在法律领域做些有趣的事。

衷心问候你们!

你们的

Paul

ALS.［144 185］.此文件左边空白处留有活页夹所需的穿孔。

［1］爱因斯坦于 1919 年 8 月 7 日离开苏黎世,到 Schaffhausen 拜访了 Habicht 一家,然后前往 Benzingen,后于 8 月 15 日返回柏林。

［2］Pauline Einstein 处在腹部癌症的晚期(参见 1919 年 4 月 4 日 Pauline Einstein 和 Maja Winteler-Einstein 写给爱因斯坦的信［见第九卷,文件 17］注释 7),当时在接受吗啡注射治疗(参见爱因斯坦于 1919 年 8 月 20 日写给 Auguste Hochberger 的信［见第九卷,文件 94］)。

［3］女医生 Josephine Tobler 博士。

［4］Heinrich Zangger。

［5］Auguste Hochberger。

［6］Winteler 他们显然认为 Jacob Koch 小气(参见本书第九卷,文件 239a)。

［7］Alice Steinhardt-Koch 及其丈夫 S. Ogden Steinhardt。

［8］Alfred Koch(或 Steinhardt)和 Robert Koch(1879—1952?)。

［9］爱因斯坦,Paul Winteler 和 Jacob Koch 是 Schweizerische Auer-Aktien-Gesellschaft(SAG 公司)的股东。Paul Winteler 理应每年因爱因斯坦的存款获得 1000 法郎利息("Verwaltungsrat")(参见合同草稿,1919 年 1 月 20 日,载于第九卷的年表和日程表)。当然其他人也可以投资。

［10］根据爱因斯坦关于股票利息的要求,一位柏林的律师兼 SAG 公司的理事 Wilhelm Meinhardt 回答说,他们将会在 11 月的股东大会结束之后分发(参见 1919 年 9 月 12 日,Wilhelm Meinhardt 写给爱因斯坦的信。［见第九卷,Calendar］)。

［11］关于利息分配的细节,请参见本书第九卷,文件 206b。

第九卷　101a. Mileva Einstein-Marić来信

苏黎世,1919 年 9 月 10 日

亲爱的阿耳伯特:

我想向你打听一件小事:去年冬天,银行协会(Bankverein)通知我,说你在这里用我的名字购买的那些债券中的一张已经到期了——我相信,就是那个"德国战争债券"(Deutsche Kriegsanleie);他们问我是否要用那笔钱换购另一种证券。[1] 我已将通知给你寄去并在信中询问如何处理这事,[2] 却没得到你的答复。这几天我又收到通知说,需要处理的那 2000 马克已存入你的账户。肯定不是小家子气在促使我给你写信讨论这事,而是因为这是一种可能会频繁出现的情况,所以我想问一下,这事的处理有无错误。我跟 Zürcher 博士[3]也讨论过此事,他也觉得这事办得不对。倘若这事发生得够频繁了,那么这全部的押金就会重新落到你手里——而这将违背我们当初的协议[4]——这种做法对不对呢?现在我期待得到你的解释。

另外,我想提一个建议,就是把这笔款子存入其他银行,理由是原来的银行没有记录累计利息,而且现在的通知也极不明确,弄得我总是不得不慎之又慎地确保不出什么差错。州立银行(The Kantonalbank)是一个普遍认为值得推荐的可靠而正规的机构,我也想把它推荐给你。Z.博士也是这个观点并建议我,把它推荐给你。我请求你无论如何都尽快就此事给我一个答复。

致以友好的问候!

你的

Miza

ALS. [144 427]. 此文件左边空白处留有活页夹所需的穿孔。

[1] 参见瑞士银行协会 1918 年 10 月 24 日写给 Mileva Einstein-Marić 的信[144 365]。
[2] 参见本书第八卷,文件 639a。
[3] Emil Zürcher Jr. 是 Einstein-Marić 的离婚代理律师。
[4] 爱因斯坦同意在 1918 年 5 月晚些时候,以 Mileva 的名义在德国银行里存款,以此作为离婚的补偿(参见 1918 年 5 月 23 日爱因斯坦写给 Mileva Einstein-Marić 的信[第八卷,文件 546])。

第九卷 128a. Maja Winteler-Einstein 来信

卢塞恩,1919 年 10 月 9 日

亲爱的 Elsa,亲爱的阿耳伯特:

今天你们会收到一封信,它会促使你们商量一下,把妈妈送到柏林是不是会好一些。自从 Guste 到这儿来了,就精神和情绪方面来看,妈妈的情况好得多了。[1]当然,这主要是得益于 Guste 特别令人愉快的个性;从而妈妈就不再感到孤独,并且不再会老是沉湎于那些阴郁的思想。在这儿,我是唯一一个照看她的人(护士忙于处理很多事情),可我不是一个善于令人开心的伙伴。现在她的医生 Tobler 博士也认为,或许最好的办法就是,把妈妈送到柏林。[2] 亲爱的 Albert,等她跟 Zangger[3] 谈过之后,她会亲自给你写信的。虽然妈妈眼下不再多谈柏林的事,但她希望明年年初能够成行。太长时间的孤身独处确实令她的情绪极其压抑。我不可能每天都陪她两三小时以上,这种陪伴对于我来说,意味着我得一直处于劳碌和不安之中。——你们考虑一下,求你们,看能否把她安顿在你们那里并雇个护理员照看她,或者能否把她送到离你不远的疗养院去;你们那里的煤炭短缺是否会严重到无法确保妈妈的房间暖和,妈妈怕冷;还有,你们那里的食品供应该不会太糟吧。妈妈真的不需要丰盛的食物，她几乎啥也不吃。妈妈目前对此事毫不知情。这些想法出自 Tobler 博士。

请你们考虑这事并尽快给我们写信。要是能够设法办成此事，或许就得在严寒来临之前尽快办理。到时候 Tobler 博士和我会护送妈妈。

衷心问候并吻你们大家！

你们的
Maja

ALS.［144 797］.

［1］Auguste Hochberger 已于 1919 年 9 月底抵达了（参见 Pauline Einstein 1919 年 9 月 28 日写给爱因斯坦的信［第九卷，文件 116］）。在 8 月的晚些时候，Maja 一直在努力帮助 Hochberger 得到一个进入瑞士的许可证（参见本书第九卷，文件 96a）。

［2］Josephine Tobler 博士。关于她两个月前所提出的治疗意见，参见本书第九卷，文件 96a。

［3］Heinrich Zangger。

第九卷　145a. 致 Elsa Einstein

Stendal［1919 年 10 月 19 日］

亲爱的 Else：

我们由于火车出了故障被困在了 Stendal。[1]接下来怎么办？当我打开罐头盒的时候我在想，我很感激那两位勤勉的女士，她们给了我如此周到的照顾。[2]

———

一切进展顺利。[3]大约 10 点半我将到达（Haag）Utrecht，（很不幸！）我得在那儿过夜。明早去莱顿。[4]

致以衷心的问候！

你的
阿耳伯特

AKS.［143 090］.明信片上的收件人地址是"Frau Elsa Einstein Haberlandstr. 5. Berlin"，寄信人地址是"Abs. A. Einstein z. Zb Prof Ehrenfest Witte Roozen Str. Leiden"，邮戳为"Utrecht12－lv［oormiddag］20. X. 1919"，背面是一张 Kleistpark 在柏林的照片。

［1］位于德国萨克森-安哈尔特（Sachsen-Anhalt）州，在柏林以东约 200 km。

［2］可能是 Elsa 和 Ilse Einstein。

［3］这封信的后半部分可能是在到了荷兰境内写的。

[4] 去与 Ehrenfests 一起待两周并跟荷兰的同事们见面(参见 Paul Ehrenfest 1919 年 10 月 5 日写给爱因斯坦的信[第九卷，文件 124])。

第九卷　145b. 致 Elsa Einstein

[莱顿,]星期一,[1919 年 10 月 20 日]

亲爱的 Else：

今早在研讨会上见到了 Lorentz。[1]然后他来跟我们一起用了餐；一个伟大而高雅的家伙！我与 Ehrenfest 家的孩子们结下了深厚的友情。[2]一群可爱的小伙伴。星空下的夜晚，我和 Ehrenfest 在原野上沿着宽大的运河漫步。美好的相聚！此外没有别的什么人。你来信所说的我都牢记在心。

致以衷心的问候！

你的
阿耳伯特

替我问候孩子们、父母和 Hellberg 女士[3]。

AKS.[143 092].明信片上的收件人地址为"Frau Elsa Einstein Haberlandstr. 5 Berlin W."，寄信人地址是"Abs. A. Einstein b. Prof. Ehrenfest Leiden."，邮戳为"Leiden 20. X. 19. 11－12N[amiddag]"，第二邮戳为"Amsterdam[E]mme[n][—]21. X. 19.[Ⅲ?]"。

[1] 莱顿大学的 Hendrik A. Lorentz。

[2] Tatiana（1905—1984），Anna（1910—1979），Paul Jr.（1915—1939）和 Wassily（1918—1933）Ehrenfest。

[3] Ilse 和 Margot Einstein；Rudolf 和 Fanny Einstein；管家。

第九卷　145c. 致 Elsa Einstein

[莱顿],星期二,[1919 年 10 月 21 日]

亲爱的 Else：

今天是一个安静的日子。我和 Ehrenfest 在一起[1]聊天并演奏。此外没有别的要紧事。天气好极了，这个地方仍然是一派绚丽的秋日风景。我过得非常好，这特别是因为 Ehrenfest 夫妇俩把我看得很紧。[2]所以今晚我好不容易才获准，品尝一丁点儿我被禁止享用的可是却那么美妙的茶水。[3]你们都在忙些什么呢?[4] 瑞士那边的答复到了没有?[5] 我还没你的任何消息呢。不久我就能获得"爱写信者"(der Schreibselige)的绰号啦!

致以衷心的问候!

你的
阿耳伯特

AKS.[143 093]. 明信片上的收件人地址是"Frau Elsa Einstein Haberlandstr. 5 Berlin W",寄信人地址是"Abs. A. Einstein b. Prof. Ehrenfest Leiden",邮戳为"Leiden 22. X. 19 10-11 V[oormiddag]"。

[1] Paul Ehrenfest。
[2] Paul 和 Tatiana Ehrenfest-Afanassjewa(1876—1964)。
[3] 他因胃病而接受严格的食疗(参见本书第八卷,文件297a)。
[4] Elsa Einstein 和 她的女儿们,Ilse 和 Margot。
[5] 很可能是关于他患绝症的母亲在卢塞恩的病情。所等待的回复可能是本书第九卷,文件128a。

第九卷 148a. Mileva Einstein-Marić来信

苏黎世,1919年10月22日

亲爱的阿耳伯特:

我想对你的来信[1]做出如下答复:我不能决定,现在突然就迁往德国,因为我的健康状况还很不稳定,因此我担心我或许受不了与搬迁相关的〈太多〉种种麻烦和劳顿;并且到了一个陌生地方,我不认识那里的人也不熟悉那里的环境,一旦我又需要长期卧床休养,[2] 我可能无法照顾好自己,因此到德国去对我们而言可能会出现一种糟糕的局面。而如今我在这里,一个不可小看的好处是,能够得到整个冬季的煤炭供给,还有土豆等。[3] 要我丢下这里的一切,跑到那边去却可能挨冻,这或许有些残酷,毕竟你得总是考虑到,我仍然处于长期不健康的状态,主要是我无法行走,外出购物对我来说是一件很艰难的事。

另一方面,我完全理解促使你提出这个建议的那些原因;经过深思熟虑我想出了以下解决办法:

这个冬季我还是很想在苏黎世度过;我会最严格地限制自己并用我手头的钱来满足最必要的需求;这笔钱虽然已经不多,但我希望还能撑下去。我请求你,把你此前为我们确定的那笔钱[4]用我的名字存到德意志银行,以便我能在紧急情况下支取它,或者如果我不必动用它,也能让它存在那里以备日后之需。可我要请求你,以某种方式告诉我,你当初确定的金额是多少,以便我清楚,我能有多少指望,从而可以避免我们之间以后发生任何的不愉快。我希望自己能在明年年初之前恢复得更好,到时候我就能更容易地做出各种决定。

我已同 Zürcher[5] 博士夫妇讨论过这些事。你也曾给他们写过信的。他们也认为,对于这个问题而言上述方案大概是最合理的。Zürcher 博士本人也会给你写信的。我想,你也会同意的。孩子们的情况一直都不错。Tete[6] 开始弹钢琴已有 2 个月并且能理解很多了,他在这方面的进步真的很快,他的音乐能力比我们以前想象的要强得多。Albert[7] 动手能力很强,老在忙着做手工。最近他售出自己制作的一件小作品,挣了几法郎的零花钱。

致以友好的问候!

你的
Miza

ALS.[144 364]. 此文件左边空白处留有活页夹所需的穿孔。

[1] 一周前,爱因斯坦通知 Einstein-Marić,她和儿子们有必要搬到德国去住(参见爱因斯坦于 1919 年 10 月 15 日写给 Mileva Einstein-Marić 的信[第九卷,文件 135])。

[2] Einstein-Marić 当时因背部有问题已卧床一年多(参见本书第八卷,文件 364c)。

[3] 德国在 1919 年夏天之后就处于缺煤状态,参见爱因斯坦于 1919 年 8 月 9 日写给 Pauline Einstein 的信。(第九卷,文件 87)。

[4] 根据 1919 年 2 月 14 日的离婚判决(第九卷,文件 6),爱因斯坦每年需支付 8000 法郎。

[5] Emil Zürcher Jr. 和 Johanna Zürcher-Siebel。

[6] Eduard Einstein。

[7] Hans Albert Einstein。

第九卷 148b. 致 Elsa Einstein

[莱顿]〈星期二或星期三?〉[1919 年 10 月 23 日]

亲爱的 Else:

待在这里令人格外愉悦。明天我们驱车去看望生病的 De Haas。[1] Ehrenfest[2] 是一个非常细致的经纪人;这次他让我避开了其他所有的人。我演奏音乐,讲与职业有关的事,反正跟他无所不谈。他是一个思想丰富得无与伦比的人。他今天在讨论会上做了一个简直就是大师级的报告。探险用的金属片已得到了仔细的测量(决定性的)。我的理论已经在可以想象的最大精度上得到了证实。Eddington 到这里来报告了此事。[3] 现在任何一个有理智的人都不能再怀疑我理论的正确性。今晚你的两封信一起到了。我到达这里的时候没有立刻就给你发电报,因为当时已经太晚而我必须感到欣慰的是,一位荷兰旅伴帮助我找到了一个房间。Planck 也会去罗斯托克;他给我写了一封信来。[4]十分感谢 Ilse 告诉我的那个消息,我会去吊唁的。[5]

衷心问候并亲吻你!

你的

阿耳伯特

AKS. [143 094]. 明信片上的收件人地址是"Frau Elsa Einstein Haberlandstr. 5 Berlin",寄信人地址是"Abs. A. Einstein b. Prof. Ehrenfest Leiden.",邮戳为"莱顿 23. X. 19. 11 - 12 V [oormiddag]"。

[1] Wander de Haas 得了支气管炎(参见本书第九卷,文件 149a)。

[2] Paul Ehrenfest。

[3] 在研讨会上,Ejnar Hertzsprung 给爱因斯坦看了一封来自 Arthur S. Eddington 的信(Eddington 1919 年 10 月 11 日写给 Hertzsprung 的信)。在信中,时任剑桥大学观察指导的 Eddington (1882—1944) 宣告,通过英国日食考察队的测量确认,爱因斯坦的重力场光线偏移理论是正确的(参见爱因斯坦 1919 年 10 月 23 日写给 Max Planck 的信[第九卷,文件 149])。在写给 Eddington 的一封没有标明日期的信中,Hertzsprung 汇报了他和爱因斯坦的谈话并且说,爱因斯坦已经很确认他的理论是正确的,"我认为他在思想上已经认为,这些测验就是一个盛典";他还提到,爱因斯坦离开莱顿之后,他把从 Frank Dyson 那里得到的具体结果转发给了爱因斯坦(DkAaIV, Hertzsprung Archive)。

[4] 为参加罗斯托克大学的校庆活动(参见 Moritz Schlick 1919 年 10 月 15 日写给爱因斯坦的信[第九卷,文件 137])。爱因斯坦第 2 天给 Planck 回了信(参见爱因斯坦 1919 年 10 月 23 日写给 Max Planck 的信[第九卷,文件 149])。

[5] 可能是指 1919 年 10 月 14 日 Wilhelm von Siemens 去世(参见 1919 年 10 月 15 日,致爱因斯坦的葬礼通知[第九卷])。

第九卷　149a. 致 Elsa Einstein

[莱顿,]星期五,[1919 年 10 月 24 日]

亲爱的 Else:

这周几乎已经结束了,一段真正美妙而和谐的时光。[1]还有宜人的、这里罕见的阳光灿烂的天气!昨天我和 Ehrenfest 一起去 Delft 探望了 Haas,他很不幸得了令人忧虑的病(顽固的支气管炎,曾经有过一次结核病)。[2]我也在那里再次见到了 Lorentz 那个了不起的女儿[3]——这些 Lorentz 家族的人都是最美意义上的超人。然后我们漫步在 Delft——一个风景如画的城市。Ehrenfest 的思想具有令人钦佩的活跃性和多样性。我们每天都一起弹奏音乐。明天我们去那个位于阿姆斯特丹的研究院(Academy in Amsterdam)。[4] Eddington 已精确地证实了我的理论,这我都告诉你了。[5]

致以衷心的问候![6]

你的
阿耳伯特

健康方面的情况极好。我没有感到哪怕最轻微的不适。[7] 我想我星期日(11月2日)就能与你们重逢了。

AKS. [143 095]. 明信片上的收件人地址是"Frau Elsa Einstein Haberlandstr. 5 Berlin W",寄信人地址是"Abs. A. Einstein bei prof. Ehrenfest Leiden",邮戳为"Leiden 24. X. 19. 5 – 6N [amiddag]"。

[1] 爱因斯坦已于 10 月 19 日到达荷兰(参见本书第九卷,文件 145a)。
[2] Paul Ehrenfest 和 Wander de Haas。
[3] Geertruida Luberta de Haas-Lorentz(1885—1973),也即 De Haas 的夫人。
[4] The Koninklijke Akademie van Wetenschappen。
[5] 参见本书第九卷,文件 148b。
[6] Ilse 和 Margot Einstein;Rudolf 和 Fanny Einstein;Anna Hellberg,管家。
[7] 当指他的腹部疾病。

第九卷 151a. 致 Elsa Einstein

[莱顿,1919 年 10 月 26 日]星期日

亲爱的 Else:

昨天 Lorentz 在学会谈了引力学理论的基本原理及 Eddington 的观测结果,当时我也在场。[1] 我给后者的信就是在这里写的。Ehrenfest[2] 对我的照顾太令人难为情了,以致我连一个报告都没有做。星期天我就回家。昨天我跟随 Ehrenfest 在 Amsterdam 转悠了很长时间,还到了犹太区。晚上我们拜访了一位年轻的女学者,她是植物学教授,在她家里令人感觉舒适而不拘小节。[3] 她也是在苏黎世(和伯尔尼)上的大学。我们今天过得很惬意。

根据你寄来的明信片可知,妈妈的事看来已做了决定。[4] 此事我们将一起承担。你是个勇敢的女人,可令我难过的是,此后你得面临很多困难。Maja 的举止十分奇怪。她的表现让人觉得,似乎她的行为方式是不言而喻的。尽管她很有学识,可她对于她丈夫的看法,却不符合我对她的期待。Planck 的来信很亲切,我们会一起在罗斯托克度过那段时间。[5] 他也要去那里。但愿 Hellberg[6] 女

士能收到我寄给她的那张漂亮的明信片。

衷心问候你和你们大家!

你的

阿耳伯特

AKS.[143 096].明信片上的收件人地址是"Frau⟨Pauline⟩Elsa Einstein Haberlandstr. 5 Berlin",寄信人地址是"Abs. A. Einstein b. Prof. Ehrenfest Leiden",邮戳为"Leiden 5 1919. 27. X. 8 V [oormiddag]"。

[1]《新鹿特丹报》(*Nieuwe Rotterdamsche Courant*)(1919年10月25日晚间版)提到了爱因斯坦的出席。文章中称,Hendrik A. Lorentz的演讲被描述为"谈话"。关于Eddington的日食观测结果,以及爱因斯坦对Ejnar Hertzsprung的感谢,参见本书第九卷,文件148b和166a。

[2] Paul Ehrenfest。

[3] Johanna Westerdijk(1883—1961)是Phytopathological Laboratory Willie Commelin Scholten的主管,也是乌得勒支大学的植物病理学编外讲师。她是荷兰的第一位女教授。

[4] 显然是关于Pauline Einstein不能继续待在苏黎世而须搬到柏林的决定,这是他妹妹建议的方案(参见本书第九卷,文件128a)。

[5] Max Planck。参见本书第九卷,文件148b。

[6] 管家Anna Hellberg。

第九卷 152a. 致 Elsa Einstein

[莱顿,]星期二,[1919年10月28日]

亲爱的 Else:

我又一次没能得到你的任何消息,可我肯定相信,是某个环节出了问题。今天我们要去乌得勒支(Utrecht)参观一个研究所。[1]后天我将去Lorentz[2]家里。我们这里的天气仍旧是出奇的晴朗。昨晚我们拜访了Kamerlingh Onnes,[3]我们在他的工作室里谈了些专业问题。大家都特别真诚而友好。

星期三

我在乌得勒支的Julius教授那儿过得很顺心。他让我看了他的仪器和理论;[4]随后我们和他那些极具音乐天赋的迷人的女儿们[5]一起演奏音乐。天气非常好,也许是我来这里遇到的最晴朗的一天。今天有个学术研讨会。明天我全天都在Lorentz家。这会儿我又想回家了。太好了,Ilse摆脱了缺钱的窘境[6]并补上了漏洞。我们正需要这样。可你现在不要节俭,对于你来说今后的情况绝对会够困难的。[7]很好,J.叔叔[8]已经答应了——但愿他能一直坚守诺言。

我在这里没有被宠坏,[9](我的专业并没有荒疏)。我一次报告也没有做过。

Freundlich 又有些轻率地发表了东西,这是我从他同事那里得到的消息。[10] 在这方面,我们只有掌握了全部的经验材料,才能做出判断。而他恰好是不够可靠的。等他在 Potsdam[11] 谋到职位,那我就开心了!

问候你并吻你!

你的
阿耳伯特

AKS. [143 091]. 明信片上的收件人地址是"Frau Elsa Einstein Haberlandstr. 5 Berlin W",寄信人地址是"Abs. A. Einstein b. Prof. Ehrenfest Leiden",邮戳为"Leiden 5 1919. 29. X. [3—4]N[amiddag]"。

[1] Willem H. Julius(1860—1925)的实验室。Julius 是乌得勒支大学(University of Utrecht)的物理学、物理地理学和气象学教授,并且是该校天文台的台长。

[2] Haarlem 的 Hendrik A. Lorentz,他在 1912 年退休后住在那里。

[3] Heike Kamerlingh Onnes(1853—1926)是莱顿大学的实验物理学教授。

[4] 此处的仪器大概是指那些用于太阳光谱红移研究的设备。Julius 的不规则色散理论,是对这种现象的许多相互矛盾的解释之一,同爱因斯坦的广义相对论一样。关于 Julius 理论的接受情况,参见 Paul Ehrenfest 在 1919 年 11 月 24 日写给爱因斯坦的信(第九卷,文件 175),注释 13。

[5] Louise Maria(1891—1982)和 Maria Elisabeth Willemine Julius(1894—1977)。

[6] 意第绪语(Yiddish),意为"缺钱"。Ilse 自 1917 年之后就被聘为爱因斯坦的秘书(参见爱因斯坦在 1917 年 12 月 16 日之前写给 Wilhelm von Siemens 的信[第八卷,文件 409])。在 1919 年 10 月 11 日,爱因斯坦已经告知威廉皇帝物理研究所(KWIP)的董事会委托人,从 10 月 1 日起他将支付给他的秘书 150 马克(参见第九卷)。

[7] 大概是指因为照顾他母亲所需的额外开支,这个保姆即将要前往柏林和他们待在一起(参见之前的文件)。

[8] Jacob Koch,Pauline Einstein 的兄弟。

[9] 爱因斯坦当时和 Ehrenfest 待在一起。

[10] Erwin Freundlich(1885—1964)是 KWIP 的助理。他此前发表了一篇文章,旨在通过恒星数据(*Freundlich 1915*)证明重力红移现象,并因此招致天文学家们的批评(参见 *Hentschel 1998*, pp. 482—489,一个历史性的讨论)。Freundlich 在这方面的一个新想法在 1919 年初已得到爱因斯坦的赞同。他鼓励 Freundlich 把他的结果告知德国物理学会(参见爱因斯坦 1919 年 3 月 29 日给 Erwin Freundlich 的信[第九卷,文件 15])。Freundlich 的结论参见 *Freundlich 1919a* 和 *1919b* 中。在 1919 年 12 月 12 日的一封写给 Willem de Sitter 的信中(第九卷,文件 208),爱因斯坦充分表达了他对 Freundlich 的结论的信服,尽管是在 1920 年出版的英文版 *Einstein 1917a*(第六卷,文件 42)的附录中;爱因斯坦承认,先前的恒星数据研究并不能严格确定谱线位移是不是因为重力的影响。

[11] Freundlich 曾于 9 月中旬询问爱因斯坦,是否可以帮他在波茨坦天文台(Astrophysical Observatory in Potsdam)谋求一个职位或是柏林大学的讲师职位(参见 Erwin Freundlich 1919 年 9 月 15 日写给爱因斯坦的信[第九卷,文件 105])。

第九卷　166a. 致 Ejnar Hertzsprung

1919 年 11 月 16 日

亲爱的同事：

我衷心感谢您不辞劳苦地让我获知考察队的观测结果。[1] 结果真的使人满意。但奇怪的是，观测的偏差似乎比理论上的大了些。尽管那只有十分之一秒，它看起来却具有系统性。您认为呢？

致以衷心的问候！

爱因斯坦启

AKS（DkAaIV, Hertzsprung Archive）。[87 130]。明信片上的收件人地址是"Herrn Prof. Dr. E. Hertzsprung Sterrewacht Leiden"，邮戳为"Berlin-Wilmersdorf 1 17. 11 [—]12—1 N[achmittags]"。

[1] 10 月初，Hertzsprung 已在莱顿见过爱因斯坦，并给他看了一封 Eddington 的来信，其中有日食考察队的初步结果（参见本书第九卷，文件 148b，注释 3）。最终结果于 1919 年 11 月 6 日在伦敦皇家学会和皇家天文学会的联合会议上发布。Eddington 报告说，拍摄地点在巴西的索布拉尔（Sobral），拍摄时采用的是 4 英寸的镜头，误差为 1.98 角秒。在 Principe Island 的观测结果是 1.6 角秒。爱因斯坦的理论预测值为 1.75 角秒。关于英国日食考察队、其观测结果及其与爱因斯坦的交流，参见第九卷，引言，pp. xxxi—xxxvii。

第九卷　183a. Eduard Einstein 来信

苏黎世，1919 年 11 月 30 日

亲爱的爸爸：

你好吗？我很好，只是不高兴妈妈要离开。[1] 我可能要去 Ägeri。[2] 我也不想离开，因为我们学校有一次小小的演出活动，我本来也要参加的。[3] 我很喜欢弹钢琴。[4] 如果可能的话，把 J. S. Bach 的《小马格达莱纳·巴赫乐谱集》（Notenbüchlein für die kleine Magdalena Bach）寄给我吧。妈妈说它很适合我。

致以亲切的问候！

你的
Teddi

ALS.[144 015].下一文件是附加文件。

[1] Mileva Einstein-Marić;她计划去看望住在 Novi Sad 的父母(参见本书第八卷,文件183c),并与父母讨论她患心理疾病的妹妹 Zorka Marić 的情况(参见爱因斯坦在 1919 年 12 月 5 日写给 Mileva Einstein-Marić 的信[第九卷,文件190],注释2)。

[2] 由于他的病情反复恶化(参见爱因斯坦 1919 年 12 月 5 日写给 Mileva Einstein-Marić 的信[第九卷,文件190],注释4)。

[3] Eduard 在 Hochstrasse 上小学三年级。

[4] 1个月前,Einstein-Marić;她赞扬 Eduard 的琴艺有进步(参见本书第九卷,文件148a)。

第九卷 183b. Hans Albert Einstein 来信

[苏黎世,1919年11月30日][1]

亲爱的爸爸:

你好吗?但愿很好。你的肚子还好吧?[2] 你常问起我的小飞机。[3] 其实我还从没让它在外面飞过呢,而且我仍没找到合适的轮子装在机身下面,所以它不可能起飞。此外,由于在平坦屋顶上的多次试验,螺旋桨出了故障,所以我决定做个新的,尤其我觉得叶片扭转角度不够,所以它没有足够的推力。如果旁边展示的矩形是螺旋桨与螺旋桨叶的角度:你能告诉我 $\angle\alpha$ 有多大,才能成功达到每分钟旋转 1000 周?关于着陆的轮子,我目前所用的最成功的就是在织针上穿小火车轮,我还特地做了个木制轨道让它沿着跑。

最近我也得过腮腺炎。我脸的两边肿得很厉害,看起来一定很有趣,只不过实在是很疼,害得我没法吃东西,但是现在都过去了。Teddi 没有得腮腺炎,尽管如此它是很容易传染的。或许他也得相信这一点。

在学校里[4]我的老师换了很多,比如说,我现在的数学老师是我们的校长 Amberg,[5] 他的课跟其他老师的完全不同。我说不出原因,但我非常喜欢他。给我们上物理课的现在不是 Stierlin 了,而是 Seiler 先生,我们都叫他"绳子",[6] 而不是 Stierlin。上他的课特别好玩,你得十分小心以免发出哈哈大笑,因为他会做各种搞笑的鬼脸;他讲课的时候所做的那些搞笑的动作,常常能把人笑得滑到凳子下面去。

致以深切的问候!

Adu

228 ALS. [144 016]. 本文件是上一文件的附加文件。

[1] 日期确定依据为上一文件。

[2] 关于爱因斯坦的胃部疾病(参见本书第八卷，文件 513a)。

[3] 暑假在苏黎世时，爱因斯坦曾和 Hans Albert 一起制作飞机模型(参见本书第九卷，文件 87a)。

[4] Hans Albert 在苏黎世的州立实科中学(Realgymnasium of the Kantonsschule)念四年级。

[5] Ernst Amberg(1871—1952)。

[6] Hans Stierlin；Ulrich Seiler(1872—1928)。译注：Seil：绳索；Strick，绳索，转意为"小淘气"。

第九卷　183c. Mileva Einstein-Marić来信

苏黎世，1919 年 11 月 30 日

亲爱的阿耳伯特：

　　我至今没能答复你的来信，是因为我有太多的事要做。[1] 没个女仆帮忙，家里的事我只能得过且过，何况小 Albert 病了。他已在床上躺了十天，这对我来说确实太累了。[2]

　　我不能决定现在就来德国，要是你肯对我们的情况多些了解，你就会理解的。我的身体仍然没有健康强壮得足以让我去一个我不熟悉的地方生活；[3] 即使在以前、在正常的时期，对我来说也需要付出很多努力，才能逐渐融入当地的生活并熟悉各种资源等；而现在的我根本就不可能做到这些了，何况还是在就连身体健康的人都不容易过活的德国。[4]

　　经过反复考虑和咨询，我决定把房子租出去，[5] 在这里供养孩子们，并且去 Neusatz 照看我父母。他们病了，希望我能去看看他们；作为唯一一个能够满足他们愿望的孩子，我很想去满足他们这个愿望。[6]

　　孩子们所需费用的一部分可由房租冲抵。如果 Albert 不得不中途辍学，我会无比难受，因为虽然省钱对我们来说确实很重要，但极其重要的是，我的孩子中至少得有一个能尽快自立。[7] 况且更换学校对 Albert 来说无疑是浪费时间。我现在和将来都认为，至少该让 Albert 留在这里。我想这事你也会同意的。

　　要是真的没有其他办法，那我或许会在年初带着 Tete[8] 一起来德国；可这事并不容易，因为我得先有那边的许可，然后才能得到本地当局颁发的护照。

　　我想再一次迫切地请求你，把确定给我们的那笔钱直接寄给我本人。你这个季度给我寄了 1000 法郎，并且告诉我你在 Karr 那里有一笔钱，就是确定给我们的那笔钱。[9] 可我跟 Karr 毫无关系。

　　我请求你把确定给我们的钱寄给我，今后在任何情况下我都不会把它拿去

兑换了,正确的做法是:你把它给我。如果下个季度我不在这儿,请你把它寄给Zangger 或 Zürcher。[10] 他们会替我保管它,直到我回来。我希望你能满足我这个愿望。——你写信告诉我说每年给 12000 马克。我自然无法估算这个数目意味着什么,因为我不熟悉你那边的情况。但我无论如何都想请求你,把钱付给我而不是 Karr。按你的愿望我应该具有很大程度的独立性,所以我有权这样要求你。

我请你同意所有这些事,目前我没有别的办法。如果你愿意对情况多些了解,你就会理解的。无论我们在哪儿对你来说都是一样的,只要能减少开支,为此我愿意努力。

致以友好的问候!

你的
Miza

ALS. [144 426]. 此文件左边空白处留有活页夹所需的穿孔。

[1] 爱因斯坦 1919 年 11 月 16 日给 Mileva Einstein-Marić 的信(第九卷,文件 166)。

[2] 可能指前面提到的管家(本书第九卷,文件 87a)。Hans Albert 患有流行性腮腺炎(参见文件 183c)。

[3] 两周前,爱因斯坦曾建议他们从苏黎世搬到德国,在 Baden 州找一套公寓住下(参见爱因斯坦在 1919 年 11 月 16 日写给 Mileva Einstein-Marić 的信[第九卷,文件 166])。关于 Mileva 的健康状况,参见本书第九卷,文件 148a。

[4] 当时德国的经济问题很严重,参见爱因斯坦 1919 年 10 月 17 日写给 Pauline Einstein 的信[第九卷,文件 140]。

[5] 爱因斯坦曾建议 Mileva 把他们在苏黎世的公寓租出去,免得还要把家具搬到德国南部(参见爱因斯坦 1919 年 11 月 16 日写给 Mileva Einstein-Marić 的信[第九卷,文件 166])。

[6] 她父母 Miloš 和 Marija Marić 当时住在诺维萨德,也就是现在的塞尔维亚。她妹妹 Zorka 当时患有精神疾病(参见爱因斯坦在 1919 年 12 月 5 日写给 Mileva Einstein-Marić 的信[第九卷,文件 190]),她哥哥 Miloš Jr. 在奥匈部队做医生,可能在苏联前线阵亡了(参见 *Trbuhović-Gjurić 1993*, p. 141)。

[7] 参见文件 183c,注释 4。

[8] Eduard Einstein。

[9] 爱因斯坦把每季度的抚养费的一半给了 Mileva(参见本书第九卷,文件 148a);Albert Karr。

[10] Heinrich Zangger;Emil Zürcher Jr.

第九卷 206a. Maja Winteler-Einstein 来信

卢塞恩,1919 年 12 月 10 日

亲爱的各位：

你们在等我们的消息吗？反正我们是满怀渴望地期待着你们的哪怕只言片语。我想，你们可能是在腾空房间的时候遇到了困难。[1] 此间，Frida 护士自己表示，由于她不再喜欢这儿了，她愿意一起到柏林，她开出的条件跟你们雇的那位护士的一样。[2] 她这么做完全是自愿的，我们没有任何义务留用她。但要是妈妈不必更换护士，那自然是最好不过的了。所以，如果你们能够不太费事且毫不拖延地解除对另一位护士的雇佣，Frida 护士就能继续照顾妈妈。她跟我们一起到柏林是没问题的，这也符合她的特殊愿望，因为她想去看望一位她很喜欢的老太太；而对 Tobler[3] 医生和我来说，能在旅途中得到她的协助自然是好事，更不用说妈妈了，她当然会因为在旅途中有一位她已习惯的护士陪伴左右而特别安心。为此不会产生额外的费用，因为反正我们都必须买 12 张票。但还是存在一个问题：德国当局是否会给她颁发居留许可。到德国的入境许可我倒是没费什么事儿就给她办好了。

亲爱的阿耳伯特，你现在正值名声远播的时候。最近，就连州立学校的一名 13 岁的男生都在问他的老师，什么是爱因斯坦的理论。卢塞恩的一家报纸上（!）就有一篇专门谈你的文章。我在想，现在这么多人写文章谈论你，会给你带来很多不愉快的。你的理论得到了英国考察团的证实，为此我由衷的高兴；[4] 随后我又把你那本"儿童读物"（Kinderbuch）找来看了。[5] 可是即使那个"广义的"东西我看了也还是两眼一抹黑。要是我能正确理解你那些思想和结论的伟大之处，我将非常高兴。妈妈正处在一段艰难的时期；她表现得很好也很有耐心，而且是比她更健康的时候都要好得多。

衷心问候你们各位！

你们的
Maja

ALS．［144 798］．

    ［1］4 天前，爱因斯坦向普鲁士教育部长 Konrad Haenisch 求助，后者敦促爱因斯坦的房东再提供一套住房，确保他患病的母亲有住处，以免影响爱因斯坦的研究工作（参见爱因斯坦 1919 年 12 月 6 日写给 Konrad Haenisch 的信［第九卷，文件 194］）。

    ［2］Pauline Einstein 的护士 Frieda Huber（1880—?）。她于 1919 年 12 月末陪同他们将 Pauline Einstein 送到了柏林（参见爱因斯坦在 1920 年 1 月 3 日写给 Heinrich Zangger 的信［第九卷，文件 242］，注释 7）。

    ［3］Dr. Josephine Tobler。

    ［4］两支英国日食考察队证实爱因斯坦光线偏折理论的结果于 1919 年 11 月 6 日由皇家学会和皇家天文学会发布之后，迅速通过报纸得到传播。

    ［5］可能指 *Einstein 1917a*。

第九卷 206b. Paul Winteler 来信

卢塞恩，1919 年 12 月 10 日

亲爱的阿耳伯特：

已经查明，Curti 博士[1]在今年 11 月初给我的是 27500 法郎[2]的收益连同[出借]息票，而不只是它的一半，因为财政年度是按 7 月 1 日至 6 月 30 日来计算的，从而 1918/1919 年相应地就只有 1919 年 1 月至 6 月这半年的费用，也就是 13750 法郎。此后 Curti 博士写信说，是他搞错了，于是我得还他 13750 法郎。我起初对这个错误还不清楚，然后我想了想，觉得最后的结果是一样的。扣除我们的所得之后，剩余的部分将会理所当然地送到你手中。

偿还 13750 法郎给 Curti 博士之后，剩余部分的计算结果如下：

收入：13750 法郎

给合伙人爱因斯坦：5500[3]

给 Koch[4]　　　　937.50

给 Winteler[5]　　937.50

　　　　　　　　7375.—

余额（给 K[oppel][6]）6375.—

现在我想尽快知道，Koppel 希望如何收到这笔余额，是由你转交还是直接给他，我也迄今都没有得到答复。本月底我就要去度假了，我想请你最好能在这之前给我个消息，从这些款项的意义上来讲我是在尽我作为合伙人代表的责任。

——Guste Hochberger 对于我们的描述，可能都是好意但不好评论。[7]我不理解，她为什么要写那些；那些事情最好能由 Maja 尽快直接告诉你们，我相信，那样也会很客观。我们最近的生活跟以前一样，很和谐。在我看来，恰好总是那些亲爱的男女朋友们容易好心办坏事，尤其是或者确切地说首先是 Häfliger 博士的夫人，她曾去过你们家里。[8]现在，Guste Hochberger 也开始那样了。唯一真正理智的女人是 Azzolini。[9]

致以衷心的问候！

你的
Pauli

ALS. [144 788].

[1] Eugen Curti-Forrer（1865—？）是协议中委托的律师，他持有 Schweizerische Auer-Aktien-Gesellschaft 的股份，其中也有爱因斯坦的份额，并且他在股东大会上投了票。关于 1919 年 1 月 20 日的协议草稿，参见第九卷年表和日程表。

[2] 参见 Paul Winteler 1919 年 11 月 5 日的两封信（第九卷，日程表）。

[3] 就此，Winteler 提示他在页末有附注："按书面协议 500 法郎归我，我得给 Elsa 付 750 马克并已完成支付。"

[4] Jacob Koch。

[5] Paul Winteler。

[6] Leopold Koppel。

[7] Auguste Hochberger 从德国到卢塞恩看望 Pauline Einstein（参见本书第九卷，文件 128a，以及爱因斯坦 1919 年 10 月 17 日写给 Pauline Einstein 的信[第九卷，文件 140]）。

[8] 可能指 Hedwig Emma Häfliger-Stamminger(1879—1952)，她是 Josef Anton Häfliger 的妻子，位于 Basel 的圣约翰制药厂（St. John Pharmacy）的厂长。

[9] Margherita Azzolini。

第九卷　217a. 致 Erwin Freundlich

星期四，[1919 年 12 月 15 日之后][1]

亲爱的 Freundlich 先生：

偶然读了您的文章之后我产生了几个问题。这些问题我们可能以前都涉及了，但我很想在此一并得到答案：[2]

1) 怎样从掩星中得到 B 星系的半径？[3]

2) 既然猎户星云的视差看起来是已知的，那么我们或许就可以根据[4]

表观亮度

表面温度

和视差数据

来确定各星球的半径。[5] 这些半径是怎么算出来的呢？

3) 如果按方法 1) 和 2) 确定了那些半径，那么从这些半径和测得的引力效应中产生的恒星真实质量究竟有多大呢？

4) 由此获得的质量在误差范围内是否能与按牛顿定律和多普勒法则得出的质量相同？[6]

对您的论文我还有以下看法。在我看来，视差测量的基础就像是对着镜子练拳击，既然重力效应根本不会带入式子 $\left(\frac{M}{d}\right)^{\frac{2}{3}}$，其中唯独只有由掩星所决定的

半径。$\frac{M}{d}$只是一个体积,因此跟引力效应毫无关系。[7]再者,我担心您对 1/10 太阳密度的假定是自相矛盾的;这些"常见"的假设难道能独立于有关 B 星系质量的种种"常见"观点吗?难道我正坐在一根已被我砍掉的树枝上?[8]请您务必为我澄清这些问题。[9]

向您致以最亲切的问候!

您的
A. 爱因斯坦

ALS[NNPM,MA4725(14)].[11 218].

[1] 日期确定的依据是,此处讨论的文章当为 Freundlich 1919b,它发表在 1919 年 12 月 15 日的《物理学杂志》(Physikalische Zeitschrift)。

[2] 当年早些时候,爱因斯坦热情回复(爱因斯坦 1919 年 11 月 29 日写给 Erwin Freundlich 的信[第九卷,文件 15])了 Freundlich 关于红移确定星体半径的研究报告(Erwin Freundlich 1919 年 3 月 27 日写给爱因斯坦的信[第九卷,文件 14]),那篇报告后来作为 Freundlich 1919b 发表。

[3] 远距离恒星的最可靠的大小估计是从观察双星系统中光线的弯曲得到的。当星体相互遮挡时,从双星系统发出的光减弱并因持续的遮挡给了一个估计星体大小的可能性。参见 Russell 1912。

[4] 爱因斯坦对猎户星云的询问证明这封信谈的是 Freundlich 1919b(参见上面的注释1),该论文中用了大量的恒星红移数据(参见 Erwin Freundlich 1919 年 3 月 27 日写给爱因斯坦的信[第九卷,文件 14])。猎户星云的视差不是被直接测出来的,而是通过比较星云的光照亮度(看成一团)和最近星团的亮度得来的(参见 Kapteyn 1918)。

[5] 如果一个星体的视差,或者到地球的距离,是已知的,那么其绝对大小可以通过其视在量度等计算出来。如果可以测出表面温度的变化,则可估计星球表面的面积和星球的大小。

[6] 爱因斯坦提出,如果双星中一个星球的物理大小是已知的,那么通过测量这些星球的红移,假定完全受引力的影响,就可以得出它们的大小。然后,通过比较用此方法所计算出来的质量和对类似的双星系统所观测到的质量,就可以检验引力红移的理论预测。

[7] 在 1916 年写给 Ejnar Hertzsprung 的信中,爱因斯坦着重讨论了引力红移所受到的恒星质量和大小的影响(参见本书第八卷,文件 282a)。

[8] 自从 Freundlich 为巨恒星假定一种典型密度,爱因斯坦就担心这个值实际上是基于双星系统的测量结果。在这种情况下,Freundlich 的计算和引力红移的预测都是基于这一假设,并且可以比较两者的计算结果。

[9] 围绕 Freundlich 1915 年根据引力红移来确定星球大小的工作,产生了很大争论,爱因斯坦也卷入其中(参见爱因斯坦 1916 年 2 月 2 日写给 Arnold Sommerfeld 的信[第九卷,文件 186]和该卷其他内容,更详细的讨论参见 Hentschel 1997,第四章)。

第九卷 239a. Paul Winteler 来信

1919 年 12 月 31 日

亲爱的阿耳伯特：

我收到了你的来信，信中要求我与 SAG 结算，[1] 我已支付了因 SAG 提交给我的往来账户结单产生的大约 4937 法郎费用；剩余的大约 63 法郎我存入了你在苏黎世州立银行（Zürcher Kantonalbank）的账户。

对于这些款项的汇划，在我没有得到我该如何操作的有关通知之前，我有些犹豫。给 K. 的款子还在我的账户上放着呢，亦即我这里仍有可供 Ko[2] 支配的 6400 法郎。既然我已偿还了 SAG 的款项，如上文所言，我在想，你或许直接联系 K.，让他划一部分他放在我这里的存款给你，作为你今后从 SAG 得到的收入的预付款。

其中的一小部分，也就是 260 法郎，我已被迫预支了妈妈的旅费；[3] 要是没有这个措施，由于 Jakob 叔叔的愚蠢行为，妈妈的旅行或许是根本不可能的，会由于缺钱而停留在最后一个环节上。[4] 预计这 260 法郎又是可以得到的了，因为它的一部分得作为定金（200 法郎）留下来。关于钱的事就说这些，也就是说我在等你的指示。要是我没有别人的和自有的总共 1060 法郎可以预付，妈妈的旅行根本就无从说起。然后我在 12 月 27 日跟 Jakob 进行了结算，他返还给我 800 法郎，所以还有 260 法郎出自那些预付款。

现在我的看法是，对你的要求应该尽可能地少，既然妈妈已经住在你那里。Jakob 叔叔应当履行自己的承诺，而 Ogden，Alice，Robert 还有 Alfred 他们也一样。[5] 有一件[蠢]事就是，他们已经指定 Jakob 作为他们的代理人，因为 Jakob 总是表现得好像一切都出自他的腰包；而且他说的话根本不可信，至少他毫不在乎多说或少说几句谎话。另一方面，我比较容易做到的就是，让他至少还我 800 法郎。最好是你还没有出于你的过分慷慨而为 Jakob 叔叔减轻负担；就其人品来说，他不配你那样对他。另一方面，如果那些有所积蓄的亲戚们能做点贡献，倒也合情合理。Jakob 叔叔当年在热那亚的生意走下坡路的时候，不也同样依靠过亲戚们？[6]

你所看见的妈妈的状况，就是依赖麻醉药物和长期卧病在床的结果。我能想象你所处的严峻现实带给你的苦恼，我乐于看到你能不受干扰地继续从事你的工作，而这就是为什么我本来反对妈妈去柏林。可事情既然都已经发生了，我只希望你们尽可能地接受现实。

衷心问候你们！

你的
Pauli

ALS.［144 787］.

[1] 显然是爱因斯坦在 1919 年 11 月 10 日写给 Maja Winteler-Einstein 和 Paul Winteler 的信,参见年表和日程表;Schweizerische Auer-Aktien-Gesellschaft。

[2] Lèopold Koppel。

[3] 爱因斯坦的母亲 Pauline Einstein 在护士 Frieda Huber,医生 Josephine Tobler 和爱因斯坦的妹妹 Maja Winteler-Einstein 的陪伴下,已于三天前到达柏林(参见爱因斯坦在 1920 年 1 月 3 日写给 Heinrich Zangger 的信[第九卷,文件 242],注释 7)。

[4] Jacob Koch,Pauline Einstein 的兄弟。1919 年 8 月,爱因斯坦称 Koch 拿走了 Pauline 的大部分赡养费(参见爱因斯坦在 1919 年 8 月 20 日写给 Auguste Hochberger 的信[第九卷,文件 94])。

[5] S. Ogden Steinhardt;Alice Steinhardt-Koch;Robert Koch;Alfred Koch(或者 Steinhardt)。

[6] Jacob Koch 曾在热那亚生活过,当时爱因斯坦还年轻(参见第一卷,"Albert Einstein-Beitrag für sein Lebensbild,"p. lxv,注释 63;和第一卷,文件 118,注释 8)。

第九卷　240a. Hans Albert Einstein 来信

[1920 年 1 月 1 日之后]

亲爱的爸爸:

我非常抱歉,没能早些给你写信,但你稍后就会明白是为什么。顺便问一下你好吗?你去不去巴塞尔(Basel)?[1]直到圣诞节前一周我都没给你写信,那纯粹是因为我太懒了。当时我想,在三周长的假期里,我大概会给你写信的。可是这个假期比我预想的更不像假期。一放假我们就开始收拾行李,尽管连房客都还没找到。[2]我们的行李其实并不多,但我们还是很辛苦,直到 1919 年 12 月 29 日那天晚上才收拾好。然后就有两个美国女士突然来看房。这房子她们挺满意,于是就租了下来:那是 1920 年 1 月 1 日的下午。我可以告诉你,我们真是累得够呛,跑来跑去地忙个不停。一会儿是"Albert 上来",一会儿是"Albert 下去",简而言之,这还是我第一次感到真的很累。1920 年 1 月 1 日,下午 4 点,女士们都露面了,亦即老祖宗——祖母、母亲和孩子,恰如诗中所言。[3]我们十分满意而幸福地把妈妈送进了旅馆,Teddi 去了 Unteraegeri 的 Bosshard 博士家,而我到了 Zangger 家。这一切至今依旧,除开妈妈换到了 Neusatz。[4]就在今天我向 Amberg 教授转达了我的问候。[5]但愿你现在能原谅我拖了这么久才回信,并希望尽快得到你的消息。

致以亲切的问候!

你的
Adu

附言:我的笔在可恶地"呕吐"。[6]我想这个表达你懂的。

ALS.［144 017］.

［1］爱因斯坦已通知 Hans Albert,他 1 月 14 日至 16 日将参加巴塞尔的一个学术会议。会议是犹太复国主义组织发起的,预备讨论创办希伯来大学的计划(参见爱因斯坦 1919 年 12 月 5 日写给 Hans Albert 和 Eduard Einstein 的信[第九卷,文件 191])。

［2］Mileva Einstein-Marić 去诺维萨德看望她生病的父母并讨论该如何安顿她患有精神病的妹妹。为此她把在苏黎世的房子出租了,Hans Albert 被寄养在 Zanggers,Eduard 被寄养在 Aegeri,因为他身体不好(参见本书第九卷,文件 183c,以及爱因斯坦在 1919 年 12 月 5 日写给 Mileva Einstein-Marić 的信[第九卷,文件 190],注释 2 和 4)。

［3］德国诗人、作家和神话翻译家 Gustav Benjamin Schwab(1792—1850)的诗歌《风暴》(*Das Gewitter*)的第一行。

［4］Mileva Einstein-Marić;Eduard Einstein 在 Konrad 博士(?)的指导下于 1 月 5 日到达苏黎世,准备治疗佝偻病(参见爱因斯坦 1920 年 1 月 3 日写给 Heinrich Zangger 的信[第九卷,文件 242],注释 3);Neusatz 是诺维萨德的德文写法。

［5］Ernst Amberg。

［6］瑞士德语,意为"(呕)吐"。

第九卷 288a. Hans Albert Einstein 来信

苏黎世,Zürichberg 街 8 号,1920 年 1 月 28 日

亲爱的爸爸:

我非常高兴又听到了你的消息。为了不让你费力地辨认我潦草的字迹,我想过了,我要用打字机给你写信。既然你曾问我,我的钢琴弹得怎么样了,我就想请你把莫扎特的小提琴和钢琴奏鸣曲寄给我;我知道你有它们的复本。[1]我想和我的好朋友 Häusler 一块儿练习,你见过他的。平时我弹的是贝多芬的奏鸣曲,还有莫扎特的钢琴曲,也弹了一点儿勃拉姆斯和舒伯特。[2]Häusler 和我想试一试亨德尔的奏鸣曲。如果你能把莫扎特的奏鸣曲寄给我,我会非常感激的。

在数学方面,我们老师是 Amberg[3]教授,我们最近已学会用二次方程式解题。在几何方面,也就是立体几何方面,我们刚刚起步,不过已学到的那点儿东西却很有意思,例如,证明所有角的和加上所有面的和等于所有棱的和加二。在三角学里,我们不顾一切地去推导各种公式。顺便说一下,我得向你转达 Amberg 教授的问候;我已经向他转达了你的问候。

我在课外读了 Shaw 的剧本。我非常喜欢他的东西,特别是因为他能很快就让我透彻地了解剧中的各色人物。例如,《英雄》中的 Bluntschli,或者恺撒或

拿破仑等人物,他们在这部戏剧中就比在历史书上显得更好把握。[4]

我希望很快又能收到你的来信,向你致以满满的问候!

你的
ADU

TLS.[144 018].这封信是用打字机打在 Heinrich Zangger 的法医学院专用信笺上的。

[1] Hans Albert 曾在苏黎世音乐学校(Zurich conservatory)学过钢琴(参见本书第九卷,文件59a)。

[2] Hans Albert 此前提到过自己弹贝多芬、莫扎特和舒伯特的作品,参见本书第八卷,文件513a。

[3] Ernst Amberg。

[4] 此处提到的萧伯纳(George Bernard Shaw)的三部作品中的主人公分别是:《武器与人》(*Arms and Man*,德译本书名:*Helden*)中的夹心巧克力士兵 Bluntschli 船长,《恺撒与克里奥佩特拉》(*Caesar and Cleopatra*)中的恺撒,《人的命运》(*The Man of Destiny*)中的 Napoleon。——此注含校注

第九卷　328a. Eduard Einstein 来信

Unterägeri,1920 年 2 月 25 日

亲爱的爸爸:

我们很想春天的时候在苏黎世跟你在一起。[1] 妈妈就要回来了。[2]

问候并亲吻你!

你的
Tete

再见!

AKS.[144 461].明信片上的地址是"Herrn Prof. Albert Einstein Haberlandstr. 5. Berlin Deutschland",邮戳为"Unteraegeri(Zug)2[-]Ⅱ. 20-12",此文件左边空白处留有活页夹所需的穿孔。

[1] 从1月5日开始,Eduard 由于健康问题在 Aegeri 居住(参见本书第九卷,文件240a,注释4)。

[2] Mileva Einstein-Marić那时正在诺维萨德探望她的父母(参见本书第九卷,文件240a,注释4)。

第九卷　351a. Hans Albert Einstein 来信

Aegeri,1920 年 3 月 14 日

亲爱的爸爸:

我和 Teddy 都在 Aegeri，这会儿我们正一起给你写信呢。[1]这段时间我有点儿感冒，不过现在完全好了。妈妈很快就要回来了。[2]

4月1日我们就能回公寓住了。[3]目前我住在 Besso 家里，因为 Zangger 教授去了 Riviera。[4]

我又有关于飞机等的各种问题想要问你。[5]也请你把你的暑假计划发给我。致以亲切的问候！

你的
Adu

AKS.[144 019]. 明信片上的收件人地址是"Herrn Prof. A Einstein Haberlandstr. 5 Berlin Willmersdorf Deutschland"，寄信人地址是"Abs. A. u. E. Einstein Gloriastr. 59 Zürich 7 Schweiz"，邮戳为"Zürich 5 Predigerplatz 18 Ⅲ 20‒15."下一个文件附在此文件之后。

[1] Eduard Einstein 由于健康问题曾住在 Aegeri(参见前面的文件)。

[2] Mileva Einstein-Marić 将从诺维萨德返回苏黎世(参见本书第九卷，文件 240a)。

[3] Einstein-Marić 不在的时候把苏黎世的公寓出租(参见本书第九卷，文件 240a)。

[4] Michele Besso 和 Heinrich Zangger。

[5] Hans Albert 在此前关于模型飞机制作进展的信件中提到，他和爱因斯坦曾在1919年的夏天一起制作模型飞机，参见本书第九卷，文件 183b。

第九卷　351b. Eduard Einstein 来信

[Ägeri, 1920年3月14日][1]

亲爱的爸爸：

我很好，可我想回家。[2]你好吗？这天气太可怕了。

致以亲切的问候！

你的
Tete

AKS.[144 019.1]附在前面的文件上。

[1] 日期依据上一文件。

[2] Eduard 于1月5日抵达 Ägeri(参见本书第九卷，文件 240a)。

1. 致 Ludwik Silberstein[1]

[柏林,]1920年5月1日

尊敬的同事先生：

我长期住在柏林。[2]斯托克斯-普朗克以太导致的是令人毫无慰藉的一堆各不相干的假定。这类未完成的理论本身自然是无可辩驳的。[3]

与质量相关联的问题自然可以像牛顿那样按一阶近似处理；牛顿理论就是一阶近似。更精确的计算必须以连续介质力学（相对论弹性理论）为基础才有可能。关联的应力-能量张量会对运动产生影响，但不可以把关联看作一种纯运动学上的东西。可我觉得，或许根本就不值得努力去严格处理这个问题。

致以友好的问候！

A. 爱因斯坦

AKS（美国历史公会[Howard Zerwitz], 纽约）。[89 113]。背面的收件人地址是"Herrn Prof. Dr. L. Silberstein Anson Road 4 London"，邮戳为"Berlin-Schöneberg 1 1920年5月1日 8-9N [achmittags][下午]"，寄信人地址是"5 Abs. A. Einstein Haberlandstr. 5 Berlin"，第二邮戳为"Holloway[--] 1920年5月11日"，背面还有一个标记"1920年5月12日收到，这是对我1920年3月10日那封信的回复"。

[1] Ludwik（或者 Ludwig）Silberstein（1872—1948）时为伦敦大学讲师并供职于 Adam Hilger 有限公司。

[2] 这句话是对 Silberstein 有关来信中内容的一个回应。此明信片是对 Silberstein 的回复（参见 Ludwik Silberstein 在 1920年3月10日写给爱因斯坦的信[第九卷,文件348]）。

[3] Silberstein 曾在给爱因斯坦的信中（*Silberstein 1920*）讨论过以无旋流动为特点的斯托克斯-普朗克以太并假设它围绕地球且可被压缩。更深入的讨论见 Ludwik Silberstein 1920年3月10日致爱因斯坦的信（第九卷,文件348），特别是注释2。

2. Paul Ehrenfest 来信

[莱顿,]1920年5月1日

亲爱的爱因斯坦：

正如我在两三周前给你写信提到的, Onnes 一直设法加快办理你的入境许可。[1]——他已请求对此事做如下安排：让荷兰驻柏林领事馆依照你的申请直接给你发放签证。——[2]你有没有到领事馆问过,是否得到了 Haag 方面的有关授权? 或许该去公使馆?[3]我当即就给 Onnes 打了电话,他将在 Haag 催促此事并再次请求,通过电报给领事馆授权。——如果你收到这张卡片时事情仍未办好,请再给我发一封电报。——一切至今都进行得无比缓慢而拖沓。一切的一切都需要无尽的等待。[4]我们大家都在焦急地期待着你。——你来的时候将值百花盛开。——Julius 也在焦急地盼望你。——[5]要是火车换乘不便——那你就在 Utrecht[6]的 Julius 家过夜吧。——请及时告诉我你到达乌得勒支的时间!!! 问候大家!

你的
Paul Ehrenfest

AKS.[9 484]. 明信片上的收件人地址是"Prof. A. Einstein Berlin Haberlandstr 5",寄信人地址是"Prof. P. Ehrenfest Nederland",邮戳为"Leiden 2 - 1. V. 20. 12N[amiddag]"。

[1] 参见 Paul Ehrenfest 1920 年 4 月 16 日致爱因斯坦的信(第九卷,文件 375);Heike Kamerlingh Onnes。

[2] 此前一天,爱因斯坦发电报给 Ehrenfest 表示,希望能尽快得到赴荷兰的签证(参见爱因斯坦于 1920 年 4 月 30 日写给 Paul Ehrenfest 的信[第九卷的年表和日程表])。爱因斯坦接受了莱顿大学的教授职务,任期三年,年薪 2000 荷兰盾(参见 Hendrik A. Lorentz 在 1920 年 1 月 16 日和 2 月 11 日写给爱因斯坦的信[第九卷,文件 264 和 308])。尽管爱因斯坦打算在 5 月早些时候到荷兰旅行,以便做些演讲(参见爱因斯坦 1920 年 4 月 7 日写给 Paul Ehrenfest 的信[第九卷,文件 371]),然而,荷兰政府却迟迟不发入境许可。关于此事的经过、爱因斯坦的最终意向以及入境许可拖延的原因,详见序言的第三节。

[3] 在此前的信中(参见注释 1),Ehrenfest 强调 Heike Kamerlingh Onnes 已在荷兰领事馆而不是在柏林的公使馆询问过负责相关事宜的部长并要求加快办理其签证申请。

[4] 原件此处有 Ehrenfest 所画的三条竖线。

[5] Willem H. Julius。

[6] 爱因斯坦 1919 年 10 月 18 日至 11 月 2 日期间到过莱顿(参见 Paul Ehrenfest 在 1919 年 11 月 3 日致爱因斯坦的信[第九卷,文件 154],注释 1)。因火车延误,他不得不在前往莱顿的中途留宿于乌得勒支(参见本书第九卷,文件 145a 和 145b)。

3. Gottlieb Haberlandt 来信[1]

柏林,Dahlem, Königin Luise 街 1 号,1920 年 5 月 1 日

尊敬的同事先生:

出门数日刚一回家,就发现了您友好的来信;您在信中声明说,如果其他社会主义者也签名的话,您就会签。[2]这个条件已然具备,因为柏林的 Cunow 教授

3. Gottlieb Haberlandt 来信

也是我随信再一次寄给您的声明草案签署者之一。[3] 跟我讨论过此事的同事 Meinecke 先生[4] 告诉我,其他的社会主义者肯定也会收到签署该文件的呼吁。这将是各大学里那些值得信赖的有关人士的应有之义。无论如何,此次声明活动的组织者们绝不希望,把身处宪法所在国土上的任何一位社会主义者排斥在外。

所以我相信,您可以放心地签署这份声明,同时丝毫无损于您的政治立场和信仰。那些虽然同意这份声明的内容但因种种缘故而不愿签署的同事,其数目可惜比我们起初预计的要多,从而您的签名我们更加欢迎。

向您致以友好的问候!

您的忠实同事
G. Haberlandt[5]

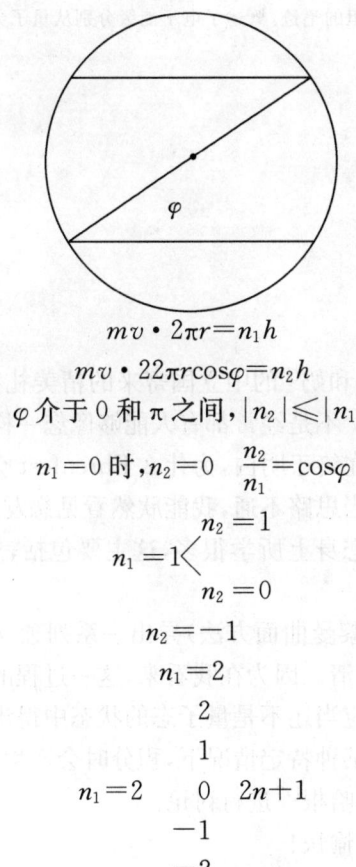

$$mv \cdot 2\pi r = n_1 h$$
$$mv \cdot 22\pi r \cos\varphi = n_2 h$$

φ 介于 0 和 π 之间,$|n_2| \leqslant |n_1|$

$n_1 = 0$ 时,$n_2 = 0$ $\quad \dfrac{n_2}{n_1} = \cos\varphi$

$n_1 = 1 \begin{cases} n_2 = 1 \\ n_2 = 0 \end{cases}$

$n_2 = -1$
$n_1 = 2$

$n_1 = 2 \quad \begin{matrix} 2 \\ 1 \\ 0 \\ -1 \\ -2 \end{matrix} \quad 2n+1$

ALS. [43 819]. 文件左边留有活页夹所需的穿孔。

[1] Haberlandt(1854—1945),柏林大学植物学教授,也是该校植物生理学研究所所长。

[2] 可能是指爱因斯坦于月底(参见年表和日程表1920年5月30日)签署的"德国高校教师关于支持共和宪法的声明"(Kundgebung deutscher Hochschullehrer für die republikanische Verfassung)。此事当时引起了德国媒体的广泛关注[参见"反对毫无结果地拒绝新的政治局势"(Gegen die unfruchtbare Ablehnung des neuen politischen Zustandes),《柏林日报》(*Berliner Tageblatt*)1920年5月30日,"支持民主宪法:高校教师的呼吁"("Für die demokratische Verfassung: Ein Aufruf der Hochschullehrer"),《福斯报》(*Vossische Zeitung*),1920年5月30日]。

[3] Heinrich Cunow(1862—1936),柏林大学社会学和人种学教授,德国社会民主党(German Social Democratic Party)党员。

[4] Friedrich Meinecke(1862—1954),柏林大学历史学教授,德国社会民主党党员,多产作家,当时刚发表的一部作品论述的是德国国家尊严、政治力量及当代历史(参见 *Meinecke 1918* 和 *1919*)。Meinecke自称为反民族主义者(antinationalist),而非爱因斯坦那样"极端的"和平主义者(参见 *Meinecke 1949*, pp. 185—186)。

[5] 最后一页背面有爱因斯坦的笔迹,概述了电子能级分别从量子数1和2级到3和5级的分裂(splitting)。

4. 致 Niels Bohr[1]

[柏林]1920年5月2日

亲爱的 Bohr 先生:

您从至今依然流着蜜和奶①的中立国寄来的精美礼物给了我一个愉快的写信理由。[2]我衷心感谢您!不是经常都有人能够像您一样,仅凭其出现就足以带给我如此的欢乐。[3]我现在终于明白,为什么 Ehrenfest 会那么爱您。[4]我正在研究您那些伟大的作品,每当思路不通,我能欣然看见您友好的少年般的面庞在对我微笑,为我讲解。我从您身上所学很多,这主要包括,您以直觉面对各种科学上的事物。[5]

您借助量子态(采用黎曼曲面方法)导出一系列独立的量子态,你所使用的方法对我而言有些暧昧不清。因为在我看来,这一过程的逆过程,亦即从量子态中得出量子态,是从那个应当还不是量子态的状态中得出量子态。那么,如果我对您的理解是正确的,在某种特定情况下,积分时会产生不连续的变化。[6]

我很期待我们在哥本哈根[7]进行讨论。

谨祝您生活幸福工作愉快!

---

① 译注:流着蜜和奶的地方,指迦南,语出《圣经·旧约》[出埃及记3:8]。

您的
A. 爱因斯坦

ALS(DkCB). *Bohr 1976*, p. 634. [8 065].

[1] Niels Bohr (1885—1962),哥本哈根大学理论物理学教授。

[2] Bohr 结束在德国的访问(参见 Elsa Einstein 致 Niels Bohr 的信[8 068])返回在第一次世界大战中作为中立国的丹麦之后给爱因斯坦寄赠了黄油。在此文件背面用德文写着"黄油味道很好;您由此给了我丈夫很大的帮助。这对他而言是最好的药方,在我们可怜的柏林,这份享受极其难得"。

[3] 4月27日,Bohr 应德国物理学会之邀做了题为"论元素序列谱"的报告(参见 *Deutsche Physikalische Gesellschaft. Verhandlungen* 22. [1920]:52)。这篇报告作为 *Bohr 1920a* 发表。正是这次旅行使爱因斯坦与 Bohr 开始相识。

[4] 关于 Paul Ehrenfest 对 Bohr 智慧的热情赞誉和对其才华的赞赏,参见 1919 年 11 月 8 日爱因斯坦致 Paul Ehrenfest 的信(第九卷,文件 160)。

[5] 可能指 *Bohr 1918a* 和 *1918b*。

[6] 爱因斯坦在推广 Sommerfeld 和 Debye 量子化规则时也借助了黎曼曲面(Riemann surfaces)的概念,见 *Einstein 1917d*(第六卷,文件 45);亦见爱因斯坦 1917 年 6 月 3 日致 Paul Ehrenfest 的信(第八卷,文件 350)。

[7] 丹麦皇家天文学会曾邀请爱因斯坦去做过一次讲座(参见年表和日程表 1920 年 5 月 2 日之前)。

5. 致 Hans Wittig

柏林,1920 年 5 月 3 日

尊敬的先生:

我很乐意审阅您的作品。要是我觉得它客观而清晰,我愿意接受您的献礼,[1]尽管我一开始就想说,我认为自己没有能力讨论哲学问题。您信中那些高调的言辞和革命性的姿态,在我看来值得怀疑。真理往往身着谦虚而质朴的衣袍。至于您攻读博士学位的打算,我对有关情况知之甚少,因为我并不是任何大学系部的成员[2]并且仅对瑞士的情况有些了解。但据我所知,在这些事务上官僚主义正方兴未艾,恰如在旧政权统治下一样。[3]不过这倒是后话,关键还是在于作品本身。如果你这部作品有趣,那么在上帝的眷顾下将会有某位哲学教授助您获得博士学位。同时给您一句忠告:要使用简介清晰的表达方式,在对待相对论时也应如此;这方面已经有许多可憎的罪过。

谨致崇高的敬意!

TLC.［45 274］. 收件人的名字用打字机打在称呼上方的：" Herrn Dipl.-Ing. H. Wittig Magdeburg"。

　　［1］Wittig 是 Magdeburg 的一位机械工程师，他宣称著书研究心理学中的时空问题并询问可否将此书献给爱因斯坦(参见 1920 年 4 月 20 日 Hans Wittig 致爱因斯坦的信[第九卷，文件 386])。

　　［2］作为普鲁士科学院的正式成员，爱因斯坦享有与大学教授同样的特权，包括在柏林大学或者其他普鲁士大学演讲的权利，只要他遵守地方法规[参见《学院章程》(Akademische Statuten 1907)，第 12 页]。

　　［3］在 Elsa 的手稿上有爱因斯坦删除的有关片段：Daß übrigens auch Sie nicht ganz frei sind beweist d. Umst. daß Sie auf d. blöden Doktorti［tel］.

6. 致 Paul Ehrenfest

[柏林] 1920 年 5 月 4 日

亲爱、亲爱的 Ehrenfest：

　　我人还坐在这里，而我关于以太的说教大概已传到了你手中。[1]领事馆里那个荷兰皮提亚①(Pythia)每天都摇晃着她的小脑袋瓜带着甜蜜的遗憾对我说"还仍然没有"。[2]她对于官僚主义的顽症确实是无能为力。愚蠢的只是，我竟然承诺将于 5 月 29 日到达 Halle，那里要召开一个关于相对论的哲学大会，为此需要大人物捧场。[3]我还答应，六月初到 Kristiania[4]去演讲。健康方面，我的状态已如此良好，这一次你甚至可让我有所负担了。我想做点事儿，以证明我对得起荷兰教授的头衔，但我也能清醒地意识到，我将发表的演讲或许是多余的。[5]我是否该在 7 月的下旬而非现在前来？如果是，请电报告知我。我会带上那些小提琴中的一把前往。它棒极了。[6] Herglotz 没有来，他拒绝了这里的教授职位。[7]这里的大学教席不久之后将如敝衣一样被处理给收破烂的——时代变了(tempora mutantur)[8]。

　　Bohr 到这里来过，我就像你一样深爱着他。[9]他宛如一个感觉极其敏锐的孩子睡眼惺忪地在这个世界上游荡着。

AK.［9 486］. 明信片上的收件人地址是" Herrn Prof. Dr. P. Ehrenfest Witte Roozen Str. Leiden (Holland)"，寄信人地址是" Abs. A. Einstein Haberlandstr 5 Berlin"，邮戳为" Berlin W 304. 5. 20. 1 - 2N [achmittags]"。

　　［1］10 份荷语版和 25 份德语版的爱因斯坦在莱顿大学(Einstein 1920j[第七卷，文件 38])任特聘教授的就职演讲副本已送交 Ehrenfest (参见 Springer 在 1920 年 4 月 29 日写给爱因斯坦的信[第九卷])。

---

①　皮提亚，古希腊德尔斐城阿波罗神殿的女祭司长。——译者注

由于教育部拖沓的审议过程,这项任命被延误了。详见序言第三节:爱因斯坦在莱顿所接受的任命。

[2] 荷兰入境许可(参见文件2)一直没有签发。

[3] 爱因斯坦1920年4月12日致信 Hans Vailinger,承诺参加"Als Ob"哲学会议(参见第九卷)。

[4] 以挪威学生会名义邀请爱因斯坦赴 Kristiania (Oslo)参加会议的邀请函直到3月8日才由两名学生 Harald Schjelderup 和 Jonas Schanche Jonasen 送到爱因斯坦家中,这两名学生1920年春天访问过柏林大学。Jonasen 和学生会副会长 Ole Colbjørnsen 主张恢复与德国的学术关系;此外,作为最早的传播者之一,Colbjørnsen 曾于1918年把广义相对论介绍给挪威人(参见 *Johansen 2005*)。

[5] 爱因斯坦曾在1月份向 Hendrik A. Lorentz 表达过同样的观点(参见1920年1月19日爱因斯坦致 Hendrik A. Lorentz 的信[第九卷,文件265])。

[6] 由柏林的一位小提琴师制作的两把小提琴。其中一把爱因斯坦准备送给 Ehrenfest 的女儿。他曾答应去莱顿时带去(参见1920年4月7日爱因斯坦致 Paul Ehrenfest 的信[第九卷,文件371])。

[7] Gustav Herglotz(1881—1953),莱比锡大学数学教授。3个月前,Ehrenfest 表示希望 Herglotz 担任柏林大学教授(参见1920年2月8日 Paul Ehrenfest 致爱因斯坦的信[第九卷,文件303])。

[8] "Tempora mutantur, nos et mutamur in illis"(时代在变,我们随之变化)。

[9] 参见文件4,在与 Paul Ehrenfest 相关的部分表达了类似的温暖感觉。

7. 致 Elsa Einstein

莱顿,1920年5月7日,星期五

亲爱的 Else:

幸运地到达这里时,天气好极了。Ehrenfest 夫妇俩正在城里;我完全是个不速之客。[1]今天上午我跟 Julius 在乌得勒支的研究所谈专业问题。[2]他是个真正的"偏执狂",同时也是个很棒的家伙。那把小提琴在 Bentheim[3]给卡住了。要是你还没处理过这种事,那你最好是这样做:

(1)去帝国出口许可委员会为小提琴申请出口许可证。

(2)把出口许可证寄到 Gerlach & Co. Bentheim,[4]并委托他们按邮资到付的方式将小提琴寄给我。

这次行程十分顺利。我结识了几个年轻人,他们以前是军官,正移民南美。三等舱的旅行很棒。连枕头我都没用。小 Paul Ehrenfest 在同我玩,一个如此迷人的孩子,可他就是不让我写东西。[5]

今天就这些。致以衷心的问候!

你的
阿耳伯特

也问候孩子们。[6]

快去解救那可怜的小提琴！

AKS. [143 097]. 明信片上的收件人地址是"Frau Elsa Einstein Haberlandstr. 5 Berlin,"寄信人地址是"Abs. A. Einstein Leiden"和"A. Einstein b. Prof. Ehrenfest",邮戳为"Leide[n]8. [V. 192]0"。

[1] Paul Ehrenfest 和 Tatiana Ehrenfest-Afanassjewa 夫妇。3 天前,爱因斯坦曾通知 Ehrenfest 自己的荷兰签证尚未办好,并询问是否可以将自己的抵达时间延迟到 6 月的下旬(参见文件 6)。

[2] Willem H. Julius。可能是爱因斯坦听取了 Ehrenfest 的建议(见文件 2 中),抵达莱顿之前先到乌得勒支的 Julius 家住了一晚。3 月中旬,Ehrenfest 告知爱因斯坦,经重新检查太阳光谱线移动观测数据之后,Julius 的结论是,没有发现引力红移证据(参见 1920 年 3 月 10 日至 12 日 Paul Ehrenfest 致爱因斯坦的信[第九卷,文件 347],也可查阅后续文件)。

[3] 3 天前,爱因斯坦告诉 Ehrenfest,他将带一把小提琴前往(参见文件 6)。德国的出口法规十分严格(参见 1919 年 12 月 8 日爱因斯坦致 Max Born 的信[第九卷,文件 198],注释 14),不允许爱因斯坦带小提琴出境。Bad Bentheim 是靠近荷兰边境的一个德国小镇。

[4] 运输公司 Gerlach&Co. Speditionen,于 1881 年在 Bad Bentheim 成立。

[5] Ehrenfest 的长子,Paul Ehrenfest Jr.。

[6] Ilse 和 Margot Einstein。

8. Willem H. Julius 来信

[乌得勒支,]1920 年 5 月 8 日

亲爱的同事爱因斯坦:

请您允许我接续昨天的谈话,[1]再次简要总结一下我们关于谱线位移[2]的讨论要点;这对于解决那个难题可能会有所帮助。

我们都觉得,Grebe 和 Bachem 得出的结论[3]证据不够充分;因为首先,平均 0.56 km/s 明显小于理论上的 0.63 km/s,甚至会降到 0.475,如果略去其中一条谱线 3866.960(它在以前的研究中一直被视为不可用的);[4]其次,观测到的位移可以解释为若干因素共同作用的结果——没有证据表明这是不可能的。虽说 Grebe 和 Bachem 已经考虑到了可能产生的摄影效应和评估误差,然而甚至对于一条单独谱线而言,压力和 Doppler 效应或异常色散也能致使引力频移失真。

毫无疑问的是,同一数量级的各种影响因素在共同发挥作用。其中那些重要的边缘-中心偏移(476 条谱线的平均值为 0.0068 Å)[5]恐怕难以解释为引力频移;[6]也不能解释为压力效应(为此 Evershed 已经充分证明);[7]而且更难以将其解释为地球或者不列颠帝国对太阳大气的特有斥力的作用结果。[8]事实上,

不同谱线的位移彼此间的差异是很大（直到出现大致稳定的紫外线位移），而且与实验压力变化毫无关联；同时，如果取平均值，就会产生一种简单的、源于色散理论的与光线强度的关系——这个事实看似无法解释，除非从总体上把Fraunhofer[9]谱线理解为离散谱线。

支撑这种解释的理由可以概括如下：（1）Fraunhofer 谱线总体上较窄，且日面的中心光谱与边缘光谱极其相似；（2）边缘光谱中的 Fraunhofer 谱线与色球层光谱的亮线之间的联系方式；（3）径向排列的缝隙导致谱线在 Fleckenspektrum 中有规律的扭曲，这些扭曲现象即使借助 Doppler 原理也只能差强人意地解释为径向辐射的结果；相反，倒是可以轻而易举地将其解释为折射影响的结果；（4）边缘-中心偏移量通过相邻线谱的存在而产生的影响。红外线旁边的线谱会减弱红移，而紫外线旁边的线谱则会加大红移，亦即，如其他条件不变（ceteris paribus），前者的影响要大于后者，正如离散理论[10]所要求的那样。（在 Adams，Evershed 和 Royds 测量的 656 条光线中，我们发现，[11] 44 条伴随着红外线，49 条有紫外线。前者平均变化 0.0044 Å，后者 0.0077 Å，而总共 656 条谱线的平均值为 0.0063 Å）对于太阳-中心-光弧的偏移而言，似乎情况也是类似的，正如 Albrecht 的详细研究（*Astroph Journal*. 41，333［1915］和 44，1［1916］）[12]所显示的那样。Royds 不同意 Albrecht 的结果（*Kodaik*，*Bull*. 48），[13]尽管如此他本人也发现，17 条伴有红外线的线谱产生的红移（☉-光弧）仅为 0.0032 Å，与此相反，30 条伴有紫外线的线谱产生的变化为 0.0079 Å。可他没有公布他所考量的线谱的总平均值。

［St. John，Evershed 和 Larmor 煞费苦心地试图表明，相邻线谱之间的相互影响是不存在的，并且从理论上说（Larmor）这种影响也不可能是明显的。[14]可我相信，他们之所以提出那些观点，是因为他们未能正确认识离散线谱的本质。目前我们在实验室里试图借助人工线路对那些关系密切的成对线谱（Linienpaare）问题进行深入的可视化和微光度研究。］[15]

从而要是真的能够证明，光谱线有明显的反常色散位移且都偏向太阳紫外线以及红外线，那么或许就可以这样来解释若干谱线出现相应量级的引力频移缺失现象：恰好对于那些线谱而言，基于离散作用的紫移部分地遮蔽了引力效应。

所以我希望，能够成功地将已测红移的全部材料相当充分地解释为两种主要效应的叠加：一是（增加比例随波长变化的）特征频率的引力频移；二是（强烈波动的）包络离散谱线位移。

目前，下列关于☉-光弧的数据变化都是可用的：该数据表出自 Grebe 和

Bachem(June'19), Evershed (Kod. Bull. 36), Royds(Kod. Bull. 38), Evershed 和 Royds(Kod. Bull. 39),[16] 总共给出了 446 个光谱平均值。我们把光谱分成三部分,每部分 800 Å,每部分的变化记作 δ,对应的我们设定理论的重力变化 δ′=Δλ=λ×2×10⁻⁶ 作为每一部分的平均波长,差 δ-δ′ 则代表平均色散位移(可能与压力效应等混淆)。

	λ	光谱线数	δ的观察数据	引力变化 δ′	δ-δ′
Ⅰ	3650—4450 平均 4050	287	0.0050	0.0081	−0.0031
Ⅱ	4450—5250 平均 4850	118	0.0042	0.0097	−0.0055
Ⅲ	5250—6050 平均 5650	41	0.0065	0.0113	−0.0048

这三种不同的弧线无疑都呈阴性,或者说,由于反常色散的原因,在整个光谱中,紫移的发生要多于红移。(或许不能把如此巨大的负面平均偏移归因为压力效应。)

现在,这本身或许就不难想象了;这将意味着,在太阳光谱中的很多地方,太阳大气的平均折射率必须被设置为小于 1,尽管这是个有些棘手的事。

但即使我们忽视这一预设,情况看起来依然糟糕。因为普遍而言色散效应必然从中心到边缘渐增,紫移和红移都一样;从而即使那些边缘-中心偏移当中也该有大量的偏移是紫移。(只有接受地球对太阳光的选择性排斥这一美丽假说,才能借助多普勒原理规避这种结果。)[17]

然而观察却告诉我们,边缘-中心-偏移十分肯定地全都偏向红移(476 个中仅有两三个例外),亦即,按 Adams[18] 的说法,表明了平均值是 0.0068 Å,它甚至比⊙光弧偏移的平均值还要大。[19] (中心-光弧-偏移显示出了比边缘-中心-偏移大得多的功能,这可能缘于对许多弧线的观察具有不确定性)。[20]

(从而如果假设存在引力频移,那么我们将得到一个与现有经验相悖的结论[21]。)相反,如果假设不存在引力频移,那么关于 Fraunhofer 谱线偏移的全部既有观测数据或许就能获得统一的解释。

但我仍然希望,在维持宏伟的广义相对论的同时,您能找到一个解决难题的方案。[22]

我谨向您,还有 Ehrenfest 同事及其夫人,并以我全家的名义,向你们致以最衷心的问候。[23] 但愿您能再次到我家来,给我们带来巨大的欢乐,就像去年 10 月 28 日那样,我们一起演奏?[24] 为方便起见,我把我们本月还没有其他安排并可以用来最好地招待您的空余时间罗列出来：11，15，17，18，21，22，23，25，27，⟨28⟩，30，31。

如果您希望跟我谈点什么，我也很乐意到莱顿来一趟。

您忠实的
W. H. Julius

ALS. [14 201]. 写在信头印有"Physisch Laboratorium Bijlhouwerstraat Utrecht"的信笺上。文件左边留有活页夹所需的穿孔。Paul Ehrenfest 追加了一个 5 月 10 日到 30 日的议程，在文件下面注有"Vrijdag Lorentz"("Friday Lorentz")。在议程中，14 日（星期五）和 19 日（星期三）被画了圈，在"14."后面标注了"Lor"。在签名下方，有爱因斯坦的注记："带有无差别光线的太阳黑子被观察到了。"("Sonnenfl[eck]. m [it] indiff. Licht wahrgenommen.")

[1] 此前一天，爱因斯坦也提到了他拜访 Julius 的事（参见后面的文件）。

[2] 在这封信中，Julius 总结了 5 月 29 日在阿姆斯特丹皇家科学院发表的 *Julius and Cittert 1920*。Ehrenfest 在 1920 年 3 月 10—12 日致信爱因斯坦，提到了 Julius 的观点（第九卷，文件 347），信中还讨论了 Grebe 和 Bachem 的工作（参见下文的注释）。

[3] 参见 *Grebe and Bachem 1920a*，作者在文中总结说，他们得到的结果与太阳区域内的红移情况一致，同时这也与爱因斯坦对引力红移的预测一致。Leonhard Ch. Grebe (1883—1967) 和 Albert J. Bachem (1888—1957) 均为 Bonn 大学的讲师。

[4] *Grebe and Bachem 1919*。

[5] *Julius and Cittert 1920* 中给定的谱线数目为 467。

[6] 广义相对论要求光谱线在引力位作用下向红端移动。

[7] John Evershed (1864—1956)，英国天文学家，是印度南部的 Kodaikanal 和马德拉斯 (Madras) 天文台的主任，他在 *Evershed 1909* 第一次提出证据表明，太阳大气压力很低，并在 *Evershed 1913*、*Evershed and Royds 1914* 中予以确认。

[8] Evershed 曾对实验室观测到的光谱弧和太阳边缘光谱的谱线转移现象的解释做过推测 (*Evershed and Royds 1914*)。这就是 Julius 在 *Julius ans Cittert 1920* 中提到的所谓环境影响导致的不一致。除了 Julius 的反常色散理论（见注释 10）和爱因斯坦的引力红移，对于边缘-弧位移甚至不能根据任何假设得到合理的解释。

[9] 原文前几行以"Sonnenscheibe"和"Fraunhoferschen"开头的问题分别用较暗的墨水或铅笔标记。

[10] Julius 的理论认为，太阳光谱线的偏移可以部分解释为反常色散导致的谱线非对称性扩大。当两个相邻区域的反常色散重叠时，此种不对称将加剧。当待测谱线来自谱线中心时，可以将其理解为谱线受反常色散影响产生位移。对于 Julius 的原始的 Fraunhofer 谱线相互排斥的说明，同样参见本页的反驳，*St. John 1915* 和 Julius 在 *Julius 1916* 中的回复。关于 Julius 工作的历史性讨论，参见 *Hentschel 1991*。

[11] *Adams 1910*；*Evershed and Royds 1914*。

[12] *Albrecht 1915* 和 *1916*。

[13] *Royds 1915*。

[14] *St. John 1916*，*Evershed 1916* 和 *Larmor 1916*，以及 *Royds 1915* 都对 Julius 的反常色散理论产生了重大的冲击（参见 *Forbes 1963*，pp. 137—138 中的讨论）。在 *Larmor 1916* 中，Joseph Larmor 认为，

由 Julius 提出的反常色散产生连续性谱线位移,太阳大气上层的密度梯度必须在这样长的范围内恒定不变,才能使太阳大气中形成这几乎不可能存在的高密度区。

[15] 原文就有方括号。该研究以 *Julius 1921* 的形式发表。

[16] *Grebe and Bachem 1919*; *Evershed 1913*; *Royds 1914*; *Evershed and Royds 1914*。

[17] 括号用比较暗的墨水书写,另外,关于 Evershed 的"地球影响"(参见注释 8)。由于爱因斯坦的理论要求太阳中心及边缘的引力红移相同,Julius 解释为——如果可以排除 Doppler 效应,那么可认为边缘-中心偏移几乎完全是由其自身的反常色散造成的。

[18] *Adams 1910*。

[19] 因此,根据 Julius 的观点,边缘-中心偏移表明了反常色散引起红移的一般性质。这与他先前通过假设色散位移主要趋向于紫外线以调解太阳弧光谱中的引力红移和反常色散位移所做的努力相左。

[20] 很多太阳物理学家关注边缘-中心偏移,是为了避免在实验室测量弧光灯光谱时遇到困难。

[21] 括号是用铅笔加写上的。引力红移和阳光下的色散假设与"经验"相悖。关于 Julius 已发表的观点,参见 *Julius and Cittert 1920*, p. 109 和 *Julius 1921*, p. 114。

[22] Julius 咨询过 Hendrik A. Lorentz 引力红移的地位。在 1920 年 4 月 18 日致 Julius 的信中(NeUU, Archief Julius),Lorentz 强调红移预测是广义相对论的基础,并且不能被去除或者简单地用模型来取得与边缘-中心效应中所得观测数据的一致。

[23] Paul 和 Tatiana Ehrenfest;Julius 的妻子,Betsy F. M. Julius-Einthoven(1867—1945)和她的两个女儿 Louise Maria 和 Maria Elisabeth Willemine。

[24] 参见 1919 年 12 月 5 日爱因斯坦致 Willem H. Julius 的信(第九卷,文件 192),在信中,爱因斯坦告诉 Julius,自己十分喜欢在他家奏乐。

9. 致 Elsa Einstein

[莱顿,]星期日,[1920 年 5 月 9 日]

亲爱的 Else:

这次就连 Ehrenfest 都说,我在柏林衣衫褴褛;因为那件小礼服有几处被虫蛀坏了。[1]我们在这儿很幸福,即使没有小提琴。我很想知道,那事儿你办得怎样了。你肯定能办好的。[2]得益于我那危险的政治声誉,对我的任命遇到了困难。但我估计它还是会下达的。[3]这里的安静气氛真是妙极了,同样美妙的还有与 Ehrenfest 的交谈以及跟他孩子们的玩耍。[4]Ehrenfest 为我弹奏了一些 Bach 的杰作。昨天我在 Kamerlingh-Onnes 的研究所里,听他作了一个精彩的演讲,还看到了有趣的实验。[5]还有雪茄!说它好,是因为你不在场。雨下得很勤,天很冷。你们那边也一样吗?孩子们[6]不让我写下去了。我们玩得很开心。

衷心问候你们大家!

你的

阿耳伯特

婚礼上的情况如何？我真幸运。

AKS.［143 098］.明信片上的收件人地址是"Frau Elsa Einstein Haberlandstr. 5. Berlin",寄信人地址是 "Afzender: A. Einstein b. P. Ehrenfest. Leiden",邮戳为"[Leid]en[1] 0. V. 192012[-1]"。

[1] 爱因斯坦于 5 月 7 日到达莱顿（参见文件 7）。

[2] 爱因斯坦询问 Elsa,是否已安排好从德荷边境取回小提琴的事（参见文件 7）。

[3] 关于莱顿大学对爱因斯坦的聘任及其延宕,参见介绍的第Ⅲ部分。

[4] Tatiana, Anna, Paul Jr. 和 Wassily。

[5] 5 月 8 日,在荷兰的制冷技术会议上,Heike Kamerlingh Onnes 做了一次演讲,内容是氦的液化及其物理应用方面的技术进步（例如超导体的发现）和莱顿实验室在液体氦研究中的贡献。同时演示了液态空气、氢和氦[参见"Ned. Ver. Voor Koeltechniek."载于《商务汇报》(*Algemeen Handelsblad*),1920 年 5 月 9 日早间版]。

[6] Ehrenfest 的孩子们。

10. Elsa Einstein 来信

[1920 年 5 月 9 日后][1]

我亲爱的、亲爱的阿耳伯特：

我每天都要去出口管理局,这是一个有趣的故事。现在去补办一把小提琴的出口许可,并在短时间内再去为另一把小提琴申请出口许可,这行不通。[2]如此频繁地申请许可是不允许的。那会使我们看起来是在搞乐器配送；因为这不幸的偶然事件还弄得 Margot[3] 的琵琶在这些天里也一直出不了境。现在得为这些小提琴分别办理出境和寄送手续,因为一把要从 Bentheim[4] 寄出,而另一把则要从柏林寄出。三天前有一部可爱的法律生效了。它规定,出口物品需缴纳其价值的 10% 作为关税,[5] 所以我给小提琴申报的价值为 1000 马克。我竭力让留在 Bentheim 的小提琴在那里存放了 10 天,直至这部法律生效。我为柏林的这把小提琴支付了 100 马克,邮费和包装箱花了大约 30 马克,保险约 15 马克。就是说花了 145 马克,还不含因我最近在明信片上所说的费用。我暂且垫付着。——Planck 想要你做什么？还有 Haber 呢？这事令我不悦的是,为什么他们要给你写信？[6] 你的社会主义思想已经无人不知！[7] 就因为它,别人都受不了你！甚至在荷兰都是如此！[8] 求你行行好,别像个社会主义分子那样狂暴。可你并不比 Ehrenfest[9] 和其他一些人更像社会主义者。快结束那些愚蠢的流言蜚语；你到哪里都会被视为颠覆政府的暴徒,甚至连在英国也一样！[10] 你对自己的外部关系造成的损害,大于你获得的好处。倘若这是真的并且理由充分,那我没什么好反对的! 但事实上这却是无稽之谈,我已经受够了。现在我非常清楚,至少在英国,人们一提到你的名字就有些提心吊胆。你因此而没能获得诺贝尔奖,这就已经够了,不能再这样继续发展下去。[11]像你这样具有批判精神的人,绝不是共产主义者!

自你走后天气一直很理想,还没下过雨,只有太阳和晴空。这阵子就连柏林的巴伐利亚社区都变得漂亮起来了。租住区之间那些微不足道的屋前小花园都盛开着美丽的花朵,甚至我们这条街上也因此能看到一些美景的点缀。[12]到处是金链花、丁香花和榆叶梅。——我很高兴你现在过得很好并期待你回来。你不在的这段时间我也得到了休息。我到户外去了许多次,也常常坐在阳台上。可惜你尝不到这么好的芦笋。我很难受,每当剥芦笋的时候,我都想把它给你,我亲爱的好小伙。那件破旧不堪的外套你只该在旅途中穿,绝不能在荷兰穿,听见没,我求求你把这当回事。别穿着那套小礼服让人觉得你滑稽可笑,坐火车穿它倒是挺好的,此外它毫无用处。[13]要勤换袜子,否则它们会被穿出大窟窿。你现在就把一件衬衫和一件睡衣送去洗洗吧,你带的衣物不够。

保重,祝你一切如意!

你的妻子

ALS. [143 312].

[1] 这封信可能是对文件 9 的回复。

[2] 爱因斯坦让 Elsa 取回此前在德荷边境被没收而今已被归还的小提琴(参见文件 7),这些小提琴是打算送给 Ehrenfest 的女儿们的(参见文件 6,注释 6)。

[3] Margot Einstein。

[4] Bad Bentheim 是位于德荷边境的小镇,其中一把小提琴就是在此地被没收的(参见文件 7)。

[5] 1920 年 5 月 10 日前不久,德国政府颁布了出口税的法令(出口税条例,Verordnung über die Ausfuhrabgaben)。根据产品的类别,税收水平在 3% 到 10%。

[6] Elsa 可能已收到 Max Planck 和 Fritz Haber 的信件,对 Planck 的信件描述及部分内容参见文件 26。

[7] 爱因斯坦在德国时对社会主义的评论参见 1919 年 3 月 31 日爱因斯坦致 Aurel Stodola 的信(第九卷,文件 16)。

[8] 爱因斯坦在莱顿大学的任职因行政和政治原因而延迟,有关情况参见文件 6,注释 1,以及介绍的第Ⅲ部分。

[9] Paul Ehrenfest。

[10] 可能参考了英国皇家天文学会不授予爱因斯坦金牌的决定,尽管这个决定显然是基于他的德国国籍而非他的左翼倾向(参见 1920 年 2 月 13 日,第九卷的年表和日程表)。

[11] 5 个月前,爱因斯坦写信给 Zangger 说,据"可靠"消息,由于政治原因,他没有机会赢得诺贝尔奖。自 1910—1919 年,爱因斯坦几乎年年获得诺贝尔奖提名。第一次世界大战之后不久,瑞典皇家学院

关于政治因素对诺贝尔奖评定的影响的商讨参见 *Friedman 2001*,pp. 108—115。

[12] Haberlandstrasse。

[13] 爱因斯坦对"小礼服"(Bratenrock)的描述,参见前面的有关文件。

11. Ernst Cassirer 来信[1]

汉堡,Blumen 街 26 号,1920 年 5 月 10 日

令人崇敬的同事先生:

　　请接受我由衷的谢意,因为您如此友好地同意现在——当您还在旅途中——就审阅我的手稿。[2]我会在今天把手稿给您寄出,希望它能顺利到达您手中:我不期望您收到后给我回信以示确认,我只请您给我个简短的消息,万一它出乎预料没能到达您手中。[3]就我这个研究的内容而言,它给自己设置的任务,自然不是要论述相对论所蕴含的全部哲学问题,更遑论解决它们。我只是试图引起一般的哲学讨论,引发激烈的争辩,并且,如有可能,为其指出一个特定的方法论上的走向。首先,我想让物理学家和哲学家能够同样地面对相对论的问题并引导他们之间相互沟通。为此,我正在努力地广泛收集物理学文献,学习古往今来的伟大物理学家们的著作——这方面的情况您可以从我的阐述中得知。但由于存在各种形形色色的思想观念,也由于物理学家和哲学家所用的话语之差异,从而即使有最好的意愿也不足以完全避免误解。就此而言,您的裁判对我来说就具有异乎寻常的价值:我将诚恳接受您的批评和指教,何况我在撰写之初并未想到要拿它去出版,而我之所以做这件事,是因为我感到自己内心一直有一种迫切的需要:我想达成对这些疑问的一种内在的澄清。无论您的裁判如何,这种澄清都定将因之而得到重要的促进。

　　我向您表达我的谢意和诚挚的敬意。

您十分谦恭的
Ernst Cassirer

ALS.[8 385].写在印制的私人信笺上。

　[1] Ernst Cassirer(1874—1945),汉堡大学哲学教授。

　[2] 爱因斯坦于 5 月 4 日之后的某个时候动身前往荷兰,当时他还在柏林(参见文件 6),之后于 5 月 6 日到达乌得勒支(参见文件 7)。

　[3] 该手稿作为 *Cassirer 1921* 出版。在前言中,Cassirer 感谢爱因斯坦指出他手稿中的错误;亦见文件 44。

12. Moritz Schlick 来信

罗斯托克，Orléans 街 23 号，1920 年 5 月 10 日

亲爱的、最尊敬的教授先生：

今天早上我收到了几册英文版 *Space and Time*。[1]估计译者已经或者将要给您寄一册样书；[2]若非如此，请务必告诉我——我非常乐意给您寄一册来。得益于和平时期的物资供应，译本的外观制作得比原著漂亮得多。[3]

由于一次小小的冒失，我已得知，对我品行的质疑已经从 Giessen 流传至此地。它显然事关本应由 Medicus 获得的教授职位。[4]我并不相信，我很有希望被推到候选人名单上的一个有利位置。但无论如何事情的结果是，Medicus 最终不得不决定留在苏黎世。[5]在 Debye 接受了苏黎世的聘任邀请之后，那边的情况肯定会不错的。[6]

随着大学生们兴高采烈地入学，这里的夏季学期已经开始。但是教职工们却受到了某些突出事件的震撼。这是 3 月暴动的后果之一，在暴动中，看起来，有几个人把自己"卡普了"①。[7]

我请求您向您的夫人介绍一下我。谨此向您致以最衷心的问候并祝您健康！也同样问候并祝福您的妻子和孩子们。

感谢您的
M. Schlick

257　ALS. [21 574].

[1] *Schlick 1920c*。

[2] Henry L. Brose 是译者，本书的复本存于爱因斯坦的藏书室。

[3] 德文版为 *Schlick 1920b*。

[4] 德国人 G. A. Medicus(1876—1956)是瑞士联邦技术学院(ETH)的哲学和教育学教授。参见 1920 年 2 月 22 日 Moritz Schlick 因为他拜访吉森大学(University of Giessen)的事而写给爱因斯坦的信(第九卷，文件 327)。

[5] 几周之前，Schlick 得知 Medicus 不愿意接受在吉森的工作(参见 1920 年 4 月 22 日 Moritz Schlick

---

① 德文为 ver "Kappt"，是作者借用"卡普暴动"(Lüttwitz-Kapp-Putsch)主谋的姓氏临时造词，双关语。结合 verkappen(伪装)一词，此处可译为：他们参加了卡普暴动，或：他们把自己伪装起来了。——译者注

致爱因斯坦的信[第九卷,文件 392])。

[6] 1月19日 Peter Debye 接受了 ETH 的教授职位(参见 1920 年 1 月 25 日 Edgar Meyer 致爱因斯坦的信[第九卷,文件 281],注释 5)。

[7] 指 1920 年 3 月 13—17 日右翼分子举行的 Kapp 暴动。参加 Kapp 暴动的罗斯托克大学(University of Rostock)教授有:Ernst Schwalbe(病理学),Rudolf Helm(古典学),Gerhard Hilbert(神学),还有畜牧学讲师 Friedrich Dettweiler。在这个时期有反动的或过激的国家民族主义观点的其他的罗斯托克教授包括 Gustav Herbig(比较文学,该校校长),Otto Staude(数学),Wilhelm Walther(教会史),Johannes Reinmöller(牙医学)(参见 *Heitz 1969*,pp. 166,171,和 173—174)。

13. 致 Elsa Einstein

[Katwijk?]星期二,[1920 年 5 月 11 日]

亲爱的 Else:

现在这里的天气很棒。我们大部分时间都在户外,一起讨论专业问题。跟 Ehrenfest 在一起非常有趣。[1] 昨天有 Lorentz 的演讲。[2] 今天是小 Paul Ehrenfest 的生日。我们像过节一样去购物。昨晚在 Kamerlingh-Onnes 家。[3] 诸位先生们不辞劳苦地采取一切措施去加速对我的任命。[4] 我倒不着急。我真希望你们也能享受一下这样的时光! 这些字迹很难辨认,因为是我躺在沙滩上写的。[5]

衷心问候你们大家!

你的
阿耳伯特

AKS. [143 099]. 明信片上的收件人地址是"Frau Elsa Einstein Haberlandstr. 5. Berlin",寄信人地址是"A. Einstein b. Prof. Ehrenfest Leiden",邮戳为"[Leid]en 11. V. 20 3-4N[amiddag]"。Paul Ehrenfest 的附言从略。

[1] 关于爱因斯坦与 Paul Ehrenfest 相处的内容,参见文件 9。
[2] Hendrik A. Lorentz 于星期一早上在莱顿做了一场关于物理学理论的演讲,赢得了高度赞扬。
[3] Heike Kamerlingh Onnes。
[4] 关于爱因斯坦接受莱顿大学的特别教授职务及其延期事宜,参见简介的第 III 部分。
[5] 可能在 Katwijk,莱顿附近海边的一座村庄。

14. Mileva Einstein-Marić来信

[1920 年 5 月 14 日][1]

亲爱的阿耳伯特：

　　银行通知我，我们在这里持有的那些证券当中又有一些最近会到期给付，他们想知道该怎么处理那笔钱。[2]他们建议购买不动产抵押债券，因为别的一切（如果不懂业务的话）都不保险。请尽快写信告诉我你对此事的想法或你的其他建议。我想请你写信说说这事，并且不要像去年处理那2000马克一样，直接把款子写到你名下。[3]但愿你该不会是想把你给你孩子们的这份礼物逐步地收回去吧？

　　儿子们都过得很好。Albert今天16岁了，他已长成了一个可爱又快乐的小伙子。Tete今天十分努力而快乐地写出了他的第一篇作文。[4]他觉得有些被忽略了，因为你老给Albert写信而不给他写信。——

　　致以友好的问候。

$\hspace{10em}$ Miza

ALS.[144 020].附有一封Hans Albert Einstein的信（参见下一文件）。

　　[1] 日期按Hans Albert Einstein的生日。

　　[2] 关于此前给Einstein-Marić支付债券的情况，参见本书的第八卷，文件639a。

　　[3] 6个月前，Mileva向爱因斯坦抱怨，离婚判决书上规定他按季支付的抚养费中，有一笔存在了爱因斯坦的账户上（参见本书第九卷，文件101a）。

　　[4] 4月10日，Eduard Einstein就读Zurich的Hochstrasse小学四年级（参见他的学生证）。

15. Hans Albert Einstein来信

[1920年5月14日][1]

亲爱的爸爸：

　　我很久没有给你写信了，首先是因为放假并且我跟同学们去了Ticino。[2]我们过着士兵一样的生活，很少需要花钱。这儿真漂亮，我们看到了很多东西。很好玩的是，我们硬是用德语和法语实现了交流。然后就开学了，可我时间也不多，因为先得适应这里的生活。但这也过去了，所以我现在可以写信给你了。今天正好是我的生日。[3]妈妈[4]自己做的蛋糕真是棒极了，可惜的是你没能尝一尝，而且还有按我的愿望特制的土豆沙拉。啊！——我要多多地感谢你寄来的照片和乐谱。[5]最近我拉小提琴的时间更多了，我和妈妈一起用四只手演奏，所以较少用两只手演奏。但这种方式让我看到了该怎么拉琴。

　　然后我对你还有一个请求，或者更确切地说，是对你的字纸篓的要求！因为我的意思不多不少,就是想要些邮票特别是以前没有的邮票,比如说你手头有的关于 Weimar 或者 New Bavarians 的邮票,或者某些关于战争或和平的邮票。我写这些主要不是为我自己,而是为了 Teddy,[6]他特别羡慕我的集邮簿。

说起我的小飞机你可能还记得那个关于尾部棘轮的"双橡皮筋计划"。[7]我试过了,但我弄到的棘轮没能正常运作,摩擦力太大。你也许知道别的解决方案,因为我仍然没有放弃关于双橡皮筋的计划。

最近我要给小飞机拍照,然后让它试飞。这将是一次冒险!

尽管做了各种改进但问题仍然在"腿上"。一方面是轮子运转得不够轻巧,另一方面是弹性也不够。

我还要转告你,我们正急切地等钱用,[8]它本该现在就寄到。

你一切都还好吗?尽快写信给我。

致以亲切的问候!

你的
Adu

附言:你已学过了 Langenscheith 的"英语课程",[9]能否至少让我用一段时间呢?我在课外或许很需要它。

Adu

ALS. [144 021]. 此为前一文件的附件。

[1] 日期即 Hans Albert 的生日。

[2] Hans Albert 已经在 Zurich 的苏黎世州立学校的实科中学(Realgymnasium of the Kantonsschule)读到第四年。Ticino 是瑞士的意大利语区的一个州。

[3] 这是他的 16 岁生日。

[4] Mileva Einstein-Marić。

[5] 爱因斯坦寄了些乐谱和一张自己的相片给 Hans Albert(参见 1920 年 4 月 5 日爱因斯坦致 Hans Albert Einstein 的信[第九卷,文件 369]),4 个月前,Hans Albert 要求爱因斯坦给他寄些莫扎特的小提琴和钢琴奏鸣曲乐谱(参见本书的第九卷,文件 288a)。

[6] Eduard Einstein。

[7] 关于 Hans Albert 的飞机模型此前的进展情况,参见本书第九卷,文件 183b。

[8] 参见前面的文件。

[9] 可能是 *Gottschalk 1920* 或者是 Langenscheidt 词典出版商出版的英德双语《实用语言教程》(*Praktischer Sprachlehrgang*)。

16. Max Wertheimer 来信[1]

[柏林,]1920 年 5 月 15 日

亲爱的爱因斯坦先生：

首先致以衷心的问候！（——要是这会儿能再次当面对您说一句您好，那该是多么美啊——）我祝愿您在荷兰度过一段快乐的时光！[2]

今天我得就那个——罕见的——哈雷事件给您写上几句。亲爱的、尊敬的爱因斯坦先生——对了，那究竟是些什么人呢——？！您这样心肠无限好的人究竟听凭自己被这些人扯进了什么场子里呢？！[3]

4 月，在布拉格，我听说了那个"即将召开的关于爱因斯坦的重要会议，会上将由 Kraus 教授[4]（！）唱主角，他现在（终于）要向坐在哲学审判席上的所有公众揭露爱因斯坦理论的根本荒谬性了，从而将会清楚，如何——"。

我这儿有一份康德学会（Kant Soc[iety]）的邀请函：爱因斯坦先生也会到哈雷！然后有一份出版物，是《康德研究》（Kantstudien）增刊，是某某人的，该刊就其趋势而言我觉得从另一方面刻画了康德学术圈的性格特征。[5]他们大约想要这样来表现自己：故作正经[……]有趣的想法——实际上却跟真正的哲学问题毫不沾边（跟哲学有略显胆怯的隔离倾向："康德心中的一切都存在得很合理"而且——随时随地——都对自身有利）。

此外，现在《福斯报》（Vossische Zeitung）上有消息称："继康德学会的大会之后……邀请一批杰出的德国学者，包括爱因斯坦，Abderhalden，Kraus!（Prague），Vaihinger 等人，前往哈雷参加一次学术座谈，讨论假说哲学方向的实证唯心主义（！）——爱因斯坦教授将会参加座谈"。[6]我收到的一份印刷版邀请函说："有一批康德学会成员，他们对假说哲学方向的实证唯心主义有兴趣……署名人，有的是康德学会会员，有的不是，谨此邀请参加此次会谈……康德学会会员也有参加假说哲学会议的权利——"署名人：Abderhalden, Becker, Bergmann, 爱因斯坦！, Feldkeller, Fließ, Gocht, Knopf, Koffka, Kowalewski, Kraus-Prag,[7] Müllerfreienfels, R. Schmidt, J. Schultze, Vaihinger, Wichmann, H. Wolff. [8]

我主耶稣啊，您被拉入了一个什么样的宣传团伙？！有品位的物理学家难道会去掺和这种事情？！那些人中的绝大部分要么心智孱弱，要么喜欢陈词滥调，要么就是乐于骂街的庸人；还有一部分则是诸如 Kraus 之类的人：狂妄无耻；而

且他们都有宣传癖——噢,我主上帝啊,只要稍加思量:或许此事至少还是有某种意义:在"会上"将有某些东西被严肃地向前推进,或者仅仅得到严肃的对待——可是,您这样一个好人,您不知道,那都是些什么人,他们要干什么——?!只要看看他们那难以形容的贫乏样儿或许就够了——如果是能跟真心干正事的人——比如跟 Cassierer[9]——一起,倒是很可能成点事儿,但就算跟这样的人一起,也最好不要去掺和那样的聚会——!那个"会议"是搞成什么样子呢?那些人会按自己的心理习惯念他们那些蹩脚货并且搞些装模作样的辩论,而您不得不说些好听的话,然后就微笑着保持沉默——而那些人呢——恶心。这不是什么好事而且也看不出会有什么好结果。

那些哲学家就这样儿——如今来了一个您这样的人——这可让他们如何是好!我主耶稣啊!

(要是您真的考虑要去,那我或许也有兴趣去一趟。)[10]

——好吧;我不得不写下这些肺腑之言,可我仍然完全无法想象,您真的会去(到森林里享受明媚的阳光或者去为工人们做一次演讲,[11]也比去那里要美得多也好得多)——现在我要向您,您这个好人,太好的好人,致以美好的问候,并且气恼自己刚刚给您写了那些破事儿!

祝您一切如意!

您的
Wertheimer

ALS.[23 374].原始剪裁。

[1] Max Wertheimer(1880—1943),柏林大学的心理学和哲学编外讲师,是爱因斯坦和 Max Born 的密友(参见 1918 年 8 月 2 日爱因斯坦致 Max Born 的信[第八卷,文件 593]),1919 年 10 月 2 日 Hedwig Born 致爱因斯坦的信[第九卷,文件 144]和 Born 1978, pp. 178-179 记录了他们的友谊。

[2] 爱因斯坦在 5 月 4 日后的某时开始了他荷兰的旅程(当时他还在柏林,参见文件 6),在 5 月 6 日到达乌得勒支之前(参见文件 7)。

[3] 5 月 29 日准备在哈雷开一场讨论相对论的哲学意蕴的会议,它主要以 Hans Vaihinger 的实证唯心主义为中心——一个被定义为"Philosophie des Als-Ob"的新康德主义哲学的亚类。Hans Vaihinger(1852—1933)是哈雷大学的退休哲学教授,他 4 月上旬邀请过爱因斯坦(参见 1920 年 4 月 4 日 Hans Vaihinger 致爱因斯坦的信[第九卷,文件 367]),爱因斯坦同意参加一周后的会议(参见 1920 年 4 月 12 日爱因斯坦致 Hans Vaihinger 的信[第九卷的年表和日程表])。

[4] Oskar Kraus(1872—1942),布拉格的德文大学的哲学教授。Kraus 是 Franz Brentano 的追随者,他认为相对论在真实理论世界中是荒谬的,因为一些理论比如时间延迟、长度收缩、同时性规约都与哲学观点以及常识相矛盾。从相对论的特征和概念上看,它仅是一个具有探索价值的虚构的计算工具(参见 Kraus 1920a)。Kraus 死后,他的一篇文章(Kraus 1920b)由 Brentano 整理发表,并附有一篇反相对论的编者按(Brentano 1920)。更多关于 Kraus 的介绍,参见 Hentschel 1990。

[5] Sellien 1919。1919 年 9 月,爱因斯坦通过 Ilse Schneider 注意到了新康德主义(neo-Kantian)(参

见1919年9月15日爱因斯坦致Ilse Schleider的信[第九卷,文件104]),他在一个月后告知了Moritz Schlick(参见第九卷,文件142)。

[6]《福斯报》(*Vossische Zeitung*),1920年5月15日晚间版,副刊。

[7]"Klaus-Prag"在原文中用下划线强调,被强调部分的右边有两个感叹号。

[8] Emil Abderhalden(1877—1950)是哈雷大学的哲学教授和心理研究所主任;Oskar J. Becker(1889—1964)是数学家和哲学家;Ernst Bergmann(1881—1945)是莱比锡大学(University of Leipzig)的哲学副教授;Feldkeller(1889—1972)是哲学家;Bernhard Fließ是Aschersleben的一所文理中学的主任(参见第九卷,文件367);Moritz Hermann Gocht(1869—1938)是特别教授,柏林大学(University of Berlin)慈善医院的骨科主任。Rudolf Knopf(1874—1920)是波恩大学(University of Bonn)新约全书的教授;Kurt Koffka(1886—1941)是吉森(Giessen)大学的心理学特聘教授;Arnold Kowalewski是柯尼斯堡(Königsberg)大学的哲学教授;Richard Müller-Freienfels(1882—1949)是大学预科讲师;Raymund Schmidt(1890—?)是Hans Vaihinger负责的《哲学年鉴,尤论假说哲学问题》(*Annalen der Philosophie unter besonderer Rücksicht auf die Probleme der Als-Ob-Betrachtung*)的合作编辑。Julius Schultz(1862—?)是哈雷大学图书馆馆长;Ottomar Wichmann(1890—1973)是哈雷大学的编外讲师;Heinrich Wolff(1875—1949)是印象派版画家和雕刻家。

[9] Ernst Cassirer。5天之前,Cassirer为爱因斯坦同意帮他审阅其手稿而向爱因斯坦表示感谢(参见文件11)。

[10] Wertheimer对Moritz Schlick是否会参加"Als-Ob"会议也很好奇(参见1920年5月24日Erwin Freundlich致Moritz Schlick的信[NeHR, Vienna Circle Archive, no. 100])。

[11] Wertheimer可能指的是"无产阶级大众学院"(Volkshochschule für Proletarier)在柏林主办的讲座(1920年前几个月爱因斯坦为工人们做过几场演讲,参见1920年1月3日爱因斯坦致Heinrich Zangger的信[第九卷,文件242])。

17. 致Elsa Einstein

[在去莱顿途中,]星期一,[1920年5月17日]

亲爱的Else:

我和Ehrenfest进行了一些非常愉快的环游。[1]周六和周日我们在Ardennes的朋友De Ridder[2]的乡村庄园。今天在Julius教授家,我们讨论太阳能物理学,他女儿们很可爱,还演奏了很多音乐。[3]这会儿我正在回家的路上吃着巧克力。已经有点晚了。后天我将给孩子们做一个关于相对论=报纸雄狮登场(Auftreten des Zeitungslöwen)的演讲。[4]我打算直接从这儿乘车去克里斯蒂安尼亚,就不去哈雷了,并在归途中路过汉堡[5]时做一场演讲。水上交通应该很不错,而且我有兴趣到海上航行。

向你们大家致以最诚挚的问候!

你的

阿耳伯特

字迹潦草是因为旅途颠簸。

今天有一位女画家送了我一幅漂亮的小油画[并且]是在 Ede。

AKS. [143 100]. 本明信片上的收件人地址是"Frau Elsa Einstein Haberlandstr. 5. Berlin",寄信人地址是"Afzender: A. Einstein Eisenbahn",邮戳为"Rotterdam Amsterdam 18. V. 20. A"。Paul Ehrenfest 的附言和 Elsa Einstein 的注记从略。

[1] 爱因斯坦和 Paul Ehrenfest 一起待在荷兰(参见文件 9)。

[2] Gijsbert W. van Aardenne(1888—1983)是莱顿大学物理系的学生,他租了 Ehrenfest 的一个房间;Carel C. J. de Ridder(1881—1962)住在埃德(Ede)的 Kernhem,位于乌得勒支以东约 50 km。

[3] 关于 Julius 的太阳物理学参见文件 8,注释 10。Julius 的女儿 Louise Maria 和 Maria Elisabeth Willemine 都是音乐教师。

[4] 爱因斯坦关于"现代物理中的时间与空间"(Raum und Zeit in der neueren Physik)的演说于 1920 年 5 月 13 日在 *Nieuwe Rotterdamsche Courant*,早间版发表。爱因斯坦受到了莱顿科学讲习会(Leyden Society for Scientific Lectures)的邀请(Leidsche Vereeniging voor Wetenschappelijke Voordrachten)。

[5] 关于受邀去挪威的事参见文件 6,注释 4。关于他计划前往哈雷的事参见前一文件的注释 3;4 月 30 日,爱因斯坦同意去汉堡演讲(参见 1920 年 4 月 30 日爱因斯坦致 Adolf Lindemann 的信[第九卷的年表和日程表])。

18. Lucien Fabre 来信[1]

巴黎,阿姆斯特丹街 55 号,1920 年 5 月 17 日

大师:

通过中间人 Oppenheim 先生[2]的友好帮助,我冒昧地请 Varcollier 带给您我这封关于矢量域内的置换及其与相对论关系的信。[3]

就像 Guillaume 的信[4]中所说的那样,想必您已经很熟悉了,我认为我这封信是为您的独特理论提供牢固基础并且保持与理论一致的最严谨且具原创性的尝试之一,并通过一种确定性的新元素来增加智力吸引。

同样,今天我冒昧地给您写信,也是得益于 Oppenheim 先生的关心,我将自己对您的理论的研究命名为"世界的新特质"(Une nouvelle figure du monde)[5]。

这项研究将由巴黎育智文化的主要杂志之一发表,因此不得不尽可能地以哲学的、大众的表达方式来表述,并需将您的著作合成一份调查报告,还要避免

用数学公式。

当然，这项研究不可能使用那些基于您的理论出版的小册子中常用的比较方法。教授，我相信这个主题一定极其困难，如果它对您来说不真实，我希望您能谅解因这些困难带来的不足之处。

为了尽可能获得此项研究的最大文化价值，我已经给出了自牛顿以来关于数学和物理的简洁且全面的历史普查结果。如果您想大致浏览一下此文，那么我想指出的是第 19 页我开始讨论 Lorentz 的著作；第 23 页是 Michelson 和 Morlay 的实验，而爱因斯坦理论在第 30 页以后才有确切的阐述。

自然，为了不和读者所持有的任何科学观点产生激烈冲突，我会极其谨慎；在很大程度上，我不得不隐藏您的发现带给我的理性认同感。

从关于时间、空间和原因范畴关联的三重哲学视角考虑，仍可由余下的内容得到文章的一般结论，因为它们确实是接近真理的。

为了不使这个主题出现错误，我非常希望能得知您的看法；因为对于那些天赋不够的人来说，想了解爱因斯坦的详尽思想是很困难的。

这篇文章里不包含任何价值不当的发现，尽管文章中缺乏精确的数学知识，也不甚清楚当科学被一个天才指引往一个特定方向时，它会有怎样的发展，但在其中为引发受过高等教育的睿智读者的兴趣（迄今为止未经尝试），我做出了不小的努力，希望能得到您的认可。

对于这封信里可能存在的错误主张、值得怀疑之处或与您的观点中的思想相矛盾的地方，希望您能将其指正给我，我将非常乐于接受您的意见，这将使我和我的读者都从中受益。

向您致以我最深切的崇敬！

L. Fabre

ALS. ［11 002］. 收信人姓名是打在致敬语上面的"Monsieur Einstein aux bons soins de Monsieur Degener-Boening"。

［1］Fabre(1889—1952)是工程师、诗人、小说家。

［2］关于 Oppenheim 在此作为中间人一事，参见 1920 年 4 月 24 日 Paul Oppenheim 致爱因斯坦的信（［第九卷，文件 394］）和 1920 年 4 月 29 日爱因斯坦致 Paul Oppenheim 的信（［第九卷，文件 399］），亦见 1920 年 5 月 17 日 Lucien Fabre 致 Paul Oppenheim 的信（［11 001］）。

［3］*Varcollier1918* 是一篇关于相对论理论的报告，它故意不提及爱因斯坦。

［4］*Guillaume 1920a*，爱因斯坦在 1920 年 4 月 29 日写给 Paul Oppenheim 的信中称它"全是胡说"（［第九卷，文件 399］）。

［5］原稿于次年发表，为 *Fabre 1921*，这要归功于爱因斯坦的帮助（参见 *Einstein 1921g*［第七卷，文件 55］，注释 1）。

19. 致 Elsa Einstein

[莱顿,]星期三,[1920年5月19日]

亲爱的 Else:

今天晚上我做了一场通俗易懂的演讲。[1]昨天,我听了一位学术对手所做的报告;尽管它不是特别深奥,[2]却也让我很感兴趣。我跟 Ehrenfest 的孩子们成了好朋友并同她们玩得很愉快。[3]我正在研读 Cassirers 的手稿,[4]尽管它不那么好玩。这些哲学家都是些怪人。我想,我会取消前往哈雷的计划,因为那些流言蜚语让我很不舒服。[5]随后的几天,我将和 Ehrenfest 夫人[6]一起去海边。Ehrenfest 夫妇无法同时离开他们的孩子。我们在这里生活得很愉快,以至于感觉时间飞也似的就过去了。或许最好是,我直接去克里斯蒂安尼亚,然后在归途中前往汉堡。[7]

我有将近一周没有得到你们的消息了,但这肯定是由于那些糟糕的运输所致。我自己也没有像往常一样勤于写信,是因为我时间太少。但是从现在起,情况该有所改变了。我也想找一张漂亮的卡片寄给 Margot;不过到目前为止,我还没一张足够漂亮的。

问候你和全家老小并请接受我的吻。[8]

阿耳伯特

AKS. [143 101]. 本明信片上的收件人地址是"Frau Elsa Einstein Haberlandstr. 5. Berlin",寄信人地址是"Abs. A. Einstein b Prof. Ehrenfest Leiden",邮戳为"Leiden 5 19. V. 1920 5N[amiddag]"。

[1] 参见文件 17 注释 4。
[2] 可能指 Martin W. Polak,工程师(参见 Polak 于 1918 年发表的反对相对论的观点)。
[3] Tatiana,Anna,Wassily 和 Paul Ehrenfest Jr.。
[4] 9 天前,Ernst Cassirer 把自己关于相对论理论的文章手稿寄给了爱因斯坦(参见文件 11)。
[5] 关于他不愿参加哈雷会议的详细情况,参见文件 6。
[6] Tatiana Ehrenfest-Afanassjewa。
[7] 关于爱因斯坦计划去克里斯蒂安尼亚(奥斯陆)和汉堡的详细情况,参见文件 17 注释 5。
[8] Ilse 和 Margot Einstein,Rudolf 和 Fanny Einstein。

20. Elsa Einstein 来信

[1920 年 5 月 20 日之前][1]

亲爱的、亲爱的丈夫：

你那把被困的小提琴将会以最快的速度获得自由。[2]小傻瓜，你就是个聪明过头而又那么无助的小孩！再也不可以发生这样的事了。那可是你自己的、你已弹了半年并且在旅途中都形影不离的小提琴啊。难道你就不能把这个情况以一种不言而喻和具有说服力的方式告诉那些人？真是的！（同时我也获得了第二把小提琴的出口许可证）。它将从 Bentheim 寄往你们那儿。我们一切都好。我在收拾房子，还做了好多缝纫活。我现在到户外去得更多了，我专门为此腾出了时间。昨天我坐在 Grunewald 湖畔看风景，如今水边安放了大量的木质长椅，是那种天然的椅子，这是一种创新，让我印象深刻。这儿的景色真的很美。这段时间，人们给你寄来的邮件足以装满一个洗衣篮。半个世界的人都购买了 Struck 的那张画并把它寄给了你，好让你在上面永垂不朽①。[3]对你来说这将是一项可爱的活动！而且你还会再次成为各种滑稽报刊上的明星。我为你组织了一个很棒的四重奏乐队人选：两位 Weissgerber，都是优秀的职业艺术家，[4]还有一位女钢琴家。他们值得你欣赏！

我不给你写什么行为规范了，它们毫无用处，我放弃了。我很欣慰，你在那边能和可爱的人们一起享受那么多美好的事物，[5]不过我今天已经开始盼望你回家了。

亲吻！而不要你寄来的那些问候。

你的
Elsa

ALS.［143 311］.

［1］这封信大概写于 10 月 22 日。

［2］Elsa 讲述的是她为爱因斯坦预备送给 Ehrenfest 的女儿们的那两把小提琴取得出口许可证的事。

［3］极有可能指 Hermann Struck(1876—1944)为爱因斯坦创作的蚀刻版画肖像，它刊登于 1920 年 3

---

① 当指他们要求爱因斯坦在上面签名并寄回。——译者注

月7日的《〈福斯报〉副刊·时代图像》(*Zeitbilder. Beilage zur Vossischen Zeitung*)（参见第九卷的说明）。Struck 是平面艺术家，也是正统犹太复国主义组织 Misrachi 的德国分部的创始人。

[4] 关于此前对爱因斯坦参加四重奏的描述参见本卷第八卷，文件 344a, Andreas Weissgerber（1900—1941），生活在柏林的希腊籍犹太小提琴家，琴艺精湛。

[5] 爱因斯坦当时在莱顿拜访 Ehrenfest 一家。

21. Paul Winteler 来信

[卢塞恩，1920年5月20日之前][1]

亲爱的阿耳伯特：

根据 Elsa 最近寄来的明信片应该是你说的：围绕妈妈的遗产发生了一场不光彩的争执。[2] Maja 的个性跟你的完全一样，而你的个性跟她的也完全一样。所以可以让你真正感到心安理得的是，你那些更亲密的家人绝不会有丝毫占有欲，绝不会有任何对遗产之类东西本身的喜好，这你是肯定知道的。既然你说你毫不关心遗产分配（其实你本该接手处理此事，那本来就是你的义务呀），那你就不该评判 Maja 的行为。你根本就不在场，Maja 又离你不近，姑且不说按她的天性她没有能力保护自己免遭不公正的评价。所以我觉得自己有责任提醒你，你当时从 Miza 那里听取了关于 Maja 的坏话，[3] 并且恰好缺乏对那些言论的必要甄别。如果你不肯相信我 Pauli 这个做了 Maja 20 年丈夫都没有发现她任何污点的人所说的话，那你至少能够从你更亲密的家人（爸爸，[4] 妈妈，还有你自己）身上，去得出关于 Maja 人品的结论，并且在我看来还可以从你的远亲们身上去判断其他人的人品，而不是相反。

别的我就不说了，我个人对这个遗产问题倒是无所谓，只不过我觉得要紧的是，你可别自毁巢穴，像从前（已发生过？）那样。

致以作为妹夫和朋友的问候。

你的
Pauli

ALS. [144 781].

[1] 日期确定依据是，此文件可能是下一文件提到的那封信。

[2] Pauline Einstein 于 1920 年 2 月 20 日去世（参见第九卷的年表和日程表）。

[3] 8 年前爱因斯坦提到 Mileva Einstein-Marić 和 Maja Einstein 关系不好（参见爱因斯坦 1912 年 4 月 30 日致 Elsa Löwenthal 的信[第五卷，文件 389]）。

[4] Hermann Einstein(1847—1902)。

22. 致 Elsa Einstein

[莱顿,]星期四,[1920年5月20日]

亲爱的 Else:

昨晚我在这所大学里做了一场报告,听众很多,气氛热烈。[1]今天我甚至受到了德国驻海牙公使的邀请。[2]刚刚收到了你寄来的两张明信片。[3]我不会去哈雷。那样会很愚蠢。[4]另外29日我得去一趟阿姆斯特丹的科学院,因为我被任命为外籍院士了。[5]昨天我替 Ehrenfest 讲了一次课,因为他有事去了 Delft。[6] 31日我就可以回家了,对此我很期待。我正在忧虑,怎样才能迅速拿到去挪威的签证。有没有收到给我的什么书面材料?[7]没有这个我就得不到签证。小提琴还是没有到。[8]你在阿姆斯特丹的女友寄来一包给你的食物,我会给你带回来的。[9]我要写信给 Maja。Pauli 给我写了一封有些怪异而粗鲁的信,[10]我正要给他们寄一张卡片去。

亲吻你们大家!

你们的
阿耳伯特

AKS.[143 102]. 明信片上的收件人地址是"Frau Elsa Einstein. Haberlandstr. 5 Berlin",寄信人地址是"Afzender:A. Einstein b. Prof. Ehrenfest Witte Roozen Str",邮戳为"Leiden 20. V. 20. 11-12N[amiddag]"。

[1] 爱因斯坦在莱顿大学大礼堂做了一场报告,题为"近代物理学中的时间与空间"(Raum und Zeit in der neueren Physik)(参见文件17,注解4)的演讲。当时大礼堂里人满为患,包括该校董事会会长兼莱顿的市长 Nicolaas de Gijselaar,德国驻海牙公使 Friedrich Rosen 在内很多的重要人物都到场了。莱顿社会科学讲座的主席 Petrus J. Blok 高度赞誉并隆重介绍了爱因斯坦。爱因斯坦站在大讲台上演讲,这通常是大学校长的特权(参见德国驻海牙公使 Friedrich Rosen 于1920年5月25日写给德国外交部的信[GyBPAAA,R 64673])。演讲结束后,人们可以在学校教务室内面见爱因斯坦。有关此次演讲的总结和当晚盛况的报告,参见1920年5月20日的《新鹿特丹报》(Nieuwe Rotterdamsche Courant)晚间版。

1920年6月21日的《柏林日报》晚间版刊登了 Rosen 提交给德国外交部的关于此次演讲报告的删节版(参见上文)。

[2] 爱因斯坦应邀去海牙拜访 Rosen(参见 R. W. Drechsler 1920年5月11日致爱因斯坦的信)。在他的回复中,他没有明确指出拜访的日期,他还邀请了 Rosen 参加他的报告会(参见1920年5月11日之后爱因斯坦致 R. W. Drechsler 的信)。

[3] 当为文件10和20。

[4] 在会议开始前3天,爱因斯坦已决定不去参会(参见文件17)。

[5] 在1920年3月27日的会议上,阿姆斯特丹皇家科学院有9个空缺的外籍院士名额,被推荐的候

选人员共有 13 位。为此,1920 年 4 月 23 日进行了五轮投票选举;爱因斯坦在第一轮当选(Notulenboek van de Afdeeling Natuurkunde, 27 maart 1920—1929 december 1923, NeHR, Archief KNAW, inv. nr. 14)。在 1920 年 5 月 18 日的信中,教育部告知科学部秘书 Pieter Zeeman 被提名的外籍院士已获 Wilhelmina 女王首肯,并请通知他们已当选(Brievenboek van de Afdeeling Natuukunde, NeHR, Archief KNAW, inv. nr. 38)。

[6] 星期三的早上 9 点到 11 点, Ehrenfest 该讲授数学物理(参见 *Jaarboek 1920*)。

[7] 在文件 17 中,爱因斯坦认为他的访问路线直接由莱顿到挪威会更好。该邀请是由挪威的学生会代表口头带到的(参见文件 6,注解 4)。

[8] 指一度被扣留在德荷边境的小提琴(参见文件 20)。

[9] L. Deng(参见文件 25)。

[10] Maja Winteler-Einstein 和 Paul Winteler。可能指前一文件。

23. 致 Max Wertheimer

[莱顿,1920 年 5 月 21 日][1]

亲爱的 Wertheimer:

您的警告是对的,多亏您,我才没有掉入那个陷阱。[2] 我在这里过得很好。31 日我将会回到柏林。希望我们能很快见面。

致以由衷的问候!

A. 爱因斯坦

AKS. [23 375]。明信片上的收件人地址是"Frau Elsa Einstein Haberlandstr. 5. Berlin",邮戳为"Le[ide]n [-], 21. [-]20. 8-9V[oormiddag]"。此文件是 Paul Ehrenfest 手里的一条消息的附加文件。

[1] 此处的年份和月份依据是爱因斯坦预计返回柏林的时间,事实上,这个文件是对文件 16 的回复。

[2] 爱因斯坦最初接受了 Hans Vaihinger 的邀请,意欲前去参加"Als-Ob"会议(参见 1920 年 4 月 12 日爱因斯坦致 Hans Vaihinger 的信[第九卷的年表和日程表])。但是 Wertheimer 和 Paul Ehrenfest、Elsa Einstein 都建议爱因斯坦别参加这个会议,所以爱因斯坦改变了主意(参见文件 22)。

24. Erich Regener 来信[1]

斯图加特,Wiederhold 街 13 号,1920 年 5 月 21 日

亲爱的爱因斯坦先生:

我有两件小事想请您帮帮忙,它们正如我希望的那样,不会占用您太多宝贵

的时间。第一个问题与 Reichenbach 博士先生有关,我很希望能尽快促成他完成他的教授资格论文。[2] 他已为此提交了一篇论文,题为《相对论对物理学中的认识概念的意义》(*Die Bedeutung der Relativitätstheorie für den physikalischen Erkenntnisbegriff*)。他告诉我,您可能已经看过这篇论文,所以我就不需要再把它寄给您了。[3] 我必须得说,凭我自己的经验还不足以评价此论文,此外我相信,您的评价对于这里的学校而言是很有分量的,所以我希望这篇教授资格论文能顺利通过。之所以这是一件很有价值的工作,是因为该论文的大部分内容都是哲学性质的,而 Reichenbach 博士先生本应获得物理学科的教授资格。现在我相信,您也会跟我一样认为,就当下的物理学进展来看,恰好这类研究即使对于物理学家也极有助益,从而 Reichenbach 先生的这篇论文应当能为他赢得物理学教授的资格。

故此,如果您能为此事为我写上几行,我将非常感谢您。

第二点事关本校的理论物理学特聘教授的任用。有关该职位的申请已提交州议会,预期今年秋季应当起聘。我曾在柏林跟您讨论过这个问题,当时您给我推荐的是 Reiche 先生。[4] 我也考虑的是他,可是目前必须首先提交一份有三名候选人的名单。这里对搞理论的学者提出的要求大致如下:首先,他必须精通数学计算,因为到了这里,如果遇到其他院系向他求教,那么有关问题会较少涉及物理概念,而大多是些复杂的计算问题。不管怎样,我个人自然不想身边来的是一位老派的理论家,而是一位精通现代学术的行家里手。因为我很希望,他来了就能跟这里的研究所的实验工作建立联系,从而他可以成为我个人能力的一个补充,因为对我来说数学计算本身绝不会成为我的研究目标。当然了,他还得擅长演讲。

我将十分感谢您,爱因斯坦先生,如果您能友好地就以上两个问题给我几行简短的答复。我祝愿您在荷兰过得愉快并且希望,我离开柏林时听说的关于您身体不太好的那个消息并未得到证实。[5] 顺便说一下,我们的研究所里有一间所谓的"过夜房",您随时可以使用它,要是您途径斯图加特。如果您愿意来经常并且长期使用它,Reichenbach 先生和我,肯定还有其他人,一定会极其高兴的。

向您致以最衷心的问候!

您忠实的
Regener

TLS. [20 014].

[1] Regener(1888—1955),是斯图加特理工大学(Technical University of Stuttgart)的物理教授。

[2] Hans Reichenbach(1891—1953)的职业是无线电工程师,他在晚上坚持学术研究。

[3] 爱因斯坦在1920年4月19日写给Moritz Schlick的信中称赞了Reichenbach的论文(第九卷,文件378)。该论文作为"*Reichenbach 1920*"于1920年6月15日发表(参见文件57)。

[4] Fritz Reiche(1883—1969)是Kaiser Wilhelm Institute的物理化学和电化学专业的辅导员,也是柏林大学理论物理讲师。

[5] 爱因斯坦从1920年5月7日起就待在荷兰(参见文件7)。可能指此前爱因斯坦的胃病。

25. 致 Elsa Einstein

[莱顿,]星期六,[1920年5月22日]

亲爱的 Else:

31日我就会回家了,我非常渴望见到你们所有人。我的好 Ilse 不会因为我没给她写过一句悄悄话生我的气吧。[1]而且直到现在我都还没能写。今天我和 Kamerlingh-Onnes 聊了6小时的专业问题。[2]昨天我在他哥哥和他儿子那里,他们两个都是画家,还给我展示了他们的优秀作品。[3]昨天晚上,我和 Ehrenfest 夫人在 Kattwig,当时他在家看孩子。[4]我已被选为阿姆斯特丹皇家科学院的院士。[5]29日我还要开会。[6]你的朋友 L. Deng 送给你一包食品,并邀请了我去做客。但我没时间,就算有也不会去。我非常抱歉,因为那些小提琴给你惹了那么多麻烦。Ehrenfest 也为此埋怨我。你是怎么想到要将第二把也寄出来的?[7]这事儿我就不再写了,以免把混乱更加扩大。

吻你!

你的
阿耳伯特

AKS.[122 760]。明信片的收信人地址是"Frau Elsa Einstein Haberlandstr. 5. Berlin",寄信人地址是"Abs. A. Einstein b. Prof. Ehrenfest. Leiden,"邮戳为"Leiden1920 22. V. 10N[amiddag]"。

[1] Ilse Einstein。

[2] Heike Kamerlingh Onnes。

[3] Menso(1860—1925)和 Harm(1893—1985)Kamerlingh Onnes。

[4] Tatiana Ehrenfest-Afanassjewa;Katwijk;Paul Ehrenfest。

[5] 爱因斯坦已当选阿姆斯特丹皇家科学院(Royal Academy of Sciences in Amsterdam)科学部的外籍院士(参见 Pieter Zeeman 于5月21日写给爱因斯坦的信)。

[6] 他当选为皇家科学院院士的那天(参见简介的第Ⅲ部分)。

[7] 几天前 Elsa 提到她成功取得了要送给 Ehrenfest 的女儿们的两把小提琴的出口许可证(参见文件20)。

26. 致 Hendrik A. Lorentz

[莱顿,]1920 年 5 月 22 日

令人崇敬的同事：

首先我要感谢您和您夫人这段时间对我的热情招待。[1]我们一起在沙丘上散步的经历将成为我永难忘怀的记忆。昨天,我被聘为学院外籍院士的通知到了;[2]不用我说您也知道,能被这个精英荟萃的圈子接纳,我感到无比幸福,我此时就已有几乎如在家中的归属感了。我周三所做的报告只针对那些想对相对性问题略知一二的旁观者,而不是给行家们听的。还好当时您没有在场。使我特别惭愧的是,您还因此特意给我写了信。[3]

而促使我给您写这封信的动因则是 Planck 的一封信。他在信中恳请我,设法支持德国的各个中立的学会致力于与国外的科学文献保持同步。[4]他写道："据悉,有一个瑞士的自然研究学会建议,在伯尔尼举办一个由各中立学会派出代表参加的会议,以商讨国际科学问题。"我想提请注意的是,在柏林已经成立了一个专门进行科学报道的中立机构[5](地址：普鲁士科学院由 Kerkhof 先生转交),该机构非常重通过随时交流保持自然科学刊物的更新。[6]欢迎并感谢提出任何相关建议。

Planck 同事并没有委托我写信特地告诉您这些,他只托我在适当的时候跟您谈及此事。(而我告诉您这些,只是为了避免您奇怪他为何没有亲自写信给您。)此外,我之所以现在告诉您这事,是因为 29 日的学术会议——我希望能在会上见到您——结束之后我就得马上回国,因为我的护照即将到期。

再次衷心地感谢您和您的夫人[7]让我与你们一起共度了那些难忘的时光,谨致衷心的问候。

A. 爱因斯坦

ALS(NeHR, Archief H. A. Lorentz). [16 510].

[1] 爱因斯坦当时可能就在 Lorentz 居住地哈勒姆。

[2] 选举爱因斯坦为阿姆斯特丹皇家科学院外籍院士的提议已在 1920 年 4 月 23 日的会议上通过(参见 1920 年 5 月 21 日 Pieter Zeeman 致爱因斯坦的信,文件 22,注释 5)。

[3] Lorentz 此前曾写信为他没能参加爱因斯坦 5 月 19 日的报告致歉(参见 1920 年 5 月 18 日 Hendrik A. Lorentz 致爱因斯坦的信;关于爱因斯坦的报告,参见文件 22,注释 1)。

[4] Max Planck。

[5] 国家自然科学报道中心(National Center for Reporting on the Natural Sciences)。其任务是，确保战争期间未能进入德国的科学论著至少在德国要有一个复本(参见 *Heilbron 1986*,p.89)。爱因斯坦曾参与解决有关问题，有关情况参见 *Einstein 1920b*(参见第七卷，文件 36 和它的注释 1)。

[6] Karl Kerkhof(1877—1945)做过关于 Geissler tubes 的研究(参见 *Kerkhof 1900*)，1918年创建了国家自然科学报道中心，并于 1920 年起担任其领导，还编辑出版了《研究与进步》(*Forschungen und Fortschritte*)。

1920 年 4 月 4 日，爱因斯坦在《新苏黎世报》(*Neue Zürcher Zeitung*)上发表了一篇短文，提议由普鲁士科学院(Prussian Academy of Sciences)组织进行学术文献交流，并认为它将会使前中央权力(the former Central Powers)受益(参见 *Einstein 1920b*[第七卷，文件 36])。关于引出这个建议的经济政治前提及相关倡议，参见其注释 1 和注释 2)。关于后来爱因斯坦在 4 月份就这一主题的进一步意见，参见爱因斯坦 1920 年 4 月 19 日致 Ulrich von Wilamowitz-Moellendorff 的信(第九卷，文件 379)和 1920 年 4 月 25 日爱因斯坦致 Julius Burghold 的信(第九卷，文件 396)。

[7] Aletta Lorentz-Kaiser(1858—1931)。

27. Max von Laue 来信

Zehlendorf,Albertinen 街 17 号,1920 年 5 月 22 日

亲爱的爱因斯坦：

由于我在我的 Stockholmer 之行以前再也不能见到你，而当我回来后又容易把那事儿忘记，所以我想现在就写信。前不久你曾说，我在我的书里(第 3 版第 51 页)对(时间定义)同步性定义的不矛盾性(Widerspruchsfreiheit der ⟨Zeitdefin⟩Synchronitätsdefintion)的证明，不充分。[1]在光来回经过每段路径的时间相同这一前提下，那或许是尽人皆知的。但这个前提或许并不是不言而喻的。

我现在对此问题又考虑了一下，尤其因为我不久就要推出第 4 版了。我对你的回答是：我在第 51 页只是谈了这样一种参考系，在此参考系中，光以相同的速度向所有方向传播，从而也沿同一路径的反方向传回。这在考虑有关问题之前已有清楚的表述，亦即在第 51 页的第 3 行。故此这种考虑或许还是不成问题的。[2]现在你说它是尽人皆知的。[2]这就是智力问题了；请原谅我在此问题上不将你看作寻常人。也就是说我想保留原来的有关章节。[3]

但愿我能在 6 月 9 日的讨论会上见到你。[4]对于广义相对论，我有几个很小并且可能很愚蠢的问题要请教你。

致以衷心的问候！

M. Laue 上

TLS.[16 024].

[1] *Laue 1919* 的第 51 页指出,对于置于相距为 1 的两地的同步时钟,时间信号由一地发出到另一地接收到,其间的时间差为 $1/c$。劳厄接着指出,可以通过观察相邻的多边形光路将该定义扩展至任意数量的时钟。

[2] 爱因斯坦在自己关于时钟同步性的出版物中,经常假定在两点之间光束或是信号传播所需要的时间在各个方向上是相同的。在他关于此话题的第一次讨论上(*Einstein 1905r*[第二卷,文件 23],第 893—第 894 页),他明确假定此释义可以扩展适用于多个时钟的情况。在稍后的版本中,并没有提到同步性问题(比如参见 *Einstein 1910a*[第三卷,文件 2],第 23—第 25 页;*Einstein 1911i*[第三卷,文件 17],第 8 页;《狭义相对论手稿》[第四卷,文件 1],第 38—第 39 页;以及 *Einstein 1915b*[第四卷,文件 21],第 709 页)。在最近的言论中,爱因斯坦又一次把同步性作为与光速恒定假设相联系的假设(见 *Einstein 1917i*[第六卷,文件 42],第 14—第 16 页)。

[3] 第 3 版和第 4 版上的有关内容完全相同(分别位于 *Laue 1919* 的第 51 页和 *Laue 1921* 的第 51 页)。

[4] 当指 Heinrich Rubens 的周三物理研讨会。

28. Carl H. Unthan 来信[1]

Charlottenburg 9,3 Linden Allee,1920 年 5 月 23 日圣灵降临节

尊敬的教授先生:

请您最善意地原谅我不得不再次占用您宝贵的时间,耽误了您去完成那些不可推卸的义务。我本不会这么大费周折地写信;可我最近有好些日子每天在打字机前坐了 12—14 小时,完成了用 5 种语言进行的共计 36 个对开页面的翻译。

我成为和平主义者已有很长时间。[2] 与和平主义之间的那种柏拉图式的关系在我看来是不够的。我曾竭力跟 Popert、Otto Ernst、Siemering 等人一起与 Fried、v. Gerlach. v. Ossietzki 及其他人渣进行过针锋相对的论战。那些人像狗一样卑鄙无耻且信口雌黄,无所不用其极地把战争的全部责任都推到我们身上。[3] 真相在当今只有通过斗争才能为大众所认识。不光 Viereck,[4] 还有我也在致力于促成这种认识。唯有认识才能通向和平主义。我们的理想——世界议会,[5] 只有通过艰苦的斗争才能实现。被动的理想主义于事无补。斗争和战争是实现和平的唯一途径。一旦目标实现,一旦创设了国际联盟和世界议会,就可以通过它们以民族为基础进行谈判,权衡各民族相互之间的利益,因为此外没有别的基础。我的和平主义最终不是要达成永久和平和狼与羊之间的兄弟情谊;我眼下的目标是消除各国和各民族之间的无政府状态。

谨致最崇高的敬意！

C. H. Unthan

TLS. [45 163]. Unthan 的电话号码打印在回复地址左边的称呼语上方："电话：Wilhelm 47 61。"

[1] Unthan(1848—1928)，杂耍艺人，出生时没有双臂。

[2] 在一封给 Unthan 的信中，爱因斯坦自称是一个致力于调解这个时代的仇恨的和平主义者。

[3] Hermann Popert(1871—1932)和 Otto Ernst(Schmidt)(1862—1929)是作家；Hertha Siemering(1883—1966)是一位主要以青年组织为题材的畅销书作家；Alfred H. Fried(1864—1921)是德国和平协会(Deutsche Friedensgesellschaft)创始人之一，和平主义刊物《和平哨所》(*Die Friedens-Warte*)的编辑，1911 年度诺贝尔和平奖得主；Hellmut von Gerlach(1866—1935)是记者，和平主义宣传代理人，战后成为德国和平协会的干事；Carl von Ossietzky(1889—1938)是主张和平主义的记者，《星期一的世界》(*Welt am Montag*)编辑，德国和平协会创始人之一，战后成为该会的干事。Unthan 误解了 Friedensgesellschaft，因为后者在给 Popert 的回复中曾公开且毫不含糊地宣称前德意志帝国政府对战争负有罪责，而普通德国百姓是无罪的(见 *Fried 1919*)。

[4] George Viereck(1884—1962)，生于德国，德裔美国诗人，作家，《美国月刊》(*American Monthly*)的编辑。

[5] 建立类似的国际组织和机构，是这个时期的和平运动的基本目标和策略之一(见 *Chickering 1975*)。

29. 致阿姆斯特丹皇家科学院

[莱顿,]1920 年 5 月 24 日

非常尊敬的秘书先生：[1]

在 5 月 21 日的信中，您通知我说，[2] 您的学会决定接收我为你们的成员，[3] 我非常感谢地接受你们的选择，并因能够成为这个学者圈中的一员而倍感幸福。多年以来的热情合作和深厚的友谊及高度的自尊感早已将我跟圈内的专业同行们联系在一起。

致以崇高的敬意！

您十分忠实的
A. 爱因斯坦

ALS(NeLR). [71 572]. 收件人的姓名打印在致敬语之上："致阿姆斯特丹皇家科学院"(An die königliche Akademie der Wissenschaften in Amsterdam)，还有一幅经稍微修改的草图[9 493]。

[1] Pieter Zeeman(1865—1943)是阿姆斯特丹大学(University of Amsterdam)物理系教授。

[2] Pieter Zeeman 致爱因斯坦的信，1920 年 5 月 21 日。

[3] 指该学会 1920 年 4 月 23 日的会议（见文件 22，注释 5）。

30. Elsa Einstein 来信

[柏林，1920 年 5 月 24 日]

亲爱的宝贝：

我总是先从报上获悉你的行踪，然后你的来信才会送到。而且报上老是这样说："来自海牙的私人电报告诉我们。"太夸张了！[1]令我高兴的是，你不会去哈雷了。去胡言乱语有何用处？你说服不了那种人的。[2]可 Schlick 和 Freundlich 是要去的，[3]那就让他们去好了。挪威的大学生们寄来了一份正式的邀请。[4]不用说，外交部会把你旅行所需的一切手续给你送来；你不必操心任何事。你将坐一等座从柏林出发。聘你为荷兰教授的事儿进展到哪一步了？[5]你现在置身于一个可笑的处境。Springer 出版社不得不挑灯夜战，[6]为了能在 5 日印完那篇讲稿。我不得不去烦扰了 Berliner。[7]现在已经印好了整整一版，花了几千马克。该你付这个账吗？这可真是一大笔钱呢。它根本就卖不掉，因为那个演讲你根本就没有作过。这可真是一件疯狂的事。你不得不承认。这事本来就很草率。我今天在 Haber 家待了很久，我跟他谈了关于你的一切事务。[8]每年都必须有这么一次。你知道，Haber 如今已经是我的一位好朋友了。我们能很好地相互理解，并有某种共同性：我们俩都一心只想着，该怎么做对你才是最好的。我们讨论了很多事。既然我青年时代的朋友送了你一包东西，那你就给她写几句好听的话答谢一下吧。[9]做得漂亮些，她会很高兴的。我求你把这事办了。你以为小提琴会那么快就能寄到莱顿？[10]信件会从一个地方到达另一个地方，可这对我的辩才毫无改变。要是我能把它作为我的小提琴送过边境该有多好啊。[11]我孩子般地期盼着你尽快回家，我几乎等不住了。亲密的吻！

你的
妻子

AKS。[143 313]。明信片上的收件人地址是"Professor Einstein Adr：Professor Ehrenfest Leiden in Holland Witte Rozen Straat，"，寄信人地址是"Abs：Einstein Haberlandstr. 5"，邮戳为"Berlin Wilmersdorf 24. 5. 20. 3—4N[achmittags]"。

[1] 访问荷兰期间，爱因斯坦跟 Ehrenfest 一家待在莱顿，到各科研机构会见了一些同行，还做过一次关于相对论的通俗演讲（见文件 17、19 和 25）。

[2] 爱因斯坦通知 Elsa 说他决定不参加于 5 月 29 日在哈雷举行的旨在讨论相对论哲学意义的"Als-

Ob"会议。

[3] Moritz Schlick；Erwin Freundlich。

[4] 可能指 1920 年 5 月 15 日来自 Klaus Hansen 的信件，在文件 43 中有提及；爱因斯坦问过 Elsa 是否收到他一封挪威寄来的手写邀请函（见文件 22）。

[5] 关于聘爱因斯坦为莱顿特聘教授的任命延迟一事，见简介第Ⅲ部分。

[6] 莱顿就职演讲的印刷事宜（*Einstein 1920j*［第七卷，文件 38］）。

[7] Arnold Berliner(1862—1942)，著有 *Die Naturwissenschaften*，由 Springer 出版社出版。

[8] Fritz Haber 参与了 1919 年为爱因斯坦加薪的事务，见 1919 年 8 月 3 日之后 Fritz Haber 致爱因斯坦的信（第九卷，文件 84），以及 1919 年 10 月 15 日爱因斯坦致 Mileva Einstein-Marić 的信（第九卷，文件 135），注释 4。

[9] 爱因斯坦 2 天前曾提及 Elsa 的朋友 L. Deng（见文件 25）。

[10] 打算送给 Paul Ehrenfest 的女儿们的两把小提琴中的一把在德荷边境被扣下了。

[11] Elsa 此前在小提琴问题上对爱因斯坦的批评，见文件 20。

31. Robert Fricke 来信[1]

Bad Harzburg，Lorenhöhe，［Braunschweig，Kaiser Wilh. 街 17 号］，1920 年 5 月 26 日

尊敬的同事先生：

作为德国数学协会的现任会长，我最近与瑙海姆会议第一部分的开幕式主席 Schönflies 就会议安排方面的问题达成了共识。[2] 我的提议如下：在星期四上午与数理物理学分部相连的第一部分会议上，应当为一些关于相对论的报告保留专用的时间。我确信，您会在将于星期一或星期二召开的自然科学大组的共同会议上发言。这并不会影响您周四在真正由专家组成的较小圈子里再次发言。除请求您，我也想同样请求 V. Laue, Hilbert, Sommerfeld, Weyl 及 Born 等各位先生参加。[3] 如果能成功组织当天上午的会议，我深信，那它将是这次大会的最大成就之一，从而能向全世界表明，即使处在一个如此不幸的时期，德国依然能在科学领域有所作为。

致以崇高的敬意！

R. Fricke 博士
枢密顾问

ALS．［43 725］。

[1] Fricke(1861—1930)，不伦瑞克科技大学(Technical University of Braunschweig)数学系教授。

[2] Arthur Schoenflies（1853—1928），法兰克福大学数学系的教授。他们讨论将于 1920 年 9 月 19 日至 25 日在巴德瑙海姆召开的"德国自然科学与医学学会"（Gesellschaft Deutscher Naturforscher und

Ärzte)第 86 次大会的准备工作。

[3] Max von Laue；David Hilbert；Arnold Sommerfeld；Hermann Weyl。Max Born 是法兰克福大学理论物理学院的教授。

32. 致 Elsa Einstein

[莱顿，]星期四，[1920 年 5 月 27 日]

亲爱的 Else：

在这里的旅居生活即将结束。[1]我在这儿过得很好，但我也很想回家并且我星期一就回来。哈雷的会我不管了。[2]我不会直接从这里去挪威，因为从这里出发可能比从柏林出发所需护照的办理难度更大。我手头没有任何书面材料。我也不知道，是谁邀请了我。[3]我在这儿任职的事仍然结果难料，同时却使同事们处境尴尬。演讲的事也悬而未决。[4]等下一次吧！遗憾的是，那把小提琴仍然还没送来。回柏林后我再从那边继续关注这事。[5]我很满意地看到，我不是这世界上唯一的一个马虎笨拙的人，这可真是对我的一份安慰。[6]明后两天我都会在阿姆斯特丹（在 Zeeman 家，并去已接纳我为其成员的那个学院[这事儿别说出去哦，以免又上了报纸]）。[7]星期日我们还会在乌得勒支的 Julius 家中奏乐。[8]然后就动身回家。Ilse 使我能一直了解最新的情况。可我很懒散。[9]

这里很好，但我这会儿就已很想念你们。

亲吻你的
阿耳伯特

代我问候 Ilse，Margot 和父母。[10]

AKS. [143 103]. 明信片上的收件人地址是"Frau Elsa Einstein Haberlandstr 5 Berlin"，寄信人地址是"Afzender：A. Einstein B. Prof. Ehrenfest"，邮戳为"Leiden 5 27. V. 1920 10V[oormiddag]"。

[1] 爱因斯坦自 5 月 7 日起就与 Ehrenfest 在一起（见文件 7）。

[2] 他取消了出席哈雷会议的计划，见文件 22。

[3] 显然他没有收到 Elsa Einstein 的明信片（见文件 30）。该明信片确认收到了一份来自挪威学生会的正式邀请函。

[4] 指的是爱因斯坦计划中的就职演讲，因他被荷兰教育部任命为特聘教授一事延误而搁置（见简介第Ⅲ部分）。

[5] 爱因斯坦的小提琴在德荷边境被扣下（见文件 30）。

[6] 此前被指不切实际和笨拙，参见 1920 年 4 月 7 日爱因斯坦致 Paul Ehrenfest 的信（见第九卷，文件 371）。

[7] Pieter Zeeman。指爱因斯坦被接纳为阿姆斯特丹皇家科学院外籍院士一事，参见文件29。原件就有方括号。

[8] Willem H. Julius。

[9] Ilse Einstein 是爱因斯坦的秘书。

[10] Ilse 和 Margot Einstein；Rudolf 和 Fanny Einstein。

33. 致 Ilse Einstein

［莱顿，1920年5月27日］

亲爱的 Ilse：

我真是个混蛋，你写来的那些信我一封都没有回，而且也极少给妈妈写信。[1]其实你是一个可爱而无可指责的开心果，[2]而不是你自己想象的那样。星期一我就能在上帝的帮助下回来了，然后我们就能谈谈我在这里没顾得上的所有事情了。今晚我在研讨会上跟一个相对论的反对者(不是反犹分子，因为他名叫 Pollag)打了一场口水仗。[3]替我向妈妈为我这段时间很少给她写信道歉——她也比以前更沉默了；但我希望而且很有信心地期待，她会亲口说很多事以弥补书面上的沉默。

吻你们三位！[4]

你们的
阿耳伯特

AKS.［122 757］.明信片上的收件人地址是"Frl. Ilse Einstein Haberlandstr. 5 Berlin"，寄件人地址是"Afzender：A. Einstein b. prof Ehrenfest Leiden"，邮戳为"Leiden 27. V. 1920. -1N[amiddag]"。

[1] Elsa Einstein。

[2] Ilse 一直在给爱因斯坦转寄邮件（见文件32）。

[3] Martin W. Polak。

[4] Elsa, Ilse 和 Margot Einstein。

34. 致 Heinrich Zangger

莱顿，［1920年5月27日］

亲爱的 Zangger：

我收到了您的两封来信,也收到了您转寄的 Enriques 那封纯属意大利式的激情洋溢的来信,[1]但没收到 Habicht 的信,所以我还不知道他目前的情况怎样。[2]我急于知道的是,Weyl 是否会去柏林;他那样做或许是不明智的,因为柏林会夺走便于他思考的安宁和快乐。或许格丁根就各方面而言都很适合他;当然苏黎世也适合他,要是他肯留在那儿。[3]

我本该得到这里的一个客座教授职位,为此每年需来待上三四周。于是我曾指望,能从这里寄给我妻子 2000 法郎。可现在这笔钱我只能从柏林寄出了,因为这里对我的任命迟迟未能下达。[4]我给 Albert 发了电报,让他干脆先向您借点钱。这笔钱我最迟会在两周之内还给您。对您的帮助先说声多谢了。[5]

您信中有许多地方我看不清楚,或许正是最重要的那些内容。用打字机或许要好些。

我在 Ehrenfest 家中度过了几周美妙的时光,也做了几次演讲,[6]还跟他、Lorentz 以及其他一些当地的物理学家有过许多学术探讨。

我很渴望见到我的孩子们,[7]但我还不知道,我什么时候才能再来苏黎世。

致以衷心的问候!

您的
爱因斯坦

AKSX.[80 813].明信片上收件人地址是"Herrn Prof. Dr. H. Zangger, Bergstr. Zürich",寄信人地址是"Abs. A. Einstein vom 1. Ⅵ an wieder in Berlin",邮戳为"Leiden 27. Ⅴ. 1920.[-1] N[amiddag]"。

[1] Federigo Enriques(1871—1946),博洛尼亚大学(University of Bologna)的投影和画法几何学教授。他将一封日期为 1920 年 4 月 20 日的信寄给了 Zangger 并要求将其转交爱因斯坦(见第九卷,文件384)。显然这封信是经柏林转到莱顿,然后才到达爱因斯坦手里的。

[2] Conrad Habicht(1876—1958)是爱因斯坦在瑞士大学时期的一位密友,是沙夫豪森州立学校(Schaffhausen Kantonsschule)的物理教师(参见第一卷,Habicht 传,第 382 页)。

[3] 格丁根大学邀请 Hermann Weyl 作为 Felix Klein 的继任者;Weyl 同时也在考虑柏林大学的邀请。他于 5 月的最后一周访问了柏林(见文件 38),显然是为了与当局讨论邀请事宜。Elsa Einstein 在柏林跟 Hermann Weyl 私下会面后,前几天提到"Weyl 正在犹豫到底是选择格丁根还是选择柏林"("Weyls schwanken, ob Göttingen, oder Berlin";见 1920 年 5 月 25 日 Elsa Einstein 致 Hedwig Born 的信[8 279. 8])。

[4] 由于德国马克对瑞士法郎贬值,从 1917 年中期起,爱因斯坦已经感觉到,仅靠他在德国的收入供养他住在瑞士的前妻 Mileva Einstein-Marić 和他们的两个儿子有些困难(见本书第八卷,文件 349a)。作为解决问题的可能办法之一,爱因斯坦于 1919 年 10 月建议他在瑞士的家人搬到德国(见爱因斯坦致 Mileva Einstein-Marić 的信,1919 年 10 月 15 日[第九卷,文件 135])。

任命爱因斯坦为莱顿大学客座教授一事被延宕,详见简介第Ⅲ部分。

[5] 根据离婚协议,爱因斯坦有义务每年支付 Mileva Einstein-Marić 8000 瑞士法郎(见《离婚协议》,[第八卷,文件 562])。1920 年初的冬月里,爱因斯坦的长子 Hans Albert 在 Zangger 家里膳宿(见爱因斯坦致 Hans Albert 及 Eduard Einstein 的信[第九卷,文件 360],注释 3);他也曾在 1917 年和 1918 年的部

分时间里跟他们一家待在一起(见1918年12月15日或22日爱因斯坦致Heinrich Zangger的信[第九卷,文件217],注释12)。

[6] 1920年5月19日上午,爱因斯坦在Paul Ehrenfest所在大学代替后者授了一次课(见 *Nieuwe Rotterdamsche Courant*,1920年5月20日,晚间版),同一天晚上,他向更多听众发表了演讲。

[7] Hans Albert 和 Eduard Einstein。

35. Hendrik A. Lorentz 来信

哈勒姆,1920年5月27日

亲爱的同事:

我必须再次告诉您——而且本应早些这么做——我由衷地感到无比高兴,您已是我们科学院的外籍成员。[1]我可以向您保证,我们所有成员都在分享这份快乐,并将您的当选视为不言而喻的事。[2]我希望我们能经常在会上见到您。可惜您这么快就要走了,而您就职演说的事还依旧悬而未决。[3]我非常抱歉,Onnes所做的种种努力未能促使政府加快办理此事。[4]要是这事是仅凭我们的权限就能做到的,那它早在2月10日就已完全办妥。[5]

致以衷心的问候并希望后天能见到您。[6]

您忠诚的
H. A. Lorentz

ALS(NeLR,Arch.55).[16 512].文件左边有活页夹所需的穿孔。

[1] 见文件29。

[2] 依据选举程序,见文件22,注释5。

[3] 爱因斯坦即将于5月31日离开荷兰(见文件33),因为教育部搁置了任命爱因斯坦为莱顿大学特聘教授一事(见简介第Ⅲ部分),他没能按计划在访问莱顿期间进行他的就职演说。

[4] 为促办此项任命,Kamerlingh Onnes 已经见过教育大臣(见简介第Ⅲ部分)。

[5] 大学校董会执行委员会已经决定在物理系增加一个特聘教授的席位,而且已经在1920年2月9日的会议上提名爱因斯坦(见1920年2月11日Hendrik A. Lorentz致爱因斯坦的信[第九卷,文件308])。

[6] 在阿姆斯特丹举行的皇家科学院会议上,爱因斯坦被聘为外籍院士(见文件25)。

36. Konrad Haenisch[1] 来信

柏林,1920年5月[28日][2]

致爱因斯坦教授博士:

您曾委托 Freundlich 博士先生于今年 5 月 5 日向我提交了报告，该报告涉及为您筹措和提供国家资金以促进您的研究一事，[3] 现在我恭敬地通知您：在 1919 年 12 月举行的第二和第三次关于 1919 年国家财政计划的商讨会上，普鲁士制宪大会做出如下决定："兹恳请州政府与帝国政府协商筹措资金，支持德国继续成功地与他国合作以拓展[您的]各种基础性发现，同时使（您本人）阿耳伯特·爱因斯坦能够开展进一步的研究（1612 号文件，第 233 段）。"我首先与普鲁士财政大臣先生取得了联系，[4] 以期与他共同促进此事并一起接近帝国政府。〈鉴于目前普遍的财政状况，可能获批的资金将无法在 1921 年的国家财政预算草案实施之前到位。〉此事今后的进展我将继续通知您。

TDft(GyBSA, I. HA, Rep, 76 Vc, Sekt. 1, Tit. 11, Teil 5c, Nr. 55, Bl. 44).［83 295］. 右边缘已裁剪。
　[1] Haenisch(1876—1925)，普鲁士教育大臣。
　[2] 文件上标注的日期即提交给 Haenisch 的日期。
　[3] 见年表和日程表。历史背景见 *Hentschel 1997*，第 49—第 51 页。
　[4] Hermann Lüdemann(1880—1959)。

37. Greti Moser 来信[1]

　　　　　　　　　　　　　　　Bad Wiesee,［巴伐利亚,］[1920 年][2] 5 月 28 日
尊敬的爱因斯坦教授先生：

　　我很惊讶地收到了从柏林寄来的您的相片，我经常想起那段美好的时光。在 Adolzreiter 街上，那两栋别墅依然像从前一样矗立着。就在不久前我还去那儿看了看；当然了，那个美丽的花园已经不在了。Maÿa Winteler 夫人[3]还好吧？我跟爱因斯坦夫人也是有通信往来的，战争期间我把她的地址弄丢了。然后我从 Elinger 先生那里听说，好心的夫人已经去世了。[4] Maÿa 夫人没有孩子吗？她还在 Lugano 吗[5]？她曾常常邀请我可我没去过，现在一切都丢失了。我会保存您的相片。我有一张两个孩子都在上面的照片。爱因斯坦夫人写信告诉我说，您的儿子曾经也是这个样子的。请允许我也向 Maÿa 夫人表示问候。也向尊夫人致以崇高的敬意。

　　　　　　　　　　　　　　　　　　　　　　　　　　　　　Greti Moser

ALS.［44 482］. 文件左边有活页装订机的穿孔。
　[1] Moser 曾经是爱因斯坦在慕尼黑的家的保姆（见 Helen Dukas 在原文题头部分的注释）。

[2] 年份参考 Pauline Einstein 的逝世。

[3] 爱因斯坦和他的妹妹 Maja 在慕尼黑 Adlzreiter 街 14 号的别墅里长大（见"Albert Einstein——*Beitrag für sein Lebensbild,*"第一卷, p. li, 注释 12；房屋和花园的图片见第一卷, 插图 6）。

[4] Pauline 于 1920 年 2 月 20 日去世。

[5] 应该是卢塞恩。

38. Paul Epstein 来信

苏黎世, Physik 街 6 号, 1920 年 5 月 30 日

十分尊敬的教授先生：

请允许我就 Edith 小姐的博士论文向您提几个问题。[1]Edith 小姐没有把事情完全做好；诚然, Meissner 生病致使她几个月来无法好好工作和学习。毫无疑问, Meissner 能成功康复,[2]这里面有她的一份功劳；但是，这方面的工作自然无法跟论文的进展互相促进，所以结果呢，直到现在她才完成了您已充分阐述过的那些计算。当然，事儿是做得不多，但总算做了些事。

此处我还想针对她按您的论述所做的几个注释[3]请求您给些解释。所涉及的问题是，每个横截面里都有些什么可以被视为常量。我们来看一下这个积分式 $m\iiint_{-\infty}^{+\infty} f(\xi,\eta,\zeta) \cdot \xi^2 \mathrm{d}\xi\mathrm{d}\eta\mathrm{d}\zeta$，亦即该公式给出了通过与 x 轴垂直的单位面积上的冲量。[4]我们取一个平行平面，如果碰撞满足力学定律，那么两平面之间就不会产生冲量，并且在稳定状态下这个冲量必定通过第二平面的单位面积传递到下一平面。如果我对 Edith 小姐的理解没错的话，她把另一个数值看成了常量，（如果我们用 σ_{xx} 来表示）亦即 $\sigma_{xx} - \frac{1}{3}(\sigma_{xx}+\sigma_{yy}+\sigma_{zz})$。据我所见，这就意味着括号中的数值为常数，而这又跟 σ_{xx} 必须为常数的要求相悖。在流体动力学和弹性理论中，要求这个量恒定不变，但是在那种情况下，由温度梯度产生的影响根本没有考虑在内。

我很清楚，我最近有点思维紊乱：似乎我在苏黎世这里无法摆脱的神经紧张已经影响到我的大脑，并妨碍了我集中注意力的能力。因此很有可能的是，我写的这些都是胡言乱语，我请您就不要继续看后一种情况下的问题了，因为它们全都基于前面的思路。因为如果 σ_{xx} 是常数，读者可能就要问，为什么我们只引入了三个次要条件：数值常量，能量 $= \frac{kT}{2}$（或者精确一些：$\frac{\mathrm{d}U}{T} = \mathrm{d}s$），能量流 $= \varphi_x$，而没有再给出那个可以进一步修正函数形式 $f(\xi,\eta,\zeta)$ 的第 4 个条件：$\sigma_{xx} = $ 常

量?[5]原因显然在于系统的状态已经完全被那些属性所确定,但或许 Edith 小姐对此还应有所阐述才行。就现状而言,虽然我们可以通过适当地选择密度分布得出是常数这一结论,但是并不是每个人都确信这个结论是正确的。完整的理论应该必须能从一个常量出发得出诸如温度、密度等全部属性。可是,恐怕 Edith 小姐并没有完成这项任务,我认为在这里多加一个常数的阐释,会使这个问题变得似是而非。

可是,如果用有界限范围的宽度去代替单面又会出现什么情况呢?通常意义上讲,由于面与面之间不均衡,若干面之间的熵当然不能累加。但是可以将面与面之间引入的微分量沿着温度进行积分,求出热量之和:

$$\mathrm{d}Q = \sum \mathrm{d}Q_n \,;\, T\mathrm{d}S = \sum T_n \mathrm{d}S_n$$

在我看来,把每个面的相应温度与 Boltzmann 常数 H 相乘并综合所有平面才可以获得正确的极小值原理[6]:

$$\int \mathrm{d}x \int T(f\log f - f)\mathrm{d}\xi \mathrm{d}\eta \mathrm{d}\zeta = 最小值$$

优点是密度分布可以直接获得。但即使您对此建议表示赞同,我也不会推荐给 Edith 小姐,因为这会需要很长时间,而且她必须最终完成。[7]

这个学期我主讲"边界值问题"(Randwertprobleme),或者换句话说,偏微分方程,学生们很有兴趣地勤奋学习,对此我很满意。[8]遗憾的是,我可能无法亲自采摘这门课程的胜利果实了,因为如果所有迹象都是真的,那么这很有可能是我在 Zürich 的最后一个学期了。[9]

Meyer 和 Weyl 之前去了德国,前天回来的。您可能在柏林跟 Weyl 谈过话了;[10]Meyer 在 Tübingen,他休息得很好,但却被大学里的反动精神惊吓到了。[11]

最近我给精神病学家们做过几场关于相对论的通俗的报告。值得注意的是,为什么恰好是这些人对于相对论格外有兴趣?最有趣的是 Bleuler,[12]他正试图刨根问底呢。

致以崇敬的问候!

您非常忠实的
Paul Epstein

ALS. [10 558].

[1] 一年前,Edith Einstein 就她有关辐射计理论的论文向 Paul Epstein(1883—1966)求助,此论文题目是爱因斯坦推荐给她的(见 1919 年 4 月 29 日 Edith Einstein 致爱因斯坦的信[第九卷,文件 31]),以及 1919 年 5 月 2 日 Paul Epstein 致爱因斯坦的信([第九卷,文件 32])。

[2] 或许是 Janka Meissner,Edith Einstein 和她共住一间公寓(见第九卷,文件 31)。

［3］爱因斯坦试图重新整理他在 1920 年 6 月 4 日的回复（见文件 42）中为 Edith Einstein 写的东西。

［4］该积分式是记为 σ_{xx} 的压力张量的 xx 组分；$f(\xi,\eta,\zeta)\mathrm{d}\xi\mathrm{d}\eta\mathrm{d}\zeta$ 是分子的速度分量在区间 ξ,η,ζ 到 $+\mathrm{d}\xi,\eta+\mathrm{d}\eta,\zeta+\mathrm{d}\zeta$ 的概率值。Edith Einstein 的博士论文的研究目的，旨在更现代更广泛地处理 Maxwell 的辐射计理论(Maxwell 1879)。此理论的更多历史背景参见 1919 年 4 月 29 日 Edith Einstein 致爱因斯坦的信（第九卷，文件 31），注释 4 以及 1919 年 5 月 2 日 Paul Epstein 致爱因斯坦的信（第九卷，文件 32），注释 6，也可以参见 Brush 1976 和 Woodruff 1968。

［5］在 Edith Einstein 的定稿(Einstein, E. 1922)上，除了这里给出的三个条件外，第四个条件是：气体没有流动或者气体中没有物质传送。这里使用的符号中，U 表示气体内能，S 表示熵。

［6］Boltzmann H 函数被定义为 $\int f\log f\mathrm{d}\xi\mathrm{d}\eta\mathrm{d}\zeta$。相关的 H 定理表明这个量从不增加；因此，它被解释为成比例的负熵。

［7］事实上，Einstein, E. 1922 采纳了 Epstein 的建议，确实是以基于 Boltzmann H 函数的计算开篇。

［8］Edgar Meyer 提议 Paul Epstein 以编外讲师的身份于 1920 年夏季学期在数学物理学方向开设 4 节关于边界值问题的课程（见 1920 年 5 月 22 日 Hans Wehrli, Dekan 致苏黎世教育理事会的信，SzZSA, U 110d . 2 [121]）。

［9］1920 年 3 月 4 日，苏黎世大学哲学Ⅱ系投票否决了任命 Epstein 为特别教授的提议（见 1920 年 3 月 1 日爱因斯坦致 Paul Ehrenfest 的信[第九卷，文件 347]，注释 11）。但是，教育部大学委员会撤销了该系的决定，理由是：是否有必要增设教授席位的问题还没有足够的论证。委员会同意该系考虑的三个候选人排序应该为 Epstein, Franz Tank 和 Simon Ratnowsky，但是就目前状况做出结论是：还不能明确提出建议。1920 年 5 月 25 日，委员会决定再次向该系表态，3 月 16 日给出的关于补充理论物理学教授席位的建议还需要进一步研究，并给出了一个新的建议（见 1920 年 3 月 16 日 Alfred Wolfer, Dekan 致苏黎世教育理事会的信，SzZSa, U 110a；以及 1920 年 6 月 3 日苏黎世教育理事会会议纪要摘录，SzZSa, U 110a）。

除了悬而未决的教授席位问题外，Epstein 对于继续留在苏黎世也表示很悲观，因为由他来讲授边界值问题课程的建议是在学期开始之后才提交上去的（见 1920 年 5 月 22 日 Hans Wehrli, Dekan 致苏黎世教育理事会的信，SzZSA, U 110d . 2 [121]）。

Epstein 已被 Hendrik A. Lorentz 和 Paul Ehrenfest 邀请从 1920 年 9 月 1 日开始去做他们的为期一年的带薪助手（见 1920 年 3 月 10 日 Paul Ehrenfest 致爱因斯坦的信[第九卷，文件 347]）。

［10］Hermann Weyl 在柏林的时候拜访过爱因斯坦，他显然是为与他协商去柏林大学的邀请而去的（见文件 34）。

［11］Edgar Meyer。

［12］Eugen Bleuler(1857—1939)是苏黎世大学精神病医院的主任。

39. Anton Lampa 来信[1]

Hadersdorf-Weidlingen，1920 年 5 月 30 日

亲爱的爱因斯坦先生：

关于 Schubert-Soldern 我跟与您很熟的 Kelle 局长已经谈过了，[2] 他现在不

光管着高校,而且还像您以前在奥地利的时候一样管着中学。[3]他对 Schubert-Soldern 的情况知道得很详细,根本就不需要我作介绍他就说道:他 68 岁,他在他以前工作过的 Görz,现在属于在南斯拉夫复职,新的职务是不可能得到的,两年后退休的工资由奥地利支付,但在这之前的工资由南斯拉夫支付。[4]按照这样的情况所作的规定他得到的是所谓的"补贴",如他自己在信中所说的那样,补贴由奥地利支付。[5]这是奥地利唯一能做的了,这样从总体来看很多,但从单个来看是很少的。我在萨克森(Sachsen)或者称莱比锡(Leipzig)没有任何关系,所以我根本不知道对于这样的情况能提出什么建议。[6]我正忙于处理一个在某些关系方面很相似的,一连串由做与不做等引起的乱七八糟的事情。现在的境况相当困难,之所以这么困难是因为人们不知道按期抗诉被拒绝的申请通知。我坦率地说,让 Schubert-Soldern 参加一些文学写作方面的工作还可能对他有所帮助。现在有一个 Fritz Beer 博士,他是从数学家的队伍转到电子技术方面来的,留在"Urania"6 作很轰动的有关相对论的演讲(基于我关于相对论的阐述),并且这个演讲被印成薄薄的小册子公开发行,费用是 20K(!)。仅过了 14 天马上又发行了第 2 版(第 3 和第 4 版又发行了上千册)。[7]如果 Sch. S. 能写一本用哲学的原理去分析相对论的小册子(前提是,您认为他有这个能力并且支持他),那么他在您的推荐下就很容易找到一个出版商,他因此就可以有一些收入了。同样也可以考虑让他为报纸的副刊写一些短文章,所有这些,其前提是他写的东西能够引起轰动。

您的来信[8]让我感到十分高兴,您可以想象得到,您的结论对于我有多大的价值,在此我向您表示由衷的感谢。但我也很遗憾,因为我目前以及将来一段时间都没有机会与您见面。您也许会认为,我如果能利用去布拉格的机会则更好。但很遗憾,这也是不可能的。您的想法的弦外之音当时我就明白了。因此您去布拉格谋职具有试验性目的。[9]不过,当时我和您的想法不一致,因为我在设法用我认可的理论和想法去理解您的想法——这也许刚好就显示出一个只会循规蹈矩的考虑问题的方式,与您有巨大差异。其实就是这样的。我,或者说我们,很难在讨论中找到或者得出结论。任其自然吧——我必须找到属于自己的路。

我们这儿听说,您要到莱顿去,还听说您要到苏黎世。我太遗憾了,为德国,为 Planck 还有 Lise Meitner。[10]

致以衷心的问候。

您的

Lampa

ALS.[15 054].在文件的左边缘有许多用于可拆卸的活页夹的针孔。

[1] Lampa（1868—1938）是奥地利教育部（Unterrichtsamt）普通教育（Referent für Volksbildungswesen）的负责人。

[2] 在绝望的个人处境下，Richard von Schubert-Soldern 曾向爱因斯坦寻求帮助（见 1920 年 4 月 20 日 Richard von Schubert-Soldern 寄给爱因斯坦的信[第九卷，文件 385]）。爱因斯坦将这封信转寄给了 Lampa，询问他能否为 Schubert-Soldern 做点什么（见 1920 年 4 月 20 日至 5 月 12 日爱因斯坦寄给 Anton Lampa 的信[第九卷，文件 387]）。

[3] Karl Kelle。1911 年至 1912 年期间，爱因斯坦曾在布拉格德文大学担任过三个学期的教授。

[4] 根据 1919 年签署的、1920 年 7 月 16 日正式生效的圣日耳曼昂莱条约，Görz(Gorizia)地区被奥地利割让给意大利。

[5] Schubert-Soldern 正在接受一笔微小的奥地利退休金，这笔退休金是对他在 Görz 的德国大学预科长达 20 年的教授生涯的嘉奖（见 1920 年 4 月 20 日 Richard von Schubert-Soldern 寄给爱因斯坦的信[第九卷，文件 385]）。

[6] 在去 Görz 之前，1882 年至 1898 年 Schubert-Soldern 在莱比锡大学教授哲学（见 1920 年 4 月 20 日 Richard von Schubert-Soldern 寄给爱因斯坦的信[第九卷，文件 385]）。

[7] *Beer 1920*。事实上，1920 年出版的未经改动的第五版，也有一个注明"1920 年 9 月"的序言。

[8] 可能在这封丢失的针对 1920 年 3 月 3 日 Lampa[第九卷，文件 338]来信的回复中，爱因斯坦可能对 Lampa 寄给他的两篇简短的论文进行了点评（*Lampa 1918* 和 *1919*）。

[9] Lampa 于 1909 年已经是布拉格德文大学的教授，1911 年他还支持爱因斯坦成为布拉格全职教授。对他们各自任命的历史记录详见 *Kleinert 1975*。

[10] Max Planck；Meitner(1878—1968)是柏林大学的物理学教授，也是研究物理化学和电子化学的 Kaiser Wilhelm 研究所物理室的负责人。

40. Adriaan D. Fokker 来信[1]

Arosa，1920 年 6 月 2 日

亲爱的教授先生：

我要最衷心地祝贺您成为阿姆斯特丹科学院的院士。[2]我希望，您能从中获得很多令人愉快的东西，并能跟我们的国家有经常的、很频繁的往来。我很乐于看到，您和 Rutherford 同时入选[3]：您和他都属于曾在物理学上给了我强大激励的那些人，给我带来了做物理研究的强劲动力，而这种激励帮助我在我服兵役期间保持了研究兴趣。[4]

不久以后，我希望能带着我的妻子到荷兰待上一个夏天和秋天，不过不敢奢望您那时还在那里。[5]

今天我从《哲学杂志》(*Phil. Mag.*)上读到了 Majorana 的一篇谈他的实验的那篇文章。该实验表明，当一个 1 kg 重的铅球置于 100 kg 的汞里面时，它会

变轻。[6] 我相信实验性错误肯定能被发现：单是汞的移位都能造成地面的明显变形。不管怎么说，至少可以怀疑，这样的情况是否可能？一个无限小的测试物的下落加速度，难道跟一个足以影响重力场的有限重物体的加速度相同吗？是更大还是更小？我不能马上给出答案。

我当然还有很多问题要问。尤其是对于您所理解的惯性的相对性的论证，我还是觉得像谜一样难解。[7] 不过让您来处理我这类问题，或许会让您很无聊。您本可以更好地利用您的时间。所以我今天就不多问了。

您准备什么时候请一位杰出的实验学家来为我们演示一下，运动的钟比静止的钟走得慢，或者移动原子的辐射波长比静止原子的更接近红光？令人几乎难以接受的是，相对论至今仍然不得不跛行：Michelson 的 Lorentz 收缩。虽然电子的惯性质量已经经受住了考验，[8] 但 Michelson 实验的真正诠释，还有对理论基础的补充，都仍然空缺着。我已就此问题给 Guye 和 Rutherford 写过信，[9] 但您真的也应该朝那个方向努力！！获得实验上的证明，这不是不可能的！！

我很希望我们到荷兰的时候还能见到您。但愿能再见！！

致以最衷心的问候！

您最忠实的
A. D. Fokker

288　TLS. [11 037].

[1] Adriaan D. Fokker(1887—1972)，莱顿大学的理论物理讲师。

[2] 1920 年 5 月 29 日，爱因斯坦成为阿姆斯特丹皇家科学院外籍院士（其当选情况见文件 35）。为此，身为院长的 Hendrik A. Lorentz 向他表示："我们对您的工作甚为景仰，由此您跻身于所有时期的所有物理学家中的佼佼者之列。我们珍视罕见又敏锐的天才，简言之，您成功地迫使自然解开它仍未被别人发现的秘密。"(*Nieuwe Rotterdamsche Courant*，1920 年 5 月 30 日，早间版）。Willem Julius 进一步出版了有关此次会议的 *Julius and Cittert 1920*（见文件 8）。

[3] Ernest Rutherford(1871—1937)，剑桥大学 Cavendish 实验物理学教授。

[4] 1913 年至 1914 年间，Fokker 已跟爱因斯坦在苏黎世有过合作，并曾在 Manchester 跟 Rutherford 一起度过了 1914 年的夏季。之后他应征入伍，在荷兰军中服役至 1917 年。

[5] Margaretha Fokker-Kessler；Fokker 待在瑞士 Arosa 的一家疗养院里治疗肺结核（见 1919 年 7 月 26 日 Adriaan D. Fokker 致爱因斯坦的信[第九卷，文件 75]）。

[6] *Majorana 1920a*。Quirino Majorana(1871—1957)，Turin 科技大学物理学教授。他使用精密天平测量了铅球在放入大量汞液前后的质量。Majorana 声称，放入汞液后的铅球变轻了，这说明地球引力在透过汞液作用于铅球时有所减小。关于这些实验及其被科学界接受的情况，参见 *Martins 1999*。

[7] Fokker 已与爱因斯坦通过信，就其对爱因斯坦此前一年整理的 Mach 原理的学习情况进行了交流（见 1919 年 7 月 26 日 Adriaan D. Fokker 致爱因斯坦的信[第九卷，文件 75]，以及 1919 年 7 月 30 日爱因斯坦致 Adriaan D. Fokker 的信）。

[8] 事实上，1 月份时爱因斯坦已就此问题（利用狭义相对论预测横向 Doppler 频移）向格丁根的物理

学家 Rausch von Traubenberg 提出建议(见 1920 年 1 月 12 日爱因斯坦致 Heinrich Rausch von Traubenberg 的信[第九卷,文件 257])。后者正在做高速阳极射线的实验演示。Fokker 本人对于电子惯性质量测定实验的评价见 *Fokker 1918*。

[9] Charles-Eugène Guye(1866—1942),日内瓦大学的物理学教授。

41. 致 Hans Vaihinger

柏林,1920 年 6 月 3 日

非常尊敬的同事先生:

由于我当选为阿姆斯特丹科学院的成员,[1]我不得不待在阿姆斯特丹参加 5 月 29 日的会议,所以很遗憾我未能参加那场一定很有意义的"Als-Ob"会议。[2]

您打算出版一期《爱因斯坦专刊》的想法让我感到很窘迫。或许该把它献给相对论理论,而非我个人。您加在我身上的那么高度的评价对于一个依然活着的人而言实在是沉重的负担。我未能在莱顿做演讲,也没有手稿,所以也不能出版它。[3]如要要专门另写一篇文章,我完全没有时间。而我想告诉您的是,汉堡的 Cassirer 教授写好了一篇关于相对论理论的非常有趣的文章,它从哲学角度审视相对论,尚未发表。[4]

致以崇高的敬意!

您非常忠实的

TLC. [23 129]. 地址打印在称呼语之上:"Herrn Geh.-Rat Prof. Dr. Vaihinger Halle a/S."Ilse Einstein 手里有这封信的草稿,也是现成可使用的[23 131]。

[1] 关于这次选举见文件 35,会议见前面 5 月 29 日的文件。

[2] Kant Society 从 1914 年开始举行一年一度的会议。1920 年在哈雷召开的会议上,大约有 250 位来自德国和中立国的会员或客人出席。在会上,Arthur Liebert 是唯一在发言中提及相对论为新康德主义带来了挑战的学者(*Liebert 1920*)。Hans Vaihinger 于 5 月 29 日组织了一次特别会议专门讨论他的"Als-Ob 哲学",并因此被称作"Als-Ob"会议。爱因斯坦的相对论是这次会议的一个中心论题(关于这次会议的报道见 *Schmidt, R. 1921* 以及 *Annalen der Philosophie 2*(1921)第 333—500 页,更多重要的演讲见已编辑的文本)。

Vaihinger 曾邀请爱因斯坦出席这次"Als-Ob"会议,而且起初爱因斯坦接受了邀请(见 Hans Vaihinger 致爱因斯坦的信,1920 年 4 月 4 日[第九卷,文件 367],以及 1920 年 4 月 12 日[第九卷的年表和日程表])。但是 Paul Ehrenfest,Max Wertheimer 以及 Elsa Einstein 极力劝说爱因斯坦不要出席该会议(见文件 16 及 23,尤其注释 2)。更多关于此次会议的历史争论见 *Hentschel 1990*,sec. 3.4.2。

[3] 一周以前,Vaihinger 表示有兴趣出版爱因斯坦刊在 *Annalen der Philosophie* 上的演讲,作为打

算专门为爱因斯坦推出的专刊的一部分(见年表和日程表中 1920 年 5 月 23 日 Hans Vaihinger 致爱因斯坦的信)。

[4] Ernst Cassirer 的文章出版为 *Cassirer 1921*。爱因斯坦在 Cassirer 的请求下读过其手稿(见文件 44)。

42. 致 Paul Epstein

[柏林,]1920 年 6 月 4 日

亲爱的同事：

一阵逃离苏黎世的需求就像瘟疫一样渗透了人心。[1]太令人遗憾了,苏黎世人本该表现出应有的能力和良好的意愿,去好好地利用那段有利的时间去促进他们的高校。但愿您能得到早就应该属于您的那个教授席位；据我所知,此事有若干可能性。[2]但无论何种,即使其他一切可能性都没了,您还是至少可以在莱顿过一段很舒适的临时生活,它能确保您可以在那里无忧无虑地等待。这是 Ehrenfest 告诉我的。[3]

由于已记不太清我当时写给 Edith 的东西,[4]我没能理解您的评论。在我看来也确实可以把

$$m \iiint f \cdot \xi_\mu \xi_\nu \cdot d\xi_1 d\xi_2 d\xi_3 = T_{\mu\nu}$$

理解为压力张量(或冲量张量)的组成部分,从而它在定态情况下必定为

$$\sum_{\nu=1-3} \frac{\partial T_{\mu\nu}}{\partial x_\nu} = 0$$

否则就违背了动量守恒定律。[5]

在进行变化的过程中,绝不可以将 T_{11} 视为给定的。[6]需用变分原理予以回答的问题如下：

在给定密度和能量的静态气体中,已知同样状态的气体以给定热流传输时,最有可能的速度分布是什么呢?[7]这产生了压力的各向异性。一旦获得了这个分布,就能得到可以用来解决问题的 $T_{\mu\nu}$。您知道,通过方程 $3kT = \overline{\xi_1^2 + \xi_2^2 + \xi_3^2}$ 可以随意定义温度。

其令人不无怀疑的方法自然就在于引入了一个任意的假说(最有可能的是给定能流的分布),而不是通过统计力学里的严密计算来确定各向异性对气体运动不均匀的依赖性。[8]但是我深信,通过事后对这种方法的结果进行严密的分析,其正确性最终是可以得到证明的。

我已经不记得我当时给 Edith 写了什么，当然也可能因某种原因，我在最后的考虑中出现过错误，我现在还清晰记得的东西已经很少。不过，我会用下面的方法继续：

平行于 x 轴的热流，其最终结果是可变参数（T 为绝对温度）：

$$\left.\begin{aligned} T_{xx} &= \alpha + \beta \left(\frac{\partial T}{\partial x}\right)^2 \\ T_{yy} &= \alpha + \gamma \left(\frac{\partial T}{\partial x}\right)^2 \end{aligned}\right\} (1)$$

此时的 α, β, γ 不包含 $\frac{\partial T}{\partial x_\nu}$。此外，会变得普遍的是：

$$T_{\mu\nu} = A\delta_{\mu\nu} + B\frac{\partial T}{\partial x_\mu}\frac{\partial T}{\partial x_\nu} + C\mathrm{grad}^2 T \delta_{\mu\nu} \quad (2)$$

由（1）和（2）可得：

$$A = \alpha$$
$$B + C = \beta$$
$$C = \gamma$$

由此得出压力张量。

顺便指出，明显可知，含有温度对位移的二阶导数 $\left(\frac{\partial^2 T}{\partial x_\mu \partial x_\nu}\right)$ 的压力张量是解不出这个结果的。

〈写到这里，我突然对整个理论有了新的想法。路径长度没有出现在公式里，而是，例如 $T_{xx} - T_{yy}$，必须用一个形如 $\kappa \mathrm{grad}^2 T$ 的公式来表示，这里 κ 仅依赖于分子质量 m，温度 T 以及分子密度 n。在合适的量级里面，κ 的计算形如 $\frac{1}{能量 \cdot 长度}$。〉

真荒唐：当然还要考虑能流啊！这才是对的。[9]

请给 Edith 一点压力，好让她把事儿做完。特别是，她应该计算一个例子，直至得到一个数值结果并尽可能达到实验上可验证的水平。我相信，她是被别的事给耽误了，感谢您对她的保护。[10] 替我向她问好。

向您和在苏黎世的其他物理学界的朋友们致以最衷心的问候！

您的
A. 爱因斯坦

ALS(CPIT, Paul Epstein Papers). [76 428].

　　[1] 显然指接受柏林大学和格丁根大学邀请的 Hermann Weyl 和在蒂宾根大学访问的 Edgar Meyer（分别参见文件 34 和 38）。

［2］更多关于 Epstein 在苏黎世的窘况，请参见文件 38，注释 9。

［3］显然，爱因斯坦 5 月在荷兰待了两周。几个月以前，Paul Ehrenfest 已经告知爱因斯坦，他和 Hendrik A. Lorentz 已经给 Epstein 提供了一个为期一年的岗位（见 1920 年 3 月 10 日 Paul Ehrenfest 致爱因斯坦的信［第九卷，文件 347］）。

［4］一周前，Epstein 请求爱因斯坦给他明确的指导意见。在 Edith Einstein 向他求助之前，爱因斯坦就已经把这些内容告诉 Edith Einstein 了（见文件 38）。

［5］文件 38 里，Epstein 坦白承认不知道怎样精确描述动量守恒的条件。

［6］或许是指 Epstein 在信件中表达的，他更倾向于将动量守恒描述为压力张量 xx 部分的一个条件（Epstein 用符号表示，爱因斯坦用 T_{11} 表示）。

［7］原文此处，爱因斯坦在纸张下面追加了一条注释："Hieraus ergibt sich dann die Druck-Anisotropie."（其结果是压力的各向异性。）在 Maxwell 1879 里，Maxwell 极力避免通过分子间相互作用模型来计算气体中的分子速率分布。爱因斯坦建议说，这个计算或许更能显示出在受热不均匀的分子里，应力或压力各向异性是怎么产生的。这也是 Maxwell 的文章的主要目的。

［8］爱因斯坦建议处理 Maxwell 1879 的主要计算结果，但并不是借鉴 Maxwell 的观点：Crookes 辐射计效应其实肯定是由压力各向异性产生的边缘效应，而并不仅仅是作用在整个叶片表面的压力的作用结果。在 Edith Einstein 发表的论文（Einstein E. 1922）里，Epstein 建议寻求 Boltzmann H 函数的最小值以便计算出符合爱因斯坦"任意假说"的气体分布（见文件 38）。

［9］爱因斯坦提醒自己，表达式 $T_{xx}-T_{yy}$ 必然要加入诸如上面等式(1)中给出的关系，温度的一阶导数代表的是由分子平均自由路径所决定的热流。路径长度在辐射效应的讨论中至关重要，当分子平均自由路径比叶片或是容器的尺寸大时（例如在超低压下），辐射效应会有完全不同的特征。

［10］在文件 38 中，Epstein 指出 Edith 因照顾她生病的室友而分心。

43. 致 Klaus Hansen[1]

柏林，W. 30，Haberland 街 5 号，1920 年 6 月 4 日

尊敬的先生：

我从荷兰回来后，收到了您 5 月 15 日的来信。[2]我正准备出门旅行并希望您传来更详细的信息。因为我有些过度劳累，所以如果能让我的继女兼秘书 Ilse Einstein 同行，我将会感到轻松许多。[3]为了不让您多花任何一分钱，我请求您买二等舱的票；我对舒适与否毫不介意，因此可以给我安排一家非常简单的旅馆住宿（小房间就行了）。也请您帮我们申请挪威的入境许可并在我和我女儿的挪威签证办妥之后，尽快通知我。一旦有了旅行所需的全部手续，我会立即动身。[4]

致以崇高的敬意！

A. 爱因斯坦

TLS(NyOA, Justitsdepartementet. Sentralpasskontoret. Daa Journalsaker. 0058 Journalsaker 1920 4375—4800 Saksnr. 4438).[86 719].信件头部和底部的行政注记从略。

[1] Klaus Hansen(1895—1971),克里斯蒂安尼亚大学医学院的学生,挪威学生联合会的副主席。

[2] Elsa Einstein 在文件 30 中通知爱因斯坦,已收到挪威学生会发来的正式邀请函。

[3] 起初他请 Elsa Einstein 跟他一起去挪威(见 1920 年 5 月 25 日 Elsa Einstein 致 Hedwig Born 的信[8 279.8]),但 Elsa 自己不想去,而是主张让 Ilse Einstein 去(见 1920 年 6 月 3 日 Elsa Einstein 致 Hedwig Born 的信[8 256])。

[4] 爱因斯坦在文件 22 中表达了他对是否能按时获得签证的担忧。

44. 致 Ernst Cassirer

柏林,1920 年 6 月 5 日

十分尊敬的同事先生:

我怀着极大的兴趣深入研读了您的论文,并首先惊叹于您对相对论理论的精髓把握得如此准确。[1]对于我不完全赞同的观点,我在相应的页边作了批注。比如说,就时空问题方面的康德与牛顿的关系而言,我不能赞同您的观点。[2]为了揭示加速度的真正含义,牛顿理论要求绝对的(客观的)空间,而康德看起来并没有这种要求。

您在时空概念上的理想主义思维方式我能理解,而且我也相信,可以由此达到一个没有矛盾的观点。在我这个非哲学家看来,哲学上那些矛盾显得更像是因所强调的重点不同而产生的矛盾,而不是什么原则性的矛盾。被 Mach 称作联系(Verknüpfung)的那些东西,对您而言就是首先可以使经验成为可能的那些理想的名词(die ideellen Namen)。[3]但您更强调认识的这一方面,而 Mach 则要让它尽可能地显得微不足道。我承认,必须借助某些概念性的功能人们才能接近各种体验,以便让科学成为可能;但我不认为,在这些功能的选择上我们是囿于我们的智力的秉性而被迫做出的选择。这在我看来极其重要,虽说我们常常优先把纯概念上的关系在思想上孤立起来,以便让那些在逻辑上得到了保障的内在关联得以更加纯粹地呈现出来。若将 ds 诠释为可以借助精确测量量杆和时钟以完全确定的方式获得的测量结果,那么广义相对论肯定地要成为物理理论。[4]

我认为,您的论文很适合于澄清哲学家们关于物理上的相对性问题的思想和认识。

谨致以最美好的问候!

TLC.[8 386].收件人的名字用打字机打在问候语之上:"Hrerrn Prof. Dr. Ernst Cassirer Hamburg。"

[1] 一个月前,Cassirer 写信给爱因斯坦,说他会寄去一份手稿请他点评,据推测是 *Cassirer 1921*(见文件11)。

[2] *Cassirer 1921* 的第83页,强调了康德的卓越在于其影响:绝对空间本身不能被视为实体,而是对我们智力的一种理想的指引。

[3] 在 *Cassirer 1921* 的出版稿中,术语"ideelle Namen"未被使用。

[4] Cassirer 在其对相对论的康德式解释中声称,一个先验的空间(和时间)蕴涵于线元,而不会影响对空间结构的任何具体要求,但其先决条件是"空间性和时间性的形式与功能本身"("die Form und Funktion der Räumlichkeit und Zeitlichkeit überhaupt";*Cassirer 1921*,第86页以及第101页)。

爱因斯坦坚持把线元解释为物理上可量测的对象,这也反映出了他对 Hermann Weyl 将广义相对论的几何概括(此概括指出,ds 的绝对值沿着平行移动的路径不可再积分)的批驳。关于爱因斯坦用来反驳 Weyl 的"测量杆缺陷"("Maβstab-Einwand")见 *Einstein 1918g*(第七卷,文件8)。

有关 Cassirer 对相对论的接受的更多讨论见 *Ryckman 2005*,尤其是第2章。

45. Adolf Smekal 来信[1]

维也纳,1920年6月5日

非常尊敬的教授:

也许您还记得,我在柏林学术研讨会上就我的光致迁动报告进行讨论时说过,[2] Stokes-Cunningham 的落体定律是最可靠的物理规律之一,因为从中得出的微粒辐射光能与 Ehrenhafts[3] 的视力决定论完美地吻合。[4] 教授您当时很有道理地反驳我说,Brownschen 运动的理论其实仅仅根据的是一些可能的假设,并且按 Brownschen 运动计算得出的颗粒半径的不一致性不支持落体定律。

然而不久以前,E. Norst 博士在德国物理学会维也纳分会(Wiener Gauverein d. D. phy. Ges.)的一次报告中表示,迄今为止的所有从视觉决定论得出的结果都是无用的。[5] 从而在您看来我就是错误的(这我本来是能够预见到的,要是我更谦虚一些的话),但我觉得还是有必要立即告诉您有关细节。Norst 女士发现了以下错误:

(1)对这些发光曲线的计算有一部分是错误的,据以确定它们的那些点的数量小得不足以排除随意性。

(2)G. Laski,I. Parankiewicz 和 M. Schirmann 用的是碳-弧光灯频谱,而没有用弧光灯频谱(=炽热的炭+弧光)(!);[6] 他们都用雪作为测量物质,雪可以小心地筛选出碳。[7]

(3)为了运用生理学理论,就必须利用 Königschen 关于太阳频谱的基本感知曲线[8]。Laski 没有进行太阳换算。

(4) 对 Laski 而言(她还没注意到这一点,部分原因也在于计算错误),若干不同的微粒辐射光就已经属于一个波长(但颜色的饱和度各不相同),结果就无法进行确定大小所必需的对颜色与大小(以及下落速度,据观察无论如何它在质量上是存在的)的清楚的归类。

Norst 夫人通过对硫运用 Parankiewiczschen 的发光曲线理论并计算微粒半径与生理有效颜色识别的关系来避免上述错误,一方面,忽略了在弧光灯光线中的分散是否与太阳频谱中的分散一样,另一方面考虑到太阳的因素:Kohlrausch 定义了弧光灯。[9]在这两种情况下,一般会致使较大的微粒半径出现,但是由于上述(4)中提到的困难太大(缺乏颜色与大小间的明确对应),以至于视觉尺寸决定论在当前完全没有用武之地,但所有的理论却还是建立于此之上。也许对于辐照曲线进行一次更加仔细的计算(如同 Fürth 所指出的,甚至 Ehrenhaftschen 的第一条 Au 曲线也是错误的)会得出有用的结果。[10]

Norst 夫人得出的颗粒半径比 G. Laski 得出的大 100%,在我看来,这是最接近 Brown 运动的微粒半径近似值。另外,在落体定律中还有一些被忽视的因素,这些因素的减少似乎也使得微粒半径更大。所有的这些却不能准确地支持"亚电子"(Subelektron)理论。[11]

最近,我听到了有关 v. Mises 和 Zerner[12]的谈话,从他们的谈话中我了解到,Ehrenhaft 已经揭开了初级量子的神秘面纱。v. Mises 教授用的是 Ehrenhaft 用过的观察法,根据 Weyl 的循环错误理论得到此计算结果,该结果将电载荷视为平均值。当然,Ehrenhaft 也对此并不确信,他至少对我说过,必须还要进行新的测量。如果有人能将 Bär 声称的"分歧方法"中的下落加入到新方法中,[13]那么我想"亚电子"的"正式"卸任就不会太久了。因为 Ehrenhaft 迫于事实的压力,最终放弃了那个似乎误导了他十年之久的想法,就此而言我认为 Ehrenhaft 还算是客观的。至少我希望,他将允许电子作为"统计学上"的"平均值"继续存在下去。

不久 Thirring 将在本地的一个研讨会[14]上报告 Majorana(引力吸收)的研究工作的新进展。借助广义相对论确实能预测引力的"屏蔽效应"。[15]Majorana 效应或许就是第一个可以在实验室里测量的引力理论效应吗?

向教授先生致以最衷心的问候。

一直心存感激的、忠实的
Adolf Smekal

ALS. [44 906]. 信笺的信头为"维也纳科技大学第一物理实验室"(I. Physikalisches Laboratorium an der

k. k. techn. Hochschule in Wien)。

[1] Smekal(1895—1959)是维也纳科技大学第一物理试验室的助手。

[2] 可能是 Heinrich Rubens 的物理讨论会。当时爱因斯坦说 Smekal 为 Felix Ehrenhaft 的观点"着了魔"(in den Bann)。(参见 1920 年 1 月 20 日爱因斯坦致 Rudolf Wegscheider 的信[第九卷,文件 269])。

[3] Felix Ehrenhaft(1879—1952)是维也纳大学物理教授。

[4] 在他们测量微观粒子电荷的实验中,Ehrenhaft 和他的同事使用了三种方法来测定氧自由基的粒子的大小(参见 *Ehrenhaft 1914*):(i)观察空气中的颗粒下落并用 Stokes-Cunningham Law 计算颗粒大小;(ii)观察微粒几次沿相同的距离落下,并通过爱因斯坦的布朗运动理论中平均下降时间的偏差来计算微粒的大小;(iii)观察垂直于入射光线的微粒的颜色,并通过辐射曲线(Ausstrahlungskurve)的极大值来对波长进行比较,从而计算微粒大小。通过 Gustav Mie 的光衍射理论计算出的曲线组,是微粒尺寸参数的散射光谱。他们发现,是光学方法,而非爱因斯坦的方法,使得微粒尺寸与 Stokes-Cunningham 公式计算出的结果兼容。

[5] Else Norst 1920 年 1 月 1 日发表了论文(参见 *Norst 1920a*);完整版在 *Norst 1920b*。

[6] Gerda Laski(1893—1928),Irene Parankiewicz(1893—?),Marie A. Schirmann(1893—?)是 Ehrenhaft 的学生。参见他们的论文 *Laski 1918*,*Parankiewicz 1918*,*Schirmann 1919*。

[7] *Snow 1892*。

[8] 曲线表达了其对于绝对强度处光谱颜色亮度的依赖。(参见 *König 1891* 中的例子)。

[9] K. W. Fritz Kohlrausch(1884—1953),是维也纳大学第二物理学院的助手,Laski 测量工作的执行者。

[10] Reinhold Fürth(1893—1979)。

[11] Ehrenhaft 解释了他为证明分数电荷的存在而进行的一系列实验。围绕 Ehrenhaft 的有关研究的激烈讨论,参见 *Holton 1978*。

[12] Richard von Mises(1883—1953),柏林大学的应用数学教授;Fritz Zerner(1895—1951)是柏林-夏洛滕堡科技大学(Technical University of Berlin-Charlottenburg)的助手。

[13] 为了确定测量精度,Ehrenhaft 和 Kurt Konstantinowsky 用一个粒子下落时的电势和一个更高的微粒上升时的电势来代替测量粒子悬浮电势,并确定每次测量的精度(见 *Ehrenhaft 1914* 和 *Konstantinowsky 1915*)。苏黎世大学的物理学助教 Richard Bär(1892—1940)同样采用了该方法,他声称他的发现证明了基本电荷的存在(见 *Bär 1918*),因此"Gabelungsmethode"也许运用了这种方法。

[14] Hans Thirring(1888—1976)是维也纳大学的理论物理学助教,6 月 17 日他在德国物理学会的维也纳分会会议上做了题为"论 Majorana 最近的实验工作"(Über drei neuere Experimentalarbeiten von Majorana)的报告,内容很可能是 *Majorana 1920a*(也可以参考 *Majorana 1920b*)。"Majorana 效应"表明,一个物体当被别的质块包围时,其质量会减轻。

[15] 对于广义相对论是否能给予 Majorana 实验理论支撑这一论题,Adriaan Fokker 给出了更进一步的意见,参见文件 40。

针对此种结果,出现了不少理论上的反对意见,其中的一些,例如基于等价原则的争论,尤其是其在广义相对论中的应用,以及其他的一些,例如关于可以建成永动机的争论,这些都是很普遍的(见 *Andrade Martins 1999* 和其中的参考文献)。

46. 致 Paul Ehrenfest

[柏林,]星期日,[1920年6月6日][1]

亲爱的 Ehrenfest:

我到这儿已快一个星期了,直到今天才给你写信,我是个混蛋。旅途舒适而轻松。我没有因小提琴的事而操心。我们已拿到了两把小提琴的出口许可证。你很快就会收到第一把的。琴弓和琴盒我可以随身携带。[2]关于就职演讲的事,我已安抚了我的妻子和 Springer 出版社。[3]我在这里了解到一些物理学上的趣事,特别是关于 Hettner 的一件事。他表明,HCl、H_2O 等红外光谱气体可以通过伴随弹性组合色调的(类似)可伸缩自然振荡来解释。比如说若 ν_1 和 ν_2 是两种吸收频率,我们按照量子理论的指导去预期不完全弹性震荡,那么就会有 $2\nu_1$,$2\nu_2$,$\nu_1+\nu_2$ 等。[4]另外,Regener 已经做过 Ehrenhaft 的液滴工作了,它显示了初级量子的低能态是由低迁移率引起的,这很可能是因为气层扩大了粒子的流体力学有效半径;该气层早已通过重力和光学实验建立起来了。[5]

我仍然常常想到你们。我跟你们在一起度过的那段时光很美好。我十分想念孩子们欢快的喧闹,[6]还有我们的交谈和奏乐。我要特别感谢你的妻子和姨妈,她们在那样艰难的生活环境下给了我体贴入微的照料。[7]几天之后,我就要乘船去挪威了;我要带 Ilse 同行。[8]此间海牙的任命事宜或许会慢慢地办妥。这事儿要是能再拖一拖,其实也挺好的,因为有太多的事情随着我的旅行接踵而至。[9]其实7月都还有时间的。

亲爱的 Ehrenfest!你们大家对我如此友善而热情,以至于我简直无法释怀,我真是个备受你们宠爱和抬举的坏蛋。我真的是从心底里感谢你们,并且珍视你们为我所做的一切。要是我们能更加频繁地相聚,这对于我们两个来说都将是格外美好的事,因为从天性上看我们就好像是为彼此而生的。

衷心问候你们全体!

你们的
爱因斯坦

你说去哈雷会相当无聊。又一次被你言中了。[10] Fokker 寄来一篇关于束缚电子的优秀论文,他是一个很好的分析师。[11] 特别替我向 van Ardenne 问好,我一直没能再见到他,[12] 还有 Lorentz 和 Kamerlingh Onnes,他们为我操劳很多,对他们而言都是完全没必要的烦恼。[13]

亲爱的 Ehrenfest！她没时间写完了，由于小提琴的事她现在得出去一下。[14] 我想，你们终于能得到一点关于我们的音信了，即使是未完成的。

ALS. [9 496].

[1] 日期的确定按爱因斯坦从荷兰逗留后返回的时间(见文件 35)。

[2] 第一把小提琴从 Bentheim 寄到莱顿；Elsa 已经在几个星期之前获得了第二把的出口许可证(见文件 20)。

[3] Elsa Einstein 担心在 Springer 出版社印制的爱因斯坦在莱顿的就职演讲无法卖出去，因为爱因斯坦还没有举行演讲(见文件 30)。

[4] 两天以前，柏林大学物理学院的助教 Gerhard Hettner(1892—1968)已经将 Hettner 1920 传给了德国物理学会[(见 Deutsche Physikalische Gesellschaft. Verhandlungen 22 (1920)：73]。Hettner 指出，无论从按传统的方法的 Planck 第二量子辐射理论，抑或是从 Bohr 的理论来看，分子气体的红外光谱规律都可以在振动模式下去理解。运用 Diederik J. Korteweg 震荡系统的经典力学非谐势理论，Hettner 证得自由度为 k 的气体分子红外吸收频谱是由频率 $\omega = m_1\omega_1 + m_2\omega_2 + \cdots + m_k\omega_k$ 组成，其中 ω_i 是其各自的振荡本征频率，m_i 是整数。结果印证了 Planck 的第二量子辐射理论，该理论中吸收现象是按传统方法处理的。在 Bohr 的理论中，Hettner 引用 Franz Tank(Tank 1919)的结果，并发现它与实验数据一致，只是在组成细节方面与传统结果有些差异。

[5] Heinrich Rubens 在 1920 年 6 月 3 日的普鲁士科学院(见 Preussische Akademie der Wissenschaften. Sitzungsberichte 1920：524)会议上提交了 Regener 1920，爱因斯坦也参加了这个会议(见物理数学类会议记录，GyBAW，Ⅱ—Ⅳ，Bd. 134，Bl. 149—151)。Erich Regener 的目标就是要检验 Felix Ehrenhaft 对于基本电荷的测量结果以及他对于基本电荷存在形态的争议性发现。Regener，还有 Ehrenhaft，使用了 Robert A. Millikan 观察带电微观粒子或"水滴"("Tröpfchen")运动的方法，运用于空气学、电磁学领域。Regener 在威廉皇帝物理研究所的资助下完成了他的实验(见 1919 年 5 月 27 日爱因斯坦致 Erich Regener 的信[第九卷的年表和日程表])。关于爱因斯坦早期对 Ehrenhaft 工作的怀疑，见 1919 年 2 月 1 日爱因斯坦致 Arnold Sommerfeld 的信[第九卷，文件 5]，注释 6。

[6] Tatiana，Anna，Paul Jr. 和 Wassily Ehrenfest。

[7] Tatiana Ehrenfest 和她的姨妈 Sonia Aleksejewna Afanassjewa。

[8] 文件 43 中证实了爱因斯坦接受了挪威学生组织的邀请，并打算 6 月 12 日出发(见 1920 年 5 月 25 日 Elsa Einstein 致 Hedwig Born 的信，GyB，Nachl. Born，Nr. 1226，Bl. 7—9)。

[9] 莱顿大学任命爱因斯坦为特聘教授一事的延误，见简介的第Ⅲ部分。

[10] 见文件 23 注释 2，爱因斯坦听从别人的建议，没有参加哈雷会议。

[11] Adriaan D. Fokker；文件作为 Fokker 1920a 出版。(见 1919 年 11 月 18 日 Adriaan D. Fokker 致爱因斯坦的信[第九卷，文件 168])。

[12] Gijsbert W. van Aardenne。

[13] Heike Kamerlingh Onnes 促办了爱因斯坦荷兰签证的发放及任命爱因斯坦为特聘教授的确认程序，见文件 2 和简介的第Ⅲ部分。

[14] Elsa Einstein 在这段之前加了一段话，此处从略。

47. 致 Moritz Schlick

[柏林,]1920年6月7日

亲爱的 Schlick 先生:

今天早晨我收到了您友好的来信和您的手稿。[1]关于邀请您出席哲学家代表大会一事我想说的是,此事的实际情况与狡猾的 Vaihinger 试图让您相信的那些东西很不一样。他当时想让我告诉他,理论家当中他还能请谁;于是我自然就提到了您的名字。但这并不意味着,我希望您或者别的任何人出席哈雷会议。这整个事对我根本就没有任何吸引力,所以我很乐意找个可信的理由,不去那里听他们胡言乱语。[2]

现在来谈谈您那十分清晰的手稿。[3]您对于因果关系的解释我大部分同意,但并非全部。[4]

假设我们对引力的所知仅限于彗星沿其绕太阳的(单条)双曲线轨道进行的运动。此外两颗彗星的轨道元素是不可能大致相同的,因此不会重复出现相同事件。难道我们就不能从因果关系上去把握该过程?当然可以!比如说,我们可以从一些个案中假定性地得出某些符合开普勒定律的定理。随后这些定理得到证实,然后每一位自然科学家都会认定这些定理为自然法则,即使再也没有观察到相同事件的重复发生。整个经验世界原则上或许就是这样的,同时我们不必放弃因果律,即使我们很难想到要去验证它。

然后我们再来看惯性法则是否有悖于因果假定。您在您的小书中合理地指出,我在该阐述中扯得太远了。[5]可我无法认可您对有关问题实质的看法。

按我的观点来看,或许正确的说法是:不论坐标系如何,牛顿物理都必须承认加速度的客观实在性;而这只有在将绝对空间(或者说:以太)视为某种真实存在的东西时,才是可能的。牛顿也一直是这样合乎逻辑地认为的。

而您却干脆说:状态不是结果。此处涉及的不是"状态",而是"状态的保持"。对此我必须回答说:维持特定状态的平衡就是物理意义上的一种过程。静止就是速度持续为零的运动过程;这样一种运动过程,就我们此处的考量而言,与其他运动过程在原则上是等价的。事实上,涉及两个旋转天体的那些运动过程确实也显得各不相同(例如,Foucault 摆,月球轨道等。)

为赋予加速度以实在性,不论您将所需前提称为绝对空间、以太或优越坐标系,都是一样的(尽管人们可能并不乐意将后者作为有些真实性的东西而纳入到因果序列中去）。不尽如人意的情况依然是，这个"有些东西"仅仅是单方面地进入了因果序列。因果律是否令人满意，有赖于我们对因果律的定义是否精妙。牛顿的绝对空间是独立的，不会受任何事物的影响，广义相对论的 $g_{\mu\nu}$ 域（$g_{\mu\nu}$-Feld）服从自然规律，其性质都是已经由物质决定了的（而不仅是物质对其性质具有决定性）。这一点您在 27 页上已有精湛的表述。[6]

接着来看第 28 页上部。您不认为引力场是跟物质一样可以观察到的，这种看法我觉得没道理；[7] 后者的"进程特征"在此关联中其实显得无关紧要。关键点在于，我们不可能谈论一个物体的"全部特征"（因为有 ∞ 多的它们）；如果该物体属于一种理论体系，那么总会有一些特征可据其他特征推理证得，无论此体系是否按"进程"运转或是静态的（在我看来，两者在原则上是无差异的）。

将因果律限制为一个给定的空间片段内的延续性，这虽然不是我的意思，然而这个观点是可以接受的。[8] 没有必要把除此之外的自然法则的进步——一旦有证据表明这种进步是可能的话——看作因果认识的进步。为什么没有必要那样做呢？难道只是为了让时间凸现出来？很有可能的是，在选择那些足以令更完备的自然规律显得多余的初始条件时，前人们的自由度比起我们在今天的认识立场下享有的自由度似乎要有限得多。于是人们大概也就把该时间片段以内的规律性解释为一种"因果"律，以免在时间和空间的延展上出现不必要的原则性的差异。

我很高兴能受到您的邀请。[9] 要是我的时间安排得过来，我会迅速前来短暂地拜访您和您的家人。不过我并不认为这事能成，因为我必须"吝啬时间"，就像地道的欧洲人那样。

向您和您的家人致以衷心的问候！

A. 爱因斯坦

ALS(NeHR, Vienna Circle Archives, Schlick Papers, Nr. 98). [21 634].

[1] 见年表和日程表中 1920 年 6 月 5 日 Moritz Schlick 致爱因斯坦的信。

[2] 爱因斯坦起初接受了 Vaihinger 的邀请，答应参加于哈雷举办的"Als-Ob"会议，（见 1919 年 4 月 12 日爱因斯坦致 Hans Vaihinger 的信[第九卷的年表和日程表]），后来改变主意不打算参会（见文件 22 和 23，注释 2）。在一封写给 Vaihinger 的信里，他给出的理由是：会议当天他必须参加刚刚接纳他的荷兰皇家科学院在阿姆斯特丹举行的一个会议（见文件 22，注释 7）。

[3] 原文此处有爱因斯坦在页脚添加的一条附注："文章我很喜欢；尽管有下列一些吹毛求疵之处。有争议的恰好就是最有趣的！"(Der Aufsatz gefällt mir sehr; trotz der nachfolgenden Nörgelei. Es sind eben die strittigen Punkte immer am interessantesten!)

[4] Schlick 认为，仅当相同的过程重复发生了，因果关系在自然界中才算是成立的（见 Schlick 1920a，463 页）。

[5] 此处的异议针对的是 Schlick 的一个观点，有关论述见于 Einstein 1916e（第六卷，文件 30），771—

772页。爱因斯坦另外构想了一个空的空间,里面有两颗彼此相隔遥远的液体球。如果其中一颗相对于另一颗围绕它们的连接轴线旋转,那么它必定是椭圆形的。爱因斯坦认为,由于涉及不可观测的绝对空间,牛顿力学中对不同形状的解释会有悖于因果关系的准则。Schlick 批驳了爱因斯坦的观点,认为仅仅是物理进程需要一个因果解释,而不是物体的基本形状(见 *Schlick 1920a*,第 468—第 469 页)。

[6]"把引力域中的各种状态理解为一个个过程,这些过程直接取决于离它们最近的邻域,而最终结果间接地取决于所有存在的质量体"("Die Zustände im Gravitationsfelde selbst sind als Vorgänge aufzufassen, jeweils unmittelbar verursacht durch diejenigen in der nächsten Nachbarschaft, mittelbar in letzter Linie durch alle vorhandenen Massen"; *Schlick 1920a*, 471 页)。

[7]"从认识论的观点来看值得注意的是,引力域代表的并不是像进行相对运动的可见实体那样的可观察物。"(Es ist vom erkenntnistheoretischen Gesichtspunkt bemerkenswert, daß das Gravitationsfeld nicht etwas in demselben Sinne Wahrnehmbares darstellt, wie die Bewegungen sichtbarer Körper zueinander"; *Schlick 1920a*, 470 页)。

[8] *Schlick 1920a* 开篇就对有限空间区域的初始条件和边界条件进行了界定,以此阐明因果法则,该法则凭借物理微分方程成为该区域中所有进程的唯一决定因素。至于广义相对论中的广义坐标协方差,Schlick 在最后一部分用类空基和微类时高度指定了一个圆柱体形的空间区域,并由此修改了该定义。(见 *Schlick 1920a*, 473—474 页)。

[9] 见年表和日程表中 1920 年 6 月 5 日 Moritz Schlick 致爱因斯坦的信。

48. 致 Robert Fricke

柏林,1920 年 6 月 9 日

非常尊敬的同事先生:

您 5 月 26 日的来信我现在才看到,因为我出门旅行去了。[1] 非常感谢您热情相邀。[2] 在我看来,既然专业上的同行们对相对论的基本轮廓也有充分的了解,因此似乎就不存在对您提议的那种报告的需要了。与此相反,或许人们不无兴趣的倒是,就此话题举办一场关于相对论的一般讨论。如能举行这种活动,我倒愿意前往并回答针对我的各种提问。然而必须设法事先对所提的问题进行筛选,以免讨论活动被一些没有价值的问题干扰。如您认同我的建议,请给我进一步的通知。

致以崇高的敬意!

您忠实的

TLC.[43 726]. 收件人姓名被打印在称呼上方:"Herrn Geh.-Rat Prof. Fricke Braunschweig"。

[1] 从 1920 年 5 月 7 日左右至 31 日,爱因斯坦一直在荷兰。

[2] 邀请爱因斯坦参加 1920 年 9 月在巴德瑙海姆举行的德国自然科学与医学学会的相对论特别会

议并作一个报告。

49. Hendrik A. Lorentz 来信

哈勒姆,1920 年 6 月 20 日

亲爱的同事先生：

我上次曾口头跟您简单提起过,现在我以"索尔维国际物理研究所"科学委员会[1]的名义高兴地邀请您参加拟于明年春天在布鲁塞尔召开的"物理会议",[2]并请您准备一篇报告,谈谈您事先预测了并同 Haas[3]一起观察到的那个现象(安培分子电流)以及有关情况。[4]如果您能再度参加这个小小的会议,我们将感到非常快乐。[5]

会议将于 4 月 1 日开始,只持续短短的一星期。我们已经确定的一般论题包括电子理论及其最重要的应用、原子辐射和辐射现象(不是黑体辐射);我们的目的就是,要特别促进关于某些基本概念、一般理念和有待解决的种种难题的思想交流。从而我们打算在讨论时,比如说在讨论玻尔理论的时候,把话题局限于基础问题和较单纯的案例,以免我们迷失于关于错综复杂的原子结构的细枝末节中。

以下是对论题的划分,包括我们准备邀请的相应的报告人名单：

1. 电子理论概论。该理论的影响和难点。报告人：Lorentz。
2a. 原子结构。原子核的构造。同位素。报告人：Rutherford。
2b. 略论量子理论。尤论其光电规则。报告人：de Broglie。[6]
3. 玻尔理论。电子在原子中的分布情况。报告人：Bohr。[7]
4a. 电与磁。陀螺效应。报告人：爱因斯坦。
4b. 试析顺磁性与抗磁性。低温下的磁性。报告人：Kamerlingh Onnes 或 Langevin。[8]

我们将邀请以下物理学家与会：

Barkla,Bohr,de Broglie,Ehrenfest,爱因斯坦,de Haas Jeans,Langevin, Larmor,Millikan,Perrin,Richardson,J. J. Thomson,Weiss,Zeeman;此外还有 Siegbahn 或 Vegard;到底请谁,我让 Bohr 酌定。[9]

也就是说,连同科学委员会的成员,总共有 25 位与会者。为确保形成尽可能亲密的会议氛围,我们不希望再增加人数。

倘若您能告诉我说,我们可以指望您参会,我将十分高兴。如若可以,那么在接下来的几周,请允许我再次通知您会议报告的安排与议题范围。

我们俩一起向您致以衷心的问候!

您忠实的

H. A. Lorentz

ALSX. [16 514]. 文件左边留有活页夹所需的穿孔。

[1] 原文此处,Lorentz 在页脚附注:现任委员会成员有(Mitglieder des Komitee's sind jetzt):van Aubel(Gent), W. H. Bragg, Brillouin, Frau Curie, Kamerlingh Onnes, Knudsen, Lorentz, Righi, Rutherford。Edmond van Aubel(1864—1941)是 Ghent 大学的实验物理学和物理学化学教授;William Henry Bragg(1862—1942)是伦敦大学的物理学奎因教授(Quain Professor);Louis Marcel Brillouin (1854—1948)是法国大学的数学物理学教授;Marie Curie(1867—1934)是索邦的物理学教授;Heike Kamerlingh Onnes;Martin Knudsen(1871—1949)是哥本哈根大学的物理学教授;Augusto Righi(1850—1920)是波隆那大学的物理学教授;Ernest Rutherford。

[2] 比利时化学实业家 Ernest Solvay(1838—1922)于 1912 年成立了索尔维国际物理学院(Institut International de Physique Solvay),作为 1911 年布鲁塞尔会议系列的延续。因为该学会的建立,Lorentz 成了国际科学委员会的主席。战后,德国的成员 Walther Nernst 和 Emil Warburg 退出了委员会(见 1919 年 7 月 26 日 Hendrik. A. Lorentz 致爱因斯坦的信[第九卷,文件 76]和新版中的注释 8)。1921 年的索尔维会议没有邀请德国成员。索尔维学会行政理事会的比利时成员 Rutherford 和 Émile Tassel 考虑到爱因斯坦在战时的立场和他的全球性地位,认为应该例外地邀请他参会(见 *Mehra 1975*, p. xxiii)。

[3] Wander J. de Haas 是代尔夫特科技大学的物理学教授。

[4] 见 *Einstein and De Haas 1915a*,*1915c* 和 *Einstein 1915c*,*1916d*(第六卷,文件 13,14,15 和 28)和第六卷,编者注:"爱因斯坦对于安培分子电流的看法",第 145—第 149 页。爱因斯坦和 De Haas 提出并开展的实验所取得结果,显然支持微观电流产生磁性的假说。然而,最近新的观测结果发现,测量值只有爱因斯坦和 De Haas 的预估值的一半(*Stewart 1918*,*Beck 1919a*,*Arvidsson 1920*;爱因斯坦对此的回信,见 1919 年 3 月 22 日爱因斯坦致 Paul Ehrenfest 的信[第九卷,文件 10])。

[5] 爱因斯坦已经参加过 1911 年和 1913 年举行的前两次索尔维会议(例如可以参见 *Einstein 1914a* [第三卷,文件 26]和 1913 年 11 月 7 日爱因斯坦致 Elsa Löwenthal 的信[第五卷,文件 482])。

[6] Maurice de Broglie(1875—1960)从事私人物理学研究。

[7] Niels Bohr。

[8] Paul Langevin(1872—1946)是法国大学的普通与实验物理学教授。

[9] Charles G. Barkla(1877—1944)是 Edinburgh 大学的自然哲学教授;Paul Ehrenfest;James H. Jeans(1877—1946)是民间学者,皇家学会的秘书;Joseph Larmor;Robert A. Millikan(1868—1953)是芝加哥大学的物理学教授;Jean Perrin(1870—1942)是巴黎大学的物理化学教授;Owen W. Richardson (1879—1959)是伦敦大学的物理学教授;Joseph J. Thomson(1856—1940)是皇家学会的自然哲学教授;Pierre Weiss;Pieter Zeeman;Karl Manne G. Siegbahn(1886—1978)是 Lund 大学的物理学教授;Lars Vegard(1880—1963)是奥斯陆大学的物理学教授。

50. Arthur Schoenflies 来信

［美因河畔法兰克福］Grillparzer 街 3/59 号［1920 年 6 月 9 日到 7 月 28 日之间］[1]

尊敬的同事先生：

很不幸，现在可以完全肯定的是，我们必须把我们的 Max Born 交给格丁根了。于是就产生了一个问题，该由谁来接替他？[2] 我们的第一人选是您在苏黎世时就认识的 Stern；[3] 我个人也觉得他是最佳人选。其他方面推举的特别人选是慕尼黑的 Kossel。最后，可以考虑的人选是 Lenz。[4] 无论如何，我今天或许可以无拘无束地向您求助，我想征询您对这三位先生的看法。当然这都是为学院着想。可我想听一听您，根据您的判断，您会怎样给这三位排序，您对他们各自有何特殊的见解。不言而喻，我们也特别欢迎您为我们举荐我们力所能及的其他优秀人物。正式的咨询尚未开始，所以给您写这封信完全是出于我个人的意愿。您可能知道，我一直支持有发展潜质并且极可能在一段时期之后成为领军人物的年轻人。我将十分感激您在此层面上为我提供的一切建议。

您已从 Braunschweig 的 Fricke 教授处获知，我们计划在瑙海姆召开一次数学和物理学界人士的关于相对论的会议。[5] 我个人的想法是，鉴于协约国的人正筹划于 9 月份（几乎与我们同时）在斯特拉斯堡举行国际数学家大会，因此我们就有了一个光荣的义务，亦即我们必须尽可能为瑙海姆会议拟定一套高水准的方案。[6] 正如 Fricke 来信所言（我是会议开场部分的主持人），您已同意回答事先向您提出的那些问题。[7] 也许要论述这些问题并不是很简单的事。但基于以上考虑，您或许可以从自身的情况出发，来谈一谈现代相对论的最新进展？如果您能做一份关于迄今为止的研究工作的报告，即使它仅限于或专注于某一个方向，也毫无疑问地会受到大家的热烈欢迎，而且它也不需要您花费多少精力。

最近 Weyl 预告说，他将做一场关于"电与引力"的讲座；Laue 也打算讲些光学方面的东西。[8] 所以我请您再次权衡一下，可否准备一场讲座，并恳请您尽快告知您的讲座题目。鉴于这是件好事，我希望我的恳求不会劳而无功。

致以最真诚的问候！

您忠实的
A. Schoenflies

ALS.［21 530］. 文件左边留有活页夹所需的穿孔。

[1] 日期推断的依据是假设这封信写于爱因斯坦已经同意回答那些预选问题（见文件 48）之后，同时参照了爱因斯坦 7 月 29 日的回信（文件 89）日期。

[2] Max Born 7 月 16 日致信（文件 75）爱因斯坦，说他很有可能去格丁根任职，并且讨论了他在法兰克福的继任者的人选问题。Schoen-flies 时为法兰克福大学的校长。

[3] Otto Stern(1888—1969)是法兰克福大学的理论物理学编外讲师。他 1912 年获得博士学位，随后就在 Prague 参与了爱因斯坦的研究工作，后来又跟爱因斯坦去了苏黎世（见爱因斯坦对于 Otto Stern 的适应性训练的专门意见[第五卷，文件 452]，注释 2）。他们在 1913 年合作完成了 *Einstein and Stern 1913*（第四卷，文件 11）；又见第四卷《[编者按]爱因斯坦与 Stern 论零点能》(Einstein and Stern on Zero-Point Energy)，"270—273 页。

[4] Walther Kossel(1888—1956)是慕尼黑科技大学的物理学助教；Wilhelm Lenz(1888—1957)是罗斯托克大学的特聘物理学教授。

[5] Robert Fricke。见文件 31。

[6] 1920 年 9 月 22 日至 30 日的斯特拉斯堡国际数学家大会（ICM）在国际研究会（International Research Council）的主持下召开，该会禁止中央集权国家参加。尽管此前已经决定，国际数学家大会在法国 Stockholm 召开，但是以 Charles-Émile Picard 和 Gabriel Koenigs 为首的人坚持要换在斯特拉斯堡召开，以此来庆祝法国人对 Alsace 的收复。并且禁止德国人参会（*Lehto 1998*）。

[7] 在文件 48 中，爱因斯坦拒绝在瑙海姆召开的 GDNÄ 会议上发表演讲，但还是建议演讲改为一场关于相对论的公开讨论，由他回答事先拟定的有关问题。

[8] Hermann Weyl 出席了 GDNÄ 的会议，并且讨论了他最先在 *weyl 1918a*（见 *Weyl 1920* 和 *1922*）中提出的统一场论。Max von Laue 谈的是他关于引力红移和弯曲空间中的光波测地线的理论（见 *Laue 1920c*）。

51. Moritz Schlick 来信

罗斯托克，Orléans 街 23 号，1920 年 6 月 10 日

亲爱的、十分尊敬的教授先生：

昨天收到了您友好的来信。[1] 真的非常感谢您仔细研读了我那潦草的手稿！[2] 要是我能早点把它寄给您就好了；那样的话，我还可以对它做些修改。但是现在为时已晚，因为它早已被《自然科学》(*Naturwissenschaften*)采用并全部定稿：发表它的那期刊物明天，也就是 11 号，就要刊出了。请别生我的气，如果我今天又用古老的因果律来占用您的时间，我想再次跟您探讨几个要点。我很乐意尽我所能地澄清问题。

就同一个世界上的因果关系可能具有不同的形式而言，恐怕我在解释我的观点时有所疏漏，我希望完善这些疏漏之后不再存在意见分歧。或许通过观察所有的彗星围绕太阳做不同轨道的双曲运动，我们肯定能够发现比如说万有引

力。[3]但我愿意相信,要是没有一定的同质重复,那么对于彗星轨道,我们既无法正确地描述,也无法定量地确定。为了确定各彗星的位置,我们需要在不同时间可以进行相同设置的特定仪器;我们必须用它们去进行测量。在我看来,任何天平和刻度盘的实际应用,原则上都是在物理性地重复同等的过程。如果我们说,各种彗星的运动都遵照相同的引力规律,那么在我看来,该陈述的可证意义[4]就只能在于,进行涉及彗星观察的完全确定的操作必定导致相同的经历。我觉得这类考虑完全具有原则上的有效性,从而我相信,没有相同者的循环往复,就谈不上什么规律性。在这一点上难道我错了?要是能再次得到您的澄清,就太好了——甚至但愿能够尽快面谈!

在惯性定律违反因果关系假设的问题上(科隆的教授哲学家 H. Driesch 宣称:惯性定律"只不过是被运用的因果律"),[5]我不得不说,恐怕我现在仍然不明究竟;因为我还是没有看明白,您的观点与我那篇文章中的论述有多大的差别。[6]您的质疑中有一部分针对的是第一个解答假设,在文章中该假设原本就是临时性的并且随后得到了改进——当然可能还做得不够。我最初的考虑仅仅是,牛顿力学虽然必须假设绝对空间是不言而喻的,但是它不需要把绝对空间看作因果法则意义上的原因。换句话说:牛顿力学不需要把既定运动中的惯性阻力视为绝对加速度的作用,而是也可以把这些阻力理解为其定义上的特征。在我看来,这个陈述与您的观点并不相悖,如果我的理解是正确的,那么我只是在解释为什么牛顿的方法不尽如人意时出了错。我当时认为原因在于,旧的力学停止应用因果关系进行解释的时间要早于其必要的时间;我的理解,亦即它实际停止的时刻,早于它应该停止的时刻,对不对呢?后者似乎只遵循我在文中阐述的那些前提条件,它们对于当前的科学而言自然都是不可否定的基本出发点。我必须承认,谈论一个对象的属性,就好像这些属性有一个最终的数量,这是一种不可为之的模式化做法;同样,这些属性的一部分总是其余属性的一个结果,从而该对象就归属于一个"理论体系"。只是我觉得,在经验中不存在别的理论体系,除了那些按进程操作的体系(一切真实事物的四维性)。

我还曾断言,引力场不像物质那样可以被观察到。这种说法可能也是不对的,它充其量在以下程度上大致上是对的:我能感知两个物体的存在,却无法感知它们之间的引力场。对我而言,当然颇具争议的一点是:在考察 Mach 的思想时,是否可以在最宽泛的意义上理解"可感知的"(wahrnehmbar)一词。[7]

我还认为,一个时间段内的规律性不应被称作因果性的。这种观点在哲学上当然有些讲不通并且是教条主义的。[8]我当时的理由很简单:(1)在我们意识到的现实中,时间显然扮演着一个突出的角色;(2)那些规律性必定具有一个特征,它不同于受时间主导的那些规律的特征。但这只是主观理由,它们在更周密的考量下也许会被推翻。

要是能够当面就这些问题跟你谈上几句,那该多好啊!我们由衷地希望,如您的时间允许,您会在罗斯托克稍作停留,对此我们将感到无比快乐。[9]无论如何您都会途经 Warnemünde 吧?即使在最不方便的情况下,也请您至少告诉我们您过境的时间,那样我们或许可以在火车上迎接您。我们希望听到一个十分有利的消息。向您致以最衷心的祝福。[10]再一次真诚地感谢您的来信!请替我问候您可敬的夫人。

对您心存感激的、忠实的
M. Schlick

附言:我今天会给您寄一册《空间与时间》(*Raum und Zeit*)的英译本。[11]

TLS. [21 576]. 有记录显示,此文件的文本与 1920 年 6 月 9 日的草稿之间存在显著的差异(Manny Moser Collection, PA[73 830])。

[1] 文件 47。草稿中没有这一句。

[2] 爱因斯坦在文件 47 中评论了 *Schlick 1920a* 的手稿。

[3] 爱因斯坦认为,我们只需根据没有重复的事件也能发现万有引力定律,也就是说,即使我们仅通过不同双曲线轨道上运行的彗星也可知其影响效果(见文件 47)。

[4] 草稿中的此处是"现象学"(phänomenologische),而非"可验证的"(Prüfbare)。

[5] Hans A. Driesch(1867—1941)是科隆大学的哲学教授。在草稿中,括号中的这句话去掉了。

[6] 此处的争论事关牛顿力学中绝对空间的解释作用是否满足因果关系法则,见 *Schlick 1920a*,468—471 页和文件 47。

[7] Schlick 已经指出,只有运用引力场的概念及其微分方程时,Mach 认为所有运动都是相对的这一假设才能成立(见 *Schlick 1920a*,470—471 页)。草稿中此处为:"此处我很想针对 Mach 加以暗示的是,我似乎循着更深的意义产生了这样一个思想,也就是您已经(《自然科学》1918, S. 699)以如下方式表述过的思想:人们或许会想到……只是把质点之间的距离引入坐标而非经典力学;人们或许先验地期待,以这种方式可以最简单地达到相对论的目标。然而科学的发展并没有证实这种推测。它必须使用坐标系,从而必须在坐标系中采用无法作为可定义的测量结果来理解的巨大数值。"(Was ich hier gegen Mach gern andeuten wollte, scheint mir dem tieferen Sinne nach auf einen Gedanken herauszukommen, den sie schon („Naturwissenschaften" 1918, S. 699) so formuliert haben: „Man könnte daran denken…in die Gesetze der klassischen Mechanik statt der Koordinaten nur die Abstände der materiellen Punkte voneinander einzuführen; man könnte a priori erwarten, daß auf solche Weise sich das Ziel der Relativitätstheorie am einfachsten erreichen ließe. Die wissenschaftliche Entwicklung hat aber diese Vermutung nicht bestätigt. Sie kann das Koordinatensystem nicht entbehren, muß also in den Koordinaten Größen verwenden, die sich nicht als Ergebnisse von definierbaren Messungen auffassen lassen). 爱因斯坦的原话摘自 *Einstein 1918k*(第七卷,文件 13),第 117 页。

[8] 爱因斯坦已经指出,更多复杂的定理可能需要对类空间超曲面的初始条件做更多的限制,并且这些限制应该与沿类时间方向的传播一样具有相同的合理性。

[9] Schlick 在重复一个邀请,那就是希望爱因斯坦在前往或从挪威回来的路上能去看望他(见年表

和日程表中 1920 年 6 月 5 日 Moritz Schlick 致爱因斯坦的信）。

[10] 草稿中此处的原话为："在最糟的情况下，或许可以在罗斯托克火车站见面，然后一同从那里乘火车去 Warnemünde。"(Im allerschlimmsten Falle ließe sich vielleicht ein Zusammentreffen auf dem Rostocker Bahnhof bewerkstelligen und eine gemeinsame Fahrt von dort nach Warnemünde.)

[11] *Schlick 1920c*。

52. 致 Arthur S. Eddington

[柏林，]1920 年 6 月 11 日

非常尊敬的同事先生：[1]

一种挥之不去的内在需要，促使我必须给您写一封短信，以洗净我的良心。我在今年年初没有来拜访您，尽管如此我去信向您告知了此事。[2] 一方面我被太多的外部义务拖累，这使我的时间很受限制；另一方面我感觉，如果我现在去英国，会令我们英国和德国同事以为，这次英国之旅是一次旨在获取支持的阿谀逢迎（captatio benevolentiae）。[3] 我想避免这些。在这种情况下，如果不想破坏美好的初衷，即使是具有国际意识的人也必须克制自己。

刚才我收到了您寄来的关于您的考察的详细报告，[4] 为此要诚恳地感谢您。我非常高兴能以这种方式见证英国天文学家的成功分析。谱线偏移问题如今变得越来越令人兴奋了。现在我的一位亲密朋友——我们在 Utrecht 的同事 Julius，在重新仔细检查了所有的数据之后，也得出结论：地球-太阳轨迹移位是不存在的；[5] 而对我来说毫无疑问的是，相对论的结论最终也会得到证实。或许对地球光线资源进行一次仔细的比对研究，一切就能见分晓。[6] Julius 的理论是，太阳局部大气密度波动的关联色散致使非对称谱线加宽。我认为，他的观点很难得到天文学家的欣赏。不管怎样我都相信，用 Julius 的理论描述的事物要比在 Doppler 定律的基础上获得的结果更自然。[7]

致以最美好的问候。

您忠实的
A. 爱因斯坦

ALS(UkCF).[73 839].

[1] 收件人姓名的判断依据是这样一个事实：在加拿大 Kingston Ontario 女王大学（Queen's University, Kingston, Ontario, Canada）保存的 Eddington 文件中，发现了这封信的英文翻译件。

[2] 就像 1920 年 1 月 21 日 Arthur S. Eddington 致爱因斯坦的信中记录的那样，很明显爱因斯坦也许是口头上承诺过 Eddington 的一位 Quaker 朋友——Ernest Ludlam 要去英格兰（第九卷，文件 271）。

在1920年2月2日爱因斯坦致Arthur S. Eddington的信中,爱因斯坦重新陈述了他的出行意图。

[3] 爱因斯坦提出的去英格兰旅行的理由似乎是为了去领取一年一度的英国皇家天文学会的金奖。但是在1920年1月21日Arthur S. Eddington致爱因斯坦的信中,Eddington向他转述皇家天文学会还没有认定爱因斯坦为获奖者,那一年的奖章领不到了。爱因斯坦对于这不得不去的旅行被取消显然是松了一口气。(见1920年2月9日Elsa Einstein致Hedwig Born的信[GyB, Nachl. Born, Nr. 1126, Bl. 133])。

[4] 也许是 *Dyson et al. 1920*。

[5] Willem H. Julius在5月29日的阿姆斯特丹皇家科学学会的会议上发表了他的结果(见文件8)(*Julius and Cittert 1920*)。

[6] Erwin Freundlich正致力于研究更高级的光源(见1920年1月和2月24日Erwin Freundlich致爱因斯坦的信[第九卷,文件240和文件328])。

[7] 当时,Paul Ehrenfest出于对Julius这样一位被当代天文学家忽视的人的同情,便希望爱因斯坦在《自然科学》上发表关于这个原理的报告(见1919年11月24日Paul Ehrenfest致爱因斯坦的信[第九卷,文件175]),爱因斯坦拒绝了,理由是他缺乏该主题方面的具体知识(见1919年12月4日爱因斯坦致Paul Ehrenfest的信[第九卷,文件189])。

53. Moritz Schlick 来信

罗斯托克,Orleans街23号,1920年6月12日

亲爱的,最尊敬的教授先生:

当我写上一封信时,[1]可惜那篇关于因果关系的文章本身不在我手头,而是仅仅存在于我的记忆中。[2]刚才我收到了出版商寄来的那一期《自然科学》(*Naturwissenschaften*),我重读那篇文章时,发现其中的表述比留存于我想象中的那些表述更不合适。这篇文章的主要内容将被纳入我日后要完成的自然哲学;到时候我会进行必要的改进。

希望听到您即将光临的好消息[3]并献上我和我家人对您的亲切问候。

您忠实的
M. Schlick

AKS. [21 577]. 这张明信片的收信人地址是 "Herrn Prof. Dr. Albert Eintein Berlin-Wilmersdorf Haberland-Str. 5"邮戳为"Rostock Meckl[bg?]2.6.20.1—2N[achmittags]."文件左边留有活页夹所需的穿孔。

[1] 文件51。

[2] *Schlick 1920a*。

[3] 请爱因斯坦在罗斯托克稍作停留(见文件51和它的注释10,还有年表和日程表中1920年6月5日Moritz Schlick致爱因斯坦的信)。

54. Willem H. Julius 来信

[乌得勒支,] 1920 年 6 月 13 日

亲爱的同事：

这真是一个美妙的惊喜！我们都非常高兴能拥有这张绝妙的画像并为此而由衷地感谢您。[1] 它将轮流装点我们的新居里的音乐室和研究室。

我仍然不能放弃这个想法，亦即通过在气态分子中合理引入可选的辐射压力，广义相对论与位移观察结果之间看似存在的矛盾就会消失。[2] 但在这些想法成熟之前，我不想用我进一步的思考再次烦扰您；但我会先跟 Ehrenfest 和 Lorentz 交流意见，他们俩已经习惯了我的冒失。就 Ornstein 目前掌握的情况来看，他认为我的想法是恰当且可行的。[3]

我不知道您在莱顿的任命事宜进展如何；[4] 但愿我们不久就能再次见到您。我自己并代表我的妻子和孩子们向您致以最诚挚的问候。[5]

您忠实的
W. H. Julius

ALS. [14 204]. 信头为 "Physisch Laboratotium Bijlhouwerstraat Utrecht"。

[1] 是 Elsa Einstein，而不是爱因斯坦本人，把爱因斯坦的一幅肖像画装进了 1920 年 6 月 13 日之前给 Julius 的信里，大概是 Hermann Struck 给爱因斯坦画的碳素画。Elsa 根据 Julius 这封回信的内容推断，Julius 并未收到那封信，只收到了那幅画（见 1920 年 6 月 13 日之后 Elsa Einstein 致 Willem H. Julius 的信）。

[2] Julius 在他之前的信（文件 8）中提过那个思考很久的想法——太阳大气压力可能是造成已观察到的太阳红移的原因，已被 *Evershed 1913* "充分证明" 是错误的。但在文件 8 中 Julius 总结：既然他的理论自身可以解释大部分观测到的太阳红移，另外一些能产生光谱线蓝移的效应（因而掩盖了引力效应），很可能是支持爱因斯坦的理论的关键。

[3] Leonard S. Ornstein(1880—1941)，乌得勒支大学理论物理学教授。

[4] 关于莱顿大学任命爱因斯坦为特聘教授一事的延宕，见简介的第 III 部分。

[5] Betsy F. M. Julius-Einthoven 及其女儿 Louise Maria 和 Maria Elisabeth Willemine。

55. David Reichinstein 来信[1]

莱比锡，Floss 广场 29 号，1920 年 6 月 14 日

十分尊敬的教授先生：

我在柏林的时候，向您表达了我想在柏林物理学会（Berliner Physikalischen Gesellschaft）（或者有您参加的某个研讨会上）做一次报告的愿望，并得到了您的积极响应。

可我的健康状况不允许我在冬天去实现这个愿望。

现在我恢复了健康，而且有些新东西可以讲：我发现了一种新的效应。

所以如果您觉得合适的话，我很乐意去柏林到您那里做一次报告，题目为：电解液中的电流增强效应——一种新的电解质排斥效应及其结论（*Ein elektrolytischer Stromverstärkungseffekt*，—*ein neuer elektrolytischer Verdrängungseffekt und Folgerungen*)[2]。

这些结论的主要价值在于：我成功地从纯物理化学关系中描述了 Richardson 效应（Richardson-Effekt）、Haber 反应效应（Haberschen Reaktionseffekt）、高真空电流增强（Hochvakuum-Stromverstärkung）及其他一些现象。[3]

如您觉得我的报告合适，请您告知我报告的时间和地点。

我还要特别感谢您，倘若您能在报告之前或之后就有关问题跟我交谈一下。

期待您的答复并向您和您的家人致以衷心问候。

您忠实的
David Reichinstein

ALS. [20 134]. 写在印有个人信头的信笺上。

[1] 1918 年，David Reichinstein 成为 Nizhni-Novgorod 大学的物理化学和电化学教授。1911 年他在苏黎世大学做编外教师，并在那段时期担任爱因斯坦的物理学术研讨会的正式助手（参见 1911 年 4 月 7 日爱因斯坦致 Heinrich 的信[第五卷，文件 265]，注释 12，以及 1913 年 7 月 23 日爱因斯坦致 Leonid Mandelshtam 的信[第五卷，文件 457]，注释 5）。

[2] Reichinstein 1920 年 7 月 16 日在由爱因斯坦主持的德国物理学会的一次会议上做了此处所说的报告（参见 *Verhandlungen der Deutschen Physikalischen Gesellschaft 1*[1920]：82）。也许就在这次会议上，Reichinstein 与 Fritz Haber 进行了辩论，而爱因斯坦则是调停人（参见 1920 年 7 月 27 日到 30 日 David Reichinstein 致爱因斯坦的信）。

[3] 在 *Reichinstein 1920* 中（于 1920 年 7 月 26 日收到），电解槽电流饱和是为了分析某些固定的和非固定的设置。他发现在某些动态情况下饱和电流超过了静态情况下设置的数值，并且得出了理论描述，在理论描述中他以加热电极作为一种电化学效应来解释 Richardson 的电子发射效应。这与 Haber 和 Just 观察到的一个连带效应很类似，这种现象是在化学活性气体中的电极发射电子时观察到的。

56. 致 Hendrik A. Lorentz

[克里斯蒂安尼亚大酒店，][1] 1920 年 6 月 15 日

十分尊敬的同事先生：

还在 Haarlem 我就告诉过您，我会非常快乐地接受 Solvay 会议的邀请。我会同样乐意做那个报告。[2] 与经历了那么漫长的艰难岁月之后与法国朋友们重逢并握手，这对我来说是一种内心的需求。令我同样高兴的是，如今我被当作国际人士对待，而没有被划入两大派别之一。[3]

在荷兰度过的那段时光仍然历历在目。我唯一过意不去的，就是让您和 Kamerlingh-Onnes 先生为我费心太多。我本该考虑到这样一种可能性——我的荷兰之行或许完全可以毫无困难地推迟几个月。[4]

在柏林，Hettner 先生[5] 最近指出，被观察到的蒸汽（不考虑 Bjerrum 自转的影响）[6] 的红外特征频率（吸收）可以用如下公式表述：

$$V = m_1 \nu_1 + m_2 \nu_2$$

其中 ν_1, ν_2 的是实际的特征频率，m_1, m_2 是很小的正整数（或零）。这正好与 Bohr 的理论十分吻合，如果假设，势能的二次方在静止状态下的偏差是主要的却非唯一的关键因素。[7] 基本频率 ν_1, ν_2 等，为分子模型提供了有益的检验标准。

向您和您的夫人致以诚挚的问候。

你们忠实的
A. 爱因斯坦

ALS(NeHR, Archief H. A. Lorentz).[16 516].写在信头为"Grand Hotel Kristiania"的信笺上。

[1] 爱因斯坦从 6 月 12 日以来就住在克里斯蒂安尼亚（奥斯陆），并于 6 月 15 日发表了关于狭义相对论的演讲。

[2] Lorentz 让爱因斯坦准备一篇关于他和 Wander de Haas 一起才做的安培分子电流研究的报告（见文件 49）。

[3] 爱因斯坦希望自己既不被当作亲德派，也不被当作亲盟派。索尔维会议的历史背景和第一次世界大战后其对德国人的排斥情况，见文件 49，注释 2。

[4] 在爱因斯坦对 Paul Ehrenfest 的催促下，Heike Kamerlingh Onnes 曾提请荷兰当局尽快办理爱因斯坦的签证（见文件 2）。Kamerlingh Onnes 也曾提请政府当局确认对爱因斯坦作为特聘教授的任命（见简介第Ⅲ部分）。

[5] Gerhard Hettner。

[6] Niels Bjerrum(1879—1958),哥本哈根皇家兽医和农学院的化学教授;关于爱因斯坦对分子气体转动光谱的兴趣,见1920年3月1日爱因斯坦致Paul Ehrenfest的信(第九卷,文件335)。

[7] Hettner的结果,见文件46,注释4。

57. Hans Reichenbach 来信

斯图加特,Wiederhold街13号,1920年6月15日

亲爱的爱因斯坦先生:

我必须向您提出一个诚恳的请求。我关于相对论与先验认识的研究成果即将由Springer出版社以小册子的形式出版(其篇幅类似于Freundlich的那本书)。[1]现在我想恳请您,允许我将它奉献给您。您知道,我的目的就在于,通过这个研究来彰显相对论的哲学影响,并且论述您的物理学理论给认识论带来了哪些巨大的发现。将您的名字印在我这本书的扉页上,我想以此来表达的意思是,恰好是哲学应该特别感谢您。我十分清楚,职业哲学家当中极少有人能够想到,您的理论就是一件哲学上的伟业;而且较之于伟大康德的追随者们的全部多卷本著作,您的物理学概念构成中所蕴含的哲学要多得多;我致力于把康德哲学的洞见从其同时代那些牵强附会中解放出来,与您的种种发现融汇于一个体系中。故此请允许我,为此向您表达这份谢意。

此外,我也想通过献书来表达我个人对您的感激之情,这是我欠您的,因为从您之口我获得了我在物理学所能获得的最深刻的认识,而且我将永世不忘您对于我的科学研究特别是我这本小书所产生的巨大的精神影响。[2]

致以真诚的祝福!

Hans Reichenbach 上

ALS(PPiU,Hans Reichenbach Collection,HR015-52-03).[20 076].一份未注明日期的草稿也是可用的[73 236]。

[1] *Reichenbach 1920*。*Freundlich 1916* 共有96页。

[2] Reichenbach听过爱因斯坦1919年夏季学期开设的"相对论"课程。爱因斯坦自己对该课程的说明,见第七卷,文件19;Reichenbach对该课程的笔记见 *PPiU*, Hans Reichenbach Collection,HR-028-01-04, HR-028-01-03, HR-028-01-01。

58. Ernst Cassirer 来信

汉堡，Blumen 街 26 号，[1920 年]6 月 16 日

非常尊敬的同事先生：

对于您的来信和您为深入研究我的手稿所付出的努力，我表示由衷的感谢。[1] 对我而言最有价值的是，从您那儿得知，至少就数学和物理内容来说，我对相对论的理解和阐释基本上是正确的。至于您就我从相对论得出的一些认识论上的结论所做的批评，无须我说，同样对我极有助益，并促使我又一次仔细深入地检查了我的全部论述，然后进行了多方面的修正。

尤其是，现在我更加突出了相对论的那个纯经验主义的出发点，它相比于对理论前提的研究可能显得有些简短。[2] 现在我打算，把您促使我做出的那些调整和补充跟手稿一起拿去出版：我的用意不在于，为相对论引发的那些复杂的认识论问题提供终结性的解决方案——而是仅仅在于，由此而令普遍的哲学兴趣比迄今为止更多地转向这些问题。我自己也希望，能从对这些问题的讨论中学有所得——尤其是从物理学家们针对我的结论可能提出的异议中。

无比感谢和敬重您的

Ernst Cassirer

ALS. [8 388].

[1] 爱因斯坦对 *Cassirer 1921* 手稿的批注，参见文件 44。

[2] 例如，当他讨论 Fizeau 和 Michelson 的实验在相对论发展史上的地位时，说该实验是"物理经验内部本身的一个基本矛盾，是相对论的起点"（"ein fundamentaler Widerspruch innerhalb der physikalischen Erfahrungen selbst, von dem sie ihren Ausgang nahm"；*Cassirer 1921*, 28 页）。

59. 致 Hedwig Born[1]

克里斯蒂安尼亚，[1920 年]6 月 18 日

亲爱的 Born 夫人：

关于您不得不遭受痛苦经历的消息使我深受震动。我知道，眼看自己的母亲被死神折磨自己却无能为力，这是什么滋味。[2] 没有任何安慰。我们大家都必

须承受那样的重负,因为它与生活不可分割地联系在一起。但有一点是真的:忠诚的友谊和相互支持会有所助益。既然我们能分享彼此间那么多美好的东西,那也就不要屈从于麻木的冷酷。逝去的长者其实在年轻人身上继续生活着。您没有这种感觉吗,当您满怀悲伤地看见自己的孩子们? ——

我跟 Ilse 一起待在这儿。我给学生们做些讲座,[3]他们真的是些活泼可爱的年轻人。此外还有奇妙的自然和一种简直令人生畏的酷热,这可是完全出乎意料的。

衷心问候您和 Max!

爱因斯坦

[……][4]

AKSX. *Einstein/Born 1969*,第 53 页.[8 257]. 这张明信片寄给"Frau H. Born Cronstetterstr. 9 Frankfurt a. M. ",寄信人地址"Abs. A. Einstein z Z. Kristiania. ",邮戳为"Kristiania Br. 18. VI. 20. 1—3E[ttermiddag]"。

[1] Hedwig Born-Ehrenberg(1882—1972)是 Max Born 的妻子。

[2] Helene Ehrenberg(生于 1852 年)卒于亚洲流感(见 *Einstein/Born 1969*,第 52 页)。Pauline Einstein 卒于 1920 年 2 月 20 日。

Ehrenberg 的死讯在爱因斯坦动身前往挪威之后寄到了爱因斯坦的住所(见 1920 年 6 月 12—18 日,Elsa Einstein 对 Hedwig Born 的慰问,GyB,Nachl. Born,Nr. 1226,Bl. 3—4)。

[3] 爱因斯坦分别于 6 月 15 日,17 日和 18 日为挪威学生会讲授了关于相对论的课程(见 6 月 16 日,18 日和 19 日《晚邮报》的讲座清单,亦见 1920 年 6 月 22 日德国大使[Kristiania]Mutius 致外交部的信,GyBPAAA,R 64673)。他也成为是学生会的名誉成员(见《柏林日报》,1920 年 6 月 26 日,晚间版,和 *Johansen 2005*)。

[4] Ilse Einstein 写的后记从略。

60. Leonhard Grebe 和 Albert Bachem 来信

波恩,1920 年 6 月 18 日

非常尊敬的教授先生:

我们随信给您寄去了我们的引力红移报告的修订版,如您所愿,我们附上了被使用到的微型光影图像方面的全部数据。我们恳请,最好是能安排将其刊发于《科学院报》(*Academy's Reports*)。[1]之所以拖到现在才把它寄给您,是因为,如您所知,我们想要利用最新拍摄到的微型影像对红移进行一次新的测量。可惜这次努力未能成功,因为测量结果显示,仍有钾光电管中的惯性影像干涉微型光影图像,[2]导致数千埃的误差在那里,结果无法得到保证。然而在新的分析取得成功之前,我们再也不想推迟发表之前的数据结果。

我们再次衷心地感谢您多方面的支持。[3]

致以最崇高的敬意!

您忠实的
L. Grebe
Alb. Bachem 博士

ALS.[6 047].写在信头为"Physikalisches Institut der Universität Bonn"的信笺上。

[1] 作为 *Grebe and Bachem 1920b* 出版。

[2] 用于扫描感光板发黑状态的钾离子电池由于有限的平衡时间而无法记录曝光瞬间的变化。

[3] 除了为他们提供 2000 马克来自威廉皇帝物理研究所的经费,爱因斯坦还提供了 Erwin Freundlich 的分光光度计和个人协助。(参见爱因斯坦 1919 年 4 月 26 日致 Leonhard Grebe 的信[第九卷,年表和日程表])。关于 Grebe 和 Bachem 在引力红移方面研究的讨论,详见第九卷,序言第 4 节和 *Hentschel 1998*)。

61. Heinrich Zangger 来信

苏黎世,Zürichberg 街 8 号,1920 年 6 月 19 日

尊敬的朋友爱因斯坦:

那封信是我在旅途中匆忙写下的,因此不够完整。我能理解您为什么不能轻易读懂,[1]希望您能够谅解。Langevin 发来了他的问候,并建议您能找个时间来日内瓦,[2]那么他也将从巴黎赶到日内瓦。他试图强调 Weyl 对瑞士政府的重要性。他似乎对 Weyl 的评价相当高,并且对他寄予厚望。当然我会立即将这件事转告给 Genehm 教授。[3]

您的儿子今天来看望我们。他告诉我他将去法国、瑞士度假,他想学法语。我不在家,因此没能告知他您想和他共度夏天。[4]但是对父亲而言,当机会出现时,最明智的事情大概是妥协去瑞士。

Victor Henry 将在明天左右到苏黎世。他对物理化学的职位非常感兴趣。我也认为这是一个适当的解决方法;他是一位精力充沛、器宇不凡且富有天赋的人。很多人都认为我很鲁莽,但我没那么容易被解雇,因为 Einstein 和 Debey 已经对我在苏黎世的活动给予了很高的评价。[5]

我们将利用我 10 年前买的大型 Hilger 仪器,在一个更广阔的基础上再次从事光谱测量学的研究。[6]在布鲁塞尔(Brussels),我同意明年做一个关于该领

域的报告。[7]相当有趣的是在紫外线辐射中这个结果是多么具有代表性；最有意思的是在血清溶液的 1/100 mm 层的典型吸收波段是如此清晰，因为在一系列生物碱中，使用比血清吸收稍微短一点的吸收波长能产生典型光谱。您知道在巴黎我已经和 Shepperd 利用吸收检查了光谱位移。[8]现在包括利用血液胶质物确定位移；接着我们将用一种意义深远的物理方法来探测生物碱，并部分地描述药物的溶解性与毒性。您仍然记得我是如何设法确认蓝色染料和它的起源。我想不久我们将深入毒药领域，因为通过利用我们的紫外线辐射仪器进行探测，我们将获得证据[……]来证明外界物质的存在、分布和基本的分类，所利用的 20 个独立光谱的一系列记录很容易放在一起观察。这是非常重要的，因为来自新物质的毒害是相当广泛的。大量毒药的引进也许是战争造成的最大不幸，还有那些利用所谓的替代品进行牟利的鲁莽行为。[9]一旦任何旧的污物可以以某种形式呈现出来，就会以通常的方法确定其特定的属性，否则，会因此遭遇不惜一切代价的反对，而只要它更便宜一点，就会被人买的。它始于明胶和蜂蜜，并且永无止境。[10]关于孤立的因果关系知识的运作就是如此，它很容易成为权力的手段。

您会更感兴趣的是，最近我们将调查缓刑及其对心理的影响。当依赖隐约呈现于每个法律背后的令人窒息的框架时，我发现缓刑是司法责任的一个重要因素。

祝您工作顺利！

Zangger

TLS.[40 004]. 在印刷的信纸头上写着：" Gerichtlich-Medizinisches Institut der Universität Zürich (Direktion: Prof. Dr. H. Zangger)"。

[1] 因为爱因斯坦抱怨 Zangger 的字迹潦草，参见文件 34。

[2] Paul Langevin。

[3] Robert Gnehm。截至 5 月底，Hermann Weyl 正在考虑格丁根大学和柏林大学的提议。

[4] 4 月初，爱因斯坦曾表示他很期望能花些时间与儿子一起欢乐地度过他们的暑假（参见 Einstein 致 Hans Albert Einstein，1920 年 4 月 5 日［第九卷，文件 369］）。然而，4 月下旬，爱因斯坦知道 Hans Albert Einstein 想去瑞士法语区，因此希望夏天去看望 Eduard，但是 Hans Albert 秋天前都不在（参见 Einstein 致 Heinrich Zangger，1920 年 4 月 19 日［第九卷，文件 380］）。在写给他的 5 月中旬的 16 岁生日的信中，Hans Albert 没有提到他的夏天计划（参见文件 15）。

[5] Victor Henri(1872—1940)曾代表法国政府促进了化学工业在俄罗斯的发展，并于 1918 年成为莫斯科大学(University of Moscow)的生理学教授。他被中介人 Zangger 正式提议作为一个候选人（参见 Bruno Bloch, Dekan der med. Fakultät, to Erziehungsdirektion des Kantons Zürich, 20 May 1920, SzZSa, U 110b.3, no. 59）。两位候选人对爱因斯坦评价过的那个职位的申请（见爱因斯坦在 1920 年 5 月 20 日写给 Alfred Wolfer 的信［第九卷，文件 223］）都已经被拒绝了（见 Alfred Wolfer, Dekan，在 1920

年3月15日写给 Erziehungsdirektion des Kantons Zürich 的信,SzZSa, U 110 b.3, no. 59)。

Zangger 曾担任瑞士联邦技术研究所的中介人,与爱因斯坦和 Peter Debye 谈判(见在1919年12月15日 Heinrich Zangger 写给爱因斯坦的信[第九卷,文件215])。

[6] 伦敦的 Adam Hilger 有限公司生产的一种分光光度计。

[7] *Zangger 1922*。

[8] Samuel E. Sheppard (1882—1948)。

[9] 在第一次世界大战期间,Zangger 已发表了关于毒气的文章(见 *Zangger 1914a* 和 *Zangger 1914b*)。

[10] 1915年在瑞士小镇索洛图恩的一个称为穆林威尔的行政区里,当地一家梳厂发生了蜂窝状的爆炸事故(见 *Zangger 1916*)。

62. Vladimir K. Arkad'ev[1] 来信

[莫斯科,]1920年6月22日

尊敬的教授:

我对您的新论文非常感兴趣,这篇论文是从国家文化和教育委员 Lunacharski 那儿得来的。[2]

在莫斯科大学(University of Moscow),首届俄罗斯物理协会(Russian Physical Association)会议将于1920年9月初召开。该会也将讨论本国与国外学者的关系问题。[3]

谨致问候!

您最真诚的
W. Arkad'ev

我的地址:Moscow, Pretschistenka 27, apt. 7 (via Berlin, Ministry of War U.5), for W. Arkad'ev 教授,首届俄罗斯物理协会会议秘书。[4]

ALS. [43 113].

[1] Vladimir Konstantinovich Arkad'ev (1884—1953) 是莫斯科经济学院的物理学教授。

[2] Anatolii Vasil'evich Lunacharski (1875—1933) 在1917年成为苏联一个教育部长。他的正式头衔是民众启蒙部长。

[3] 俄罗斯物理学家协会在1919年2月成立,在1920年9月举行第一次会议,由莫斯科体育协会主办。在这次会议上,关于物理研究中缺乏资金,与国际孤立,以及出版物的中断等问题得到了解决;超过500人参加,并提交了多个主题的超过100多篇的论文(见 *Josephson 1991*,第77—80页)。

[4] 最初,在西里尔文字中,"kv"是对公寓的指定("kvartir")。

63. Hendrik A. Lorentz 来信

哈勒姆,1920 年 6 月 23 日

亲爱的同事:

我想我必须再次告诉您关于您被委任的情况,或者更准确地说,是皇室批准的事情。您在荷兰逗留的最后几天里,我仍然可以告诉您,没有任何障碍存在,而且这件事情很有希望在本月 12 日得到处理。[1]不幸的是,此事已一拖再拖,好在您不必再等候结果了。同时,我们现在已经接近目标。国会已经下达决定(这个决定当然对我们有利),因此最后的手续也完成了。[2]本会的成员 Oppenheim 教授(也是莱顿大学馆长)告诉我,他从部长的秘书长处听说最迟 7 月初可望颁布皇家法令。[3]自 7 月 10 日开始休假,您也许仍然可以在本学期的最后 1 周进行您的就职演说。当然,不论如何您都将能直接在 9 月底休假后进行就职演说。

由于涉及您是否愿意在假期之前或之后发表您的演讲(只要前者也是可行的),您大可以按照自己的意愿行事。我只能说,您来得越早,我们以及您所有在这个国家的朋友,会越高兴。

不论如何,一旦皇家法令颁布,Ehrenfest 或者我将电报您"正常";我们可以把您能够做演讲的供选日期列入在内,如果您愿意的话。这仍完全由您自己决定。

———

我很高兴收到您的来信,我们将在布鲁塞尔的物理会议上看到(听到)您。[4]我收集了您接受邀请去克里斯蒂(Christiania)的信。[5]我非常希望您能抽出时间,看看那美丽的乡村;您已经紧张工作多年,可以让自己放松一些。

昨天,我收到了 Eddington 所著的令人兴奋的书:《空间、时间和引力:广义相对论概述》,[6]其中有许多问题我想和您讨论;如果可以尽快实现,我将十分高兴。

致以亲切的问候!

您忠实的
H. A. Lorentz

ALSX. [16 518]. 文件的左边缘有活页夹穿孔。

[1] 爱因斯坦在 5 月 31 日离开荷兰(见文件 33)。

[2] 早期荷兰教育部审议,赞成莱顿大学(University of Leyden)对爱因斯坦的任命,见第三部分介绍。国会(Raad van State)批准莱顿大学基金在莱顿设立物理学主席,并请求女王在 6 月 15 日的信中予以批准(在 1920 年 6 月 15 日, Raad van State to Queen Wilhelmina, NeTHNA, Archief van het Ministerie van Onderwijs, Rectoren toegangsnummer 2.14.17 inventarisnummer 13)。

[3] Jacques Oppenheim (1849—1924)是莱顿大学的名誉法学教授。女王在 6 月 24 日签署皇室命令,任命莱顿大学基金于 6 月 24 日设立物理学的专业主席。该法令于 1920 年 7 月 27 日颁布在 *Staatsblad van het Koninkrijk der Nederlanden* 上。

[4] 爱因斯坦重申他在 1 周前已接受了到 Solvay 国会的邀请(见文件 56)。

[5] 挪威学生协会的邀请,在文件第 43 中有描述。

[6] *Eddington 1920a*。

64. Niels Bohr 来信

[哥本哈根,]Stockholmsgade 街 37 号,1920 年 6 月 24 日

尊敬的爱因斯坦教授:

听说您要来哥本哈根(Copenhagen),我简直无法形容自己有多么喜悦,我们都非常期待您的讲座。[1]对我来说是最伟大的经历之一的就是曾经和您见过面,和您攀谈。在我访问柏林期间您对我的友好,令我的感激之情无以言表。对于您的来信,我很惭愧一直没有回复。[2]您不知道对我而言这是多么大的鼓励,长久以来我都希望能有机会亲自听到您对于一些问题的见解,那是一些一直困扰着我的问题。我永远不会忘记在从达尔勒姆(Dahlem)到您家路上的讨论,[3]但愿在您来此访问的期间,我们能有机会再次进行类似的讨论。不巧的是,最近几天我妻子在诊所生下了一个儿子,[4]一切顺利。因此,在您返回哥本哈根之前,我们恐怕不能在家里接待您了。但是,如果您目前旅居于此,您可能会有时间与心情和我沿着哥本哈根优美的湖边漫步,或者与几个亲密的朋友一起吃顿饭,这将是我最大的荣幸。

我和我的妻子向您致以最亲切的问候!

您忠实的
Niels Bohr.

ALS. *Bohr 1976*,第 634—635 页.[8 069].

[1] 爱因斯坦于 6 月 25 日向丹麦天文协会(Danish Astronomical Society)讲授了重力学和几何学(见 Envoy Baron von Neurath, Deutsche Gesandtschaft [Kopenhagen]致 Auswärtiges Amt, 1920 年 6 月 26 日[GyBPAAA, R 6 4673])。

[2] Bohr 在访问柏林时,于 1920 年 4 月 27 日对德国物理学会发表了讲话(见文件 4,注释 3)。

[3] 显然是在返回达尔勒姆的 Fritz Haber's villa 途中。这件事很可能发生在一个座谈会之后。年轻的物理学家们曾安排了一个与玻尔(Bohr)的"大人物免费座谈会"("bonzenfreie [s] Kolloquium"),之后他们共进午餐,爱因斯坦与 Haber 都在场(见 Meitner 1964,第 7 页)。关于这个讨论会的记录,参见 Moore 1985,第 106 页。

[4] 在 Margrethe Bohr-Norlund (1889—1984)生下 Erik Bohr 的前一天。

65. 致 Hans Thirring, Adolf Smekal 和 Ludwig Flamm

哥本哈根,1920 年 6 月 25 日

我亲爱的朋友和同事:

  首先,我想说我绝不是主动提及棘手的 Ehrenhaft 问题,经过一系列调查后,我被迫提供自己的意见。[1] 问题主要集中于 Ehrenhaft 是否应该得到或保留进行独立科学研究的机会。对我而言这点毫无疑问,因为 Ehrenhaft 既勤奋又进取,而且他已经极大地推动了科学发展。

  现在,我从你们的信中看来,学院已经找到了一个很幸运的解决方案,因为它已经给予 Ehrenhaft 一定的自主活动范围,不至于对他的个性造成太大影响。我从没怀疑 Ehrenhaft 对他自己实验描述得不准确。我也相信,他的顽固不化——如果没有通过其他因素补偿——可能成为学院的不利之处,在这方面,我同意你的看法。Smekal 先生,您不知道,我一直在用我在这里描述的方式思考 Ehrenhaft 先生的理论态度。[2]

  如果维也纳理论物理学家发现他们的选择缩小了,这将特别糟糕。[3] 据知,在当今维也纳,毫无疑问,理论物理学的地位超过实验物理学。在任何情况下维也纳均不应忽视培育理论物理学的特殊传统。[4] 在我看来这是你们的权利,事实上你们也有责任对此绝不退让。另一方面,我担心的是,相反,在 Ehrenhaft 事件的初始阶段,如果没有真正的、热心实验的学者获得空缺的位子,培育试验可能会在很大程度上成为空谈。尽管我认为由学院设计的方式[5] 已经大大减少了这种危险。

  致敬。

你们的
爱因斯坦

ALSX. [10 364].

[1] 在1920年6月20日写给爱因斯坦的信中，Thirring、Smekal和Flamm谈到了爱因斯坦早期的意见，关于作为维也纳大学的物理学主席的候选人(见爱因斯坦在1920年1月20日和1920年2月7日写给Rudolf Wegscheider的信[见第九卷，文件269和302]和爱因斯坦在1920年4月2日写给Ludo Moritz Hartmann的信[第九卷，文件365])。Flamm(1885—1964)是维也纳大学的物理学教授。他们的信中一定告知了在挪威或是丹麦的爱因斯坦，因为在1920年6月20日以前他离开柏林到奥斯陆并经由哥本哈根返回柏林。

爱因斯坦曾与Anton Lampa、Rudolf Wegscheider和Richard Wettstein交流(见Anton Lampa在1920年1月19日年写给爱因斯坦的信，Rudolf Wegscheider在1920年2月1日写给爱因斯坦的信，和Richard Wettstein在1920年2月13日写给爱因斯坦的信[见第九卷，文件267、292和313])。

[2] Heinrich Rubens于某周三举办了一场物理学讨论会，在Adolf Smekal发表陈述之后，爱因斯坦驳斥了Ehrenhaft的结论(见文件45，注释2)。

[3] Ehrenhaft宣称理论物理学主席的职位应予以取消，以保证他未来的研究所有更多的空间(见Hans Thirring、Adolf Smekal和Ludwig Flamm在1920年6月20日写给爱因斯坦的信，也见在1920年的1月24日、2月27日、3月13日Protokoll, phil. Fak., k. k. Universität in Wien (AVSa, Z. 562)。

[4] 在他们6月20日的信中，Thirring、Smekal和Flamm提议维也纳理论物理学家Josef Stefan、Ludwig Boltzmann和Friedrich Hasenöhrl，并提议增补年轻一代：Flamm、Erwin Schrödinger、Friedrich Kottler、Karl Herzfeld和Thirring。

[5] 也就是说，任命Ehrenhaft为全职教授，有责任为药剂师教授物理课程，并指派物理研究所Ⅱ三楼的一部分给予Ehrenhaft。见1920年6月20日，Protokoll, phil. 在1920年3月13日Fak., k. k. Universität in Wien(AVSa, Z. 562)。

66. 致Hans Reichenbach

[柏林，]1920年6月30日

尊敬的Reichenbach先生：

我真的很高兴您愿意把您的那本出色的小册子送给我，[1]但更令我高兴的是您认为我是一个出色的演讲家与思想家。[2]我认为，相对论对于哲学的价值在于它揭示了某些观念的模糊性，它们即使在哲学领域中也没能得到完美解释。观念如果不和经验联系在一起，就没有任何意义。它们就像那些羞于自己的血统并且希望与过去断绝关系的暴发户。

请原谅我的简短，我还有一大堆信件没处理。向您和Regener问好！[3]

您的
A. 爱因斯坦

ALSX. [20 113].

[1] 在文件57中，Reichenbach曾请求爱因斯坦同意把 *Reichenbach 1920* 送给他，那本书本是献给爱因斯坦的。爱因斯坦的藏书中有它的复本，其中包含一些旁注，如对于第74页Reichenbach的论点批注"非常好"("sehr gut")，即不可能仅从内在世界中推导出先验原则。

[2] Reichenbach参加了爱因斯坦在柏林的讲座（见文件57，注释2）。关于爱因斯坦作为学术教师的进一步资料，见第三卷。关于第3—第10页的"爱因斯坦讲稿"的编辑注释，以及对爱因斯坦的学术课程的调查，见第三卷，附录B。

[3] Erich Regener是Reichenbach在斯图加特技术大学（Technical University of Stuttgart）做授课资格论文时的导师（见文件24）。

67. 致Moritz Schlick

[柏林，]1920年6月30日

尊敬的Schlick先生：

我过去的旅行，不属于我，已使我非常疲惫。况且我带着女儿，行李也很多，因此可能无法再增加行程了。[1] 您的信是又一个清晰的杰作。[2] 我现在对您深信不疑，尤其是在类似事件重演的基本作用方面。[3] 我已经看不太清楚森林里的树木了。现在只是在处理牛顿运动定律的问题上，我们的看法还不大一致。[4] 关于这一点如果我们能私下讨论一下该多好啊。这个问题很复杂。如果我有方程

$$质量 \cdot 加速度 = 力$$

那么"力"是"绝对的"（[独立]的参照系），质量也是同样的，只要单位（长度也是）是固定的。因此，一个绝对的意义也必须赋予加速度了。这本身是通过方程 $\frac{d^2x}{dt^2}$ 由长度和时间表达的，所以，另一方面，也绝对不允许由惯性定律来确定加速度。我们宁可确定 x 和 t 本身是绝对的，或者是有物理意义的量。对于 t 可由时钟来确定，如果我们忽略同时性的问题，c 几乎 $=\infty$；但对于 x 是不起作用的。人们不得不将它诉诸神秘，也就是说，经验无法进入现实的空间。但是，相对论力学的特殊原理在力学中又反对这一点。

此外，即使根据相对论原理，物理空间是真实的，但不是独立的，因为其性质完全由物质决定。[5] 它虽然被归为因果联系，却并没有在因果序列中发挥作用。出于逻辑意识，牛顿决定建立绝对空间（以及绝对时间，虽然并不是非常必要）。他也完全可以将这种绝对空间称之为"刚性以太"。[6] 他需要这样一种存在，以便给加速度赋予客观的意义。后来在力学中所做的没有绝对空间的尝试（马赫除外）只是"玩捉迷藏"。

也向您的妻子致以亲切问候，（仍然）希望很快再次见到您。

您的
A. 爱因斯坦

ALS (NeHR, Vienna Circle Archives, Schlick Papers, Nr. 98). [21 636].

[1] 在和 Ilse Einstein 从丹麦返回的途中，6月28日他已通过 Rostock（见 Moritz Schlick 在1920年6月29日写给爱因斯坦的信）拒绝 Schlick 的邀请（见 Moritz Schlick 在1920年6月5日写给爱因斯坦的信）。

[2] 文件51。

[3] Schlick 声称只有重复相同的过程，人们才有可能发现因果关系（见 *Schlick 1920a*，第463页），爱因斯坦在文件47中批驳了这种说法，Schlick 则在文件51中为其辩护。

[4] 在文件47和51中的另一个论点是，是否或在何种程度上，牛顿的惯性运动概念会违背因果关系的原则。

[5] 空间的物理性质及其度规场必须完全由物质来决定，这一点在 *Einstein 1918e*（第七卷，文件4）中被称为"Mach 原则"，并做了介绍。

[6] 以太这一概念的意义以及牛顿物理空间与相对论物理空间的含义是 *Einstein 1920j*（第七卷，文件38）的主题。

68. Edouard Guillaume[1] 来信

伯尔尼，1920年6月30日

尊敬的爱因斯坦：

我想您应该已经拿到了我最新的论文，[2] 并且已经读过了——当然也可能并非如此……[3]

虽然很多人都向我做了解释，但如果您能澄清自己的立场，那将会非常有建设性；对我个人而言，听到您的意见是绝对必要的。因为在一场报刊（《新瑞士日报》）上的争论中，您的朋友 Grossmann 说，我的"关于相对论的意见已被您完全否定（？）"。[4] 于是，当我问 Grossmann 您在何时何地以这种方式表达自己意见时，[5] 他回答我，在一封信中，您写道我的"关于相对论的看法是没有意义的"。[6] 这种毫无根据的判断，很容易最大限度地伤害我，这迫使我坚持要么给予依据要么给予撤回。亲爱的爱因斯坦，这就是为什么我向您要一个我可以澄清事实的答复的原因。[7] 这次您真的不能拒绝您的老同事！[8] 现在这已经变得更加容易了，对我的解释起决定性作用的关键实验——光谱线偏移——已经在 Julius 教授的组织下开始进行了，它是建立在测量的基础上的。[9]

简单地说，我的解释可以概括如下：

1. 正如我在上一篇论文中证明的，时间可以用单独或更多的参数描述。2. 本描述等价于要求在二次式中

$$ds^2 = dU^2 - dX^2 - dY^2 - dZ^2 ; ds^2 = g_{44}du^2 - \cdots - g_{11}dx^2 ,$$

量 $\dfrac{dU}{c_0}$ 和 $\dfrac{du}{c_0}$ 不是时间周期而是同一时间跨度的不同质量，并且 dU 和 du 只有一个物理意义：它们代表"光路"（光传播路径）。您可以在上述论文和打印机上所附的证明中找到证明。[10]

这个解释可以很好地帮助说明洛伦兹变换。对于光信号，有一个无限小的时间间隔

$$du_2 = \beta(du_1 - \alpha dx_1), dx_1 = du_1 \cos\varphi_1 ;$$

因此，如果我们建立

(1) $$du_2 = \varepsilon ,$$

其中 ε 是一个无限小的独立量，不依赖于 φ_2，

(2) $$du_1 = \frac{\varepsilon}{\beta\sqrt{1-\alpha\cos\varphi_1}} .$$

(1)表示一个基本光球。(2)表明，从 K_1 "判断"，它显示为一个在原点有一个焦点的旋转椭球体。

这种简明的思路说明了该如何理解我已经介绍了的光速相对恒定的原理。因为如果有

$$du_2 = c_2 dt ; \varepsilon = c_0 dt$$

则可得到：

在 K_2 中光球：$c_2 = c_0$

从 K_1 "判断"，它显示为一个椭圆形：

$$c_1 = \frac{c_0}{\beta(1-\alpha\cos\varphi_1)} .$$

如果您希望得到进一步的解释，我会很乐意将它们提供给您。

希望我的未来是光明的。

您真诚的
E. Guillaume

ALS. *Genovesi 2000*，第 90—第 92 页。[11 535]。这封信的草案与[79 014]这个版本有细微的差别，下面的注释中做了说明。

[1] Guillaume（1881—1959）曾是瑞士联邦保障局（Swiss Federal Insurance Bureau）的数学家。

[2] 可能是 *Guillaume 1920a*。

［3］该草案在这里有一个额外的内容："Es wäre aber wünschenswert, wenn wir einmal zu einer richtigen Aussprache kämen"。

［4］Marcel Grossmann。见"Physikprofessoren,"*Neue Schweizer Zeitung*, 1920 年 6 月 15 日（引自 *Genovesi 2000*, 第 27 页）。

［5］见 Edouard Guillaume 在 1920 年 6 月 19 日写给 Marcel Grossmann 的信（Georges-Edouard Guillaume, Neuchâtel）。

［6］Guillaume 所说的信是在 1920 年 6 月 21 日 Grossmann 写给 Edouard Guillaume 的（Georges-Edouard Guillaume, Neuchâtel）。关于爱因斯坦对 Guillaume 理论的意见，见 1920 年 2 月 27 日爱因斯坦写给 Marcel Grossmann 的信（第九卷，文件 330）。

［7］在草稿中，最后两句改为以下内容："Es würde mir in folge dessen erwünscht, wenn Sie mir eine Antwort abfassen konnten, so dass ich sie veröffentlichen kann"。

［8］这句话不在草稿中。爱因斯坦曾在 1909 年和 Guillaume 一起在瑞士伯尔尼专利局工作，并且在一个科研项目中有合作（见 1909 年 3 月 20 日爱因斯坦写给 Jakob Laub 的信［第五卷，文件 143］）。

［9］Willem H. Julius 在草稿中接着这句话说："und man muß wünschen, in Ihrer schönen Theorie behoben wird."发表文章指的是 *Julius and Cittert 1920*。关于 Julius 在这项工作中的贡献，参见文件 8。在他以前的信中（在 1920 年 2 月 15 日 Edouard Guillaume 写给爱因斯坦的信［第九卷，文件 316］），在 *Einstein 1916 f* 中，爱因斯坦对所谓的广义相对论实验结果的误差做了讨论，Guillaume 提到了这一讨论（第七卷，文件 30）；此前，在 1920 年 1 月 25 日 Edouard Guillaume 写给爱因斯坦的信中（第九卷，文件 280），他提到，实验领导者未能找到引力红移存在的证据。

［10］这个附件可能就是 *Guillaume 1920b*。

69. Gaston Moch[1] 来信

Neuilly(Seine), Chartres 街 26 号，1920 年 7 月 3 日

非常尊敬的教授先生：

我非常遗憾地得知，我将您的小册子翻译成法文的工作必须停止了。其实翻译的初稿已经完成，只需要严格的审核了，因为这项工作不是一件小事，特别是把德文翻译成法文。[2]

很对不起您，我没有及时给您回复，不光是因为工作繁忙，还有生病以及我母亲去世都是原因。

还有要请您原谅的是，我继续用法文给您写信。尽管我运用您的母语已经相当自如——尽一个法国人的最大可能，但我还是更愿意用我的母语，因为这样更加自如。现在当我回到家里找到我的打字机的时候，我就会记起我用它打外文时的窘况比起我第一次使用打字机还严重。

的确，我曾与非常熟识的 Jeanne Rouvière 夫人竞争过这项翻译工作，这并不奇怪。[3] 在我大儿子为进入理工学院（和我一样，我的儿子们都曾就读于理工学院）准备入学考试时，曾和她一同学习数学，她也是我一个小学老友的女儿。正如您所注意到的，我不是一个年轻的小伙子。我出生于 1859 年，1878 年入学。我和 Rouvière 先生，也就是她的爸爸于 1877 年相识，他过着较为奇妙的生活。他在军队的行政部门工作，业余时间一直关注着最新的科技进展。他和热爱文学的妻子有三个女儿，女儿们都随他从事科学事业。他的大女儿与 Marie Curie 夫人一起做物理研究，与您接触的 Jeanne 是他的二女儿。她正在对您的册子进行翻译工作，我只能期望翻译工作顺利完成。

我很感谢您将您的另一篇论文交给我翻译。您将一篇更专业的原始论文交给我来翻译，而不是一篇科普性的文章，您对我的科学能力的信任是非常正确的。另一方面，我并不是为了翻译而翻译。我用不同的语言做过一些翻译，然而都是基于我当时的现状或者我自己的论文。虽然如此，将德文翻译为法文，是相当有难度的工作，特别是当您希望将它在某种意义上以特别满意的方式表达出来，用严谨的文字翻译作者的思想，用流畅的法文表达，以便读者"感觉不到这是翻译而来的"。我知道一个唯一的方法：1. 谨慎地翻译；2. 二次阅读最初的翻译文本；3. 犹如我们要用法文做原始创作一般彻底重新翻译。这是一个漫长的过程，演讲者将不会怀疑翻译者做出的努力。我必须告诉您，对我们法国人来说，丑话说在前面，这要求遵循"友好理论家"的建议。Boltzmann，正如您在引言中引用到的。[4]（总之，我对这位友好的先生很好奇，对我来说他是完全陌生的人。在我的想象中，他蓄有 Uralldeutscher 样式的胡子！）我想起为我好友 Moritz von Egidy 翻译一篇文章的时候，[5] 感觉像是炼狱一般。20 年前我很渴望将他引入法国公众界。我坚信即使作为一个德国人，他也有一种非常个人的、晦涩的风格，这种风格曾让我翻译得很辛苦。

我很高兴与一个旧德国的荣誉代表亲自联系，这是任何一个文明人都只能羡慕而不能阻止的，是从 1600 年的沉睡中醒来的日子。[6] 工作是辛苦的，然而，"革命"依然有待进步，为在国外守望的人带来安慰。但是像您这样的人，还有 Nicolai, Gerlach、Fernau 和 Fr. W. Foerster，将不会轻易地失望和放弃。[7]

如果您有机会进一步写信给我，请告诉我 Pflueger 教授是一个怎样的人，[8] 我将非常感谢。他在最近的文章中提倡反战主义，有一段时间让我激动得流出了泪水。

致以我最好的祝愿。

G. Moch

TLS. [44 468].

[1] Moch(1859—?)。

[2] Moch 已经完成了 Einstein 1917a 的法文译本,参见他 1920 年 5 月 3 日致爱因斯坦的信,在年表和日程表中。尽管爱因斯坦之前曾让他等待一些时候,因为当时尚未确定最终的翻译人选。

[3] 本来 Maurice Solovine 是一个合适的译者(参见 1920 年 6 月 16 日 Maurice Solovine 致爱因斯坦的信函,在年表和日程表中),但是在收到他的辞呈之后,爱因斯坦更倾向于选择 Jeanne Rouvière,他在 1920 年 3 月 8 日得到了爱因斯坦初步的赞许(参见第九卷,年表和日程表),爱因斯坦也在 1920 年 3 月 16 日将自己的决定告知了 Vieweg 出版社(参见第九卷,年表和日程表)。

[4] 其中,爱因斯坦引用了"天才的理论学家"("genialer Theoretiker")Ludwig Boltzmann 的话"高雅的事物应该留给裁缝和皮匠"("man solle die Eleganz Sache der Schneider und Schuster sein lassen"; Einstein 1917a, p. Ⅳ)。

[5] Moritz von Egidy(1847—1898)是一个作家,出版商,以及"先验意识领域"("transcendentale Bewusstsein-Religion";参见 Egidy 1890)的创立者。

[6] Otto Bismarck 在 19 世纪 60 年代初提及了普鲁士的霸权区域,爱因斯坦将这种想法称之为"宗教"(例如参见他在 1916 年 10 月 14 日致 Werner Weisbach 的信[第八卷,文件 264]以及 1917 年 8 月 22 日致 Romain Rolland 的信[第八卷,文件 374])。

[7] Georg F. Nicolai; Hellmut von Gerlach; Hermann Fernau (1883—?); Friedrich W. Foerster.

[8] Alexander W. Pflüger(1869—1945)是伯恩大学(University of Bonn)的物理学特别教授。

70. 致 Hans Albert 和 Eduard Einstein

1920 年 7 月 4 日

亲爱的 Albert 和 Tete:

我多么渴望再次见到你们。[1]亲爱的 Hans Albert,因为自从你在 7 月中旬离去,直至 8 月中旬,我都没有空闲时间。[2]在此之后,你们又要去那里上学。[3]从 9 月 10 日至 25 日,我必须去德国。[4]但以后我就自由了。因此,我建议我们在 9 月底前往锡格马林根附近的 Benzingen,去我的朋友 Camillo Brandhuber 神父家相聚一两个星期。[5]在瑞士这可能过于昂贵和复杂。[6]对你们而言,这只是一个短期的旅行,同时令身心清爽。在那里我们会生活得非常愉快而且随意。如果那时你们没有假期,那么我们只好申请短期离开学校。校长[7]会理解,一个父亲也需要常常看到他的孩子,尽管这是相当罕见的。一旦我知道你们何时到达,我将在锡格马林根接你们。

我希望你们已收到了 1000 法郎。[8]在 1 个月的时间内,我希望能够再次汇款。根据目前的情况来看,这并不容易;但我毕竟希望能够帮你们在苏黎世渡过难关。[9]

Albert,请你咨询德国领事馆,看获取旅行证需要些什么。但也要说你是柏林居民爱因斯坦教授的儿子,否则一切都无从谈起。

问候你们和妈妈,[10] 盼速回复!

你们的
爸爸

ALSX.[75 733].

[1] 爱因斯坦最后一次见他的儿子是在 1919 年的夏季(见本书第九卷,文件 72a)。

[2] Hans Albert 计划前往日内瓦(Geneva)练习法语(见爱因斯坦在 1920 年 4 月 5 日写给 Hans Albert Einstein 的信,[第九卷,文件 369],注释 4)。

[3] Hans Albert 在苏黎世上小学四年级。

[4] Kiel Autumn Week 的艺术与科学院(Kieler Herbstwoche für Kunst und Wissenschaft)请求爱因斯坦在 9 月 15 日做一个关于相对论的演讲(参见 Bernhard Harms 致爱因斯坦,1920 年 5 月 6 日,以及文件 149,注释 11),并且在 9 月 19 日至 9 月 25 日期间出席 the Gesellschaft Deutscher Naturforscher und Ärzte in Bad Nauheim 会议(见文件 31)。

[5] Camillus Brandhuber 和爱因斯坦通常都是从他们以前住过的地方返程到瑞士(例如参见第九卷,文件 86a)。

[6] 一次旅行如此的昂贵可能是由于马克的贬值:在 1920 年 7 月 3 日,汇率是 6.75 马克兑换 1 法郎(见 1920 年 7 月 3 日《柏林日报》的晚间版)。爱因斯坦与他的第一任妻子的复杂关系,也增加了此行的困难。

[7] Ernst Amberg。

[8] 在 3 月,爱因斯坦曾对 Hans Albert 和 Eduard 说,他将于 5 月访问荷兰期间把他的家人送到苏黎世,然后在夏天再次过去(参见爱因斯坦 1920 年 3 月 26 日写给 Hans Albert 和 Eduard Einstein 的信[第九卷,文件 360])。

[9] 由于过高的汇率,爱因斯坦曾计划将 Mileva 和孩子们从苏黎世移居到德国的南部。Mileva 在 1919 年 10 月(见第九卷,文件 148a)表示她反对该计划,爱因斯坦因而做出妥协,同意他们在未来 6 个月仍然在苏黎世(见爱因斯坦在 1919 年 12 月 5 日写给 Mileva Einstein-Marić 的信[第九卷,文件 190])。

[10] Mileva Einstein-Marić。

71. 致 Edouard Guillaume

[柏林,1920 年 7 月 4 日]

尊敬的 Guillaume:

我的行为对您而言可能显得不友好和不忠诚；似乎我想通过我的沉默来谴责您。[1]但实际情况却完全相反。我常常想试图了解您的陈述，但总是完全失败。所以，如果我写信给Grossmann说这没有意义，那只是对我而言的，或者更确切地说，是对我目前的大脑状况；人们将自己不能理解和掌握的东西称之为无意义，[2]它没有其他标准。现在，请您再次原谅我，因为文件和手稿像雨点般落在可怜的我身上，就像鞭子鞭打在马上。[3]但因为您如此积极地攻击我，我别无选择，只能根据所附小通告[4]和您的信件反复通信，寻求澄清。

您说，θ 和 θ' 是时钟周期，因此，不是数字，可写为[5]

$$\theta\tau = \theta'\tau'$$

这些是某种符号方程吗？我无法把它理解为一个数字之间的方程。这就是为什么我不能理解之后的论述，认为您暂时落入一个被禁止的神秘主义，因为您忘了方程与数字打交道。当我提到"长度 l"或"周期 τ"的时钟，我总是意味着"长度 l 是用给定单位长度来量测"或"周期 τ 是用给定标准时钟来量测"。

我再次认为您已经消除了对我的抱怨。衷心祝福您，我们的老同事，以及您的妻子。您的老同事，

爱因斯坦

ALS. *Genovesi 2000*，第92—93页.[79 005]. 爱因斯坦有一个打字复印本[11 537]，很明显是他自己的记录。

[1] 在文件68，Guillaume请求爱因斯坦寄给他一篇可以公布的回信，以应对其他人对他所提出的相对论的批评。

[2] 在2月，爱因斯坦称Guillaume许多最近的文件（可能是 *Guillaume 1920a*）"愚蠢"（"blöde"，参见爱因斯坦致Marcel Grossmann，1920年2月27日[第九卷，文件330]）。1920年6月Grossmann写的一篇新闻稿重复了这一论断，尽管用词更加委婉（参阅文件68）。

[3] 在爱因斯坦致Marcel Grossmann，1920年2月27日（第九卷，文件330），也在第九卷的其他许多地方，爱因斯坦抱怨自己被淹没在信件和各种其他责任中。

[4] *Guillaume 1920b*。

[5] 在下面的方程中，有一个突出的特点表现在这一时期Guillaume的所有出版物中，他打算用不同周期 θ 的两个时钟来测量相同的时间间隔，研究不同数量的时间单位 τ 的流逝。Guillaume声称，狭义与广义相对论中的时间膨胀就类似于用不同的时间单位来测量同样的时间间隔。关于这一点的讨论，见Guillaume和Arthur S. Eddington之间的交流（*Guillaume 1920c*，*Eddington 1920b* 和 *Guillaume 1920d*）。

72. Joseph Petzoldt[1]来信

施潘道，Wröhmänner街6号，1920年7月6日

72. Joseph Petzoldt 来信

最尊敬的教授：

长期以来，我一直特别希望能够在相对论的认识论方面更多地与您进行讨论。我只是不敢表达出来，因为我怕打扰您，您的时间可能被各种重要工作占满了。但现在，认识论问题变得越来越紧迫，比以往更需要澄清。在哈雷的 Kant Society 会议中我就看出了这一点，这个会议是我在 Vaihinger's 和 Kraus's 的邀请下参加的。[2] 那里的哲学家们甚至不清楚这个理论的实验基础。[3] 而且，Riese 告诉我说您一定会倾向于讨论相对论中的哲学问题。此外，从布拉格来的年轻的 Winternitzt 博士[4] 已经来这儿。假如有机会，他会对此事充满兴趣。最后，我认为我们应该在平等的基础上接受 *Zeitschrift für physik*（《特别谨慎和严格审查》）杂志中的认识论文章。我已经和私人顾问 Scheel[5] 提及这一点；他也想在您回来后与您取得联系。

例如，您可能已经熟悉的 Helge Holst[6] 论文的出现是多么必要。它希望减少相对论中的计算内容，哈雷也进行了类似的努力。我持反对意见。除了随函附上的这篇关于 Holst 的文章，另一篇关于 Holst 的工作的更加全面的文章将出现在《康德社会年鉴》中。[7]

虽然关于世界有限的问题我并不赞同您，[8] 但您将明白，我仍然遵守相对论的所有要点。我仅在新版本的《马赫力学》[9] 中直截了当地再次表达了这点。但是，只有物理学家和哲学家们一起讨论，才有可能使这些问题全部明晰。von Laue 和 oth 先生肯定也会乐意。[10] 因此，如果您愿意提议在几周后举办这样一个会议（我希望能在 8 月初以后），那将会是一件很好的事情。

致以亲切问候！

您最真实的
J. Petzoldt.

ALS. [19 057]. 键入下一个地址："Tel. Spandau 2039 (Nebenanschluß)"。

[1] Petzoldt（1862—1929）是在位于柏林的夏洛滕堡技术大学（Technical University of Berlin-Charlottenburg 的自然科学认识论的编外讲师。

[2] Hans Vaihinger 的 Als-Ob 会议于 1920 年 5 月 29 日在哈雷举行，也就是在每年康德学会年会的前一天举行（见文件 41，注释 2）。Vaihinger 还邀请了爱因斯坦和 Moritz Schlick，但他们都在开始接受 Oskar Kraus 邀请后决定不参加（见文件 41 和 Moritz Schlick 在 1920 年 6 月 5 日写给爱因斯坦的信，文件 47，注释 2）。

[3] Petzoldt 的贡献在参与者之间引起了争议："有时激烈的辩论之后就相当活跃；一些学者同意 Kraus，但是其他人，首先是 Petzoldt-Berlin 教授争辩说，爱因斯坦的理论就不能代表数学幻想而是现实情况。最后，看起来好像大多数的学者赞同 Petzoldt，而不是 Kraus。("Es entspann sich eine ungemein lebhafte, zum Teil hitzige Debatte; eine Reihe von Gelehrten pflichtete Kraus bei, während andere, an der

Spitze Professor Petzoldt-Berlin, behaupten, daß die Einsteinschen Lehren nicht mathematische Fiktionen, sondern Wirklichkeiten darstellen. Es hatte zum Schluß den Anschein, als ob der größte Teil der Gelehrten nicht Kraus, sondern Petzoldt beipflichtete"; Berliner Tageblatt, 1 June 1920, Morning Edition). Petzoldt 在哈雷会议中的角色，也见 *Schmidt, R. 1921* 报告和 *Hentschel, 1990* 讨论，sec. 3.4.2。

[4] Josef Winternitz (1896—1952)。

[5] Karl Scheel (1866—1936) 是 Physikalisch Technische Reichsanstalt 物理技术部的主任和 *Zeitschrift für Physik* 的编辑。

[6] Helge Holst (1871—1944)，作为一个很有经验的物理学家，曾在哥本哈根技术大学（Technical University of Copenhagen）任图书管理员。部分原因是为了回应 *Petzoldt 1918*，他在 *Holst 1919* 中讨论了狭义相对性长度收缩的问题，认为恒星群会产生一种他所谓的绝对"中性场（Neutral-field）"，这种场造成了惯性效应。他也对洛伦兹收缩提出了因果解释。Holst 在 *Holst 1920a* 中重申了他反对 Petzoldt 的立场。这两篇文章引来了 Petzoldt 在 *Petzoldt 1920* 和 *1921a*（手稿早于 1920 年，但在 1920 年后发表）中对它们的批评。Holst 对 Petzoldt 的最终回应，日期是 1920 年 8 月，再次出现在 *Zeitschrift für Physik* (*Holst 1920b*)。

[7] *Petzoldt 1921a*。

[8] 指的是 *Einstein 1917a*（第七卷，文件 42），其中爱因斯坦声称广义相对论将允许我们"几乎肯定"地回答了我们的世界是否是有限的还是无限的问题（"mit ziemlicher Sicherheit"；第 500 页），而答案是有限的（第 501 页）。Petzoldt 拒绝这个问题，认为它在"逻辑能力之外"（"logisch unzulässig"，*Petzoldt 1920*，第 473 页），因为它不可能经受实验检验（*Petzoldt 1921a*，第 454—455 页）。

[9] *Petzoldt 1921b*。

[10] Max von Laue。

73. 德国国际联盟的来信

柏林，Unter den Linden 街 7 号，1920 年 7 月 8 日

尊敬的教授：

经过长时间的犹豫，我们决定用以下请求〈打扰〉占用您宝贵的时间：经过与 Elisabeth Rotten 博士的密切磋商，[1] 我们一致认为有必要向德国公众与德国科学界展示，到目前为止我们为他们做了哪些工作，以及未来我们还能做些什么。[2] 它最好发表在我们的新闻通讯《国际联盟德国分会新闻》(*News from the German League for the League of Nations*) 之中。它已被数以百计的报刊转载。在得到了 Rotten 博士的同意后，我们邀请您，尊敬的教授，来撰写这篇文章。我们认为由英国高校资助的对德国图书馆的援助只是聚焦于利益，[3] 因为公众对这一援助以及全面的进口行为知之甚少。如果您能担此重任，我们可以确信国外的中立国和敌国也会适当地注意到您的意见。

考虑到目前德国报纸的空间限制,文章应当不超过 100 行。

作为酬劳,我们冒昧地向您提供 100 马克。

我们将非常感谢您及时通知我们是否愿意承担这篇文章的写作任务。

致以最崇高的敬意。

谦卑的

Deutsche Liga für Völkerbund

Press Department:

Müller -Ja[busch][4]

TLS.[44 335].

[1] 在整个 1919 年,Rotten 和爱因斯坦一起在德国私人调查委员会工作,揭露德国的战争罪行(见第九卷,文件 79a,注释 7)。

[2] 1920 年,Scientific 研究和学术机构在德国遭受严重的财政困难。此外,国际研究委员会(International Research Council)由盟军于 1919 年创立,旨在排除国际科学会议中的德国和奥地利国民,并在 10 年内禁止德国及其战时的盟国公民成为委员会成员。如需进一步详情,请参阅 *Einstein 1920i*(第七卷,文件 47)注释 2—4。

[3] 德国和美国于 1920 年 3 月开始交换刊物,并建立英美大学中欧图书馆,见文件 26,注释 6。

[4] Maximilian Müller-Jabusch(1889—1961)是国际联盟德国分会的记者与新闻秘书。

74. 德国海外赈济中央委员会的来信

柏林,W. 8,Mohren 街 56 号,1920 年 7 月 9 日

Re:贵格会教徒救济

爱因斯坦教授:

在国外,为德国儿童基金会[Kinderhilfswerk]的新的筹款活动已经开始了。关于德国儿童的需要的详细报告和统计资料,我们都可以提供给目前驻留在此的国外新闻代理,并说明如何分配和接收捐赠。

然而,国外的人不仅仅只想听政府和官方的观点,他们也想听听公众以及一些知名人士的意见,只要他们完全了解赈济会组织。这不需要是很长的演讲,反而最好是像附带的陈述、对话或信件中的分散的言论。

目前,632000 名孩子正由美国贵格会信徒们独自抚养。英国贵格会信徒们正在提供来自其他渠道的慷慨慈善的礼物给贫困地区、贫困人口和机构,特别是青年和贫穷的中产阶级。[1]为了青少年、怀孕及哺乳期妇女、穷人和病人的利益,

急需延续该援助。我代表德国中央委员会，请求您促进这些友善且热情的帮助，希望我对您的求助不会是徒劳的。

这个请求完全是捐赠人的愿望，与官方无关；因此您可以将答复直接告诉我，例如通过一封摘录信或您愿意的类似形式，附原件。

我很乐意提供任何附加的信息。

德国海外赈济中央委员会，

Elsa Herrmann, Jur[is] Dr. [2]

TLS. [44 694]. Ilse Einstein 手中的爱因斯坦的手稿的第 2 页下半部分遗失了，与第七卷文件 40 相同。

[1] 关于减轻德国在第一次世界大战后的饥饿问题，爱因斯坦提出了他的观点（见"致德国海外赈济中央委员会"[第七卷，文件 40]）。

[2] Herrmann(1893—?)在 1920 年完成了关于教会与国家的分离的法律论文（见 *Herrmann 1920*）。

75. Max Born 来信

法兰克福，1920 年 7 月 16 日

尊敬的爱因斯坦：

我们很有可能会去格丁根，特别是如果 Franck 接到电话并接受邀请；他已经得到了教员们的提名。[1] 现在关于我的继任者的问题变得很敏感。Schoenflies 想写信给你以求参考。[2] 我当然想要 Stern，[3] 但是 Wachsmuth 不愿意；他对我说："我非常尊敬 Stern，但他有这样一个令人沮丧的犹太人的智慧！"[4] 至少这是公开排犹主义。但是 Schoenflies 和 Lorenz 想要帮我。[5] Wachsmuth 提名 Kossel，一个非常巧妙的提议，因为显然没什么可以反对他——至多说他不精通数学；但那不是一个错误。[6] Stern 建立了我们的小学院，绝对值得认可。显然，我不需要指出他的优点。然后，Lenz 和 Reiche 仍然会被考虑，[7] 也许还有其他门外汉。人才可真是多啊！——我向 Laue 询问专家意见，[8] 如果你能跟他讨论此事就好了，因为你的判断不会和其他人冲突。——现在我很懒，几乎没怎么工作了；我以极大的热情追求的唯一的实验是关于银原子束的路径的自由长度。我的助手把这件事做得非常好。[9] 我们的设备系统全面完成，但很遗憾测量不大可能在假期前开始。我们 8 月 6 日将动身前往 South Tyrol（意大利）的 Sulden；我极其期待再次远离这一切，去寻找一些令人愉悦的东西。我太太已经恢复了一点，她母亲去世后的那一段时光真的是很难挨。[10]

我们经常去远足，这对她有益。明天我们去莱茵河，她还很陌生。孩子们都很好。[11]

不幸的是，关于格丁根的决定无限延期。我们还没有那里的公寓，下周我妻子想开车去那里寻找住处。

你会找个时间来德国南部吗？我们多么想见到你并与你交流。

向你亲爱的妻子和年轻的女士们问好。[12]

你的

Max Born.

ALS. *Einstein/Born 1969*，第 55—56 页. [8 150]。

[1] James Franck (1882—1964) 是达勒姆 (Berlin-Dahlem) 的威廉皇家物理化学院 (Kaiser Wilhelm Institute for Physical Chemistry) 的物理科负责人。Born 要求 Franck 也在格丁根担任一个空缺的物理教授职位，他自己却不愿意负责实验物理学。教员们反过来要求普鲁士教育部门将特聘教授 Robert Pohl 提升为主席。Franck 和 Pohl 将领导格丁根实验室，而 Born 将只负责理论物理（见 *Dahms 2002*）。关于 Born 的回忆，见 *Einstein/Born 1969*，第 49—50 页，和 *Born 1978*，第 199—201 页。另见爱因斯坦致 Born，1920 年 3 月 3 日（第九卷，文件 337）和 Peter Debye 致爱因斯坦，1920 年 3 月 5 日（第九卷，文件 340）。

[2] 见文件 50。

[3] Otto Stern。

[4] Friedrich Wachsmuth。

[5] Arthur Schoenflies. Richard Lorenz (1863—1929)，是法兰克福大学物理化学教授。

[6] Walther Kossel。

[7] Wilhelm Lenz, Fritz Reiche。

[8] Max von Laue。

[9] Elisabeth Bormann（见 *Born 1920b*）。

[10] 关于 Hedwig Born 母亲的逝世，见文件 59，注释 2。

[11] Irene (1914—2003) and Gritli Born (1915—2000)。

[12] Elsa, Ilse, and Margot Einstein。

76. 致 Paul Ehrenfest

[柏林，]1920 年 7 月 19 日

尊敬的 Ehrenfest：

小提琴终于到了！[1]它怎么会破损得如此厉害？他们肯定操作野蛮。好在我已经对它投保了（好像是 1000 马克）。所以立即去好的乐器制造商那儿进行

损坏评估,以便您获得赔偿。如果您已经修复了小提琴,请事先咨询专家,免得事情搞砸了。请尽快寄回琴盒和弓,因为那是我唯一的琴盒和弓。我多想让你试试乐器;这真的很好。

现在提名已经确定了。[2]所以我10月就会过去,为了宣讲那陈旧乏味的一套说辞。9月对我来说是不可能的,因为有科学会议。[3]之后,我打算在德国南部见见我的孩子。[4]什么是最新的厅堂效果?[5]

我收到了来自Grebe和Bachem的摄影测量图,他们的线性选择方法确实很有依据。[6]只有以摄影测量图作为基础,才能够进行谱线比较。我现在确信谱线偏移问题很快就会顺利得到解决。Koch已经再次大幅度改善了他的光度计。[7]昨天和前天我都在那儿演讲,也算是兑现承诺。[8]为了使Epstein在那儿得到任命,有必要进行一些理论物理的宣传。[9]现在机会难得,数学家Hecke和Blaschke也在那,[10]所以对Epstein而言情况确实不错。

原谅我的简短;我忙得不可开交。问候你、你的妻子、博学的女儿以及亲爱的小孩。[11]

爱因斯坦

问候姑姑和我们的大男孩。[12]

ALS.[9 498].

[1]爱因斯坦送给Ehrenfest的第一把小提琴(见文件46)。

[2]莱顿大学基金会于1920年7月12日任命他为特别教授,尚待英国官方核准(见Cornelis van Vollenhoven致爱因斯坦,1920年7月12日,在日程表中)。

[3]在1920年9月19日到25日举行的the Gesellschaft Deutscher Naturforscher und Ärzte会议。Cornelis van Vollenhoven预计有关爱因斯坦的在莱顿任命所有手续将由1920年9月20日完成(见Cornelis van Vollenhoven致爱因斯坦,1920年7月12日,在日程表中)。

[4]In Benzingen(见文件70)。

[5]爱因斯坦曾于1920年5月访问莱顿,期间他和Ehrenfest可能已经讨论了超导体的霍尔效应问题,见Ehrenfest的日记(NeLR, Ehrenfest Archive, Notebooks, ENB:1—26, p. 2, and entries Nrs. 5463 [p. 6] and 5470 [p. 7])。

[6]*Grebe and Bachem 1920b*将于明天提交,其中他们按照承诺再现了太阳吸收光谱和地面的首次发射光谱,并给出了在每个图像中选择或删除某个特定曲线的理由。映射线所使用的测微光度计是科赫(Koch)类型,由Erwin Freundlich提供给他们(见Erwin Freundlich致爱因斯坦,1920年1月[第九卷,文件240])。Grebe和Bachem曾在1个月前把自己的论文交给爱因斯坦(文件60)。

[7]Peter P. Koch(1879—1945)是汉堡大学(University of Hamburg)的实验物理学教授。

[8]1920年3月3日,汉堡大学数学及自然科学教员向参议员提出申请,希望获准邀请爱因斯坦来演讲。很明显,由于Wilhelm Blaschke的缘故,邀请被延长了(见爱因斯坦致Adolf Lindemann,1920年4月

30日[第九卷,日历])。在3月23日,Adolf Lindemann邀请他为汉堡的Naturwissenschaftlicher协会进行一次讲座。爱因斯坦于1920年7月17日在汉堡发表了题为"相对论基础"("Grundlagen der Relativitätstheorie")的演讲。对于讲座的内容及其影响,见 Reich 2000。

[9] 当时汉堡大学没有设立理论物理主席,直到1919年3月才设立(见 Reich 2000)。1919年12月下旬,Paul Ehrenfest已设想帮助Paul Epstein在那里获得一个职位(见Paul Ehrenfest致爱因斯坦,1919年12月30日[第九卷,文件239,注释10])。

[10] Erick Hecke(1887—1947)和Wilhelm Blaschke(1885—1962)都是汉堡大学的数学教授。

[11] Tatiana、年轻的Tatiana和Wassily Ehrenfest。

[12] Sonia Aleksejewna Afanassjewa、Anna and Paul Ehrenfest Jr.。

77. 致 Edouard Guillaume

[柏林,]1920年7月19日

尊敬的 Guillaume:

在光矢量公式

$$A\sin\frac{2\pi}{\theta}\left(t-\frac{lx+my+nz}{c}\right)$$

中,t 表示在特定地点读取的相对于静止坐标系的标准时钟,θ 表示这样的钟的读数序列所经历的一个完整的波(振荡周期)。因此,两者均为数字,该数字是用静止状态的标准时钟得到的测量结果。都是利用一个标准时钟通过计算周期得到的。[1]我不明白您心中的周期是什么;它不是一个数字,但指定为一个不断重复的循环过程。

您推导的关系式 $\theta t=\theta' t'$,坦白地说,令我百思不得其解。仔细考虑,得到关系式[2]

$$\theta=\frac{\theta'}{\beta(1+al')},\text{等,}$$

x,y,z,t 是变量,其值必须满足方程。在考虑的第二部分中,x,y,z,t 是以光速运动的飞机的坐标($x=ctl,y=ctm,z=ctn,x'=ct'l'$ 等),因此有些东西是完全不同于第一部分的。将周期长度 θ 和以光速运动、在时刻 $t=0$ 经过坐标原点的飞机的到达时间进行比较是毫无意义的。——您的关系式 $\theta t=$ 不变量不涉及全世界的点,仅与一个三维形式有关![3]

上文中提及的关于 θ 和 t 是作为标准时钟的测量结果,其意义仅在狭义相对论中是有效的,而在广义相对论中只有 ds 被定义为一种测量的结果。在广义相对论中,dt 最初有一个纯粹的传统意义。然而,在考虑谱线偏移时,t 再次得到一个绝对的意义,因为 4 个坐标被选择来使一个孤立质点的场变成静态;因此在太阳和观察者之间传播的波长的数量不能取决于 t。

无论如何,我要强调的是,建立出现在您的考虑中的量 θ 和 t 之间的关系似乎完全没意义。经仔细思考,您也会发现如此。如果 Hadamard 和 Levi-Cività 能对该关系($t\theta=t'\theta'\cdots$)诠释任何合理意义,那么我是无法理解他们的;只会感到羡慕。[4]

所以我再次强调,在狭义相对论中,θ 和 t 都被定义为表明一个标准时钟经历多少周期的数字,即:

t 为时空历元零与观测点之间的(空间)时间。

θ 为两个波峰通过的时间(静止)。

我一直在狭义相对论中坚持这个解释,不混淆任何量。

dt 是一个标准时钟的周期的一小部分。引入这个概念是可能的,因为在原则上,存在以任意速度运行的(短周期)时钟,用其进行除法运算。

它不同于广义相对论;但我们最好在进行更深入的研究之前,先把已经出现的问题全都解决清楚。

您可能会觉得:"爱因斯坦已经成为一个粗野的德国人。"我只能给您真诚的祝福!

您的
A. 爱因斯坦
您坚强的罪人忏悔![5]

ALS. *Genovesi 2000*,第 95—96 页。[11 539.1]。信封上写的地址是:Herrn Dr. E. Guillaume Dittlingerweg 12 Bern (Schweiz)";寄信人地址:"Abs. A. Einstein Haberlandstr. 5 Berlin"。而且邮戳上写着:"Berlin Wilmersdorf 1 20. 7. 20. 6—7N[achmittags]"。爱因斯坦有一个打字复印本,显然是他自己的记录[11 539]。手写版本差异的说明如下。

[1] 在他的上一封信中(Edouard Guillaume 致爱因斯坦,1920 年 7 月 14 日,日程表;*Genovesi 2000*,第 93—94 页),Guillaume 曾断言,如果在上述公式中 θ 被解释为一个周期,则 t 不能同时是一个时期。

[2] 相对论多普勒频移公式。Guillaume 说这个公式和洛伦兹变换的 Minkowski 时间坐标 $t=t'\beta(1+\alpha l')$ 相同,导出了 $t\theta=t'\theta'$ 的关系。

[3] 爱因斯坦在原始文本上做了附注,写在附页脚:"Ihre Beziehung $\theta t=$ invariant bezieht sich nicht auf alle Weltpunkte sondern nur auf eine dreifache Mannigfaltigkeit!"这个附注没有出现在特定类型的版本中。

[4] 在他以前的信中,Guillaume 表示 Jacques Hadamard 和 Tullio Levi-Civita 曾对他相对论方面的工作给予了好评。

[5] 为 Guillaume 的回复,见 Edouard Guillaume 致爱因斯坦,1920 年 7 月 28 日。

78. 致 Gaston Moch

[柏林,] 1920 年 7 月 19 日

最尊敬的先生：

您 7 月 3 日的来函令人欣慰，吸引了我。[1] 我相信您会熟练地翻译这本小册子；另外，我必须告诉您，我很久没有收到 Rouvière 小姐的信了，还没与她联系。我发现您跟 Rouvière 小姐私交很好，这令我感到很欣慰。[2] 如果不是她坚持要做翻译，不然我〈当然〉非常想把它交给您来翻译。

我所引用的那个人曾开玩笑地宣称："应该把优雅留给裁缝和鞋匠。"他当然有着又大又浓密的胡子，但不是汪达尔人，而是一个极敏锐的天才，即发现了热力学熵和概率之间的关系的 Viennese Ludw[ig] Boltzmann。顺便说一句，值得注意的是，他的讲座和其他散文读起来也非常有趣。[3]

我不知道 Pfl[üger] 是什么样的一个人。（您可能指的是一位写了一本挺受欢迎的关于相对论的著作的作者。[4]）我既不认识他，也没在科学界听说过他。

我发现您对德国人的判断有点过激。似乎没有一个国家可免于成为帝国主义倾向的牺牲品，尤其是当它的内在平衡正受到外在的大的威胁时。

真诚相交，您忠心的

草稿在 Ilse Einstein 手中。[44 469]。写在 Moch 的信中（文件 69）。在文件右边有一个活页夹穿孔。

[1] 文件 69。

[2] Jeanne Rouvière。

[3] 它们收集在 *Boltzmann 1905* 中。

[4] 在文件 69 中，Moch 曾询问有关 Alexander W. Pflüger 的和平主义者意见。*Pflüger 1920*。

79. 致 Gösta Mittag-Leffler[1]

柏林，W. 30，Haberland 街 5 号，1920 年 7 月 21 日

尊敬的同事：

本来我计划写篇论文，是关于 Poincaré 在几何和经验的立场问题。但繁杂的任务特别是不断地出国使得这个计划泡汤了。[2] 我担心自己在短时间内无法

对大师的工作做出全面而公正的评价,因为我没时间仔细研究他的著述。希望您能谅解我的疏忽,但这也是源自我对任务的高度重视。

致以崇高敬意。

您真诚的

TLC.[17 383].收信人姓名的称谓:"Herrn Prof. Dr. Mittag-Leffler Taelberg Dalarna"。

[1] Mittag-Leffler(1846—1927)是斯德哥尔摩 Högskola 的数学教授,以及数学学报的创刊编辑。

[2] 见 Gösta Mittag-Leffler 致爱因斯坦,1920 年 5 月 3 日。爱因斯坦花了几乎整个 5 月在荷兰,之后只是短暂地访问了挪威和丹麦。

80. 致 Joseph Petzoldt

柏林,1920 年 7 月 21 日

亲爱的同事:

我也会找到那种您认为有益的类型,只要那些我们邀请的人能够参加。[1] 如果您想为这里的某类人铺平道路,那我一定要出现。整个 8 月我都在柏林,直到大约 9 月 10 日。[2] 如果 Winternitz 先生和您有时间在晚上来看我,以便谈论相对论问题,这将是我的荣幸。[3] 我发现 Helge Holst 的工作有所疏漏;[4] 它忽视了这个事实,那就是一旦放弃了相对论的假设,就会出现多重可能性,同时我们也会失去对惯性和重力本质的理解。您对 Holst 的工作的批判是合理的。[5] 然后我们可以讨论宇宙学问题。我坚信世界的有限性,却也承认自己无法提供强有力的证据。[6]

您真诚的
A. 爱因斯坦

TLS (GyBTU,Pe 40-3). *Thiele 1971*,第 74 页.[19 058.1].收件人的姓名输入称谓:"Herrn Prof. Dr. J. Petzoldt Spandau"。

[1] Petzoldt 提议举办一个"有哲学兴趣的相对论理论家"会议("philosophisch interessierten Relativitätstheoretikern",见文件 72)。

[2] 爱因斯坦是要于 9 月 15 日在基尔发表演讲(见文件 149,注释 9),并出席 19 日至 25 日的在 Nauheim 的 Naturforscherversammlung(见文件 70 和 76)。

[3] Josef Winternitz(见文件 72)。

[4] *Holst 1920a* 或 *Holst 1920b*(见文件 72,注释 6)。

[5] *Holst 1919* 和 *Holst 1920a* 在 *Petzoldt 1920* 中被批判(见文件 72,注释 6)。

[6] 见文件72,注释8。

81. 致 Mileva Einstein-Marić

[柏林,] 1920 年 7 月 23 日

亲爱的 Mileva:

我已经寄给你 700 法郎,我的其余存款在 Züricher Kantonal 银行。[1] 从现在开始,我又可以经常寄钱给你。至少在未来一年内这事是肯定的。之后就要看情况了,现在一切都很不稳定。[2] 我完全同意在 10 月份去 Benzingen 见孩子们。[3] 但在未来的日子里,你真的不应该禁止他们前往柏林,至少对 [Hans] Albert。像这样对待一个实际上成年的孩子是很荒谬的。[4] 我的妻子[5]将与 Albert 保持距离;我甚至可能单独与 Albert 用餐,如果他强烈要求的话。但这些都是无聊的琐事。对你这个上了年纪的女人来说不应该大惊小怪〈这简直是荒谬的〉。

很遗憾 Tete 又生病了。[6] 我让他再次接受了细菌检查。如果他不能在青春期之前痊愈,那么肯定哪儿还有些问题;当然,情况也未必就会如此。你不需要和孩子穿越边境,因为他们总有一天能够自己回家。[7] 我们的住所是私人的,能够负担得起。因此,除非你再写信来,否则我会以为是孩子们自己前来。我会通过我的朋友、当地的牧师帮他们取得入境许可证。[8] 我不想成为他的客人。但村子里有一个女人很可能会让我们加入。当 Michele 写信给我时,Albert 大概是在 Chavans'。[9] 也问候两个孩子。

阿耳伯特

我为 Tete 收集了许多邮票![10]

ALSX. [75 734].

[1] 在 1920 年 2 月 27 日爱因斯坦写给 Heinrich Zangger 的信中曾提到 5 个月前的资金账户(第九卷,文件 332)。Mileva 曾要求将钱存入她在 Zürcher Kantonal 银行的账户(见第九卷,文件 101a),而且爱因斯坦也已经同意这样做(见爱因斯坦致 Mileva Einstein-Marić,1919 年 11 月 16 日[第九卷,文件 166])。

[2] 爱因斯坦曾通知 Hans Albert 和 Eduard 说,他将在 5 月访问荷兰时给他们寄些钱,之后在夏天再寄一些,但不是从德国,因为货币贬值的原因(见爱因斯坦于 1920 年 3 月 26 日写给 Hans Albert 和 Eduard Einstein 的信[第九卷,文件 360])。

[3] 爱因斯坦想于 9 月底在 Benzingen 见他的儿子(见文件 70)。

[4] Hans Albert 的 16 岁生日是那年的 5 月 14 日。

[5] Elsa Einstein。

[6] 以前冬天由于他的肺疾病复发，Eduard 曾住在 Aegeri 的一家疗养院中(见第九卷，文件 240a)。

[7] Benzingen 距瑞士边境 100 km。

[8] Camillus Brandhuber。

[9] Hans Albert 到访日内瓦(Geneva)练习法语(见文件 70)；Lucien Chavan 和 Jeanne Chavan-Perrin (1866—1958)；Michele Besso。

[10] Hans Albert 曾请求爱因斯坦为 Eduard 收集一些信函上的邮票(见文件 15)。

82. 致德国国际联盟

柏林，1920 年 7 月 23 日

尊敬的先生：

经过认真的思考与咨询之后，我决定不去写这篇文章。[1] 很抱歉在这种情况下我不能为您的事业服务，虽然我非常想这么做。文章中必须考虑到来自国内外的不同政见，情况非常复杂，因此我觉得自己不能公正地完成此任务，特别是考虑到我对形势的了解还不够。而我作为一个瑞士人则是另外一个劣势。[2]

谨致

问候！

TLC. [44 336]. 收信人的姓名前的称谓："Deutsche Liga für Völkerbund z. H. des Herrn Müller-Jabus NW. Unter den Linden"。

[1] 在 7 月 8 日，国际联盟德国联盟请求爱因斯坦写这篇文章(见文件 73)。

[2] 爱因斯坦曾用类似的方法利用他的瑞士身份(见爱因斯坦致德国联盟的学者和艺术家，1920 年 1 月 13 日[第九卷，文件 258])。爱因斯坦于 1896 年脱离 Württemberg 公民身份(见"Release from Württemberg Citizenship"[第一卷，文件 16] 和第一卷，编辑注释，瑞士公民，第 239—241 页)。关于他最终取得瑞士和德国双重国籍的过程，见爱因斯坦致 Elsa Einstein，1915 年 8 月 30 日(第八卷，文件 114)，注释 3。

83. Paul Ehrenfest 来信

[莱顿，]1920 年 7 月 24 日

亲爱的爱因斯坦：

我希望 Lorentz 已经通知你,教授委员会最终[1]已经批准了你的教授职位;[2]正常情况下你可以在 2 个月后就职,无论他们是否已经完成对你的考察。[3]——因此——你的信就来了。[4]——感谢上帝,最后,我们希望你会在 10 月来——你无法想象,我们每一个人是多么希望你定期来到莱顿。你会看到——即使对于你来说这也绝对不会是毫无建设性的麻烦!——Onnes 现在正在设法安排 Langevin 与你同时来这里。[5]那么让我们 4 个人来讨论磁学。现在我相信我为文献研究中的讨论做好了准备。我可以清除大量的垃圾。我正为讨论而焦急不安。[6]

明天我们将尽可能快地将细致包裹的小提琴盒和弓寄给你。[7]使我非常困惑的是你因为我们的缘故坚持在那——原谅我!!速回信,祝福你——并且不会厌烦我!

P. E.

小提琴似乎吸引 Tanya 回来演奏它![8]

AKS.[9 500]. 明信片上收信人地址:"Prof. Dr. A. Einstein Berlin Haberlandstr 5",寄信人地址为"Prof. P. Ehrenfest Leiden Nederland",邮戳上写着:"Leiden [……] 23. VII. 20. 11—12 N[amiddag]"。

[1] Tintenscheisser。

[2] 关于爱因斯坦在莱顿大学(University of Leyden)被任命为特聘教授,以及他到任的延迟,见导言第三部分。

[3] 第二次延误是因为爱因斯坦没有获得荷兰博士学位,这就需要另一政府的批准(一个皇家法令的形式)。

[4] 文件 76。

[5] Heike Kamerlingh Onnes;Paul Langevin。

[6] Ehrenfest 对一些科目例如固态晶体的顺磁磁化率或爱因斯坦-德哈斯气体效应等非常感兴趣,见在他日记中的条目:从 18 日至 24 日(NeLR, Ehrenfest Archive, Notebooks, ENB:1—26, nos. 5499—5504)。

[7] 爱因斯坦要求的情况见文件 76。

[8] 写在第 1 页的右边。Tatiana (1905—1984),Ehrenfest 的女儿,小提琴于 7 月 19 日之前收到(见文件 76)。

84. Eduard Einstein 来信

苏黎世,1920 年 7 月 25 日

亲爱的爸爸:

今天我想给你写封短信。我们现在放假了。我总是把自己照顾得很好。几乎每天 Richard 都来和我们玩。[1]我在四班的一年级成绩是这样的：[2]（6 是满分）算术 5，口语 5，语言写作 4—5，当地的历史和地理 5，写作 3—4。在行为等方面，我得"好"。如果你在这儿就好了，因为我们可以做更多的事情。其他的孩子，例如，Zürchers 能和他们的爸爸做许多有趣的事儿！[3] 28 日是我的生日。[4]我觉得一定会有一些惊喜，因为妈妈[5]总是做一些神秘的事，一个房间总是锁上。我有一些仙人掌，我每晚照顾它们。它们都很有趣，因为它们都有不同的形状。Richard 和我有时去 Heim 教授家的花园里玩。[6]那儿很好玩，从不缺少水果和浆果。我现在读的是歌德的"Götz von Berlichingen"。[7]这个春天我可以去戏院；他们正在上演 Schiller 的"强盗"。[8]有空给我写信啊！Albert 和 Chavan 夫人现在在日内瓦。[9]从他所写信中得知他玩得很开心。

真诚的问候！

你的
Teddy

ALS. [144 462]. 左边空白处有活页夹穿孔。

[1] Richard Zürcher（1911—1982）是邻居 Emil 和 Johanna Zürcher 的儿子。

[2] 在 Hochstrasse 小学。

[3] Emil Zürcher Jr. 。

[4] 他 10 岁。

[5] Mileva Einstein-Marić。

[6] Albert Heim（1849—1937）是瑞士联邦工程技术学院（Swiss Federal Institute of Technology）和苏黎世大学（University of Zurich）的地质学教授。

[7] Johann Wolfgang von Goethe 的戏剧。

[8] 由 Friedrich Schiller 表演。

[9] Hans Albert Einstein 待在日内瓦练习法语（见文件 70）；Jeanne Chavan-Perrin。

85. 致 Michele Besso

[柏林，1920 年 7 月 26 日前][1]

亲爱的 Michele：

他[Guillaume][2]固执地继续写作同样的垃圾，根据拿破仑的格言，重复是最有效的论据。尽管我做了所有的努力，却始终无法在他文字背后找到任何意义，我（对我来说）也肯定它们的确没有任何意义。[3]在他的考虑中，他似乎不能区分事物和数字。Julius 的调查确实很有趣,抨击红移的存在;但他们根本证明不了什么。[4] 在用分光光度计正确分析地球的光源和光谱前,数据的积累是无用的。在假设那些光线至少互相对应偏移的情况下,或者说,在没有引力效应存在的情况下,将地球光线与太阳光谱的光线进行比较。利用光线非常充足的太阳光谱,可能会导致光线的错误标定,就像 Grebe 和 Bachem 最近显示出来的那样。[5] 同样重要的是很可能光线不显示太阳中心而会受到边缘的影响。当他们排除不对称或扭曲的光线(摄影建立的)时,Grebe[和 Bachem] 发现了一种效应,它可以由氰波段很好地证实。[6] 你会发现,最后这个理论会得到充分的证明;我从未怀疑过这一点。Weyl 的理论对此无能为力。[7] 或者它使得标杆与时钟的测量独立于先前的值,那就没用了;或者没有带来什么不同,那么它一定是错误的,原因在于原子半径和频率的确定。我深信 Weyl 的理论从开始就不正确(即,不适用)。事实上,几乎所有实际结果都反对它,而不是支持它。[8] 但是一旦你相信[Guillaume],抱怨 Weyl 是不公平的,因为这些是正弦函数幅度的完全不同的阶乘;Weyl 永远有一种深刻的、清晰的头脑,阅读时令人无比幸福,而其他人则往往马马虎虎。

你花这么多精力在[Hans] Albert 身上,令我作为父亲的心感到很温暖。秋假期间的 10 月份我要去看他和 Tete。我让他们到 Swabia 那个小地方,到锡格马林根附近的 Benzingen。[9]——起待在瑞士太昂贵了。你对百姓的温顺的评论真是正确的;可实际上并没有什么优越的向导。所有的人都是被上帝所驱使的木偶,而不是被明智的、懂得免于自私动机的人所驱使。只有少数人才有运气出现在一个开明的专制中(Marc Aurel 或一些 Wilson,[10] 如果用心良苦也谨慎行动)。你的自我特性是无价的、夸张的,但不是完全不适合。如果你有像你的智力一样多的意愿和说服力的话,你就会成为一个伟大的人民领袖。

我目前的工作也没有很大价值。我要分散我的精力来处理大量的信件,以及评价、建议和作为保护者的行动上,但在大问题上毫无进展。Planck 现在已经接受了我对他的公式的推导——你知道吗?(量子的放射和吸收依据统计规律、玻尔兹曼的分布规律。)[11]

对 Weyl 的书的评论涉及他的电学理论。我能理解你的观点。你认为:物体的相对延长的恒定性没必要出现在理论基础中;如果它作为一种结果,或者在理论中找个地方作为一种特殊的假说被接受,可能还会更好。但是别忘了,这个理论是基于几何测量杆。假定测量杆的相对长度是它以前的一个函数,那么实际测量杆应该显示为相对不变。这就是为什么以这个测量杆作为依据的理论将只是理论测量杆,而不同于真实测量杆。这很可怕,添加这一条,那么以前的理论成果都白费了。必须用四阶张量替代二阶张量,在这个理论中有一个意义深远的模糊性：其原因首先是可考虑更多的方程；其次是这个解中包含更多的任意常数。

你自己的理论显示另一个论点，豌豆里的行星系统。暂时忽视分子，假定水有相同的密度，然后你能引入密度而不是质量，作为基本单位。

$$M(\text{mass}) = D(\text{density}) \cdot l^3 (\text{length}^3)$$

根据牛顿定律

$$k\frac{MM'}{r^2} = \text{accel} \cdot \text{mass} = \frac{Ml}{T^2}$$

因此方程的维数：

$$k = M^{-1} l^3 T^{-2} = D^{-1} T^{-2}$$

牛顿定律对测量杆的变化不能不变，如果还考虑光的传播法则，那么，必须像 l 一样转变 T（如果在每一个系统中令 $c = \frac{l}{T} = 1$）。所以不改变密度单位与重力常数，将无法执行任何相似变换。如果物质的密度可以被看作某种刚性物体（与之前相独立），那么与光速恒定相关的引力定律不允许任何测量杆的变化。

现在给出 Dällenbach 的例子。[12] 导体自旋是自然的。在双导体的情况下，总电荷为零，如所附草图所示。我没有发现任何矛盾之处，因为其中没有随着旋转导体旋转的 Galilean 系统存在。后者只能根据广义相对论通过一个变换来处理。不产生电荷的旋转导体与一种不兼容性相关，它来自于系统的状态和相对于物质的电子的洛仑兹收缩。我认为，加速度的存在就其本身而言并不起什么作用。

从某种意义上来说，加速度是绝对的，因为在每个地方都有一种自由加速度和自由旋转状态（无重力的本地系统），在这种情况下，相对于上述本地系统可以定义加速度。毫无疑问，电荷必须形成于旋转磁力棒，与相对论完全无关。这些电荷必须产生磁铁以外的场，理论上，该场能被检测出。这是没有问题的。

你关于测量杆-时钟概念似乎是正确的；但对它我们必须补充，系统的发展过程实质上是固定的或周期的。

政府并不是基于法律的概念体系而是基于权力，也就是服从大量的本质上不相干的人员，他们建立并维护一些必要的组织机构。所以他们当然不依靠基本法律概念的稳定。

我很抱歉 Vero 那样认为，因为我相信不满是渗透在他的情绪里，而不是在他的理智之中。[13] 我希望尽可能给他实用的职业，就像我们在专利局，这样他就能得到一些小的、明确的任务。

致以亲切的问候，愿你不会被打扰得太多。

阿耳伯特

很多干扰来自过度的阿谀奉承和被迫致敬的信件以及其他非官方的职责。否则，以个人和健康问题而言我做得很好。

ALSX. *Einstein/Besso 1972*，第 151—154 页。[70 366]。

[1] 收件人提供的日期："26.Ⅶ.20"。

[2] 很有可能是 Besso 后来把 Guillaume 的名字弄得无法辨认。

[3] 从1月份开始，爱因斯坦恢复了与 Edouard Guillaume 的通信，他们都努力去理解对方的论点（见文件 71 和 77）。

[4] 在5月，Willem H. Julius 发表了他的观点，他认为在太阳红移中，爱因斯坦的引力红移预测并不与观测结果一致（见文件8）。这一论点出现在 *Julius and Cittert 1920* 中。

[5] 见 *Grebe and Bachem 1920b*。

[6] 见文件 76，注释 6，可以知道更多的细节。

[7] 一些知名物理学家，其中包括 Adriaan D. Fokker、Arthur S. Eddington 和 Arnold Sommerfeld，他们都表示希望 Weyl 的引力和电磁（*Weyl 1918a*）统一理论可以解释相对论和太阳红移测量的不一致。见 Adriaan D. Fokker 于 1919 年 7 月 26 日写给爱因斯坦的信中（第九卷，文件 75）关于 Fokker 的观点，并进一步参考其说明 18。

[8] 基于一种"测杆反对"（"Maßstab-Einwand"），爱因斯坦坚决反对 Weyl 的理论，尽管他对其正式结构很热情；关于更多内容，见 *Einstein 1918g*[第七卷，文件 8]，以及爱因斯坦和 Weyl 在 1918 年 4 月和 5 月的信函，在第八卷。

[9] 关于爱因斯坦计划在士瓦本看他的孩子，见文件 81，而且和孩子的母亲 Mileva Einstein-Marić 讨论了此事，他也计划在 Benzingen 访问 the priest Camillus Brandhuber（见文件 70）。

[10] Marcus Aurelius、Roman Emperor 和 Woodrow Wilson（1856—1924）曾都是美利坚合众国的总统。

[11] 关于爱因斯坦的辐射量子理论以及 Max Planck 的公式推导，见 *Einstein 1916j* 和 *1916n*（第六卷，文件 34 和 38）。1916 年，对于 Besso 在这方面工作的热情他表示非常高兴（见爱因斯坦于 1916 年 8 月 11 日写给 Michele Besso 的信[第八卷，文件 250]）。

[12] Walter Dällenbach（1892—1990）是瑞士联邦工程技术学院（Swiss Federal Institute of Technology）的机械工程助理。随后，他写信给爱因斯坦，说看到了这份给 Besso 的信，希望爱因斯坦进一步澄清自己的意见（对有关带电转盘和旋转磁体的问题举一个具体的例子），根据相对论理论的观点（见 Walter Dällenbach 于 1920 年 8 月 16 日写给爱因斯坦的信），在广义相对论中，由旋转带电球体产生电场和磁场的问题此前由 Gustav Mie 提出过（见 Gustav Mie 于 1919 年 6 月 29 日写给爱因斯坦的信[第九卷，文件 65]）。

[13] Vero Besso。

86. 致德国对外国学校及学生事务通讯社

柏林，1920 年 7 月 27 日

尊敬的先生：

尽管工作繁忙，我也不会忘记对您的努力致以由衷的赞叹。[1] 在 Scandinavia 旅行时，我看到了战前德国学术界通过热情好客的大学获得的重要关系。[2] 正因为如此，不太友好的挪威也很受德国吸引，并且一如既往地主要使用德文书。在我看来，您的一个主要目的应该是让年轻的学生们相信，如果许多外国学生在德国接受他们的学术训练，那么对德国将有不可估量的好处。我非常清楚地知道德国大学的空间和资金短缺，当然，因为必须首先顾及德国的青年。然而，很多对于外国人的驱逐都是缺乏政治远见，这也对当地的青年造成了很不好的影响。确切地说，我们应该在更多的学术领域慷慨接纳外国人，而不立即面向实际应用，那里会毫无疑问已经非常拥挤了。作为一个犹太人，例如我，经常有机会听到东方犹太学生的投诉，这些学生很不合理地被赶走，而理由却仅仅是毫无说服力的所谓反犹太主义。[3] 这受苦的人可能会形成一座连接东方的桥，这对德国未来的经济发展是很重要的。即使不作经济考量，我也在您的努力中看到了道德和净化价值。祝您事业成功。

致敬

TLC. [43 543]. 收信人的姓名的称谓："Deutsches Korrespondenzbüro für ausländische Universitäts-und Studentenangelegenheiten. Leipzig"。

[1] 该机构的目标陈述，见德国对外国学校及学生事务通讯社在 1920 年 7 月 27 日前写给爱因斯坦的信。

[2] 由于挪威学生协会的邀请，爱因斯坦将于 1920 年 6 月中旬在 Kristiania 大学发表 3 个演讲（见文件 59，注释 3）。这一邀请后来又增加了内容，即访问那些曾参加了柏林大学讲座的学生（见文件 6，注释 4）。在第一次世界大战期间及之后，德国学术界被孤立了，爱因斯坦等人试图努力解决这个问题，见 *Einstein 1920b*（第七卷，文件 36），注释 1 和 2，爱因斯坦于 1920 年 4 月 19 日写给 Ulrich von Wilamowitz-Moellendorf 的信（第九卷，文件 379），注释 2。

[3] 5 个月前，爱因斯坦曾要求教育部允许他和柏林大学的同事为那些不能进入柏林大学学习的外国学生（主要是犹太人）提供一些私授课程（见爱因斯坦于 1920 年 2 月 19 日写给 Konrad Haenisch 的信[第九卷，文件 317]）。

87. 致 Richard Fleischer[1]

柏林,[1920年]7月29日[2]

尊敬的 Fleischer 先生:

我们在柏林正饱受苍蝇烦扰。怎么办？很简单,您就在您的房间里赶所有的苍蝇,然后就可以在新的苍蝇飞进来之前享受一些安宁。

一个明智的人那样做吗？他宁愿忍受苍蝇的嗡嗡声,这只是暂时的,尤其是因为他知道在9月它们将消失。这没抓苍蝇那么麻烦,允许您更好地支配自己的时间,或者至少更愉快地支配自己的时间。如果黄蜂出现则是另外一个问题,必须给予重视。但目前它尚未出现。

我用喜欢的方式回应那些批评或奉承我的人,既然新闻出版物是按行计费的,那么不论是夸奖我还是责备我都是允许的。[3]因此,我认为他们都应该享受安静的生活。那些不能思考或自行判断的审判是不重要的。

致敬,您真诚的朋友,

A. 爱因斯坦

TLS (GyBP, V. Abt., Rep. 13, Einstein, Nr. 113). [43 691.2]. 收信人姓名:"Herrn Richard Fleischer Wiesbaden"。

[1] Richard Fleischer (1849—1937)是一位富有的商人,他曾为相对论的研究提供了资金支持(见 Richard Fleischer 于1919年12月29日至21日写给爱因斯坦的信[第九卷,文件227和238]),并创办了杂志《德国歌剧团》。该杂志的目标是追求自由、独立的政党。

[2] 年份是根据 Ilsa Einstein 的手稿确定的[43 691]。

[3] 2天前,Fleischer 要求爱因斯坦写一篇文章驳斥《德国歌剧团》对他的相对论攻击(见 Richard Fleischer 于1920年7月27日写给爱因斯坦的信;关于批评相对论,见第七卷,编辑注,"爱因斯坦的遭遇与德国反相对论"第101—第113页)。

88. 致 Friedrich Kottler[1]

柏林,1920年7月29日

尊敬的同事:

昨天我和 Mises 深入交谈，[2]我前段时间把您的信递交给他了。[3]他告诉我他们急需用数学教师，但他对于您承担这样一种教职在画法几何、工程力学、图形的静态和图形的方法等方面是否拥有足够的经验表示怀疑。对于这样的职位，据说他只能推荐他认识的非常熟悉这些专业及相关领域的各位同仁。如果您合乎要求，他一定会乐意推荐您。

在我看来，您所考虑的衍射问题与量子力学没有关系。我搞不懂您在哪里找到了这种合法的关系。[4]这个坚果似乎难以咬开，以至于您所有的同事都磨坏了他们的牙齿，我对此深表歉意。[5]

不要心怀不满，如果您不得不花大量时间来从事一个实践性的工作。[6]我也不得不长期这样做并且一直这样做。[7]我发现与研究性的工作相反，实际的任务让人免于迟钝，也给人以特定的自尊，这是非常必要的。

友好致意。

TLC. [14 324]. 收信人姓名前的称谓："Herrn Dr. Friedr. Kottler Wien"。

[1] Kottler（1886—1965）是维也纳大学的数学物理编外讲师（*Privatdozent*）。

[2] Richard von Mises。

[3] Friedrich Kottler 于 1920 年 2 月 19 日写给爱因斯坦的信（第九卷，文件 319）。在这封信中，Kottler 说他非常适合担任应用数学的职位，并希望爱因斯坦能够帮助自己与 Mises 协商。

[4] Kottler 认为，在他的衍射分析的基础之上，光由电磁波与不带电的奇点组成（"Konzentrationsstellen"）。提出这些奇点是为了实现光能量子。Kottler 还声称，该模型可以与通常的麦克斯韦方程一致（*Kottler 1920*）。

[5] 爱因斯坦关于量子的最新想法，见 *Einstein 1916j*，*1916n*（第六卷，文件 34 和 38），爱因斯坦于 1920 年 3 月 3 日写给 Max Born 的信（第九卷，文件 337）。

[6] Kottler 担心他可能不得不在学术界之外找份工作，而这将会对他的科学生涯（见 Friedrich Kottler 于 1920 年 2 月 19 日写给爱因斯坦的信[第九卷，文件 319]）产生不利影响。

[7] 爱因斯坦从 1902 年一直到 1909 年都在瑞士联邦专利局工作。关于他最近卷入的专利纠纷，见第七卷，文件 30。

89. 致 Arthur Schoenflies

柏林，1920 年 7 月 29 日

尊敬的同事：

请原谅我现在才回复，早前我不可能收到信。[1]

最值得被认为是理论物理学家的毫无疑问的人选是目前在瑞士苏黎世的非

官方讲师 Paul Epstein。[2] 他在量子理论方面的成就已在我们这个领域的过去 10 多年里跻身最佳行列了。

在您提名的此专业的同事中,我认为 Stern 最合适。我将他的确定固体的蒸汽压力的理论作为他最重要的成就。[3] 他的知识面极广,批判与学术能力也非同一般。此外,他也非常善于实验研究。我认为我对 Stern 先生的优秀评价并没有受到我与他的私人交情的影响,[4] 因为就在不久前 Bohr 先生[5] 也高度赞扬了他。

Kossel 显然有独创的观点,[6] 但他的出版物不能证明他已经掌握了理论物理学家的研究方法。正因为如此,我不知道授予他学校里唯一的理论物理教授职位是否适当,因为作为一名教师,他无法传授他的科学灵感给他的学生,仅仅能传授已知的事实。

Lenz 无疑是一个已经掌握了研究方法的有能力的理论学家。[7] 不过,我不认为将他排在 Stern 前面是公平的。

我当然不能在广义相对论的领域中发表观点,[8] 因为我的同事们了解我在这个领域的所有发现。但我还是认为公开讨论将会起到极大的影响和用处。[9] 类似问题不需要事先向我过问,[10] 以免影响你们的判断,只需要确保没有什么外行问题被提出就行了。

此致,您的

TLC. [21 531]. 收信人姓名前的称谓: "Herrn Prof. Dr. A. Schoenflies Frankfurt a/M"。

[1] 在文件 50,Max Born 期待能在格丁根获得一个职位,Schoenflies 想知道爱因斯坦关于他在法兰克福的职位对候选人有什么要求。

[2] 爱因斯坦早些时候试图为 Paul Epstein 争取在苏黎世大学的教授职位(见爱因斯坦 1920 年 3 月 1 日写给 Paul Ehrenfest 的信[第九卷,文件 335])。关于 Epstein 前往在苏黎世的可能性,亦见文件 38,注释 9。

[3] 在 Stern 1913,亦见 Stern 1919。他做的对单种原子组成的固体蒸汽压力的工作也包含在他 1913 年的《教授论文申请》之中,当时爱因斯坦对其给予了相当高的评价(见"对于 Otto Stern 的教授论文申请的专家意见",1913 年 7 月 15 日[第五卷,文件 452])。

[4] 见文件 50 及注释 3。

[5] Niels Bohr。

[6] Walther Kossel。

[7] Wilhelm Lenz。

[8] 关于这个巴德·瑙海姆会议,见文件 50。

[9] 爱因斯坦此前拒绝了 Robert Fricke 的请求,即在巴德·瑙海姆的会议上进行研讨(见文件 31),而是提议进行一个公开的讨论(见文件 48)。

[10] 在文件 48 中,爱因斯坦建议 Fricke,这样一个公众讨论的论题应事先选定。

90. Michele Besso 来信

伯尔尼，1920年7月29日

亲爱的阿耳伯特：

我简短地感谢你的来信，以免打扰到你：[1]

1. 关于 Guillaume 和 Weyl[2] 的相对和绝对的评论，我完全同意。我并不认为你可以从他的信中看到任何明确的含义，而是他如何产生了这种悲喜剧式的奇想[3]——例如，一个印刷错误或笔误（正如 *Weyl*，第3版，[4] 第211页，写的是频率而不是周期，因此，有些错误可能被留在某处）。

2. 至于 Weyl 的理论，你对它进行了猛烈的批评。但是在这个独一无二的现实世界中，测杆的可伸缩性令我无法理解——它超越了"纯粹"的物理事实，而是用一个巨大的常数值来表示。[5]

3. 关于 Dällenbach 的例子，[6] 我仍然有些不理解：在你的草图中（导体的成对排列），电荷的 Lorentz 收缩；对于旋转的导体，它们应该"与系统条件不相容"吗？——Däll 的特殊问题处理旋转磁铁的总电荷。虽然那仍然是 0，不是吗？

问候

Michele

AKS. *Einstein/Besso 1972*，第158—第159页。[7 072]。明信片收信人地址是："Herrn Prof. Dr. Albert Einstein Mitgl. der preuss. Akademie der Wissensch. Berlin Haberlandstra[ss] e 5"。邮戳上写着："Bern 1 Briefexpedition 22—23 29 Ⅷ 1920"。在文件的左边有一个活页夹穿孔。

[1] 文件85。

[2] Edouard Guillaume 和 Hermann Weyl。在文件85中，爱因斯坦曾警告 Besso 说，他认为这两个人的理论都不正确，而且其内在美和价值也不同。

[3] 对 Guillaume 的工作参考。

[4] *Weyl 1919*。

[5] Besso 指的是爱因斯坦对 Weyl 的统一场论所持的"测量杆反对"，在他的文件85中也提到这一点。

[6] Walter Dällenbach，见文件85，爱因斯坦对旋转导体的讨论。

91. Max von Laue 来信

Zehlendorf,[1920 年]7 月 29 日

亲爱的爱因斯坦:

昨天关于 Stern 论文的讨论,[1] 我请你考虑:

$$\frac{\frac{1}{2}m\int_0^\infty u^3 e^{-\frac{mu^2}{2kT}}\mathrm{d}u}{\int_0^\infty u e^{-\frac{mu^2}{2kT}}\mathrm{d}u}=\frac{1}{2}kT$$

$$\int x^3 e^{-x^2}\mathrm{d}x = -\frac{1}{2}\int x^2 \mathrm{d}e^{-x^2} = \int x e^{-x^2}$$

成立。

因此 Stern 是完全正确的。

问候,你的
M. Laue

TKS. [16 025]. 明信片收信人地址"Herrn Prof. Dr. A. Einstein Berlin W. 30. Haberlandstr. 5",邮戳"Zehlen[dorf] (Wannseebahn[……])29.7.2[0] [……]"。文件头上有活页穿孔。右边的三个积分似乎出自爱因斯坦之手。

[1] 1920 年 4 月 27 日收到的 Stern 1920b,报告了利用实验装置直接测得的热分子速度,该装置设计用来测量受热蒸发的镀银铂金灯丝的银原子的径向速度;测量结果得到 600 m/s 的速度,相对不确定性度为 10%—15%。为了解释结果,Stern 用下式计算平均速度

$$v = \sqrt{(3kT)/m} \tag{1}$$

这里,m 是分子质量,k 是 Boltzmann 常数,T 是绝对温度。对于银原子(具有相对原子质量 107.9)他得到银在熔点(T=961℃)的速度为 v=534 m/s,当设备的经验估计温度为 T=1200℃时,v=584 m/s。

这篇文章有一个附件 Stern 1920c,日期是 1920 年 9 月,该文章在 1920 年 10 月 22 日被 Zeitschrift für Physik 接受。Stern 回信给出了反对意见,并称思路来自爱因斯坦。根据这个反对意见,速度在 c 到 $c+\mathrm{d}c$ 之间,通过面积为 A 的小洞从容器中逃逸的分子数量 $\mathrm{d}n'_c$,等于在容器的单位体积内速度为此范围的分子数乘以高为 c、底面积为 A 的圆柱体体积。因此,$\mathrm{d}n'_c$ 与 $c\mathrm{d}n_c$ 成比例,分子通过 A 逃逸的均方速度可用下式计算:

$$\overline{c^2} = \frac{\int_0^\infty c^2 \mathrm{d}n'_c}{\int_0^\infty \mathrm{d}n'_c} = \frac{\int_0^\infty e^{-\frac{mc^2}{2kT}}c^5\mathrm{d}c}{\int_0^\infty e^{-\frac{mc^2}{2kT}}c^3\mathrm{d}c} = 4\frac{kT}{m},$$

从上式我们可以得到平均速度

$$v = \sqrt{\overline{c^2}} = \sqrt{\frac{4kT}{m}} \tag{2}$$

因此,速度是 $\sqrt{4/3}$ 的因子,大于 Stern 在他原来的文章中方程(1)的值。

Laue 在他明信片里引用了上面的方程,实际上是计算 kT 而不是 $kT/2$,在圆柱坐标系 v_z, v_r 和 φ 中,可通过考虑麦克斯韦分布 $dw_v \sim \exp[-\{m/(kT)\}(v_z^2+v_r^2)]\, v_r dv_r dv_z d\varphi$ 的径向速度来获得。事实上,Stern 的试验装置包含一个扩展的一维源和用来聚焦分子束的带狭缝的隔板。

92. 致 Paul Ehrenfest

[柏林,][1920 年]7 月 30 日

亲爱的 Ehrenfest:

  琴盒和琴弓就放你那儿吧。[1]我想给我自己买新的,这样运输的麻烦就避免了。你那里的琴弓质量不太好。我相信只要花 700 马克就可以买到那两样东西。你真的想要成为第二小提琴手吗? 这完全取决于你的需求![2]请立刻询问破损情况,以便使我的运输保险可以生效,承担修理工作。[3]我非常期待 10 月份与你们的再次会面,以便有机会看到我亲爱的 Langevin。[4]

  我期待着与你们讨论较低的温度下的磁性。在有关 H_2 的比热以及 HCl 的 Bjerrum 光谱的问题方面,理论分析已经非常成熟了。[5]在低温的情况下,我们了解磁黄铁矿或是任何其他的铁磁性晶体的性质吗?

  深切祝福你们每个人。

你的
爱因斯坦

AKS. [9 502]. 明信片收信人地址是"Herrn Prof. Dr. P. Ehrenfest Witte Roozen Str. Leiden (Holland)",邮戳上盖着"Berlin-Wilmersdorf W 30. 7. 20. 8—9N[achmittags]"。

  [1] 在文件 83 中,Ehrenfest 承诺把琴盒和琴弓寄给爱因斯坦。

  [2] 第二小提琴原本指的是 Ehrenfest 的一个女儿(见文件 6,注释 6)。

  [3] 小提琴在运输过程中损坏了(见文件 76)。

  [4] Kamerlingh 试图安排 Paul langevin 在 10 月份访问莱顿(Leyden),以便赶上爱因斯坦的下一次拜访(见文件 83)。

  [5] 最近对 H_2 的比热以及 HCl 的 Bjerrum 光谱的研究表明,旋转运动中存在零能量点(见 *Eucken 1920*,亦见爱因斯坦致 Paul Ehrenfest,1920 年 3 月 1 日[第九卷,文件 335]。对这个问题,爱因斯坦早些时候也提出了相关的意见)。为了解释居里定律在低温下的偏差,在莱顿工作的 Ekko Oosterhuis 和 Willem H. Keesom 在描述顺磁体和铁磁体时已经引入了零能量点的概念(见 *Oosterhuis 1913* 和 *Keesom 1914*)。最近,Otto Stern 批评了他们的工作(见 *Stern 1920a*),他认为其中含有一个隐含的假设,例如 Langevin 的顺磁性气体理论(*Langevin 1905*),即分子可以自由地旋转,这样它将不再保持如同低温下那样的晶体形态。

93. 致 Konrad Haenisch

柏林，1920 年 7 月 30 日

尊敬的部长：

我从同行朋友那里得知自 1891 年以来哈雷大学（University of Halle）就［没有］为天文学安排职位，甚至是天文学家们公认的有能力的专家——Hugo Buchholz 教授——也只是作为教师和研究员在那里工作。[1]我认为我有义务提醒阁下的注意，这个问题确实毫无道理可言。[2]我认为天文学是极其重要的，目前正处在飞速发展的时期。德国对其就非常重视，而我们也不得不承认，美国和英国更是在这几十年里把我们给甩到了身后。因此，支持并挽留像 Buchholz 那样的优秀的天文学家是非常重要的。我很愿意依照阁下的意愿写一篇关于 Buchholz 科学成就的报告。[3]我认为目前迫切需要在德国培养学生们的天文学兴趣，结束哈雷大学对于天文学的临时政策，授予天文学家 Buchholz 一个永久职位。他已经在非常困难的情况下无私苦干多年，忠诚地服务于科学以及祖国。[4]

表达我最崇高的敬意，阁下谦卑的仆人，

A. 爱因斯坦

TLS (GyBSA, I. HA, Rep. 76 Va, Sekt. 8, Tit. 4, Nr. 48, Bd. 4, Bl. 182). [83 265]. 收信人的姓名打印在称谓的上面："Seiner Exzellenz dem Minister für Wissenschaft, Kunst und Volksbildung Herrn Hänisch Berlin"。Haenisch 在结尾致敬时，附上了一个注释 "Rücksprach [……] m. Rückkehr"，其他的 administrative notes 省略了。原本的影印文件已经难以辨认了，文字信息来源于两份之后的附件（见文件 169，注释 2）。

[1] "eine"应为"keine"。Hugo Buchholz(1866—1921)。

[2] 爱因斯坦曾向普鲁士的教育部长 Haenisch 及副部长 Carl H. Becker 等人提交科研任命推荐信，如 1919 年 10 月和 12 月所提交的（见爱因斯坦致 Carl H. Becker，1919 年 10 月 15 日［第九卷，文件 133］，爱因斯坦致 Konrad Haenisch，1919 年 12 月 6 日［第九卷，文件 194］）。

[3] Buchholz 的出版物包括 *Buchholz 1902*，*1908* 和 *1920*。

[4] Haenisch 在 5 月下旬曾表示了普鲁士政府对德国科学情况的关注（见文件 36）。

94. 致 Edouard Guillaume

1920 年 7 月 31 日

亲爱的 Guillaume：

如果我没有理解错的话，您信中第一段的内容可以用如下方法表述。[1] 设 t_s 或 t_m 是时钟的秒针或分针测量的特定的时间间隔。此外，设 θ_{sec} 或 θ_m 是不同特定标准时钟测定的秒或分的周期，其读数定义为 τ。那么，观察的时间间隔满足

$$\tau = \theta_s t_s = \theta_m t_m$$

如果您之前这样定义 θ，我会立即理解。但令我感到奇怪的是您同时引入多个时钟来考察，并且都用于时间的测量。当然没有人能阻止您这样做。

我不能理解信中其余部分，因为我完全不明白您的意思。[2] 我所有的努力都是徒劳的。我思考了大约 2 小时。然后我再次拿起您 7 月 14 日的信，但是我还是不明白。不过，我想再给您阐述一下关于重力场对时钟影响的详细论据。

ds 是用一个标准的相对坐标系静止的时钟测量的时间。当放置在同一地点、同样的运动状态时，标准时钟是以相同速率运行的。时间 t 是通常意义下的；但在静态的情况下，时间 t 是普遍给定的（除了一个附加改正），如果它在某个位置被给定。在静态的情况下，时间 t 有某种程度的物理意义，选择它以便使静止或固定过程分别作为静态或固定出现。例如，如果我们允许单色光从太阳旅行到地球，那么产生 100 振荡的时间间隔 Δt 是等于在地球上接收到 100 振荡的 Δt 时间间隔的。如果用其他的时间选择，那么太阳和地球之间的光的传播将不会是稳定的。[3]

对于其余的建立在两个地方的标准时钟，有方程

$$(\Delta s)_1 = (\sqrt{g_{44}})_1 (\Delta t)_1$$
$$(\Delta s)_2 = (\sqrt{g_{44}})_2 (\Delta t)_2$$

我们现在进一步假定位置(1)是太阳的表面，而位置(2)仅仅是远离太阳的、用狭义相对论依然足够精确适用的位置。那么，$(g_{44})_2 = 1$ 或者 $\Delta s_2 = \Delta t_2$ 都是正确的。在传统的单位时间 $(\Delta t)_2 = 1$ 中，标准时钟正好敲击一次 ($\Delta s_2 = \Delta t_2 = 1$)。然而，在太阳上，对于同样常规的时间单位 $(\Delta t)_1 = 1$，根据上述静态领域的案例，都有直接的物理意义，

$$\Delta s_2 = (\sqrt{g_{44}})_1$$

因此,在常规时间单位中,时钟少于一次敲击(因为 $g_{44}<1$)。

另外,还可以有这样的原因。如果时钟在太阳敲一次,$\Delta s = 1$,那么流逝的常规时间(保持系统的静态特性)

$$\sqrt{g_{44}}\,\Delta t_1 = 1$$

$$\Delta t_1 = \frac{1}{\sqrt{g_{44}}} > 1$$

您引用的方程[4]

$$(\mathrm{d}t)_{\mathrm{sun}} = \frac{\mathrm{d}t}{\sqrt{g_{44}}}$$

对我来说毫无意义。

当您给我回信时,请保持一致地使用 θ 为特定标准时钟的周期长度。

问候,您的

A. 爱因斯坦

我也试着看您从 Société Suisse 寄来的简短说明[1920 年]。[5] 首先,θ、θ' 和 τ、τ' 表示相同的参照系中不同的时钟的量,以及相同时钟在不同参照系中的读数。而之后你对于重力场中的时钟又使用了相同的字母,这令我非常困惑。(推理的过程)目前我也没能理解。

ALS (Georges-Edouard Guillaume,Neuchâtel)。[79 019]。草稿[11 405]。(*Genovesi 2000*,第 98—第 99 页)关于 Jacob Grommer 的建议的草稿在背面写上也可以。

[1] 在他以前的信(Edouard Guillaume 致爱因斯坦,1920 年 7 月 28 日,在日程表中;*Genovesi 2000*,第 96—第 98 页)中,Guillaume 邀请爱因斯坦考虑 3 个时钟,秒、分、小时的摆动,其"周期"θ 与时间 t 成反比。正如爱因斯坦指出的,分配给 Guillaume 所标示的 θ 的量的数值只能被理解为标准时钟所测的时间,Guillaume 无意中假定了它的存在。

[2] Guillaume 在 7 月 28 日的来信的其他部分中,意图表明根据 Guillaume 的不变量 θt,方程 $c=v\lambda$ 中的常量并不是光速 c,而是波长 λ。并称其为"显而易见"的(so klar und einfach)。Guillaume 将其称为"光速的'相对'恒定原理"("Prinzips der 'relativen' Konstanz der Lichtgeschwindigkeit"),反对相对论的第二个假设,光速不变原理。

[3] 这个在原始文本中,爱因斯坦表明,他在本页最后加注了:"Lasse ich z. B. monochromatisches Licht von der Sonne zur Erde gehen, so ist die Zeitdauer Δt der Erzeugung von 100 Schwingungen gleich der Zeitdauer Δt des Empfanges der 101 Schwingungen auf der Erde. Bei anderer Wahl der Zeit würde der Lichtausbreitungsvorgang zwischen Sonne und Erde nicht stationär erscheinen"。

[4] 这个方程出现在 Edouard Guillaume 致爱因斯坦,1920 年 7 月 14 日,日程表中;见 *Genovesi 2000*,第 93—第 94 页,以及 *Guillaume 1920b*。

[5] *Guillaume 1920b*。

95. Max 和 Hedwig Born 来信

法兰克福，1920 年 7 月 31 日

亲爱的爱因斯坦先生：

  Max 要我感谢您的来信；您的评判对他尤其重要，因为 Wachsmuth 正因为反犹太的原因鼓动反对 Stern。所以，Epstein 作为一个犹太人和一个波兰人，将不太容易被接受。[1]——Max 非常勤奋，他（原子直径？）的实验是最后的工作，他在研究所测量到晚上 8 时。[2] 您将前往[巴德]瑙海姆使我们非常快乐，[3] 我希望您能和我们在一起几天。现在——我的母亲去世后[4]——我是多么的需要真正的亲密关系。亲人去世的打击越遥远，就越向往遗失的事物，更难以理解和淡忘的是死亡的神秘。停止这样一种强烈的生命并突然从每个人的生命中将她剥夺，这令人痛苦难忍，以至于你想知道该如何简单地生活下去而不被扰乱。但从中你能学会更有意识地去生活、更深刻和真实地去感受、持守你还拥有的。如果不是如此，人会绝望地沉到 Widmann[5] 描写的苦涩悲观的生活哲学。瓢虫喜剧的（您熟悉吗？）场景在我痛苦的第一时刻不断闪现：你说服你自己认为它是永恒的可能，整个世界总是充满刺激、青春、美味的植被，这些只是为了你。突然，在一个分裂的瞬间，你正坐在那里，一条腿被撕下，厌倦了生活，在一条雨水不断的泥泞道路中挣扎……

  我首先想到的是：哎，现在我陷到泥里去了；但我现在明白目前依然是 5 月，您不应该让它使您失望……

  所以 Göttingen 现在决定，但仍不可能在那里居住，我们仍然可以留在这里度过整个冬季，因为内阁仍然磨蹭……[6]

  还有一件事：Max 想在瑙海姆待两天，这样他晚上就能和他的同事在一起。您也这样打算吗？或者您宁愿总是从这里乘车去那里（1 小时）吗？我们应该选择为您预订房间吗？一共有多少天？但不管怎样，之前和之后您仍会和我们住在一起！没有上帝能帮助您的！我们 8 月 6 日经 Munich、Merano、Bolzano 旅行到 Sulden、Sulden Hotel、Tyrol（意大利），准备好了护照和里拉。当您将前往德国南部的时候，您的妻子还想给我写信；[7] 她和她的女儿是如何做到的？[8]

  亲切问候你们所有的人。

您忠诚的
Max and Hedi Born

严格保密:[Laue]似乎想离开柏林;到底怎么回事?他要求[Wachsmuth]任命他回来,因为他不喜欢他在 B 的职位。据说他只是特别教授,有特别工资。那简直不可思议![9]

ALS 出自 Hedwig Born 之手。*Einstein/Born 1969*,第 56—第 57 页。[8 258]。*Einstein/Born 1969* 中的邮戳被忽略了,它隐藏在一个贴在上面的邮票边缘处,然而邮票边缘脱落了。

[1] Friedrich Wachsmuth;Otto Stern;Paul Epstein。关于 Born 在法兰克福的遗产,见文件 89。

[2] Born 试图确定在空气中银原子束的自由程长度(见文件 75 和 *Born 1920b*)。

[3] 在巴登·瑙海姆的 Gesellschaft Deutscher Naturforscher und Ärzte 会议。

[4] 关于 Helene Ehrenberg 的死亡,见文件 59,注释 2。

[5] *Widmann 1899*。

[6] 关于 Born 搬到格丁根这件事与教育部的关系,见文件 75。

[7] Elsa Einstein 最后一次写信给 Hedwig Born 大约在 2 个星期前(见 Elsa Einstein 致 Hedwig Born,可能在 1920 年 7 月 20 日[8 279.11])。

[8] Elsa 的女儿,Ilse 和 Margot Einstein。

[9] Max von Laue 在 1919 年成为柏林普通教授。他曾在法兰克福很有名气,在那里他继承了 Max Born 的理论物理系主任(见爱因斯坦致 Hedwig Born,1918 年 2 月 8 日[第八卷,文件 459])。1920 年 3 月下旬,Laue 告诉爱因斯坦,他希望找一个工作,但还不知道该去什么机构。他表示,要对他任命的条款进行重新谈判,他试图减轻他自己在柏林的教学工作(见 Max von Laue 致爱因斯坦,1920 年 3 月 27 日[第九卷,文件 362])。

96. 致 Eduard Einstein

[柏林,]1920 年 8 月 1 日

亲爱的 Tete:

你附有甜蜜照片的长信让我很高兴。[1]我也经常因为自己没时间陪你们而难过。但我是个大忙人,很少可以离开这里。[2]此外,在当前困难的情况下,对我而言在瑞士太昂贵。我很高兴,能支持你们在那里的生活费用。[3]但现在我开心的是能于 10 月 5 日在锡格马林根附近的 Benzingen 看到你们。[4]我们或者去牧师那里,[5]他是我的一个好朋友,或者去他推荐给我们的一个当地妇女那儿。我希望我们能一起在那儿至少待 10 天。然后我要去荷兰演讲;[6]尽管没有给我确切的时间;这一切只是要在 10 月。[7]我们俩很少会在一起,我几乎不了解你,虽然我是你的父亲。[8]我相信你对我也只有一个含糊的概念。但我努力去改变它。一部分原因是你经常生病。[9]所以我们将会在锡格马林根会面。如果你们都能早到几天,那就更好了。请弄清楚你们秋假的确切的时间,然后写信告诉我。你是个好学生;对我而言,书写不整洁也是一个缺点。[10]在学校不要太过于雄心勃勃,其他同学超过你是不会有害的。[11]我非常期待我们的交流。我非常清楚Albert的兴趣,因为去年我花了将近1个月与他在一起,你知道的。[12]你生日我没有送你任何东西,因为现在邮寄东西非常困难。[13]如果你有一个特别的愿望,写信告诉我,这样我就知道是否能让你达成所愿了。

  吻你

爸爸

ALSX. [75 735].

 [1] 见文件 84。

 [2] 爱因斯坦最后一次见到他的儿子是在 1919 年的夏天他访问瑞士的时候(见本书第九卷,文件 77a 和 78a)。

 [3] 一个星期前,爱因斯坦对 Mileva Einstein-Marić 说,在苏黎世他能够恢复定期的给予他家人正常的生活需要,而且他的财政支持至少能保证他们 1 年的生活(见文件 81)。

 [4] 爱因斯坦指的是文件 70 和 81 中所计划的会议。

 [5] Camillus Brandhuber。

 [6] 他的计划是特别为了在莱顿大学(University of Leyden)的教授就职演说准备的,见文件 102。

 [7] 爱因斯坦大概已经从荷兰回来,为威廉皇家学会(Kaiser Wilhelm Society)在 11 月中旬举行的会议做准备(见 1920 年 11 月 13 日的日程表)。

 [8] Hans Albert 也类似地表达了爱因斯坦和他的儿子几乎不了解对方,见本书第八卷,文件 442a。

 [9] 指 Eduard 的经常性肺炎。

 [10] Eduard 在四年级第一学期的成绩为"3"(见文件 84)。

 [11] 关于上一次提到不要太有野心,见本书第八卷,文件 361d。

 [12] 她在莱茵费尔登期间待在苏黎世的 Einstein-Marić 的公寓(见本书第九卷,文件 70d)。

 [13] 关于德国政府给予的严格的出口限制,见文件 7。

97. Théophile de Donder[1]来信

布鲁塞尔,Forestière 街 11 号,1920 年 8 月 3 日

先生、尊敬的同事:

  我不可能在这里获得您 1919 年发表在 Berlin Proceedings 的报告(第 349—第 357 页);[2]不过我在附上的注释中引用了这篇文章:"Théorie nouvelle de la gravifique"[《重力场的新理论》](第 14 页),[3]因为我得到的其中一个结论提供了一个强大的类似于出现在您提供给 Beiblätter 的论文中的摘要的一个定

理。[4]根据这个摘要,我发现您放弃了 Hamilton 一般原理;在我的分析中,我保留了这一原则,但我修改了您在原子研究中所采用的广义力,它与我的在本质上并无显著差别。[5]

我将很乐意听取您的观点,阅读上述报告。您能告诉我书商的姓名及地址,为我提供您 1919 年、1920 年……的出版物吗?如果不能,您愿意租借这些论文给我吗?

最近送往 *Flambeau* 的一篇文章(杂志董事 Messrs. Grojean 和 Grégoire 您也认识,已经在他们到访柏林时收到了文章),我试图呈现从您的理论中衍生出来的相当精深的哲学。[6]

爱因斯坦先生,请允许我向您
致以最崇高的敬意!

T de Donder

ALS. *Bosquet 1987*,第 232—第 233 页。[9 161]。

[1] De Donder(1872—1957)是布鲁塞尔大学(University of Brussels)的数学物理教授。

[2] *Einstein 1919a*(第七卷,文件 17)。

[3] *De Donder and Vanderlinden 1920a*。

[4] *Kretschmann 1919*;这篇摘要是作为 *Einstein 1919a* 中提出的修改后的场方程的结果而发表的(第七卷,文件 17),例如 $R_{ik} - \frac{1}{4}g_{ik}R = -\kappa T_{ik}$,方程 $\frac{\partial R}{\partial x_\sigma} \cdot \frac{dx_\sigma}{ds} = 0$,$R$ 为曲率标量并有电流 $J^\sigma = \rho \cdot \frac{dx_\sigma}{ds}$,导致的结论是,$R$ 是沿着世界线的电量常数。De Donder 推断在那里的物质能量-动量张量比电磁场中的能量-动量张量要小一些(*De Donder and Vanderlinden 1920a*,第 243—第 244 页)。根据他们的理论,可给出 $(a + kC + \Lambda)\sqrt{-g}$,a 和 k 为常数,$C$ 为黎曼曲率标量,Λ 是来自于电磁和物质方面的贡献。

[5] De Donder 和 Vanderlinden 通过修改他们的理论得到了场方程(*De Donder and Vanderlinden 1920a*,第 234—第 236 页)。除了他们的物理参数,对爱因斯坦场方程进行修改的唯一原因是,在他们的新形式下,方程的左右两边随着度量张量的收缩而同时消失了(见 *Einstein 1919a*[第七卷,文件 17],第 351 页)。

Kretschmann 1919(第 516 页)中说,在爱因斯坦的新理论中,R 可以作为一个负压力,其二阶导数与基本粒子内部的电磁力相平衡。De Donder and Vanderlinden 得出了"force généralisée"的一个表达式,$F_i = \frac{d\Gamma}{dx_i}$,其中 $\Gamma = (2a + kC)\sqrt{-g}$,并标注说它通常不为零,而不像广义相对论,其中这种力的消失会导致电磁系统的稳定性问题(见 *De Donder and Vanderlinden 1920a*,第 232、第 238 页)。

[6] *De Donder1920*。Le Flambeau, Revue belge des questions politiaues 每个月都会开放一次(见 *Bots 1996*)。Oscar Grojean(1875—1950),比利时皇家图书馆(Royal Library of Belgium)的保管员;Henri Grégoire(1881—1964),在布鲁塞尔大学(University of Brussels)教古典文献学。

98. 致 Hendrik A. Lorentz

[柏林,] 1920 年 8 月 4 日

非常尊敬的同事：

如果延期是件很痛苦的事，那只是因为我知道我令您、Ehrenfest 和 Kamerlingh Onnes 消耗了大量的精力。[1] 但现在我更加高兴，首先，原则上一切都完成了，[2] 这样您就不需要再费神了；而尤为重要的是第二点，现在我有理由经常来莱顿。如果 10 月底办好一切手续，我将在那个时候来做就职演讲。[3] 即使要花更长的时间，情况也是一样的；我只是相应地推迟前来。到克里斯蒂的旅行真的很好；我和 Bohr 在哥本哈根共度的时光是最美好的。[4] 他是一个极具天赋和特别的人。这对物理学界是个好兆头，优秀的物理学家大多超越常人。尽管经济形势不容乐观，人们对科学的兴趣丝毫未减，这令人鼓舞。讨论会和物理学会都开办得很成功。Aston 和 Rutherford 的论文被 Rubens 评阅并热情地接收了。[5] 很高兴看到仍然有一些东西没有沦为政治牺牲品。

亲切问候您和您的妻子。

爱因斯坦

附：我已经看到了 Grebe 和 Bachem 的氰谱摄影；它们很快就会出现在 *Zeitschrift für Physik* 这本杂志上。[6] 从中人们可以清楚地发现不能使用 non-photometric 光谱分析谱线。虽然这篇论文不能确切地证实红移的存在，但它确实使之成为可能。

我很好奇您对 Eddington 的书有什么意见。[7] 实际上，我仅仅反对他关于边界条件的立场（宇宙问题），当然我知道您大概不会同意我的观点。

ALS (NeHR, Archief H. A. Lorentz). [16 520].

[1] 关于爱因斯坦在莱顿的任命推迟了，以及 Heike Kamerlingh Onnes 的努力，见引言第 3 部分。Lorentz 最近在与国会委员 Jacques Oppenheim 商谈关于爱因斯坦任命的事情（见文件 63）。

[2] 由于爱因斯坦并未在荷兰取得博士学位，因此皇室的任命延迟了（见文件 83，注释 3）。在 1920 年 7 月 26 日，Cornelis van Vollenhoven 已告知爱因斯坦，将给他每年 2000 荷兰币的薪水。

[3] 关于爱因斯坦在 10 月再次访问莱顿的计划，见文件 83。

[4] Niels Bohr。爱因斯坦从 Kristiania（现在的奥斯陆，关于他待在那里的情况，见文件 59）返回，抵达哥本哈根，并于 6 月 25 日在丹麦天文学会上发表了演讲（见文件 64）。他和 Ilse Einstein 是天文台台长

Elis Strömgren 的客人(见 *Ibald 1920a*)。

[5] 关于这个由 Heinrich Rubens 组织的讨论会,也可参见文件 27。Francis William Aston(1877—1945)是剑桥大学三一学院研究员;Ernest Rutherford。在 1919 年和 1920 年,Aston 开发了质谱仪并发现了稳定元素的同位素,Rutherford 发现人工放射性。

[6] *Grebe and Bachem 1920b*,详细情况见文件 76,注释 6。

[7] *Eddington 1920a*,关于 Lorentz 对这本书的评价,见文件 63。

99. Paul Ehrenfest 来信

[莱顿,] 1920 年 8 月 6 日

亲爱的爱因斯坦:

非常感谢你的明信片——它让我松了口气,因为我并不知道我如何能把琴盒和弓寄回到你身边。[1] 但请给自己买个真正好的琴盒和弓——我就在这儿等你过来再付款,因为目前我无望地陷入绝境,没有任何手段为自己赚点钱。

现在,关于你的第二把小提琴的问题,[2] 如果你能毫无损失地携带它过境,那这么做应该是比较合适的,因为如果我再继续扩大债务的话,将来就真的过不下去了,而我也不想再欠你更多的钱。——但无论如何——你一定不会有任何损失。

你问有关小提琴损坏的情况[3]——好的,修理一点都不专业但当时也完成了,因为修理工想先使油漆干燥。——修理费用不会超出赔偿金额。——唔——这是多么无聊!

Van Vollenhoven[4] 和我正在安排一切以便于(1)你得到签证的有效期为 1 年;[5] (2)你可以在 10 月 6 日或 13 日举行演讲[6](几天后你将从我这里得到一份关于此事的报告)。[7] 你的职位有三个极有影响力的人作为受托人,(1)Coebergh——一个著名的莱顿公证人;(2)Pateijn——一个来自外交部的大人物;(3)Zeeman,物理学家。[8]——换句话说,爱因斯坦先生是个有真才实学"值得尊敬的"人。[9] 我希望你证明自己配得上"这个资产阶级对你的信任"!(否则许多热爱你的人会遭受打击!)——这就像娶一个伯爵夫人。——不过,我们是岳母。

Langevin 确定要来。Weiss 也有望来。[10]——你对于顺磁性的论述的理论上的乐观令我感到惊奇。[11]——气体的顺磁性,是的,很好。但是固体的顺磁性

呢?! ——把它们当作气体无疑是一派胡言。——真的很难相信"分子磁体" [Elementarmagneten]可以在晶体中无阻力旋转(像气体中的分子)。所以首先要解释为什么在晶体晶格中的方向由强大力量控制的分子磁体仍然服从居里定律：$\underset{\text{磁化率}}{\chi} = \frac{C}{T}$ [12][硫酸钆升到 2°K 严格遵循这个定律!!][13]

所以奥秘是:如果分子磁体被非常强的晶体力量所固定,那么晶体粉末在 $T \cong 0$ 时的最大的磁化率[14](仅设想对于自由旋转磁铁)从何而来?

Weiss 发表(C. R. 1913)了某些错误的观点。——[15]

我只看到解决这些问题的下列两个可能:

假设 A:假定每个分子磁体在晶体内有两个方向相反的方向(势能↑=势能↓),这和假设不同的势能方向(↗,↖,↗,↘)同样容易但具有很大难度(巨大的势能)。如果计算(晶体粉末或晶质集合体)在磁场中的磁化率,可以确定得到 Langevin 公式:[16](和渗透压力公式的推导非常相似。)[17]

假设 B:晶体粉末中每个分子的方向是完全固定的。

然而,分子中的一个电子环能执行单位+1 或 -1 量子运动。磁场外面,经常产生同样的运动——但是在磁场内部反之。如果在这里计算磁化率,[18][为了避免错误的结果,必须建立能量的而不是"Routh 函数"的 $e^{-\frac{E}{KT}}$ 指数,如 Leeuwen 在博士论文中所证明的]能再次确切地得到 Langevin 公式。[19]

到目前为止没有问题,但是对于下列问题:上述平衡提供良好的磁化率,然而这些平衡是如何开始的?(特别是在极低的 2°K 温度下)——为使这种调整成为可能,需要特殊的碰撞。——

也许,事实上,调整分子磁铁以快速改变磁场不会发生得如此之快(对于 2°K 下的钆硫酸盐)。我跟 Onnes[20]谈起过有关的问题,如何能够通过实验证实这种滞后,如果它存在的话。——

随着频率增加而造成的磁化率的减少对他而言似乎很难演示。

由于磁化滞后而引起的热量增加(我希望我没有错,这会使粉末发热)似乎更容易加以证实。[21]

因为钆硫酸盐在 2°K 已经几乎同铁一样有强烈的可磁化性,可被探测。

请给我你对此的一两个评论。

在任何情况下,我真不敢相信可以像气体一样严格对待固体的顺磁性。(参见 Smekal)——[22]它在这里起作用正如渗透的压力。

一个笨的想法:你知道 W. J. de Haas[23]一直在思考怎样可以直接证明铁中的微小晶体的自发磁化。——哦,我考虑是否在实际中会有用,在上百高斯的磁

场中,超导体也不再超导。——因此:

假设一个少数分子厚度的 $Hg\text{-}layer$ 仍然是超导(首先要确定)——而且它仍然与基层很不相同,

那么就必须看它是否会失去其在铁中的超导。

我认为,这事仍然是没意义的——但是也许你能做些什么。

我很愿意,如果我们能跟 Langevin 和 Weiss 讨论内部场的本质。——Weiss 已发表了一些令人兴奋的、但是很不正确的观点,如果我没弄错的话。(*Ann. de Physique*,第 一 卷〔1914〕)(和 *Archives de Genève*,1913 or 1914)。[24]

我在想你是否会看我在这里的乱写乱画??

我非常沮丧——部分原因是由于长期(琐碎!)的经济忧虑,部分是因为我根本没工作。我能够做的不是科学,而是在大厅和长廊里同别人闲谈物理学。

为了能够理解 Langevin 的法文,我最近开始阅读法文文章,我特别选择了哲学家 Bergson。[25] 他是一个精彩的人。你将惊讶于快乐是什么——如果我告诉你一些来自他的书的某些页码。我的妻子 Tanya 和我非常喜欢他的作品。[26]

如果我没那么多疲倦和不自量力的野心,那我该会生活得多好啊。对我而言这都是非常清晰的,却没有任何帮助——我可以获得我想得到的任何乐趣——但就像蜜饯和果酱——面包是艰苦劳动的果实——我完全失败了。

对不起——你不必回复这哭哭啼啼的胡言乱语。我热切地期望见到你。每个人是如此——在每一个地方。

Ehrenfest

我们所有人向你问候。

在科学家的代表会上有公开的部分吗? 我很害怕——是的——他们对德国不利。[27]

ALS.[9 504].

[1] 文件 92 中,爱因斯坦让 Ehrenfest 代为保管他的小提琴盒和琴弓。

[2] 爱因斯坦曾问 Ehrenfest 他是否仍然想收到第二把小提琴(文件 92)。

[3] 对一个可能得到索赔的保险(见文件 92)。

[4] Cornelis van Vollenhoven(1874—1933)是莱顿大学(University of Leyden)的法学教授,他在莱顿

大学基金会作为特别教授与爱因斯坦会面(见导言Ⅲ)。

[5] 关于爱因斯坦获得荷兰入境签证的问题,见文件6;在他上次访问期间,他已通知 Hendrik A. Lorentz 说他的离开荷兰是因为签证过期了(文件26)。莱顿大学基金在1920年8月6日对爱因斯坦的签证提出申请(1920年8月的议程,19488号,Ne-Ar,Ministerie van Buitenlandse Zaken)。

[6] 特别教授的就职演讲。

[7] 方括号中的是原文。

[8] Joannes A. F. Coebergh (1841—1922)是公证人;Rudolf J. H. Patijn (1863—1956)是外交部的秘书长;Pieter Zeeman。

[9] "Fatsoenlijk"在荷兰语中是尊敬的意思。

[10] Paul Langevin;Pierre Weiss。关于他们为爱因斯坦在下次访问莱顿时要进行的有关电磁学的研讨会的筹备工作,见文件83。

[11] 关于爱因斯坦对在低温下的磁性理论表示乐观的态度,见文件92。

[12] Paul Langevin,对带有磁矩 M 的分子使用 Boltzmann 分布定律,并假设它们可以自由旋转,可以推导出顺磁性气体的磁化强度 I:

$$\frac{I}{I_0} = \coth a - \frac{1}{a}. \tag{1}$$

I_0 是饱和磁化强度,$a = \frac{MH}{kT}$(H 是均匀磁场,T 是温度,k 是 Boltzmann 常数),给出 χ(*Langevin 1905*):

$$\chi = \frac{NM^2}{3kT}. \tag{2}$$

其中 N 是原子个数,Langevin 的方程(2)遵循 Curie 法则,Weiss 扩展地使用方程(1),他的理论的顺磁性和固体铁磁性(*Weiss 1911*)又假设分子可以自由旋转(假设是重复的,如 *Oosterhuis 1913*, *Keesom 1914*, *Reiche 1917*)。Otto Stern 最近认为由于在晶体的各向异性,这个假设是不成立的(见 *Stern 1920a*)。

[13] 方括号内是原文中的。对于最近在莱顿的有关金钆的实验结果,见 *Kamerlingh Onnes 1923*。

[14] 在原文中的此处,Ehrenfest 绘制了一个箭头指向文本"eines Krystallpulvers",它写在这行的下面,位于此页的右侧。

[15] *Weiss 1913*;Weiss 假设在晶体中分子磁矩可以在平衡位置振动,但不能自由旋转,并声称能从这个模型中得出晶体粉末的居里定律。但他在推导一个磁化表达式时,忽视了外部磁场在 Boltzmann 分布正常化时的作用。Otto Stern(*Stern 1920a*,第150页,注释1)认为这是一个计算错误,并认为修正后的计算结果不会推导出居里定律。亦可参见 Ehrenfest 所记的有关研究 Weiss 推导的日记(NeLR, Ehrenfest Archive, ENB:1—26,条目5503和5537[分别是1912年7月23日和19日])。

[16] Ehrenfest 的日记中包含了一个相关的计算,在条目5530,日期是1920年8月16日(NeLR, Ehrenfest Archive, ENB:1—26)。类似的想法很快由 Wilhelm Lenz 提交给 Deutscher Naturforscher und Ärzte (GDNÄ)的巴德·瑙海姆会议,该会议于1920年9月19日至1920年9月25日召开(*Lenz 1920*)。

[17] 关于爱因斯坦对于在低温下溶液的渗透压和顺磁性异常的看法,参见他在1913年的第二次索尔维会议(Solvey Congress)上对 Eduard Grüneisen 演讲的评论(第四卷,文件22)。

[18] 在原文件中,Ehrenfest 在本页页脚附上了一个注释:"Damit man kein unrichtiges Resultat erhält muss man im Exponent von $e^{\overline{T}}$ nicht die Energie setzen sondern "die Funktion von Routh" wie in

Dissertation von van Leeuwen bewiesen wurde"。参见 *Leeuwen 1919*,方程中的 r 为 Boltzmann 常数。

[19] 关于这一模型中 Langevin 方程推导,见 *Ehrenfest 1920*;关于插入"Routh 函数"以代替其指数遵循 Boltzmann 分布的能量的必要性,见第 991 页,注释 1。

[20] Heike Kamerlingh Onnes。

[21] 在 *Ehrenfest 1920* 中,这一滞后效应很像磁滞现象,并且产生了热能。

[22] *Smekal 1918*。

[23] Wander J. de Haas。

[24] *Weiss 1914a* 和 *1914b*。

[25] Henri Bergson。

[26] Tatiana Ehrenfest 和她的女儿 Tatiana。

[27] 1920 年 9 月的 GDNÄ 的会议。根据 *Schönbeck 2000*(第 28 页),它本来计划在法兰克福举行,但由于骚乱和暴力的游行示威,被迫转移到巴德·瑙海姆。然而在 *Hermann 1994*(第 246 页)中,决定在巴德·瑙海姆举行会议的原因是住宿和伙食的短缺,这使它不可能在大城市中举办(其中特别提到了汉诺威)。

100. 致 Théophile de Donder

柏林,1920 年 8 月 11 日

尊敬的同事:

非常感谢您寄送我的论文。[1] 我必须承认,虽然我无法理解文中的许多地方,特别是您对能量的处理。算子

$$(1+\varepsilon_{\mu\nu})\diamond^{\mu\nu}$$

作用于所有的变量(乘以 $[\sqrt{-g}/\sqrt{-q}]$),并不能提供一些张量特征:

$\varepsilon_{\mu\nu}$(最好写为 ε_μ^ν)是一个混合张量。

$\diamond^{\mu\nu}$(最好写为 $\diamond_\mu^\nu$)也是一个协变张量。

然而乘积 $\varepsilon_\mu^\nu \diamond^{\mu\nu}$ 不具备张量特征。[2] 您会考虑 $g_{\mu\nu}(g^{\alpha\beta}\diamond_{\alpha\beta})$ 的形式吗?

即使在这种情况下,我也不能清楚地明白您的方程式的意义。我认为您最好能将协变形态同反协变形态做明确的区分。

我在另一封信中给了您需要的文献。[3] 它仅仅只是试图表示,确切地说,电荷可能有伪球形宇宙解,而不需要在所有方程中引入新的结构(宇宙常数,Hamilton 函数的特别项,它会产生凝聚力以保持电子的空间电荷的恒定)。

方程是否来源于变分原理法则对我来说似乎并不重要。[4] 但我得声明文章的内容仅仅是一个尝试,我并不是想做出充分的科学证明。

致敬

A. 爱因斯坦

ALSX. *Bosquet 1987*,第 233—第 234 页.[9 162].

[1] 见文件 97；*De Donder and Vanderlinden 1920a*，其缩减版是 *De Donder and Vanderlinden 1920b*。

[2] De Donder 和 Vanderlinden 用 $\varepsilon_{\mu\nu}$ 表示克氏符号(Kronecker delta)，例如 $\sum_\alpha g_{\nu\alpha}g^{\alpha\beta} = \varepsilon_{\nu\beta}$ (*De Donder and Vanderlinden 1920a*，第 237 页)。De Donder 在他同 Vanderlinden 共同发表的文章中,于 $\gamma^{\alpha\beta} = g^{\alpha\beta}\sqrt{-g}$ 之后修改了他们的理论(关于这一修改，见文件 97，注释 4)，得出场方程 $\diamondsuit^{\alpha\beta}(l^* + L) = 0$，其中 $l^* \equiv (a + kC)\sqrt{-g}, L \equiv \Lambda\sqrt{-g}$；$\diamondsuit^{\alpha\beta}$ 由方程 $\diamondsuit^{\alpha\beta} \equiv \dfrac{d}{d\gamma^{\alpha\beta}} - \sum_\lambda \dfrac{d}{dx_\lambda}\left(\dfrac{d}{d\gamma^{\alpha\beta,\lambda}}\right) + \sum_{\lambda\nu} \dfrac{d^2}{dx_\lambda d x_\nu}\left(\dfrac{d}{d\gamma^{\alpha\beta,\lambda\nu}}\right)$ 来确定。求和号中引入了横线是为了避免重复计算：它表示求和只限于所有的 $\lambda \neq \nu$ 的情况；参见 *De Donder 1917*，第 170 页)。接下来定义了对称张量"tenseur symétrique" $S_{\alpha\beta} \equiv -(1 + \varepsilon_{\alpha\beta})\diamondsuit^{\alpha\beta}L$，De Donder 和 Vanderlinden 将上述场方程改写为 $kG_{\alpha\beta} + ag_{\alpha\beta} = S_{\alpha\beta}$，其中 $S_{\alpha\beta}$ 是里奇张量(Ricci tensor)(*De Donder and Vanderlinden 1920a*，第 236 页；*Vanderlinden 1920* 中有对 $G_{\alpha\beta}$ 的定义)。

[3] *Einstein 1919a* 的一个单行本(第七卷，文件 17)，De Donder 在文件 97 中提出了请求。

[4] 关于变分原理的应用，参见文件 97，注释 5。

101. Erwin Freundlich 来信

海德堡，1920 年 8 月 12 日

亲爱的爱因斯坦先生：

我已经用箱炉完成了第一系列实验，明天就开始度假了。[1]箱炉运作良好，我们已经获得了在 3883 Å 处的氰波段辐射，其吸收情况以 1Å＝1.2 mm 分布，这样的测量精度已经足够了。[2]我们现在改进了箱炉，为了延长石墨管的寿命。我现在不能确定的是谱线结构是如果表现的，以及 Grebe 和 Bachem 的结果能否得到证实。不论如何，我相信直接比较太阳吸收光谱和类地行星吸收光谱也是很有意思的，[3]而这一类型的光源与压力、温度、多普勒效应等有关，是可用箱炉清晰再现的。而关于这一光源也有许多其他任务需要研究。Bosch 教授[4]发来他的问候，从他的工厂给我们提供一名物理学成员。这个物理学家将正式受雇于 Baden Aniline and Soda 厂，和我们一起在波茨坦工作。我想推荐 Stumpf 博士就任该职位，并假定您对此没有任何反对。他是一个实验物理学家，在格丁根作为 Voigt 的一名学生接受了光学方法训练。[5]

和 Hochheim 博士[6]一起工作我学会了很多，与气体、真空等打交道是新的内容，我第一次不得不学习如何做。——我听说建设取得了很大的进步，

Siemens & A. E. G. 各追加捐赠了 20000 马克，除此之外，另外 20000 马克已经从 H. Albert 化工厂[7]董事 Kurt Albert 博士处取得。我希望您会做得很好。您什么时候去度假？8 月底之前我的地址是：Dettendorf (Aibling post office), Upper Bavaria。问候您的家人。

您的
Erwin Freundlich

ALS. [11 158].

[1] 一个电阻炉按 Freundlich 的要求放置在莱茵河畔 Ludwigshafen 的 Badische Anilin-und Sodafabrik (BASF) 处，用于光谱工作。大多数实验室光谱的弧光灯，当电流通过的时候会加热气体，因此产生一些不太好的性质例如"电极效应"。而烤箱方法是通过热效应加热气体，因此不存在这种问题，并可以产生与太阳大气类似的高温且低压的条件。对于 Freundlich 用烤箱所从事的工作研究的探讨，参见 Hentschel 1997，第 88—第 89 页。

[2] 正如许多致力于太阳红移观测的学者一样，Freundlich 希望再现 Grebe 和 Bachem 的工作结果，因此关注于氰带。相对来说它对于压力和其他环境效应不那么敏感(见 Grebe and Bachem 1920a 和 1920b)。

[3] 太阳光谱(除了在日食过程中能看到的所谓的反转层)的类型是吸收的，而典型的弧光谱的类型是发射的。

[4] Carl Bosch (1874—1940) 是 BASF 的常务董事长，Freundlich 为 Bosch 设计了一座私人天文台，并担任制造总监(见 Hentschel 1997，第 170 页)。

[5] Felix Stumpf(1885 —?)是夏洛滕堡理工大学(Technical University of Berlin-Charlottenburg)的编外讲师；Woldemar Voigt(1850—1919)是格丁根大学(University of Göttingen)的物理学教授。

[6] Ernst Hochheim (1876—?)。

[7] 为了检验广义相对论，需要建造一个塔式望远镜来进行天文学观测，其建造合约签署于 1920 年 7 月(日程表)。一个爱因斯坦捐赠基金成立于 1919 年底(见爱因斯坦致 Konrad Haenisch, 1919 年 12 月 6 日[第九卷，文件 194])，并请求德国工业界进行捐赠。塔的详细建造过程见 Hentschel 1997。

102. 致 Paul Ehrenfest

[柏林，] 1920 年 8 月 13 日

亲爱的 Ehrenfest：

就职演讲简直就像是一个毕业考试的噩梦；它是些没完没了的小事务，只要一个人活着就做不完。[1] 10 月 13 日起我不在莱顿，因为我让我的孩子 10 月 4 日到锡格马林根附近的 Benzingen，我已经 1 年半没有见过他们了。我建议 10 月 27 日。我有一件燕尾服的外套(但把它带到 Kiel、[Bad] Nauheim、Hechingen、

Benzingen 和莱顿很不方便。也许一个和我身材差不多的莱顿人能借给我一件外套？——我把我的留在这里。）并打算将它带着。请尽快安排你的护照签证，因为我 9 月 10 日离开柏林，我不打算在去荷兰之前回来。我将买琴弓和琴盒。[2] 我还欠你 2 万马克；对于我可怜的脑袋来说计算过于复杂。[3] 我认为你不必多花钱，还有一些机会让你合法地感受腐败。也别忘了此刻我依然亏欠你；这个问题差不多和磁一样难。我基本上理解你的账户。[4] 如果硫化钆在非常低的〔温度〕下满足 Langevin 法则，这证明了定向力量非常小。在更低的情况下，它必须是简并的。量子方法所遇到的问题是，我们不知道量子状态是否可以在磁轴和磁场之间的 0 到 π 度之间均能存在。[5] 如果 Langevin 和 Weiss 都能来那就太好了。[6] 我比上次更热烈地欢迎他们。停止抱怨，不要成为一个自我鞭挞者。当然我们会随着年龄增长而变得越来越愚蠢和懒惰。这样我们就宽慰了其他人的良心……

衷心祝福你，

你的
爱因斯坦

我知道，迄今为止 Nauheim 没有任何计划。你让我好奇。[7] 这不是第一次，也不是最后一次！

AKS. [9 506]. 明信片收信人地址"Herrn Prof. Dr. P. Ehrenfest Witte Roozen Str. Leiden (Holland)"，寄信人地址"Abs, A. Einstein Haberlandstr. 5"，邮戳上盖着"Berlin W. 30 13. 8. 20. 8—9N[achmittags]"。

[1] 爱因斯坦作为特别教授在莱顿准备就职，见文件 99，可以得到答复。在 *Einstein 1917h*（第六卷，文件 49）中，爱因斯坦说许多人到了晚年都会做噩梦，原因就是当年中学的期末考试。

[2] 关于购买琴盒和琴弓的问题，见文件 99。

[3] 几个月前，Ehrenfest 寄给爱因斯坦 20000 马克以便他在柏林购买钢琴（见 Paul Ehrenfest 致爱因斯坦，1919 年 12 月 20 日；以及爱因斯坦致 Paul Ehrenfest，1920 年 2 月 2 日）（第九卷，分别为文件 224 和 294）。说他的脑容量有限的这句话是指之前的计算错误（见爱因斯坦致 Paul Ehrenfest，1920 年 3 月 1 日〔第九卷，文件 335〕）。

[4] 关于 Ehrenfest 对顺磁性固体的讨论，见文件 99。

[5] Paul Langevin。可能是指没有任何实验证据表明，在外部磁场的影响下分子磁矩只会沿着离散方向（可参见 *Mehra and Rechenberg 1982*，第 432—第 445 页）。

[6] Pierre Weiss。关于爱因斯坦准备在 10 月访问莱顿一事，参见文件 99。

[7] 在文件 99 中，Ehrenfest 指的是有谣言称示威活动可能会发生在下次的巴德·瑙海姆的 Gesellsehaft Deutscher Naturforscher und Ärzte 会议期间。

103. 致 Pieter Zeeman

1920年8月15日

非常尊敬的同事：

诚恳地感谢您精美的照片[1]和您友善的言语。让您作为受托管理人["馆长"]对我来说非常荣幸,我想我可以向您保证我不会使您难于管理。[2]我只能在10月末进行就职演讲,因为我想在10月的上半月跟我住在苏黎世的孩子共度假期。

祝您和您的家人有一个美妙的假期,送上我诚挚的问候。

您真诚的
A. 爱因斯坦

AKS(NeHR, Zeeman Collection). [79 140]. 明信片收信人地址是 "Herrn Prof. Dr. P. Zeemann Huis ter Heide (prov. Utrecht) Holland", 寄信人地址是 "Abs. A. Einstein Haberlandstr. 5. Berlin", 邮戳上盖着 "Berlin W 30 18.8.20.4—5N[aehmittags]"。

[1] 可能是指爱因斯坦和 Zeeman, Paul Ehrenfest 在阿姆斯特丹的 Zeeman 实验室中的合照。见本卷中的插图9。

[2] 在莱顿, Zeeman 被任命为爱因斯坦在莱顿的物理学特别主席的监管人(见文件99); Cornelis van Vollenhove 教授在1920年2月20日写信给 Zeeman 请他担任监管人, 并在1920年2月24日通知他, 爱因斯坦已经接受了特别主席的职位(见这几天 Cornelis van Vollenhoven 致 Pieter Zeeman, NeHR, Archief P. Zeeman)。

104. Paul Ehrenfest 来信

[莱顿,]1920年8月16日

亲爱的爱因斯坦：

谢谢你8月13日的明信片。—[1]

1)你10月27日的建议,我马上将其传达给 Van Vollenhoven。[2]——一旦收到他的回信,我就立刻向你汇报(因此,几天)——但不论如何,看在上帝的份上,一定要来这里和我们住在一起——否则将无法协调所有的事情(受托管理人, Langevin,[3]等等),我会发疯的[meschugge]。

2)"燕尾服"——噢——你必须自己来决定。当然,很多人会愿意借给你燕尾服——但这里有一个几何问题:他们中是否有人适合你。——我想说的是:让你的妻子来决定。——(演说之后)[4]很多人会想"恭喜"你,[5]学生将给你写信,因此你必须穿着一件理想的外套。

3)"护照签证"——Van Vollenhoven 教授附函说明 8 月 12 日之前不久,部长使用柏林 Geueral Consul 给你签证的有效期为 6 个月(可不限次数地通过任何边防哨所)。——[6]

外交部长抵达后,请通过信函询问领事馆,附上 Van Vollenhoven 教授在信中的附件,问它是否被外交部长"采用"(!!——是的,不是"指令"!!!)——请立刻告知我回复内容,这样我就可以转告 Van Vollenhoven。

不要对我失去耐心,想想,我跳跃在你们所有鲁莽而来的生物中,无害且无助,像青蛙一样焦急地努力不被压扁。

我忘了做一件事:7 月 16 日 Marie-Anne Cochet 有本寄给你的书到了:*L'intuition et l'amour*(*Essai sur les rapports métaphys. de l'intuition et de l'instinct avec l'intellig. et la vie*)[7]——寄件人地址:Villa Fayet, Begunns sur Gland, Canton of Vaud, Switzerland。[包装纸有香味——尽管这本书本身是 263 页。][8] 题词(手写):"致杰出的爱因斯坦教授,一个法国女形而上学家致辞"——转送给你还是就放在这里?!!

另外:Utrecht 的大学生联盟哲学系老师邀请你去做一个演讲——我建议你要谨慎,因为接受就意味着:同 Amsterdam, Groningen, Delft, Wageningen 等等一样。——"自动结算"?!

你知道 Smekal[9] 现在哪里?我想给他写封信。

另外,Van Vollenhoven 总是通知你在 1 月 1 日领取酬金,[10]但他告诉我说,如果在演讲至 1 月 1 日这段时间,你需要部分酬金,那你只需要说一声——然后他会做安排。

它看起来很不可思议,单元磁体可在顺磁性晶体里自由旋转。——哦,我期待着能够和你讨论这些。——[11]

我将陪你到哥本哈根!!——我现在有在彼得格勒和莫斯科的物理学朋友的消息——每个人或多或少地在从事科学研究或教学。现在该给他们提供选刊和书籍了。[12]

问候你们。——请你不要完全忘了我们。

你的
Ehrenfest

ALS. [9 513].

[1] 文件 102。

[2] Cornelis van Vollenhoven。关于爱因斯坦将于 10 月对莱顿进行访问,并在那儿进行他作为特别教授的就职演讲的筹备工作,见文件 99 和 102。

[3] Paul Langevin。

[4] "Oratie"是荷兰语中的就职演讲的意思。

[5] "Feliciteren"是荷兰语中祝贺的意思。

[6] 关于之前爱因斯坦的荷兰签证申请,见文件 99,注释 5。

[7] *Cochet 1920*。

[8] 方括号出现在原文中。

[9] Adolf Srnekal。

[10] 见 Cornelis van Vollenhoven 致爱因斯坦,1920 年 7 月 26 日,日程表。

[11] 正如文件 99 所言,关于爱因斯坦对于 Ehrenfest 的顺磁性观点的反应,见文件 102。

[12] Ehrenfest,他的妻子 Tatiana 是俄罗斯人,从 1907 年到 1912 年一直住在俄罗斯(见 *Klein 1970*)。继 1917 年十月革命,俄罗斯学者已经在很大程度上脱离了西方文学,在 1920 年 6 月写给 Ehrenfest 的信中,Abram Ioffe 请求将期刊寄往爱沙尼亚的一个地址,在那儿他们会将其转发给他(见 Abram Ioffe 致 Paul Ehrenfest,1920 年 6 月 18 日,NeLR,Ehrenfest Archive,ESC:6,1)。Ioffe 进一步告诉 Ehrenfest,Pyotr Lazarev 和 V. Romanov 在莫斯科工作,而他和 Dmitri Rozhdestvensky、Yuri A Krutkov、Viktor R Bursian、A. N. Krylov、Yakov D. Tamarkin、Aleksandr A Friedmann,在 St. Petersburg 工作。根据 *Vizgin and Gorelik 1987*,这封信过了约 2 个月才到达。

105. Théophile de Donder 来信

布鲁塞尔,Forestière 街 11 号,1920 年 8 月 18 日

先生、非常尊敬的同事:

谢谢您的邮件。[1]目前,我在尼姆(Namur);因此,我不可能得到您好心地劝我去咨询的通知。[2]在返回布鲁塞尔的途中我迫不及待地了解了相关情况。

我很抱歉我的符号导致混淆。在我的写作方式中,运算符 $\Diamond^{\mu}$ [包含] 全导;[3]因此,存在数值因子 $(1+\varepsilon_{\mu\nu})$。因此,整理思路,我们计算:

$$\Diamond^{12}[(g^{11})^2 - g^{12}g^{21}] \equiv \frac{\mathrm{d}}{\mathrm{d}g^{12}}[(g^{11})^2 - g^{12}g^{21}]$$

$$\equiv -2g^{21}$$

如果，相反，我们证明了偏导数，您将得到：

$$\lozenge_E^{12}[(g^{11})^2 - g^{12}g^{21}] \begin{cases} \equiv \dfrac{\partial}{\partial g^{12}}[(g^{11})^2 - g^{12}g^{21}] \\ \equiv -g^{21} \end{cases}$$

另一方面：

$$\lozenge^{11}[(g^{11})^2 - g^{12}g^{21}] \equiv \dfrac{\mathrm{d}}{\mathrm{d}g^{11}}[(g^{11})^2 - g^{12}g^{21}]$$
$$\equiv 2g^{11}$$

是相同的：

$$\lozenge_E^{11}[-] \equiv \dfrac{\partial}{\partial g^{11}}[-] \equiv 2g^{11}$$

Hilbert 先生也强调了这个数值二项式；然而他告诉读者一切都已明了。[4]

我在所有的出现 $\lozenge^{\mu\nu}$ 之后的 Lagrange 的计算已经得到了和您完全一致的结果。[5]

补充一点，今后我已经决定采纳您关于协变式、逆变式、对称、不对称等的非常清晰的表示方法。

我希望这些解释会消除阅读这些论文的所有障碍，[6]并且使您的观点更加明确清晰，以便更好地阐释您伟大的理论。

我不需要告诉您，您对此的观点对我有多大的价值。

爱因斯坦先生，请允许我向您保证我的最崇高的敬意。

T. de Donder

注：如果您愿意，我将给您一个证明[……我的]新的[重力][7]论文，其中我将我的结果改用了您的符号，而我明确地指出了我在那里碰到的[各种各样]的物理量的协变量。

TDD

378　ALS. *Bosquet 1987*，第 235—第 236 页。[9 163]。

[1] 见文件 100。

[2] *Einstein 1919a*（第七卷，文件 17）。

[3] 关于方程中算子 g_{ab} 的定义，见 *De Donder 1917*，第 170 页；关于它在 *De Donder and Vanderlinden 1920a* 中的定义，见文件 100，注释 2。

[4] 见 *Hilbert 1915*，第 397 页。

[5] 关于 *De Donder and Vanderlinden 1920a* 和 *Einstein 1919a*（第七卷，文件 17）中结果的类似，见文件 97，注释 4 和 5。

[6] *De Donder and Vanderlinden 1920a*，也可能是 *De Donder and Vanderlinden 1920b*。

[7]*De Donder and Vanderlinden 1920a*。

106. Tullio Levi-Civita 来信

帕多瓦,1920 年 8 月 18 日

杰出的、尊敬的同事:

非常感谢您 11 日的令人愉快的来信,您如此慷慨贴心地满足了我关于两本选刊的愿望,[1]对于增加的第三本同样非常感激。

我立即将您对于意大利文译本的赞同意见转达给 Engineer Calisse,并告诉他联系 Vieweg 来进行编辑工作。[2]

我最热切地希望,真正的知识分子能很快地恢复国际团结的意识,在战争期间人们失去了科学和人性,甚至倒退了。

的确,在意大利,大部分同事都再次变得通情达理,但不幸的是,世界上仍有不可忽视的少数人以一种非国际性的方式思考和工作。

您提醒我论文 *Gravitationsfelder im Aufban etc.* 应仅仅当第一次尝试。[3]我明白,但与此同时,我已以最强烈的兴趣阅读了该文章,我打算把它当做特别重要的课题来研究,因为目前已经没有谁再怀疑电子稳定性的存在了。

最后,请允许我依靠 Lagrange 的权威支持来证明我对牛顿的比喻。[4]他写道,牛顿是独一无二地、独立地发现系统的世界。现在,有一种投机观点认为,相对论已用深刻的方式改变了世界,我们发现自己毫无疑问地处在一个新发现的世界体系的最前方。因此,不是因为皈依者的热情我才提到我们时代的牛顿,冒犯了您的谦虚。

请接受我再次诚挚的感谢和真挚的情感。

您非常忠诚的
T. Levi-Civita

附:既然您依然记得我偶尔在黎曼曲率理论中所进行的几何补充,我要提醒您注意 J. Pérès 先生(斯特拉斯堡大学教授)的 2 篇相关的精彩的论文:《Le parallélisme de M. Levi-Civita et la courbure riemannienne》和《A propos de la notion de parallélisme dans une variété quelconque》Rend. Dei Lincei, T. XXVIII (1.° semestre 1919),pp. 425—428, and T. XXXIX (1.° sem. 1920),pp. 134—138。[5]我一定会写信给 Pérès 请他给您选刊。

ALS.［16 258］. 在文件的左边有一个活页夹穿孔。

［1］关于他的要求，参见 Tullio Levi-Civita 致爱因斯坦，1920 年 8 月 4 日。

［2］G. L. Calisse 愿意把 *Einstein 1917a* 翻译成意大利文（见 Tullio Levi-Civita 致爱因斯坦，1920 年 8 月 4 日）。

［3］发送的论文之一（*Einstein 1919a*［第七卷，文件 17］）。

［4］Levi-Civita 称爱因斯坦为本时代的"牛顿"（《牛顿现代报》；见 Tullio Levi-Civita 致爱因斯坦，1920 年 8 月 4 日）。

［5］Levi-Civita 在 *Levi-Civita 1917* 中给出了黎曼张量的向量平行移动的几何解释。Joseph J. C. Pérès（1890—1962）是图卢兹大学和斯特拉斯堡大学（University of Strasbourg）的数学副教授（Maître de Conférences）；论文是指 *Pérès 1919* 和 *1920*。关于 Levi-Civita's 的平行位移观念和广义仿射联络的早期发展，见 *Reich 1994*。

107. Adolf F. Lindemann 来信[1]

Sidholme, Sidmouth, 1920 年 8 月 18 日

尊敬的教授：

我没有对您 1919 年 11 月 30 日的来信做出回复，您对我是怎么想的？不过我有一个很好的理由；圣诞前夜，我被迫接受一个较大的手术，然后在病床上躺了几个月，身体很虚弱。我最近才能够接手我以前的工作，然后顿时淹没于各种重要任务之中。——直到今天我才有足够的时间复函，请原谅我好久没有写信。在这漫长的过程中，您天才的理论在英国广泛地传播开来，正如您所知道的，我的儿子也参加了，除了 Eddington 和 Jeans。[2] 我本来打算宣传关于您和您的政治观点的信息，并为此于 12 月 10 日前往伦敦参加天文学会会议，可惜没能成功。[3] 我 2 天后发现的疾病使我失去了所有意识，我儿子只是间接地起作用，并且已经太迟了，因为他在我病床前待了一段时间。当时，科学家们的心中普遍存有一种不可理解的、可恨的心理，比现在要强烈得多；否则您肯定会被授予天文学会的金牌。我可以私下告诉您，它只是一个政治问题，您可能已经知道了，那一年没有给任何人授予金牌。有件事可能会使您感兴趣，那就是我儿子当选为 1920 年 Roy. A. S. 委员。回到您的［重要的］信中，我只是想纠正一件事，那就是我们绝对没有声称是我们促成了 1919 年 5 月 29 日的日食探测；相反，我只是想说，我们之前的关于恒星在日光下的影像的报告，以及提出 1919 年 5 月 29 日的日全食有可能确证您的理论，可能从侧面支持了这件事，并吸引了人们对此的关注。[4] 至于红移，正如您所知道的，［Kodai］kanal 天文台的 Evershed 教授都

在全力处理这个问题,但没有得到任何决定性的结果。[5]他目前在英国,我希望在这里见到他。

Norman Lockyer 先生昨日(16 日)在这里逝世,享年 84 岁。他这几年有点神志不清了,因此也没有德国科学界的朋友。[6]我的儿子 13 日离开法国去看一个朋友,Duke de Broglie,您也认识的,他拜访完后很可能会去柏林,我想,他会很高兴见到您。[7]如果您见到 Nernst 教授,[8]请转达对他和他妻子的亲切问候;我仍是友好地问候。

您真诚的
A. F. Lindemann

ALS.[16 409]. 在文件的左边有一个活页夹穿孔。

[1] Lindemann (1846—1931)是英国皇家天文学会资深会员,也在英国 Sidmouth 的天文台从事私人研究。

[2] Arthur S. Eddington;James H. Jeans;Frederick A. Lindemann (1886—1957),Dr. Lees 是牛津大学的哲学教授,也是 Clarendon 图书馆馆长。

[3] 爱因斯坦的金奖提名是在 1919 年 12 月 12 日进行的会议上由大多数人通过的,如 Eddington 的报告中所说(见 Arthur S. Eddington 致爱因斯坦,1920 年 1 月 21 日[第九卷,文件 271])。在 1919 年 11 月,Lindemann 曾写信给爱因斯坦,要求"稍微"地说明("eine kleine Notize")一下爱因斯坦的国籍(见 Adolf F. Lindemann 致爱因斯坦,1919 年 11 月 23 日[第九卷,第 174 页])。爱因斯坦只得照办。Lindemann 显然打算在 1920 年 1 月 9 日即将举行的会议上利用这些材料。但在确认奖项的投票中爱因斯坦没有得到必要的 3/4 的多数通过(见 Tayler 1987,第 20—第 21 页),因为爱因斯坦是德国国籍,当时不太适合将这项奖授予给他(例如参见,Hugh F. Newall to 致 Frank W. Dyson,1920 年 1 月 4 日 [UkCU,RGO8])。

[4] 在他之前的信中(Adolf F. Lindemann 致爱因斯坦,1919 年 11 月 23 日[第九卷,第 174 页]),Lindemann 暗示说受 Lindemann and Lindemann 1917 的影响,Frank W. Dyson 已经开始计划日食探测。

[5] John Evershed 已联同 Lindemann 着手测量恒星光线在经过太阳旁边时的光线偏转,Adolf F. Lindemann 致爱因斯坦,1919 年 11 月 23 日(第九卷,第 174 页)中对此有描述。Evershed 的关于太阳红移的研究工作在文件 8 和第九卷引言第 37—第 38 页中有讨论。

[6] Joseph N. Lockyer (*1836)是天体物理学教授,在 South Kensington 任太阳物理天文台(Solar Physics Observatory)台长,而且是《自然》杂志的编辑。他是 Lindemann 的邻居。他们家都在 Devon 的 Sidmouth 附近,而且均有私人天文台。

随着第一次世界大战的爆发,Lockyer 早期对德国科学的极高评价发生了戏剧性的转变。有关详情参见 Meadows 1972,第 302 页。

[7] Maurice de Broglie。Lindemann 的儿子和 de Broglie 曾同时担任第一 Solvay 国会的秘书,并且成为朋友(见 fort 2003)。

[8] Walther Nernst 和 Frederick A. Lindemann 曾在 Lindemann 儿子的实验室一起工作过。关于他们的合作,见 Kormos Barkan 1999。Emma Lohmeyer Nernst (1871—1949)。

108. Arnold Berliner 来信

柏林 W 9，Link 街 23/24 号，1920 年 8 月 19 日

尊敬的爱因斯坦先生：

在 7 月 26 日的巴黎学会中，Deslandres 提交了一份 Perot 的关于比较太阳光氰波段和地面光源氰波段波长的论文。[1] 根据这些实验，太阳光源的光波长大于相应的在地球上的光源的光波长。光的波长比接近于广义相对论所要求的值。陆地光源是一个弧形照射器。太阳光从圆面上的不同位置取出用以比较。

其次，Ilse Schneider 女士希望在斯普林格印刷并出版论文。[2] 我甚至承诺她，我将使用我对 Springer 先生的影响力来促成此事，但我毕竟对自己的判断没有十足的把握，以便促使 Springer 先生这样做。也许您能给我写封信帮我个忙，例如您赞赏 Ilse Schneider 的著作，反对 Hans Reichenbach 的著作。[3] 读过那本著作后，它给我留下了很好的印象，但我真的不觉得自己有足够资格能做出最正确的判断。

最后还有以下事情：包含在您关于相对论[4]的谈话中的文章 *Naturwissenschaften* 已完全售罄，并且仍在追加订单。2 年前，当您写这段对话时，您便有写作续集的意图。[5] 考虑到许多阴谋诡计，现在还不合适出这部续集吗？如果可以的话最好能适当地进一步扩大这个对话，以便引出随后的两个到三个 Naturwissenschaften。您可以将 2 年前发表的小册子汇集到现在出版的续集中，这样人们手边就能有一个极其有效的武器来对抗"德国科学家的纯科学联盟（Syndicate of German Scientists for the Preservation of Pure Science）"。[6] 我发现 Gehrcke 和 Gehrcke 的同事[7]正在为相对论作精湛的宣传。

诚挚问候！

您非常真诚的
A Berliner

TLS. [7 005].

[1] *Perot 1920*；Henri A. Deslandres（1853—1948）是 Meudon 天文台的主任。关于人们对于 Perot 的工作的认可情况，见 *Hentschel 1998*，第 554—第 555 页。

[2] *Schneider 1921*；Ilse Schneider（1891—1990），是希腊的哲学博士研究生，Rosenthal-Schneider 是柏林大学的物理学博士研究生。

[3] *Reichenbach 1920*。关于爱因斯坦对 Schneider 的工作的赞赏，见爱因斯坦致 Schneider，1920 年

1月5日(第九卷,文件244)。

[4] *Einstein 1918k*(第七卷,文件13)。这篇文章是由 Ernst Gehrcke 和 Philipp Lenard 提出的,主要目的是打击那些反相对论者。有关详情,请参阅第七卷,编者注:"爱因斯坦与德国反相对主义的遭遇",第101—113页。

[5] 自从 *Einstein 1918 k* 出版以来,Gehrcke 和 Lenard 就一直对其进行批判,参见 *Gehrcke 1919a* 以及在 *Gehrcke 1919b*、*1920a* 中对观测证据的讨论;Gehrcke 在 1918 年扩大了对相对论的批判(*Lenard 1918*,*1920*)。最近,在 8 月 6 日,Paul Weyland 曾在 *Tägliche* 评论报发表的一篇文章中,重复 Gehrcke 先前的论点,即赞誉相对论不是因为其科学价值,而是因为爱因斯坦曾设法操纵新闻界和公众(*Weyland 1920a*)。他还声称,Lenard 的反对意见仍然有效而无可辩驳,重复 Gehrcke 对观测证据的批驳,并声称是 Paul Gerber 而不是爱因斯坦,对水星的近日点运动进行优先解释(见第七卷,编者注:"爱因斯坦与德国反相对主义者的遭遇",第101—第113页,以及 *Einstein 1920 f* [第七卷,文件45],注释12和13)。

在 8 月 11 日的同一篇论文中(*Laue 1920a*),Max von Laue 回答了 Weyland 的文章。对此 Ludwig Glaser 又做了回复,他再次强调 Gerber 的重要性(*Glaser 1920*),而 Laue 于 8 月 17 日再次回应(*Laue 1920b*)。更重要的是,Laue 的第二篇文章发表于 Weyland 的反驳之后,后者宣布将在柏林爱乐音乐厅举行一系列的相对论演讲课程。8 月 24 日,Weyland 和 Gehrcke 将成为第一个发言者,更多的讲座随后在 9 月 2 日由 Glaser 和 Oskar Kraus 主持。

[6] 公告曾经出现在 *Der Tag* 和 *Tägliche Rundschau*("Gegen Einsteins Relativitätstheorie",分别在 8 月 15 日和 17 日),其中约 20 个反对相对论的讲座,由 the Arbeitsgemeinschaft deutscher Naturforscher zur Erhaltung reiner Wissenschaft e. v. 组织(Paul Weyland 之前宣传过同一系列的讲座,见注释5)。从当时的情况看来,Arbeitsgemeinschaft 的成员只有一个,即 Paul Weyland 自己,也没有被注册为"e[ingetragener] V[erein]",Weyland 将这个公告扩展了一下,发表在 8 月 23 日的右翼 *Deutsche Zeitung* (*Weyland 1920b*)中;亦可参见 *Goenner 1993*、*Kleinert 1993*,以及第七卷,编者注:"爱因斯坦遭遇德国反相对论者",第101—第113页。

[7] Gehrcke (1878—1960)是帝国物理-技术学会(Physikalisch-Technische Reichsanstalt)的光谱学家和 *Oberregierungsrat*,Paul Weyland 也批评了爱因斯坦对相对论的宣传工作(见注释5)。

109. 致 Edouard Guillaume

1920 年 8 月 22 日

尊敬的 Guillaume:

我理解您的信中开始的公式[1]

$$\Delta t = \Delta t' \beta (1 + \alpha \cos\varphi')$$

这涉及这样的情况:[2](见后面的图)。

然而,时间差 Δt 和 $\Delta t'$ 是不能由一个时钟测得的(也不是两个),而只有分别利用与参考系 K 同步或静止的时钟系统,以及与参考系 K' 同步或静止的时钟系统来测得。[3]我完全不明白您的意思。我也不明白我应该从频率 ν 和 ν' 中理

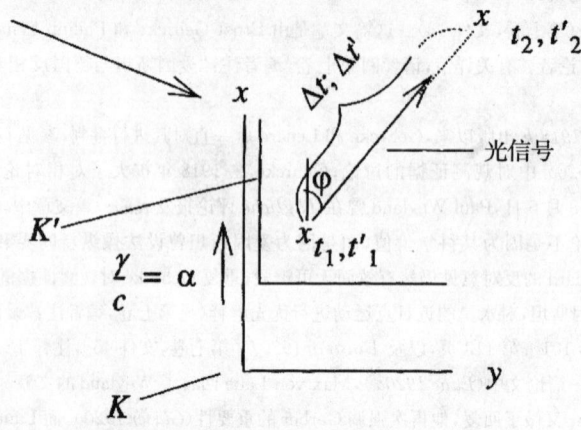

解什么。因此,我也不能将关系式联系起来[4]

$$\nu = \frac{\nu'}{\beta(1+\alpha\cos\varphi')}$$

或 $\nu = \nu'\beta(1+\alpha\cos\varphi')$

什么是测量 Δt 的时钟的假设运动状态？假定测量系统时间的时钟相对于系统是静止的,因此,您信中的其余部分我都不能理解。我有时与 Besso 讨论这个问题。[5] 也许他能充当翻译,因为他非常清楚我的想法。[6]

诚挚问候。

您的
A. 爱因斯坦

ALS (Georges-Edouard Guillaume, Neuchâtel), *Genovesi 2000*, 第 101—第 103 页. [79 015].

[1] 这个公式是 Edouard Guillaume 致爱因斯坦,1920 年 8 月 20 日中的第二个(*Genovesi 2000*,第 99—第 101 页),占 3 页信中的半页纸。

[2] 这个例子展示的是一个光信号(由两个交叉来标记)的发射和接收,它由两个惯性参考系 K 和 K' 中的观测者来观测。

[3] Guillaume 在他的信中的写法,就仿佛一个光信号传输用的时间是在每一帧由一个时钟测量。

[4] 在原文中的此处,爱因斯坦在本页页脚附加了说明:

"Welches soll denn der Bewegungszustand einer Uhr sein, die Δt misst? Eine Uhr, welche die Zeit eines Systems messen soll, ist ruhend relativ zum System angeordnet."

[5] 爱因斯坦和 Michele Besso 曾经讨论过的 Guillaume 的观点,Guillaume 似乎相对宽容,见文件 85 和 90。

[6] 在酝酿狭义相对论的最后阶段,Besso 已成为爱因斯坦的主要对话者,并且是唯一一个在原论文中致谢的人,*Einstein 1905r*(第二卷,文件 23)(见第二卷,编者注,"爱因斯坦的相对论",第 264 页)。

110. Paul Ehrenfest 来信

莱顿,1920年8月27日

亲爱的爱因斯坦:

随函附上我哥哥的优秀的外交业绩[1](他会很震惊我把它寄给你!!)——你一旦到这里,就请你安排好,这样你就不必再次匆匆离开莱顿。——你的就职演讲日期还没有确定——但极可能是10月27日或11月3日。[2]一旦确定下来,我将直接写信告知你。——但是,请不要那么快离我们而去——因为如果你有时间的话,你可以在莱顿放松一下而不是把自己累坏了。——我们都翘首以盼!!

昨天,收到了 Methuen 支付的首版336荷兰盾的支票。[3]——但写的是你的名字,所以我不能兑换现金。——那样可以吗?

祝福你的妻儿。——(匆忙地)

你的
Ehrenfest.

ALS.[9 510].附在一封1920年8月21日 Arthur Ehrenfest 写给 Paul Ehrenfest 的信中。

[1] Arthur Ehrenfest(1862—?)是一名土木工程师。他要求 Paul 在奥地利站的德国工程师协会(Society of German Engineers)会议中干涉爱因斯坦的讲座(见 Arthur Ehrenfest 致 Paul Ehrenfest,1920年8月21日[9 509])。

[2] 关于爱因斯坦在莱顿的就职演讲,见文件104。

[3] Methuen 是英译本 *Einstein 1917a* 的出版商(第六卷,文件42);参见与 Methuen 出版社的协议(日程表中1920年6月2日的条目)。7000份英文版本大概在此信写作的9天之前就开始出售了;第1周就销售了3000册。出版商已经决定出第2版。美国版此时仍未出现(见 Robert Lawson 致爱因斯坦,1920年8月26日)。

111. Israel Malkin 来信

夏洛滕堡,Wieland 街7号,1920年8月27日

非常尊敬的教授:

作为您无数的听众之一,如果我敢亲自给您写信,那肯定是有非常特殊的原

因。那就是上周二在爱乐音乐厅由两人制造的非常糟糕的场面。[1]当每个有幸与您相识的人都高度尊重教授您时，作为一名教师和一个人，您的每一位学生都将会记得他学习阶段最骄傲的事情，从真正意义上来说，签名人也对反对您的性格的攻击行动的无耻而愚蠢的态度感到很反感，除了第二位发言人提出的虚假的反对意见。[2]必须补充的是，这种感受也同样存在于我们所有的为外国人讲课的同事之中。[3]

趁这个机会，我也许可以提出，尽管大学招生情况不利，我们中那些仍有微弱入学希望的人热切地期待着成为您的学生并能够参加您系统的演讲；放弃这个希望将深深地伤害我们，这就是为什么我们不愿意相信今天的报纸报道的关于您离开柏林的意图是真实的。[4]

虽然是不幸的事件促成了这封信，我仍然衷心希望有机会来向您——我非常尊敬的教授，表达我深刻的和真诚的尊重和忠诚。

Israel Malkin, Eng

ALS. [36 031]. 在文件的左边有一个活页夹穿孔。

[1] 8月24日 Paul Weyland 和 Ernst Gehrcke 在柏林爱乐音乐厅发表了反对相对论的演讲（见文件108，注释5及6）。Weyland 用尖刻的方式宣传煽动，指控爱因斯坦剽窃，以及"科学达达主义"("wissenschaftlichen Dadaismus"*Weyland 1920c*，第20页）。平静一些的 Gehrcke（正如 Max von Laue 致 Arnold Sommerfeld, 1920年8月25日中所报告的，GyMDM, Nachl, 1977-28/A, 197/5）也拒绝相对论，特别是因为双生子佯谬所展现出的不一致，或者就会导致唯我论；爱因斯坦被指责为成功地迷惑了公众和他的物理学同事，使他们进入一种"群众暗示"状态（"Massensuggestion";*Gehrcke 1920b*）。

许多柏林报纸报道了这一事件，例如"Die Offensive gegen Einstein",《柏林日报》8月25日夜版，以及"Der Kampf um die Einsteinsche Relativitätstheorie", *Tägliche Rundschau*，8月26日夜版。许多报纸又刊登了由 Laue、Walther Nernst 和 Heinrich Rubens 所作的支持爱因斯坦的简短声明（例如"'Wissenschaftliche' Kampfmethoden,"《柏林日报》，8月26日夜版，和"Zu dem Kampf um Einstein", *Tägliche Rundschau*，8月26日夜版）。爱因斯坦出现在讲座中；关于他在《柏林日报》8月27日晨版中的激烈反应，参见 *Einstein 1920f*（第七卷，文件45），也可参见第七卷，编辑注，"爱因斯坦在德国遭遇反相对主义者"，第101—第113页，*Goenner 1993*，第110—第113页，和 *Hermann 1994*，第241—243页。

[2] Ernst Gehrcke。

[3] 爱因斯坦为理论物理的学生讲授了入门课程，它是一个由柏林大学教授提供的给东欧难民学生的课程系列的一部分。这些课程不属于大学课程范围内，但由普鲁士国家认可（见 Konrad Haenisch 致 Leopold Landau, 1920年3月9日[第九卷，文件344]）。

[4] "爱因斯坦将要离开德国！"1920年8月27日的《柏林日报》晨版这么写道。接下来的一天，《新自由报》的晨版补充说，这个新闻"已经由内部人士所证实"（"Wird von einer dem Gelehrten nahestehenden Seite bestätigt"）。

112. Ernst Cassirer 来信

汉堡，Blumen 街 26 号，1920 年 8 月 28 日

尊敬的同事：

直到现在，我才从您发表在《柏林日报》上的文章知道最近您和您的理论所遭受的攻击，[1]对此深表同情，我觉得我至少得写点东西让您安心。[2]关于相对论，我不敢说自己有多么精通，却也算是很早就追随这个理论发展的人，我知道这凝结了多少耐心、执著与专业和理论的努力。这项工作现在已经被拿到诽谤和政治阴谋层面，这对于那些能从此工作中找到快乐和鼓励的稍微有知识的人来说都是极大的羞辱。[3]另一方面，我坚信这一切不会以任何方式触到您个人，也不会令您在前进的道路上分心哪怕一刻。所以我也不相信出现在上期《柏林日报》上的您决定离开德国的谣言。[4]德国科学作为一个整体，显然与那些政治暴民的煽动和个人偏执科学家的攻击无关。如果您让自己受到他们任何影响，实际上是让这些攻击起到了不该有的作用。情况越糟，我们越需要引导我们回归至关重要的理性、稳重与探究事实的人。现在我很高兴我的关于相对论的著作即将出版面世；[5]——因此我希望至少能尽我的绵薄之力来制止这些似乎仍存在于不同思想，似乎仍被一些人有意利用的事情扰乱我们的内心。

致上我真诚的敬意。

我是您非常忠实的
Ernst Cassirer

ALS.[8 390]. 写于个人信件的开头。

[1] 见文件 111 和 Einstein 1920f（第七卷，文件 45）。

[2] 6 个星期前，Ernst Cassirer 曾邀请爱因斯坦在访问汉堡并发表关于相对论基础的演讲期间作为他的客人住在他家（见 Ernst Cassirer 致爱因斯坦，1920 年 7 月 15 日）。

[3] 爱因斯坦在 Einstein 1920f（第七卷，文件 45）中提出，在柏林爱乐厅中出现的反相对论事件（见文件 111）的起因就是因为自己是犹太人，而且自己的政治意见与某些人不合。Paul Weyland 确实是一个右翼的德国国家人民党（Deutschnationale Volkspartei）的积极成员，并为国家主义的《德意志报》写文章，该文报告并赞赏了 Arbeitsgemeinschaft 所作的努力（参见 Riem 1920a），而自由主义和社会主义新闻驳回他们（可参见"Die Offensive gegen Einstein"，1920 年 8 月 25 日《柏林日报》夜版；"Der Kampf um Einstein"，Vorwärts，1920 年 8 月 25 日夜版；以及讽刺诗"Die Einstein-Hetz,"Vorwärts，1920 年 8 月 27 日；更多的历史讨论可参见 Goenner 1993，第 116 页，以及 Goenner 2005，第 188—第 190 页）。

[4] 见文件 111，注释 4。

[5] 在1921年，爱因斯坦曾按照Cassirer的要求读了手稿（见文件58）。

113. Ina Dickmann 来信

夏洛滕堡，Eosander街16号，1920年8月28日

尊敬的教授：

因一种内在的强迫性，一个外人也想给您写几句话。

我听了"德国科学家协会"[1]组织的会谈，深感羞愧地见证了如今政治选举方式已用于迫害不受欢迎的思想家。我从来没有见过德国科学界代表像那晚一样沉沦。我是多么想握您的手，但是作为一个陌生人我不敢这样。

相对论向我敞开了哲学世界的无限宽度。在我的脑海里，哲学体系的约束和界限消失了，现在，我的思想徜徉在新的世界（——那是对我来说的）超越眼界。看相对论对我来说意味着瓦解绝对，不断增长对另一个认识论的世界的看法。

但是我也看到您对研究工作的继续不断的努力。据我看来它是一个新见解的宝藏，不仅是理论科学上。

也许有更多的与我的相似经历的人，也能感觉到我的痛苦和愤怒，在已经令人蒙羞的德国，这是对大多数德国人的人格的践踏。

请允许我致以崇高的敬意！

Ina Dickmann.

ALS.［36 014］.

[1] 关于Paul Weyland的Arbeitsgemeinschaft以及他们在柏林爱乐厅的反相对论活动，见文件111。

114. Paul Ehrenfest 来信

1920年8月28日

亲爱的爱因斯坦：

今天在我们的报纸上发表了一份关于Weyland-Gehrcke竞选和你答复的报告[1]（摘录）[真可惜你对自己负责，而不像Planck对研究所负责。]——[2]我非

常沮丧,你被拖入淤泥中。——请不要理会所有的攻击。不幸的是,Onnes 离开了(瑞士),[3] 我也不理解 Lorentz。但我想我可以向你保证,所有那些非常真诚爱你的人,将会设法为你争取至少(可靠的)3 年全职荷兰教授的报酬(9000 荷兰盾,2000+7000 荷兰盾/年),如果你仍旧想留在柏林饱受煎熬,你只需要(没有太多的义务)在绝大多数时间里居住在荷兰并且将出版物提交给 Amsterdam 学院。你要知道现在我一个人就可以向你做保证,因为我知道 Lorentz、Onnes 以及其他人都在准备为你做点什么。

你必须正确看待我:我知道你一年前一定拒绝失败地离开德国,只是不想让 Planck 失望。[4] 真的(请相信我),也不是说我要利用这"幸运的时机"引诱你离开德国到荷兰。但是如果他们厌烦了你在那里工作,那么你完全可以期待我们在这里的努力,让你顺利过来!

亲爱的爱因斯坦——不要给那些垃圾报纸回复只言片语——你的朋友必须帮你做——主要是 Planck-Lorentz。你只要告诉我或 Lorentz 你想回应哪些攻击,然后我们就会帮你处理好!

祝你快乐,还有我的妻子和 Tanya[5] 的祝福。

你的
Ehrenfest

我能在《柏林日报》中收到你的回复吗?!

ALS. [9 515].

[1] Paul Weyland (1888—1972)是一位右翼政论者(更多关于 Weyland 的情况见 *Goenner 1993* 和 *Kleinert 1993*);Ernst Gehrcke。*Algemeen Handelsblad* 在 8 月 27 日报道了在柏林爱乐厅的事件(见文件 111)。文章中包含了 *Einstein 1920f*(第七卷,文件 45)的部分摘录,并指出爱因斯坦打算离开柏林。["Einstein wil Berlijn verlaten",见 *Algemeen Handelsblad* 1920 年 8 月 27 日的夜版,另见"爱因斯坦教授(Prof. dr. Einstein)",1920 年 8 月 27 日 *Nieuwe Rotterdamsche Courant* 的夜版。]

[2] 方括号是在原件中的。

[3] Heike Kamerlingh Onnes 经常前往瑞士,因为他经常患有支气管炎(*Delf 2005*);Hendrik A. Lorentz。

[4] 在 1919 年 9 月,Ehrenfest 曾邀请爱因斯坦在莱顿担任全职教授(见 Ehrenfest 致爱因斯坦,1919 年 9 月 2 日和 8 日[第九卷,文件 98 和 101])。虽然爱因斯坦谢绝了邀请,理由是对 Max Planck 的忠诚感以及德国刚刚打了败仗,但他也留有余地,说等到局势稳定了可以再考虑这样的邀请(见他写给 Paul Ehrenfest 的信,1919 年 9 月 12 日[第九卷,文件 103])。

[5] Tatiana Ehrenfest 和她的女儿 Tatiana。

115. Kurt J. Grau[1] 来信

1920 年 8 月 29 日

Kurt Joachim Grau 博士情不自禁地表达了他对伟大的科学家的全部的、真诚的同情,面对大部分德意志民族采取的卑鄙可耻的态度,[2]冷淡地保持沉默将是最好的回应。[3]

犹太人引以为荣的是拥有爱因斯坦,并且把他与 Spinoza 和 Moses Mendelssohn 并列为他们近期历史中最重要的人。[4]

AL.[36 020].写在一张电话卡上。印在电话卡上的名字是作为在这个文件的第一句的第一个词。

[1] Grau (1891—1947)是一名哲学家、教育家,*Grau 1918* 的作者。
[2] 关于柏林爱乐音乐厅的事件,见文件 111。
[3] 关于爱因斯坦的回应,见 *Einstein 1920 f*(第七卷,文件 45)。
[4] Baruch (Benedictus) de Spinoza (1632—1677)是荷兰的犹太哲学家;Moses Mendelssohn (1729—1786)是德国犹太启蒙运动的哲学家。

116. Moritz Schlick 来信

罗斯托克,Orléans 街 23 号,1920 年 8 月 29 日

亲爱的、非常尊敬的教授:

许多小的动机促使我再次给您写信。但我会非常简短,不占用您太多的时间。

这个月初,我们本地的理论物理学家 R. H. Weber 去世了,他是一个和蔼的人,如果我没有记错的话,我曾介绍他与您认识。[1]他的职位(一个特别教授)需要有人填补,您可以设想,由于我的哲学与物理的密切关系,我非常需要一个精通现代问题的得力帮手。作为一个私人讲师,我并没有任何官方委派的事务,不过这并不代表我不会偶尔和负责人交流,并对他施加一点影响,如果我能够引用权威人士的话语。这就是为什么如果您能写信告知我这个教授职位的最合适人选,我将非常感激的原因。也许这样我可以为罗斯托克的理论物理做一点贡献??我对 E. Cohn 离职前往弗莱堡感到非常遗憾。[2]在数学方面这里有更多的

生活,因为他们在春季已经对此学科设立第二个常规教授(Haupt),一个很好的人。[3]

说到员工问题,我想私下告诉您我上个月听到的一个小谣言,但是我不能以任何方式来确认其准确性。据说,布拉格的德国大学可能有分拆哲学系的意图,并且雇用了一个自然科学界的哲学专家。他们甚至可能已经想到了我。那将会是真正的辉煌!就其地理环境和精神生活来说,布拉格应该比罗斯托克更优越。但是,如我所言,我们是仅仅在谈论一个传闻,我从没有与别人(甚至我的妻子,以免可能令她失望)讨论过。

现在我还有别的事,没有这些理由我绝对无法想象给您写信,即对您热情的、诚挚的谢意,感谢您的仁慈再次给我足够的机会。您推荐我为《柏林日报》(Berliner Tageblatt)的年鉴拟一篇关于相对论的文章,我当然立即接受了编辑的提议,[4]这样,通过8天的劳动,我挣了一小笔钱,在战前就足够我们全家共度一个美好的假期了。我只希望您也能满意我的描述。最大的困难是既能理解又言简意赅。

更诚挚地感谢您上封亲切友好的信,[5]它对我来说也是无比珍贵!在牛顿空间的因果关系问题上,我完全相信您的观点,在我看来,好像我真的已经相当愚蠢;实际上,我没充分考虑这个问题。我也不能坚持评论过多空间和时间的问题;它得在再版中删去。[6]

目前,一个人在柏林不得不忍受的是,柏林爱乐音乐厅变成了马戏表演,小丑一个接着一个地上台卖弄![7]我知道您会微笑着安然无恙地面对以上情形——但对此需要宽宏大量。我必须承认,当我得知这些事时,我紧握拳头,尽情感受德国人的惭愧。

您会经过罗斯托克或附近吗?使我们难过的是上次我们没有在这里见到您。[8]最近,我希望2月能见到您,如果您在柏林的话;大约在那个时期我会在那做一个报告。[9]我和我的妻儿[10]祝您及家人一切安好。致以您尊贵的妻子最好的称赞,寄上我最亲切的祝福,我很感激和崇拜。

您真诚的朋友
M. Schlick

ALS. [21 579].

[1] Rudolf H. Weber(* 1874)于1920年8月3日逝世。

[2] Emil Cohn (1854—1944)曾是罗斯托克大学(University of Rostock)的物理学教授。

[3] Otto Haupt (1887—1988)是罗斯托克大学的数学教授。第一任数学教授自1888年由Ernst O. Staude (1857—1928)担任。

[4] *Schlick 1920d*.

[5] 文件 67。

[6] 指的是一个注脚,它在 Schlick 的"Raum und Zeit"的前三个版本中均有出现,例如 *Schlick 1920c*,第 41 页。在这份说明中,Schlick 讨论了 *Einstein 1916e* 的例子(第六卷,文件 30),在第 771—第 772 页有关于两个巨大物体沿其连接线的相对转动。在这里,Schlick 反驳爱因斯坦的论点,即通过调用一个绝对空间来解释观测到的离心力效应,牛顿力学将违反我们的因果关系的概念。据 Schlick,人们不必将绝对旋转看做离心力的起因,而是通过离心力来定义绝对旋转。

[7] 关于在柏林爱乐音乐厅的反相对论事件,参见文件 111。

[8] 爱因斯坦最初曾计划在 6 月 28 日从丹麦回来后停留在罗斯托克,但随后在继续前往柏林旅游的途中没有拜访 Schlick(见文件 67)。

[9] Schlick 被 Deutscher Monistenbund 的柏林分会邀请发表一个题目为"Der Sinn des Lebens"的演讲,时间是 1921 年 2 月 25 日(见 Moritz Schlick 致[Monistenbund],草稿,1920 年底,NeHR, Vienna Circle Archive, Beilage zu Inv.-Nr. 18, A. 71a,以及 *Monatsblätter des Deutschen Monistenbundes e.V.*,第九卷,1921 年 2 月,星期日)。这次谈话的手稿版本,见 NeHR, Vienna Circle Archive, Inv.-Nr. 18, A. 71a/b。

[10] Blanche Schlick(1881—1964);小孩 Albert(1909—1999)和 Barbara(1914—1988)。

117. Oscar Bie[1]等人来信

萨尔茨堡[1920 年 8 月 30 日]

我们对于泛德人士的对您的特殊身份的刺激感到非常愤怒,[2]我们向您保证,真正的国际精神,以及所有自由人士的良心,他们骄傲地知道您站在他们中间,并把您当做全世界的科学领导人。

Oscar Bie,[3]

最诚挚的,

Joseph Chapiro, Werner Krauss, Andreas Latzko[4]

热忱伸出我们的双手致以最诚挚的友谊。[5]

Alexander Mojssi, Johanna Terwin, Helene Thimig,

Max Reinhardt, Stefan Zweig[6]

Tgm.《柏林日报》,1920 年 8 月 31 日夜版("Um Einstein"),*Neue Freie Presse*,1920 年 9 月 1 日("Eine Sympathiekundgebung für Professor Einstein")。[36 049]。电报的地址是"professor albert einstein haberlandstrasse 5 berlin",邮戳上盖着"Berlin W 30 31.8.20.7 —V[ormittags]"。

[1] Oscar Bie(1864—1938)是 *Neue Deutsche Rundschau* 的主编及宣传官。

[2] 关于 8 月 24 日柏林爱乐音乐厅上爱因斯坦和他的相对论受到的攻击,见文件 111,注释 1。

[3] 在报纸的版本上省略了"herzlichst"。

[4] Joseph Chapiro(1893—1962)是宣传官;Werner Krauss(1884—1962)是演员;Andreas Latzko

(1876—1943)是作家。

　　[5] 在报纸的版本上,此处遗漏了。

　　[6] Alexander Moissi (1880—1935)是演员;Johanna Terwin (1884—1962)是演员;Helene Thimig (1889—1974)是演员;Max Reinhardt (1873—1943)是戏剧导演;Stefan Zweig (1881—1942)是作家和剧作家。第一次 Salzburger Festspiele 音乐节在 1920 年 8 月 22 日开幕了,其中表演了 *Jedermann* 的 Hugo von Hofmannstahl 的版本。Reinhardt 是该音乐节的创始人之一,他打算把节日变成一个知识分子的聚会场所,并且成为国际艺术复兴的开始(可参见 Chapiro 和 Latzko 的回顾:"Die Salzburger Festspiele", *Freiheit*,1920 年 9 月 6 日夜版)。

118. Helmut Bloch 来信

柏林,1920 年 8 月 30 日

尊敬的爱因斯坦教授:

　　向您致以最崇高的敬意,我作为一个犹太人——很高兴能给您写封信——并且从人性的角度,关心那些对您所做的巨大的不公正![1]虽然我对您的科学一窍不通,但我却有极大的兴趣和热情来研究一篇关于您工作内容的文章;如果您能将我提及的文章寄给我一点评语(就好比剃须刀),[2]那我将非常高兴与荣幸,并表达我对您最崇高的敬意。

　　我也看了《柏林日报》中您写的文章"我的回应",[3]以及 von Gerlach 先生的文章 *Welt am Montag*。[4]对于这类人,您即使是摇摇头都是抬举了他们。他们的最新的象征性的徽章是纳粹党所用的十字记号,它意味着挑衅、仇恨、谎言和亵渎!这种道德类型的人,在我看来,不正常![5]

　　Kaiser(恺撒)曾说过,只有一个好基督徒才可能成为一名好士兵;[6]已经说太多了,因为他现在看到自己走了多远!

　　真正优秀的基督徒并没有恨,他们有人类的情感。不过有一件事是我无法理解的,那就是有煽动效应的纳粹党徽并没有被政府机关禁止,而它明显有伤害犹太人的意图;当然,它不会伤害我,因为我记得我坚定的信念,戴纳粹党徽的人,或者没有佩戴纳粹党徽却满口谎言和憎恨的人,都是在精神和道德上不坚定的![7]因此,是一个卑鄙的人。但这并不改变一个事实,那就是反犹太分子存在于整个世界!

　　然而我相信在德国这样的人尤为多,因为德国普鲁士人在忍受这类人的压迫和负担,这类人可能只能完全通过法律力量来予以消除!然而,即使这类人也不吝啬亵渎,德国人的名声将会在世界其他地方放大,于是这种仇视将不可避免地反弹给他们自己！人们只能厌恶德国帝国！所以让我们离开这些害虫。这是草的天性，上帝创造了它，它也将可怜地枯萎。所以，尊敬的教授，继续高昂您的头，因为人们站在邪恶之上；信任上帝和高尚而诚实的人们；他们因此而找到存在的快乐，以及为自己和人类奉献一生的工作的快乐！恳请您为我提出尊贵的建议，向您

　　致以最崇高的敬意！

Helmut Bloch

备注：恳请告知我何时拜访您方便；对我而言，这将是莫大的荣幸。

ALS.[36 009]. 写在信笺上的是"Helmut Bloch, Berlin SO. 26, Elisabeth-Ufer Nr. 31 等"。

　　[1] 指的是柏林爱乐音乐厅的事件（见文件 111）。

　　[2] Bloch 的广告，如电池、灯泡、打火机和电动剃须刀等各种电器。

　　[3] *Einstein 1920f*（第七卷，文件 45）。

　　[4] Hellmut von Gerlach。*Gerlach 1920*。

　　[5] *Einstein 1920f*（第七卷，文件 45），爱因斯坦曾暗示柏林爱乐厅的反相对论事件确实是有反犹太主义（见文件 112，注释 3）动机。当时 Paul Weyland 认为，爱因斯坦不应该影响公众，他说："爱因斯坦在一些社区有一定的新闻影响力（"Einstein eine gewisse Presse, eine gewisse Gemeinde hat"；*Weyland 1920c*，第 23 页）。在柏林的报纸上可以看做是与爱因斯坦是犹太人相关，如《柏林日报》或 *Vossische Zeitung* 是由 Rudolf Mosse 和 Leopold Ullstein 的出版社控制，他们都是犹太人，特别是《柏林日报》，它被那些反犹主义者看成是一个"犹太人的报纸"（"Judenblatt"；*Wolff 1988*；*Brenner 1996*）。

　　有一些观众毫无顾忌地发表一些煽动性的反犹言论（见 *Einstein 1920f*[第七卷，文件 45]，注释 3），纳粹党徽开始出售，还有反犹太主义的宣传单也分发了（见第七卷，编辑注，第 101—第 113 页，"爱因斯坦遭遇德国的反相对论者"）。但 Weyland 和 Ernst Gehrcke 都否认自己是反犹主义者。Weyland 声称，他被称作反犹主义者只是因为爱因斯坦已经在实际科学问题上无言以对（*Weyland 1920c*，第 4 页）。关于 Gehrcke 的回应，见 *Gehrcke 1920c*。

　　[6] 指的是 Kaiser Wilhelm II 的格言，他于 1899 年 11 月在柏林募兵时说了这样的话。完整的引述如下："ein guter Soldat ist auch ein guter Christ und muß als solcher seine Religion hochhalten als das Band, welches uns alle zusammenhält"（见 *Penzler 1897/1913*，第二卷，第 181 页）。

　　[7] 在 1920 年中期，各种右翼和反犹太主义组织团体开始浮现，其中包括 Thule Society，一个 völkisch 和狂热的反犹太组织，是由各种自由军团（Freikorps）成员组成的，它于 1918 年 11 月在慕尼黑成立。以及 Ehrhardt Brigade，它参加了镇压 1919 年的慕尼黑革命，其成员戴着印有纳粹标志的钢盔。在 1919 年秋天，德国工人党（Deutsche Arbeiter Partei）成为国家社会主义德国工人党（Nationalsozialistische Deutsche Arbeiterpartei），它把红黑旗作为自己的象征，在一系列讨论中把经过设计的一个白色背景的红黑旗作为自己的象征，在讨论中希特勒发挥了突出作用。新的符号在 1920 年 5 月的慕尼黑群众集会中首次使用（见 *Quinn 1994*，以及 *Heller 2000*）。

119. Fritz Haber[1] 来信

加施泰因，Strauburger 酒店，1920 年 8 月 30 日

亲爱的阿耳伯特·爱因斯坦：

　　Neue Freie Presse 报道了两则消息，您打算离开柏林，因此要离开德国。[2]报纸提到的原因不足以让您做出决定——如果您真的做了决定。如果反犹太分子集合于爱乐厅，以共同的无知和反感站在反对您的立场，[3]这些庸人的骚扰远远抵不过所有严肃的科学家致予您的尊重。自从 Helmholtz 以来，[4]在德国没有人有您那样的领导能力，而一个愚蠢的家伙带来的烦恼会导致一个像我这样的神经过敏的人变得暴怒不已，但是您不会，您的平静不会被打乱，即便被 Wilamovitz 打扰。[5]这就是为什么我相信，如果您已经受够了柏林，想要出国前往荷兰，您会找到比柏林更富足的生活。我认为世界不能给您更多的人和资源。您发现他国人民比柏林人民更能满足您的要求——我能理解。并不是那些傻瓜施加的压力把您赶走的，而是缺少动力。大家都把他人当做自己的智力食粮，我知道柏林成了一个被吃得干干净净的盘子。然而，如果不是因为人，仅仅是因为经济原因，使您想离开——如果这只是您希望的——那么我热忱地恳求您在我们彼此交谈前不作任何决定：事实上从经济的角度来说，您的位置完全被忽视了，因为货币贬值，[6]其他职位都调整了工资。在我离开前已经与政府详细谈论过，假期后，这一可耻的状况一定会得到改变。

　　过去几个月，我常常想是否应该待在柏林。在这里我所拥有的，除了我组织的学院，就只有知识环境，而您就位于其顶峰。您的离开所带来的缺憾无法用任何东西来弥补，一批研究人员的研究和动力一旦失去了方向和焦点，就很难再重新获取。我自作主张地试图阻止您离去。您的需要和家人的情感必须优先考虑。但是为了留住您，我必须在您面前说一点我的观点，我们是多么需要您，一旦您不在这里将多么荒凉。

　　向您及您妻女致以亲切的问候！　　　　　　　　　　　您非常不安的

　　　　　　　　　　　　　　　　　　　　　　　　　　　　　　Fritz Haber

ALS. [12 323]. 在文件的左边有一个有活页夹穿孔。

　　[1] Fritz Haber（1868—1934）是 Berlin-Dahlem 的威廉皇家物理化学和电化学研究所（Kaiser Wilhelm Institute of Physical Chemistry and Electrochemistry）所长。

　　[2] 法新社（*Neue Freie Presse*）对爱因斯坦打算离开德国的报道，见"1920 年 8 月 27 日夜版的 Der Schöpfer der Relativitätstheorie und die Berliner Universität"，1920 年 8 月 28 日晨版"Voraussichtliches Scheiden Professor Einsteins von Berlin und Deutschland"（据称此消息来自一位与爱因斯坦有过亲密接触的人）和 1920 年 8 月 29 日晨版"Der Kampf gegen Einstein"。

　　[3] 关于在柏林爱乐音乐厅的反犹太事件，见文件 118，注释 5。

　　[4] Hermann von Helmholtz（1821—1894）是柏林大学的物理学教授。

　　[5] Ulrich von Wilamowitz-Moellendorff（1848—1931）是柏林大学古典文献学教授。在 1920 年 4 月，爱因斯坦通过 Haber 得知，保守的 Wilamowitz-Moellendorf 不会签署请愿书，内容是请求英国-美国的

援助，将科技文献传播到中欧。他的理由是不想让自己的名字和爱因斯坦的名字同时出现在名单上。关于爱因斯坦的反应，见他写给 Ulrich von Wilamowitz-Moellendorff 的信，1920 年 4 月 19 日（第九卷，文件 379）。

[6] Haber 此前曾协商给爱因斯坦加薪（见 1919 年 8 月 3 日后 Fritz Haber 致爱因斯坦[第九卷，文件 84]）。爱因斯坦每年薪水将达到 18 000 马克（见 Max Rubner 在 1919 年 12 月 17 日致爱因斯坦[第九卷]），其中另加 900 马克作为学院的正式成员（见 Prussian Academy 学院致爱因斯坦，1913 年 11 月 22 日[第五卷，文件 485]），以及另外 5 000 马克作为威廉皇家(Kaiser Wilhelm)物理研究所（见 Adolf Hamack 写给爱因斯坦的信，1917 年 9 月 12 日[第八卷，文件 379]）的董事的薪水；在日程表中，后者的金额在 1920 年 5 月 19 日已翻番了。德国的国内商品价格指数已从 1913 年战前的 1.0 升至 1919 年 10 月的 5.03，到 1920 年 8 月又升至 13.32（Feldman 1997，第 216 页）。

在 1920 年 6 月 16 日，普鲁士科学院在信中要求提高爱因斯坦的工资（GyBAW，Ⅱ—Ⅲ，Bd. 38, Bl. 161）。它的一个常任秘书，Gustav Roethe，认为爱因斯坦的工资应该至少增加 1 倍（Gustav Roethe 致 Ministry of Culture，1920 年 9 月 13 日，GyBSA）。教育部批准了请求，并于 1920 年 11 月 12 日写信给学院（GyBAW，Ⅱ—Ⅲ Bd. 38, Bl. 171；亦可参见 Gustav Roethe 致 Einstein，1920 年 11 月 15 日，日程表），追溯至 1920 年 4 月 1 日，从该日起公务员薪酬改革法案已经实施（关于它对学术工资的影响，见 Feldman 1997，第 546—第 547 页）。在 1920 年 4 月 1 日工资上涨后，Prussia 教授的常规收入最多可得到 16200 马克。额外的收入可以从学生的学费中获得，对于冷门专业每年也有至少 2000 马克，而对于热门专业通常每年会有 15000 马克（见 Verband 1922）。

120. Walther Meiβner[1] 来信

在柏林开往阿姆斯特丹的火车上，1920 年 8 月 30 日

尊敬的教授先生：

我刚从报纸上得知您正在考虑离开德国。[2] 在这些令人烦恼的日子里，德国最著名的科学家都在为您的理由辩护，[3] 所以我那微弱的声音就算不了什么了。然而，我不想对您隐瞒。尽管如此，如果德国尤其是柏林的物理学家们失去了您的天赋和完美的人格，这对我而言同样很困难，正是您那完美的人格使我能在 Warburg[4] 家更密切地与您结识；而且我认为我可以说我在德国技术物理研究所的大多数同事也会有相同的感受，同时感到遗憾的是某个同事被冲昏了头脑而采用如此荒唐的手段对付您，[5] 即使这完全只是非官方的。

由衷的钦佩并最崇敬您的

Walther Meiβner.

ALS. [17 113].

[1] Meiβner（1882—1974）是帝国物理技术研究所(Physikalisch-Technische Reichsanstalt)的政府官

员(*Regierungsrat*)。

[2] 见文件3,注释4,和文件119,注释2。

[3] Max von Laue、Walther Nernst 和 Heinrich Rubens 在 1920 年 8 月 26 日所发表的支持爱因斯坦的声明(见文件 111,注释 1)。

[4] Emil Warburg (1846—1931)是帝国物理技术研究所的主任。

[5] Ernst Gehrcke。

121. Toni Schrodt 来信

柏林,施泰格利兹,蒙森Ⅰ街54号,1920年8月30日

尊敬的教授:

我正在关注报刊中刊登的关于您和您的研究的通知,现在我正在阅读关于冲突的报道。[1]我不是一个学术派的研究者,只是一个来自于社会中层的职业妇女。除了为了生计而被迫工作,我对知识有强烈的渴求,只为了拨云见日。显然,我无法看透您的讲义,我缺乏完全理解的能力。但是,我能感受到您正在追求和构建的一些知识将不会过时,并且能给全民族带来自豪和感激。对于那些想把您从公共讲台上拉下来的人来说,这确实是个好消息,但是那只是一小部分人。在道德方面,他们也不是最受尊敬的,尽管这远超出了学术研究的层面。他们不会为他们自己赢得任何荣誉,同时也不会让您在我们头脑中的形象失色。

现在您想离开德国,[2]然而在当下凄凉的情形下,此时正是需要注入能量、带来希望和增强自信的时刻。一个伟大的人使他周围的整个环境变得高贵,他的名字所带来的魅力和荣誉传播到全世界,他所有的追随者也将因此受益。请留在德国吧!不要只听那些少数的无耻之徒狂吠,请感受一下那些没有被您教过但却沉浸在科学的伟大之中的所有人的感激和钦慕吧。一个高尚的、有创造力的人因为嫉妒和下流的诋毁被迫选择离开自己的祖国,这将会使我们感到深深的自责。一堵来自于朋友、学生和钦慕者的强有力的墙将包围着您,因此,这场斗争将为您的新创作提供新的动力,它们的证明将给那些刺耳的宣讲以打击并让他们惭愧地闭嘴。请为了我们保持您的努力以及和平的主张。由于波动起伏的旷野比剑拔弩张的军刀和闪闪发光的头盔尖刺更加地幸运,因此,您智慧的种子和收获将会持续得更久,将会让德意志民族受到更多的利益。这样我们可以欣喜并自豪地说,爱因斯坦是一个德国人。他们可以从我们手中拿走工具和工作,但拿不走我们的思想。

数以千计的人赞成我的所写,并力劝您留下来。不要让整个民族为少数几

个罪人而感到羞愧!

Toni Schrodt

ALS.[36 038].

[1] 见文件111在柏林爱乐音乐厅的反相对论的事件。

[2] 见文件111,注释4;文件119,注释2。

122. Schweinitz 和 Krain 艾尔莎伯爵夫人来信

巴特基辛根,Ölmühle别墅,1920年8月30日

致相对论的创始人!

尊敬的教授先生:

我刚才在《柏林日报》[1]上读到了一些无耻的人对您进行的人身攻击。

在这个一切沉浸于最粗俗的唯物论的时代,这就是德国对一个给了我们永久的启发性价值的人的致谢!

您的对手的庶民怨恨对您来说是微不足道的,因为您的内心无比宽广。

我熟悉这个世界并且知道:它可以原谅一切,拯救伟大,而其本身却难以上升到伟大,它想把伟人拖至与它一样。这场斗争是天才的悲剧。

但是,相信我:不久,这帮人将停止冠冕堂皇的叫嚷……

然而,您的真理将一直长存:真理永恒!

然而,不管他们想从您那拿去多少东西:您身上最珍贵的东西他们将永远遥不可及。

也即,对于真理的记忆只存在于您的大脑里。真理只属于您!

这样的快乐值得一生的努力。

您是个男子汉!是天生的斗士!什么都不能破坏您智慧的火花。然而,所有的知识,即使是最强的,有时也会消亡。因为,即使人类最强的力量也有它的限制。

在这样的时刻,把您的思想传递给那些把您视为神明的人,而且这样的人成千上万。

我的理解力不可能一直跟得上您(因为我是一个年轻女子,也没有博学的头脑),然而我的每一根神经都在感受它,您的著作教导了我,经过了命运的沉重打击,去重新热爱地球……因为它们引导我从厌世和蔑视世界的情绪中走出来,并

去感受永恒的大自然的静默威严。

仅仅因为这,我就要感谢您。

一个陌生人的问候。

Schweinitz 和 Krain 艾尔莎伯爵夫人

ALS.[36 040].

[1] 关于《柏林日报》有关柏林爱乐音乐厅的新闻报道,参见文件 111,注释 1,和 *Einstein 1920 f*(第七卷,文件 45)。

123. Max Wolf[1] 来信

海德堡,Königstuhl,1920 年 8 月 30 日

尊敬的教授先生:

令我震惊,我今天收到了一份来自于柏林的反对广义相对论的系列演讲的通告,在其中,我发现了自己的名字。[2] 然而,我是不知情的,而且无端地联系到您,因此,如果我这封信打扰您了,请一定原谅我。

我只是想跟您解释我没有参与在柏林进行的反对您的一系列活动。

我先前并不认识 Weyland 先生,他于 8 月 3 日看望了我[3]且哄骗我对广义相对论持保留意见,在当时的情况下确实是这样。然而,我同时告诉这位先生我对这个问题持中立立场,并且这与我的愿望完全相反,我最近的观测数据结果与日食结果相吻合。[4] 我并没有答应 Weyland 先生的演讲邀请,然而我吃惊地发现讲座列表中有我的名字。

我强烈谴责这整个程序,它提醒我注意可怕的中世纪会议。

同时我也给 Weyland 先生写了信,敦促他把我的名字从这件事中删除。

借此机会,我向您表达我最诚挚的尊重和同情。

M. Wolf 教授

ALS.[36 042].

[1] Max Wolf(1863—1932)是海德堡大学的天文学教授和天文台台长。

[2] 一份由德国科学家维护纯科学工人协会(Arbeitsgemeinschaft deutscher Naturforscher zur Erhaltung reiner Wissenschaft)(参见文件 108 和文件 111)组织的会议日程,宣布 Wolf 后面将要做演讲,但没有指定他的演讲日期[见德国科学家维护纯科学工人协会的会议日程(*Programme zu den Vorträgen der Arbeitsgemeinschaft deutscher Naturforscher*),在 1920 年 8 月 24 日之前]。其他发言者有 Paul Weyland, Ernst Gehrcke, were Ludwig Glaser, Philipp Lenard, Otto Lummer, Menyhért(Melchior)

Palágyi 和 Oskar Kraus。

[3] 两天前，Weyland 访问了海德堡的 Lenard（见 Philipp Lenard 致 Wilhelm Wien, 1920 年 8 月 2 日，GyMDM, Nachl. Wien, Mappe Lenard）。

[4] 见 *Wolf 1921*。

124. Rütschke 来信

普罗森（埃尔斯特韦附近），1920 年 8 月 31 日

以众多本地牧师的名义，我恳请您留在柏林，弥补您出走而给德国带来的遗憾。[1] 反犹太分子不会获得胜利。[2]

Rütschke 牧师

AKS. [36 036]. 明信片收信人地址是"Herrn Professor Albert Einstein Berlin 30 Haberlandstr. 5"，邮戳上盖着"Prösen[--] Liebenwerda[--] 8. 20. [---]"。

[1] 在柏林爱乐音乐厅事件后爱因斯坦希望离开德国，见文件 111，注释 4。

[2] 反犹太主义，反相对论运动的作用，见文件 118，注释 5，和第 II 节的引言。

125. Matt Winteler[1] 来信

[伦敦，1920 年 8 月 31 日]

"然而，它运动着！"[2] [*eppur si muove.*]

Matt Winteler

Tgm. [36 041]. 电报是从"London 0297 9 31 9/20"发过来的，收件人是"doctor albert einstein berlin"，邮戳上盖着"Berlin W 30[31.] 8. 20. 1-[2]. N[achmittags]"。

[1] 可能是 Jost Winteler 的儿子 Matthias Winteler (1878—1934)。

[2] Winteler 绘制 1633 年的宗教审判前的伽利略的伽利略实验与 Paul Weyland 的工人协会之间的对比（见文件 111）。普遍认为，在实验结束时，伽利略喃喃自语道"eppur si muove"（"然而，它运动着"），指的是地球的双重运动。

126. Maja Winteler-Einstein 来信

卢塞恩，1920 年 9 月 1 日

亲爱的：

你的信让我感到震惊。[1]我现在已几乎不能书写了，我自己也不知道是什么原因。亲爱的 Elsa，非常感谢你通过 Häfliger 夫人为我们送来有用的东西以及你们给 Carl Maria von Weber 的良好印象。[2]这使我感到非常高兴。

在爱乐音乐厅的讲座似乎已经堕落成了对你的声讨会。许多报纸刊登了你将放弃你柏林工作的公告，这是真的吗?[3]无论如何，这都将是贫困柏林的一则糟糕的消息。[4]对此我很抱歉。

你在大舞台上所经历的，我在小规模的舞台上也经历了。我也在文章中被攻击，据说是因为我不具有作为老师的天分而且花费大量的精力在"华丽的服饰和派头"上，并且给学生任意的分数。[5]实际上这是因为皇权主义者想把非学术从卢塞恩带到中学，以及其他同事嫉妒我们的双份收入和女学生对我的依恋。[6]这的确不是一件愉快的事情！是针对我的名副其实的政治迫害！

来自瑞士奥尔股份公司的资金预计 10 月底到账。我希望这不会给你带来不便。[7]

我们的 Viennese 夫人后天就要回家了，她胖了 6 kg。一个相当可观的结果。我也期待能再次与 Paul 独处。[8]她与我们相去甚远，即使她也是一个犹太人。我将要陪同 Häfliger 太太去热那亚，且经过这么长时间后能再次看到意大利使我异常地兴奋。[9]Häfliger 太太将在 9 月底游览美国。10 月初你还在德国南部吗?[10]为了能探望你们所有人，我可能会绕道去你们所在之处。我希望住在湖边，这对孩子们有好处。[11]我从 Häfliger 太太那里得知可怜的小 Margot 又生病了。[12]可怜的孩子还要承受那么多，而我却一点都不知道。她现在完全康复了吗？

我们现在与画家们交往频繁。他们中有一个叫作 Einbeck，在我们看来是非常了不起的一个人。[13]亲爱的阿耳伯特，你也会对他感兴趣的。令人惋惜的是，这位已与我们成为密友的钢琴师及画家在 7 月初已经定居巴黎了，他可能永远不会回来了。[14]

尽快回信,以保证我们不会完全失去联系。致以你、孩子以及叔叔婶婶我全部的爱。[15]

您亲爱的
Maja.

ALS. [144 801]. 文件的左边有活页夹穿孔。

[1] 爱因斯坦的信中可能曾谈到在 1920 年 8 月 24 日柏林爱乐音乐厅对他的相对论的攻击(见文件 111)。关于 8 月 27 日爱因斯坦发表的回应见 *Einstein 1920f*[第七卷,文件 45]。

[2] Elsa Einstein; Hedwig Häfliger-Stamminger. Karl Maria von Weber (1786—1826),早期浪漫主义时代的作曲家。关于音乐在 Maja 和他哥哥生命中的作用,见 *Rogger 2005*,第 85—第 89 页,和第一卷, "Albert Einstein—Beitrag für sein Lebensbild", pp. lvii—lviii。Maja 的丈夫, Paul Winteler 在 1919 年 12 月抱怨了已婚的 Häfliger 博士(见本书第九卷,文件 206b)。

[3] 1920 年 8 月 24 日在柏林爱乐音乐厅的事件和直接后果的新闻报道,见文件 111,注释 1。

[4] 关于一年前爱因斯坦在柏林的同事对爱因斯坦可能离开柏林去其他地方,如苏黎世的担心,以及爱因斯坦一再向他们表示,除非在德国有极端的变化,他仍将待在那里,参见 1919 年 7 月 20 日 Max Planck 致爱因斯坦(第九卷,文件 73)和 1919 年 8 月 3 日之后的 Fritz Haber 致爱因斯坦(第九卷,文件 84)。

[5] 根据瑞士法律,已婚妇女不能拥有一个永久的专职教师职务。Maja 在 1908 年完成了其 Romance 语博士学位,拥有了临时教学职位(见 *Rogger 2005*,第 39—第 45 页,以及第 58 页)。

[6] 1845 年,7 个罗马天主教州,其中有卢塞恩州(Lucerne),联合成一个所谓的 Sonderbund。此运动的佼佼者是超孟他努派,其总部设在卢塞恩,为卢塞恩重新接纳耶稣会士和恢复阿尔高州的 8 个修道院而奋斗。

[7] 奥尔-瑞士联合股份公司,爱因斯坦是其中的一个股东。10—11 月支付了股息(见 1919 年 11 月 5 日 Paul Winteler 致爱因斯坦)。

[8] Paul Winteler。

[9] Maja 和 Paul Winteler 在 1920 年末决定离开德国前往意大利,见 *Rogger 2005*,第 64—第 71 页。

[10] 7 月,爱因斯坦计划在 10 月初能够与他的两个儿子在 Benzingen 见面,见文件 70,注释 5,和文件 81,注释 3 和注释 7)。他们见面的时候,Ilsa Einstein 当时住在巴登·符腾堡的 Hechingen(见文件 164)。

[11] Ilse 和爱因斯坦可能在前一年的 8 月到海边待了 3 个星期(见 1919 年 8 月 16 日爱因斯坦写给 Pauline Einstein 的信[第九卷,文件 88],和 1919 年 8 月 17 日爱因斯坦写给 Ilse 和 Margot Einstein 的信[第九卷,文件 90])。

[12] Maja 在 1918 年 6 月发表评论说,Margot 期待接受手术(见本书第八卷,文件 561a)。爱因斯坦在 1919 年 7 月提到 Margot 将在疗养院度过一段时间(见本书第九卷,文件 74e)。

[13] 大概是 Georg Einbeck (1870—1951)。

[14] 可能是 Jakob Nussbaum, 1917 年 7 月爱因斯坦在法兰克福遇见了他(见本书第八卷,文件 359b,注释 3)。

[15] Ilse 和 Margot Einstein,以及 Rudolf 和 Fanny Einstein。

127. Paul Ehrenfest 来信

[莱顿,]1920年9月2日

亲爱的爱因斯坦:

我终于在《柏林日报》上看到了"我的回应"。[1]——我的妻子和我把整篇文章读了四五遍。

请原谅我——这是我第一次大胆地插手你的事情。我非常震惊,但我认为自己有义务这样做,因为我们是如此深深地喜欢你——接下来如果我的任一评论惹恼了你,甚至是冒犯了你,请考虑一下我和 Van Aardenne[2] 的情形,以及莱顿的整体氛围,[3]——生动地想象一下你对我们来说意味着什么——那么每一丝最终的烦恼都将消失,且你必定会相信我们……因此,怀着沉重的心情,我有以下的话要说:

这就是关于那篇"我的回应"的文章,我的妻子和我绝对不相信你会亲自写下一些词句。我们不会忘记在这一刻你肯定会被这种极其淫秽的方式所激怒,[4]我们也不会忘记你生活的地方此刻的道德环境是多么不正常。但即使如此,在这份回复中完全是非爱因斯坦的挑剔的观点。[5]我们可以将它们其中每一个用红色加以强调。如果这确实是你自己所写,那么意味着这些该死的蠢猪成功地触及了你的灵魂,而你的灵魂对我们来说非常有价值。

你必须正确地理解我:我可能犯 100 倍严重的错误,但那都不是因为我而是因为你,这份"回应"根本不适合你,它又将肮脏的攻击再次回击到你。

我将如何处理我的这封信呢?
1. 将我和我妻子的所想告诉你;
2. 帮助防止这有毒的污物渗透到你;
3. 在所有的事件中,万分地乞求你不要对那些贪婪的野兽、那些"公众"只扔下简单的一个词。

现在,请不要对我发火。无论发生什么,不要忘记我们是多么的衷心跟随你。从 Pavlik 到 Lorentz![6]

你的
Ehrenfest

今天 Onnes 从瑞士给我写信说：当 Langevin 在这儿的时候 Weiss 也要过来。[7] 我真的认为，如果我们能聚在一起 1 周(！！！)的时间系统地(！！！)讨论气体的顺磁性，然后是固态(不导电)晶体(在低温下的居里和反居里行为)、液体氧气 O_2，最后是铁磁性，则一定会从中得出些东西。[8] 我收到了一封来自圣彼得堡的 Joffe 的信，[9] 他们带领了一批杰出的物理专家，在这其中，有一位非常聪明的人，对 Einstein-de Haas 效应非常有见解。[10] 接下来的几天里，我希望能够听到更多的消息，然后我将会告诉你。除了仪器，没有比单行本更需要的了。尽管反复的请求，我仍然没有从 Franck 和 Hertz 那里得到一本。[11] 我想要两本：一本留给自己，另一本送给俄国的物理学家。

405   ALS. [9 517].

[1] *Einstein 1920f*（第七卷，文件 45）。Ehrenfest 把文章的副本给了 Johannes P. Kuenen 看（见 1920 年 9 月 2 日 Johannes P. Kuenen 致 Hendrik A. Lorentz NeHR，Archief，H. A. Lorentz）。

[2] Gijsbert W. van Aardenne。

[3] 爱因斯坦上一次访问莱顿大约是从 1920 年的 5 月 7 日到 5 月 31 日。

[4] 关于在柏林举行的反相对论集会，见文件 111。

[5] 在给 Hendrik A. Lorentz(见注释 1)的信中，Ehrenfest 还写道，他发现 *Einstein 1920f*（第七卷，文件 45)是一个"论爱因斯坦式的回应"("On-Einsteinsche reactie")，进一步表明应做出安排，以适应爱因斯坦在荷兰待两至三年，直到德国的情况已充分平静下来(亦见文件 114)。

[6] Ehrenfest 的儿子 Paul，以及 Hendrik A. Lorentz。

[7] Heike Kamerlingh Onnes；Pierre Weiss；Paul Langevin。爱因斯坦下次访问莱顿期间，准备讨论磁性，见文件 104。

[8] 关于 Ehrenfest 有关固体的顺磁性的观点，见文件 99。液氧显示出了居里定理的偏差（见 *Kamerlingh Onnes 1923*）。在 Weiss 的铁磁性核心理论中，每个分子由于周围分子而受到一个内部"平均"场的影响。该理论进一步地利用了 Langevin 的顺统计分析（见 *Weiss 1911*）。

[9] Abram F. Ioffe (1880—1960)是圣彼得堡大学的物理系教授。对于他的信，见文件 104，注释 12。

[10] Ioffe，在他写给 Ehrenfest 的信中（见前面的说明），指出与 Pëtr L. Kapitsa 一起，他已观测到真空中的镍所受到的 Einstein-De Haas 效应，且没有干扰场。（关于此效应，见 *Einstein and De Haas 1915a*，*1915c*[第六卷，文件 13 和 14]；第六卷的编者按，社论注意到，"爱因斯坦对安培的分子电流的评论"，第 145—第 149 页，及其中的参考文献）。

[11] James Franck；Gustav L. Hertz (1887—1975)，是柏林大学的编外讲师，以及 Eindhoven 的飞利浦物理实验室的研究科学家。Ehrenfest 在这里可能指的是 *Franck and Hert 1914a*、*1914b*，*Franck and Hertz 1914a* 和 *1914b*。

128. Ludwig Hopf[1] 来信

慕尼黑，Georgen II 街 22 号，1920 年 9 月 2 日

128. Ludwig Hopf 来信

亲爱的爱因斯坦先生：

关于您在《柏林日报》上对"联合集团(Co. Ltd)"回应的消息已经传到我这里了。[2]因为我一直没听说整件事，当地的报纸也没有报道整件事，我只是从您的口气得知您被激怒了。从心底里，我感到非常抱歉；请原谅我用与其他一切优秀的风俗相反的信件这种琐碎的方式来表达我乐于分享您的苦恼，并且像所有的正派物理学家一样，尽我所能支持您。在这个时代，政治热情表现出如此症状是一种耻辱。但是，另一方面我希望这样的现象将会开阔我们的眼界，反犹太主义已经到了没有什么人能够忍受的地步了。[3]在整个人群中，它并不是真的很普遍；无论是人民群众还是真正受过教育的人，都不会让自己被拖着向前走，只有那些只受过一点教育的公众。很不幸的是它本身在大学里吸引了大量的注意力。[4]即使只有一个著名的物理学家将加入到反对您的队列，我都觉得不太可能，不管他在政治上离权利有多远，[5]我只是希望报纸所报道的您要离开的消息是假的。[6]同时，您成千上万的朋友和崇拜者对您的呼声将会远比那些您大可不必理睬的叫嚷更具分量。我们德国人不会用愚蠢的民族主义口号来玷污一份对祖国的热爱。您是我们不希望失去的文化瑰宝。也请牢记，如果胜利轻易地被形形色色的具有民族主义的敌人获取，那么德国人现在亟需重建的新的知识分子，其生存将会变得非常困难。

不管怎么说，除了那些让您劳神的琐事，我希望您身体健康，精神高涨。向您和您尊敬的夫人致以我最诚挚的问候！

您真正的忠诚的朋友
Ludwig Hopf.

ALS.[13 294].

[1] Hopf 是慕尼黑的 Mittlere Isar 公司的科技顾问和慕尼黑技术大学的客座讲师。

[2] *Einstein 1920f*（第七卷，文件 45）。

[3] 关于在柏林爱乐音乐厅所发生事件的反犹太事件，见文件 118，注释 5。

[4] 在 1920 年 2 月 12 日，爱因斯坦在柏林大学演讲时曾发生了一起哗然事件。报纸报道说，它的动机是反犹太主义；然而，爱因斯坦否认了这一说法（见 *Einstein 1920a*［第七卷，文件 33］和 1920 年 2 月 12 日的 Eduard Meyer 致爱因斯坦［第九卷，文件 311］）。

[5] Philipp Lenard 与反相对论运动的联合，见第七卷编者按，"爱因斯坦遭遇德国反相对论主义者"，第 107 页。

[6] 在刊登了 *Einstein 1920f* 的《柏林日报》的同一期（8 月 27 日早间版），也报道了爱因斯坦希望离开德国（见文件 111，注释 4）。

129. Willem H. Julius 来信

Baarn，Laan 街 26 号，1920 年 9 月 2 日

亲爱的同事：

那里所进行的针对您的诽谤活动是多么的奇怪和可笑啊，如果它不是如此令人讨厌！[1] 我没想到 Weyland 的愚蠢计划能取得如此的效果。在 8 月初，我收到了 Weyland 先生的一封信，催促我在某处发表"反对爱因斯坦的演讲"，很可能是在柏林！[2] 一些被希望能添加到该名单上人的名字被提及……尽管我无法想象谁会去接受这份请求。我对整件事感到非常恶心，这显然是个人的恶意，而非"纯粹的专业"草案。[3] ……我当然拒绝了。这只是 1 周前的情况，因为在我收到信的时候我就因生病而无法工作了，而且我个人非常愿意写一份严厉的回复。[4]

这个夏天我并不愉快，我的妻子在 6 月中旬生病了，一直卧床很多星期，准确时间应该是在我们动身去 201 Nieuwe Gracht 的时候，因此不得不住院治疗。最后，我的女儿们过度劳累，身体也觉不适。她们现在正在 Noordwijk 海边做康复。[5] 我希望我们全家在 9 月底能够团聚。

您确定要在莱顿做就职演说了吗？[6] 您真的打算在荷兰长住了吗？

致以我最亲切的问候！

您最真切的朋友
W. H. Julius

ALS. [14 206].

[1] 见文件 111，和第七卷的编者按，"爱因斯坦遭遇德国反相对论主义者"，第 101—第 113 页。

[2] Paul Weyland。据推测 Weyland 曾和 Julius 接触，因为在 1920 年 5 月 29 日 Julius 辩称之前，Amsterdam 学院的引力红移不存在（见 *Julius* 和 *Cittert* 1920，文件 8）。在 11 月，Julius 收到 Weyland 的另一封信，请求允许包括由他，圆满完成发表的系列文章（见 Willem H. Julius 写给 Lorentz，1920 年 11 月 12 日，NeHR,Lorentz）。Arbeitsgemeinschaft 较早的出版物，包括 *Gehrcke 1920b* 和 *Weyland 1920c*。

[3] Weyland 的组织被称为"德国科学家维护纯科学工人协会"（Arbeitsgemeinschaft deutscher Naturforscher zur Erhaltung reiner Wissenschafte. v）。

[4] Julius 必须避免工作，可能是因为他的心脏问题（见文件 179a）。

[5] Betsy Julius-Einthoven 也有心脏病（见文件 179a）；Louise Maria 和 Maria Elisabeth Willemine。Noordwijk 是荷兰北海海滨胜地。

[6] 见文件 104。

130. Hendrik A. Lorentz 来信

哈勒姆,Zijlweg 街 76 号,1920 年 9 月 3 日

亲爱的同事：

在报纸上[1]我得知,所谓的德国科学家组织给您带来了很多不愉快,我感觉有必要告诉您,我对您遭受如此攻击感到多么的遗憾。[2]我不理解这些人是怎么变得如此邪恶。不幸的是我却无法为您缓解这些经历所引起的懊恼和愤怒,但是有一件事我能确切地告诉您(很多人也可能这样做),那就是：所有了解您文章和跟进您研究的人都知道您正在寻求真理并虔诚地为之而努力。认识您的人对此深信不疑。您在这个国家的朋友都是如此,幸运的是德国最优秀的物理学家也是如此。

或许您不屈服他们误解的信心能使您更轻松地摒弃任何这种烦恼。类似于我所读到的那些憎恨实在是不值得您卑屈回应。[3]

现在我比以前更希望您能在假期不久之后看我们。[4]

致以我和我妻子最亲切的问候！

您最忠实的朋友
H. A. Lorentz

ALSX.[16 522].

[1] 见 1920 年 8 月 27 日的 *Algemeen* 报,以及 1920 年 8 月 27 日 *Nieuwe Rotterdamsche* 报,晚报版；亦见文件 114,注释 1。

[2] 关于工人协会及其反对爱因斯坦的指控,见文件 111,注释 1。

[3] 爱因斯坦对工人协会的答复,见 *Einstein 1920f*(第七卷,文件 45)。

[4] 见文件 102 爱因斯坦的旅行计划。

131. Arnold Sommerfeld 来信

慕尼黑,1920 年 9 月 3 日

亲爱的爱因斯坦先生：

听说柏林反对您的运动后,我个人以及作为物理学会的主席,感到非常的愤

怒。[1]我已警告海德堡的 Wolf，要他最好不要插手此事。他同时也给您写信了，他的名字已经被滥用了。[2] Lenard 肯定也是这种情况。Weyland-Gehrcke 之流的人还有很多！[3]

今天我在科学协会咨询了普朗克先生，我们想给我的同事 von Müller 一些提示，以拒绝这种"科学的"急剧的煽动行为，并发表信任您的声明。将不会采取正式的投票，仅仅是我们科学良知爆发的呈现。[4]

但是您不能离开德国！您的整个研究根植于德国（和荷兰）的科学。您不会找到比德国更有洞察力的地方以及像有德国这么好的氛围了。在德国从各个方面被如此恶劣的虐待的时刻离开它，这也不像您的作风。[5]另一件事：在您看来，法国、英国和美国，在战争期间如果您对协约国及其讹传的设备（化合物、Jaures, Russell, Caillaux 等）提出抗议，我肯定您仍会这样做，他们也一样会封锁您。[6]

您以及所有的人，都应该认真地保卫自己免受剽窃和规避批评的罪名，因为它们是对正义和理性的嘲弄。

南德意志 *Monatshefte* 报已经向您邀稿一篇文章，并非常关心您的回应。如果您愿意，也可以把它交给我。由于最终的??，我们必须尽快完成它。南德意志报被广泛阅读，也是一家值得信赖的机构。您也可以在"bedbugs"版面发表评论。我还没有读到您在《柏林日报》的声明，但是其他人已经读到了并感到它并不恰当，觉得这不像您的风格。[7]"bedbugs"版面很好。[8]《柏林日报》在我看来，并不是发表反犹太人评论的好地方。[9]如果您也能在南德意志报上发出些声音，我们将会很高兴。

我希望在这时候您已经重新找回您哲学意义上的幽默了，并能同情德国目前正经受的无处不在的大屠杀的苦难。但是遗弃德国是完全不应该的！

您亲爱的朋友

A. Sommerfeld

我要求 Grebe 展示一下他在[巴德]瑙海姆所拍摄的底片。他正在准备。对此讨论，这个问题现在对我来说似乎是最重要的。您确定将到瑙海姆来，是吗？[10]

ALS. *Einstein/Sommerfeld 1968*，第 65—第 69 页；*Sommerfeld 2004*，第 82—第 84 页。[21 339]。

[1] 见文件 111。

[2] 文件 123。另见 1920 年 8 月 30 日的 Arnold Sommerfeld 致 Max Wolf(GyHeidU, Hs 3695E)。

[3] Philipp Lenard (1862—1947)是海德堡大学的物理研究所所长。对于他和 Paul Weyland 的合作，见第七卷的编者按，"爱因斯坦遭遇德国反相对论主义者"，第 101—第 113 页；Ernst Gehrcke。

[4] Friedrich von Müller (1858—1941)是慕尼黑大学内科教授，及即将在巴德·瑙海姆举行的德国

自然科学与医学学会(GDNÄ)的会议主持者,见 *Müller 1921*,和第七卷的编者按,"爱因斯坦遭遇德国反相对论主义者",第 108 页。Max von Laue 在 1920 年 8 月 25 日和 27 日的信件通报了 Sommerfeld 在柏林举行的活动(*Sommerfeld 2004*,第 80—第 82 页),并要求他作为德国物理学会主席在巴德·瑙海姆的会议安排"反决议"("Gegenresolution")来否决最近的变质的科学辩论。他进一步建议 Sommerfeld 联系 Max Planck,他是 GDNÄ 的主席团成员,此时在巴伐利亚。

[5] Max von Laue 在 8 月 27 日(见注释 4)写信告诉 Sommerfeld 关于爱因斯坦打算离开德国(Laue 的妻子在前一天晚上已经访问了爱因斯坦)。他把此归因于显然是由于其他学者(见文件 123,注释 2)答应在 Weyland 的系列讲座中的演讲(亦见文件 111)。

[6] Jean Jaurès (1859—1914),法国众议院的社会主义成员之一,因为他的和平主义信念而被杀害;Bertrand Russell (1872—1970),数学家和哲学家,1916 年由于他参与代表拒服兵役者而被剥夺了在剑桥三一学院的讲师资格,在 1918 年因为写了一篇和平主义者的文章而被判处 6 个月的监禁;Joseph Caillaux (1863—1944)是法国政治家,由于反对战争而导致他在 1920 年入狱。

[7] *Einstein 1920 f*(第七卷,文件 45)。

[8] 爱因斯坦在接受采访时曾经表示:"我感觉像是一个人睡在一张舒适的床上,但却受到床虱的骚扰"("Ich komme mir vor, wie jemand, der in einem guten Bett liegt, aber von Wanzen geplagt wird",1920 年 8 月 29 日的 *Vossische* 报,早间版)。在文件 87,以及年表和日程表中的 1920 年 9 月 1 日之前写给 Richard Fleischer 的信中用了类似的比喻。

[9] 自由的《柏林日报》被柏林的犹太人广为阅读(见 *Wolff 1988*)。在写给 Max Wolf (注释 2)的信中,Sommerfeld 进一步将《柏林日报》所报道的日食的结果描述为"多余的和离谱的"(sehr überflüssiger und ungehöriger Weise)。

[10] 爱因斯坦在巴德·瑙海姆的参与,以及所计划的关于相对论的讨论,见文件 89 和 *Einstein 1920 f*(第七卷,文件 45),Leonhard Grebe 关于引力红移的贡献,见 *Grebe 1920*。

132. 致 Edouard Guillaume

1920 年 9 月 4 日

亲爱的 Guillaume:

从公式(1)并不能推出关于移动的时钟的速率的结论[1]

$$\Delta t = \Delta t' \beta (1 + \alpha \cos \varphi') \tag{1}$$

它甚至可以直接从逆洛伦兹变换得出:

$$t = \left(t' + \frac{v}{c^2} x'\right) \Big/ \sqrt{1 - \frac{v^2}{c^2}}$$

与时钟相关的质点事件表明在原点 K' 的秒数,是

$$t' = n (= \text{所有的个数})$$
$$x' = 0$$

因此，结果是：$t = n/\sqrt{1-\dfrac{v^2}{c^2}}$。

因此，通过任何方式都不能得出表征 t 的时钟比表征 t' 的时钟走得慢。甚至 t 被很多相对 K' 静止的时钟表示，结果与原点 K' 的时钟结果是一致的。我是从您的一份声明中看到的，说明您还没有完全掌握狭义相对论的实质。一个时钟只能在一个位置测得一个时间。在时间估算里，将会涉及一个坐标系里的很多位置。因此一套设定时钟的系统总是很有必要的。

根据我的理解，从方程(1)不可能推出多普勒定律。[2] 为了定义辐射，就像定义频率 $\dfrac{\omega}{2\pi}$，我需要那种波 $\sin\omega\left(t-\dfrac{\alpha x+\beta y+\gamma z}{c}\right)$，$\dfrac{\omega}{2\pi}$ 是在坐标系里经过一点的波数。当 $\Delta t=1$ 时，一个秒钟安装在相对坐标系静止的点上，就可以发出滴答声。从下面方程可以得出多普勒定律，这个方程与洛伦兹转换是一致的。

$$\omega\left(t-\dfrac{\alpha x+\beta y+\gamma z}{c}\right)=\omega'\left(t'-\dfrac{\alpha' x'+\beta' y'+\gamma' z'}{c}\right)$$

我完全不会知道如何更简单地表示多普勒原理的推导。无论如何，从方程(1)都不可能得出移动时钟速度或者多普勒定律的结论。您必须再次考虑它已有的含义：

$\Delta t = t_2 - t_1$ $A \bullet \longrightarrow \bullet B$

$\qquad\qquad\qquad\qquad\qquad\qquad$ 光信号

$t_1 = A =$ 光信号的发射时间
$t_2 = B =$ 光信号到达 B 点的时间
没有一个时钟可以表示 Δt。
祝您好运！

$\qquad\qquad\qquad\qquad\qquad\qquad\qquad\qquad\qquad\qquad$ 爱因斯坦

ALS(Georges-Edouard Guillaume, Neuchâtel). *Genovesi 2000*，第 103—第 104 页。[79 016]。

　　[1] 这个公式在爱因斯坦以前写给 Guillaume 的信中引用(文件 109)过，作为他已经能够理解。见 1920 年 8 月 20 日的 Guillaume 致爱因斯坦(在年表和日程表：*Genovesi 2000*，第 99—第 101 页)。在 1920 年 9 月 1 日的 Edouard Guillaume 致爱因斯坦的信中(在年表和日程表：*Genovesi 2000*，第 102—第 103 页)，针对此问题，这封信声称通过在此方程中设定 $\varphi'=0$，求导此方程可得时间的膨胀公式(Guillaume 否认它的存在)。

　　[2] 在他 1920 年 9 月 1 日的来信中(见年表)，Guillaume 进一步要求爱因斯坦说明如何从公式(1)得出相对论意义的多普勒频移公式 1。

133. Max Planck 来信

Gmund on Lake Tegern, Grundner Farm, 1920 年 9 月 5 日

亲爱的同事：

从 Tyrol 南部回到德国，我看到了在柏林发生的所有令人感到恶心的报道，在这之前我却一无所知。[1]在某一瞬间，我很困惑在受过高等教育的人里面怎么会有如此卑鄙的行径。但是这些对我来说都不重要，我关心的是这些阴谋给您带来了什么印象，我想您可能最后会失去您的耐心。毕竟，决定走这一步，将会严厉惩罚德国科学界和那些诋毁您的人。[2]在科学界，为您申冤的人和机构一定不少。[3]我希望您能消除我的担心。来自您最真诚朋友的问候

M. Planck

ALS.［19 289］.

［1］见文件 111 和第七卷的编者按："爱因斯坦遭遇德国反相对论主义者"，第 101—第 113 页。

［2］爱因斯坦离开德国的可能性，见文件 131，注释 5。

［3］在德国自然科学与医学学会的会议上发表支持爱因斯坦的声明的努力，见文件 131，注释 4。

134. 致 Arnold Sommerfeld

［柏林，］1920 年 9 月 6 日

亲爱的 Sommerfeld：

因为相信大部分物理学家都参与了此事，我的确是过分注重那份承诺书了。这两天我确实想到了"遗弃"，就像您所说的一样。[1]但是很快我又回到现实，并认识到放弃我真诚的朋友是错误的。或许我不该写那篇文章。[2]然而，面对批评和指责，我不想保持沉默，但是却始终被解释成默许。令人苦恼的是，我的每一篇声明都被记者加以强调。我只是必须把自己封锁起来。

我不可能为南德意志 Monatshefte 写那篇文章。如果我能把我积压的信件管理好，那我就非常高兴了。诸如在［巴德］瑙海姆的声明将很可能有助于国际形象，或仅仅是有助于礼仪的原因。[3]尽管是为我着想，但这种事在任何情况下都不要再发生了；因为我已经满足了，已经平静了，而且已不再读任何关于我的

报道了,除非是一些关于事实的消息。

  Grebe 的光影图像最近出现在 Zeitschr 的物理学报上。这是值得信服的,他们驳斥了早期关于位移效应不存在性的发现。关于红移的问题,仍然需要大量细致的工作。[4] 我也会去瑙海姆,而且我认为在那里将会非常有益。[5]

  感谢您最真诚的来信,同时也致以我真诚的祝福。

爱因斯坦

ALS(GyMDM, Archiv, HS, 1977-28/A, 78 [14])。*Einstein/Sommerfeld 1968*,第 69—第 70 页;*Sommerfeld 2004*,第 84—第 85 页。[21 395]。

  [1] 见文件 131,及其注释 5;本信件是其回复。

  [2] *Einstein 1920f*(第七卷,文件 45)。

  [3] 见文件 131,注释 4。

  [4] *Grebe and Bachem 1920b*。对引力红移的意见问题和他们的接待,见第九卷,导言 xxxvii—xl;在 1 个月前爱因斯坦在和 Lorentz 交谈中说到了他的信心,Grebe 和 Bachem 的工作即红移最终会得到证实(见文件 98)。

  [5] 爱因斯坦在音乐厅事件之前就曾建议 Robert Fricke 和 Arthur Schoenflies(分别见文件 48 和 49)在德国自然科学与医学学会会议(GDNÄ)上举行一次关于相对论的讨论。在其回答有关反相对论运动时(*Einstein 1920f*[第七卷,文件 45]),爱因斯坦声称,归功于 GDNÄ 会议,"任何人都能敢于面对一个科学论坛来提出他的异议"("Da kann jeder, der sich vor ein wissenschaftliches Forum wagen darf, seine Einwände vorbringen")。

135. Konrad Haenisch 来信

柏林,1920 年 9 月 6 日

尊敬的教授先生:

  从新闻媒体上我沉痛地获知,您所捍卫的理论已经成为公众不顾事实、恶意攻击的对象,即使是您的专业操守也没有幸免于蔑视和诽谤。[1] 让我感到特别高兴的是,那些有良好声誉的学者们,其中包括柏林大学有杰出成就的成员们,都在此事件中支持您,拒绝对您进行毫无根据的人身攻击,并且指出您的研究成果已经赋予了您在科学历史上永久[2]的地位。[3][4] 既然最优秀的人都在支持您,您就可以不用太多去关注那些丑陋的活动。

  因此我也可以真诚坚定地表示,希望您因为那些讨厌的攻击而想要离开柏林的谣言不是真的,因为柏林为您自豪,并且将永远记住您这位受人尊敬的教授,把您看做是科学界最辉煌的珠宝。[5]

再次表达我对您的特别的敬意。

您真诚的

Haenisch[6]

TLS.[43 826].".部长 Haenisch 致爱因斯坦教授",《柏林日报》1920年9月7日的早间版;"Haenisch 致爱因斯坦",《每日观察报》1920年9月7日的早间版。同时提供了一个手写稿(日期:1920年9月1日)和一个打印稿(1920年9月6日),GyBSA,I. HA,Rep. 76 Vc,Sekt. 1, Tit. 11, Teil5c, Nr. 55, Bl. 67, 68,[83 307],[83 308])。

[1] 见文件 111 和第七卷的编者按"爱因斯坦遭遇德国反相对论主义者",第 101—第 113 页。

[2] 在《柏林日报》"unvergänglichen"改为"unvergleichlichen"。

[3] 在《柏林日报》将"我们的科学"("unserer Wissenschaft")改为"科学"("der Wissenschaft")。

[4] Max von Laue、Walther Nernst 和 Heinrich Rubens 发表的声明,见文件 111,注释 1。

[5] 关于爱因斯坦可能会离开柏林,见文件 131,注释 5。

[6] 这里给出的文本也载于 1920 年 9 月 7 日与 Wolff 的 Telegraphisches Büro(第 71 卷,1566 号,早期版本)的通信中,通过它,新闻界了解到了 Haenisch 的信。

该手写草案文本内容如下:

" Hochgeehrter Herr Professor

Mit lebhaften Bedauern habe ich erfahren, welchen Angriffen Sie ausgesetzt waren. Ich sehe in der Art, wie man Ihre Forschungen bekämpft hat, eine willkürliche Beeinflussung öffentlicher Meinung und kann mir von einer Kampfesweise, die selbst vor Ihrer Persönlichkeit nicht Halt macht, keine Förderung der Wissenschaft versprechen. lch freue mich, dass Sie den Vorgängen kein Gewicht beigelegt haben und wünschte wohl, dass solche Kundgebungen Ihnen und dem Deutschen Volke erspart geblieben wären. Was wir in Deutschland an Ihnen zu besitzen glauben, brauche ich nicht erst auszusprechen.

Die Preussische Akademie der Wissenschaften wird Sie hoffentlich Lebensdauer zu ihren ordentlichen Mitgliedern zählen dürfen."(手写笔记略)

在打印的草案中,Haenisch 遗漏了上面最后一句话,并增加了对 Laue、Nernst 和 Rubens 发表的新闻声明的批准。此版本也没有包含关于爱因斯坦可能会离开柏林的谣言的参考。在此文件上的其中一个笔记表明,该文件是以如下开头被发表的:"Berlin 6. September. Wie wir erfahren, hat anlässlich der jüngsten Vorgänge der preussische Unterrichtsmin. folgenden Brief an Prof. Alb. Einstein gericht."

136. Isaak Meyer 来信[1]

施托尔贝格,Erz Mts.,1920年9月7日

尊敬的教授先生:

原谅我在您最近几天收到的洪水般的信件中又加了一封。

这个请求是发自肺腑的!

如果您真的离开了柏林,离开了德国,[2]那么对您来说将只有一个目标,忠诚的犹太人。——在那片古老的[3]——巴勒斯坦重建的土地上,全世界的犹太人都会把您的决定作为学习的教材。[4]

尊敬的教授先生,如果我的预感和渴望能够应验,我谨在此向您承诺,将完全免费地为新成立的耶路撒冷大学的入口大门请最好的工人和装饰最好的铁制品。

教授先生,请允许我以我和我亲爱的妻子的名义,[5]给您最真诚的新年祝福。[6]

您真诚的
Isaak Meyer

ALS.[36 033].

[1] Isaak Meyer(1883—1967)在萨克森州施托尔贝格的搪瓷厂担任厂长,且是一个犹太复国主义者。

[2] 有关爱因斯坦离开柏林计划的报告,见文件111,注释4。

[3] 一个关于巴勒斯坦犹太复国主义运动的其中一个名称以及 *Herzl 1902* 的标题的参考。

[4] 对于爱因斯坦密集参与计划为在巴勒斯坦建立犹太大学,见第九卷,引言,第 xlv—第 xlvi 页。

[5] Berta Wolf(？—1939)。

[6] 对于即将到来的犹太新年,开始于1920年9月13日。

137. 致 Konrad Haenisch

柏林,1920年9月8日

致柏林科学艺术和公众教育部部长 Haenisch 先生:[1]

我对阁下在本月6日的来信表示由衷的感谢。[2] 我是否值得这么多尊敬的对待和高度重视的问题暂且不说,[3] 在过去的几天里,我渐渐地明白柏林是我因为个人和专业的关系而扎根最深的地方。除非外部环境逼迫我这么做,我才会离开这儿[4]去别的国家[甚至瑞士]。[5]

致以最大的尊敬,阁下的忠实仆人。

A. 爱因斯坦

P. S. 我想通过这个机会提到一封我寄给阁下的信,在那封信里我对天文学家教授 Buchholz(哈雷大学)的预任命表示赞成。[6]

媒体,尤其是国外媒体,关于 A. 爱因斯坦教授考虑在不久的将来离开柏林和德国,并接受一所国外大学的邀请这个可怕的消息不断地进行报道。为了从根本上制止这些尤其是国外的偏颇的谣言,我们在这里刊登出 A. 爱因斯坦给 Haenisch 部长几个星期前的回信。

TLS (GyBSA, I. HA, Rep. 76 Vc, Sekt. 1, Tit. 11, Teil5c, Nr. 55, Bl. 111)。*Kirsten and Treder 1979*,第 204 页;*Grundmann*, S. *1998*,第 169 页(没有邮戳)。[83 330]。缩写版发布 1920 年 10 月 6 日的,如:《柏林日报》早间版("爱因斯坦答复 Raenisch 部长");*Vorwärts* 早间版("爱因斯坦将留在柏林")。《柏林日报》的版本中,此信件中有很多显著的不同,且增加了一个 ADft[43 827]注释。行政笔记本忽略。

[1] 部门向新闻界通报了信件以下内容:"Durch die Presse, insbesondere die des Auslandes, geben immer von neuem alarmierende Nachrichten des Inhalts, Prof. Albert Einstein gedenke in nächster Zeit Berlin und Deutschland zu verlassen und einem Rufe an eine ausländische Hochschule Folge zu leisten. Um diesen Gerüchten, die insbesondere im Auslande in tendenziöser Weise ausgeschlachtet werden, ein für alle Male den Boden zu entziehen, sei hier die Antwort Albert Einsteins auf das bekannte, vor einigen Wochen an ihn gerichtete Schreiben des Ministers Haenisch mitgeteilt. Einstein schreibt."《柏林日报》,1920 年 10 月 6 日早间版。

[2] 文件 135。

[3] 在《柏林日报》版中"尊敬的"(und Hochschätzung)被忽略。

[4] 草稿中关于这一点,爱因斯坦在括号中增加了"在瑞士",但随后被删除。

[5] 关于爱因斯坦最近考虑离开德国的可能性,见文件 134。据柏林 *Börsen* 报报道("爱因斯坦的呼吁",1920 年 9 月 7 日),爱因斯坦收到了伯尔尼大学的职位通知。在《柏林日报》版本中,该信的其余部分被忽略。

[6] 爱因斯坦在 7 月下旬曾写信给 Haenisch,推荐 Hugo Buchholz 在哈雷大学天文系任职(见文件 93)。显然,Haenisch 因为即将离职未能回复此信(见其对文件 93 所附的说明)。

138. Hedwig Born 来信

Cronstetten 街 9 号,1920 年 9 月 8 日

亲爱的爱因斯坦先生:

什么时候来[巴德]瑙海姆,且您准备在这里待多长时间呢?我们将不告诉任何人您在这儿;如果您愿意的话,您可以在这里隐姓埋名。小 Paul Oppenheim 似乎仍要离开。请给我们寄一封写着您的语录的明信片。[1]

我们对您被那些卑劣的争吵而骚扰深感心痛。[2]通过您在那些不正当的刺激下所做的不正常的反应,我们看到了您被伤得有多深:报纸上那些回应是那么的笨拙。[3]那些知道您为此而沮丧的人,对您的痛苦感同身受,因为他们已经感受到那些臭名昭著的言论让您受到了多大的影响。而那些不了解您的人对您有了一个错误的认识。这太痛苦了。然而同时,我希望您像老 Diogenes(第欧根

尼）一样，嘲笑那些对您胡说的野兽们！这当然不符合我所了解的您，因为在我心底里，我已经把您放到那些令人崇敬的圣人的位置上了。如果您能在喧闹的生活中、在您的同胞中，特别是那些所抱有的幻想中，发现如在您的科学殿堂中的那般幸福与和平，那么您将不会从这热闹烦闷的外界生活中撤回到那宁静的科学殿堂中（参见普朗克讲话）。[4]如果这个世界浮渣般的洪流现在堵住了您殿堂的台阶，您就干脆关上门大声地笑吧！您只需要说：我走进庙宇并不是毫无缘由的。别生气！让圣人留在殿堂里，留在德国吧！[5]卑鄙的人到处都是，但是像您这样充满激情的智者却极其难得。

Hedi Born

实在讨厌！您或您的妻子（致以温暖的问候）一定要再给我们写信；否则我将成为反相对论集团一员，[6]或者我将找到一个竞赛组织。

您一定要看看 Rabindranath Tagore 的 *The Home and the World*，那是我读过的最好的著作。[7]

ALS. *Einstein/Born 1969*，第 58—第 59 页。[8260]。

[1] Paul Oppenheim。关于更早的 Born 一家的邀请，见文件 95。
[2] 关于最近发生在柏林爱乐音乐厅的事件，见文件 111。
[3] *Einstein 1920f*（第七卷，文件 45）。
[4] *Einstein 1918j*（第七卷，文件 7）。
[5] 关于爱因斯坦离开德国的可能性，见文件 137。
[6] Elsa Einstein。爱因斯坦的名字出现在 *Einstein 1920f* 中（第七卷，文件 45），针对 Paul Weyland 所组建的德国科学家维护纯科学工人协会。
[7] 泰戈尔，1920 年。

139. 致 Paul Ehrenfest

[柏林，1920 年 9 月 9 日前][1]

亲爱的 Ehrenfest：

真心地感谢你写给我的那么多封信。Ilse 今天就会结束假期回来。[2]她将会找到那些论文并给你寄过去。[3]在我提交了申诉书的一天之后，两个年轻的俄国物理学家[4]到这里来看我；所以它必定会对过去有影响（见相对论）。当地的反相对论集团已经快要破产了，[5]所以没有任何理由再求助于极端的手段，并变成 Sommerfeld 所说的"逃兵"。[6]但是，在任何情况下，你在我困难的时候挺身

而出都是很感人的。[7] 同时也谢谢你促进解决了领事馆事件。[8] 如果你还需要写信给我,我的地址是:

9月18日至9月25日在Born家(法兰克福Cronstetten街);[9]

从10月4日以后在Benzingen的牧师Brandhuber家。[10]

我的两个儿子也和我一起去那儿。现在有一个大的请求。[11] 看起来你不能兑换已寄到你所在处的那700盾荷兰币了,[12] 但是也许你能搞定它。根据那张已到达的凭证,设法把钱以法郎的形式寄到法国我的前妻那里(Mileva Einstein,59 Gloria St.,Zurich)。她和孩子们目前已身无分文。[13]

别因为我很偶尔才写信,还写得这么少感到难过。我每天都收到太多的信件了,没办法完成它们。所以我将保存所有的事情并将直接告诉你。

温暖的问候来自你的

爱因斯坦

你关于我的文章的信最近收到。[14] 我在一个受打击的早晨写的它,完全是我自己所写。作为我的理由,你必须考虑到,针对那些已多次公开攻击我的所谓的欺骗宣传和抄袭等的指责,除了在公众中为自己辩护,我已没有任何余地;[15] 如果我想待在柏林,我必须要这么做,这里的每一个孩子都从照片上认识了我。作为一个民主主义者,还是必须要给予公众如此的权利为好。

ALS. [9 519]. Paul Ehrenfest在左上角注记了"Empfangen 10 XI 20"。

[1] 这封信的日期参考了Ilse Einstein休假回来的时间。

[2] 文件141部分是由Ilse Einstein所写。

[3] 在文件127中,Ehrenfest请求爱因斯坦寄给他重印本,特别是关于James Franck和Gustav Hertz的工作。

[4] 可能是Vladimir M. Chulanovsky和Aleksandr A. Arkhangelsky(1877—1926),他们在1920年左右穿越西欧地区收集文献和仪器(*Frenkel 1971*)。

[5] Paul Weyland的工人协会。尽管其有雄心勃勃的最初宣言(见文件131,注释5),但它仅在1920年9月2日举行了一次会议,Ludwig Glaser在会上做了唯一发言;Oskar Kraus原计划为此次会议做的演讲并没有进行(见*Goenner 1993*,第118—第123页)。

[6] 见文件131。

[7] 见文件114,其中Ehrenfest向爱因斯坦保证,如果他想离开柏林,则荷兰可以为他设置一个工作岗位。

[8] Ehrenfest帮助爱因斯坦获得了荷兰签证,见文件104。

[9] Max Born。对于在瑙海姆举行的德国自然科学与医学学会会议(见文件140)。

[10] Camillus Brandhuber。

[11] 关于他与其儿子Hans Albert和Eduard一起度假的计划,见文件81。

[12] 大概是在文件110中提到的梅休因出版社所支付的336荷兰盾的支票。

[13] 关于他在苏黎世的家庭严峻的财务状况,见文件81和212。

[14] 文件 127；文章是指 *Einstein 1920f*（第七卷，文件 45）。

[15] 特别是来自 Paul Weyland 和 Ernst Gehrcke；见文件 111 和第七卷的编者按："爱因斯坦遭遇德国反相对论主义者"，第 101—第 113 页。

140. 致 Max 和 Hedwig Born

[柏林，] 1920 年 9 月 9 日

亲爱的伯恩一家：

不要对我这么严格。为了娱乐上帝和人，每个人都必须不时地在愚蠢的祭坛上提供自己的祭品。我用我的文章彻底地完成了这个工作。[1] 来自我所有朋友的极其有鉴赏力的信件证明了这一点。[2]——一个很滑稽的熟人最近说：爱因斯坦的一切都是公开的；他最新和最狡猾的把戏是 Weyland 有限公司。[3] 确实如此，或者至少是类似。就像童话故事里的人物，他能够利用法术把所有东西变成金子。对于我来说，就是可以把我所有的事情变成新闻头条。[4]

在刚开始面对这些猛攻的时候，我确实考虑过要逃避。[5] 但是我把它们想得好一点，因此又重新镇定下来了。现在我只想买一艘小船和柏林水边的一个小房子。[6]

18 日左右我将会拜访你们，如果我能为你们做什么的话。但是亲爱的 Born，如果在科学家大会的时候有必要住在[巴德]瑙海姆，请你也去看看，这样我们就能做邻居了。我不在这里给你保证任何事情，因为当你去了以后你自己的判断会更好。如果可能的话，我也想和你待在一块儿，这样我也可以打趣那些惹人喜欢的记者们，因为仅用我恼人的凝固的墨水来书面回应是不起作用的。Elsa 也会过去，但是她将待在 Oppenheim 家。[7]

到 28 日的时候我们必须要去斯图加特，在那儿我得为一个公共天文台的利益做一个演说。[8] 在那之后我们将前往斯瓦比亚，在那儿见见我的孩子们。[9]

给你们俩真诚的问候。

你们的
爱因斯坦

ALS. *Einstein/Born 1969*，第 59—第 60 页。[8 151].

[1] *Einstein 1920f*（第七卷，文件 45）。

[2] 见文件 138（此信是其的答复）和文件 127。

[3] Paul Weyland 及其工人协会；熟人可能是 Arnold Berliner（见文件 108）。

[4] 拉丁语中的"对于每个人,到底什么欠他"("Jus es suum cuique tribuere")。

[5] 关于爱因斯坦离开德国的可能性,见文件137。

[6] 对于爱因斯坦的航海乐趣,见1919年9月5日的爱因斯坦致Pauline Einstein(第九卷,文件99)。

[7] Elsa Einstein;Paul Oppenheim。

[8] 演讲的收入都用于了"Schwäbische Sternwarte"协会(见"阿耳伯特·爱因斯坦在斯图加特",*Schwäbische Kronik des Schwäbischen Merkurs zweite Abteilung*,1920年9月29日,晚报版)。

[9] 致Benzingen(文件96)。

141. 致挪威学生社团

柏林,1920年9月9日

Christiania 的挪威学生社团:[1]

为了答谢你们邀请我作为挪威的学生们的客人在克里斯蒂度过了那个很棒的夏天,随信寄去在柏林工作时的照片以示我真诚的问候。[2]在你们那里,我结识了一个拥有我们所共有的崇高的文化理想,并摒弃了民族主义的学生组织。[3]即便在那段时间里我已非常的高兴,但是能受到你们这个欢乐的圈子的欢迎,对我来说是一大乐事,它使我感觉完全有如在家里一样。为了恢复国家之间的关系,除了需要所有国家的有辨别力的人们团结起来之外,还需要具有自由主义观点和良好意愿的、温暖的、富有感情的自由的人民,[4]你们就是这样的人。希望作为一个中立国学生的你们,能够为治疗欧洲人的灵魂作出宝贵的贡献。

给挪威学生社团组织和研究以最好的祝福。

你们的
爱因斯坦

TDC. *Akademisk Revy* 3,7号刊(1920),第1页。[44 597]。日期和地址是Ilsa Einstein所写。发表在 *Akademisk Revy* 的版本中,问候语被标题为"对挪威学生的亲切问候(Grüsse an die norwegischen Studenten)",在末尾处"阿耳伯特·爱因斯坦"后紧跟"您的",一张爱因斯坦在工作时的照片也包括在内。

[1] 显然地,是对8月30日 Sven Gjesdahl 的来信的回复(见年表)。

[2] 爱因斯坦曾于1920年6月访问了挪威学生社团,并分别于6月15日、17日和18日就狭义和广义相对论做了报告,见年表。

[3] 爱因斯坦反对狭隘民族主义体现在他在1920年2月倡议为在柏林大学部能注册的外国学生开设特别的课程(见1920年2月19日的爱因斯坦致Konrad Haenisch[第九卷,文件317])。

[4] 爱因斯坦的国际理想主义的热情,特别是面对面的追求知识,表现在1920年4月他对学术文献的国际交流的倡导(见 *Einstein 1920b*[第七卷,文件36]和1920年4月19日的爱因斯坦致 Ulrich von Wilamowitz-Moellendorff[第九卷,文件379],注释2)。

142. Marcel Grossmann 来信

苏黎世，1920年9月9日

亲爱的阿耳伯特：

在同一份邮件中，我寄过去一篇来自物理科学和自然科学档案馆的 Chals 先生的论文。[1] 如你所见，围绕 Guillaume 形成了一个派别，他们认为必须对你的概念的基本点进行修正。尽管你对为档案馆写篇短文这种事不可能有兴趣，但是如果你有一天与 Guillaume 短兵相见，我想它将会对相对论有益。我非常乐意为你提供翻译，或者只需要直接在信中告诉我一些我可以传达的科学要点，这会让我们那位招人喜欢的同事 Guye 非常高兴。[2]

Guillaume 以及他的门徒们未受质疑地公开发表是很有危险性的——同样是在日报上——法语区的相对论理论的基本观点的传播将受到损害，在此问题上，法语区时刻准备着宣传法国的优势了。更何况由于德国的那些对你的道德败坏的运动与这里遥相呼应。[3] 所以我想请求你让我大概地知道你基于哪些原因来否定 Guillaume 的观点。

我非常希望你和你全家一切都好。我们的孩子们[4]在 Gymnasium 的同一个班里，已经能用对数计算了。在我的妻子[5]一年前经历了一场恶劣的败血症并被其带到死亡边缘之后，我们过得都很好。但是现在她已经好了，并且过得比以前还开心。你还没准备好来苏黎世吗？

向你和你的妻子致以最好的祝福！

你的朋友
M. Grossmann

TLS. [11 461]. 印刷信笺上写着"联邦技术研究所"（"Eidg. Technische Hochschule"）。

[1] *Willigens 1920b*。早先更简洁的版本（*Willigens 1920a*）于1920年4月24日在瑞士物理学会会议记录中公布。在同一次会议上，也发表了 Edouard Guillaume 自己的文章以及他与 Willigens 合写的文章（*Guillaume 1920b* 与 *Guillaume and Willigens 1920*），都是攻击爱因斯坦的相对论的。

[2] Charles-Eugène Guye (1866—1942)是日内瓦大学实验物理学教授，同时他还是物理科学与自然科学档案馆的编辑。

[3] 对于爱因斯坦与反相对论者在柏林的争论持续的附带后果，见前面的文件中爱因斯坦对 Max 和 Hedwig Born 的回复。

[4] Grossmann 的儿子 Marcel 和 Hans Albert Einstein 都在苏黎世的 Kantonsschule 中学接受第五年的中学教育。

[5] Anna Grossmann-Keller (1882—1967)。

143. Felix Ehrenhaft 来信

维也纳，Grinzinger 街 70 号，1920 年 9 月 10 日

尊敬的爱因斯坦先生：

3 个星期前我就打算给您写信了。在 8 月末的时候，我收到了一封信，见附件的复写本，我最初以为是哪个怪人给的差使。[1]受到报纸上关于那些极度恶劣的，且对我们而言很可耻的事件[2]的报道的提醒，我想起来了那封信，并如他所愿，把它提交给我们州公共健康的负责人。[3]后者把这封信寄给了柏林的 *Die Freiheit*，他后来同样告诉了我。在那里，它已被我们的 *Arbeiter-zeitung* 报等刊登。[4]如果您对原件感兴趣的话，我很乐意把它寄给您。它现在在我刚才提到的那几位绅士手上。或者也可以在科学家大会的时候给您，我也很想在那儿见到您。[5]

我不得不告诉您，对于这些丑陋的诉讼我是感到多么的遗憾。虽然这件事情可能完全没有影响到您，但是也许我比其他人更了解这样的事情发生在任何人身上都会很伤感情。我衷心希望这件事对您的影响能降低到最低限度。

当然我所遭遇的且仍陷于其中的那份骚扰不能与您所遭受的相比；请不要认为这种比较鲁莽无礼。然而，我必须告诉您，根据从某些方面针对我的不择手段甚至是诽谤性的鼓动，[6]我这一年仍然遭受了很多，且仍在继续。

我很期望在科学家大会上再次见到您，这一次我打算谈一谈关于 10^{-5} cm 量级的独立放射性试验粒子的放射性排放量。[7]希望您能抽出 1 小时的时间和我在[巴德]瑙海姆讨论一下，我将非常感谢。

直到 17 日，我可以在维也纳收到您的任何消息；我在瑙海姆的 Carlton 酒店定了房间。

向您致以我最诚挚的问候！

F. Ehrenhaft

[附件][8]

1. 复写的信件
1. *Arb. Zeitung*
1. 选刊

Paul Weyland 1920 年 7 月 23 日的信

"尊敬的教授先生：

目前在精确科学的重要成员之间已经达成一致意见，拒绝爱因斯坦的研究理论，在爱因斯坦的观点已被灌输到足够长得令人呕吐的时刻，我们打算把我们的反驳意见向受过教育的普通市民公布。

作为爱因斯坦反对者的秘书，我想问您是否愿意参加反对爱因斯坦的讲座。如果接受，能否提供更多关于您接受这份邀请的细节。

由于时间紧促，我希望您能电话回复我。如此，您将能获得 10000—15000 马克的收益。

向您致以崇高的敬意！

Weyland"

TLS. [10 365].

[1] Paul Weyland 所写的标记日期为 1920 年 7 月 23 日的信最早是于 1920 年 9 月 4 日发表在 *Freiheit* 的早间版，所用的标题为《管理员挑惹爱因斯坦》(*Der Manager der Einstein hetze*)。德文版内容如下(英文版内容为如上译文)：

"Sebr geehrter Herr Professor!

Nachdem die *ernsthafte exakte Wissenschaft* nunmebr einbellig zur Ablehnung der Einstein schen Forschung gelangt, wird geplant, auch der gebildeten Laienwelt gegenüber mit Gegengründen zu kommen, nachdem diese lange genug mit Einsteinschen Ideen bis zum *Erbrechen* gefüttert ist.

Ich frage als *Schriftwart der Einstein-Gegner* an, ob Sie gewillt sind, sich an den Vorträgen gegen Einstein zu beteiligen und könnte unter dieser Voraussetzung Ihnen nach Erhalt Ibrer Zusage mit weiteren Details dienen. Ich erbitte der Eiligkeit halber gütigst Drahtantwort. Geschäftlich dürfte bei der Sache ein Gewinn von etwa 10.000—15.000 M. für Sie herauskommen.

In ausgezeichneter Hochachtung sehr ergebenst *Weyland*."

所提供的数额几乎等于教授每年的工资(见文件 119, 注释 6)。

[2]《新自由报》(*Neue Freie Presse*)广泛报道了发生在柏林爱乐音乐厅的事件(见文件 119, 注释 2)。

[3] Julius Tandler (1869—1936)。

[4] 该信后来在 1920 年 9 月 8 日被 *Arbeiter-Zeitung* 报转载。

[5] 德国自然科学与医学学会会议于 9 月 19 日至 25 日在巴德·瑙海姆举行。

[6] Ehrenhaft 的工作已受到越来越多的批评(见文件 45)，这增大了他取得维也纳实验物理主席位置的困难性(见 1920 年 8 月 23 日的 Friedricb Kottler 致爱因斯坦，在年表中，1920 年 8 月 23 日)。

[7] 见 *Ehrenhaft 1920*。

[8] 附言是 Ehrenhaft 所写。

144. Hendrik A. Lorentz 来信

哈勒姆,Zijlweg 街 76 号,1920 年 9 月 10 日

亲爱的同事:

就在今天,我碰巧从莱顿大学校董会听到关于您就职的事情,所有的一切都已经准备就绪了,[1]并且在 10 月底您将进行就职演说。我对此感到非常高兴,并且必须要告诉您我对您的就职还要等这么久感到遗憾。

您从报纸上看到可以用相对论赚钱的消息了吗?[2]我附上我在荷兰报纸上读到的这则消息。您肯定会对此非常有兴趣。

您真的应该得到那 5000 美金,美国科学院来本可做得更好,可直接请您来写篇文章并提供那笔酬金。此刻,我希望您已经准备了一篇简短的文章,且我们相信决策者能足够合理地选择它。然而,您或许会选择退到您自己的舞台。拥有这些科学成就不是您的错,就像那些全世界人民都会感谢的科学家一样,都不能免于金钱的担忧。如果这在柏林是个问题,我可以很容易把它翻译成英文。

致以亲切的问候!

您忠诚的
H. A. Lorentz

ALSX. [16 525].

[1] 虽然爱因斯坦并未持有荷兰博士学位,但随着王室的确认,他最终被委任为莱顿大学特别教授(关于任命的更多信息,见引言第三部分)。

[2] 1920 年 7 月 10 日出版的《科学美国人》发布了一个有奖竞赛:5000 美元的奖金由"尤金希金斯(Eugene Higgins)先生,一个巴黎的美国居民,且多年来一直是本报的亲密朋友"资助,用以奖励"关于爱因斯坦的假设及结果写的最好的论文,以至于没有经过特殊数学训练的人也可以从中获益"("5000 美元爱因斯坦征文大赛",《科学美国人》,1920 年 7 月 10 日)。

145. 致 Willem 和 Betsy Julius

[柏林,]1920 年 9 月 11 日

亲爱的同事和 Julius 女士:

从你们的信件中，[1] 我得知了你们的不幸和那些不愉快的时刻，对此我深表遗憾。然而，相比于我的公众生活，如果只有那些小麻烦[2]都是很好的了。事实上，我为自己因为那些小喧闹而令自己不安感到羞愧。我甚至放任自己到如此程度以至于在报纸上写了回应，为此，Ehrenfest 已经无可非议地给了我很好的训斥。[3]现在，我的反对者甚至有争取我亲爱的朋友们到他们的阵营的想法。[4]你们可以想象我会多么嘲笑你们的这份报告，我会多么生动地描绘我亲爱的同事 Julins 的狰狞的怒火。我很早就发现这场运动的滑稽一面，也就不再把它当回事了。

但是，对你们所遭受的艰难时刻，从烦恼的搬家到身患疾病，我确实感到非常的同情。我热切地期望在我这封信到达的时候你们所有人能重新健康快乐起来，然后在下个月底我们就又可以一起度过一些无忧无虑和欢快的时间了。（你们知道，我很不迷信，因此我确实真的相信我实际上将会宣传我的陈腐的、过时的关于苍天的说教。）[5]那份关于您和亲爱的 Julius 太太，你们自己的钢琴演奏的无礼的评论，彻底震惊了我；然后，我想象你们想表达的含义，感觉如同是你们自己写了这份无礼的评论。但是，这对我的想象力来说太难了。不过，我确实相信我将看到与十分谦卑的任何外观相反的淘气的笑容。

不管一切将会怎样，我衷心地期待不久之后再次见到你们 4 个。[6]同时，衷心地祝愿你们身体健康！

爱因斯坦

ALS.［14 210］.

［1］见文件 129 和 Betsy Julius-Einthoven 致爱因斯坦，1920 年 9 月 11 日之前，见年表和日程表。

［2］在柏林爱乐音乐厅的反相对论事件（见文件 111）。

［3］*Einstein 1920f*（第七卷，文件 45），见文件 127 关于 Ehrenfest 的反应。

［4］Paul Weyland 曾请求 Julius 和 Felix Ehrenhaft 举行反对爱因斯坦的演讲（见文件 129 和 143）。

［5］莱顿大学的就职演讲，*Einstein 1920f*（第七卷，文件 38），在 10 月底举行（见文件 144）。

［6］Willem Julius，Betsy Julius-Einthoven，以及他们的女儿 Louise Maria 和 Maria Elisabeth Willemine。

146. Paul Ehrenfest 来信

1920 年 9 月 11 日

亲爱的爱因斯坦：

非常感谢你的来信。[1]

1. 两名物理学家现在正和我在一起,我们正努力帮助我们的朋友找书和仪器。[2] Lorentz 和 Onnes 正在努力帮忙![3]——请帮我们在科学家大会上争取一些书和单行本。[4]——如果 Berliner[5] 能给两本分别关于两个城市的 Naturwissenschaften(1918、1919 或至少 1920),那是多么好的一件事啊。单行本以前从未被如此深入地研究过!

2. 在你来之前,我不能从 Methuen 支付您的 336 荷兰盾(你偷懒立即写了不正确的:700 荷兰盾)。——但是无论如何,在周一,都将会寄出 1000 法郎给你的前妻(我今天已经给她写信了)。[6]

我的朋友值得每一份同情。他们在难以想象的困难情境下,在物理学上做出了杰出的成就。[7] 当我完全调查好了我会再写信给你们的。

我很高兴,就像你所说的,煽动正在平息。[8] 现在,无论发生什么,尽可能远离令人讨厌的报纸上的争吵。因为,如果我撒谎的话,愿上帝会帮助我,你们的那份通篇充斥着非爱因斯坦主义的"我的回应",让我相信这只能是在不可避免的情况下你才自己写下的。因此,这确实简单地说明了这些该死的坏蛋在这段极短的时间里确实使你们"极度地愤怒"。[9]——[同时,我收到了 Francois 夫人的来信,在她那儿,你遭到了极其残酷和庸俗的诋毁。][10]

3. 无论何时,给予你荷兰朋友最真诚的信任。不久你将知道您对我们所有人来说意味着什么。

致以亲切的问候!

你的朋友
Ehrenfest

您的演讲初步定在 10 月 27 日。但直到 9 月 20 日我才能确定。[11]

ALS. [9 521].

[1] 文件 139。

[2] 大概是 V. M. Chulanovsky 和 A. A. Arkhangelsky(见文件 139,注释 4)。

[3] Hendrik A. Lorentz;Heike Kamerlingh Onnes。

[4] 德国自然科学与医学学会会议于 9 月 19 日至 25 日在巴德·瑙海姆举行。

[5] Arnold Berliner。

[6] 关于梅休因出版社所给的支票和转移给 Mileva Einstein-Marić 的钱,见文件 139。

[7] Abram Ioffe,在他的 1920 年 6 月 18 日致 Ehrenfest 的信中提到(见文件 104,注释 12),由于行政干预和组织方面的问题,工作进展缓慢。在圣彼得堡的工作,主要致力于玻尔原子理论,基于 X 线方法研究原子和分子的结构以及晶体的变形(参见,例如,*Josephson 1991*,第 72—第 103 页)。

[8] Paul Weyland 的反相对论运动(见文件 139)。

[9] *Einstein 1920f*(第七卷,文件 45);关于 Ehrenfest 对文章的意见,见文件 127。

[10] 原稿中是方括号。

[11] 爱因斯坦在莱顿的就职演讲。

147. Arnold Sommerfeld 来信

1920 年 9 月 11 日

亲爱的爱因斯坦：

非常感谢您令人鼓舞的来信。[1] 从 Lenard 的来信，在页后，您可以感受到 Lenard 主观和敏感的性情，您的事情将会在我们的物理学界产生严重的后果。[2] 我不怀疑，Lenard 的名字已经被韦兰滥用了，就像 Wolf 和 Kraus 的名字一样。[3] 根据这个假设，您也许能决定写一封安抚信给 Lenard，这将会对我们在[巴德]瑙海姆的会谈有好处。[4] 在他新印制的小册子 Rel. , Äther, Gravit. 里，他非常有礼貌地提及了您。[5] 如果您告诉他您的辩护不是直接针对学术批评，而仅仅是竭力反对假定的 Weyland[6] 的同伙，并且当被请求时，您能在公开场合说明这一点，这样肯定能安抚他的怒火。[7]

原谅我再一次想把您拖入这令人反感的泥沼中。但是您将会赞成我的动机。

再见！

您的
A. Sommerfeld

ALS. *Einstein/Sommerfeld 1968*, 第 71 页. [21 335].

[1] 文件 134。

[2] 所附是 Philipp Lenard 致 Arnold Sommerfeld 的信（1920 年 9 月 9 日，[21 336]），信中 Lenard 说道："我也一直希望改组德国物理学会，这将让所有的德国著名物理学家，包括所有的年轻一代团结起来[……]。但是，我可以毫不怀疑地说，德国物理学会核心人物 Laue 和爱因斯坦虽然没有公开反对我，但他们的实际行动对我却产生了毁灭性影响。"【原句："I can however not doubt that the truly *personal* actions, in the public eye, by Messrs. Laue and Einstein, that is, from the heart of the 'G. Phys. Soc.' against me, who has never made other public statements than pure *factual* ones [……] will have a disrupting influence"】("Auch ich habe immer auf eine alle namhaften deutschen Physiker—samt dann aucb allen Jüngem—vereinigt baltende Lösung der Neugestattung der 'D. Phys. Ges.' gehoffnet[……] Ich kann jedocb nicht bezweifeln, dass das ganz *persönliche* Vorgehen, vor aller Öffentlichkeit, vonseiten der Herren Laue und Einstein, also aus der Mitte der 'D. Phys. Ges.' gegen mich, der ich niemals eine andere öffentliche Äusserung als die rein *sachliche*[……] getan habe, einen zersetzenden Einfluss wird ausüben müssen")。在 Laue 与爱因斯坦的名字旁，Lenard 附加了脚注，见 *Laue 1920a* 和 *Einstein 1920f*（第七卷，

文件45）。

德国物理学会(DPG)成员与居住在柏林的学者之间长期紧张的关系（见，例如，1914年6月19日Wilhelm Wien致爱因斯坦[第八卷，文件15]），方面导致了Wilhelm Wien建议改革学会，这些都是为了它的权力下放，从而削弱了柏林物理学家的影响，并将于9月21日在巴德·瑙海姆进行讨论。另一方面，在1920年4月，Johannes Stark开始了他的Fachgemeinschaft deutscher Hochschullehrer der Physik招聘成员，并承诺成为一个DPG的反对组织和压力团体。Lenard与这两项活动都关系密切（见 *Wolff, S. 2003*, 第359—第362页，和 *Beyerchen 1977*, 第106—第111页）。

[3] 关于Lenard与Weyland的交往，见第七卷的编者按："爱因斯坦遭遇德国反相对论主义者"，第107页；对Weyland使用Max Wolf的名字，见文件123。《柏林日报》("Kraus教授"，1920年9月10日，早间版)报道称，Oskar Kraus已经取消了他的演讲，因为他拒绝将科学和政治混为一谈。

[4] 9月21日，DPG将在巴德·瑙海姆讨论其权力下放（见注释2）并选举新主席。Lenard进一步希望引进编辑措施，确保德国作家在引证文献方面的优先权（*Forman 1986*, *Wolff, S. 2003*）。

Sommerfeld特别担心Stark的分裂学会的活动升级。在给Lenard的信中，他说道，他更希望重组一个新的DPG，而不是"仅取决于一个人的革命性起源的新创建"("eine Neuschöpfung revolutionären Ursprungs die einstweilen auf zwei Augen steht"；1920年9月2日之后的Arnold Sommerfeld致Philipp Lenard，草稿写在1920年9月2日的Philipp Lenard致Arnold Sommerfeld，GyMDM，NL 89,018，Mappe 3,8)。

Lenard定于9月18日在巴德·瑙海姆举行一个单独的会议的邀请，邀请那些对DPG改革感兴趣的学者。在11个被邀请的人中包括Ernst Gehrcke，Ludwig Glaser，Johannes Stark和Wilhelm Wien。其目的是为了调整他们在9月21日DPG会议上的议程。由于最近发生的事件，Lenard说，他将不亲自出席DPG会议，并质疑他未来是否会再参与DPG的计划(1920年9月14日的Philipp Lenard致Ernst Gehrcke等，GyMDM，NL 56，HS 1977-30/46)。

[5] 尽管有强烈的批评声音，例如，Lenard拒绝爱因斯坦对较早前Lenard的反对意见的回应(*Einstein 1918k*，第七卷，文件13)(*Lenard 1918*，*Lenard 1920*的第1版)，并对有关日食的结果，以及爱因斯坦对水星的近日点进行的解释表示怀疑，同时强调了其他解释的可能性，但是 *Lenard 1920* 确实称赞爱因斯坦已建立了"一个强大的数学框架"("ein gewaltiges mathematisches Baugerüst"；第8页)，可促进以太的研究。对于较早版本的 *Lenard 1918* 的讨论，见第七卷的编者按："爱因斯坦遭遇德国反相对论主义者"，第104—第105页；或见 *Schönbeck 2000*，第21—第22页。

[6] Paul Weyland。

[7] 有关Lenard对于爱因斯坦的道歉的意见，见1920年9月14日的Philipp Lenard致Arnold Sommerfeld(GyMDM，HS 1977-28/A，198[*Kleinert and Schönbeck 1978*，第329—第330页])。

148. 致Marcel Grossmann

[柏林,] 1920年9月12日

亲爱的Grossmann：

这个世界是个奇怪的疯人院。当前，每一个车夫和服务员都在争论相对论是不是正确的。在这个问题上，信念取决于政治信仰倾向。[1]然而最有趣的是

Guillaume 的争辩[Guillaumiade]。[2] 因为在此争辩中,一些人所用的科学术语已成为在这个领域的著名的专家多年来的最可怜的无稽之谈。然而这种有罪不罚的现象并没有被谴责。[3] 因此,可以清楚地看到,依赖于少数精明的头脑的狭隘的基础上,判断和价值是如何在这群学术上的羊群中盛行的。不过,如果一个人对别人的主张不是很理解的时候,反驳也不是一件容易的事。我了解每一个麻烦:我想过这个问题,并与 Guillaume 联系了很长一段时间,[4] 除了在数学符号缺乏任何意义,其他方面什么问题都没有。真实的争论是不可想象的;相反,人应该仅是陈述自己的观点。我随信附上一封给档案馆的信。[5]

你用情绪化的方式询问我:"你还没准备好来苏黎世吗?"[6] 这是这件事情的立场:在个人立场上,能在这里对我来说是再好不过的事了。我目前的同事们是真正的热情和友好。教育部也照顾到了我的需求。这里也不缺少真正无私的朋友。但是在苏黎世养活我的家人非常困难。如果在不寻常的情况,虽然这种情况可能不会持续很长时间,无法给予我帮助,养家是不可能的。[7] 我不认为把我的孩子移民到德国是正确的。[8] 这或许是我离开现在的位置的外部原因吧。然而,我担心的是,他们不顾一切地挽留我,并不是因为我个人以及我的头脑,而更多是因为我已被媒体鼓吹成了一个偶像。[9] 我现在的作用如同一个大教堂里必须要有的圣人的舍利。我的离开将被视为一场败仗。即使是一定要离开,狠心离去这对我来说是非常困难的。同时我也想到,在紧急情况下,他们也会尽力筹够必要的资金。我目前的悲剧是,我甚至不能鼓起一丁点的自尊心来有"尊严"地发挥自己的作用,我的作用都是配发给我的,即使我自己并没有过错。

对于你的妻子已完全康复并再次的快乐起来,我感到非常的高兴,[10] 并且事情也开始符合你的心意了。我们的儿子是同班同学使我同样也感到很高兴,就像以前我们一样。[11] 让我们一起期望不久之后的再聚。今年,我打算让我的孩子们来德国(在 10 月份),因为去一趟瑞士对我而言太贵了。[12]

最真挚的问候!

你的朋友
爱因斯坦

致档案馆[13]

在过去几年,E. Guillaume 先生已经反复在此期刊上陈述了他对相对论的立场,并且尝试引入一个新的概念(世界时)到相对论中。在这个领域的同事和作者本人的反复催促下,我认为有必要发表如下声明:

尽管有很大麻烦,但对 Guillaume 的声明我还没有一个明确的概念。即使进行了长时间极其耐心的书信交流,我还是没有更接近于这一目标。特别是,我仍然不清楚作者用"世界时"要表达的意思。我的理解能力尚不足以提出反驳意见。我仅能说我深信,关于 Guillaume 的声明没有清晰的连串的推理基础。

亲爱的 Grossmann,请让档案馆把此校样给 Guillaume 发过去。[14]声明很难,但我找不出其他方法了,这荒谬的事已经走得太远了!

ALSX. [11 499].

[1] 关于反对爱因斯坦运动的政治主张和判断的言论,见文件112,注释3。

[2] 见文件142,本信件是其回复。

[3] Guillaume 自1917年发表了多篇关于相对论的文章,发展了他关于"世界时"的想法。

[4] 爱因斯坦在过去的2个月曾写了5封信给 Guillaume,最近一次是在9月4日(文件132),努力去了解 Guillaume 的理论。此外,更早关于同一主题的回应是在1920年2月(1920年2月9日的爱因斯坦致 Edouard Guillaume[第九卷,文件305])和1917年(1917年9月24日、10月9日和1917年10月24日的爱因斯坦致 Edouard Guillaume[第八卷,文件383、387和394])。

[5] 在他的信中(见文件142),Grossmann 敦促爱因斯坦对 Guillaume 的工作作出公开评论,并担心 Guillaume 已开始吸引追随者。

[6] 曾有多次试图说服爱因斯坦返回苏黎世(参见,例如,1919年12月14日 Edgar Meyer 致爱因斯坦[第九卷,文件214])。

[7] 关于爱因斯坦对他在苏黎世的家庭的财政支持,见文件81。

[8] 关于爱因斯坦先前的计划将他在苏黎世的家庭迁往德国以及他们的拖延,见本书的第九卷,文件148a,以及1919年12月5日的爱因斯坦致 Mileva Einstein-Marić(第九卷,文件190)。

[9] 关于爱因斯坦离开德国的可能性,见文件131,注释5。关于 Max Planck 对这些谣言的反应,见文件133;关于 Fritz Haber 的回应,见文件119。

[10] Anna Grossmann-Keller,遭受了几个月几乎是致命的败血症困扰(文件142)。

[11] 小 Marcel Grossmann 和 Hans Albert 是同学(文件142,注释4)。他们的父亲在1896年至1900年曾是瑞士联邦工程技术学院的同学。

[12] 关于爱因斯坦与他的两个儿子在 Benzingen 的休假计划,见文件81。

[13] 日内瓦的杂志《物理科学和自然科学档案馆》(*Archives des sciences physiques et naturelles*),发表了大量的 Guillaume 的文章。

[14] 关于此事,Grossmann 在《物理科学和自然科学档案馆》上发表了自己对 Guillaume 的评论(*Grossmann 1920*),而没有爱因斯坦的备注。

149. 致 Elsa Einstein

基尔,星期二,1920年9月14日[1]

亲爱的 Elsa:

在一个一帆风顺的、舒适的旅途之后,Anschütz 先生在火车站接了我。[2]我很少经历过这么美好的旅途……我这么说并不是要放大您的行程的磨难,只是想让你在你的想象中与我一起来享受它。[3]我们乘坐 Anschütz 的摩托艇从火车站闲逛到了属于 Anschütz 家的别墅的一个码头。别墅坐落在一个灿烂的花园中间靠近水边的小山右边。然后我被带到了别墅的阁楼,那是一个为访客准备的极具吸引力的小公寓;它包含两个小的、布置典雅的客房,其中有心中所希望拥有的一切便利,并且能够欣赏到 Kiel 湾的壮丽景色。早餐也直接送到了那里,因此我感受到了无与伦比的宁静,甚至忘了自己是个客人。此外,Anschütz 先生和他的妻子[4]是非常安静和有内涵的人,他们丝毫不显得匆忙和急促。

昨天晚上,我还陪同 Anschütz 太太去欣赏了贝多芬的 *Missa Solemnis*。[5]表演颇为不足,作曲气势恢宏,但却不是我理想中的。[6]Anschütz 太太还很年轻、漂亮,身材要好于头脑:她非常高兴地认为必须要像母亲般的照顾我,[7]因为母子式关系比其他方式更适合我们。虽然有这样一个天资聪慧、头发微红金黄色的女儿将总会使人觉得可疑。今天,我将要去与 Becker 谈谈德国的教育问题,然后——唉!——要去赴一个官方的晚宴[8](没办法啦!)。明天早上我就要做演讲了。[9]Spengler 不来了。[10]总而言之,Kiel 周对我来说并没有超出本地的框架。公务员的资产阶级公共场所,沉闷且愚蠢。[11]我的演说座无虚席,但是我想这个小的人群付出了钱所收获的东西将少于我所付出而获得的。

想象一下帆船和房子吧![12]为了所有的田园般的朴素,我们也要为自己创造一个更人性化的存在。这里有助于对什么进行深思。这是眼前令我印象最为深刻的了。柏林是那么让人伤脑筋,并剥夺了我安静思考的可能性。

吻你,以及 Ilse 和 Margot。[13]

你的

阿耳伯特

致以我的问候给祖父母和安娜,也给诗人 Moszkowski 及其爱人。[14]

Anschützes 问候你,他遗憾你拒绝了。周六见。我可能周五要动身。

ALS.[143 104].

[1]日期是根据爱因斯坦 9 月 13 日离开柏林(见 1920 年 10 月 19 日的爱因斯坦致 Vieweg 出版社[42 072]),并且在开始于 1920 年 9 月 12 日的 Kiel 秋季艺术与科学周期间,唯一的星期二是 9 月 14 日。

[2]Hermann Anschütz-Kaempfe (1872—1931),Kiel 的一家公司老板,生产空中和海上导航仪器。关于他和爱因斯坦如何结识,见 1919 年 2 月 5 日爱因斯坦致 Arnold Sommerfeld(第九卷,文件 5),注释 5。

[3]按照原计划,Elsa 是要陪爱因斯坦的。然后他们将前往她的"斯瓦比亚故乡"("我的家在斯瓦比亚。"(in meine Heirnat nach Schwaben))的小镇 Hecbingen,并同时将拜访她的旧友人(见 Elsa Einstein 致 Hedwig Born,1920 年 5 月 25 日[8 279.8]),在那里她度过了她的青春年华并且经常与爱因斯坦会面。

然而,Elsa 大概独自前往了法兰克福与 Born 一家待在一起,直到她前往巴德·瑙海姆与爱因斯坦相聚(文件 153,本卷)。

[4] Reta Anschütz-Stöve(1897—1961),在 1919 年 3 月与 Anschütz-Kaempfe 结婚。

[5] 路德维希·凡·贝多芬的《D 大调庄严弥撒》,作品 123 号。

[6] 关于爱因斯坦的早期音乐教育和喜好,见第一卷,"A. 爱因斯坦——生活中的图景(Beitrag für sein Lebensbild)",第 lviii 页(特别是注释 39)。

[7] 在爱因斯坦的来访之后,Anschütz-Stöve 称她自己为"代理妈妈"("代理妈妈",见文件 172 和 247)。

[8] Carl Heinrich Becker。他的演讲题目是《新德国的教育》(*Bildungsaufgaben im neuen Deutschland*)(《法兰克福报》,1920 年 9 月 25 日,早间版第 1 版)。

[9] 他的演讲,《时间和空间中光的相对论》(*Raum und Zeit im Lichte der Relativitätstheorie*),是一个很受欢迎的关于相对论的论述(*Kieler* 报,1920 年 9 月 16 日,献给 Kiel 秋季艺术与科学周的特别版)。

[10] Oswald Spengler (1880—1936),德国历史学家和哲学家,曾对历史和悲剧做了评述(《法兰克福报》,1920 年 9 月 25 日,早间版第一版)。

[11] Kiel 秋季艺术与科学周(Kieler Herbstwoche für Kunst und Wissenschaft)是由 Kiel 市举办的一个关于艺术和科技的资产阶级民主节日。其目的是要取代先前的 Kiel 运动周(基尔 Sportwoche),此活动是由威廉二世推行的,且已成为一个"国际上流社会的排场的宫廷、军国主义和社交展示"("höfischen, militärischen und gesellschaftlichen Prunkentfaltung der internationalen oberen Zehntausend",见《法兰克福报》,1920 年 9 月 25 日,早间版第一版)。Elsa Einstein 形容此活动为"具有和平色彩的文化盛事"("kulturell-pazifischtisch angehauchte Sache";Elsa Einstein 致 Hedwig Born,1920 年 5 月 25 日[8 279.8])。

[12] 1 年以前,爱因斯坦、Elsa 和她的女儿们打算在下一年搬到波茨坦,如果他们能找到一个合适的公寓(见 1919 年 9 月 5 日的爱因斯坦致 Pauline Einstein[第九卷,文件 99])。

[13] Ilse Einstein 和 Margot Einstein。

[14] Fanny Einstein-Koch,Rudolf Einstein;可能是前面提到的管家"Hellberg 夫人"(参见,例如,本书第九卷,文件 151a);Alexander 和 Bertha Moszkowski。

150. 致抵制反犹太主义协会

柏林,1920 年 9 月 14 日

尊敬的先生:

爱因斯坦教授请我转告您,按你们的直接对抗方式来抵制反犹太主义难有成效。[1]既然你们的观点和爱因斯坦教授的不一样,我谨以他的名义恭敬地请求你们不要将推选爱因斯坦先生加入贵协会董事会作为你们计划的一部分。

致以崇高敬意。

秘书

433 TLC.［43 063］.收信人的姓名打印在称谓的上面：" Verein zur Abwehr des Antisemitismus z. H. des Vorsitzenden Herrn Gothein W. Flottwellstr. 7"。

［1］这封信是对 Georg Gothein(1857—1940)1920 年 9 月 8 日给爱因斯坦(在年表和日程表中)信函的答复。他是首任抵御反犹太主义协会的主席。爱因斯坦认为试图抵御反犹太主义偏离了构建一个正面的犹太人形象这一任务(见第七卷，编者按，"爱因斯坦与犹太人问题"，第 228 页，以及 Einstein 1920h［第七卷，文件 37］)。

151. Minna Cauer[1] 来信

柏林，1920 年 9 月 19 日

深受尊敬的爱因斯坦教授：

您可能不记得我了。在激烈的战争年代，我在新祖国联盟会议(New Fatherland Leaague)上见过您好几次。您给我留下了令人难忘的印象。

现在全世界都在谈论关于您的事情，自然他们中有嫉妒您的声音，也有争论的声音。[2]这就是人类，人之常情，比以往任何时候都更具主导地位的基本元素的一部分。我离开了很长一阵子，直到现在才听说了在德国有一些人不为研究工作者和天才的辛勤工作和知识感激并向他们致敬。[3]我认为这是会影响到整个国家的耻辱。

您，深受尊敬的教授，并不为这件事所动。但是我们很痛苦，即便我们现在正在处在的最严厉、最苛刻的时代，也完全不足以抑制我们的这种痛苦情感。

尊敬的教授先生，一个对您渊博的知识感到惊叹的女人给您写这样一封信，也许这对您来说是一件无关紧要的事情。但是，我不能不感谢您给人类的科学界带来如此大的贡献。

再次表达我对您的崇敬！

Minna Cauer.

ALS.［43 436］.

［1］Cauer(1841—1922)，来自文法运动激进派的长期主张妇女权利的女权主义者，是 Bund "Neue Vaterland"("新祖国")成员(参见 Naumann 1988，Lüders 1925)。她参与了 1919 年向德国政府提出 11 条要求的请愿，包括利用政治限制军事(见 Helene Stöcker 致爱因斯坦的信，1919 年 4 月 9 日［第九卷，文件 20］，注释 2 及注释 4)。

［2］8 月 24 日在柏林爱乐音乐厅发生对爱因斯坦和相对论攻击事件的一个引证(参见文件 111)。

［3］Cauer 长期缺席可能是由于在此期间，她一直致力于 Upper Silesia(上西里西亚)竞选活动以保证

她留在德意志帝国(参见 *Naumann 1988*, *Lüders 1925*)。

152. Stefan Zweig 来信

萨尔茨堡，1920年9月22日

尊敬的教授先生：

  我想我发表所附声明(发表在一份威尼斯的报纸上)并不会违背您内心的信仰。我在萨尔茨堡签署这份电报时明确要求电报直接转交给您，并且不得用于发表。但是很显然，在它到您手上之前，[1]它已经被发表了。[2]毫无疑问，这种真诚的同情被公之于世，您会和我一样觉得将公开展示真切的同情是尴尬的，并且会把这封解释信仅仅当做是对这件事情背景的澄清——围观者很可能会认为那份出版物是来自您自己。

  我能够想象您为这些胡搅蛮缠和敌对的恶意忍受了多少。希望平静很快能回到您身边，在那样平静的环境下您才能够继续开展您的研究工作。我也想借此机会表达我对您谦逊但真诚的尊重。

最忠诚的
Stefan Zweig

ALS.[34 305]。

  [1] "Eine Sympathiekundgebung für Professor Einstein"(对爱因斯坦教授的同情)，*Neue Freie Presse*(新自由报)，1920年9月1日。关于这篇稿件发表的德国报纸参见文件117，描述性的注释。

  [2] 文件117。

153. 致 Ilse Einstein

[巴德]瑙海姆，[1920年9月23日或以前]

亲爱的 Ilse：

  谢谢你所做的一切。你是勤奋、能干的好女儿。[1]代我接受在天文台联盟作报告的邀请。主题：相对论的物理基础。[2]明天是(我)在科学大会的最后一天了。[3]Kiel 的会议非常宏大，这里相对而言要小一点。[4]你妈妈今天也来这了。[5]祝一切都好。向你们致以问候，也给安娜 Anna[6]带去我的问候。

你的

阿耳伯特

原谅邮差的追加邮款，有点紧急。

代我问候祖父母。[7]等我有空闲我会给每个人都写信。

AKS.［122 763］．明信片是写给"Frl. Ilse Einstein Haberlandstr. 5 Berlin"，邮戳盖的是"Bad Nauheim 23. 9. 20. 9—10V[ormittags]"，该卡带有一个邮票"Porto"。

［1］Ilse 当时承担了他秘书的工作，将"爱因斯坦收"的邮件转发给了他(参见文件 32)。

［2］爱因斯坦已经在两个星期前决定在斯图加特(Stuttgart)的施瓦本天文台学会(Schwäbische Sternwarte Society)作演讲(参见文件 140，注释 8)。

［3］德国自然科学和医学学会(Gesellschaft Deutscher Naturforscher und Ärzte)会议的与相对论原理相关的第一部分于 9 月 23 日上午在巴德·瑙海姆举行。爱因斯坦参加了讨论(见 *Einstein et al. 1920*［第七卷，文件 46］，和第七卷，编者按，"爱因斯坦与德国反相对论主义者的论战"，第 101—第 113 页)。他没有参加 9 月 24 日的会议的其余部分(参见 *Neue Zürcher Zeitung*［《新苏黎世报》］，1920 年 10 月 1 日，晚报版)。

这次会议在战后同类型会议中尚属首次。它的主要议题是氮及其在自然和社会、粮食供应以及原子物理学中的作用。与会注册者达 2000 人，480 多人做了报告。会议分为 30 多个主题小组，物理是其中的一组(参见 *Verhandlungen 1921*，第 288—第 303 页，和 *Tägliche Rundschau*［《每日评论报》］，1920 年 9 月 23 日，早间版；关于物理部分的论述参见 *Vorträge 1920*)。

关于相对论的会议小组，由德国数学家联合会和德国物理学会(DPG)联合组织。当初并没有安排全体会议，也没有被广泛宣传，据说是为了避免被指责宣传爱因斯坦和他的理论(参见 *Berlin Tagblatt*［《柏林日报》］，1920 年 9 月 20 日，晚间版，和 *Darmstädter Zeitung*［《达特姆斯塔特报》］1920 年 9 月 29 日)。同时还限制出席，因为公众对于辩论有强烈的兴趣(例如，见 *Vossische Zeitung*［《福斯报》］，1920 年 9 月 24 日，晚间版)。这两个原因促使了最近在柏林爱乐音乐厅的事件的发生(参见文件 111)。

［4］有关爱因斯坦在 Kiel 的停留，参见文件 149。在巴德·瑙海姆的其他与会者可能没有分享爱因斯坦的意见，因为有些参会人员更加关注城市的自然风光、热情好客和丰富的膳食(参见 *Frankfurt Zeitung*［《法兰克福报》］，1920 年 9 月 28 日，早间版和 *Körner 1921*)。爱因斯坦的判断可由一些事实解释。一些报告，包括 Friedrich von Müller 的开幕词(*Müller 1921*)，尽管口口声声提倡要求科学与政治分离，仍表现出强烈的民族主义情绪和保守情绪，这些都受到观众的热烈欢迎(例如，参见 *Vorwärts*［《前进报》］，1920 年 9 月 22 日，早间版)。Müller 的演讲还宣布，在巴德·瑙海姆，不像在柏林爱乐音乐厅，爱因斯坦的相对论理论将被客观地对待。因为这是它的"辉煌创造者"("genialer Schöpfer")所应得的(参见 *Müller 1921*，第 17 页，和文件 131)。此外，除了围绕着即将到来的关于相对论辩论的紧张的气氛(例如，可参见，Lise Meitner 致 Max Born 的信，1948 年 6 月 1 日［UkCC，MTNR 5/2］)，DPG 的紧张局势直接导致 Wilhelm Wien 提升为新主席。在 9 月 21 日会议中，他已经设置限制柏林物理学家的影响。更多有关巴德·瑙海姆会议的更多背景，参见 *Forman 1986*。

［5］Elsa Einstein，大概曾独自前往法兰克福并和 Born 一家在一起，后来又去巴德·瑙海姆(参见文件 149，注释 3)。

［6］Ilse 和 Margot Einstein，管家，Anna Hellberg(参见文件 149，注释 14)。

［7］Rudolf 和 Fanny Einstein。

154. 致 Ilse 和 Margot Einstein

[巴德]瑙海姆，[1920年9月24日]

亲爱的孩子们：

　　Else 发来了她的歉意。她现在因为出血躺在床上。[1]她的神经也是紧绷着的，部分是因为 L[enard]事件。我的同事也为这事件操心不少。[2]现在她需要绝对的安静并尽量保持独处。如果这些都不太有效的话，就让她去斯图加特（Stuttgart）的 Ernst Levi 疗养院。[3]当一个人去旅行的时候……[4]我希望我们也能去 Hechingen。[5]

　　吻，来自你们的

　　　　　　　　　　　　　　　　　　　　　　　阿耳伯特

AKS.[122 764].明信片的地址是"Frl. Ilse und Margot Einstein Haberland str. 5 Berlin"，邮戳上盖着"Bad Nauheim 24.9.20. 2—3N[achmittags]"。

　　[1] Elsa Einstein。Heinrich Zangger，也出席了 Bad Nauheim 的 Gesellschaft Deutscher Naturforscher und Ärzte 会议（GDNÄ，德国自然科学与医学学会会议），并照顾她（见1920年9月24日 Heinrich Zangger 致 Michele Besso 的信[SzZ, Nachl. H. Zangger, 216信箱]）。

　　[2] 此处很可能指的是 Philipp Lenard。爱因斯坦于9月23日的会议上关于相对论理论与他进行了辩论（参见文件153，注释3）。

　　今年早些时候，爱因斯坦在他致 Robert Frikcke（文件48）和 Arthur Schoenflies（文件89）的信中曾建议在 GDNÄ 会议中召开关于相对论的学术讨论。在柏林爱乐音乐厅的事件闹得沸沸扬扬之后（见文件111），他向所有那些反对他理论的人提出挑战，让他们去巴德·瑙海姆陈述他们的观点（参见 Einstein 1920f[第七卷，文件45]）。

　　有500—600人参加了在巴德·瑙海姆8号会议厅的辩论（见 Vossische Zeitung[《福斯报》]，1920年9月24日，晚间版）。座位是有限的：在上午8时15分，只打开了一个门，"它真的很窄，它的左右两边站着一个数学家和物理学家，显得更窄了——他们都是有名的人，而且体型庞大，就像带着宝剑的天使站在爱因斯坦的天堂入口。允许进入'商务会议'的是德国数学学会和德国物理学会的会员，具体的确定方法是由门口站着的数学家和物理学家来进行联合确认。其余的人直到9时才可以进入。[观众]迅速占据了椅子，或者沿着墙壁站立，占满了整个画廊，等待着学术的辩论。"观众仍被迫等待了将近4小时。最初演讲的是 Hermann Weyl, Gustav Mie, Max von Laue 和 Leonhard Grebe，接下来是一个15分钟的一般性讨论。

　　Lenard，爱因斯坦的主要持反对意见者，是著名的并且坚定的相对论批判者（参见文件108，注释4和注释5；文件147，注释5）。在这次会议上，他重复了他早些时候发表的论点（关于争论的内容，参见 Einstein et al., 1920[第七卷，文件46]）。Lenard 感觉在巴德·瑙海姆受到孤立，并相信他的观点被低估了（参见 Lenard 1921，第36—第44页和 Schönbeck 2000 年，第28—第33页）。

辩论的各种记录在一些细节上有出入，但多数记录确认，并强调这是确实存在的(例如，见 *Vossische Zeitung*[《福斯报》],1920 年 9 月 24 日,晚间版; *Darmstädter Zeitung*[《达姆施塔特报》]1920 年 9 月 29 日; *Deutsche Allgemeine*[《德国总汇报》],1920 年 9 月 25 日,早间版)。不过,紧张局势已经形成。Planck,稳固地坐在主席位子上,事前曾担心爱因斯坦仍可能离开德国(见 1948 年 6 月 1 日 Lise Meitner 致 Max Born 的信,[UkCC,MTNR 5/2])。辩论结束后,Erenfest 和他的妻子带着爱因斯坦在公园里散步,缓解气氛。后来晚餐上他们的聚会又避免了物理学同行的尴尬相处(参见 Felix Ehrenhaft,"Meine Erlebnisse mit Einstein(1908—1940)""我与爱因斯坦的经验(1908—1940)"DS,MSS 的 289B)。这场辩论由于 DPG 内部困难的关系变得更为紧张(参见文件 147)。Paul Weyland 也在场,但保持了沉默。关于他的观点的记录参见 *Weyland 1920d* 和第七卷,编者注,"爱因斯坦与德国反相对主义的遭遇",第 110 页。

[3] 爱因斯坦正计划前往斯图加特的 Schwäbische Sternwarte Society(施瓦本天文台学会)演讲(见前面的文件)。Ernst Levy 是斯图加特著名外科、妇产科专家。

[4] 可能指的是德国诗人 Matthias Claudius(1740—1815)的诗 *Urians Reise um die Welt*(《Urians 环游世界》)的第一行"Wenn jemand eine Reise thut/So kann er was verzählen"("如果有人在旅途/那么他可以算错"),这首诗被 Ludwig van Beethoven 谱成音乐并得以流行(作品 52,第一曲)。

[5] 关于他们前往 Hechingen 的计划,参见文件 149,注释 3。

155. 致 Hendrik A. Lorentz

荷西根(南德),[1920 年 9 月 25 日以后][1]

深受尊敬的 Lorentz 先生：

您那封表述详尽的信[2]让我非常感动,[3]尤其是您愿意翻译成英文的帮助。对于那项美国的奖励我已经知晓,[4]授奖者亲自给我发了一个通知。但是我必须承认,我当时就决定不参与这个竞赛。一来我不喜欢围着金钱转,二来这对我来说太难了。我不够聪明,不能够赢得相应的赞誉。此外,我从来不担心缺钱的问题。而如果这一切变得非常必要,我可以让我的前妻重新回德国和孩子们住一起,我即可避免这一情况的发生。[5]

最近,我要容忍各种不同的仇恨,大部分都来自报纸。[6]但是这也没什么令人遗憾的。因为这给了我一个机会,让我把那些真正的朋友和不可靠的人分开。奇怪的是,这些天来,所有的评价都是基于政治目的的。[7]

德国科学家和物理学家学会大会没有新的具有重要性的东西。[8]但是它却的确展现出在受到战争和经济危机的影响的情况下依然对纯粹科学的浓厚兴趣。当然,在其他方面,很多东西都改变了。所有这些经验都让那些可以教诲的大脑意识到一个优秀的政治家可以完成伟大的事业。我正在构想一个欧洲国家的联盟,[9]可惜的是,现在在法国或者英国都没有一个有远见并且心胸开阔的领导人可以把眼光放到自己祖国有限的暂时的物质利益之上。[10]

接下来的两周,我会和我的孩子们待在德国南部。长久以来这对于我都是一种少有的款待。然后我就去荷兰,做就职演说。说起来真是惭愧,您和Kamerlingh Onnes 替我做了那么多的工作;[11]而我却幻想不要因此而影响您对我的热情态度。

我非常想见到您和您的妻子[12]健健康康快快乐乐的,并且能够跟您坐在一起讨论1小时的物理问题(还有您对 Eddington 写的书的理解)。[13]热忱的问候。

您真诚的
A. 爱因斯坦

ALS(NeHR, Archief H A. Lorentz). [16 531].

[1] 该信的时间是根据提到了在巴德·瑙海姆举行的德国自然科学与医学学会会议(Gesellschaft Deutscher Naturforscher und Ärzte)确定的。

[2] 文件144。

[3] 在原文中,此处爱因斯坦追加了一个脚注,脚注的内容写在页面底端:"Ganz besonders Ihr Anerbieten bezüglich einer Übersetzung in die englische Sprache"("尤其是你提供的英语翻译")。

[4]《美国科学》(*Scientific American*)的有奖竞赛(参见文件144,注释2)。

[5] 关于爱因斯坦在德国的收入,参见文件119,注释6。他最近被任命为莱顿的特聘教授,可为他每年额外带来2000荷兰盾(见1920年7月26日 Cornelis van Vollenhoven 致爱因斯坦的信),此外,他还刚刚因 *Einstein 1917a* 的英语版获得了336荷兰盾(第六卷,文件42)(参见文件110)。关于他的子女迁回德国,参见文件148。

[6] 这里提到的是柏林爱乐音乐厅事件(见文件111),巴德·瑙海姆的 GDNÄ 会议发生的事件(参见文件153和154)和他们相关的大规模的新闻报道。

[7] 类似的评论也曾用在 Marcel Grossmann 身上(参见文件148)。

[8] 巴德·瑙海姆的 GDNÄ 会议;其报告参见 *Verhandlungen 1921*。

[9] 在第一次世界大战前,国际联合会的概念就已经成为德国和平主义者的理想(参见 *Fried 1912*)。

[10] 凡尔赛条约的惩罚性条款可以看做是法国和英国领导失败的终极体现。不仅德国的民族主义者这么认为,德国最有名望的和平主义者也这么认为(见 *Fried 1920*)。

[11] 他作为特聘教授在莱顿大学的就职演讲(见文件144)。有关 Lorentz 和 Heike Kamerlingh Onnes 的努力,参见文件98,注释1。

[12] Aletta Lorentz-Kaiser。

[13] *Eddington 1920a*;关于 Lorentz 对 Eddington 的书的评价,参见文件63和98。

156. Eduard Hartmann[1]来信

富尔达,1920年9月26日

非常尊敬的教授：

格雷斯学会(Görres Society)的一个会议在10月初举行。我将在该会议上的自然科学分会讲一下相对论的东西，阐述一下它无比的重要性以及实验对它的绝妙支持。[2] 为了体现多方争论，本次讨论邀请到了很多物理学家和数学家参与。我希望您能用简短的语言来解答一下我下边的问题。

这个问题与火车车厢刹车有关。根据相对论，我可以采用车厢作为参照物。在刹车之前，我先建立了一个对于铁路路基和地球的向后运动的模式。在刹车过程中，重力场形成：在它的作用下有"向前"的趋势。路基和地球的向后运动减慢了。

现在，火车车厢里的观察者如何来解释刹车过程中引力场的形成和维持呢？另外，每一个新形成的引力场需要从场源处以有限的传播速度传播。但在这里，我们可以由刹车过程产生一个场，就如它所显示的，在一次简单的刹车过程中形成的场将包含整个铁路路基、整个地球乃至宇宙，不是吗？[3]

希望您能够一如既往，用几句简明的话帮助我解决这个问题。我对您的帮助表示特别的感动和感激。

您的忠实的
E. Hartmann 博士，教授

ALS.[12 165]. Ilse Einstein 的手稿第1页的左边空白处注有"vorläufig beantw. am 6 20. I"。

[1] Hartmann(1874—1952)在富尔达的 Philosophisch-Theologische Hochschule(德国明斯特哲学神学院)任哲学教授。

[2] 他演讲的题目是 *Die Einsteinsvhe Relativitätstheorie*(《爱因斯坦的相对论》)，这是发表在 *Jahresbericht der Görres-Gesellschaft 1920* 中一个简短的报告，见 *Cologne 1920*，第99—第100页。

[3] Hartmann 已在1917年提出了类似的问题，对此爱因斯坦在他1917年4月29日的信中给予了回答(第八卷，文件33)。关于他对类似反对意见的回应，也见 Einstein 1918k(第七卷，文件13)。

157. 致 Elisabeth Ney

[斯图加特，1920年9月30日][1]

亲爱的 Ney 小姐：[2]

从 Elsa 那儿听说你因为没有见到阿耳伯特·爱因斯坦叔叔而不高兴。[3] 我跟你描述一下我现在的形象：苍白的脸，长头发，还有一个略显谦恭的肚子。除此之外，他会挪着笨拙的步子，叼着一根烟(如果有烟的话)，一支钢笔装在口袋

里或者拿在手上。没有弓形腿或者疣瘤,他还是蛮好看的。没有像那些恶心丑陋的人一样手上长满了毛。真遗憾,你没能见到我。

深情的祝福。

A. 爱因斯坦

ATrKs 出自 Elisabeth Ney 的笔迹。[44 511.2]。收信人的名字写在称呼的上面:"An das 8 jährige Frl. Ney, Hohenheimerstr. 9, Stuttgart"。

[1] 邮戳的日期根据 Elisabeth Ney 的转录确定。

[2] 爱因斯坦的一个表弟(参见下面的说明)。

[3] 根据奈伊的观点,爱因斯坦发送此信的背景是,"趁着在斯图加特[位于 Sternwarteverein]作演讲的机会,他和他的妻子邀请所有的亲戚一起聚会,但不幸的是遗漏了表弟的'年轻的孩子'"(参见 Elisabeth Ney 致 Helen Dukas 的信,1957 年 2 月 17 日[44 551.3])。

158. 德国科学家和物理学家学会来信

莱比锡,Nürnberger I 街 48 号,1920 年 9 月 30 日

亲爱的同事:

回复科学家委员会

附件是我们学会于 1920 年 9 月 22 日[1]召开的管理部分议程,请注意您已被选为 1921 年到 1923 年[2]科学委员会的委员。或者,如果学会大会两年举办一次,您的任期将包含下三届学会大会。[3]

我们通知您关于这次选举的相关事项。请您尽快宣布接收任命并签名。

执行秘书
德国科学家与物理学家学会
B. Rassow[4]

TLS. [44 528]. 顶部和左边分别有 Ilse Einstein 的笔迹:"Wegen falscher Adresse verspätet angekommen. Ilse."和"beantw. am 8—X I"。

[1] 指的是 1920 年 9 月 19 日至 25 日在巴德·瑙海姆召开的德国自然科学和医学学会(Gesellschaft Deutscher Naturforscher und Ärzte)大会会议期间的一次见面(参见文件 153 和 154)。

[2] 关于 GDNÄ 的执行委员会和科学委员会的选举结果,见 *Verhandlungen 1921*,第 10—第 14 页。

[3] 是否在 1921 年举行会议的决定推迟到了那年春天才做出。在 1922 年的 100 周年纪念会议上,GDNÄ(德国自然科学和医学学会)计划在其诞生地 Leipzig(莱比锡)召开(参见 *Verhandlungen 1921*,第 11 页)。

[4] Berthold L. Rassow(1866—1954)，是莱比锡大学化工专业特聘教授。

159. 致 Hedwig Born

[海西根，1920年10月1日]

从我们考察队最浪漫的一点发出的问候。在这里好像还没有形成真正的认识——至少看起来是这样的；无论如何，我快睡着了。[1]

AKS(GyB, Nachl. Born, Nr. 1226, BL. 21). [8 279. 14]. 明信片收信人地址："Frau Professor Max Born Frankfurt a/Main Cronstettenstr 9"，是 Ilsa Einstein 的笔迹，邮戳"Hechingen 2 1. 10. 20[-]"。地址附在 Elsa Einstein 的信的后面，此处被省略了。

[1] 在她的信中，Elsa Einstein 评论说，"我丈夫在很长的时间都没有如此快乐了"。

160. Luther P. Eisenhart[1] 来信

巴黎，Vendôme 宫 14 号，1920 年 10 月 1 日

尊敬的先生：

我已任美国普林斯顿大学的数学教授。我收到校长 Hibben[2] 的电报，他让我代他问您是否可以在这个冬季接受一个特聘讲师职位，越快越好。他没有说明该讲师职位的待遇问题。但我知道，他们会给您一个满意的数额。

正如您可能知道的一样。不仅是科学家，美国一般市民也非常关注您划时代的研究。您将会受到最亲切的欢迎。在普林斯顿，我和我的同事一直在研究相对论。Veblen[3] 教授和我正计划今年举行一个相对论的研讨会。如果您能来，您会发现有一群人非常渴望向您学习。不会占用您太多的时间，以保证您可以为自己的研究投入更多的时间。

普林斯顿被认为是美国最有魅力的大学城，您会发现在那里的生活是非常愉快的。[4]

我明天将返回美国。因此我无法收到您的回信。如果您愿意考虑这一特聘讲师职位，请电告或写信给 Hibben 校长（普林斯顿，新泽西州），陈述您的条件或向他咨询相关问题。

这件事对我们而言是如此重要，我很遗憾，没有能够亲自见您。我很希望您

能够来,如果您这样做,我认为您永远不会后悔。

我是通过美国大使馆在柏林办事处转交此信给您的。

您真诚的
Luther P. Eisenhart

TLS. [36 237]. 在称呼的上面写着收件人的姓名:"阿耳伯特·爱因斯坦教授,柏林大学,(德国)。"

[1] Luther Pfahler Eisenhart(1876—1965)是普林斯顿大学的数学教授。
[2] John Grier Hibben(1861—1933)是逻辑学 Stuart 教授和普林斯顿大学校长。
[3] Oswald Veblen(1880—1960)是美国普林斯顿大学数学教授。
[4] 关于普林斯顿大学数学系的历史,参见 *Aspray 1998*。

161. Max 和 Hedwig Born 来信

美因河畔法兰克福,1920 年 10 月 2 日

亲爱的爱因斯坦:

从您的明信片上看得出,[1] Hechingen 肯定是个充满魅力,供您休息的避难所。我们一直担心您在这里和[巴德]瑙海姆忍受了太多的喧嚣,那个地方刚好让这些喧嚣沉寂下来。[2] 我们也不想用感情横溢的信件搅掉您打盹的美味感觉。有时,当朋友淡出视野之外时也是很健康的,我觉得我们也需像那样要消失一段时间了。没有什么东西比"同情"更具有侵犯性,这是对朋友生活的侵犯,是事后会令人尴尬的情感剥夺。

所以,在我们像木偶 Punch 和 Judy 一样淡出您的视线之前,我们希望您答应我们另外的两个请求。亲爱的 Elsa 夫人,这个任务就拜托您了。您要在合适的时候提醒您的丈夫:

1. 您丈夫写信给 Güntersburg 大街 57 号 Hoff 夫人。这样做绝对不是浪费宝贵的时间,因为那样的人少之又少。

2. 我丈夫喜欢通过讲座的形式到美国去赚钱,按照他的意愿赚取他自己在格丁根的一套小房子。如果您仍然会推荐人去那里讲座的话,请提及 Max。他二月,三月和四月都可以过去,这也正好满足了他对百老汇的热情。(虽然我不懂得这份感情,原谅他。)

所以,好吧,恭维之词到此为止——两个木偶 Max 和 Hedi Born 会在您的视线里消失,直到您又开始想那个玩具盒子。

ALS. *Einstein/Born 1969*, 第 61—第 62 页. [8 261]. Hedwig Born 的笔迹.

[1] 文件 159, 是从 Hechingen 寄出的. 当时爱因斯坦和他的妻子在那里停留.

[2] 关于在巴德瑙海姆举行的德国自然科学与医学学会(Gesellschaft Deutscher Naturforscher und Ärzte)会议发生的事件, 包括期间 Elsa 的生病, 参见文件 154. Max Born 和他的妻子在巴德瑙海姆相对论会议后返回法兰克福的晚上曾与爱因斯坦进行了讨论. 他们认为他对记者"太包容"("zu nachgiebig"). "也许"因为他的妻子喜欢他出名这件事, 见 *Einstein/Born 1969*, p. 62.

162. 致 Fritz Haber

Hechingen, [1921 年 10 月 6 日][1]

亲爱的 Haber:

我愿意去美国, 但是只能在明年冬天, 也即 1921—1922 年的冬天去了. 今年由于手头还有几个任务所以去不了. 问题在于我已经被⟨哈佛⟩哥伦比亚大学邀请过两次了(其中一次是八年以前).[2] 这也许可以并在一起. 然后我需要去西班牙一次.[3] ——在相对论里的旅行者. ——在这些女性中, 我只带一个走, 要么 Else 要么 Ilse. 后者是不错的, 因为她是最健康的并且⟨最富有经验⟩最有经验.[4]

在我看来, 漩涡线的研究是没有什么前景的. 如果分子没有旋转, 那么倒还有可能说得通.

如果统计上的平衡在磁场中的旋转占主导地位, 只有在下式

$$\frac{磁矩 \cdot 场强}{\kappa T}$$

不是都那么小的情况下才会生效. 方向分量就可以由这一量级的数字来得出. 如果各种情况都合适的话, 分量可以增加到 0.01. 这刚好对应于顺磁性方向. 但是这种机制只是在开始的时候作为一个先决条件限定了分子的交互作用, 这就使得在考虑分子射线时不存在这个问题.

事实是进入场的偶极分子是绝热的, 因此和抗磁性类似. 在具有大的动量能量的场下物质旋转的速率比在较小的动量能量的场的速率要慢. 因此对所取方向会从场外观测到的负的时间平均结果. 这和灯丝的排斥相对应, 而这个影响几乎可以忽略.

第二点, 是由于分子极化所产生的 Debye 效应.[5] 可以极化的物体被拉入强磁场. 这种影响几乎在每一种分子上都能发生, 并不只有偶极的分子能发生. 但是, 这种影响几乎测不出来(我还没有计算它, 但是这个很简单).

于是我得到一个结论,偏转量是不可测的。如果没有零点旋转能量的存在就应该有一个非旋转的分子分量——如果是偶极的物体——那就有可能引起偏转。然而,氢气分子的比热容函数,以及 HCl 的 Bierrum 谱表明,零点能量旋转是存在的。[6]

致以衷心的问候。

您的
爱因斯坦

另外,原谅我写得这么仓促。我明天早晨就得走了[7]——因此我时间不多了。

ALSX.［12 325］.

　　[1] 日期的确定依据是提到他计划第二天去 Benzingen。而他到达 Benzingen 的时间是 10 月 7 日(参见文件 164)。

　　[2] 关于早期哥伦比亚大学邀请爱因斯坦去任职的内容,参见 1912 年 1 月 9 日 George Pegram 致爱因斯坦的信(第五卷,文件 337)。爱因斯坦后来拒绝了这个邀请,理由是工作太多(参见爱因斯坦 1912 年 1 月 29 日致 George Pegram 的信[第五卷,文件 346])。

　　[3] 4 月份,爱因斯坦曾被 Julio Rey Pastor (1888—1962) 邀请到西班牙。后者是马德里大学数学系教授(参见 Julio Rey Pastor 致爱因斯坦的信,1920 年 4 月 22 日[第九卷,文件 391],以及年表和日程表 1920 年 5 月 11 日;又 1920 年 6 月 3 日爱因斯坦致 Julio Rey Pastor 的信,见年表和日程表,也可参见 *Glick 1988*,第 100—第 102 页)。

　　[4] 爱因斯坦还曾向 Ilse 提到,他将"很可能"("wohl wahrscheinlich")于第二年带她到美国和西班牙(参见文件 165)。

　　[5] 这里指的是 Peter Debye 对于携带永久电动矩的分子系统中的极化(电介质常数)(参见 *Debye 1912*)。

　　[6] 参见文件 92。

　　[7] 和他的儿子去 Benzingen 休假(参见文件 164)。

163. 致 Paul Ehrenfest

[Benzingen,] 1920 年 10 月 7 日

亲爱的 Ehrenfest:

　　我会在 22 号左右带着燕尾服,到达莱顿。[1]并且会待到 11 月 3 号。那天我会在汉诺威做一场讲座。[2]千万别因为我待的时间短而发火,我离开家太久了。我已经跟 Berliner 说了,希望我们的俄国同事能获得其他需要的东西。[3]在巴德瑙海姆,有各种各样关于相对论的争论。尤其是 Lenard,以我的对手自居。[4]根

据我所掌握的东西，不会有什么你期望的结论可以得出来。[5] 听众倒是不少。[6]

很高兴与你们再次相聚。

您的
爱因斯坦

代表我的孩子向你们所有人致以诚挚的感谢。

非常感谢你给我妻子寄钱。[7] 同时非常感谢在你那儿逗留得到的款待。我已经欠了你很多了，不过我会很快好起来的。

AKS．[9 523]．明信片上的收信人地址是"Herrn Prof. Dr. P. Ehrenfest Witte Roozen Str. Leiden (Holland)"，寄信人地址是"Abs. A. Einstein bei Pfarrer Brandhuber Benzingen, Hohenzollern"，邮戳是"Veringenstadt 8. 10. 20. 8—9V[ormittags]"。

［1］这件礼服是用作计划于 10 月 27 日为莱顿特聘教授的就职演讲的。此前，爱因斯坦曾考虑借用莱顿他的一位同事的礼服(参见文件 102；Ehrenfest 的意见也可参见文件 104)。

［2］受莱布尼茨学院(Liebniz-Akademic)的邀请在汉诺威市政厅(Stadthalle in Hanover)做有关相对论原理的演讲(*Hannoverscher Kurier*[汉诺威速递]，1920 年 11 月 8 日)。根据 Leibniz 学院的纪录，有 3500 人参加(GyHanLA, Bericht über das Geschäftsjahr vom I, 1920 年 9 月 31 日。1921 年 8 月，第 32 页)。

［3］Ehrenfest 曾请爱因斯坦向 Arnold Berliner 索要《自然科学》(*Die Naturwissenschaften*)的复印件给俄罗斯的物理学家(参见文件 146)。

［4］关于与 Philipp Lenard 在巴德瑙海姆的 GDNÄ 会议上的辩论，参见文件 154，*Einstein et al. 1920* (第七卷，文件 46)。

［5］在文件 99 中，Ehrenfest 表达了他对会议上可能发生示威的担心。

［6］关于出席巴德瑙海姆会议以及爱因斯坦与 Lenard 的辩论，可分别参见文件 153，注释 3 和文件 154，注释 2。

［7］Ehrenfest 曾资助 1000 法郎给 Mileva Einstein-Marić(参见文件 146)。

164. 致 Elsa Einstein

[Benzingen,] 星期四，[1920 年 10 月 7 日]

亲爱的 Else：

在经历不开心的告别以及一段愉快的旅行(和 Rudolf Levi)之后我到了 Sigmaringen。差不多一小时之后，孩子们也到了，他们非常高兴，令人愉悦。[1] 在车站外我们碰巧遇到了和我们一起来的神父。[2] 我们用货车运走了行李。村民们由于害怕口蹄疫的缘故都没有出来。这里的口蹄疫还是很严重的。我希望你在 Hechingen 的两周能过得很好。[3] 孩子们随身带了食物和烟头；刚吃过一顿鸡肉晚餐,我正抽烟呢。[4]谢谢 Brandhuber 夫人的礼物。[5]Zürchers 一家想要一张我的照片。[6]好好照顾自己,多加注意。

  致以来自心里的问候!

你的
阿耳伯特

AKS.[143 106]。明信片的收件人地址是"Frau Elsa Einstein Gastaus Linde-Post Hechingen",邮戳"Veringenstadt 8. 10. 20 8—9V[orrnittags]"。

  [1] 据推测,爱因斯坦将 Elsa 留在了 Hechingen,在那里,她探亲访友,故地重游(参见文件 154,注释5)。Rudolf Levi(1863—1929 年?),Hechingen 的 Zwirnerei 和 Nähfadenfabrik 之 J. Levi 公司的拥有者。爱因斯坦曾计划与他的儿子,Hans Albert 和 Eduard 见面。当时他们在 Benzingen 附近的 Sigmaringen 度假(参见文件 81)。

  [2] Camillus Brandhuber。

  [3] 可能指的是他离开 Hechingen 和她的最近一次的出血(参见文件 154)。

  [4] 在他的胃病严重期间,爱因斯坦不得不放弃吸烟(参见本书第八卷,文件 391a)。但是,在 1920 年 5 月,也是最近的一次,他又开始了吸烟(参见文件 9)。

  [5] 很可能是 Fidelia Brandhuber。

  [6] 小 Emil Zürcher 和 Johanna Zürcher-Siebel。他们的要求,大概是由 Hans Albert 和 Eduard 转达的,因为他们是 Zürcher 一家的邻居。

165. 致 Ilse Einstein

[Benzingen,]星期四,[1920 年 10 月 7 日]

亲爱的 Ilse:

  昨天我的孩子们到了 Sigmaringen。我和他们来到了 Benzingen,身体状态良好。神父送来了他的问候。[1]请立刻寄两本我孩子的书到这里来,[2]一本是给神父的,一本是给我的阿耳伯特的。我会去汉诺威,如果他们给我 1500 马克的话,[3]我会自己写信。我可能带你一起去西班牙和美国,但只可能在 1921 年冬天。[4]妈妈得了膀胱感染,通过食疗本来好得差不多了,但现在又犯了。[5]这让人很郁闷,除非她完全好了。我建议她在 Hechingen 再待两周,但是我不知道她是否能在那里待那么久。[6]我们前天到了 Haigerloch。[7]这边的风景真漂亮。我非常喜欢这边的 Hohenemser 人。[8]

  致以诚挚的问候。

你的

阿耳伯特

代我向 Margot, Anna 和祖父母问好。[9]

亲爱的 Ilse：

你的信刚到。两个护照上入境的时间没有定死。[10] 所以什么也不用忙，我会处理剩下的事情。[11]

跟孩子们在一起很高兴。享受你余下的独处时光吧。

AKS.[122 762]. 明信片上的收件人地址是"Fräulein Ilse Einstein. Haberlandstr. 5 Berlin"，邮戳是"Veringenstadt 8. 10. 20. 8—9V[ormittags]"。

[1] 关于爱因斯坦与他的儿子在 Benzingen 期间的详细资料，参见前面的文件以及 *Schuler 2005*。Camillus Brandhuber。

[2] *Einstein 1917a*（第六卷，文件 42），他对相对论的通俗解释。

[3] 汉诺威的 Leibniz 学会(Leibniz-Akademie 学会)邀请爱因斯坦讲授相对论(参见文件 163)。

[4] Ilse 在 6 月已经陪同爱因斯坦访问过挪威(参见文件 59)。7 月 14 日，爱因斯坦通知 Julio Rey Pastor，他不能于 1920 年秋季前往西班牙，但他希望在未来有机会访问(参见年表和日程表)。在即将到来的冬季，普林斯顿大学邀请爱因斯坦演讲的信件已在一周前送往柏林(参见文件 160)。极有可能的是，他也已经知道了哥伦比亚大学发出的邀请(参见文件 162)。

[5] 她曾在巴德瑙海姆大出血(参见文件 154)。

[6] 关于 Elsa 在 Hechingen 是非常困难的类似陈述，参见前面的文件。

[7] 在巴登-符腾堡的 Swabian 阿尔卑斯山。

[8] 可能指的是奥地利福拉尔贝格州 Hohenems 的居民。

[9] Margot Einstein；Anna Hellberg，管家；Rudolf 和 Fanny Einstein。

[10] 指的是他即将访问荷兰和荷兰的签证。

[11] Ilse 从柏林将爱因斯坦的信件转发给他(参见文件 153)。

166. Hedwig Born 来信

莱比锡，1920 年 10 月 7 日

仅供您自己看！

亲爱的爱因斯坦：

今天我有一个很友善但是很严肃的问题跟您说。我本人愿意您享受一个惬意的假期，[1] 但是有很严重的后果，因为在瑙海姆已经打搅到您安静的生活了。[2]

您必须撤回给 Moszkowski 出版《与爱因斯坦对话》这本书的权利，[3] 并且要准确地，马上通过挂号信发送。更不能让它在国外出现。

为了向您清楚地描述后果,我希望自己像天使一样无处不在。

我最近正好在读 Moszk 的《穆斯女神的游泳池》[4];这本书的水平让我感觉很不愉快,所以我写了激进的言辞。我发誓,如果您不立即收回您的出版许可,我会将这些东西出版。[5] 如果涉及挽救一个朋友的荣誉和道德地位,我还有更多的恶言宣泄。我应该说得很清楚:第一,最初的关于 Moszkowski 的工作的初步声明(可见广告柱、报纸等):

不朽箱,1000 年来最好的犹太笑话[6]

穆斯女神的游泳池

爱因斯坦谈话集

苏格拉底的白痴[7]

这已经给别人很好的印象了!

对于内容来说,这个人对您的个性一点都不了解。而这一点对于您,以及您在我们心中的形象,都是有着至关重要的价值和作用的。否则,如果他能明白或者是他也对您有一点点的尊敬或者爱戴,他都不会出版这本书或者滥用您让他出书的善良本意。所以,您的"谈话记录"会停留在一个很低的水平。书中只会剩下犹太人的自大和极端的肤浅。每一个作家都会对您冷言相向,不会让他的读者觉得您好,以至于您被到处引用,您自己的笑话会被别人反过来用在您身上以证明他们知道那本书。甚至有人会写关于您的对联,一个全新的抹黑运动将会兴起。并且不只是在德国,不,在任何地方。对您的反感会让您窒息。

但是对于我们,您的好朋友来说,我们怎样能保护您呢?"您没搞错吧——爱因斯坦先生,您'谦卑'的朋友——自己同意给予了许可,您知道的"。您出于好意,暴露出您的弱点,那么(我们)再来抗议也就没有什么用了。没有人会相信的(我父亲跟 Moszkowski 学了很多东西,告诉了我很多他的事情,也是这样跟我说的)。[8] 然后就会形成这样一个事实,一个人,四十出头,依然处在生命的早期,给了一个最卑劣的德国作家机会去记录他自己的谈话。如果我一直不认识您,我就不会向其他任何一个被告知上述事实的人承认这是无辜的。我会坚信,他非常爱慕虚荣。对每个人,除了那四五个朋友,这本书会判您的道德死刑。另外,这会是针对您自己的公开谴责的最好的证明。[9]

我们这些朋友们对于这种前景感到非常警觉。这本书——无论出现在任何地方——都将成为您宁静生活的坟墓,无法改变。

我现在也对为什么 Moszk 经常把自己的要求强加与您看得很清楚了。他已经闻到金矿的味道了。对于您在生病期间他在每一个鸡蛋上花费的每一个马克,[10] 这真是一个好的投资方法,每一个马克都为他换来一千个马克。

如果 Moszkowski 对您有一点点真心的爱惜,他将会首先自愿放弃出版这本书，尤其是最近对您的诽谤事件发生之后。[11]可是他并没有这样做——即使在朋友的请求下（Freundlich—Max）[12]——使得您的日子很难过。

请向我们直接保证您已经知道了我们的担心，他让我们寝食难安。Max 今天刚写给我的信上说："Freundlich 写的快信上带有 Moszkowski 的回复。当然了，他不同意。并且揭示了一只徒劳的老驴的形象。我不知道该怎么做了。我也想跟您一起讨论一下。我每天也很担心。"

亲爱的朋友，请您快点消除我们的担忧，不要忽视我们的建议和请求。我不会跟任何人说这个事情。因为我听到了太多太多关于女人的流言蜚语，即女人插手您的事件的时候对您来说是多么恐怖。[13]"女人只是去做饭的"。但是有时她们也会烧水。

您的

Hedi Born

我跟爸爸也讨论过您收回授权的法律后果，[14]因为 Max 通过电话告诉我 Moszk 写道：他已经给出版商签署了出版许可[15]（那个狡猾的逃避者！）现在的情势就是出版商需要从法律途径寻求补偿并且事情可以通过法律诉讼来解决。所以爸爸说，法官可能会判一个相对较少的补偿金额。或者，从另一方面看，万一他还没开始印刷，这就不需要有补偿了，因为您的收回授权是由于新形势下这种诽谤引起的。这也就是您收回版权所需要做的准备了。

但是不管情况怎样，您必须（爸爸也这么认为）现在就收回授权。

即使书本已经出版了，因为一个人总是势单力薄，抗不过狡猾的类型。所以您和您的朋友可以在报纸上将情形说清楚，并且有力地回击 Moszkowski。那么您就会处在一个不同的道德位置上了。我们跟 Moszkowski 没有达成任何协议。对我们，他谦恭地谈起你们之间的友情。我们也发现我们现在处于一个很无趣的位置，对于这些后来的事情，只有您自己够沉稳冷静，低调地撤回您的许可并且不要许可任何讨论和接触的机会。他没有权利来利用您的友情。

请不要把这封信给您妻子看。她的神经的确因为 Weyland-Lenardiana 事件受到很大的震撼。她需要安静，不能受到此类问题的搅扰才能尽快地恢复健康。[16]

ALS.［8 261.1］. Max Born 发表了这份文件的不完整版本，其中 Moszkowski 的名字在整个文本中以"X"代替，参见 *Einstein/Born 1969*, pp. 62—64。

［1］爱因斯坦和他的儿子们在 Benzingen 的休假（参见文件 163）。

［2］关于在德国科学家和医生协会会议发生的事件，参见文件 154。

［3］爱因斯坦早在 1917 年 7 月就已经向 Alexander Moszkowski 表达了对于他给自己写传记的想法表示了不情愿（参见本书第八卷，文件 364c）。

[4] *Moszkowski 1908*。

[5] 在随同此文件一起附上的题为"Goethe-Eckermann. Einstein-Moszkowski（oder 'Ruhmesparasiten' oder sonst ein Titel.）"[8 261.1] 的 4 页手稿中，Hedwig Born 嘲笑 *Moszkowski 1908* 为刻板的犹太人版本的歌德的戏剧《浮士德》，并指责他企图在他计划中出版中利用爱因斯坦的名字来获得经济利益。

[6] *Moszkowski 1907*。该出版物的正确标题是《333 个世俗文学笑话》。

[7] *Moszkowski 1917b*。

[8] Viktor G. Ehrenberg(1851—1929)，德国莱比锡大学法学教授。他和 Moszkowski 曾就读于海德堡大学。

[9] Paul Weyland 和 Ernst Gehrcke 曾一起就爱因斯坦不适当的广告宣传和他的工作提出指责（参见文件 111）。

[10] 自 1917 年年底，爱因斯坦因腹部溃疡卧床几个月（参见本书第八卷，文件 442a）。

[11] 指的是柏林爱乐音乐厅的事件和德国自然科学与医学学会会议发生的事件，以及它们的新闻报道（参见文件 111 和 154）。

[12] Erwin Freundlich；Max Born。

[13] 这可能是在 Anna Besso-Winteler 被卷入管理 Mileva Eistein-Marić 家务，并且批评了爱因斯坦与 Elsa 结婚的意图之后，与爱因斯坦闹翻的暗示（参见 Anna Besso-Winteler 致爱因斯坦的信，1918 年 3 月 4 日之后[第九卷，文件 475]，和爱因斯坦致 Mileva Einstein-Marić 的信，1918 年 6 月 4 日[第九卷，文件 557]）。

[14] Hedwig Born 当时在莱比锡拜访她的父母。

[15] Hoffmann und Campe(出版商)。

[16] Paul Weyland；Philipp Lenard。在她前往巴登和出席 GDNÄ 会议的相对论分会之后，Elsa 出现神经衰弱，出血和膀胱感染（参见文件 154 和 165）。她在 Hechingen 进行康复治疗（见文件 164）。

167. Fritz Haber 来信

柏林，Dahlem，法拉第路 4—6 号，1920 年 10 月 7 日

亲爱的朋友爱因斯坦：

在附件里您会看到很多报纸，如果您能看看它们我会很高兴的。这里面涉及这样一个问题。按照您的思维方式，如果不是已经存在，也应该由您自己想到。您一定会同意我这样的看法，当工资发生争议时，医院因为他们没有煤炭不能取暖，孩子们再也得不到牛奶，水和煤气缺乏导致无法做饭等的时候，将是一个很阴郁的状态。[1]我相信在管理者和工人忙于令人恐怖的血腥残杀时确保所有那些重要的服务持续运转是所有正直的人与生俱来的责任和义务。[2]德国的现有机构中实现并且维护这些重要服务的是"技术应急"，就是附件中那些报纸所指出的。[3]组织"技术应急"的人是我的一个朋友，他叫 Lummitzsch。我觉得

只有您和他两个人是最近一些年里在德国创造出值得注意并具有重要国际影响力的。[4]这就是为什么我想请您帮助荷兰的 Lummitzsch 先生。[5]这种帮助将包括在荷兰找到一个对"技术应急"有热情和浓厚兴趣的人,使得他自己能够和荷兰的企业联系起来,就像在丹麦、瑞典、挪威一样复制德国的模式。这里的"技术应急"需要一个这样的联系人,以便更好地和荷兰保持联系,并为这个领域的国际交流做准备,这和以前以及现在的红十字会一样重要。[6]您的女儿告诉我,[7]您最近要去荷兰,如果您能找到这样的合适人选,请给我寄一封明信片。您的明信片总是会让我高兴。千万不要愤愤不平地觉得我又跟您要什么东西呀![8]我真的认为,您能够帮上忙。毕竟,这个冬天如果没有 Lummitzsch 为您阻止柏林的煤气、水和电的短缺,没有引力位存在,只是待在没有改变的曲率空间中,您能用您的相对论做什么呢?

热忱地问候您和您亲爱的妻子。

您的朋友
Haber

TLS.[12 327]. 在称呼之上是收件人的姓名:"Herrn Professor Dr. Albert Emstein Benzingen b/Sigmaringen p. A. Herrn Pfarrer Brandthuber"。

[1] 当时政府在关注食品供应(参见《柏林日报》,1920 年 10 月 3 日,早间版),如报纸业等的其他行业在进行罢工(参见《柏林日报》,1920 年 10 月 2 日,晚间版)。在前一天,电力公司的员工开始罢工,导致柏林部分地区断电,电车服务停止,失业者在市政厅前进行示威游行(参见《柏林日报》1920 年 10 月 6 日早间版和晚间版)。

[2] 主要以社会经济阶级斗争为基础的巷战和主要由激进的右派所主导的政治谋杀,是魏玛共和国初期的普遍现象(参见 *Zuelzer 1982*, p. 293)。有关这些政治谋杀的同期记录,参见 *Gumbel 1921* 和 *1922*。有关德国魏玛时将暴力作为一种政治工具来使用,参见 *Bessel 1986*。

[3] 关于在这一时期技术援助的发展,参见 *Mommsen 1934*。

[4] Otto Lummitzsch(1886—1962),工程师,建筑师,前工程兵部队的军官,曾与 Haber 参与在 1914 年开始的化学气体工作(参见 *Stoltzenberg 1994*,第 246 页)。1919 年,他成立了技术应急为灾情提供技术援助。

[5] 爱因斯坦参与国际行动包括他在 1920 年 4 月拥护学术文献的国际交流(*Einstein 1920b*[第七卷,文件 36]),以及他在 1919 年同 Lorentz 通信时参与调查德国的战争罪行(见,例如,爱因斯坦致 Hendrik A. Lorentz 的信,1919 年 4 月 26 日和 1919 年 8 月 1 日[第九卷,文件 28 和 80])。

[6] 爱因斯坦早期曾讨论并赞扬过国际救援工作(参见 *Einstein 1920b*[第七卷,文件 36];第七卷,文件 41)。

[7] Ilse Einstein 行使他的秘书的职责(可参见,文件 173)。

[8] 一天前,爱因斯坦与他的儿子们在德国南部(参见文件 165)。他之前曾与 Elsa Einstein 旅行,首先参加巴德瑙海姆会议(参见文件 154),然后到斯图加特(参见文件 157)和 Hechingen(参见文件 159),之后他与他的儿子在 Benzingen 访问(参见文件 163)。最后,他离开德国南部去荷兰(参见文件 179),他 10

月 21 日左右抵达那里。

168. Arnold Sommerfeld 来信

[慕尼黑，1920 年 10 月 7 日][1]

亲爱的爱因斯坦：

昨天我和 Geiger 谈话了，Geiger 是我非常亲密的哲学同事。[2]他收到并拒绝了一份来自"1920 工作协会"请他发表演说的邀请。他们也想让您去作演讲。大学是否会为此打开大门是值得怀疑的。这个集团包括波西米亚那种类型的年轻的文人（犹太人，如 Geiger 所强调，他自己也是法兰克福的犹太人）。还有一个人叫 Holländer，我相信可能和那个在[巴伐利亚]苏维埃共和国很有名的人是同一个人。[3]所以这次演讲很有点共和政治的嫌疑呢，当然这是和 Weyland 先生相反的。[4]Geiger 有相当正义的感觉，如果您在慕尼黑讲话，您会希望在一个纯粹的科学平台上演讲，而不带有政治色彩，这是我们都最衷心欢迎的。他自己拒绝了，因为他并不赞成对科学与时代趋势融合。

我写这封信告诉您对我这件事知道的全部，我也告诉 Geiger 阻止您去发表演说远比鼓励去演说要容易得多。我现在继续说明后者：

您知道，作为第一条建议，作为演讲者的您在这里永远是被张开双臂欢迎的，比如在物理协会的地方分会。我在 Anschütz 基金会有资金来弥补您行程等的费用。[5]我非常想邀请更多的学生，让您的演讲在主演讲礼堂举行。我认为柏林的场景不会在这里重复，[6]我将通过限制门票分发给某些特定领域的学生等各种方式来阻止它。

但我不想用这个邀请打扰您。您也不需要立刻给我回复，除非您觉得去慕尼黑作报告的时机已经成熟。我写这封信想达到的目的仅仅是，如果您在慕尼黑讲话，那么请接受我们的演讲赞助，而不要接受"1920 工作协会"的赞助。

致以亲切的问候！

您的
A. Sommerfeld

ALS. *Einstein/Sommerfeld 1968*, pp. 72—73. [21 338].

[1] 这封信的日期是由它附在 Sommerfeld 于 1920 年 10 月 7 日写给 Elsa Einstein 的信[21 337]上来确认的。

[2] Moritz Geiger(1880—1937)是慕尼黑大学的哲学讲师。

[3] 有关巴伐利亚苏维埃共和国(1917年4月14日至27日)的详情,参见Max von Laue致爱因斯坦,1919年4月7日(第九卷,文件18)和Hugo Seemann致爱因斯坦,1919年5月11日(第九卷,文件38),注释1。

[4] Paul Weyland,其战线组织被称为德国科学家协会保持唯一协会。有关他的系列讲座,参见文件111和文件139,注释5。

[5] 1917年,Hermann Anschütz捐赠了10000马克成立一个专门的基金,由慕尼黑大学理论物理和物理化学研究所的负责人管理。1919年,这个数字提高到超过100万马克(见 *Broelmann 2002*, p. 340)。

[6] 指的是柏林爱乐音乐厅事件(参见文件111)和发生在1920年2月期间爱因斯坦在柏林大学做讲座时发生的学生骚乱(参见柏林大学的学生声明,1920年2月19日[第九卷,文件320])。

169. Erich Wende 来信[1]

柏林W8,威廉街68号,1920年10月8日

非常尊敬的教授先生:

部长先生和我在今天的交谈中谈到您的7月30日那封充满友好的来信,[2] 信中您提出要帮助在哈雷的Hugo Buchholz教授先生。我必须跟部长先生讲,您的建议,在哈雷大学为天文学设立一个预算开支庞大的教授职位的计划很遗憾不能得以实现。我们很长时间以来就打算资助建天文台,但是根据目前的财政状况简直是毫无希望。从财政部长那方面来讲,他不光要考虑给新的天文学教授工资,还要考虑用目前少得可怜的天文学仪器去建一个真正有用的天文台,如果不能提供足以吸引教授职位的经费支持,恐怕很难预见到成功。在这样的情况下,我们不能对Buchholz先生做出有力的支持,尽管他的处境通过他自己的描述我们都已经知道,他这些年所做出的成绩也得到权威人士的认可。我们知道他以前得到的是一份相当低的报酬,但现在他的经济状况有了很大的改善,因为根据新的工资条例他的报酬将由原来的1800马克提高到了13200马克(物价上涨的补贴除外)。我们十分希望这样至少能间接地对他的科学研究有一定的帮助。您对Buchholz先生科学研究成绩的友好提示我们会时刻记在心里,当整个大环境变得有可能的时候,我们会对Buchholz先生做出关键性的帮助。

部长先生[3]正准备做一个长时间的公务旅行,他希望您接受目前的这个决定。他向您对于Buchholz先生的热情推荐再次表示感谢,并让我转达他对您的最美好的问候。

请您接受我最高的敬意。

您忠诚的
枢密大臣

TLC.[83 267].裁剪过的拷贝。

　　[1] 信件的名字是根据一名官员在 1920 年 10 月 16 日的文件 137 的注释中推测出的:"Vermerk. Der Brief Einsteins vom 30. 7. wegen Prof. Bucholz ist durch Privatbrief des H. GRR Wende von 8. 10. d J zu UI 1200. 1 erledigt."Wende(1884—1966)是部门里的高级官员。

　　[2] 文件 93。部里收到了这封信的另一个略有变化的但为同一天(1920 年 7 月 30 日)的版本。在第一面的顶端有 Konrad Haenisch 的笔迹:"Sofort! Wie steht die Sache? Hn 6/10."很明显部里出于某种原因让爱因斯坦再送一份副本过来。第二封信略有变化的版本的复写版也是可以找到的[43 825]。

　　[3] Konrad Haenisch。

170. 致 Elsa Einstein

[Benzingen,]星期六,[1920 年 10 月 9 日]

亲爱的 Else:

　　这里非常好。[1] 我们甚至带来了小提琴演奏了 Haydn 的《创世纪》。[2] 牧师有些劳累过度以致心律失常。他在 Sigmaringen 的事务还要使他支付额外的费用。[3] 但我认为我们为他带来的改变对他大有好处。Fidelia[4] 房子的屋顶已经完成了,因此已停工了。Borns 现在也希望我推荐他去美国,以便用我的理论在美国赚钱,然后在格丁根买房。[5] 这对我来说似乎有点不合情理。在 Hechingen 一直待到 20 号,以便你能完全恢复。[6]

　　问候并亲吻你。

你的
阿耳伯特

AKS.[143 105].明信片是写给"Frau Elsa Einstein Hotel Linde-Post Hechingen"的,邮戳是"Veringenstadt 10. 10 20"。

　　[1] 爱因斯坦两天前来到 Benzingen 与他的儿子们一起休假(参见文件 164)。
　　[2] Joseph Haydn 创作的清唱的《创世纪》(*The Creation*)。
　　[3] Camillus Brandhuber。
　　[4] Fidelia Brandhuber。
　　[5] 关于他们的信件,参见文件 161。
　　[6] Elsa 最近由于膀胱感染经常出血(参见文件 165)。

171. Moritz Schlick 来信

罗斯托克，Orléans 街 23 号，1920 年 10 月 9 日

尊敬的教授：

过去的几天我怀着极大的兴趣阅读了由 Reichenbach 写的关于相对论和一些预备知识[1]的小册子。这项工作在我看来确实对一般物理学知识和公理做出了巨大贡献。您肯定也对这种逻辑的诚实性表示赞赏。然而，我认为 Reichenbach 的有些观点是不正确的。我希望能够通过信件交流从而达成一致。因为这些问题的确一直困扰着我。我本来很想听听您的意见的，但是写信是非常不方便的。或许我将被允许与您回到这个话题，因为我是多么希望能够被允许在这个冬天的某个时间再与您会面。在我看来，Reichenbach 似乎并没有公正对待 Poincaré 的约定理论；他所称谓的先验对应原则与经验对应原则有正确的区分，在我看来也是与 Poincaré 的"约定"原则完全一致，并且没有任何有意义的扩展。[2] Reichenbach 对康德的依赖，在我看来，经过仔细的审查，也仅仅是术语上的差别。我稍后本想问您的意见，是关于一篇出现在 Born 的一本相对论书上的，[3]在那篇文章中我看到了修正后的说明。它考虑到了物质和场的统一（在第五章的最后一部分）。我与 Born 通信交换了意见，虽然他的回复就文章内容是在安慰我，在联系的过程中的确会产生问题。由于它们哲学上的重要性，我想找个机会亲自把问题呈现给您。我听说过一些关于巴德瑙海姆的美好事情，[4]我也非常想去那儿，但是从我这儿到那儿的旅程对我来说实在是太长了。现如今，什么样的旅程看起来不长呢？

我想怀着感激的心情再次与您握手。因为在这临时时期我从每一个地方都感到了您对我的殷勤关切。通过您的推荐，我收到了去 Danzig 和 Harburg 作演讲的邀请。[5]此外，收到了杂志《一元论》和《柏林日报》的约稿邀请。[6] Danzig 的演讲估计不行了，因为当地的科学协会无法提供足够的旅途费用，但是我准备在汉堡做演讲。由于当局强制性地要求简短，在《柏林日报》上的那篇文章看起来非常糟糕。与此相反，被允许写的 Mosse 的《年鉴》，也是由于您慷慨地推荐，在我看来更好。这两篇文章都还没有出版。为《一元论》写文章给了我很多快乐，同时与英国的联系对我来说也非常有价值。在英国，有关您和德国人对待您的文章读起来确实让人耳目一新。柏林需要听听真相：当听到他们有可能成功地让您在柏林待不下去的消息时，让我感到不寒而栗！前段时间，牛津大学翻译了

《空间和时间》以及 Freundlich 书籍的 Bröse 先生邀请我去他那儿。[7]一位非常好的人,拥有非常高的音乐天赋。我是否已经告诉您我参加了美国科学的竞赛,写一篇关于您的理论的通俗文稿,以赢取一笔可观的奖金。[8]这耗费了我很多的精力,因为有 3000 字的字数限制,但是奖金却很高(5000 美元)。奖金如此之高,以至让我觉得即使只有很低的成功概率我也应该去试试。这将会让我的家庭获益数年。顺便说一句,现在在埃朗根有个哲学教授职位空缺,我必须通知您看看您在那儿是否有什么关系。我认为,尽管如此,也只会有历史或者哲学家将会来竞争这个岗位。请原谅我在上一封信[9]的"哪位物理学家将会成功继任我们退休的 R. H. Weber 职位"这个问题对您的打扰。[10]毕竟,即使我推荐了很多人,并且不做任何询问,但由于这里的候选名单很快就做好了,最终也是没有什么用的。同时,慕尼黑的 Lenz 也接到了电话,但是他很可能不会来。Ewald 和 Kossel 分列第二、第三位。[11]康德协会希望为揭示相对论和当代哲学的关系的文章提供一个奖项;我将会是一名评委。至于物理学界的评委,Vaihinger 无疑是希望 Wiener 担任的。您认为他适合吗?[12]

现在这封信已写到结尾了,但似乎还没有谈及任何您感兴趣的事。不过,我很高兴能够再次向您表达我深深的崇拜之情。我及我的家庭衷心地祝愿您健康、快乐。今后您难道不会再一次北上旅行吗?到时候我可以在罗斯托克接您。最美好的赞美送给您的妻子。

感谢您的[13]
M. Schlick

TLS. [21 580].

[1] *Reichenbach 1920*。

[2] 有关此问题的讨论,参见 *Howard 1994*。

[3] *Born 1920a*。在讨论 Lorentz 的电子理论和第五章§15 的收缩假说时,Born 声称,场与物质之间的区别仅仅在于后者是可以观测到的。他将这种说法扩展到在电磁场中同样适用。而电磁场仅仅作为单纯的数学工具,以更方便地描述物质的过程及其相互的联系("bloßes mathematisches Hilfsmittel zur bequemeren Beschreibung der Vorgänge in der Materie und ihrer gesetzmäßigen Zusammmenhänge", *Born 1920a*, p. 163)。在给 Schlick 的一封信中,Born 捍卫这一说法,对于当时将物质解释为"不过是一种能量积累"的尝试表示质疑("nichts als eine Anhäufung von Energie")。他确信后来的场理论说法,物质将作为一种场的奇点"一类特殊的现实"("eine besondere Art Realität")可能归因于这些奇点(参见 Max Born 致 Moritz Schlick,1920 年 9 月 8 日,NeHR,维也纳学院存档,Schlick 论文,Inv. 93)。

[4] 关于巴德瑙海姆举办的德国自然科学与医学学会会议上发生的事件,参见文件 154,注释 2。

[5] Schlick 应邀于 1921 年 1 月 18 日在汉堡演讲,邀请方是艺术与科学协会(参见 1920 年 10 月 10 日 Verein für Kunst und Wissenschaft Harburg 致 Schlick 的信,NeHR,维也纳学院存档,Schlick 论文,Inv. 121)。

[6] 参见 Schlick 1920c。为《一元论》写的文章没有正式出版。关于草稿版，参见 NeHR，维也纳学院存档，Schlick 论文，Inv. 71。

[7] Henry L. Brose(1890—1965)；Schlick 1920b；Freundlich 1920。

[8] 关于这个奖的更多内容，参见文件 144，注 2。

[9] 文件 116。

[10] Rudolf H. Weber。

[11] Wilhelm Lenz 接受了这个位置，但是在 1921 年前往汉堡出任正教授职务。Peter Paul Ewald (1888—1985)是慕尼黑大学的讲师；Walther Kossel。

[12] Hans Vaihinger；Otto Heinrich Wiener(1862—1927)是莱比锡大学的物理学教授。

[13] 最后一段是 Schlick 的手迹。

172. Hermann Anschütz-Kaempfe 来信

基尔，俾斯麦街 24 号，1920 年 10 月 10 日

尊敬的教授：

我欠您一封关于金属球的信。[1] 起初我用 3 块磁铁和一个 3 m/m① 厚的铜半球做实验，获得了很好的结果。后来我用相同的方法，并换用一个 1 m/m 厚的全铝球。为了更加精确，用了两串磁铁，每串有 10 块磁铁。

草图附上：

磁铁与球的间距都是 5 m/m。

最后结果显示，球的倾向位置会由球体的不均匀厚度或者铝球的导电性变化引起。利用一个里里外外经过仔细检查的铝球反复的实验，厚度为 2.5 m/m

---

① 原文和英译文都采用了单位 m/m。实际上，可能应该是 mm。——中译者注

的球总是非常的成功。倾向位置也是非常小。球稳定在磁铁串之间的位置非常清晰。

我现在准备用一个内部配有陀螺仪的直径 220 m/m 的球做一个新的实验，希望能够成功地捕捉力线并且不让陀螺仪产生倾向位置；为了达到这个目的，我在球里加放了两块铁片。

在任何情况下，这件事情看起来都是没有希望的。截至目前，我还没有注册任何专利；仍等待新仪器还会产生什么其他的惊喜或问题。然后，A[nschütz]公司就会联系您并向您发送专利提议，并征求您的同意。

第二个利用加热的铜圆柱的实验还没有做，因为我还在等待一个直径 50 m/m 的纯铜棒，现在正在订购中。[2] 我本想通过简单的安排通过摩擦来加热，因为这样我就不用担心棒两端的能量联系等问题。我以后将向您报告我外出的时候我的表弟 Schuler 进行的实验的情况。[3]

我们正在拆除我们的帐篷准备南移；寒冷的天气让我们不得不走。如果您能来慕尼黑，那么这必将是最重大的事情。您的访问将会给我们带来巨大的欢乐。我们当然非常期望您和您的妻子明年夏天还能来访问。那时，我们将会给您演示自然中的球。

致以最亲切的问候。

您的
Anschütz

我十分期望您和您的妻子明年夏天的访问。

Reta Anschütz

ALS. *Lohmeier and Schell* 1992, pp. 110—112 [37 358].

[1] 该陀螺仪位于一个金属球("Blas-Kugel")内，漂浮在导电有阻尼液体中。通过电磁环保持内部球不与外层接触的这个想法可能在爱因斯坦写这封信之前的不久提出（参见 *Lohmeier and Schell* 1992, p. 40)。具体细节可描述如下：电磁环连续触碰给陀螺仪供电的交流电源。如果内部的球接近外层（例如，震荡的结果），则它们之间的导电液体层变得更薄，它的电阻同时变化，其结果是电流回馈产生磁场的强度也将发生变化。这个改变的磁场引起外部球产生涡流，这个涡流激发磁场使其会回复到原来的位置。

[2] 显然，爱因斯坦试图发现旋转的热质量体能否产生磁场。一个例证就是，地磁可能是作为热质量体的地球旋转而产生的（参见 Einstein 致 Hermann Anschütz-Kaemfpe 的信，1921 年 9 月 17 日 [74 263]，以及 Hermann Anschütz-Kaemfpe 1921 年 9 月 20 日致爱因斯坦 [37 370] 的信件提到的实验，其中实验的对象是地磁。

[3] Max Schuler(1882—1972)，是 Anschütz-Kaemfpe 公司的业务经理。

173. Ilse Einstein 来信

[柏林,] 1920 年 10 月 10 日

亲爱的阿耳伯特：

昨天晚上我收到你的明信片了,[1] 真的非常感谢你。我本想好好地给你写信,但是现在已经是星期天晚上 11 点了,我替你写回信一直写到了现在,所以真的已经非常厌倦这个工作了。[2] 这些邪恶的人真的疯了,给你写那么多信。每一个邮件到达的时候,我都发出了强大的诅咒。但是这不能阻止他们的来临。

想到你一直都在你那个舒适的小窝里待着,我给你封装寄去一些可能你需要的东西。[3] 我很高兴,你和孩子们过得开心。天气还不错。

在我空闲的时候,我常常唱："美丽的西班牙,在遥远的南方"来准备我们的旅行。[4]

致以深深的问候！

你的今天已经疯狂的

Ilse

ADftS. [44 529]. 写在 B. Rassow 1920 年 9 月 30 日致爱因斯坦信件的背面。

[1] 文件 165。
[2] Ilse 被聘请为爱因斯坦的秘书。
[3] 爱因斯坦和他的儿子们 Hans Albert, Eduard, 与 Camillus Brandhuber 下榻在 Benzingen (参见文件 164)。
[4] 爱因斯坦曾通知 Ilse,她很可能会陪同他访问西班牙和美国。时间计划在 1921 年冬季 (参见文件 165)。

174. 致 Max Born

[Benzigen,] 1920 年 10 月 11 日

亲爱的 Born：

你的妻子给我写了一封关于 M[oszkowksi] 先生那本书的言辞激动的信。[1] 客观来说,她是对的,尽管这不包括她对 M[oszkowksi][2] 的严厉指责。我

已经通过一封挂号信告知他,他的宏篇巨著不被允许发表。

给你们两人真诚的问候。

你们的
爱因斯坦

真诚地感谢你的妻子。

AKS(GyB, Nachl. Born, Nr. 188, Bl. 15)*Einstein/Born 1969*, 25. [8 152]. 明信片是写给"Herrn Prof. Dr. M. Born Universität Frankfurt a/M"的,邮戳是"Veringenstadt 12 10 20 12—1N[achmittags]"。

[1] 参见文件 166。

[2] Alexander Moszkowski。

175. Max Born 来信

美因河畔法兰克福,1920 年 10 月 13 日

亲爱的爱因斯坦:

我从各种渠道都收到了来自于图书零售业期刊《交易书商》杂志里面的一张纸片。[1] 评论太多了。看起来你并不像你的朋友们那样因它而沮丧。[2] 我的妻子也写信告诉了你我关于这件事情的态度。[3](然而,她也为曾想要通过要把我送到美国来利用你的名声赚点钱。[4] 可怜的女人们肯定首当其冲地承担生存的压力,因此抓住任何一点救济和安慰。)你必须摆脱 Moszkowski,否则 Weyland 将赢得全线胜利,Lenard 和 Gehrcke 也会成为胜利者。[5]

根据专家的意见,最好的办法是:你给 Moszkowski 写信,说你在被指责为寻求"曝光率"之后,已经不能再授权出版《谈话》一书了。尤其是当《交易书商》杂志在为你的对手提供更多弹药的时候。[6] 假如正如所预料的,Moszkowski 拒绝了,你就从检察官那里获得对那本书面世的禁令,并且确保禁令形成书面文件(或别的什么,我们可以再商量)。我将通知你在何处提出申请的精确细节。专家们认定,正如任何人未经他人同意不得使用他人的照片一样,也不可在未经他人同意的情况下出版他人对话的思想。这个过程比让出版商把书的校对稿寄给你看适合多了。因为那样的话你就跟这本书绝对没有关系了。不然的话,如果它在序中声明你已经读过了书的内容并且批准了书的校对稿,所有因为这本书而激起的污点都将算在你的身上。你照我所说的去做。不然的话,再见了,爱因斯坦!那么你的犹太人"朋友"将会做到反犹太团伙无法做到的事情。[7]

请原谅我信中的坚持,但是这关系到对我很重要的东西(还有 Planck,

Laue[8]等)。你不会明白的,在这种事情上你就像一个小孩子一样。我们爱你,你必须服从明察秋毫的人(不是你的妻子)。[9]

如果你不希望和这件事有任何关系,那么请通过写信的方式授权给我。如果需要的话,我将开车去柏林,甚至北极。[10]

你的
Born

ALS. *Einstein/Born 1969*, pp. 65—66. [8 153].

[1] 该广告出现在《德国图书贸易交流公报》,法兰克福版,1920 年 10 月 7 日。称《与爱因斯坦的对话——相对论的社区化和一个新的世界体系》一书将由 F. Fontane 出版公司和 Hoffmann und Campe 出版公司联合出版。该书的广告宣称,通过这本书,爱因斯坦"想接触更为广泛的民众"。

[2] 两天前,爱因斯坦曾写信给 Born,他已经通知 Alexander Moszkowski,他原计划的出版物将不再被允许出版。但是他认为 Hedwig Born 对 Moszkowski 的观点过于苛刻(参见文件 174)。

[3] 在文件 166 中,Hedwig Born 已告知爱因斯坦他是多么关心 Moszkowski 事件。

[4] Hedwig Born 曾寻求爱因斯坦的帮助,为 Max Born 获得一个在美国演讲的邀请(见文件 161)。

[5] Paul Weyland,Philipp Lenard,Ernst Gehrcke。关于他们反对相对论和对爱因斯坦的指控,参见文件 111 和 154。

[6] Weyland 在柏林爱乐音乐厅的演讲中提到了一本 Max Hasse 的书(*Hasse 1920*)。爱因斯坦曾看过书的校样并给出了评论(参见 Einstein 致 Max Hasee,1920[第九卷])。Max 将这些评论附在他的著作中。Weyland 利用这个作为他指控爱因斯坦积极参与相对论的宣传的证据(见 *Weyland* 1920c,pp. 13—14)。

[7] 指的是犹太背景。关于在柏林爱乐音乐厅的反犹太性质事件,参见文件 118,注释 5。

[8] Max Planck,Max von Laue。

[9] Elsa Einstein。

[10] Born 解释了他信中言辞过激的原因。在他出版相对论理论(*Born 1920a*)第一版时,他加入了爱因斯坦的照片和简短的传记。这样不仅描述了爱因斯坦的科学成就,而且也描述了他的个性魅力。书出版后不久,他收到了来自 Max von Laue 的一封信,表达了他和他的同事们反对在科学书籍中加入个人照片和传记的意见(参见 *Einstein/Born 1969*,p. 69)。Born 在他的书的以后版本中删除了照片和传记。

176. 致 Lucien Chavan 和 Jeanne Chavan-Perrin

[Benzingen,1920 年 10 月 15 日]

亲爱的 Chavans:

我和我的孩子们[1]现在待在一个偏僻的小村庄,想起了和你们在伯尔尼的时光。[2]阿耳伯特喜欢告诉我他和你们两位一起经历的快乐的事情。[3]几年之前我想去你们办公室找你们，[4]但是你们那时候已出行了。

祝你们好运，希望很快能够相见！

您的
A. 爱因斯坦

AKS(SzBL).[72 354].明信片收信人地址是"Herrn & Frau L. Chavan Breitenrainstr 39 Bern (Schweiz)"的，寄信人地址是"Abs. A. Einstein Haberlandstr. 5 Berlin"，邮戳是"Veringenstadt 15.[10.]20"。

[1] 关于爱因斯坦与他的儿子待在 Benzingen 的内容，参见文件 170。

[2] 在 1903 年至 1909 年期间，Chavans 一家和爱因斯坦一家都居住在伯尔尼，并成为朋友（参见 Lucien Chavan 致爱因斯坦的信，1908 年 6 月 23 日[第五卷，文件 107]，注释 1，爱因斯坦致 Lucien Chavan 的信，1909 年 10 月 19 日[第五卷，文件 180]）。

[3] 这个夏天，Hans Albert 和 Chavan 一家一起留在日内瓦，以提高自己的法语水平（参见文件 81）。在给 Chavan(1920 年 8 月 19 日[SzBL])的明信片中，他对他们表示感谢并邀请他们来苏黎世。

[4] 在瑞士电报局。

177. Vilhelm Bjerknes[1] 来信

卑尔根，1920 年 10 月 18 日

尊敬的同事：

我很遗憾，在您进行您的克里斯蒂安尼亚讲座的时候，我必须得前往挪威最北部处理一些公事。[2]可是现在我从那儿的一次访问中得知，当我返回的时候，我们也仍然可能在那里相遇。根据长期有效的协议，最可能的情况是，一旦我目前的"地球物理"时期结束——这在不久的将来还是有希望的，我还将再次搬到那里。[3]现在我听说您正在很慎重地考虑克里斯蒂安尼亚的事情。

这一"异国"计划会不会得出什么结果，这一点我也不敢说。当然，您会发现，克里斯蒂安尼亚大学在才智上要差一些。但是，这也不是完全没有先例的，尤其是在您的领域。在您之前没有人能够比我的父亲[4]在将重力（和其他自然力量）归结到惯性作用方面做出过更有力的尝试。尽管这种尝试没有涉及弯曲空间内的引力质量的效应，而只是欧氏空间内部自由的充满体积的效应。

我冒昧地将有关这一内容的最重要的出版物送给您——不幸的是这些文章都是我写的。[5]他自己从来没有坐下来写什么，可能是因为他在克里斯蒂安尼亚被孤立了。

我自己渴望回到我从小就接触的研究领域。[6]在我停笔之前，我非常希望知

道,为什么存在这些延伸对比。它们只是一种非常不可思议的巧合的戏剧吗？或者是有更深层次的或真实的原因隐藏在背后吗？如果有的话,是哪一个呢？我想当我能够重新从事这个工作的时候,能有个机会和您讨论这个问题。

您真诚的
V. Bjerknes

TLS.[6 106]. 在信头上打印有:"Professor V. Bjerknes Geofysisk Institut Allégaten 33, Bergen",由于打印的原因,部分的字迹由于胶带的缘故不很清楚。

[1] Vilhelm F. Bjerknes(1862—1951)是挪威卑尔根大学的地球物理学教授。

[2] 爱因斯坦在克里斯蒂安尼亚(奥斯陆)做了三个有关相对论的讲座,分别在 1920 年 6 月 15 日,17 日和 18 日。

[3] Bjerknes 曾在 1907 年和 1912 年间在克里斯蒂安尼亚大学担任应用力学和数学物理教授。

[4] Carl Anton Bjerknes(1825—1903)已经是克里斯蒂安尼亚大学的数学教授。

[5] 可能指的是 *Bjerknes 1900/1902* 和 *Bjerknes 1909*,以及 *Bjerknes, C. 1915*。

[6] 还是个小孩子的时候,Vilbelm 曾与他的父亲合作研究流体力学。

178. 东加利西亚犹太复国主义者学生会来信

Lemberg,1920 年 10 月 18 日

阁下,
非常尊敬的先生：

我们,Lemberg 的东加利西亚犹太复国主义者的大学学者代表,因受到德国学生和伪科学家对您作为犹太人和学者的所采取的无礼的仇恨运动的激发[1],感觉需要向阁下表达我们深刻的尊重和忠诚。

我们犹太人将您,深受尊敬的教授,视为我们犹太人的一分子,视为无比的荣耀和宝贵的财富,我们还指望在不远的将来,耶路撒冷希伯来大学将邀请阁下,使阁下有机会引领出色的学生社团。[2]

我们只需回忆起 Disraeli 给 Bismarck 的著名的话："当你们还穿熊皮在森林里爬的时候,我们已经站在顶尖的文明和让人敬仰的高度之上。"[3]

我们很荣幸并恭敬地签下阁下大为致力的"(犹太复国主义协会劳工总会)"。

Abraham Schwarz 博士

TLS. [36 048]. 文件底部有一个手写的脚注:"Abs: H. A. Z p. [Adr.] D. Lauterpacht Lemberg Rutowskiego 6。"

[1] 指的是 8 月下旬在柏林爱乐音乐厅针对爱因斯坦和他的相对论的攻击(参见文件 111)。

[2] 关于爱因斯坦参与希伯来大学的计划,参见第九卷序言,xlv—xlvi 页。

[3] 极有可能是错误地引用了 Benjamin Disraeli 对爱尔兰民族主义者 Daniel O'Connell 的著名反驳。在 1835 年的政治仇恨事件中,后者对 Benjamin Disraeli 的犹太祖先发出了攻击。在给《泰晤士报》的信中,Disraeli 说:"是的,我是犹太人,当这位议员的祖先是一个未知的岛屿上残暴的野蛮人时,我的祖先是所罗门圣殿的祭司。"Disraeli(1804—1881),当时是保守党,后来成为英国首相。Prince Otto von Bismarck(1815—1898)是普鲁士的宰相,后来的德意志帝国宰相。

179. 致 Elsa Einstein

[Sigmaringen,] 星期二, [1920] 年 10 月 19 日

亲爱的 Else:

现在我回到了 Sigmaringen,在这里我准备带上 Brandhuber 到 Benzingen 去。这趟和孩子们通过多瑙河流域的旅行简直是棒极了。[1]我们接着还爬上了靠近 Singen 的 Hohentwil 山。[2]最后我们开车去了 Constance,在这里我给 Albert 买了些乐谱,Tete 买了一本马克·吐温的书。[3]然后孩子们拜访了他们在 Donaueschingen 的母亲,之后才继续他们的回家之路。[4]今天,我在当地的城堡里看到了辉煌的艺术珍宝。[5]孩子们现在都发展得很好。Albert 很实际,如果抛开他对音乐的热爱不谈的话。[6]他将选择他自己的路。在他完成自己的学业后,他想去南美洲。至于小男孩,相对于他所有的童真来说,已经向前迈了一大步。他给我读他自己最喜欢的书——Habberton 写的 *Budge & Toddie*。[7]人类最深处的感情似乎都难以到达他们的内心——唉。我们之间很合得来,再也没有以前的紧张感,[8]但是我不能把他们看做是我临时的继任者。他们都有宽大而肥厚的手,并且就他们的理解力而言,总感觉有一种四脚动物的感觉。明天或后天,就去荷兰[9]了;然后,谢天谢地,就可以再次回到家了。想想已经买到的房子吧![10]

把最快乐的问候留给你们。

你的
阿耳伯特

安慰一下 Moszkowski 吧,他写的关于我的书不能面市真是灾难性的![11]

AKS. [143 107]. 明信片是写给"Frau Elsa Einstein Haberlandstr. 5 Berlin",邮戳是"Sigmaringen 19. 10.

20. 5—6N[achmittags]"。

[1] 爱因斯坦正与他的儿子在 Benzingen 度假（参见文件 170）。Camillus Brandhuber 是他们的房东。

[2] 距 Konstanz 附近小镇 Singen 约 686 m 远的 Hohentwiel。它是德国最大的要塞遗址之一。

[3] Hans Albert 和 Eduard。

[4] Mileva Einstein-Marić，他们显然正从 Donaueschingen 乘火车前往苏黎世。

[5] 极有可能是 Burg Strassberg。它距离 Benzingen 6 km, Sigmaringen 19km。

[6] 关于爱因斯坦对 Hans Albert 的早期描述，参见本书第八卷，文件 361b。

[7] Habberton 1886。

[8] 关于 Hans Albert 先前针对爱因斯坦的指责的例子，参见本书第八卷，文件 442a。

[9] 去接受他在莱顿大学特聘教授的职位（参见文件 155）。

[10] 一个月前，爱因斯坦曾敦促 Elsa 考虑在柏林以外购买一套房子和一艘帆船（参见文件 149）。

[11] 由于 Hedwig Born 的坚持，他收回了已经授予 Alexander Moszkowski 出版后者的著作《爱因斯坦谈话录》的版权。爱因斯坦给 Moszkowski 发了一封挂号信，不允许出版该书（参见文件 174）。

179a. 致 Elsa Einstein

[莱顿，]星期五，[1920 年 10 月 22 日]

亲爱的 Else：

在经过了一个快乐的晚上旅行之后，(多亏 Ilse)[1]昨天晚上 12 点我们已经安全抵达 Utrecht。在那里我一直待到（和 Julius 以及他的妻子，他昨天犯心脏病了）[2]晚上。然后我们才到莱顿，给了 Ehrenfest 一个惊喜。[3]这是一次激动人心的重聚。因为和他在一起的两个俄罗斯人曾经也待在柏林[4]。同事 Onnes 也邀请了我[5]，我和他住在一个优雅的房间里。他和他的妻子人都很好，我现在准备 11 月 7 日去柏林[6]，因为 Ehrenfest 和 Kam[erlingh] 写信给 Benzingen 说服我在 11 月 6 日去汉诺威演讲。[7]

致以温暖的问候。

你的

阿耳伯特

[……][8]

AKS. (Stuart Lutz Historic Documents). [86 433]. 该明信片的收件人地址是"Frau Elsa Einstein Haberlandstr. 5 Berlin"，回信收件人地址是"A. Einstein b. Prof. Kamerlingh Onnes Leiden"，邮戳是"Leiden 4 22. X. 20. 3—4N[amiddag]"。

[1] Ilse Einstein 是爱因斯坦的秘书。

[2] Willem Julius 和 Betsy Julius-Einthoven。在 9 月，Julius-Einthoven 邀请爱因斯坦返回荷兰时顺

路拜访 Julius 家族(参见年表和日程表中 1920 年 9 月 11 日前的记录)。

[3] 爱因斯坦曾由 Benzingen 寄给 Paul Ehrenfest 一封明信片,通知他计划于 10 月 22 日抵达,以赶上他在莱顿大学的就职演讲(参见文件 163)。

[4] 可能是 Vladimir M. Chulanovsky 和 Aleksandr A. Arkhangelsky。他在 9 月初拜访了爱因斯坦(见文件 139,注 4)。

[5] Heike Kamerlingh Onnes。

[6] Catharina Augusta Kamerlingh Onnes(1861—1936)。

[7] 爱因斯坦曾与他的儿子一起在 Benzingen 度假。汉诺威的演讲原定于 11 月 3 日(参见文件 163,注 2)。

[8] Paul Ehrenfest 的后记被省略了。

180. Bertha Moszkowski 来信

1920 年 10 月 22 日

亲爱的,尊敬的教授:

尽管您马上将会从您的妻子 Else 那里知晓我马上要和您说的事,但我还是忍不住想重复一遍。

在那个糟糕的星期五,当您的信到达时,Alex 立即放下所有的事情去实现您的愿望。[1] 在 10 点钟的时候,出版商就已经到我们这儿了,当他看到我丈夫所处的状态并且听到他真诚的恳求后,初步同意了他的要求并立刻给 Leipzig 那边发电报,停止了快要完成的书的印刷。由于他欠我丈夫钱,他同时保证会承担超出的部分费用。并且他说服他的合伙出版商 Fontane, Hoffmann 和 Compe 采取同样的立场。那是一个为了此书而新成立的出版商。

这是星期五的事。

在星期六和星期天,我们没有收到任何消息。然而,在星期一的一个会议上,两个出版商都声称让他们信守承诺是不可能的事,这个交易是没法避免的。他们无法接受在众多已经向他们提交过订单的销售商面前蒙羞。他们会因此名声扫地,并会因此再也无法让销售商们对他们提出的销售生意做出回应。现在已经有迹象表明,他们的牺牲会很大。

我丈夫的建议已经完全没用了,他已经准备好牺牲任何事情。他甚至准备放弃他的任何东西。但是出版商绝对不会放弃他们所期望的巨大利益。

我还能对您说些什么呢?因为这几天的事我已经精疲力尽了。

在这个著作的序言里将提到您没有读过这本书,并且我丈夫将会独自承担写作责任。[2]

现在我认为，在和您的朋友和孩子们度过了一段愉快的时间后，您抛弃了那些不公正的观念。又有谁和什么东西可以伤害您呢？您又有几个朋友或顾问可以完全不羡慕您呢？难道他们没有想过从您这得到什么东西吗？难道他们都不会用您的名字得到好处吗？而偏偏我的 Alex 就应该拒绝这些吗？羡慕您的人会沉默吗？伟大的人都是一个容易打击的好目标，但是那些箭头肯定会从您身上反弹回去的。

我很希望，您的正义感不会让我们之间的友情产生阴影。我的丈夫是无辜的，时间会表明他为放弃付出了多少。

您给我们写封信才会让我们安心，哪怕通过 Else。

当初那本书准备出版的时候，我丈夫是多么高兴。现在由于这件不幸的事，他被剥夺了这份欢乐。现在只有我们确定您的朋友 Born 的劝说实际上经受不住事实的考验，我丈夫、我和 Richard 才会再次高兴起来。

Born 写的关于您的传记是非常热情的，当然也不会伤害到您。[3]

X 射线能够穿透所有东西，当然也包括您和您的名声，您和您的妒忌者必须就这件事达成协议。

致以敬意和最真诚的友情！

您的
Bertha Moszkowski

ALS. [44 486]. 在文件的左边的空白处有活页夹穿孔。

[1] 爱因斯坦不允许 Moszkowski 的著作出版（参见文件 174）。

[2] 在该书的第 1 版，Moszkowski 承担了全部责任:"我声明，阿耳伯特·爱因斯坦在出版前对于该书的最后成文并不知情"（"Ich bekenne, daβ Albert Einstein von der definitiven Wortfassung, besonders meiner eigenen Werturteile über seine Persönlichkeit, vor Drucklegung keine Kenntnis hatte". *Moszkowski 1921*, p. 8）。

[3] Max von Laue 和他的同事对 Bertha Moszkowsi 的乐观看法表示不赞同（参见文件 175，注释 10）。

181. Edgar Wöhlisch[1] 来信

基尔, Med. Univ. Klinik, 1920 年 10 月 25 日

尊敬的教授：

受液体有机混合物能量和摩尔体积之间的关系的一篇文章的困扰，[2] 我怀

着最真诚的敬意冒昧地请教您关于这一物理现象的意见。

关于这篇文章,我精读至今,其大概的意思是:给定不同的同分异构的混合物,这些含有大量燃烧热的物质必须有大的摩尔体积。然而,我用现有的材料做的一些简单的实验并不能总是证明这一观点,因此我非常想知道,是否有类似的摩尔体积(例如,van der Waals 测得的 b 常量)和燃烧热,作为我们现代分子运动理论的一个假定条件?是不是在我们相信的事件中有可能所有的关系都是颠倒的,还有哪些物理理论是关于这方面的呢?

鉴于您满怀善意地对我这些问题的真诚思考,我愿把最乐于助人的感谢送给您。

怀着崇高敬意的,您真诚的
Edgar Wöhlisch

ALS.[23 496].

[1] Wöhlisch(1890—1960)在基尔大学做医学助理。

[2] 在 *Wählisch 1921*,p.296 中最初提及了这个问题作为最初的研究动机,而后研究重点又转为分子体积的差异以及如何用可靠的方法来确定后者。

182. 致 Max Born

[莱顿,1920 年 10 月 26 日]

亲爱的 Born:

我断然拒绝了我的名字出现在 M[oszkowski]的书里。[1] Ehrenfest 和 Lorentz 建议诉诸法院,但这只会增加更多的丑闻。[2] 随着对这件事参与和发表个人意见的人增加,整件事情对我来说仍是无关紧要的。所以我身上不会发生任何事情。在任何情况下,我都会在庭外采用最强的手段,尤其是通过断绝关系作为威胁。顺便说一下,M 先生对我来说,比 Lenard & Wien 还要完美。后者只能使爱变得更糟糕,[3] 而前者仅仅是为了挣钱(这样实际上更理性更完好)。我应该像所有的人对我的期待一样,做一个漠然的旁观者,而不是让自己变得像在巴德瑙海姆一样对这种事情保持激动。[4] 在这样一个糟糕的圈子里,我可能完全失去我的幽默感,真正莫名其妙的是,昨天 Lorentz 在他的演讲中谈到你协调各方面事务时,[5] 我当时也在场!他是个多么令人钦佩的人!

在此献上对你和你的妻子亲切的问候。

我非常荣幸到莱顿,能与 Weiss 和 Langevin 一起度过这样一个美好的时光。[6]

AK(GyB, Nachl. Born, Nr. 188, Bl. 16). *Einstein/Born 1969*, pp. 66—67. [8 154] 明信片是写给"Herrn Prof. Dr. Max Born Cronstettenstr. Frankfurt a. M",回信收件人地址是"Abs. A. Einstein vom 7. XI in Berlin",邮戳是"Leiden 4 26. X. 20. 3 - 4N[amiddag]"。

[1] Born 建议收回对 Alexander Moszkowski 的与《爱因斯坦的谈话》一书的赞同意见,见文件 175。

[2] Paul Ehrenfest,Hendrik A. Lorentz。

[3] Philipp Lenard,Wilhelm Wien(1864—1928)是德国慕尼黑大学实验物理学教授。Wien 认为 Lenard 包含"犹太人的影响",但他拒绝"Spektakelantisemitismus"(1920 年 2 月 12 日 Wilhelm Wien 致 Philipp Lenard,GyMDM)。他还相信 Lenard 在爱因斯坦对柏林爱乐音乐厅事件的反应中受到不公正的待遇(*Einstein 1920 f*[第七卷,文件 45]),并反对在巴德瑙海姆举行投票支持爱因斯坦(1920 年 8 月 31 日 Wilhelm Wien 致 Philipp Lenard,GyMDM)。事实上,为了确保"尽可能的客观",他与 Max Planck 对爱因斯坦同意在巴德瑙海姆举行的德国自然科学与医学学会(Gesllschaft Deutscher Naturforscher und Ärzte,GDNÄ)会议上由 Friedrich von Mülller 致开幕辞表示不满(Wien,引自 *Forman 1986*,p. 68)。关于 Müller 的开幕致辞和 Wien 参与德国物理学会改革,见文件 153,注 4。

[4] 关于 GDNÄ 会议的事件,见文件 154。

[5] 可能指 Born 的方法,要求每单位元势能最小,可使用平衡条件计算晶格特性,例如,见 *Born and Landé 1918*。

[6] Pierre Weiss,Paul Langevin。在低温条件下的顺磁性会议在莱顿大学举行(《磁铁周报》)。关于 Ehrenfest 出席本次会议的计划,见文件 83 和 127。与会者有 Ehrenfest,爱因斯坦,Heike Kamerlingh Onnes,Johannes P. Kuenen,Langevin,Lorentz 和 Weiss。这次会议由杜弗罗德国际研究所 (Institut International du Froid)主办(见 *Rapports 1923*,p. 131,注 1)。更进一步的讨论,见导言,第四节。

183. 致 Elsa Einstein

[莱顿,]星期二,[1920 年 10 月 26 日]

亲爱的 Else:

这里太豪华了。[1]以前,我一直和 Kamerlingh-Onnes 的哥哥生活在一起,Kamerlingh-Onnes 的哥哥是一个优秀的画家,他生活在一个布置简单得难以置信的家里,有一个同样有很高画画天赋的儿子,两个非常漂亮的女儿,更不用说,还有一个美丽体贴的妻子。[2]现在我生活环境的这种变化是由生活在 Ehrenfest 的两个俄国人,以及生活在 K.-O 的 Weiss 和 Langevin 引起的。[3]而后者(Langevin)是我非常期待想见到的人,他今天下午将抵达这里。这已经提前给明天那个著名的就职演讲蒙上了一层神秘的色彩。[4]

昨天我收到了 Born 寄来的一封信,随信寄来了一份枯燥无味的关于

Moszkowski 那本书的商业广告。[5]昨天我写信告诉他,说与他终止所有与此书相关的各种事务。[6]而我也不再进行法律诉讼(这些是 Born 建议的),因为这只会增加丑闻。[7]这件事比公司的事情更令人痛苦。[8]如果它在柏林的影响变得太令人不安,我别无他法,只能缺席这次活动。[9]现在这件事对我也一样。

亲吻你,孩子们和长辈们。[10]

你的
阿耳伯特

AKS.［143 108］. 明信片是写给"Frau Elsa Einstein Haberlandstr. 5 Berlin",回信收件人地址是"Afzender: A. Einstein Leiden",邮戳是"Leiden 4 26. X. 20. 3—4N[amiddag]"。

［1］爱因斯坦在莱顿的特聘教授就职演说(见文件 155)。

［2］Menso Kamerlingh Onnes;他的儿子 Harm;他的女儿 Jenneke(1894—?)和 Elisabath Maria(1897—?);他的妻子 Catharina Augusta。爱因斯坦也一起表演家庭成员三重奏(见 NeLR, Ehrenfest Archive, Notebook, ENB:1—26, page opposite to no. 5548)。

［3］Paul Ehrenfest;可能还有 Vkadimir M. Chulanovsky 和 Aleksandr A. Arkhangelsky(见文件 139,注 3);Heike Kamerlingh Onnes;Pierre Weiss;Paul Langevin。后面的 3 人参加了在莱顿的关于低温条件下顺磁性的会议(见前面的文件,注 6)。

［4］任命过程中的许多延误(见导言,sec. Ⅲ)。

［5］关于 Max Born 给 Alexander Moszkowski 讨论出书的信,见文件 175。

［6］两个星期以前,爱因斯坦已通知 Max Born,他已经发出了一封挂号信到 Moszkowski,不准他出版该书(见文件 174)。

［7］指 Born 的来信,见文件 166 和 175。Lorentz 和 Ehrenfest 规劝爱因斯坦不要听从 Born 的建议(见文件 182)。

［8］指 Paul Weyland 的"工作社团"("Arbeitsgemeinschaft")(见文件 108,注 6,和 Einstein 1929f[第七卷,文件 45])。

［9］8 月在柏林爱乐音乐厅事件之后,爱因斯坦已经开始考虑离开柏林和德国(见文件 111 和 137,注 1)。

［10］Ilse 和 Margot Einstein;Rudolf 和 Fanny Einstein。

184. 致 Elsa Einstein

[莱顿,][1920 年]10 月 28 日

亲爱的 Else:

昨天是我的就职演讲,有很多人出席这次活动,场面非常壮观。[1]而这次就职演讲进行得非常顺利,也非常愉快。当天晚上在 Kamerlingh Onnes 举行了聘请仪式。[2] Langevin 是一个可爱的小伙子。[3]再次见面,我们诚心地亲吻彼此。

星期六是学会的活动日。[4]因此我会与Lorentz多待一天。[5]而Moszkowski的事比你想象中的更糟糕。但是我们会挺过来的，如果我们不对这些事情做任何反应，我们将会引起人们的愤怒。[6]可以肯定的是，Moszkowski所做的事带来的伤害比Lenard和Gehrcke加起来还要多。[7]你说得没错，你可以更改标题。[8]但用处不大。

问候大家并给大家一个吻。

你的

阿耳伯特

小心购房。[9]你暂时接受明年冬天去美国的邀请。[10]我没有时间去处理这里的信件。

AKS. [143 109]. 明信片是写给"Frau Elsa Einstein Haberlandstr. 5 Berlin"，邮戳是"Leiden 4 29X. 20. 12 - IV〔oormiddag〕"。在后记中，Paul Ehrenfest 补充说："Wir haben dafür gesorgt dass Einstein warm gekleidet ist-Er war nicht genügend warm ausgerüstet. Die Rede war sehr schön und alle（auch er）waren sehr froh – Grüße P. E."。

[1] 关于他被任命为莱顿大学特聘教授（见文件155）的就职演讲（*Einstein 1920j*〔第七卷，文件38〕）。爱因斯坦在莱顿大礼堂的演讲吸引了大量观众，迎来了热烈的掌声（见《爱因斯坦在莱顿》，《纽约时报》，1920年10月29日，又见《新鹿特丹报》，1920年10月27日，晚间版。）

[2] Heike Kamerlingh Onnes。

[3] Paul Langevin。

[4] 爱因斯坦5月29日正式当选为阿姆斯特丹皇家科学院外籍院士（见文件40）。

[5] Hendrik A. Lorentz。

[6] 对于Alexander Moszkowski的书 *Einstein im Gespräch*，他曾试图阻止其出版。6天前，Bertha Moszkowski已通知他由于财务和声誉的原因，出版商不愿停止该书的出版（见文件180）。

[7] Philipp Lenard对相对论的攻击见文件154，Ernst Gehrcke见文件111。

[8] Hedwig Born引用了标题"Einstein im Gespräch"（见文件166）。*Moszkowski 1921* 最终以"Einstein. Einblicke in seine Gedankenwelt, gemeilnverständliche Betrachtungen über die Relativitätstheorie und ein neues Weltsystem. Entwickelt aus Gesprächen mit Einstein von Alexander Moszkowski"出版。

[9] 关于在柏林之外购买房子见文件179。

[10] 受John G. Hibben的邀请就任普林斯顿大学特聘讲师（见文件160）。

185. Max Born 来信

美因河畔法兰克福，1920年10月28日

亲爱的爱因斯坦：

我很高兴,你针对 M[oszkowski] 的书采取了强有力的行动。[1] 未来会告诉我们这些行动是否足以防止更坏的影响。最主要的是,你有决心使你的和平想法不受其他任何事的干扰。但是,最终的结果是,你不是唯一的参与者;而是我们,冒昧地称自己为你的朋友,我们也同样笼罩在恶臭之中,我担心我们不能像你打算的一样仅仅保持我们的鼻子闻不到这种恶臭。你可以溜走去荷兰,但是我们只能待在 Weyland、Lenard、Wien 以及他们同伙的地盘上战斗。[2]

我赶紧在荷兰给你写信,因为我想知道 Fokker 先生的地址。他给了我一份完整的文件,在这份文件中,他免除了我年轻时的罪。信封上有地址,但我因为哮喘卧病在床,[3] 没有注意到地址,而我的孩子撕毁了信封。我非常想向 Fokker 先生表达我的感谢,Ehrenfest 会知道他住在哪里的。

正好 Ehrenfest 传给你 Boguslavsky 写的一封信的一个副本,[4] 那是我传给他的,主要是考虑如何去帮助穷人。Planck 给我写过信,他本人非常乐意提供帮助,但是在柏林什么都不能正式地去做。现在我正和 Hilbert 协商让他通过 Wolfskehl 基金邀请 Boguslavsky。

很高兴你在荷兰一切顺利。但是,请你千万不要对我生气,在经历了那些事情之后我强烈质疑你对人性的了解以至于无法体会你对 Lorentz 的钦佩。[5] 你把 Lenard 和 Wien 视为魔鬼而把 Lorentz 视为天使。我认为两者都不够准确。在我们这个贫穷的国家,尽管我们并不是基于天生的恶意,但前者可能有政治缺陷[6]。然而,之前我在格丁根看见 Runge 瘦弱的样子,看上去只剩下骨架,我改变了这种看法。[7] 直到此时,我才明白了这里发生了什么事情。相比之下,你也知道,Lorentz 拒绝为 Planck 的 60 岁生日写些东西。[8] 我很不赞成他这种做法。希望你能转告他。当然,每个人可以对 Planck 有不同的看法,但是只有那些缺乏这些品质的人才会怀疑他的诚实和高尚的人格。相比对正义的珍视,Lorentz 显然更加担心失去他那些亲密的朋友。事实上,他所做的关于栅格计算的讲座并没有吸引我。此外,那并不是我反对他的唯一之处,但是我写信并不只是为了抱怨,恰恰相反,我坦白地承认,当我知道你与 Lorentz、Ehrenfest、Weiss 和 Langevin 在一起,[9] 我发现比和 *Freibadsder Musen* 的作者交往更受欢迎。[10] 你可能也知道 Chulanovsky 先生[11] 来自俄国,因此我们可以问他关于 G. Krutkow[12] 的事,他送给我一份关于绝热不变量的文稿,这对我来说太精彩了。他一定是一位杰出的理论家,在我的妻子送出她最诚挚的问候之前,我从来没有听说过他。我的妻子是一个拼命工作的人,[13] 因为我们的厨师在几周前因为偷窃和欺骗(有无数的实例证明)被解雇了。此外,我因为哮喘一直处于卧床的糟糕状态,直到昨天还需要监护。孩子们都很好。[14]

随信送上我诚挚的问候。

你的
Max Born

ALS. *Einstein/Born* 1969，pp. 70—71.[8 155].

[1] 关于爱因斯坦抗议 Aleksander Moszkowski 的书出版，见文件 183。

[2] Paul Weyland，Philipp Lenard，Wilhelm Wien。

[3] 该文件见 *Fokker 1920a*，或较短的英文版本 *Fokker 1920b*，他在其中简单推导了由于中性原子中电子的运动产生电流，而不是 *Minkowski and Born 1910* 给出的结果，Born 在 Minkowski 去世后，基于其思想做了一系列工作。

[4] Sergei A. Boguslavsky(1883—1923)，曾在弗莱堡大学和格丁根大学开展研究工作，是萨拉托夫大学物理学教授。关于他给伯恩的信，见 *Einstein/Born 1969*，pp. 75—77。

[5] 在给 Born 的信(文件 182)结尾，爱因斯坦称 Lorentz 为"一个可敬的人"("ein verehrungswürdiger Mensch")。

[6] Wilhelm Wien 和 Philipp Lenard 持有强烈的民族主义观点(见 *Beyerchen 1977*，pp. 79—91，和 *Wolff*，*S. 2003*)。

[7] Otto Runge。

[8] Planck 的 60 岁生日是在 1918 年 4 月 26 日。

[9] 爱因斯坦，连同 Hendrik A. Lorentz，Paul Ehrenfest，Pierre Weiss 和 Paul Langevin 出席了在莱顿大学举行的低温条件下顺磁性的会议(见文件 182，注 6)。

[10] Alexander Moszkowski。

[11] Vladimir M. Chulanovsky(1889—1969)是圣彼得堡国家光学研究所的物理学家；Yuri A. Krutkov(1890—1952)在圣彼得堡辐射研究所工作。在 1908 至 1910 年间两人都共同出席了 Ehrenfest 的讨论会(见 *Frenkel 1971*，p. 32)。

[12] *Krutkow 1918/1919*。

[13] Hedwig Born。

[14] Irene 和 Grittli。

186. Paul Hertz[1]来信

格丁根，黎曼街 34 号，1920 年 10 月 28 日

尊敬的爱因斯坦先生：

我收到一封匈牙利熟人的来信，在信中她请我介入一件关于一名匈牙利工程师的事情。[2] 他似乎是一个很特别的人；他是一名人民委员，这就是他为什么正处在被判死刑的危险之中的原因。正如这位女士所写，他从来没有伤害过任何人。

这位工程师在狱中写了一些科学论文。我的朋友认为，如果这些论文可以

引起广泛的关注,那么匈牙利政府就可能将他改判缓刑。因为这些论文目前不在我这里,所以我不能够发给您。可能您自己可以很容易地获得它(József Kelen, Budapest, issues 20 and 30 of Zeitschrift für Elektrotechnik und Maschinenbau, 1920)。[3] 不幸的是,如果我现在写一些关于这件事情的东西,可能会引起很大的混乱;但是,如果是您的一篇文章的话,也许可以起到一定的效果。

另外一个可能的办法就是联合一些重要的物理学家和工程师发表一个公开的呼吁。这个办法曾经在营救 Lukács 的日子里成功地实施过(Harnack 也参与了这次行动)。[4] 我听说飞利浦·弗朗克(维也纳)想要做一些尝试。[5]

当然,很遗憾我不能够给您提供所有的细节。我已经写信给这位女士,让她现在就给您提供一些信息(品格,前史)。因为事情特别紧急,所以我现在就写信给您,以便您有时间来决定是愿意等待更多的信息还是马上就采取行动,我们的荷兰同事能够向您提供一些帮助。[6] 我写信告诉这位女士直接向您转达必要的信息。

抱歉给您带来这么多麻烦。但是这确实涉及挽救一个人的生命。

给您最好的祝福。

您亲爱的
P. Hertz

ALS. [12 210].

[1] Paul Hertz(1981—1940)是格丁根大学讲师和名誉理论物理学教授。

[2] Jolán Kelen-Fried, József Kelen 的妻子,在她的 1920 年 10 月 10 日[12 213] 信中向 Hertz 寻求帮助。信中称呼"亲爱的先生",这表明它是发送到多个收件人的副本。

József Kelen(1892—1939?)是一个工程师,担任过匈牙利苏维埃共和国政府的人民社会事务委员。4月,共和国失败之后,他和 9 个前委员被逮捕和审讯(见 Rév 1969)。至于对他的起诉和审判后的结果,见文件 202,注 4。

[3] Kelen 1920;在该杂志第三十论题中没有凯伦的文章。在她给 Jolán Kelen-Fried 的信中提到过来自同一期刊的三篇论文。她补充说,论文写于 József Kelen 逮捕之前:那些在监狱里的研究不被当局允许出版。

[4] Adolf von Harnack。

[5] Frank(1884—1966)是布拉格的德文大学理论物理学教授。

[6] 很可能指 Hendrik A. Lorentz 曾帮助爱因斯坦与比利时的同事联系,当时爱因斯坦是第一次世界大战后德国的战争委员会成员,调查在第一次世界大战的最初几个月所犯罪行(见爱因斯坦致 Hendrik A. Lorentz, 1919 年 4 月 26 日[第九卷,文件 28])。

187. Bertha Moszkowski 来信

1920年10月28日

尊敬的教授：

我的丈夫今天收到了您邮寄的来信，信中那巨大的、不公平的打击完全降临在一个无辜的人身上。[1]

无论如何，书商[Börsen]寄给您的几页材料并不是针对一般大众的，它们之所以到了您的手中仅仅是一些出版商的轻率和蓄意中伤。[2] 即便是报纸都不采用这些广告，您必须相信我，我和我的丈夫从来没有看过那篇文章并且也不知道这则广告。

我的丈夫把书给了出版商；他从来没有考虑过要自己来销售它们。当 Else 告诉我广告的事情时，我立刻安排她当面跟出版商谈一下，因为她知道如何准确地表达。

她将会证实我告诉您的话；她可以从他那里听说取消这件工作是不可能的事情。

同时，您可能也知道标题已经被修改过了，因此，您的个人成果也完全被排除掉了；现在您同样知道，更多的通过各种方式来抨击您的内容都已经从书中删除了。[3]

现在我必须说明，我丈夫写的任何关于您的内容都不是"公开宣传"。[4] 在《一千个奇迹》[5]中他把您抬高到一个令您的敌人所嫉妒的位置。这本书到现在已经第 40 次（40^m）印刷了，并被广泛阅读，但是并没有提到您的敌人前面所说的"公开宣传"的证据。

Max Born 在《爱因斯坦的肖像》中讲述了爱因斯坦的相对论。[6] Freundlich，爱因斯坦引力论的基础
爱因斯坦的序言

您知道，才 10 行而已。

所以，严肃的科学工作者可能已经不得不在不公开的情况下写书。但是，您当然很清楚肖像和序言对于自己的书来说有多么大的意义。您相信对于朋友的最绝对的公平，并且您当然有自己的理由来这样做。

但是作为您忠实的朋友，相对于其他任何人，您尖锐的话语已经深深地打击了我们。这则可怕的广告在 Buchhändler blatt 上出现了一次；当我丈夫知道了

之后，就像您的妻子一样，他找到出版商寻求承诺，即便在那儿，也没有看到这则广告和自己的授权。

我的丈夫现在不能写字，这就是由我来写这封信的原因。

我们只有一个愿望，就是您能够坚定地相信我的丈夫从来没有忽视过对您的意愿的考虑，但是对于不可能完成的事情，他失败了，在您知道了所有他遵照您的意见所做的事之后，您就会收回猛烈的抨击。

您亲爱的
Bertha Moszkowski

ALS.［44 487］．在文件的左边有活页夹穿孔。

［1］很明显，这个文件是对爱因斯坦信件的答复，在文件 183 中提到，爱因斯坦威胁 Moszkowski，如果 Moszkowski 没有终止他关于爱因斯坦的书的出版，将与他断绝来往。

［2］关于 Moszkowski 的书，《德国图书贸易》在财经报纸为其做了广告，见文件 175，注 1。另一方面关于 *Borsenblatt* 的有限读者，见 Arnold Berliner 的评论，文件 217。

［3］很明显，Elsa Einstein 坚持 Moszkowski 更改书名（见文件 184）。关于前言插入一个声明，见文件 180。

［4］Hedwig 和 Max Born 认为 Moszkowski 的书具有自我广告作用（见文件 166 和 175），最近的公开反对爱因斯坦和他的理论的活动使得销售额增大（见文件 111）。

［5］*Fürst and Moszkowski 1916*。

［6］对于 Born 出版爱因斯坦的肖像和传记的不利反应，见 *Born 1920a*，文件 175，注 10。

188. 致 Elsa Einstein

［莱顿，］星期日，［1920 年 10 月 31 日］

亲爱的 Else：

昨天，我和 Langevin 及 Weiss 一起去了科学院。[1]晚上，Zeeman 邀请我到他那儿去，而那两个人则想去拜访 Lorentz。[2]这两个法国人很快就离开了，如果没有重新安排我第六个在汉诺威发言的话，我也打算早点离开。[3]现在，距离我最终回去和你们团聚还要一整周的时间。在这期间，我的任务是工作。如果没有这些任务，生活将是美好的。我已经变得非常胖了。Ehrenfest 正在因为胃的问题而备受折磨，有点像我过去的样子。[4]他昨天不能一同前来阿姆斯特丹。

亲吻所有的人。

你的
阿耳伯特

AKS.［143 110］．明信片是写给"Frau Elsa Einstein Haberlandstr. 5 Berlin"的，邮戳是"Leiden 4 31. X. 20. 3—4N［amiddag］"。

　　［1］在阿姆斯特丹举行英国皇家科学院科学会议（见文件184）。Paul Langevin 和 Pierre Weiss 出席"磁性的一周"会议（见文件182，注6）。

　　［2］Pieter Zeeman 和 Hendrik A. Lorentz。

　　［3］他的汉诺威演讲原定计划在11月3日（见文件163），但他应 Ehrenfest 和 Kamerlingh Onnes 的要求决定推迟3天进行（见文件179a）。

　　［4］关于爱因斯坦早期的腹部疾病，见本书第八卷，文件513a。

189. Adriaan D. Fokker 来信

代尔夫特 Rotterdamsche 路2号[1]，1920年11月2日

亲爱的教授：

　　我是个经常想向您请教问题的人。现在，我正在思考如下一些问题。

　　在欧几里得-闵可夫斯基时空$(-1,-1,-1,c^2)$中，在某个特定的速度下，用一个陀螺仪来描述一个平面圆。如果旋转轴不垂直于圆平面，那么陀螺仪会不会有进动呢？

　　根据 Lorentz 收缩，陀螺仪质量的"惯性的中心"确实不处在这个轴的方向。这可能是导致进动的一个原因。

　　我之所以想到这个问题，是因为它可能解释 Schouten 和我的计算结果的差异。[1]虽然如此，我们还是可以期待这样的一个进动取决于旋转速度的大小（因为在快速旋转时惯性中心会跟旋转轴有很大的偏移），这也可能解释这种差异的错觉。

　　您是否曾经为这个问题苦恼过？我们应该相信什么？明天11:00到11:30我们将到 Ehrenfest 家里去道别。[2]如果您愿意给 Ehrenfest 打个电话的话，他就可以告诉我您的回复。

　　您打算周四离开吗？[3]来自我们的最亲切的祝福[4]，再见！

您最真诚的
A. D. Fokker

ALS.［11 038］．

　　［1］见 *Schouten 1918* 和 *Fokker 1921*。Jan A. Schouten(1883—1971)是代尔夫特(Delft)技术大学数学教授。关于 Schouten 和 Forker 之间计算测地进动的差异，主要原因是 Schouten 没有考虑广义相对论

的影响,而仅计算了由于(引力引起的)空间曲率导致的进动量。这部分仅占全部测地进动的 2/3,另一部分则是由于现在所谓的引力场的"引力-磁(gravito-magnetic)"部分的相互作用结果。关于爱因斯坦的评论和 Lorentz 早些时候对 Schouten 计算的回复,见爱因斯坦致 Paul Ehrenfest,1919 年 3 月 22 日(第九卷,文件 10),Hendrik A. Lorentz 致爱因斯坦,1920 年 2 月 11 日(第九卷,文件 308),和爱因斯坦致 Hendrik A. Lorentz,1920 年 3 月 18 日(第九卷,文件 356)。

[2] 爱因斯坦曾因要作特聘教授就职演说访问过莱顿(见文件 184)。

[3] 事实上,爱因斯坦可能第二天,即星期三,1920 年 11 月 3 日就离开了(见年表和日程表)。

[4] Fokker 和他的妻子,Margaretha Fokker-Kessler。

190. Willem de Sitter 来信

Arosa[1],1920 年 11 月 4 日

亲爱的爱因斯坦:

我作为一种巨大的享受读完了您在莱顿的就职演说。[2]特别令我感到愉快的是您用这样一种结尾强调了对自然的纯粹机械解释是站不住脚的。在我还是个学生的时候(大概在 1894 年),我经常对人们用以太或者电学来解释物质非常不满,现在却回过头重新用以太对物质进行解释! 对我来说,这常常看起来非常荒谬。现在,您决定把 $g_{\mu\nu}$-空间称作"以太",并且您令人信服地展示了作为一个物理上的最初的物质,这个以太就算不比"物质"更好,至少也和它一样好。我的观点是,没有理由来寻找惯性的物质载体。Mach 的要求对我来说也非常简单,就是为解释自然的机制去寻找一个余数(在一段距离之内的运动的基础上)。[3]以太是惯性的载体。这些物质点就是以太中的间断点,比如,在 $g_{\mu\nu}$-空间;这个空间本身就是所谓"实在"。

从这个观点来看,您的系统($ds^2 = -d\sigma^2 + c^2 dt^2$)中的以太看起来并不比我的($ds^2 = -d\sigma^2 + \cos^2\chi c^2 dt^2$)有更多优势;

$$d\sigma = 空间线元素 =$$
$$d\sigma^2 = dr^2 + R^2 \sin^2\chi [d\psi^2 + \sin^2\psi d\theta^2], \chi = r/R$$

在闭合空间中描述"空间周围的路径"是不可能的,而我的系统具有避免这些不便的优越性。[4]在您的理论中,太阳过去的幽灵是看得见的(虽然不是物质上的),例如,500000000,1000000000,1500000000 年以前。在天文和地质上,这是较短的时间段。我们认知的一个重要部分是说星体都仅仅是幽灵。从这个意义来说,年轻的(清晰的)星体应该比年老的星体多很多。事实却是,年老的星体比年轻的星体多很多。[这个现象可以这样解释,或者星体的产生本来已经接近

尾声,或者年轻星体辐射得更快。第二个解释看起来是真实的一个。][5] 通过假设存在吸收效应,那么摆脱这些影子是可能的。但是,我不相信这一点。光的损耗,根据瑞利定律(Rayleigh's law),对于"世界物质"来说可能按合适的密度在某个路径上传播了500000000年,但按照您的理论,仅仅只有 1/100。当然,也存在一个太阳引力的幽灵。但是,这个幽灵和光的幽灵并不一致。我还没有计算在哪里可能找到它——我担心这也并不会很容易。也许它和太阳现在的位置一致,这种情况并不危险。因为太阳的速度在500000000年中确实并不恒定,但是,我不知道一个人是否可以在没有做复杂计算的前提下断言任何关于引力幽灵的问题。并不存在像引力吸收这种东西。[6] 我曾证明(基于月球的运动),引力吸收系数(以 cgs 为单位)不会超过 $4 \cdot 10^{-16}$。这对应于通过宇宙中的吸收系数为 1/10000000 的路径。

虽然如此,并不仅仅也不是首先因为对幽灵的担忧才导致我对您的理论不满意;对我来说重要的是您又把时间绝对化了。您的假设违反了空间的相对性。Lorentz 变换在您的世界中是行不通的。我们经常为了这个而争论,最终它仍然是一个喜好的问题,哪个系统更愿意被人们所采纳。

在您的谈话的第 13 页,您说即使是世界上物质的最微小的正平均密度,也必然会导致对空间闭合世界的假设。我认为这只有在附加假设"世界是(统计上)平衡的"前提下才会成立。我在发给 Lorentz 的提交给阿姆斯特丹科学院的一篇短文中做了一些说明。[7] 我希望您不反对那些观点。

亲切的问候!

您真诚的
W. de Sitter

转达我对 Ehrenfest 的问候!

ALS。[20 571]。剪切拷贝。

[1] De Sitter 当时正好在瑞士的一家疗养院疗养(例如,见 Adriaan D. Fokker 致爱因斯坦,1919 年 11 月 18 日[第九卷,文件 168])。

[2] *Einstein 1920j*(第七卷,文件 38)。

[3] De Sitter 和爱因斯坦长期辩论马赫原理在广义相对论的作用,因为爱因斯坦试图在宇宙学中实现这一原理(见 *Einstein 1917b*[第六卷,文件 43])。关于他们的辩论和讨论,见第八卷《[编辑按]爱因斯坦和 De Sitter-Weyl-Klein 的辩论》,第 351—第 357 页。

[4] 爱因斯坦首选的宇宙是封闭的,是因为他希望避免引入时空边界条件导致的非马赫(un-Machian)必要性(见前一条注释中的参考文献)。在一个封闭的宇宙,有可能在太空从两个相反的方向观察一个给定的位置。

[5] 原件中是方括号。

[6] 关于一个在 20 世纪初试图测量引力吸收的历史记录,见 *Martins 1999*。关于讨论最近的一个声

称实验中发现有引力吸收的证据,见文件 40。

[7] 在 De Sitter 1920 中,De Sitter 指出,爱因斯坦方程给出的宇宙不是一个封闭的,如果它不是静止不变的,例如,如果它趋于扩大。他同时指出,在对 25 个螺旋星云(威尔逊山星系)的多普勒频移测量中,除了三个特殊情况外,其他所有的观测都表现出明显地远离我们。

191. Paul Ehrenfest 来信

Maarn,星期日,1920 年 11 月 7 日

亲爱的爱因斯坦:

请原谅我在没有被要求的情况下,如此匆忙地写信给你关于威斯康星的事情[1]——它是基于 de Ridder 先生(Carl de Ridder 的父亲)[2]的一次很认真的谈话。

我们真诚地请求你严格遵循下面的建议:

1. 请你平静地听完 Smedeman[3](Wisconsin 代理商)的观点,并请他简单总结并写出他提议的主要观点。

2. 你不要不同意任何书面或口头的东西![4][甚至连一点"偶然性的同意"都没有,比如下面的例子:"只要我去哥伦比亚大学,我就应该也来看你"。] 绝对不同意!相反,你说:

3. 我将在大约四个星期之内咨询我的朋友并且平静地回顾我当前尚未偿还的债务,之后,我会书面通知你。[5] de Ridder 先生的特殊建议!

4. 你简单并且准确地通知我。

α) Smedeman 提议的内容;

β) 来自其他美国人的提议。

5. 你不要做任何关于美国的事情,无论是关于威斯康星的还是其他的任何提议——在我们(包括我和 de Ridder 先生)给你答复之前,没有任何事情能够和你发生任何关系。

原因:

1. 到美国一趟除了可以消除你的担心之外,也是正当的。[6][7] = 净收入 20000 美元。

2. 只有你被美国前两三名的有名大学邀请之后,德国科学的声望和兴趣才能由于你的美国之旅得到促进。但是,如果你去的是排名第五、第六或者第七的大学,那么你就会破坏这种声望,正如同许多不理智(或其他不同的方式)的德国秘密议员破坏了荷兰对德国学者的兴趣一样。[8]

3. 到目前为止你对美国事务的态度使我坚信你不会达到目的 1，也不会达到目的 2，除非

人们足够老练（就像[……][9]）和有经验（De Ridder 先生）

为你决定这个事情。

Van Aardenne 很自然地迟疑要不要为你提供帮助，[10]并且，他对你在这些事情的判断上具有不合道理的巨大信心。（你认为这是不相关的，例如，哪个级别的大学邀请了你。我不是说你将会损害在你之后将要来美国的所有年轻物理学家的兴趣。）

De Ridder 先生很高兴你获得了这笔钱，并且认为你应该获得它。他已经声明他愿意以任何形式帮助你，如果需要，他甚至打算亲自或者派一个合适的朋友到柏林来。

但是，我想简单重复一下主要的事情：

1. 在我们到达这里之前，你的任何书面或口头委托都可以准确评估一切。
2. 简单并准确地通知我们要向你提供的一切东西。

原谅我的多管闲事。来自 Kernhemers 和 Maarn[11]的非常诚挚的问候！

你亲爱的
P. Ehrenfest

向你的妻子，Ilse 和 Margot 问好。

Van Aardenne 想让我非常详细地告诉你，他认为这封信是非常多余的，并且认为你这样屈尊是没有必要的。

ALS. [9 529]. Cropped.

[1] Albert G. Schmedeman(1864—1946)是驻挪威的美国大使。对于他的电报，邀请爱因斯坦到美国威斯康星大学，见年表和日程表，1920 年 10 月 30 日。

[2] W. de Ridder, 富有的银行家，住在 estate Kernhem（见文件 17，注 2）；Carel de Ridder。方括号在原件上。

[3] Schmedeman。

[4] 这个词强调是靠右侧的两个惊叹号。

[5] 在原来的文字中关于这一点，Ehrenfest 画一个箭头指向文字"Specialrath von Herrn De Ridder"，位于页面右侧该行的下面。

[6] 在原来的文字中关于这一点，Ehrenfest 画一个箭头指向文字"= Reingewinn Yon 20000 Dollar"，位于页面右侧该段落的上面。

[7] 关于爱因斯坦对 Mileva Einstein-Marić 和他儿子财政的义务的困难，见文件 34，注释 4 和注释 5。在文件 139，爱因斯坦希望 Ehrenfest 将他在荷兰应得的酬劳转账给 Einstein-Marić，因为她已经把钱花光了。

［8］也许由经济学家 Franz Oppenheimer 和哲学家 Ernst Troeltsch 邀请访问莱顿，对于 Ehrenfest 来说，都留下了不好的印象（见 Paul Ehrenfest 致爱因斯坦的信，1920 年 2 月 8 日［第九卷，文件 303］）。

［9］Ehrenfest 难以辨认。

［10］GijsbeJt W. van Aardenne。

［11］Maarn 是 Van Aardenne 家族地产业的中心。

192. Edgar Meyer 来信

苏黎世 1 区，Rämi 街 69 号，1920 年 11 月 7 日

亲爱的爱因斯坦先生：

　　如您所知，这里的理论物理教授职位现在仍然还有空缺。您在去年或者前些日子婉言拒绝了我们并且答应给我们提供一些建议。[1]那么，现在我再次向您提出关于这件事的请求，而且是一个更大的请求。我不想要更多的建议，我更想请您亲自到这里来。亲爱的爱因斯坦先生，我仍然记得那次您对我说的所有的话，但是为了避免错漏，您可以把上次描述的来苏黎世的条件列一个表格出来吗？我听说您发出声明说想要离开柏林[2]——所以您必须原谅我又来向您提出这个老要求。我们能够向您提供什么呢？我们当然没有 Planck 和 Warburg；但是 Debye 现在在这里，更重要的是还有我们的 Weyl！[3]另一件对我来说越来越清楚和有意义的事情是当我在［巴德］瑙海姆留下之后：我们每个人都理解了民主主义！[4]我不需要告诉您如果您打算满足我们内心深处的愿望的话，我所代表的 Weyl，Debye，我自己，或者其他所有我们的同事会有多么高兴。您也可以确信，在物质方面和其他一切您要求的事情将会完全遵从您的意愿。我真的不知道用什么词汇来形容当您来这里以后的我的感受。——亲爱的爱因斯坦先生，我斗胆向您提出我的请求，仅仅是因为您那次真的授权我可以这么做。您说过："如果情况变成那样的话……"现在柏林的情况确实变得不那么有吸引力了。

　　亲爱的爱因斯坦先生，祝进展顺利，向您的夫人致以亲切的问候，祝愿您乐观和感恩的心灵能够充满希望。

Edgar Meyer

ALS. ［17 176］.

　　［1］爱因斯坦在致 Edgar Meyer 的信函（1919 年 12 月 28 日之后）中谢绝了这一邀请（第九卷，文件

235),并在致 Edgar Meyer 的信(1920年1月16日)(第九卷,文件247)中建议给 Paul Epstein 和 Simon Ratnowsky 一个特聘教授位置。

[2] 见文件111,注4。

[3] Max Planck, Emil Warburg, Peter Debye, Hermann Weyl。

[4] 关于巴德瑙海姆 GDNÄ 会议的详情,参见文件153,注4等。

193. 致 Edgar Wöhlisch

[1920年11月7日之后]^[1]

期待这个理论在一般情况上有效是没有意义的,就是在完全相同的条件下,分子势能在离原子越近时越小。这个理论之所以不能广泛适用是因为原子的特性毫无疑问地会和原子相关的几何元素共同扮演重要角色。虽然今天可能说明所有的分子力都是由于电子特性,但想要用定量方式来表示原子和分子的结构,我们还有很长一段路要走。[2]

草稿出自 Ilse Einstein 之手。[23 497]见文件181[23 496]背面。

[1] 日期可由该草稿是 Ilse 的手迹确认,同时假设爱因斯坦在他 1920 年 11 月 7 日回到柏林之前,不会有机会来处理文件 181 和回应 Ilse 文件。

[2] 关于分子力性质的问题是爱因斯坦的头两篇科学论文, *Einstein 1901 and 1902a*(第一卷,文件1和2),也在 *Einstein 1911a*(第三卷,文件12)谈到;对于这些论文的讨论,见《[编辑按]爱因斯坦的分子力的本质》,第3—第8页。有关爱因斯坦对于基本粒子的组成影响原子与分子力的性质,亦见 *Einstein 1915g*(第六卷,文件22)和 *Einstein 1919a*(第七卷,文件17)。

194. 致 Jolán Kelen-Fried[1]

柏林,1920年11月8日

我从同事[2]那里得知了一个令人痛苦的消息,工程师 Kelen 发觉他自己在布达佩斯陷入了困境。我打算和维也纳的同事一起开车去帮助他。代尔夫特的电子工程教授也有一个非常好的想法。[3]

我在这里用书面形式声明我已经准备好保护这位非常重要的人。如果您碰巧也有同样的想法,您就可以自由使用这封信。

今天,保护像 Kelen 这样有价值的人物免受政治迫害是一项最为重要的义务。他的论文向我证明了他是一位有洞察力的学者。[4] 这就是为什么我觉得为他站起来声援是合理并且必要的。

致以问候。

A. 爱因斯坦

PL. 新自由新闻社,1920 年 11 月 19 日,上午版;第 7 页[86 857]. 该报纸对信件做了以下介绍:"Professor Einstein für den ungarischen Ingenieur Kelen. Professor Dr. Albert Einstein, der berühmte Gelehrte, hat an einen befreundeten Wiener Professor in der Angelegenheit des hervorragenden Technikers Josef Kelen, der zur Zeit der Rätediktatur in Ungarn mit der technischen Durchführung der Sozialisierung elektrischer Betriebe betraut gewesen und jetzt unter der Anklage der Teilnahme an Mord, Raub, Hochverrat und Aufruhr vor das Budapester Ausnahmegericht gestellt worden ist, folgenden Brief gerichtet."至于为何前言中收件人不是 Jolán Kelen-Fried 而是 a Vienna professor,见文件 202。

[1] Jolán Kelen-Fried(1891—1979)是匈牙利苏维埃共和国公共教育人民委员部负责人。共和国失败后,她在 1919 年秋天离开匈牙利到维也纳寻找临时庇护。

信头没有称呼可能表明该信是送给 Paul Hertz,后又转给 Jolán Kelen-Fried,因为在 Hertz 第一次写给爱因斯坦的信(文件 186)中没有她的地址。在回复该封信时,Jolán Kelen-Fried 给了爱因斯坦她的地址,这一事实证实了这种假设(文件 202)。

[2] 其中之一是 Paul Hertz。

Wilhelm Exner,技术研究室主任,也得知了爱因斯坦的声明,因为当月底他去维也纳的匈牙利大使馆以著名物理学家和工程师的名义要求特赦 Kelen,在他们中间,唯一一个被提到的名字是爱因斯坦。他还提到了 Kelen 的两篇在狱中撰写的高水平文章,以证明 Kelen 是高水平的工程师(新自由新闻社,1920 年 11 月 29 日)。由于 Kelen 在狱中写的信中没有提及论文的数量,Exner 的来源必定不仅是这封信,而且也有 Jolán Kelen-Fried 的通函。

[3] 在文件 186,Paul Hertz 建议爱因斯坦与荷兰同事一起增援这次行动。

[4] 见文件 186。

195. 致 Carl Runge

[柏林,]1920 年 11 月 8 日

尊敬的同事:

您的修改是完全正确的。最初,我在年鉴(Annalen)刊登的论文确实出现了这个错误。[1] 它已经被纠正过来了,但是,在 Teubner 收集的 Das Relativitätsprinzip[2] 版本

中,这个改正公式是,

$$B = \frac{\kappa M}{2\pi\Delta}$$

它给出观测到的光的偏转。

致以最好的问候。

您的
爱因斯坦

ALSX. [20 065].

[1] 在 *Einstein 1916e*（第六卷,文件 30）,由于方程 70a 中的错误,方程 74 只给了光线偏转正确值的一半。

[2] *Lorentz et al. 1920*。同见爱因斯坦致 Teubner 出版社,1919 年 12 月 21 日（第九卷,年表和日程表）。

196. Friedrich Adler 来信[1]

[维也纳,]1920 年 10 月 9 日

尊敬的教授:

没有任何特殊的需要使您相信这一行动。只有一件事:情况非常紧急![2] 衷心的问候!

您亲爱的
Friedrich Adler

ALS. [6 015]. 在底部是附加的打印的通告,是由 Otto Bauer 和 Sigmund(Zisgmond)Kunfi 签发的,他们是奥地利社会民主党机关《工人报》的编辑。他们征求了对 10 人罪行的特赦呼吁的签名,其中 József Kelen（见文件 186）,被监禁在布达佩斯,所有人预计是重刑判决。

[1] Adler 被判处死刑,1917 年 6 月 5 日（AVVGdA, A-A M40/T8）,但这一判决在 1917 年 9 月 6 日改判为 18 年监禁（《工人报》,1917 年 9 月 7 日和 10 月 13 日）。在战争结束时,1918 年 11 月 2 日,卡尔皇帝赦免了 Adler,第二天他被释放（《工人报》,1918 年 11 月 2 日）。并立刻接受了奥地利社会民主党秘书长的职位（见 *Braunthal 1965*）。

[2] 爱因斯坦是呼吁书签名者之一,该呼吁书在欧洲报刊发表,也登在《工人报》1920 年 12 月 15 日,有来自奥地利,比利时,丹麦,捷克,法国,德国,英国,匈牙利,意大利和荷兰的各界人士的签名。

197. Mário Basto Wagner 来信[1]

里斯本,108R. do Sec[u]lo I,1920年11月9日

尊敬的教授:

非常冒昧地寄给您装在袋子里的我的《混合物热力学》的前三章。[2] 如果您愿意告诉我您的看法的话,我肯定会受益匪浅。

同时,我还想向您请求另外一个更大的帮助。就像 Cassel 博士[3] 不久前告诉我的那样,也正如 Planck 教授前几天所做的那样,我的论文中的论点是非常新颖的,但却与 Nernst 热定理的 Planck 的推广解相悖,[4] 而他的观点看起来是合理的。Cassel 告诉我您已经在这个问题上发表了一些文章。[5] 因为我现在居住的葡萄牙完全跟外界隔离,甚至连接触专业期刊的机会都没有,因为我们的大学从不收藏这些东西。如果您能够给我邮寄一些关于这些文章的复印本,我将会非常感激。

衷心地谢谢您之前的工作,致以最好的问候。

Mária Basto Wagner.

ALS. [25 304].

[1] Wagner(1887—1922),物理化学家,里斯本(Lisbon)科学系教授,并且是里斯本科学院成员。

[2] *Wagner 1920*。

[3] Hans Moritz Cassel(1891—?)。

[4] Planck 关于 Nernst 热定理的推广解,首次出版在 *Planck 1911*,secs. 291—291。

[5] 爱因斯坦曾给出了热定理的量子论性的推导,出现在 *Einstein 1914n*(第六卷文件 5)和未发表的手稿《关于四极管和 Sackur 的熵常数理论》(第六卷文件 26)。这个推导表明,对于形式 $S=0$ 为 $T=0$(S 是熵,T 是温度),它只是适用于化学纯晶体,没有不同化学物质的结晶混合物,而且没有影响其为无定形的有效性问题。

198. 致 Stefan Zweig

柏林,1920年11月10日

亲爱的 Zweig 先生:

来自萨尔斯堡的艺术家们友好的宣言使我由衷地感到高兴。[1] 我带着特殊

的喜悦读了你们的信和装在里面的报纸。[2] 报纸中的声明对我个人而不是大众来说,已经是预料中的事了。我非常高兴能借这个机会向您和您的朋友表达我衷心的感谢。

衷心地问候。

A. 爱因斯坦

TLS. [72 150]. 存有 Ilse Einstein 手稿[34 306] 的草稿。

[1] 文件 117。

[2] 文件 152。

199. Georg Count von Arco 来信[1]

柏林,Tempelhof,Albrecht 街 49/50 号,1920 年 11 月 11 日

尊敬的教授:

我已经通过您的女儿 Ilse 请求您给我一次关于专利问题的采访。[2] 如果我用书面形式来表达的话对您来说可能更加妥当。

您知道阴极线管,在它的众多应用中,最新的一个就是在电报中的应用。我们公司的 A. Meißner 博士显然拥有一个在这一领域的重要专利,其实质是线管可以用来产生振动。这项专利即使在德国以外也被认为是最早的一项,比如 Marconi 公司的出版物中也这么说。[3] 因为这个系统在电学方面的巨大优势,其他的公司也努力尝试来分一杯羹。我们打算通过一系列合法的程序来公开说明我们的权利,首先在德国内部,然后可能在其他国家也这么做。因此这件事对我们来说是最重要的。只有很少的专家能够做到完全无私,甚至在这些专家之中,只有更少的人真正了解专利法并对一项专利做出评估。

我现在的请求是,您能否允许我们在法院开庭之前提出让您做我们的专家。[4] 如果我不是从您过去的经历知道您特别熟悉专利法的话,我是不敢向您提出这个请求的。您在德国已经是公认的一个法律专家了,您得到的关注引起了很多人的羡慕,这很明显,并且事实上也是出于礼貌。我相信,您的工作和最后得到的报酬可能不相称,因为专利著作非常零散并且各自的专利说明书也不是特别开放,特别是它不包括设计的技巧,而只有单独的几条原则。

您是否会打电话给我们,或者您是否在担忧承担这个责任将会带来一些麻烦。我们来看您好吗?

周日,当我听说 Sklarek 太太[5]将会和您共度傍晚的时候,我请她带给您我以前借给她的由维也纳 Kammerer 博士[6]著的《定律种种》(*The Law of Series*)一书,我请您阅读"惯性假设"这一章以及该章下的"物理"一节。我必须说,当阅读这本书的时候,我经常有这样一个印象,就是 Kammerer 在这个领域绝对不可能是很严肃的。我也很想在什么时候听听您对这件事的看法。

致以最高的敬意!

您非常真诚的
Arco

TLS. [35 381].

[1] Arco(1869—1940)是柏林 Telefunken-Gesellschaft 首席工程师。

[2] Ilse Einstein 担任爱因斯坦的秘书。

[3] Alexander Meißner(1883—1958),关于他的专利被涉嫌侵权,请参阅《私人专家关于 Meissner 和 Kühn 的有关 Telefunken 专利的意见》(第七卷,文件 48,注释 2)。

[4] 关于爱因斯坦对这种情况给予的专家意见,见前面的说明。

[5] Frau Sklarek。

[6] *Kammerer 1919*。当年早些时候,显然是 Arco 使爱因斯坦关注 Kammerer 关于方言继承的研究工作(见 Paul Kammerer 致爱因斯坦的信,1920 年 4 月 15 日[第九卷,文件 374])。

200. Paul Hertz 来信

黎曼街 34 号,1920 年 11 月 11 日

亲爱的爱因斯坦教授:

衷心地感谢您为 Kelen 事件所采取的行动。[1]我猜想您做的一切都会最终起到帮助作用。[2]Kármán 在《法兰克福报》(*Frankfurter Zeitung*)上发表了一篇文章(尽管是匿名的),文章被转送到匈牙利政府和大使馆了。Arco 也有一些进展。[3]

因为您问到关于专利局的事情,我必须告诉您我已经打算推迟一段时间再做决定。在确定没有其他办法之前,我不能轻易决定终止我的纯理论工作。(另外,我听说刚开始的薪水是很低的,考虑到柏林的高消费水平,这将会比能够提供收入补助的格丁根差一些。)所以,我想看看是不是有机会留在格丁根为那里的公司继续做我的理论工作。[4]我写信给 Siemens-Schuckert,他为一位数学家做了这方面的广告。[5]如果他们确实不接受我在这里为他们工作(并且仅仅是偶

尔到柏林来一趟),我也许会考虑换到柏林工作;如果这样行不通的话,那么专利局将仍然是我的一个选择。但是,我愿意首先尝试留在格丁根。我写信告诉 S. Schuckert,他们可以向您询问我的情况。我猜想您不会为此恼怒,因为您曾经授权我可以在巴德瑙海姆做跟专利局同样的事情。

致以最好的问候。

您真诚的
Paul Hertz

ALS. [12. 211].

[1] Hertz 两周前曾写信给爱因斯坦,提到了 József Kelen 的情况(见文件 186)。3 天前,爱因斯坦给 Kelen 的妻子 Jolán Kelen-Fried 写了一封信,支持 Kelen(见文件 194)。

[2] Theodor(Tódor)von Kármán(1881—1963)是亚琛工业大学(Technical University of Aachen)空气动力学和力学教授。这篇文章发表在《法兰克福报》,1920 年 11 月 4 日,上午版头版。

[3] Georg Count von Arco. 前一年,Arco 与爱因斯坦参加了德国公民委员会调查第一次世界大战最初几个月德国的罪行(见第九卷,本书文件 79a,注 7)。

[4] Hertz 在格丁根大学讲授理论物理。

[5] Siemens-Schuckerf 工厂和行政办事处总部设在柏林。

201. 致 Vilhelm Bjerknes

柏林,1920 年 11 月 12 日

亲爱的同事:

衷心感谢您对您父亲毕生的工作总结,并寄来友好的来信。[1]我必须承认我将不再是使用机械模拟来解释超距作用的信徒,因为有证据表明电磁场比可称量的质量更为重要。[2]我认为形式上的模拟最初是在几何上确定的,就像对于点状光源的牛顿定律和光学距离定律之间的模拟一样。[3]同样,能量在大多数情况下能够被一个齐次二次方程描述,这样一个事实确实在一些模拟中扮演了关键的角色。[4]

至于考虑到访问克里斯蒂安尼亚的事情,如果您能够以一个挪威人的身份得到预约的话将会更加自然。这也是克里斯蒂安尼亚的同事同样正在思考的事,并且也是正确的。我个人相信我能并且应该在柏林坚持这么做,即使它不总是这么简单。最后,在一个比较长时间的逗留之后,每个人自己的生活目的留在了每个人各自生活的地方。虽然如此,[5]但我们希望,在这之外,我们不久将会有机会就我们共同关心的物理问题[6]进行交流。

　　致以最好的问候。

您亲爱的
A. 爱因斯坦

TLC(有缺损)(Harvey Plotnick,芝加哥)[83 686]和 ADftS[6 106.1] 在文件 177 背面。收件人的姓名打印在称呼上边:"Herrn Prof. V. Bjerknes Bergen"。

[1] 文件 177。

[2] 对于爱因斯坦早期坚持一种机械世界观的表述,见他的第一篇科学论文(《关于以太在磁场中的调查》[第一卷,文件 5]),他后来的回忆和 *Einstein* 1979,pp. 16—30 中对这种世界观的评述。

[3] 手写稿添加"s"。

[4] 手写稿添加"n"。

[5] 手写稿新增的。

[6] 现存的复制内容到此为止,其余的是从手写稿转录的。

202. Jolán Kelen-Fried 来信

维也纳 XVII,Jörger 街 33 号,III. 20. 由 Göde 转交,1920 年 12 月 12 日

尊敬的大师:

　　您于 11 月 8 日的关于我丈夫[1]的温暖的话语深深地感动了我,我无法形容我有多么地感激您。您花了宝贵的时间来关注了一个值得得到您支持的人。

　　我已经公布了您的来信,并做了一点小小的改动,不是出自我的手笔,而是出自当地一所大学的一名教授,希望得到您的同意。[2]这样做是必要的,因为可以使整个事情看起来像是非正式的,而不是我刻意伪装。

　　还有另外一件事请求您的帮助,因为我丈夫的缘故所以不得不冒昧了。如果您愿意发表一个对匈牙利政府——特别是对总理 Count Teleky 本人的声明的话[3],那会非常有用,并且可能收到意想不到的效果。这个声明可以由您单独署名或者跟其他一些学者一起,虽然他们在人们的印象中并不像您这样卓越。为了防止整个行动被现在的匈牙利管理者隐瞒起来,我需要一份声明的副本来发表。这件事非常紧急,因为可能在 11 月底,最晚 12 月初就做出裁决。[4]

　　我的丈夫通过一位诚挚的人的冷静和慎重支持着他的生命,只要他还能工作,他就从未中断科学研究,他把整个事情看做很自然的一堂历史课。他坚持他的正义感,因为从深层次原因来说他不能够做其他事情,他只能用朴实诚挚的

行动来做事,既没有烈士的姿态也没有悔恨。从经济方面来说他是组织化生产的倡导者,从人类的爱这方面来说他是公平分配制度的追随者。在 Charlottenburger 工艺学校,人们仍然怀念这个天才的学生 Josef Klein(Kelen 是马札儿式的名字);他也曾寻求在柏林的免费学校为工人传授他的知识,特别是向那些由于较低的地位而无法进入大学的人们传授知识。[5]他总是谦逊地生活、无私地为科学和社会而工作,从不考虑以后怎么办。在独裁的环境下他并不特别地把自己和政治区分开来。

我告诉您所有的这些是想使我丈夫的性格给您留下一个亲切的印象。

真诚地感谢和感激您,在所有的意识中赐给我们巨大的荣耀。

Jolán Kelen-Fried

ALS.［12 215］.在文件的左边有活页夹穿孔。

［1］József Kelen。

［2］4 天以前,爱因斯坦写了一封信支持 József Kelen,一周后在维也纳的新自由新闻社发表(见文件 194)。

［3］Count Pál Teleki(1879—1941)是匈牙利总理。

［4］Kelen 和他的 9 名同案被告被裁定的罪名类似叛国罪:"对主权的罪行"("Majestätsbeleidigung"),由于"推翻宪法"("die Verfassung gestürzt")和"起义"("Aufruhr")。在 1920 年 12 月 25 日宣判终身监禁(《阿拜特报》,1920 年 12 月 29 日)。

［5］柏林夏洛滕堡(Charlottenburg)技术大学。

203. 致 John G. Hibben

柏林,1920 年 12 月 14 日

非常尊敬的主席先生:

在从一段很长的旅途之中回来之后,我看到了您希望我到普林斯顿大学的友好邀请,这是我们的同事 Eisenhart 先生以您的名义转交给我的。[1]原则上,我倾向于接受您的邀请,不过要等到 1921 年秋天才行,因为在这之前我都由于事务而难以脱身。我愿意在 9 月份的时候到美国去。

能了解你们在经济和政治上都已高速发达的国家将会使我非常愉快,她在世界发展中的重要性已经越来越突出了。

我建议用两个月的时间来进行关于相对论的一系列课程,每周 3 次。我建议的酬金是 15000 美元(壹万伍千美元)。[2]

我必须告诉您我同时也收到了另外一所北美大学的同样的邀请,我也提交了一份同样的回复给他们。[3]

从我们的同事 Eisenhart 先生的信中,我很高兴地了解到您的学校对相对论具有多么大的兴趣,我热切地期盼能和当地的同事和学生们进行科学交流。

致以最好的问候!

TLC.[36 240].收件人的姓名打印在称呼上面:"Mr. President Hibben Princeton/New Jersey。"

[1] 文件 160。

[2] 一个星期前,Ehrenfest 曾建议爱因斯坦只接受在美国讲学,如果报酬可达到 20000 美元净收入(见文件 191)。

[3] 这项提议是在与美国威斯康星大学的代表 Albert G. Schmedeman 会晤中通过的,时间可能在 1920 年 11 月 11 或 12 日(见 Schmedeman 致爱因斯坦,1920 年 10 月 30 日,年表和日程表)。关于会议详情,见文件 209,注释 1。

204. 致 Hugo Lieber[1]

柏林 W 30,Haberland 街 5 号,1920 年 11 月 14 日

亲爱的 Lieber 博士:

我到家以后,重读了以前关于普林斯顿大学的信件。通过以往的交流,我更加确信我有义务亲自跟那所大学交流[2],特别是考虑到它没有利用任何中间人。

为了真心感谢您愿意为了使我到美国而出面商谈的美好愿望,因此我请求您在普林斯顿没有给出一个确切的答复之前先不要采取任何行动。

由我自己直接或间接地向任何学校提出被邀请申请都不是我的风格。如果两所直接向我提出邀请的大学确实没有达成一致意见,那么我只好暂时放弃到美国的行程。主动权并不在我这里。

在任何情况下,我都衷心感谢您为了支持我而做出的准备。我很高兴能够结识一个像您这样无私地奉献他的精力和经验来为世界特别是德国的研究成果的恢复做出努力的人。我请求您不要因为我们今天讨论中一些有点变化的立场而责备我,这是在对形势进行更深入的审视之后做出的决定。

非常尊敬您的
爱因斯坦

TLC.[36 220].收件人的姓名打印在称呼上面:"Herrn Dr. Hugo Lieber z. Z. Berlin。"

[1] 在1920年12月16日 Albert G. Schmedeman 致 Charles S. Slichter 的信中，Lieber 可能已经是在柏林的美国专员，专门负责协商爱因斯坦和普林斯顿大学之间的事务（见文件209，注1）。

[2] 见文件203，同一天书写的。

205. 致 Minna Cauer[1]

[柏林，]1920年11月19日

尊敬的女士：

您的来信确实激励了我，因为它是来自一个这样的人，在我们相识以后的短短几分钟之内，我就彻底感受到了您的真实情感。我激动得和您握手以示感谢。我清楚地知道，作为一个人和一名知识分子，我远没有您想象的那样好。但是什么才是知识分子呢？他们必须是别人幻想的担负者，就像我过去曾经做的那样，特别地符合。只要一个人清楚地知道这一点，对他不会有坏处的。

对我的各种各样的攻击[2]都不会成为我的负担，我甚至很理解他们。这是他们对于过分的谄媚的一种自然反应，这在某种程度上会恢复自然的平衡。

为了盼望不久后再次见面，致以友好的祝福和所有应得的敬意。

您的
A. 爱因斯坦

ALS. [71 453].

[1] 假设该信是对文件151的答复，收件人就是这样确定的。

[2] 参见8月24日柏林爱乐音乐厅事件（见文件111）和9月24日巴德瑙海姆 GDNÄ 会议（见文件154）。

206. Marcel Grossmann 来信

[苏黎世，1920年11月20日]

亲爱的阿耳伯特：

非常感谢你的贺卡。我收到了你的关于 Guillaume 的工作的信[1]并马上转发了出去。我最近遇到了 Guye 教授，听说你的评论即将在 *Archives* 上发表。[2]对我来说，我添加了一个数学描述，试图去说明在数学上毫无意义，因为它比到处都是灰暗阴影的物理更明显。[3]

向你及家人致以我们一家的美好问候。

你亲爱的
M. Grossmann

TKS. [11 462]. 明信片上收件人地址是"Herrn Prof. A Einstein Berlin Haberlandstr. 5",邮戳是"Zürich Ⅷ Neumünster 20 Ⅺ 20—15"。

[1] 文件148。

[2] 爱因斯坦的备注最终没有打印出来。Grossmann 的声明(见下面的说明)单独刊登在 *Archives des sciences physiques et naturelles* 上,其中 Charles Eugène Guye 是编辑。爱因斯坦的信不是 Grossmann 说明的一部分。

[3] 见 *Grossmann 1920*,其中指出了 θt 不是不变量,因此,Guillaume 的关系式 $\theta_1 t_1 = \theta_2 t_2 = \cdots\cdots$(见文件77)从数学上讲仅是一个符号。Grossmann 备注的后面是 Guillaume 的回应。

207. Augustus Trowbridge[1] 致 Heike Kamerlingh Onnes

华盛顿,1920年11月22日[2]

请用以下内容与爱因斯坦研究委员会联系。国家研究院委托我邀请其为几所主要的美国大学数学物理专业的研究生授课。大概持续10周的时间,可能从1月份开始。酬金为3000美元并提供往返路费。请将其对邀请答复的详情写信回复到国家研究委员会,不要用电报回复。华盛顿 Trowbridge。

Tgm. [14 376]. 电报是给"Kamerlingh Onnes University Leyden"的。

[1] Augustus Trowbridge(1870—1934)是美国物理科学部主席和国家研究委员会科学奖学金委员会秘书。

[2] 所加年份是基于电报和下一个文件一起转发给爱因斯坦的事实。

208. Heike Kamerlingh Onnes 来信

莱顿,Huize ter Wetering Haagweg,1920年11月23日

亲爱的同事和朋友:

同时以我和我妻子的名义非常衷心地感谢您的来信,同样对您尊敬的妻子

给我妻子的来信表示感谢。我必须强制自己使用"朋友关系"这个词汇,因为我刚刚受到同事们的接待。下面是 Trowbridge 给您的邀请,我认为应该用挂号快件发送。[1]

我当然很愿意将回复用电报发给我的 Trowbridge 同事。但由于来自德国的电报可能根本不可靠,所以 Trowbridge 也因这个缘故求助我。也许因为他认为您在这里,那么,无论如何我都应该知道您的地址。他选我做代言人,至少已经给了我很大的面子。

非常温暖的祝福。我想尽快把这封信拿出去寄走。

您衷心和真诚的
H. Kamerlingh Onnes

ALSX. [14 374].

[1] 关于 Augustus Trowbridge 的邀请,见前面的文件。

209. 致 Paul Ehrenfest

柏林,1920 年 11 月 26 日

亲爱的 Paul Ehrenfest!

你是一个真正靠得住的人,而且你是对的。我分别向普林斯顿大学和威斯康星大学提出15000美元酬金。[1]这可能会吓倒他们了,所以我可以安心地待在家里了。如果他们真的答应这样一件不可能的事情的话,实际上我将会赢得经济上的自由,这没什么值得嘲笑的。

我真的确信霍尔效应是那样的,并且我非常高兴你同意这一点。

或者这个场可以由涡流电流像这样逐渐补偿:超导体中的电动力可以由势能推出;或者是霍尔效应产生电流,电流不断增加,直到各自的超导性破坏为止。实验支持第一种可能。[2]实验是:逐渐挡开一个布满电流的盘子的磁场。这个过程可以按你希望的最慢速度来完成,和选择的电流强度一致。我希望 Kamerlingh Onnes 做这些实验。

考虑到跟两所大学的未决的磋商,我打算暂时婉言谢绝 Kamerlingh Onnes 寄来的邀请信。[3]你的美国计划有什么新动向吗?如果我们三个能够在一起互相扶持,那确实会非常美妙。我不知道我会不会带上我的妻子。也许这件事跟其他事没有任何关系。

由我亲爱的 Mosz[kowski]引起的麻烦和带来的牢骚目前仍然没有消散,谢谢印刷机的缓慢。[4] 真可惜我不能亲身示范给你看;你只能感觉这样的事情。Born 夫人的气势逐渐升级为这样一种可怕的强力讽刺。[5] 一点点荷兰微风就可以使他们做得很好。

我没有更近地达到我珍爱的研究目标(多途径的和统一的[6])。

同时向你的妻子和孩子

致以诚挚的问候。

你的
爱因斯坦

向两个俄罗斯年轻人[Maltschiks]致以最好的问候。[7]

ALS.[9 531].

[1] 关于在 Ehrenfest 的鼓励下(文件 191)对普林斯顿大学提出的建议见文件 203。威斯康星大学的同样的金额是 1920 年 11 月 11 或 12 日在与 Albert G. Schmedeman 的私人会议提出的(日期见 Albert G. Schmedeman 致爱因斯坦,1920 年 11 月 2 日)。在给研究生院院长的信中,Schmedeman 陈述了会面时的话:"我很抱歉,我不能给他更好的条件,但他似乎被那么多了解他工作的价值的机构追逐(至少 Frau Einstein 是那样说的,因为她是他的经纪人)。我相信爱因斯坦教授是急着到美国的,并明确表示普林斯顿愿意支付给他提出的任何价格。对于这一点,在柏林有人可以证明,他作为谈判专员一直在间接地与爱因斯坦和美国普林斯顿联系。当爱因斯坦的夫人提出在威斯康星讲课的价格后,我在能力范围内仅能提供爱因斯坦教授一半金额,而且我很怀疑,是否大学可以支付 1.5 万美元。经过长时间的讨论,因为她不愿修改此数额,我告诉爱因斯坦教授,我将把问题提交给 Birge 总统。"[Albert G. Schmedeman 致 Scharles S. Slichter,1920 年 12 月 16 日(WMUW)。Schmedeman 提到的美国专员可能是 Hugo Lieber(见文件 204,注 1)。]

[2] 爱因斯坦和 Ehrenfest 在 11 月初莱顿的电磁学会议期间可能讨论过"超导体可能的霍尔效应"的问题,(见条目 Nr. 5548,1920 年 11 月 2 日,Ehrenfest 的日记,NeLR,Ehrenfest 存档,笔记记录档案,ENB:1—26)。对于刚才提到的问题,见文件 76。

[3] 见文件 208,邀请函,文件 207。

[4] Alexander Moszkowski 的关于爱因斯坦(Moszkowski 1921)的书正在印刷中。

[5] 在一封"只有"爱因斯坦读过的信中,Hedwig Born 辩称,Moszkowski 的书将会损害爱因斯坦的声誉与和平的理想,并敦促爱因斯坦撤回其同意出版这本书的决定(文件 166)。在最近给 Elsa Einstein 的 7 页信中(1920 年 11 月 18 日[65 850]),她批评 Elsa 同意 Moszkowski 访问爱因斯坦。根据 Hedwig 的信,Elsa 在此期间曾指责,Hedwig 直接给爱因斯坦通信而不是与她本人通信,并表示对 Moszkowski 严峻的财政状况同情。在她的回信中,Hedwig 写道,Elsa 是"非常敏感的奉承,而影响你的判断"("Da Sie Schmeicheleien äußerst zugänglich sind, trübt sich Ihr Urteil"),她为爱因斯坦找来了许多广告来源,而她没有区分 Max Born 关于相对论的书(Born 1920a)和 Moszkowski 的书(["Für Sie ist es also eins, ob ein übelbeleumdeter Literat etwas schreibt, oder ein Fachkollege"])。Hedwig 进一步表示,在爱因斯坦崛起成名之后,Elsa 已经成为"自大狂"("großenwahnsinnig")。

[6] 关于早些时候爱因斯坦试图通过超定问题统一引力场和电磁场,见爱因斯坦致 Ehrenfest,1920

年4月7日(第九卷,文件371)。

[7]"Malchik"是俄罗斯语"小男孩"。

210. 致 Augustus Trowbridge

柏林,1920年11月27日

亲爱的同事:

衷心地谢谢您和来自国家研究院的绅士们的真诚邀请。[1]这个邀请让我满怀高兴,不仅仅是因为它符合我在相对论方面的兴趣,更重要的是因为它标志着学者之间的国际交流的复兴。

不幸的是我不能接受您的邀请,因为我已经开始和两所美国的大学进行协商了。[2]因此,我不能在这两个协商结束之前把自己变卖出去。

最好的问候。

TLC.[36 227].收件人的姓名地址打印在称呼以上:"Herrn Prof. Dr. Trowbridge, National Research Council Washington, Washington"。根据年表和日程表,在1920年11月24日 Harry Schmidt 致爱因斯坦的信件的背面,有一封简短的 ADftS[44 966]。

[1]该邀请函发送到 Heike Kamerlingh Onnes(见文件208)。

[2]关于在威斯康星大学和普林斯顿大学演讲的谈判,见文件209,注1。

211. 致 Edgar Meyer

柏林,1920年11月28日

亲爱的 Meyer 先生:

再一次的拒绝对我来说是很难开口的,所以我犹豫了很长时间才写这封信。[1]对我来说留在柏林可能是轻率的,但是很简单,我无法离开。不是我不认为苏黎世的科研环境没有柏林的那么好,也不是我以任何方式低估了那里的物理优势和安全。我知道我们会配合得很好并且会获益良多。我爱苏黎世,我的儿子们住在附近,这对我来说意味着很多。但是,当您获得机会的时候您同样会抛弃这所省立大学。相比于苏黎世,科学工作者更值得以一种非常不同的方式待在这里。我以一种完全不同的方式而独立,我的意愿是有价值的。如果我离开这里,那么振聋发聩的抗议就会非常合理![2]我真的很害怕想起这个。如果我离开的话,这会被猜想为德国的耻辱(讽刺的是即将到来的夸大的责难)。[3]

我现在不停地被泛德主义的报纸和教授们痛骂。[4]虽然如此,我并没有感到困惑,因为这是"良好政治"的一部分。[5]整个比较支持我的是我这里亲密的同事和我的犹太朋友们。只有在这里我才能消除过去曾经在伯尔尼和苏黎世遭受过的被孤立的痛苦感觉。所以,简而言之:我不能够离开,即使我可以有愚蠢和不切实际的想法。

如果明早我在苏黎世,抛开我所有的事情,到研究所里上楼去找您,那时我将会非常满足。但是我不能从这里脱身……我看到您的笑容,不是很体谅,但是确实是您的那种和蔼的方式。

我希望我能够在明年重新回到苏黎世(只是个玩笑)。直到那时,我都一直衷心地问候您。

您亲爱的
爱因斯坦

同样来自我妻子的友好问候给您的妻子和孩子们。

ALS.[75 599]。

[1] 这封信是对文件 192 的回应。

[2] 继柏林爱乐音乐厅事件(见文件 111),爱因斯坦收到许多信件劝他不要离开德国,记者有 Konrad Haenisch(文件 135),Max Planck(文件 133)和 Arnold Sommerfeld(文件 131)。

[3] 在柏林爱乐音乐厅事件后,其他记者表达了这一观点(见,例如,P. Havel 致爱因斯坦,1920 年 8 月 28 日,年表和日程表)。

[4] 可能引自 Philipp Lenard 和 Ernet Gehrcke(见文件 111 和 154)。另见,例如,《德意志报》(Weyland 1920d,Riem 1920a)或《普鲁士克罗伊茨报》(Riem 1920b)。

[5] 政治派别和反相对论者的感情联系,见文件 148。

212. Hans Albert Einstein 来信

苏黎世,1920 年 11 月 28 日

亲爱的爸爸:

你好吗?我们刚收到盼望已久的钱。[1]在我们的现金盒子里,我们仍然有,注意哦,10 法郎……

我们为它亲切地感谢你!你也写到我们应该到德国来。[2]嗯,我们讨论过这

件事并且征求了苏黎世人的建议[3],最后得出结论:如果我不得不现在就终止学业的话是非常不负责任的,因为那样的话我将至少浪费一年,而目前我的任务是尽快使自己能够自给自足。[4]这是我们改善我们处境的唯一的方法,你知道的。

　　这就是我们请求你允许我们待在这里至少使我能够顺利地毕业的原因。我真的很少感到你的存在,就像你对我的感觉那样。[5]

　　妈妈同样也这么想,就像她看到的,德国的营养确实不怎么好,特别是对于不知道附近商店位置的外国人,这也会导致 Teddy 和他来之不易的健康将会在这个过程中完全毁掉。[6]

　　如果你更加仔细地考虑一下的话,你自己也会这么说的。而且这也是你为什么不应该一而再再而三地写信的原因,特别地,结果是只会使母亲更加焦虑,比如,导致她彻夜失眠。你写给了我们和苏黎世人,而你知道,你可以明年继续汇款。[7]你为什么现在写信给我们,重复地写?

　　我现在无法在获取专利方面取得进展,因为我没有得到这些方面的细节,并且我无法从任何东西中了解到现在的机构是怎样设置的,如果一个公司现在已经创办了,那么它就不能被授予专利,对吧?

　　否则我们将会做得很好,我希望你也是这样。圣诞将要到了,因此假日也要到了。

许多的祝福来自
Adu.

另外,我希望你不要因为这封信再次责备我。这封信没有任何讨厌之处,因为我已经不习惯于写那种在我意想不到的时候你一定会理解的信了。

ALS.[144 023].

　　[1] 很可能是从 5 月开始,爱因斯坦在苏黎世的家庭所等待的 2000 法郎赡养费(见文件 34)。关于爱因斯坦的财政困难,主要是在履行他与 Einstein-Marić 离婚协议的赡养费要求,见文件 34,注 4 和注 5。

　　[2] 关于爱因斯坦之前计划将他的苏黎世家人迁到德国南部,以及这些计划后来的推迟,见本书第九卷,文件 148a;爱因斯坦致 Mileva Einstein-Marić,1919 年 12 月 5 日(第九卷,文件 190);爱因斯坦致 Michele Besso,1920 年 1 月 6 日(第九卷,文件 245)和爱因斯坦致 Emil Zürcher,1920 年 1 月 6 日(第九卷,文件 248)。

　　[3] Emil Zürcher 和他的妻子 Johanna Zürcher-Siebel。

　　[4] Hans Albert 出席了苏黎世 Realgymnasium Kantonsschule 第五次年会。

　　[5] 关于早些时候的类似的抱怨,见第八卷,文件 442a。

　　[6] 关于在德国的悲惨状况及其对营养的影响,见爱因斯坦致 Hans Albert Einstein,1920 年 4 月 5 日(第九卷,文件 369)。关于 Einstein-Marić 和 Eduard Einstein 过去的病情,见本书第八卷,文件 330a,332a 和 659b。

　　[7] 7 月底,爱因斯坦写信给 Mileva,他将能够恢复日常开支,并将能够确保在未来一年的稳定收入

(见文件 81)。爱因斯坦显然预计到由于他的薪金增加，可以保证更大的收入稳定性(见文件 119)。

213. Walther Nernst 来信

柏林，Am Karlsbad 26a，1920 年 11 月 28 日

亲爱的同事：

　　信封内是发给您的我和 Günther 博士的 H_2 论著。[1] 您可以在我的关于热理论的专著的第 167 页中找到我的气体堕化的特殊理论[2] 和 157—162 页中的一般讨论。我在 161 页中的图 21 中说明了非常简单清晰的热—气平衡结果，在从低温到特殊的高温气体的变化中没有任何化学常数。[3] Stern 在 *Physik. Zeitschr*(1913)上刊登的第一篇文章[4]，不确定的地方也很可能因此被消除了，Stern 提到的零点能量跟这里的热力学考虑毫无关系。

　　Tammann 已经建立了混合水晶的异构现象，在各种实验中产生了不同的排列，这可能会引起您的兴趣。[5] 在熔点以下它会很快消失。如果 E 表示混合水晶修正方程中的能量，E' 表示其他任一修正方程中的能量，并且如果在高温 T 时补偿作用会快速发生，那么热力学第一定律给出中

$$E_r' - E_r = Q_0 = \int_0^T (c' - c) \mathrm{d}T \tag{1}$$

(c' 和 c 是分子热)。在温度 T 时，一般情况下，$c' = c$。

　　热力学第二定律可能在这里没有提供任何东西，但是，可能我的热理论提供了(因为 $Q_0 = A_0$)。[6]

$$Q_0 = A_0 = T \int_0^T \frac{E' - E}{T^2} \mathrm{d}T \tag{2}$$

要验证(2)不太容易，但依然是可行的。无论如何，我的热理论确实也在这里提供了一个可能的应用。目前我仍然不想说到底有多么肯定，因为利用加热来确定 c' 是个不可逆过程，至少在高温情况下是这样。当然，能够确定的是，如果我们能非常快地测定 c'，那么加热仍然是可逆的：

$$A_0 - A_T = T \int_0^T \frac{\int_0^T c' \mathrm{d}T - E}{T^2} \mathrm{d}T$$

这里，$\int_0^T c' \mathrm{d}T$ 当然与 E_r' 不同。

　　好了，周二见！

问候您的

W. Nernst

ALS. [18 445].

[1] Paul Günther(1892—1969)在 Nernst 指导下于 1917 年取得博士学位；论文是 Nernst 1919 和 Günther 1920。第一个涉及的是 Nernst 所说的"气体变质"，这种现象是在非常低的温度下，理想气体不再遵循理想气体定律，而是处于一种状态，其中定容压力与温度无关。Nernst 试图解释这种现象，假设分子之间有一种力互相排斥，这种力与他们的质量成反比，是距离的三次方。在低温条件下的氢黏度计算实验得到了令人满意的结果。在 Günther 1920 中的新的氢黏度测量实验支持 Nernst 的理论。

[2] Nernst 1918。

[3] 图 21 显示了对于同样过程，温度对于气体凝聚和稀释的依赖。对于 $T=0$，两个数量一致；两条曲线显示相同的一般行为，例如，为浓缩系统的融解。

[4] Stern 1913。

[5] 例如，见 Tamman 1918a，1918b。Gustav Tammann(1861—1938)是格丁根大学无机化学教授和物理化学研究所所长。

[6] Nernst 将其热定理用于形如 $A=-T\int^T \frac{E}{T^2}dT$ 的情况，其中 A 是亲和力(见，例如，Nernst 1918, p. 68)。

214. Willem de Sitter 来信

Arosa，Waldsanatorium，1920 年 11 月 29 日

亲爱的同事：

非常感谢您的信。[1]

关于银河系的稳定性问题和由它本身的引力影响下的适用范围的问题，Eddington 已经做了一些很好的分析，不幸的是从我这里没有得出他的结论。[2] 虽然如此，我能够记得的是，他已经利用已知的星球速度得出了最后的结论，根据牛顿定律，很可能是引力把它们联系在一起。但是无论如何，从银河系质量推出的 λ 值将会使宇宙变得太小了；并且对应于太阳附近的物质密度的 λ 值如此之大，以至于即使没有 λ，银河系也不能更好地聚合在一起。对于如何分类归纳银河系，在我看来，λ 项不会有任何帮助。[3]

您说："如果物质平均密度的存在并不重要，它也无法解释天体之间相互作用时的惯性，我们假设 $\lambda=0$ 不是更合理吗？"

当然是这样的，并且我也经常倾向于不去假设 λ 项。但是……这很明显地使我得出宇宙的反作用力（$g_{44}=\cos^2\frac{r}{R}$）看起来确实存在！当我写这些东西的

时候,仅仅 3 个螺旋星云的径向速度被测定了出来。[4]现在,有 25 个了。并且,除了 3 个例外的,其他的都是正值。如果排除了最亮的两个或许也是最近的两个,它们的平均数是＋631 km/s。最大的观测速度是1200 km/s。速度是径向的;星云是不平均地分布在整个天空的。[5]

您说宇宙是很不同质的(光学[说法?]),致使幽灵般的光线汇聚在焦点上。[6]然而宇宙是这样令人难以置信地空虚。这是一个观察结果,人们仅仅可以怀疑它的精度,在银河系以外距离大约100000光年的地方仍然没有光的吸收或发射的迹象,因此,肯定小于 1/20。当然,不排除在更长的距离100000000光年的地方可以观测到吸收和发射现象。但是我们现在仍然无法知道任何事情。

您真诚的

W. de Sitter

ALS.[20 573]。

[1] 可能是文件 190。

[2] 见 *Eddington 1918* 和相关参考文献。

[3] 爱因斯坦,想借助于"中距离"(行星和宇宙之间的比例),星系和星团的特征寻找存在宇宙学常数项 λ 的证据。常数项 λ 与宇宙起初由于引力作用而全部集中在一起的假定相悖。他要求从 Erwin Freundlich 处得到球状星团的结构信息,见文件 231。最终,尽管他努力寻找,但仍然失败了,见最终出版的 *Einstein 1921f* 注释中的讨论(第七卷,文件 56)。

[4] 见 *De Sitter 1917*。

[5] 这一结果也在 *De Sitter 1920* 中得到,在文件 190 中被 De Sitter 提及。

[6] 在文件 190,De Sitter 反对爱因斯坦的封闭宇宙,其部分根据是人们能够看到恒星的幽灵星光影像,而这些光在到达地球前已经旅行了几倍于宇宙尺度的距离了。

215. Wander de Haas 来信

代尔夫特,Rott. Weg173,1920 年 12 月

亲爱的,非常尊敬的爱因斯坦:

以下是文献。[1]

Maxwell. Electricity and Magnetism, Vol Ⅱ, p. 203[2]

Richardson. The electron theory of Matter (1914) p. 396.[3]

E. *Beck*. Phys. Zeitschr. 1919. ⅩⅩ p 490

Zum experimentellen Nachweis der Ampèreschen Molekularströme.[4]

G. *Arvidsson*. Phys. Zeitschr. XXI 1920. p. 88

Eine Untersuchung über die Ampèreschen Molekularströme nach der Methode von A. Einstein und W. J. de Haas. [5]

E. Beck. Annalen der Physik bd 60 1919. pag 109.

Zum experimentellen Nachweis der Ampèreschen Molekularströme. [6]

J. Q. Stewart. Physical Review XI 1918 p. 100.

The moment of momentum accompanying magnetic moment in Iron and Nikkel. [7]

磁化方面的文献：

S. J. Barnett Phys. Rev. X 1917 p. 7.

The magnetization of iron nickel and cobalt by rotation and the nature of the magnetic molecule. [8]

Phys. Rev. VI p 239. 1915

Magnetization by rotation. [9]

持不同观点以及旋转物体电子冲量方面的文献：

R. C. Tolman and T. Dale Stewart.

The electromotive force produced by the acceleration of metals.

Phys. Rev. VIII p 97. 1916. [10]

Tolman and Stewart.

The mass of the electric carrier in copper, silver and aluminium.

Phys. Rev. IX 1917. p 164. [11]

其他文献我还没有找到。

关于 Annalen 1920 卷 62 和 Phys. Rev. 1919 卷 XIII，我还没有找到。

一旦找到，我会马上给您写信。

我们都很好。

我祝愿您和您的家庭在 1921 年万事如意。衷心的问候，来自 Berta 和您的

W. J. de Haas.

附言：我还忘了：

关于在磁铁中存在的动量的进一步实验。

Proc. Royal Acad. Vol. XVIII p. 1281

W. J. de Haas. [12]

Proc. XIX p 248 W. J. de Haas, G. L de Haas Lorentz [13]

ALS. [12 269].

[1] 1919年2月，爱因斯坦得知Emil Beck在瑞士联邦技术大学做实验。他重复了爱因斯坦和De Haas的安培分子电流实验（见Einstein and De Haas 1915a[第六卷，文件13]和第六卷随后的论文；也可以参见第六卷《[编者按]爱因斯坦的安培分子电流实验》，pp. 145—149；更详细的背景和历史讨论见Galison 1987, pp. 27—74)，获得了更高的精度。Beck测量了一个磁化的铁棒在磁极完全反转时的角动量的变化，并得到了回磁比γ的值，γ是磁矩和旋转电子角动量之比，被认为是引起磁性的因素，Beck获得的γ值是爱因斯坦和De Haas在1915年获得的值的两倍（见下面的注释6）。因为后者得到的值在数量上与理论模型一致，隐含着式子$\gamma = e/(2m)$，其中e为电荷，m为电子的质量，爱因斯坦认为他仔细重做了自己的试验（见1919年2月5日爱因斯坦寄给Arnold Sommerfeld的信[第九卷，文件5]和1919年3月22日爱因斯坦寄给Paul Ehrenfest的信[第九卷，文件10]）。

1920年6月，爱因斯坦接受了洛伦兹的邀请，在即将于1921年布鲁塞尔召开的索尔维会议上讨论他与De Haas的工作（见文件49和56）。在该文件中，De Haas列出了相关实验的调查研究的参考文献，其中大部分也给出了与爱因斯坦和De Haas早前得到的值不一致的值[但是按照如今的理解，也就是$\gamma = ge/(2m)$，铁块的回转磁因子为g，其他金属的接近2，由于事实上磁矩是由电子的固有自旋矩而不是轨道运动所引起的]。这些参考文献基本上与De Haas在索尔维会议上所投稿件的引用和讨论的参考文献一致，他以他和爱因斯坦的名义呈递了报告，这段时期爱因斯坦正在美国旅行（见De Haas 1923）。De Haas为索尔维会议所准备的笔记见第七卷的附录B。

[2] 在Maxwell 1873的574页中，Maxwell描述了这样一个实验，该实验通过寻找角动量与环形线圈电流的变化，确定构成电流的电子是否具有惯性质量。在575页（Maxwell 1873，pp. 202—204），Maxwell表述了这样一个实验，该实验通过使线圈高速转动并测量可能得到的任何陀螺进动来检测持续电流的惯性效应。根据Maxwell的结果，两个实验都没有得到明显的效果。随后，在出版Einstein and De Haas 1915a（第六卷，文件13）后，爱因斯坦和De Haas承认"Maxwell已经思考过检测磁铁的陀螺效应来证实安培的假设"（Einstein and De Haas 1915d[第六卷，文件23]）。

[3] Richardson 1914讨论了这样一个观点"当铁棒被磁化时，我们期望观察到一个回转力学效应"（p. 395)，尽管Richardson的初衷是为了"探测该效应不能确定它是否存在"（p. 397）。

[4] Beck 1919b简要总结了Beck 1919a（见注释6）。

[5] Arvidsson 1920，于1919年10月22日被收录，1920年2月15日发表，报告了一个在乌普萨拉大学完成的实验，该实验是为了确定荷质比e/m的值。在实验中，Arvidsson得到的荷质比在3.35×10^7到4.16×10^7emu/g，是Einstein and De Haas 1915a（第六卷，文件13)中所取值的两倍，也是近代确定值的两倍。

[6] Beck 1919a，于1919年5月7日收录，提出的值$\lambda = 1/\gamma$(见注释1)与期望的值$\lambda \approx 1.13 \times 10^{-7}$（电磁单位）及Einstein and De Haas 1915a（第六卷，文件13）相比低了1/2个系数单位。Beck的论文对与爱因斯坦的谈话（p. 144）表示感谢并且讨论了Barnett和Stewart下面引用的文章。

[7] Stewart 1918的论文提出当铁因子取0.51 ± 0.04和镍因子取0.47 ± 0.11时，λ的值与理论期望值不同（见注释1和6）。

[8] Barnett 1917对磁极反转效应进行了研究。例如，交替的磁化，其中$2\pi\lambda$所取的值介于5.1×10^{-7}与6.5×10^{-7}之间；例如，0.72和0.92分别乘以期望值，这里的期望值是之前的实验值乘以0.5这个系数得到的值（见下面的注释）。Barnett 1917的结果后来由于发现了一个系统误差而撤销（见Barnett 1921/1922，p. 248）。

[9] Barnett 1915。由Samuel J. Barnett在1915年实施的对反转效应的研究，被爱因斯坦和De Haas

认为是对他们在 *Einstein and De Haas 1915a*（第六卷，文件 13）工作的完善，尽管他们没有对 Barnett 的结果与他们相差 1/2 的比例因子进行评论。

[10] *Tolman and Stewart 1916* 的实验报告被认为与 Maxwell 首次所做的试验（见注释 2）相似。例如，在实验中测量的是由一个快速加速或者减速的旋转线圈产生的电流脉冲。这些实验给出了特定荷质比 e/m 的估值，或者等价于原子单位下电子的惯性质量，这些量与现今的值相比接近且稍微大一些。

[11] 在 *Tolman and Stewart 1917* 中，对以前的参考文献的调查研究扩展到银和铝，得到了类似的结果。

[12] *De Haas 1915*。De Haas 从柏林搬到荷兰后，在哈勒姆做了进一步的实验，该实验证实了之前的结果。例如，期望得到的 λ 值的误差在 $λ≈1.13×10^{-7}$ 的 15% 的区间内。

[13] *De Haas and De Haas 1915* 给出了回旋磁效应的理论解释。

216. 致 Hans Mühsam

[柏林，]1920 年 12 月 1 日

尊敬的博士：

为了仁慈的基督事业，基于爱因斯坦教授的授意，我在信封里附上一封爱因斯坦教授的简短手稿。[1]

致以崇高的敬意。

秘书
Ilse Einstein

TLS(Harvey Plotnick,芝加哥)。[83 685]。收件人的姓名打印在该信的页脚："Herrn Dr. Mühsam Berlin"。所附的 *Einstein 1920k*（第七卷，文件 49）的手稿被省略。

[1] *Einstein 1920k*（第七卷，文件 49）。慈善事业可能与 Mühsam 在柏林犹太医院的职位有关系（见本书第九卷，文件 74e）。

217. Arnold Berliner 来信

柏林，W9，Link 街 23/24，1920 年 12 月 1 日

亲爱的爱因斯坦先生：

您在来信中希望我能够帮助 Harry Schmidt 先生，他已被 Reichenbach 粗暴地对待。[1]如果我想要发表这封信的话——我想在一开始就提出，我不会这样

做，因为我认为这样做是多此一举——这将迫使我走上一条可能导致不可预料的、甚至是荒诞的后果的道路。在不久前，我不得不对一本动物学词典发表评论，正如您对 Reichenbach 的评论的态度一样，我的评论也可能被认为是粗暴的，但是因为我知道这位评论者是一个博学和值得信赖的人，我显然不会对此做出任何反对，就像我们的杂志存在的 8 年中我不得不做出的许许多多的其他评论一样。即使是一个特例情况，我也必须允许一个捍卫者发表他对于每一个评论的解释。批评不仅仅是由于判断的原因同样也是喜好的原因。在对 Naturwissenschaften 的书评仔细检查后会发现，任何未经授权的审稿人都被授予评说的权利。而且这些是决定性的。不过，此外，批评也关系到喜好的问题。现在，通常认为没有关于喜好的争论。也许 Reichenbach 用了一个稍微不恰当的语气，但是在不久之后这则评论就会被忘记，并且我不相信这会对 Schmidt 先生造成任何值得一提的伤害，且在我看来，我不相信事情的本质会因此而发生改变。但是，当爱因斯坦先生现在冲着在 Naturwissenschaften 上受伤的 Harry Schmidt 先生而来时，作为"他的荣誉的复仇者"，这已变得完全不同。所有的人都会将爱因斯坦对一本关于相对论的书的拥护当做是一个异常重要的宣传，并且这封信将会对人们的时间和空间观念产生难以估量的影响。此外，作为许多相对论理论的推广性的综述之一，虽然它并没有特别突出的地方，然而却能优先发表在 Buchhändler-Börsenblatt 上，这或多或少地暗示了爱因斯坦的赞许。但是〈这次〉在这种情况下，仅仅是通过您的图书经销商！像在 Buchhändler-Börsenblatt 中的这种介绍并不会引起异议，因为仅仅只有出版商和少数偶然的读者才知道这篇文章。且这种赞美只能间接地来自相对论的创立者，因此也只被在大量地呈现给公众之前作为一种不完全的宣传。但是，当相对论的创立者在一个已取得一定声誉的期刊上为关于相对论的论述发表个人观点的时候，情况就完全不同了。我并不想以我的观点作为结束，我只是想表明，如果一个人能对这样一种无害的处理过程使用愧疚和赎罪这两个词，一定能平衡彼此。现在 Reichenbach 先生是用措辞严厉的、但绝非毁灭性的批评站在一边，另一方面我们有爱因斯坦先生的看似广告的建议（您经常禁止我恭维您，因此我将不使用任何修饰词）。您知道我经常完全自然地顺从您表达的所有愿望，但是我现在不得不第一次说不，并且我希望您不会因我刚才提出的论点对我发脾气。

  致以最好的问候。

非常真诚的
A. Berliner

TLS. [7 006].

[1] Harry Schmidt(1894—1951)。根据在 Altona 这个城市的免费教育讲座，Schmidt 曾经写过一篇很受欢迎的关于相对论的论述，Schmidt 1920。仅在几个星期之后，他的著作的第二次印刷本就已经发行，此次印刷的前言标示的时期为 9 月 1 日。应 Schmidt 的请求，爱因斯坦在 9 月 13 日前往访问基尔的途中，可能中途停留在 Altona 与 Schmidt 进行了私下的会面（见 1920 年 9 月 11 日 Harry Schmidt 给爱因斯坦的信，见年表和日程表）。在 Die Naturwissenschaften（《自然科学》）1920 年 11 月 19 日的一期，p. 925 上，发表了 Hans Reichenbach 关于 Schmidt 的书的简短的评论。在评论中，这本书被称为是一个披着"纯文学的外衣"的关于相对论的受欢迎的论述。虽然"并非不正确"，但是 Reichenbach 发现这本书无法成功带出该理论的认知论的内容，反而将爱因斯坦的思想推广成一种"宇宙感伤的浪漫主义"。Die Naturwissenschaften 的编辑 Arnold Berliner 在给 Reichenbach 的信中，感谢他对 Schmidt 的著作的批评，Berlinger 自己称此书为"相对论狂想曲"（见 1920 年 10 月 6 日 Arnold Berlinger 给 Reichenbach 的信 [PPiU, Hans Reichenbach 收藏，HR-015-49-35]；又见 Hentschel 1990，pp. 55—56）。据年表和日程表 1920 年 11 月 24 日 Harry Schmidt 致爱因斯坦的信中，Schmidt 曾希望爱因斯坦允许他给 Berliner 一份爱因斯坦对其书的肯定意见的复本，该评价写在 1920 年 8 月 3 日写给他的一个明信片（已不复存在）上，以恢复他的名誉。在对此的回应中，爱因斯坦显然不同意 Schmidt 把明信片上的话语复制给 Berliner，但答应将以他自己的名义写信给 Berliner，这一点据年表和日程表 1920 年 11 月 28 日 Harry Schmidt 致爱因斯坦的信中得到确认。

218. Paul Winteler 来信

卢塞恩州，1920 年 12 月 1 日

亲爱的阿耳伯特：

答应你的信去得晚了点，但是现在我可以就我不得不说的事情跟你交流更多的细节了。

在未来几天，来自苏黎世（Zürich）的钱就要汇给我了。这就是我要问你用它来做什么的原因；我现在仍然在等待你的建议。[1]

就我们而言，我们打算明年春天从卢塞恩搬走；这或多或少地涉及我的退休金（是我薪水的 42%）；由于所出现的[讨厌]个人关系，我非常地满意。因为在我这个年龄，通过这种不寻常的事实，我将成为一个自由人，可在任何消费水平低或能得到额外收益的地方居住。[2] 我们很自然地制订各种计划而没有想着到处闲逛；相反，现在唤起我去工作的刺激比最终作为一个擦鞋匠的理想要大得多。只要 Maja 参与我的葬礼，她可以保留她一半的养老金生活。[3] 我在这保持工作了这么长时间之后只是为了寻求这份退休金。[4]

因为我现在正考虑各种各样的选择，也在为你着想。我一直以为你没有得到因你的科学劳动而得到的物质上应有的收获。对你而言，我让你在苏黎世垫款的请求一定令你有些不舒服；此外，你还需要担心能否及时履行你对你的第一

任妻子的义务，[5]具体而言，反而应是将每一件事都为你安排好，以使你安心。最后，你有两个家庭需要考虑，这是很不容易的事。[6]因为我觉得你忘记了你的家庭中有一个可以出一份力来提供一些整理你的财务方面秩序的律师。如果我对此有所建议，请不要生气。你的《大众账户》(*Popular Account*)的出版商[7]公然地欺骗了你。你帮助了一个有钱和精明的出版商(现在所有的出版商都很精明！又能怎样！)赚了一笔，或许他把这些钱倒到他的大保险柜里，还远远不够[Butzenstiel]！[8]我听说，你甚至每次免费印刷100册，包括免费给予翻译权！你真的相信，因为你免费拿出你的小著作，这本小册子将便宜一分钱出售。你的动机很好很感人，但后果只能是：你使一个富有的出版商更加富有，而没有一个读者能够买到更便宜的书。

我想象的业务如下：相关合同中没有多少可以改变。在这方面，出版商不会轻易放弃他们已经为自己攫取的利益。但我希望你也没有放弃你未来的产品。如果没有，我给你以下建议：振作起来，写一本小册子，[9]做一个相对论的总结工作；它并不需要是全面的，也许是一个简短的回顾介绍，并将你的理论的详细介绍作为第二部分，数学上的论述作为第三部分，以浓缩的形式使这个领域的专家和非专家，包括关注这个领域的学生，能够找到他们想知道的一切。当分别寄给专家的时候，整个事情因此就将成为"热门"。

Vieweg将很乐意出版这样一本书，任何你喜欢的其他出版商也同样可以。但这样你必须拟出一份合同以作为你迄今为止的著作的酬劳；事实上，我希望你与Vieweg的极其不利的协议以这种方式得以改正。作为律师，我会很高兴参与，然后你的家人才能得到！如果你可以真正地通过这方面的工作谋生，而不是依赖苏黎世业务，那将会是另外一回事！

不要告诉你自己，在你自己还有经济困难的时候，如果送给出版商这样一件礼物，你的理论就会迅速转化成为共同财产。另外，市民的心理是：它的价值与它花费的价钱是相等的。我能想象你的顾忌，并发现你如果不是在苦难坎坷的道路上就是在错误的道路上。

到现在为止我一直以一个"唯物主义者"的身份说话，如果你接受的话。但是我也在考虑你、你的家庭，以及整个令人不悦的事情的存在：一个人必须不停地精打细算，但始终无法挣脱为了给家庭提供生活必需品而挣取足够法郎所带来的紧张不安。

现在我是律师。根据定义，我作为这个可敬职业的代理人而存在的作用是代表其他人的物质利益。我是多么急切地渴望能为你和你的家人做事啊！对于我个人来说——我几乎不需要这样说，我不想从中得到什么，我只是觉得家庭中的律师为其他人采取的节约措施，且当其他人用他们已经从你那里掠夺的和将要掠夺的钱来养肥自己时,这个律师必须消极地看待这件事。

我想听听你对此事的看法。当然我也明白,这些想法给你的第一印象有可能是令人讨厌的,但到目前为止情况确实就是如此!它们应该而且必须予以纠正,并可以变好,只要你为它创造了先决条件,且给一个可信赖的家庭律师而不是其他人一个为你工作的机会。

最热忱地问候你!

Pauli

另外,如果你在我的长篇演说中发现一些风趣的话,你能告诉我你与 Vieweg 所达成的一切协议吗?因为我只知道一些模糊的轮廓而并不知道特别的细节,并且希望将它削减至法律核心。因为出版商的合约的所有的道貌岸然的外表,在脑力劳动者付出的代价下,已经混淆了法律的杰作!

ALS. [144 786].

[1] 关于 1920 年奥尔-瑞士联合股份公司的分红(见文件 126)。

[2] Winteler 和他的妻子 Maja Winteler-Einstein,1920 年年底从卢塞恩前往意大利的佛罗伦萨,在 1921 年停留一整年。关于 Winteler 对工作的不满、退休和他们的搬迁,见 *Rogger 2005*, pp. 64—67。关于他们离开卢塞恩后的计划,见文件 220。

[3] Maja Winteler-Einstein。

[4] Winteler 为瑞士联邦铁路工作。

[5] 关于爱因斯坦对 Mileva Einstein-Marić 履行其财政义务的困难,见文件 34,注释 4 和 5。

[6] Mileva Einstein-Marić 和他们的儿子 Hans Albert 和 Eduard;Elsa Einstein 和她的女儿 Ilse 和 Margot。

[7] *Einstein 1917a*。

[8] 根据与 Vieweg 出版社的协议(1916 年 12 月 20—21 日[第八卷,年表和日程表],每印刷 1500 册,爱因斯坦将收到 750 马克的稿酬;每一版的总的稿酬将根据该版的销量是高于还是低于前一版而提高或降低。作者根据当前知识状态致力于更新自己的新版本。见第八卷,1916 年 12 月 20—21 日(见年表和日程表)。

[9] 在左边空白处沿着横线开始写着"Lehrbuches"(教科书),并以"Form"结尾,Winteler 附加了注释:"Aber alles wie Du es Dir denkst, Du musst es ja besser wissen wie ich."

219. 致 Harry Schmidt

柏林,1920 年 12 月 2 日

亲爱的同事:

信封里有我寄给您的一封来自 Berliner[1] 博士的信。Berliner 博士的论点确实说服了我。因此,我将不再适合去写一封承诺过的辩护声明,且请求您务必不要将我早期关于您的小册子的评论公诸于世。

敬上

TLC.[44 969].

收件人的姓名打印在信件底部:"Harry Schmidt 博士先生,Hamburg-Altona。"
[1] 文件 217。

220. Maja Winteler-Einstein 来信

卢塞恩州,1920 年 12 月 6 日

我亲爱的:

你二位的来信使我远离了痛苦的忧虑。我不知道在柏林和巴德瑙海姆遭受到那些不愉快的经历后,你们所有人变得怎样了。[1] 现在,你们所有人看起来都在继续你们的生活,所以我可以对此感到满足,因为它总是那么和谐而美好。亲爱的阿耳伯特,我特别感谢你还记得我的生日。(其实我应该感谢你,亲爱的 Elsa,肯定是你提醒了他)[2] 能直接与你再次对话使我感到非常的高兴。

我们需要好的愿望,特别是现在,因为我们是在开始一个非常不确定的未来。近来 Pauli 在他的公务员工作中变得有些烦躁,以至于他的神经已经变得很脆弱,他迫切地需要长时间的休息[3],因为健康最终是比大笔的收入更重要。我们在深思熟虑之后决定退休[4]。仅这一步已经使 Pauli 镇静了一些。我们把我们的公寓租出去一年,现在正打算(在 12 月 20 日左右)去 Vorarlberg 待 4—6 周以便使 Pauli 可以在山中的空气中放松他紧张的神经。然后我们将又考虑去巴黎,在那里 Pauli 希望为一家瑞士企业做法律顾问并成为一名记者。我希望通过朋友介绍在艺术交易行当工作。这些都是笼统的计划,但是退休金是坚实的基础,有了它我们就可以有一种非常舒适的生活。加上我们从瑞士 Auer 股份公司股份的分红,我们可完全从我们的债务中解放出来,谢天谢地! 我一点都不留恋卢塞恩,我期待着能够离开[5]。

亲爱的 Elsa,你的长信使我非常高兴,因为告诉了很多我已经很久没有听到的关于亲戚们的情况。我总为可怜的 Marie 感到遗憾,但是我们又能够为她做什么呢?[6] 她从来没有表现得非常聪明,但看起来也不是非常愚蠢。那些忧虑和痛苦肯定会对她造成非常大的影响。从我们把可怜的妈妈带到柏林至今已有一

年时间了。[7]你可以想象,我也不得不经常考虑这些。我可怜的亲爱的母亲遭受了多大的不幸!但在柏林,她的确在阿耳伯特和许多家庭成员的爱中度过了一些快乐的时光。

阿姨和姨夫在做什么?[8]我也常常会想起他们。我有不少的灰色布料,其中Fanny阿姨可能会很高兴跟我分享,但我不知道该怎样寄给他们。

亲爱的Ilse,感谢你的良好祝愿。[9]你今年又要出去很多次吗?肯定会玩得很开心。Margot完全好了吗?[10]音乐学得怎么样了?她有没有作一些什么曲子?我总是喜欢用她给我做的笔记本,每当我使用它的时候,就会想起她的热情。

现在你们每个人肯定都会给我一封长信。请不要让我再这样很长时间收不到信了。无法得知任何关于自己最亲密和最亲爱的人的消息是多么地令人沮丧。

衷心的问候和吻你。

Maja

ALS.［144 802］.

［1］关于柏林爱乐音乐厅的事件,见文件111;关于在巴德瑙海姆的德国科学家与医生大会(GDNÄ),见文件154。

［2］Maja的生日是11月18日。

［3］Paul Winteler。

［4］关于Paul Winteler的工作困难,有关的健康问题,以及退休的决定,见 *Rogger 2005*, pp. 64—66。

［5］关于Winteler最终从卢塞恩到意大利佛罗伦萨,见 *Rogger 2005*, pp. 66—67。

［6］或许是Marie Müller-Winteler(1877—1957),爱因斯坦在1896年和她度过了一段浪漫的时光(见第一卷,Müller-Winteler传记,序言,xxxvi;1896年4月21日,爱因斯坦致Marie Winteler[第一卷,文件18];1896年11月30日,Marie Winteler致爱因斯坦[第一卷,文件30])。

［7］1919年12月28日,Maja与一名护士及一名医生带着Pauline Einstein到柏林与Albert和Elsa Einstein共同生活。她于1920年2月20日去世。

［8］Rudolf和Fanny Einstein,Elsa的父母,住在同一栋大楼的一个单独的公寓。

［9］Ilse Einstein。

［10］3个月前,Maja提到她听说Margot Einstein生病了(见文件126)。关于1918年和1919年夏天Margot的健康问题,见文件126,注释12。

221. Paul Mühsam 来信[1]

Görlitz, Bismarck街4号,1920年12月7日

非常尊敬的教授:

数天前,我在柏林与我的表弟Hans Mühsam[2]在一起短聚的时候,他告诉

我——其实,我已经了解——您是一个坚定的和平主义者,并让我转发给您我的拙作《人类命运之书》,在书中,作为一个同样渴望和平的人,我以诗的形式讨论了战争的疯狂。[3]

为了满足我表弟的要求,同时也为了满足自己的愿望和内心的需要,非常尊敬的教授,请允许我借这个使我感到荣幸的机会向您表达最真诚和衷心的敬意与钦佩。

如果我知道我在书中用来感叹自我毁灭的人类的命运的用词也能引起您内心的共鸣,我将充满自豪和喜悦。

您的真诚的,
Dr. Paul Mühsam

ALS.[44 502].

[1] Mühsam(1876—1960)是一名律师,且是一名关于道德和宗教主题的作者。他曾参加红十字会,在第一次世界大战期间是一位和平主义者。

[2] 6天前,爱因斯坦曾将自己一篇文章的手稿寄给 Hans Mühsam(见文件216)。

[3] *Mühsam 1919* 存于爱因斯坦的书房,其上有以下题词:"爱因斯坦教授先生对作者表示由衷的感谢,Görlitz,1920年12月7日。"

222. Heinrich Zangger 来信

[1920年12月8日之前][1]

亲爱的朋友爱因斯坦:

您的[Hans] Albert 没有消息,连 Besso 也在问我。[2] 我安慰自己:这总像是一个人满怀希望地坐在金蛋旁边,经验证明这仅是希望而已。我也可以做得很好。此外,我设法为 Weyl 的谈判争取到重大进展——最重要的是:对于即将到来的冬天的假期,让他到山上来治疗肺癌;考虑到这些,我可以筹拨一项经费,让他在休假

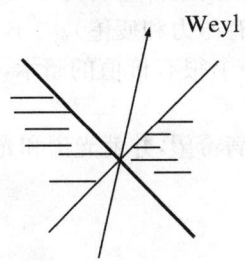

期间安心疗养,这样他的世界线就不会绷紧了,甚至可以忽略红移,独立于 c。[3]

(当我为社交和健康问题感到不愉快时,[4]我又增加了一些额外的焦虑;糟糕的玩笑。)Weyl 不得不照顾他自己。Huguenin 离开时对 Weyl 的关心是:在最后离开的前两天,他在我后面叫住我说:要密切留意 Weyl,因为他非常重要,可是生病了,这正是他想的。我知道您和我一样都赞成 Huguenin 的话。[5]

Debye 应该像 Born 一样写一本书,为了他自己也为了别人,他有难以置信的清晰的思路和简单的概念。[6]前两天,我在床上读了 Born 的书[7]《爱因斯坦神曲》。书中写道,每次在歌曲的结尾总是说:"是爱,移动了太阳和其他星球"。[8]在下一版中,他应该更详细一点,特别是,您真的应该对此书[pp.] 34ff, 54, 92f, 118ff 的观点,以及结尾处您自己的观点进行更多的评述,并以一种对我而言很清晰的方式:不过[它]肯定仍然是最易懂的书——即使是对比 Freundlich[9]——这本书更好,包含更多内容,比他的过于匆忙而起草的《物质结构》更合乎逻辑。[10]而 Sommerfeld 在某种程度上有些难读,[11]因为他保留了作者的术语,——从而留下了工作(根据自己特有的甚至是 v),并且为了自我排序[通过证明]而要求的编辑工作变得非常累人。

顺便说一句:我不明白:为何对于核子 H,电子的 1/2000 应该是 H 的 1/2000000。结合力可能是能量-质量。

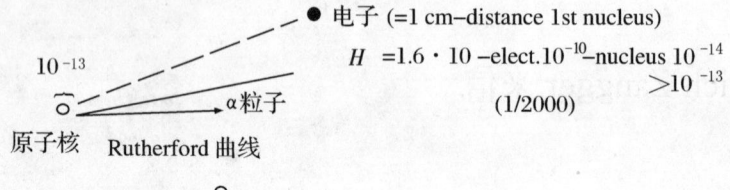

这将导致什么呢?

我们要争取使该行业成立一个基金以使我们可以邀请 Rutherford, Aston, 等,到苏黎世去讲学,[12]因为我是很难想到这种思路的,且已得到了相当多的建议(如早先 Kelvin 和 Faraday 帮了我很多)。[13] Langevin 也来了。[14]您也来吗?您这个老瑞士人。

除此之外,我正在为边界面的条件左右为难,我很期望我的初恋,羊皮卷,它们的结构获得新的生命(尽管有压力和疲倦)。[15] Kossel 的论文——他也即将到苏黎世来——对我来说也是一个很有价值的暗示,但尚未引起我足够的口味来进行思考。[16]

您看,我对生动的物理充满希望,并就光谱和光谱学进行了一场对话。

致以最诚挚的问候。

Zangger

ALS. (SzZ, Nachl. H. Zangger, box la)[87 065].

［1］日期的确定是参考了 Huguenin 的去世时间,并假设 1920 年 12 月 8 日 Michele Besso 致 Heinrich Zangger 的信(SzZ, Nachl. H. Zangger, box la)提到了此信。

［2］Hans Albert Einstein, Michele Besso。

［3］Hermann;关于 Weyl 的健康问题,见 1920 年 2 月 27 日爱因斯坦致 Heinrich Zangger 的信(第九卷,文件 332),注释 12。

［4］方括号在原件中。

［5］Gustav Huguenin 卒于 8 个月前(见 *Zangger 1920d* 和 1920 年 4 月 19 日爱因斯坦致 Heinrich[第九卷,文件 380])。

［6］Peter Debye, Max Born。

［7］*Born 1920a*。

［8］爱,移动了太阳和其他星球(L'amor che move il sole el'altre stelle),在但丁的《神曲》的结尾句。

［9］*Freundlich 1916*。

［10］*Born 1920c*。

［11］*Sommerfeld 1919*。

［12］Ernest Rutherford, Francis Aston。

［13］Sir William Thomson, Baron Kelvin of Largs, Michael Faraday。

［14］Paul Langevin。

［15］例如,*Zangger 1907*。

［16］Walther Kossel。

223. 致 Max M. Warburg[1]

柏林,W 30,Harberland 街 5 号,1920 年 12 月 8 日

亲爱的 Warburg 先生:

经过仔细考虑,我的妻子最近以我的名义向您请求的帮助看起来确实有点冒昧。我想真诚地问您是否真的能信守您的承诺——在非常慌乱的情况下做出的与您弟弟接洽的决定。[2]如果你能让其他的具有足够经验、机智和影响力的人参与到对美国所进行的谈判中,以代替您忙碌的弟弟,我仍然会很感激您。

到现在为止我收到了普林斯顿大学和威斯康星大学(麦迪逊分校)与在华盛顿的美国国家科学院的正式邀请;普林斯顿大学由校长 Hibben 作为代表,[3]提议我马上去那里讲授整个学期的课程,考虑到商务方面的信誉,他们备注道:"这个问题最后将按我的意愿来得到解决。"威斯康星大学通过美国特使 Schmedemann[4] 在克里斯蒂安尼亚拜访了我,并进行了口头协商。

我告诉这两所大学我准备到每个学校每周讲授 3 次课程,共讲 2 个月;准确地说,是在 1921 年 10 月至 1922 年 3 月之间(共 4 个月)。在报酬上,我要求每

所大学付15000美元;但我没有要求差旅或住宿的费用。[5]

由于我正在和上述两个大学进行协商,我写信婉拒华盛顿学院,他们打算给我整个美国之旅支付3000美元(包括免费的旅游和免费住宿)。[6]自从我答复之后(已有6周),我再也没有听到来自威斯康星大学的消息。我也没有从普林斯顿大学得到任何答复;不过,这才刚刚过去3个星期。虽然如此,在我的印象中,我的要求对这些大学来说都太高了。

只有当我可以因此获得一定的财务独立,我才会决心承担起由于这样一种旅行而导致的时间和精力的损失。只有当减去旅行费用之后我能留存至少20000—25000美元时,我才可以做到。如果这无法实现,那么我宁愿留在这儿。

根据所描述的情况,沿官方程序当然不会发生任何事。然而,一个在美国有影响力的人一定能评估我争取的目标是否能够通过将时间合理地分配在多个地方而实现。

我们最近一起度过晚上对我来说是非常刺激的。我很高兴能与一个有着高瞻远瞩和强烈的个性的您相识。

我的妻子也友好地问候您。

敬上

TLC.［36 248］.

　　［1］Warburg(1867—1946)是一位银行家,在凡尔赛和平谈判中任德国代表团顾问。

　　［2］显然 Elsa Einstein 曾安排了一次访问,以请求 Warburg 帮助安排爱因斯坦在美国巡回演讲,Warburg 让他的弟弟 Paul Warburg 提供了帮助(见文件234)。

　　［3］John G. Hibben。

　　［4］Albert Schrnedeman。

　　［5］见文件203。

　　［6］对于他答复 Augustus Trowbridge 的等待和观望态度,见文件210。

224. Max Born 来信

［法兰克福,］1920年12月8日

亲爱的爱因斯坦:

　　在信封内我发送给你的是《数学年刊》的通告。我从来没有收到这个杂志以前提交的东西,我也不知道关于它的任何事情,所以说没有意见。[1]

　　此外,我将附上一封来自俄罗斯的信件的副本,来自我的学生和朋友 Boguslavsky。这封信已收到有一段时间,[2]你可能对它的内容感兴趣。通过它,可以看出必须做一些事情来尝试邀请这个可怜的人(另外,他有肺病)到德国以使他不挨饿。我尝试过各种各样的方式,首先是和 Planck 一起,然后在格丁根与 Klein 和 Hilbert 一起,[3]我请求他们提醒科学院以某种方式向 B. 发出邀请。但他们都拒绝了;如 Hilbert 所说,他们不希望与"外交政策"有任何关系。也许你会想一个办法。Boguslavsky 写的关于他的研究的部分内容很明显是荒谬的,但这很可能用他的恶劣条件来解释,他是一个聪明、优秀的人。我们共同的朋友,在 Würzburg 的 Bolza 博士,[4]顺便也做了尝试通过红十字会向 Boguslavsky 发送东西;能否取得成功,我不知道。为了保持同一话题:前一段时间我通过 Epstein 给你写了一封信,他正在寻求帮助。同时,在美国的 Lewis 也给出了一个回答,关于这个问题我以前曾经写信给他。他已经在加州大学伯克利分校为 Epstein 安排了一个职位并已给了他。[5]但是我没有从 Epstein 那里得到任何消息,不知道他是否愿意接受;瑞士可能会留住他。[6]由于工作人员的反对,想把他带过来做我的继任者的尝试也失败了。我也不能使 Stern 排到第 1 位,因为 Wachsmuth 想要 Madelung,但 Stern 排在第 2 位,Kossel 排在第 3 位。[7]

在科学上,我尝试了很多事情,但没有从任何事情中得到热情。最吸引我的是关于晶体的不可逆过程的理论,就像 Debye 曾经建议过的;[8]但我还没有得到一个可信的普适命题。在研究所对平均自由路径的观测进行得很顺利,重要的是使气压在白银蒸发的半小时内保持不变,我们现在得到的是 5%。另一方面,对于镀银层厚度的精确测量仍然没有完成,因为我们首先要把各种光学仪器一步步安装起来。Landé[9]最近在海德堡参加座谈会,他昨天告诉我说 Ramsauer (别名 Lenard)[10]已经对我的相对论的书提出了严重的指控,因为在这本书里,我曾尝试了 Maxwell 的建议(运用木星卫星的日食来确定太阳系的绝对运动),但实际上得到的结果刚刚相反。[11]我觉得这个指控是不合理的,因此希望 Lenard 或他的某个亲信能发动一个彻底的抨击。就健康而言,过去的好几个星期我都不是太好,这从我最后一次写给 Holland 的火药味十足的信中可看出来。[12]现在我的感觉又相当好了,只是政治局势比起我所在乎的对我自己的认可更加让我心烦。衷心的问候。

你的
Born

ALS. *Einstein/Born 1969*, pp. 73—74. [8 156]。信笺上打印"Institut f. Theoret. Physik der Universität Frankfurt a. M. Robert Mayer Str. 2",是 Sergei Boguslavsky 给 Born 的信的副本[8157],附于本文件,省略了。

[1] 在 1919 年年底重组《数学年刊》(*Mathemattsehe Annalen*)时,爱因斯坦已经成为其编委员,并

且 Born 担任其科学咨询委员会委员（见 1919 年 12 月 20 日 David Hilbert 致爱因斯坦［第九卷，文件 225］）。该委员会成员通过邮件的方式从一个成员到另一个成员间将正在进行的工作的最新状态进行传阅，并要求每人做简短的评论（见 1920 年 4 月 28 日 Felix Klein 致爱因斯坦［第九卷，文件 398］）。

[2] Sergei Boguslavsky。关于他写给 Born 的信，见 *Einstein/Born 1969*, pp. 75—77。Born 在文件 185 中首先对爱因斯坦提到 Boguslavsky 的绝望情况。

[3] Max Planck；Felix Klein(1849—1925)，格丁根大学名誉数学教授；David Hilbert。

[4] Hans Bolza(1889—1986)是一位维尔茨堡（Würzburg）的企业家。他 1913 年于格丁根在 David Hilbert 的指导下得到博士学位。

[5] Paul Epstein。Gilbert N. Lewis(1875—1946)是美国加州大学伯克利分校化学教授。Born 通过 Fritz Haber 与其熟识（见 *Einstein/Born 1969*, p. 77）。

[6] Epstein 是苏黎世大学的讲师。

[7] Otto Stern；Friedrich Wachsmuth；Erwin Madelung(1881—1972)，格丁根大学理论物理学讲师；Walther Kossel。Wachsmuth 的反对，主要源于他的反犹太主义，见文件 95。

[8] Peter Debye。

[9] Alfred Landé(1888—1975)是法兰克福大学理论物理学讲师。

[10] Carl W. Ramsuer(1879—1955)是 Danzig 工业大学物理学教授。他于海德堡在 Philipp Lenard 指导下获得博士学位。

[11] 如果来自木星的光线不得不与以太风相逆行，观测木星的卫星日食的时间延迟预计将会较长，这是因为太阳系相对于以太的运动。Born 1920a (p. 94)重点强调了没有这种效应被观测到。然而在他的第二版书中，Born 表明，观测所能达到的精度排除了这个可能性，即太阳系相对于以太的速度大于已知的星系之间的任何最大速度(*Born 1921*, p. 99)。

[12] 文件 185。

225. Paul Ehrenfest 来信

[莱顿，]1920 年 12 月 8 日

亲爱的爱因斯坦：

非常感谢你珍贵的来信。[1]

我现在寄给你两封信和两张报纸剪报。——神父 Bauer 的小册子是他所写的信的主题，这本小册子将与 Millikan 的单行本的包裹一起寄给你。[2]

我刚刚又收到了彼得格勒的物理学家的来信。我的朋友 Joffe 教授和 Rozhdjestvensky 很可能会来 Holland 待上几个星期。[3] 也许我会需要你的帮助以便可以弄到德国的签证。我向你保证，他们此行纯粹是以科学为目的。

我很高兴你在这里停留期间留下一个性格开朗，平静的印象，尽管有无休止的辩论。[4] 你很难想象在画家 Onnes 的家里的所有人是在多么热烈地谈论

你。[5]特别是 Onnes 的父亲毫不犹豫地说,与你打交道几乎就是与其他所有的人打交道(这个"几乎"是非常具有外交色彩的!)。我有好多优秀的同伴可以在你下次来的时候介绍给你。

有机会的话可以给 Julius 写些信。你应该了解,让做引力红移工作的人注意到他的文章是应当的。[6]

我正在攻读关于共振电离位方面的研究,它像音乐一样美丽——就像 Frank-Knipping 对待氦一样。[7]我对光谱学方面的文章还不太懂,但我想了解它们![8]给所有人亲切的问候!

你的
Ehrenfest

ALS.[9 533]。

[1] 文件 209。

[2] Robert A. Millikan。

[3] Abram Ioffe;Dmitri Rozhdestvensky(1876—1940),是圣彼得堡大学物理系教授。在 1920 年 7 月和 8 月,Ioffe,Orest D. Chvolson,Aleksandr A. Friedmann 或 Yakov D. Tamarkin 再次给 Ehrenfest 写信。(他们在 Ehrenfest 档案馆的存档,见 *Wheaton 1977*;Friedmann 也寻求文献的信件见重印的 *Frenkel 2002*,pp. 8—12。)

[4] 关于爱因斯坦上一次在荷兰的停留,见文件 188。在此期间,他在莱顿大学做了担任特聘教授的就职演讲,并与 Paul Langevin,Pierre Weiss,Heike Kamerlingh Onnes 和 Paul Ehrenfest 进行了讨论,主题包括固体的顺磁性等。

[5] Einstein 待在 Menso Kamerlingh Onnes 的家里(见文件 183)。

[6] 关于 Ehrenfest 类似的要求,见文件 52,注释 7。Willem H. Julius 和他的家人的健康问题(见文件 129)。

[7] Franck 和 *Knipping 1919*,1920。

[8] 关于当时对波段光谱和分子模型研究工作的概述,见 *Sommerfeld 1921*,pp. 550—566。

226. Harm H. Kamerlingh Onnes 来信

[Oegstgeest,]1920 年 12 月 8 日

非常尊敬的教授先生:

终于我可以把照片寄给您了;我很抱歉拖了这么长时间;因为拍照的人一直都忙于圣诞老人的工作。[1]您的肖像翻拍得不是很好,您应该能看得出来;其他的好一些,但颜色比较单调。[2]与您在一起的日子给我们留下了很多美好的回忆。[3]现

在我还记得,当时跟您和 Ehrenfest 教授一起学习音乐合奏,不仅有行板(Adagios),而且还有快板(Allegro)和急板(Presto),那情景让我回味无穷。对不起,教授先生,我只能先写这么多了;明天我们就要去法国旅行,因此还有很多事情要做。我的父母和姐妹[4]也向您致以衷心的问候,希望您和您的家庭一起都好。

致以崇高的敬意。

您最忠实的
Harm H. Kamerlingh Onnes

ALS. [14 377].

[1] 在欧洲很流行庆祝圣尼古拉日(Saint Nicholas Day);在 12 月 6 日,孩子们会收到礼物。

[2] Harm Kamerlingh Onnes 绘制了爱因斯坦和 Paul Ehrenfest 的肖像。

[3] 爱因斯坦在最后一次访问荷兰时待在 Menso Kamerlingh Onnes 的家中,他是 Harm 的父亲(参见文件 183)。在 1920 年 11 月 2 日,爱因斯坦和 Harm 一起拜访了 Rijnsburg 的 Spinoza 家,Benedictus de Spinoza 从 1660—1663 年都住在那里。那里现在是一座博物馆。

[4] 他的父亲是 Menso;母亲是 Catharina Augusta;而 Jenneke 和 Elisabeth Maria 是他的姐妹。

227. 致 Paul Ehrenfest (?)

[约 1920 年 12 月 9 日][1]

以下内容来自爱因斯坦 9 XII 20 [2]

$$\frac{\partial h}{\partial t} + \text{rot} e = 0 \quad e' = \alpha[i, h]$$

$e + e' = 0$ (在超导体中)[3]

$$\frac{\partial h}{\partial t} - \alpha \text{rot}[i, h] = 0 \quad (3)$$

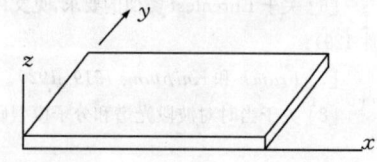

电流沿 x 轴方向,y 轴方向相对于厚度而言是无限大——

我们假定 i_x 是常数。至于 i_y,它仅在边界处消失。在边界处,由于 $\text{div} i = 0$,i_x 可能不是常数;不过,在离边界 $y=0$ 和 $y=b$ 较远处,这一假定足够精确。[4]

由(3)可得

$$\frac{\partial h_z}{\partial t} - \alpha \text{rot}_z [i, h] = 0$$

或者,如我们所期望的,当 $h_x = i_z = 0$,且不靠近 y 之边界($y=0, b$)时,有

$$\frac{\partial h_z}{\partial t} + \alpha i_x \frac{\partial h_z}{\partial x} = 0 \rightarrow h_z = f(x - \alpha i_x t)$$

α[等]是参数。

我们取一个板面,其厚度是 z 轴方向的变量函数,并保持 $\frac{\partial}{\partial y}=0$ 因而[——]总有 $\frac{\partial h_z}{\partial t} - \alpha \frac{\partial}{\partial x}(i_x h_z) = 0$。由此得出结论,板的厚度虽然有变化,但 $i_x H_z$ 总保持不变。

稳态只有在如下条件下才成为可能:

$i_x h_z =$ 常数(不依赖于 x)

板越薄,H_z 则越小。板如下图所示

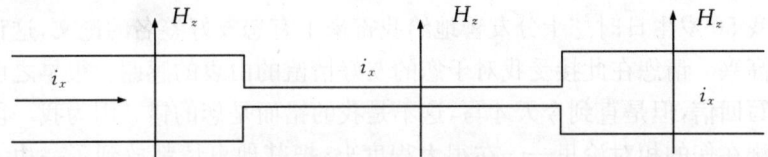

并且在 $t=0$ 时 H_z 在全平面都相同,由此可推论出,开始处于 A 处(特别是具有负值 α 的 B 处)时,场较弱,但在经历较薄板时则具有速度 αi_x。

该场在厚板中保持不变。

如果在超导体中存在 Hall(霍尔)效应,那么,横向(磁)场将与电流交替出现。[5]

AD 为 Ehrenfest 手藏本(NeLR,Ehrenfest 档案,笔记簿,ENB;1—26,第二条含数字 5559)。[91 178.1]。

[1] 信件日期是根据 Ehrenfest 的日记确定的。

[2] 在这封信件摘录中,爱因斯坦在探索对于超导体的一种可能的实验设置,它类似于研究普通导体的霍尔效应的实验设置。其中爱因斯坦特别分析了 Maxwell 方程在处于横向磁场中的超导体薄板中所产生的效应。日期为 1920 年 12 月 12 日的一页计算手稿也在处理这一问题,它位于马萨诸塞州剑桥的 Dibner 学院的 Burndy 图书馆[70 381](参见附录)。这封信件摘录的内容也出现在 1921 年 1 月 1 日爱因斯坦致 Hendrik A. Lorentz 的信函中[16 533]。

根据 Ehrenfest 的笔记中所述,超导现象以及可能的霍尔效应是该年年初 Ehrenfest 和爱因斯坦所讨论的话题之一(参见文件 76,注释 5 和文件 209,注释 2)。

[3] 关系式 $e+e'=0$ 表达了超导状态。关于它的原理可参见附录中爱因斯坦对普通导体的霍尔效应所做的计算。

[4] 爱因斯坦假定薄板在 y 方向从 0 延伸到 b。

[5] 在当时,液态氦以及相应的超导现象只能在莱顿的低温实验室中实现。在莱顿所做的有关超导体磁场的实验尚未能建立超出超导范围的临界力场。几年前 Heike Kamerlingh 和他的同事 Bengt Beckman 已经在莱顿实验室测量了低温下金属的反霍尔效应(可参见他们的相关文献,发表在 *Communications from the Physical Laboratory of the University of Leiden*,例如其中的 *Beckman 1915*)。但这些研究都是在温度低于液态氢,也就是 14.5K 的环境下进行的,因此高于当时所知的任何超导体的临界温度。关于当时对金属的温度和电导性的研究以及知识,参见 *Meißner 1920*;关于当时对超导体的概

览,参见 *Crommelin 1920*。关于超导体研究的历史,参见 *Gavroglu and Goudaroulis 1989*;*Dahl 1992*,尤其是第 6 章,它介绍了当年的情况;以及 *Matricon and Waysand 2003*,特别是第 3 章。

228. Rudolf Goldscheid 来信[1]

维也纳,Ⅲ 8,Jacquin 街 45 号,1920 年 12 月 13 日

十分尊敬的教授先生:

在我 50 岁生日时您十分友善地给我寄来了有您友好签名的论文,这让我感到万分高兴。请您在此接受我对于您的友好情谊的由衷的感谢。很早之前我就想给您写回信,但是直到今天才写,这不是我的错而是您的错。因为我一段时间以来沉溺在您的相对论里——在很大程度上,把其他事情都放到了一边。为了做一道题,我用上了我所有的精力以及我的算不上高明的数学知识。当我越深入地进入到由您和 Lorentz 以及 Minkowski[2] 构筑起来的新世界里时,我就越相信我的判断,相对论理论对于开发人类的思考具有不可低估的作用。因为我们所有的思考可以通过她坚实的基础而得到更多更新的检验。显而易见,正是通过您的努力,使得现在的物理学在一些还不能用经验来考证的方面以及在没有用经验考证的前提下取得了进展(一部分还不知不觉地用到了中古时期的玄学)。正是您的研究结果使得我们有了一个统一的物理学的世界图像,这个图像不是建立在自然的逻辑学上,而是建立在纯粹的运用经验的逻辑学的基础上的。虽然我有这样的印象——这里我还是要请求您,除了我之外不要冒险地去公开宣扬——因为您自己也知道,大部分知名人士对您的大作还没有完全理解,他们中的一些人还继续停留在传统物理学的基础上,因此他们最终对您的论点不仅是怀疑甚至还认为是毫无意义的。我认为其中的原因在于,您提出的理论[----]受到了强大的冲击。因为您没有充分地把旧的理论排除掉,这使得人们去接触新的理论时变得很困难,所以本来是一个有根据的理论,被认为是毫无根据的理论。如果您更大程度地,用经验所得的逻辑取代自然的逻辑,从而成为当今物理学的一个关键角色,那样的话就没有人可以在逻辑学方面超过您。我也很乐意与您在细节方面进行交流,谈谈我为什么这样说的理由。但在一封信里是谈不完的。而且我也担心占用您过多的时间。现在我想说明的是,我对相对论理论发表的观点不是利用经验来推测的尝试,而是运用了与物理学原理进行类比的方式,正如 14 年前针对方向问题(Richtungsproblem)所采用的方法一样。(在去年 6 月您允许我寄给您的书《人类命运的根本问题》里,您可能关注到了与此

相关的论述。[3]）我从本地的报纸上很高兴地获知,您打算在明年初到维也纳来访问。[4]我满怀兴奋地期待,希望您能给我半小时的时间与您一起度过,尽管您是当今被采访最多的,被最多崇拜者簇拥的人。而且我有一个愿望,想现在就跟您提出,请您允许我把这个愿望提前向您表达。我不久以前在 Josef Popper-Lynkeus 那儿看到一幅您的相当出色的照片。[5]我想,如果我也有这样一张照片的话,我将感到非常荣幸。您也许会使我的愿望得到满足,因为我的请求在您看来应该不会太过分吧。

我想我不需要给您赘述,对于您所受到的攻击我是多么愤慨。[6]但什么时候才能让一个这样的天才不受到刀枪剑戟般的攻击呢;特别是因为他是一个犹太人,他对于国际主义有着无可辩驳的重要性,而且他还有勇气坦然对待这一切!我希望您可以用您超乎常人的沉着冷静,在不受病痛折磨的前提下承受这一切!——在这里请您再次接受我对于您的十分珍贵的礼物和衷心感谢。

我的夫人[7]也向您尊敬的夫人 Gemahlin 和您的女儿致以最好的问候!怀着真诚的敬仰向您表示最美好的问候!

您忠实的
Rudolf Goldscheid

ALS.［43 766］.

［1］Goldscheid(1870—1931)是维也纳的社会学与哲学的民间学者,也是一位和平主义者。

［2］Hendrik A. Lorentz, Hermann Minkowski。

［3］*Goldscheid 1919*。

［4］参见 *Neue Freie Presse*,1920 年 11 月 28 日晨版。爱因斯坦计划于 1921 年 1 月 13 日在 Wiener Urania 为一群普通听众做一个演讲(参见 12 月 3 日爱因斯坦致 Wiener Urania 的信函,以及 1920 年 12 月 11 日 Wiener Urania 致爱因斯坦的信函,见年表和日程表)。他也收到了 Felix Ehrenhaft 的邀请,在维也纳的化学-物理研究所(Chemisch-Physikalische Gesellschaft)做一个演讲(参见 1920 年 11 月 24 日 Felix Ehrenhaft 致爱因斯坦的信函,见年表和日程表),以及 Arthur Ehrenfest 所邀请的另一个演讲(参见文件 110)。

［5］可能是 Hermann Struck 的"阿耳伯特·爱因斯坦教授",Zeitbilder Nr. 10,作为莱比锡的 Friedrich Dehn 出版社于 1920 年 3 月 7 日出版的 *Vossische Zeitung*(第九卷,封页插图)的补充。Josef Popper-Lynkeus(1838—1921)是一名维也纳工程师、哲学家,以及"保障万物生命(A Guaranteed Subsistence for All)"协会创始人(参见 1920 年 2 月 10 日爱因斯坦致 Richard von Mises 的信[第九卷,文件 307],注释 1)。

［6］指的是 8 月 24 日在柏林爱乐音乐厅发生的攻击爱因斯坦以及相对论的事件(参见文件 111),以及 9 月 24 日在巴德瑙海姆的 GDNÄ 会议。

［7］Elsa Einstein;Ilse Einstein;Marie Goldscheid-von Maltzahn(1875—1938)。

229. Albert G. Schmedeman 来信

克里斯蒂安尼亚，1920年12月13日，12时20分

威斯康星大学校董会刚刚告诉我[1]15000美元超出了他们的承受能力[2]，他们想知道有没有这种可能，就是在即将到来的夏季，在威斯康星大学、普林斯顿大学一所或几所其他大学里，每所学校安排一到两周的课程，请电报回复我，您将会在什么条件下答应此提议＝schmedeman。[3]

Tgm.[36 258].

[1] Edward A. Birge 校长 1920 年 12 月 10 日 (WMUW) 的电报。

[2] 关于爱因斯坦的要求，见文件203，注释2。

[3] 在他1920年12月13日给Schmedeman的信中(WMUW)，Charles S. Slichter 谈到他们新合约的细节。他首先考虑的是爱因斯坦的15000美元的需求，这也许是一个翻译错误，或者说这是爱因斯坦拒绝邀请的方式。然后，他联系了普林斯顿大学的 Andrew F. West 院长和国家研究理事会的 Augustus Trowbridge，获悉普林斯顿正在考虑在讲座期间支付一周或两周1500—2000美元的酬劳。国家研究委员会的设想，为在美国大学巡回演讲6至8周而最多支付3000美元和旅行费用。现在，普林斯顿大学和威斯康星大学正努力寻找太平洋沿岸的第三所大学，并在每一个学校提供大约为期两周的课程，但"美国的机构不是巨大的财富机构，虽然有意对爱因斯坦表示慷慨，但却不能超越某些明确的限制"。1920年12月23日，Birge 转而问美国加州大学校长 David P. Barrows，是否会与普林斯顿大学和威斯康星大学一起安排爱因斯坦的学术研讨会(WMUW)。

230. 致 George B. Jeffery[1]

柏林，1920 年 12 月 14 日

亲爱的同事：

您于10月14日非常友好的来信使我充满了喜悦和感激之情，我不仅仅从个人的角度欢迎它，同时也因为它是和海峡对岸的同行的友好关系得到恢复的一个信号。从我的立场来说，任何可以减轻过去和现在的艰辛的事情都不应留待以后再做！[2]

第一，就我所写的关于相对论问题的文章的发表而言，一些较重要的文章已在德国 Teubner 出版社出版，我已经把它们同时转寄给了您。[3]我当然不反对由您和 Perett 博士进行翻译。[4]如果同样翻译 Lorentz 和 Minkowski 的文章，您觉

得是否合适？至于资金方面，如果每本我能得到 1 先令，我就满意了。

您提议借期刊给我，并经常把它们寄给我，显示了在这个世界上很少能遇到的好的观念。这是好事。[5]我为它和您热烈地握手。不过，我的状况使我并不能利用您的盛情，因为我无论如何是没有能力去独自研究这么多论文的；我对它们中的大部分的了解是来自于我们座谈会的口头报告，[6]在此期间，英国物理学家的文章被频繁地、彻底地讨论。最近，特别是 Aston 的文章，在我们中间得到了热情的对待。[7]

为了再次感谢您友好的来信，致以我友好的问候。

您的

TLC.［13 436］.

［1］Jeffery(1891—1957)是伦敦国王学院数学教授。

［2］根据年表和日程表在 1920 年 10 月 14 日 Jeffery 给爱因斯坦的信中，Jeffery 提议以英语翻译出版爱因斯坦的入选论文。Jeffery(1891—1957)是伦敦国王学院数学教授。

［3］*Lorentz et al*，1920。

［4］W. Perrett。

［5］这一提议是在 Jeffery 的信中。

［6］Heinrich Rubens 的物理学术讨论会于每周三在柏林大学召开。

［7］正是 Rubens 报告了 Francis Aston 最近的发现（见文件 98）。

231. Erwin Freundlich 来信

［波茨坦，］1920 年 12 月 14 日

亲爱的爱因斯坦：

下面是需要的数据，星云的空间密度按如下公式给出：[1]

$$\rho = \varphi(r) = \frac{3}{4}\frac{N}{a}\left(1+\frac{r^2}{a^2}\right)^{-5/2}$$

投影到平面上的相应的表面密度是

$$f(r) = N\left(1+\frac{r^2}{a^2}\right)^{-2}$$

N 和 a 是常量；N＝星云中心每单位面积的星体数量。星体的总数

$$N_\infty = \pi \cdot N \cdot a^2 ;$$

其中，a 指的是相应的与真实星云中央的密度相等的、具有相同的星体总数和平均密度的星云的半径。

根据这一公式，Messier 3 星云（新广义分类 N. G. C. 5272）的密度下降可以作为所有直到无限的星体的一个参考，而不用考虑其种类。[2]

	Messier 3				Hercules 星云 Messier 13	
r	n_{obs}	n_{rep}	$n_{rep}=c \cdot r^{-3}$	r	n_{obs}	n_{rep}
0	(143.4)	100		0	132.6—	110.9
1	104.0	87.4		1	110.0—	102.0
2	62.0	61.0		2	76.0—	81.1
3	37.5	37.6		:	58.5—	56.2
4	23.0	22.3		:	45.5—	39.6
5	14.0	13.3		:	33.5—	26.3
6	8.0	8.1			23.5—	17.6
7	4.6	5.1			15.5—	11.8
8	3.3	3.3			9.0—	8.1
9	2.5	2.3			5.6—	5.7
10	2.0	2.3			3.9—	4.1
11	1.7	1.1	1.8		3.0—	3.0
12	1.4	0.8	1.4		2.3—	2.2
13	1.2	0.6	1.1		1.8—	1.7
14	1.0	0.5	0.9		1.4—	1.3
15	0.8	0.4	0.73		1.0—	1.0
16	0.6	0.3	0.60		0.8—	0.8
17	0.5	0.2	0.50	:	0.6—	0.6
18	0.4	0.2	0.42	:	0.4—	0.5
19	0.3	0.2	0.35	19	0.2	0.4
20	0.2	0.1	0.31	20	0.2	0.3
	$a=113''$		$N_\infty=1122$		$a=146''$	$N_\infty=2074$

Jeans 宣称,尤其在描述绝热气体天体时,在星云的边缘是不适用的。并且 $c \cdot r^{-3}$ 较好地反映了密度的下降。

一般来说,以下各项适用于从表面分布转换到空间分布:

$$R=星云的外半径$$

$F(r)$ 为面密度;$f(r)=$ 空间密度

$$F(r)=\int_{-\sqrt{R^2-r^2}}^{+\sqrt{R^2-r^2}} f(\sqrt{h^2+r^2}) dh = 2\int_r^R f(\rho) \rho \frac{d\rho}{\sqrt{\rho^2-r^2}}$$

如果设定

$$h=R^2-r^2, x=R^2-\rho^2 \quad F(r)=\varphi(h) \quad f(\rho)=\frac{d\psi}{dx}=\psi'(x),$$

然后获得 Abel 积分方程 $\varphi(h)=\int_0^h \frac{\psi(x)dx}{\sqrt{h-x}}$。

Abel 找到了解

$$\psi(x)=\frac{1}{\pi}\int_0^x \frac{\psi(h)dh}{\sqrt{x-h}}。$$

利用分部积分并稍作变形,可得

$$f(\rho) = \frac{1}{\pi}\int_\rho^R \sqrt{r^2-\rho^2}\,\frac{\mathrm{d}}{\mathrm{d}r}\left(\frac{1}{r}\frac{\mathrm{d}F}{\mathrm{d}r}\right)\mathrm{d}r.$$

我希望这些信息能够满足您；否则请打电话给我。

您的
E. Freundlich

另外，我差点忘了给您所需要的有关美国的捐助者的细节。是这样，Pagenstecher[3]先生是在波茨坦的 von Estroff 先生的岳父，在夏天的时候曾在那里跟他谈过。他 82 岁了并且对所有新的研究都很感兴趣。他的女儿，Pagenstecher 小姐，也捐出了 100000 马克，自然是比她的老父亲更感兴趣。请务必给 Pagenstecher 小姐写一封信并同时给他的父亲也写一封，且附上一封有简短题词的关于相对论的小册子。请把信和小册子发送到我这里；我将收齐所有需要邮寄的东西，和我的信一起邮寄出去。

致以最好的问候。

您的
E. F.

ALS. [11 159]. 最后一页有爱因斯坦的亲笔计算，以及两个枕头草图。

[1] 这封信显然是在回应爱因斯坦对球状星团结构信息的要求，其组成了他关于这一议题后续文章的基础信息，见 *Einstein 1921f*（第七卷，文件 56）。Freundlich 已经在一年前向他通报这里所讨论的两个球状星团（Hercules 的 M13 和 M3）的观测数据（见 1919 年 12 月 6 日 Erwin Freundlich 致爱因斯坦[第九卷，文件 197]）。第一个公式表示作为一个整体而远离星云中心的每单位体积内的星体的数量，假定星体表现为一个热容比为 $\gamma=1.2$（称为 Schuster 定律）的气体，它刚好与球状星云观测结果吻合（见 *Plummer 1915*）。这个公式是爱因斯坦文章的基础（请注意，爱因斯坦的 N 等于下面给出的 Freundlich 的 N_∞，星云中观察到的星体总数）。

[2] M3 和 M13(Hercules 星云）的数据表，以及半径 a 的值和每一星云中星体的数目 N_∞，均来自 *Plummer 1915*。

[3] *Einstein 1921f* 中爱因斯坦的计算（第九卷，文件 56）大概是收到此信后进行的，因为他在第 2 页底部写有 Pagenstecher 的名字（第七卷，附录 A，摹本）。

232. 致 Hans Albert 和 Eduard Einstein

[柏林，]1920 年 12 月 15 日

亲爱的：

在不久之后，将会有更多的钱寄给你们，是我所能预先准备好的现金。[1]我的确收到了你的信，亲爱的 Albert。虽然很遗憾你们所有人得到的建议都很糟糕。[2]在我看来，你们绝对应该到 Darmstadt 去。那里有一个很好的理工学院，你们不仅可以比在苏黎世生活得更好，还可以有巨额的储蓄，而现在几乎我所有的收入都已花在保证你们在苏黎世微薄的生活上。[3]每个跟我讨论这个问题的专家都会为发现这种情况非常的不体面，并发现我的愚蠢。这样的话没有一分钱可以存起来，而且如果我死了将什么都没了。我甚至不得不在瑞士的金融机构贷款，以便我可以给你们提供必需品。

我更愿意去为你们所有人在 Darmstadt 找一个设施齐全的公寓，以便你们可以照顾自己并且可以把苏黎世的房子[4]租出去。这将是最有利的方式。一旦你们决定了，我将去那里为你们寻找合适的地方。Albert[5]或许也可以去那里，以便按你自己喜欢的方式来选所有的东西。静静地好好考虑一下吧。在德国得到的法郎将是在瑞士所得的两倍，且只要我能承担得起，你们将会得到与在瑞士相同的法郎。[6]不要认为只有在苏黎世才能幸福地生活。你们在那里将生活得更美好、更舒适，即使完全不考虑 Albert 和 Tete[7]可以从我这里获得更多，当我们生活的距离不再是如此的遥远时。[8]一定要花些时间与那些并不是对瑞士如此狂热着迷的人聊聊天。[9]你们对改变的抗拒是如此的不自然，以至于我在这里多次受到指责，说我忽略了应负的责任。为什么只有已经离婚的 Wohlwend 夫人和她的孩子[10]会生活在这里（还有许多其他来自瑞士的人）？正是因为她住在这里比在苏黎世生活得更好；另外，Darmstadt 毫无疑问比柏林生活更便宜，也更舒适。她选择了柏林，[11]是因为她要在这里学习音乐。

在夏天，我很可能会对北美进行为期半年的讲学访问。[12]如果我们能在这之前看到彼此，这将是多么美好啊。如果你们都住得更近，一切都会更好。

比起瑞士，你们在这里用更少的钱就可以得到你们所想要的食物。[13]为什么要在那些有出口管制的地方呢？[14]用你们可以支配的钱，在这里将会生活得更好。

所以请不要那么固执，而是要尽快写信告诉我你们会同意。

爸爸

ALSX.[75 736].边已切齐。

[1] 关于以前 Mileva Einstein-Marić 赡养费的支付，见文件 81 和 212。

[2] 在文件 212，Hans Albert 曾对爱因斯坦抱怨他将 Mileva 和孩子们搬到德国南部的更新计划。

[3] Darmstadt 的 Grosherzoglich Hessische 理工学校（1868 年成立）于 1877 年成为 Darmstadt 技术大学。

关于德国马克贬值对爱因斯坦的财政影响，见 1920 年 3 月 26 日爱因斯坦致 Hans Albert 和 Eduard

Einstein(第九卷,文件360)。

[4] 在苏黎世的凯莱路59号。

[5] Hans Albert。

[6] 汇率为11.4马克兑换1瑞士法郎(见《柏林日报》,1920年12月16日,晚报版)。

[7] Eduard Einstein。

[8] 在他以前的信中,Hans Albert用类似的语言描述他们的关系(见文件212)。

[9] 关于较早更积极的对瑞士的观点,见1918年8月16日爱因斯坦致Heinrich Zangger的信(第八卷,文件601)。

[10] Max Wohlwend的妻子(1888—1944),Wohlwend是商业学校的教师,苏黎世的作家;爱因斯坦在Aarau高中时期同学Hans Wohlwend的兄弟。

[11] 3个月前,爱因斯坦曾形容柏林为"伤脑筋"的(见文件149)。

[12] 关于普林斯顿大学的邀请,见文件203。

[13] 在文件212中,Hans Albert写道,他的母亲认为在德国的营养条件不行,尤其是对外国人。

[14] 对德国出口的限制,见文件7。

233. 致 Edouard Guillaume

柏林,1920年12月16日

亲爱的 Guillaume：

目前我有很多的义务工作要做,所以不能写一篇较长的评价性声明。[1]很不幸,我的处境不能够接受这个友好的挑战机遇。您可以写信给Xavier Léon先生,他致力于解决Langevin问题,是这方面的优秀理论专家。[2]

Grossmann最近要我评价一下您在相对论方面的论文,因为它可能有必要采用一个官方的立场。[3]不管多么努力,我只能宣布我无法在整体上取得任何进展。就我个人而言,我深信它背后没有明确的理论。不要生我的气,我的观点已经不适合继续保持沉默了。[4]通过我认为有意义的方式,完全可能为整个惯性系给定一个广义的时间。

问候您和您的妻子。

您的
A. 爱因斯坦

TLS. *Genovesi 2000*, p. 105. [11 546.1].

[1] Guillaume曾要求爱因斯坦对其理论发表一个公开声明,在文件68。

[2] Xavier Léon,法国哲学家(1868—1935),Paul Langevin。

[3] Grossmann的请求在文件142中可以找到。

[4] 关于爱因斯坦的全文声明，见文件148。

234. 致 Albert G. Schmedeman[1]

柏林，W 30，Haberland街5号，1920年12月16日

非常尊敬的部长先生：

非常感谢您详细的电报。[2]我完全同意您的建议，并会尽量安排事情，以便我可以在较短的一段时间内在多个地方进行讲座。然而，从一开始就进行复杂的谈判是不可能的。因此，我向在纽约的Paul Warburg银行（原股东Kuhn，Loeb公司）申请，[3]或者由自己进行谈判，或者委托给一个合适的中间人。

为了您到现在为止的努力表示发自内心的感谢，我非常尊敬您。

TLC.[36 259].

[1] 收件人的名字是从对本文件(文件242)的答复中得到。
[2] 文件229。
[3] Paul Warburg(1868—1932)是德国出生的美国银行家，第一届联邦储备委员会成员，Max Warburg的兄弟，爱因斯坦一周前在柏林拜访了他们(见文件223)。

235. Arnold Sommerfeld 来信

慕尼黑，1920年12月18日

亲爱的爱因斯坦：

我今天给您带来一个令人厌烦的恳求。我听说，您将于1月10日在维也纳讲课，[1]返途中经过慕尼黑。通常来讲，我们长期以来一直期盼着您能在物理协会和大学待上一天。事实上，我甚至认为我们比别人拥有对您的更大的权利，因为在这里比在其他地方更早和更确定地发现了您的相对论真理。[2]此外，Anschütz博士已委托我邀请您来做客！[3]因此，您将在这里度过特别愉快的时光——慕尼黑Anschütz是一个特别平等的艺术圣殿！

我想请您于1月14日周五在主礼堂举行一场通俗讲座。听众有：①物理学会和座谈会成员；②对物理学和哲学特别感兴趣的学生；③学校所有的教师；④当地工程师协会成员(他们本来要我提供一个谈话计划，不过我拒绝了)；⑤约

500名学生；总容量大概1200人，包括座位和站位。

为了避免拥挤，我们将收取门票，以给当地的学生（支持团体）提供便利。您将得到1000马克作为旅费（并不是来自门票）；像我猜想的那样，如果您的经济状况不好，我们还可以提高票价。

昨天我和学生委员会讨论了校长的出席问题。委员会热烈欢迎您来做客讲座。如果您愿意，我们也可以连续两天举办这样的讲座，比如在13日和14日。最佳时间是（晚上）6点一刻到7点半。演讲之后Anschütz想邀请您及工作人员到他家做客。

现在，可以想象得到您越来越厌倦通俗讲座。但我不希望您待在慕尼黑比其他地方更糟糕。对我来说，由于是学生群体，一个通俗的演讲是最好的安排。但是，如果您很不情愿，我们自然也会感谢您进行一场特殊范围的专业讲座。尽管在后一种情形，提供如此高的酬金是不太可能的（只有约500马克）。

若能尽快接受邀请，我将会感到特别荣幸与开心，如果可能的话在圣诞节之前。我还有很多的准备工作要做。您也将听到Herzfeld有关Einstei-de Haas效应（关于因子1/2的解释）的很多有趣的事情。[4]

请转达对您妻子的问候，非常感谢她11月寄来的明信片。我希望通过讨论使她不要扑灭我们的希望。

我想您没有看过我在 *Süddeutsche Monatshefte* 上的相关文章；如果您有，我希望您没有因为我的轻率而受到伤害（信件摘要的交流）。[5]这是由写作风格决定的。

您的
A. Sommerfeld

ALS. *Einstein/Sommerfeld 1968*, pp. 73—75. [21 340]. 信笺上打印有"Institut für Theoret. Physik München, Universität, Ludwigstrasse 17"。

[1] 关于爱因斯坦计划在维也纳的演讲，见文件228。

[2] 虽然Sommerfeld一开始持非常怀疑的态度，把爱因斯坦的工作描述成不健康的教条主义和表达"Semite的抽象概念"("die abstrakt-begriffliche Art des Semiten"; 1907年12月26日，Arnold Sommerfeld致Hendrik A. Lorentz, NeHR, Archief H. A. 存档)，但在1908年，Sommerfeld接受了相对论，是1909年第一个在他的班级引入相对论的人(见 *Seth 2004*, pp. 82—83)。

[3] 爱因斯坦曾在10月被Sommerfeld和Hermann Anschütz-Kaempfe邀请到慕尼黑(见文件168和172)。

[4] Karl F. Herzfeld(1892—1978)是慕尼黑大学物理化学讲师。关于爱因斯坦和德哈斯试验中因子2的问题，见文件215。

[5] 在 *Sommerfeld 1920*, p. 81中，Sommerfeld引用了爱因斯坦给他信件的摘录，他记录了1915年发现广义相对论最终正确形式的兴奋和笃信之情(1915年11月28日和1916年2月8日爱因斯坦致

Arnold Sommerfeld[第八卷,文件 153 和 189])。在文件 134 爱因斯坦曾拒绝为 *Süddeutsche Monatshefte* 写相对论的文章。

236. 致 Arnold Sommerfeld

[1920 年 12 月 18 日到 28 日之间][1]

亲爱的 Sommerfeld：

当我想到不能够接受您友好的邀请时，我的心很不安。[2]但这确实是完全不可能的。13 日我要在维也纳举行会谈，17 日在德累斯顿，我在半年前就已经答应了理工学院的学生。[3]因此，如果在慕尼黑再多出一站的话，将会感到不安和疲惫。我们的确必须让大自然赋予我们的可怜的神经系统生存在整个生命历程之中。

我非常喜欢您在 *Südd. Monatsheften* 上的文章[4]，顺便说一句，也喜欢您写的一切。您知道[5]，您的书，也是非常的清晰和美妙。那些热情的个人愿望也使我为之喝彩。

我很好奇 Herzfeld 是如何解释因子 1/2 的。[6]最近，Bohr 将要来看我[7]，他的原子结构再次迈出了大胆的一步。他的直觉是非常令人羡慕的。

衷心祝您节日快乐，度过一个美好的 1921 年。

您的
A. 爱因斯坦

ALS. (GyMDM, Archiv, HS, 1977-28/A, 78[15])。*Einstein/Sommerfeld 1968*，p. 75。[21 396]。

[1] 日期的确定是基于信件是写于收到文件 235 后，但在文件 247 前的事实。

[2] Sommerfeld 曾邀请他，见文件 235。

[3] 关于赴维也纳的邀请，见文件 228，注释 4，爱因斯坦在他 1920 年 8 月 15 日给德累斯顿技术大学学生代表的信中曾同意在德累斯顿演讲，他的演讲计划于 1921 年 1 月 17 日进行(见 1920 年 12 月 24 日德累斯顿大学学生会致爱因斯坦)。

[4] *Sommerfeld 1920*。

[5] 关于 Sommerfeld 原子结构的书，第二版刚刚出版(*Sommerfeld 1921*；1920 年 11 月 8 日 Niels Bohr 致 Arnold Sommerfeld[*Sommerfeld 2004*，pp. 85—86])。

[6] 爱因斯坦- De Haas 试验中的因子 2 的问题(见文件 215)。

[7] Bohr 在柏林会见了爱因斯坦，在 12 月 17—18 日和 22 日之间的某个时候，当时他访问柏林，并与他的妻子碰面，是在结束对意大利的访问回国(见 1920 年 12 月 22 日 Niels Bohr 致 Martin Knudsen，手稿[DkCB] 和 1921 年 1 月 22 日 Niels Bohr 致爱因斯坦[8071])。Bohr 的原子结构的最新想法可以在他

1920年12月15日哥本哈根物理学会的演讲中找到(见 *Bohr 1920b*)。

237. Hermann Anschütz-Kaempfe 来信

慕尼黑,Leopold 街 6 号,1920 年 12 月 19 日

尊敬的、亲爱的教授:

我在 Sommerfeld 聚会的时候,希望能见到您。[1]因此,这当然是再次诚挚地重复我的邀请,同时也是以我妻子的名义。[2]

出于我的私心,如果我能在 1 月期间的课程上跟您对话的话,我会特别高兴;我想向大家报告我目前已取得的有关金属球和旋转热筒方面的实验结果。[3]

除此之外,我认为与您讨论 Anschütz 公司来致贺词的职责是合适的。[4]您一定允许我这样做,因为这代表着您自己的利益。

您已经很慷慨了,要是您不缩短您在这里逗留的时间,并且能够和您的妻子一起来的话,那该多好。

您的房间,以及配有风琴的音乐室在等待着您。

来自我和我的妻子的最亲切的问候,来自我们俩对您妻子的最好的赞美。

您的
Anschütz-Kaempfe

ALS. *Lohmeier and Schell 1992*, p. 113[37 359]。打印的信笺上写着"Anschütz Kaempfe"。

[1] Arnold Sommerfeld 邀请爱因斯坦,见文件 235。
[2] 他先前邀请爱因斯坦,见文件 172。
[3] 有关实验的详情,见文件 172。
[4] 关于爱因斯坦对陀螺罗盘的贡献。

238. 致柏林犹太社区

柏林,1920 年 12 月 22 日

经过慎重考虑,我不能下定决心加入犹太教。[1]虽然我觉得自己是一个犹太人,但我站得离传统的宗教意识很远。[2]不过,为了显示我对犹太问题是很关心

的,我非常愿意给一个犹太慈善机构合适的年度捐款。

致以崇高的敬意。

TCL.[35 094]. 收件人的姓名打印在称呼之上:"Jüdische Gemeinde zu Berlin N. 24, Oranienburgerstr. 20。"

[1] 见 1920 年 12 月 15 日柏林犹太社区致爱因斯坦的信。

[2] 爱因斯坦对于将犹太风俗和犹太人的传统只是定义作为一种宗教的意见,见 1920 年 4 月 5 日爱因斯坦致德国犹太人公民中央协会(第九卷,文件 368)。

239. 致 A. J. Reingold

柏林,1920 年 12 月 22 日

亲爱的先生:

老实说,您声明中的同情心感动了我;我衷心地表达感谢。[1]

顺便说一句,针对我的[2]攻击,从任何方面来说都好于来自国外的攻击。[3]在此之际,我所得到的来自本地同事的善意要多于敌意。还应该考虑到,目前德国人忍受着严重的经济和政治局势。

致以崇高的敬意。

TLC.[45 326]. 收件人的姓名打印在称呼之上:"Mr. A. J. Reingold University of Chicago, Zionist Club Chicago。"

[1] 芝加哥大学的犹太复国主义协会发表了一份声明,谴责"德国大学的一些学生和教师的反犹行动,已造成爱因斯坦教授的辞职"。它还积极评价爱因斯坦关于 93 宣言的立场,并表示希望有一天"犹太国家应能够有自己的土地,并有自己的大学,接受世界各地的圣人,为他们提供舒适的避难所[……]"。[45 325].

[2] 柏林爱乐音乐厅和巴德瑙海姆 GDNÄ 会议事件,分别见文件 111 和 154;爱因斯坦在柏林大学讲学期间学生的动乱,见 *Einstein 1920a*(第七卷,文件 33)。

[3] 《纽约时报》报道:"许多不公平的攻击"直接指向爱因斯坦本人和他的相对论理论。并进一步声称:"不能否认的是第一个反爱因斯坦讲座就决定了反犹太人的肤色,同样适用于[……]很大一部分观众。"(1920 年 8 月 29 日,"爱因斯坦离开柏林",关于爱乐音乐厅反犹事件的性质见文件 118,注释 5。)还刊登了一篇文章,并进而指出:"爱因斯坦的政治观点激起了一些不满和德国人的报复,嘲笑他的天体力学的概念。"(1920 年 8 月 30 日,《纽约时报》,"爱因斯坦的麻烦"。)

240. Frederick A. Lindemann 来信

Sidholme, Sidmouth, 1920 年 12 月 22 日

非常尊敬的枢密院大臣：

我不想错过向您和您尊敬的妻子表达圣诞快乐和新年快乐愿望的机会。1920 年 9 月份我和您一起度过的那愉快的一小时将永远留在我的记忆之中。[1] 我希望您能允许我在来年重温这一快乐，虽然我不能否认您也许说过快乐本身也是一个跟观察者有关的概念。我冒昧地附上一些单行本，并希望它们能获得您的支持。关于相对论的论文在牛津大学哲学会议上引起了一些愤怒。[2]

如果您可以转发给我您的单行本，我会非常感激。

而在柏林，我与您在一起住了那么久，却忘了提出这一要求。

我希望当我在这里能提供任何服务的时候您会通知我。就像承诺的那样，一旦到达牛津，我希望您能再次来访问我。您认为这是可能的吗？再次为 1921 年致以最良好的祝愿，同样的祝愿也来自我的父亲。

我仍然是您最真诚的
F. A. Lindemann

ALS. [16 331].

[1] 他的父亲, Adolf F. Lindemann 宣布他的访问, 见文件 107。

[2] 1920 年 9 月 24 至 27 日在牛津召开的哲学大会, 其专题讨论会之一致力于对相对论哲学问题的探讨。Lindemann 的演讲出版了, 见 *Lindemann 1920*。

241. Edouard Guillaume 来信

伯尔尼, 1920 年 12 月 23 日

亲爱的爱因斯坦：

不！我没有生气，但我很悲伤，我为一个像您这样伟大的人，被近乎愚蠢的方式迷惑而感到悲伤！[1] 您担当了一个多么可怕的责任啊，我希望最后的结果对

您来说不是很糟糕！在这里,您的朋友 Grossmann 扮演了一个特殊的角色,从他的一段在斯特拉斯堡我的演讲之后所作的简短谈话就不难发现。[2]人们还没有习惯在数学家们轻松愉快的气氛里听到这样的话,人们认可的只有客观的理由。在数学家大会上听到对"数学家的身份不感兴趣"这样的言论,真是令人啼笑皆非![3] Emile Picard[4]甚至引用了 Lagrange[5]说过的话:"数学就像猪一样,所有的东西都是好的!"在 Picard 发言的结尾他做了支持 Grossmann 的暗示:"对于热衷于该理论的人来说,这个理论对他们而言成了一种信仰。未来将会告诉我们广义相对论是否仅仅是一个纯粹的形式和数学公式,或者心理学所宣称的如下观点是否正确:假说无法借助直觉来了解,也不能为物理世界提供基础解释。"[6]

如果说您对"我的"理论不理解,那是不可能的;这就如同说您理解笛卡儿坐标系中的曲线特性而将它们在极坐标系中表示出来就不理解了一样愚蠢。这只不过关系到变量的变化！所有我给出的,都是在数学上对 Lorentz 转换严格的计算结果,如果我的计算没有错误的话,那么我推算的关系就是有价值的,并且也属于相对论理论。

您最大的失误就是,您从来就没有对光源作一个清晰的论述。在您看来,一个光源是"物质性"的(如灯泡,星星等)。如果在相对论理论中植入惠更斯的天才般的想法,就是光波上的每一个点都可以当做光源,那么一切就很清楚了。

让我们用铁路路基和火车作为例子来研究一下您"通俗易懂"的作品,[7]我们先采纳发射假说。[8]一个发光的点 L 以恒定的速度 c 向四周发出光芒到铁路路基上(1)。要想得出关于火车(2)的速度,我们只需把它们组成平行四边形。那么,现在与相对论理论有什么样的关系呢？很简单,这里我们只需运用 Lorentz 方程:

$$u_1 = \beta(u_2 + dx_2) = u_2\beta(1 + \alpha\cos\varphi_2)$$

于是:$u_1 = $ 常数表示圆球,而在火车上,波振面由如下方程表示:

$$u_2 = \frac{u_1}{\beta(1 + \alpha\cos\varphi_2)}$$

这是一个椭圆形！下面的图示展示了整个相对论理论(R. T.)！圆球和椭球相互具有仿射联络关系,同时也很容易确定偏离角 φ_1, φ_2 等。[9]现在可看出"收缩"！这也是"同时性的相对性"！现在,所有问题都很清楚了。

1. 发射理论:在火车上考察！

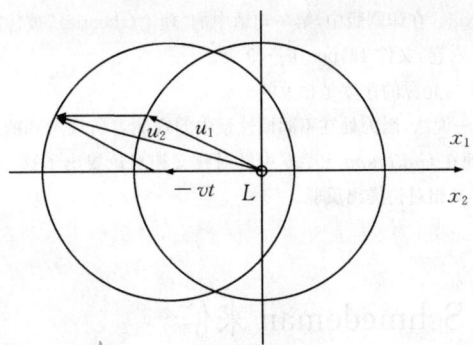

2. 相对论理论：

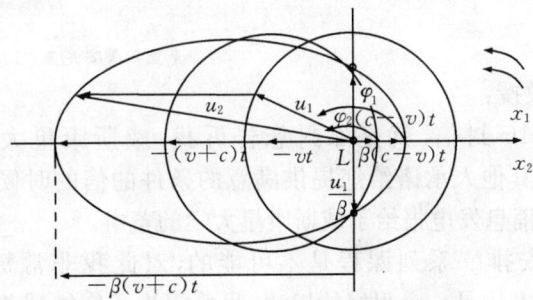

您现在考虑一下还不算晚！我会用我所有的力量去战斗。Grossmann 借用您给他的公开声明，在报纸上对我进行人身攻击，尽管科学方面的政治斗争不属于政治新闻。但是您这样一个乐于助人的人，却为自己制造了一个不高明的证明！对此我不气恼，但很悲痛。我作为您真正的朋友，却必须针对您的这个证明为自己去打一场保卫战！从我这方面来说，也希望您别生气。

您的
Ed. Guillaume

TLS. *Genovesi 2000*, pp. 105—107. [11 549].

[1] 本文是对文件 233 的回应，爱因斯坦为 Grossmann 提供了一份声明，称他无法理解 Guillaume 对相对论的批判，他希望 Guillaume 不要对此生气。

[2] Guillaume 指的是 1920 年 9 月 Grossmann 在斯特拉斯堡国际数学会议上所做的调停。Guillaume 的演讲为 *Guillaume 1921*。

[3] 在 *Guillaume 1920* 中，Grossmann 称 Guillaume 理论的核心方程是一个重要特征（更多 Grossmann 的评论参见文件 206，关于爱因斯坦对于 Guillaume 理论的回应，参见文件 77）。

[4] Charles Émile Picard(1856—1941)是会议主席，以及巴黎大学(University of Paris)的分析数学和高等几何学教授。在第一次世界大战过后他是抵制德国科学家的领袖人物(战争期间他的三个孩子都过世了)。

[5] Joseph Louis Lagrange(1736—1813)。

[6] *Villat 1921*, p. xxxiii. 在印刷版中，第一句话中的"理论(théorie)"被替换为"学说(doctrine)"。

[7] *Einstein 1917a*（第六卷，文件 42）pp. 16—19 页。

[8] 发射假说认为光速与光源的速度是相关的。

[9] Guillaume 支持这一说法，因为处在不同惯性系中的观测者所观测到的光的波前形状是不同的，这与光速不变原理相悖。他在 *Guillaume 1920b* 中针对狭义相对论提出了这一观点，并且在 *Guillaume and Willigens 1920* 中对广义相对论提出反驳。

242. Albert G. Schmedeman 来信

克里斯蒂安尼亚，1920 年 12 月 23 日

亲爱的爱因斯坦教授：

在回答您第 16 封信，就是那封您告诉我，威斯康星大学已经由 Paul Wahrburg 先生或其他人承诺给您提供满意的条件的信的时候，[1] 我不得不告诉您，我已把这一消息发电报给了威斯康星大学的董事。[2]

您认为为您安排一系列课程是不可能的，对此我非常赞同。您建议由 Wahrburg 先生来安排是一个很好的想法，我希望为了您能到美国来，我们能做出令人满意的安排。[3] 我深信您将受到美国人民的热烈欢迎，他们都渴望看到您，以及听到您的演讲。

如果为您安排的是到美国威斯康星大学，那时我应该会在家里，我希望能从电话中听到您和夫人的喜悦。

向您和爱因斯坦夫人致以最美好的祝愿。

您真诚的
A G Sch[medeman]
美国公使

另外，由于我写的上述信件，我收到了威斯康星大学董事的如下电报：

"如果 Warburg 具备令人满意的条件，将按我的第 13[4] 封信尝试安排夏季会议。"

A. G. [Sch].

TLS. [36 261].

[1] 见文件 234。

[2] 电报于 1920 年 12 月 20 日发出（WMUW）。

在他给 Schmedeman 去信的同一天（WMUW），Charles S. Slichter 提到，在他给美国威斯康星大学第一个电报中，爱因斯坦提出以德语演讲（电报不可读）。Slichter 然后评论说："我相信这只是他的个人偏

好,他将能够以英语演讲,以外语作为演讲的语言将大大减弱演讲的效果。"

[3] 同一天 Slichter 也写信给 Paul Warburg(WMUW)。他给了他对爱因斯坦邀请信函反应的总结,并提到他期待得到爱因斯坦的演讲主题和经费情况。

[4] 对于信件的内容,见文件 229,注释 3。

243. John G. Hibben 来信

[普林斯顿,]1920 年 12 月 24 日

我亲爱的爱因斯坦教授:

我已收到您的来信[1],对于我询问您是否有机会访问普林斯顿的问题,我非常感谢您礼貌的回答。

在战争结束后,我们仍然在为改组的问题而努力,我们发现了财务上的困境,以至于无法实现您提出的为您的课程提供15000元的酬金的要求。[2] 同样作为物理与数学系的一员,在我们的学术生涯中,我们自身也将无法受益于与您的短暂会面。

致以我最大的关心和保证,请相信我。

您忠实的
John Grier Hibben

TLS. [36 242]. 收件人的姓名打印在信件底部:"Professor Dr. A. Einstein, Haberlaridstrasse, 5. Berlin W. 30, Germany"。

[1] 文件 203。

[2] 1920 年,普林斯顿大学物理系一个教授的典型工资为 4000 元/年。William Francis Magee,物理学院院长和教授,每年的收入为 5000 元(NJP)。收件人是 TDft。

244. Michele Besso 来信

伯尔尼,Cäcilien 街 7 号,1920 年 12 月 24 日到 27 日

亲爱的阿耳伯特:

今天我看了你在 5 月 20 日在莱顿关于乙醚的演讲。[1] 对我来说,这又是一个你从高处跌落下来的平静时刻。我确实认为,虽然实际上你给予了这个词只有在新的领域才可能有的含义,但是执著于它的人尤其是 Lorentz 即使有明显

的分歧也没有被吓倒——进一步说,人道的事情。然而,也是人道上美丽的东西。

你是否还记得,当8年前在苏黎世访问你的时候,我是多么地不能理清张量计算的头绪,尽管一切优秀的老师都在讨论这个新的理论呢?[2] 现在,我在面对一切事实时又是多么地固执。财政方面,尽管汇率降低,即使没有老好人 Haller 的热心也可以在这几年维持下去的,当然,尽管日益担心,[3]但是,那时候的无知现在已经更加严重了,而用来补偿由于年老而导致的树脂化的规则的那些建议还没有到来。

也许它会做得更好。我想继续我的悲叹,但解决不了任何事情。

我最近很高兴,我看到 Maja 一刻钟的时间,[4]听到了关于你健康的好消息。还听到了美元之路的计划。[5]你抱怨因为各种各样的障碍而不能够工作。当然这只是相对的解释:也许还〈因为目前核心已经建立起来了,更好的说法〉关联到一个事实,即山峰在人类心灵的面前矗立起来,你是具体的,形象也很高大。然而,Weyl 理论的问题似乎仍然是最有价值的。[6]你记得有关非阿基米德几何的猜测吗?〈当前的无穷小的不同量级应该设为不相等。〉〈在这个基础上〉我们经常说,物理上的连续仍然可以在某些地方被验证——比如第二黎曼假设,空间作为可数的东西。[7]在什么条件下可以使 Weyl 理论中不同的不变量在原则上无法区别?作为通常的说法,我应该保持沉默;我甚至不知道在引力红移和"电场红移"之间存在什么样的主要观测区别。[8]从我的推断可以看出,我对于解释它的尝试是有缺陷的。在所有为这些解释所做的尝试中,人们将期待在电力线(为了满足准静止世界的意义——在一般情况下是什么样的呢?)的各自的尾部之间会有一个红移或蓝移。Weyl 和你都同意〈在这方面〉逐步的改变应该是意料之中的。或者只有对于非势能场才有必要考虑这种变化?它有可能是与不发射辐射的旋转电子相连接吗?越空洞的大脑,越可以疯狂地猜测。

为了今天:1921 年新年快乐!

你的

Michele.

我也许可以从书本中得到关于德国的一些记录。我只是想订购 Born 的《相对论》,〈小〉Nernst 的热定理总结工作(确切的标题?),Sommerfeld 的《原子结构》,Born 的原子结构(确切标题?),Riemann/ Weyl。[9]我还想知道,还有什么好书值得一读(或选读)?

仅仅在信件结束之前。Vero 订婚了(和一个好女孩,我们都认识她很长一段时间了)。[10]——最黑暗的地方是经济问题,因为他还在一个长期的研究的中期。否则的话,我们都会非常高兴。

ALS. *Einstein/Besso 1972*, pp. 160—161[7 073].

[1] *Einstein 1920j*。

[2]"我不能在整个欧洲找到更好的知音."Carl Seelig 引用了爱因斯坦对 Besso 在帮助他的科研工作的作用的描述("Einen besseren Resonanzboden hätte ich in ganz Europa nicht finden können"；*Seelig 1960*, p. 120；*Seelig 1956*, p. 71)。

[3] 在罗马花了两年时间之后,在他叔叔的图书馆编辑书的目录,Besso 于 1920 年返回苏黎世,并被瑞士专利局主任 Friedrich B. Haller(1844—1936)续聘(见 1919 年 12 月 24 日爱因斯坦致 Heinrich Zangger[第九卷,文件 233])。

[4] Maja Winteler-Einstein。

[5] 爱因斯坦正在商谈对两个美国大学的巡回演讲(见文件 210)。

[6] Hermann Weyl。

[7] Bernhard Riemann。

[8] Johannes Stark 已经观察到光学多普勒效应。

[9] *Born 1920a*, *Nernst 1918*, *Sommerfeld 1919*, *Born 1915*, *Riemann 1919*, 1854 年 Riemann 的 *Habilitationsvortrag*(1867 年出版),Hermann 做了评论编辑。

[10] Vero Besso,22 岁就读于大学法律系。他的未婚妻是 Lydia Brönnimann。

245. 致 Ernest Pickworth Farrow[1]

[柏林,]1920 年 12 月 28 日

尊敬的同事先生！

您圣诞卡片中真正的精湛幽默逗得我很高兴,因为我只是死记硬背这么多英语词汇,塞进我不再那么年轻的大脑,累得我满头大汗。

您在信中所做的如孩子般的要求令我忍俊不禁。作为一个在那个科学圈子里具有很高的亲和力且值得尊敬的人,我一直很羡慕你们。您的朋友们告诉了我很多您个人的可爱事迹。[2]

在这里[3]归我负责的问题和攻击并不像外国人所认为的那么严重。如果有德国同事和官员强烈希望给予我恩惠,就像我之前不断经历过的那样,那么在这个特别时期就是一种耻辱,对我来说也是对德国的背叛。虽然我是瑞士人,国际上也充满了各种游说,可这改变不了我的个人关系。[4]

因此,我确信我的职责是坚决留在我的岗位上,直到外部环境使这件事几乎没有可能为止。[5]

伴随着对新年的美好希望,给您衷心的祝福。

您的

Dft 由 Ilse Einstein 保存。[43 662]。

[1] Farrow(1891—1956)，剑桥大学三一学院的植物学家。收件人的姓名来自 Ernest Pickworth Farrow 1920 年 12 月 17 日致爱因斯坦，见年表和日程表。

[2] Farrow 曾询问爱因斯坦是否对在三一学院任职感兴趣(见 1920 年 12 月 17 日 Ernst Pickworth Farrow 致爱因斯坦)；爱因斯坦几天前在柏林与 Niels Bohr 会面，见文件 236，注释 7。

[3] 关于 8 月 24 日在柏林爱乐音乐厅(见文件 111)和 9 月 24 日在巴德瑙海姆的会议(见文件 154)上对爱因斯坦和他的相对论的攻击。

[4] 关于爱因斯坦的瑞士身份，见爱因斯坦致德国学者和艺术家联盟，1920 年 1 月 13 日(第九卷，文件 258)，关于他的另一个国际身份，见文件 56。

[5] 关于爱因斯坦在柏林的同事的忧虑和爱因斯坦给他们的保证，见文件 126，注释 4。

246. 致 Ayao Kuwaki[1]

柏林，W. 30，Haberland 街 5 号，1920 年 12 月 28 日

非常尊敬的同事先生：

我感到非常高兴，您和您的同事已经把我的小册子翻译成了日语。[2] 我仍然很清楚地记得您访问伯尔尼的情景，特别是因为您是我这辈子认识的来自日本、实际上是来自东亚的第一个熟人。您深厚的理论知识使我大为震惊。[3]

我会把您的信给我的出版商，Vieweg 和他的儿子，他们是翻译版权的共同所有者。

良好的问候。

您的，
A. 爱因斯坦

TLS.[44 241.1]。A TDft[44 241]，部分可利用的由 Ilse Einstein 保存。

[1] 收件人的姓名来自 TDft。

[2] *Einstein 1917a* 的日语翻译。

[3] Kuwaki 在 1909 年 3 月 17 日伯尔尼访问了爱因斯坦，爱因斯坦向 Maurice Solovine 称赞他(见 1909 年 3 月 18 日爱因斯坦致 Maurice Solovine[第五卷，文件 142])。

247. Hermann Anschütz-Kaempfe 来信

慕尼黑，Leopold 街 6 号，1920 年 12 月 28 日

尊敬的教授：

就像我的妻子和我一样，很多人会后悔，在您访问慕尼黑的事情上不应该出现任何意外。如果不能在圣诞节假期期间的话，我建议您在维也纳会谈之前，在慕尼黑短暂停留一下，大概在1月5日。当然，在这短时间内，将有一个内部讨论会；一群挑选出来的热心市民将会衷心地欢迎你们的到来，这将可能比集中在大礼堂的听众更会得到您的认同。

但我不希望一直等到明年1月，或者，就像Sommerfeld希望的那样，直到11月份[1]当我的金属球体及热转动实验新闻出现的时候。

正如所期望的，有3块或更多的磁铁（500周）正处在一个适当的距离并且不断靠拢，但是，不幸的是，在球面上的铁球的分布是不对称的（3个陀螺仪）；因此优先提出球的位置，因为力线穿透球的3 m/m厚的铝墙。[2] 现在证明球内的一个铁片挡板仍然是不够的。即使是大量的磁铁（超过10个就不能舒适地安置，可能是空间的原因）也只是可以改善有关情况，但不能完全解决。很简单，有一个不对称的问题存在。

根据您的建议，我已建议Kiel尝试在一个220 m/m的球上放一个直径120 m/m的环形磁铁。因此，就像这样：[3]

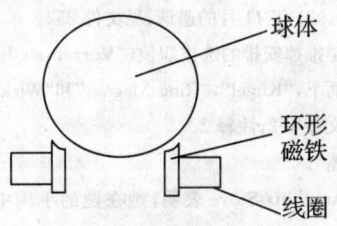

根据这个设计，结构将跟球内的铁球分布无关。我真的怀疑这项安排的效率将是非常低下的。

无论如何，您的建议将以某种方式实施；在如此困难的今天，我确实不怀疑它，我很喜欢跟您讨论这个问题，实施这个想法，您可能会事先发现一系列的版税（因为在陀螺罗盘模型可以投放市场以前肯定还有几年时间）。您是否介意Anschütz公司现在给您支付20000马克呢？我明确地写成支付而不是汇款，因为这样当然就具有税收性质查询的意义。我想在您光临本地期间的某个时候完成这项支付工作，但如果这根本行不通，那么就只有用其他方式交付给您了。一旦模型开始出售，那么这家公司，或者我自己应该妥善结算与您的账目。我们这样的安排您觉得合适吗？

热旋转试验在摩擦生热的应用上没有取得任何进展。[4] 现在我已设计了一个新的实验装置，通过一个厚壁铜柱输送温度很高的油（约200 ℃）。您会立即明白附图的含义。我希望通过这样的安排减少干扰发生的可能性。我仍然对用磁针来测量磁性有所保留。因为在磁铁更加靠近旋转的铜柱时,必然形成逆流电流,这可能对实验造成干扰影响。最后,一旦取得了比较好的结果,那么其他控制测量也可以使用。

不用说,我会向您报告有关实验的进一步情况。

我的妻子和我给您为1921年送上我们的温馨祝愿,特别是我的妻子捎信说,她已经认真留意到您要在夏天来基尔的消息,如果您找不出完全令人信服的理由的话,我们是不会轻易地放您走的。我现在还不清楚您要如何花言巧语[5]才能使自己脱身,因为我知道我太太的牛脾气,她从来不会放弃。[6]夏天的帆船和船只已经随时准备好了。

您看,她已经在这儿准备好了。所以,请马上决定,这会简单得多。

您最诚挚的
Anschütz

Reta Anschütz 的注记:"对了!!!您的代理妈妈!"

ALS. *Lohmeier and Schell 1992*, pp. 114—117. (37 360). 信笺上打印着"Anschütz-Kaempfe"。

[1] 关于 Arnold Sommerfeld 1921年11月的邀请,见文件252。

[2] 在文件172中,他殷切希望推掉安排的选拔职位("Vorzugsstellungen")。

[3] 在图中,这3个字是自上而下,"Kugel"、"Ring-Magnet"和"Wicklung"。

[4] 关于这项实验的目的,见文件172,注释2。

[5] 当地习惯用法为"从头开始"。

[6] 关于信中这一点,Reta Anschütz-Stöve 表明,她在她的手稿中增加了一条:"Stimmt!!! Ihre Vizemutter!"

248. Carl Beck 来信[1]

芝加哥,1920年12月28日

我亲爱的爱因斯坦教授:

我后悔在柏林访问期间,没有机会见到您。我打电话到您家预约,但被告知,您已经去了荷兰。

维也纳的 Lecher 教授[2]是我的好朋友,特别是另一位朋友,Ehrenfest 教授,[3]承诺将安排和您见一次面,但不幸的是我不得不回美国了。并非像很多其他想认识您的人那样由无意义的好奇心驱使,而是由其他动机促使我希望见到您。您是一个在特定的科学圈子里受欢迎的人物,在美国也一样,我们有着对您个人的极大兴趣,包括对您的工作。

我从不怀疑您是被科学机构或个人邀请到这个国家的。像我一样懂得美国的情况,像我一样去了解欧洲的情况,而我确实懂得欧洲的情况。但我认为,这样的一次访问给一方提供了许多可能性——也可能含有某些特定的危险——不只为自己,也为了您的国家。我会非常愿意讨论这样的一次访问您提出的条件。美国的实验尚未准备好,您和您的国家做出的任何实验都值得赞赏。

当我前几个星期从另一边返回的时候,我和洛克菲勒基金(Rockefeller Foundation)的 Vincent 教授进行了一次长谈,[4] 参加的还有德国的股东和德国科学界人士。我想在我获得 Welch 教授和 Vincent 教授的帮助,途经约翰·霍普金斯大学(John Hopkins University)[5] 动身前往欧洲之前,就已经通过引起洛克菲勒基金的兴趣而完成了一项伟大的交易。我相信我来自国外的报告促成了洛克菲勒人为德国和奥地利大学捐赠 100 000 美元的议案。[6] 虽然就像 Wincent 教授写给我所说的,我的主张没有被接受,但是他说我将对目前已经完成的感到满意。

美国有很多严谨的人对德国感觉较好。有很多人表现出这方面的倾向,但在现实中却不倾向于这样。群众是善变的,也很容易动摇。

请问您能写一个关于访问这个国家的计划给我吗?如果我可以做任何事——因为许多人信心十足地称我为科学和思想进步的引路人——我将非常高兴地把我的服务奉献给您。

我送给 Ehrenfest 教授一份这封信的副本。他写信告诉我您将在 1 月到维也纳去做客。[7] 他也许可能亲自给您这封信,并和您讨论这件事的相关程序。

致以友好的个人问候。

我仍然是您非常真诚的
Carl Beck

TLS. [43 217].

[1] Beck(1864 年?—?)是北芝加哥医院主任,在伊利诺伊大学(University of Illinois)任教。

[2] Probably Eugen Lederer(1884—1947)。在他给爱因斯坦的信(1920 年 12 月 8 日)中,Felix Ehrenhaft 提到他的继任者 Lederer,维也纳化学物理学会主席,并提供了 Lederer 的通信地址以便将来安排交流。

[3] Probably Felix Ehrenhaft(见注释 7)。

[4] George E. Vincent(1864—1941),社会学家,是洛克菲勒基金会的主席。

[5] William Henry Welch(1850—1934),自 1889 年美国约翰·霍普金斯大学卫生和公共健康学院成立起任病理学教授,自 1916 年至 1925 年担任该院院长,是 1910 年至 1933 年洛克菲勒研究所的受托人。

[6] 关于中欧的英美大学图书馆，见 *Einstein 1920b*（第七卷，文件 36），注释 1 和 2，1920 年 4 月 19 日爱因斯坦致 Ulrich von Wilamowitz-Moellendorff（第七卷，文件 379），注释 2。关于洛克菲勒基金会对图书馆的经费援助承诺，见 *Marsch 1994*，pp. 51—52,136。

[7] 三个星期前，Felix Ehrenhaft 证实了爱因斯坦在维也纳的讲座的日期为 1 月 10 日和 11 日，并邀请爱因斯坦访问期间到他家中做客。他还说他已写信给芝加哥的 Beck 通知了爱因斯坦的维也纳演讲（见 1920 年 12 月 8 日 Felix Ehrenhaft 致爱因斯坦）。关于前一年的邀请，见 1919 年 12 月 6 日 Felix Ehrenhaft 致爱因斯坦（第九卷，文件 196），注释 1。

249. 致 Wilhelm Blaschke

柏林，1920 年 12 月 29 日

亲爱的同事：

　　Laue 的观点是多余的。[1] 在所有被考虑的对象中，对我来说，Epstein 的成就远远高于所有其他人。Lenz，Schrödinger，Thirring 和 Flamm 都是合格的理论家，他们中的每个人都值得推荐。[2] 在这些人当中，我更愿意选 Lenz 和 Schrödinger，但是他们两个当中谁比谁更好就不好说了。最后，我不想忽视 Fritz Reiche，[3] 他是个优秀的理论家和教师，但说到原创性，他的成绩就可能排在 Schrödinger 和 Lenz 之后。

　　最好的新年祝愿。

TLC.［43 278］. 收件人的姓名在称呼之上："Herrn Dr. W. Blaschke Hamburg"，复印件被裁剪。

[1] Blaschke 在 1920 年 12 月 23 日的信中向爱因斯坦征求意见，为选取汉堡大学新主席的候选人。Max von Laue。

[2] Paul Epstein；Wilhelm Lenz；Erwin Schrodinger（1887—1961），维也纳大学物理系助教讲师；Hans；Thirring；Ludwig Flamm。关于汉堡大学理论物理学主席的产生的历史记录，首任主席的任命以及爱因斯坦在这些荐举中的作用，见 *Reich 2 000*。

[3] Ftitz Reiche。

250. 致 Edouard Guillaume

[1920 年 12 月 29 日]

亲爱的 Guillaume：

现在我知道您在做什么了。您在观测一个球形波。从 K_1 开始观测，根据 $u_1=$ 常数在时间 u_1 中观测了世界点。根据 K_2 的观察，这些世界点在一个由如下特征方程

$$u_2 = \frac{u_1}{\beta(1+\cos\varphi_2)}$$

描述的表面上，但是，对于单独的 K_2 这个表面完全没有物理意义。[1]

虽然我知道，我们正在处理一些固定观念，但是所有这些为了爱的劳动都是徒劳的。我对您的气愤并不像麻雀愤怒于不能像夜莺一样唱歌，但使我感到好笑的是，您显然找到了一个忠实的观众——但是肯定没有任何一个持某种观点的理论物理学家对您的事情感兴趣。[2] 例如，我说服 Langevin 说他将会看到全貌。[3] 我不能想象 Grossmann 将会反对您什么。[4] 但他可能因为这个问题没有受到挑战而对瑞士物理学家感到尴尬。一个人不能为此而伤感情。当有人问起的时候，我只能说出我的想法而不是其他。我不知道还有什么更适合我对您说的了：去做您免不了要做的事情。

最好的问候。

A. 爱因斯坦

AKS(Georges-Edouard Guillaume, Neuchatel), *Genovesi 2000*, p. 107, [79 017]。明信片是写给"Herrn Dr. E. Guillaume Dittlingerweg 12 Bern (Schweiz)"，邮戳是"Berlin[--] 29. 12. 20. [--] N[achmittags]"。

[1] Guillaume 在文件 241 提出了这个论点，对此这是一个答复。爱因斯坦指出，由于在参考系 K_2 中没有观察者可以观察整个波前，Guillaume 的信中引述的它的形状方程仅具纯形式上的趣味。

[2] 在文件 241，Guillaume 曾援引另一主要的反对相对论的法国数学家 Émile Picard 的话。在文件 142，Grossmann 曾警告说，在法语国家反相对论是危险的，在文件 148，爱因斯坦对 Grossmann 发表了评论，他很惊奇 Guillaume 没有反驳任何攻击他的相对论理论。

[3] 在文件 233，爱因斯坦曾建议 Guillaume 向 Paul Langevin 探讨相对论。

[4] 见文件 241，Guillaume 指责 Grossmann 引诱爱因斯坦参与公众对他的人身攻击。

251. 致 Mário Basto Wagner

柏林，1920 年 12 月 29 日

尊敬的同事：

请原谅我长时间的沉默。[1] 我不记得我是否曾经发表有关熵问题的解决方法的文章。当然，我对这个是不感兴趣的。就我目前所知道的，我完全同意 Planck 对 Nernst 定理的处理方法，因为他只为均质化学物质假设熵在绝对零度

上消失,不是对不规则的各种分子的混合物。[2] 不幸的是,我已经没有时间来研究您的论文了,[3] 因为我目前没有在这方面从事工作。

致以极大的尊重。

549　TLC.［25 305］.收件人的姓名在结尾的下部:"Sr. Hochwohlgeboren Herrn Prof. Dr. Wagner Lissabon"。
　　［1］这封信是对文件 197 的回应。
　　［2］爱因斯坦曾在 Einstein 1914n（第六卷,文件 5）讨论过这些问题,见文件 197,注释 5。
　　［3］Wagner 1920,其中 Wagner 提出了他的意见。

252. Arnold Sommerfeld 来信

curr. Garmisch,1920 年 12 月 29 日

亲爱的爱因斯坦:

这的确是一个耻辱！我们本来应该因为拥有您而非常高兴的！[1] 但我们不会放弃。明年冬季学期开始的时候把我们记录下来:11 月 11 日或 18 日。到那时 Anschütz 就已经回到慕尼黑了。[2] 我建议将日期确定下来,只要您不说出熟悉的绝不(calendas gracas)[3],那么我可以事先同意您的任何反对意见。

我从 Anschütz 那里听说您收到基尔的 2 000 马克;[4] 我们也可以给您这些。现在我有可能不得不亲自给工程师协会讲授课程,无论情况是好是坏[5](我可能会做得更糟,而不是更好)。我一看到一些对相对论有关问题的不合适的回应时,就变得很急躁,那么我可以想象您最后肯定也感觉到了自己的愤怒。

从您的沉默之中,我相信您没有因为我引用您的信件而愤怒,它对我来说是一根救命稻草,完全印证了我所说的话。[6]

新的一年里电子问题将有更好的进展吗？这可能是下一个,也许是最大的相对论成果。[7]

Herzfeld 的想法如下,但这是很表面化的描述并且不保证我是准确地传达给您:[8] 在一个铁磁体粒子的磁性逆转后,射线就发射到以太中了;但是,这种发射携带了(根据动能一般规则)电子轨道感应变化的动量改变的一半;只有其他一半到了磁铁上。Herzfeld 想要核实这一放射实验的存在(无线电报的频率)。这可能需要一个很长时间,所以我想请您目前不要对它加以评论。如果都运转得良好的话,这将是一件大事。

我现在很挂念 Bohr 的原子思想。[9] 在我看来,他是一位有罕见天才和人格魅力的人。

致以最好的问候。

A. Sommerfeld 上

可怜的 Rümelin[10]已死于胃溃疡,本来并不是致命的,但腹腔膜破裂了。您多会很好地安排自己的时间啊,Rümelin 却没有这样做。

ALS. *Einstein/Sommerfeld 1968*, pp. 75—77. [21 341].

[1] 爱因斯坦拒绝 Sommerfeld 邀请他到慕尼黑讲学,见文件 236。
[2] 关于 Hermann Anschütz-Kaempfe 对爱因斯坦拒绝邀请的反应,见文件 247。
[3] Ad calendas Graecas:在希腊 calends 即绝不(希腊人没有 calends)。
[4] 爱因斯坦在 9 月秋季基尔艺术和科学周作了演讲(见文件 149,注释 9)。
[5] 关于工程师社会性的讲座,见文件 235。
[6] 关于爱因斯坦对 Sommerfeld 反应的引文,见 *Sommerfeld 1920*,见文件 235,注释 5。
[7] 关于爱因斯坦最近的想法,如何解释引力与基本粒子稳定性的相关性,见 *Einstein 1919a*(第七卷,文件 17)。
[8] Karl Herzfeld 重新审视爱因斯坦- De Haas 实验(见文件 236)。
[9] Niels Bohr,见文件 236,注释 7。
[10] Theodor Rümelin(* 1877)是水力学工程师。爱因斯坦早些时候患了胃溃疡(见 1919 年 1 月 10 日爱因斯坦致 Mileva Einstein-Marić和 Hans Albert Einstein 的信[第九卷,文件 1],特别是注释 5)。

253. 柏林犹太社区来信

柏林 N. 24,Oranienburger 街 2 号,1920 年 12 月 30 日

致阿耳伯特·爱因斯坦博士、教授,Schöneberg,柏林,Haberland 大街 5 号

关于您本月 22 日的热心的来信,[1]我们的答复是,根据当地法律,当地社区的人员并不需要事先声明自己为该社区人员。相反,每一个犹太人都有责任,通过法律的力量,使自己成为一个在其居住区的犹太团体的成员。根据柏林犹太社区的章程,税收金额是按照国家的收入税征收,正如寄给您的评估说明中详细描述的那样。因此,根据规定,这个社区并没有任何法律授权而无视对您的评估。我们允许自己指出,税收的很大一部分是为上述您头脑中的慷慨精神的目的而使用,这可以由税收形式的支付来实现。

犹太社区主席签名:
Goldstein[2]

TLS.[35 096].该文件顶部的行政标记被省略,在反面有计算。

[1] 文件238。

[2] Martin Goldstein(＊1892)是一个官员。在柏林的犹太社区税务部门工作。

正文字顺目录

在按字母排序的文件目录中，每个日期后的编号（阿拉伯数字）就是文件编号。由爱因斯坦撰写的文件标记为字母"E"。按日期的文件摘要标记为字母"C"。

Adler, Friedrich
1920年9月22日　　　　C
1920年11月9日　　　　196

Akademisk Revy
1920年8月30日　　　　C

Allgemeine Studenten-Vertretung（全体学生联盟）
1920年8月3日　　　　C
1920年8月15日　　　　C E
1920年11月24日　　　C
1920年12月20日　　　C E
1920年12月24日　　　C
1920年12月26日　　　C E

Anschütz-Kaempfe, Hermann
1920年10月10日　　　172
1920年12月19日　　　237
1920年12月28日　　　247

Arco, Georg Count von
1920年11月11日　　　199

Arkad'ev, Vladimir K.
1920年6月22日　　　　62

抗击反犹太主义协会

1920年9月8日　　　　C
1920年9月14日　　　　150 E

Baeyer, Otto von
1920年6月30日　　　　C
1920年7月30日　　　　C E
1920年11月15日　　　C

Barth Publishing House（Barth 出版社）
1920年5月22日　　　　C
1920年9月7日　　　　C

Bartscht, Artur
1920年8月29日　　　　C

Bauer, Otto, and Kunfy, Sigmund
1920年11月9日　　　　C

Beck, Carl
1920年12月28日　　　248

Bennett, P. R.
1920年9月22日　　　　C

Berliner, Arnold
1920年8月19日　　　　108
1920年12月1日　　　　217

Bernays, Paul		1918年5月18日	C E
1916年10月13日	第八卷, 263a E		
		Bohr, Niels	
Besso, Michele		1920年5月2日	4 E
1916年12月6日后	第八卷, 283a E	1920年6月24日	64
1917年10月6日	第八卷, 385a E		
1917年10月15日	第八卷, 390a E	Born, Hedwig	
1918年8月28日	第八卷, 607a	1920年9月8日	138
1920年7月26日	85E	1920年10月1日	159 E
1920年7月29日	90	1920年10月7日	166
1920年12月24—27日	244		
		Born, Max	
Besso, Vero		1920年6月18日	59 E
1918年3月28日	第八卷, 494a	1920年7月16日	75
1918年3月28日后	第八卷, 494b E	1920年10月11日	174 E
		1920年10月13日	175
Bie, Oscar, et al.		1920年10月26日	182 E
1920年8月31日	117	1920年10月28日	185
		1920年12月8日	224
Bjerknes, Vilhelm			
1920年10月18日	177	Born, Max and Hedwig	
1920年11月12日	201 E	1920年7月31日	95
		1920年9月9日	140 E
Blaschke, Wilhelm		1920年10月2日	161
1920年12月23日	C		
1920年12月29日	249 E	Cajal, S. R.	
		1920年7月6日	C
Bloch, Helmut		1920年7月21日	C E
1920年8月30日	118		
		Calisse, G. L.	
Bloch, Werner		1920年9月2日	C
1915年11月4日	C E		
1917年6月27日	第八卷, 358a E	Cassirer, Ernst	
1918年1月3日	第八卷, 424a E	1920年5月10日	11
		1920年6月5日	44 E
德国国家银行董事会		1920年6月16日	58
1918年5月8日	C	1920年7月15日	C

1920年8月28日	112	Dessau, Bernardo	
		1920年8月15日	C
Cauer, Minna			
1920年9月19日	151	Deutsche Gesellschaft für Auslandsbuchhandel（对外出版德语公司）	
1920年11月19日	205 E		
		1920年7月9日	C
Chavan, Lucien and Jeanne Chavan-Perrin		1920年7月9日后	C E
1920年10月15日	176 E		
		Deutscher Gesellig-wissenschaftlicher Verein in New York（纽约德文科学爱好者联盟）	
Chisholm, Hugh			
1920年11月7日	C	1920年9月29日	C
City Council of Greater Berlin（大柏林市政府）		Dickmann, Ina	
1920年6月7日	C	1920年8月28日	113
Columbia University（哥伦比亚大学）		Dinos	
1920年6月6日	C E	1920年6月25日	C
1920年8月15日	C E		
		Donder, Théophile de	
Czapek, Friedrich		1920年8月3日	97
1920年6月6—15日	C E	1920年8月11日	100 E
1920年6月17日	C	1920年8月18日	105
Dällenbach, Walter		Drechsler, R. W.	
1920年8月16日	C	1920年5月11日	C
		1920年5月11日后	C E
De Haas-Lorentz, Luitberta			
1920年10月7日	C	Eddington, Arthur S.	
		1920年6月11日	52 E
Debye, Peter			
1920年6月7日	C	Ehrenfest, Paul	
1920年7月10日	C E	1920年5月1日	2
1920年12月10日	C E	1920年5月4日	6 E
1920年12月12日	C E	1920年6月6日	46 E
1920年12月20日	C	1920年7月19日	76 E
1920年12月28日	C E	1920年7月24日	83
		1920年7月30日	92 E

1920年8月6日	99	1916年10月5日	第八卷,262a E
1920年8月13日	102 E	1916年10月7日	第八卷,262b E
1920年8月16日	104	1917年6月30日	第八卷,359a E
1920年8月27日	110	1917年7月1日	第八卷,359b E
1920年8月28日	114	1917年7月3日	第八卷,359c E
1920年9月2日	127	1917年7月4日	第八卷,359d E
1920年9月9日前	139 E	1917年7月9日	第八卷,360a E
1920年9月11日	146	1917年7月10日	第八卷,360b E
1920年10月7日	163 E	1917年7月12日	第八卷,361a E
1920年11月7日	191	1917年7月13日	第八卷,361b E
1920年11月26日	209 E	1917年7月16日	第八卷,361c E
1920年12月8日	225	1917年7月17日	第八卷,361d E
1920年12月9日(日历)	227 E	1917年7月19日	第八卷,361f E
		1917年7月24日	第八卷,364a E
Ehrenhaft,Felix		1917年7月25日	第八卷,364b E
1920年9月10日	143	1917年7月26日	第八卷,364c E
1920年11月24日	C	1917年7月28日	第八卷,364d E
1920年11月29日	C E	1917年7月30日	第八卷,365a E
1920年12月8日	C	1917年8月1日	第八卷,367a E
		1917年8月6日	第八卷,369a E
Einstein,Eduard		1917年8月7日	第八卷,369b E
1918年6月4日后	第八卷,557c	1917年8月9日	第八卷,370b E
1918年7月17日(日历)	第八卷,588c	1917年8月11日	第八卷,370c E
1918年11月25日(日历)	第八卷,659c	1917年8月13日	第八卷,370e E
1919年6月13日前	第九卷,59b	1917年8月15日	第八卷,371a E
1919年11月30日	第九卷,183a	1917年8月17日	第八卷,371b E
1920年2月25日	第九卷,328a	1917年8月22日	第八卷,373a E
1920年3月14日	第九卷,351b	1917年8月23日	第八卷,374a E
1920年7月25日	84 E	1917年8月28日	第八卷,376b E
1920年8月1日	96 E	1917年8月31日	第八卷,376c E
		1917年9月3日	第八卷,377a E
Einstein,Elsa		1917年9月6日	第八卷,378a E
1916年4月6日	第八卷,209a E	1919年6月30日	第九卷,66a E
1916年4月8日	第八卷,210a E	1919年7月1日	第九卷,68a E
1916年4月10日	第八卷,211a E	1919年7月2日	第九卷,69a E
1916年9月28日	第八卷,261b E	1919年7月3日	第九卷,70a E
1916年9月30日	第八卷,261c E	1919年7月4日	第九卷,70b E

1919年7月6日	第九卷,70c E	1920年10月7日	164 E
1919年7月8日	第九卷,70d E	1920年10月9日	170 E
1919年7月9日	第九卷,70e E	1920年10月19日	179 E
1919年7月12日	第九卷,72a E	1920年10月22日	179a E
1919年7月14日	第九卷,72b E	1920年10月26日	183 E
1919年7月15日	第九卷,72c E	1920年10月28日	184 E
1919年7月17日	第九卷,72d E	1920年10月31日	188 E
1919年7月19日	第九卷,72e E		
1919年7月21日	第九卷,74a E	Einstein, Hans Albert	
1919年7月22日	第九卷,74b E	1915年4月4日前	第八卷,69a
1919年7月23日	第九卷,74c E	1915年4月4日前	第八卷,69b
1919年7月25日	第九卷,74d E	1915年6月28日	第八卷,91a
1919年7月26日	第九卷,74e E	1915年11月30日前	第八卷,154a
1919年7月28日	第九卷,77a E	1916年11月26日前	第八卷,278a
1919年7月29日	第九卷,78a E	1916年11月26日后	第八卷,279a
1919年7月31日	第九卷,79a E	1917年4月12—22日	第八卷,319a
1919年8月4日	第九卷,84a E	1917年4月28日	第八卷,330a
1919年8月9日	第九卷,86a E	1917年5月26日	第八卷,344a E
1919年10月19日	第九卷,145a E	1917年6月1日	第八卷,346a
1919年10月20日	第九卷,145b E	1918年1月14日后	第八卷,435a
1919年10月21日	第九卷,145c E	1918年1月25日后	第八卷,442a
1919年10月23日	第九卷,148b E	1918年4月22日前	第八卷,513a
1919年10月24日	第九卷,149a E	1918年6月4日后	第八卷,557b
1919年10月26日	第九卷,151a E	1918年6月17日(日历)	第八卷,588b
1919年10月28日	第九卷,152a E	1918年11月25日(日历)	第八卷,659b
1920年5月7日	7 E	1919年4月20日(日历)	第九卷,25a
1920年5月9日	9 E	1919年6月13日前	第九卷,59a
1920年5月9日后	10	1919年8月15日后	第九卷,87a
1920年5月11日	13 E	1919年11月30日	第九卷,183b
1920年5月17日	17	1920年1月1日后	第九卷,240a
1920年5月19日	19 E	1920年1月28日	第九卷,288a
1920年5月20日前	20	1920年3月14日	第九卷,351a
1920年5月20日	22 E	1920年5月14日	15
1920年5月22日	25 E	1920年11月28日	212
1920年5月24日	30 E		
1920年5月27日	32 E	Einstein, Hans Albert and Eduard	
1920年9月14日	149 E	1920年7月4日	70 E

1920年12月15日	232 E		
		Epstein, Paul	
Einstein, Ilse		1920年5月30日	38
1920年5月27日	33 E	1920年6月4日	42 E
1920年9月23日（日历）	153 E		
1920年10月7日	165 E	Exner	
1920年10月10日	173	1920年7月3日	C
Einstein, Ilse and Margot		Fabre, Lucien	
1920年9月24日	154 E	1920年5月17日	18
		1920年7月5日	C
Einstein-Marić, Mileva		1920年7月17日	C
1918年2月9日	第八卷, 461a		
1918年3月5日	第八卷, 475a	Fackenthal, Frank D.	
1918年3月17日前	第八卷, 482a	1920年5月13日	C
1918年3月17日前	第八卷, 482b		
1918年4月3日	第八卷, 496a E	Farrow, E. Pickworth	
1918年4月4日	第八卷, 496b	1920年12月17日	C
1918年4月22日	第八卷, 514a	1920年12月28日	245 E
1918年5月8日前	第八卷, 532a		
1918年5月23日前	第八卷, 545a	Fischer, Herbert	
1918年6月4日后	第八卷, 557a	1920年11月28日	C
1918年10月24日（日历）	第八卷, 588a	1920年11月28日后	C E
1918年10月24日后	第八卷, 639a		
1918年11月9日前	第八卷, 646a	Fleischer, Richard	
1919年9月10日	第九卷, 101a E	1920年7月27日	C
1919年10月22日	第九卷, 148a	1920年7月29日	87 E
1919年11月30日	第九卷, 183	1920年9月1日前	C E
1920年5月14日	14		
1920年7月23日	81 E	Flesch, Max	
		1920年10月17日	C
Eisenhart, Luther P.		1920年10月17日后	C E
1920年10月1日	160		
		Fokker, Adriaan D.	
Encyclopaedia Britannica（大不列颠百科全书）		1920年6月2日	40
1920年11月19日	C	1920年11月2日	189
1920年11月30日	C E		

Franck, James
1920年11月4日　　　C

Franz Josef
1917年2月中旬到4月29日间　第八卷，300a E

Freie Akademische Vereinigung an der Technischen Hochschule Dresden（德累斯顿高等技术学校自由科学联盟）
1920年9月20日　　　C
1920年9月27日　　　C

Freie Vereinigung für Technische Volksbildung（技术科学普通教育自由联盟）
1920年7月16日　　　C E

Freundlich, Erwin
1919年12月15日后　第九卷，217a E
1920年8月12日　　　101
1920年12月14日　　231

Fricke, Robert
1920年5月26日　　　31
1920年6月9日　　　48 E

Füchtbauer, Christian
1920年11月2日前　　C

Fürth, Reinhold
1920年10月19日　　C
1920年12月10日　　C E
1920年12月18日　　C

Gerhards, Karl
1920年6月8日　　　C
1920年8月24日　　　C

German Central Committee for Foreign Relief（德国对外援救中央委员会）
1920年7月9日　　　74

German League for the League of Nations（国际联盟德意志联邦）
1920年7月8日　　　73
1920年7月23日　　　82 E

German News Agency for Foreign University and Student Affairs（德国对外大学和学生事务通讯社）
1920年7月27日前　　C
1920年7月27日　　　86 E

Gesellschaft Deutscher Naturforscher und Ärzte（德国自然研究与医学学会）
1920年9月30日　　　158
1920年10月8日　　　C E

Gilbert, Leo
1920年8月20日　　　C

Glum, Friedrich
1920年8月5日　　　C
1920年8月16日　　　C

Goldscheid, Rudolf
1920年12月13日　　228

Goldschmidt, Amelie
1920年6月19日　　　C

Goldstein, Eugen
1920年9月11日　　　C

Gottesman, Jacob

1920年9月20日	C		Haber, Fritz	
			1920年8月30日	120
Grau, Kurt J.			1920年10月6日	162 E
1920年8月29日	115		1920年10月7日	167
			1920年11月19日	C
Grebe, Leonhard				
1920年7月9日	C E		Haberlandt, Gottlieb	
1920年7月12日	C		1920年5月1日	3
Grebe, Leonhard, and Bachem, Albert			Haenisch, Konrad	
1920年6月18日	60		1920年5月28日	36
			1920年7月30日	93 E
Grossmann, Marcel			1920年9月6日	135
1920年9月9日	142		1920年9月8日	137 E
1920年9月12日	148 E			
1920年11月20日	206		Hallwachs, Wilhelm	
			1920年7月13日	C
Großmann, Will			1920年7月19日	C E
1920年5月11日	C			
			Hansen, Klaus	
Guillaume, Edouard			1920年6月4日	43 E.
1920年6月30日	68			
1920年7月4日	71 E		Harms, Bernhard	
1920年7月14日	C		1920年5月6日	C
1920年7月19日	77 E			
1920年7月28日	C		Harnack, Adolf von	
1920年7月31日	94 E		1920年5月7日	C
1920年8月20日	C		1920年6月24日	C
1920年8月22日	109 E			
1920年9月1日	C		Hartmann, Eduard	
1920年9月4日	132 E		1920年9月26日	156
1920年12月16日	233 E			
1920年12月23日	241		Havel, P.	
1920年12月29日	250 E		1920年8月28日	C
Haas, Wander de			Heller, Robert	
1920年12月	215		1912年2月1日	第五卷, 349b E

Henkell, F. M.		1920年12月14日	230 E
1920年6月1日	C		
		Jensen, Christian	
Hennig, F.		1920年5月7日	C E
1920年8月28日	C		
		柏林犹太社区	
Hertz, Paul		1920年12月15日	C
1920年10月28日	186	1920年12月22日	238 E
1920年11月11日	200	1920年12月30日	253
Hertzsprung, Ejnar		Julius, Willem H.	
1916年12月5日	第八卷, 282a E	1920年5月8日	8
1919年11月16日	第九卷, 166a	1920年6月13日	54
		1920年9月2日	129
Hettner, Gerhardt			
1920年7月20日	C	Julius, Willem H. and Betsy	
		1920年9月11日	145 E
Hibben, John G.			
1920年11月14日	203 E	Julius-Einthoven, Betsy	
1920年12月24日	243	1920年9月11日前	C
		Kaiser-Wilhelm-Institute board of trustees	
Hopf, Ludwig		（威廉皇帝学会董事会）	
1920年9月2日	128	1920年5月3日	C E
Horst, Helge		1920年7月27日	C E
1920年11月6日	C	1920年9月13日	C E
		1920年9月14日	C E
Jaeger, Frans M.		1920年12月7日	C E
1920年6月1日	C		
		Kamerlingh Onnes, Heike	
Jakob, Max		1920年11月23日	208
1918年5月17日	第八卷, 539a E		
1918年12月3日	第八卷, 661c	Kamerlingh Onnes, Harm H.	
1918年12月5日	第八卷, 663a E	1920年12月8日	226
Jeffery, George B.		Kelen-Fried, Jolán	
1920年10月14日	C	1920年11月8日	194 E

1920年11月12日	202	1920年10月28日	C
Klötzel, C. Z.		Kuwaki, Ayao	
1920年9月12日	C	1920年12月28日	246 E
Knudsen, Martin		Laer Kronig, Ralph de	
1920年11月6日	C	1920年9月26日	C
Koch, Peter P.		Lampa, Anton	
1920年5月24日	C	1920年5月30日	39
1920年6月5日	C E		
		Landau, Leo	
Kohn, Hedwig		1920年8月20日	C E
1920年6月2日	C		
1920年7月3日	C E	Landgericht	
1920年7月11日		1920年7月21日	C E
1920年12月28日	C		
		Lange, Ludwig	
Konrad Sannig 公司		1920年8月7日	C
1920年11月18日	C		
		Laue, Max von	
Kopp, Victor		1920年5月22日	27
1920年10月25日	C	1920年7月29日	91
		1920年12月2日	C
Kottler, Friedrich			
1920年7月29日	88 E	Lawson, Robert W.	
1920年8月23日	C	1920年5月15日	C
		1920年6月15日	C
Kronthal, Paul		1920年7月29日	C
1920年11月13日		1920年8月16日	C
		1920年8月26日	C
Krüss, Hugo A.		1920年12月8日	C
1918年6月13日	第八卷, 563a E		
Kuratorium der Zeitler's Studienhaus-Zusatz-Stiftung（蔡特勒研究基地补助基金会董事会）		Lehmann, Otto	
		1910年12月1日	第五卷, 235a E
1920年10月18日前	C	Lemmert, Otto	

1920年9月4日	C	Malkin, Israel	
		1920年8月27日	111
Levi Civita, Tullio			
1920年8月4日	C	Mannoury, Gerrit	
1920年8月18日	106	1920年11月7日	C
Lieber, Hugo		Marx, Erich	
1920年11月14日	204 E	1920年5月11日	C
		1920年6月1日后	C E
Lindemann, Adolf F.			
1920年8月18日	107	Matthies, Wilhelm	
		1920年10月6日	C
Lindemann, Frederick A.		1920年11月15日	C E
1920年12月22日	240		
		Meißner, Walther	
Lorentz, Hendrik A.		1920年8月30日	119
1920年5月18日	C		
1920年5月22日	26 E	Methuen 出版社	
1920年5月27日	35	1920年11月23日	C
1920年6月9日	49	1920年12月8日	C
1920年6月15日	56 E	1920年12月22日	C E
1920年6月23日	63	1920年12月30日	C
1920年8月4日	98 E	1920年12月30日后	C E
1920年9月3日	130		
1920年9月10日	144	Mewes Rudolf	
1920年9月25日后	155 E	1920年7月9日	C E
Ludwig, Emil		Meyer, Edgar	
1920年9月11日或11月11日	C E	1920年8月30日	C
		1920年11月7日	192
Magnus, Alfred		1920年11月28日	211 E
1920年7月11日	C		
1920年7月19日	C E	Meyer, Isaak	
1920年7月25日	C	1920年9月7日	136
Maier, Gustav		Mittag-Leffler, Gösta	
1920年7月5日	C	1920年5月3日	C

1920年7月21日	79 E	1920年9月30日	157 E
1920年8月16日	C		

挪威学生联合会

Moch, Gaston		1920年9月9日	141 E
1920年5月3日	C		
1920年7月3日	69	Nowak, Josef	
1920年7月19日	78 E	1920年8月27日	C

Moeller-Grevé, Maria		Ostwald, Wolfgang	
1920年9月6日	C	1920年11月22日	C
		1920年11月22日后	C E
Möller, Hans Georg		1920年12月20日	C
1920年5月28日	C		
		Petzoldt, Joseph	
Moos, Adolf and Friedricke		1920年7月6日	72
1920年11月	C E	1920年7月21日	80 E

Moser, Greti		Planck, Max	
1920年5月28日	37	1920年9月5日	133

Mosse, Rudolf		Pohl, Robert W.	
1920年8月24日	C E	1920年7月3日	C
		1920年7月10日	C E
Moszkowski, Bertha		1920年7月14日	C
1920年10月22日	180		
1920年10月28日	187	Prussian Academy of Sciences(普鲁士科学院)	
		1920年5月11日	C E
Mühsam, Hans		1920年11月18日	C E
1920年12月1日	216 E		
		Rahm, Hans	
Mühsam, Paul		1920年10月13日	C
1920年12月7日	221	1920年11月16日	C E

Nernst, Walther		Rassow, B.	
1920年11月28日	213	1920年9月30日	C

Ney, Elisabeth   Regener, Erich

1920年5月21日	24	（阿姆斯特丹皇家科学院）	
		1920年5月24日	29 E
Reichenbach, Hans			
1920年6月15日	57	Runge, Carl	
1920年6月30日	66 E	1920年11月8日	195 E
Reichinstein, David		Rütschke	
1920年6月14日	55	1920年8月31日	124
1920年7月27日	C		
1920年7月31日	C	Scheel, Karl	
1920年12月16日	C	1914年7月8日	C E
Reingold, A. J.		Schlick, Moritz	
1920年12月22日	239 E	1920年5月10日	12
		1920年6月5日	C
Reis, Erna		1920年6月7日	47 E
1920年2月24日	C	1920年6月10日	51
		1920年6月12日	53
Rey Pastor, Julio		1920年6月29日	C
1920年5月11日	C	1920年6月30日	67 E
1920年6月3日	C E	1920年8月29日	116
1920年7月14日	C E	1920年10月10日	171
1920年8月5日	C		
1920年8月13日	C E	Schmedeman, Albert G.	
		1920年10月30日	C
Roethe, Gustav		1920年12月13日	229
1920年11月15日	C	1920年12月16日	234 E
1920年12月29日	C	1920年12月23日	242
Rosen, Friedrich		Schmidt, Erhard	
1920年5月11日后	C E	1920年9月3日	C
Rouvière, Jeanne		Schmidt, Harry	
1920年5月15日	C	1920年9月11日	C
1920年11月30日	C	1920年11月24日	C
		1920年11月28日	C
Royal Academy of Sciences in Amsterdam		1920年12月2日	219 E

1920年12月3日	C	1920年8月30日	122
Schmidt-Ott, Friedrich		**Seeliger, Rudolf**	
1920年5月18日	C	1920年5月2日前	C
1920年6月1日	C		
1920年6月10日前	C E	**Seemann, Hugo**	
1920年6月10日	C	1920年7月12日	C
1920年6月11日	C E	1920年11月16日	C E
1920年6月16日	C	1920年11月28日	C
1920年6月23日	C	1920年12月10日	C E
1920年7月1日	C E		
1920年7月12日	C E	**Silberstein, Ludwik**	
1920年9月13日	C E	1920年5月1日	1 E
1920年10月9日	C		
1920年11月10日	C	**Sitter, Willem de**	
		1920年11月4日	190
Schoenflies, Arthur		1920年11月29日	214
1920年6月9日—1920年7月28日	50		
1920年7月29日	89 E	**Slowo 出版社**	
		1920年11月6日	C
Schrodt, Toni			
1920年8月30日	121	**Smekal, Adolf**	
		1920年6月5日	45
Schubert, K.			
1920年9月3日	C	**Solovine, Maurice**	
		1920年5月4日	C
Schubert-Soldern, Richard		1920年5月24日	C
1920年5月12日	C	1920年6月2日	C E
		1920年6月14日	C
Schuchard, Ernst		1920年6月16日	C
1920年8月17日	C E		
		Sommerfeld, Arnold	
Schuh, Friedrich		1920年9月3日	131
1920年5月7日	C E	1920年9月6日	134 E
		1920年9月11日	147
Schweinitz und Krain, Elsa Countess of（伯爵夫人的）		1920年10月7日	168
		1920年12月18日	235

1920年12月18—28日	236 E	1920年11月27日	210 E
1920年12月29日	252	1920年12月21日	C
		1920年11月22日	207

Springer 出版社
1920年11月4日	C E
1920年12月24日	C
1920年12月31日	C

Unthan, Carl H.
1920年5月23日	28

Vaihinger, Hans
1920年5月23日	C
1920年6月3日	41 E
1920年7月13日	C

Steinel, Oskar
1920年6月24日	C
1920年6月24日后	C E

Steinman, D. B.
1920年6月15日	C E

Varićak, Vladimir
1910年2月10日	第五卷, 197a E
1910年2月28日	第五卷, 197b E
1910年4月3日	第五卷, 202a E
1910年4月5日	第五卷, 202b E
1910年4月11日	第五卷, 202c E
1910年4月23日	第五卷, 203a E
1911年2月24日	第五卷, 255a E
1911年3月3日	第五卷, 257a E
1913年5月14日	第五卷, 439a E

Stern, Heinrich
1920年8月3日	C

Sthamer, Eduard
1920年6月23日	C

Strömgren, Elis
1920年6月24日前	C E

Vieweg publishing house（Vieweg 出版社）
1920年5月1日	C E
1920年5月4日	C
1920年5月26日	C
1920年6月1日	C E
1920年6月2日	C
1920年6月2日	C E
1920年6月7日	C
1920年7月10日	C E
1920年7月21日	C
1920年7月29日	C
1920年7月31日	C E
1920年8月21日	C
1920年9月8日	C E

Thirring, Hans, Smekal, Adolf, and Flamm, Ludwig
1920年6月20日	C
1920年6月25日	65 E

Thoms, Hermann
1920年7月30日	C
1920年9月15日	C E

Ting, W. S.
1920年10月11日	C

Trowbridge, Augustus

1920年9月13日	C	Wertheimer, Max	
1920年9月15日	C	1920年5月15日	16
1920年9月21日	C	1920年5月21日	23 E
1920年9月28日	C		
1920年10月6日	C	Wiener Freiheitliche Studentenschaft, Akademischer Monistenbund and Akademisch-Pädagogischer Verein at the University of Vienna（维也纳自由者学生联盟，维也纳大学科学一元论者联盟和维也纳大学科学智慧教育者联盟）	
1920年10月29日	C		
1920年11月8日	C E		
1920年11月18日	C		
1920年12月10日	C E		
Vollenhoven, Cornelis van		1920年9月8日	C
1920年7月12日	C		
1920年7月20日	C E	Wiener Urania	
1920年7月20日	C E	1920年12月3日	C E
1920年7月26日	C	1920年12月11日	C
Wagner, Ernst		Winchester, George	
1920年6月18日	C	1920年9月1日	C
1920年7月1日	C E		
1920年8月14日	C	Winteler, Paul	
		1918年6月10日	第八卷, 561b
Wagner, Mário Basto		1918年11月22日	第八卷, 659a
1920年11月9日	197	1918年11月29日	第八卷, 661b
1920年12月29日	251 E	1919年11月5日	C
		1919年12月10日	第九卷, 206b
Warburg, Max M.		1919年12月31日	第九卷, 239a
1920年12月8日	223 E	1920年5月20日前	21
		1920年8月31日	125
Weigert, Fritz		1920年12月1日	218
1920年5月24日	C		
Wende, Erich		Winteler-Einstein, Maja	
1920年10月8日	169	1918年3月6日	第八卷, 475b
		1918年6月10日	第八卷, 561a
Wermuth, Adolf		1918年11月29日	第八卷, 661a
1920年5月8日	C	1919年10月9日	第九卷, 128a
1920年7月2日	C E	1919年12月10日	第九卷, 206a
		1920年9月1日	126

1920年12月6日	220	1915年1月11日	第八卷,45a E
		1915年7月16日	第八卷,96a E
Winteler-Einstein,Maja,and Winteler,Paul		1915年9月24日	第八卷,122a E
1919年8月29日	第九卷,96a	1915年10月4日	第八卷,124a E
1919年11月10日	C E	1915年11月15日	第八卷,144a E
		1915年12月4日前	第八卷,159a E
Wirtinger,Wilhelm		1915年12月9日	第八卷,161a E
1916年1月26日	第八卷,185a E	1916年3月1日	第八卷,196a E
		1916年7月11日	第八卷,232a E
Wirtschaftshilfe der deutschen Studentenschaft E. V.（德国学生经济补贴联盟）		1916年7月19日	第八卷,237a E
		1916年8月3日	第八卷,247a E
1920年8月30日	C	1916年8月18日	第八卷,250a E
		1916年9月26日	第八卷,261a E
Wittig,Hans		1916年10月13日	第八卷,263b E
1920年5月3日	5 E	1916年10月25日	第八卷,269a
		1916年10月31日到12月13日 第八卷,270a	
Wöhlisch,Edgar		1916年11月16日	第八卷,276a E
1920年10月15日	181	1917年1月8日	第八卷,287a E
1920年11月7日后	193 E	1917年1月16日	第八卷,287b E
		1917年2月1日	第八卷,291a E
Wolf,Max		1917年2月13日	第八卷,297a E
1920年8月30日	123	1917年2月16日	第八卷,299a E
		1917年3月10日前	第八卷,308a E
Wostok publishing house（Wostok出版社）		1917年4月16日	第八卷,326a E
1920年5月15日	C E	1917年4月29日前	第八卷,330b E
1920年5月20日	C	1917年5月4日	第八卷,332a E
		1917年5月5日	第八卷,333a E
Zangger,Heinrich		1917年5月23日或5月30日 第八卷,343a E	
1911年1月1日	第五卷,242a E		
1911年6月1日前	第五卷,267a E		
1912年1月27日	第五卷,344 E	1917年6月2日	第八卷,349a E
1912年2月前	第五卷,349a E	1917年6月12日	第八卷,350a E
1912年3月17日	第五卷,374a E	1917年6月17日	第八卷,352a E
1914年4月14日—7月1日 第八卷,5a		1917年6月24日	第八卷,357a E
1914年6月27日	第八卷,16a E	1917年7月17日	第八卷,361e E
1914年8月24日	第八卷,34a E	1917年7月20日	第八卷,361g E
1914年12月27日后	第八卷,41a E	1917年8月1日	第八卷,367b E

1917年8月8日	第八卷,370a E	1920年8月15日	103 E
1917年8月11日	第八卷,370d E		
1917年8月21日	第八卷,372a E	Zentralkomitee für das ärztliche Fortbildungswesen in Preußen (Preußen 医师教育中央委员会)	
1917年8月26日	第八卷,376a E		
1917年9月15日	第八卷,380a E	1920年9月18日	C
1917年10月15日	第八卷,391a E		
1918年2月27日	第八卷,471a E	Zionist Student Association of Eastern Galicia(加利西亚东部犹太复国主义学生协会)	
1918年2月27日后	第八卷,471b E		
1918年5月8日前	第八卷,533a E		
1918年9月21日	第八卷,620a E	1920年10月18日	178
1918年10月5日	第八卷,630a E		
1919年2月底	第九卷,7a	Zürcher, Emil and Johanna	
1920年5月27日	34 E	1916年7月25日	第八卷,242a E
1920年6月19日	61		
1920年12月8日前	222	Zweig, Stefan	
		1920年9月22日	152
Zeeman, Pieter		1920年11月10日	198 E
1920年5月21日	C		

年表和日程表

1920年5月—1920年12月

本表记载了所有信件和文献的内容概要,其中的信件和文献可分为六类。(1)所有已知的爱因斯坦自己写的、写给爱因斯坦的或者这年秋天他的秘书以爱因斯坦的名义接收的信件,其中不包括在前面编辑方法中说明的以全文引用的方式放在正文中的信件。在前文已经以全文引用的形式放在正文中的文献,与本书的最终版本引用的、差别不大的草稿也不包含在本表中。(2)写给威廉皇帝物理研究所(Kaiser Wilhelm Institute of Physics,KWIP)理事会和威廉皇帝协会(Kaiser Wilhelm Society,KWS)管理会的信件、第三方的关于爱因斯坦担任威廉皇帝物理研究所(KWIP)理事和政治参与的文件、和爱因斯坦的公共活动以及他加入普鲁士科学院(Prussian Academy of Sciences,PAW)相关的材料。仅仅记载爱因斯坦参加了科学院的哪些全体会议或代表会议以及爱因斯坦对普鲁士科学院的会友们表示感谢的文献不包含在其中(记载爱因斯坦参加了科学院的哪些会议的文献,参见 *Kirsten and Treder 1979*,pp. 207—286)。那些未获得反馈意见的、关于爱因斯坦担任威廉皇帝研究所(KWIP)理事的最初以及随后阶段是如何处理日常行政事务的大量文献也不包括在其中。(3)出现在本书作品部分的关于爱因斯坦作品的文献。对于已发表的论文,除非特别说明为其他情况,如提交给普鲁士科学院(PAW)的日期,否则的话上面的标志日期指的是被学报接收的日期。(4)有关爱因斯坦接受过的采访的文献。包含爱因斯坦早期的采访节选或引用了爱因斯坦采访内容的报刊文章以及由采访内容加工成的专著不包含在其中。(5)和爱因斯坦的日常生活和政治生活中的重大事件相关的文献。(6)爱因斯坦说过的名言和亲笔题词或者某些文章和著作的作者写给爱因斯坦的题词。

如果下文的文献只是用方括号给出文献编日,那么该文献的来源是耶路撒冷的以色列国家图书馆(Jewish National and University Library)爱因斯坦文献库,其他来源的文献都在文献后标注。如果某一文献的来源未知,本文将给出所使用的影印本或抄写本的来源。本文的文献库标识符遵循《美国国会图书馆全国联合目录》(*The Library of Congress National Union Catalogue*)的相关规范(参见来源标志目录)。未标明日期的报刊文章的出版时间是那期报刊文章的发行时间。

表中用到了以下缩略词：

BNV　新祖国同盟(Bund "Neues Vaterland")
DPG　德国物理学会(Deutsche Physikalische Gesellschaft)
EE　晚报(Evening Edition)
ETH　瑞士联邦技术大学(Eidgenössische Technische Hochschule)
GDNÄ　德国博物和医学家协会(Gesellschaft Deutscher Naturforscher und Ärzte)
KWG　威廉皇帝协会(Kaiser-Wilhelm-Gesellschaft)
KWIP　威廉皇帝物理研究所(Kaiser-Wilhelm-Institut für Physik)
M　马克(German Marks)
ME　晨报(Morning Edition)
PAW　普鲁士科学院(Preussische Akademie der Wissenschaften)

在本书的第九卷出版以后,作者又获得了以下 14 条文献。

1910年4月3日	Vladimir Varićak 寄来的两页 ADft,1910 年 4 月 5 日速写的信件附言。CrZ,R4812b.[91 188]。
4月8日	Vladimir Varićak 寄来的一页 ADft,速写。CrZ,R4812b.[91 189.1]。
4月10日	Vladimir Varićak 寄来的一页 ADft,速写。CrZ,R4812b.[91 189.2]。
4月14日	Vladimir Varićak 寄来的一页 ADft,速写。CrZ,R4812b.[91 190]。
1911年3月6日	Vladimir Varićak 寄来的一页 ADft,速写。CrZ,R4812b.[91 191]。
1913 年 11 月 12 日	一页写给苏黎世建设局(Director of the Zurich Cantonal Building Authority)的 ADS。说明 Heinrich Zangger 的病情是由一氧化碳中毒引起。而一氧化碳中毒则是由于建设局办公厅缺乏通风井。Zangger 的助手 Robert Heller 以及秘书 Mauer 女士的头痛症状进一步证实了爱因斯坦观点的正确。建设局的等候厅的热量测试系统产生大量的烟雾。SzZ,Nachl. H. Zangger,box 1a.[87 058]。
1915 9月16日	一份来自"zangger bergstr zuerich",日期为"konstanz 16/9 9 38 n"的 Tgm,第二个邮戳为"Telegraph Zürich 16. IX.

	1915"，上面写着："请爱因斯坦立刻来我们这儿住宿，因为他必须经过这儿。"SzZ, Nachl. H. Zangger, box 1c.［86 558］。
11月4日	一页送给 Werner Bloch 的 AKS。并放了一本 *Lorentz et al 1913* 在柏林大学(University of Berlin)门卫那儿，留给沃纳布洛赫。［85 362］。
1917年4月	写在 *Einstein 1917a* 上的给 Hans Mühsam 的题词："他与爱因斯坦间的情谊"。伦敦科学博物馆图书馆（The London Science Museum Library），10 411 847。
1918年5月8日之前	一页写给帝国银行(Reichsbank)理事会的 Dft。请求帝国银行寄给瑞士的 Mileva Einstein-Maric 40 000 马克。这笔钱，在他们的离婚协议中提出的，是对他前妻失去保障金的一种补偿。［144 389］。
5月8日	来自于帝国银行(Reichsbank)理事会的一页 ALS，说明上笔钱要通过当地银行给他的前妻。
12月23日	苏黎世的教育部门接受了爱因斯坦在本书第八卷，第 674 号文件中提出的条件。爱因斯坦在 1918—1919 学年的冬季学期里，从 2 月份开始在苏黎世大学（University of Zurich）作了一系列的演讲报告。Memo of the Directorate of the Department of Education. SzZU, Rektorars-Archiv 208 10.［81 536］。
1919年11月5日	一页来自 Paul Winteler 的 ALS。依据 1919 年 1 月 20 日的协议（原件，又见第九卷的年表和日程表），Eugen Curti-Forrer 律师转来了从瑞士奥尔股份有限公司的（the Schweizerische Auer-Aktien-Gesellschaft）股份中获得的 27 500 法郎收益，并把它存放在苏黎世瑞士信贷银行（the Schweizerische Kreditanstalt Zurich）。各股东间的分红如下：Jacob Koch 937.5 法郎，Paul Winteler 937.5 法郎，爱因斯坦 5 500 法郎，Leopold Koppel 20 125 法郎。Leopold Koppel 与爱因斯坦间还有一个特别的协议。在该 ALS 中询问爱因斯坦 Leopold Koppel 的分红该寄往哪儿。
	与前面的 ALS 放在一起的两页来自 Paul Winteler 的 ALS。在爱因斯坦于 1919 年上半年获得的 5 500 法郎的分红中给 Paul Winteler 500 法郎，Elsa Einstein 750 马克，因

		为他们在董事会中为爱因斯坦争取利益。（见本书第九卷,文件 96a 及注释 9）。余下的分红中,爱因斯坦在之前已经收到了 3 000 法郎。另外 2 000 法郎将在 6 月 30 日之前给爱因斯坦。
	11 月 10 日	一封写给 Maja Winteler-Einstein 和 Paul Winteler 的信件中的 Tr。"亲爱的 Paul 和 Maja！我已收到你们的账单。"
568	1920 年 5 月 1 日	宣布爱因斯坦成为丹麦皇家科学和文学院(the Danish Royal Academy of Sciences and Letters)准会员的通告及信件。*Physikalische Zeitschrift* 21(1920):248。
		两页寄给维尔阁出版社(Vieweg publishing house)的 TCL。这是给出版社写的回信（见第九卷年表和日程表 1920 年 4 月 28 日）,在信中他要求在美国每出版一本 *Einstein 1917a* 英文版的附录,Methuen 付给他 4 美分的版税,而不是 1.5 美分,因为这刚好等于英国出版商的 2 便士。如果 Methuen 不同意上述条件的话,他将撤销他们间的协议,而另外找个美国出版商是很容易的事。自从该书的第一版出版后,马克一直在贬值,如果能获得 20% 的稿酬的话,爱因斯坦同意将下一版德文本的补遗以及书中对宇宙理论的增补的版权给 Methuen。[42 038]。
	5 月 2 日之前	收到丹麦皇家天文协会(Royal Danish Astronomical Society)的邀请。奥斯陆德国大使馆外交办公室(German Embassy in Oslo to Foreign Office),1920 年 6 月 26 日。GyBSA, Ⅰ. HA, Rep. 76 Vc, Sekt. 1, Tit. 11, Teil 5, Nr. 55, Bl. 51. [82 260]。
	5 月 2 日	两页来自 Rudolf Seeliger 的 ALS。为了回复威廉皇帝物理研究所(KWIP)的来信（见第九卷年表和日程表 1920 年 4 月 30 日）,他在信中强调了他的研究目的（见第九卷年表和日程表 1919 年 12 月中旬）,并说明他已经得到了必要的研究器材。他还希望研究所再给他 1 500—2 000 马克的经费,用于购置电池和熔融石英放电管。GyBP, Ⅰ. Abt., Rep. 34, Nr. 10, Mapple Seeliger. [77 617]。
	5 月 3 日	一页给 KWIP 理事会的 TLS,理事会给了 Rudolf Seeliger 2 000 马克的额外经费。GyBP, Ⅰ. Abt., Rep. 1A, Nr. 1657. [77 315]。

	一页来自 Friedrich Czapek 的 ALS。恳求爱因斯坦为《布拉格科技期刊》(*Prague scientific journal Lotos*)写一份短稿以纪念爱因斯坦在布拉格的岁月。[43 499]。
	两页来自 Gösta Mittag-Leffler 的 ALS。他于 1920 年 4 月 12 日在罗马收到了爱因斯坦的来信。他的秘书告诉爱因斯坦现在还来得及给《应用数学》(*Acta Mathematica*)投稿以纪念 Henri Poincaré。投稿的截止日期为 7 月中旬。[17 382]。
	三页来自 Gaston Moch 的 ALS。他希望能重新校订 *Einstein 1917a*（见第九卷年表和日程表 1920 年 4 月 30 日 Moch 给爱因斯坦的信）。他已经完成了书的翻译工作并找到了许多印刷和其他错误。他希望对书中的数学符号做些修改，使得非专业的读者也能够理解。他还希望爱因斯坦给他法语译本的版权。[44 461]。
5 月 4 日	三页来自 Maurice Solovine 的 ALS。他愿意将 *Einstein 1917a* 翻译成法语，并且已经联系好了高塞尔维纳斯出版社 (Gauthier-Villars publishing house)。他希望爱因斯坦帮他获得 Vieweg 出版社 (Vieweg publishing house) 的法语版出版权。Theodore Coppel 准备写一篇和相对论有关的论文，他请求爱因斯坦取个题目。[21 117]。
5 月 4 日以后	去荷兰访问。
5 月 5 日	Erwin Freundlich 请求教育部长拨款 150 000 马克用于进一步研究广义相对论，因为要开始为波茨坦天文台 (the Potsdam observatory) 的光谱仪建造观测室。早先，教育部长和副总理 Carl Becker 已经成功地说服普鲁士议会 (Prussian parliament) 的所有党派拨出这笔款项。但是这笔拨款还无法获得与国外同样先进的光谱仪；因而余下的款项就只能从私人赞助和化学工业中筹得。到目前为止，已经筹得了超过 300 000 马克。总费用，包括建筑费用大概需 500 000 马克。GyBSA, I. HA, Rep. 76 Vc, Sekt. 1, Tit. 11, Teil 5c, Nr. 55, Bl. 43.[83 294]。
	两页来自于 Vieweg 出版社 (Vieweg publishing house) 的 TLS。告知 Robert W. Lawson 爱因斯坦 5 月 1 日的来信。他们同意付给爱因斯坦 20% 的稿酬，但同时提醒爱因斯坦更高的稿酬以及 20 倍的纸张花费将会使书的售价更高。[42 040]。

570	5月6日	到达乌得勒支。

两页来自 Bernhard Harms 的 TLS。信中对于爱因斯坦同意来此作演讲报告表示谢意(见第九卷年表和日程表 1920 年 4 月 21 日以后 Bernhard Harms 给爱因斯坦的信),并提议 10 月 15 日作为演讲报告日期。[44 129]。

5月7日　到达莱顿。

一页 Ilse Einstein 以爱因斯坦的名义写给 Christian Jensen 的 TLC。KWIP 理事会拒绝了他于 1919 年 5 月 14 日提出的请求(见第九卷的年表和日程表),因为研究所只支持纯物理研究。GyBP,Ⅰ. Abt.,Rep. 34,Nr. 5,Mapple Jenson。[78 096]。

一页 Ilse Einstein 以爱因斯坦的名义写给 Friedrich Schuh 的 TLC. KWIP 理事会拒绝了他于 1919 年 10 月 17 日提出的请求(见第九卷的年表和日程表),因为研究所只支持纯物理研究。GyBP,Ⅰ. Abt.,Rep. 34,Nr. 10,Mapple Schuh。[77 607]。

一页来自于 Adolf von Harnack 的 TLS。信中邀请 KWG 的董事们参加 5 月 12 日的会议,会议中将讨论和销售有关的新条例。GyBP,Ⅰ. Abt.,Rep. 34,Nr. 6,Mapple KWG。[78 109]。

5月8日　一页来自大柏林(Greater Benlin)市市长 Adolf Wermuth 的 TLS。请爱因斯坦为市议会会员、高级政府官员以及为大学校长们作一个关于相对论的科普讲座。[44 614]。

5月11日　两页写给 PAW 的 Max Planck,Emil Warburg,Heinrich Rubens,Walther Nernst,Theodor Liebisch,Erhard Schneider 的 ADS。请求让 Max von Laue 成为 PAW 会员。GyBAW,Ⅱ—Ⅲ,Bd. 38,Bl. 129。[79 311]。

两页来自德国驻海牙大使(German Embassy in the Hague) R. W. Drechsler 的 TLS。德国驻荷兰特使 Friedrich Rosen 邀请爱因斯坦来海牙,并且希望参加爱因斯坦在莱顿的演讲。[9 488]。

一页由沃斯托克出版社("Wostok" publishing house)的 Will Großmann 写给 Ilse Einstein 的 TLS。请求爱因斯坦授予他们出版社将 *Einstein 1918k* 翻译成俄文的权利,出

版社将给爱因斯坦 500 马克的稿酬。[41 1106]。

一页来至大柏林市议会(the municipal council of Greater Berlin)主席 Erich Marx 的 TLS。执委会决定拨款 10 000 马克在柏林建一个爱因斯坦研究所。他希望爱因斯坦能亲自出席捐赠仪式。[11 246]。

来自于 Julio Rey Pastor 的 AKS。恳请爱因斯坦接受他的非官方邀请,来到马德里和巴塞罗那作一次演讲(见第九卷,文件 391)。[44 764]。

5 月 11 日之后　写在 R. W. Drechsler 来信的第二页底部给 Drechsler 的 ADft(见本年表和日程表 5 月 11 日)。爱因斯坦邀请 Drechsler 参加他在莱顿的演讲。但由于时间原因,他无法安排日期去拜访德国驻海牙大使馆(the German Embassy in the Hague)。[9 489]。

5 月 12 日　爱因斯坦捐赠基金会(the Einstein Donation Fund)的理事会成员 Erwin Freundlich,希望爱因斯坦同意让教育部长派 Erich Mendelsohn 来建造塔式望远镜。GyBSA,Ⅰ. HA, Rep. 76 Vc, Sekt. 1, Tit. 11, Teil 5c, Nr. 55, Bl. 13.[83 289]。

两页来自 Richard von Schubert-Soldern 的 ALS。他于 5 月 11 日收到爱因斯坦 5 月 1 日给他的信。他非常感谢爱因斯坦对他的称赞以及帮助。[21 559]。

5 月 13 日　一页来自 Frank D. Fackenthal 的 TLS。在 5 月 3 日的时候,哥伦比亚大学(Columbia University)理事会决定授予爱因斯坦巴纳德奖章,以表彰爱因斯坦运用应用数学推动了物理学基本观念的巨大发展,为科学事业做出了令人印象深刻的贡献。[30 129]。哥伦比亚大学(Columbia University)请求 Max Talmey 在 5 月 3 日为哥伦比亚大学应用科学系主任 Gorge B. Pegram 准备好爱因斯坦传记的概要,NNC, Central Files 88/16.[91 166]。

5 月 14 日　两页来自 Otto Naumann 的 TTrL。在爱因斯坦捐赠基金会(the Einstein Donation Fund)的帮助下,相对论实验将于 1920 年 4 月 30 日进行,他代表教育部感谢 Gustav Müller 对这一消息的报道(见第九卷的年表和日程表)。同时日召天体物理观测台将这一主题纳入计划,并为其提供帮助。如果建成的前十年时间主要用来做广义相对论实验，那么他将同意资助天文台塔式望远镜的建设。GyBSA，I. HA, Rep. 76 Vc, Sekt. 1, Tit. 11, Teil 5c, Nr. 55, Bl. 12.［83 288.1］。

5月15日　Ilse Einstein 以爱因斯坦的名义给沃斯托克出版社（"Wostok" publishing house）写了一封信。同意 Einstein 1918k 的翻译权转让给沃斯托克（"Wostok"）。

两页来自 Robert W. Lawson 的 TLS。感谢爱因斯坦寄给他 Einstein 1917a 的增订和个人简历（见第九卷年表和日程表4月22日）。他还没有收到爱因斯坦的照片，但梅休因出版社（Methuen publishing house）说他们已收到爱因斯坦的速写肖像。至于爱因斯坦对他为《自然杂志》写的手稿和合同中的问题表示不满意，他很遗憾。他还希望爱因斯坦能够同意让他出版 Einstein 1920j 的英文版。［44 272］。

三页来自 Jeanne Rouvière 的 ALS。赫尔曼出版社（Hermann publishing house）非常愿意出版 Einstein 1917a 的法语版，他们已于6周前以信件的形式寄来了初步的合约内容。他们正等候爱因斯坦的回复。［44 823］。

5月16日　瑞士全民公投支持瑞士加入国际同盟。

5月17日　法国和比利时的军队已撤出他们所占领的德国城市。

5月18日　一页来自 H. A. Lorentz 的 ALSX。告诉爱因斯坦他无法参加爱因斯坦5月1日在莱顿做的有关时空的演讲。［16 508］。

两页来自 Friedrich Schmidt-Ott 的 TLS。KWIP 董事会批准了对 Fritz Weigert, Hedwig Kohn, Wilhelm Hallwachs, Peter P. Koch, James Franck, Rudolf Seeliger 的资助，资助的数目为4月22日理事会所提交的数额。GyBP, I. Abt., Rep. 1A, Nr. 1657.［77 316］。

5月19日　在莱顿科学讲座协会（the Leyden Society for Scientific Lectures）的主持下，在莱顿大学做了有关新物理时空观的科学报告。Nieuwe Rotterdamsche, 1920年5月20日，EE; Friedrich Rosen, 德国大使馆［Haag］。给 Auswärtiges Amt, 1920年5月25日, GyBPAAA, R 64673.［82 259］。

	爱因斯坦担任KWIP理事的薪水翻番。KWG董事会备忘录(Minus of the board of trustees)。GyBP, I. Abt., Rep. 1A, Nr. 1665. [77 955]。
	获得了Wilhelmina女王签署的荷兰皇家科学院(the Royal Dutch Academy of Sciences)会员证(见5月21日的条目). NeLR. [33 127]。
5月20日	一页沃斯托克出版社("Wostok" publishing house)写给Ilse Einstein的TLS。出版社感谢他给予的 *Einstein 1918k* 的翻译权,并通知Ilse 500马克的稿酬已经寄出。[41 1107]。
5月20日以后	两页写给德国驻海牙大使Friedrich Rosen的Dft。说明由于他现在在莱顿,无法发表就职演说,因而没必要延长签证。信中回忆了在Rosen家中度过的美好时光。[9 491. 22a]。
5月21日	拜访了H. A. Lorentz。
	一页来自阿姆斯特丹皇家科学院(the Royal Academy of Sciences in Amsterdam)秘书Pieter Zeeman的PLS. PLS中说明科学院于1920年4月23日授予爱因斯坦皇家科学院会员,并附有日期为1920年5月19日的会员证 [30 127]。[30 128]。
5月22日	一页来自巴斯出版社(Barth publishing house)的TLS。*Einstein 1916f* 的重印工作已完成,爱因斯坦应得的450马克的酬劳也已寄出,此外出版社还赠送20本免费样书。[41 998]。
5月23日	来自Hans Vaihinger的TLS。请求爱因斯坦允许他在他的《哲学纪事日报》(*journal Annalen der Philosophie*)上出版5月19日的爱因斯坦莱顿演讲。他计划在日报的下一版专门介绍爱因斯坦的成就。Moritz Schlick无法参加"Als-Ob"会议(原因见6月5日的条目),但是他写了一篇有关相对论与哲学的关系的文章。
5月24日	一页Peter P. Koch写给KWIP理事会的TLS。询问是否能够用他和KWIP的资金或者只用KWIP的资金建立一个机构,该机构能否有更加宽松的资金使用条件。[23 127]。

573

	Maurice Solovine 在 *Huyghens 1920* 的扉页上题词:"纪念爱因斯坦引起的有关科学和哲学的重大问题的有趣讨论。"[74 347]。
	两页来自 Fritz Weigert 的 TLS。感谢 KWIP 对他的研究给予的 5 000 马克资助,他已在线性偏振光方面取得了新发现。[45 215]。
5月26日	一页来自 Vieweg 出版社(Vieweg publishing house)的 TLS。某一大型的法国出版公司(Gauthier-Villars,见年表和日程表 1920 年 7 月 21 日 Vieweg 的信)希望出版 *Einstein 1917a* 的法语版。Vieweg 建议收取 5% 的发行费。G. B. Itelson 想出版俄语本,Vieweg 建议收取 2% 的发行费。[42 041]。
5月28日	四页来自 Hans G. Möller 的 ALS。列出一些数据试图说明由爱因斯坦和 De Haas 理论所确定的常量与观测值矛盾,建议在分析中引入线圈的角动量。[44 476]。
5月29日	正式成为荷兰皇家科学院(the Royal Dutch Academy of Sciendes)的外籍会员。
	"Als-Ob"会议在哈雷召开。
5月30日	发表声明支持共和宪法("Kundgebung deutscher Hochschullehere für die republikanische Verfassung")的公布。谴责左右两派的暴力行为,指出对于政治自由的破坏性批评的危险性。爱因斯坦属于协约派,他们大多数倾向于 DDP。Berliner Tageblatt ME; Vosische Zritung; Nottmeier 2004, p. 476.
6月1日	到达柏林。
	两页写给 Vieweg 出版社(Vieweg publishing house)的 TLC。对于法国的出版公司(见 5 月 26 日的条目),他希望自己收取 8%,出版社收取 4% 的发行费,并且出版公司还得付给 Jeanne Rouvière(见第九卷年表和日程表 1920 年 3 月 8 日)总数不少于 500 法郎的费用。至于俄文译本,它主要售给住在国外的富裕的俄国人。他希望自己收取 5%,出版社和 Itelson 各收取 3% 的发行费。他希望有时间将 *Einstein 1917a* 第十版的补遗发来。对于收取 20% 的发行费他认为并不是很高,因为他没有收取最后一版的补偿。[42 044]。

	一页来自 F. M. Henkell 的 TLS。他和他的兄弟从他们的酒窖里拿出一箱亨克尔酒送给爱因斯坦，以表达他们的敬意。[43 883]。
	两页来自 Frans M. Jaeger 的 AKS。按照爱因斯坦的要求，发来了有关电解质电解的相关资料的清单（Ghosn 1918a，1918b，1918c，Bjerrum 1918，1919，Noyes and MacInnes 1920）。[13 374]。
	一页来自 Friedrich Schmidt-Ott 的 TLSX，为 Peter. P. Koch 写给 KWIP 理事会的信中的附函（见 5 月 24 日的条目）。请求爱因斯坦给他一些建议。GyBP，Ⅰ. Abt.，Rep. 1A，Nr. 1657. [77 318]。
6 月 1 日之后	一页 Ilse Einstein 写在 Erich Marx 的来信的背面给 Erich Marx 的 Dft（见本表 5 月 11 日）。度假回来的时候，爱因斯坦发现了 Marx 的信。他希望 Marx 周六上午 10 点到下午 1 点时能来他家拜访，并感谢市议会的慷慨决议。他将尽自己最大的能力服务于大众的利益。[11 247]。
6 月 2 日	获得了哥伦比亚大学（the Columbia University）的巴纳德奖章。[65 012]。
	一页 TDC，为和梅休因出版社（Methuen publishing house）签订的关于 *Einstein 1917a* 英国和美国版的协议。规定英国版最少印刷 2 000 册，每册书应付给 Vieweg 出版社（Vieweg publishing house）2 便士的专营权税，爱因斯坦 2 便士的版税以及 2 便士的附加税；美国版最少印刷 3 000 册，每册书应付给 Vieweg 出版社（Vieweg publishing house）5 美分的专营权税，爱因斯坦 5 美分的版税以及 5 美分的附加税。[67 948]。
	Ilse Einstein 回复给 Maurice Solovine 的 ADft（见 5 月 4 日的条目）。说明爱因斯坦已将 *Einstein 1917a* 的翻译权给了 Jeanne Rouvière。关于 Coppel 的论文，爱因斯坦建议他请教 Paul Langevin。爱因斯坦已通过瑞士的一家中介（Droin；见 6 月 14 日来自 Solovine 的信）寄给了 Solovine 一本 *Lorentz et al. 1920*，免去使用出口授权书的麻烦。[21 119]

　　　　　　　一页 Ilse Einstein 以爱因斯坦的名义写给 Vieweg 出版社（Vieweg publishing house）的 TLC。一位匈牙利工程师希望出版爱因斯坦文集的匈牙利版。爱因斯坦提出了和法语版一样的出版条件。[42 047]。

576　　　　　两页 Hedwig Kohn 写给 KWIP 董事会的 ALS。由于通货膨胀，5 月 18 日研究会拨出的 7 000 马克已无法购买石英摄谱仪。她询问如果她用自己的钱将余下的钱补上，仪器能否归她私人所有。GyBP，Ⅰ. Abt. , Rep. 34, Nr. 7, Mapple Kohn. [77 803]。

　　　　　　　一页来自 Vieweg 出版社（Vieweg publishing house）的 TLS。出版社已收到梅休因出版社（Methuen publishing house）关于 *Einstein1917a* 英文版的合同。该合同符合爱因斯坦和出版社的意愿（见本表 5 月 1 日和 5 日）。如果爱因斯坦签了合同的话，Methuen 将发来有出版社签名的复印件。希望于 5 月 26 日给出回复（在本表中）。[42 046]。

6 月 3 日　　给 Julio Rey Pastor 的 TLC。如果是以数字和计算的方式为科学家们做的讲座，那么他将接受邀请。他只在德国做普及讲座。提议讲座日期为 1921 年 10 月。[44 765]。

6 月 5 日　　一页给 Peter P. Koch 的 TLC。简述了 KWIP 资金的专用条件：采购项目归 KWIP 所有。因而 KWIP 倾向于购买耐用的器材以备长久使用。但是 KWIP 并不禁止购买那些不太耐用的器材。GyBP，Ⅰ. Abt. , Rep. 34, Nr. 7, Mapple Koch. [77 787]。

　　　　　　　两页来自 Moritz Schlick 的 TLS。寄来了 *Schlick1920a* 的手稿。对于由于火车原因无法代表爱因斯坦出席"Als-Ob"会议，他表示抱歉。关于会议质量，他持保留意见。邀请爱因斯坦在去挪威或从挪威回来的路上，顺道来罗斯托克拜访。[21 575]。

6 月 6 日　　德国大选。在议会中，社会民主党同盟（Social Democratic/Democratic Party）的支持率降低了，然而极端右派和极端左派的支持率上升了。

　　　　　　　写给哥伦比亚大学（Columbia University）的 TLC。感谢哥伦比亚大学授予他巴纳德奖章（见本表 5 月 13 日）。它预示着国际团结运动将会再一次将全世界的学者团结起来。[30 130]。

6月6日到 15日	爱因斯坦写在 Friedrich Czapek 来信的背面给 Friedrich Czapek 的 Dft（见本表 5 月 3 日）。他的回复太晚了，因为他已经访问了荷兰。但爱因斯坦答应一定满足 Czapek 的请求。[43 500]。
6月7日	一页来自大柏林区（Greater Berlin）市议会的 TLS。信中提及了 6 月 5 日爱因斯坦与 Erich Marx 主席的私人谈话（见本表 6 月 1 日之后）。议会将拨给爱因斯坦 10 000 马克用以资助物理系的学生。[43 418]。
	一页来自 Peter Debye 的 TLS。询问 KWIP 拨款 16 030 马克购买的位于格丁根的高压变压器是否能够运往苏黎世，并在苏黎世使用。GyBP，Ⅰ. Abt.，Rep. 34，Nr. 1，Mapple Debye. [77 993]。
	一页来自 Vieweg 出版社（Vieweg publishing house）的 TLS. *Einstein 1917a* 第九版的 6 000 本已经完成。出版社还印刷了另外未申请的 80 本免费样书。出版社已经汇出 3 000 马克的版税和另外 80 本的版税 299.95 马克。[42 049]。
6月8日	两页来自 Karl Gerhards 的 ALS。请求爱因斯坦仔细阅读 *Gerhards 1922* 第四部分，并作评论。[43 742]。
6月8日— 6月18日	在得到了爱因斯坦捐赠基金会（the Einstein Donation Fund）理事（Erwin Freundlich）提交的评估、建设计划和管理信息后，教育部长计划从财政预算中拨款建造塔式望远镜。GyBSA，1. HA，Rep. 76 Vc，Sekt. 1，Tit. 11，Teil 5c，Nr. 55，Bl. 14，45. [83 296]。
6月10日 之前	KWIP 将 1920 年 4 月 1 日到 1921 年 3 月 31 日的财政预算款递交给了 Fredrich Schmidt-Ott。160 400 马克的财政预算款中，126 400 马克将用于购买仪器和资助研究协会。GyBP，Ⅰ. Abt.，Rep. 1A，Nr. 1665，Bl. 87. [77 993]。
6月10日	卡普政变（Kapp Putsch）（GyBAW，Ⅱ—Ⅲ，Bd. 38，Bl. 52 v. [79 293].）后，所有的公务员都必须宣誓效忠宪法。尽管爱因斯坦仅仅只是个科学研究员，并没有该义务，他还是被要求宣誓效忠宪法。GyBAW，Ⅱ—Ⅲ，Bd. 38，Bl. 53. [79 294]。

	一页来自 Fredrich Schmidt-Ott 的 TLS。由于通货膨胀，如果 KWG 能够筹集到足够的资金的话，KWIP 董事会打算增加一倍的财政预算。希望爱因斯坦能够准备一份总额为当前两倍的新预算。GyBP，Ⅰ. Abt.，Rep. 34，Nr. 13.［77 698］。GyBP，I. Abt，Rep. 1A，Nr. 1657.［77 319］。
6月11日	一页写给 Fredrich Schmidt-Ott 的 TLS。提交了总额为先前两倍的 1920—1921 年的新的财政预算。由于翌日他要离开柏林，他请求延后几周提交 1919—1920 年的财政报告以及账目单。GyBP，Ⅰ. Abt.，Rep. 1A，Nr. 1665，Bl. 41.［77 956］。TD，Bl. 42.［77 957］。
6月12日	和 Ilse Einstein 一起离开了柏林，去往 Kristiania（奥斯陆）。
6月14日	Margot Loewenthal 的姓正式改为"爱因斯坦"。［67 049］。 两页来自 Maurice Solovine 的 ALS。感谢爱因斯坦给了他一本 *Lorentz et al. 1920*。很遗憾爱因斯坦没有将翻译 *Einstein 1917a* 的任务交给他。如果高斯维拉斯出版社（Gauthier-Villars）和 Vieweg 出版社（Vieweg publishing house）没有达成协议的话，Gabriel Darquet 非常愿意出版它。询问爱因斯坦是否收到了他寄来的 *Huyghens 1920*（见本表 5 月 24 日）。［21 121］。
6月15日	发表了他来到 Kristiania（奥斯陆）后的第一次演讲，演讲内容和狭义相对论相关。Aftenposten，6.16。 Gustav Müller 告知教育部长，爱因斯坦捐赠基金会（the Einstein Donation Fund）董事会成员如下：爱因斯坦、Gustav Müller、Erwin. Fredrich 和德国工业协会（the Reichsverband der Deutschen Industrie）的总经理 Rudolf Schneider。GyBSA，Ⅰ. HA，Rep. 76 Vc，Sekt. 1，Tit. 11，Teil 2，Nr. 6i，Bd. 1，Bl. 12.［85 461］。 一页写给 D. B. Steinman 的 ALS。不能将在美国出版的 *Einstein 1917a* 的翻译权给他，因为他已经给其他人了。Steven S. Raab Autographs. eBay, 21 January 2001, Collectibles：Autographs：Science，item＃543296036.［88 030］。 来自 Robert. W. Lawson 的 AKS。*Einstein 1917a* 的翻译

工作将于 6 月底或 7 月初完成。希望翻译 *Einstein 1920j*。[44 274]。

6 月 16 日　一页来自 Frieddrich Schmidt-Ott 的 TLS。将 Hedwig Kohn 6 月 2 日写的信转寄给 KWIP 理事会成员和爱因斯坦。GyBP，Ⅰ. Abt.，Rep. 34，Nr. 7，Mapple Kohn. [77 804]。TLSX．Ⅰ. Abt，Rep. 1A，Nr. 1657. [77 320]。
来自 Maurice Solovine 的 AKS。由于母亲生病他必须去旧金山，因而他没法处理 *Einstein 1917a* 法语翻译的问题。[21 123]。
PAW 通知 Frieddrich Schmidt-Ott 爱因斯坦愿意免费承担教学义务以及"内容监管部"("Gehaltsregelung")要求涨工资。[82 206]。and TLC，GyBAW，Ⅱ—Ⅲ，Bd. 38，Bl. 157. [79 313]。

6 月 16 日之后　一页 Fritz Haber 写的有关 Frieddrich Schmidt-Ott 写给爱因斯坦的信 AS。询问 Hedwig Kohn 项目仪器的价格。GyBP，Ⅰ. Abt.，Rep. 34，Nr. 7，MappleH. Kohn. [77 804]。

6 月 17 日　发表了他来到克里斯蒂安尼亚（奥斯陆）后的第二次演讲，演讲内容和广义相对论相关。Afterposten，6. 18。
一页来自 Friedrich Czapek 的 TLS。感谢爱因斯坦 6 月 6 日—6 月 15 日的来信。新的政治环境使得学生和科学家缺少国际交流，因而导致了知识的封闭。[43 502]。

6 月 18 日　发表了他来到克里斯蒂安尼亚（奥斯陆）后的第三次演讲，演讲内容和广义相对论的宇宙影响相关。《晚邮报》，6 月 19 日关于三次演讲的报道，德国驻奥斯陆大使馆外交事务办公室，1920 年 6 月 22 日。GyBSA，Ⅰ. HA, Rep. 76 Vc, Sekt. 1, Tit. 11, Teil 5, Nr. 55, Bl. 51. [82 261]。
当选为挪威留学生会（Norwegian Students' association）的荣誉成员。德国驻奥斯陆大使馆外交事务办公室，1920 年 6 月 22 日。GyBSA，Ⅰ. HA, Rep. 76 Vc, Sekt. 1, Tit. 11, Teil 5, Nr. 55, Bl. 51. [82 261]。
一页来自 Ernst Wagner 的 ALS。高压电池的购买和维护已经用完了 KWIP 资助的 10 000 马克，请求再次获得资助。GyBP，Ⅰ. Abt.，Rep. 34，Nr. 11，Mapple Wagner. [77 659]。

	6月19日	来自 Amelie Goldschmidt 的 ALS。他不理解"Ein Stein der Weisen"这句诗。[31 480]。
580	6月20日	来自 Hans Thirring、Adolf Smekal 和 Ludwig Flamm 的 TLS。1919年秋天,Franz. S. Exner 将会从维也纳大学校长的位置上退休。为了成为继任者,Felix Ehrenhaft 需要征求他的德国同事(包括爱因斯坦)的意见,以作为大家对这唯一候选人的印象。维也纳大学的大部分物理学家认为 Felix Ehrenhaft 太极端了。这一点可从他宣称 Bohr 的理论毫无用处,两年内他将废除维也纳大学的理论物理系中得到证实。他们询问爱因斯坦是否还支持 Ehrenhaft,认为他有许多优点(见第九卷,文件 269,302 和 365)。Ehrenhaft 的亚电子理论最近受到了 Else Norst(见文件 45)的质疑,而负光泳理论则受到了 Adalbret Rubinowicz 的质疑。他们给 Max Planck 写了一封同样内容的信。[10 361]。
	6月23日	Gustav Roethe 重申爱因斯坦的职位是纯研究性的,他并没有教学义务。GyBSA, Rep. 76 Vc, Sekt. 2, Tit. 23, Litt. F, Nr. 2, Bd. 14, Bl. 319. [82 207]。 来自 Friedrich Schmidt-Ott 的 TLSX。他写了一封信给门德尔松银行。信中他通知银行,从4月1日起爱因斯坦的季度薪水将从 1 250 马克提高到 2 500 马克。他把原信的复印件寄给了爱因斯坦。GyBP, Ⅰ. Abt., 1A, 1657. [77 321]。 一页来自 Eduard Sthamer 的 TLSX。PAW 认为爱因斯坦是公务员。询问爱因斯坦是否已宣誓效忠宪法,如果没有的话,PAW 请他 1920 年 7 月 1 日下午 4:45(Leibniz 之前)来 48 室宣誓。由写在信封上的批注可知爱因斯坦接受了邀请。GyBAW, Ⅱ—Ⅲ, Bd. 54, Bl. 54. [79 295]。
	6月24日	Queen Wilhelmina 同意在莱顿大学设立一个特殊教授职位。[29 299]。C. van Vollenhoven to Pieter Zeeman, 24 July 1920[81 452]。荷兰的《官方公报》,No. 315(1920 年 6 月 27 日)。与 Ilse Einstein 一起到了哥本哈根。在天文台的时候,他们和 Elis Stromgren 住在同一个房间。*Ibald 1920a and 1920b*。

	一页来自 Adolf von Harnack 的 TLS。门德尔松公司和普鲁士国家银行(Mendelsson &Co and Preussische Staatsbank) 将从爱因斯坦的工资账户中扣除10%的个人所得税。GyBP, I. Abt. , Rep. 34, Nr. 8, Mapple Mendelssohn. [77 787]。银行将按季度把扣除的税款如数交给税务局。[77 888 and 77 889]。
	四页来自 Oskar Steinel 的关于逻辑和语言的发展的 ALS。该理论的基础是埃及特洛伊(Troy，Egypt)和中美(Central America)的考古发现以及它们与地壳的联系。[45 046]。
6月24日之后	一页写在 Oskar Steinel 6月24日的来信的最后一页上，回给 Oskar Steinel 的 Dft(Ilse Einstein 代写)。"写得很详细，但是过于繁琐；写得很有趣，但有些地方没有事实根据。"[45 047]。
6月25日	在哥本哈根理工大学的会议厅中为丹麦皇家天文学会作了75分钟的关于"引力和几何学"(Gravitation und Geometric)的报告。*Ibald 1920b*；德国驻奥斯陆大使馆外交事务办公室，1920年6月26日，GyBSA，I. HA, Rep. 76 Vc, Sekt. 1, Tit. 11, Teil 5c, Nr. 55, Bl. 51. [82 260]。
	来自"Dinos"的 TLS。Gustav Lilienthal 提交了一份策划书给 Hugo Stinnes，旨在 Dinos(附属于斯坦尼斯的一个公司)的参与下建立一个研究小组对滑翔鸟类进行研究。Lilienthal 请爱因斯坦做公证人。Dinos 请爱因斯坦为 Lilienthal 理论的正确性提出意见。[44 341]。
6月25日之后	Ilse Einstein 写在 Dinos 来信(见6月25日的条目)背面的 Dft。他会出席 Lilienthal 有关飞行的讲座；他同意 Lilienthal 的翅膀结构的观点，但对某些细节持不同的看法。[44 342]。
	德国驻哥本哈根大使 Baron von Neurath 男爵为纪念爱因斯坦的卓越贡献，举办了一次午宴。*Ibald 1920b*。
6月27日	一页 ADSX："不惜一切代价。阿耳伯特·爱因斯坦，27. VI. 20."[36 582]。
6月28日	爱因斯坦和 Ilse Einstein 离开了丹麦回到德国。*Ibald 1920b*。

6月29日	到达柏林。Else Einstein 给 Max Born 的信,1920 年 6 月 30 日,GyB,Nachl. Born, Nr. 189, Bl. 4.[8 279. 12]。
	两页来自 Moriz Schlick 的 ALS。由于 Ilse Einstein 的卡片很晚才收到,当爱因斯坦夫妇从挪威回来经过罗斯托克火车站的时候,他没能碰到爱因斯坦。对此,他表示很遗憾。感谢 Ilse Einstein 的来信。Born1920a,他收到的是该书的长条校样。[21 578]。
6月29日之后	爱因斯坦捐赠基金会(Einstein Donation Fund)的第一份报告显示该基金会已筹得了大约 35 000 马克的资金。基金会希望进一步筹得更多的资金。GyBAW,天体物理观测 147, Bl. 1/2。
6月30日	一页来自 Otto von Baeyer 的 TLS。请求资助 5 000 马克以继续确定基本电荷的研究。在 Regener 离开 Baeyer 研究所之前,该项目是由 Erich Regener 在 KWIP 的赞助下领导的。GyBP, Ⅰ. Abt, Rep. 34, Nr. 1, Mapple Baeyer.[77 973]。
7月	爱因斯坦捐赠基金会(Einstein Donation Fund)和波茨坦的 A. u. F. 伯乐公司(Company A. u. F. Bolle in Potsdam)就塔式望远镜观测台的建造问题签订了协议。*kristen and trader1979*,p. 75,Nr. 352。
7月1日	根据程序,宣誓忠于国家宪法:"我宣誓忠于宪法。" GyBAW, Ⅱ—Ⅲ, Bd. 38 ,Bl. 55.[79 296]。
	一页爱因斯塔的 TDS,爱因斯坦参加由 Gustav Roethe 主持的宣誓效忠宪法的仪式后获得的证书。GyBAW, Ⅱ—Ⅲ, Bd. 38 ,Bl. 57.[79 297]。
	一页写给 Friedrich Schmidt-Ott 的 TLS。要求寄给 KWIP 理事会申请资助的请求直接给他,并不需要在董事会和理事会成员间流通后再给他。GyBP, Ⅰ. Abt, Rep. 1A, Nr. 1657.[77 322]。
	Ilse Einstein 写给 Ernst Wagner 一页 ADft,在将 Wagner 的申请递交给 KWIP 理事会之前,请 Wagner 列一张需要购买的设备的清单。设备一定要可运输,并且属于 KWIP。GyBP, Ⅰ. Abt, Rep. 34, Nr. 11, Mapple Wagner.[77 660]。

7月2日	由 Ilse Einstein 写在 Adolf Wermuth 来信(见 5 月 8 日的条目)的背面,写给 Adolf Wermuth 的一页 Dft。提议日期为 7 月 6 日或 7 日的晚上。[44 615]。
7月3日	一页 Ilse Einstein 代爱因斯坦写给 Hedwig Kohn 的 TLC,询问石英摄谱仪的价格。GyBP, I. Abt, Rep. 34, Nr. 7, Mapple Kohn. [77 805]。
四页来自 Robert. W. Pohl 的 ALS,提到了同一天里和爱因斯坦的谈话,请求除了已经拨给的 5 000 马克外,KWIP 再资助他 8 000 马克。这样的话,他就能继续光电研究。GyBP, I. Abt, Rep. 34, Nr. 9, Mapple Pohl. [77 571]。
两页来自维也纳免费技术教育工会(Freie Vereinigung für Technische Volksbildung)。主席 Exner 的 TLS。邀请爱因斯坦加入该工会,工会将让他担任委员会委员。说明技术教育的重要性。[45 102]。
7月5日	据说是爱因斯坦写给 Lucien Fabre 的信,信中爱因斯坦自称为犹太人和平主义者(Fabre1921, pp. 17—18),并表达了他对 *Fabre 1921* 原稿以及朗之万的赞许。
两页来自 Gustav 和 Regina Maier 的 TLS。对 Pauline Einstein 的去世表示悼念并祝贺爱因斯坦克服了民族仇恨。[44 367]。
7月5日—7月16日	德国和同盟国在西班牙举行了国际会议。德国代表团要求修改凡尔赛条约(Versailles Treaty)。同盟国不同意,并要求德国于 1921 年 1 月 1 日前签署该协议,否则同盟军将占领部分德国领土。比如鲁尔(Ruhr)地区。德国媒体愤怒地报道了这一消息。
7月6日	一页来自 Santiago R. Cajal 的 ALS,邀请爱因斯坦于当年秋天或来年春天去马德里(Madrid)为专家们作一个关于相对论的简短的演讲。[44 918]。
来自 Frank. D. Fackenthal 的 TLC,通知爱因斯坦瑞士驻华盛顿使馆将授予他巴纳德奖章(barnard Medal),希望他能接受这一奖项。NNC, Central Files, 88/16[91 171]。
7月8日	KWIP 召开董事会讨论 Ilse Einstein 的薪水。见 10 月 14 日给 KWIP 理事会的 AE。

7月9日	一页写给 Leonhard Grebe 的 TLC,请 Grebe 详细说明需要买的设备。KWIP 更愿意资助那些能扩展研究所设备库的设备。GyBP,Ⅰ. Abt,Rep. 34,Nr. 9,Mapple Pohl.[77 571]。
	Rudolf Mewes 曾撰文给 PAW 说爱因斯坦的相对论是错误的,爱因斯坦指出了 Rudolf Mewes 文章中的基本的数学错误。
	三页来自德国外文图书贸易协会(Deutsche Gesellschaft für Auslandsbuchhandel)(法伊弗)的 TLS。在10月份的莱比锡图书展上,协会将举办一个德国图书展。当前学术界缺乏国际交流,协会并将于10月8日的时候举行关于资助学术的方式方法的会议。Pfeiffer 邀请爱因斯坦加入该活动的筹委会。[43 391]。
7月9日之后	一页 Ilse Einstein 写在1920年7月9日德国外文图书贸易协会(Deutsche Gesellschaft für Auslandsbuchhandel)来信(见上文)的背面的回信。由于工作很忙,爱因斯坦拒绝了邀请。[43 392]。
7月10日	一页给 Peter Debye 的 TLC。KWIP 同意借给他所申请的变压器,但仅是短期借用,协会不向中立国家的拥有良好设备的研究机构提供贵重设备的长期借用。GyBP,Ⅰ. Abt,Rep. 34,Nr. 1,Mapple Debye.[77 994]。
	一页给 Robert. W. Pohl 的 TLC。询问有关 KWIP 申请经费的细节(见7月3日的内容)。根据规定,KWIP 资助的仪器归协会所有。GyBP,Ⅰ. Abt,Rep. 34,Nr. 1,Mapple Pohl.[77 572]。
	一页 Ilse Einstein 以爱因斯坦的名义写给 Vieweg 出版社(Vieweg publishing house)的 TLS。由于刚刚才回到家,爱因斯坦没有回复6月份的来信。他将尽快完成 Einstein 1917a 第十版的写作。由于 Hermann Struck 当时正在伦敦,爱因斯坦建议出版社收到 Hermann 的进一步消息后再准备 Hermann Struck's 画的爱因斯坦画像的重印工作。告知出版社他已收到第九版的3229.5马克的版税。[42 050]。
7月11日	两页来自 Hedwig Kohn 的 ALS,感谢爱因斯坦答应在已拨7 000马克的基础上再增加拨款用于购买石英摄谱仪。但由

	于通货膨胀，他无法给出摄谱仪的具体价格。GyBP，Ⅰ. Abt，Rep. 34，Nr. 7，Mapple Kohn．[77 806]。
	两页来自 Alfred Magnus 的 TLS：KWIP 所拨的 3 000 马克的花费报告。由于剩余的 1 000 马克经费无法购买价格为 1 600 马克的阻抗控制器，他会将剩下的 1 000 马克归还给 KWIP。GyBP，Ⅰ. Abt，Rep. 34，Nr. 8，Mapple Magnus．[77 865]。
	在德国国际救援中央委员会上作报告（第七卷，文件 40）。
7 月 11 日之后	就教会援救工作发表声明（第七卷，文件 41）。
7 月 12 日	三页写给 Friedrich Schmidt-Ott 的 TLS，包含 1920 年 3 月 8 日 KWIP 董事会会议记录和 1918—1920 年春 KWIP 的资助清单的附函。GyBP，Ⅰ. Abt，Rep. 34，Nr. 13［77 699］。
	一页来自 Lernhard Grebe 的 ALS，希望用 KWIP 奖励的 2 000 马克买一个悬丝静电计。他已将测量方案的手稿给了 Albert Bachem。[6 048]。
	两页来自 Hugo Seemann 的 TLS，并附上了他用 KWIP 所拨的 3 000 马克（见第九卷中年表和日程表 1920 年 4 月 28 日）购买的仪器清单。他们已经装好了一台 X 线摄谱仪。希望 KWIP 能够提供进一步的资助。GyBP，Ⅰ. Abt，Rep. 34，Nr. 10，Mapple Seeman．[77 624]。
	一页来自 Cornelis van Vollenhoven 的 TLS。在得到皇室的确认后，莱顿大学基金会授予爱因斯坦特别教授头衔。由于爱因斯坦没有获得荷兰的大学博士学位，他们还需要等进一步的皇室授权。该程序将在两个月之内完成。[29 300]。
7 月 13 日	一页来自 Wilhelm Hallwachs 的 TLS，询问能否用 KWIP 的经费购买水银温度计。GyBP，Ⅰ. Abt，Rep. 34，Nr. 4，Mapple Hallwachs．[77 070]。
	两页来自 Hans Vaihinger 的 TLS：关于"Als-Ob"会议的报告。康德协会（Kant Society）的 Victor Altmann 打算匿名捐赠 5 000 马克设立名为"爱因斯坦的相对论和当代哲学，尤其是 Als-Ob 哲学的关系"的奖项。希望爱因斯坦能向 Altmann 表达谢意。建议建立三方评审机制：爱因斯坦方，

	中立方和朋友方。并推荐 Moritz Schlick 担任朋友方的评委。[23 132]。
7月14日	给 Julio Rey Pastor 的 TLC：由于被各种任务搞得精疲力尽，他谢绝了秋天去西班牙访问的官方邀请。希望以后能够去访问。[44 766]。
	两页来自 Edouard Guillaume 的 TLS，回复文件71，他阐述了自己对于时钟间隔的理解。对于相对论理论中的时钟间隔以及时间概念表示困惑。随函附上 *Guillaume 1920a*。[11 538.1]。
	两页来自 Robert. W. Pohl 的 TLS，给出了 8 000 马克拨款的使用清单（见本表 7 月 10 日）。GyBP，Ⅰ. Abt, Rep. 34，Nr. 9, Mapple Pohl. [77 573]。
7月15日	提交给 PAW 全体会议一位外国科学家写的希望在会议报告中出版的论文，但被暂时退回。要求给出主题和作者。*Kirsten and Treder 1979*，p. 239，Nr. 199。
	来自 Ernst Cassirer 的 ALS：当爱因斯坦来汉堡访问，发表相对论的理论基础的演讲时，他愿意将他的书房提供给爱因斯坦使用。
7月16日	完成了《致普通技术教育总协会》(*General Association for Popular Technical Education*)(第七卷，文件 42)。
	一页写给国家技术教育协会 (Freie Vereinigung für Technische Volksbildung) 的 TLC：由于过多的承诺，他不能加入协会。附有一份由协会决定是否使用的演讲词（出版在 *Einstein 1920d* 中）。
	与 Reinhold Furth 以及 David Reichinstein 一起主持了一系列 DPG 的会议。德国物理学会报 1(1920)：82。
7月17日	在汉堡大学数学物理系的主持下，作了题为"相对论的基础"的报告。汉堡新闻，1920 年 7 月 16 日和 18 日；*Reich 2000*。
	两页来自 Lucien Fabre 的 ALS，提及他著作 (*Fabre 1921*) 的内容。并希望爱因斯坦能提供给他照片和更多重要的出版信息，尤其是"直径"射线的发现、爱因斯坦法语翻译的地址、就法语版的出版问题和 Hermann Weyl 进行的协商以及在科学、数学和观察方面的看法等信息，他将就这些内容为书作序。[11 003]。

7月19日	一页给 Wilhelm Hallwachs 的 TLC：KWIP 的资助是用来购买静电计的,但是他并不反对用经费购买一个水银温度计。购买的水银温度计所有权归 KWIP。GyBP，Ⅰ. Abt, Rep. 34, Nr. 4, Mapple Hallwachs. [78 041]。
	一页给 Alfred Magnus 的 TLC(年表和日程表中7月11日的来信的回复),提供给他 600 马克的额外资助。GyBP，Ⅰ. Abt, Rep. 34, Nr. 8, Mapple Magnus. [77 866]。
7月20日	给 Cornelis van Vollenhoven 的 TgmX,接受了莱顿大学特别教授的荣誉。[29 301]。
	一页给 Cornelis van Vollenhoven 的 TLSX,感谢他接受了莱顿大学的任命,期待他在那年秋天加入到荷兰同事中,并成为荷兰帮的一员。[29 302]。
	两页来自 Gerhard Hettner 的 TLS,请求 KWIP 资助 10 000马克购买炉排分光光度计和反射光栅,用来研究气体的红外光谱。GyBP，Ⅰ. Abt, Rep. 34, Nr. 4, Mapple Hettner. [78 077]。
7月21日	一页给 Santiago R. Cajal 的 TLC：由于工作繁忙,他不能去马德里作报告。希望以后能有机会去马德里访问。[44 919]。
	写给柏林民事诉讼的 TL 的节选:"我声明此为风险投资。" [19 059]。
	一页来自 Vieweg 出版社(Vieweg publishing house)的 TLS:他们既没有爱因斯坦画像的拼接版,也没有在 Frau Mally Struck 卡片中提到的原始版。高斯-维拉斯出版社(Gauthier-Villars)接受了爱因斯坦在 1920 年 6 月 1 日的信件中为 *Einstein 1917a* 第五版法语版提出的条件。出版社将发行 5 000 册。Vieweg 出版社要求 *Einstein 1917* 第十版的书稿,因为对该书的需求很大。[42 052]。
7月24日	《致普通技术教育总协会》(第七卷文件 42)出版。
7月25日	"关于新能源"(第七卷文件 43)的讲话出版了。
	一页来自 Alfred Magnus 的 TLS,感谢 KWIP 答应再一次给予 600 马克的资助。由于电阻的价格太高了,他不打算接受这笔资助。GyBP，Ⅰ. Abt, Rep. 34, Nr. 8, Mapple Magnus. [77 867]。

7月26日	一页来自 Cornelis van Vollenhoven 的 TLS，他将爱因斯坦7月20日（见本表）来信交给了出版社。爱因斯坦获得了校董会的提名，年薪为2 000盾。[29 304]。
7月27日之前	三页来自德国留学生事务新闻代理社的 TLS 声明了代理社的成立，希望爱因斯坦在经济上和学术上给予帮助。他们代理社的目的是恢复与学生组织的交往以扩大德国文化的影响。[43 541]。
7月27日	一页给 KWIP 理事会的 TLS，要求门德尔松公司（Mendelssohn & Co）支付 Walter Steubing 6 300 马克的酬金。GyBP，I. Abt，Rep. 1A，Nr. 1657. [77 323]。
	一页来自 Richard Fleischer 的 TLS，请求爱因斯坦为德意志歌剧团写篇文章以回击最近对相对论的非议。
	四页来自 David Reichinstein 的 ALS，对于 Fritz Haber 称他为狂热者表示愤怒。准备寄给 Haber 一封关于金属氧化物钝化理论的公开信。尽管刚开始不情愿，Walther Nernst 还是答应了帮他在德国找一份教授工作。这一许诺表明置换理论（见文件55）已获得了承认。[20 135]。
7月28日	两页来自 Edouard Guillaume 的 TLS，是对文件77的回复。讨论了他提出的关于用不同单位时钟间隔测量时间的新的不变量。得出了光速在不同的观测者看来是可变的结论，他称之为"光速相对性原理"。拒绝了爱因斯坦对邀请的道歉。[11 541]。
7月29日	两页来自 Robert. W. Lawson 的 TLS，请求将 Einstein 1920j 翻译成英文。希望获得更高的版税。Einstein 1917a 的英语版最迟于8月19日出版。[44 276]。
	一页来自 Vieweg 出版社的 TLS，转达了马尔堡（Marburg）Hochschulbücherei 的要求，希望将 Einstein 1917a 英文版改编成盲文版。[42 053]。
7月30日	一页给 Otto von Baeyer 的 TLC，KWIP 理事会准备资助他的请求项目。但是由于 Baeyer 本人不从事该研究，他必须签订一份责任声明。GyBP,I. Abt,Rep. 34,Nr. 1. Mapple Baeyer. [77 975]。
	两页来自 Hermann Thoms 的 TLC，邀请爱因斯坦在10月份的时候来药理学会作一次报告，讲述相对论对于物理、化学，甚至药理学的重要性。[44 659]。

	Vieweg 和 Gauthier-Villars 出版社就 *Einstein 1917a* 法语版的出版签订了一份协议。[67 846]。
7月31日	一页 Ilse Einstein 代爱因斯坦写给 Vieweg 出版社的 ALS，同意出版 *Einstein 1917a* 盲文版。[42 054]。
	一页来自 David Reichinstein 的 ALS，感谢他给出的建议。他并不讨厌 Haber（见本表 7 月 27 日），但他在 Haber 的作品中发现了一些令人讨厌的东西。[20 136]。
8月	在他的相片上题词给 Lina Kocherthaler："表妹，你的勇敢令人高兴。阿耳伯特·爱因斯坦。"Karen Cortell Reisman Family. [85 903]。
8月2日	Paul Weyland 第一次对爱因斯坦进行言论攻击。《每日评论报》, EE, 娱乐版。
8月3日	收到《对 W. R. Heß 论文的评论"促进黏度异构系统理论的发展"》。（第七卷文件 44）。
	一页来自 Heinrich 的 TLS。将一篇即将在报上发表的报纸文章寄给爱因斯坦。爱因斯坦在文章的反面打草稿。[2 083, 2 082.1]。
8月4日	一页来自德累斯顿技术大学（der Technischen Hochschule Dresden）学生代理总会的 TLS，邀请爱因斯坦去演讲，他们对爱因斯坦的理论非常感兴趣。[43 573]。
	三页来自 Tullio Levi-Civita 的 ALS，推荐 G. LCalisse 担任 *Einstein 1917a* 意大利语版的翻译。转达了 Palatini 的亲切问候，要求得到一本 *Einstein 1919a* 和 *1919b*。[16 256]。
8月5日	一页来自 Friedrich Glum 的 TLS：把 Planck 的信件（TLC. [77 324]）给了门德尔松公司（Mendelssohn&Co）。要求 KWIP 账户的所有汇款信息。GyBP, I. Abt, Rep. 34, Nr. 10, Mapple Steubing. [87 742]。
	一页来自 Julio Rey Pastor 的 TLS，对于爱因斯坦不能来西班牙表示遗憾（见本表 6 月 14 日的表）。希望得到一本 *Einstein 1917a*，他将把它连载在他们的日刊上。[44 767]。
8月7日	八页来自 Ludwig Lange 的 ALS，回忆了 1919 年 10 月 12 日和 13 日在 Benzingen 见到爱因斯坦的情景，邀请爱因斯

坦来他在温嫩登（Winnenden）的家参观。他很高兴早在1884年的时候，就和 Mach 强调了一致的相关性，包括旋转相对性的重要性。他认为他之所以最终没有提出该理论是因为缺乏物理界的认同，尽管如此他还是很乐意为一个伟大的想法做出个人牺牲的。他并不是为了特权而争，但他自认为是爱因斯坦理论的先驱。他确定自己的惯性系的概念会在爱因斯坦的理论中用到。他的观点和 Mach 的一致，只不过是出于数学而不是物理方面的考虑而形成的。他准备就 Petzoldt 和 Erwin Freundlich 的反对给出回应，尤其是对 Freundlich 引入了惯性系和惯性时间轴的概念。他建议爱因斯坦考虑一下他的观点，而不要仅仅把理论建立在纯物理实验的基础上。他将会参加瑙海姆（Nauheim）会议，并在上面作一个和相对论相关的报告。将两篇报告寄给了爱因斯坦。[44 249]。

8月13日	一页写在 Julio Rey Pastor 8月5日来信的背面的 ADft（见本表8月5日）。他已将 Einstein 1917a 西班牙语版交付给 Vieweg 出版社；获得本书需要15%的销售额，其中10%给他自己，5%给 Vieweg 出版社。[44 768]。
8月14日	一页来自 Ernst Wagner 的 ALS：KWIP 资助购买的高压电池的价格已经涨到10 200马克，希望 KWIP 能再资助1 500马克，消除进一步的涨价造成的资金不足。GyBP，Ⅰ．Abt，Rep. 34，Nr. 11，Mapple Wagner.[77 661]。
8月15日	一页写给那位学生——德累斯顿技术大学（der Technischen Hochschule Dresden）的代表的 TrLC。接受了10月4日的邀请。他将在9月10日到10月底的这段时间离开柏林。[43 582.2]。 四页来自 Bernardo Dessau 的 ALS，请求爱因斯坦介绍一下海法（Haifa）新开的工学院的教育特色。他将离开佩鲁贾大学去巴勒斯坦定居。[9 175]。 写给哥伦比亚大学秘书的 ALS：确认他将通过瑞典驻柏林大使馆接受巴纳德奖章。并赞美它是一个"美丽而优雅"的奖项。NNC, Central Files, 88/16.[91 172]。
8月16日	四页来自 Walter Dällenbach 的 TLS，写的是和相对论理论中旋转磁场现象相关的内容，尝试着阐明爱因斯坦在写

给 Michele Besso 的信(文件 85)中所讨论的问题.他觉得很难和 Weyl 讨论直观的问题,并且到当前为止他还没有见到 Peter Debye。批评了 Henri Poincaré 计算旋转磁场产生的电场的方法,并打算就此问题向《物理纪事》投稿。他在 ETH 作了一次和麦克斯韦理论相关的报告,非常感谢爱因斯坦建议他从事偏实际的工作(第九卷文件 112)。对于爱因斯坦提出测量杆反对 Weyl 的统一场理论表示困惑。从爱因斯坦对于实物测量杆的强调可以看出爱因斯坦是个人类中心者。他想知道原子半径和频率是否比测量杆和时钟更好些。他运用连续统评论了爱因斯坦经常提到有关现实中描述的极限。为自己对于相对论的哲学评论表示歉意,但他很高兴自己和爱因斯坦的政治立场相同。[9 088]。

Friedrich Glum 代 Max Planck 写的 TLS 和 TTrL,附带有一封门德尔松公司(Mendelssohn & Co)7 月 27 日写的信,托爱因斯坦转交给 KWIP 董事会。信中提到 Magnus 返还了 KWIP 所拨的 3 000 马克中的 1 001.8 马克。GyBP, I. Abt, Rep. 34, Nr. 8,Mapple Mendelssohn.[77 891]。

一页来自 Robert. W. Lawson 的 TLS,作为对爱因斯坦寄来的已经不见的卡片的回复,他重申想翻译一篇即使是很短的演讲稿。祝贺爱因斯坦评为莱顿大学的特别教授。[44 277]。

一页来自 Gösta Mittag-Leffler 的 TLS:数学文库打算出一卷纪念 Karl Weierstrass、Sonya Kowalewski 和 Henri Poincaré 的文集,他想请爱因斯坦写一篇关于 Henri Poincaré 的文章。[17 385]。

8 月 17 日	写给 Ernst Schuchard 的 AKS:"[……]在我看来反应是不合适的,因为成绩只是作为一种媒介,有效地实现他们所寻求的目标[……]。"斯塔加特拍卖目录 1986 年 6 月 11 日—12 日,lot 311。[73 408]。
8 月 20 日	两页来自 Edouard Guillaume 的 TLS,对于由于度假没能及时回复文件 94 表示了歉意。还解释了他的反相对论理论。因为他否认了同时的相对性所以才得出了时间不会膨胀的结论(无论是广义相对论还是狭义相对论)。[11 544]。

	给 Leo Landau 的 ALS：由于没时间，他不能接受邀请。因为他要去吕贝克(Lubeck)拜访 Hans Mühsam。NNLBI/AR136/8/2.［85 530］。
8月21日	一页来自 Vieweg 出版社的 TLS：*Einstein 1917a* 第十版的出版工作已完成。出版社印刷了 10 000 册，每册的价格为 7.2 马克。爱因斯坦将获得 14 400 马克的版税和 *Einstein 1917a* 第十版的免费样书。还寄来四本 Methuen 出版社出版的该书英译本。［42 055］。
8月23日	两页来自 Friedrich Kottler 的 ALS，感谢爱因斯坦寄来文件 88。对于 Franz S. Exner 是否继任维也纳大学的校长，他保持中立的态度。他不想提和头衔、荣誉、地位相关的建议。他希望能继续和爱因斯坦探讨他在 1920 年 2 月 19 日的来信中提到的广义相对论问题（第九卷，文件 319）。［14 326］。
8月24日	出席了在爱乐音乐厅举行的 arbeitsgemeinschaft deutscher Naturforscher zur Erhaltung der reinen wissenschaft 第一次会议。发言人：Paul Weyland 和 Ernst Gehrcke。 一页写给 Rudolf Mosse 的 ALS，感谢他为 Josef Popper-Lynkeus 订阅《柏林日报》（*Berliner Tageblatt*）。kirsten and treder 1979，p. 185，Nr. 764。 三页来自 Karl Gerhards 的 ALS：在和 Theodor von Kármán 和 Eduard Study 的交流中，他在 6 月 8 日送来的手稿（见本表）得到了他们的赞赏。他希望能和爱因斯坦交流，并希望他的手稿同样能得到爱因斯坦的赞赏。［43 747］。
8月26日	两页来自 Robert．W．Lawson 的 ALS：Methuen 出版社认为 *Einstein 1920j* 太简略了，单独出版不合适；因而建议爱因斯坦加写文章进去。*Einstein 1917a* 的翻译工作已在 8 天前完成。初版印刷了 7 000 册，其中的 3 000 册已经卖出去了。爱因斯坦的稿酬也已寄给了 Paul Ehrenfest。出版社正考虑出第二版。美国版也很快就要发行了。［44 275］。 Elisabeth Zopf 和 Friedrich Glum（KWIP 董事）的亲笔书写信。爱因斯坦告诉他们，他已经回了 PeterP. Koch 和 Hedwig Kohn

的信。他要求寄给 KWG 的信能够交给他做进一步的审批。GyBP，Ⅰ. Abt，Rep. 1A，Nr. 1657．[77 325]。

8月27日　《对于反相对论言论的回应》(第七卷文件45)出版了。

谣传由于对反对他声音的厌倦，爱因斯坦将要离开德国。《柏林日报》, ME,《柏林股市杂志》, 1. Beilage, 1928年8月28日。

两页来自 Josef Nowak 的 ALS：作为一名雅利安人，他为在柏林歌剧厅攻击爱因斯坦的事情道歉。他并不认为相对论是反基督教的，相反，他认为相对论就像宗教神话里的真理和完美的化身光一样，为科学奠定了基础。[36 034]。

8月28日　两页来自 P. Havel 的 ALS，对反爱因斯坦运动表示愤怒，尤其是他的出生地柏林的运动。希望爱因斯坦不要离开柏林，不要去国外躲避德国的批评声。[36 023]。

两页来自 F. Hennig 的 ALS。所谓的德国博物学家协会 (Arbeitsgemeinschaft deutscher Naterforscher) 是一个不怀好意的组织，他们企图将德国科学搞得一团糟。对于他在物理技术机构的同事 Ernst Gehrcke 自称为爱因斯坦反对者的精神导师，他表示痛心。但他确信爱因斯坦还会有许多志同道合的朋友。[36 024]。

8月29日　就科学界攻击相对论事件采访了爱因斯坦。他的同事希望他别离开柏林。*Vossische Zeitung*, ME, 4th Supplement.

三页来自 Artur Bartscht 的 ALS。爱因斯坦是新时代的标志。反相对论集团的目的不过是愚弄大众。他们就是民间所谓的狒狒脸。无数的崇拜者希望爱因斯坦能留在自己的祖国，他们会以成为爱因斯坦的同胞而自豪的。[36 011]。

8月30日　四页来自 Leo Gilbert 的 ALS：作为一个坚定的反狭义相对论者，他同样坚定地反对对于爱因斯坦的攻击。他非常赞赏爱因斯坦的理论，而且，他从 Rudolf Goldscheid 那里了解到爱因斯坦的人格，也感到钦佩。[36 017]。

两页来自 Sven Gjesdahl 的 ALS，提醒爱因斯坦他答应了给 *Akademisk Revy* 送去简单的问候，并答应给挪威的学

595	生们一张肖像画。[44 596]。 两页来自 Edgar Meyer 的 ALS：Hans Rosenberg 成功地将天体光度测量的放大率提高到了 10^6。该方法受到了天文界的欢迎。由于 Hermann Struve 的去世，他无法将该成果提交给 PAW 出版。希望爱因斯坦能够帮助他，并为 Rosenberg 在 PAW 找个职位。[17 174]。 两页来自美国的德国学生援助协会（Wirtschaftshilfe der deutschen Studentenschaft）的 TLS，希望爱因斯坦说服美国公司和美国权贵们帮助在美国工作学习的德国人找工作。作为德国人，他们相信爱因斯坦会帮着他们的。[45 094]。 9月1日之前一页写给 Richard 的 ALS，把那些写关于相对论的报刊文章和小册子的作者比做是损害柏林的苍蝇，其中包括 Philipp Lenard。他认为 Philipp Lenard 是德国最出色的实验物理学家，但同时也是最差的理论物理学家之一。"他不知道他有多么的差劲。"Sotheby's catalogue for 24—25 July 1993, lot 439. [79 436]。
9月1日	三页来自 Edouard Guillaume 的 ALS。他认为爱因斯坦文件 109 的评论和他的出版物自相矛盾。请爱因斯坦详诉相对论多普勒效应的推导过程。[11 545]。 来自 George Winchester 的 ALS，提到了爱因斯坦所做的关于 Ernest Rutherford 的氦生氢实验的采访，告诉爱因斯坦他在 Winchester 1914 中试着去证明金属在高压条件下也能产生氢。Robert Millikan 已经证明重的原子或分子能够分裂成氢和其他物质。[45 260]。
9月2日	第二次反相对论会议在爱乐音乐厅中举行，安排布拉格（Prague）的 Oskar Kraus 作"相对论在哲学上是站不住脚的"讲话的计划被取消了，因为 Oscar 和组织者的政治立场不同。其他的讲话有：Ludwig Glaser 的广义相对论与日食间的矛盾和测量红移的复杂性。Vossische Zeitung, 29 August 1920, ME, Supplement 4; Berliner Tageblatt, 10 September 1920, ME, etc.。
596	两页 TLS。德国驻英大使馆外交事务办公室的 F. Sthamer 关于英国媒体报道爱因斯坦将要离开德国的调查

报告。在英国人看来,爱因斯坦是德国科学界的杰出代表,谣传只会使得爱因斯坦更加坚定地留在德国。GyBPAAA, Abt. VI B, Bd. 2, Nr. 518. [82 268]。

在柏林接受了 Walter Steinthal 的采访,拒绝为自己做广告。相对论并没有完全否定牛顿理论和 Kant 的哲学体系。《科隆日报》。

一页来自 G. L. Calisse 的 TLS,感谢爱因斯坦同意将 *Einstein 1917a* 翻译成意大利语的请求。[42 057]。

9月3日　两页来自 Erhard Schmidt 的 ALS,对于袭击爱因斯坦事件感到震惊,但更令他震惊的是爱因斯坦将要离开德国这片相对论被积极认可的土地这一消息。如果爱因斯坦离开的话,那么将是对德国科学界、柏林、学术界和他的巨大损失。[36 37]。

两页来自 K. Schubert 的 ALS。所有党派都谴责对爱因斯坦的不公平待遇。爱因斯坦的成就永远都不会磨灭,德国人民将会高度敬重他。[36 039]。

9月4日　两页来自 Otto Lemmert 的 TLSX。询问爱因斯坦对于 Kant 的看法是否被他寄来的报纸采访给误解了。他正在写一本关于物理中的真理和诗歌的书,关于相对论的部分他会慎重的。简述了他对于实验与理论的关系的看法。[44 285]。

9月6日　六页来自 Maria Moeller-Grevé 的 ALS。Maria 是爱因斯坦的父亲在帕维亚(Pavia)的时候雇用的某个工程师的女儿。她为爱因斯坦所取得的成就感到高兴,同时为爱因斯坦所遭受的非议感到遗憾。对于德国和其他国家的贫穷所造成的反犹太运动的兴起表示抱歉。她希望爱因斯坦不会被驱逐。告诉了爱因斯坦她的孩子和丈夫惨遭电刑的消息。[44 477]。

9月7日　一页来自巴斯(Barth)出版社的 TLS,希望爱因斯坦允许出版社重新印刷 2 000 本 *Einstein 1916f*,因为之前的 1 000 本已经卖完了。出版社将给爱因斯坦 900 马克的稿酬和 20 本免费样书。[41 999]。

收到了伯尔尼大学(University of Bern)的邀请。Wolff's Telegraphisches Büro, Early Edition, vol. 71, Nr. 1567.

9月8日	一页 Ilse Einstein 代爱因斯坦写给 Vieweg 出版社的 TLC。索要版税和 20 本免费样书，并要求版税给现金而不是用免费样书充抵。[42 058]。
	来自维也纳大学学生社区和学术会的 Tgm。在史无前例的反爱因斯坦运动爆发时表达了他们对爱因斯坦的敬佩。[36 050]。
	一页来自反反犹太运动协会的 TLS，询问爱因斯坦能否在 9 月 19 日的全体大会上接受执行委员会的提名。[43 062]。
9月11日之前	两页来自 Betsy Julius-Einthoven 的 ALS，邀请爱因斯坦在来荷兰的时候拜访 Julius 家族，和他的女儿们一起演奏巴赫的曲子。[14 208]。
9月11日	一页给 Emil Ludwig 的 ALS，表达了对 *Ludwig 1920* 的谢意"诙谐的奉献[……]。我送他们[……]。[81 650]。
	在他的木炭素描的封底上题词"他们是不是所有[……]。" [70 628]。
	写了一句格言：Auch in wissenschaftlichen Dingen wird die herrchende durch das Urteil Weniger bestimmt. Nur wenige die Mühe auf sich, sich ⟨selbst⟩ihr Urteil selbst zu bilden. Albert Einstin." [70 447]。
	四页来自 Eugen Goldstein 的 ALS，感谢爱因斯坦在他七十大寿时送来祝福，同时也感谢 KWIP 给予的经济资助。他将毫无保留地把它传递给年轻人。[43 778]。
	一页来自 Harry Schmidt 的 ALS，邀请爱因斯坦在去 Kiel (Liel) 的路上，顺道来阿尔托纳（Altona）的家里吃饭。
	来自哥本哈根中国外交大使 W. S. Ting 的 ALS。国立北京大学校长蔡元培邀请爱因斯坦去访问。这一请求是他代前教育部副部长元石道提出的。元石道曾经在柏林听过爱因斯坦的演讲。[36 478]。
9月12日	两页来自 C. Z. Klötzel 的 ALS，邀请爱因斯坦会见印度亚洲妇女教育卡内基研究所的 Karwe 教授。他和 karwe 一定会亲自接见爱因斯坦夫妇。[47 195]。
9月13日	一页 TLC。离开柏林去巴德瑙海姆（Bad Nauteim）、斯图加特（Stuttgart）、锡格马林根（Sigmaringen）、莱顿和汉诺威（Hanover）旅行。10 月 19 日，Ilse Einstein 写信给 Vieweg 出版社。[42 072]。

	一页给 Friedrich Schmidt-Ott 的 TLS：信件附函形式的财政预算报告。GyBP，Ⅰ. Abt，Rep. 1A，Nr. 1665．[77 960]。
	三页给 KWIP 理事会的 TD：1919 年 4 月 1 日到 1920 年 3 月 30 日的年预算报告。爱因斯坦的年薪为 5 000 马克。GyBP，Ⅰ. Abt，Rep. 1A，Nr. 1665，pp. 46—47．[77 960]。
	一页来自 Vieweg 出版社的 TLS：他们会根据爱因斯坦在本表中 9 月 8 日来信中的要求做出相应的安排。[42 060]。
9 月 14 日	一页给 KWIP 理事会的 TLS，申请批准 10 000 马克经费购置仪器供 Gerhard Hettner 研究气体红外光谱用。还告知董事会决定每个月发给爱因斯坦秘书 250 马克的工资。GyBP，Ⅰ. Abt，Rep. 1A，Nr. 1657．[77 326]。
9 月 15 日	Kiel 科学与艺术金秋周，在 Kiel 的工会大厅作了"相对论中的时间和空间"的报告。
	一页 Ilse Einstein 代爱因斯坦写给 Hermann Thoms 的 TLC：爱因斯坦将于 11 月初回来。由于工作繁忙，他无法满足 Thoms 在本表 7 月 30 日中提出的请求。[44 660]。
	一页来自 Vieweg 出版社的 TLS：将 Einstein 1917a 第十版的版税 567 马克以现金的形式而不是书本抵押的方式给了爱因斯坦。[42 061]。
9 月 18 日之前	法兰克福大学校长 Friedrich Wachsmuth 写信邀请爱因斯坦访问该校。法兰克福市长 Georg Voigt 给洛文塔尔的信。GyFU，Abt. 14，Nr. 140，Blatt 7，29，31，Nr 139（Trageser 2002）。
9 月 18 日	两页来自普鲁士继续医学教育中央委员会的 TLS，邀请爱因斯坦在 1920 年 11 月 9 日到 1921 年 2 月 22 日的某个星期二，最好是 1921 年 1 月 11 日为医生们作通识报告。[43 008]。
9 月 19 日	由 DPG 和巴德瑙海姆（Bad Nauheim）德国数学院联合组织的第八十六届 GDNÄ 会议开始了。刚开始是 DPG 推进委员会和执行委员会会议。《柏林日报》，《物理杂志》21（1920）:561。

9月20日	受邀请参加一个由德国红十字会组织的讨论会。讨论会是关于美国对德国科学的支持。摘录自1920年9月21日德国北部的一家报纸的内容。GyBP，Ⅰ. Abt，Rep. 1A，Nr. 937.［77 742］。巴德瑙海姆(Bad Nauheim)第八十六届GDNÄ会议正式开始,《柏林日报》，EE。
	一页来自德累斯顿技术大学自由艺术协会的TLS，感谢爱因斯坦答应来演讲，并推荐了演讲日期。［43 574］。
	一页来自Jacob Gottesman的ALS，向爱因斯坦表达了犹太新年的问候。提醒爱因斯坦他已经成为反犹太组织的目标。爱因斯坦是个伟大的人，但他现在处于危险中。［43 792］。
9月21日	在巴德瑙海姆(Bad Nauheim) DPG商业会议上参与了《物理杂志》和《物理史册》合并这一议题的讨论。《德国物理学会协商会》1(1920):85。
	女王Wilhelmina签署了命令，任命爱因斯坦为莱顿大学特别教授。
	一页来自Vieweg出版社的TLS：如果在银行有账户的话，丢失的14 400马克的支票就能兑换现金。他们正在向邮局求取包含丢失的支票的挂号信的信息。［42 046］。
9月22日	当选为GDNÄ科学委员会成员(见本表中9月20日的内容)。
	一页来自Friedrich Adler的ALS：他马上就要离开巴德瑙海姆(Bad Nauheim)。向爱因斯坦告别，并留给爱因斯坦他们之前讨论过的 *Adler 1920* 的手稿(第八卷，文件628)。［6 014］。
	三页来自P. R. Bennett的ALS，提出了一种决定遥远事件同时性的方法，该方法不同于*Einstein1917a*英文版中提出的方法。将两个始终同时置于同一时间点，在同一参考系下将两者分开，当两个观测者再次相遇时，他们各自的时钟测得的事件发生时间相同，那么这两个时间就称为同时事件。用这种方法，无论是在静止的车轨参考系中还是移动的列车参考系中都能定义事件的同时性。［6 097］。
9月23日	参加了巴德瑙海姆(Bad Nauheim)第八十六届GDNÄ联合数学和物理会议，该会议的议题为相对论。会议对公众

	开放。《法兰克福报》,1920 年 9 月 24 日,《柏林地区日报》,1920 年 9 月 24 日等。
9 月 24 日	《一封告白》(第七卷,文件 37)出版。
	Else Einstein 到达巴德瑙海姆。
9 月 26 日	巴德瑙海姆会议闭幕。
	四页来自 R 的 ALS:当一颗新星诞生的时候,他的光芒将照耀所有地方。如果宇宙像广义相对论中认为的那样,是准球形的话,这些光波将会在星源上汇聚。在爱因斯坦的理论下,白昼的周期性或许能够证明宇宙是圆的,并且能够给出物体的大小和能量信息。如果宇宙不是接近于球形的话,或者行星相对于它的发源地移动,或者,由于宇宙的大尺度。光的波动周期太长以至于观测不到,那么该方法就不可行。[25 143]。
9 月 27 日	一页来自德累斯顿技术大学自由艺术协会的 TLS:由于市民对于爱因斯坦的演讲都很感兴趣,建议换一个更大的报告厅。[43 575]。
9 月 28 日	在斯图加特(Stuttgart)的施瓦本天文台作了一次演讲,这"有益于国家天文台"。
	一页来自 Vieweg 出版社的 TLS,询问 14 400 马克的支票是否已收到。[42 067]。
9 月 29 日	一页来自纽约德尔德国社会科学协会的 TLS:金禧庆典的收入可以资助 Weimar Schiller Funds。希望爱因斯坦给纪念册写一篇关于学者如何帮助恢复敌对国家间的友谊和和谐的文章。[43 536]。
9 月 29 日之后	关于"学者对于国际和解的贡献"的书稿的完成。
10 月 1 日	授予爱因斯坦普林斯顿大学特别教授(讲席)职位。
10 月 2 日	《对挪威学生的问候》在 Akademisk Revy 3(1920)(见文件 141)上发表。
10 月 4 日	教育部长告诉爱因斯坦捐赠基金会理事会经济部长已经拨给了他们 200 000 马克用来购买光谱仪(从卡尔蔡司公司购买)。波茨坦(Potsdam,)政府同意了他们的建造计划。建造工作将在波茨坦总设计师的监督下进行。Kirsten and Treder 1979, p. 96。

10月6日	在锡格马林根(Sigmaringen)遇见了 Hans Albert 和 Eduard Einstein,然后带他们去了 Benzingen。
	教育部刊出了爱因斯坦写给 Konrad Haenisch 的信(文件137),反驳爱因斯坦将要离开德国前往外国大学的谣言。
	两页来自 Wilhelm Matthies 的 TLS,重申希望爱因斯坦去巴塞尔大学作一系列通识演讲。[43 190]。
	一页来自 Vieweg 出版社的 TLS,询问爱因斯坦是否想出版 *Einstein 1917a* 的新版本。如果想的话,请尽快发来相关的校正。[42 068]。
10月7日	两页来自 Geertruida de Haas-Lorentz 的 ALS,对于爱因斯坦的任命工作已近完成,他感到很高兴。希望爱因斯坦访问荷兰的时候来找他。[12 267]。
10月8日	回复了9月30日 GDNÄ 的来信. Ilse Einstein 在信的背面写了"beantw. am 8-X")。
10月9日	两页来自 Friedrich Schmidt-Ott 的 TTrL:KWIP 理事会答应资助给 Gerhard Hettner 10 000 马克。GyBP, I. Abt, Rep. 1A, Nr. 1657。
10月13日	三页来自 Hans Rahm 的 TLS,提到了爱因斯坦和 Breslauer 讨论过的他的那篇《脑震荡影响的相对论解释》的论文。爱因斯坦认为脑震荡和广义相对论毫无关系。Rahm 就直接找到了爱因斯坦来解释他的想法,并希望爱因斯坦好好看一下信的附件中他的论文。[25 226]。
10月14日	三页来自 George B. Jeffery. 的 ALS,希望为那些严谨的科学界的读者们出版爱因斯坦文集精选的英文版。他推荐作为数学家的他和他的伦敦大学的同事演说家 W. Perrett 作为翻译者。[13 432],[13 433]。
10月16日—3月15日	在柏林大学开设了一门课程,讲述理论物理中的各种专题。
10月17日	两页来自 Max Flesch 的 TLS,举了一个比通常还要生动的时间减缓的例子——当经过钟楼的时候时钟的响声是逐渐减缓的。[25 058]。
10月17日之后	写在前信的背面的给 Max Flesch 的 Dft:经过者所观察到的时间段并没有简单的物理意义,并且上述的例子也是不正确的,因为声音的速度是不依赖声源的运动状态的,就像光一样。[25 059]。

10月18日之前	来自基金会理事会的TD,邀请爱因斯坦参加1920年10月25日的会议。会议的目的是选择获奖作品以及其他事务。Ilse Einstein在左边空白处写了"beantw. am 18. X. 20"。[45 306]。
10月19日	一页TDC。KWIP1920年4月1日到9月15日的办公收入和支出。GyBP,Ⅰ. Abt, Rep. 34, Nr. 13.[77 701]。 三页来自Reinhold Fürth的TLS,请求KWIP给予经济资助。他将用所得的资助购买静态测定基本电荷所用的特殊扭秤。GyBP,Ⅰ. Abt, Rep. 34,Nr. 2, Mappe fürth.[78 037]。
10月21日	到达莱顿。
10月25日	一页来自Victor Kopp的TLS,把阿卡德福的信转交给了爱因斯坦,并愿意担任爱因斯坦和俄国科学家信件的传递者。[43 112]。
10月25日—31日	在莱顿大学教"磁周"。
10月27日	下午2时在莱顿大学大礼堂作了题为《以太和相对论》的就职演说。[120 597]。
10月28日	两页来自家庭额外基础研究基金会理事会的TLS,附有基金会用来设立奖项的部分基金的商业信息。建立了以爱因斯坦为DPG代表的理事会以监管本次比赛。[45 037]。
10月29日	一页来自Vieweg出版社的TLS:他们已将Gauthier-Villars发来的 *Einstein 1917a* 第五版(?)的法语翻译本的清样交给了Vieweg出版社。梅休因公司(Methuen&Co)已将该书的美国版派送给了Vieweg出版社和爱因斯坦。[42 075]。
10月30日	紧急德国科学协会(由五家德国科学院机构、德国大学协会、KWG、科技协会、GDNÄ以及其他研究机构组成)成立了。Friedrich Schmidt-Ott任主席。 来自Albert G. Schmedeman的Tgm,邀请爱因斯坦在春季和夏季学期或夏季和秋季学期来威斯康星大学作报告。希望在柏林访问期间能和爱因斯坦见面。[36 255]。
11月	写在肖像画上给Adolf和Friedricke的题词:"纪念叔叔阿多夫和阿姨里肯巴克。阿耳·爱因斯坦. 11月20日。" GyUSA.[75 060]。

	两页来自 Christian Füchtbauer 的 ALS（给 KWIP 受托人）：他的谱线强度测量研究需要 2 500 马克购买奥尔镜头，2 200 马克用于购买光源、压力计和温度计，2 300 马克用于光度测定。GyBP，Ⅰ. Abt，Rep. 34，Nr. 2，Mappe Fuchtbauer.［78 035］。
11月2日	和 Harm Kamerlingh 一起参观了莱顿旁边的莱茵斯堡斯宾诺莎的房子。
	Albert G. Schmedeman 的 Tgm 稍作改动便送往了莱顿。［36 257］。
11月3日	在汉诺威（Hanover）做讲座。
11月4日	PAW 物理数学部邀请爱因斯坦在 1921 年 1 月 27 日的时候作一次科学报告以纪念普鲁士国王 Friedrich Ⅱ。GyBAW，Ⅱ—Ⅴ，Bd. 134，Bl. 171—173.［83 782］。
	一页来自 James Franck 的 TLS，感谢 KWIP 董事会提供的 10 000 马克资助。告诉爱因斯坦 Paul Knipping 正在发明一个能自动记录电压电流曲线的仪器。请求爱因斯坦允许他超量消费，或者当经费有多时，允许他将剩余的经费用于个人目的。GyBP，Ⅰ. Abt，Rep. 34，Nr. 2，Mappe Franck.［78 016］。
11月6日	两页来自 Helge Horst 的 TLS，提醒爱因斯坦注意 Oersted 在校订广义相对论运动学时发现的点和线的错误。［44 382］。
11月8日	一页 Ilse Einstein 代爱因斯坦写给 Vieweg 出版社的 TLC，提到了表中 Vieweg 出版社 10 月 29 日的来信（见本表），对于先前支票的丢失表示遗憾，建议以后将报酬直接送到他的银行。Einstein 1917a 的法语版的校对清样将会送回给高斯维拉斯（Gauthier-Villars）出版社。［42 076］。
11月9日	为 Einstein 1917a 的 Itelson 俄文翻译本作序（第六卷，文件 42，注释 4）。
	两页在 Otto Bauer、Sigmund（Zsigmond）Kunfy、《工人报》、维也纳（Vienna）流传的 TLS，说服人们发起运动，反对匈牙利像对待审判中的犯人一样对待匈牙利共和国的领导者。［34 407］。
11月10日	一页来自 Friedrich Schmidt-Ott 的 TLS：KWIP 理事会已

	通知门德尔松公司（Mendelssohn）将10 000马克交给Gerhard Hettner。GyBP，Ⅰ.Abt，Rep.1A，Nr.1657.[77 328]。
11月11日	爱因斯坦给Emil Ludwig写信（见本表11月11日）的日子。HelmutTenner目录，拍卖11，1958年10月8日到9日，lot 33.[78 250]。
11月11日之后	私人专家建议为德律风根（Telefunken）注册迈斯纳（Meissner）和库恩（Kühn）专利（第七卷文件48）。
11月13日	参加了KWG理事会议（在Haber家）。GyBP，Ⅰ.Abt，Rep.1A，Nr.857,Bl.192.[77 737]。
	四页来自Paul Kronthal的ALS：因为他觉得爱因斯坦经常跨越物理学和玄学的界限，因而才将 *Kronthal 1908* 寄给爱因斯坦。[120 402]。
11月15日	第一届国际联盟会议在日内瓦举行。
	第六届KWG全体会议对1919/1920年KWIP所花费的的50 000马克进行了报告。并提交了1920年4月1日到1921年3月31日的财政预算。GyBP，Ⅰ.Abt，Rep.1A，Nr.62.[77 127]。
	Ilse Einstein代KWIP理事会写给Gerhard Hettner的TLC：已拨10 000马克用于购置光栅分光度计和反射光栅。[78 079]。
	回给Wilhelm Matthics的TLC，作为10月6日来信（见本表）的回复。如果爱因斯坦不去美国的话，他将会在1921年秋天访问巴塞尔（Basel）。[43 193]。
	一页来自Gustav Roethe的TLS：教育部同意，从1920年4月1日开始将爱因斯坦的年工资从18 000马克增加到36 000马克。[43 012]。
	一页来自Otto von Baeyer的ALS，提到了爱因斯坦1920年7月30日的来信。既然现在他已担任农业大学物理学院的院长，他就要为KWIP资助的研究项目的顺利执行负全责。GyBP，Ⅰ.Abt，Rep.34，Nr.1，Mappe Baeyer.[77 976]。
11月16日	一页给Hans Rahm的TLC：在相对论之前，牛顿框架也能够成功解释某些现象。解释脑震荡的诱因和治疗中所采用

607	的辅助力是原确定为诱导引力场所引起无关。与传统方法相比，相对论理论在这一问题方面毫无优势。[25 228]。
	一页 Ilse Einstein 代爱因斯坦写给 Hugo Seemann 的 TLC，要求写清楚 KWIP 资助的 X 射线研究的目的以及所要购置的仪器。GyBP，Ⅰ. Abt，Rep. 34，Nr. 10，Mappe Seemann.[77 625]。
11月18日	两页 ADS：和其他人一起推荐 Wilhelm Conrad Rontgen 担任 PAW 物理数学部的外籍会员。GyBAW，Ⅱ—Ⅲ，Bd. 138，Bl. 145.[83 962]。
	两页来自康拉德(Konrad Sannig & Co)的 TLS：法律顾问认为从专业的观点来看(第七卷文件30)，爱因斯坦提出的 DRP 269 498 专利申请非常清楚。申请中区分了没有用过多的塑造材料的机械治疗和没有用过多的机械治疗这两种情况。在 AEG 专利 269 498 中，询问是否可认为第一类过程和第二类过程在专利层面互不相干。Ilse Einstein 在第一页的底部写有："以字母中的第 i……我的报告中 1 提出了解释，我完全同意。"[35 371, 35 372]。
	两页来自 Vieweg 出版社的 TLS：为了强调 *Einstein 1917a* 已发行了 50 000 本，重印的 *Einstein 1917a* 被分成两个 5 000 本，并作为第十一版和十二版发行。每版 7 200 马克的版税将会打到爱因斯坦的银行账户上。询问第十版的支票是否收到。[42 078]。
11月19日	一页来自大不列颠百科全书的 ALS，提醒爱因斯坦 Hugh Chisholm 正在等待他的回信。[43 637]。
608	两页来自 Fritz Haber 的 TLS：KWG 将会在十年之际出版一卷书。KWIP 让每位 KWG 的成员都写一篇文章。并给了爱因斯坦编辑指南。GyBP，Ⅰ. Abt，Rep. 34，Nr. 4，Mappe Haber.[78 065]。
11月20日	"给 Ernst Reichenbächer 的回复，""如果没有相对论，现代万有引力定律能发展到何种程度？"(第七卷文件 49)寄出了。
11月22日	两页来自 Wolfgang Ostwald 的 TLS。作为"精确科学的经典之作"的新编辑，他请求爱因斯坦为编辑社写一些关于布朗运动和扩散现象的文章。[18 492]。

11月22日之后	写给 Wolfgang Ostwald 的 TTrL,答应了上述请求,并将重印本寄给了出版社出版。
11月23日	来自 Methuen 出版社的卡片,提前寄来了 Einstein 1917a 美国版的版税—819.02 荷兰盾。见 1920 年 12 月 8 日信件中 Methuen 的卡片及本表。
11月24日	来自德累斯顿技术大学学生会(Allgemeine Studenten-Vertretung an der Technischen Hochschule Dresden)的 TLS.感谢爱因斯坦答应 1921 年 1 月 5 日来作报告。希望另外安排一个非假期时间,以尽可能地减少听众少的风险。[43 576]。
	两页来自 Felix Ehrenhaft 的 TLC:正如他们在巴德瑙海姆(Bad Nauheim)所商量的那样,爱因斯坦接受了去维也纳物理化学公司作演讲的邀请。爱因斯坦的酬劳将由工业部门支付,并不需要和公司进行协商。Lederer,西屋(Westinghouse)总干事,想要单独接见爱因斯坦。Ehrenhaft 请求对此是保密。并转达了 Karl Beck 希望爱因斯坦去美国的邀请。[10 366]。
	一页来自 Harry Schmidt 的 ALS:Hans Reichenbach 在自然科学(8 [1920].:925)上写了一篇文章严厉批评了他的书 Schmidt 1920。他希望把爱因斯坦 1920 年 10 月 3 日寄来的赞扬他的书的明信片寄给编辑,证明 Reichenbach 的观点是站不住脚的。
11月28日	两页来自 Herbert Fischer 的 ALS,他将要从柏林夏洛滕堡理工大学(Technical University of Berlin-Charlottenburg)化学工程系毕业。他希望采访爱因斯坦,让爱因斯坦资助他继续学业。[43 684]。
	一页来自 Harry Schmidt 的 TLS,感谢爱因斯坦对他的 Schmidt 1920 提出的指正。他将按照爱因斯坦的请求,不把爱因斯坦的明信片交给编辑。[44 967]。
	两页来自 Hugo Seemann 的 TLS,给出了他研究的细节。他将花费 5 500 马克购买盖德活塞泵和扩散泵。GyBP, I. Abt, Rep. 34, Nr. 10, Mappe Seeman. [77 626]。
11月28日	以后 Ilse Einstein 写给 Herbert Fischer 的 Dft,愿意资助他取得学位证书,而不是完成毕业论文。[43 686]。

11月29日	一页写给 Felix Ehrenhaft 的 TLC,告诉 Lederer 他愿意在 1921 年 1 月 10 日和 11 日去物理化学公司作报告,但需要 5 000 冠的酬劳及差旅费。并接受了 Urania 的邀请,1 月 13 日去那儿作报告,同时拒绝了"自由联想国家技术教育"的邀请。[10 367]。
11月30日	三页来自 Jeanne Rouvière 的 ALS,感谢爱因斯坦将校订任务交给他,并为没有校订完就将它交给了 M. Ducrot 表示歉意。请爱因斯坦推荐他作为翻译者,尤其是数学部分。[44 824]。
	由 Ilse Einstein 写在 9 月 19 日来信的底部寄给《大英百科全书》的 Dft:由于承约过多,他无法答应为《大英百科全书》写稿。[43 638]。
11月2日	KWIP 理事会会议。提议资助给 Otto von Baeyer 5 000 马克,[Christian]。Füchtbauer 7 000 马克,Hedwig Kohn 10 000 马克,Robert W. Pohl 8 000 马克,Ernst Wagner 1 500 马克,[Paul]。Knipping 10 000 马克以及 Heinrich Rubens 1 500 马克。爱因斯坦致 KWIP 理事会(见本表 12 月 7 日)。
	一页来自 Max von Laue 的 TLC,转达了 Fritz Lange 想要 530 马克的资助购买 X 线管的请求。他想要研究不规则单晶中 X 线的吸收是否和极化方向有关。[40 135]。
12月3日	给 Wiener Urania 的 Tgm:"因为缺乏时间,我无法做题为'相对论'的讲座。"[10 370]。
12月6日	两页来自 Harry Schmidt 的 TLS,把爱因斯坦给他的 Arnold Berliner 的信还给了爱因斯坦。接受了爱因斯坦及 Berliner 提出的不出版一份注释的理由。同时也按照爱因斯坦的请求不出版他以前的对 Schmidt 书的赞赏。他只把爱因斯坦的赞赏告诉了他比较亲密的同事以及出版商哈同武(Hartung)。[44 971]。
12月7日	两页给 KWIP 理事会的 TLS,提交了 KWIP 理事会的议案(见本表中 12 月 2 日的内容)。GyBP,Ⅰ. Abt, Rep. 1A, Nr. 1657. [77 329]。
12月8日	两页来自 Felix Ehrenhaft 的 TLS:很高兴爱因斯坦 11 月 29 日来信。爱因斯坦的演讲将安排在 1921 年 1 月 10 日和

11 日。要求爱因斯坦将演讲的题目以及给他和物理化学协会新的主席 Lederer 的问题寄来。邀请爱因斯坦去他家做客。[10 369]。

两页来自 Robert . W. Lawson 的 ALS：转交了《自然杂志》的编辑的来信。编辑希望出版一期由欧洲学者的论文组成的关于相对论的专辑，想要爱因斯坦写一篇关于相对论的短论文。*Einstein 1917a* 的英文版已经进行到第四版了。[44 278]。

一页来自 Methuen 出版社的 TLS：美国出版商提高了 *Einstein 1917a* 英文翻译的价格，因而 Methuen 也相应地提高了版税。他们将给爱因斯坦 700.99 荷兰盾以及由于有利的汇率获得的额外费用。钱已经给了 Paul Ehrenfest。1920 年 12 月 7 日的卡片里附带有一张支票。[69 002, 69 002]。

12 月 8 日之后　签订了《相对论发展简述》的出版协议（第七卷文件 50）。

12 月 10 日　一页写给 Peter Debye 的 TLS：在巴德瑙海姆（Bad Nauheim），德拜拒绝了短期使用变电器的要求。询问 KWIP 什么时候能把变电器拿回。GyBP, Ⅲ. Abt, Rep. 19, Nr. 134, Bl. 2. [77 361]。

一页给 Reinhold Fürth 的 TLC：如果他不给出研究项目可行性的更多的详细信息的话，KWIP 理事会就不能给他拨款。爱因斯坦本人反对这项资助，他觉得这项研究的困难超出了研究结果的重要性。GyBP, Ⅰ. Abt, Rep. 34, Nr. 2, Mappe Fürth. [78 040]。

一页给 Hugo Seemann 的 TLC：由于他的研究计划的目的并非纯物理的，因而 KWIP 理事会不能满足他的请求。但爱因斯坦愿意帮他寻找资金用于物理医学研究。GyBP, Ⅰ. Abt, Rep. 34, Nr. 10, Mappe Seeman. [77 627]。

一页 Ilse Einstein 代爱因斯坦写给 Vieweg 出版社的 TLC：爱因斯坦在新版 *Einsten 1917a* 中发现了许多印刷错误，要求新版本在发行以前进行校正。他认为第十版的版税的支票再也找不到了，要求重新给一张支票。将来他希望将 *Einsten 1917a* 翻译成克罗地亚语、匈牙利语和波兰

	语。[42 079]。
12月11日	两页来自 Wiener Urania 的 TLS：对于终止 11 月 3 日给爱因斯坦的电报（见本表）中所提议的系列讲座道歉。对于 1 月 13 日的讲座他们一定会租一个更大的报告厅。[10 370]。
12月12日	三页写给 Peter Debye 的 TLS，要求 Debye 将 KWIP 的变电器还给 KWIP。Debye 于 1920 年 12 月 20 日给予了回复。GyBP，Ⅰ. Abt, Rep. 34, Nr. 2, Mappe Debye. [77 995]。
12月15日	一份请求赦免 10 名匈牙利共和国委员的请愿书公开发表。爱因斯坦是签名者之一。《工人报》，1920 年 12 月 15 日。
	来自柏林犹太管理会（Jewish Community of Berlin）的 PD，要求缴纳 1920 年 4 月到 12 月的 25 500 马克的 14 天的逾期公理税。[35 093]。
12月16日	四页来自 David Reichinstein 的 ALS：他的一篇新的有关化学亲和性的论文，比 Bohr 的理论能更清楚地描述原子的化学性质。
	宣布他将在 1921 年 1 月 2 日到 5 日访问柏林。推介一位出版商出版爱因斯坦的演讲。送给爱因斯坦巧克力作为新年的问候。[20 137]。
12月17日	一页来自 Ernest Pickworth Farrow 的 ALS：在剑桥大学三一学院（Trinity Collage）听到爱因斯坦待在德国不开心，邀请爱因斯坦来剑桥大学。他可以帮爱因斯坦将信息传给三一学院（Trinity College）。他还寄来一张圣诞卡（已经不见了），希望爱因斯坦喜欢。[43 661]。
12月18日	三页来自 Reinhold Fürth 的 ALS：收到了拒绝他的申请的信件（见本表 12 月 10 日）。认为他的提案是可行的。GyBP，Ⅰ. Abt, Rep. 34, Nr. 2, Mappe Furth. [78 041]。
12月20日	一页由 Ilse Einstein 代爱因斯坦写给德累斯顿技术大学的学生代表（Allgemeine Studenten-Vertretung an der Technischen Hochschule Dresden）的 TLC：爱因斯坦接受了 1921 年 1 月 17 日去德累斯顿演讲的邀请。[43 577]。

三页来自 Peter Debye 的 TLS：KWIP 只资助了他 16 030 马克用于购买变压器，而他购买变压器却用了 65 000 马克。在巴德瑙海姆（Bad Nauheim）时，他就说过会把 KWIP 资助的钱还回，然后从其他地方筹钱。他不明白爱因斯坦为什么在 12 月 12 日的来信中叫他把变压器交给 KWIP。GyBP，I. Abt, Rep. 34, Nr. 1, Mappe Debye. [77 995]。

两页来自 Wolfgang Ostwald 的 TLS，对爱因斯坦答应了他的请求表示感谢。他希望爱因斯坦写一篇简短的个人简介。[18 495]。

12 月 21 日　一页来自 Augustus Trowbridge 的 TLS：在文件 207 给出了提议却忽略了其他的邀请。很高兴从文件 210 中知道了详情。[36 229]。

12 月 22 日　一页写给 Methuen 出版社的 TLC，感谢出版社提前支付了 *Einstein 1917a* 美国版的版税。希望 Methuen 将版税仍汇给 Paul Ehrenfest，这样 Ehrenfest 就能代表他处理他的事务。[69 003]。

12 月 23 日　两页来自 Wilhelm Blaschke 的 ALS：汉堡大学计划设立一个理论物理主席席位。候选人有 Max von Laue、Wikhelm Lenz 以及三个维也纳物理学家 Erwin Schrodinger、Ludwig Flamm 和 Hans Thirring。询问爱因斯坦认为哪三个是最好的。[43 277]。

12 月 24 日　一页来自德累斯顿技术大学的学生代表（Allgemeine Studenten-Vertretung an der Technischen Hochschule Dresden）的 ALS，很高兴爱因斯坦答应他们的请求。按照爱因斯坦的要求，他们不会为本次演讲在媒体上或以海报的形式做广告。他们将在贝尔维尤旅馆（Hotel Bellevue）为爱因斯坦安排住宿。[43 579]。

一页来自 Springer 出版社的汇单。寄来了 *Einstein 1920j* 的 3 000 马克的版税。出版社总共印刷了 12 000 本，其中 6 000 本已经卖出去了，GYHeidS, Mappe Einstein, E-24. [71 435]。

12 月 26 日　一页写给德累斯顿技术大学的学生代表（Allgemeine Studenten-Vertretung an der Technischen Hochschule Dresden）

	的 TLS,要求订好 1921 年 1 月 16 日的房间。GyDTH. [43 582.1]。
12 月 28 日	一页写给 Peter Debye 的 TLS,作为 Debye12 月 20 日来信的回复,为忘记了 Debye 是用自己的经费购买的变电器抱歉。GyBP, Ⅲ. Abt, Rep. 19, Nr. 184. [77 363]。
	一页来自 Hedwig Kohn 的 ALS:不能给出她所订购的石英光谱仪的具体情况,因为她还没有收到仪器。GyBP, Ⅰ. Abt, Rep. 34, Nr. 7, Mappe Kohn. [77 807]。
12 月 29 日	一页来自 Gustav Roethe 的 TLS,重申了从 1920 年 4 月 1 日起爱因斯坦的年薪将从 18 000 马克涨到 36 000 马克。并告诉爱因斯坦教育部长命令大学财务处室加快付款效率。[43 013]。
12 月 30 日	一页来自 Methuen 出版社的 TLS,询问爱因斯坦 12 月 22 日的来信是否想让他们把 *Einstein 1917a* 美国版的版税汇给 Paul Ehrenfest。[42 194]。
12 月 30 日之后	Ilse Einstein 写在上面来信的底部给 Methuen 出版社的 ADft,要求开出 Paul Ehrenfest 能够兑换现金的支票。[42 195]。
12 月 31 日	被授予科学与艺术勋章(和平奖)。[65 075]。
	两页来自春天(Springer)出版社的 TLS:转交了一位工程师 Lang 的来信。Lang 希望将 *Einstein 1920j* 翻译成法语。他建议爱因斯坦收取 2 000 马克的版税。GyHeids, Mappe Einstein, E-24. [41 1061]。

附 录

超导体中霍尔效应的计算[1]

$i_s = \kappa_{st} e_t$

$i\alpha_s = \kappa_{st}\alpha_t e$

$\alpha_t \delta_{ts}$

$(\kappa_{st} - \delta_{ts}\rho)\alpha_t = 0$

$\Delta \mathfrak{J}_1 \Delta \mathfrak{J}_2 \Delta \mathfrak{J}_3 + i\Delta \mathfrak{E}$

……

$U\dfrac{dx_i}{ds}$ $\varphi_{\mu v} = \dfrac{dx_v}{dt} j_v$

对于普通导体

$\mathrm{rot}\, e = -\dfrac{\partial \mathfrak{h}}{\partial t}$ $\sigma(e+e') = i$

$\mathrm{rot}\,\mathfrak{h} = \dfrac{\partial e}{\partial t} + i$ $e = \dfrac{1}{\sigma}i - e' = \dfrac{1}{\sigma}i - \alpha[i\,\mathfrak{h}]$

$-\dfrac{\partial \mathfrak{h}}{\partial t} = \dfrac{1}{\sigma}\mathrm{rot}\, i - \alpha\,\mathrm{rot}[i,\mathfrak{h}]$

稳恒条件

$\dfrac{\partial W_{\langle x\rangle y}}{\partial \langle y\rangle x}\left(-\dfrac{\partial W_x}{\partial y}\right) = 0$ $\dfrac{i_y}{\sigma} - e(i_z \mathfrak{h}_x - i_x \mathfrak{h}_z) = 0$

$\dot{\rho}$ $\mathfrak{E}_\rho$ $\dfrac{i_y}{\sigma} + \alpha\,\mathfrak{h}_z i_z = \langle 0 \rangle\,\mathrm{konst.}$

$\dfrac{(\varphi_{14} j_4)(\varphi_{24} j_4)(\varphi_{34} j_4)}{\varphi_{\mu\alpha} j_\alpha}$ $\underline{T_{11} + T_{22} + T_{33} + T_{44} = 0}$

$\mathrm{rot}\, e = -\dfrac{\partial \mathfrak{h}}{\partial t}$ $0 = e' + e$

$\mathrm{rot}\,\mathfrak{h} = \dfrac{\partial e}{\partial t} + i$ $e' = \alpha[i,\mathfrak{h}] = -e$

$-\mathrm{rot}\, e = +\alpha\,\mathrm{rot}[i,\mathfrak{h}] = +\dfrac{\partial \mathfrak{h}}{\partial t}$

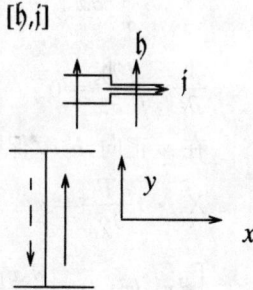

$[\mathfrak{h}, j]$

上图,剪头所指是电流方向。$\mathfrak{h}$ 由大变小。在带电导体中

$\mathfrak{h}$ 中，只有 $\mathfrak{h}_z$ 不为零[2]

$$\frac{i_y \mathfrak{h}_z - \mathfrak{h}_z i_y}{V_x} \quad \left|\frac{i_z \mathfrak{h}_x - i_x \mathfrak{h}_z}{V_y}\right| \quad \frac{i_x \mathfrak{h}_y - i_y \mathfrak{h}_x}{V_z}$$

$$\frac{\partial \mathfrak{h}_x}{\partial t} = \alpha \mathrm{rot}(+\mathfrak{h}_z i_y, -\mathfrak{h}_z i_x, 0)$$

$$\frac{\partial \mathfrak{h}_z}{\partial t} = \alpha \frac{\partial}{\partial z}(\mathfrak{h}_z i_x) - \frac{\partial \mathfrak{h}_z i_x}{\partial x} - \frac{\partial \mathfrak{h}_z i_y}{\partial y}$$

$$= -\boxed{\alpha i_x} \frac{\partial \mathfrak{h}_z}{\partial x} \text{ 在均匀导体之中}$$
$\quad\quad\ \ \beta$

$$\frac{\partial \mathfrak{h}_z}{\partial t} + \beta \frac{\partial \mathfrak{h}_z}{\partial x} = 0 \qquad f(x - \beta t) = \mathfrak{h}_z$$

在 x 正向，$\mathfrak{h}_z i_x$ 保持恒定，由此得出

$$\underline{X_1} \cdot \left|\frac{\partial T_{1\mu}}{\partial \chi_\mu} = \underline{\mathscr{R}_1}\right.$$

$$\int dx_1 dx_2 dx_3 \left|\frac{\partial \dot{x}_1 T_{1\mu}}{\partial x_\mu} - \underline{T_{11}} = 0\right.$$

$$\underline{\frac{\partial}{\partial x_4} \int \frac{\partial}{\partial x_4}(x_1 T_{14}) dx_1 dx_2 dx_3}$$

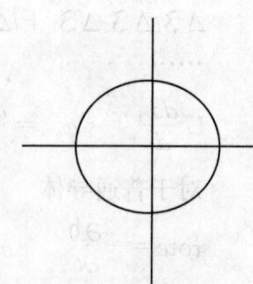

AD(MCB)．[70 381]．另外在封底有一则注解："阿耳伯特·爱因斯坦教授的手稿和计算，1920 年 12 月 12 日。"封底的图标已省略。

[1] 手稿中的计算展示了爱因斯坦的论点，该论点在其他信件中也概要地出现过，可在 Ehrenfest 的日记中找到了证据。进一步的讨论，见文件 227。

[2] 在手稿中的这一处，有人写上了名字"爱因斯坦"。

引 用 文 献

在本卷中发表的爱因斯坦论文其著者-出版年短标题适用于本卷及后续各卷,但本卷中未发表的不一定适用。

Adams 1910 Adams, Walter. "An Investigation of the Displacements of the Spectrum Lines at the Sun's Limb." *Astrophysical Journal* 31 (1910): 30—61.

Adler 1920 Adler, Friedrich. *Ortszeit, Systemzeit, Zonenzeit und das ausgezeichnete Bezugssytem der Elektrodynamik. Eine Untersuchung über die Lorentzsche und die Einsteinsche Kinematik*. Vienna: Wiener Volksbuchhandlung, 1920.

Adreßbuch Berlin 1915—1917 *Berliner Adreßbuch 1915—1917. Unter Benutzung amtlicher Quellen*. Vol. 1. Berlin: Scherl,[1915—1917].

Akademische Statuten 1907 *Statuten und Reglements der Königlich Preussischen Akademie der Wissenschaften sowie der ihr Angegliederten Stiftungen und Institute*. Berlin: Reichsdruckerei,1907.

Albrecht 1915 Albrecht, Sebastian. "Anomalous Dispersion in the Sun." *The Astrophysical Journal* 41(1915): 333—358.

Albrecht 1916——. "Anomalous Dispersion in the Sun. II. *The Astrophysical Journal* 44(1916): 1—14.

Andrade Martins 1999 Andrade Martins, Roberto de. "The Search for Gravitational Absorption in the Early Twentieth Century." In *Goenner et al. 1999.* pp. 3—44.

Anschütz et al. 1915 Anschütz,Gerhard,et al. (87 signatories). "Zur Annexionsfrage. Eine Eingabe an den Reichskanzler." *Die Friedens-Warte* 17,no. 8(October 1915): 298—299.

Arco et al. 1919 Arco. Georg Count von; Einstein, Albert; Geiger, Walburga; Gerlach, Hellmut von; Harden, Maximilian; Hodann, Max; Kautsky,Luise; Rotten,Elisabeth; Schlesinger, Erich; and Stöcker,Helene.
Lille. Beiträge zur Naturgeschichte des Krieges. Berlin: Engelmann,1919.

Arvidsson 1920 Arvidsson, Gustaf. "Eine Untersuchung über die Ampèreschen Molekularströme nach der Methode von A. Einstein und W. J. de Haas." *Physikalische Zeitschrift* 21 (1920): 88—91.

Aspray 1988 Aspray,William. "The Emergence of Princeton as a World Center for Mathematical Research,1896—1939." In *History and Philosophy of Modern Mathematics*, pp. 346—366. William Aspray and Philip Kitcher, eds. Minneapolis: University of Minnesota Press, [1988].

Auerbach 1910 Auerbach,Felix. *Ektropismus oder die physikalische Theorie des Lebens*. Leipzig: Engelmann,1910.

Azzolini 1910   Azzolini, Margherita. *Giosuè Carducci und die deutsche Literatur*. Tübingen: Mohr(Siebeck),1910.

Baedeker 1909   Baedeker, Karl. *Switzerland and the Adjacent Portions of Italy, Savoy, and Tyrol. Handbook for Travellers*. 23d ed. Leipzig: Baedeker, 1909.

Bär 1918   Bär, Richard. "Über die atomistische Struktur der Elektrizität." *Annalen der Physik* 57(1918): 161—182.

Barnett 1915   Barnett, Samuel J. "Magnetization by Rotation." *Physical Review* 6 (1915): 239—270.

Barnett 1917———. "The Magnetization of Iron, Nickel, and Cobalt by Rotation and the Nature of the Magnetic Molecule." *Physical Review* 10 (1917): 7—21.

Barnett 1921/1922———. "The Angular Momentum of the Elementary Magnet." *Bulletin of the National Research Council* 3 (1921—1922): 235—250.

Bauer 1918   Bauer, Hans. "Kugelsymmetrische Lösungssyteme der Einsteinschen Feldgleichungen der Gravitation für eine ruhende, gravitierende Flüssigkeit mit linearer Zustandsgleichung." *Akademie der Wissenschaften* (Vienna). *Mathematisch-naturwissenschaft-liche Klasse. Abteilung IIa. Sitzungsberichte* 127 (1918): 2141—2227.

Beck 1919a   Beck, Emil. "Zum experimentellen Nachweis der Ampèreschen Molekular ströme." *Annalen der Physik* 60(1919): 109—148.

Beck 1919b———. "Zum experimentellen Nachweis der Ampèreschen Molekularströme." *Physikalische Zeitschrift* 20(1919): 490—491.

Beckman 1915   "On the Hall Effect and the Change of the Electric Resistance in a Transverse Magnetic Field at Low Temperature, Down to the Melting Point of Hydrogen." *Communications from the Physical Laboratory of the University of Leiden* 14(1914—1922). Supplement Nr. 40(June 1915).

Beer 1920   Beer, Fritz. *Die Einsteinsche Relativitätstheorie und ihr historisches Fundament. Sechs Vorträge für Laien*. Vienna: Perles, 1920.

Berlin Verzeichnis 1916/1920   *Königliche Friedrich-Wilhelms-Universität zu Berlin. Verzeichnis der Vorlesungen*. Berlin: Scho- lem Buchdruckerei, 1916(by semester). (The letter a in a citation of these publications refers to the summer semester of the year in question; the letter b refers to the winter semester, beginning at the end of the year.)

Bessel 1986   Bessel, Richard. "Violence as Propaganda: The Role of the Storm Troopers in the Rise of National Socialism." In *The Formation of the Nazi Constituency, 1919—1933*, pp. 131—146. Thomas Childers, ed. London: Croom Helm, 1986.

Beyerchen 1977   Beyerchen, Alan D. *Scientists under Hitler: Politics and the Physics Community in the Third Reich*. New Haven: Yale University Press, 1977.

Bjerknes 1900/1902   Bjerknes, Vilhelm F. K. *Vorlesungen über hydrodynamische Fernkräfte nach C. A. Bjerknes's Theorie*. 2 vols. Leipzig: Barth, 1900.

Bjerknes 1909———. *Die Kraftfelder*. Braunschweig: Vieweg, 1909.

Bjerknes, C. 1915   Bjerknes, Carl A. *Hydrodynamische Fernkräfte. Fünf Abhandlungen über die Bewegung kugelförmiger Körper in einer incompressiblen Flüssigkeit* (1863—1880). Arthur Korn and Vilhelm Bjerknes, eds. Leipzig: Engelmann, 1915.

Bjerrum 1918 Bjerrum, Niels. "Die Dissoziation der starken Elektrolyte." *Zeitschrift für Elektrochemie* 24(1918):321—328.

Bjerrum 1919 ———. "Der Aktivitätskoeffi-zien der Ionen." *Zeitschrift für anorganische Chemie* 109(1919):275—292.

Bloch 1918 Bloch, Werner. *Einführung in die Relativitätstheorie*. Leipzig: Teubner, 1918.

Böhi 1911a Böhi, Paul. *Untersuchungen zur Kapillar- und Diffusionsanalyse*. Zurich: Zürcher & Furrer, 1911.

Böhi 1911b ———. "Eine neue Methode der Bestimmung der Avogadroschen Zahl N." *Naturforschende Gesellschaft in Zürich. Vierteljahrsschrift* 56(1911):183—212.

Bohr 1918a Bohr, Niels. "On the Quantum Theory of Line-Spectra. Part 1. On the General Theory." In *Bohr 1976*, pp. 65—102.

Bohr 1918b ———. "On the Quantum Theory of Line-Spectra. Part 2. On the Hydrogen Spectrum." In *Bohr 1976*, pp. 103—166.

Bohr 1920a ———. "Über die Serienspektren der Elemente." *Zeitschrift für Physik* 2(1920):423—469.

Bohr 1920b ———. "Some Considerations of Atomic Structure." In *Niels Bohr Collected Works*. Vol. 4. *The Periodic System* (1920—1923), pp. 43—69. J. Rud Nielsen, ed. Amsterdam: North-Holland, 1977.

Bohr 1976 ———. Nielsen, J. Rud, ed. *Niels Bohr Collected Works*. Vol. 3. *The Correspondence Principle* (1918—1923). Amsterdam: North-Holland, 1976.

Boltzmann 1898 Boltzmann, Ludwig. *Vorlesungen über Gastheorie*. Part 2, *Theorie van der Waals Gase mit zusammengesetzten Molekülen; Gasdissociation; Schlussbemerkungen*. Leipzig: Barth, 1898.

Boltzmann 1905 ———. *Populäre Schriften*. Leipzig: Barth, 1905.

Born 1909 Born, Max. "Die Theorie des starren Elektrons in der Kinematik des Relativitä-tsprinzips." *Annalen der Physik* 30(1909):1—56.

Born 1915 ———. *Dynamik der Kristallgitter*. Leipzig: Teubner, 1915.

Born 1920a ———. *Die Relativitätstheorie Einsteins und ihre physikalischen Grundlagen gemeinverständlich dargestellt*. Berlin: Springer, 1920.

Born 1920b ———. "Eine direkte Messung der freien Weglänge neutraler Atome." *Physikalische Zeitschrift* 21(1920):578—581.

Born 1920c ———. *Der Aufbau der Materie. Drei Aufsätze über moderne Atomistik und Elektronentheorie*. Berlin: Springer. 1920.

Born 1921 ———. *Die Relativitätstheorie Einsteins und ihre physikalischen Grundlagen elementar dargestellt*. 2d ed. Berlin: Springer, 1921.

Born 1975 ———. *Mein Leben: Die Erinnerungen des Nobelpreisträgers*. Munich: Nymphenburger, 1975.

Born 1978 ———. *My Life. Recollections of a Nobel Laureate*. London: Taylor and Francis, 1978.

Born and Landé 1918 Born, Max, and Landé, Alfred. "Über die Berechnung der Kompressibilität regulärer Kristalle aus der Gittertheorie. *Deutsche Physikalische Gesellschaft. Verhandlungen* 20(1918):210—216.

Bosquet 1987 Bosquet, Jean. "Théophile de Donder et la gravifique einsteinienne." *Académie Royale de Belgique. Bulletin de la Classe des Sciences* 73(1987):209—253.

Bots 1996 Bots, Marcel. *Bibliografie van de libe-*

rale tijdschriften. *Le Flambeau* (1918—1976). Ghent: Liberaal Archief, 1996.

Braunthal 1965 Braunthal, Julius. *Victor und Friedrich Adler. Zwei Generationen Arbeiterbewegung*. Vienna: Wiener Volksbuchhandlung, [1965].

Brenner 1996 Brenner, Michael. *The Renaissance of Jewish Culture in Weimar Germany*. New Haven: Yale University Press, 1996.

Brentano 1920 Brentano, Franz. "Zur Lehre von Raum und Zeit." *Kantstudien* 25(1920):1—22.

Broelmann 2002 Broelmann, Jobst. *Intuition und Wissenschaft in der Kreiseltechnik: 1750 bis 1930*. Munich: Deutsches Museum, 2002.

Brush 1976 Brush, Stephen G. *The Kind of Motion We Call Heat: A History of the Kinetic Theory of Gases in the 19th Century*. Amsterdam: North-Holland, 1976.

Buchholz 1902 Buchholz, Hugo. *Untersuchung der Bewegung vom Typus 2/3 im Problem der drei Körper und der "Hilda-Lücke" im System der kleinen Planeten auf Grund der Gyldénschen Störungstheorie. 1. Theil*. Vienna: K. K. Hof- und Staatsdruckerei, 1902.

Buchholz 1908 ——. *Das mechanische Potential nach Vorlesungen von L. Boltzmann bearbeitet, und die Theorie der Figur der Erde zur Einführung in die höhere Geodäsie (angewandte Mathematik)*. Leipzig: Barth, 1908.

Buchholz 1920 ——. *Ludwig Boltzmanns Vorlesungen über die Prinzipe der Mechanik. Dritter Teil: Elastizitätstheorie und Hydromechanik*. Leipzig: Barth, 1920.

Cassirer 1921 Cassirer, Ernst. *Zur Einsteinschen Relativitätstheorie*. Berlin: Cassirer, 1921.

Chickering 1975 Chickering, Roger. *Imperial Germany and a World without War: The Peace Movement and German Society. 1892—1914*. Princeton: Princeton University Press, 1975.

Cochet 1920 Cochet, Marie-Anne. *L'intuition et l'amour. Essai sur les rapports métaphysiques de l'intuition et de l'instinct avec l'intelligence et la vie*. Paris: Perrin, 1920.

Crawford 1987 Crawford, Elisabeth; Heilbron, J. L. and Ullrich, Rebecca. *The Nobel Population, 1901—1937: A Census of the Nominators and Nominees for the Prizes in Physics and Chemistry*. Berkeley and Uppsala: University of California, Berkeley and Uppsala University, 1987.

Crommelin 1920 Crommelin, Claude A. "Der, supraleitende Zustand "von Metallen." *Physikalische Zeitschrift* 21(1920):274—280, 300—304, 331—336.

Dahl 1992 Dahl, Per Fridtjof. *Superconductivity. Its Historical Roots and Development from Mercury to the Ceramic Oxides*. New York: American Institute of Physics, 1992.

Dahms 2002 Dahms, Hans-Joachim. "Appointment Politics and the Rise of Modern Theoretical Physics at Göttingen." In *Göttingen and the Development of the Natural Sciences*, pp. 143—157. N. Rupke, ed. Göttingen: Wallstein, 2002.

De Donder 1917 De Donder, Théophile. "Théorie du champ électromagnétique de Maxwell-Lorentz et du champ gravifique d'Einstein." *Archives du Musée Teyler* 3(1917):80—179.

De Donder 1920 ——. "Les théories d'Einstein" *Le Flambeau* 3(1920):714—731.

De Donder and Vanderlinden 1920a De Donder, Théophile, and Vanderlinden, Henri L. "Théorie nouvelle de la gravifique." *Académie Royale de Belgique. Bulletin de la Classe des Sciences* 6

(1920):232—245.

De Donder and Vanderlinden 1920b ——. "Les nouvelles équations fondamentales de la gravifique." *Académie des Sciences* (Paris). *Comptes rendus* 170(1920):1107—1109.

De Haas 1915 De Haas, Wander J. "Verdere proeven over het in een magneet aanwezige moment van hoeveelheid van beweging." *Koninklijke Akademie van Wetenschappen te Amsterdam. Wis- en Natuurkundige Afdeeling. Verslagen van de Gewone Verga deringen* 24(1915—1916):638—657. Reprinted in translation as "Further Experiments on the Moment of Momentum Existing in a Magnet." *Koninklijke Akademie van Wetenschappen te Amsterdam. Section of Sciences. Proceedings* 18(1915—1916):1281—1299.

De Haas 1923 ——. "Le moment de la quantité du mouvement dans une corps magnétique." In *Rapports 1923.* pp. 206—215.

De Haas and De Haas 1915 De Haas, Wander J., and De Haas, Geertruida L. "Een proef van Maxwell en de moleculaire stroomen van Ampère." *Koninklijke Akademie van Wetenschappen te Amsterdam. Wis- en Natuurkundige Afdeeling. Verslagen van de Gewone Vergaderingen* 24(1915—1916):398—404. Reprinted in translation as "An Experiment of Maxwell and Ampère's Molecular Currents." *Koninklijke Akademie van Wetenschappen te Amsterdam. Section of Sciences. Proceedings* 19(1916—1917):248—255.

De Sitter 1916 De Sitter, Willem. "De relativi teit der rotatie in de theorie van Einstein." *Koninklijke Akademie van Wetenschappen te Amsterdam. Wis- en Natuurkundige Afdeeling. Verslagen van de Gewone Vergaderingen* 25(1917):499—504. Reprinted in translation as "On the Relativity of Rotation in Einstein's Theory." *Koninklijke Akademie van Wetenschappen te Amsterdam. Section of Sciences. Proceedings* 19(1917):527—532.

De Sitter 1917 ——. "Over de kromming der ruimte." *Koninklijke Akademie van Wetenschappen te Amsterdam. Wis- en Natuurkundige Afdeeling. Verslagen van de Gewone Vergaderingen* 26(1917—1918):222—236. Reprinted in translation as "On the Curvature of Space." *Koninklijke Akademie van Wetenschappen te Amsterdam. Section of Sciences. Proceedings* 20(1917—1918):229—243.

De Sitter 1920 ——. "Over de mogelijkheid van statistisch evenwicht van het heelal." *Koninklijke Akademie van Wetenschappen te Amsterdam. Wis- en Natuurkundige Afdeeling. Verslagen van de Gewone Vergaderingen* 29(1920—1921):651—653. Reprinted in translation as "On the Possibility of Statistical Equilibrium of the Universe." *Koninklijke Akademie van Wetenschappen te Amsterdam. Section of Sciences. Proceedings* 23(1920—1922):866—868.

Debye 1912 Debye, Peter. "Einige Resultate einer kinetischen Theorie der Isolatoren." *Physikalische Zeitschrift* 13(1912):97—100.

Delft 2005 Delft, Dirk van. *Heike Kamerlingh Onnes. Een biografie.* Amsterdam:Bakker,2005.

Dostoyevsky 1916 Dostoyevsky, Fyodor. *Aus einem Totenhause.* 2d ed. Munich:Piper,1916.

Dyson et al. 1920 Dyson, Frank; Eddington, Arthur S.; and Davidson, Charles R. "A Determination of the Deflection of Light by the Sun's Gravitational Field, from Observations Made at the Total Eclipse of May 29, 1919." *Royal So-*

ciety of London. Philosophical Transactions 22 (1920):291—333.

Earman and Janssen 1993   Earman, John, and Janssen,Michel. "Einstein's Explanation of the Motion of Mercury's Perihelion." In *The Attraction of Gravitation : New Studies in the History of General Relativity*, pp. 129—172. John Earman,Michel Janssen,and John D. Norton,eds. Boston:Birkhäuser,1993.

Eddington 1918   Eddington, Arthur S. "The Dynamical Problems of the Stellar System." *The Observatoiy* 41(1918):132—137.

Eddington 1920a———. *Space, Time and Gravitation:An Outline of the General Relativity Theory*. Cambridge: Cambridge University Press, 1920.

Eddington 1920b———. "Displacement of Solar Lines and the Einstein Effect." *The Observatory* 43 (1920):228—229.

Egidy 1890   Egidy,Moritz von. *Ernste Gedanken*. Leipzig:Wiegand,1890.

Ehrenfest 1909   Ehrenfest,Paul. "Gleichförmige Rotation starrer Körper und Relativitätstheorie." *Physikalische Zeitschrift* 10(1909):918.

Ehrenfest 1910———. "Zu Herrn v. Igna towskys Behandlung der Bornschen Starrheitsdefinition." *Physikalische Zeitschrift* 11(1910):1127—1129.

Ehrenfest 1920———. "Opmerkingen over het paramagnetisme van vaste lichamen." *Koninklijke Akademie van Wetenschappen te Amsterdam. Wis- en Natuurkundige Afdeeling. Verslagen van de Gewone Vergaderingen* 29 (1920—1921):793—796. Reprinted in translation as "Note on the Paramagnetism of Solids." *Koninklijke Akademie van Wetenschappen te Amsterdam. Section of Sciences. Proceedings* 23(1921):989—992.

Ehrenhaft 1914   Ehrenhaft,Felix. "Über die Quantender Elektrizität." *Kaiserliche Akademie der Wissenschaften* (Vienna). *Mathematisch-naturwissenschaftliche Klasse. Abteilung IIa. Sitzungsberichte* 123(1914):53—155.

Ehrenhaft 1920———. "Über die Atomistik der Elektrizität und die Erscheinungen an einzelnen radioaktiven Probekörpern der Größenordnung 10^{-5} cm." *Physikalische Zeitschrift* 21(1920): 675—683.

Einstein 1901   Einstein, Albert. "Folgerungen aus dem Capillaritätserscheinungen." *Annalen der Physik* 4(1901):513—523.

Einstein 1902a———. "Ueber die thermodynamische Theorie der Potentialdifferenz zwischen Metallen und vollständig dissociirten Lösungen ihrer Salze und über eine elektrische Methode zur Erforschung der Molecu larkräfte." *Annalen der Physik* 8(1902):798—814.

Einstein 1905j———. *Eine neue Bestimmung der Moleküldimensionen*. Dissertation,University of Zurich. Bern:Wyss,1905.

Einstein 1905r———. "Zur Elektrodynamik bewegter Körper."*Annalen der Physik* 17(1905):891—921.

Einstein 1907j———. "Über das Relativitätsprinzip und die aus demselben gezogenen Folgerungen." *Jahrbuch der Radioaktivität und Elektronik* 4(1907):197—198.

Einstein 1909b———. "Zum gegenwärtigen Stand des Strahlungsproblems." *Physikalische Zeitschrift* 10(1909):185—193.

Einstein 1909c———. "Über die Entwickelung unserer Anschauungen über das Wesen und die Konstitution der Strahlung." *Deutsche Physikalische Gesellschaft. Verhandlungen* 11(1909): 482—500. Reprinted in *Physikalische Zeits-*

chrift 10(1909):817—825.

Einstein 1910a———. "Le principe de relativité et ses conséquences dans la physique moderne." Archives des sciences physiques et naturelles 29 (1920):5—28,125—144.

Einstein 1911a———. "Bemerkung zu dem Gesetz von Eötvös." Annalen der Physik 34 (1911): 165—169.

Einstein 1911f———. "Zum Ehrenfestschen Paradoxon. Bemerkung zu V. Varičaks Aufsatz." Physikalische Zeitschrift 12(1911):509—510.

Einstein 1911i———. "Die Relativitäts-Theorie." Naturforschende Gesellschaft in Zürich. Vierteljahrsschrift 56(1911):1—14.

Einstein 1912b———. "Thermodynamische Begründung des photochemischen Äquivalentgesetzes." Annalen der Physik 37 (1912):832—838.

Einstein 1914a———. "Zum gegenwärtigen Stande des Problems der spezifischen Wärme." In Verhandlungen 1914, pp. 330—352.

Einstein 1914h———. "Vom Relativitäts-Prinzip." Scientia 15(1914):337—348.

Einstein 1914n———. "Beiträge zur Quantentheorie." Deutsche Physikalische Gesellschaft. Verhandlungen 16(1914):820—828.

Einstein 1914o———. "Die formale Grundlage der allgemeinen Relativitätstheorie." Königlich Preußische Akademie der Wissenschaften (Berlin). Sitzungsberichte(1914):1030—1085.

Einstein 1915b———. "Die Relativitätstheorie." In Die Kultur der Gegenwart, Ihre Entwicklung und ihre Ziele. Paul Hinneberg, ed. Part 3, Sec. 3, Vol. I. Physik, pp. 703—713. Emil Warburg, ed. Leipzig; Teubner, 1915.

Einstein 1915c———. "Experimenteller Nachweis der Ampèreschen Molekularströme." Die Naturwissenschaften 3(1915):237—238.

Einstein 1915f———. "Zur allgemeinen Relativitätstheorie." Königlich Preußische Akademie der Wissenschaften (Berlin). Sitzungsberichte (1915):778—786.

Einstein 1915g———. "Zur allgemeinen Relativitätstheorie (Nachtrag)." Königlich Preußische Akademie der Wissenschaften (Berlin). Sitzungsberichte (1915):799—801.

Einstein 1915h———. "Erklärung der Perihelbewegung des Merkur aus der allgemeinen Relativitätstheorie." Königlich Preußische Akademie der Wissenschaften (Berlin). Sitzungsberichte(1915):831—839.

Einstein 1915i———. "Die Feldgleichungen der Gravitation." Königlich Preußische Akademie der Wissenschaften (Berlin). Sitzungsberichte (1915):844—847.

Einstein 1916d———. "Ein einfaches Experiment zum Nachweis der Ampèreschen Molekularströme." Deutsche Physikalische Gesellschaft. Verhandlungen 18(1916):173—177.

Einstein 1916e———. "Die Grundlage der allgemeinen Relativitätstheorie." Annalen der Physik 49(1916):769—822.

Einstein 1916f———. Die Grundlage der allgemeinen Relativitätstheorie. Leipzig: Barth, 1916.

Einstein 1916g———. "Näherungsweise Integration der Feldgleichungen der Gravitation." Königlich Preußische Akademie der Wissenschaften (Berlin). Sitzungsberichte (1916):688—696.

Einstein 1916j———. "Strahlungs-Emission und -Absorption nach der Quantentheorie." Deutsche Physikalische Gesellschaft. Verhandlungen 18(1916):318—323.

Einstein 1916k——. Review of: H. A. Lorentz, *Les théories statistiques en thermodynamique*. Leipzig: Teubner, 1916. *Die Naturwissenschaften* 4(1916):480—481.

Einstein 1916m——. "Elementare Theorie der Wasserwellen und des Fluges." *Die Naturwissenschaften* 4(1916):509—510.

Einstein 1916n——. "Zur Quantentheorie der Strahlung." *Physikalische Gesellschaft Zürich. Mitteilungen* 18(1916):47—62.

Einstein 1916o——. "Hamiltonsches Prinzip und allgemeine Relativitätstheorie." *Königlich Preußische Akademie der Wissenschaften* (Berlin). *Sitzungsberichte* (1916): 1111—1116.

Einstein 1917a——. *Über die spezielle und die allgemeine Relativitätstheorie*. (Gemeinverständlich.) Braunschweig: Vieweg. 1917.

Einstein 1917b——. "Kosmologische Betrachtungen zur allgemeinen Relativitätstheorie." *Königlich Preußische Akademie der Wissenschaften* (Berlin). *Sitzungsberichte* (1917): 142—152.

Einstein 1917d——. "Zum Quantensatz von Sommerfeld und Epstein." *Deutsche Physikalische Gesellschaft. Verhandlungen* 19(1917):82—92.

Einstein 1917f——. "Eine Ableitung des Theorems von Jacobi." *Königlich Preußische Akademie der Wissenschaften* (Berlin). *Sitzungsberichte* (1917):606—608.

Einstein 1917g——. "Marian v. Smo-luchowski." *Die Naturwissenschaften* 5(1917):737—738.

Einstein 1917h——. "Der Angst-Traum." *Berliner Tageblatt*, 25 December 1917, Morning Edition, sec. 3.

Einstein 1918b——. "Notiz zu E. Schrödingers Arbeit,Die Energiekomponenten des Gravitationsfeldes"." *Physikalische Zeitschrift* 19(1918): 115—116.

Einstein 1918e——. "Prinzipielles zur allgemeinen Relativitätstheorie." *Annalen der Physik* 55 (1918):241—244.

Einstein 1918f——. "Prinzipielles zur allgemeinen Relativitätstheorie." *Annalen der Physik* 55 (1918):241—244.

Einstein 1918g——. "Nachtrag." *Königlich Preußische Akademie der Wissenschaften* (Berlin). *Sitzungsberichte*(1918):478.

Einstein 1918h——. "Nachtrag." *Königlich Preußische Akademie der Wissenschaften* (Berlin). *Sitzungsberichte*(1918):478.

Einstein 1918j——. "Lassen sich Brechungsexponenten der Körper für Röntgenstrahlen experimentell ermitteln?" *Deutsche Physikalische Gesellschaft. Verhandlungen* 20(1918):86—87.

Einstein 1918k——. "Dialog über Einwände gegen die Relativitätstheorie." *Die Naturwissenschaften* 6(1918):697—702.

Einstein 1919a——. "Spielen Gravitationsfelder im Aufbau der materiellen Elementarteilchen eine wesentliche Rolle?" *Preußische Akademie der Wissenschaften* (Berlin). *Sitzungsberichte*(1919): 349—356.

Einstein 1919b——. "Bemerkung über periodische Schwankungen der Mondlänge, welche bisher nach der Newtonschen Mechanik nicht erklärbar schienen." *Preußische Akademie der Wissenschaften* (Berlin). *Sitzungsberichte*(1919): 433—436.

Einstein 1919f——. "Time, Space, and Gravitation." *The Times* (London), 28 November 1919, pp. 13—14.

Einstein 1920a——. [Uproar in the Lecture Hall.] *8—Uhr-Abendblatt* (Berlin), 13 February 1920, pp. 2—3.

Einstein 1920b ———. [An Exchange of Scientific Literature.] *Neue Zürcher Zeitung*, 4 April 1920.

Einstein 1920d ———. "Die Freie Vereinigung für technische Volksbildung." *Neue Freie Presse*, 24 July 1920, Morning Edition, p. 8.

Einstein 1920f ———. "Meine Antwort. Ueber die anti-relativitätstheoretische G. m. b. H." *Berliner Tageblatt*. 27 August 1920, Morning Edition, pp. [1—2].

Einstein 1920h ———. "Ein Bekenntnisbrief." *Israelitisches Wochenblatt für die Schweiz*. 24 September 1920, p. 10.

Einstein 1920i ———. [On the Contribution of Intellectuals to International Reconciliation.] In *Thoughts on Reconciliation*, pp. 10—11. New York: Deutscher Gesellig-Wissenschaftlicher Verein von New York, 1920.

Einstein 1920j ———. *Äther und Relativitätstheorie. Rede gehalten am 5. Mai 1920 an der Reichs-Universität zu Leiden*. Berlin: Springer, 1920.

Einstein 1920k ———. "Antwort auf vorstehende Betrachtung." *Die Naturwissenschaften* 8(1920): 1010—1011.

Einstein 1921c ———. *Geometrie und Erfahrung. Erweiterte Fassung des Festvortrages gehalten an der Preußischen Akademie der Wissenschaften zu Berlin am 27. Januar 1921*. Berlin: Springer, 1921.

Einstein 1921d ———. "A Brief Outline of the Development of the Theory of Relativity." *Nature* 106(1920—1921): 782—784.

Einstein 1921f ———. "Eine einfache Anwendung des Newtonschen Gravitationsgesetzes auf die kugelförmigen Sternhaufen." In *Festschrift der Kaiser-Wilhelm-Gesellschaft zur Förderung der Wissenschaften zu ihrem zehnjährigen Jubileum dargebracht von ihren Instituten*, pp. 50—52. Berlin: Springer. 1921.

Einstein 1921g ———. "Zur Abwehr." *Die Naturwissenschaften* 9(1921): 219.

Einstein 1955 ———. "Erinnerungen-Souvenirs." *Schweizerische Hochschulzeitung* 28 (Sonderheft) (1955): 145—153. Reprinted as "Autobiographische Skizze," in *Seelig 1956*, pp. 9—17.

Einstein 1979 ———. *Autobiographical Notes: A Centennial Edition*. Paul Arthur Schilpp, trans. and ed. La Salle, 111.: Open Court, 1979. Parallel German and English texts. Corrected version of "Autobiographisches—Autobiographical Notes." In *Albert Einstein: Philosopher-Scientist*, pp. 1—94. Paul Arthur Schilpp, ed. Evanston. 111.: The Library of Living Philosophers, 1949.

Einstein/Besso 1972   Einstein, Albert, and Besso, Michele. *Correspondance*, 1903—1955. Pierre Speziali, trans. and ed. Paris: Hermann, 1972.

Einstein/Born 1969   Einstein, Albert, and Born, Max. *Albert Einstein/Hedwig und Max Born. Briefwechsel 1916—1955*. Max Born, ed. Munich: Nymphenburger Verlagshandlung, 1969.

Einstein/Sommerfeld 1968   Einstein, Albert, and Sommerfeld, Arnold. *Albert Einstein-Arnold Sommerfeld, Briefwechsel*. Armin Hermann, ed. Basel: Schwabe, 1968.

Einstein and De Haas 1915a   Einstein, Albert, and De Haas, Wander. "Experimenteller Nachweis der Ampèreschen Molekularströme." *Deutsche Physikalische Gesellschaft. Verhandlungen* 17 (1915): 152—170.

Einstein and De Haas 1915c ———. "Experimental Proof of the Existence of Ampère's Molecular Currents." *Koninklijke Akademie van Wetenschappen te Amsterdam. Section of Sciences*

Proceedings 18(1915—1916):696—711.

Einstein and De Haas 1915d———. "Notiz zu unserer Arbeit"Experimenteller Nachweis der Ampèreschen Molekularströme"." *Deutsche Physikalische Gesellschaft. Verhandlungen* 17(1913): 420.

Einstein and Grossmann 1913 Einstein, Albert, and Grossmann, Marcel. *Entwurf einer verallgemeinerten Relativitätstheorie und einer Theorie der Gravitation*. Leipzig: Teubner, 1913.

Einstein and Stern 1913 Einstein, Albert, and Stern, Otto. "Einige Argumente für die Annahme einer molekularen Agitation beim absoluten Nullpunkt." *Annalen der Physik* 40 (1913):551—560.

Einstein et al. 1911 Einstein, Albert, et al. [Discussions of Lectures delivered at the 83d meeting of the GDNÄ.] *Physikalische Zeitschrift* 12 (1911):1068—1069,978,1084.

Einstein et al. 1920———. [Discussions of Lectures in Bad Nauheim.] *Physikalische Zeitschrift* 21 (1920):650—651,662,666—668.

Einstein, E. 1922 Einstein, Edith. "Zur Theorie des Radiometers." *Annalen der Physik* 69(1922): 241—254.

Eucken 1912 Eucken, Arnold. "Die Molekularwärme des Wasserstoffs bei tiefen Temperaturen." *Königlich Preußische Akademie der Wissenschaften*(Berlin). *Sitzungsberichte*(1912): 141—151.

Eucken 1920———. "Bericht über die Anwendung der Quantenhypothese auf die Rotationsbewegung der Gasmoleküle." *Jahrbuch der Radioaktivität und Elektronik* 16(1920):361—411.

Evershed 1909 Evershed, John. "Pressure in the Reversing Layer." *Kodaikanal Observatory. Bulletin* 18(1909)131—134.

Evershed 1913———. "A New Interpretation of the General Displacement of the Lines of the Solar Spectrum Towards the Red." *Kodaikanal Observatory. Bulletin* 36(1913):45—53.

Evershed 1916———. "Anomalous Dispersion in the Sun." *The Observatory* 39(1916):59—62.

Evershed and Royds 1914 Evershed, John, and Royds, Thomas. "On the Displacement of the Spectrum Lines at the Sun's Limb." *Kodaikanal Observatory. Bulletin* 39(1914):71—81.

Eyck 1962 Eyck, Erich. *A History of the Weimar Republic*. Cambridge: Harvard University Press, 1962.

Fabre 1921 Fabre, Lucien. *Une nouvelle figure du monde. Les théories d'Einstein. Avec une préface de M. Einstein*. Paris: Payot, 1921.

Feldman 1997 Feldman, Gerald D. *The Great Disorder. Politics, Economics, and Society in the German Inflation 1914—1924*. New York: Oxford University Press, 1997.

Fisher 1988 Fisher, David J. *Romain Rolland and the Politics of Intellectual Engagement*. Berkeley: University of California Press, 1988.

Flamm 1916 Flamm, Ludwig. "Beiträge zur Einsteinschen Gravitationstheorie." *Physikalische Zeitschrift* 17(1916):448—454.

Fokker 1918 Fokker, Adriaan D. "On Relativity and Electrodynamics." *Philosophical Magazine* 36(1918):205—206.

Fokker 1920a———. "De bijdragen van polariseerings-en magnetiseerings-elektronen tot den elektrischen stroom." *Koninklijke Akademie van Wetenschappen te Amsterdam. Wis-en Natuurkundige Afdeeling. Verslagen van de Gewone Vergaderingen* 28(1919—1920):1040—1063.

Fokker 1920b———. "On the Contribution to the Electric Current from the Polarization and Magnetization Electrons." *Philosophical Magazine* 39(1920):404—415.

Fokker 1921　．"De geodetische precessie: een uitvloeisel van Einstein's gravitatie theorie." *Koninklijke Akademie van Wetenschappen te Amsterdam. Wisen Natuurkundige Afdeeling. Verslagen van de Gewone Vergaderingen* 29(1920—1921):611—611. Reprinted in translation as "The Geodesic Precession: A Consequence of Einstein's Theory of Gravitation." *Koninklijke Nederlandse Akademie van Wetenschappen te Amsterdam. Section of the Sciences. Proceedings* 23(1921):728—738.

Forbes 1963　Forbes, Eric G. "A History of the Solar Red Shift Problem." *Annals of Science* 17(1961 [publ. 1963]):131—164.

Forman 1986　Forman, Paul. "II *Naturforscherversammlung* a Nauheim del settembre 1920: una introduzione alla vita scientifica nella Repubblica di Weimar." In *La ristrutturazione delle scienze tra le due guerre mondiali*, pp. 59—78. Giovanni Battimelli, Michelangelo de Maria and Arcangelo Rossi, eds. Rome: La Goliardica Editrice Universitaria di Roma, 1986.

Fort 2003　Fort, Adrian. *Prof: The Life of Frederick Lindemann*. London: Cape, 2003.

France 1908a　France, Anatole. *L'île des pingouins*. Paris: Aalmann-Levy, 1908.

France 1908b　——. *Sur la pierre blanche*. Paris: Calmann-Levy, 1908.

France 1917　——. *Aufruhr der Engel*. Rudolf Leonhard, trans. Leipzig: K. Wolff, 1917.

Franck and Hertz 1914a　Franck, James, and Hertz, Gustav. "Über Zusammenstösse zwischen Elektronen und den Molekülen des Quecksilberdampfes und die Ionisierungsspannung desselben." *Deutsche Physikalische Gesellschaft. Verhandlungen* 16(1914):457—467.

Franck and Hertz 1914b　——. "Über die Erregung der Quecksilberresonanzlinie 253.6 ($\mu\mu$ durch Elektronenstösse." *Deutsche Physikalische Gesellschaft. Verhandlungen* 16(1914):512—517.

Franck and Knipping 1919　Franck, James, and Knipping, Paul. "Die Ionisierungsspannungen des Heliums." *Physikalische Zeitschrift* 20(1919):481—488.

Franck and Knipping 1920　——. "Ueber die Anregungsspannungen des Heliums." *Zeitschrift für Physik* 1(1920):320—332.

Frank 1917　Frank, Philipp. "Die Bedeutung der physikalischen Erkenntnistheorie Machs für das Geistesleben der Gegenwart." *Die Naturwissenschaften* 5(1917):65—72.

Frenkel 1971　Frenkel, Viktor Ya. *Paul Ehrenfest*. Moscow: Atomizdat, 1971.

Frenkel 2002　——. "Einstein and Friedmann." In *Einstein Studies in Russia*, pp. 1—15. Yuri Balashov and Vladimir P. Vizgin, eds. Boston: Birkhäuser, 2002.

Freundlich 1915　Freundlich, Erwin. "Über die Gravitationsverschiebung der Spektrallinien bei Fixsternen." *Physikalische Zeitschrift* 16(1915):115—117.

Freundlich 1916　——. *Die Grundlagen der Einsteinschen Gravitationstheorie*. Berlin: Springer, 1916.

Freundlich 1919a　——. "Zur Prüfung der allgemeinen Relativitätstheorie." *Die Naturwissenschaften* 7(1919):629—636.

Freundlich 1919b　——. "Über die Gravitationsverschiebung der Spektrallinien bei Fixsternen. II. Mitteilung." *Physikalische Zeitschrift* 20(1919):561—570.

Freundlich 1920　——. *The Foundations of Ein-*

stein's *Theory of Gravitation*. Cambridge: Cambridge University Press, 1920.

Fried 1912 Fried, Alfred H. *Kurzgefasste Darstellung der Pan-Amerikanischen Bewegung*. Berlin: Verlag der "Friedens-Warte," 1912.

Fried 1918 ——. *Probleme der Friedenstechnik*. Leipzig: Naturwissenschaften, 1918.

Fried 1919 ——. *Auf hartem Grund. Offene Antwort auf den an mich gerichteten Brief von Dr. Jur. Hermann M. Popert im "Vortrupp" vom 1. März 1919*. Hamburg: Pfadweiser, 1919.

Fried 1920 ——. *Mein Kampf gegen Versailles und St. Germain vom Nov. 1918 bis Juni 1919*. Leipzig: Der Neue Geist. 1920.

Friedman 2001 Friedman, Robert M. *The Politics of Excellence*. New York: Holt, 2001.

Fueter 1928 Fueter, Eduard. *Die Schweiz seit 1848. Geschichte, Politik, Wirtschaft*. Zurich: Füssli, 1928.

Fürst and Moszkowski 1916 Fürst, Arthur, and Moszkowski, Alexander. *Das Buch der 1000 Wunder*. Munich: Langen, 1916.

Galison 1987 Galison, Peter. *How Experiments End*. Chicago: University of Chicago Press, 1987.

Gautschi 1968 Gautschi, Willi. *Der Landesstreik 1918*. Zurich: Benziger, 1968.

Gautschi 1971 ——, ed. *Dokumente zum Landesstreik 1918*. Zurich: Benziger, 1971.

Gavroglu and Goudaroulis 1989 Gavroglu, Kostas, and Goudaroulis, Yorgos. *Methodological Aspects of the Development of Low Temperature Physics: 1881—1956: Concepts out of Context*. Dordrecht: Kluwer, 1989.

Gehrcke 1916 Gehrcke, Ernst. "Zur Kritik und Geschichte der neueren Gravitationstheorien." *Annalen der Physik* 51(1916): 119—124.

Gehrcke 1919a ——. "Berichtigung zum Dialog der Relativitätstheorien." *Die Naturwissenschaften* 7 (1919): 147—148.

Gehrcke 1919b ——. "Die Astrophysik in relativistischer Beleuchtung." *Zeitschrift für physikalischen und chemischen Unterricht* 32(1919): 205—206.

Gehrcke 1920a ——. "Was beweisen die Beobachtungen über die Richtigkeit der Relativitätstheorie?" *Zeitschrift für technische Physik* 7(1920): 123.

Gehrcke 1920b ——. *Die Relativitätstheorie, eine wissenschaftliche Massensuggestion*. Schriften aus dem Verlage der Arbeitsgemeinschaft deutscher Naturforscher zur Erhaltung reiner Wissenschaft e. V. Heft 1. Berlin: Arbeitsgemeinschaft deutscher Naturforscher zur Erhaltung reiner Wissenschaft e. V., 1920.

Gehrcke 1920c ——. "Zu Einsteins Antwort." *Deutsche Zeitung*, 1 September 1920.

Geiger et al. 1920 Geiger, Walburga; Hodann, Max; Rotten, Elisabeth; and Schlesinger, Erich. *Lille. Beiträge zur Naturgeschichte des Krieges*. 2d rev. ed. Berlin: Engelmann, 1919.

Genovesi 2000 Genovesi, Angelo. *Il carteggio tra Albert Einstein ed Edouard Guillaume*. Milan: Angeli, 2000.

Gerber 1898 Gerber, Paul. "Die räumliche und zeitliche Ausbreitung der Gravitation." *Zeitschrift für Mathematik und Physik* 43(1898): 93—104.

Gerber 1917 ——. "Die Fortpflanzungsgeschwindigkeit der Gravitation." *Annalen der Physik* 52 (1917): 415—441.

Gerhards 1922 Gerhards, Karl. "Der mathematische Kern der Aussenweltshypothese." *Naturwissenschaften* 10(1922): 446—453.

Gerlach 1920   Gerlach, Hellmut von. "Hakenkreuz, hurra hoch!" *Die Welt am Montag*, 30 August 1920.

Ghosh 1918a   Ghosh, Jnanendra C. "The Abnormality of Strong Electrolytes. Part I. Electrical Conductivity of Aqueous Salt Solutions." *Journal of the Chemical Society* 113(1918):449—458.

Ghosh 1918b———. "The Abnormality of Strong Electrolytes. Part II. The Electrical Conductivity of Non-aqueous Solutions." *Journal of the Chemical Society* 113(1918):627—638.

Ghosh 1918c———. "The Abnormality of Strong Electrolytes. Part III. The Osmotic Pressure of Salt Solutions and Equilibrium between Electrolytes." *Journal of the Chemical Society* 113(1918):707—715.

Gittermann 1941   Gittermann, Valentin. *Geschichte der Schweiz*. Thayngen: Augustin, 1941.

Glaser 1920   Glaser, Ludwig. "Zur Erörterung über die Relativitätstheorie. Entgegnung an Herrn Professor Dr. M. v. Laue." *Tägliche Rundschau*, 14 August 1920, Evening Edition. Republished in *Weyland 1920c*, pp. 29—30.

Glick 1988   Glick, Thomas F. *Einstein in Spain: Relativity and the Recovery of Science*. Princeton: Princeton University Press, 1988.

Goenner 1993   Goenner, Hubert. "The Reaction to Relativity Theory I: The Anti-Einstein Campaign in Germany in 1920." *Science in Context* 6(1993):107—133.

Goenner 2005———. *Einstein in Berlin*. Munich: Beck, 2005.

Goenner et al. 1999   Goenner, Hubert; Renn, Jürgen; Ritter, Jim; and Sauer, Tilman, eds. *The Expanding Worlds of General Relativity*. Boston: Birkhäuser, 1999.

Goldscheid 1919   Goldscheid, Rudolf. *Grundfragen des Menschenschicksals: Gesammelte Aufsätze*. Leipzig, Vienna: Tal, 1919.

Goos 1921   Goos, Fritz. "Über eine Neukonstruktion des registrierenden Mikrophotometers." *Zeitschrift für Instrumentenkunde* 31(1921):313—324.

Gottschalk 1920   Gottschalk, Adolf. *Englischer Lehrgang für Volkshochschulen u. zum Selbstunterricht*. Leipzig: Neumann, 1920.

Grau 1918   Grau, Kurt Joachim. *Grundriss der Logik*. Leipzig and Berlin: Teubner, 1918.

Grebe 1920   Grebe, Leonhard. "Über die Gravitationsverschiebung der Fraunhoferschen Linien." *Physikalische Zeitschrift* 21(1920):662—666.

Grebe and Bachem 1919   Grebe, Leonhard, and Bachem, Albert. "Über den Einsteineffekt im Gravitationsfeld der Sonne." *Deutsche Physikalische Gesellschaft. Verhandlungen* 21(1919):454—464.

Grebe and Bachem 1920a———. "Über die Einsteinverschiebung im Gravitationsfeld der Sonne." *Zeitschrift für Physik* 1(1920):51—54.

Grebe and Bachem 1920b———. "Die Einsteinsche Gravitationsverschiebung im Sonnenspektrum der Stickstoffbande $\lambda = 3883$ AE." *Zeitschrift für Physik* 2(1920):415—422.

Grossmann 1920   Grossmann, Marcel. "Mise au point mathématique." *Archives des sciences physiques et naturelles* 2(1920):497-499.

Grundmann 1973   Grundmann, Herbert. *Gebhardt. Handbuch der Deutschen Geschichte*. 9th rev. ed. Vol. 4, Part 1. Stuttgart: Union, 1973.

Grundmann, S. 1998   Grundmann, Siegfried. *Einsteins Akte*. Heidelberg: Springer, 1998.

Guillaume 1920a   Guillaume, Edouard. "Représentation et mésure du temps." *Archives des sciences physiques et naturelles* 2(1920):

125—146.

Guillaume 1920b———. "Sur l'impossibilité de considère comme des périodes les paramètres représentant le temps dans la théorie de la relativité. Application au déplacement des raies solaires." *Archives des sciences physiques et naturelles* 2(1920):248—250.

Guillaume 1920c———. "Displacement of Solar Lines and the Einstein Effect." *The Observatory* 43 (1920):227—228.

Guillaume 1920d———. "Displacement of Solar Lines and the Einstein Effect." *The Observatory* 43(1920):288—290.

Guillaume 1921———. "Expression mono et polyparamétrique du temps dans la théorie de la relativité." In *Villat 1921*, pp. 594—602.

Guillaume and Willigens 1920 Guillaume, Edouard, and Willigens, Charles. "Sur l'introduction du temps universel dans la théorie de la gravitation." *Archives des sciences physiques et naturelles* 2(1920):253—254.

Gumbel 1921 Gumbel, Emil J. *Zwei Jahre Mord*. Berlin:Neues Vaterland,1921.

Gumbel 1922———. *Vier Jahre politischer Mord*. Berlin:Verlag der Neuen Gesellschaft,1922.

Günther 1920 Günther, Paul. "Über die innere Reibung des Wasserstoffs bei tiefen Temperaturen." *Königlich Preußische Akademie der Wissenschaften* (Berlin). *Sitzungsberichte* (1920):720—726.

Habberton 1886 Habberton, John. *Andrer Leute Kinder, oder, Bob und Teddi in der Fremde*. Leipzig:Reclam,1886.

Hager 1910 Hager, Hermann, et al. *Hagers Handbuch der pharmazeutischen Praxis: Für Apotheker, Ärzte, Drogisten, und Medizinalbeamte*. 2 vols. Berlin:Springer. 1920.

Hahlweg 1957 Hahlweg, Werner, ed. *Lenins Rückkehr nach Rusland, 1917. Die deutschen Akten*. Leiden:Brill,1957.

Hasse 1920 Hasse, Max. *Einsteins Relativitätslehre*. 2d ed. Magdeburg: Private author printing,ca. 1920.

Heilbron 1986 Heilbron, John L. *The Dilemmas of an Upright Man: Max Planck as Spokesman for German Science*. Berkeley: University of California Press,1986.

Heitz 1969 Heitz, Gerhard, et al. *Geschichte der Universität Rostock 1419—1969. Festschrift zur Fünfhundert fünfzig-Jahr-Feier der Universität*. Band I. *Die Universität von 1419—1945*. Berlin: Deutscher Verlag der Wissenschaften, 1969.

Heller 2000 Heller, Steven. *The Swastika: Symbol beyond Redemption?* New York: Allworth Press,2000.

Henle 1910 Henle, Jakob. *Von den Miasmen und Kontagien und von den miasmatisch kontagiösen Krankheiten*. 2d ed. Leipzig:Barth,1910.

Hentschel 1990 Hentschel, Klaus. *Interpretationen und Fehlinterpretationen der speziellen und der allgemeinen Relativitätstheorie durch Zeitgenossen Albert Einsteins*. Basel: Birkhäuser, 1990.

Hentschel 1991———. "Julius und die anomale Dispersion:Facetten der Geschichte eines gescheiterten Forschungsprogrammes." *Studien aus dem Philosophischen Seminar* 3, Heft 6. Universität Hamburg,April 1991.

Hentschel 1997———. *The Einstein Tower: An Intertexture of Dynamic Construction, Relativity Theory, and Astronomy*. Stanford, CA: Stanford University Press,1997.

Hentschel 1998———. *Zum Zusammenspiel von In-*

strument，Experiment und Theorie：Rotverschiebung im Sonnenspektrum und verwandte spektrale Verschiebungseffekte von 1880 bis 1960，2 vols. Hamburg：Kovać，1998.

Herglotz 1910　　Herglotz，Gustav. "Über den vom Standpunkt des Relativitätsprinzips aus als，starr"zu bezeichnenden Körper." *Annalen der Physik* 31(1910)：393—415.

Hermann 1994　　Hermann，Armin. *Einstein. Der Weltweise und sein Jahrhundert. Eine Biographie*. Munich：Piper，1994.

Herrmann 1920　　Herrmann，Elsa. "Die Trennung von Kirche und Staat im Frankfurter Parlament." Dissertation. Leipzig：1920.

Herzl 1902　　Herzl，Theodor. *Altneuland. Roman*. Leipzig：Seemann，1902.

Hettner 1920　　Hettner，Gerhard. "Über Gesetzmäßigkeiten in den ultraroten Gasspektren und ihre Deutung." *Zeitschrift für Physik* 1(1920)：345—354.

Hilbert 1915　　Hilbert，David. "Die Grundlagen der Physik.（Erste Mitteilung.）" *Königliche Gesellschaft der Wissenschaften zu Göttingen. Mathematisch-naturwissenschaftliche Klasse. Nachrichten* (1915)：395—407.

Hilbert 1918——．"Axiomatisches Denken." *Mathematische Annalen* 78(1918)：405—415.

Hirth 1900　　Hirth，Georg. *Entropie der Keimsysteme und erbliche Entlastung*. Munich：Hirth，1900.

Holst 1919　　Holst，Helge. "Die kausale Relativitätsforderung und Einsteins Relativitätstheorie." *Kongelige Danske Videnskabernes Selskab. Matematisk-fysiske Meddelelser* 2 (1919). no. 11.

Holst 1920a——."Wirft die Relativitätstheorie den Ursachsbegriff über Bord?" *Zeitschrift für Physik* 1(1920)：32—39.

Holst 1920b——．"Einige Bemerkungen über die Grundprinzipien der physikalischen Forschung." *Zeitschrift für Physik* 2(1920)：108—110.

Holton 1978　　Holton，Gerald. "Subelectrons, Presuppositions, and the Millikan-Ehrenhaft Dispute." *Historical Studies in the Physical Sciences* 10(1978)：161—224.

Homer 1951　　Homer. *The Iliad*. Richard Lattimore, trans. Chicago：University of Chicago Press，1951.

Howard 1994　　Howard，Don. "Einstein, Kant, and the Origins of Logical Empiricism." In *Language, Logic, and the Structure of Scientific Theories*. Wesley Salmon and Gereon Wolters, eds.，pp. 45—105. Pittsburgh：University of Pittsburg Press，1994.

Howard and Stachel 1989　　Howard，Don, and Stachel，John，eds. *Einstein and the History of General Relativity*. Boston：Birkhäuser，1989.

Huyghens 1920　　Huyghens，Christiaan. *Traité de la lumière*. Paris：Gauthier-Villars，1920.

Ibald 1920a　　Ibald. "Prof. Einstein i Kjφbenhavn. Foredrag i Astronomisk Seiskab." *Politiken*，22 June 1920.

Ibald 1920b——．"Prof. Einstein i Kjφbenhavn. Samtale med den lærde Fysiker." *Politiken*，26 June 1920.

Isaksson 1985　　Isaksson，Eva. "Der finnische Physiker Gunnar Nordström und sein Beitrag zur Entstehung der allgemeinen Relativitätstheorie Albert Einsteins." *NTM—Schriftenreihe für die Geschichte der Naturwissenschaft. Technik und Medizin* 22(1985)：29—52.

Jaarboek 1920　　*Jaarboek der Rijksuniversiteit te Leiden 1920*. Leyden：Brill，1920.

Jahresbericht 1918/1919　　*Jahresbericht des Kan-*

tonalen Gymnasiums über das Schuljahr 1918/1919. Zurich:Leemann,1919.

Jahresbericht 1919/1920 *Jahresbericht des Kantonalen Gymnasiums über das Schuljahr* 1919/1920. Zurich:Leemann,1920.

Jakob 1918 Jakob, Max. [Review of *Einstein 1917a.*] *Zeitschrift des Vereins deutscher Ingenieure* 62(1918):274—276.

Johannsen 1917 Johannsen,W. "Die Vererbung bei Aristoteles und Hippokrates im Lichte heutiger Forschung." *Die Naturwissenschaften* 5(1917):389—397.

Johansen 2005 Johansen,Nils V. *Einstein i Norge*. Oslo:Capellen,2005.

Josephson 1991 Josephson. Paul R. *Physics and Politics in Revolutionary Russia*. Berkeley:University of California Press,1991.

Julius 1914 Julius, Willem H. "Radial Motion in Sunspots." *Astrophysical Journal* 40(1914):1—33.

Julius 1916——. "Anomalous Dispersion and Fraunhofer Lines:Reply to Objections."*Astrophysical Journal* 43(1916):43—66.

Julius 1921——. "Mutual Influence of Fraunhofer Lines."*Astrophysical Journal* 54(1921):92—115.

Julius and Cittert 1920 Julius,Willem H.,and van Cittert,Pieter H. "De algemeene relativiteitstheorie en het zonnespectrum." *Koninklijke Akademie van Wetenschappen te Amsterdam. Wis- en Natuurkundige Afdee- ling. Verslagen van de Gewone Vergaderin- gen* 29(1920—1921):106—116. Reprinted in translation as "The General Relativity Theory and the Solar Spectrum."*Koninklijke Nederlandse Akademie van Wetenschappen te Amsterdam. Section of Sciences. Proceedings.* 23(1921):522—532.

Kamerlingh Onnes 1923 Kamerlingh Onnes, Heike. " Le paramagnétisme aux basses températures considéré au point de vue de la constitution des aimants élémentaires et de l'action que ceux-ci subissent de la part de leurs porteurs." In *Rapports 1923*, pp. 131—157.

Kammerer 1919 Kammerer,Paul. *Das Gesetz der Serie :Eine Lehre von den Wiederholungen im Leben- und im Weltgeschehen*. Stuttgart:Deutsche Verlags-Anstalt,1919.

Kapteyn 1918 Kapteyn,Jacobus C. "On the Parallaxes and Motion of the Brighter Galactic Helium Stars between Galactic Longitudes 150° and 216°." *Contributions from the Mount Wilson Solar Observatory*, no. 147(1918):3—92.

Keesom 1914 Keesom, Willem H. "Über die Magnetisierung von ferromagnetischen Körpern in Beziehung zur Annahme einer Nullpunktsenergie." *Physikalische Zeitschrift* 15(1914):8—17.

Kelen 1920 Kelen, József. "Umkehr und Verlust des remanenten Magnetismus bei Erregermaschinen." *Elektrotechnik und Maschinenbau* 38(1920):225—226.

Kerkhof 1900 Kerkhof, Karl. "Ueber Temperaturen in geisslerschen Röhren." Dissertation. Rheinische Friedrich-Wilhelms-Universität. Bonn:Bach,1900.

Kirsten and Treder 1979 Kirsten, Christa, and Treder, Hans-Jürgen, eds. *Albert Einstein in Berlin 1913—1933*. Part 2, *Spezialinventar*. Berlin:Akademie-Verlag,1979.

Klein 1970 Klein, Martin J. *Paul Ehrenfest:The Making of a Theoretical Physicist*. Amsterdam:North-Holland Physics Publishing,1970.

Kleinert 1975 Kleinert, Andreas. "Anton Lampa und Albert Einstein. Die Neubesetzung der physikalischen Lehrstühle an der deutschen Universität Prag." *Gesnerus* 32 (1975): 285—292.

Kleinert 1993———. "Paul Weyland, der Berliner Einstein-Töter." In *Naturwissenschaft und Technik in der Geschichte. 25 Jahre Lehrstuhl für Geschichte der Naturwissenschaften und Technik am Historischen Institut der Universität Stuttgart*, pp. 198—232. Helmuth Albrecht, ed. Stuttgart: Verlag für Geschichte der Naturwissenschaften und der Technik, 1993.

Kleinert and Schönbeck 1978 Kleinert, Andreas, and Schönbeck, Charlotte. "Lenard und Einstein. Ihr Briefwechsel und ihr Verhältnis vor der Nauheimer Diskussion von 1920."*Gesnerus* 35(1978):318—333.

König 1891 König, Arthur. *Über den Helligkeitswert der Spektralfarben bei verschiedener absoluter Intensität*. Hamburg: Voss, 1891.

Konstantinowsky 1915 Konstantinowsky, Kurt. "Elektrische Ladungen und Brownsche Bewegung sehr kleiner Metallteilchen im Gase. (Ein Beitrag zur Frage der Elementarquantum der Elektrizität.)" *Annalen der Physik* 48 (1915): 261—297.

Kormos Barkan 1999 Kormos Barkan, Diana. *Walther Nernst and the Transition to Modern Physical Science*. Cambridge: Cambridge University Press, 1999.

Körner 1921 Körner, K. "Die 86. Versammlung der Gesellschaft Deutscher Naturforscher und Ärzte in Bad Nauheim vom 19—25. September 1920." *Zeitschrift für mathematischen und naturwissenschaftlichen Unterricht* 52(1921):79—84.

Kottler 1920 Kottler, Friedrich. "Zur Theorie der Beugung, Emissionstheorie des Lichtes und Quantenhypothese." *Akademie der Wissenschaften* (Vienna). *Mathematisch-naturwissenschaftliche Klasse. Abteilung IIa, Sitzungsberichte* 129(1920):3—26.

Kox 1992 Kox, A. J. "General Relativity in the Netherlands, 1915—1920." In *Studies in the History of General Relativity*, pp. 39—56. Jean Eisenstaedt and A. J. Kox. eds. Boston: Birkhäuser, 1992.

Kraus 1920a Kraus, Oskar. "Ueber die Deutung der Relativitätstheorie Einsteins." *Lotos* 67—68 (1919—1920):146—152.

Kraus 1920b———. "Nachwort des Herausgebers." *Kantstudien* 25(1920):22—23.

Kretschmann 1919 Kretschmann, Erich. "A. Einstein. Spielen die Gravitationsfelder im Auftau der materiellen Elementarteilchen eine wesentliche Rolle?" *Beiblätter zu den Annalen der Physik* 43(1919):515—516.

Kronthal 1908 Kronthal, Paul. *Nerven und Seele*. Jena: Fischer, 1908.

Krutkow 1918/1919 Krutkov, Yuri (Georg). "Bijdrage tot de theorie der adiabatische invarianten." *Koninklijke Akademie van Wetenschappen te Amsterdam. Wis- en Natuurkundige Afdeeling. Verslagen van de Gewone Vergaderingen* 27 (1918/1919): 908—919. Reprinted in translation as "Contribution to the Theory of Adiabatic Invariants. (Preliminary Communication)." *Koninklijke Akademie van Wetenschappen te Amsterdam. Section of Sciences. Proceedings* 21(1918):1112—1123.

Lampa 1918 Lampa, Anton. *Ernst Mach*. Prague: Deutsche Arbeit, 1918.

Lampa 1919———. *Das naturwissenschaftliche Märchen. Eine Betrachtung*. Reichenberg: Deutsche Arbeit, 1919.

Langevin 1905 Langevin, Paul. "Magnétisme et

théorie des electrons." *Annales de chimie et de physique* 8(1905):70—127.

Larmor 1916   Larmor, Joseph. "Mutual Repulsion of Spectral Lines and Other Solar Effects Concerned with Anomalous Dispersion." *Astrophyscial Journal* 44(1916):265—272.

Laski 1918   Laski, Gerda. "Anwendung der Grundempfindungstheorie zur Größenbestimmung submikroskopischer Partikel. *Physikalische Zeitschrift* 19(1918):369—373.

Laue 1917   Laue. Max von. "Die Fortpflanzungsgeschwindigkeit der Gravitation. Bemerkungen zur gleichnamigen Abhandlung von P. Gerber." *Annalen der Physik* 53(1917):214—216.

Laue 1919——. *Das Relativitätsprinzip*. 3d ed. Braunschweig: Vieweg, 1919.

Laue 1920a——. "Zur Erörterung über die Relativitätstheorie. Entgegnung an Herrn Paul Weyland." *Tägliche Rundschau* 11 August 1920, Evening Edition. Republished in *Weyland 1920c*, pp. 25—27.

Laue 1920b——. "Zur Erörterung über die Relativitätstheorie." *Tägliche Rundschau* 17 August 1920, Evening Edition. Republished in *Weyland 1920c*. pp. 30—31.

Laue 1920c——. "Theoretisches über neuere optische Beobachtungen zur Relativitätstheorie." *Physikalische Zeitschrift* 21(1920):659—662.

Laue 1921——. *Das Relativitätsprinzip*. 4th ed. Braunschweig: Vieweg, 1921.

Leeuwen 1919   Leeuwen, Hendrika Johanna van. *Vraagstukken uit de elektronentheorie van het magnetisme*. Leyden: IJdo, 1919.

Lehmann 1909/1910   Lehmann, Otto. "Das Relativi-tätsprinzip, der neue Fundamentalsatz der Physik." *Verhandlungen des Naturwissenschaftlichen Vereins* (Karlsruhe) 23(1909/1910): 49—73.

Lehmann 1911——. "Die Umwandlung unserer Naturauffassung infolge der Entdek kung des Relativitätsprinzips." *Aus der Natur* 7(1911): 705—711, 751—761.

Lehto 1998   Lehto, Olli. *Mathematics without Borders: A History of the International Mathematical Union*. New York: Springer, 1998.

Lenard 1918   Lenard, Philipp. *Über Relativitätsprinzip. Äther, Gravitation*. Leipzig: Hirzel, 1918. Republished in *Jahrbuch der Radioaktivität und Elektronik* 15(1918):117—136.

Lenard 1920——. *Über Relativitätsprinzip. Äther, Gravitation*. 2d ed. Leipzig: Hirzel, 1920.

Lenard 1921——. *Über Relativitätsprinzip, Äther, Gravitation*. 3d ed. Leipzig: Hirzel, 1921.

Lenz 1920   Lenz, Wilhelm. "Beitrag zum Verständnis der magnetischen Erscheinungen in festen Körpern." *Physikalische Zeitschrift* 21(1920): 613—615.

Levi-Civita 1917   Levi-Civita, Tullio. "Nozione di parallelismo in una varietà qualunque e conseguente specificazione geometrica della curvature Riemanniana." *Circolo Matematico di Palermo. Rendiconti* 42(1917):173—205.

Lewis and Tolman 1909   Lewis, Gilbert N., and Tolman, Richard C. "The Principle of Relativity and Non-Newtonian Mechanics." *Philosophical Magazine* 18(1909):510—523.

Liebert 1920   Liebert, Arthur. "Zukunftsaufgaben des Neukantianismus." *Kant-Studien* 25 (1920):471—473.

Lilienthal 1920   Lilienthal, Gustav. "Segelflug der Vögel." *Deutsche Physikalische Gesellschaft. Verhandlungen* 1(1920):11—14.

Lindemann 1920   Lindemann. Frederick A. "The Philosophical Aspect of the Theory of Relativity: A Symposium by A. S. Eddington, W. D. Ross, C. D. Broad, and F. A. Lindemann." *Mind* 29 (1920): 437—445.

Lindemann and Lindemann 1917　Lindemann, Adolf F., and Lindemann, Frederick A. "Daylight Photography of Stars as a Means of Testing the Equivalence Postulate in the Theory of Relativity." *Royal Astronomical Society. Monthly Notices* 77(1917): 140—151.

Lohmeier and Schell 1992　Lohmeier, Dieter, and Schell, Bernhardt, eds. *Einstein, Anschütz und der Kieler Kreiselkompaß. Der Briefwechsel zwischen Albert Einstein und Hermann Anschütz-Kaempfe und andere Dokumente.* Heide in Holstein: Boyens, 1992.

Lorentz et al. 1913　Lorentz, Hendrik A.; Einstein, Albert; and Minkowski, Hermann. *Das Relativitätsprinzip. Eine Sammlung von Abhandlungen.* Leipzig: Teubner, 1913.

Lorentz et al. 1920　———. *Das Relativitätsprinzip. Eine Sammlung von Abhandlungen mit Anmerkungen von A. Sommerfeld und Vorwort von O. Blumenthal.* 3d exp. ed. Leipzig: Teubner, 1920.

Lüders 1925　Lüders, Else, ed. *Minna Cauer, Leben und Werk, dargestellt an Hand ihrer Tagebücher und nachgelassenen Schriften.* Gotha: Klotz, 1925.

Ludwig 1920　Ludwig, Emil. *Goethe. Geschichte eines Menschen.* 3 vols. Stuttgart: Cotta, 1920.

Majorana 1920a　Majorana, Quirino. "On Gravitation. Theoretical and Experimental Researches." *Philosophical Magazine* 39(1920): 488—504.

Majorana 1920b　———. "Sulla gravitazione. VII—IX." *Rendiconti della Reale Accademia dei Lincei, Classe di scienze fisiche, matematiche e naturali* 29(1920): 90—99, 163—169, 235—240.

Maltese and Orlando 1995　Maltese, Giulio, and Orlando, Lucia. "The Definition of Rigidity in the Special Theory of Relativity and the Genesis of the General Theory of Relativity." *Studies in History and Philosophy of Modern Physics* 26(1995): 263—306.

March 1971　March, Harold. *Romain Rolland.* New York: Twayne, 1971.

Marsch 1994　Marsch, Ulrich. *Notgemeinschaft der Deutschen Wissenschaft. Gründung und frühe Geschichte 1920—1925.* Frankfurt am Main: Lang, 1994.

Martins 1999　Martins, Roberto de Andrade. "The Search for Gravitational Absorption in the Early Twentieth Century." In *Goenner et al. 1999*, pp. 3—44.

Matricon and Waysand 2003　Matricon, Jean, and Waysand, Georges. *The Cold Wars: A History of Superconductivity.* New Brunswick, NJ: Rutgers University Press, 2003.

Maxwell 1873　Maxwell, James Clerk. *A Tretaise on Electricity and Magnetism.* 2 vols. Oxford: Clarendon Press, 1873.

Maxwell 1879　———. "On Stresses in Rarefied Gases Arising from Inequalities in Temperature." *Royal Society of London. Philosophical Transactions* 170(1879): 231—256.

Meadows 1972　Meadows, Arthur J. *Science and Controversy: A Biography of Sir Norman Lockyer.* Cambridge, MA: MIT Press, 1972.

Medicus 1994　Medicus, Heinrich A. "The Friendship among Three Singular Men: Einstein and His Swiss Friends Besso and Zangger." *Isis* 85 (1994): 456—478.

Medicus 1996　———. "Heinrich Zangger und die Berufung Einsteins an die ETH. Sein Einfluss auf die Besetzung weiterer Physik- Lehrstühle in

Zürich." *Gesnerus* 53(1996):217—235.

Mehra 1975　Mehra, Jagdish. *The Solvay Conferences on Physics: Aspects of the Development of Physics since 1911.* Dordrecht: Reidel, 1975.

Mehra and Rechenberg 1982　Mehra, Jagdish, and Rechenberg, Helmut. *The Historical Development of Quantum Theory.* Vol. 1, Part 2. The Quantum Theory of Planck, Einstein, Bohr and Sommerfeld: Its Foundation and the Rise of Its Difficulties 1900—1925. New York: Springer, 1982.

Meinecke 1918　Meinecke, Friedrich. *Preussen und Deutschland im 19. und 20. Jahrhundert: Historische und politische Aufsätze.* Oldenburg: Munich, 1918.

Meinecke 1919——. *Nach der Revolution: Geschichtliche Betrachtungen über unsere Lage.* Munich: Oldenbourg, 1919.

Meinecke 1949——. *Strassburg/Freiburg/Berlin, 1901—1919: Erinnerungen von Friedrich Meinecke.* Stuttgart: Koehler, 1949.

Meißner 1920　Meißner, Walther. "Thermische und elektrische Leitfähigkeit der Metalle." *Jahrbuch der Radioaktivität und Elektronik* 17 (1920): 229—273.

Meitner 1964　Meitner, Lise. "Looking Back." *Bulletin of the Atomic Scientists*, 20 November (1964):2—7.

Menger 1906　Menger, Anton. *Neue Staatslehre.* 3d ed. Jena: Fischer, 1906.

Mewes 1920　Mewes, Rudolf. *Gesammelte Arbeiten von Rudolf Mewes.* I. Abteilung: *Raumzeitlehre oder Relativitätstheorie in Geistes- und Naturwissenschaft und Werkkunst. Anwendung auf Mechanik und Thermodynamik (Wärmeleitung und relative Bewegung) 1884/1885.* I. Teil. Berlin: Mewes, 1920.

Meyer 1966　Meyer, Michael. "Great Debate on Antisemitism—Jewish Reaction to New Hostility in Germany, 1879—1881." *Leo Baeck Institute Yearbook* 11(1966):137—170.

Minkowski 1908　Minkowski, Hermann. "Die Grundgleichungen für die elektromagnetischen Vorgänge in bewegten Körpern." *Königliche Gesellschaft der Wissenschaften zu Göttingen. Mathematisch-physikalische Klasse. Nachrichten*(1908):53—111.

Minkowski 1909——. *Raum und Zeit. Vortrag gehalten auf der 80. Naturforscher-Versammlung zu Köln am 21. September 1908.* Leipzig: Teubner, 1909. Reprinted in *Physikalische Zeitschrift* 10(1909):104—111.

Minkowski and Born 1910　Minkowski, Hermann, and Born, Max. "Eine Ableitung der Grundgleichungen für die elektromagnetischen Vorgänge in bewegten Körpern vom Standpunkte der Elektronentheorie." *Mathematische Annalen* 68 (1910):526—551.

Mommsen 1934　Mommsen, Wilhelm E. *Die Technische Nothilfe. Ihre Entstehungsgeschichte, Entwicklung und heutige Stellung als Machtmittel des Staates.* Schramberg: Gatzer & Hahn, 1934.

Moore 1985　Moore, Ruth. *Niels Bohr: The Man, His Science, and the World They Changed.* Cambridge: MIT Press, 1985.

Moszkowski 1907　Moszkowski, Alexander. *Die unsterbliche Kiste: Die 333 besten Witze der Weltliteratur.* Berlin: Verlag der Lustigen Blätter (Eysler), 1907.

Moszkowski 1908——. *Das Freibad der Musen. Sprudelnde Verse.* [Berlin]: Verlag der Lustigen Blätter (Eysler), 1908.

Moszkowski 1917a——. *Der Sprung über den*

Schatten. Betrachtungen auf Grenzgebieten. Munich: Langen, 1917.

Moszkowski 1917b ———. Sokrates der Idiot, eine respektlose Studie. Berlin: Eysler, 1917.

Moszkowski 1921 ———. Einstein: Einblicke in seine Gedankenwelt. Gemeinverständliche Betrachtungen über die Relativitätstheorie und ein neues Weltsystem. Entwickelt aus Gesprächen mit Einstein. Hamburg: Hoffmann und Campe, 1921.

Mühsam 1919 Mühsam, Paul. Aus dem Schicksalsbuch der Menschheit. Dresden: Rödel, 1919.

Müller 1921 Müller, Friedrich von. "Eröffnungsrede." In Verhandlungen 1921, pp. 15—24.

Naumann 1988 Naumann, Gerlinde. Minna Cauer: Eine Kämpferin für Frieden, Demokratie und Emanzipation. Berlin: Sekretariat des Zentralvorstandes der Liberal-Demokratischen Partei Deutschlands im Buchverlag Der Morgen, 1988.

Nernst 1918 Nernst, Walther. Die theoretischen und experimentellen Grundlagen des neuen Wärmesatzes. Halle: Knapp, 1918.

Nernst 1919 ———. "Einige Folgerungen aus der sogenannten Entartungstheorie der Gase." Preussische Akademie der Wissenschaften (Berlin). Sitzungsberichte (1919): 118—127.

Nicolai 1917 Nicolai, Georg F. Die Biologie des Krieges. Betrachtungen eines deutschen Naturforschers. Zurich: Füssli, 1917.

Noether 1910 Noether, Fritz. "Zur Kinematik des starren Körpers in der Relativtheorie." Annalen der Physik 31(1910): 919—944.

Norst 1920a Norst, Else. "Kritik der optischen Größenbestimmung submikroskopischer Partikel." Deutsche Physikalische Gesellschaft. Verhandlungen 3(1920): 68—72.

Norst 1920b ———. "Zur optischen Größenbestimmung Ehrenhaftscher Probekörperchen." Akademie der Wissenschaften (Vienna). Mathematisch-naturwissenschaftliche Klasse. Abteilung IIa. Sitzungsberichte 129(1920): 673—682.

Norton 1984 Norton, John D. "How Einstein Found His Field Equations, 1912—1915." Historical Studies in the Physical Sciences 14 (1984): 253—316. Reprinted in Howard and Stachel 1989, pp. 101—159.

Nottmeier 2004 Nottmeier, Christian. Adolf von Harnack und die deutsche Politik 1890—1930. Eine biographische Studie zum Verhältnis von Protestantismus, Wissenschaft und Politik. Tübingen: Siebeck, 2004.

Noyes and Mac Innes 1920 Noyes, Arthur A., and Mac Innes, Duncan A. "The Ionization and Activity of Largely Ionized Substances." Journal of the American Chemical Society 42(1920): 239—245.

Oechsli 1886 Oechsli, Wilhelm. Quellenbuch zur Schweizergeschichte. Für Haus und Schule. Zurich: Schulthess, 1886.

Oosterhuis 1913 Oosterhuis, Ekko. "Die Abweichungen vom Curieschen Gesetz im Zusammenhang mit der Nullpunktsenergie." Physikalische Zeitschrift 14(1913): 862—867.

Oppenheim 1917 Oppenheim, Samuel. "Zur Frage nach der Fortpflanzungsgeschwindigkeit der Gravitation." Annalen der Physik 53(1917): 163—168.

Pais 1982 Pais, Abraham. The Science and the Life of Albert Einstein. Oxford: Oxford University Press, 1982.

Parankiewicz 1918 Parankiewicz, Irene. "Die lichtpositive und die lichtnegative Photophorese (untersucht am Schwefel und Selen)." Akademie *der Wissenschaften* (Vienna). *Mathematisch-naturwissenschaftliche Klasse. Abteilung IIa. Sitzungsberichte* 127(1918):1445—1516.

Penzler 1897/1913 Penzler, Johannes, and Krieger. Bogdan, eds. *Die Reden Kaiser Wilhelms II.* 4 vols. Leipzig: Reclam, 1897—1913.

Pérès 1919 Pérès, Joseph J. C. "Le parallélisme de M. Levi-Civita et la courbure riemannienne." *Rendiconti della Reale Accademia dei Lincei* 28(1919):425—428.

Pérès 1920 ——. "A propos de la notion de parallélisme dans une variété quelconque."*Rendiconti della Reale Accademia dei Lincei* 29 (1920):134—138.

Perot 1920 Perot, Alfred. "Comparaison des longeurs d'onde d'une raie de bande du cyanogène dans la lumière du soleil et dans celle d'une source terrestre." *Académie des sciences* (Paris). *Comptes rendus* 171(1920):229—232.

Petzoldt 1918 Petzoldt, Joseph. " Verbietet die Relativitätstheorie Raum und Zeit als etwas Wirkliches zu denken?" *Verhandlungen der Deutschen Physikalischen Gesellschaft* 20 (1918):189—201.

Petzoldt 1920 ——. "Kausalität und Relativitätstheorie." *Zeitschrift für Physik* 1 (1920): 467—474.

Petzoldt 1921a ——. "Mechanistische Naturauffassung und Relativitätstheorie."*Annalen der Philosophie* 2(1921):447—462.

Petzoldt 1921b ——. "Anhang. Das Verhältnis der Machschen Gedankenwelt zur Relativitätstheorie." In Ernst Mach, *Die Mechanik in ihrer Entwicklung historisch-kritisch dargestellt*. 8th ed., pp. 490—517. Leipzig: Brockhaus, 1921.

Pflüger 1920 Pflüger, Alexander. *Die Einsteinsehe Relativitätsprinzip (gemeinverständlich dargestellt)*. Bonn: Cohen, 1920.

PGZ Mitteilungen 1916 *Mitteilungen der Physikalischen Gesellschaft Zürich* 18. Zurich: Leemann, 1916.

Planck 1911 Planck, Max. *Vorlesungen über Thermodynamik*. 3d ed. Leipzig: Veit, 1911.

Plummer 1911 Plummer, Henry C. "On the Problem of Distribution in Globular Star Clusters." *Monthly Notices of the Royal Astronomical Society* 71(1911):460—470.

Plummer 1915 ——. "The Distribution of Stars in Globular Clusters." *Monthly Notices of the Royal Astronomical Society* 76 (1915): 107—121.

Polak 1918 Polak, Martin W. *Bezwaren tegen de opvattingen der relativisten*. Deventer: Kluwer, 1918.

Quinn 1994 Quinn, Malcolm. *The Swastika: Constructing the Symbol*. London: Routledge, 1994.

Rapports 1923 *Atomes et électrons. Rapports et discussions du conseil de physique tenu à Bruxelles du 1er au 6 avril 1921*. Paris: Gauthier-Villars, 1923.

Rathenau 1917 Rathenau, Walther. *Eine Streitschrift von Glauben*. Berlin: Fischer, 1917.

Regener 1920 Regener, Erich. "Über die Ursache, welche bei den Ehrenhaftschen Messungen wahrscheinlich die Existenz von Subelektronen vortäuscht." *Preußische Akademie der Wissenschaften* (Berlin). *Sitzungsberichte* (1920): 632—641.

Reich 1994 Reich, Karin. *Die Entwicklung des Tensorkalküls*. Basel: Birkhäuser, 1994.

Reich 2000 ——. "Einsteins Vortrag über Relativitätstheorie an der Universität Hamburg am 17. 7. 1920. Vorgeschichte, Folgen." *Mitteilungen der Mathematischen Gesellschaft in Hamburg* 19(2000):51—68.

Reiche 1917　Reiche, Fritz. "Zur Quantentheorie des Paramagnetismus." *Annalen der Physik* 54 (1917):401—436.

Reichenbach 1920　Reichenbach, Hans. *Relativitätstheorie und Erkenntnis a priori*. Berlin: Springer, 1920.

Reichinstein 1920　Reichinstein, David. "Ein elektrolytischer Stromverstärkungseffekt—ein neuer elektrolytischer Verdrängungseffekt, und der Zusammenhang zwischen Elektrolyse und Elektronenemission im Vakuum." *Zeitschrift für physikalische Chemie* 95(1920):457—507.

Renn and Sauer 1999　Renn, Jürgen, and Sauer, Tilman. "Heuristics and Mathematical Representation in Einstein's Search for a Gravitational Field Equation." In *Goenner et at. 1999*, pp. 87—125.

Rév 1969　Rév, Erika. *A népbiztosok pere*. Budapest: Kossuth, 1969.

Richardson 1914　Richardson, Owen W. *The Electron Theory of Matter*. Cambridge: Cambridge University Press, 1914.

Riem 1920a　Riem, Johannes. "Die Wissenschaft gegen Einstein." *Deutsche Zeitung*, 26 August 1920.

Riem 1920b　——. "Nochmals der Kampf gegen Einstein." *Neue Preussische Kreuz-Zeitung*, 27 August 1920.

Riemann 1919　Riemann, Bernhard. *Über die Hypothesen, welche der Geometrie zu Grunde liegen*. Hermann Weyl, ed. Berlin: Springer, 1919.

Riemer 1987　Riemer, Karl-Heinz. *Die Postüberwachung im Deutschen Reich durch Postüberwachungsstellen 1914—1918*. Düsseldorf: Poststempelgilde "Rhein-Donau" e. V., 1987.

Roerkohl 1991　Roerkohl, Anne. *Hungerblokkade und Heimatfront: Die kommunale Lebensmittelversorgung in Westfalen während des Ersten Weltkrieges*. Stuttgart: Steiner, 1991.

Rogger 2005　Rogger, Franziska. *Einsteins Schwester: Maja Einstein—ihr Leben und ihr Bruder Albert*. Zürich: Neue Zürcher Zeitung, 2005.

Rohrer 1915　Rohrer, Fritz. *Strömungswiderstand in der menschlichen Atemwegen und der Einfluß der unregelmäßigen Verzweigung des Bronchialsystems auf den Atmungsverlauf in verschiedenen Lungenbezirken. Aus dem gerichtlich-medizinischen Institut Prof. Zangger*. Bonn: Hager, 1915.

Rosenkranz 2005　Rosenkranz, Ze'ev. "Albert Einstein and the German Zionist Movement." in *Albert Einstein - Chief Engineer of the Universe. One Hundred Authors for Einstein*. Jürgen Renn, ed. Berlin: Wiley-VCH, 2005, pp. 302—307.

Rousseau 1870　Rousseau, Jean-Jacques. *Bekenntnisse*. Pevin Schücking, ed. Hildburghausen: Verlag des Bibliographischen Instituts, 1870.

Rousseau 1897　——. *Rousseaus ausgewählte Werke in sechs Bänden*. Stuttgart: Cotta, 1897.

Royds 1914　Royds, Thomas. "A Preliminary Note on the Displacement to the Violet of Some Lines in the Solar Spectrum." *Kodaikanal Observatory. Bulletin* 38(1914):59—69.

Royds 1915　——. "Anomalous Dispersion in the Sun." *Kodaikanal Observatory. Bulletin* 48 (1915):141—143.

Rubens 1913　Rubens, Heinrich. "Über die Absorption des Wasserdampfes und über neue Reststrahlengruppen im Gebiete der großen

Wellenlängen." *Königlich Preußische Akademie der Wissenschaften* (Berlin). *Sitzungsberichte*(1913):513—549.

Russell 1912 Russell, Henry N. "On the Determination of the Orbital Elements of Eclipsing Variable Stars." *Astrophysical Journal* 36 (1912):54—74.

Ryckman 2005 Ryckman, Thomas. *The Reign of Relativity. Philosophy in Physics 1915—1925*. Oxford: Oxford University Press, 2005.

Sammlung 1949 *Bereinigte Sammlung der Bundesgesetze und Verordnungen 1848—1947*. Vol. 2, Part 4: *Zivilrecht*. Bern, 1949.

Sauer 2000 Sauer, Tilman. "Hilberts Ruf nach Bern." *Gesnerus* 57(2000):182—205.

Sayen 1985 Sayen, Jamie. *Einstein in America: The Scientist's Conscience in the Age of Hitler and Hiroshima*. New York: Crown, 1985.

Schirmann 1919 Schirmann, Marie A. "Dispersion und Polychroismus des polarisierten Lichtes, das von Einzelteilchen von der Größenordnung der Wellenlänge des Lichtes abgebeugt wird." *Annalen der Physik* 59(1919):493—537.

Schlick 1917 Schlick, Moritz. "Raum und Zeit in der gegenwärtigen Physik. Zur Einführung in das Verständnis der allgemeinen Relativitätstheorie." *Die Naturwissenschaften* 5(1917):161—167, 177—186.

Schlick 1920a ——. "Naturphilosophische Betrachtungen über das Kausalprinzip." *Die Naturwissenschaften* 8(1920):461—474.

Schlick 1920b ——. *Space and Time in Contemporary Physics: An Introduction to the Theory of Relativity and Gravitation*. Oxford: Clarendon Press, 1920.

Schlick 1920c ——. *Raum und Zeit in der gegenwärtigen Physik. Zur Einführung in das Verständnis der Relativitäts- und Gravitationstheorie*. 3d exp. and rev. ed. Berlin: Springer, 1920.

Schlick 1920d ——. "Einstein's Relativitätstheorie." *Mosse Almanach* (1920):105—123.

Schmidt 1920 Schmidt, Harry. *Grundgedanken der Relativitätstheorie*. Hamburg: Hartung, 1920.

Schmidt, R. 1921 Schmidt, Raymund. "Die Als Ob'-Konferenz in Halle 29. Mai 1920." *Annalen der Philosophie* 2 (1921):503—514.

Schneider 1921 Schneider, Ilse. *Das Raum-Zeit-Problem bei Kant und Einstein*. Berlin: Springer, 1921.

Schönbeck 2000 Schönbeck, Charlotte. "Albert Einstein und Philipp Lenard. Antipoden im Spannungsfeld von Physik und Zeitgeschichte." *Schriften der mathematisch-naturwissenschaftliche Klasse der Heidelberger Akademie der Wissenschaften* 8(2000):1—42.

Schonten 1918 Schouten, Jan A. "Over het ont- staan eener praecessiebeweging tengevolge van het niet euklidisch zijn der ruimte in de nabijheid van de Zon." *Koninklijke Akademie van Wetenschappen te Amsterdam. Wis- en Natuurkundige Afdeeling. Verslagen van de Gewone Vergaderingen* 27(1918):215—220. Reprinted in translation as "On the Arising of a Precession-Motion Owing to the Non- Euclidian Linear Element of the Space in the Vicinity of the Sun." *Koninklijke Akademie van Wetenschappen te Amsterdam. Section of Sciences.*

Proceedings 21(1918):533—539.

Schrödinger 1918 Schrödinger, Erwin. "Die Energiekomponenten des Gravitationsfeldes." *Physikalische Zeitschrift* 19 (1918):4—7.

Schuler 2005 Schuler, Heinrich. *Albert Einstein in Benzingen—ein außergewöhnlicher Besucher—Camillo Brandhuber Pfarrer in Benzingen*. Sigmaringen: St. Franziskus Werkstatt, 2005.

Seelig 1956 Seelig, Carl. *Albert Einstein: A Documentary Biography*. Staples: London, 1956.

Seelig 1960——. *Albert Einstein: Leben und Werk eines Genies unserer Zeit*. 2d ed. Europa: Zurich, 1960.

Seeliger 1917a Seeliger. Hugo. "Bemerkung zu P. Gerbers Aufsatz:, Die Fortpflanzungsgeschwindigkeit der Gravitation "." *Annalen der Physik* 53 (1917):31—40.

Seeliger 1917b——. "Weitere Bemerkungen zur" Fortpflanzungsgeschwindigkeit der Gravitation" · " *Annalen der Physik* 54 (1917):38—40.

Seippel 1913 Seippel, Paul. *Romain Rolland*, l'homme et l'oeuvre. Paris: Olendorff, 1913.

Sellien 1919 Sellien, Ewald. "Die erkenntnistheoretische Bedeutung der Relativitätstheorie." *Kant-Studien. Ergänzungshefte*. Berlin: Reuther und Reichard, 1919.

Seth 2004 Seth, Suman. "Quantum Theory and the Electromagnetic World-View." *Historical Studies in the Physical and Biological Sciences* 35(2004):67—93.

Silberstein 1920 Silberstein, Ludwik. "The Recent Eclipse and Stokes-Planck's Aether." *Philosophical Magazine* 39 (1920):161—170.

Skalweit 1927 Skalweit, August. *Die Deutsche Kriegsnährungswirtschaft*. Stuttgart: Deutsche Verlags-Anstalt, 1927.

Stnekal 1918 Smekal, Adolf. "Zur sogenannten I. Planckschen Quantentheorie (Zur Quantentheorie des Paramagnetismus)." *Annalen der Physik* 57(1918): 376—400.

Snow 1892 Snow, Benjamin W. "Ueber das ultrarothe Emissionsspectrum der Alkalien." *Annalen der Physik und Chemie* 47(1892):208—251.

Sommerfeld 1916a Sommerfeld, Arnold. "Zur Quantentheorie der Spektrallinien." *Annalen der Physik* 51(1916):1—94.

Sommerfeld 1916b——. "Zur Quantentheorie der Spektrallinien (Fortsetzung)." *Annalen der Physik* 51(1916):125—167.

Sommerfeld 1919——. *Atombau und Spektrallinien*. Braunschweig: Vieweg, 1919.

Sommerfeld 1920——. "Die Relativitätstheorie." *Süddeutsche Monatsheften* 17: (1920) 80—87.

Sommerfeld 1921——. *Atombau und Spektrallinien*. 2d ed. Braunschweig: Vieweg, 1921.

Sommerfeld 2004——. *Wissenschaftlicher Briefwechsel*. Band 2: *1919—1951*. Michael Eckert and Karl Märker, eds. Berlin, Diepholz, Munich: Deutsches Museum/Verlag für Geschichte der Naturwissenschaften und der Technik, 2004.

Spieker 1890　Spieker, Theodor. *Lehrbuch der ebenen Geometrie. Mit Übungs-Aufgaben für höhere Lehranstalten*. 19th impr. ed. Potsdam: Stein, 1890.

Spuler 1953　Spuler, Bertold. *Regenten und Regierungen der Welt. Teil* II. *1492—1953*. Bielefeld: Ploetz, 1953.

St. John 1915　St. John, Charles E. "Anomalous Dispersion in the Sun in the Light of Observations." *Astrophysical Journal* 41(1915): 28—71.

St. John 1916——. "Observational Evidence That the Relative Positions of Fraunhofer Lines Are Not Systematically Affected by Anomalous Dispersion." *Astrophysical Journal* 44 (1916): 311—341.

Stachel 1980　Stachel, John. "Einstein and the Rigidly Rotating Disk." In *General Relativity and Gravitation: One Hundred Years after the Birth of Albert Einstein*. Vol. 1, pp. 1—15. Alan Held, ed. New York: Plenum, 1980. Reprinted in: Stachel, John. *Einstein from "B" to "Z."* Boston: Birkhäuser, 2002, pp. 245—260.

Starr 1971　Starr, William T. *Romain Rolland, One Against All: A Biography*. The Hague: Mouton, 1971.

Steglich 1964　Steglich, Wolfgang. *Die Friedenspolitik der Mittelmächte 1917/1918*. Vol. 1. Wiesbaden: Steiner, 1964.

Stern 1913　Stem, Otto. "Zur kinetischen Theorie des Dampfdrucks einatomiger fester Stoffe und über die Entropiekonstante einatomiger Gasse." *Physikalische Zeitschrift* 14 (1913): 629—632.

Stern 1919——. "Zusammenfassender Bericht Über die ulartheorie des Dampfdruckes fester Stoffe und ihre Bedeutung für die Berechnung chemischer Konstanten." *Zeitschrift für Elektrochemie und angewandte physikalische Chemie* 25(1919): 66—80.

Stern 1920a——. "Zur Molekulartheorie des Paramagnetismus fester Salze." *Zeitschrift für Physik* 1(1920): 147—153.

Stern 1920b——. "Eine direkte Messung der thermischen Molekulargeschwindigkeit. Vorläufige Mitteilung." *Zeitschrift für Physik* 2(1920): 49—56.

Stern 1920c——. "Nachtrag zu meiner Arbeit: ,,Eine direkte Messung der thermischen Molekulargeschwindigkeit" · " *Zeitschrift für Physik* 3(1920): 417—421.

Stewart 1918　Stewart, John Q. "The Moment of Momentum Accompanying Magnetic Moment in Iron and Nickel." *Physical Review* 11(1918): 100—120.

Stodola 1915　Stodola, Aurel. "Künstliche Gliedmassen: Eine dankbare chirurgischmechanische Aufgabe." *Zeitschrift des Vereins Deutscher Ingenieure* (1915): 842—843.

Stokesbuiy 1981　Stokesbury. James L. *A Short History of World War* I. New York: Harper-Collins, 1981.

Stoltzenberg 1994　Stoltzenberg, Dietrich. *Fritz. Haber: Chemiker, Nobelpreisträger, Deutscher, Jude*. Weinheim: VCH, 1994.

Tagore 1920　Tagore, Rabindranath. *Das Heim und die Welt*. Munich: Wolff,

1920.

Tamman 1918a Tamman, Gustav. "Über den atomistischen Aufbau nichtmetallischer Mischkristalle." *Königliche Gesellschaft der Wissenschaften zu Göttingen. Mathematisch physikalische Klasse. Nachrichten* (1918):296—318.

Tamman 1918b ——. "Über isomere Legierungen." *Königliche Gesellschaft der Wissenschaften zu Göttingen. Mathematisch-physikalische Klasse. Nachrichten* (1918):332—350.

Tank 1919 Tank, Franz. "Bandenspektren und Quantentheorie." *Mitteilungen der Physikalischen Gesellschaft Zürich* 19 (1919):87—93.

Tayler 1987 Tayler, Roger J., ed. *History of the Royal Astronomical Society*. Vol. 2. 1920—1980. Oxford:Blackwell,1987.

Thiele 1971 Thiele, Joachim. "Briefe Albert Einsteins an Joseph Petzoldt." *NTM-Schriftenreihe für Geschichte der Naturwissenschaften, Technik und Medizin* 8(1971):70—74.

Tolman and Stewart 1916 Tolman, Richard C., and Stewart T. Dale. "The Electromotive Force Produced by the Acceleration of Metals." *Physical Review* 8 (1916):97—116.

Tolman and Stewart 1917 ——. "The Mass of the Electric Carrier in Copper, Silver and Aluminium." *Physical Review* 9 (1917):164—167.

Tolstoy 1886 Tolstoy. Leo. *Meine Berichte*. Berlin:Globus,[1886].

Trageser 2002 Trageser, Wolfgang. "Warum Einstein doch nicht nach Frankfurt kam. Ein Brieffund im Universitätsarchiv und die Geschichte der Relativitätstheorie an der Frankfurter Universität." *Forschung Frankfurt* 20(2002):38—46.

Trbuhović-Gjurić 1993 Trbuhović-Gjurić, Desanka. *Im Schatten Albert Einsteins: Das tragische Leben der Mileva Einstein-Marie*. 5th ed. Bern:Haupt,1993.

Treitschke 1879 Treitschke, Heinrich von. "Unsere Aussichten." *Preussische Jahrbücher* 44(1879):559—576.

Treitschke 1879/1895 ——. *Deutsche Geschichte im XIX. Jahrhundert*. 5 vols. Leipzig:Hirzel,1879—1895.

Tribolet 1934 Tribolet, Hans, ed. *Historischbiographisches Lexikon der Schweiz*. 7 vols. Neuchâtel:Administration des historischbiographischen Lexikons der Schweiz,1934.

Vaihinger 1918 Vaihinger, Hans. *Die Philosophie des Als Ob:System der theoretischen, praktischen und religiösen Fiktionen der Menschheit auf Grund einer idealistischen Positivismus*. 3d ed. Leipzig:Meiner,1918.

Vanderlinden 1920 Vanderlinden, Henri L. "Les équations du champ de gravitation d'Einstein." *Académie Royale de Belgique. Bulletin de la Classe des Sciences* 6(1920):45—52.

Varcollier 1918 Varcollier, Henri. "Les déplacements dans les champs de vecteurs et la Théorie de la Relativité." *Revue générale de sciences pures et appliquées* 29(1918):101—114, 135—146.

Varićak 1907 Varićak, Vladimir. "Bemerkung zu einem Punkte in der Festrede L. Schlesingers über Johann Bolyai." *Jahresbericht der Deutschen Mathematiker-Vereinigung* 16（1907）：320—321.

Varićak 1908——. "Beiträge zur nichteuklidischen Geometrie." *Jahresbericht der Deutschen Mathematiker-Vereinigung* 17(1908)：70—83.

Varićak 1909——. "Zur nichteuklidischen analytischen Geometrie." *Atti del Congresso internazionale dei Matematici* 2 (1909)：213—226.

Varićak 1910a——. "Anwendung der Lobatschefskijschen Geometrie in der Relativtheorie." *Physikalische Zeitschrift* 11 (1910)：93—96

Varićak 1910b——. "Die Relativtheorie und die Lobatschefskijsche Geometrie." *Physikalische Zeitschrift* 11（1910）：287—293.

Varićak 1910c——. "Die Reflexion des Lichtes an bewegten Spiegeln." *Physikalische Zeitschrift* 11（1910）：586—587.

Varićak 1911a——. "Interpretacija teorije relativnosti u geometriji Lobačevskoga." *Glas srpske kraljevske Akademije Nauka u Beogradu* 83(1911)：211—255.

Varićak 1911b——. "Zum Ehrenfestschen Paradoxon." *Physikalische Zeitschrift* 12(1911)：169—170.

Verband 1922 Verband der Deutschen Hochschulen, ed. "Das Einkommen der Hochschullehrer." *Mitteilungen des Verbandes der Deutschen Hochschulen* 2 (1922)：247—266.

Verhandlungen 1921 Witting, Alexander, ed. *Verhandlungen der Gesellschaft Deutscher Naturforscher und Ärzte. 86. Versammlung zu Bad Nauheim vom 19. bis 25. September 1920.* Leipzig：Vogel, 1921.

Villat 1921 Villat, Henri, ed. *Comptes rendus du Congrès International des Mathématiciens（Strasbourg, 22—30 Septembre 1920）*. Toulouse, 1921.

Vincent 1985 Vincent, C. Paul. *The Politics of Hunger：The Allied Blockade of Germany, 1915—1919*. Athens：Ohio University Press. 1985.

Vischer 1900 Vischer, Friedrich Th. *Auch Einer. Eine Reisebekanntschaft*. Berlin：Deutsche Bibliothek, [1900].

Vizgin and Gorelik 1987 Vizgin, Vladimir P., and Gorelik, Gennady E. "The Reception of the Theory of Relativity in Russia and the USSR." In *The Comparative Reception of Relativity*. pp. 265—326. Thomas F. Glick, ed. Dordrecht：Reidel, 1987.

Vorträge 1921 "Vorträge und Diskussionen von der 86. Naturforscherversammlung in Nauheim vom 19—25. September 1920." *Physikalische Zeitschrift* 21(1920)：561—643, 649—699.

Wagner 1920 Wagner, Mário Basto. "Thermodynamik der Mischungen，Ⅰ—Ⅲ." *Zeitschrift für Physikalische Chemie* 94 (1920)：592—627；95（1920）：15—36，37—61.

Weiss 1911 Weiss, Pierre. "Über die rationalen Verhältnisse der magnetischen Momente der Moleküle und das Magneton." *Physikalische Zeitschrift* 12 (1911): 935—952.

Weiss 1913 ———. "Sur la théorie cinétique du paramagnétisme des cristaux." *Académie des sciences* (Paris). *Comptes rendus* 156(1913):1674—1676.

Weiss 1914a ———. "Sur la nature du champ moléculaire." *Annales du physique* 1 (1914):134—162.

Weiss 1914b ———. "Sur la nature du champ moléculaire." *Archives des sciences physiques et naturelles* 37(1914):105—116, 201—213.

Weyl 1917 Weyl, Hermann. "Zur Gravitationstheorie." *Annalen der Physik* 54 (1917):117—145.

Weyl 1918a ———. "Gravitation und Elektrizität." *Königlich Preußische Akademie der Wissenschaften* (Berlin). *Sitzungsberichte* (1918): 465—478, 478—480 ("Erwiderung des Verfassers" [to *Einstein 1918g*]).

Weyl 1918b ———. *Raum-Zeit-Materie: Vorlesungen über allgemeine Relativitätstheorie*. Berlin: Springer, 1918.

Weyl 1919 ———. *Raum-Zeit-Materie: Vorlesungen über allgemeine Relativitätstheorie*. 3d rev. ed. Berlin: Springer, 1919.

Weyl 1920 ———. "Elektrizität und Gravitation." *Physikalische Zeitschrift* 21 (1920):649—650.

Weyl 1922 ———. "Die Relativitätstheorie auf der Naturforscherversammlung in Bad Nauheim." *Deutsche Mathematiker-Vereinigung. Jahresbericht* 31(1922):51—63.

Weyland 1920a Weyland, Paul. "Einsteins Relat-ivitätstheorie—eine wissenschaftliche Massensuggestion." *Tägliche Rundschau*, 6 August 1920, Evening Edition. Republished in *Weyland 1920c*, pp. 21—24.

Weyland 1920b ———. "Neue Beweise für die Unrichtigkeit der Einsteinschen Relativitätstheorie." *Deutsche Zeitung*, 23 August 1920.

Weyland 1920c ———. *Betrachtungen über Einsteins Relativitätstheorie und die Art ihrer Einführung. Vortrag gehalten am 24. August 1920 im großen Saal der Philharmonie zu Berlin*. Schriften aus dem Verlage der Arbeitsgemeinschaft deutscher Naturforscher zur Erhaltung reiner Wissenschaft e. V. Heft 2. Berlin: Arbeitsgemeinschaft deutscher Naturforscher zur Erhaltung reiner Wissenschaft e. V., 1920.

Weyland 1920d ———. "Die Naturforschertagung in Nauheim. Erdrosselung der Einsteingegner!" *Deutsche Zeitung*, 26 September 1920.

Wheaton 1977 Wheaton, Bruce. *Catalogue of the Paul Ehrenfest Archive at the Museum Boerhaave Leiden*. Leyden: Museum Boerhaave, 1977.

Widmann 1899 Widmann, Joseph V. *Maikäfer- Komödie*. 2d ed. Frauenfeld: Huber, 1899.

Wiechert 1916 Wiechert, Emil. "Perihelbewegung des Merkur und die allgemeine Mechanik." *Königliche Gesellschaft der Wissenschaften zu Göttingen. Mathematisch physikalische Klasse. Nachrichten* (1916):124—141.

Willigens 1920a——. Willigens, Charles. "Interprétation géométrique du temps universel dans la théorie de la relativité restreinte." *Archives des sciences physiques et naturelles* 2(1920):250—253.

Willigens 1920b——. "Interprétation géométrique du temps universel dans la théorie de la relativité restreinte." *Archives des sciences physiques et naturelles* 2(1920):289—300.

Winchester 1914 Winchester, George. "On the Continued Appearance of Gases in Vacuum Tubes." *Physical Review* 3(1914):287—294.

Wöhlisch 1921 Wöhlisch, Edgar. "Das wahre Molekularvolumen flüssiger organischer Verbindungen in seiner Abhängigkeit von der Struktur des Moleküls. (Vorläufige Mitteilung 1;" *Zeitschrift für Elektrochemie* 27(1921):295—301.

Wolf 1921 Wolf, Max. "Zur Erklärung des Einstein-Effektes auf den Finstemisbildem." *Astronomische Nachrichten* 212(1921):cols. 181—182.

Wolff 1988 Wolff, Raymond. "Zwischen formaler Gleichberechtigung, Zionismus und Antisemitismus." In *Juden in Berlin—Ein Lesebuch*, pp. 127—130. C. Hilker-Siebenhaar, ed. Berlin: Nicolai, 1988.

Wolff. S. 2003 Wolff, Stefan L. "Physicists in the 'Krieg der Geister': Wilhelm Wien's 'Proclamation'." *Historical Studies in the Physical and Biological Sciences* 33(2003):337—368.

Woodruff 1968 Woodruff, Arthur E. "The Radiometer and How It Does Not Work." *The Physics Teacher* 6(1968):358—363.

Zangger 1907 Zangger, Heinrich. "Bedeutung der Membranen und Membranfunktionen in Physiologie und Pathologie." *Naturforschende Gesellschaft in Zürich. Vierteljahrsschrift* 52(1907):500—536.

Zangger 1914a——. "Über gewerbliche Vergiftungen durch verschiedene gleichzeitig oder nacheinander wirkende Gifte." *Zentralblatt für Gewerbehygiene und Unfallverhütung* 2(1914):313.

Zangger 1914b——. "Über allgemein notwendige Kenntnisse und zu wenig bekannte Ursachen der Kohlenoxydvergiftung." In *Festschrift der Dozenten der Universität Zürich*, pp. 157—160. Zurich: Medizinische Fakultät, 1914.

Zangger 1914c——. "Die moralische Stellung der Neutralen. Die moralischen Pflichten und Rechte der Neutralen." *Schweizerische Juristenzeitung* 11(1914), no. 8/9.

Zangger 1916——. "Über eine Zelluloidexplosion und deren Ursachen und Folgen und die Aufgaben der Ärzte bei Katastrophen im allgemeinen." *Zentralblatt für Gewerbehygiene und Unfallverhütung* (1916):98—103,109—13.

Zangger 1920a——. *Medizin und Recht. Die Beziehungen der Medizin zum Recht, die Kausalität in Medizin und Recht und die Aufgaben des gerichtlich-medizinischen Unterrichtes. Eine Orientierung für Studierende, Juristen, Aerzte, Techniker, Experten und speziell Behörden.* Zurich: Füssli, 1920.

Zangger 1920b——. "Die Bedeutung der Wahrscheinlichkeit für die Medizin und die Biologie." *Schweizerische Medizinische Wochenschrift* 1(1920):737.

Zangger 1920c——. "Ueber die Wahrscheinlichkeitsbetrachtung und die Beziehungen der Medizin zum Recht." *Schweizerische Medizinische Wochenschrift* 1(1920):751—753.

Zangger 1920d——. "Professor Dr. Gustav Huguenin." *Schweizerische Medizinische Wochenschrift* 1 (1920): 375—376.

Zangger 1922——. "L'évolution des méthodes de spectroscopie, de spectrophotographie et leurs applications en médecine légale." *Annales de médecine légale, de criminologie et de police scientifique* 2:(1922)145—152.

Zangger 1930——. "Wahrscheinlichkeit, Wahrheit, Bewahrheitung im Versicherungsgutachten." *Schweizerische Zeitung für Unfallmedizin und Berufskrankheiten* 7(1930):151—162.

Zuelzer 1982 Zuelzer, Wolf. *The Nicolai Case: A Biography*. Detroit: Wayne State University Press, 1982.

Zweig 1918 Zweig, Stefan. "Die Schweiz als Hilfsland Europas"(1918). In *Stefan Zweig: Auf Reisen: Feuilletons und Berichte*, pp. 221—225. Knut Beck, ed. Frankfurt am Main:Fischer, 1987.

Zweig 1921——. *Romain Rolland: Der Mann und das Werk*. Frankfurt am Main:Rüt ten & Loening, 1921.

名词索引

页码后的 n 表示爱因斯坦文档的尾注；页码后的 c 表示年表和日程表中的参考文献。在次级条目中，"阿耳伯特·爱因斯坦"缩写为 AE。其他缩略语包括：DPG = Deutsche Physikalische Gesellschaft（德国物理学会），ETH = Eidgenössisch-Technische Hochschule（瑞士联邦技术大学），GDNÄ = Gesellschaft deutscher Naturforscher und Ärzte（德国自然研究者和医生学会），KWIP = Kaiser-Wilhelm-Institut für Physik（威廉皇帝物理研究所），KWG = Kaiser-Wilhelm-Gesellschaft（威廉皇帝学会），PAW = Preussische Akademie der Wissenschaften（普鲁士科学院），US = United States of America（美国）。

A

Als-Ob 会议（"Als-Ob conference"）：xlv, 246, 262, 265, 275, 288, 298—299, 573c, 576c, 586c；爱因斯坦取消参会 267, 268, 277；对相对论的忽视，Petzoldt 在 332；Wertheimer 在 260—261. 参见 哲学；Vaihinger, Hans

阿姆斯特丹学院（Amsterdam Academy）. 参见 荷兰皇家研究院［Dutch Academy (Amsterdam)］

埃伦费斯特悖论（Ehrenfest paradox），6, 7n, 10, 14

爱因斯坦-德·哈斯实验（Einstein-De Haas exp-eriment）：345, 533；Herzfeld on, 531—532, 549；Ioffe on, 404；Möller on, 574c. 亦见安培（Ampere）的分子电流

爱因斯坦捐赠基金（Einstein Donation Fund）：372n, 571c, 577c, 582c, 601c；董事会成员，会员，578c；贡献，372, 527, 582c.

亦见 Freundlich

安培的分子电流（Ampère's molecular currents）：爱因斯坦，302；实验，28, 39；文献，502

奥地利科学院（Austrian Academy），Baumgartner 奖，颁给爱因斯坦和 Wander de Haas，91, 106

B

《柏林画报》（Berliner Illustrirte Zeitung），xxxviii, xxxix

《柏林日报》（Berliner Tageblatt），xxxviii, xxxix

巴伐利亚苏维埃共和国（Baur au Lac, 101, 110n Bavarian Soviet Republic），452

巴塞尔大学（University of Basel），邀请爱因斯坦去做演讲，602c，延期，606c

柏林（Berlin）：爱因斯坦住在柏林的好处，27；与苏黎世相比，496；爱因斯坦考虑离开柏林，419；爱因斯坦宣布忠于柏林，

209,210,213;爱因斯坦感到亲切,415;爱因斯坦考虑留在柏林,429,488;在柏林的科研生活,364—365;共和党在柏林的声明,184;衣服装配给制,48n;爱因斯坦住在 Haberlandstraße, xxxii, 106, 114, 120—121, 131, 133, Wittelsbacherstraße, xxxii, 106, 121, 131n, Ehrenbergstraße 33,22n. 亦见 Abbé, F.；Meissners

柏林爱乐音乐厅(Philharmonic Hall,柏林,)反相对论会议的地方,xxxviii, xli, 385, 389,390n,392,394n,395,400,402,412, 423n,433n,435n,449n,452n,461n, 492n,510,523n,534n,542n,593c,594c, 595c

柏林爱乐乐团(Berlin Philharmonic). 参见柏林爱乐音乐厅

柏林大学(University of Berlin),在爱因斯坦在此做报告期间发生学生骚动,xliii

柏林的犹太社区(Jewish Community of Berlin),要求爱因斯坦交教会税,611c,爱因斯坦拒绝,534,第二次要求,550

柏林爱乐音音乐厅的反相对论会议(Antirelativity meeting at Berlin Philharmonic Hall). 参见 柏林爱乐音乐厅(Philharmonic Hall, Berlin),柏林请求倾向于共和的宪法,爱因斯坦准备签署,242,签署,574c

鲍姆伽滕奖(Baumgartner Prize),91,106

比热容(Specific heat):关于双原子气体. 爱因斯坦的评论,12n;在低温下,499

玻尔兹曼分布(Boltzmann distribution)347,369n

不可反转性(Irreversibility), Bom, 516 Isomery,混合晶体, 499 Itelson, Gregorius, 605c

布拉格的德文大学(German University of Prague):16n;爱因斯坦离开,20n

C

测地进动(Geodetic precession),477n

测地线(Geodesic lines),光线,62

超导性(Superconductivity):368,613;和霍尔效应,xlvii,337n,494,爱因斯坦的评论,519—520;和磁场,368;临界磁场强度,521n;发现,253n;在 "'磁性的一周'讨论",xlvii. 亦见 Kamerlingh Onnes, Heike

超光速的信号(Superluminal signals). 见相对论,狭义相对论,超光速信号

持久和平中央组织(Central Organization for a Durable Peace):36n;委任爱因斯坦,53n

出版公司(Publishers): Barth, xlviii, 573c, 596c; Gauthier-Villars, 569c, 574c, 578c, 587c, 589c, 603c, 605c; Hermann, 572c; Methuen, 568c, 572c, 575c, 576c, 593c, 603c, 608c, 610c, 612c, 613c; Slowo, 605c; Springer, xlviii, 604c, 613c, 614c,开始售卖爱因斯坦的文献 1920J, 604c,爱因斯坦文献 1920J,翻译权的建议稿费 614c; Ullstein, xxxviii; Vieweg, xlviii, 508—509, 568c, 569c, 574c—578c, 584c, 587c, 589c, 591c, 592c, 597c—601c, 603c,605c,607c,611c,关于爱因斯坦文献 1917a,602c 的新版本；Wostok, 570c, 572c,573c

磁化系数(Susceptibility),磁性,367

"磁性的一周"(Magnet-Woche),在莱顿致力于讨论磁力问题的会议,xlvi—xlvii, 366; 368, 373, 404, 468, 469n, 495n, 603c,按照计划的,344,356. 亦见 Ehrenfest, Paul

磁性(Magnetism):在低温下,303,356;抗磁性,303;与 Ehrenfest 的讨论,344;晶体元素的磁性,366;自然性实验研究,28;超导状态下,494;Langevin 定律,373;电

子的电磁影响,新颖的理论,12;顺磁性,303;陆地实验,533,544;1920年所为而回忆的讨论主题,303.

D

丹麦天文学会(Danish Astronomical Society):568c;邀请爱因斯坦做演讲,244;爱因斯坦在该处的演讲,321,581c

弹性理论(Elasticity theory):282;相对论的,241

德国(Germany):煤炭短缺,118;书籍的出口限制,135;食物配给,53n,123n,124;Bethmann Hollweg 的辞职,108n;反协约国的宣传,183;共和国声明,182

德国调查战犯私人委员会(German private commission on war crimes),AE 评论,211

德国红十字会(German Red Cross),599c

德国货币(German currency):汇率的贬值,65,101,122,187,330n,528;汇率的升值,139

德国健康部(Health Ministry in Germany),每人所需要的卡路里,123n

德国科学(German science),美国的支持,599c

德国民主党(German Democratic Party),xlii

德国外国图书贸易学会(Deutsche Gesellschaft für Auslandsbuchhandel),邀请爱因斯坦加入组委会,584c

德国外交机关(German Foreign Office),爱因斯坦拜访,51n

德国物理协会[German Physical Society (DPG)]:xxxix,40n;爱因斯坦被选为顾问委员,24n;爱因斯坦参加聚变物理期刊的会议,599c

德国自然科学与医学学会[Gesellschaft Deutscher Naturforscher und Ärzte(GDNÄ)]:xxxviii;爱因斯坦被选为其科学协会会员 440

在巴德瑙海姆举行的德国会议[Gesellschaft Deutscher Naturforscher und Ärzte (GDNÄ) meeting in Bad Nauheim]:xxxvii-xli,416,426—427,434,442,449n;爱因斯坦,437,468;爱因斯坦和 Borns 一起,418;预期的反相对论演讲,373,408,并未发生,444;开始,599c;核聚变物理期刊的商业会议,599c;闭幕,600c;讨论相对论,435,492n,510,523n,534,542n,600c;爱因斯坦,444,爱因斯坦提议,302,305,350,413,Fricke 提议,305,Grebe 请求参加,409;Ehrenhaft 的演讲,422;Fricke 邀请爱因斯坦做演讲,302;Laue 计划的演讲,305;Edgar Meyer. 481;Planck 谈论对爱因斯坦的支持,412;Weyl 计划的演讲,305

在 in Karlsruhe 举行的德国会议[Gesellschaft Deutscher Naturforscher und Ärzte (GDNÄ) meeting in Karlsruhe],爱因斯坦参加,11n

德国自然研究者劳动联合会为了维护纯洁的科学(Arbeitsgemeinschaft Deutscher Naturforscher zur Erhaltung der reinen Wissenschaft):382,388n,388,400n,401n,407n,407,417n,418,419n,427n,452n,470n,593c;Hennig 评论,594c

德累斯顿技术高校自由科学联盟(Freie Akademische Vereinigung an der Technischen Hochschule Dresden),邀请爱因斯坦演讲,599c,601c

德累斯顿理工学院学生会(Allgemeine Studenten-Vertretung an der Technischen Hochschule Dresden),邀请爱因斯坦做演讲,590c;接受邀请,591c,608c,612c,613c

低温下的分子搅动(Molecular agitation at low temperatures),爱因斯坦的观点,17

抵制反犹太主义协会(Association for Combating Anti-Semitism),xli,432;邀请爱因斯坦加入董事会,597c,AE declines,432

地球轨道(Earth orbit),根据红移所做的离心力观测,爱因斯坦的评论,61

电动力学(Electrodynamics)以及时间反转不变性,54

电解(Electrolysis),Reichinstein 论,312

电子(Electron):爱因斯坦论磁场的影响,12;引力场,62;和磁场,303;Fokker 的边界理论 298;量子能级的计算,244n;黏附力,371;元电荷,297;存在与稳定,378;惯性质量,287;洛伦兹收缩,348;Lorentz-Fitz Gerald 的收缩假设,9n;旋转电子并无辐射,541;原子内的结构,303;其理论是 1921 年 Solvay 会议的主题,302;Zangger 的讨论,513

电子(Electrons),关于磁场对于电子的异常效应的观点,12

东欧学生(Eastern European students),爱因斯坦在柏林课程的听众,386

动量守恒(Conservation of momentum),290

斗鸡(Cock fight). 爱因斯坦称他在巴德瑙海姆与 Philipp Lenard 的争论为"斗鸡",444

斗牛(Budapest)482. 亦见斗鸡

多普勒红移(Doppler shift). 亦见 相对论,狭义相对论

E

俄罗斯物理学家协会(Russian Association of Physicists),第一次会议,319

厄缶定律(Eötvös's law),爱因斯坦的评论,18

双原子气体的比热(Gases, diatomic, specific heat of),12n 气体理论,运动的,61

F

帆船(Sailing boat),关于购买,213,419,431

凡尔赛和约(Versailles treaty),德国要求对其进行修改,583c

飞行测试(Flight test),爱因斯坦设计的机翼,106n

分子间力(Molecular forces):482;通过长度收缩来修改,14

分子气体的红外线光谱(Infrared spectra of molecular gases),Hettneron,297

分子运动论(Kinetic theory),分子热运动的测量,355n

风洞试验(Windtunnel test),关于爱因斯坦的机翼,106n

辐射(Radiation):热力学的,5;残余,17;理论,12

辐射计(Radiometer):理论,xlix;Edith Einstein 的论文,290—291;Maxwell 定律,284n,290. 亦见 Einstein,Edith

辐射理论(Radiation theory),爱因斯坦努力的地方,12. 亦见热力学(Thermodynamics),辐射属性

傅科摆(Foucault pendulum),300

G

概率论(Probability):和时间反转不变形,54;Zangger 邀请爱因斯坦 去参会,xxxii,160

哥伦比亚大学(Columbia University):授予爱因斯坦伯纳特奖章(Barnard Medal),571c,575c,576c,584c,591c;邀请爱因斯坦做演讲. 442

公理(Axiomatics),Schlick 评论 Reichenbach 对公理的理解,454

惯性定律(Inertia, law of)以及因果律,300

光化学反应(Photochemical reactions),爱因斯坦论文涉及的,17

光泳现象(Photophoresis),负的,Rubinowicz 的评论,580c

光源的概念（Light source, conception of），Guillaumeon，536—537

国际联盟（League of Nations），首次会议，605c，606c

国际联盟的德国联盟（German League for the League of Nations），请求爱因斯坦撰文，333—334，谢绝，343

国际数学大会（International Congress on Mathematics），Strasbourg，1920，305 Ioffe，Abram（1880—1960），404，426n，517

国家的和平组织（Pacifist organization of nations），爱因斯坦的愿景，xxxiv

国家研究委员会（National Research Council），华盛顿，邀请爱因斯坦演讲 493

国家中心的科学报告（National Center for Scientific Reporting），柏林，271

H

哈勃效应（Haber's effect），Reichinstein，312

汉斯·阿耳伯特·爱因斯坦制作的飞机模型（Airplane, model of by Hans Albert Einstein），xxxii，xxxvi

荷兰皇家研究院（Dutch Academy）（Amsterdam）：任命爱因斯坦为通讯会员，270—271；选举爱因斯坦为通讯会员，268n，274—275，287；吸引爱因斯坦为通讯会员，xlv，277

荷兰皇家科学院（Royal Dutch Academy of Sciences），推选爱因斯坦 作为外国成员，xlv

红移（Redshift）：引力的 xlix，248—251；通过日间的摄影，381；太阳的观测，316，346，371—372，409 413，Evershed 的评论，381，Grebe and Bachem 的评论，337，365，Julius 的评论，309. Perot 的评论，382，计划好的，571c；恒星观测的，232—233，309，爱因斯坦的评论，60，为了确定地球轨道的偏心距，爱因斯坦的评论，61，Freundlich 的评论，225；地球的，观测困难的，61，为测量地球引力势能，61. 亦见 Einstein, Albert（爱因斯坦），科学，红移

滑行的鸟（Gliding of birds），Lilienthalon，581c

皇家天文学会金奖（Gold Medal of Royal Astronomical Society），255n，309n，380

汇率（Exchange rate），货币，瑞士 - 德国，xxxv，65，101，122，139，330n，528

婚礼见证人（Wedding winess），101

霍尔效应（Hall effect）：xlvii，337，613；AE 的评论，494；以及超导性，爱因斯坦的论述，519—520

J

基尔秋季艺术与科学周（Kiel Autumn Week for Arts and Sciences）：xlvi，434. 570c；爱因斯坦受邀演讲，330n；爱因斯坦的评论，431；爱因斯坦演讲的酬金，549；其历史，432n

几何（Geometry）：以及经验，Poincaré 的论述，341；空间各向异性，9n；欧式几何和重力，Bjerknes 的评论，462；Hans Albert Einstein 学习，29，87；Lobatschevskyan，9n；非欧几何，5，7n

加利西亚东部的犹太复国主义学生协会（Zionist Student Association of Eastern Galicia），表达对爱因斯坦的慰问，xl，463；爱因斯坦和希伯来大学，463

教育部（Department of Education），苏黎世州，接受爱因斯坦演讲的条件，567c

经典力学中的能量（Energy, in classical mechanics），63

绝对微分运算（Absolute differential calculus）25

K

Kaiser-Wilhelm-Gesellschaft（KWG）：97n，199n；行政公文，581c；主任，会议，爱因斯坦参加，605c，606c

Kaiser-Wilhelm-Institut für Physik（KWIP）：账目，603c；行政公文，572c—573c，575c—577c，582c，584c—585c，587c—588c，592c—593c，598c，605c—606c，609c—610c，613c；爱因斯坦作为主任的薪水，598c；讨论建立的会议，108，参与者，109n；承诺爱因斯坦，68；1919年的报告，598c，605c，606c；适当的补助金，576c；主任会议，秘书的薪水，584c；董事会，行政公文，579c，590c，592c，605c；董事会，研究经费的申请，额外经费用于石英声谱仪，待定，579c，赞成，致Franck，572c，致Seeliger，572c，致Hettner，602c；爱因斯坦薪水翻倍，572c；1920年的预算，577c，605c，606c，准备翻倍，578c；KWG十年间所需要的捐助，608c；对短期货款进行改革，584c；要求改变短期货款回报，611c，Debye，612c，错误的，613c。亦见 Freundlich, Erwin; Kohn, Hedwig; Krüger, Louis; Lenz, Wilhelm; Magnus, Alfred; Pohl, Robert; Regener, Erich; Rosenberg, Hans; Rubens, Heinrich; Schuh, Friedrich; Seeliger, Rudolf; Seemann, Hugo; Steubing, Walter; Wagner, Ernst; Warburg, Emil; Weigert, Fritz

经费申请（Applications for funding）：光电研究，583c，待定，584c，586c，同意，609c，高压电池及维护，579c，待定，582c，591c，同意，609c，石英声谱仪，待定，583c，同意，609c，大气物理，拒绝，570c，研究光线用的电池和排放管，待定，568c，同意，568c，确定元电荷，582c，待定，589c，同意，609c，地球物理研究，拒绝，570c，电压测定仪器，同意，604c，谱线强度测定，604c，同意，609c，元电荷的静态测定，603c，待定，611c，612c，气体红外线光谱的研究，587c，X射线分光镜，585c，609c，待定，607c，拒绝，611c，X-射线管，609c

奖励经费：研究光线用的电池和排放管，568c；Eugen Goldstein，597c；高压电池及其维护，609c；记录电流曲线的仪器，602；石英声谱仪，609c；Heinrich Rubens，609c

开普勒定律（Kepler's laws），299

康德学社（Kant-Society）：以及 *Annalen der Philosophie*，332；会议，xlv，260，332

科学史（History of science），Varicak on，6n

空间（Space）：绝对，300，307，325，392，Kant的评论，293；在广义相对论中，324；黎曼假设的可取性，540

L

莱顿大学基金（Leyden University Fund），任命爱因斯坦为特别教授，xliii—xlv，585c

莱顿科学演讲协会（Leyden Society for Scientific Lectures），爱因斯坦演讲，262，264，267，271，289

劳动联合会（Arbeitsgemeinschaft）1920，邀请爱因斯坦做演讲，451—452

离婚协议（Divorce contract）：爱因斯坦接受，155；草案，156—159，163，165；1918的，150；Mileva Einstein-Marić接受爱因斯坦的提议，146；Mileva Einstein-Marić否认自己主动提出离婚，41；财务援助协议，159；Zürcher的评论，147

离解（Dissociation）：电解质的，爱因斯坦的相关文献，575c；气体的，15，17

黎曼曲率标量（Riemann curvature scalar），364n

黎曼曲面(Riemann surfaces),244
理查森效应(Richardson effect),David Reichinstein 的观点,312
力学(Mechanics):和时间反转不确定性,54;经典力学,63,Adler 研究的,80n;解释远距离力行为的机械模拟,488;连续体,241
量子论(Quantum theory):17;和磁学,373;关于此的计算,244n;能斯特热定理的推导,23,485;普朗克辐射公式的推导,49;量子态的推导,244;在"Magnet-Woche"讨论,xlvii;爱因斯坦关于 Kottler 的奇点量子理论,352;爱因斯坦从事的,352;Epstein 从事的,352;分子光谱,297,313;分子的电子环运动,367;光的发射与吸收,44,48—49;辐射线的,347;普朗克第二定律,298n;Sommerfeld 和 Epstein 的量化规则,82,245n;Sommerfeld 的推进,67;仍然没有明白,67;1921 年索尔维会议的主题,303. 亦见 Einstein, Albert(爱因斯坦),科学,量子论
流感的传染(Influenza epidemic):xxxv;在瑞士,169,173n,181,187;在德国,170n
流体动力学(Hydrodynamics),1,282
洛克菲勒基金会(Rockefeller Foundation),协助德国和奥地利的大学,546

M

马赫原理(Mach's principle),325,479n
迈克耳孙实验(Michelson experiment),由 Cassirer 讨论,315n. 亦见相对论,狭义相对论
麦克斯韦方程组(Maxwell equations),针对完全导体,xlvii,520n
麦克斯韦速度分布(Maxwellian velocity distribution),356n
漫射(Diffusion):54;Tamman 的评论,13n

梅图恩出版社(Methuen publishing house). 见出版公司
煤碳短缺(Coal shortage):在德国,118;在瑞士,118,138,140
民主主义(Democrat),xl,xliii,418
摩尔(Molecules),真实的体积,Wöhlisch on,467
木星的卫星(Jupiter, satellites of),516
目前只是处理些小问题(Working currently only on small problems),43
能斯特热定理(Nernst's heat theorem):爱因斯坦研究的,23;普朗克的泛化,485,548

N

牛顿力学(Newtonian mechanics):加速度,300;绝对空间,307
牛顿万有引力定律(Newton's law of gravitation):类比阿贝光度定律,488;用来解释恒星速度,501
牛顿运动定律(Newton's law of motion),324,347
诺贝尔奖(Nobel Prize):关于 Elsa Einstein,xlv;为了爱因斯坦,147n,158,165n,政治原因的阻碍,255n;颁发给 Rolland,58

O

欧洲国家联盟(United States of Europe),爱因斯坦的评论,437

P

普林斯顿大学(Princeton University),邀请爱因斯坦作报告,1,494,601c
普鲁士科学院(Prussian Academy of Sciences,PAW):爱因斯坦根据成员的角色,23;邀请爱因斯坦在公开会议上授课,604c;爱因斯坦免于教学义务,579c,580c;Laue 被任命为其中的成员,570c;

在给 *Sitzungsberichte* 的手稿上, 586c

普鲁士投票系统(Prussian voting system), 97n

普通技术教育自由联盟(Freie Vereinigung für technische Volksbildung), 维也纳, 邀请爱因斯坦参加, 583c; 谢绝, 586c; 邀请爱因斯坦演讲, 拒绝, 609c

Q

气体分子理论(Molecular theory of gases), 15

氢(Hydrogen): 人造, 595c; 低温下, 17; 液体, 521n; 低温下的黏性, 500n

氢气的比热(Heat, specific, of hydrogen), 356; 希伯来大学(Hebrew University), xl

球状星簇(Globular star clusters), xlix, 501n, 525

R

热力学(Thermodynamics): 和气体动力论, 54; 与相对论作比, 120; 蒸发热, 18; 热导率, 54; 热功当量, 62; Nernst 热定理, 485, 499, 548; 混合物的, 484; 永动机, 120; 辐射属性, 5; 第二定律, 15, 54, 120n, 499; 氢的比热, 443

日食(Eclipse, solar), 1914 年的考察团: 计划, 22—23; 失败, 25; 1919 的考察团: xxxvi; 好结果, 222

日食考察(Eclipse expeditions). 亦见 相对论, 广义相对论

瑞士(Switzerland): 煤炭短缺, 138, 140, 141n; 预计的, 118; 经济形势, 57; 食物供应, 106, 138, 149n; 爱因斯坦的评论, 98; 总罢工, xxxv, 182—187; 发生在此的流感, 181, 187; 引入比例选举, 187; 瑞士政客针对的德国和俄国的单独和解, 184n

瑞士奥尔股份有限公司(Auer-Aktien-Gesellschaft, Schweizerische) xxxv

瑞士电报管理(Swiss Telegraph Administration), 15

瑞士工会联合会(Swiss Trade Union Federation), 184n

瑞士联邦技术大学(Swiss Federal Institute of Technology)(ETH): 22, 25, 29, 154, 257n, 591c; 爱因斯坦在此就职, xxxiii, 20n

瑞士社会民主党(Swiss Social Democratic Party), 184n

瑞士学校理事会(Swiss School Council), 任命爱因斯坦在 ETH 的教授职位, 17

瑞士自由民主党(Swiss Liberal Democratic Party), 187n

S

Schweizerische Auer-Aktien-Gesellschaft (SAG): xxxv, 216, 231, 234, 507, 510, 567c; 爱因斯坦拥有其股份, 231, 234, 507

散射(Dispersion): 不规则的, Larmor 的评论, 252n; 相关理论, 248

剩余辐射(Residual radiation), 爱因斯坦的观点, 17

时间(Time), 所朝的方向, 54

食物供应(Food supply). 亦见 德国(Germany), 瑞士(Switzerland)

世界观(Mechanistic worldview), 489n

水星(Mercury), 近日点的运动: 爱因斯坦研究的, 34; Wiechert 研究的, 62; Zangger 研究的, 57

思维实验(Thought experiment), 来解释埃伦悖论, 13n

斯巴达克思同盟(Spartacists), Germany, 183

苏黎世(Zürcher): 爱因斯坦拿其与柏林比较, 496; 这里是自由的, 爱因斯坦的评论, 19

苏黎世的 Bethanienheim 医院(Bethanien-

heim hospital in Zurich),xxxiii,79
苏维埃共和国(Soviet Republic),匈牙利人,xlii
索姆河战役(Battle of the Somme),43n

T

塔式天文台(Erwin Einstein Tower Solar Observatory),xlix
塔式望远镜(Tower telescope):571c,577c,582c;建设中,372;批准建设,571c;国家基金为此添置的摄谱仪,601c
太阳(Sun):太阳光谱中的引力红移,248;太阳光谱,295,372
泰勒基金会(Teyler Foundation),拜访其物理实验室,52
天文学(Astronomy):爱因斯坦在Halle的位置,453;爱因斯坦要求德国提供支持,357;在白天拍摄的星空照片,380;银河,500;天体速度,500. 参见 Freundlich, Erwin
铁磁性(Ferromagnetism),368,404 Fictions. 亦见 Vaihinger, Hans
通用电气公司(Allgemeine Elektrizitäts-gesellschaft)(A. E. G.),为爱因斯坦捐助基金做出贡献,372
同时性(Simultaneity),定义,14 奇异点,作为能量子,352n
统一场论(Unified field theory):爱因斯坦论现实的连续描述限制,592c;万有引力和电磁力,62;Hermann Weyl的,爱因斯坦的评论,161,347—348,和红移,346,Michele Besso 的评论,540—541;超顶,爱因斯坦的评论,495;Bad Nauheim 的Weyl 的评论,305;Weyl,爱因斯坦的测量杆实验,Walter Dällenbach 的评论,591c
陀螺磁旋效应(Gyromagnetic effect):303;爱因斯坦受邀在1921 Solvay 会议上作相关报告,xlvii. 亦见 安培的分子电流
陀螺罗盘(Gyrocompass), Anschütz-Kaempfe on,457,533,543—544

W

维(Dimensions),在牛顿的运动定律,347
维也纳化学物理学会(Chemisch-Physikalische Gesellschaft in Vienna),邀请爱因斯坦做演讲,608c,接受,609c,610c
维也纳教育协会为爱因斯坦表示同情(Akademisch-Pädagogischer Verein,Vienna)597c
魏玛共和国(Weimar Republic),xl

X

相对论(Relativity),广义相对论:478;引力吸收,De Sitter 的评论,478,Majorana 的评论,287,296;接受的 36,52—53,65,78;和电子构造,549;能量的概念,370;由日食观测对的证实,xxxvi;宇宙常数,xlix;协变量和反变量表达式的区别,370;1919 年的日食考察,226;其中的能量张量,爱因斯坦和 De Donder 的评论,370—371;Entwurf 的理论,21,37,完整的,21,接收的,23,确信正确的,23;场方程,27,38n;最终的方程式,39;大地岁差,Adriaan Fokker 的评论,476;引力波,44,48,63;哈密顿原理,56;历史解释,xlviii;洞问题,27;万有引力对时钟的影响,爱因斯坦的评论,358—359;动力学,Gerrit Mannoury 的评论,605c;在格丁根的演讲,32;光弯曲. 22n,483—484;dt 的意义,爱因斯坦的评论,339;牛顿极限,241;在此没有更多的任务,爱因斯坦的评论,43;水星近日点运动,34;等效原理,Eduard Hartmann 的评论,438—439;由 Max von Laue 研究的问题,273;在荷兰的接待会,53n,55;1912 年里奇张

量的拒绝，38n；旋转磁铁和导体，348，354，Walter Dällenbach 的评论，591c；应力动量，63；其中的孪生佯谬，189，189—190．

相对论（Relativity），狭义相对论：绝对时间，Edouard Guillaume 的评论，429，530；时钟同步，Max von Laue 的评论，272—273；与 Guillaume 辩论的点，xlviii；多普勒频移，411，爱因斯坦的评论，338，Guillaume 的评论，338，横向的，Adriaan Fokker 的评论，287；运动棒的电动场，11；静电力；11；认识论的基础，9；依据 Lobatchevskyan 几何学，6n；长度收缩，6—15；光波波前，547；迈克耳孙-莫雷实验，264；长度收缩的实现，14—15；刚体旋转，xxx，8—15；刚度的定义，xxx，7n，10；移动镜的反射辐射，7n；同时发生的遥远事件，Bennett 的评论，600c；超光速信号，8；*Einstein 1905r* 中的打字错误，6. 亦见 Einstein, Albert（爱因斯坦）

相对论（Relativity）：爱因斯坦主张严肃的讨论，245；和弹性理论，241；和时间反转不变性，54；和热力学，常规定理，120；攻击，xxxv；公理系统的，454；开展反对其的活动，xxxvii—xliii；在巴德瑙海姆会议上辩论，xli；与反相对论者 Martin Polak 的辩论，278；认识论问题的，332；Hans Albert Einstein 阅读了爱因斯坦的热门书籍，xxxiv；精神病医生的兴趣，284；理论授课，xxxi；惯性，287；哲学意义，xlv；在莱顿的热门演讲，xliv；基本原理，11；力学原理，324；在荷兰的招待会，xxxii；有关出版物的销售，xxxvii.

相对论和热力学的基本原则（Relativity and thermodynamics, common principles of），120

星团（Star clusters），其密度，525—527

匈牙利苏维埃共和国（Hungarian Soviet Republic）：xlii；人民委员会，磨练，605c；原谅，484，611c

悬浮液（Suspensions），其黏度，12

悬浮液的黏度（Viscosity of suspensions），计算，12

Y

1921 年索尔维会议（Solvay Congress of 1921）：xlvii，302，312，320；参与者，303n；准备在此做报告，303，317，346，354，481，540，541，587c，591c；哈密顿的，爱因斯坦的评论，62；患哮喘，198；被柏林大学邀请，284；爱因斯坦的评论，278；被格丁根大学邀请，爱因斯坦的评论，279；离开苏黎世大学，154；关于统一场理论，161；测量杆反作用力，294n，347—348；计划在巴德瑙海姆举行的 GDNÄ 会议上作报告，305；红移理论，346

液化氦（Helium, liquefied），253n，521n

遗孀养老金（Widow pension），给予 Mileva Einstein-Marić，142，146—147，567c

以太（Ether）：和绝对空间，300，325；De Sitter 的评论，477；Leyden 的相关演讲，246，540；爱因斯坦论 Stokes-Planck 以太，241

因果关系（Causality）：最初估计，300，307；惯性定律，300，307，324，391；概率，161；定律，300，306

引力（Gravitation）：其理论中的绝对微积分，25；吸收，296，478；爱因斯坦的相关工作，20n；电磁，57；电子，62；惯性，Bjerknes 的讨论，462；根据彗星轨道确立，299，306；爱因斯坦相信 Entwurf 理论的正确性，23；引力场的能量，63；能量张量，176；场方程，27，35n，38n；1919 年修正后的场方程，364n；引力波，44，48；

引力波的观测,300,307;Entwurf 理论被接受,23;Max Abraham 的理论,17

因袭主义（Conventionalism）,Schlick 论 Reichenbach,455

银原子束（Silver atom beams）,平均自由程 336,360

应对内部问题时的帝国主义（Imperialism as reaction to internal problems）,340

英国（England）,作为 captatio benevolentiae 在世界旅行,309

英国皇家天文学会（Royal Astronomical Society）,颁发给爱因斯坦金奖,255n,309n,380

拥有有趣的科学头脑（Idea, has interesting scientific one）,41

犹太事务:关于反犹主义,xli;受邀加入抵制反犹主义协会（Association for Combating Anti-Semitism）执行董事,597c,谢绝,432;柏林的犹太社区,公众税务,要求,611c,谢绝参加,534;关于德国犹太社区状况,xli;为犹太慈善事业提供捐助,534;关于未能进入德国大学的犹太学生,350;宗教信仰,21n,534;为慈善事业而寄出手稿 Einstein 1920k,504

与瑞士的战俘交换（Prisoner of war exchange through Switzerland）,57n

宇宙学（Cosmology）:边界条件,爱因斯坦和 Eddington 的讨论,365;封闭宇宙,68,70,恒星的幻象,477—478,501,它的条件,De Siner 的评论,478,爱因斯坦的评论,342,De Laer Rronig 的评论,600c,Petzoldt 的评论,332;宇宙常数,xlix,69n,371,501,De Sitter 的评论,501;De Sitter 的不封闭宇宙,477—478;宇宙半径,70;可见宇宙的大小,70;星系稳定度,De Sitter 的评论,500—501;衰退边界条件的静态、空间对称解,63. 亦见

Einstein, Albert（爱因斯坦）,科学,宇宙学

原理（Principle）,广义相对论原理 120

原子（Atoms）:组成,482;结构,303 Aubel, van Edmond(1864—1941),303n

Z

在巴德瑙海姆举行的德国自然研究者和医师学会会议［Gesellschaft Deutscher Naturforscher und Ärzte (GDNÄ) meeting in Bad Nauheim］: xxxvii—xli, 416, 426—427, 434, 442, 449n;爱因斯坦,437,468;爱因斯坦和 Borns 一起,418;预期的反相对论演讲,373,408,并未发生,444;开始,599c;核聚变物理期刊的商业会议,599c;闭幕,600c;讨论相对论,435,492n,510,523n,534,542n,600c,爱因斯坦,444,爱因斯坦提议,302,305,350,413,Fricke 提议,305,Grebe 请求参加,409;Ehrenhaft 的演讲,422;Fricke 邀请爱因斯坦做演讲,302;Laue 计划的演讲,305;Edgar Meyer,481;Planck 谈论对爱因斯坦的支持,412;Weyl 计划的演讲,305

在 Karlsruhe 举行的德国自然研究者和医师学会会议［Gesellschaft Deutscher Naturforscher und Ärzte (GDNÄ) meeting in Karlsruhe］,爱因斯坦参加,11n

在可数性空间的黎曼假设（Riemann hypothesis on countability of space）,540

早期基督教（Christianity, early）,爱因斯坦的评论,24

黏度（Viscosity）,悬浮液的,12

张量计算（Tensor calculus）,Besso 的观点,540

哲学（Philosophy）:爱因斯坦的观点,27;因果关系和牛顿惯性运动,爱因斯坦研究的,300,324—325,Moritz Schlick 研究

的,307;因果关系统一过程的重复,爱因斯坦进行,299—300,324,Schlick 的评论,306;认识论和相对论,Ernst Cassirer 的评论,314—315,Joseph Petzoldt 的评论,332,341,Hans Reichenbach 的评论,313—314;相对论的 Kantian 解释,Cassirer 的评论,293;引力场的可观测性,Schlick 的评论,307;相对论与哲学,Cassirer 的评论,255—256,Frederick Lindemann 的评论,535,Schlick 的评论,573c;空间,爱因斯坦在现实的,324;时空因果关系,爱因斯坦的评论,300—301,Schlick 的评论,307—308;Spinoza, Baruch de,关于自由,177;相对论的价值,323,亦见"Als-Ob 会议";Einstein, Albert(爱因斯坦),哲学;康德学社

蒸汽压(Vapor pressure),固体的,353

芝加哥犹太复国主义协会(Chicago Zionist Club),对爱因斯坦表示同情,534

中欧的 Anglo-American 大学图书馆(Anglo-American University Library for Central Europe),334

周三物理讨论会(Wednesday physics colloquium),柏林,273

《自然》(*Nature*),向爱因斯坦征稿,xlvii,610c

《自然科学》(*Die Naturwissenschaften*),xxxviii

人名索引

A

Aardenne, Gijsbert van（1888—1983），262，298，480

Abbé, F.：106，121；爱因斯坦在 Wittelsbacherstraße 的房东，131n

Abderhalden, Emil（1877—1950），260

Abraham, Max（1875—1922）：22，67；在苏黎世，25；关于爱因斯坦的引力理论，17

Adams, Walter（1876—1956），249

Adler, Friedrich（1879—1960）：78—80；请求原谅，73—74，79，81；所做的调解，xxxiv；爱因斯坦的评价，73—74，79—80；爱因斯坦手稿中，80，82；爱因斯坦自愿出庭作证，78；为了申请匈牙利人民委员会的赦免，向爱因斯坦请求签字，484；离开巴德瑙海姆的 GDNÄ 会议，600c

Adler, Friedrich，在请愿书上签字，请求匈牙利人民委员会的赦免，484

Adler, Josef（1844—1918），96

Adler, Kathia（1879—1969），198

Adler, Rosa（1855—1935），96

Adler, Victor（1852—1918），82

Albert, Kurt，为爱因斯坦捐助基金做出贡献，372

Albrecht, Sebastian（1876—?），249

Altmann, Victor，提议为关于相对论和 Als-Ob 哲学的文章设立奖项，586c

Amberg, Ernst（1871—1952），227，236—237，330n

Ansbacher, Julie（1845—1933），206—207，210

Anschütz-Kaempfe, Hermann（1872—1931）：430，531，549；与爱因斯坦在一起，xlvi；他的捐助，452；邀请爱因斯坦与他一起，458，531，533，544；为爱因斯坦提供谢礼，533，544；地球磁场的实验，457—458，533，544；关于陀螺，457，533，543—544；提议在慕尼黑做科研报告，543

Anschütz-Stöve, Reta（1897—1961），431

Arco, Georg Count von（1869—1940）：486；询问爱因斯坦对于 *Kammerer 1919* 的意见，486—487；就爱因斯坦对 Meisser 的专利所做的争辩询问法庭专家的意见，486

Aristotle，关于遗传，92

Arkad'ev, Vladimir（1884—1953）：603c；关于恢复科学家之间的国际交流，319

Arkhangelsky, Aleksandr（1877—1926），418n，465n，469n

Aston, Francis（1877—1945），365，513，524

Azzolini, Margherita（1881—?），148，231

B

Bachem, Albert（1888—1957）：xlix，248—249，346，372；关于太阳谱线的红移，337，365

Baeyer, Otto von；606c；为初步确定电量请求 KWIP 基金提供支持，582c，延后，589c，

同意, 609c

Balzac, Honoré de, 160

Bandi, Ernst(？—1906), 101n

Bär, Richard(1892—1940), 296

Barkla, Charles(1877—1944), 邀请去参加索尔维会议, 303

Barnard Medal, 571c, 575c, 576c, 584c, 591c

Barrows, David, 524n

Bartscht, Artur, 向爱因斯坦表示同情, 594c

Bauer, Otto(1882—1938), 为申请匈牙利人民委员会的赦免而请求署名, 605c

Beck, Carl(1864？—？): 545; 为爱因斯坦在美国的系列课程提供服务, 546; 关于美国人对德国人的看法, 545—546; 关于为德国和奥地利大学筹集财政援助, 545—546

Beck, Emil(1881—1965), 79

Becker, Carl H.(1876—1933): 357n, 569c; 关于教育问题的演讲, 爱因斯坦参与, 431

Becker, Oskar(1889—1964), 260

Beckman, Bengt, 521n

Beer, Fritz, 285

Beethoven, Ludwig van(1770—1827): 156, 436n; 月光奏鸣曲, 138; 悲怆奏鸣曲, 140; 汉斯·阿耳伯特·爱因斯坦演奏, xxxii

Bemays, Paul(1888—1977), 54

Bemheim-Karrer, Jakob(1868—1958), 72, 75

Bennett, P. R., 关于不同事件的同时性, 600c

Bergmann, Ernst(1881—1945), 260

Bergson, Henri(1859—1941): 368; 爱因斯坦, 27

Berliner, Arnold(1862—1942): xxxviii, 275, 419n, 426, 444, 509; 关于反相对论者, 382; 关于出版爱因斯坦谈 Schmidt 的书, 505—506; 提议 Einstein 1918k 的新版本, 382; 请求爱因斯坦对 Schneider 的论文发表看法, 382

Berliner, Arnold, 对 Schneider 的论文的观点, 382

Besso, Michele(1873—1955): xxxii, 37, 39, 42, 44—45, 48—49, 57, 62, 67—70, 72, 75, 78—79, 81, 83, 98—99, 115, 123—124, 135—137, 142, 153n, 160—161, 164, 171, 175, 175n, 180, 191, 343, 346, 384, 512, 540, 591c; 因 Eduard Einstein 住院治疗花费太多而不满, 143n; 爱因斯坦对他的评价, 43, 116; Anna Besso-Winteler 是 Rosa Winteler 婚礼的见证者, 101n; 作为爱因斯坦的好友, 44; 在 ETH 所开设的关于专利法的课程, 188; 关于爱因斯坦的就职演说作为对 Lorentz 的一种示意, 540; Guillaume, xlviii; 关于 Eduard Einstein 的病况, 103; 了解爱因斯坦的思考方式, 384; 他作为爱因斯坦的宣传者, 540; 关于过去和现在, 177; 关于红移, 541; 关于时间的可逆性和不可逆性, 176; 关于广义相对论中的旋转磁铁, 354; 关于 Spinoza, 177; 关于 Weyl 的理论, 176, 354; 因智慧和性格受到赞扬, 43; 因跨学科研究受到赞扬, 188; 赞扬 Hans Albert Einstein, 346; 准备前往罗马, 在他叔叔的图书馆工作, 136; 在苏黎世和爱因斯坦一起驾驶帆船, 41; 在卢塞恩拜访爱因斯坦, 114, 116

Besso, Vero(1898—1962): 103, 135, 151, 153, 349; 爱因斯坦建议从事实践性的工作, 349; 为 Anna Besso-Winteler 辩护, 151—152; 与 Lydia Brönnimann 订婚, 541; 关于 Maja Winteler-Einstein 的个性, 152; 拜访爱因斯坦, 114

Besso, Marco(1843—1920), 135

Besso-Winteler, Anna(1872—1944): xxxii, 63, 98, 116, 128, 136, 148, 150n, 153n,

154,171;爱因斯坦对她的评价,116;关于爱因斯坦忽视他的儿子,90;工作繁忙,102;对 Maja Winteler-Einstein 的感情,152;她家可能是 Eduard Einstein 将来的公寓,134;爱因斯坦赞扬她在经济上对 Mileva Einstein-Marić 的帮助,136;冒犯 Mileva Einstein-Marić,164;关于爱因斯坦的婚姻,148,152—153,160,17;照顾爱因斯坦,129;拜访爱因斯坦,114

Bie, Oscar(1864—1938),对爱因斯坦表示同情,392—393

Birge, Edward(1851—1950):523n;就爱因斯坦在美国的授课事宜与加州大学(University of California)交涉,524n

Bismarck, Otto von(1815—1898),463

Bjerknes, Carl(1825—1903),462

Bjerknes, Vilhelm(1862—1951):488;关于爱因斯坦应邀去奥斯陆大学(University of Oslo),462;关于引力和惯性,462

Bjerrum, Niels(1879—1958):313;HCl 的谱线,356,443

Blaschke, Wilhelm(1885—1962):337;就汉堡大学(University of Hamburg)理论物理学席位的候选人问题询问爱因斯坦的意见,613c

Bleuler, Eugen(1857—1939),284n

Bloch, Helmut,对爱因斯坦表示同情,393—394

Bloch, Werner(1890—1973):94,138,566c;他书中的爱因斯坦,94

Blok, Petrus,267n

Boas, Ismar(1858—1938):68,74—75,85,101n;发现爱因斯坦患有胆结石症,74;肝脏的状况,70,72;提出饮水疗法,70

Boguslavsky, Sergei(1883—1923),471,515,516

Böhi, Paul,13n

Bohr, Niels(1885—1962):244,246;全民讨论会,322n;在柏林演讲,244n;在 Dahlem 和爱因斯坦共度午餐,322n;受邀参加 1921 的索尔维会议,303;邀请爱因斯坦在哥本哈根相见,321;在 1920 年与爱因斯坦的会议,xlvii,321,532;关于 Stern,353;计划在 1921 的索尔维会议上发表的演讲,303;对爱因斯坦在哥本哈根的演讲非常满意,321;得到爱因斯坦赞扬,364;寄给爱因斯坦黄油,244;光谱理论,313

Bohr-Norlund, Margrethe(1889—1884),321

Bolle, Co., Potsdam 塔式望远镜的契约人,582c

Boltzmann, Ludwig(1844—1906):323n;爱因斯坦的评论,340;H-函数,283,292n;关于气体的分解,15;关于高雅,328;爱因斯坦的赞扬,329

Bolza, Hans(1889—1986),516

Bormann, Elisabeth,336n

Born, Gritli(1915—2000),336n

Born, Hedwig(1882—1972):315,419,442;批评 Einstein 1920f,416—417;他母亲的死,336;邀请爱因斯坦和他们一起,361,416;Moszkowski 关于爱因斯坦的书,反对该书出版,xl,447—449,爱因斯坦的评论,495;关于爱因斯坦的和平主义,416—417;关于死亡,360—361;关于 Max Born 计划在美国开设的课程,442

Born, Irene(1914—2003),336n

Born, Max(1882—1970):28,276,419,442,448,466,468;请求爱因斯坦帮助取得去美国开课的邀请,454;关于相对论的书,Schlick 的评论,455,Zangger 的评论,513;关于物质结构的书,Zangger 的评论,513;Moszkowski 关于爱因斯坦的书,反对该书出版,xl,459—460,469,

471；前往格丁根大学（University of Göttingen），304，335—336，361；发现爱因斯坦淘气，460；发现爱因斯坦不擅长判别人性，471—472；关于他在法兰克福职位的候选人，335—336，516；关于银原子在空气中的平均自由程，336，360；关于对 Boguslavsky 的帮助，471，515—516；关于晶体的不可逆过程，516；关于 Lorentz，471—472；关于去美国开课的计划，460；赞扬 Krutkov，472；对于刚度的相对性定义，10

Bosch, Carl(1874—1940)，372

Boc scovi c, Ruder(1784—1846)，6n

Bossard, Konradf(?)，236

Bragg, William(1862—1942)，303n

Brahms, Johannes（1833—1897），Hans Albert Einstein 演奏，xxxii

Brand, Rudolf(1887—1967)，101n

Brandhuber, Camillus（1860—1931）：97n，115n，120n，122n，123，130n，131n，173n，202，204，206—210，211n，212n，214n，215n，330，343n，349n，363n，418，445n，446n，459n，464；*Einstein 1917a* 的复本，446；他的健康问题，454；邀请爱因斯坦，128，129；他的观点，爱因斯坦的评论，131，133

Brandhuber, Fidelia，213，445，454

Brandhuber, Inge，213

Brauer, August(1863—1917)，134

Bredig, Georg(1868—1944)，12

Brentano, Franz(1838—1917)，261n

Brillouin, Marcel(1854—1948)，303n

Broglie, Maurice de(1875—1960)：381；拟在索尔维会议上发表的演讲，303

Brönnimann, Lydia，541n

Brose, Henry(1890—1965)，256，455

Brownian motion，294

Brussels，xliv

Buchholz, Hugo(1866—1921)：357，416，453；得到爱因斯坦推荐，357；Wende 评论他的职位，453

C

Cailloux, Joseph(1863—1944)，408

Cajal, Santiago(1852—1934)，邀请爱因斯坦去 Madrid，583c，587c

Calisse, G. L.：378；被举荐为 *Einstein 1917a* 的意大利语译者，590c，596c

Cassel, Hans(1891—?)，484—485

Cassirer, Ernst(1874—1945)：261，265；关于相对论和哲学，255—256；请求爱因斯坦不要离开柏林，387；对爱因斯坦表示同情，387；邀请爱因斯坦留在他家，586c；*Cassirer 1921* 的手稿，爱因斯坦对其的评价，xlviii，314—315，得到爱因斯坦的赞扬，xlviii，293

Cauer, Minna(1841—1922)：xxxix；对爱因斯坦表示同情，433

Chapiro, Joseph（1893—1962），对爱因斯坦表示同情，392—393

Chavan, Lucien(1868—1942)：15，461；Hans Albert Einstein 与他练习法语，343

Chavan, Lucien，代表他进行仲裁，15—16

Chavan-Perrin, Jeanne（1866—1958）：461；Hans Albert Einstein 与他练习法语，343，345

Chisholm, Hugh，请求爱因斯坦为大英百科全书（*Encyclopaedia Britannica*）撰文，600c，601c，605c，607c，谢绝，609c

Chopin, Frédéric(1810—1849)，157

Chulanovsky, Vladimir（1889—1969），418n，465n，469n，472

Claudius, Matthias(1740—1815)，436n

Cochet, Marie-Anne，把自己的著作寄给爱因

斯坦,375

Coebergh,Joannes A. F.(1841—1922),爱因斯坦在莱顿的教授职位的监管者,xlv,366

Cohn,Emil(1854—1944),391

Colbjørnsen,Ole,246n

Copernicus,Nicolaus,xxxviii

Coppel,Theodore,569c,575c

Corelli,Arcangelo(1653—1713),奏鸣曲 Nr. 5,167

Curie,Marie(1867—1934),303n,328

Curtius,Friedrich(1851—1933),155n

Cunow,Heinrich(1862—1936),242

Czapek,Friedrich,568c,577c,579c

D

Dällenbach,Walter(1892—1990):关于爱因斯坦对"量杆"的观念,591c;关于广义相对论中的旋转磁铁,591c,爱因斯坦的评论,348,Besso 的评论,354

Debye,Peter(1884—1922):17,20,22,25,28,208,256,317,481,516,577c,611c,612c,613c;关于分子的极化,443;计划写关于相对论的书,513;格丁根大学(University of Gottingen)的教授,25n;乌得勒支大学(University of Utrecht)的教授,25n;在苏黎世大学(University of Zurich)升为教授,17,25;从 KWIP 租借的变压器,584c

Deng,L.,给 Elsa Einstein 寄食品包裹,267,270,275

Descartes,René(1596—1650),191

Deslandres,Henri(1853—1948),382

Dessau,Bernardo,寻求海法理工学院的教育信息,591c

Dickmann,Ina:xxxix;对爱因斯坦表示同情,388

Dinos,对 Lilienthal 的理论的看法,581c

Disraeli,Benjamin(1804—1881),463

Donder,Théophile de(1872—1957):索取 *Einstein 1919a* 的复本,363;关于能量张量,370—371;关于他在广义相对论中标记法,376—377

Dostoyevsky,Fyodor(1821—1885),152—153

DPG. 亦见 德国物理学会(German Physical Society)

Drechsler,R. W.,570c,571c,573c

Driesch,Hans(1867—1941),307

Droste,Johannes(1886—1963),55n

Dyson,Frank W.(1868—1939),222n

E

Eddington,Arthur S.(1882—1944):222—223,226n,309,380,500;他的日食考察团,xxxvii;Lorentz 对他的著述的评论,320,365;关于 1919 年日食考察团的积极成果,222,223;关于 Weyl 的理论,349n;出版商对 Guillaume 的反驳,xlvii;将 1919 年日食考察团的结果发给爱因斯坦,309

Egidy,Moritz von(1847—1898),329

Ehrenberg,Helene(1852—1920),315,361n

Ehrenberg,Viktor(1851—1929),449n

Ehrenfest,Arthur(1862—?),385n

Ehrenfest,Paul(1880—1933):xxxi,xlvi,10,20,25n,50—52,56,219n,223,253,262,267,270,279,289n,297,311,320,356,373,417,444,465,469,471—472,476;爱因斯坦给他带小提琴,xliv;爱因斯坦对于柏林爱乐音乐厅事件的回应,xl;爱因斯坦拜访 Ehrenfest 一家,xxxii,xxxvii;建议爱因斯坦不要参加哈雷会议,xlv;Tatiana Ehrenfest,247,251;他的无神论,20;为他的俄国同事收集文献和仪

器,376,404,425—426;批评爱因斯坦的穿着,252;爱因斯坦对他的同情,298;消沉,368;不同意 Einstein 1920f 的内容,403—404,426;与爱因斯坦讨论超导问题,xlvii;询问莱顿大学(University of Leyden)对爱因斯坦的任命事宜,364;感到自卑,375;经济困难,368;(巴德)瑙海姆的 GDNÄ 会议,期望证伪爱因斯坦的理论,369;发起关于磁体("Magnet-Woche")的会议,xlvi,366,368,404;受邀参加1921的索尔维会议,303;邀请 Epstein 去莱顿大学,285n,289;肝脏情况,476;Lorentz 在莱顿的继任者,xlii;莱顿大学为爱因斯坦提供全职教授职位,xxxix,389;关于爱因斯坦的美国之行,479—480;将莱顿作为爱因斯坦的避难地,389;关于爱因斯坦的就职演讲,366,385;关于 Bohr,xlvii,244;关于爱因斯坦受邀前往威斯康星大学(University of Wisconsin),479;关于爱因斯坦同意接受教授职位,344;关于对爱因斯坦的期望,366;关于爱因斯坦在莱顿教职的保有者,366;关于爱因斯坦的荷兰签证,241—242,375;关于 Einstein 1917a 的英文版,385;关于长度收缩,6;关于顺磁性,366—368,376;关于俄国同事的研究,426;关于爱因斯坦在就职演说时的服装,375;为爱因斯坦演奏 Bach,253;与爱因斯坦合奏音乐,220,222—223,519;表扬其聪明,223;读 Bergson,368;关于狭义相对论中的刚体旋转,14;请求爱因斯坦帮助俄国学者获得过境签证,517;请求爱因斯坦对 Julius 的研究表示赞赏,518;俄国学者到访,465,517;女儿们的小提琴,252,344,366,在 Bentheim 被没收,247,爱因斯坦的评论,356

Ehrenfest, Paul Jr.(1915—1939):257,404;爱因斯坦与他合奏,247

Ehrenfest, Tatiana(1905—1984),344

Ehrenfest-Afanassjewa, Tatiana(1876—1964):xxxvii,220;和爱因斯坦一起拜访 Katwijk,270

Ehrenhaft, Felix(1879—1952):294—295,436n,546n;爱因斯坦评论他在维也纳大学(University of Vienna)的任职,322—323,580c;Weyland 因反相对论课程而与他交涉,422;对爱因斯坦表示同情,422;邀请爱因斯坦在维也纳演讲,608c;接受,609c,610c;负光泳现象,Rubinowicz 的评论,580c;关于他在维也纳大学的困难,422;关于他在巴德瑙海姆的 GDNÄ 会议上的演讲,422;关于亚电子,295—297,Norst 的评论,580c

Einbeck, Georg(1870—1951),402

EINSTEIN, ALBERT(爱因斯坦,1879—1955):

任命:荷兰皇家科学院(Royal Dutch Academy of Sciences)外籍院士,xlv;DPG 顾问委员会成员,24n;GDNÄ 科学委员会成员,440,600c;Zeitler's Studentenhaus—Zusatzstiftung(Zeitler 的大学生之家—补充基金会)的特别董事会成员,603c;维也纳大学(University of Vienna)的职位,考虑其聘请,38;莱顿大学的特聘教授,xlii—xlvi,242n,246,257,279,298,337,585c;接受,587c;威廉女皇(Queen Wilhelmina)确认,600c,因政治原因推迟,252,Lorentz 的评论,320,延期的原因,277,薪水,588c;KWIP 主任,68;在 ETH,xxxiii,17;爱因斯坦捐赠基金会(Einstein Donation Fund)理事,578c

课程:在柏林大学(University of Berlin),602c;在苏黎世大学(University of Zurich),175,178,197—202,205,206,

208—209

财务：德国马克贬值，81，121，362；Eduard Einstein 疗养费用，89，91，113，121，126，129，133，135，137，145；来自 Anschütz-Kaempfe 的酬金，533，544；来自 Princeton 的酬金请求，1；Einstein 1917a 的俄文版酬金，570c，572c，573c；课程，在维也纳的化学物理学会（Chemisch-Physikalische Gesellschaft），609c，在基尔秋季艺术和科学周（Kiel Autumn Week for Arts and Sciences）的演讲，549；收入，81，83，89，来自航空公司（Luftverkehrsgesellschaft），106—107；PAW 工资上涨，613c；版税，Einstein 1917a 的德文第 9 版，577c，Einstein 1917a 的第 10 版，592c，597c—601c，版税支票，第 10 版，611c，Einstein 1917a 的第 11 和 12 版，607c，Einstein 1917a 的英文版，569c，593c，608c，Einstein 1917a 的英文第四版．610c，612c，613c，Einstein 1917a 的法文版，574c，Einstein 1917a 的西班牙文版，591c，Einstein 1920j，613c，Einstein 1916f 的新版本，573c，596c；薪水，xxxvii，xliii．xlv，在 1919 作为 KWIP 的主任，598c，作为莱顿大学的特聘教授，588c，PAW 加薪，579c，580c，606c，KWG 加薪，572c；SAG 的分红，231，234，567c；Pauline Einstein 的资助，81；对瑞士的家人的资助，67，69，81，89．92，106，110，133，136，137，279，330，342，362，418，444．528，567c；税收问题，106，133，135

邀请：来自 Anschütz-Kaempfe，458，531，533，544；抵制反犹主义协会（Association for Combating Anti-Semitism）请他担任执行董事，432，597c；Borns，361，418；Cassirer，586c；De Haas-Lorentz，602c；Exner 加入维也纳民众技术教育自由联合会（Freie Vereinigung für Technische Volksbildung, Vienna），583c，谢绝，586c；德累斯顿理工学院自由学术联合会（Freie Akademische Vereinigung an der Technischen Hochschule Dresden），接受，599c，601c；德国红十字会（German Red Cross），关于美国对德国科学的资助，599c；Grossmann，去苏黎世大学（University of Zurich），谢绝，211；Julius—Einthoven，597c；Landau，592c；F. Lindemann，去牛津，535；E. Meyer，去苏黎世大学，谢绝，211；Pfeiffer 去参加德国图书展览会组委会，584c，谢绝，584c；Rosen，570c，571c，573c；Schmidt，午餐，598c；Trowbridge，谢绝，494；伯尔尼大学（University of Bern），597c；罗斯托克大学（University of Rostock），参加，222；Zeitler 的大学生之家-补充基金会，分会，603c；KWG 关于薪水的会议，570c；去美国，1；去维也纳，532；法兰克福大学（University of Frankfurt），599c；奥斯陆大学（University of Oslo），谢绝，488；苏黎世大学，481，谢绝，496—497

演讲邀请：在德累斯顿理工学院的学生代表大会上（Allgemeine Studenten-Vertretung an der Technischen Hochschule Dresden），590c，接受，591c，608c，612c，613c；在维也纳的物理化学学会（Chemisch-Physikalische Gesellschaft），Ehrenhaft 邀请，608c，接受，609c，610c；在哥伦比亚大学（Columbia University），17，442；在丹麦天文学会（Danish Astronomical Society），244，568c；在维也纳的民众技术教育自由联合会（Freie Vereinigung für Technische Volksbildung），谢绝，609c；在巴德瑙海姆的 GDNÄ 会议，

302，谢绝，353；在德国药理学会（German Pharmacological Society），589c，谢绝，598c；在基尔秋季艺术和科学周（Kiel Autumn Week for Arts and Sciences），330，接受，570c；在 PAW 公共分会，604c；在普林斯顿大学（Princeton University），441，443，491，494，514，601c，接受，490，财务要求，539；在士瓦本天文台协会（Schwäbische Sternwarte Society），419；在 1921 的索尔维会议上，302，312；在德累斯顿理工大学（Technical University of Dresden），532；在巴塞尔大学（University of Basel），602c，延期，606c；在奥斯陆大学，462；在北京大学（University of Peking），598c；在乌得勒支大学（University of Utrecht），375；在维也纳大学，谢绝，17；在威斯康星大学，479，494，514，604c；在 Urania，维也纳，接受，609c，终止系列，610c；在 Preußen 的医生进修事业中央委员会（Zentralkomitee für das ärztliche Fortbildungswesen），599c；来自劳动联合会（Arbeitsgemeinschaft）1920，慕尼黑，451—452；来自德国工程师协会（Society of German Engineers）奥地利分会，385n；来自挪威学生会（Norwegian Students' Association），246，275，292；去慕尼黑 DPG 的行政区协会（Gauverein），452；在 Hanover，444，446，475；在 Karlsruhe，11；在 Madrid 583c，谢绝，587c；在 慕尼黑，530—531，543，谢绝，532；在 西班牙，443，571c，接受，576c，谢绝，586c，590c；在美国，491；来自国家研究理事会（National Research Council），514，谢绝，494，496，612c，财务要求，490，494，514—515，523n—524n，Ehrenfest 关于，481，关于美国代理人，514，515，530。亦见 Einstein，Albert（爱因斯坦）：演讲

犹太事务：关于反犹主义，xli；受邀加入抵制反犹主义协会（Association for Combating Anti-Semitism）执行董事，597c，谢绝，432；柏林的犹太社区，公众税务，要求，611c，谢绝参加，534；关于德国犹太社区状况，xli；为犹太慈善事业提供捐助，534；关于未能进入德国大学的犹太学生，350；宗教信仰，21n，534；为慈善事业而寄出手稿 Einstein 1920k，504

演讲：在士瓦本天文台协会（Schwäbische Sternwarte Society），xlvi，434，601c；在丹麦天文学会（Danish Astronomical Society），321，364，581c；在莱顿协会（Leyden Society）做科学演讲，262，264，267，271，289，572c；在挪威学生会（Norwegian Students' Association），265，298，315，364；在法兰克福物理协会（Physikalischer Verein, Frankfurt），93，94n，95；在格丁根大学，32；在汉堡大学（University of Hamburg），262，265，337，587c；在汉诺威大学（University of Hanover），604c；在莱顿大学，xlvi，267，就职，444，469，470，603c，604c，日期，373，374；在劳动者公立学校（Volkshochschule für Proletarier），261；在汉诺威，延迟，465；在 奥斯陆，578c，579c；在基尔秋季艺术和科学周（Kiel Autumn Week for Arts and Sciences），xlvi，431，434，598c，酬谢，549。亦见 EINSTEIN，ALBERT（爱因斯坦）：演讲邀请

观点：Adler 的手稿，80，82；维也纳大学的理论物理和实验物理之间的平衡，322—323；Bloch 1918，94；波茨坦大地测量学院（Geodetic Institute Potsdam）主任的候选人，171—172；*Dostoyevsky 1916*，153；Ehrenhaft，322—

323,580c;Freundlich 关于红移的论文,225;Hochwald 疗养院,104;为解释脑震荡效应而引出的引力场,606c;Keesom,29;基尔秋季艺术与科学周(Kiel Autumn Week for Arts and Sciences),431;Kossel,353;Lehmann 关于运动量杆之间电动力的论文,11;Lenz,353;Lilienthal 的理论,581c;会议报告(*Sitzungsberichte*)的手稿,586c;Mewes 的手稿,584c;Pflüger,340;Rabm 的论文,602c;Sannig 专利,607c;Schmidt 509—510,609c—610c;Schuchard 论"电风的反作用力(reaction force of electric wind),592c;*Tolstoy 1886*,56;*Vischer 1900*,123

个人:

爱因斯坦谈自己:作为瑞士的好市民,89;与苏黎世相比,更看好柏林,496;被早期基督教吸引,24;区分政治信念与个人的关系,89;喜欢多变的生活,128;建立相对独立的家庭,62;感到亲近柏林,415;感到光荣,75;发胖,110;相信个人而不是社会,43;身体健康,40,105,106,111,131,135,136,137,195,201,223;外在联系的重要性,56;增进健康,92,120,129,133,160;缺乏逃避世俗事务的处所,70—71;喜欢航海,262;谈到早期与家人分离的困难,25;关于英语学习,1,542;谈失去母亲,315;乐观主义者,180;评价过高,349;父亲的角色,37—38,44;与世隔绝的生活方式,65;作为 Eduard 的父亲而自责,75;自我描述,439;把富于成效的工作视为对子嗣情况不完美的安慰,72

阿姆斯特丹,谈当地的风景,223
Anschütz 的殷勤相待,430—431
Anschütz-Stöve,Reta,431
格言,581c;关于判决,597c

柏林物理学家,首次拜访,21n
柏林人,谈柏林人的性格,23
Boas,Ismar,诊断爱因斯坦的肝脏状况,70,72
Bohr,Niels:深表同情,244,246;在 Dahlem 与其共进午餐,322n;期待在哥本哈根与之相见,244;赞扬,364
Boltzmann,Ludwig,340
Born,Hedwig,他的脾气,495
Born,Max:关于他赚美元买房子的计划,454;关于他对 *Einstein 1920 f* 的批判,419;关于他在巴德瑙海姆 GDNÄ 会议上花时间和 Born 一家在一起,419
Brandhuber,Camillus:观点与爱因斯坦一致,131,133;拜访,130—131,133,213,计划,128,202,204,206—211,212n,取消,123,211
Buchholz,Hugo,干涉职位任命,416
德国的邮政审查,82,108
Chavan,Lucien,代表他进行仲裁,15—16
关于同时代人的愚蠢,47—48
哥本哈根,拜访,580c
法庭专家的意见,相关工作,196,完成,206;边境的进出口审查,40
Delft,当地的风景,223
离婚,154,155,179
博士学位,价值,245n
荷兰,特点,51,53,55—56
Ehrenfest,Paul Jr.,合奏,247
Ehrenfest,Paul:深表同情,298;喜欢他的孩子们,219,247,253,264;初次见面,20;热情,297—298;关于无神论,20;关于他的债务,444;关于给女儿们的小提琴,246—247,252,267,270,277,297,337,356;共同演奏音乐,220,222—223;表扬他的聪明,222—223;和他在莱

顿的房间, 50; 与他一起旅行, 262

Ehrenfest-Afanassjewa, Tatiana, 一起旅行, 265. 270

Einstein, Edith: 与她的论文相关, 196, 199; 一起航海. 210; 来访, 121

Einstein, Ida, 来访, 121

Einstein, Rudolf, 与他见面 20

English, 学习, 1, 542

Epstein, Paul, 关于汉堡大学的职位, 337

法兰克福, 去访问, 94

德国的同事和权威们的善意, 89

德国: 考虑离开, xxxix, 205, 208. 496; 关于将瑞士的家搬到德国, 129, 133, 528—529. Hans Albert Einstein 反对, 497—498

Goldscheid, Rudolf, 给他寄赠论文作为其生日礼物, 521

在苏黎世大学举办的 Gottfried-Keller 诞辰百年庆典, 参加, 204, 205

Grommer, Jakob, 与他合作, 63

Guillaume, Edouard, 和 Weyl 相比, 346, 354

Haas, De, 拜访, 223

Habicht, Conrad, 与他见面, 97

Haenisch, Konrad, 为了帮 Pauline Einstein 找到公寓而请求帮助, 230n

健康问题: 66—67. 68, 78, 84—85. 91, 100, 103, 107. 108, 116, 127, 138, 145; 在 Tarasp 接受饮水疗法, 103; 的历史, 74

Hertz, Paul, 为他找工作提供帮助, 488

Hilbert, David, 36

女佣, 为他在苏黎世的家庭提建议,

Jeffery, George, 向他建议 Lorentz et al. 1920 的英文版本, 524

Journalists, 262

Julius, Wilhelm: 与他一起演奏, 211; 与他见面, 224, 247; 关于他表达同情, 424

Kamerlingh Onnes, Harm, 与他见面, 270

Kamerlingh Onnes, Heike, 与他见面, 224, 257, 465

Kamerlingh Onnes, Menso: 家里的房间, 469; 与他见面, 270

Koch, Jacob, 在 Weggis 见面, 121, 127

Kocherthaler. Lina, 献词, 589c

Kottler, Friedrich, 干预职位申请, 351—352

演讲, 计划出版, 56

Lenard, Philipp: 优秀的实验家, 却是糟糕的理论家, 595c; 与 Moszkowski 和 Wien 相比, 468

Lorentz, Hendrik A., 与他见面, 52, 224, 271

Marić, Zora, 帮助 Mileva Einstein-Marić, 84

Moos, Adolf 和 Friedericke, 献词, 604c

Moszkowski Alexander: 反对将其公开, 109; 与 Philipp Lenard 和 Wilhelm Wien 相比, 468; 不能为《展望》(Umschau) 评论 Einstein 1917a, 117

Moszkowski 的书: 禁止其出版, 459, 464, 468—470; 事后考虑, 495; Moszkowski, Bertha 评论, 465—466, 474—475

慕尼黑, 前保姆的问候, 281

音乐: 一起演奏, Ehrenfest, 220, 222, 223, Greinacher, 206, Julius 的女儿,

225,262,Harm Kamerlingh Onnes,519

荷兰,赞扬该地的天气,220,223;访问,50,51

挪威,访问,298

挪威人,关于他们的性格,315

忠诚的誓言,要求发誓,接受,580c

奥斯陆,在前往该地的途中,262,578c

Piccard,Auguste,关于其性格,36

Planck,Max:深表同情,33;很高兴与其共同庆祝 Rostock 大学校庆,224

实践工作,关于其作用,352

布拉格,前往,13;观点,16;那里的同事,16

Rubens 的讨论会,随后的文献 524

俄国物理学家:代表他们调停,417,444;在柏林拜访他们,417,465

Rolland,Romain;关于特质,129;关于延期获得诺贝尔奖,58

帆船,关于购买,213,419,431

Savić,Helene,表演,44

科学,其乐趣,154

Scientific American,关于公布的写作竞赛 by,437

Spinoza House,拜访,604c

儿子们:继承了他的粗心大意,180;关于教育,49;关于特质,464;与他们关系,42;对它们的聪慧感到满意,104;对他们的爱感到满意,106;瑞士的社会环境比较温和,26;关于将孩子当成瑞士人抚养.49;共同度假,330,几乎去阿尔卑斯山,155.164,在 Benzingen,437,444—446,454,459,461.464,601c,计划,329—330,342,342—343,346,362.373,374.403n,418,429

Steinel,Oskar,对所讨论的主题能力不足,581c

夏日住所,关于购买一个夏日住所,419,431,464,470

丰富多彩的一年,94,瑞士家庭,不去拜访的原因,46

瑞士:去那旅行,xxxi,在 1916 年 4 月,xxxii,in 1919,xxxvi;关于瑞士的特质

Tarasp,不愿意去,102

Treitschke,朗读工作,56

Varicak:邀请去布拉格,13;关于他的孩子,21

签证:荷兰签证的问题. 246;挪威人,267,292

婚礼见证人,101

Weggis,拜访,111

Westerdijk,拜访他,224

Weyl,Hermann:柏林对他来说太紧张,278;与 Edouard Guillaume 相比.346,354;关于柏林大学和格丁根的邀请,278

Wien,Wilhelm,与 Lenard 和 Moszkowski 相比,468 Winteler,Paul:和他一起感到舒适,112;称赞他的性格,121

Winteler-Einstein,Maja:和她一起感到舒适,111,112;称赞她很好地照顾了 Pauline Einstein,224;称赞他的钢琴演奏,123;提议照顾 Hans Albert Einstein,90;据说为母亲的遗产而争执,266;受她拜访,130;拜访,99

Wittig,Hans,获取博士学位的前景,245

Zangger,Heinrich:因 Eduard Einstein 在住院期间花费太多而受到指责,Mileva Einstein-Marić的评论,143n;对他的消沉感到焦急,19;对他的疾病感到焦急,79;为所做的评论道歉,145;作为一个好友,44;诊断为高血压,102;检查,

99;不方便一起住,100;邀请去布拉格,16;住在他家,99;关于缓解状况,照顾爱因斯坦瑞士家庭的负担,90;关于手写字迹不好辨认,27,75,107,279;关于职位,16;赞扬他的敏感,24;推荐打字机,279;针对肠胃的特别食物,答应,68,要求,66;感谢帮助,49;X 射线. 99

Zeeman, Pieter,作为他在莱顿教授职位的保有者而受到欢迎,374

Zürcher, Emil;感谢帮助,49;称赞妻子,44

Zürcher-Siebel, Johanna,感谢帮助,49

苏黎世:与柏林相比,496;喜欢那儿的自由空气,19;在那感到孤独,497;在1917访问,xxxiv;计划付清瑞士家庭在苏黎世的房租,144,146

亦见 Einstein, Eduard; Einstein, Elsa; Einstein, Hans Albert; Einstein, Use; Einstein, Margot; Einstein, Pauline; Einstein-Marić, Mileva

哲学:"Als-Ob 哲学会议(Als-Ob conference),"298—299 取消参与,277,无法参加,288,受邀参加,246,不会参加,262,265,267;关于因果关系,299—301,324—325;Cassirer, Ernst,批评它对于相对论的解释,293,手稿,xlviii,265,293,255,提议发表其论文,289;与观念相关的经验,293;感到无法胜任,245;Frank, Philipp,赞扬 Mach 的论文,68;关于 Holst, Helge 的论文,341;Bergson, Henri 的讨论,27;形而上学,和物理学的交叉,605c,606c;Petzoldt, Joseph,关于会面讨论相对论的认识论,341;关于哲学家,265;关于哲学,293;Schlick, Moritz,称赞他的作品,xlviii,关于论文,78;关于现实的空间,324;读了 Spinoza 的 Ethics,96;Wertheimer, Max,接受建议,不去参加 "Als-Ob 会议(Als-Ob conference),"268. 亦见哲学(Philosophy)

政治:

Anti-Oorlog-Raad,其国际协会的会员,36

反相对论者:比作苍蝇,351;关于对相对论的攻击,595c

请愿在德国施行共和宪法,签字,xlii,242,574c

共产主义,xliv

民主主义,xl,xliii,418

外国压力,寻找新闻并将其夸大,对他进行攻击,534,542

德国:发誓忠诚,要求,577c,接受,582c;考虑离开的可能性,412;关于德国同事的热情,542;关于离开柏林,469,594c,没有理由,417;关于是瑞士人,国际的,对德国的信心,542;关于允许外国学生进入德国大学,350

政府:关于统治人民,346—347;不是基于法律系统而是基于权力,348—349

匈牙利人民委员,请求原谅,签字,611c

应对内部问题时的帝国主义,340

国际人士,很高兴以此受邀参加1921 的索尔维会议,312

Kelen,代表他获得大赦,482—483

告欧洲人书,签字,29

挪威学生,关于国际主义,420

瑞典学生,关于亲德,350

相对论和政治:428;出版 Einstein 1920f 的原因,412—413,418

瑞士,考虑他自己,343

欧洲国家联盟(United States of Europe),437

战争：反对，xliii，xxxiii— xxxiv，其积极效应，45；产生的心理学原因，26；新德国政府在 1917 年 6 月提出和平的消息传来，感到欣喜，108n；关于需要一个超民族超国界的和平维护组织，26，计划，125—126

魏玛共和国（Weimar Republic），xl

Weyland，关于他与 Julius 接触，424

芝加哥犹太复国主义协会（Zionist Club Chicago），感谢它公开表示同情，534

关于相对论的畅销书：盲文本，Hochschulbücherei 的要求，589c，同意，589c；英文版，576c，578c，593c，第 4 版，610c，版税，385，568c，569c，575c，608c，610c，612c，613c，附件，572c，Lawson 的评论，589c，寄给 Ehrenfest，593c；法文版，578c，579c，587c，与出版社之间的交流，589c，排版，603c，605c，Moch 可能是译者，327，340，569c，提议，572c，574c，Rouvière 可能是译者，575c，Rouvière 的评论，609c，版税，574c，Solovine 的评论，569c；德文版，第 9 版，版税，577c，第 10 版，手稿，584c，588c，版税，592c，597c，598c，599c，600c，601 c，第 11 和 12 版，royalties，568c，607c，附录，574c；新版，要求排版，611c，Vieweg 提议，602c；匈牙利文版，版税，575c；意大利版．推荐 Calisse 为译者，590c，接受，596c，赞许，378；俄文版，提供版权的酬金，570c，接受，572c，573c，介绍，605c，提议，574c，版税，574c；西班牙文版，推荐给 Vieweg，591c，相关工作，63

荣誉：哥伦比亚大学（Columbia University）的巴纳德奖章（Barnard Medal），571c，575c，576c，584c，591c；鲍加特纳奖（Baumgartner Prize），91，106；丹麦学会（Danish Academy），通讯会员，568c；荷兰研究院（Dutch Academy），通讯会员，268n，267，270—271，274—275，277，287，288，573c，574c；皇家天文学会（Royal Astronomical Society）金奖，决议 255n，309n，380；挪威学生会荣誉会员，579c

推荐：Buchholz，357，453；Epstein，352，547；Flamm，547；Laue，547；Lenz，547；Meyer. Edgar，28；Reiche，547；Runge，172；Schrödinger，547；Stem，353；Thirring，547

所受请求：

《数学学报》(Acta Mathematica)，文章，568c，谢绝，341，592c

Adler，Friedrich，在请愿书上签字，请求匈牙利人民委员会的赦免，484

Akademisk Revy，文章，594c

Arco：专家对专利案的意见，486；对 Kammerer 1919 的观点，486—487

Berliner，Arnold，对 Schneider 的论文的观点，382

Chisholm，为《大英百科全书》(Encyclopaedia Britannica) 撰文 600c，601c，605c，607c，谢绝，609c

Deutsche Revue，文章，588c

纽约德国自由科学联盟（Deutscher Gesellig-Wissenschaftlicher Verein in New York），为展览会提供帮助，601c

Dinos，对 Lilienthal 的理论的看法，581c

Exner，Felix，对于科技教育的陈述，583c，接受，586c

Fischer，对大学学习的资助，608c，609c

Gerhards，对手稿的评论，577c，个人探讨，593c

德国对外来信仰的中央协会（German Central Committee for Foreign Relief），文章，334—335

国际联盟的德国联盟（German League for the League of Nations），文章，333—334，谢绝，343

德国对外大学学学生事务新闻社（German News Agency for Foreign University and Student Affairs），请求支持，588c

Jeffery，精选论文的英文版，602c

柏林犹太社区，教会税，611c

Klötzel，请求支持 Karwe，598c

Lawson，*Einstein 1920j* 的英文版，572c

Lotos，文章，568c，577c，579c

Marx，一项任命，570c，同意，575c，577c

Meyer，Edgar：帮忙为 Rosenberg 取得职位，594c；推荐，28；将 Rosenberg 的论文提交给 *Sitzungsberichte*，595c

Nature，文章，610c

Ostwald，Wolfgang，再版论文，608c，同意，608c，612c

Schlick，Moritz，对 Weber 的继任者的意见，390—391

Schmidt，Harry，对他的书的意见，608c

Schoenflies，Arthur，对 Born 继任者候选人的意见，304—305

Schubert-Soldner，Richard，请求帮助，571c

Süddeutsche Monatshefte，文章，409，谢绝，413

Vaihinger，Hans，在莱顿协会做演讲，573c

Wermuth，在市议会做通俗演讲，570c

Wirtschaftshilfe der deutschen Studentenschaft, Amerika-Werkstudenten-Dienst，推荐信，595c

Wittig, Hans，检阅他的书，245

科学：

Abraham 的引力理论，17

Adler，与他共同学习物理，73

Ampère 的分子电流：28；相关实验，39

天文学，关于德国落后于英国和美国，357

柏林，在那的科学生涯，364—365

Bjerrum 光谱，443

宇宙学：边界条件，与 Eddington 观点一致，365；封闭宇宙，68，关于恒星的幻想，501；关于有限宇宙，与 Petzoldt 观点不同，342；宇宙的半径，70

De Sitter，参加他的演讲，52，52n

1914 年的日食考察团，计划，23

1919 年日食考察团，有利结果，222

Ehrenfest，与他讨论，257，279

Ehrenhaft，不接受他的理论，322

Einstein 1910a，论，9

Einstein 1919a，论，371

Einstein, Edith，关于他的论文，197，290—291

电磁场，主要考虑可称量的质量，488

电子，关于磁场对于电子的异常效应的观点，12

Eötvös 定律，18

飞行，关于其理论，44，48

力，原子和分子，这方面知识不足，482

物理学中的类似，488

在物理学中的形式和物理思维，17

Grossmann, Marcel, 与他合作, 37

Guillaume, Edouard: 相关考虑, 338—339, 358. 410—411; 无法理解其想法, 331. 358—359, 384. 428^130, 529—530

Haber, Fritz, 关于他的实验性提议, 443

霍尔效应(Hall effect), 494

拥有有趣的科学头脑, 41

Julius, Willem, 与其讨论太阳物理学, 262

Kamerlingh Onnes, Heike; 一起讨论, 270; 拜访其实验室, 253

Lenard, Philipp, 在巴德瑙海姆的 GDNÄ 会议上与其争论, 435

Lewis and Tolman 1909, 在, 14

光线发射与接收, 44, 48

Lorentz;, Hendrik A.: 参加其讨论会, 219; 参加其演讲, 257; 与他讨论, 279; 关于引力理论与日食观测结果的讨论, 223

莱顿的"磁性的一周", 356, 373

Minkowski, 5

Nernst 的热理论, 20, 23

顺磁性, 对其的乐观理论, xlvi

光化学反应, 热力学相关, 17

Polak, Martin, 辩论, 278

概率, 对 Heinrich Zangger 手稿的评论, 161—162

量子论: 事先就感兴趣, xlvii; Sommerfeld 和 Epstein 的, 相关工作, 82; Kottler 将光波中的奇点作为量子, 352; Bohr 对量子状态的推导, 244; 对 Planck 辐射公式的推导, 49, 347

辐射: 热力学的, 5; 残余, 17; 理论, 12

红移: 309; Weyl 的理论, 346; 因地球轨道异常而改变, 61; 引力的, 观测, xlix; 观测困难, 61, 346; 太阳的观测, 346; 关于 Grebe 和 Bachem 的结果, 337; 关于 Grebe 的测量, 413; 恒星的观测, 60, 232—233; 地球的, 关于测量地球的引力势能, 61

相对论和热力学的基本原则, 120

广义相对论: 绝对微积分, 25; 接受, 36, 65, 78, 在荷兰, 53; Entwurf 理论, 21, 37; 1919 年的日食考察团, 226; 能量张量, De Donder 的论述, 370—371; 引力波, 44, 48, 63; 光线偏移, 正确的值, 483—484; 其中 dt 的含义, 339; 水星近日点, 34, 62; 引力场方程中新的派生项, 27; 没有更多任务, 43; 关于引力场对于时钟的影响, 358—359; 其中的旋转磁体和导体, 348; 双生子伴谬, 189—190

狭义相对论: Doppler 红移, 411; 移动量杆的电动力场, 11; 光的波前, 547; 旋转刚体, 6—15; *Einstein 1905r* 中的印刷错误, 6; 真实的长度收缩, 14—15

瑞士自然科学研究学会, 打算参加会议, 127

Sommerfeld: 赞扬其量子论成果, 67; 赞扬 *Sommerfeld 1921*, 532

比热: H 分子的, 443; 二原子气体的, 12n

Stokes-Planck 以太, 241

超导性: 参与莱顿的低温实验室的展示, xlvii; 讨论超导现象, xlvii; 横向霍尔效应, 519—520

生命体和基础物理中的时间反转不变性, 54

统一场理论: 联系引力场和电磁场, 62; 描述连续介质的真实性的限制, 592c; 过分执著, 495

Varicak; 其手稿, 13; 读他的论文, 5;

狭义相对论中的旋转刚体,争论,14—15
悬浮液的黏度,计算,12
泰勒基金会(Teyler Foundation),拜访其物理实验室,52
Weyl, Hermann:出版其论文的困难,161;反对量杆不变,347—348;关于 Hamilton 函数,62
Wöhlisch, Edgar,关于分子体积的燃烧热的关系,回应,482
零点能:旋转分子的,443;旋转运动存在,356;低温下的分子颤动理论,17

Einstein, Carl, xliv

Einstein, Edith(1888—1960):xlix, 196—197, 199, 201, 282;爱因斯坦评论其论文,290—291;Epstein 评论其论文,282—283;与爱因斯坦航海,210;拜访爱因斯坦,121

Einstein, Eduard(1910—1965):xxix—xxxvii, 24n, 32, 59, 84, 92—93, 129, 135, 140, 144, 149, 164, 167, 175, 186, 190, 199, 226—228, 464, 498;有关爱因斯坦, 32, 103, 105, 362, 464;进入二年级,156, 168n;进入三年级,194;进入四年级,258, 345;抱怨 Mileva Einstein-Marić 离开苏黎世,226;对爱因斯坦取消前往苏黎世感到失望,168;爱因斯坦的梦想,30;对爱因斯坦的感觉,166, 258, 345;去看 Schiller 的演出,345;长仙人掌,345;健康状况,xxxvi, 60n, 75—76, 104—105, 109, 172, 181, 185, 342;爱因斯坦的健康状况的遗传因素,71—72;在 Aegeri, 226, 236, 237, 238;在 Arosa, 85—86, 91—92, 98—99, 102, 103n, 104—105, 109, 135—136, 138—139, 144—145, 181, 185, 192;在 Bethanienheim 医院,79;在 Rheinfelden, 200, 210;对地理感兴趣,166;其数学能力,29;关于他的生日,345;和 Hans Albert 的照片,105;计划陪同 Mileva Einstein-Marić 去 Rheinfelden, 194;计划和 Mileva Einstein-Marić 搬去她祖父母那里,121;计划去柏林,144;弹钢琴,221, 226;和士兵首领一起,186;读 Goethe 的作品,345;读瑞士的历史,186;找爱因斯坦要旅行书籍,168, 175;歌唱母亲的回归,58;Stahel-Baumann, Lydia 可能是主人,104, 109, 113, 126;代表,343;在 Zanggers 处见爱因斯坦,196.参加 Einstein, Albert:个人:子女

Einstein, Elsa(1876—1936):xxix—xxxvii, xliv, 21n, 25n, 33n, 39—42, 51—53, 94—100, 107—108—112, 114—115, 117, 119—120, 123—124, 127—128, 130—133, 144, 148, 170, 173n, 191, 195—203, 205—213, 219—220, 222—224, 232n, 247, 252, 257, 262, 264—265, 267, 270, 275, 277, 279n, 289n, 361, 401, 417, 430, 434, 439, 442—443, 454, 464—466, 469—470, 475, 510;建议爱因斯坦不要参加哈雷会议,xlv, 275;爱因斯坦决定结婚,39;受反相对论事件的影响,xl, 435;爱因斯坦的灰姑娘,121;爱因斯坦搬离柏林的动机,23;受爱因斯坦表扬,23, 66, 78;爱因斯坦的爱,109;爱因斯坦计划与她约会,118, 121, 123, 128, 131,在 Ensingen, 97, 99, 101, 103, 107, 108, 111—112,在 Mergentheim, 100,在 Sigmaringen, 114,在 Thüringen, 115, 119, 124, 130, 131, 132,在 Weimar, 119;爱因斯坦计划和她旅行,120, 127;爱因斯坦和她在 Sellin 的休假,32;Fritz Haber 是她的好朋友,275;字迹不易辨认,107;健康状况,435, 445—446, 450n, 454;在(巴德)瑙海姆会见爱因斯坦,600c;渴望爱因斯坦,254;关于爱因斯坦信件的数量,

266;关于爱因斯坦政治上的坦率直言,254;关于爱因斯坦在莱顿任职的延期,275;关于为 Paul Ehrenfest 的女儿运送小提琴,253—254,265,275,298;关于美国的邀请,514;关于 Moszkowski 1921,470,474;关于爱因斯坦从 Wittelsbacherstraße 前往 Haberlandstraße,115;将爱因斯坦在莱顿的就职演讲付印,275;关于爱因斯坦公寓的续租,107,爱因斯坦反对,106;为爱因斯坦组织弦乐四重奏,266;Schweizerische Auer-Aktien-Gesellschaft(SAG)的股份,567c;与爱因斯坦在柏林重逢,21n;在巴德瑙海姆的 GDNÄ 会议中和 Oppenheims 在一起,419;照顾爱因斯坦,23,66,70,72,74,78,254,266

Einstein, Fanny(1852—1926):xxxii,21n,24n,119n,121,123n,124,127,132,196,209,511;住院,211;在假期,114

Einstein, Hans Albert(1904—1973):xxix—xxxvii,24n,31,33,34,35,37,55,58,65,67,70,73,76,78—79,81,83—86,91—93,97,103—104,116,121,130,138,140,144,148,151,159,166—167,169,173,179,184,190—191,199,202—203,206—208,210,213,228,279,329,422n,430,464,512;陪 Maria Wohlwend—Batlaglia 弹琴,167;爱因斯坦对他的信件感到高兴,55,67,91;爱因斯坦的评论,89—90,100,107,110,112—113,201,203,362,464;爱因斯坦喜欢他的个性,98,103,105,199,201,203,205;爱因斯坦计划和他一起度假,37,在波罗的海,202,在柏林,33,34,在 Maja Winteler-Einstein 的家里,99,101;Eduard 为爱因斯坦带食物,445;为 AE 的健康而焦虑,193—194;反对搬离德国,497—498;向爱因斯坦要钱,192;问爱因斯坦旅行的计划,238;要邮票,259;参加体育馆的第二年活动,77;第三年,156;第五年,30n;在 Bessos 家搭伙,238;在 Zanggers 家搭伙,79,88,97,236;个性,89—90;做飞机模型,156,202,214,227,238,259;做空中索道模型,76,167;做电气铁路模型,140,156;做单轨模型,173—174;做模型船,59,60,167,193;做玩具机器,181;对爱因斯坦取消前往苏黎世感到失望,166—167;考试,30n;期待爱因斯坦来,88;寄措辞严厉的明信片给爱因斯坦,32;健康状况,227—228,238;邀请爱因斯坦去瑞士,140;在复活节假期邀请爱因斯坦,30;在做手工艺品,221;学习历史,英文,植物学,物理,数学,193;学习法语,181,317,343,345;学习德语,87;学习拉丁语,58,87;学习数学,29,87,237;学习木工,192;音乐考试,193;爱因斯坦并不了解 Eduard 疗法的好处,140;关于瑞士的全面罢工,184—185;关于他的 16 岁生日,16,258—259;关于爱因斯坦丢失的物品,214;关于器官专利,498;关于自己的记忆,87;出租他们的房子,235—236;学校组织的去 Ticino 郊游,258;和爱因斯坦一起度假,31;和 Chavans 一起度假,461;和 Eduard Einstein 的合影,105;钢琴课程,77,88;演奏 Beethoven,138,236;演奏 Brahms,Händel,Mozart,Schubert,236;计划由爱因斯坦个人抚养,75,81;计划和 Wintelers 搭伙,121,144,146,150—151;演奏音乐,30,58,77,140,156,167,192;爱因斯坦感到满意,100;治疗爱因斯坦胃病的药物,138;建议将 Zugerberg 作为爱因斯坦的休假地,35;阅读 George Bernard Shaw,237;阅读爱因斯坦的解释相对论

的通俗书籍,xxxiv,87,446;爱因斯坦想要英文课本,259;爱因斯坦的请求函,30;从卢塞恩返回苏黎世,111—113;和爱因斯坦航海,106;不再需要家具制造说明书,77;照顾家庭,174;在瑞士和爱因斯坦的旅行,41,42;和 Paul Winteler 的旅行,110—111;拜访爱因斯坦,97,195—197;和爱因斯坦在 Arosa 拜访 Eduard,102,104,167;和爱因斯坦拜访 Maja Winteler-Einstein,106;和 Eduard Einstein 在 Aegeri,238;在 Heinrich Zangger 的花园工作,88. 亦见 EINSTEIN, ALBERT(爱因斯坦):个人:子女

Einstein, Ilse(1897—1934):xxxii,24n,119, 119n,121,123n,124,127,132,144,225, 270,324,417,446,465,486,504,511, 580c,598c,602c;旅途同伴,443,446;陪爱因斯坦去挪威,292,298,315;给爱因斯坦转发信件,201,206,222,277,434, 459;关于爱因斯坦海量的书信,458;她计划和爱因斯坦一起去西班牙,459;度假,114;表扬勤奋,278;在 KWIP 的薪水上涨,584c,598c

Einstein, Jakob(1850—1912),122n

Einstein, Margot(1899—1986):xxix,xliv, 24n,107—110,114—115,123—124, 127—128,130—131,132n,144,211, 265;作曲,204,511;健康状况,111,169, 209,402,511;在疗养院,爱因斯坦,209;对雕塑感兴趣,119

Einstein, Pauline(1858—1920):xxxi,xxxiv—xxxv,xxxvii,81,93,202,207—208, 220n,223,230,234—235,281,511, 583c;爱因斯坦对她的状况感到焦虑, 220n;爱因斯坦考虑将她搬到柏林,196, 224;爱因斯坦为她读报,211;爱因斯坦在 Heilbronn 拜访,93,95,在 Weggis, 121,127;和 Julie Ansbacher 断交,207;他人的陪伴能改善她的状况,218;去世, 281;由 Heinrich Zangger 检查,201,207, 209,215;对 Paul Winteler 感到憎恶, 196;健康状况,187,195—196,197n, 198,200—201,203,211—212,215,230;受 Maja 照顾,195;在卢塞恩的疗养院, xxxvi,199—199,203—204,206,211;离开卢塞恩前往海尔布隆,128

Einstein, Rudolf(1843—1928):xxxii,20, 24n,128,130,511n

Einstein-Marić, Mileva(1875—1948):xxix—xxxvii,5,13n,22n,29,31,34,35n,37, 41n,46,48,62,75,81,102,116—117, 118n,126,135,140—141,146,148,150, 154,156—157,159,163,179,181,213—214,217,342,418;AE on,26—27,31—32,37,81,89,116—117,146,161;Besso-Winteler, Anna,感到被冒犯,164;在 Rheinfelden 好好照看,195n,196,200, 210;离婚诉讼,否认由自己挑起,41;接受爱因斯坦的提议,146;请求爱因斯坦给予耐心,141—142;建议将苏黎世作为地点,147;离婚协议,156,157—158, 159,163,165;嫁妆,143n;指导 Hans Albert Einstein 弹钢琴,77;健康状况,55, 58—59,75,109,137,179,爱因斯坦的评论,44,46,49,62;在 Bethanienheim 医院,79;在诺维萨德,237,238;不信任 Maja Winteler-Einstein,90;关于爱因斯坦计划和孩子们的登山旅行,164;孩子们对爱因斯坦取消计划感到失望,166;爱因斯坦的资助,142,181,228—229;关于爱因斯坦在德国以她的名义存的钱, 180,217,258;关于搬去德国,220—221, 228,498;关于 Eduard Einstein 疾病的严重性,142;寡妇抚恤金,142,146—147,

567c；计划出租公寓，228；计划搬到她父母那儿，121；计划在诺维萨德看望生病的父母，226，228；不允许孩子们前往德国的原因，172；反对爱因斯坦所提议的让 Hans Albert Einstein 和 Wintelers 搭伙，150—151；要求和爱因斯坦直接接触，150—151；结核，75；与 Varicak 关系不错，23；希望见到爱因斯坦，121

Eisenhart, Luther(1876—1965)：490；邀请爱因斯坦去普林斯顿大学，441

Engstlen Alp，164

Enriques, Federigo(1871—1946)，278

Eötvös, Roland von(1848—1918)，171

Epstein, Paul(1883—1966)：83n，282，289，337，516；汉堡大学职位的候选人，爱因斯坦的评论，547；作为 Born 的继任者，受爱因斯坦推荐，352，不理，360；未能在苏黎世大学任职，284，284n—285n；受邀去莱顿大学，289；对精神科医生演讲相对论，284；关于 Edith Einstein 的论文，xlix，282—283

Ernst, Otto(1862—1929)，274

Erzberger, Matthias(1875—1921)，211

Evershed, John(1864—1956)：248—249；在白天观测太阳光的红移，381

Ewald, Peter P.(1888—1985)，456

Exner, Felix，对于科技教育的陈述，583c；接受，586c

Exner, Franz S.(1849—1926)：583c；其继任者，Kottler 的评论，593c

Exner, Wilhelm(1840—1931)，483n

F

Fabre, Lucien(1889—1952)：263，583c；他写的谈论爱因斯坦的手稿，587c；请求爱因斯坦审阅他写的通俗解释相对论的手稿，263—264

Fackenthal, Frank，571c

Farrow, Ernest Pickworth(1891—1956)：xlix，542；询问爱因斯坦是否愿意前往剑桥大学(Cambridge University)，612c

Fechheimer, Hedwig：123n；和 Elsa Einstein 的友谊，119

Feldkeller, Paul(1889—1972)，260

Fernau, Hermann(1883—?)，329

Frobenius Ferdinand(1849—1917)，134

Füchtbauer, Christian，请求 KWIP 基金资助光谱线强度测量，604c，同意，609c

Filzbach，168—169，186

Fischer, Emil(1852—1919)，签署 6 月 30 日的请愿书(Harnack-Fischer)，96

Fischer, Herbert，请求爱因斯坦帮助他继续完成学习，608c—609c

Flamm, Ludwig(1885—1964)：322，323n；反对 Ehrenhaft 作为 Exner 的继任者，580c；汉堡大学(University of Hamburg)理论物理学家的候选者，613c，爱因斯坦的评论，547

Fleischer, Richard(1849—1937)：351，595c；请求爱因斯坦为 *Deutsche Revue* 撰文，588c

Fleischmann, Helen(?—1919)，202

Flesch, Max，关于展示时间变慢，602c，爱因斯坦的评论，602c

Fließ, Bernhard，260

Fokker, Adriaan(1887—1972)：55n，298，471；祝贺爱因斯坦成为荷兰研究院(Dutch Academy)的成员，287；关于大地测量，476；关于引力红移，xlix；需要时间膨胀的证据，287；关于 Weyl 的理论，349n

Forrer, Ludwig，16n，19n

Förster, Friedrich Wilhem(1869—1966)，lin，329

Förster, Wilhelm(1832—1921), 125
France, Anatole(1844—1924), 160, 169
Franck, James(1882—1964): 335, 404, 418n, 572c; 请求 KWIP 资助电压弧度记录的仪器, 同意, 604c
Francois, (?), 反对爱因斯坦的运动, 426
Frank, Philipp（1884—1966）: 473; 谈论 Mach 的论文受爱因斯坦赞扬, 68
Franz Josef, Emperor(1830—1918), 73, 82n
Freundlich, Erwin（1885—1964）: 21n, 61n, 225, 232, 310n, 448, 577c; 任命为爱因斯坦捐赠基金(Einstein Donation Fund)的委托人, 578c; 论相对论的书, Lange 的评论, 590c, Zangger 的评论, 513; 在俄国被扣留, 25n; 关于星群的密度, 525—527; 太阳光红移观测时的地面光源, 371—372; 塔式望远镜, 569c, 571c; 关于红移的论文, 225; 计划参加 Als-Ob 会议, 275; 重复 Grebe 和 Bachem 的工作, xlix; 给 Haenisch 的报告, 280, 亦见 爱因斯坦捐赠基金(Einstein Donation Fund)
Fricke, Robert（1861—1928）: xl; 组织在 GDNÄ 巴德瑙海姆会议上关于相对论的分会, 276—277, 305; 邀请 Laue, Hilbert, Sommerfeld, Weyl 和 Born 参加 GDNÄ 巴德瑙海姆会议相对论分会, 276; 请求爱因斯坦为 GDNÄ 巴德瑙海姆会议演讲, 302
Fried, Alfred(1864—1921), 274
Frobenius, Fendinand(1849—1917), 134
Fürth, Reinhold（1893—1979）: 295; 请求 KWIP 资助元电荷的静态测定, 603c, 611c, 612c

G

Galileo Galilei(1564—1642), xxxviii, 401n
Gehrcke, Ernst（1878—1960）: xxxviii, 382, 397n, 401n, 408, 419n, 428n, 449n, 460, 470; 柏林的爱乐音乐厅事件, 383n, 386n, 389, 395n, 593c; Hennig 在反相对论运动中的角色, 594c
Geiger, Moritz(1880—1937), 451, 452
Gerber, Paul(1854—?), 62
Gerhards, Karl: 577c; 请求和爱因斯坦进行私人探讨, 593c
Gerhards, 对手稿的评论, 577c, 个人探讨, 593c
Gerlach, Hellmut von(1866—1935), xlii, 274, 329, 393
Gibbs, Josiah Willard(1839—1903), 关于气体的分解, 15
Gijselaar, Nicolaas Charles de, xliv, 267n
Gilbert, Leo, 对爱因斯坦表示同情, 594c
Gjesdahl, Sven, 请求爱因斯坦为 Akademisk Revy 撰文, 594c
Glum, Friedrich（1891—1974）, 590c, 592c, 593c
Gnehm, Robert(1852—1925), 17, 18n, 317
Gocht, Moritz(1869—1938), 260
Goethe, Johann W. von(1749—1832), 345
Goldscheid, Rudolf（1870—1931）: 521, 594c; 对爱因斯坦表示同情, 522; 相对论中传统物理的痕迹, 521—522; 请求和爱因斯坦进行私下讨论, 关于他反对相对论, 521—522
Goldscheid-von Maltzahn, Marie（1875—1938）, 523n
Gonzenbach, Wilhelm von（1880—1955）, 167, 192
Gothein, Georg(1857—1940), 433n
Gottesman, Jacob, 对爱因斯坦表示同情, 599c
Grau, Kurt(1891—1947), 390
Grebe, Leonhard（1883—1967）: xlix, 248—

249,346,372,584c,585c;和 Bachem, Albert,将讨论红移的论文交给爱因斯坦,316;关于太阳光谱线的红移,337,365,413;请求参加在巴德瑙海姆的关于相对论的讨论会,409

Grégorie, Henri(1881—1964),363

Greinacher, Heinrich(1880—1974),206

Grimm, Robert(1881—1958),183

Grojean, Oscar(1875—1950),363

Grommer, Jakob(1879—1933),爱因斯坦与他合作,63

Grossmann, Marcel(1878—1936):202,211,331,536,537,548;爱因斯坦会见,xxxiv;与爱因斯坦合作,37;爱因斯坦打算离开德国,205,208;爱因斯坦对 Guillaume 的看法的评论,492;Guillaume 的反相对论战役,421;Guillaume 的理论,325,492;发布注释反对 Guillaume, xlviii;建议与Guillaume 进行公开辩论,421,529

Grossmann-Keller, Anna(1882—1967),422n

Grüneisen, Eduard,370n

Guillaume, Edouard(1881—1959):325,346,353,383,421,529,535;反对时间膨胀,592c;和爱因斯坦的通信,xlviii—xlix;和爱因斯坦的冲突,537—538;非数字间的方程,爱因斯坦的评论,331,338—339,346;狭义相对论中的绝对时间,429,530;爱因斯坦对于光源的概念,536—537;爱因斯坦无法理解他的理论,536;Grossmann 对他理论的评价,536;他的光速相对恒定原则,326—327,588c;一个时钟周期的含义,586c;相对论多普勒红移,595c;狭义相对论中的时间测量,410—411;要求爱因斯坦对他的理论进行公开表态,326;翻译 Einstein 1910a,10n

Gumbel, Emil J.,xlii

Günther, Paul(1892—1969),499

Guye, Charles-Eugène(1866—1942),287,421,492

H

Haas, Wander de(1878—1960):52,222,302,368;与爱因斯坦合作,xlvii,28;关于Ampère 的分子电流的实验的文献列表,502;邀请参加 1921 索尔维会议,303;与爱因斯坦共享 Baumgartner 奖金,100

Haas-Lorentz, Geertruida de(1885—1973):53n,223;邀请爱因斯坦留在代尔夫特,602c;受爱因斯坦赞扬,223

Habberton, John(1842—1921),464

Haber, Charlotte(1889—1978),212

Haber, Fritz(1868—1934):21n,24n,109n,211,213,254,579c,588c,608c;Elsa Einstein 的好友,275;与 Elsa Einstein 讨论商业事务,xlv,275;在 Dahlem 与 Bohr 共进午餐,322n;磁性实验,443;给爱因斯坦涨薪水,395—396;关于 Technische Nothilfe, 450—451;David Reichinstein 的评论,589c;要求爱因斯坦留在柏林,xxxix,395—396

Haber, Fritz,关于他的实验性提议,443

Haberlandt, Gottlieb(1854—1945),关于有利于共和宪法的呼吁,242—243

Habicht, Conrad(1876—1958):97,130n,205,209,213,278

Habicht, Conrad, Jr.(1914—1988),97

Habicht, Ernst(1916—1993),97

Habicht, Walter(*1915),97

Habicht-Kehlstadt, Anna(1888—1961),209,213

Hadamard, Jacques(1865—1963),339

Haenisch, Konrad(1876—1925),xl,357;国家对红移研究的支持,280—281;对爱因

斯坦表示同情,413—414;爱因斯坦请求他帮 Pauline Einstein 找到公寓,230n;关于爱因斯坦计划离开柏林,xxxix,414

Haenisch, Konrad,为了帮 Pauline Einstein 找到公寓而请求帮助,230n

Häfliger-Stamminger, Hedwig(1879—1952),231,402

Hagen, Aga von, xliv

Haller, Friedrich(1844—1936),再次聘请 Michele Besso,540

Hallwachs, Wilhelm,572c,585c,587c

Hansen, Klaus(1895—1971),276n,292

Harms, Bernhard,570c

Harnack, Adolf von(1851—1930):96,473,581c;签署6月30日的上诉书(Harnack-Fischer),96;邀请参加关于 KWG 薪水的会议,570c

Hartmann, Hans(1874—1957),87

Hartmann, Johannes,37n

Hartmann, Eduard(1874—1952):关于引力和加速度等效,438—439;相对论演讲,438

Hasenöhrl, Friedrich,39n,323n

Havel, P.,xli;对爱因斯坦表示同情,594c

Hecke, Erich(1887—1947),337

Heim, Albert(1849—1937),345

Hellberg, Anna,211,214,224

Heller, Robert(1876—1930),19—20

Heller, Stephen(1813—1888),193

Helmholtz, Hermann von(1821—1894),395

Hennig, F.,对爱因斯坦表示同情,594c

Henri, Victor(1872—1940),317

Herglotz, Gustav(1881—1953):246;狭义相对论中的刚体运动,8

Herrmann, Elsa(1893—?),335

Hertz, Gustav(1887—1975),404,418n

Hertz, Paul(1881—1940):483n;对 Kelen 的赦免,473,487;在 Siemens-Schuckert 申请工作,487;在专利局找一份职位,487;找一份实际工作,487—488

Hertz, Paul,为他找工作提供帮助,488

Hertzsprung, Ejnar(1873—1967):60,226;1919年日食考察团的积极结果,222n,226

Herzfeld, Karl(1892—1978):323n;Einstein-De Haas 效应,531,532,549

Hettner, Gerhard(1892—1968):598c,602c,605c,606c;分子气体的红外线光谱,297,313;请求 KWIP 资助气体红外线光谱的研究,587c

Hibben, John G.(1861—1933):1,441,471n,490,514,539;邀请爱因斯坦去普林斯顿大学,441;关于爱因斯坦对于他美国演讲之行的酬金要求,539

Hilbert, David(1862—1943):36,276,377,471,516;为瑞士自然科学研究会发表演讲,127;收到伯尔尼大学的召唤,205;广义相对论的变分公式,64

Hochberger, Auguste(1867—1936):122,231;看望 Pauline Einstein 的经济困难,215—21;拜访 Pauline,218

Hochberger, Siegfried(1887—?),122

Hochheim, Ernst(1876—?),372

Hoffmann, Arthur(1857—1927),183

Holder, Roland,192

Holländer,?,452

Hollnagel, H.,18n

Holst, Helge(1871—1944):332;相对论,341

Hopf, Ludwig(1884—1939):12,21n;对爱因斯坦表示同情,405—406

Huber, Frieda(1880—?),提出在柏林陪伴 Pauline Einstein,229—230

Huguenin, Gustav(1840—1920):48,58,160;

对 Weyl 的健康感到焦虑,512;
Hurwitz, Adolf(1859—1919),202,206
Hurwitz, Eva(1896—1942),206,210
Hurwitz, Ida,159
Hurwitz, Lisbeth:210;日记,105n
Hurwitz, Otto,210
Hurwitz, Siegmund(1904—1994),104

I

Ioffe, Abram(1880—1960),404,426n,517

J

Jaeger, Frans,有关电解质离解的文献,575c
Jakob, Max(1879—1955):189;评论 *Einstein 1917a*,163;关于双生子佯谬,189
Jaurès, Jean(1859—1914),408
Jeans, James(1877—1946):380;受邀参加索尔维会议,303
Jeffery, George(1891—1957):524;关于爱因斯坦论文的英文版,602c
Jensen, Christian,请求 KWIP 资助大气研究,拒绝,570c
Joffe, Abram. 亦见 Ioffe, Abram
Jonasen, Jonas,246n
Julius, Louise(1901—1982),225,252n,262
Julius, Maria(1894—1977),225,252n,262
Julius, Wilhelm:与他一起演奏,211;与他见面,224,247,关于他表达同情,424
Julius, Willem(1860—1925):xlix,224,242,247,262,326,424,465,518;引力红移,309,311,346;由 Weyland 提出,用于反相对论演讲,406—407;评估引力红移的证据,248—251;关于他家庭的健康状况,407;感谢爱因斯坦的描述,310
Julius-Einthoven, Betsy(1867—1945):252n,424;邀请爱因斯坦做客并演奏音乐,597c

K

Kamerlingh Onnes, Catharina(1861—1936),464,469n
Kamerlingh Onnes, Harm(1893—1985):270,469n,518,604c;对爱因斯坦的美好回忆,519;与爱因斯坦和 Ehrenfest 一起演奏,519;寄出他所绘的爱因斯坦肖像的彩色复制件,518—519
Kamerlingh Onnes, Heike(1853—1926):xliii,xliv,298,303n,313,367,389,437,465,469,470,518;爱因斯坦拜访,224;安排有关电磁学会议,344,404;作为 Trowbridge 和爱因斯坦之间的协调者,493—494;加快办理爱因斯坦在莱顿大学任职的手续,280,364;帮助俄国物理学家,425;希望爱因斯坦能够为低温物理实验室提供帮助,xlvii;为爱因斯坦的签证进行干预,241;他的实验室,521n;有关液化氢的演讲,253;霍尔效应,494;关于电磁学会议,爱因斯坦,356;参与"磁性的一周",xlvi;计划在 1921 年索尔维会议上的演讲,303
Kamerlingh Onnes, Jenneke(1894—?),469n
Kamerlingh Onnes, Menso(1860—1925):270,518;爱因斯坦住在他家,469;和 Harm,爱因斯坦一起的美好回忆,518
Kamerlingh Onnes, Elisabeth(1897—?),469n
Kantonsschule Zurich,157n,167n,194n,228n
Kapp Putsch:xlii,257n;罗斯托克大学的情况,256
Kappeler, Johann(1816—1888),82
Kapteyn, Jacobus(1851—1922),53n
Kármán, Theodor von(1881—1963),487,593c
Karr, Albert(1869—1927),200—202,228—229

Karr-Krüsi, Luise(1873—1959), 200n
Karwe, Raghunath?, 598c
Kayser, Emma(1860—1930), 123
Kayser, Rudolf(1850—1936), 123n
Kayser, Sigmund(1850—1936), 123
Keesom, Willem H. (1876—1937), 爱因斯坦的评论, 29
Kelen, József(1892—1939?): xlii, 473, 482—483, 487; 其性格, 489—490
Kelen-Fried, Jolân(1891—1979): 473n, 482; 关于Kelen的性格, 489—490; 公布爱因斯坦对于Kelen的评论, 489; 请求爱因斯坦呼吁赦免Kelen, 489
Kelle, Karl, 285
Keller, Gottfried(1819—1890), 204n
Kepler, Johannes, xxxviii
Kerkhof, Karl(1877—1945), 271
Klein, Felix(1849—1925), 279n, 516
Klein, Franz(1854—1926), 57
Kleiner, Alfred(1849—1916), 25, 28, 36, 44
Klötzel, C. Z., 请求爱因斯坦支持Karwe, 598c
Knecht, Frieda(1895—1959), 167n
Knipping, Paul, 604c
Knopf, Rudolf(1874—1920), 260
Knudsen, Martin(1871—1949): 303n; Moszkowski的有关爱因斯坦的书, 其中的错误, 605c
Koch, Jacob, 在Weggis见面, 121, 127
Koch, Peter(1879—1945), 337, 572c, 573c, 576c, 593c
Koch, Robert(1879—1952?), 为Pauline Einstein的治疗提供帮助, 216, 234
Koch, Alfred, 为Pauline Einstein的治疗提供帮助, 216
Koch, Jacob(1850—1921): 82n, 97, 110, 111, 112, 201, 207, 216, 234, 235; 住在苏黎世的Baur au Lac, 101; 答应帮助Pauline Einstein, 225; SAG的股份, 231, 567c; 拜访Maja Winteler-Einstein, 187; 拜访Weggis, 121
Koffka, Kurt(1886—1941), 260
Kohlrausch, Fritz(1884—1953), 295
Kohn, Hedwig(1887—1965): 572c, 576c, 579c, 585c, 593c, 611; 请求KWIP为石英声谱仪提供额外资金, 579c, 583c
Kopp, Victor, 作为爱因斯坦和俄国物理学家们的中介人, 603c
Koppel, Leopold(1854—1933): 199; SAG的股份, 231, 234, 567c
Korteweg, Diederik J., 298n
Kossel, Walther(1886—1956): 456, 513; 继任者的候选人, 304, 516, 336; AE on, 353
Kottler, Friedrich(1886—1965): 323n, 351; 关于维也纳大学Exner继任者的辩论, 593c; 将光波作为量子时其中的奇点, 爱因斯坦, 352
Kottler, Friedrich, 干预职位申请, 351—352
Kowalewski, Arnold(1873—1945), 260
Kraft, Ludwig, 41, 123; 向爱因斯坦推荐Spinoza的伦理学(Ethics), 96n
Kraus, Werner(1884—1962), 对爱因斯坦表示同情, 392—393
Kraus, Oskar(1872—1942): 260—261, 332, 401n, 418n, 427; 反相对论会议上的演讲, 取消, 595c
Krüss, Hugo A.(1879—1945), 171
Kronthal, Paul, 关于爱因斯坦的书, 605c, 606c
Krüger, Louis(1857—1923), 172
Krutkov, Yuri(1890—1952), 472
Kuenen, Johannes P.(1866—1922), 参与"磁性的一周", xlvi
Kunfi, Sigmund, 请求签署上诉书, 呼吁赦免

匈牙利人民委员,605c

Kuwaki,Ayao:将 *Einstein 1917a* 翻译为日语,542 543;爱因斯坦表扬其学识,542—543

L

Lagrange,Joseph(1736—1813),536

Lampa,Anton(1868—1938):285,323n;对 Schubert-Soldern 的经济支持,285—286;爱因斯坦将前往莱顿或苏黎世的传言,286;支持爱因斯坦在布拉格的德文大学任职,286

Landau,Leo(1880—?),邀请爱因斯坦拜访 Lübeck,592c

Landé,Alfred(1888—1975):Lenard 对 *Born 1920a* 的批判,516;Ramsauer 对 *Born 1920a* 的批判,516

Lang,?,准备将 *Einstein 1920j* 翻译为法语,614c

Lange,Fritz,请求 KWIP 资助 X 射线管,Laue 推荐,609c

Lange,Gustav Ludwig(1863—1936):211;在爱因斯坦之前讨论 "simultaneity of distant events"(不同事件的同时性),590c;在爱因斯坦之前介绍 "inertial system"(惯性系)的概念,590c

Langevin,Paul(1872—1946):317,344,366,368,373,404,470,472,513,529,548,575c,583c;受邀参加 1921 年索尔维会议,303;参与磁学会议("磁性的一周"),xlvi,356,468,469,475

Larmor,Joseph(1857—1942),249

Laski,Gerda(1893—1928),295

Latzko,Andreas(1876—1943),对爱因斯坦表示同情,392—393

Laub,Jakob(1882—1962),21n

Laue,Max von(1879—1960):28,39n,276,332,336,397n,460;汉堡大学理论物理学职位的候选人,613c,爱因斯坦的评论,547;批判 *Born 1920a*,467n;准备离开柏林大学(University of Berlin),361;提名为 PAW 会员,570c;爱因斯坦批评他同步时钟的方法,272—273;Stern 关于分子热运动的论文,355;计划在巴德瑙海姆的 GDNÄ 会议上的演讲,305;推荐 Fritz Lange 申请 KWIP 资助,609c;发表新闻公告支持爱因斯坦,414n;拜访爱因斯坦,95

Lawson,Robert W.(1890—1960):xlviii,569c,578c,610c;准备将爱因斯坦的(就职?)演讲翻译为英语,592c;*Einstein 1917a* 的英文版,572c,589c;提议 *Einstein 1920j* 的英文版,572c,589c

Lenard,Philipp(1862—1947):xxxviii—xl,401n,408,427,449,460,468,470—471,595c;批判 *Born 1920a*,516

Lederer,Eugen(1884—1947),546,608c—610c

Lehmann,Otto(1855—1922):10;移动量杆之间的电磁力,11;邀请爱因斯坦在 Karlsruhe 演讲,11

Lemmert,Otto,爱因斯坦对 Kant 的意见,596c

Lenin,Vladimir I.(1870—1924),返回俄国,德国的角色,184n

Lenz,Wilhelm(1888—1957):456;Born 继任者的候选人,304,336,爱因斯坦,353;汉堡大学理论物理学职位的候选人,547,613c,AE on,547

Léon,Xavier(1868—1935),529

Levi,Ernst,435

Levi,Rudolf(1863—1929?),445

Levi-Civita,Tullio(1873—1941):117,339;关于 *Einstein 1919a*,378;将爱因斯坦比作

Newton,378;知识分子的国际性,378;提议将 Einstein 1917a 翻译为意大利语,590c

Lewis,Gilbert(1875—1946),为 Epstein 创造职位,516

Lieber,Hugo,爱因斯坦在美国的代理人,491

Liebert,Arthur,289n

Liebisch,Theodor,任命 Laue 为 PAW 会员,570c

Liebknecht,Karl(1871—1919),184n

Lüdemann,Hermann(1880—1957),281

Lilienthal,Gustav,581c

Lindemann,Adolf(1846—1931):380,535n;在白天摄影星辰,380

Lindemann,Frederick(1886—1957):381n,535

Lockyer,Norman(1836—1920),381

Lorentz,Hendrik A.(1853—1928):xlii,55n,211,219,257,264,271,298,303n,311,344,389,404,472,475,521,572c;爱因斯坦的引力理论,23;对爱因斯坦表示同情,407—408;对爱因斯坦被选为荷兰研究院(Dutch Academy)的外籍成员感到高兴,280;帮助俄国物理学家,425;告知爱因斯坦日食考察团的结果,xxxvii;邀请 Epstein 去莱顿大学,285n;关于 Born 的晶体点阵理论的演讲,468;莱顿演讲为其致敬,xliii;爱因斯坦在莱顿大学的任命,320,423—424;爱因斯坦就职演讲的日期,320;Eddington 的书,320,365,437;引力理论和日食结果,和爱因斯坦交谈,223;引力红移,252n;Scientific American 的奖励竞争,424;参与"磁性的一周",xlvi;1921索尔维会议邀请爱因斯坦参加,xlvii,302,312,科学委员会的人员,303n,计划的演讲,303,程序,302—303,请求爱因斯坦为其演讲,303,320;受爱因斯坦拜访,52,224,225

Lorentz,Hendrik A.:参加其讨论会,219;参加其演讲,257;与他讨论,279;关于引力理论与日食观测结果的讨论,223

Lorentz-Kaiser,Aletta(1858—1931),272

Lorenz,Richard(1863—1929),336

Löwenthal,Ilse. 亦见 Einstein,Ilse

Löwenthal,Margot. 亦见 Einstein,Margot

Löwenthal,Max(1864—1914),143n

Löwenthal-Einstein,Elsa. 亦见 Einstein,Elsa

Ludlam,Ernest B.(1879—1958),309n

Ludwig,Emil,605c—606c;Einstein 1917a 寄给他,597c;给爱因斯坦寄书,597c

Lummer,Otto(1860—1925),401n

Lummitzsch,Otto(1886—1962),450

Lunacharskii,Anatolii(1884—1953),319

Luther,Martin(1483—1546),33

M

Mach,Ernst(1838—1916):68,176,286,590c;Verknüpfung 的概念,293;批判 Newton 力学,325;由 Petzoldt 编辑,332;具有可观测性,307

Madelung,Erwin(1881—1972),作为 Born 的继位候选人,516

Magnus,Alfred,585c,587c,588c,592c

Majorana,Quirino(1871—1957),引力吸收,287,296

Mannoury,Gerrit,基于世界线和世界点的广义相对论运动学,605c

Marcus Aurelius,347

Marić,Marija(1847—1935),122n,229n

Marić,Miloš(1846—1922),122n,229n

Marić,Miloš,Jr.(1885—1944),229n

Marić,Zora(1883—1938):49,99,129,144,

227n,229n;与她的妹妹 Mileva 一同生活,102;安置在精神医院,143

Marx, Erich(1874—1956),577c

Matthies, Wilhelm,邀请爱因斯坦在巴塞尔大学作演讲,602c,postponed,606c

Maxwell, James Clerk(1831—1879):太阳系绝对运动的测定,516;回转磁效应的实验,503n;放射理论,284n,290

Medicus, Fritz(1876—1956),256

Meinecke, Friedrich(1862—1954),242

Meißner, Alexander(1883—1958),侵犯专利权,486

Meissner, Janka,282

Meissner, Karl(1891—1959),197

Meißner, Walther(1882—1974),针对爱因斯坦意图离开柏林的谣言,397

Meitner, Lise(1878—1968),286

Mendelsohn, Erich(1887—1953),571c

Mendelssohn Bartholdi, Felix(1809—1847),77,156

Mendelssohn, Moses(1729—1786),xl,390

Menger, Anton,134

Mewes, Rudolf,反对相对论,584c

Meyer, Edgar(1879—1960):36,67,178,192,197,198,201,207,211,496;向爱因斯坦征求建议,28;事故,197;询问爱因斯坦关于 Rosenberg 职位的干预,594c;找到蒂宾根大学的反动派,284;邀请爱因斯坦去苏黎世大学,481;在巴德瑙海姆的 GDNÄ 会议上,481;关于爱因斯坦考虑离开柏林,481;关于瑞士民主政体,481

Meyer, Edgar;帮忙为 Rosenberg 取得职位,594c;推荐,28;将 Rosenberg 的论文提交给 Sitzungsberichte,595c

Meyer, Isaak(1883—1967):415;为对爱因斯坦表达敬意向希伯来大学赞助铁门,415

Mie, Gustav(1868—1957):在广义相对论中的旋转带电球体,349;光的衍射定律,296n

Millikan, Robert(1868—1953):517;被邀参加 1921 年索尔维会议,303;关于制氢,595c

Minkowski, Hermann(1864—1909):5,521;狭义相对论的四维公式,6n

Mises, Richard von(1883—1953),295,351

Mittag-Leffler, Gösta(1846—1927):568c;征求爱因斯坦在 Poincaré 的论文,341,592c

Moch, Gaston(1859—?):提供 Einstein 1917a 的法文翻译,569c,拒绝,327;询问爱因斯坦关于 Pflüger 的和平主义,329;关于爱因斯坦唤醒德国的 60 年梦,329;关于他的翻译法,328;翻译 Egidy 的文章,329

Moeller-Grevé, Maria,表达对爱因斯坦的同情,596c

Moissi, Alexander,(1880—1935),表达对爱因斯坦的同情,392—393

Möler, Hans,关于 Einstein-De Haas 的实验,574c

Moser, Greti,281

Mosse, Rudolf(1843—1920):xxxviii;提供给 Popper-Lynkeus 的《柏林日报》的礼物订阅,593c

Moszkowski, Alexander(1851—1934):xxxvii, xl—xli,109,208,211,431,448,449;爱因斯坦同 Lenard 和 Wien 比较,468

Moszkowski, Bertha(1859—1942),208,431,465—466,474—475

Mousson, Heinrich(1866—1944),37n

Mozart, Wolfgang Amadeus(1756—1791):77,156;Hans Albert Einstein 演奏的,xxxii;奏鸣曲,60

Mühsam, Hans(1876—1957),209,504

Mühsam, Paul(1876—1960),赠送爱因斯坦他的和平主义书籍,511—512

Müller, Gustav(1851—1925):578c;被任命为爱因斯坦捐赠基金的托管人,578c;在天文物理观测台的相对论实验,波茨坦,571c

Muller, Hermann(1876—1931),211

Müller, Friedrich von(1858—1941),408,435n

Müller-Freienfels, Richard(1882—1949),260

Müller-Jabusch, Maximilian(1889—1961),334

Müller-Winteler, Marie,(1877—1957),510

N

Napoleon, Bonaparte(1769—1821),346

Natanson, Wladislaw(1864—1937),28

Naumann, Otto(1852—1935),175,179n,571c

Nernst, Emma Lohmeyer(1871—1949),381n

Nernst, Walther(1864—1941):20,109n,303n,381,397n,588c;爱因斯坦关于热定理的评论,23;提名 Laue 为 PAW 的成员,570c;关于他的气体退化理论,499;关于同分异构现象的混合晶体,499—500;在报刊上签名支持爱因斯坦,414n

Neter, Walter(1878—?),41

Neurath, Konstantin, Baron von(1873—1956),代表爱因斯坦的招待会,581c

Newton, Isaac,xxxviii—xxxix,191,263,293,299,325,378,380n,596c

Ney, Elisabeth,439

Nicolai, Georg F.(1874—1964):xlii,lin,29,329

Noether, Fritz(1884—1941),关于相对论刚体运动,10

Nordström, Gunnar(1881—1923),50—51

Norst, Else,批评 Ehrenhaft 的实验,294—295,580c

Nussbaum, Jakob(1873—1936),95

O

O'Connell, Daniel(1775—1847),463n

Oechsli, Wilhelm(1851—1919),186

Oppenheim, Jacques(1849—1924),320

Oppenheim, Moritz(1848—1933),95,201

Oppenheim, Otto,213

Oppenheim, Paul(1885—1977),95,201,213,263,416

Oppenheimer, Eugen,95

Oppenheimer, Franz(1863—1943),481n

Ornstein, Leonard(1880—1941),311

Osmotic pressure,367

Ossietzky, Carl von(1889—1938),274

Ostwald, Wolfgang(1883—1943),为了再版向爱因斯坦征求关于布朗运动和扩散的论文,608c,授予的,608c,612c

Ostwald, Wolfgang,再版论文,608c,同意,608c,612c

P

Pagenstecher,?,捐献给爱因斯坦捐赠基金,527

Palágyi, Melchior,401n

Palatini, Attilio(1889—1949),590c

Parankiewicz, Irene(1893—?),295,296n

Patijn, Rudolf(1863—1956):xlv;爱因斯坦的莱顿教授职位的管理者,366

Pedolin, Peter(1869—1934),104,105n,122n,137,144,186n

Pegram, George(1876—1958),18n,571c

Pérès, Joseph(1890—1962),379

Perett,?,作为爱因斯坦论文英译版的预定翻译者,524

人名索引 695

Perot, Alfred, 太阳谱线红移的观测, 382
Perrin, Jean（1870—1942）：12；邀请参加1921年索尔维会议, 303
Petzoldt, Joseph（1862—1929）：22n. 341；关于认识论和相对论, 332；Lange 研究的, 590c；在宇宙有限性上与爱因斯坦观点不同, 332；关于霍尔斯特的批判的相对论, 332；爱因斯坦同意的, 342；提议关于认识论和相对论的会议, 332
Pfeiffer, ?：584c；邀请爱因斯坦加入关于"德国书"的展览组委会, 584c, 拒绝, 584c
Pflüger, Alexander（1869—1945）：340；和平主义, Moch 的评论, 329
Picard, Charles（1856—1941）, 536
Piccard, Auguste（1884—1962），爱因斯坦关于其性格的, 36
Pinner, Albert（1857—1933）, 155n
Planck, Erwin（1893—1945）：43n；法国战犯, 26
Planck, Karl（1882—1916）, 43n
Planck, Max（1858—1947）：33, 43, 109n, 172, 211, 254, 286, 347, 389, 436n, 460, 471, 481, 485, 516, 590c, 592c；表达对爱因斯坦的慰问, 412；概括了 Nernst 的热定理, 548；帮助 Boguslavsky, 471；提名 Laue 作为普鲁士科学院的成员, 570c；关于爱因斯坦忠于德国, 209；关于爱因斯坦考虑离开柏林的消息, 412；打算参加罗斯托克大学校庆活动, 222, 224；辐射公式, 由爱因斯坦推导, 349；寻求爱因斯坦的帮助来处理中立国院校的科学文献, 271—272；呼吁爱因斯坦待在柏林, xxxix
Pohl, Robert（1884—1976）：336n；请求额外的 KWIP 基金用于光电研究, 583c, 待定, 584c, 586c, 批准, 609c
Poincaré, Henri（1854—1912）：341, 569c；传统主义, 455；关于旋转磁铁的电场, Dällenbach 的评论, 591c
Polak, Martin（1882—?）：264；与爱因斯坦的辩论, 278
Polak, Martin, 辩论, 278
Popert, Hermann（1871—1932）, 273
Popper-Lynkeus, Josef（1838—1921）, 522, 593c

R

Rahm, Hans, 关于脑震荡的相对论解释, 602c, 爱因斯坦的评论, 606c
Ramsauer, Carl（1879—1955），评论 Born 1920a, 516
Rassow, Berthold（1866—1954）, 440
Rathenau, Walther（1867—1922）：96；要寄给 Pauline Einstein 的书, 96
Ratnowsky, Simon（1884—1945）, 67, 284n
Regener, Erich（1888—1955）：582c；征求爱因斯坦对 Reichenbach 论文的意见, 269；关于 Ehrenhaft 的亚电子理论, 297；征求爱因斯坦关于斯图加特技术大学的候选人推荐, 269
Reiche, Fritz（1883—1969）：269；作为汉堡大学的职位候选人, 爱因斯坦的评论, 547；作为 Born 的继承人, 336
Reichenbach, Hans（1891—1953）：270, 382；论文, Erich Regener 的评论, 269；献给爱因斯坦的书, 313—314, Moritz Schlick 的评论, 454—455；认识论和相对论, 313—314；关于 Harry Schmidt 的书, 505, 506；Schmidt 的评论, 608c；Schlick 关于协调的定义, 455；爱因斯坦的学生, 314n, 323
Reichinstein, David（1882—1955）：586c；提供电解放大电子电流的演讲, 311—312；关于原子的化学特性, 611c；关于 Haber,

589c；关于金属氧化理论的被动性，588c；关于移位原则，588c
Reingold, A. J., 534
Reinhardt, Max(1873—1943): xxxix；表达对爱因斯坦的慰问，392—393
Rey Pastor, Julio(1888—1962): 571c, 576c, 591c；邀请爱因斯坦去 Spain, 586c, 谢绝, 590c；关于连载 *Einstein 1917a*, 590c
Rheinfelden(Canton Aargau), 195n, 200, 210
Ridder, Carel de(1881—1962), 262, 479, 480
Ridder, W. de, 479
Riese, ?, 332
Righi, Augusto(1850—1920), 303n
Rigi, Switzerland, 164
Roethe, Gustav(1859—1926): 580c, 582c；关于提高爱因斯坦的薪水, 606c, 613c
Rohrer, Fritz, 36
Rolland, Romain(1866—1944): 33, 65, 126, 129, 188n；爱因斯坦准备写给的, 58；爱因斯坦准备拜访的, 65；赢得诺贝尔奖, 58；性格 129
Rolland, Romain：关于特质, 129；关于延期获得诺贝尔奖, 58
Röntgen, Wilhelm Conrad(1845—1923), 提名为普鲁士科学院的外国成员, 607c
Rosen, Friedrich(1856—1935): 267n, 570c, 571c, 573c；邀请爱因斯坦去 Hague, 267
Rosenberg, Hans, 关于光线放大, 594c
Rosenheim, Theodor(1860—1939): 检查爱因斯坦, 100；诊断爱因斯坦患十二指肠溃疡, 108；关于 Eduard Einstein 的身体情况, 145
Rosenthal-Schneider, Ilse. 亦见 Schneider, Ilse
Rotten, Elisabeth(1882—1964), 211, 333
Rousseau, Jean Jacques(1712—1778), 160
Rouvière, Jeanne: 340, 575c；*Einstein 1917a* 的法文翻译者, 328, 572c, 609c

Royds, Thomas, 249
Rozhdestvensky, Dmitri(1876—1940), 517
Rubens, Heinrich（1865—1922）: 17, 21n, 64n, 109n, 365, 397n；对其在辐射公式的研究上授予 KWIP 基金, 609c；提名 Laue 作为 PAW 的成员, 570c；新闻报道支持爱因斯坦的迹象, 414n；周三的讨论会, 273n
Rubinowicz, Adalbert, 批评 Ehrenhaft 的负光致漂移, 580c
Rümelin, Theodor(1877—1920), 550
Runge, Carl(1856—1927): 由爱因斯坦推荐, 172；关于 *Einstein 1916e* 中光弯曲的错误公式, 483—484
Runge, Otto(1856—1927), 471
Russell, Bertrand(1872—1970), 408
Rutherford, Ernest(1871—1937): 287, 303n, 365, 513, 595c；引荐作为荷兰研究院的外国成员, 287；在 1921 年索尔维会议上准备的演讲, 303

S

Scheel, Karl(1866—1936), 332
Scherrer, Otto(1875—?), Hans Albert Einstein 的数学老师, 87
Schiller, Friedrich(1759—1805), 345
Schirmann, Marie A.(1893—?), 295
Schjelderup, Harald, 246n
Schlick, Moritz（1882—1936）: 262n, 586c；"Als-Ob 会议"邀请, 333, 计划参加, 275, 不能参加, 573c, 576c；关于因果关系, 306—307, 310；希望访问吉森大学, 256, 去布拉格的德文大学, 391, 去埃朗根大学, 456；关于 *Born 1920a*, 455, 582c；关于英文媒体的柏林反相对论运动的新闻报道, 455；关于 *Schlick 1917* 的英文翻译, 256；关于哲学家的广义相

对论,78;关于由爱因斯坦推荐被邀请去但译(Danzig)和 Harburg,455;引力场的观测,307;关于 Reichenbach 1920,454—455;关于相对论和哲学,573c;关于时空因果关系,307—308;参加美国科学家的奖励比赛,455—456;征求爱因斯坦关于 Rudolf Weber 继任者的意见,390—391,456;爱因斯坦有价值的著作,xlviii

Schmedeman, Albert(1864—1946):479,491n,513,530;转寄爱因斯坦的关于 Warburg 去威斯康星大学的消息,538;邀请爱因斯坦去威斯康星大学作报告,604c;关于爱因斯坦的美国演讲行程的经济需求,523

Schmidt, Erhard,表达对爱因斯坦的慰问,596c

Schmidt, Harry(1894—1951):509;由 Reichenbach 写的批评的书,505;邀请爱因斯坦在 Altona 吃午饭,598c;关于 Hans Reichenbach 的能力,610c;要求爱因斯坦对给 Arnold Berliner 的书给出意见,608c;同意不将爱因斯坦的卡片寄给他的书的编辑,609c

Schmidt, Raymund(1890—?),260

Schmidt, Harry,对他的书的意见,608c

Schmidt-Ott, Friedrich(1860—1956),577c—580c,582c,585c,603c

Schneider, Erhard,提名 Laue 作为普鲁士科学院的成员,570c

Schneider, Ilse(1891—1990),262n,382

Schneider, Rudolf,邀请任命为爱因斯坦捐赠基金的受托人,578c

Schoenflies, Arthur(1853—1928):xl,276,335,336,352;征求爱因斯坦对 Max Born 继承人候选者的意见,304—305;征求在巴德瑙海姆 GDNÄ 会议的相对论介绍演讲,305

Schoenflies, Arthur,对 Born 继任者候选人的意见,304—305

Schouten, Jan(1883—1971),关于测地进动,476

Schrödinger, Erwin(1887—1961):323n;在汉堡大学理论物理首席的候选人,613c,爱因斯坦的评论,547

Schrodt, Toni:xxxix;表达对爱因斯坦的慰问,397—398

Schubert, Franz(1797—1828):156,167;Hans Albert Einstein 演奏,xxxii

Schubert, K.,表达对爱因斯坦的慰问,596c

Schubert-Soldem, Richard von(1852—1935),285,571c

Schubert-Soldner, Richard,请求帮助,571c

Schuchard, Ernst,关于电风的反作用力,592c

Schuh, Friedrich,要求地球物理学研究基金,被拒,570c

Schuler, Max(1882—1972),458

Schultz, Julius(1862—?),260

Schumann, Robert(1810—1856),77 舒斯特尔定律,527n

Schweydar, Wilhelm(1877—1959),172

Seeliger, Hugo von(1849—1926),37n,62,64

Seeliger, Rudolf(1886—1920):572c;要求 KWIP 基金用于光发射研究中的电池和放电管,待定,568c,批准,568c

Seemann, Hugo(1884—1974),要求 KWIP 基金用于 X 线光谱学,585c,609c,待定,607c,被拒,611c

Seiler, Ulrich(1872—1928),227

Seippel, Paul(1858—1926),125

Shaw, Bernard(1856—1950),237

Sheppard, Samuel(1882—1948),317

Siegbahn, Manne(1886—1978),303

Siemens, Wilhelm von(1855—1919),222n

Siemering, Hertha(1883—1966),274

Silberstein, Ludwik(1872—1948):241;关于 Stokes-Planck 的以太,241

Sitter, Willem de(1872—1934);55n,117;反对封闭宇宙,477—478;反对马赫原理,477;在莱顿作报告,52n;关于引力吸收,478;关于爱因斯坦宇宙常数,501;关于爱因斯坦的以太概念,477;关于爱因斯坦再提出的绝对时间,478;关于封闭宇宙中星的重像,477—478,50;关于星系的稳定性,500—501;关于封闭宇宙的统计均衡条件,478

Slichter, Charles:关于爱因斯坦美国演讲行程的经济要求,523n;关于爱因斯坦在德国演讲的提议,539n

Smekal, Adolf(1895—1959):322,367,375;关于反对由 Felix Ehrenhaft 小组进行的光学尺度测量的证据,294—296;反对 Ehrenhaft 作为 Exner 的继承人,580c

Smoluchowski, Marian von(1872—1917),39n,134

Sobral, Brazil,226n

Solovine, Maurice(1875—1958):575c;爱因斯坦题词,573c;提供 Einstein 1917a 的法文翻译稿,569c,578c,579c

Sommerfeld, Arnold:(1868—1951):xl,xli,6n,39n,62,67,83n,276,418,533,543;关于原子结构的书,被爱因斯坦称赞,532,Heinrich Zangger 的评论,513;表达对爱因斯坦的慰问,408;邀请爱因斯坦去慕尼黑作演讲,452,530—531,549,爱因斯坦拒绝,532;关于 *Arbeitsgemeinschaft 1920*,451—452;关于 DPG,427;关于电子和广义相对论,549;关于爱因斯坦和 Lenard 之间的调停,427;关于爱因斯坦考虑离开柏林的消息,xxxix,408—409;关于预防在(巴德)瑙海姆的 GDNÄ 会议中发生反相对论游行,408;关于 Weyl 的理论,349n;表扬 Niels Bohr,549;征求爱因斯坦的文章名为 *Süddeutsche Monatshefte* 的文章,409

Spengler, Oswald(1880—1936),431

Spinoza, Baruch de(1632—1677):xl,390;爱因斯坦阅读的,96;关于自由,Besso 的评论,177

St. John, Charles Edward(1857—1935),249

Stark, Johannes(1874—1957),xxxix,427n,428n

Stefan, Josef(1835—1893),323n

Steinel, Oskar;581c;关于考古学,581c

Steinhardt, Ogden(1883? —?),112,169,234

Steinman, D. B.,提议将 *Einstein 1917a* 翻译成英文,被拒绝,578c

Stern, Alfred(1846—1936),205—207

Stern, Dora(1882—1979?),207

Stern, Heinrich,589c

Stern, Otto(1888—1969):18n,24n,336,516;作为在 Frankfurt Born 继承人的候选者,304,335,516,爱因斯坦的评论,353,360;Niels Bohr 评论,353;Max von Laue 评论其热分子速度的文章,355

Stern, Clara(1862—1933),206n,207

Steubing, Walter(1885—1965),588c

Sthamer, Friedrich:xliin;关于爱因斯坦要离开柏林的谣言,596c

Stierlin, Hans,193,227

Stinnes, Hugo(1870—1924),581c

Stodola, Aurel(1869—1942),33,78,199

Strömgren, Elis,580c

Struck, Hermann(1876—1944):xlv;画出爱因斯坦的肖像,266,311n,585c

Struve, Hermann(1854—1920),595c

Study, Eduard(1862—1930),593c

Stumpf, Felix(1885—?),372

Stürgkh, Count Karl von(1859—1916),被

Friedrich Adler 暗杀, xxxiv, 21n
Swinne, Johannes Richard(1885—1939), 19n

T

Tagore, Rabindranath(1861—1941), 417
Talmey, Max, 571c
Tammann, Gustav(1861—1938): 12, 13n; 关于混合晶体的同分异构现象, 499
Tandler, Julius(1869—1936), 423
Tank, Franz, 284n, 298n
Tanner, Hans(1886—1961), 作为 Hans Albert Einstein 的未来老师, 81
Tassel, Émile, 304n
Technische Nothilfe, Fritz Haber 的评论, 450—451
Terwin, Johanna(1884—1962), 表达对爱因斯坦的慰问, 392—393
Thimig, Helene(1889—1974), 表达对爱因斯坦的慰问, 392—393
Thirring, Hans(1888—1976): 296, 322, 323n; 反对 Felix Ehrenhaft 作为 Franz Exner 的继承人, 580c; 汉堡大学的理论物理主席候选人, 613c, 爱因斯坦的评论, 547
Thoms, Hermann(1859—1931), 邀请爱因斯坦去德国药理学会作报告, 589c, 拒绝, 598c
Thomson, Joseph J.(1856—1940), 被邀去参加索尔维会议, 303
Ting, W. S., 邀请爱因斯坦去北京大学作报告, 598c
Tobler, Josephine(1879—1959): 196n, 216, 230; 与 Heinrich Zangger 讨论 Pauline Einstein 的情况, 218; 提议将 Pauline 送往柏林, 218
Tolstoy, Leo(1828—1910), 56
Treitschke, Heinrich von(1834—1898), 56
Troeltsch, Ernst(1865—1923), 481n
Trowbridge, Augustus(1870—1934): 494, 496; 邀请爱因斯坦去美国, 493; 关于爱因斯坦被邀请去美国, 612c; 关于爱因斯坦的美国演讲行程的经济需要, 524n
Twain, Mark(1835—1910), 由他写的给 Eduard 的书, 464

U

Unthan, Carl(1848—1928), 关于他的武装和平主义, 273—274

V

Vaihinger, Hans(1852—1933): xlv, 260, 246n, 260, 268n, 288, 299, 332, 456; 爱因斯坦推荐 Cassirer 去, xlviii; "Als-Ob 会议"爱因斯坦观点的报告, 586c; 请求出版爱因斯坦的莱顿演讲的许可, 573c. 亦见"Als-Ob 会议"
Varićak, Vladimir(1865—1942): xxx, 5—6, 13, 22; 和 Einstein-Marić, Mileva, 5, 23; 手稿, 10, 13; 狭义相对论中长度收缩的实现, 与爱因斯坦辩论, 14—15; 关于在罗巴切夫斯基几何学中的洛伦兹变换, 8; 关于狭义相对论中的刚体旋转, 7; 在 Einstein 1905r 稿件中, 6; 寄给爱因斯坦干酪, 21; 其儿子, 21
Veblen, Oswald(1880—1960), 441
Vegard, Lars(1880—1963), 303
Veraguth, Otto(1870—1944), 55
Viereck, George(1884—1962), 274
Vincent, George E.(1864—1941), 546
Vincent, Walter, 545, 546
Visser, Johannes Theodoor de, xliii—xliv
Voigt, Woldemar(1850—1919), 372
Volkart, Gustav, 193
Vollenhoven, Cornelis van(1874—1933):

xliv, xlvi, 374—375, 585c, 587c, 588c；关于爱因斯坦被授予特殊教授的薪水, 375

W

Wachsmuth, Friedrich（1868—1941）：94, 95n, 335, 336, 516；反犹太主义, 360；邀请爱因斯坦去法兰克福大学, 599c

Wagner, Ernst, 为高电压电池和维护要求额外的 KWIP 基金, 579c, 未定, 582c, 591c, 被批准, 609c

Wagner, Mário Basto（1887—1922）: 484, 548；关于 Nernst 热定理的 Planck 的泛化, 485, 548；要求 *Einstein 1914n* 的副本, 484—485

Walther Nernst 的热理论（Heat theorem of Walther Nernst）, 爱因斯坦的评论, 20

Warburg, Emil（1846—1931）: 109n, 303n, 397, 481；提名 Max von Laue 为普鲁士科学院成员, 570c

Warburg, Max(1867—1946), 514

Warburg, Paul（1868—1932）: 538—539；作为爱因斯坦美国之行计划的代理, 515n, 530, 538

Weber, Carl Maria von(1786—1826), 402

Weber, Rudolf(1874—1920), 390, 456

Wegscheider, Rudolf(1859—1935), 323n

Weigert, Fritz(1876—1947), 572c, 573c

Weil, Paula, 97

Weiss, Pierre(1865—1940): xlvi, 25, 26n, 36, 125, 126, 207, 366, 368, 373, 404, 472；参加"Magnet-Woche," xlvi, 468, 469, 475；被邀请参加 1921 年索尔维会议, 303

Weissgerber, Andreas(1900—1941), 266

Welch, William(1850—1934), 546

Wende, Erich（1884—1966）, 关于 Buchholz 的职位, 453

Wermuth, Adolf(1855—1927), 570c

Wermuth, 在市议会做通俗演讲, 570c

Wertheimer, Max（1880—1943）: 268, 289n；建议爱因斯坦不要参加"Als-Ob 会议" xlv, 260—261

West, Andrew Fleming(1853—1943), 爱因斯坦在美国演讲行程的经济要求, 523n

Westerdijk, Johanna(1883—1961), 被爱因斯坦拜访, 224

Wettstein, Richard(1863—1931), 323n

Weyl, Helene, 197, 279n

Weyl, Hermann（1885—1955）: 67, 202, 203, 207

Weyland, Paul（1888—1972）: xxxviii—xli, 400, 401n, 408, 419n, 419, 427, 436n, 449, 449n, 452, 460；在柏林爱乐音乐厅, 383n, 386n, 389, 395n, 461n, 593c；处理 Ehrenhaft 的反相对论讲座, 422, 423n；处理 Julius 的反相对论讲座, 406—407；处理 Wolf 的反相对论讲座, 400；第一次攻击爱因斯坦, 589c

Wichmann, Ottomar(1890—1973), 260

Wiechert, Emil(1861—1928), 62

Wien, Wilhelm（1864—1928）: xxxix, 18n, 40n, 427n, 428n, 435n, 471；把爱因斯坦与 Lenard 和 Moszkowski 比较, 468

Wilhelm II, German Emperor(1859—1941), 1916 年的复活节消息, 97n

Wilhelmina, 荷兰女王（1880—1962）, 授予爱因斯坦相应的学会成员身份, xlv, 268n, 600c

Willigens, Charles, 421

Wilson, Woodrow(1856—1924), 347

Winchester, George, 关于生产氢, 595c

Winteler, Matt(1878—1934), 表达对爱因斯坦的慰问, 401

Winteler, Paul（1882—1952）: xxxii, xxxiv, 62, 110, 112, 123, 144, 147—148, 153n,

169—170,182,185n,187,196,215,224,267,402；反对 Pauline Einstein 搬离柏林,235；为 Maja Winteler-Einstein 的行为辩护,266—267；否认婚姻状况的流言,231；对爱因斯坦取消访问卢塞恩表示失望,170；爱好,216；给爱因斯坦提供关于财务事项的建议,507—509；关于 Maja 生日,182；关于 Pauline 搬去柏林的资金,234—235；关于爱因斯坦的食物包,188；关于离开卢塞恩,507；关于 Pauline 的财产,266—267；关于更好的出资出版 *Einstein 1917a*,508；关于爱因斯坦与 Anna Besso-Winteler 之间的争吵,171；SAG 股份,216,231,234,507,510,567c；被爱因斯坦赞扬,121；提议爱因斯坦在瑞士湖泊航行,170；退休,507,510；在阿尔卑斯山与 Hans Albert Einstein 的旅行,110,111

Winteler,Peter(1886—1963),168

Winteler,Rosa(1875—1962),婚礼的,爱因斯坦作为见证人,101

Winteler-Einstein,Maja(1881—1951):xxxi,xxxiv—xxxv,41,83,84,90,99,107,110,111,112,130n,144,146,147,151n,153n,112,168,171,215,218,229,231,267,281,507,540；和 Paul Winteler,119,作为和谐生活的模范,爱因斯坦的评论,100,117,121；因为好客被爱因斯坦赞扬,114；作为 Hans Albert Einstein 未来的寄主,81,147,149；在 Filzbach 私立学校,168—169,186；生日,182；任务,Vero Besso 的评论,152；对爱因斯坦取消访问卢塞恩表示失望,169；关于 Anna Besso-Winteler 的感受,152；关于爱因斯坦的名气,230；关于爱因斯坦和 Elsa Einstein 的孩子们,169；关于为 Pauline Einstein 搬去柏林招聘护士,229—230；

关于 Pauline Einstein 的最后几个月,511；关于爱因斯坦将要离开柏林的谣言,402；关于 Paul Winteler 的退休,510；演奏钢琴曲,123；媒体反对,402；建议 Pauline 搬去柏林,218；读 *Einstein 1917a*,230；寄送食物给爱因斯坦,169,187；关心 Pauline Einstein,195—196；在苏黎世看望爱因斯坦,130

Wintemitz,Josef(1896—1952),332,341

Wirtinger,Wilhelm(1865—1915),38

Wittig,Hans,写了在心理学中关于空间和时间的书,245

Wöhlisch,Edgar(1890—1960):482；关于分子体积,467

Wöhlisch,Edgar,关于分子体积的燃烧热的关系,回应,482

Wohlwend-Battaglia,Maria(1879—1980),167

Wolf,Max(1863—1932):427；表达对爱因斯坦的慰问,400；由 Weyland 处理反相对论演讲,400；关于 Weyland 滥用他的名字,400,408

Wolff,Heinrich(1875—1949),260 第一次世界大战爆发 25n

Z

Zangger,Gertrud,145n,154

Zangger,Gina(1911—2005),xxix

Zangger,Heinrich(1874—1957):xxix—xxxvii,12,20—22,24,28,31,33—35,37,39,42,44—45,47—50,54—55,57,64,66,68,71,78—80,83—84,86—89,91,97—98,103,112,116,119,125,129,133,135,136—137,140,143,145,148,151n,158,160,164,170n,178—179,190,196n,196,201—202,218,229,278,317；和家人,Hans Albert Einstein 在此

寄宿,236;任命为全职教授,16;在Riviera,238;沮丧,19;诊断爱因斯坦患有十二指肠溃疡,108;诊断爱因斯坦患有高血压,102;照顾Eduard Einstein,56;Elsa Einstein疾病的原因,191;照顾Einstein, Hans Albert,56,79,81,85,236;检查Pauline Einstein的身体,201,209,215,不确定关于癌症的诊断,207—208;检查爱因斯坦的身体,99,100,103;帮助爱因斯坦的瑞士家庭,142;希望在巴黎获得职位,17;模糊的笔记,27,107;关于代表Weyl的干预,317;谦虚的,爱因斯坦的评论,92;关于爱因斯坦忽略他的儿子,90;关于 *Born 1920a*,513;关于 *Born 1922c*,513;关于有条件的释放,318;关于Mileva Einstein-Marić,102;关于 *Freundlich 1916a*,513;关于 *Sommerfeld 1919*,513;关于在法医中利用光谱学,317—318;组织概率论会议,xxxiii;为Eduard Einstein在疗养院支付费用,126;与同事的问题,83,85;提议爱因斯坦进行饮酒疗法,70;为访问讲座募集基金,513;邀请爱因斯坦,Debye为了苏黎世,317;1911年爱因斯坦在ETH任命的作用,xxxiii;给爱因斯坦发送食物包,70,73—74,76,93;爱因斯坦发生的过敏,24;患有骨膜炎,79;因为肺结核小心接受Hermann Weyl的治疗,512;在Tarasp接受饮酒疗法,114,邀请爱因斯坦,119;在卢塞恩拜访爱因斯坦,107;在布拉格拜访爱因斯坦,17;在布拉格拜访病人,17

Zangger-Mayenfisch, Mathilde (1883—1981), 12n, 86, 100

Zangger-Müller, Rosine, 25n

Zeeman, Pieter (1865—1943): xlv, 275n, 268n, 276, 475;爱因斯坦的莱顿教授职位掌管者,366;被邀请去参加1921年索尔维会议,303

Zemer, Fritz (1895—1951), 295

Zernike, Frits (1888—1966), 53n

Zopf, Elisabeth, 593c

Zuoz (Canton Grisons), 164

Zürcher, Emil, Jr. (1877—1937): xxxvi, 37, 45, 49, 141, 155, 156n, 157—160, 164—165, 179, 181, 217, 229, 497—198;关于爱因斯坦和Mileva的离婚协议,147;受到爱因斯坦赞扬,44;准备离婚协议,150;索求爱因斯坦的照片,445

Zürcher, Richard (1911—1982), 345

Zürcher-Siebel, Johanna (1873—1939): 45—46, 49;受到爱因斯坦称赞,44

Zweig, Stefan (1881—1942): xxxix;表达对爱因斯坦的慰问,392—393;申明对爱因斯坦的慰问,434

引 文 索 引

Adams 1910 252n
Adler 1920 600c
Adreßbuch Berlin 1915—1917 106n
Akademische Staturen 1907 245n
Albrecht 1915 252n
Albrecht 1916 252n
Andrade Martins 1999 297n
Anschütz et al. 1915 34n
Arco et al. 1919 212n
Arvidsson 1920 304n, 504n
Aspray 1998 441n
Auerbach 1910 178n
Azzolini 1910 149n

Baedeker 1909 165n
Bär1918 297n
Barnett 1915 504n
Barnett 1917 504n
Barnett 1921/1922 504n
Bauer 1918 64n
Beck 1919a 304n, 504n
Beck 1919b 504n
Beckman 1915 521n
Beer 1920 286n
Berlin Verzeichnis 1916 56n
Berlin Verzeichnis 1917a 86n
Berlin Verzeichnis 1917b 138n
Bessel 1986 451n
Beyerchen 1977 427n, 472n
Bjerknes 1900/1902 463n

Bjerknes 1909 463n
Bjerknes, C. 1915 463n
Bjerrum 1918 575c
Bjerrum 1919 575c
Bloch 1918 94n
Böhi 1911a 13n
Böhi1911b 13n
Bohr 1918a 245n
Bohr 1918b 245n
Bohr 1920a 245n
Bohr 1920b 533n
Bohr 1976 244n, 322n
Boltzmann 1898 15n
Boltzmann 1905 341n
Born 1909 7n
Born 1915 541n
Born 1920a 456n, 456, 461n, 475n, 495n,
    514n, 517n, 541n, 582c
Born 1920b 336n, 361n
Born 1920c 514n
Born 1921 517n
Born 1975 336n
Born 1978 261n
Born and Landé 1918 468n
Bosquet 1987 363n, 371n, 378n
Bots 1996 364n
Braunthal 1965 484n
Brenner 1996 394n
Brentano 1920 261n
Broelmann 2002 452n

Brush 1976 284n
Buchholz 1902 358n
Buchholz 1908 358n
Buchholz 1920 358n

Cassirer 1921 256n, 289n, 294n, 315n, 388n
Chickering 1975 274n
Cochet 1920 376n
Crawford 1987 255n
Crommelin 1920 521n

Dahl 1992 521n
Dahms 2002 336n
De Donder 1917 371n, 378n
De Donder 1920 364n
De Donder and Vanderlinden 1920a 364n, 371n, 378n
De Donder and Vanderlinden 1920b 371n, 378n
De Haas 1915 504n
De Haas 1923 503n
De Haas and De Haas 1915 504n
De Sitter 1916 52n
De Sitter 1917 50ln
De Sitter 1920 479n, 502n
Debye 1912 444n
Delft 2005 389n
Dostoyevsky 1916 154n
Dyson et al. 1920 310n

Earman and Janssen 1993 64n
Eddington 1918 501n
Eddington 1920a 321n, 365n, 438n
Eddington 1920b lii, 332n
Egidy 1890 329n
Ehrenfest 1909 7n, 10n, 15n
Ehrenfest 1910 13n
Ehrenfest 1920 370n

Ehrenhaft 1914 296n, 297n
Ehrenhaft 1920 423n
Einstein 1901 482n
Einstein 1902a 482n
Einstein 1905j 12n
Einstein 1905r 6n, 273n, 384n
Einstein 1907j 10n
Einstein 1909b 6n
Einstein 1909c 6n
Einstein 1910a 10n, 273n
Einstein 1911a 19n, 482n
Einstein 1911f 15n
Einstein 1911i 273n
Einstein 1912b 18n
Einstein 1914a 304n
Einstein 1914h 120n
Einstein 1914i 24n, 485n, 549n
Einstein 1914o 25n, 27n, 29n
Einstein 1915b 273n
Einstein 1915c 304n
Einstein 1915f 34n, 38n, 63n
Einstein 1915g 34n, 35n, 38n, 482n
Einstein 1915h 35n, 38n, 57
Einstein 1915i 35n, 38n
Einstein 1916d 40n, 304n
Einstein 1916e 40n, 50n, 57n, 301n, 392n, 484n
Einstein 1916f 118n, 327n, 573c, 596c
Einstein 1916g 45n, 48n, 64n
Einstein 1916j 45n, 50n, 349n, 352n
Einstein 1916k 352n
Einstein 1916m 45n, 48n, 106n
Einstein 1916n 48n, 50n, 349n, 352n
Einstein 1916o 56n, 64n
Einstein 1917a 64n, 88n, 90n, 163n, 225n, 230n, 273n, 329n, 333n, 380n, 385n, 438n, 446n, 509n, 543n, 567c, 568c, 569c, 572c, 574c, 575c, 576c, 577c, 578c, 579c, 584c, 587c, 589c, 590c, 591c, 592c, 593c, 596c, 599c, 600c, 602c, 603c, 605c, 607c, 608c, 610c, 611c, 612c, 613c

Einstein 1917b 64n, 69n, 71n, 479n
Einstein 1917d 83n, 86n, 245n
Einstein 1917f 83n
Einstein 1917g 135n
Einstein 1917h 373n
Einstein 1918b 64n
Einstein 1918e 325n
Einstein 1918f 64n
Einstein 1918g 294n, 349n
Einstein 1918h 163n
Einstein 1918j 417n
Einstein 1918k 189n, 190n, 308n, 383n, 428n, 439n, 570c, 572c, 573c
Einstein 1919a 363n, 364n, 371n, 378n, 380n, 482n, 550n, 590c
Einstein 1919b 590c
Einstein 1919f 120n
Einstein 1920a 406n, 534n
Einstein 1920b 272n, 350n, 420n, 451n, 546n
Einstein 1920d 586c, 604c
Einstein 1920f 383n, 386n, 387n, 389n, 390n, 394n, 400n, 402n, 405n, 406n, 408n, 410n, 413n, 417n, 419n, 425n, 426n, 427n, 468n, 470n
Einstein 1920h 433n
Einstein 1920i 334n
Einstein 1920j li, 246n, 276n, 325n, 425n, 470n, 479n, 541n, 572c, 578c, 589c, 593c, 603c, 605c, 613c, 614c
Einstein 1920k 120n, 505n
Einstein 1921c 604c
Einstein 1921d 120n
Einstein 1921f 501n, 527n, 528n
Einstein 1921 g 264n
Einstein 1955 154n
Einstein 1979 489n
Einstein and De Haas 1915a 91n, 304n, 405n, 503n, 504n, 574c
Einstein and De Haas 1915c 405n
Einstein and De Haas 1915d 503n, 504n

Einstein and Grossmann 1913 21n, 38n
Einstein and Stern 1913 18n, 305n
Einstein et al. 1911 120n
Einstein et al. 1920 435n, 436n, 445n
Einstein, E. 1922 284n, 292n
Einstein/Besso 1972 135n, 349n, 354n, 541n
Einstein/Born 1969 316n, 336n, 361n, 417n, 419n, 442n, 449n, 459n, 460n, 461n, 468n, 472n, 516n, 517n
Einstein/Sommerfeld. 1968 409n, 413n, 427n, 452n, 532n, 550n
Eucken 1912 18n
Eucken 1920 356n
Evershed 1909 251n
Evershed 1913 251n, 252n, 311n
Evershed 1916 252n
Evershed and Royds 1914 251n, 252n

Fabre 1921 264n, 583c, 587c
Feldman 1997 396n, 397n
Fisher 1988 58n
Flamm 1916 64n
Fokker 1918 288n
Fokker 1920a 299n, 472n
Fokker 1920b 472n
Fokker 1921 477n
Forbes 1963 252n
Forman 1986 428n, 435n, 468n
Fort 2003 381n
France 1908a 162n
France 1908b 162n
France 1917 162n, 170n
Franck and Hertz 1914a 405n
Franck and Hertz 1914b 405n
Franck and Knipping 1919 518n
Franck and Knipping 1920 518n
Frank 1917 69n
Frenkel 1971 418n, 472n
Frenkel'2002 518n
Freundlich 1915 61n, 225n

Freundlich 1916 314n, 514n
Freundlich 1919a 225n
Freundlich 1919b 225n, 233n
Freundlich 1920 457n
Fried 1912 27n, 438n
Fried 1918 127n
Fried 1919 274n
Fried 1920 438n
Friedman 2001 255n
Fueter 1928 118n, 141n, 143n
Fürst and Moszkowski 1916 475n

Galison 1987 503n
Gautschi 1968 184n, 185n
Gautschi 1971 184n
Gavroglu and Goudaroulis 1989 521n
Gehrcke 1916 64n
Gehrcke 1919a 383n
Gehrcke 1919b 383n
Gehrcke 1920a 383n
Gehrcke 1920b 386n
Gehrcke 1920c 395n, 407n
Geiger et al. 1920 212n
Genovesi 2000 327n, 331n, 339n, 340n, 359n, 360n, 384n, 411n, 530n, 538n, 548n
Gerber 1898 64n
Gerber 1917 64n
Gerhards 1922 577c
Gerlach 1920 394n
Ghosh 1918a 575c
Ghosh 1918b 575c
Ghosh 1918c 575c
Gittermann 1941 186n
Glaser 1920 383n
Glick 1988 444n
Goenner 1993 1, 64n, 383n, 386n, 388n, 389n, 418n
Goenner 2005 388n
Goldscheid 1919 523n
Goos 1921 316n

Gottschalk 1920 260n
Grau 1918 390n
Grebe 1920 410n
Grebe and Bachem 1919 251n, 252n
Grebe and Bachem 1920a 251n, 337n, 372n
Grebe and Bachem 1920b 316n, 337n, 349n, 365n, 372n, 413n
Grossmann 1920 lii, 430n, 493n, 538n
Grundmann 1973 123n
Grundmann, S. 1998 416n
Guillaume 1920a 264n, 327n, 331n, 586c
Guillaume 1920b 327n, 331n, 360n, 421n, 538n
Guillaume 1920c lii, 332n
Guillaume 1920d lii, 332n
Guillaume 1921 538n
Guillaume and Willigens 1920 421n, 538n
Gumbel 1921 451n
Gumbel 1922 451n
Günther 1920 500n

Habberton 1886 464n
Hager 1910 139n
Hahlweg 1957 184n
Hasse 1920 461n
Heilbron 1986 272n
Heitz 1969 257n
Heller 2000 395n
Henle 1910 105n
Hentschel 1990 lii, 64n, 261n, 289n, 333n, 506n
Hentschel 1991 252n
Hentschel 1997 234n, 281n, 372n
Hentschel 1998 225n, 317n, 383n
Herglotz 1910 6n, 9n
Hermann 1994 370n, 386n
Herrmann 1920 335n
Herzl 1902 415n
Hettner 1920 298n
Hilbert 1915 37, 64n, 378n
Hilbert 1918 128n
Hirth 1900 178n

Holst 1919 333n, 342n
Holst 1920a 333n, 342n
Holst 1920b 333n, 342n
Holton 1978 296n
Homer 1951 171n
Howard 1994 456n
Huyghens 1920 573c, 578c

Ibald 1920a 365n, 580c
Ibald 1920b 580c, 581c, 582c
Isaksson 1985 51n
Jaarboek 1920 257n, 268n
Jahresbericht 1918/1919 185n
Jahresbericht 1919/1920 194n
Jakob 1918 163n
Johannsen 1917 93n
Johansen 2005 246n, 316n
Josephson 1991 319n, 426n
Julius 1914 252n
Julius 1916 252n
Julius 1921 252n
Julius and Cittert 1920 251n, 252n, 288n, 310n, 327n, 349n, 407n

Kamerlingh Onnes 1923 369n, 405n
Kammerer 1919 487n
Kapteyn 1918 233n
Keesom 1914 356n, 369n
Kelen 1920 474n
Kerkhof 1900 272n
Kirsten and Treder 1979 416n, 565c, 582c, 586c, 593c, 601c
Klein 1970 li, 7n, 21n, 376n
Kleinert 1975 286n
Kleinert 1993 1, 383n, 389n
Kleinert and Schönbeck 1978 428n
König 1891 296n
Konstantinowsky 1915 297n
Kormos Barkan 1999 381n
Körner 1921 435n, 436n

Kottler 1920 352n
Kox 1992 53n
Kraus 1920a 261n
Kraus 1920b 261n
Kretschmann 1919 364n
Kronthal 1908 605c, 606c
Krutkow 1918/1919 472n
Lampa 1918 286n
Lampa 1919 286n
Langevin 1905 357n, 369n
Larmor 1916 252n
Laski 1918 296n
Laue 1917 64n
Laue 1919 273n
Laue 1920a 383n, 427n
Laue 1920b 383n
Lane 1920c 306n
Laue 1921 273n
Leeuwen 1919 370n
Lehmann 1909/1911 11n
Lehmann 1911 11n
Lehto 1998 305n
Lenard 1918 383n, 428n
Lenard 1920 383n, 428n
Lenard 1921 436n
Lenz 1920 370n
Levi-Civita 1917 380n
Lewis and Tolman 1909 15n
Liebert 1920 289n
Lilienthal 1920 581c
Lindemann 1920 535n
Lindemann and Lindemann 1917 381n
Lohmeier and Schell 1992 458n, 533n, 545n
Lorentz et al. 1913 566c
Lorentz et al. 1920 484n, 525n, 575c, 578c
Lüders 1925 433n
Ludwig 1920 597c
Majorana 1920a 288n, 297n
Majorana 1920b 297n
Maltese and Orland 1995 10n

Maltese and Orlando 1995 7n
March 1971 58n
Marsch 1994 546n
Martins 1999 288n, 479n
Matricon and Waysand 2003 lii, 521n
Maxwell 1873 503n
Maxwell 1879 284n, 292n
Meadows 1972 381n
Medicus 1994 1
Medicus 1996 1
Mehra 1975 304n
Mehra and Rechenberg 1982 374n
Meinecke 1918 243n
Meinecke 1919 244n
Meinecke 1949 244n
Meißner 1920 521n
Meitner 1964 322n
Menger 1906 134n
Mewes 1920 584c
Meyer 1966 56n
Minkowski 1908 6n
Minkowski 1909 6n
Minkowski and Born 1910 472n
Mommsen 1934 451n
Moore 1985 322n
Moszkowski 1907 449n
Moszkowski 1908 449n
Moszkowski 1917a 109n
Moszkowski 1917b 449n
Moszkowski 1921 xlin, 467n, 470n, 495n, 605c
Mühsam 1919 512n
Müller 1921 409n, 435n

Naumann 1988 433n
Nernst 1918 500n, 541n
Nernst 1919 500n
Nicolai 1917 29n
Noether 1910 10n
Norst 1920a 296n

Norst 1920b 296n
Norton 1984 38n
Nottmeier 2004 574c
Noyes and Mac Innes 1920 575c

Oechsli 1894 186n
Oosterhuis 1913 356n, 369n
Oppenheim 1917 64n

Pais 1982 255n
Parankiewicz 1918 296n
Penzler 1897/1913 395n
Pérès 1919 380n
PPérès 1920 380n
Perot 1920 383n
Petzoldt 1918 333n
Petzoldt 1920 333n, 342n
Petzoldt 1921a 333n, 342n
Petzoldt 1921b 333n
Pflüger 1920 341n
PGZ Mitteilungen 1916 26n
Planck 1911 485n
Plummer 1911 527n
Plummer 1915 527n
Polak 1918 265n

Quinn 1994 395n

Rapports 1923 469n
Rathenau 1917 96n
Regener 1920 298n
Reich 1994 380n
Reich 2000 338n, 547n, 587c
Reiche 1917 369n
Reichenbach 1920 270n, 314n, 324n, 383n, 456n
Reichinstein 1920 312n
Renn and Sauer 1999 38n
Rév 1969 473n
Richardson 1914 503n

Riem 1920a 388n, 497n
Riem 1920b 497n
Riemann 1919 541n
Riemer 1987 109n
Roerkohl 1991 51n
Rogger 2005 63n, 82n, 149n, 403n, 509n, 511n
Rohrer 1915 37n
Rosenkranz 2005 lii
Rousseau 1870 162n
Rousseau 1897 162n
Royds 1914 252n
Royds 1915 252n
Rubens 1913 18n
Russell 1912 61n, 233n
Ryckman 2005 294n

Sammlung 1949 155n
Sauer 2000 205n
Sayen 1985 119n
Schirmann 1919, 296n
Schlick 1917 79n
Schlick 1920a 301n, 308n, 310n, 325n, 576c
Schlick 1920b 257n, 457n
Schlick 1920c 257n, 308n, 392n, 457n
Schlick 1920d 392n
Schmidt 1920 506n, 608c, 609c
Schmidt. R. 1921 289n, 333n
Schneider 1921 383n
Schönbeck 2000 370n, 428n, 436n
Schouten 1918 477n
Schrödinger 1918 64n
Schuler 2005 446n
Seelig 1956 541n
Seelig 1960 541n
Seeliger 1917a 64n
Seeliger 1917b 64n
Seippel 1913 126n
Sellien 1919 262n
Seth 2004 532n
Silberstein 1920 241n

Skalweit 1927 51n, 53n, 124n, 139n
Smekal 1918 370n
Snow 1892 296n
Sommerfeld 1916a 68n
Sommerfeld 1916b 68n
Sommerfeld 1919 514n, 541n
Sommerfeld 1920 532n, 533n, 550n
Sommerfeld 1921 518n, 533n
Sommerfeld 2004 409n, 413n, 533n
Spieker 1890 88n
Spuler 1953 57n
St. John 1915 252n
St. John 1916 252n
Stachel 1980 7n
Starr 1971 58n
Steglich 1964 108n
Stern 1913 353n, 500n
Stern 1919 353n
Stern 1920a 356n, 369n
Stern 1920b 355n
Stern 1920c 355n
Stewart 1918 304n, 504n
Stodola 1915 34n
Stokesbury 1981 63n
Stoltzenberg 1994 451n

Tagore 1920 417n
Tamman 1918a 500n
Tamman 1918b 500n
Tank 1919 298n
Tayler 1987 381n
Thiele 1971 342n
Tolman and Stewart 1916 504n
Tolman and Stewart 1917 504n
Tolstoy 1886 56n
Trageser 2002 599c
Trbuhović-Gjurić 1993 59n, 229n
Treitschke 1879 56n
Treitschke 1879/1895 56n
Tribolet 1934 69n, 149n, 168n, 171n

Vaihinger 1918 lii
Vanderlinden 1920 371n
Varcollier 1918 264n
Varićak 1907 6n
Varićak 1908 5n
Varićak 1909 5n
Varićak 1910a 6n
Varićak 1910b 9n
Varićak 1910c 7n, 10n
Varićak 1911a 10n, 15n
Varićak 1911b 13n, 15n
Verband 1922 397n
Verhandlungen 1921 435n, 438n, 440n
Villat 1921 538n
Vincent 1985 51n
Vischer 1900 123n
Vizgin and Gorelik 1987 376n
Vorträge 1920 435n

Wagner 1920 485n, 549n
Weiss 1911 369n, 405n
Weiss 1913 369n
Weiss 1914a 370n
Weiss 1914b 370n
Weyl 1917 63n
Weyl 1918a 163n, 306n, 349n
Weyl 1918b 178n
Weyl 1919 354n
Weyl 1920 306n
Weyl 1922 306n

Weyland 1920a 383n
Weyland 1920b 383n, 386n
Weyland 1920c 394n, 395n, 407n, 461n
Weyland 1920d 436n, 497n
Wheaton 1977 518n
Widmann 1899 361n
Wiechert 1916 64n
Willigens 1920a 421n
Willigens 1920b 421n
Winchester 1914 595c
Wöhlisch 1921 467n
Wolf 1921 401n
Wolff 1988 394n, 410n
Wolff, S. 2003 427n, 428n, 472n
Woodruff 1968 284n

Zangger 1907 514n
Zangger 1914a 29n, 319n
Zangger 1914b 29n, 319n
Zangger 1914c 29n
Zangger 1916 319n
Zangger 1920a 34n, 86n
Zangger 1920b 162n
Zangger 1920c 162n
Zangger 1920d 513n
Zangger 1922 319n
Zangger 1930 162n
Zuelzer 1982 li, 126n, 451n
Zweig 1918 57n
Zweig 1921 434n

勘 误 表

得益于本卷补充文档,以前的卷需要作如下更正:

第五卷,文件30,正确的日期是"[慕尼黑,1911年4月2日至5日之间]"。

第八卷,文件114,正确的日期是"[1917年7月2日]"。

第八卷,文件115,正确的日期是"[1917年7月6日]"。

第八卷,文件122,地点"[柏林]"应该删除,因为第八卷文件122a是在第二天从Eisenach发出的,而在该信中爱因斯坦已注明,他和Elsa正在回柏林的旅途中。

第八卷,文件164,在方括号中用省略号表示的缺失的信息如下:"Sei es nun das eine oder das andere, sicher bedeutet es nichts unfreundliches über seine Art."(ADft)[SzZ, Nachl. H. Zangger, box 216].[89 117].)

译后记

爱因斯坦是近代最伟大的科学家之一，其科学视野、人文素养及其对近代物理学所做的开拓性贡献，备受世人敬仰。我正是怀着这样一种敬仰之情，着手主持翻译《爱因斯坦全集》第九卷和第十卷重任。其中，第九卷由方在庆教授和我主译（参见方在庆教授撰写的第九卷《译后记》）。

早在三十年前，出于对相对论神奇预言的好奇，我开始研读爱因斯坦的相对论，包括狭义相对论和广义相对论。相对论是现代物理学两大支柱之一。狭义相对论的基础是光速恒定假设和匀速运动参考系等效假设，光速是不可逾越的极限速度，单独的三维空间和单独的时间不复存在，而是四维连续时空；其预言包括：运动时钟的运行速率快于静止时钟的运动速率，运动的量杆短于静止量杆，质量随运动速度的增大而增大。广义相对论的基础是引力质量与惯性质量的等效性假设，物质与空间密不可分，物质的存在导致空间弯曲；其预言包括：光线经过太阳时会发生偏转，水星轨道近日点相比于牛顿轨道理论会产生额外进动，光信号从较弱引力场向较强引力场传播时，其频率会向红端移动。自爱因斯坦1905年创立狭义相对论和1915年创立广义相对论以来，无数科学家投身于对其正确性的实验检验。尽管检验精度和对相对论的可信度不断提高，但高精度的实验检验仍在进行之中，因为科学家深信，任何理论都难免有其局限性，从亚里士多德的落体不等速说到伽利略的落体等速说，从托勒密的地心说到哥白尼的日心说，从牛顿的绝对时空观到爱因斯坦的相对时空观，从麦克斯韦的连续电磁波到普朗克的不连续量子说……人类一次次超越自我，继前人研究不断发展、完善、创新、跨越，向揭示宇宙奥秘真谛步步逼近。

四年前,李德仁院士问及我是否愿意翻译《爱因斯坦全集》中的部分卷本,我欣然同意。在他的推荐之下,一年之后,湖南科学技术出版社委托我主持翻译第九卷和第十卷。由于本职工作繁忙,加上初涉翻译,实难独当此任,因此,第九卷翻译的主持由方在庆教授和我共同承担。接手翻译后发现,工作远没有之前设想的那么简单。《爱因斯坦全集》十分庞杂,内容涉及文学、政治、军事、宗教、哲学、科学研究等。而且,对当时语言、环境等多方面缺乏了解,使翻译工作面临极大难度。幸好,全集中只有正文是德文原文(夹杂极少量法文等),其他部分(如正文的注释,引言,年表和日程表等)均为英文,而且90%左右的正文部分(不包括注释)均有出版的英文译本,因此,翻译工作主要基于英文,辅以德文对照。即便如此,由于我等参译人员均非职业翻译家,作为业余翻译,深感保证译本质量水平之重负,为此,我们的翻译基本上遵循如下原则:首先,尽可能将原文本意用中文准确地表达出来;然后,按忠于原文的原则,顾及中西方文化差异,对直译文字进行修改,力求符合中文表述习惯。

虽然已完成译稿,但心头仍然沉甸甸的。因为我自知,要想流畅而精准地、完全地表达原文所蕴含的所有信息、思想及意境,非本人学识能力所及:无英文和德文科班经历,而中西方文化以及现代人的思维模式与近百年前的人的思维模式之间的差异,也非我等从事自然科学研究人员所能把握。但自认已尽所能和最大努力完成了译稿,对此终有如释重负之感,也给我带来了无限的遐想和快乐。

爱因斯坦是近代科学巨人,对人类文明发展进程影响巨大,能主持翻译《爱因斯坦全集》第九、第十卷,使我有机会走近甚至仿佛进入了爱因斯坦时代:时而看到了爱因斯坦在不同城市间奔波、面对无数激情的听众游历讲学所带来的紧张和庄严;时而又感受着穿越或漫步于美丽的森林、草坪、湖泊、河流、庄园所带来的愉悦;时而感受到与同事或不速之客之间激烈的学术争论带来的压抑,时而又感受到轻松的学术访问、交流以及与同行好友的惬意聚会所带来的快乐;时而感受到无数反对者批判爱因斯坦相对论所带来的精神压力,时而又感受到检验相对论的实验结果以及无数友好的、虔诚的支持相对论的信函所带来的期望和惊喜;时而感受到盲目的宗教信仰所带来的狂热和迷感,时而又感受到虔诚的信仰所带来的平和与善良;时而感受到战争与饥饿所带来的恐惧与不幸,时而又感受到为争取和平、遏制战争进行抗争所带来的安慰和敬仰……凡此种种,心境起伏,难以尽言。

　　本译作是一项大的文字工程,一大批参译人员付出了辛勤劳动。参加第十卷翻译工作的主要译者有:申子宇,张朝玉,聂林娟,丁浩,孙榕,李塞红,孔祥雪,彭存超,张雪晴,谢明翔,申文斌。以下译者初译了收录在本卷的 10 篇正文文档(第八卷文件 45a 至第八卷文件 159a)以及《第十卷序》、《关于全集的编辑方法》中的"转编"和"注记"、《致谢》等(按姓氏笔画排序):王广兴博士,李欣博士,视会忠博士,赵斌博士,涂冰英博士。有一篇法文以及散布在引论注释中的部分荷兰文由精通英、法等语言的 Gabriela Diana Vinte Marinescu 女士翻译成英文,然后再由本卷主要译者译成中文。第十卷中的所有文字(特别是正文文档、注释等)都经历了初译,对照原文修改和再译等多次反复过程,历时三年有余。

　　限于翻译水平,译文难免有不妥和欠完善之处,敬请专家和读者指正。

申文斌

2013 年 11 月于武昌

图书在版编目（CIP）数据

爱因斯坦全集 第十卷 柏林时期（1920年5月-1920年12月）/（美）阿耳伯特·爱因斯坦著；申文斌主译. -- 长沙：湖南科学技术出版社，2013.12
ISBN 978-7-5357-7878-9

Ⅰ. ①爱… Ⅱ. ①阿… ②申… Ⅲ. ①爱因斯坦, A.（1879~1955）—全集 Ⅳ. ①Z471.2

中国版本图书馆CIP数据核字（2013）第298267号

The Collected Papers of Albert Einstein，Vol.10
Copyright © 2006 by The Hebrew University of Jerusalem
All Rights Reserved
No part of this book may be reproduced or transmitted in any form or by any means，electronic or mechanical, including photocopying, recording or by any information storage and retrieval system，without permission in writing from the Publisher.
湖南科学技术出版社通过博达著作权代理有限公司获得本书中文简体版中国大陆出版发行权。
著作权合同登记号：18-2008-175
本书根据Princeton University Press 2006年版本译出。

爱因斯坦全集

第十卷 柏林时期（1920年5月-1920年12月）

著　者：	[美]阿耳伯特·爱因斯坦
主　编：	Diana Kormos Buchwald, Tilman Sauer, Ze'ev Rosenkranz, Jósef Illy & Virginia Iris Holmes
主　译：	申文斌
策划编辑：	李永平
责任编辑：	孙桂均　吴　炜
文字编辑：	陈一心　胡捷晖
出版发行：	湖南科学技术出版社
社　址：	长沙市湘雅路276号
	http://www.hnstp.com
邮购联系：	本社直销科　0731-84375808
印　刷：	长沙超峰印刷有限公司
	（印装质量问题请直接与本厂联系）
厂　址：	宁乡县金洲新区泉洲北路100号
邮　编：	410600
出版日期：	2013年12月第1版第1次
开　本：	787mm×1092mm　1/16
印　张：	49.75
字　数：	900000
书　号：	ISBN 978-7-5357-7878-9
定　价：	220.00元

（版权所有·翻印必究）